C000130979

Harten / Neirich / Schwerendt

Rassenhygiene als Erziehungsideologie
des Dritten Reichs

edition
bildung und
wissenschaft

band 10

herausgegeben von
Manfred Heinemann

Veröffentlichung des
Zentrums für Zeitgeschichte von Bildung und Wissenschaft
der Universität Hannover

edition
bildung und
wissenschaft

Hans-Christian Harten
Uwe Neirich
Matthias Schwerendt

Rassenhygiene als Erziehungsideologie des Dritten Reichs

Bio-bibliographisches Handbuch

Akademie Verlag

Gefördert mit Mitteln der Deutschen Forschungsgemeinschaft.

Gedruckt mit Unterstützung des Zentrums für Zeitgeschichte von Bildung und Wissenschaft der Universität Hannover.

ISBN-13: 978-3-05-004094-3
ISBN-10: 3-05-004094-7

© Akademie Verlag GmbH, Berlin 2006

Das eingesetzte Papier ist alterungsbeständig nach DIN/ISO 9706.

Alle Rechte, insbesondere die der Übertragung in andere Sprachen, vorbehalten. Kein Teil des Buches darf ohne Genehmigung des Verlages in irgendeiner Form – durch Photokopie, Mikroverfilmung oder irgendein anderes Verfahren – reproduziert oder in eine von Maschinen, insbesondere Datenverarbeitungsmaschinen, verwendbare Sprache übertragen oder übersetzt werden.
All rights reserved (including those of translation into other languages). No part of this book may be reproduced an any form – by photoprinting, microfilm, or any other means – nor transmitted or translated into a machine language without written permission from the publishers.

Satz: Werksatz Schmidt & Schulz GmbH, Gräfenhainichen
Druck und Bindung: Druckhaus „Thomas Müntzer" GmbH, Bad Langensalza

Printed in the Federal Republic of Germany

Inhaltsverzeichnis

Einleitung IX

I. Allgemeiner Teil 1

  1. Erziehungswissenschaftliche Aspekte der Rassenhygiene und Rassenpolitik
     im Dritten Reich 3
     Zum Konzept der „Rassenhygiene" 3
     1.1 Zur Herausbildung des rassentheoretischen Paradigmas:
        Historisch-theoretische Voraussetzungen 5
     1.2 Bild und Gegenbild – Rassenpädagogische Ästhetik und Didaktik 14
     1.3 Institutionalisierungsprozesse 21
        Institutionalisierungen an Hochschulen und Universitäten 22
        „Rassenwissenschaftliche" Forschungsfelder und Einsatzgebiete
        der Pädagogischen Psychologie 33
        Rassenhygienische Fortbildung und Schulung 41
        Erbbiologische Erfassung und Sippenforschung 51

  2. Das rassenhygienisch-pädagogische Schrifttum 66

  3. Grundlinien des „rassenwissenschaftlichen Diskurses" –
     Auswertung der Referenzliteratur 86

  4. Biographische Daten 97
     4.1 Allgemeine Lebensdaten 97
     4.2 Berufsspezifische Daten 103
     4.3 Politische Daten 107
     4.4 Karrieremuster; Überzeugung oder Opportunismus? 121
     4.5 Professoren und Dozenten der Hochschulen für Lehrerbildung 127

II. Biographischer Teil 135

  Vorbemerkungen 137
  1. Hans F. K. Günther und Ludwig F. Clauss – die wichtigsten Referenzautoren . 137

  2. Autoren der wissenschaftlichen Pädagogik und der Pädagogischen
     Psychologie 151
     2.1 Jaensch, Kroh, Pfahler und Schüler 151
     2.2 Schüler von Aloys Fischer 167

2.3 Der Kreis um Gustav Deuchler 172
2.4 Peter Petersen und Schüler 174
2.5 Vertreter rassenhygienischer und erbbiologisch-psychologischer
    „Bildungsforschung" 177

3. Didaktiker, Schulungsexperten und Angehörige der Bildungsverwaltung . . . 185
   3.1 Didaktiker 185
   3.2 Schulungsexperten des Nationalsozialistischen Lehrerbunds und
       Funktionäre der parteipolitischen Erziehungsarbeit 202
   3.3 Im Dienste der rassenpolitischen Propagandaarbeit 215
   3.4 NSLB-Funktionäre und Experten der Bildungsverwaltung 217

4. Rassenpolitische Aktivisten 224
   4.1 Mitarbeiter des Rassenpolitischen Amtes 224
       Mitarbeiter der Reichsleitung des RPA 224
       Pädagogen als Mitarbeiter der Rassenpolitischen Gau- und Kreisämter . 230
   4.2 Volkstumsexperten des Rasse- und Siedlungshauptamtes und
       des Reichssicherheitsdienstes 238
   4.3 Polizeilehrer 255
   4.4 Schulungsexperten des Rasse- und Siedlungshauptamtes und
       des SS-Hauptamtes 257
   4.5 Experten im Eignungsprüferwesen des Rasse- und Siedlungs-
       hauptamtes 267

5. Experten rassenhygienischer Forschung, Fortbildung und
   Gesundheitserziehung 283
   5.1 Martin Staemmler – der Popularisator 283
   5.2 Experten rassenbiologisch-rassenhygienischer Forschung 285
       Karl Astel und das Landesamt für Rassewesen im
       „Mustergau Thüringen" 305
   5.3 Experten der rassenhygienischen Fortbildung und Gesundheitserziehung 313
   5.4 Ärzte im Dienst der Totenkopfverbände 320

6. Randfälle und Konfliktzonen 322
   Zusammenfassung 330

III. Bibliographie pädagogischer und pädagogisch relevanter Schriften
     zur Rassenhygiene und Rassenkunde 1933–1945 335

     Vorbemerkungen 337
     Bibliographie 347

Anhang 501

   Abkürzungen 503
   Archivalien 505
   Zeitschriften 510
   Literaturverzeichnis 515
      Biographische Kompendien 515
      Literatur vor 1945 (nicht in der Bibliographie enthalten) 515
      Sekundärliteratur nach 1945 518
   Namenverzeichnis 533

Einleitung

Im Mittelpunkt unserer Untersuchung steht der Einbruch eines naturwissenschaftlichen Paradigmas unter völkischen Vorzeichen in die Pädagogik, der sich mit dem Machtantritt der Nationalsozialisten 1933 in Deutschland ereignete. Er traf die Disziplin weithin unvorbereitet. Die akademische Pädagogik reagierte vorwiegend hilf- und sprachlos. Dies hängt gewiß damit zusammen, daß die Pädagogik der Weimarer Republik vorwiegend geisteswissenschaftlich orientiert war und mit dem Rassenkonzept bestenfalls in metaphorischen Kategorien etwas anfangen konnte. Gegenüber einem aggressiv auftretenden rassenhygienischen Szientismus geriet sie schnell in die Defensive. Den mit scheinbar harten Zahlen untermauerten Bedrohungsszenarien der Rassenhygieniker ließ sich so schnell nicht viel entgegensetzen. Diese Hilf- und Sprachlosigkeit – uns ist keine substantielle kritische Auseinandersetzung der geisteswissenschaftlichen Pädagogik mit der Rassenhygiene aus der Zeit des Dritten Reichs bekannt – ist freilich auch ein Teil des Problems; denn es sei die These gewagt, daß sie den Einbruch, den wir dokumentieren, auch mit ermöglicht hat, so wie das „Schweigen der Mehrheit" die Machthaber in dem Entschluß, ihre rassenpolitischen Ziele in die Tat umzusetzen, nur bestärkte. Nach 1933 wurde die „Rassenbiologie" umstandslos zu einem konstitutiven Bestandteil der Allgemeinbildung deklariert, Biologen und Zoologen wurden, als wäre dies selbstverständlich, für die erziehungswissenschaftliche Grundbildung künftiger Lehrer und Studienräte mit zuständig – kein Protest, keine Fragen der *scientific community* sind dazu überliefert. Statt dessen traten Heerscharen von Pädagogen und anderen Fachvertretern auf den Plan, die bemüht waren, dem eine theoretische Legitimation zu geben, auch solche, von denen man es kaum erwartet hätte.

Praktisch von einem Tag auf den anderen entfaltete sich ein „rassenpädagogischer Diskurs", der in den etwa 2000 Texten, die wir zusammengestellt haben, einen eindrucksvollen Niederschlag fand. 975 Autoren haben wir gezählt, überwiegend akademisch gebildete professionelle Pädagogen – Lehrer, Studienräte, Professoren und Dozenten der Universitäten und der Lehrerbildung. Ob eine „Rassenpädagogik" überhaupt möglich ist und ob die ganze nationalsozialistische Pädagogik nicht eine „Un-Pädagogik" war, weil sie Grundpositionen pädagogischer Verantwortung preisgab, sei dahingestellt.[1] Verantwortungsbewußtsein kann man den Rassenhygienikern mit ihrem Postulat einer „generativen Ethik" jedenfalls nicht rundweg absprechen. Gerade die Rede von der Verantwortung für die kommenden Generationen fand bei Pädagogen großen Anklang. Im Selbstverständnis der Akteure hatte die Pädagogik die Aufgabe der rassenhygienischen und rassenpolitischen Erziehung. Dies bedeutete keineswegs nur die Umsetzung staatlich vorgegebener Ziele, für die sich die Pädagogik instrumentalisieren ließ, sondern dieser Erziehungsauftrag wurde von Pädagogen selbst formuliert und postuliert;

---

1 U. Herrmann, Probleme einer „nationalsozialistischen Pädagogik" (1985). Zur kritischen Diskussion vgl. H.-E. Tenorth, Deutsche Erziehungswissenschaft 1930 bis 1945 (1986).

daraus leitete sich auch ihr Anspruch ab, an der Gestaltung des „Neuen" aktiv und an führender Stelle mitzuwirken. Für die Pädagogik eröffneten sich vielfältige und bedeutsame Praxisfelder: Beiträge legitimatorischer Art; die Erstellung didaktischer Materialien für die pädagogische Vermittlungsarbeit; die methodische und theoretische Konzeptualisierung der Aufgaben rassenpolitischer Erziehung; eigene Forschungsaufgaben, die sich etwa auf die Entwicklung einer rassenhygienisch orientierten Bildungswissenschaft oder einer rassenpsychologischen Diagnostik bezogen; die Thematisierung und Gestaltung rassenhygienischer Selektions- und Segregationsprozesse in den Bildungssystemen. Darüber hinaus wirkten Pädagogen und schulische Institutionen aktiv an der erbbiologischen Erfassungsarbeit der Rassenhygieniker mit, teilweise bildeten sie auch eine treibende Kraft bei dieser Arbeit. Von passiver Instrumentalisierung oder gar „Verführung" kann kaum die Rede sein.

Unsere Untersuchung vermittelt einen ersten Eindruck vom Ausmaß und von der Struktur dieser Praxis. Wie tief drang der „Rassen-Diskurs" in die Pädagogik ein? Wie strukturierte sich die Rezeption der Rassenideologie in der Pädagogik, welche Theorie- und Praxisfelder berührte sie? Welche Bedeutung hatte die Pädagogik für die Umsetzung der rassenpolitischen Ziele? Um auf diese Fragen empirisch begründete Antworten geben zu können, haben wir zunächst systematische bibliographische Recherchen durchgeführt und deren Ergebnisse in einer Bibliographie „rassenpädagogischer Schriften", die zwischen 1933 und 1945 erschienen, zusammengestellt. In diese Bibliographie haben wir alle Schriften aufgenommen, die von professionellen Pädagogen verfaßt wurden und in denen das Konzept der Rasse eine signifikante Rolle spielt. Zum anderen haben wir Schriften von anderen Autoren aufgenommen, wenn sie einen relevanten pädagogischen bzw. erziehungswissenschaftlichen Bezug aufwiesen.[2] Dieses bibliographische Material bildete den Ausgangspunkt für eine Strukturanalyse, deren Ergebnisse im Allgemeinen Teil vorgestellt werden. Der zweite Teil unserer Untersuchung bestand in biographischen Recherchen zu den Autoren dieser Texte. Wer waren die Autoren, die den „rassenpädagogischen Diskurs" getragen haben? Welche Motive mögen sie geleitet haben? Die Ergebnisse dieser Recherchen sind ebenfalls im Allgemeinen Teil zu finden. Es handelt sich, kurz zusammengefaßt, um eine akademisch gebildete Autorenschaft mit einem hohen Anteil von Naturwissenschaftlern; 78,6% der Autoren waren promoviert, gut die Hälfte aller Promovierten waren Naturwissenschaftler. Sofern sich politische Daten ermitteln ließen, zeigt sich ein hoher politischer Organisationsgrad: 85% waren Mitglieder der NSDAP; viele waren auch politisch aktiv, 21% würden wir als „rassenpolitische Aktivisten" bezeichnen, d. h., sie arbeiteten für die SS und/oder das Rassenpolitische Amt der NSDAP. Rund 39% waren bereits vor der „Machtergreifung" Mitglied in einer völkischen oder nationalsozialistischen Organisation; rechnet man weitere Autoren hinzu, die bereits vor 1933 völkische und rassenkundliche Schriften veröffentlichten, so gelangt man zu einem Anteil von mindestens 44% aller Autoren, die schon vorher völkisch, nationalsozialistisch und rassentheoretisch orientiert waren. Bemerkenswert ist, daß diese Autoren ebenso wie die „politischen und rassenpolitischen Aktivisten" von der Altersstruktur her zur Gruppe der jüngeren Akademiker gehören. Diese Zahlen weisen auf ein relativ hohes Maß an Kontinuität in den politisch-weltanschaulichen Orientierungen unserer Autoren hin. Die meisten werden den Machtwechsel 1933 als eine Chance erlebt haben, lange gehegte Überzeugungen jetzt in die Tat umsetzen und an der

---

2 Die Relevanzkriterien werden in den Vorbemerkungen zur Bibliographie näher erläutert.

Gestaltung des „Neuen" aktiv mitwirken zu können. Für eine Teilgruppe von 146 Autoren haben wir unter exemplarischen Gesichtspunkten ergänzende und vertiefte biographische Studien angestellt, um die Zusammenhänge zwischen wissenschaftlich-literarischer und praktisch-politischer Arbeit, zwischen beruflicher und politischer Karriere für den Einzelfall genauer zu untersuchen. Die Ergebnisse dieser Studien finden sich im biographischen Teil. Sie bestätigen den Eindruck, daß wir es bei vielen Autoren mit jungen Akademikern zu tun haben, die in der Weimarer Republik politisiert und radikalisiert wurden, nicht wenige darunter auch mit militanten Tendenzen.

Auffallend ist, daß die geisteswissenschaftliche Pädagogik in unserem Text- und Personencorpus allenfalls am Rande präsent ist, sie hat im „rassenpädagogischen Diskurs" keine nennenswerte Rolle gespielt. Dazu paßt, daß auch in der führenden Fachzeitschrift „Die Erziehung" von insgesamt 639 Beiträgen, die während des Dritten Reichs erschienen, ganze acht das Stichwort „Rasse" oder „Auslese" im Titel tragen.[3] Die bekanntesten Vertreter der geisteswissenschaftlichen Pädagogik wie Spranger, Nohl oder Flitner haben das Rasse-Konzept entweder gar nicht oder nur beiläufig rezipiert; so widmete Nohl ein Kapitel in seiner „Pädagogischen Menschenkunde" den „Rassen- und Völkerunterschieden".[4] Sprangers „Strukturpsychologie" hatte wenig mit dem Pseudo-Biologismus der Rassenpsychologen zu tun; als Humboldt-Verehrer zählte er in den Augen von Meinungsführern wie Jaensch oder Hartnacke ohnehin nicht. Einige Berthold Otto-Schüler machten sich das Denken in Rassenkategorien zu eigen. Dies war freilich bei Otto schon angelegt, der die Geisteswissenschaften auf eine neue „volksorganische" Grundlage stellen und damit den Gegensatz zwischen Geistes- und Naturwissenschaft in die Richtung einer völkischen Psychologie und Anthropologie hin überwinden wollte.[5] Ottos Schüler Karl Schulz etwa nahm in seiner „Biologischen Pädagogik" die Argumentationen Fritz Lenz', Wilhelm Hartnackes und anderer Rassenhygieniker auf und verfaßte eine Reihe von Beiträgen zum rassenkundlichen Unterricht; Karl Kreitmair, der Ottos „Volksgeist" nach dessen Tod weiterführte, konnte Ottos Plädoyer für ein vererbungswissenschaftliches Amt des Lehrers bruchlos in die neuen rassenhygienischen Forderungen an die Schule übersetzen.[6] Die Tradition der völkischen Organologie, der auch das Werk

---

3 Christian Groß, Pädagogik im nationalsozialistischen Deutschland unter besonderer Berücksichtigung der Haltung der geisteswissenschaftlichen Pädagogik am Beispiel der Herausgeber der Zeitschrift „Die Erziehung" (2001). Die Untersuchung von Groß bestätigt das Resümee von Klaus-Peter Horn, nach dem „Die Erziehung" nach 1933 weder eine kritisch-oppositionelle noch eine nationalsozialistische Zeitschrift wurde. Vgl. Horn, Pädagogische Zeitschriften im Nationalsozialismus (1996), S. 305.

4 Charakter und Schicksal (1940). Nohl suchte zwar vorübergehend auch den Anschluß an die Rassenhygiene, seine praktischen Schlußfolgerungen liefen aber darauf hinaus, durch „Ausgleichung" der im deutschen Volk „vorhandenen Rassen" einen „national-deutschen" Typ zu schaffen (Zimmer, Die Hypothek der Nationalpädagogik, 1995, S. 105f.) Damit bewegte sich Nohl auf der Linie des Rassenanthropologen Karl Sallers, dessen Theorie der „deutschen Rasse" im Nationalsozialismus auf Ablehnung stieß und dessen Schriften schließlich verboten wurden. Da Saller Privatdozent in Göttingen war, ist es durchaus möglich, daß Nohl von ihm beeinflußt wurde.

5 Vgl. H.-C. Harten, Kreativität, Utopie und Erziehung. Grundlagen einer erziehungswissenschaftlichen Theorie des sozialen Wandels (1997), S. 87f.

6 Schulz, Biologische Pädagogik (1934); Kreitmair, Der Landlehrer im Dienste der Vererbungsforschung (1937); ders., Rasse und Volkstum als Grundlagen der volksorganischen Erziehung (1934).

Berthold Ottos zuzurechnen wäre, erfuhr eine Transformation; das ganzheitliche Denken der völkischen Weltanschauung wurde jetzt, wie Friedrich Hayn es formulierte, in der Erblehre naturwissenschaftlich begründet.[7] In einigen Konzepten rassenhygienisch orientierter Pädagogen waren durchaus reformpädagogische Ansätze wirksam, Beispiele wären die Projekte sippenkundlicher Arbeit in Grund- und Dorfschulen, wie sie Buss, Höft oder Toenhardt entwickelten,[8] curriculare Ansätze eines völkischen und rassenkundlichen „Gesamtunterrichts", wie sie beispielsweise Eydt oder Bühnemann entwarfen, oder Konzepte eines fächerübergreifenden volks- und rassenkundlichen Projektunterrichts zur Gestaltung von Ausstellungen oder Schulfeiern.[9] Anknüpfungspunkte gab es auch in anderen Traditionssträngen der völkischen Reformpädagogik, etwa bei Friedrich Schöll, Martin Luserke oder Klaus Hinrich Tietjen, doch gingen sie kaum über Metaphorisches hinaus. Schöll, der in den 20er Jahren ein völkisches Landerziehungsheim betrieb, bot später an, aus den Landerziehungsheimen „Zuchtstätten nordrassischer Kinder" zu machen.[10] Die völkische Landschulheimerziehung war für rassistisches und rassenhygienisches Gedankengut anfällig, vorbelastet schon durch Hermann Lietz' nationalpädagogisches Manifest von 1919, das bereits zentrale Forderungen der frühen rassenhygienischen Bewegung aufnahm.[11] Lietz' Nachfolger als Leiter der Lietz-Schulen, Alfred Andreesen, darüber hinaus Vorsitzender der Vereinigung der Landerziehungsheime und Freien Schulgemeinden, gehörte schon 1905 einem antisemitischen Studentenbund an; später trat er dem Kampfbund für deutsche Kultur, der NSDAP und der SA bei.[12] Ebenfalls „anfällig" war der Peter-Petersen-Kreis in Jena, doch auch hier blieb die Rezeption oberflächlich und metaphorisch.

Insgesamt überwiegt im Verhältnis zur pädagogischen Tradition der Eindruck einer starken Diskontinuität in bezug auf die Personen und noch mehr in bezug auf die Inhalte; es gab zwar mehr oder weniger stark ausgeprägte Affinitäten zu völkischem Denken, aber das Rassenkonzept spielte in dieser Tradition vor 1933 keine prominente Rolle. Dies erscheint auch plausibel, wenn man die Wende von 1933 unter dem Aspekt eines Einbruchs biologischer

---

7 F. Hayn, Vererbungslehre, Familien- und Rassenkunde in der Schule (1935).

8 Parallelen bestanden zu den rassenkundlichen Arbeitsgemeinschaften der medizinischen Fachschaften an den Universitäten: van den Bussche, Im Dienste der „Volksgemeinschaft" (1989), S. 83 ff.

9 Als illustratives Beispiel eines solchen Projektunterrichts sei der Arbeitsplan der „Fachgruppe Volkskunde und Volkstumsgestaltung" der Aufbauschule Friedberg genannt. Der Plan verknüpfte die Themen- und Sachgebiete „Das Leben", Volkskunde, Kunsterziehung sowie Bild- und Werkbetrachtung zu einem gesamtunterrichtlichen Konzept, das auf die Gestaltung von Schulfeiern ausgerichtet war. Den verschiedenen Themen, die im Laufe dieses Gesamtunterrichts behandelt wurden, waren jeweils „Rassenseelenwerte" zugeordnet: Richard Mager, Arbeitsplan, in: Kunst und Jugend 11/12, 1942, S. 114 ff. Ähnlich illustrativ in der Ausrichtung volks-, rassen- und sippenkundlicher Arbeiten auf Feiern und Ausstellungen waren die Konzepte des Anklamer Lehrers Friedrich Hayn oder des Rostocker Lehrers Albert Höft. – Für ein praktisches Beispiel einer Projektarbeit, die in eine Ausstellung mündete, siehe H. Schubert, Rassenpolitik und Schule (1937). Zu erwähnen wäre auch der gelegentliche Einbau praktischer Übungen wie rassenanthropologische Schädelvermessungen in den Unterricht.

10 F. Schöll, Landerziehungsheim und Schulsiedlung im Dritten Reich (1936).

11 H. Lietz, Des Vaterlandes Not und Hoffnung (1919).

12 K. König, Nur angepaßt oder überzeugter Nationalsozialist? (2001).

Kategorien in die Pädagogik betrachtet.[13] Dieser Einbruch hatte zwar kulturrevolutionäre Dimensionen, die in einer Fülle von Texten ihren Ausdruck fand; die Zentrierung unserer Untersuchung auf das „Rassenparadigma" sollte aber keinen falschen Eindruck erwecken: Außerhalb des Kerns der medizinischen Rassenhygiene, der rassenbiologischen Didaktik und Pädagogik blieben Rezeption und Institutionalisierung im Wissenschaftssystem eher randständig. Gleichwohl ist die Bedeutung dieses Einbruchs nicht zu unterschätzen, denn die meisten Pädagogen – von der Kindergärtnerin bis zum Studienrat –, die während des Dritten Reichs ausgebildet wurden, dürften auch eine rassenkundliche Grundbildung erhalten haben.

Im Kern beinhaltete die Rassenhygiene eine Biologisierung des Sozialen und, vermittelt über die Rassen- und Erbpsychologie, auch des Geistigen. Insbesondere das Rassenpolitische Amt der NSDAP, das die zentrale Zuständigkeit für die rassenkundliche Schulung und Erziehung hatte, war bestrebt, ein bloß mythisch-weltanschauliches Verständnis des Rassebegriffs durch ein naturwissenschaftlich begründetes zu ersetzen.[14] Gleichzeitig beanspruchte die rassenhygienische Bewegung selber eine ganzheitliche Konzeption vom Leben und der Wissenschaft. So meinte Fritz Lenz etwa, daß „wenn es nur körperliche Rassenunterschiede gäbe, ... die ganze Rassenfrage ohne Bedeutung" wäre.[15] Daraus erging der Auftrag, der Rassenanthropologie eine Rassenseelenkunde zur Seite zu stellen; sie machte die Rassenwissenschaft auch für die Geisteswissenschaften und die Pädagogik anschlußfähig. Im „hegemonialen Diskurs", wie er vor allem vom Rassenpolitischen Amt geführt wurde, sollte diese ganzheitliche Konzeption jedoch szientistisch fundiert sein. Deshalb hatte beispielsweise die „Völkische Anthropologie" Ernst Kriecks zwar wegbereitende Funktion, erreichte aber diesen Anspruch nicht.

Die Meinungsführer unter den Pädagogen und Psychologen, die an theoretischen Begründungskonzepten arbeiteten, strebten eine Überwindung der Trennung von Geistes- und Naturwissenschaften an. Sie wollten die Pädagogik durch eine „lebensgesetzliche" Fundierung wissenschaftstheoretisch neu definieren. Damit war die Fundierung in „Volk, Raum und Rasse" oder vereinfacht „Blut und Boden" gemeint. In diesem Sinne markierte die Institutionalisierung der Rassenbiologie in der Lehrerbildung die Substitution dessen, was man sonst Pädagogische Anthropologie nannte. Die Rassenhygiene hatte den Schein des Objektiven für sich, der 1933 offenbar nur schwer zu durchschauen war. Um so wichtiger ist es, vor dem Hintergrund der historischen Erfahrung des Nationalsozialismus die Bedeutung der methodologischen und wissenschaftstheoretischen Differenz von naturwissenschaftlichem Erklären und geisteswissenschaftlichem Verstehen festzuhalten: Nur eine historisch-kritische Reflexion vermag einen Schutz vor Übergriffen des Biologischen in die soziale und geistige Sphäre zu bieten. Auch die Naturwissenschaften selbst bedürfen dieser Reflexion, denn umgekehrt war

---

13 Ein gutes Beispiel für die „Invasion" der Natur- und Medizinwissenschaften in die Pädagogik bietet der „Fall" Hajo Duken. Duken war Ordinarius für Kinderheilkunde. 1933 wurde er von Fritz Wächtler mit der Führung der gesamten Erwachsenenbildung Thüringens und dem Aufbau der „Deutschen Heimschule" beauftragt; als er später von Jena nach Gießen berufen wurde, übernahm er dort die Leitung des Lehramtes für politische Erziehung der Universität; außerdem beteiligte er sich an der politisch-weltanschaulichen Schulung der Rhein-Mainischen Erziehungsstätte: Heiber, Universität unterm Hakenkreuz, Bd. I, S. 361.

14 R. Uhle, Neues Volk und reine Rasse (1999), S. 281 f.; vgl. I. Pinn, Die „Verwissenschaftlichung" völkischen und rassistischen Gedankenguts am Beispiel der Zeitschrift „Volk und Rasse" (1987).

15 Zit. nach Weingart/Kroll/Bayertz, Rasse, Blut und Gene (1988), S. 496.

auch die Rassenhygiene von sozialen Stereotypen, politischen und weltanschaulichen Ideologien geleitet. Der Versuch, die Differenz von Natur- und Geisteswissenschaften aufzuheben, führte nur dazu, ein gemeinsames Dach unter einer Ideologie zu errichten, die beide Sphären durchdrang und deformierte. Für das Verständnis des nationalsozialistischen Rassismus ist wesentlich, daß die medizinisch-naturwissenschaftliche Sozialeugenik mit völkischen Ideologien aufgeladen wurde und in diesem Sinne eine „Sozialeugenik unter völkischen Vorzeichen" war.

Wir können, um an eine Diskussion, die Heinz-Elmar Tenorth angestoßen hat,[16] anzuknüpfen, für unseren Untersuchungsgegenstand starke Momente der Kontinuität und der Diskontinuität gleichermaßen konstatieren. Kontinuität in den Inhalten: die meisten Ideen waren zum Teil lange vor 1933 formuliert worden, das Dritte Reich war eher die Zeit der Anwendung, Umsetzung und Ausgestaltung. Diskontinuität dagegen auf der Ebene der Institutionalisierung – es gab noch keine Hochschulämter, Prüfungsordnungen, Unterrichtsbücher etc., dies mußte alles neu geschaffen werden, Diskontinuität aber auch in bezug auf die pädagogische Tradition, die von diesen Ideen vor 1933 allenfalls am Rande Notiz genommen hatte. Ähnlich stellt es sich im Hinblick auf die Personen dar: Viele waren völkisch-nationalsozialistisch sozialisiert und werden von daher für ein Denken in Kategorien der „Rasse" aufnahmebereit gewesen sein. Auf der anderen Seite waren zwar die meisten unserer Autoren Pädagogen, der Diskurs wurde jedoch von Biologie-Lehrern und den Rassenbiologen der akademischen Lehrerbildung dominiert. Unter den Vertretern der Wissenschaftlichen Pädagogik selbst gab es letztlich nur wenige, die sich erb- und rassentheoretische Ansätze zu eigen machten. Da sich die Pädagogik als Wissenschaft während der Weimarer Republik primär in einem geisteswissenschaftlichen Kontext etabliert hatte, fehlte es hier an Anschlußmöglichkeiten. Disziplingeschichtlich gesehen stellt der Einbruch der Rassenhygiene in die Pädagogik daher eher ein historisch singuläres Phänomen dar – mit freilich katastrophalen Folgen. Daß dieser ganze „rassenpädagogische Komplex" nach 1945 so schnell verschwand wie er gekommen war, ist allerdings weniger der Beharrungskraft der institutionalisierten Pädagogik als den politischen Umständen zuzurechen. Dieses Verschwinden ist deswegen auch nicht Ausdruck einer strukturellen Unvereinbarkeit mit pädagogischem Denken, sondern mit Grundprinzipien einer universalistischen Moderne, die die Pädagogik ebenso wie die Politik sich zu eigen machen oder zurückweisen kann.

Unsere Untersuchung hat neben dieser disziplingeschichtlichen auch eine interdisziplinäre Ausrichtung. Ziel war, ein wissenschaftsgeschichtliches Feld zu rekonstruieren, in dem sich Pädagogik und „Rassenwissenschaft" überschneiden, und ein Kompendium bereitzustellen, das als Materialgrundlage und Ausgangspunkt für weitere Forschungen zum Nationalsozialismus und zur allgemeinen Wissenschaftsgeschichte dienen kann.

---

16   H.-E. Tenorth, Deutsche Erziehungswissenschaft 1930 bis 1945 (1986); Erziehung und Erziehungswissenschaft von 1933–1945 (1989). Kritisch dazu A. Hesse, Professoren und Dozenten der preußischen Pädagogischen Akademien (1926 bis 1933) und Hochschulen für Lehrerbildung (1933 bis 1945) (1995), S. 71 ff. – Unsere Ausführungen berühren nicht die Frage nach dem Verhältnis von Kontinuität und Diskontinuität in der deutschen Pädagogik generell, sondern betreffen nur den von uns untersuchten Aspekt der „Rassenpädagogik".

Danksagung

Unsere Forschungsarbeiten wurden über fünf Jahre hinweg von der Deutschen Forschungsgemeinschaft (DFG) gefördert, für deren großzügige Unterstützung wir uns hiermit bedanken möchten. Für kollegialen Rat sind wir u. a. Harald Scholtz und Ulrich Herrmann zu Dank verpflichtet. Unser besonderer Dank gilt Manfred Heinemann, der die Veröffentlichung in der von ihm herausgegebenen Reihe „edition bildung und wissenschaft" des Zentrums für Zeitgeschichte von Bildung und Wissenschaft der Universität Hannover ermöglichte, und dem Akademie Verlag für die Aufnahme unseres Buches in sein wissenschaftliches Programm sowie Peter Heyl für die geduldige Betreuung im Lektorat.

I. Allgemeiner Teil

1. Erziehungswissenschaftliche Aspekte der Rassenhygiene und Rassenpolitik im Dritten Reich

Zum Konzept der „Rassenhygiene"

Eine klare Begriffsbestimmung dessen, was „Rassenhygiene" im Dritten Reich bedeutete, ist nicht ganz einfach, weil es keine einheitliche Terminologie gab und der Rassenbegriff unterschiedlich verwendet wurde. Da die Studien- und Prüfungsordnungen an Universitäten und Hochschulen eine gewisse Präzisierung erzwangen, halten wir uns zunächst an die hier anzutreffenden Unterscheidungen. In den medizinischen Ausbildungsordnungen war folgender Fächerkomplex vorgeschrieben:

1. Vererbungslehre und Rassenkunde
2. Bevölkerungspolitik
3. Menschliche Erblehre als Grundlage der Rassenhygiene
4. Rassenhygiene [1]

Rassenkunde wurde zumeist als eine anthropologische, Rassenhygiene als eine medizinische Wissenschaft mit einer klinischen Orientierung verstanden. Die (anthropologisch ausgerichtete) Rassenkunde hatte ihren primären Ort in der Regel in den naturwissenschaftlichen, die Rassenhygiene in den medizinischen Fakultäten. Die Rassenanthropologie beruht auf einer Verknüpfung der Erblehre mit der Anthropologie; sie arbeitete mit bestimmten Meßmethoden wie Körpervermessungen und Blutgruppenbestimmungen. Menschliche Erblehre oder auch Erbbiologie entspricht dem heutigen Begriff der Humangenetik; sie bildete die Grundlage der Rassenhygiene, heute Eugenik, als anwendungsbezogener klinischer Wissenschaft. Die Bevölkerungswissenschaft beschäftigte sich mit dem sozialen Kontext der Rassenkunde und -hygiene (Fortpflanzungsverhalten, Familienpolitik etc.).

In der Lehrerbildung wurde das Fachgebiet „Rassenkunde und Vererbungslehre" institutionalisiert (in der Regel verbunden mit Methodik des naturkundlichen Unterrichts). Dahinter stand das Bestreben, die anthropologischen und medizinischen Grundlagen der Rassenhygiene als einen Themenbereich primär des Biologieunterrichts zu einem Gebiet zusammenzufassen;

---

1 Für Medizinstudenten war der Besuch von Lehrveranstaltungen in allen vier Gebieten obligatorisch. Veranstaltungen der Vererbungslehre, Rassen- und Bevölkerungskunde mußten im vorklinischen, der menschlichen Erblehre und Rassenhygiene im klinischen Stadium der Ausbildung besucht werden. Für alle Themenbereiche zusammen waren 10 Semesterwochenstunden vorgeschrieben. Rassenhygiene wurde 1936 als Prüfungsgebiet im Fach Hygiene eingeführt, allerdings nur dort, wo es auch qualifizierte Fachvertreter gab; vollwertiges Prüfungsfach wurde es 1939, als die neue Studienordnung für Humanmedizin in Kraft trat. Siehe hierzu van den Bussche, Im Dienste der „Volksgemeinschaft" (1989), S. 101 f. und 133 ff.; vgl. Weingart/Kroll/Bayertz, Rasse, Blut und Gene (1988), S. 435.

in der Literatur ist deshalb auch oft vereinheitlichend von „Rassenbiologie" die Rede. Darüber hinaus waren Rassenkunde und Vererbungslehre aber auch Bestandteil der allgemeinen Grundausbildung für alle Lehramtsstudenten. Die Verordnung über die Einführung von Vererbungslehre und Rassenkunde an den Schulen (1933/1935) wies ausdrücklich an, rassenkundliche Themen auch in anderen Fächern, vor allem im Geschichts- und Erdkundeunterricht zu berücksichtigen.[2] Rassenkunde als Unterrichtsgrundsatz wurde daher auch in einem übergreifenden Sinn als grundlegend für die Allgemeinbildung angesehen, als alles „Rassenfragen" Betreffende. Daraus ergaben sich dann sehr unterschiedliche Thematisierungsmöglichkeiten, wie beispielsweise die Hervorhebung der „kulturschöpferischen Leistungen der nordischen Rasse" in der Geschichte, die Behandlung der Eugenik im antiken Sparta oder die Berechnung der Kosten, die die Betreuung von „Erbkranken" und „Minderwertigen" dem Staat verursachen, im Mathematikunterricht.

Abweichend von den in der Medizingeschichtsschreibung üblichen Unterscheidungen haben wir „Rassenhygiene" als übergreifende Kategorie gewählt, um einen gemeinsamen dynamischen Aspekt zu betonen, der diesen verschiedenen Teilwissenschaften zugrunde lag und in ein gemeinsames politisches Projekt mündete: die „Reinigung" des „Volkskörpers" von diversen unerwünschten Bevölkerungsgruppen, seien es „Erbkranke", „Asoziale" und andere „Minderwertige" oder Juden, „Zigeuner" und andere rassisch definierte Gruppen. Ein weiterer Aspekt betrifft die rassische Neuordnung Europas und die damit verbundene Diskriminierung vor allem der slawischen Völker als „minderwertige Rassen". Dieses „Reinigungsprojekt" war von der völkischen Utopie einer erneuerten, in sich geschlossenen und wehrhaften Volksgemeinschaft begleitet, auf deren Grundlage das Deutsche Reich wieder zu neuer Macht und Stärke heranwachsen sollte. Die andere Seite dieses Reinigungsprojektes war eine Utopie der „Aufartung", in der vor allem die „nordische Idee" eine zentrale Rolle spielte, die Idee, eine neue wehrhafte und heroische Leistungs- und Führungselite zu schaffen.

Dieser dynamische Aspekt verweist auf die Rassenhygiene als eine Mobilisierungsideologie. Es ging ja nicht nur um empirische Daten und theoretische Konstruktionen, sondern letztlich um das Projekt einer Neugestaltung der Gesellschaft insgesamt, und es galt, die Menschen für dieses Projekt zu mobilisieren. Ein solches Mobilisierungsprojekt konnte nicht mehr nur ein szientistisches Projekt sein; es war angewiesen auf eine Rhetorik, eine Ästhetik und eine Didaktik, die Wünsche und Erwartungen anzusprechen vermochten, um kollektive Energien freizusetzen. Rassenhygiene wäre daher auch als eine Mobilisierungsideologie, Rassenpolitik als eine Form charismatischen Handelns aufzufassen.[3] Sehr deutlich läßt sich dies an einer programmatischen Schrift von Walter Gross, dem Leiter des Rassenpolitischen Amtes der NSDAP, ablesen. Gross rief zu einer „seelischen Revolution" auf, ohne eine solche innere Revolution liefen alle staatlich-politischen Maßnahmen ins Leere, ohne sie sei das Schicksal des Volkes besiegelt und sein „biologischer Tod" vorgezeichnet: „Am Ende ist alles zwecklos gewesen, und sie sind versunken im dunklen Schoß der Geschichte, weil sie es nicht fertig bekamen, in der großen Stunde weltanschaulicher Entscheidung zu erkennen, daß jetzt der

---

2 Wiedergegeben in: Fricke-Finkelnburg, Nationalsozialismus und Schule (1989).

3 In dieser Hinsicht scheint uns der Ansatz von Schmuhl interessant, die rassenhygienische Bewegung im Rückgriff auf Max Webers Kategorie des charismatischen Handelns zu deuten: Schmuhl, Rassenhygiene, Nationalsozialismus, Euthanasie (1987).

Einsatz auf diesem Gebiet, daß jetzt der erbarmungslose Wille zur Erneuerung erforderlich war, um all den anderen Einsatz innerlich zu rechtfertigen und zur Vollendung zu führen." An dieser Stelle wies Gross der Erziehung als des wichtigsten Mittels „seelisch-geistiger Beeinflussung der Nation" die entscheidende Rolle zu und postulierte eine rassische Erweckungspädagogik: Erziehung müsse zu einer „Angelegenheit unerhörtester geistiger Aufrüttelung und innerster, tiefster Weltanschauungsumkehr" werden.[4]

Wir verwenden den Begriff der Rassenhygiene daher im folgenden als Oberbegriff für die historisch und politisch folgenreiche Verknüpfung der Eugenik, genauer: der medizinisch-naturwissenschaftlichen Sozialeugenik, mit den Traditionen der Rassenanthropologie und dem völkischen Rassismus, wie er vor allem in der nordischen Bewegung zutage trat, zu einem rassenpolitischen Projekt. „Rassenpolitik" wäre dann als die praktische Umsetzung der Rassenhygiene in diesem Sinn zu verstehen.[5] Unser Interesse gilt den pädagogischen und erziehungswissenschaftlichen Aspekten und Dimensionen dieses Projektes.

1.1 Zur Herausbildung des rassentheoretischen Paradigmas: Historisch-theoretische Voraussetzungen

Die nationalsozialistische Rassenhygiene entstand aus dem Zusammentreffen verschiedener geistiger und wissenschaftlicher Strömungen, die sich im späten 19. und frühen 20. Jahrhundert herausgebildet hatten. Ähnlich wie der Erfolg des Nationalsozialismus in der Integration der unterschiedlichen politischen Fraktionen und Gruppierungen der politischen Rechten zu einer Art Union bestand, beruhte auch der Aufstieg der rassenhygienischen Bewegung auf integrativen Verknüpfungen: In der Rassenhygiene flossen sozialdarwinistische, eugenische, rassenanthropologische und völkische Aspekte zu einem neuen Paradigma zusammen. Diese vier Strömungen steuerten jeweils theoretische Elemente bei, die für die Herausbildung der nationalsozialistischen Rassenhygiene konstitutiv waren. Ihnen korrespondieren gewissermaßen die Opfergruppen der rassenhygienischen und -politischen Maßnahmen: „Asoziale", Erbkranke, „Fremdrassische" bzw. „Artfremde" sowie „Fremdvölkische" und Gemeinschaftsfremde".

Der Sozialdarwinismus, im späten 19. Jahrhundert entstanden, zielte auf eine „Wiederherstellung" der „natürlichen Auslese" in der Gesellschaft, auf eine soziale Differenzierung nach Leistung und „naturgegebenen" Fähigkeiten, und damit verbunden auf eine Bildungsreform, die das Prinzip formaler Chancengleichheit in den Mittelpunkt stellte, damit sich die „natürlichen", vermeintlich angeborenen Begabungen ungehindert entfalten könnten. Dies sollte mit einer Unterrichtsreform verbunden sein, in der nutzenbezogene Inhalte ein stärkeres Gewicht erhielten und die Darwinsche Entwicklungslehre den Platz der alten Religion einnähme.[6] Die Eugenik, die in Deutschland seit dem bahnbrechenden Werk von Ploetz unter dem Begriff der „Rassenhygiene" firmierte,[7] strebte eine erbgesunde Gesellschaft an: Förderung der Fort-

---

4 Gross, Rassenpolitische Erziehung (1935).
5 Vgl. G. Bock, Krankenmord, Judenmord und nationalsozialistische Rassenpolitik (1991).
6 Paradigmatisch hierfür: Alexander Tille, Volksdienst (1893).
7 Alfred Ploetz, Die Tüchtigkeit unserer Rasse und der Schutz der Schwachen (1895).

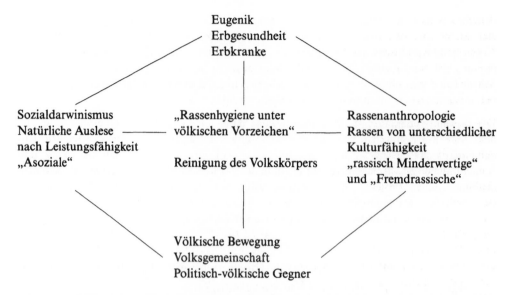

pflanzung Erbgesunder, Eindämmung der Fortpflanzung Erbkranker oder vom „Erbwert"
her „Minderwertiger". Den ersten ausgearbeiteten Entwurf einer sozialeugenischen Politik
lieferte Schallmeyer, und bei ihm findet man bereits im Kern alle Elemente, die die sozialeugenische Politik in der Folgezeit leiten sollten. Auch Schallmeyer strebte eine Gesellschafts-
reform an, die mehr Chancengleichheit und Leistungsgerechtigkeit versprach. Von der
Bildungspolitik forderte er die Einführung eines rassehygienischen Unterrichts, eine Schulreform, die die Entwicklung der geistigen Fähigkeiten und Begabungen fördert, eine stärkere
Betonung des gegenwarts- und nutzenbezogenen Unterrichts und eine Verkürzung der Schul-
zeiten, damit die „Begabten" schneller zur Familiengründung kommen und sich fortpflanzen
können. Künftig sollten die Schulen zur „Moral des Rassedienstes" erziehen: An die Stelle der
christlichen Nächstenliebe, die durch die Hilfe für die Schwachen zur Degeneration der
menschlichen Rasse beitrage, sollte die generative Ethik der „Fernstenliebe" treten, eine
Ethik, die das Wohl der künftigen Generationen über das der lebenden stelle. Hinzu kamen in
Schallmeyers Programm kulturelle und gesellschaftliche Reformen wie die Propagierung eines
„Kults der Familie", gesellschaftliche Privilegien für Kinderreiche bei gesunden Kindern –
unter anderem schlug Schallmeyer öffentliche Ehrungen sowie ein Männer-Wahlrecht vor, bei
dem das Stimmrecht nach Familienstatus und Zahl der Kinder gewichtet werden sollte; dazu
entsprechende finanzielle Unterstützungen und steuerliche Begünstigungen. Als Maßnahmen
einer unmittelbar eugenischen Politik forderte er die Einführung von „Erbkatasterämtern"
mit der Aufgabe der erbbiologischen Bestandsaufnahme der Bevölkerung, die Einführung
erbgesundheitsärztlicher Untersuchungen vor der Eheschließung, die gegebenenfalls unter-
sagt werden sollte, und die Sterilisierung und Zwangsasylierung von „gemeingefährlichen
Irren", Gewohnheitsverbrechern und anderen „Schädlingen" der Gesellschaft.[8] Der sozial-

---

8 Wilhelm Schallmeyer, Vererbung und Auslese (1918). Die erste Auflage war bereits 1903 erschienen, sein reformpolitisches Programm hatte Schallmeyer aber erst in der späteren Fassung ausgearbeitet.

demokratische Eugeniker Grotjahn erweiterte in den 20er Jahren die Gruppe derer, die es zu sterilisieren und zu „asylieren" galt, um einen ganzen Katalog „Belasteter": Landstreicher, Arbeitsscheue, Hausierbettler, Trunkenbolde, Verbrecher, Prostituierte und Zuhälter, für die er eine „fast ausschließlich erblich bedingte Minderwertigkeit" unterstellte, sowie „Blöd- und Schwachsinnige", Geisteskranke, Epileptiker, anstaltsbedürftige Blinde, Taubstumme, Krüppel, Invalide und Sieche etc.[9]

Das rassenhygienische Projekt war anfangs noch nicht „rassistisch" in dem Sinn, daß es eindeutig wertende Unterscheidungen zwischen verschiedenen menschlichen Rassen traf. Bei Schallmeyer etwa spielten solche Wertungen keine Rolle, weshalb er auch von Rasse- statt Rassenhygiene sprach. Erst die Verknüpfung mit Kategorien der Rassenanthropologie, speziell den Thesen von der Höherwertigkeit und Überlegenheit der arischen und insbesondere der nordischen Rasse, wie sie von Gobineau oder Houston Stewart Chamberlain kamen, machte sie zu einer rassistischen Bewegung. Sehr früh wird dies bereits bei Ploetz sichtbar, der die „Westarier" zum führenden Kulturvolk der Erde erhob und schon vor dem Ersten Weltkrieg Mitglied nordisch-germanischer Vereine war.[10] Grundlegend und systematisch wird diese Verknüpfung dann bei Fritz Lenz, der bereits in den 20er Jahren den ersten Lehrstuhl für Rassenhygiene in Deutschland erhielt. Schon 1921 stellte Lenz Behauptungen auf von der Art, daß das nordische Blut stärker in den höheren Ständen und in deutschen Professoren fließe, nordische Typen aber in geringerem Maße an Verbrechen beteiligt seien etc. Lenz glaubte, Begabungsunterschiede zwischen den Rassen in Europa ausgemacht zu haben, nach denen die durchschnittliche Begabung aufgrund des höheren Anteils der nordischen Rasse in Nordwesteuropa am höchsten ausgeprägt sei, während sie in Süd- und Osteuropa am geringsten ausfalle.[11]

Die völkische Bewegung war von der Utopie einer Volksgemeinschaft ohne soziale Antagonismen getragen. Den Hintergrund bildete die Kulturkritik der Jahrhundertwende, insbesondere die Ablehnung der modernen Industriegesellschaft angelsächsischer Prägung: An die Stelle der liberalen Vertragsgesellschaft sollte eine Gemeinschaft aus Führer-Gefolgschafts- und Treuebanden treten, in der die organische Ordnung des Volksganzen Priorität gegenüber den Freiheitsansprüchen des Individuums hätte. Hinzu kam die historisch spezifische Erfahrung des Ersten Weltkriegs und der Revolution von 1918/19. Das „Kameradschaftserlebnis in den Schützengräben" wurde zum gemeinschaftsstiftenden Leitbild der Zukunft, während der revolutionäre Umsturz zum Synonym für einen Zerfall staatlich-gemeinschaftlicher Ordnung wurde, durch den die militärische Niederlage wesentlich mit verschuldet worden sei. Die völkische Bewegung zielte auf einen starken, auf eine geschlossene Volksgemeinschaft gegründeten Staat ab, der die eigenen nationalen Interessen über die der Völkergemeinschaft stellte.

Unter den Rassenhygienikern war es vor allem Lenz, der eugenische Forderungen mit völkisch-nationalistischen Ideen verknüpfte. So schlug er unter anderem eine rassenhygienische

---

9 Alfred Grotjahn, Die Hygiene der menschlichen Fortpflanzung (1926), S. 331 ff. Zur Rezeption der „Rassenhygiene" in der Sozialdemokratie siehe D. Byer, Rassenhygiene und Wohlfahrtspflege (1988); S. Kühl, Die Internationale der Rassisten (1997).

10 Peter Emil Becker, Zur Geschichte der Rassenhygiene (1988), S. 83 ff.

11 Fritz Lenz, Menschliche Erblichkeitslehre (1921), S. 62 ff.; ders., Über die biologischen Grundlagen der Erziehung (1925), S. 26.

Kontrolle der Einwanderung vor; die Einwanderung von Osteuropäern müsse ganz unterbunden werden, während Rußland ein künftiges Ziel deutscher Kolonisation werden könne, „sobald der Bolschewismus abgewirtschaftet" habe.[12] Lenz sah auch wie Hans F. K. Günther, der führende Theoretiker der „nordischen Bewegung", ein zentrales gesellschaftspolitisches Ziel in der Stärkung eines „germanischen gesunden Bauerntums", um den fortschreitenden Industrialisierungs- und Urbanisierungsprozessen entgegenzusteuern, weil sie zur „rassischen Degeneration" führten. Er wollte eine neue landbesitzende bäuerliche Führungsschicht etablieren, denn nur die bäuerliche Landbevölkerung sei berufen, die „Quelle der Rassentüchtigkeit" zu bilden. Der Staat solle Grundbesitz als Lehen an „ausgesucht rassetüchtige Familien" vergeben, die ihren Besitz nur so lange weitervererben dürften, wie sie eine ausreichende Zahl erbgesunder und leistungstüchtiger Kinder hervorbrächten.[13] Solche Ideen wurden von Richard Walter Darré, dem späteren Reichsernährungsminister, und Hans F. K. Günther weiterentwickelt und fanden schließlich eine Konkretisierung in den Siedlungs- und Kolonisierungsplänen der SS, etwa im Konzept der „Wehrbauernhöfe" für verdiente SS-Führer im besetzten Osten.

Lenz war in mehrfacher Hinsicht eine Schlüsselgestalt für die Herausbildung einer nationalsozialistischen Rassenhygiene. Mit seiner Schrift „Über die biologischen Grundlagen der Erziehung" (1925) wurde er auch zu einem einflußreichen Wegbereiter der Rezeption rassenhygienischer Ideen in der Pädagogik. Lenz zog den Möglichkeiten der Erziehung enge Grenzen. Erziehung, erläuterte er, sei ein Anpassungsvorgang, der eine in der erblichen Anlage begründete Erziehbarkeit voraussetze. Nach seiner Auffassung sind auch die meisten „seelischen Anomalien" und Formen sozialer Verwahrlosung in den Anlagen begründet, sie bezeugen gewissermaßen einen erblich bedingten Mangel an Erziehbarkeit. Und Lenz zog daher jenen für die sozialdarwinistische Rassenhygiene charakteristischen Umkehrschluß, der den Sozialisationsbedingungen kaum noch Bedeutung schenkt: „Eltern, die ihre Kinder verwahrlosen lassen, sind selber meist minderwertig veranlagt; und derartige minderwertige Erbanlagen häufen sich infolge des Umstands, daß geistig Minderwertige meist nur ebenfalls minderwertige Ehegenossen bekommen …, so entstehen durch Zusammenfließen schließlich große Ströme minderwertigen Blutes."[14] Die Veranlagung erzeugt die Umwelt, in der ein Mensch lebt, daher sind auch schulische Leistungen und wirtschaftliche Lage weitgehend durch die Anlagen bestimmt.

Lenz wies der Erziehung aber zugleich wichtige Aufgaben zu, vor allem Funktionen der sozialen Selektion und der rassenhygienischen Erziehung. Das Bildungssystem müsse dafür sorgen, „daß der richtige Mann an den richtigen Platz kommt". Die natürliche Begabung müsse rechtzeitig erkannt und gefördert werden. Lenz machte sich die Forderungen nach mehr Chancengleichheit im Bildungssystem, wie sie von Tille oder Schallmeyer erhoben worden war, allerdings nicht zu eigen.[15] Für ihn stand fest, daß sich in Bildungsleistungen und wirt-

---

12 Menschliche Erblichkeitslehre (1921), S. 163.
13 Ebd., S. 158 ff.
14 Über die biologischen Grundlagen der Erziehung (1925), S. 16 f.
15 Insgesamt ist Lenz' Denken von einem völkischen Konservativismus durchzogen; dieser Konservativismus zeigt sich z. B. auch darin, daß er unter den Aufgaben der Erziehung die Gewöhnung an Arbeit und Pflichterfüllung für wichtiger als die Vermittlung von Wissen hielt (Menschliche Erblichkeitslehre, S. 170).

schaftlicher Leistungskraft immer schon Unterschiede der natürlichen Fähigkeiten und Anlagen ausdrücken; den Demokratisierungsbestrebungen der Weimarer Republik, die auf mehr Chancengleichheit im Bildungssystem abzielten, stand er deshalb ablehnend gegenüber. Überzogenes Gleichheitsdenken und die Ideologie der Einheitsschule würden nur dazu führen, daß sich die Begabten dem Lerntempo der Unbegabten anpassen müßten und sie deswegen unnötig lange im Bildungssystem festgehalten würden. Sie kämen erst spät zur beruflichen Selbständigkeit und zur Familiengründung, und darin liege einer der Gründe dafür, daß gerade die intelligenteren und begabteren Bevölkerungsschichten immer weniger Kinder hervorbrächten. Ein weiteres Argument, das von Lenz und anderen Rassenhygienikern im Zusammenhang mit der Kritik an den zu langen Bildungszeiten immer wieder genannt wurde, war, daß junge Männer, die längst im heiratsfähigen Alter seien, aber auf den Hochschulen festgehalten würden, notgedrungen eine Kompensation für ihr eingeschränktes Sexualleben bei Prostituierten suchen müßten. Hier holten sie sich allzu häufig Geschlechtskrankheiten, die einen großen Teil von ihnen in Unfruchtbarkeit zurücklasse – 40% aller Männer würden im Laufe ihres Lebens an Syphilis erkranken. Lenz brachte das auf die einfache Formel: „Jedes Jahr Verlängerung der Ausbildungszeit bedeutet einen großen Prozentsatz Syphilis mehr der jungen Leute der geistigen Berufe."[16] Umgekehrt begünstige die soziale Unterstützung der Schwachen deren ungehemmte Fortpflanzung – ungehemmt auch deswegen, weil die unteren sozialen Schichten weniger verantwortungsbewußt in der Familienplanung seien, ein Argument, das im Sterilisierungsdiskurs immer wieder auftaucht. Lenz warnte noch 1943 vor den „Dummen, die nicht gerade schwachsinnig sind", aber überdurchschnittlich viele Kinder hätten, unter denen dann wieder überproportional häufig Fälle von Schwachsinn aufträten. Der Niedergang der Rasse drohe weniger von den schwer Erbkranken, die oft gar nicht in der Lage seien, eine Familie zu gründen, sondern vielmehr von der überproportionalen Vermehrung der „Minderbegabten".[17]

Lange vor 1933 hatte Lenz mit dem gleichen Argument schon die Sterilisierung der „allermeisten Hilfsschüler" befürwortet.[18] Die bildungs- und gesellschaftspolitischen Reformen der Weimarer Republik trugen nach seiner Auffassung dazu bei, den natürlichen Zusammenhang von Begabung und Fortpflanzung auf den Kopf zu stellen. Das Resultat sei, daß die Gesellschaft langfristig immer mehr „verdummt". Lenz hatte auch maßgeblichen Anteil an der Etablierung eines bildungssoziologisch-rassenhygienischen Forschungsparadigmas in den 20er Jahren, das diese These durch empirische Untersuchungen zum Zusammenhang von Fortpflanzungsverhalten der Eltern und Schulleistungen der Kinder wissenschaftlich untermauern sollte.[19] Für ihn hieß die Lösung des Problems Verkürzung der Bildungszeiten und Verschärfung der Selektion. Verschärfung der Selektion beinhaltete eine möglichst frühe Trennung der Begabten von den Unbegabten: „Die Sonderung kann gar nicht früh genug einsetzen". Und die Begabten müßten unter sich bleiben: „Für die begabten Kinder ist der Wettbewerb mit ihresgleichen nötig; das beugt auch am besten dem Hochmut vor, während der allzuleichte

---

16 Über die biologischen Grundlagen der Erziehung (1925), S. 41.

17 Gedanken zur Rassenhygiene (1943).

18 Höck, Hilfsschule im Dritten Reich (1979), S. 98.

19 Im „Archiv für Rassen- und Gesellschaftsbiologie", dessen Mitherausgeber Lenz war, erschienen regelmäßig Ergebnisse solcher Untersuchungen, viele davon waren von Lenz selbst angeleitet oder angestoßen worden: H.-C. Harten, Pädagogik und Eugenik (1997).

Sieg im Wettbewerb mit den Unbegabten gerade Überhebung zur Folge hat statt der durch die ‚Einheitsschule' angestrebten Stärkung des Gemeinschaftsgefühls."[20]

Der wichtigste Vertreter einer sozialdarwinistisch und rassenhygienisch argumentierenden Bildungssoziologie in den 30er Jahren war der Sächsische Volksbildungsminister Wilhelm Hartnacke. In zahlreichen Publikationen vertrat er die Auffassung, daß das Bildungssystem der Weimarer Republik „kontraselektiv" wirke. „Volkstod durch Bildungswahn" – so der Titel eines seiner Werke – sei die Folge. Die Hauptaufgabe der Schule sah er demzufolge in der frühzeitigen Auslese der „Menschen geistiger Leistungskraft"; Quelle dieser Kraft sei aber das „Bluterbe". Wichtigstes Ziel der Erziehung war für ihn die „Züchtung" eines „politischen Bildungsadels" durch Auslese der „oberen Leistungsgruppe" in der höheren Schule.[21] Während des Nationalsozialismus sind solche Überlegungen zur Auslesefunktion der Schule unter rassenhygienischen Gesichtspunkten dann vor allem von Alfred Eydt weitergeführt und stärker mit dem Aspekt der „Ausmerze" als einer Hauptfunktion der Volksschule verknüpft worden. Eydt wertete die Volksschule als Ort der „Auslese und Ausmerze" wieder auf; denn durch verschärfte Leistungsanforderungen könne die Volksschule zum zentralen Ort für das Erkennen der „Minderbegabten und Schwachsinnigen" werden, die in die Hilfsschule als Sammelbecken der potentiellen Sterilisierungskandidaten auszusondern seien.[22]

Hartnacke war ein Freund und Förderer Hans F. K. Günthers, auch dieser ein engagierter Verfechter der Idee eines Bildungssystems der „Ungleichbehandlung", um der erblichen Ungleichheit Rechnung zu tragen. Die Schule müsse „mitwirken an der Befriedung der deutschen Führerschicht, eine Schicht ausgelesener Familien, aus deren Verschwägerungen immer wieder die Erzeugung Höchstbegabter erwartet werden darf."[23] In Günthers verstreuten pädagogischen und bildungspolitischen Bemerkungen kehrt alles schon Bekannte wieder. Neu war seine Argumentation gegen eine akademische Volksschullehrerbildung: Sie würde die Volksschullehrer dem Volk und dem Land entfremden.[24] Denn Günthers Hauptsorge galt den vermeintlich degenerativen Wirkungen der Verstädterung. In der Verstädterung erblickte er auch die Hauptursache für den Niedergang der nordischen Rasse, weil deren natürliche Lebensform das Landleben sei. Die „Norder" waren für ihn zugleich die „kulturschöpferische" Rasse schlechthin, die die Natur zum Heldentum und für Führungsaufgaben bestimmt habe. Daraus folgte die Utopie eines erneuerten nordischen Landadels, von Günthers Freund Darré prägnant als „Neuadel aus Blut und Boden" formuliert.[25] Doch es gab nach Günther

---

20 Über die biologischen Grundlagen der Erziehung (1925), S. 40. Lenz' Vorschläge zielten letztlich darauf ab, die allgemeine Volksschule wieder abzuschaffen, denn für die begabten Kinder wollte er eine dreijährige Vorschule einführen (ebd., S. 39).

21 Wilhelm Hartnacke, Seelenkunde vom Erbgedanken aus (1940), S. 122; Die Ungeborenen (1936).

22 H.-C. Harten, Rasse und Erziehung (1993).

23 Günther, Führeradel durch Sippenpflege (1936), S. 122.

24 Die Nationalsozialisten führten 1933 eine einheitliche akademische Volksschullehrerbildung ein; erst die Umwandlung der Hochschulen für Lehrerbildung in Lehrerbildungsanstalten während des Krieges dürfte Günthers Vorstellungen entsprochen haben.

25 Der neue Adel, das wandte Günther gegen Pareto ein, könne nicht nur eine Leistungselite sein, er müsse vielmehr ein Adel aus Leistung und „Artung", Anlage sein; denn eine äußerlich sichtbare Leistung könne auch das Ergebnis von Hemmungs- und Rücksichtslosigkeit sein, echter Adel der Artung zeige sich dagegen in richtiger Gattenwahl, sie sei seine eigentliche Bewährungsprobe.

schon lange nur noch wenig reinrassige Norder, die Deutschen seien längst ein Mischvolk geworden. Die Chance zur „Aufartung" und „Wiedervernordung" lag andererseits darin, daß in den meisten Deutschen noch ein nordischer Blutsanteil floß, der ein gemeinsames Band und damit auch die Möglichkeit einer nordischen Volksgemeinschaft schuf. In Günthers Rassenanthropologie setzte sich das deutsche Volk aus nordischen, fälischen, westischen, dinarischen, ostischen und ostbaltischen Rassenanteilen zusammen, welche die in Europa vorkommenden arischen Rassentypen bildeten. Die nordischen und fälischen waren die wertvollsten Rassentypen, sie bildeten zugleich den rassischen Kern des deutschen Volkes. Den Anteil der „reinrassigen Norder" bestimmte Günther auf etwa 6 %, in den Rassenmischungen mache das „nordische Blut" mit rd. 50 % aber den Hauptanteil aus. Schon 1920 – damals identifizierte er das „Nordische" primär mit dem „Heldischen" – hatte Günther das Projekt einer nordrassischen Volksgemeinschaft als Zukunftsaufgabe formuliert und, in Abwandlung des Kantschen kategorischen Imperativs, ein „nordrassisches Sittengesetz" für künftiges politisches Handeln aufgestellt: „Handle so, daß du die Richtung deines Willens jederzeit als Grundrichtung einer nordrassischen Gesetzgebung denken könntest ... So müßte der Staatsgrundsatz eines heldischen Staates lauten, an ihm würden die Männer gemessen, von denen die heldische Staatskunst kommen soll: Eine heldische Gesetzgebung, eine Rassengesetzgebung, das hieße, das Erbe der nordischen Väter zum Eigenbesitz erwerben, hieße, das alte Wahre ergreifen. Gesetzlichkeit des einzelnen und Gesetzlichkeit seiner Rasse, heldische Sittlichkeit und Sittlichkeit eines ganzen heldischen Volkes müssen sich finden und einen im Ursatz einer rassischen Gesetzgebung." [26] Dieses Sittengesetz bildete auch die Grundlage einer nordischen Erweckungspädagogik: die „Ansprache" und Erweckung des nordischen Blutsanteils durch eine Erziehung, die den „Willen zum heldischen Leben" und zur „nordischen Art" wachrufe. Günther nahm zwar das ganze sozialeugenische und bildungspolitische Programm der rassenhygienischen Bewegung auf, und er verfaßte 1941 auch noch ein Buch zur eugenischen Gattenwahl, im Mittelpunkt seiner Pädagogik standen aber Überlegungen, die stärker aus der völkischen geisteswissenschaftlichen Tradition kamen, vor allem ein ästhetisches Konzept der Erziehung, das kulturelle und biologische Aspekte miteinander verknüpfte. Primär ging es ihm darum, ein „völkisches Bildungsvorbild" aufzustellen; über den Unterricht sollte das Idealbild des nordisch-heldischen Menschen zum Auslesevorbild der jungen Generation werden. Aufgabe des Unterrichts sei es, auf der Grundlage dieses nordisch-völkischen Bildungsideals zum auslesenden Blick zu erziehen, der später auch die Gattenwahl leiten würde. Daraus folgte ein Bildungskonzept, das rassenanthropologisch-hygienische und geisteswissenschaftliche Bildungsgehalte (etwa die Geschichte der „nordisch-heldischen" Kultur) miteinander verknüpfte.

In diesem Sinn stellte Günther eine Vermittlung zwischen Rassenhygiene und völkischer Bewegung her. Ludwig Ferdinand Clauss, nach Günther der prominenteste Autor der nordischen Bewegung, knüpfte hieran an und rückte die „Ausbildung des Blicks" in den Mittel-

---

Deshalb könne zum Beispiel der Vertreter einer bereits als adelsfähig befundenen Familie nicht geadelt werden, ehe er durch die Richtung seiner Gattenwahl nicht den Willen zur weiteren „Hinaufpflanzung" seiner Familie bewiesen habe; ebenso müsse bei falscher Gattenwahl Entadelung und „Verlust des Wappens" eintreten. Günther, Zur Frage der Begründung eines Neuadels (1934).

26 Günther, Ritter, Tod und Teufel (1920), S. 159.

punkt einer rassenpsychologischen Phänomenologie. In seinen Büchern beschrieb er vor allem anhand von photographischen Abbildungen die unterschiedlichen Stilformen des „rassentypischen" Erlebens und Ausdrucksverhaltens im Hinblick auf Mimik, Gestik, Haltung usw. Dahinter stand auch die pädagogische Absicht, den Blick an idealtypischen Stilgestalten so zu schulen, daß er die vermeintlich reine, einheitliche Gestalt der Rasse erfaßt; damit würde der Boden für eine Erziehung zur Entscheidung für den nordischen Stil bereitet. Denn wenn die Deutschen auch ein gemischtrassisches Volk seien, so könne doch mehr oder weniger jeder sich für den nordischen Anteil in ihm, für das Gesetz des nordischen Erlebens entscheiden. Clauss begriff dies als eine völkische Aufgabe, als Entscheidung zur deutschen Volksgemeinschaft, die für ihn nur unter der Dominanz des nordrassischen Artgesetzes denkbar war. Er begriff dies als eine ständige Aufgabe, die sich in der alltäglichen Entscheidung stellt, die Stile anderen Erlebens zurückzudrängen, damit das nordische Gesetz immer reiner hervortreten könne: „Das Nordische wecken, ihm den Vorzug in der Entfaltung geben und ihm so zur Herrschaft helfen in uns selbst und in der kommenden Gesellschaft."[27] Den „nordischen Typus" beschrieb Clauss als „Leistungstyp", der der Welt aus innerem Abstand und selbständig entgegentritt und sie als Herausforderung erlebt, die es zu meistern gilt – seine Theorie der „nordischen Seele" läßt sich unschwer als eine biologistische Umdeutung der protestantischen Ethik verstehen.[28]

Die „nordische Rassenpädagogik" erweiterte den Aufgabenhorizont der Pädagogik und machte die Rassenhygiene auch für die Geisteswissenschaften anschlußfähig. Denn wenn es nicht nur um Erbgesundheit, sondern auch Rassenreinheit ging, die Rassenreinheit aber längst verlorengegangen schien, dann erhielt die historisch-kulturelle Bildung eine erhöhte Bedeutung beim „Wiederfinden des Auslesevorbildes". Günther skizzierte zum Beispiel ein Curriculum, das germanisches Heldenepos und Romantik des Rittertums, Leibeserziehung und rassenhygienischen Unterricht und – als krönenden Abschluß – die hellenistische Bildungswelt zu einem Ganzen zusammenfügte. Seine rassenhygienische wie pädagogische Utopie war eine „nordisch-hellenische Synthese", denn in der griechischen Antike habe das Nordische zuerst seinen schöpferischen Ausdruck gefunden.[29] Günther postulierte eine „biologische Ästhetik", eine Neuauflage des platonischen Vollkommenheitsideals auf der Grundlage einer „deutschen Lehre vom Schön-Tüchtigen". Sie sollte das „Zuchtvorbild" aufstellen und so zum auslesenden Blick erziehen, damit sich die völkischen Bildungswerte in möglichst vielen vorbildlichen Geschlechtern „verleiblichen". Schillers Idee der ästhetischen Erziehung erfuhr hier eine völkisch-rassenhygienische Umdeutung.[30]

Clauss teilte solche Vorstellungen, und er betonte daher auch viel stärker als noch Lenz die Bedeutung der Erziehung: „Das Rassenseelische im Menschen ist erziehbar. Erziehen heißt hier: Führen zur Entscheidung … Zur nordischen Entscheidung führen kann man letzten Endes … nur durch ein Dasein als Vorbild. Erziehen heißt hier: den Zögling zum Gefolgsmann großer Vorbilder machen, deren Leben … ein Leben durch nordische Entscheidung war. Erziehen heißt hier vor allem: selbst ein Vorbild nordischen Entscheidungslebens

---

27 Clauss, Rasse und Seele (1926), hier zit. nach der Ausgabe von 1940, S. 89.
28 Essner, Im „Irrgarten der Rassenlogik" (1994).
29 Günther, Erziehung der Jugend zum Nordischen Gedanken (1930).
30 Günther, Platon als Hüter des Lebens (1928).

sein."[31] Diese Vorbilder findet man vor allem im historischen und mythischen Erbe. Clauss'
Version der Rassenhygiene war eine Eugenik auf der Grundlage einer ästhetischen Erziehung,
die die „Erbganzheit" von Körper, Seele und Geist wieder zum Leben erwecken sollte. Er
gründete diese Erwartung auf ein existentielles Urerlebnis, das im Mittelpunkt der nordischen
Pädagogik stehen müsse: den Durchbruch zum „Sieg des nordischen Artgesetzes". Diesem
Urerleben wiederum gab Clauss eine mythische Bedeutung, nämlich die geistige, erlebte Wie-
derholung jener „Tat der Eroberung", „durch die ja einmal auch unser deutsches Volk entstanden ist, indem nordische Eroberer Herrschaft übten über Unterworfene von fremder
Art".[32] Nordische Erziehung bedeutete für ihn also immer auch Erziehung zu Heldentum, zu
Führerschaft und zur Ausübung von Herrschaft, erst darin finde die nordische Rasse zu ihrer
„artgemäßen" Bestimmung. Und sie brauchte die historisch-kulturelle Bildung, die Helden-
bilder aus der Geschichte der Antike und der Germanen, um hinter den Vermischungen und
hinter dem Fremden das Eigene als Verheißung und Ansporn zur „Wiedervernordung" wiederzuentdecken. In diesen Formulierungen klingt deutlich der imperialistisch-kolonisatori-
sche Anspruch der „nordischen Bewegung" durch.

Autoren wie Clauss und Günther boten keine Alternative zur Sozialeugenik, sondern sie setzten sie voraus und erweiterten gewissermaßen den politisch-kulturellen Horizont der Rassenhygiene. Dies ist der Hintergrund dafür, daß sie zu den beliebtesten Autoren für die pädagogische *community* wurden. Clauss' Rassenseelenkunde lieferte zudem Anregungen und
Anknüpfungspunkte für die Entwicklung einer rassenpsychologischen Diagnostik, die zwar
als wissenschaftliches Projekt in Ansätzen stecken blieb, in der Praxis aber doch eine nicht zu
unterschätzende Bedeutung gehabt haben dürfte. Unter anderem stützten sich Rassenanthropologen und Eignungsprüfer der SS auch auf seine Methode der psychologischen Deskrip-
tion und Stilanalyse, und nicht wenige Lehrer dürften versucht gewesen sein, ihre Schüler
nach seiner Typologie zu differenzieren und zu beurteilen. Das Bedeutsamste war aber vielleicht das ästhetische Moment, das bei Clauss und Günther eine so herausragende Rolle spielte.
Clauss' Stilanalyse half, die Konzepte der Rassenhygiene auf die Ebene der alltäglichen Wahrnehmung herunterzuholen. Darüber hinaus bewirkte die ästhetische Veranschaulichung, daß
die tiefer liegenden Wünsche hervortraten, die seit je her in der Eugenik wirksam waren und
die die motivationale Basis der rassenhygienischen Mobilisierung bilden. Das sind vor allem
die Träume vom neuen schönen Menschen, in die die sozialen Gruppen ihre kollektiven Idealbilder hineinprojizierten,[33] aber auch die aggressiven Phantasien der „Ausmerze", die diese
Idealbilder als „Gegen-Bilder" erzeugten. Solche Bilder waren in der Welt des Dritten Reichs
weit verbreitet, sie waren, didaktisch geordnet, vor allem auch in den Schulen präsent.

---

31 Rassenseele und Volksgemeinschaft (1935).
32 Clauss, Die nordische Seele (1932), hier zit. nach der Ausgabe von 1939, S. 97.
33 Auch Fritz Lenz war in seinem Denken von einem solchen Idealbild eines neuen schönen Men-
    schen geleitet: „... die allermeisten Menschen in unserer Bevölkerung haben irgendwelche erb-
    lichen Mängel. Gerade die rassenhygienische Einsicht zeigt nun, daß das nicht ein unabänder-
    liches Verhängnis ist; gerade sie zeigt den Weg zur Schönheit und Würde des Menschen ... Daß
    es nicht mehr schöne Menschen gibt, liegt an der Mangelhaftigkeit der Auslese. Wer will, daß es
    mehr Schönheit gebe, der muß daher Rassenhygieniker sein." Zit. nach P. E. Becker, Geschichte
    der Rassenhygiene (1988), S. 152 und 161.

1.2 Bild und Gegenbild – Rassenpädagogische Ästhetik und Didaktik

Im rassenhygienischen Paradigma waren naturwissenschaftliche, medizinische und sozialwissenschaftliche Erkenntnisse und Argumentationen untrennbar mit sozialen Stereotypen,
völkischen Ideologien und auch Utopien vermischt. Erst durch diese Vermischung konnte die
Rassenhygiene die Funktion einer Mobilisierungsideologie annehmen. Als solche hatte sie
einen dialektischen Charakter, und in dieser Dialektik war ihre spezifische Dynamik begründet. Die Rassenhygiene zielte auf eine Politik der negativen Auslese. Die verschiedenen
genannten Gruppen wurden systematisch erfaßt, klassifiziert und mit Fortpflanzungs- und
Bewegungsbeschränkungen belegt. Das Ziel war zunächst nicht ihre Vernichtung, sondern
ihre „Ausschaltung aus dem Erbstrom". Die physische Vernichtung war in diesem Projekt
aber schon angelegt, weil es im völkischen Denken nutz- und sinnlose Existenzen schuf; denn
wenn der existentielle Sinn des einzelnen in der Volksgemeinschaft durch seine Partizipation
am Erbstrom definiert ist, wird das sterilisierte Leben grundlegend entwertet. Die andere
Seite der Rassenhygiene war eine Politik der positiven Auslese. Sie war von der Utopie einer
rassenreinen Gesellschaft erbgesunder Menschen getragen; die Utopie einer Gesellschaft, in
der es keine größeren Konflikte und Differenzen mehr geben würde, weil alle durch das
gemeinsame Blut miteinander verbunden wären; in der die Stimme des Blutes spräche und
man von der anstrengenden Pragmatik diskursiver Auseinandersetzung und Verständigung
befreit wäre. Diese Utopie wurde im Ideal der nordischen Volks- und Rassegemeinschaft aus-
formuliert. Ihre Verwirklichung war an den Prozeß der negativen Auslese gebunden. Zugleich
schien sie der Politik der Aussonderung und Vernichtung eine – auch scheinbar wissenschaftlich begründete – legitimatorische Grundlage zu geben. Die Utopie mobilisierte Vernich-
tungsenergien. Vor allem Himmler hat dies immer hervorgehoben: Vernichtung nicht als
Selbstzweck oder sadistischer Exzeß, sondern als kontrolliertes Opfer, um das Übel mit einem
Schlag zu beseitigen, damit eine reine, gesunde Gemeinschaft entstehen kann. Um dieses
„Opfer" zu vollbringen (und wie Himmler meinte: aushalten zu können), brauchte man
Gegenbilder, Idealbilder, die diesen Reinigungsprozeß als Verheißungen begleiten.

Die ganze rassenhygienische Bewegung war auf die Zukunft, auf ein neues, künftiges Geschlecht gerichtet, und sie zielte auf eine neue Ethik, eine „Ethik der Fernsten- statt der
Nächstenliebe", der es weniger um das Wohl der lebenden als der kommenden, neuen Generation ging, eine Fortpflanzungsethik, die den Kämpfen der Gegenwart den „Kampf um das
Kind" hinzufügte. Darüber hinaus waren Heranwachsende bevorzugte Adressaten der rassenpolitischen und -hygienischen „Aufklärung" und Propaganda. Sie sind leichter formbar und
beeinflußbar als Erwachsene, und die moderne Schule bietet einem totalitären Staat ein effek-
tives Instrument, um eine ganze Generation umzuformen. Deshalb gehörte es zu den wichtigsten schulpolitischen Maßnahmen des Nationalsozialismus, Erb- und Rassenkunde im
Schulunterricht zu verankern, Kinder zum „auslesenden Blick" zu erziehen und ihnen beispielsweise beizubringen, wie man Ahnen- und Sippentafeln erstellt, aber auch, wie man „den
Juden" erkennt und was „Entartung" bedeutet. Bild und Gegenbild – nach diesem Muster
strukturierten sich zahllose pädagogische Schriften und Schulungsmaterialien der Rassenhygiene im Dritten Reich, wobei „Bild" hier für das Wahre, Gute, Ideale, das Gewünschte,
Gegenbild für das Schlechte, Auszusondernde steht. Die Bilder verhalten sich komplementär
zueinander, das positive Wunschbild erzeugt das negative, und dieses wird vom positiven

motiviert. Diese dichotomische Logik lag auch der Rassenanthropologie zugrunde, wie ein Beispiel aus einem didaktischen Text von Friedrich Hayn illustriert:[34]

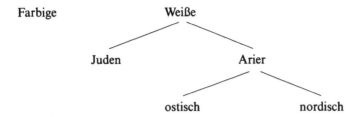

Didaktiker und Medienpädagogen des Dritten Reichs lieferten wichtige Beiträge zur Visualisierung rassistischer Ideologeme und Vorurteilsstrukturen. Graphische Veranschaulichungen und Bilder der rassenhygienischen Ästhetik waren in der didaktischen Literatur des Dritten Reichs weit verbreitet. Ein Beispiel von geradezu programmatischem Charakter sei hier erwähnt: Arthur Hoffmanns zusammen mit Rudolf Frercks verfaßte Schrift „Erbnot und Volksaufartung" mit dem Untertitel „Bild und Gegenbild aus dem Leben zur praktischen rassenhygienischen Schulung" (1934). Die Autoren, die einleitend die Überlegenheit des Bildes über das Wort betonen, gruppieren eine Folge von insgesamt 38 Lichtbildern nach einer dichotomen Logik: einem Hitlerjungen wird ein schwachsinniges Kind gegenübergestellt, zwei kleinen Schlittschuhläuferinnen ein Kind mit zwei Pflegerinnen, einem Reigen froher, gesunder Kinder eine Gruppe von Kindern in einem Fürsorgeheim usw. Arthur Hoffmann, Professor für Psychologie und Pädagogik an der HfL Cottbus und Mitherausgeber der „Zeitschrift für Psychologie und Jugendkunde", war einer der wichtigsten Didaktiker der Erb- und Rassenkunde des Dritten Reichs. Er verfaßte zahlreiche Schüler- und Unterrichtshefte, die zum Teil eine sehr große Verbreitung fanden. Von seinem Arbeitsheft „Rassenhygiene, Erblehre und Familienkunde" (1933) z.B. waren nach drei Jahren bereits 116000 Exemplare erschienen, das Schülerheft „Vom Erbgut und von der Erbgesundheit unseres Volkes" erschien 1934 in einer Auflage von 65000. Das bevorzugte Thema seiner pädagogischen Ästhetik war die Kontrastierung von „gesund" und „krank" entlang eines völkisch-nationalsozialistischen Wertesystems. Dem gesunden Heranwachsenden zum Beispiel, eingereiht in die Formationen der Partei und des nationalsozialistischen Staates, wurde das Bild nutzloser Esser in den Pflegeanstalten gegenübergestellt. Hoffmann verfaßte u.a. auch zusammen mit Ludwig Ferdinand Clauss eine „Vorschule der Rassenkunde".[35] Darin wurden Bilder von „deutschen Rassentypen" zusammengestellt; zwei der 24 Bilder paßten nicht in das Ensemble: ein polnischer Jude und ein „Negerjunge". Aufgabe der Schüler war es, diese Bilder nach verschiedenen Kriterien zu gruppieren und selber herauszufinden, welche nicht hineinpaßten. Die Gegenüberstellung deutscher und jüdischer Kinder findet sich häufig in rassenpädagogischen Werken, insbesondere natürlich in den zahlreichen didaktischen Beiträgen zur Judenfrage; beispielhaft sei das Buch „Die Judenfrage im Unterricht" (1937) des Schulrats Fritz Fink erwähnt, der empfahl, die Kinder mögen „Judenmerkhefte" führen, in die sie alles eintragen, was ihnen tagtäglich in dieser Hinsicht auffiel.

---

34 Hayn, Ein Unterrichtsblock rassenkundlicher Belehrung und rassischer Willensbildung (1934).
35 Auch dieses Werk erschien noch in der vergleichsweise hohen Auflage von 15000 Exemplaren.

Eine Fundgrube für pädagogisch verwertbares Abbildungsmaterial waren die vom Rassenpolitischen Amt der NSDAP herausgegebenen illustrierten Zeitschriften „Neues Volk" und
„Volk und Rasse", die in hohen Auflagen verbreitet wurden. In ihnen waren häufig Bilder von
Juden, „Zigeunern" oder „Mischlingen" zu finden. „Zigeunerkinder" etwa wurden meistens
in verwahrlostem Zustand abgebildet, um das romantische Stereotyp vom umherziehenden
Volk zu widerlegen. Vielleicht noch wichtiger und wirksamer waren die Ausstellungen, die
während des Dritten Reichs gezielt in den Dienst der „Volksaufklärung" und Propaganda
gestellt wurden und die sich modernster Medien bedienten.[36] In der Ausstellung „Gesundes
Leben – Frohes Schaffen" beispielsweise, die 1938 in Berlin stattfand, wurde der „Erbstrom"
durch 9000 Lampen dargestellt; in einem durch das RuSHA gestalteten Raum hingen 100
Fotos mit Antlitzen von SS-Männern, denen Bilder von KZ-Häftlingen gegenübergestellt
waren.[37] Die Rassenhygiene stellte sich in diesen Ausstellungen als moderne, zukunftsgerichtete
Wissenschaft dar, auf eine Weise, deren Suggestivkraft man sich nur schwer entziehen konnte.
Große Schautafeln belegten die Gefahr des rassischen Niedergangs an Hand von Graphiken
und Statistiken, die diese Gefahr als wissenschaftlich begründet erscheinen ließen. Hier wurde
der „Kampf um das Kind" als große völkische Schlacht inszeniert. Solche Graphiken und
Statistiken tauchen auch als Illustrationen, oft verbunden mit Übungsaufgaben, in Unterrichtsbüchern wieder auf.

Diese Bilder sollten die „rassischen Bedrohungen" ebenso wie den „gesunden Volkskörper"
visualisieren und die Heranwachsenden „zum auslesenden Blick" erziehen, damit sie eines
Tages, erwachsen geworden, zur rechten Gattenwahl fähig wären, wie es Hans F. K. Günther
postuliert hatte. Vor diesem Hintergrund wurde die pädagogische Ästhetik ebenso wichtig wie
Heiratsverbote und Sterilisation. Günther machte unter anderem das Eindringen fremdarti-
ger Schönheitsideale ins deutsche Volk seit dem 19. Jahrhundert für den Prozeß der Ent-
nordung und Vermischung verantwortlich.[38] Er behauptete, daß Rassenmischungen häßliche
Menschen hervorbringen und daß der ästhetischen Häßlichkeit wiederum eine sittliche
Schlechtigkeit entspräche, denn der Mischling bleibe eine zwiespältige Gestalt, der innerer
Halt und Charakterfestigkeit abgehe.[39] Für die Schulung des rassischen Sehens wurde vor
allem Clauss' Lichtbild-Methode bedeutsam. Wenn Clauss etwa idealtypische rassenseelische
Formen der Mimik, Gestik und Haltung photographisch zu erfassen suchte, dann hatte dies
nie nur analytischen Sinn, sondern immer auch einen normativen pädagogischen Aspekt: So
sieht nordisches Stehen oder Lachen eben aus, und wer die Wiedervernordung will, der muß
natürlich darauf hinwirken, daß Kinder und Jugendliche ihr „inneres Artgesetz" wiederent-
decken und wieder lernen, so zu stehen oder zu lachen. Vor allem für die Leibeserziehung
ergaben sich hier nützliche Anknüpfungspunkte. Wenn sich die Rasse nicht nur in Haut- oder
Augenfarbe, Körperbau usw. zeigt, sondern auch im Stil des Erlebens, dann sind idealtypische
Darstellungen nordischer Haltung etwa zugleich geeignete Vorlagen für eine Erziehung zu

---

36 M. Roth, Xenophobie und Rassismus in Museen und Ausstellungen (1989).
37 E. Harten, Der nationalsozialistische Regenerationsmythos (1993).
38 Günther, Rassenkunde des deutschen Volkes (1928), S. 387ff.
39 Schultze-Naumburg trug solche Vorstellungen in die Kunstwissenschaft; vor allem stellte er
    Zusammenhänge zwischen Erbkrankheiten und moderner Kunst her und lieferte damit eine
    scheinbar wissenschaftliche Begründung für das Stereotyp der „entarteten Kunst": Paul Schultze-
    Naumburg, Kunst und Rasse (1928).

vorbildlichen Haltungsmustern. Günther forderte eine „vertiefte Auffassung der Leibesübungen", sie sollten dazu beitragen, den „Blick für die Leibesschönheit" zu schulen.[40]

Die Clauss'sche Methode war nur vordergründig bloß deskriptiv und, wie er behauptete, wertfrei; sie begründete nur eine subtilere Form des Rassismus. Clauss verfocht ein Prinzip der „Rassentoleranz", demzufolge jede Rasse ihrer Art gemäß leben sollte. In der Realität lief dies aber auf Entmischung der Rassen hinaus, und genau das war das Ziel der nationalsozialistischen Rassenpolitik. Darüber hinaus verbargen sich hinter den scheinbar einfühlsamen Beschreibungen der Rassenpsychologie durchaus folgenreiche Wertungen. Er behauptete zwar ein Prinzip der Wertfreiheit, schrieb aber in seinen Deskriptionen alle positiven Merkmale fast ausschließlich dem „nordischen Rassetyp" zu.[41] Wir wollen die Vorgehensweise der von Clauss begründeten „Rassenseelenkunde" an einem kleinen Beispiel illustrieren, einer Abhandlung von Hans Burkhardt über das nordische Kindergesicht, erschienen 1942 in der Zeitschrift „Rasse", herausgegeben von der Nordischen Bewegung, deren Schriftleiter Burkhardt zu diesem Zeitpunkt war.[42] Wir stellen diesen Artikel auch deswegen etwas ausführlicher vor, weil er auf paradigmatische Weise die Arbeits- und Argumentationsweise der Rassenpsychologie der Zeit zeigt. Burkhardt hebt die Bedeutung des Lichtbildes als eines Mediums hervor, rassenseelische Ausdrucksgehalte anschaulich zu machen. Seine Vorlagen sind Bilder nordischer Kinder aus Schleswig-Holstein. Er nimmt in seiner Analyse zunächst Günthers Charakterisierung der nordischen Haut zum Ausgangspunkt: helle Farbe, Zartheit, eine besondere Durchsichtigkeit und Lebendigkeit infolge eines „großen Reichtums an Nerven und Blutgefäßen". Burkhardt spricht von einer „optischen Durchsichtigkeit", die die nordische Haut besonders reiz- und eindrucksempfindlich und damit auch besonders ausdrucksfähig mache, ganz anders als beim ostischen bzw. osteuropäischen Rassetypus, dessen Haut auf eine spezifische Dickfelligkeit, Undurchsichtigkeit und Stumpfheit der Seele verweise. Diese besondere Lebhaftigkeit steht im Kontrast zur nordischen Distanz und Kühle. Nach Clauss ist es der Abstand zur Welt, der den Norder kennzeichnet, ein besonders starkes Ich-Gefühl; der Norder will die Welt aus eigenem Willen gestalten und setzt sich ihr daher aus innerer Distanz entgegen, während etwa der Oster danach strebt, in der Masse aufzugehen und der Verantwortung für das eigene Handeln enthoben sein möchte.[43] Burkhardt modifizierte dieses Bild; die Analyse des nordischen Kindergesichts zeige, daß der nordische Mensch trotz Innengerichtetheit zugleich ein nach außen beseelter Menschentyp sei. Diese besondere Eindrucksempfindlichkeit und Ausdrucksfähigkeit sei bei Kindern und Jugendlichen am deutlichsten ausgeprägt und erkennbar. Symptomatisch etwa ihre Neigung zu „flüchtigem Erröten", die „unbewußte Scheu und Zartheit jugendlicher Röte" bei der nordischen Rasse. Nach Burkhardt zeichnet sich das nordische Seelenleben deshalb durch eine besonders große innerseelische Spannweite aus: auf der einen Seite Abstand und Ich-Gefühl, denen im Handeln tatkräftige Selbständigkeit, Selbstbehauptung und Gestaltungswille entsprechen; auf der

---

40 Eine Forderung, die z. B. Hans Schingnitz in seiner Dissertation „Die Aufgabe der Ästhetik in der Leibeserziehung. Beiträge zur völkischen Sinngebung der Leibesübungen vom Standpunkt des rassischen Schönheitsideals" aufgriff (1939).

41 K. Geisenhainer, Rassenkunde zwischen Metaphorik und Metatheorie (2000), S. 88.

42 Zu Burkhardts Theorie der nordischen Seele siehe auch: ders., Die seelischen Anlagen des nordischen Menschen (1941).

43 Clauss prägte dafür den Begriff des „Enthebungstypus".

anderen Seite Empfindlichkeit und Beeindruckbarkeit, denen eine Tendenz zur Naturbeseelung entspräche. Dieses Spannungsverhältnis mache das nordische Seelenleben besonders reich und vielfältig, und in ihm liege der Grund für eine besonders ausgeprägte Einbildungskraft und Phantasie, und damit für schöpferische Fähigkeiten, die den Norder vor allen anderen Rassen auszeichne.[44]

Dieses Spannungsverhältnis von Abstand und Empfindungsfähigkeit darf nicht als eine Dialektik mißverstanden werden; es stellt sich vielmehr immer schon als eine Einheit dar. So läßt das nordische Kindergesicht schon früh auch die andere Seite sichtbar werden: Lebhaftigkeit und Umweltbezogenheit sind nicht so uneingeschränkt wie bei anderen außenbeseelten Typen: „Aus dem Ausdrucke des nordischen Kindes spricht immer schon eine im Werden begriffene Eigenwelt, in die Nichtzugehöriges nicht so leicht hineingenommen wird." Abstand und Eigenständigkeit sind also auch hier schon da – das nordische Kind hat nichts von jener „äffchenartigen Neugier von Negerkindern". Das nordische Kind hat bereits etwas Eigenes und Freies, der Umwelt gegenüber Selbständiges, und zwar mehr als die Kinder anderer Rassen. Zugleich entspricht das nordische Kindergesicht am vollkommensten der Vorstellung reiner Kindlichkeit; „die Kinder keiner anderen Rasse leben so lange und echt in wirklicher seelischer Kindheit". Gemeint ist, daß das nordische Kind sich der übermäßigen Prägung durch die Umwelt mehr widersetzt als andere Kinder – es ist schwerer lenkbar; gemeint ist aber auch die Reinheit des Ausdrucks – das Beispiel des Errötens (umgekehrt galten jüdische und „Zigeunerkinder" schon früh als Meister der Verstellung). Dies hängt auch mit der angeblich längeren Reifezeit des nordischen Kindes zusammen – eine These, an die sich in der Pädagogischen Psychologie u. a. Forderungen nach „arteigenen" Intelligenztests knüpften, um dem „nordischen Leistungsverhalten" gerecht zu werden. Vor allem fürchtete man, die gebräuchlichen Intelligenztests könnten jüdische Kinder bevorzugen, denn die jüdische Intelligenz sei auf rasche Anpassung hin „gezüchtet" und das jüdische Kind würde sich, von reicher Phantasietätigkeit unbehindert, schneller entwickeln.[45]

Man sieht, wie leicht hier scheinbar deskriptive, wertfreie Aussagen in wertende, rassistische Unterscheidungen übergehen. Ostische Kinder sind dickfällig und stumpf, „Negerkinder" sind geistlose Imitatoren, jüdische Kinder phantasielos. Sie alle werden nie jene Fähigkeiten zu schöpferischer und leistungsorientierter Gestaltung der Welt entwickeln, auf die sich der Anspruch kultureller und politischer Führerschaft und Herrschaft gründet, wie ihn die Nationalsozialisten erhoben. Die „Rassenseelenkunde" gab diesem Anspruch den Schein einer wissenschaftlichen Legitimation. Aus Clauss' Psychologie folgte im Grunde, daß beispielsweise ostische Kinder nicht in eine „nordische Leistungsschule" passen. Er sprach in diesem Zusammenhang von einem tragischen Zwiespalt, wenn die „nicht vorwiegend nordisch geprägte Seele" in der Schule „artwidrigen" Anforderungen ausgesetzt werde.[46] Die Rassen-

---

44 In einer Analyse nordischer und jüdischer Kinderzeichnungen wies Theodor Valentiner den, wie er meinte, Phantasiereichtum des nordischen Kindes nach und kontrastierte dies mit der angeblich besonderen Phantasiearmut des jüdischen Kindes: Die Rassenseele in der Kinderzeichnung (1940). Valentiner war Leiter des Instituts für Jugendkunde in Bremen. Er war übrigens Autor einer noch in den 60er Jahren vielgelesenen Einführung zu Kant.

45 So z. B. E. Jaensch, Psychologische Einwände gegen das Sterilisierungsgesetz (1934).

46 Clauss, Rasse und Seele (1940), S. 178.

psychologie lieferte letztlich auch eine Rechtfertigung für die Ostraum-Politik. Denn es ist evident, daß ein Volk von „ostischen Enthebungstypen" nicht imstande ist, ein eigenes Staatswesen aufzubauen, sondern der Führung und Lenkung durch ein anderes Volk bedarf; und wer wäre dazu mehr berufen gewesen als der „nordische Leistungsmensch"? Man dürfe nur, dieses Argument lag etwa der ganzen nationalsozialistischen Polen-Politik zugrunde, Kolonisierung nicht mit Assimilierung verwechseln; der Pole bedürfe der starken führenden Hand des Deutschen, aber ansonsten solle man ihn leben lassen wie zuvor, „artgerecht" in der „polnischen Wirtschaft".[47]

Für die rassentheoretisch orientierte Pädagogik blieb es übrigens während der ganzen Zeit des Nationalsozialismus ein ungelöstes Problem, daß die Rassentypologie in einem gewissen Spannungsverhältnis zur Volksgemeinschaftsideologie stand, weil sie Differenzierungen und Spaltungen implizierte. Wenn Lehrer etwa dazu übergingen, die Rassentypologie an den Schülern ihrer Klassen zu illustrieren, wenn Schüler anfingen, sich nach den rassentypologischen Bildvorgaben einzustufen und zu vergleichen, konnte dies negative Auswirkungen auf die Klassengemeinschaft haben.[48] Jaensch warnte vor „Entzweiung", Pfahler sprach von der „Tragik" der Clauss'schen Rassenseelenlehre, weil sie Schranken des Verstehens errichte und Trennungen schaffe.[49] Dieses Problem kam übrigens auch im Konflikt zwischen den Anhängern einer „deutschen", durch eine gemeinschaftliche nationale Identität und Volkszugehörigkeit geprägten „Rasse" und der Idee des „nordischen Zuchtziels" zum Ausdruck. Das Konzept der „deutschen Rasse" wurde parteiamtlich verurteilt, weil es mit den vorherrschenden rassenwissenschaftlichen Auffassungen nicht vereinbar war. Walter Gross, der Leiter des Rassenpolitischen Amtes, wies die Dienststellen des RPA 1934 an, den Begriff nicht mehr zu verwenden. Theoretiker der „deutschen Rasse" wie Karl Saller, dem die Lehrbefugnis entzogen wurde, erhielten ein Redeverbot. In den Nürnberger Gesetzen von 1935 wurde der Begriff der „Artverwandtschaft" verwendet, definiert durch die Zugehörigkeit zu den sechs Güntherschen Rassetypen, aber zusammengehalten durch das nordische Blut. Dies war die Lösung des Problems, die Günther selbst angeboten hatte: Da der nordische Rassenanteil im deutschen Volk am stärksten verbreitet war und die meisten Deutschen einen mehr oder weniger stark ausgeprägten nordischen Blutsanteil in sich trugen, konnte das Bekenntnis zu diesem Anteil eine, wenn auch begrenzte, gemeinschaftsstiftende Funktion haben.[50] Nach Günthers Grobschätzung von 50% nordischem Anteil in den Rassenmischungen wäre es immerhin noch für jeden zweiten Deutsche schwierig gewesen, einen würdigen Platz in der Volksgemeinschaft zu finden. Das Reichserziehungsministerium ging darüber großzügig hinweg und verfügte wider besseres Wissen in den Richtlinien für den Biologieunterricht 1938: „Die Tatsache, daß allen deutschen Stämmen und allen Volksgenossen ein nordischer Rassekern

---

47 In der Großraumplanung der Nationalsozialisten sollten Polen und Russen daher auch nicht wie die Juden ausgeschaltet und vernichtet, sondern zu nützlichen Arbeitssklaven gemacht werden und unter der „strengen, aber gerechten" Hand des Deutschen ein „artgemäßes" Leben führen können. Siehe hierzu auch Harten, De-Kulturation und Germanisierung (1996), S. 34 ff.
48 Ein Beispiel berichtet Hermann Langer: „Kerle statt Köpfe" (1995), S. 44.
49 E. R. Jaensch, Der Kampf der deutschen Psychologie (1936); Pfahler, Warum Erziehung trotz Vererbung? (1938).
50 H.-C. Harten, Rasse und Erziehung (1993). Zum Streit um eine „deutsche Rasse" siehe C. Essner, Im „Irrgarten der Rassenlogik" (1994).

gemeinsam ist, muß besonders eindringlich zur Kenntnis gebracht werden."[51] In offiziellen Erlassen wurde die Sonderstellung der nordischen Rasse als Leitbild hervorgehoben, aber auch stets betont, daß entzweiende Äußerungen zu unterlassen seien: „Vorsichtige Vermeidung aller Äußerungen, die kränken oder verletzen können!"[52] Wie schwierig es für die Pädagogen war, für dieses Problem eine überzeugende Lösung zu finden, läßt sich am Beispiel Gerhard Pfahlers zeigen, der darüber mehr als andere nachdachte. Pfahler unterschied im Anschluß an Jaensch zwischen Persönlichkeitsbildern von „festen Gehalten", die er der nordischen, und solchen von „fließenden Gehalten", die er der ostischen Rasse zuordnete; auf der Grundlage dieser Polarisierung entwickelte er eine entsprechende Skala, betonte aber das alles übergreifende „Zielbild des deutschen gesunden Menschentums". Ostisches, nordisches etc. Wesen sei zwar jeweils „unaufhebbar anders", aber Pfahler bestand darauf, daß, wie er sich ausdrückte, „das Zucht- und Haltung-Haben und die Treue zum deutschen Volk nicht gebunden sind an die Zugehörigkeit zu nur einem der fünf oder sechs im deutschen Volk enthaltenen Rassekerne (dem nordischen)", um allerdings dann fortzufahren: „auch wenn dieser unbezweifelbar seiner besonderen Leistungsart nach führend am Wiederaufstieg der Nation beteiligt sein muß".[53] Pfahler hatte eine rassisch differenzierte Volksgemeinschaft im Auge, in der unter dem gemeinsamen völkischen Dach des nordischen Blutes jede Rasse und jeder Mischtypus seine besondere, ihm gemäße Aufgabe für das Ganze erfüllte: „Kraft dieser unausweichlichen Art hat jeder Rassekern seine ihm eigentümlichen wesensmäßigen Aufgaben. Der eine die politisch-staatliche Führung, die Haftung für die Idee und die soldatische Haltung; ein anderer stärker das Kunstschaffen oder die Ausführung; einer das Richtersein, ein anderer das Mittlertum; und so fort."[54] Die Deutsche Forschungsgemeinschaft fand diese abstruse Idee offenbar überzeugend genug, um Pfahler ein Forschungsprojekt zu den „Rassekernen des deutschen Volkes" zu finanzieren.

---

51 Wiedergegeben in: Rasse 5/1938, S. 469. Schon im Erlaß über Vererbungslehre und Rassenkunde im Unterricht von 1935 war von *allen* Deutschen die Rede.

52 Schulungsamt der NSDAP, Richtlinien für die Schulungs- und Propaganda-Arbeit auf dem Gebiet der Bevölkerungs- und Rassenpolitik, in: Erzieher im Braunhemd 2/1934, H. 13, S. 357. Ähnlich Wilhelm Frick, der Günthers 50%-Theorie übernahm und gleichzeitig forderte: „Dabei ist von einer gehässigen Beschimpfung fremder Rassen grundsätzlich abzusehen" (Frick, Bevölkerungs- und Rassenpolitik, 1933, S. 12). Dies war nicht mehr als ein Lippenbekenntnis. Die wenigsten Didaktiker hielten sich daran. Auch die Richtlinien des Schulungsamtes der NSDAP ließen, zumindest was die „nicht artverwandten Rassen" betraf, keinen Zweifel: Man solle die Herabsetzung „Anders-Rassiger" vermeiden, aber gleichzeitig hieß es: „Ausschaltung andersartiger Gruppen aus dem Leben der Nation selbstverständliche Folgerung der wissenschaftlichen Forschung" (Richtlinien, S. 356).

53 Pfahler, Warum Erziehung trotz Vererbung? (1938), S. 127.

54 Ebd., S. 153. – Die Widersprüche, die diesen Klärungsversuchen zugrunde lagen, waren damit kaum gelöst. In diesem Zusammenhang ist auch auf die plausible These von Harald Scholtz hinzuweisen, nach der eine konsequente Umsetzung rassenpolitischer Ziele in der Schulpolitik, wie sie etwa die SS für die Nationalpolitischen Erziehungsanstalten verfolgte, u. a. daran scheiterte, daß Nationalismus und Rassismus konkurrierende Prinzipien waren: H. Scholtz, Nationalsozialistische Ausleseschulen (1973), S. 370 ff.

1.3 Institutionalisierungsprozesse

Die wissenschaftliche Institutionalisierung der Rassenhygiene erfolgte im Dritten Reich vor allem auf zwei Ebenen: in der medizinischen Ausbildung und in der Lehrerbildung. Für die Pädagogik und das Bildungssystem war die Einführung von Vererbungslehre und Rassenkunde im Unterricht und damit verbunden die Errichtung rassenbiologischer Lehrstühle an den Hochschulen für Lehrerbildung unmittelbar folgenreich. Eine andere Ebene, auf der das Bildungssystem betroffen war, war der Funktionswandel der Hilfsschule zum „Sammelbecken" für potentielle Opfer staatlich angeordneter Sterilisation.[55] Aus der Hilfsschule wurde die „Sonderschule". Die Umbenennung zeigte an, daß es nicht mehr in erster Linie um Hilfe und Unterstützung, sondern um Aus- und Absonderung ging. Ebenso war die Sozialpädagogik an der Umsetzung der Rassenhygiene beteiligt. Schwererziehbare und „erziehungsunfähige" Kinder und Jugendliche wurden aus den Volks- und Hilfsschulen in Fürsorgeeinrichtungen ausgeschult; bei Verdacht auf eine angeborene Neigung zu asozialem Verhalten wurden sie zur weiteren Beobachtung und zur Bewährung in spezielle Erziehungsanstalten und „Jugendschutzlager" eingewiesen und bei entsprechendem „diagnostischem Befund" sterilisiert. Jugendliche, bei denen man eine erblich bedingte Bildungsunfähigkeit unterstellte, kamen in Heilanstalten, in denen viele später der „Euthanasie" zum Opfer fielen. Auch in sozialpädagogischen Ausbildungsgängen wurde im übrigen Erb- und Rassenpflege als Unterrichtsfach eingeführt. Für all diese Selektionsvorgänge im Schul- und Fürsorgewesen benötigte man Experten, die erbbiologische, psychologische und pädagogische Gutachten, Beurteilungen und Diagnosen anstellen konnten. Dieser wachsende Bedarf intensivierte die Zusammenarbeit von Medizinern und Lehrern und bildete den Hintergrund für einen Aufschwung an erb- und in Ansätzen auch rassenpsychologischer Forschung in der Pädagogischen Psychologie.

Eine weitere Ebene der Umsetzung rassenpolitischer Ziele im Bildungssystem betraf den sukzessiven Ausschluß „nicht-arischer" Schüler und Studenten. An den Hochschulen wurden schon 1933 Zulassungssperren für jüdische Studenten eingeführt. Für jüdische Kinder und Jugendliche galt zwar bis zur Schließung aller jüdischen Schulen im Juni 1942 die Schulpflicht, man versuchte sie aber von den deutschen Schülern abzusondern und zwang schließlich die jüdischen Gemeinden, für eigene Schulen zu sorgen.[56] Für „Zigeunerkinder" gab es Sonderregelungen: Da der Aufbau eines eigenen Schulwesens in diesem Fall unrealistisch war, stellte man es den lokalen Behörden frei, die Kinder aus der Schulpflicht zu entlassen.[57] Am Rande sei noch der Aufbau eines nach rassisch-ethnischen Kriterien differenzierten Bildungssystems in den besetzten Ländern, vor allem in Polen erwähnt. Für polnische Kinder wurde der Unterricht auf eine elementarisierte Grundschule reduziert, Mischlingskinder wurden von den höheren Schulen ausgeschlossen, Kinder aus deutschstämmigen, aber „verpolten" Eltern-

---

55 R. Eilers, Die nationalsozialistische Schulpolitik (1963).

56 R. Röchner, Die jüdische Schule im nationalsozialistischen Deutschland (1992); J. Walk, Jüdische Schule und Erziehung im Dritten Reich (1991).

57 Zur Ausgrenzung von Sinti- und Roma-Kindern aus dem Schulwesen siehe Keim, Erziehung unter der Nazi-Diktatur, II (1997), S. 21 ff.

häusern, die als rückdeutschungsfähig angesehen wurden, konnten mit Genehmigung der SS auch zum Hochschulstudium zugelassen werden.[58] Auf der anderen Seite wurden in Deutschland rassenhygienische Auslesekriterien bei der Aufnahme in Einrichtungen der Begabtenförderung und der Elitenbildung eingeführt. So mußten Bewerber für ein Langemarckstudium eine vererbungs- und rassenkundliche Vorprüfung ablegen und sich einer erbbiologischen Untersuchung unterziehen.[59] Bewerber für die Nationalpolitischen Erziehungsanstalten und die Adolf-Hitler-Schulen hatten Stammbuch, Ahnen- und Sippentafel sowie ein Erbgesundheitsattest mitzubringen. 1941 wurde das Rasse- und Siedlungshauptamt der SS offiziell an der Auslese der Schüler beteiligt.[60] Noch 1943 mußten die Kandidaten und Kandidatinnen der Lehrer- und Lehrerinnenbildungsanstalten Untersuchungsbögen mit rassen- und sippenkundlichen Angaben ausfüllen.[61]

Institutionalisierungen an Hochschulen und Universitäten

Die Institutionalisierung von Rassenhygiene und Rassenkunde an den Universitäten und Hochschulen gehört zu den wenigen „Innovationen" der nationalsozialistischen Hochschulpolitik. Sie ging freilich in der Regel zu Lasten anderer Disziplinen und Arbeitsbereiche; in einigen Fällen wurden Einrichtungen lediglich umbenannt, in anderen wurden Stellen, die durch politisch und rassistisch motivierte Entlassungen frei geworden waren, umgewidmet. Als ein – besonders markantes – Beispiel sei hier nur die Umwandlung des Lehrstuhls von Ernst Cassirer in Hamburg in einen Lehrstuhl für Rassenbiologie für Walter Scheidt erwähnt.[62] Eine durchgehende und zügige Besetzung war nur begrenzt möglich, weil es an quali-

---

58 H.-C. Harten, De-Kulturation und Germanisierung (1996).

59 BA, R 21/10857.

60 Im Protektorat Böhmen und Mähren wurde noch 1944 angeordnet, daß auch tschechische Kinder nach einer als schulärztliche Untersuchung getarnten rassischen Überprüfung durch das Rasse- und Siedlungshauptamt der SS in eine Nationalpolitische Erziehungsanstalt oder eine Deutsche Heimschule aufgenommen werden könnten. Das Vorhaben stand im Zusammenhang mit Himmlers Projekt, „rassisch hochwertige" Kinder aus den besetzten Ländern aufzuspüren und in deutsche Erziehungseinrichtungen zu bringen, um hier eine künftige Führungselite für die Verwaltung in den besetzten Ländern heranzuziehen. Siehe H. Ueberhorst (Hrsg.), Elite für die Diktatur (1969), S. 110ff. und 339ff.; H. Scholtz, Nationalsozialistische Ausleseschulen (1973), S. 358ff.

61 Siehe das Beispiel Oldenburg: W. Havehorst, Die Lehrerbildungsanstalt (1985), S. 177.

62 Um einige andere Beispiele zu nennen: in Würzburg wurde der Lehrstuhl für Rassenbiologie durch Umwandlung einer Professur für Geschichte der Medizin geschaffen (U. Felbor, Rassenbiologie und Vererbungswissenschaft in der medizinischen Fakultät der Universität Würzburg, 1995, S. 37). In Gießen wurde das Ordinariat für Kranz durch Umwidmung einer Planstelle für Systematische Theologie geschaffen (Heiber, Universität unterm Hakenkreuz, Bd. II.2, S. 168), der Lehrstuhl für Erbbiologie und Rassenkunde an der Universität Rostock entstand zu Lasten des Lehrstuhls für semitische und ägyptische Sprachen (Geschichte der Universität Rostock, 1969, S. 284f.), ähnlich entstand der Lehrstuhl Hans F. K. Günthers an der Berliner Universität durch Umwandlung des Ordinariats für semitische Philologie und Islamkunde; der Lehrstuhlinhaber, Eugen Mittwoch, war zuvor „aus rassischen Gründen" entlassen worden.

fiziertem Hochschullehrernachwuchs mangelte.[63] Dennoch konnten an 23 Universitäten entsprechende Institute, Lehrstühle und Dozenturen eingerichtet werden.[64] An 9 Universitäten scheint es zu keiner Institutionalisierung der Rassenhygiene oder -biologie gekommen zu sein, doch gab es hier teilweise Institute und Professuren für Anthropologie und Rassenkunde, und Lehrangebote zur Rassenhygiene wurden in der Regel von anderen Hochschullehrern übernommen.[65] Als ein Beispiel nennen wir die Universität Münster, an der mehrere Vorstöße zur Errichtung eines Lehrstuhls für Rassenhygiene erfolglos blieben. Das rassenhygienische Lehrangebot wurde hier vor allem von Karl Jötten, Professor und Direktor des Hygienischen Instituts, und Mitarbeitern Jöttens (Reploh und Sartorius) übernommen. Weitere Lehrangebote in Münster steuerten Eugen Kurz und Johann Paul Kremer, beide Anatomie-Professoren, der Psychiater und Oberarzt Klimke und der SS-Arzt Peters sowie Wolf Bauermeister von der Universität Köln bei.[66] Kurz las zum Beispiel über „Spezielle Rassenkunde: das jüdi-

---

63 Das Problem war auch am Ende des Krieges nicht ganz gelöst. Noch 1944 gab es Klagen seitens des REM, daß mehrere Lehrstühle für Rassenhygiene aus Mangel an geeigneten Nachwuchskräften nicht besetzt waren; siehe z. B. BDC B 509.

64 Zusammenstellungen bei G. Koch, Die Gesellschaft für Konstitutionsforschung (1985), S. 258 f. und Weingart/Kroll/Bayertz, Rasse, Blut und Gene (1988), S. 438 f. – Ergänzend zu den 17 bei Weingart/Kroll/Bayertz genannten Universitäten wären noch zu nennen: Institut für Rassenbiologie und Rassenhygiene Universität Wien, Besetzung durch L. Loeffler 1942, Institut für Erbbiologie und Rassenhygiene Universität Rostock (H. Grebe 1943/44), Institut für Rassenbiologie Universität Straßburg (W. Lehmann); Dozentur für Psychiatrie, Neurologie und Rassenhygiene Universität Erlangen (J. Schottky), für Psychiatrie und Rassenkunde Universität Hamburg (Rittershaus); Professur für „nationalsozialistische Rassenpflege und Bevölkerungspolitik" TH Dresden (Karl Metzger). In Münster und Marburg vertraten die Hygieniker Jötten und Pfannenstiel die Rassenhygiene. In Breslau (Eickstedt), Freiburg (Schäuble), Hamburg (Scheidt), Kiel (Weinert), Leipzig (Reche) bestanden rassenanthropologische Lehrstühle, deren Inhaber zumeist das Prüfungsrecht für das medizinische Vorklinikum (Vererbungslehre und Rassenkunde) besaßen (Van den Bussche, Im Dienste der Volksgemeinschaft, S. 102). Eine Abteilung für Rassenkunde und -pflege wurde außerdem unter Leitung von Wolfgang Abel an der Hochschule für Politik in Berlin eingerichtet; an der Hochschule der NSDAP für Politik in Bochum lehrte der Arzt Friedrich Jeß Rassenkunde und Bevölkerungspolitik.

65 An der Universität Köln zum Beispiel führten Carl Coerper, Obermedizinalrat und Leiter des Kölner Stadtgesundheitsamtes, und Karl Pesch, Direktor des Museums für Völkerkunde, rassenhygienische und -anthropologische Lehrveranstaltungen durch, bis 1939 Ferdinand Claußen auf den neu eingerichteten Lehrstuhl für Erbbiologie und Rassenpflege berufen wurde. An der Universität Freiburg deckten der Medizinalrat Pakheiser und der Anthropologe Johann Schäuble das entsprechende Lehrangebot ab. F. Golczewski, Kölner Universitätslehrer und der Nationalsozialismus (1988), S. 363 ff.; E. Seidler, Die Medizinische Fakultät zwischen 1926 und 1948 (1991), S. 84 f.

66 Johann Paul Kremer war SS-Obersturmführer und Lagerarzt in Auschwitz, Cuno Peters war Leiter des Ausbildungsstabes der SS-Sanitätsabteilung (B. Vieten, Medizinstudenten in Münster, 1982, S. 296 ff.; zu Kremer siehe auch Lifton, Ärzte im Dritten Reich, 1988, S. 337 f.; E. Klee, Auschwitz, die NS-Medizin und ihre Opfer, 1997, S. 407 f.). – Wolf Bauermeister vertrat in Köln Ferdinand Claußen auf dem Lehrstuhl für Rassenhygiene, der 1940 als Arzt zur Wehrmacht einberufen worden war. Bauermeister kam vom Anthropologischen Institut der Universität Kiel, wo er an der „rassenkundlichen Aufnahme Schleswig-Holsteins" arbeitete und als Gauredner des RPA auftrat: Zeitschrift für Rassenkunde IX/1939, S. 283. Zu Claußen und Bauermeister siehe Golczewski, Kölner Universitätslehrer und der Nationalsozialismus (1988), S. 366 f.

sche Volk", Klimke über „Das Gesetz zur Verhütung erbkranken Nachwuchses mit Grundlagen der Vererbungslehre", Sartorius über „Rassen- und Fortpflanzungshygiene", Jötten über „Rassenhygiene und Eugenik". Das Hygiene-Institut spielte übrigens eine bemerkenswerte Rolle bei der erbbiologischen Erfassung der westfälischen Bevölkerung: Allein über 20 erbbiologische Dissertationen wurden bei Jötten über die Hilfsschüler der Region angefertigt.[67] Jötten betrachtete die Untersuchungen der Hilfsschüler als den besten Weg, die Zahl der Fälle von erblichem Schwachsinn nach dem Erbgesundheitsgesetz zu ermitteln. In einem Bericht auf dem Bevölkerungswissenschaftlichen Kongreß in Berlin 1935 teilte er mit, daß er mit seinen Mitarbeitern zusammen bereits 4 300 Hilfsschulkinder im Rheinland und in Westfalen erfaßt hätte; von diesen seien 65 % als erblich belastet diagnostiziert worden, die aus dem Fortpflanzungsprozeß ausgeschaltet werden müßten.[68]

Dieser Institutionalisierungsprozeß schlug sich in einer wachsenden Zahl von Lehrveranstaltungen zu den Themen Rassenhygiene, Eugenik, Vererbungslehre und Rassenkunde in den Medizinischen Fakultäten nieder, die Ernst Lehmann in einer Veröffentlichung von 1938 zusammengestellt hat; die Zahl der Lehrveranstaltungen steigt 1933 stark an und geht erst im letzten Jahr der Aufstellung wieder zurück:[69]

1931/32	1932/33	1933/34	1934/35	1935/36	1936/37	1937/38
64	96	144	134	168	166	133

Daneben kam es in den Naturwissenschaftlichen und Philosophischen Fakultäten einiger Universitäten zur Einrichtung weiterer „rassenwissenschaftlicher" Dozenturen und Professuren und zu Umdefinitionen programmatischen Charakters, die aber unsystematisch und zufällig blieben, abhängig vor allem von der Stellenpolitik der Rektoren, die den neuen Status von „Universitätsführern" erhalten hatten, und vom „Innovationsgeist" einzelner Verfechter des „Rassegedankens". So etwa Hans F. K. Günthers „Anstalt für Rassenkunde, Völkerbiologie und Ländliche Soziologie", die an der Berliner Universität der naturwissenschaftlichen bzw. landwirtschaftlichen und philosophischen Fakultät gleichermaßen zugeordnet war, die Professur für „Rassenpsychologie, Rassenkulturkunde und Weltanschauungslehre" von Mandel an der Kieler Universität[70] oder Stengel-Rutkowskis Dozentur für „Rassenhygiene, Kulturbiologie und genetische (rassenhygienische) Philosophie" an der Universität Jena. An der

---

67 Ein anderer Schüler Jöttens, Paul Dermann, promovierte 1936 mit einer rassenkundlichen Untersuchung über SA-Männer der Münsteraner Studentenschaft.

68 Jötten/Reploh, Erbhygienische Untersuchungen an Hilfsschulkindern (1936).

69 E. Lehmann, Vererbungslehre, Rassenkunde und Rassenhygiene (1938), S. 306ff. – Der starke Anstieg entsprechender Lehrveranstaltungen 1933 läßt sich als Ausdruck eines „freiwilligen Gleichschaltungsprozesses" vieler Professoren deuten: Van den Bussche, Im Dienste der „Volksgemeinschaft" (1989), S. 58.

70 An der Kieler Universität wurde nach 1933 in der Philosophischen Fakultät die Fachgruppe Philosophie, Psychologie, Pädagogik und – unter Leitung Mandels – rassenkundliche Geistesgeschichte gebildet (E. und E. Weiß, Pädagogik und Nationalsozialismus, 1997). Mandel hielt regelmäßig Vorlesungen über „rassenkundliche Geistes- und Kulturgeschichte", zur Rassenseelenkunde und – noch bis 1942 – über das Judentum. Siehe Tilitzki, Deutsche Universitätsphilosophie (2002), Anhang.

TH Dresden lehrte Prof. Dr. Karl Metzger, zugleich Leiter der Gauschule Haideburg, „nationalsozialistische Rassenpflege und Bevölkerungspolitik" etc.

In der Literatur bislang nicht berücksichtigt blieb die Institutionalisierung der Rassenhygiene und Rassenkunde an den Hochschulen für Lehrerbildung, obwohl sie hier weiter ging und insgesamt erfolgreicher verlief als an den Universitäten. Grundlage waren früh einsetzende Bestimmungen im Unterrichtswesen. Während es in der medizinischen Ausbildung zu entsprechenden curricularen Änderungen mit Einschränkungen erst 1936 und zu einer reichsweiten Studienreform erst 1939 kam, wurde für die Schulen schon 1933 ein rassenkundlicher Unterricht angeordnet.[71] Deshalb konnte sich auch die Institutionalisierung in der Lehrerbildung zügiger durchsetzen. Bereits am 13. September 1933 brachte das Preußische Kultusministerium einen Erlaß heraus, der einen Unterricht in Vererbungslehre, Rassenkunde, Rassenhygiene, Familienkunde und Bevölkerungspolitik in den Abschlußklassen aller Schulen vorschrieb; dieser Unterricht sollte primär im Fach Biologie erfolgen, das dafür mehr Stunden erhielt („notfalls" auf Kosten von Mathematik und Fremdsprachen[72]), er sollte aber auch in anderen Fächern, vor allem Deutsch, Geschichte und Erdkunde Berücksichtigung finden. Eine Verordnung des Reichserziehungsministeriums vom 15. Januar 1935 regelte die verbindliche, reichsweite Einführung von Vererbungslehre und Rassenkunde an den Schulen. Sie galt in erster Linie dem Biologie-Unterricht, enthielt aber auch nähere Anweisungen zur Behandlung rassenkundlicher Fragen im Erdkunde- und Geschichtsunterricht; der Deutschunterricht wird nicht mehr explizit genannt, Hinweise auf die Berücksichtigung in anderen Fächern folgten nur ganz allgemein. Diese Verordnungen machten grundlegende Veränderungen in der Lehrerbildung erforderlich und führten relativ schnell zur Einrichtung entsprechender Professuren an fast allen Hochschulen für Lehrerbildung. In einigen Fällen übernahmen „bewährte" Biologie-Didaktiker, die zuvor schon in der akademischen Lehrerbildung tätig gewesen waren, diese Aufgabe. In anderen Fällen wurden sehr junge Dozenten berufen, für die das Dritte Reich in diesem Feld eine Karriere-Chance bot.

Insgesamt haben wir 42 Professoren und Dozenten gezählt, die diese Fächer an den Hochschulen für Lehrerbildung unterrichteten. Davon sind 15 nicht in unserer Bibliographie enthalten, waren also vermutlich nicht durch entsprechende Publikationen für ein solches Amt ausgewiesen. Dies weist noch einmal auf die schwierige Nachwuchslage hin; offensichtlich war es kaum möglich, innerhalb weniger Jahre einen so hohen Bedarf an Hochschullehrern zu befriedigen. Dennoch dürften die neu vorgeschriebenen rassenkundlichen Fächer an allen Hochschulen vertreten gewesen sein.

---

71 Maitra, „... wer imstande und gewillt ist, dem Staate mit Höchstleistungen zu dienen!" (2001), S. 272 ff.
72 In Thüringen z. B. wurde der Biologie-Unterricht zu Lasten von Französisch ausgeweitet: Amtsblatt des Thüringischen Ministeriums für Volksbildung 14/1935, Nr. 2 (31. 1. 1935).

Professoren und Dozenten für Rassenkunde, Vererbungslehre etc.
an den Hochschulen für Lehrerbildung [73]

Bayreuth	Roland Weber [74]
Beuthen	Matthias Brinkmann (Erziehungskunde und Biologie)
Bonn	Werner Hüttig (1936–39)
Braunschweig [75]	Kurt Karl Kosswig (1933); Richard Beatus
Cottbus	Friedrich Lange (1934); Arthur Hoffmann (1936–39: Jugend- und Rassenkunde)
Danzig	Helmut Hackbart (Doz. 1938)
Darmstadt/Friedberg	Paul Bommersheim (Sippen- und Rassenkunde); Hans-Willi Ziegler (1934 Charakter- und Jugendkunde, 1939 Rassenkunde) [76]
Dortmund	Karl Asmus (1934); [77] Hermann Budde (1935) [78]
Dresden	Alfred Eydt (1937 Doz. für Rassenpolitik, rassenpolitische Erziehung, Rassenpsychologie, Sippenkunde und -pflege)
Elbing	Ernst Dobers (1933); Paul Brohmer (1940)
Eßlingen	Hermann Kommerell; Friedrich Reinöhl (1940)
Frankfurt/O.	Wilhelm Lamprecht (1934) [79]; Gerhard Heß (1935); Walter Greite (1935) [80]
Hamburg	August Hagemann (Doz. 1936); Harry Garms (1937, Biologie)
Hannover	Ferdinand Roßner (1934)
Halle/Hirschberg	Hans Reich (1933/34); Helmut Toenhardt (Doz. 1936)
Karlsruhe	Hermann Leininger (1936)
Kiel [81]	Paul Brohmer (1933–40)
Koblenz	Fritz Urban (1938) [82]
Lauenburg	Bernhard Samt leben (1934)

---

73 Die folgenden Anmerkungen beziehen sich auf die Hochschullehrer, die nicht in unserer Bibliographie enthalten sind.

74 Weber war Leiter der Dozentenschaft und Führer im NSDoz.

75 Neben Kosswig und Beatus hielt auch Friedrich Berger rassenkundliche Lehrveranstaltungen ab, so über „Rasse und Weltanschauung", „Rasse und Kultur" etc.

76 Ziegler, geb. 1899, war eigentlich Psychologe; er hatte 1925 bei Oswald Kroh promoviert, 1937 trat er der NSDAP, später auch der SS bei; in den letzten Kriegsjahren war er Sturmbannführer und Leiter der Abteilung Rassenpsychologie im Amt für Weltanschauliche Erziehung des SS-Hauptamtes (BA, SSO–C 21).

77 Asmus, geb. 1890, SS-U'Stuf. (Hesse, Professoren und Dozenten, 1995, S. 144f.).

78 Budde, geb. 1890, trat 1932 der NSDAP und dem NSLB bei und war SA-Truppführer (Hesse, Professoren und Dozenten, 1995, S. 209f.).

79 Lamprecht, geb. 1887, trat am 1. April 1933 der NSDAP bei; er war Mitglied im NSLB, in der SA und SS (Hesse, Professoren und Dozenten, S. 408f.).

80 Greite, geb. 1907, trat 1932 der NSDAP bei; er war SS-Stubaf., Mitarbeiter des RuSHA und des RSHA (BA, SSO–A 31).

81 Weitere rassenkundliche Lehrveranstaltungen u. a. von Nolte, Psychologieprofessor seit 1936 (Einführungen in die Rassenseelenkunde 1935) und J. Hansen (Raum, Rasse und Stämme in der Erdkunde 1937/38).

82 Urban, geb. 1907, hatte 1932 bei Alverdes promoviert. Er war Mitglied der NSDAP und des NSDoz. (Hesse, Professoren und Dozenten, 1995, S. 745f.).

Leipzig	Albert Gaumitz,[83] Kurt Stein (1939)
Metz	Georg O. T. Maier (1940)
Oldenburg	Marx Schwarz (1936), August Kelle (1938)[84]
Pasing	Gottfried Haug[85]
Rostock	Heinrich Eddelbüttel (Biologie seit 1927)
Saarbücken	Albert Beyer (1936), Georg O. T. Maier (1938 und 1940)
Schneidemühl	Gisela Drude (1936)[86]; Joachim Duckart (1937)
Trier	Karl Böhmer[87]
Weilburg	Josef Grehn (1934); Max Schwarz (1935)
Würzburg	Richard Miller; Walter Köhn (1939)[88]

Die Biographien dieser Hochschullehrer sind wenig spektakulär. Fast alle waren promovierte Naturwissenschaftler (Drude und Reich scheinen nicht promoviert gewesen zu sein, Ziegler und Hoffmann waren Geisteswissenschaftler). Etwa die Hälfte war über die seminaristische Lehrerbildung, die andere Hälfte über die Gymnasialbildung zum Studium gelangt; fast alle wiesen schulpraktische Erfahrungen auf (Ausnahmen waren Ziegler, der Heerespsychologe war, Heß und Duckart, die als Diplomlandwirte gearbeitet hatten, sowie Hüttig und Grehn, die offenbar beide unmittelbar nach dem Studium wissenschaftliche Mitarbeiterstellen annahmen). Die Rassenbiologen an den Hochschulen für Lehrerbildung rekrutierten sich also im wesentlichen aus fachwissenschaftlich qualifizierten Lehrern. Sieht man einmal von Kosswig ab, der nach 1933 emigrierte, so waren alle Mitglied der NSDAP. 10 waren schon vor der „Machtergreifung" völkisch-nationalsozialistisch organisiert, mindestes 13 können wir zum Kern der politischen und rassenpolitischen Aktivisten (Mitgliedschaft in SA oder SS, Mitarbeit beim RPA) rechnen.

Auch hier sind einige „Individualisten" darunter, die, nicht als Biologen ausgewiesen, in programmatischen Definitionen ihrer Lehrgebiete eine Brücke von den Geistes- zu den Naturwissenschaften schlagen wollten, wie Alfred Eydt, der an der HfL Dresden „Rassenpolitik,

---

83   Gaumitz, Bezirksoberschulrat, war zugleich Direktor der Hochschule. Neben ihm unterrichtete Prof. Dr. Paul Köhler Biologie und Methodik des Naturkundeunterrichts; Köhler bot zwar Veranstaltungen zur „Völkischen Lebenskunde", nicht aber zur Rassenkunde an.

84   August Kelle, geb. 1904, Mitglied der NSDAP, des NSLB und der SA (Hesse, S. 414 f.).

85   Außerdem regelmäßige rassenpsychologische Lehrveranstaltungen durch Michael Kesselring, der für Jugend- und Charakterkunde zuständig war. In Pasing unterrichtete übrigens auch Rudolf Krieger von der SS-Junkerschule Bad Tölz, ein Experte für „Wehrwissenschaft" (siehe Arbeitspläne der HfL München-Pasing).

86   Gisela Drude, geb. 1900, 1937 Beitritt zur NSDAP (Hesse, Professoren und Dozenten, 1995, S. 243 f.).

87   Böhmer, Dr. rer. nat., war seit 1937 kommissarischer Dozent für Biologie und deckte mit seinen Lehrveranstaltungen die Erb- und Rassenbiologie ab (ein Vorlesungsthema lautete: „Der völkische Staat in erb- und rassenbiologischer Beleuchtung", ein anderes „Grundfragen der Rassenpflege"). Daneben führte der Dozent Erwin Veiders an der HfL Trier Lehrveranstaltungen zur Erbcharakterkunde, zur „Psychologie der deutschen Stämme" u. ä. durch. Das völkische Lehrangebot ergänzte Rudolf Schmidt von der Universität Köln mit Lehrveranstaltungen zum „Grenzkampf des deutschen Volkes": Arbeitspläne der HfL Trier für die Semester 1937 bis 1939; Hesse, S. 183 f.

88   Zusätzliche Lehrveranstaltungen von Ludwig Schmidt, Prof. der Universität Würzburg und Leiter des RPA Gau Mainfranken.

rassenpolitische Erziehung, Rassenpsychologie, Sippenkunde und -pflege" unterrichtete. Das Bemühen, die Pädagogik auf eine naturwissenschaftliche, gewissermaßen „zoologische" Grundlage zu stellen, ist symptomatisch und findet sich in einer Reihe weiterer Fälle: In Beuthen z. B. war Matthias Brinkmann als Professor für Erziehungskunde, Zoologie und Botanik zuständig, in Darmstadt war Bommersheim Professor für Erziehungswissenschaft und Biologie; an den Hochschulen für Lehrerbildung in Friedberg und Darmstadt unterrichtete der Psychologe H. W. Ziegler Charakter- und Jugendkunde und übernahm, vielleicht weil man sonst niemanden finden konnte, auch die Vertretung der Rassenkunde; ebenso Arthur Hoffmann an der HfL Cottbus.

Solche Verknüpfungen waren programmatisch; sie reflektierten einen neuen Anspruch auf „Wissenschaftlichkeit" und das Bestreben, sich von der Tradition der geisteswissenschaftlichen Pädagogik zu lösen, wie man es bei den führenden Vertretern einer rassentheoretisch fundierten Pädagogik und Psychologie findet. So definierte sich Pfahler 1938 an der Tübinger Universität als „Professor für Psychologie, Pädagogik, Erbcharakterologie und Rassenseelenkunde", eine Definition, die Pfahlers wichtigsten Bezugspersonen – Kroh, Jaensch und Clauss – gleichermaßen Reverenz erwies und gleichzeitig den Anschluß an die naturwissenschaftlich orientierte „Erbwissenschaftliche Psychologie" suchte. Von der Intention her ähnlich ausgerichtet war Petermann, der 1939 eine Professur für Psychologie, Pädagogik, Rassenseelenlehre und völkische Anthropologie an der Universität Göttingen annahm.[89] Noch deutlicher akzentuierte Karl Zimmermann den naturwissenschaftlichen Bezug, der als „Dozent für Sozial- und Kulturbiologie und Rassenpädagogik" an der TH Dresden tätig war.[90]

Ergänzend wären für den Bereich der Lehrerbildung noch einige Dozenten und Professoren für „Sippenkunde" und „Grenzlandkunde" anzuführen, die eine teils biologisch-, teils völkisch-rassistisch ausgerichtete Sozialwissenschaft vertraten. Dazu gehörten z. B. Beispiel Johann Hermann Mitgau, der das „Seminar für Volks- und Sippenkunde" an der HfL Cottbus leitete, Karl Alnor, Professor für Geschichte und Grenzlandkunde an der HfL Kiel, Horand Horsa Schacht, Dozent für Geschichte und Grenzlandkunde an der HfL Dortmund, oder Gustav Simoleit, Professor für Grenzlandkunde und allgemeine Erziehungswissenschaft an der HfL Lauenburg – eine Kombination, die programmatisch die von Rust der Lauenburger Hochschule als Grenzlandhochschule im Osten zugewiesene Aufgabe zum Ausdruck bringt.

All diese Verknüpfungen weisen auf einen dynamischen Aspekt der Rassenkunde hin: das Ausgreifen auf die anderen Disziplinen, in dem die Tendenz einer „Kulturrevolution von Rechts" sichtbar wird. Dies war vor allem in der Lehrerbildung besonders stark ausgeprägt, dem Idealbild vom Lehrer als eines „politischen Soldaten" folgend, dem die pädagogische

---

89 Petermann nahm eine „erbdynamische Kernsphäre" an und meinte, daß die Clauss'sche Psychologie einen Weg eröffne, die „Rassengebundenheit auch des kulturell-geistigen Seins" aufzuzeigen. In den Clauss'schen Stilbeschreibungen würde sich die kulturelle Ausgestaltung „biologisch-biopsychologischer Grundtatsachen" manifestieren. Petermann, Beiträge zur Rassenseelenlehre (1936).

90 Speziell in der Psychologie bzw. Pädagogischen Psychologie gab es auch an den Universitäten weitere Professoren und Dozenten, die offiziell für Rassenpsychologie zuständig waren; nicht nur Clauss und die erwähnten Pfahler und Petermann, sondern z. B. auch der Gottschaldt-Schüler Kurt Wilde an der Universität Halle, Hans Koch an der Universität Rostock oder Johann Baptist Rieffert an der Berliner Universität.

Arbeit zu einem Kampfauftrag wird. Die Tendenz findet sich aber auch in den universitären Fachwissenschaften, wenn auch die Beharrungskraft der disziplinären Traditionen hier offensichtlich größer war. Einige Vertreter der Rassenbiologie und -hygiene intendierten eine unmittelbare Verknüpfung mit den Kulturwissenschaften. So Scheidt, der sich als Direktor des Rassenbiologischen Instituts der Universität Hamburg den Titel eines Professors für „Rassen- und Kulturbiologie" verleihen ließ; auf den gleichen Pfaden bewegte sich sein Assistent Keiter. In Hamburg blieb lange ungeklärt, an welcher Fakultät Scheidt am besten aufgehoben wäre. Häufig waren Vertreter der „neuen Wissenschaften" in mehreren Fakultäten gleichzeitig präsent. Diese Tendenz zur „Interdisziplinarität" (oder besser gesagt: zu „transdisziplinären Übergriffen") läßt sich am Beispiel der Berliner Friedrich-Wilhelms-Universität illustrieren: Hier waren die Lehrveranstaltungen von Bruno Kurt Schultz, dem späteren Chef des Rassenamtes des RuSHA, sowohl der Medizinischen als auch der Naturwissenschaftlichen Fakultät zugeordnet; die Veranstaltungen des Erbpsychologen Gottschaldts wurden in der Naturwissenschaftlichen und Philosophischen Fakultät angekündigt, Hans F. K. Günther war der Philosophischen und der Naturwissenschaftlichen bzw. Landwirtschaftlichen Fakultät zugeordnet. Die Tendenz, die Grenzen der Disziplinen zu überschreiten, brachte auch recht eigenwillige Verbindungen hervor, wie z. B. Stengel-Rutkowskis Dozentur für „Rassenhygiene, Kulturbiologie und genetische (rassenhygienische) Philosophie" in Jena. Mehr ins Esoterische ging der schon erwähnte Lehrstuhl von Mandel. Radikal klingt der Lehrstuhl für „Rechts- und Wirtschaftsgeschichte auf rassischer Grundlage", den Johannes von Leers an der Universität Jena innehatte; kurz und bündig „Rasse und Recht" nannte sich der Lehrstuhl Falk Ruttkes an der Universität Jena.

Solche Institutionalisierungen blieben insgesamt zwar die Ausnahme; der „Rassegedanke" fand aber mehr oder weniger in allen Disziplinen seine Verfechter, wie nicht nur unsere Bibliographie, sondern auch ein Blick in die Vorlesungsverzeichnisse der Zeit zeigt. So wurden z. B. an der Universität Tübingen mehrmals Ringvorlesungen zum Rassenkonzept veranstaltet, an denen sich verschiedene Disziplinen beteiligten. In den Literaturwissenschaften hielt der Dozent Burger 1936/37 eine Vorlesung zum Thema „Versuch einer rassenkundlichen Betrachtung der deutschen Dichtung"; der Religionswissenschaftler Jakob Wilhelm Hauer hielt Vorlesungen über „Rasse und Religion"[91], bei den Juristen fanden regelmäßig Lehrveranstaltungen zum Thema „Volk und Rasse" statt.[92] Professoren und Dozenten beschäftigten sich mit dem „Rassegedanken im bürgerlichen Recht" oder, in anderen Fachbereichen, mit der „Vormachtstellung der weißen Rasse in Übersee", mit „Rasse und Volkstum als Missionsproblem" usw. Besonders eifrig waren aber in Tübingen die Erziehungswissenschaftler Kroh und Pfahler, die regelmäßig Übungen und Seminare zur Rassenseelenkunde, Erbcharakterologie und

---

91 Hauer, Mitglied der SS, war Professor für „Vergleichende Religionswissenschaft und arische Weltanschauung"; er war einer der einflußreichsten Propagatoren einer „deutschen Glaubenslehre". Hauer erhielt 1938 vom Ahnenerbe den Auftrag, eine „Stoffsammlung aus der germanisch-deutschen Glaubensgeschichte für den weltanschaulichen Unterricht in Schulen" zu erstellen. Das Werk scheint aber nie zum Druck gelangt zu sein: BDC Ahnenerbe B 252. Zu Hauer siehe Junginger, Von der philologischen zur völkischen Religionswissenschaft (1999).

92 Nach einem Erlaß des Reichserziehungsministeriums vom 18. Januar 1935 hatten Studenten der Rechtswissenschaft in den beiden ersten Semestern die „völkischen Grundlagen der Wissenschaft" kennenzulernen.

völkischen Erziehung durchführten. Hinzu kam eine rege Vortragstätigkeit Tübinger Professoren und auswärtiger Gastdozenten zu rassenwissenschaftlichen Themen vor der akademischen Öffentlichkeit.[93] Viele dieser hochschulinternen Aktivitäten, speziell Ringvorlesungen und Arbeitsgemeinschaften, lassen das Bestreben erkennen, einen interdisziplinären Wissenschaftsdiskurs zu etablieren, in dem Geistes- und Naturwissenschaften unter der gemeinsamen Klammer des Rassenbegriffs vereint sind. Die Wissenschaftliche Akademie des NS-Dozentenbundes Tübingen bemühte sich besonders um solche Formen der Zusammenarbeit. Sie schrieb z. B. 1939 – ganz in der Tradition wissenschaftlicher Akademien – eine Preisaufgabe zum Thema „Erbpsychologie schwäbischer Kulturträger" aus, ein Thema, das vermutlich von Pfahler mit angeregt wurde, der in der AG „Richtung und Zufall in der organischen Entwicklung" der Akademie mitarbeitete. Ein interessantes Beispiel ist in diesem Zusammenhang die Gründung einer „Forschungsstelle für rassenkundliche Kolonialwissenschaften" 1939 in Tübingen, die unter der gemeinsamen Leitung eines Kolonialwissenschaftlers (Drascher) und des Ordinarius für Rassenbiologie Gieseler stand.[94]

Eine systematische Analyse der Vorlesungsverzeichnisse aus der Zeit des Dritten Reichs steht noch aus; sie würde vermutlich zeigen, daß sich noch weit mehr Hochschullehrer mit rassenwissenschaftlichen Themen beschäftigten, als man allein aufgrund unserer Bibliographie vermuten könnte. Das Ausmaß der Thematisierung in anderen als den „primär zuständigen" Fachgebieten läßt die Zusammenstellung von Adam für die Universität Tübingen erahnen. Wir fügen noch – gleichsam stichprobenartig und mehr zur Illustration gedacht – einige weitere Beispiele von Hochschullehrern hinzu, die weder in unserer Bibliographie noch in der Zusammenstellung der zuständigen Professoren und Dozenten an den Hochschulen für Lehrerbildung (siehe oben) verzeichnet sind. In Kiel etwa bot Ernst-Erwin Nolte, Professor für Psychologie, an der HfL 1935 eine Einführung in die Rassenseelenkunde an.[95] Im Vorlesungsverzeichnis der HfL Hamburg für 1937 wurde eine „Einführung in die Rassenseelenkunde im Anschluß an L. F. Clauss" von Dr. Uhlig angekündigt; in Rostock hielt der Privatdozent Hans Koch am Psychologischen Institut der Universität Lehrveranstaltungen zu den Themen „Rasse und Seele", „Völker- und Rassenpsychologie", „Rassenpsychologie und Typenlehre", „Charakterkunde und Erbpsychologie" ab.[96] An der TH Darmstadt las der für Philosophie, Pädagogik und Psychologie zuständige Professor Matthias Meier regelmäßig

---

93 U. D. Adam, Hochschule und Nationalsozialismus (1977), S. 163 ff.

94 Träger waren das Deutsche Auslandsinstitut in Stuttgart und der NS-Dozentenbund Tübingen: R. Wetzel/H. Hoffmann (Hrsg.), Wissenschaftliche Akademie Tübingen des NSD-Dozentenbundes (1940), S. 49. Zu Pfahler und zu den Preisaufgaben der Akademie siehe ebd., S. 57 und 74.

95 U. Gutzmann, Von der Hochschule für Lehrerbildung zur Lehrerbildungsanstalt (2000), S. 184. – Nolte, geb. 1902 in Hannover, Promotion 1932 in Göttingen, nach 1945 Professor für Psychologie an der PH Flensburg.

96 Koch veröffentlichte 1936 in der „Zeitschrift für Rassenkunde" eine Abhandlung „Die Abwanderung der Begabten vom Dorf". Koch war 1922 bis 1927 Assistent bei Mjöen am Institut für Rassenhygiene in Oslo. Als Vorstandsmitglied der Deutschen Gesellschaft für Rassenhygiene war er für das Auslandsamt des NS-Dozentenbundes eine Schlüsselfigur für die Beziehungen zu den nordischen Ländern. Nach seiner Habilitation an der Universität Würzburg wurde er 1939 zum Leiter des Psychologischen Instituts der Universität Rostock ernannt: Geschichte der Universität Rostock, Bd. I (1969), S. 284; S. Schunter-Kleemann, Die Nachkriegsauseinandersetzung in der DDR über die Psychologie im Deutschen Faschismus (1980), S. 52.

über Grundlagen der Rassenpsychologie.[97] Albert Hirn bot an der Berliner Universität Lehrveranstaltungen über „Rasse und Leibesübungen" an.[98] Noch für das Wintersemester 1944/45 kündigte Franz Scola, Direktor des Psychologischen Instituts der Deutschen Universität in Prag „Übungen zur Rassenpsychologie" an. – Für die Geschichtswissenschaften finden sich zahlreiche Hinweise in einer Studie zur Universität Münster von Katja Fauser: Hier bot Julius Andree, Paläontologe und Professor für Urgeschichte, NSDAP-Mitglied seit 1932, regelmäßig Lehrveranstaltungen über Rassengeschichte und Abstammungslehre an, Friedrich von Klocke, Dozent für mittlere und neuere Geschichte, befaßte sich unter rassen- und sippenkundlichen Gesichtspunkten mit der deutschen Volksgeschichte. Der Historiker Carl Arnold Willemsen bot gemeinsam mit Friedrich Sartorius vom Hygiene-Institut eine Arbeitsgemeinschaft und Übungen zur vergleichenden Rassen- und Geschichtsforschung an.[99] Offensichtlich gab es in Münster Historiker, die einen Anschluß an die naturwissenschaftlichen Rassenkunde und -biologie suchten. Ähnliche Ansätze interdisziplinärer Zusammenarbeit finden wir z. B. auch in Hamburg, wo die Rassenbiologen Scheidt und Keiter gemeinsam mit dem Soziologen Andreas Walther eine Lehrveranstaltung über „Sinn und Bedeutung der Rassenbiologie" durchführten.[100] Scheidt hielt auch rassenkundliche Vorlesungen für Juristen und Schulungskurse für Richter an der Juristischen Fakultät.

Jenseits der durch die staatliche Hochschulpolitik vorgegebenen Strukturen und Institutionalisierungen gab es einen breiten Spielraum für individuelle Initiativen, die in Verbindung mit Zentren rassenhygienischer und -pädagogischer Aktivitäten standen. Dies wird auch deutlich, wenn wir das Wirkungsfeld unserer Autoren im Dritten Reich unter geographischen Gesichtspunkten betrachten:

Anzahl der Autoren, die während des Dritten Reichs in den folgenden Städten beruflich tätig waren (ohne Berlin):

München	66	Breslau	30
Leipzig	56	Gießen	23
Hamburg	39	Marburg	23
Halle/Hirschberg	38	Dresden	23
Münster	37	Köln	22
Jena	34	Bonn	22
Kiel	33	Tübingen	20
Frankfurt/M.	33		

---

97 Meier, der 1937 in die NSDAP eintrat, war Experte für die Scholastik und mit Unterstützung des Zentrums ins Amt gekommen: Tilitzki, Deutsche Universitätsphilosophie (2002), S. 198; zu seinen Lehrveranstaltungen siehe den Anhang ebd.

98 Hirn war Dozent und kommissarischer Leiter der Institute für Leibesübungen an den Universitäten Berlin, Heidelberg und Straßburg; er war 1941 Stellvertreter des Reichssachbearbeiters für Leibeserziehung im NSLB und stellvertretender Schriftleiter der NSLB-Zeitschrift „Politische Leibeserziehung".

99 K. Fauser, Geschichtswissenschaft im Nationalsozialismus (2000), S. 86 ff.

100 Ch. Hünemörder, Biologie und Rassenbiologie in Hamburg (1991), S. 1173.

Nach Berlin, das wir wegen seiner besonderen Bedeutung als Reichshauptstadt ausgeklammert haben, war München das bedeutendste Zentrum. Hier war zum einen der Einfluß der Anthropologen-Schule Lenz-Rüdin-Mollison wirksam, zum anderen spielte eine Rolle, daß eine Reihe von Autoren in der hier angesiedelten Reichsleitung der NSDAP tätig waren; in der Pädagogik war Aloys Fischer eine wichtige Gestalt als akademischer Lehrer mehrerer Autoren, die sich mit rassenpsychologischen und -pädagogischen Themen befaßten (siehe dazu den biographischen Teil). An zweiter Stelle kommt Leipzig. Hier wirkte Otto Reche als eine besonders einflußreiche Gestalt der Rassenanthropologie, der auch pädagogisch-psychologische Arbeiten angestoßen und betreut hat. Für die Entwicklung einer rassenwissenschaftlich orientierten Pädagogischen Psychologie war das Pädagogisch-Psychologische Institut des NSLB an der Universität Leipzig besonders bedeutsam. Hamburg ist als zweitgrößte deutsche Stadt stark unterrepräsentiert; die Aktivitäten von Scheidt und Deuchler wären hier hervorzuheben. Daß Halle demgegenüber ein herausragendes Zentrum war, hängt damit zusammen, daß hier eine politisch besonders profilierte SA-orientierte Hochschule für Lehrerbildung entstand, die 1934 nach Hirschberg verlagert wurde. Einen gewissen Einfluß hatte der Erziehungswissenschaftler Wilhelm Hehlmann, der später Dozent an der Erzieher-Akademie der Adolf-Hitler-Schulen wurde. Auffallend ist, daß mehrere Hilfsschullehrer unter unseren Autoren in Halle arbeiteten. Die große Zahl der Autoren aus Münster ist durch die Dissertationen bei Jötten bedingt, der hier ein Zentrum der erbbiologischen Erfassung von Hilfsschülern schuf. Jena, Gießen, Marburg und Tübingen ragen als kleine Universitätsstädte mit einem ausgeprägten völkisch-rassenwissenschaftlichen Profil heraus. Jena und Gießen waren universitäre Zentren der Rassenhygiene,[101] hinzu kommt, daß hier mit Petersen und Pfahler Erziehungswissenschaftler wirkten, die ihre Schüler in die Richtung völkischer, erb- und rassenwissenschaftlicher Arbeiten beeinflußten. In Marburg machte sich vor allem der Einfluß von Jaensch bemerkbar, in Tübingen der von Kroh und Pfahler. In Kiel befand sich wie in Halle/Hirschberg eine Hochschule für Lehrerbildung mit einem besonders ausgeprägten völkisch-rassenwissenschaftlichen Profil. Einige größere Städte fehlen oder sind sehr stark unterrepräsentiert, insbesondere Bremen, Stuttgart und die Ruhrgebietsstädte; dies dürfte vor allem mit der hier fehlenden universitären Tradition zusammenhängen.

Die Entfaltung rassenwissenschaftlicher Aktivitäten war daher auch von der Initiative und Wirkung einzelner Persönlichkeiten und Institute abhängig, in denen es zu einer speziellen Schulenbildung kam. Insgesamt blieben größere und durchgängige Institutionalisierungserfolge aber im wesentlichen auf die Einrichtung der rassenhygienischen Lehrstühle an den Medizinischen Fakultäten und der rassenbiologischen Professuren an den Hochschulen für Lehrerbildung beschränkt. Diese sind allerdings um so höher zu bewerten, als sie nicht nur fachwissenschaftlich ausgerichtet waren (für die Ausbildung künftiger Biologie-Lehrer), sondern auch allgemeinbildende Funktionen hatten. Die Prüfungsordnung für das Studium an den Hochschulen für Lehrerbildung sah neben der Didaktik (allgemeine und besondere Unterrichtslehre) „allgemeinbildende Disziplinen" vor, die im ersten Studienjahr zu absolvieren waren und in der Regel folgende Gebiete umfaßten:

1. Erziehungswissenschaft
2. Charakter- und Jugendkunde

---

101   Vgl. Weingart/Kroll/Bayertz, Rasse, Blut und Gene (1988), S. 445 ff.

3. Vererbungslehre und Rassenkunde
4. Volkskunde

Der Besuch von Veranstaltungen in diesen Gebieten war für alle Studenten obligatorisch. Für Charakter- und Jugendkunde waren 8 Semesterwochenstunden vorgeschrieben, für Vererbungslehre und Rassenkunde ebenfalls 8, für Volkskunde 4 SWS.[102] Auf diese Weise war für alle Lehramtsstudenten eine erb- und rassenkundliche Grundausbildung sichergestellt. Dies galt nicht nur für künftige Volksschullehrer; denn auch die Studenten des höheren Lehramts mußten das erste Studienjahr an einer HfL absolvieren.[103] Dahinter stand vor allem die Absicht, die gesamte künftige Lehrerschaft einer einheitlichen politisch-weltanschaulichen Orientierung zu unterwerfen. Die neuen Fächer sollten Bestandteil der erziehungswissenschaftlichen Allgemeinbildung werden – Franz Kade, Direktor der HfL Danzig, sprach von einem „Sturz der Fächerung" und der Überwindung des alten Wissenschaftsbegriffs; zu den allgemeinbildenden Aufgaben der Hochschulen gehöre auch die „rassisch-soldatische Erziehung" der Studenten.[104] Da die Erb- und Rassenkunde an nahezu allen Hochschulen institutionalisiert war, wird man auch davon ausgehen können, daß so gut wie alle Lehramtsstudenten der Zeit mit diesen Inhalten in Berührung gekommen sind.[105] Und da alle Hochschullehrer dieser Fächer NSDAP-Mitglieder waren, wird es in diesen Lehrveranstaltungen auch kaum kritische Auseinandersetzungen mit der Rassenlehre gegeben haben. Zu den Absonderlichkeiten der Zeit gehört dabei, daß Rassenbiologie auch als Teilbereich der Allgemeinen Erziehungswissenschaft aufgefaßt wurde. So umfaßte die Allgemeine Erziehungswissenschaft beispielsweise an der HfL Cottbus die drei Themengebiete Erziehungswissenschaft, Charakter- und Jugendkunde (Pädagogische Psychologie) sowie Vererbungslehre und Rassenkunde, die hier gewissermaßen als Substitut der Pädagogischen Anthropologie firmierten.[106]

„Rassenwissenschaftliche" Forschungsfelder und Einsatzgebiete der Pädagogischen Psychologie

Ärzte und Lehrer,[107] so wird deutlich, waren primär die Adressaten der rassenwissenschaftlichen Ausbildung und die Träger des nationalsozialistischen Rassekonzepts. Die Institutionalisierung der Rassenkunde in der Lehrerbildung liefert den bildungspolitischen Hintergrund für die relativ breite Thematisierung des Rassekonzepts in der pädagogischen Literatur. Anders als in der Medizin und den Naturwissenschaften hatte die pädagogisch orientierte Rassenwissenschaft ihren Schwerpunkt in der Vermittlung durch Texte, Hochschullehre und

---

102 Laux, Pädagogische Diagnostik im Nationalsozialismus (1990), S. 208 f.

103 Darüber hinaus übernahmen die Hochschulen für Lehrerbildung auch die Ausbildung der Gewerbelehrer sowie der Hilfs- und Sonderschullehrer.

104 Erziehungs- und Arbeitsplan der Hochschule für Lehrerbildung Danzig (1935).

105 Dies dürfte auch für Sozialpädagogen gelten, da Rassenkunde und Erbgesundheitslehre auch an den Sozialen Fachschulen Prüfungsfächer wurden. Siehe Feustel, Rückblicke (1991); Baron, Eine Profession wird gleichgeschaltet (1989).

106 HfL Cottbus, Arbeitsplan 1939.

107 Als eine dritte Hauptgruppe wären noch Juristen zu nennen, für die die Kenntnis der Rassen- und Erbgesundheitsgesetzgebung wichtig war.

Schulungsarbeit. Es gab aber auch eine erziehungswissenschaftliche und erziehungswissenschaftlich relevante psychologische Forschung im Bereich der Rassen- und „Erbpsychologie";
sie erreichte zwar bei weitem nicht Ausmaß und Bedeutung der medizinisch-naturwissenschaftlichen Forschung und blieb vielfach in Ansätzen stecken. Ob z. B. Pfahlers Forschungsprojekt über „Rassenkerne des deutschen Volkes" jemals zum Abschluß gelangte, ist unklar.
Auch über die von Volkelt bei der DFG beantragten Mittel für „Zwecke der Rassenpsychologie, der Typenpsychologie und Ausdrucksforschung" ist nichts bekannt, vielleicht flossen sie
in Arbeiten, die bei Volkelt angefertigt wurden.[108] In Hamburg bemühte sich der Erziehungswissenschaftler Gustav Deuchler, der ab 1933/34 kommissarisch auch das Psychologische
Institut leitete, eine „rassenpsychologische Forschungsgemeinschaft" zu installieren, scheiterte
aber am Widerstand des Rassenbiologen Scheidt, der das Monopol für die rassenwissenschaftliche Ausbildung an der Philosophischen Fakultät, speziell für die Lehrerbildung für
sich beanspruchte.[109] In Berlin, um ein anderes Beispiel zu nennen, wurde 1934 Johann Baptist Rieffert, nachdem Wolfgang Köhler aus politischen Gründen zurückgetreten war, mit
Unterstützung des NS-Studentenbunds zum Psychologie-Professor ernannt, mit dem Auftrag,
die Psychologie der Rassen und der deutschen Stämme zu erforschen. Rieffert plante vor
allem ein großangelegtes Forschungsprojekt zur Psychologie des Judentums; so sollten Mimik
und Gebärde, Sprache, Handschrift, Intellekt, Temperament, Charakter etc. „des Juden" untersucht werden, daneben sollte im Rahmen einer „Charakterologie der deutschen Stämme"
Möglichkeiten der „stammesgebundenen Abwehrtätigkeit" gegen das Judentum nachgegangen werden. Die Durchführung des Projektes war im Rahmen einer Arbeitsgemeinschaft mit
H. F. K. Günther und Eugen Fischer geplant. Riefferts Karriere – 1935 war er auch „Reichssachbearbeiter für Philosophie, Psychologie und Pädagogik" im NSLB – war aber eben so
schnell wieder beendet, wie sie begonnen hatte. Er wurde bereits 1936 wieder vom Dienst
suspendiert, weil er bei seiner Einstellung eine frühere SPD-Mitgliedschaft verschwiegen
hatte.[110]

---

108 Geuter, Die Professionalisierung der deutschen Psychologie (1984), S. 282.
109 K. Saul, Lehrerbildung in Demokratie und Diktatur (1991). Aus Anlaß der Wiederbesetzung
    des Lehrstuhl von William Stern legten die Mitarbeiter des Psychologischen Instituts Theodor
    Bonte und Karl Zietz 1935 eine Denkschrift zur „Mitwirkung der Psychologie an rassekund-
    lichen Forschungen" vor: Hans Moser, Zur Entwicklung der akademischen Psychologie in
    Hamburg bis 1945 (1991), S. 503.
110 BA, R 4901/2606; 4901/821. Rieffert wollte seine Untersuchungen u. a. an jüdischen Gefängnis-
    insassen durchführen, um anhand dieses „jüdischen Menschenmaterials" deren psychologische
    und geistige „Minderwertigkeit" nachzuweisen. Eugen Fischer, der das Projekt gegenüber dem
    REM unterstützte, scheint sich an anderer Stelle eher ablehnend geäußert zu haben: N. C.
    Lösch, Rasse als Konstrukt (1997), S. 327f. – Der Lehrstuhl für Psychologie konnte erst 1942
    mit Oswald Kroh wieder besetzt werden. Während Riefferts Amtszeit wurden Hans Preuß und
    Robert Beck als Assistenten eingestellt. Preuß war Rassenpsychologe und arbeitete über die
    „Erkennbarkeit des Juden an seiner Stimme", er wurde anschließend Mitarbeiter bei Ludwig
    Ferdinand Clauss (siehe unten); Beck war Experte für „Umvolkungspsychologie" und blieb
    noch bis zum Krieg am Institut tätig. Rieffert selbst war vor seiner Berufung beim Psychologi-
    schen Laboratorium des Reichswehrministeriums tätig gewesen (K. Weber, Vom Aufbau des
    Herrenmenschen, 1993, S. 24). Zu Rieffert siehe auch M. G. Ash, Ein Institut und seine Zeit-
    schrift (1985); Tilitzki, Deutsche Universitätsphilosophie (2002), S. 977f.

Auf der Ebene der institutionalisierten Forschung lieferte die Pädagogische Psychologie gleichwohl in mehreren Dimensionen wichtige und auch praktisch bedeutsame Beiträge. Wir führen hier nur beispielhaft einige Fälle auf. In Dresden etwa wurden unter Leitung Alfred Eydts in Zusammenarbeit mit dem Rassenpolitischen Gauamt Sachsen (Eydt war dort Hauptstellenleiter) umfangreiche erbbiologische Untersuchungen an Schulkindern durchgeführt. Eydt erfaßte insgesamt 21760 Kinder nach schulischen Leistungen, „Führung", Krankheiten, Straffälligkeiten in der Familie etc. Das Pädagogisch-Psychologische Institut des NSLB in Leipzig wirkte an Asozialenerhebungen des RPA mit – 50 Lehrer und Lehrerinnen sollen sich daran beteiligt haben [111] – und erarbeitete Beobachtungsbögen unter psychologischen und rassebiologischen Gesichtspunkten, die den Lehrern Hilfen bei der Erstellung von Eignungsgutachten für die Hauptschulauslese geben sollten.[112] Das Charakterologische Institut der Universität Königsberg arbeitete an einer rassischen Bestandsaufnahme und Typisierung der gesamten Schuljugend Ostpreußens.[113] Der psychologisch-pädagogischen Begutachtungspraxis waren nicht zuletzt durch das Gesetz zur Verhütung erbkranken Nachwuchses neue Aufgaben zugewachsen, das die Sterilisation bei „angeborenem Schwachsinn" vorsah. Schulische Leistungsbewertungen entschieden über die Einweisung in die Hilfsschule, sie konnten eine Vorentscheidung für die Sterilisierung bedeuten, und generell trafen die Erbgesundheitsgerichte ihre Entscheidungen auch auf der Grundlage von Intelligenztests. Die Arbeiten von Günther Just standen in diesem Zusammenhang. Just war zwar Eugeniker und Naturwissenschaftler, hatte sich aber auf das Gebiet „Erbgrundlagen der Leistungsfähigkeit" spezialisiert, und ein Schwerpunkt seiner Tätigkeit bildete die Untersuchung der „erbbiologischen Grundlagen der Leistung, Schulleistung und des Begabungstypus". 1937 wurde er dafür mit der Leitung des Erbwissenschaftlichen Forschungsinstituts des Reichsgesundheitsamtes betraut. Erklärtes Ziel des Instituts, über dessen Arbeit erst wenig bekannt ist, war die „Schaffung wissenschaftlicher Grundlagen für künftige erbpflegerische Maßnahmen, für deren Inangriffnahme unser heutiges Wissen noch unzureichend ist".[114] Dem gleichen sozialeugenischen Kontext kann man die Erbpsychologie zurechnen, wie sie etwa mit der Einrichtung einer erbpsychologischen Abteilung am KWI in Berlin unter der Leitung von Kurt Gottschaldt institutionalisiert wurde.[115] Auch diese Forschungsrichtung ist noch kaum untersucht worden. Ein Schwerpunkt war in diesem Kontext die Zwillingsforschung, die im Dritten

---

111 Mitteilungen aus der Arbeit des Pädagogisch-psychologischen Instituts des NSLB Sachsen im Jahre 1938, in: Zs. f. Päd. Psychologie und Jugendkunde 40/1939, S. 109.

112 Institutsleiter war Heinz Burkhardt, der zugleich die „Fachgemeinschaft für genetische Rassenpsychologie und -pädagogik" leitete. Er entwarf 1933 ein Programm „rassenpsychologischer Forschung an Schulkindern" (Burkhardt 1934). Burkhardt starb noch im gleichen Jahr, sein Nachfolger wurde Fritz Braun. Eine andere Arbeitsgemeinschaft des Instituts befaßte sich unter Leitung Erich Meyers und Werner Dittrichs mit rassenpolitischer Erziehung: H. Laux, Pädagogische Diagnostik im Nationalsozialismus (1990), S. 67; vgl. auch Ewert, Erich Stern und die pädagogische Psychologie im Nationalsozialismus (1985), S. 285; Geuter, Professionalisierung (1988), S. 238.

113 Zs. f. Päd. Psychologie und Jugendkunde 35/1934, H. 6, S. 231 f.

114 R. T. Maitra, „... wer imstande und gewillt ist, dem Staate mit Höchstleistungen zu dienen!" (2001), S. 377 f.

115 M. G. Ash, Die erbpsychologische Abteilung am Kaiser-Wilhelm-Institut für Anthropologie, menschliche Erblehre und Eugenik (1992).

Reich in großem Maßstab betrieben und gefördert wurde, u. a. auch, um den Nachweis der Dominanz vererbter Anlagen gegenüber Umweltfaktoren in ihrer Bedeutung für die Erziehung zu erbringen.[116] Pfahler, Eckle und andere Vertreter der Pädagogischen Psychologie beteiligten sich an diesen Forschungen mit eigenen Untersuchungen oder der Förderung entsprechender Dissertationen.

Andere Einsatz- und Aufgabenbereiche der Pädagogischen Psychologie ergaben sich u. a. im Zusammenhang mit dem Einsatz „fremdvölkischer" Arbeiter und bei der Durchführung der Rassen- und Volkstumspolitik im Osten. Das Institut für Jugendkunde in Bremen, geleitet von Theodor Valentiner, führte z. B. Arbeitseignungsuntersuchungen an Zwangsarbeitern aus Osteuropa durch.[117] Am Seminar für Psychologie und Pädagogik der Universität Posen wurden während des Krieges unter Leitung von Rudolf Hippius umfangreiche „eignungs-psychologische und charakterologische Wertigkeitsuntersuchungen" an deutsch-polnischen Mischlingen und Polen durchgeführt.[118] Hippius und seine Mitarbeiter waren mit sozial-psychologischen Eignungsprüfungen an den Forschungsarbeiten beteiligt, die das Rasse- und Siedlungshauptamt der SS in Litzmannstadt im Zusammenhang mit der Deutschen Volksliste durchführte.[119] In Polen kamen rassenpsychologische Diagnostiker zum Einsatz, als es etwa um die Frage der Eindeutschungsfähigkeit möglicherweise „verpolter Deutschstämmiger" ging.[120] Im Grenzbereich zwischen Psychologie, Berufspädagogik und Soziologie angesiedelt waren die Arbeiten des Rheinischen Provinzialinstituts für Arbeits- und Berufsforschung unter Leitung von Walther Schulz über Zusammenhänge zwischen Rasse und Arbeits- und Berufseignung. Sie gehörten einem Forschungstypus an, der zwar randständig blieb, aber sie machen immerhin sichtbar, was von einer noch in den Anfängen steckenden rassenpsycholo-gischen Diagnostik für die Berufsberatung etwa zu erwarten gewesen wäre: Berufslenkung nach „rassisch-stammlicher Artung" und Leistung; denn „Arbeit", so Schulz, „ist Funktion der Rasse".[121] Ähnliches gilt für die Forschungsstelle für das Volkstum im Ruhrgebiet unter

---

116 Das KWI erfaßte damals die Anschriften von mehr als 4000 Zwillingen der Schulen Groß-Ber-lins. Eine Auswahl von Zwillingen wurde dann in sog. „Zwillingsferienlagern" minutiös beob-achtet und untersucht: Bergmann/Czarnowski/Ehmann, Menschen als Objekte humangeneti-scher Forschung und Politik im 20. Jahrhundert (1989). Zur Zwillingsforschung siehe auch Ch. Mai, Humangenetik im Dienste der „Rassenhygiene": Zwillingsforschung in Deutschland bis 1945 (1997).

117 Laux, Pädagogische Diagnostik im Nationalsozialismus (1990), S. 68, 70ff., 184; O. Ewert, Erich Stern und die pädagogische Psychologie im Nationalsozialismus (1985).

118 An der Untersuchung beteiligte sich auch der Zoologe Konrad Lorenz, der damals Professor für Psychologie an der Universität Königsberg war und übrigens auch als Redner für das RPA arbeitete: H.-C. Harten, De-Kulturation und Germanisierung (1996), S. 167ff.; zu Lorenz siehe auch K. H. Roth, Schöner neuer Mensch (1999), S. 397ff.

119 H. Strickner, Die „Deutsche Volksliste" in Posen (1942). – Hippius arbeitete außerdem für den Arbeitskreis „Eignungsforschung" der Reichsstiftung für deutsche Ostforschung und stellte Untersuchungen zur „Siedlungsbereitschaft für den Osten" an: Harten, De-Kulturation (1996), S. 165ff.

120 H.-C. Harten, De-Kulturation (1996); U. Geuter, Professionalisierung (1988), S. 406ff.

121 W. Schulz, Berufseignung und rassisch-stammliche Artung (1936). Schulz' Assistent Rolf Schmitz meinte z. B. aufgrund einer empirischen Untersuchung herausgefunden zu haben, daß der „fäli-sche Mensch" im Straßenbahnführerberuf eine seiner Art entsprechende Tätigkeit fände (Schmitz,

Leitung von Brepohl; es beriet u. a. das RPA hinsichtlich der Arbeitseignung und Eindeutschungsfähigkeit von Polen.[122] Unter den Erziehungswissenschaftlern beteiligte sich unter anderem Albert Huth, ein Schüler von Aloys Fischer, an solchen Konzeptualisierungen. Huth arbeitete an einem „System der seelischen Eigenschaften der deutschen Rassen", das in der Berufsberatung und -lenkung zum Einsatz kommen sollte. Der Psychologe Adolf Ehrhardt stellte Untersuchungen über Zusammenhänge zwischen Rasse und Leistungsverhalten an, denen Günthers Rassentypologie des deutschen Volkes zugrunde lag. Am besten schnitten bei ihm übrigens die „westischen" Probanden ab, die nordischen und fälischen folgten aber gleich; Ehrhardt führte dies auf die „Frühreife" und größere geistige Beweglichkeit des westischen Typus zurück. Am schlechtesten schnitten die „ostischen Leistungstypen" ab, für die Ehrhardt eine „Unsicherheit plötzlich gestellten Aufgaben gegenüber" konstatierte.[123] Zu ähnlichen Ergebnissen war auch Huth gelangt, der als Psychologe im Bayerischen Landesarbeitsamt tätig war und zwischen 1925 und 1935 insgesamt 94 000 Eignungsuntersuchungen miteinander verglich. Er stellte ein Absinken der Leistungen von der Pfalz über Franken und Schwaben nach Nieder- und Oberbayern fest und erklärte dies mit dem „westischen Einschlag" in der Pfalz und dem „dinarischen" in den bayerischen Stammländern.[124] Das in dieser Hinsicht am weitesten vorangetriebene Konzept einer rassenpsychologischen Diagnostik von Arbeitseignungen dürfte von Hans Endres stammen; Endres ging damit zur SS und arbeitete im Eignungsprüferwesen des Rasse- und Siedlungshauptamtes mit.[125] Eine Reihe von Vertretern der Pädagogischen Psychologie, die mit rassenpsychologischen Ansätzen arbeiteten, kamen in der Arbeitsverwaltung und Berufsberatung unter. So z. B. auch Hellmut Ludwig, in dessen Dissertation integrations-, konstitutions- und rassentypologische Ansätze zur Untersuchung von Intelligenz und Berufseignung verbunden werden. Im Forschungsinstitut der Deutschen Arbeitsfront saßen Experten, die auf der Grundlage der Theorien von Günther

---

Rassisch-stammliche Artung zum Straßenbahnführerberuf, 1936). In diesen Arbeiten sind rassische und „stammesartliche" (Thüringer, Westfalen etc.) Kriterien miteinander vermischt. Ein Beispiel für eine im Vergleich dazu anspruchsvollere und schon relativ elaborierte Konzeption einer empirischen Untersuchung stellt die Dissertation von Hellmut Ludwig (1939) dar.

122 Weyer, Die Forschungsstelle für das Volkstum im Ruhrgebiet (1984); siehe auch Thieme, Rassentheorien zwischen Mythos und Tabu: der Beitrag der Sozialwissenschaften (1988); Warsewa/ Neumann, Zur Bedeutung der „Rassenfrage" in der NS-Industrieforschung (1987). – Unter den Arbeitssoziologen wäre noch Hermann Textor zu erwähnen. In seinem Buch „Völkische Arbeitseignung und Wirtschaftsstruktur" (1939) meinte er z. B., die große Zahl un- und angelernter Arbeitskräfte in der deutschen Wirtschaft widerspräche der erbbiologischen Struktur des deutschen Volkskörpers. Die Günthersche Rassentypologie wurde u. a. auch in den arbeitssoziologischen und -pädagogischen Dissertationen von Siegfried W. Berger (1942) und Karl Bourges (1938) aufgenommen.

123 Der „Oster" war deshalb für selbständige Leistungsaufgaben nicht geeignet. Dies war der allgemeine Tenor rassenpsychologisch orientierter Untersuchungen. Immerhin konzedierte Cehak in seiner Dissertation über „psychomotorisches Tempo und Rhythmik" der „ostischen Seele" eine größere Fähigkeit als der nordischen, sich in „Gegebenheiten der Umwelt einzufühlen", während der Norder das Maß seines Handelns in sich selbst suche und danach trachte, nach dem eigenen inneren Gesetz die Umwelt zu meistern: Cehak, Die Rhythmik nach Geschlecht und Rasse (1937), S. 351.

124 A. Ehrhardt, Über den Zusammenhang von Rasse und Leistung (1938).

125 Arbeitspsychologie in rassenkundlicher Sicht (1942). Zu Endres siehe Teil II.

und Clauss Empfehlungen hinsichtlich der Eignung und Auswahl deutscher Siedler für die
Ost-Kolonisation ausarbeiteten.[126] Dies sind nur einige Beispiele rassenwissenschaftlich orientierter Forschungsansätze in Psychologie und Pädagogik. Daneben gab es in großem Umfang
Forschungsansätze und -arbeiten, die zwar nicht mit der Rassentypologie operierten, aber
eugenisch und damit rassenhygienisch orientiert waren.

Diese verschiedenen Aufgabenfelder der Pädagogischen Psychologie bündelte Gert Heinz
Fischer während des Kriegs zu einem umfassenden Programm. In einem Vortrag vor der
„Nordischen Gesellschaft" in Berlin entwarf er 1941 ein integriertes typologisches Konzept,
das die Konstitutionspsychologie Kretschmers, die Integrationspsychologie von Jaensch und
die Rassentypologie von Günther und Clauss miteinander verknüpfte und versprach sich
davon die Entwicklung einer rassenhygienischen Prognostik „im Dienste der Menschenführung, Auslese und Erziehung". Eine derart breit fundierte, am „Leitbild des nordischen Menschen" ausgerichtete Rassenpsychologie würde nicht nur bedeutsame Aufgaben für die völkische Berufslenkung und Begabungsauslese erfüllen, sondern auch bei der Neuordnung Europas „im Sinne der Forderungen des Führers" mithelfen, nämlich „auf den Gebieten der
Durchsetzung des europäischen Ordnungsgedankens, der Sammlung von Führungskräften
und der Abwehr gegnerischer Propaganda". Und er schloß hoffnungsvoll: „So ist die Idee und
die Wirklichkeit des Nordischen Gedankens und in diesem Rahmen die rassenseelenkundliche
Forschung bei den Aufgaben der Neuordnung Europas bereit und berufen, eine bedeutsame
Quelle gestaltender Kraft zu spenden."[127]

In vielen Texten wird aber auch immer wieder deutlich, daß eine ausgearbeitete rassenpsychologische Diagnostik eher ein Desiderat war. Es gab hier hochgesteckte Erwartungen, aber
letztlich erst wenig wirklich praktisch Verwendbares.[128] Zu den am weitesten vorangeschrit-
tenen diagnostischen Konzeptualisierungen gehörte Pfahlers Ansatz einer Verknüpfung psychologischer und rassenpsychologischer Typologien mit der „Rasseleibdiagnose"; sie schloß z. B.
Haar- und Augenfarben, die „Beheimatung der Sippe" u. ä. ein, entscheidend sei aber die
„Stildiagnose".[129] In der Pädagogischen Psychologie arbeitete man zumeist mit den gebräuchlichen Tests und Methoden weiter. Gleichwohl wurden rassen- und vererbungswissenschaftliche Fragen unter diagnostischen Aspekten in zahlreichen Zeitschriftenbeiträgen der Pädagogischen Psychologie thematisiert, und in der Praxis spielten rassisch-völkische Kriterien

---

126 Zum sozialen Aufbau im Osten; Die industrielle Um- und Neusiedlung als gemeinschaftspsy-
      chologisches Problem, in: AWI, Jahrbuch 1940. Siehe hierzu auch H.-C. Harten, De-Kulturation
      (1996), S. 147f.

127 Fischer, Wege, Ziele und Einsatz der rassenkundlichen Forschung (1942), S. 210f. – Fischer, der
      gerade die Nachfolge Jaenschs in Marburg angetreten hatte, war auch ein ausgewiesener Wehr-
      machtspsychologe. Die Wehrmachtspsychologie hatte 1938 begonnen, verstärkt rassenpsycholo-
      gische Ansätze in ihre Praxis einzubauen und dafür Erich Zilian zum Referenten für Rassen-
      psychologie berufen (Geuter, Professionalisierung, 1988, S. 293ff.). Fischer nimmt in seiner
      Abhandlung auf Zilians rassendiagnostischen Atlas als „vorzügliches Hilfsmittel" Bezug. Ähn-
      lich wie Fischer, aber noch etwas ausführlicher, äußerte sich auch Christian Eckle zu den Auf-
      gaben der Psychologie und Pädagogik im Kriege: Harten, De-Kulturation (1996), S. 161.

128 Auf die Probleme weist z. B. Müller-Freienfels hin: Grundsätzliches zur Rassenpsychologie
      (1936).

129 Pfahler, Rassenkunde und Erbcharakterologie (1934). Solchen integrativen Ansätzen folgten
      eine Reihe empirischer Studien, beispielhaft etwa die oben erwähnte Dissertation von H. Ludwig.

sehr wohl eine Rolle: „Aber implizit wurde doch völkisch diagnostiziert ... In diagnostischen Situationen (in Lagern, bei Aufnahmeprüfungen und bei der sonst üblichen Zensurengebung) waren häufig – z. T. ganz massiv – nationalsozialistische implizite Persönlichkeitstheorien wirksam: subjektiv, rassistisch und ideologisch."[130] Gerade das Fehlen entwickelter und standardisierter Verfahren begünstigte die Übernahme intuitiver Methoden im Stile Clauss', die einen großen Spielraum subjektiver und willkürlicher Beurteilungspraxis eröffneten. Dazu ein kleines Beispiel: in einem Text von Tobias zur Schülerauslese wird betont, daß ein „echter Nordling" kein Musterschüler sei; die Pädagogen müßten die Eigenart der nordischen Rasse berücksichtigen und erkennen, daß „unbekümmerte Faulheit und goldener Leichtsinn besser sind als das streberhafte, zielbewußte Arbeiten Andersrassiger, was oft ein Ausdruck krassen Materialismus ist, daß Ablehnung der dem Nordischen nicht liegenden Fächer ein Zeichen von Wehrhaftigkeit ist und in echt jungenhaften Rüpeleien und im Anstiften zu ‚grobem Unfug' oft Anlagen zu späterem Führertum stecken können."[131]

In der Begutachtungs- und Beurteilungspraxis dürften die Deutungs- und Bewertungsvorlagen, die prominente Autoren wie Clauss und Günther geliefert haben, durchaus eine relevante Größe gewesen sein. Sie waren geeignet, die subjektiven Wünsche und Projektionen derer, die die institutionelle Macht hatten, über das Schicksal anderer zu entscheiden, zu verschleiern, ähnlich wie dies auch für die erbbiologische Diagnostik im Zusammenhang mit der Anwendung des Erbgesundheitsgesetzes galt. Ein weiteres Beispiel mag genügen, um diese „intuitive Diagnostik" zu verdeutlichen. An der Kieler Hochschule für Lehrerbildung betrieben die Studenten – wie an anderen Hochschulen auch – eigene „Feldforschung" im Rahmen von Seminararbeiten und -übungen, um den rassenpsychologischen Blick auch in der Praxis zu schärfen.[132] Heraus kamen Urteilsbildungen wie diese: „Bei den Ortsbewohnern überwiegt Laux, Pädagogische Diagnostik im Nationalsozialismus (1990), S. 191 f. das Erscheinungsbild der nordischen Rasse. In der Klasse haben die Kinder aus ärmeren Verhältnissen, deren Leistungen gleichzeitig schwach sind, ein wenig nordisches Aussehen. Da ist z. B. eine Familie mit 8 Kindern. Drei sind bezeichnenderweise unehelich, eins ist in der Irrenanstalt gestorben.

---

130   Laux, Pädagogische Diagnostik (1990), S. 191 f. In einer Zusammenstellung aller diagnostisch relevanten Aspekte in pädagogisch-psychologischen Zeitschriften zwischen 1933 und 1944 kam Laux zu dem Ergebnis, daß die Kategorien Rasse und Erbe in 14,2 % aller Beiträge thematisiert wurden; weitere 17 % befaßten sich mit den Themen Auslese und Ausmerze. Insgesamt nimmt die Zahl der Beiträge, die nationalsozialistische Themen und Theoreme aufnehmen, im Verlauf der Jahre deutlich zu (ebd., S. 197).

131   Zit. nach ebd., S. 246 f. – Geuter hebt die willkürlichen und tautologischen Aspekte der „rassenpsychologischen Diagnostik" hervor; für praktische Zwecke etwa in der Arbeits- oder Wehrmachtspsychologie sei sie deswegen unbrauchbar gewesen (Geuter, Professionalisierung, 1988, S. 205 ff.). Geuter geht aber den vorhandenen rassenpsychologischen Ansätzen nicht systematisch nach. In der pädagogischen Praxis dürfte die Rassenpsychologie außerdem eine größere Rolle gespielt haben, zumal die typisierenden Bilder von Günther, Clauss oder Eickstedt in den Schulen weithin präsent waren und das „Alltagsbewußtsein" vieler Pädagogen, gewiß aber auch vieler Psychologen geprägt haben dürften.

132   Die Einspannung von Studenten in die rassen- und sippenkundliche Forschungsarbeit war weit verbreitet, vor allem in den Medizinischen Fakultäten der Universitäten; insbesondere die studentischen Fachschaften bildeten vielfach Arbeitsgemeinschaften, die einen großen Teil der erbbiologischen Erfassungsarbeiten trugen: Van den Bussche, Im Dienste der „Volksgemeinschaft" (1989), S. 83 ff.

Von den jetzt noch zur Schule gehenden Kindern gilt folgendes: Zwei (neun und zehn Jahre alt) sind einmal und zwei (11 und 13 Jahre alt) sind zweimal sitzengeblieben. Dann kommt ein dreizehnjähriges Mädchen, das immer versetzt worden ist. Sie macht nach ihrem allgemeinen rassischen und äußeren Eindruck auch einen recht guten Eindruck, während alle andern etwas Dummes oder Lauerndes und vielleicht Verschmitztes in ihrem Gesichtsausdruck haben, ohne daß man sie rassisch genau bestimmen könnte."[133] Was angeblich rassenpsychologisch diagnostiziert wurde, war in Wahrheit nichts anderes als die vorurteilsgeleitete Erwartung eines bestimmten sozialen Verhaltens, das biologistisch umgedeutet wurde.

Noch ein Beispiel: 1941 erging folgendes Rundschreiben des REM an die Nationalpolitischen Erziehungsanstalten in Zusammenhang mit der Anweisung, „vorwiegend nordisch bestimmte Jungmannen" aufzunehmen: „Von der Reichsführung-SS, Rasse- und Siedlungshauptamt-SS, wird auf folgende Gesichtspunkte hingewiesen, die allen älteren Anstaltsleitern und Erziehern bekannt sein werden: Bei der Prüfung dieser Jungen muß der Erzieher die Spätreife der nordischen und fälischen Rasse sowohl in geistiger als auch in körperlicher Hinsicht berücksichtigen. Bei beiden Rassen wird also das echt Kindliche und Knabenhafte je nach dem Alter meist um Jahre länger erhalten als bei den ostischen und ostbaltischen und westischen Rassen ... Sogenannte Altklugheit und frühe Geweckheit (‚der ist nicht auf den Mund gefallen‘) sind häufig Zeichen für Frühreife, die für die nordische und fälische Rasse nicht kennzeichnend sind. Vorwiegend nordisch oder fälisch bestimmte Jungen fallen bei längerem Umgang immer durch Seelentiefe (Gemüt), vorwiegend westische durch ‚Esprit‘ und vorwiegend ostische und ostbaltische durch Gewitztheit auf. – Ich ersuche insbesondere auch die neuen Leiter und Erzieher, diese Erkenntnis bei den Prüfungen zu berücksichtigen."[134] Erich Jaensch hatte schon 1934 auf den „artfremden" Charakter gängiger Intelligenztests hingewiesen. Sie würden, wie sein Schüler Friedrich Becker meinte nachweisen zu können, speziell „jüdische Intelligenzformen" begünstigen, weil sie, so das immer wieder vorgebrachte Argument, den langsameren, dafür tieferen Entwicklungsgang der arischen und besonders der nordischen Kinder gegenüber den mehr auf rasche Anpassung sozialisierten jüdischen Kindern nicht berücksichtigten.[135]

---

133 Zit. aus U. Gutzmann, Von der Hochschule für Lehrerbildung zur Lehrerbildungsanstalt (2000), S. 201. – Es verwundert vor diesem Hintergrund nicht, daß die Bevölkerung den Vermessungs- und Befragungsaktionen von Studenten, zu denen es im Rahmen der rassenhygienischen und rassenkundlichen Ausbildung an vielen Orten kam, auch mit Mißtrauen begegnete. Davon berichtet z. B. der Dozent der HfL Hirschberg Helmut Toenhardt: „Unter anderem schob man ihnen die Absicht unter, nach Judenbastarden zu fahnden, den sogenannten ‚nordischen‘ Menschen irgendwelche wirtschaftspolitische Vorteile nachträglich zu verschaffen oder festzustellen, wer bestimmten bevölkerungspolitischen Maßnahmen der Regierung noch nicht nachgekommen wäre." Dieses Mißtrauen konnten die Studenten, wie Toenhardt berichtet, durch „volkstümliches Auftreten" abbauen (Singen und Musizieren in den Abendstunden im Dorf): Jahresbericht der Hochschule für Lehrerbildung Hirschberg 1936/37. Die Ergebnisse der rassenbiologischen Untersuchungen wurden anschließend in einer Ausstellung der Hochschule präsentiert. Toenhardt bot auch 1937 und 1938 noch Lehrveranstaltungen zur „rassenbiologischen Dorfforschung" sowie „rassenkundliche und vererbungswissenschaftliche Lehrfahrten" an: Arbeitspläne der HfL Hirschberg 1937 und 1938.

134 In: Ueberhorst, Elite für die Diktatur (1969), S. 341.

135 Ähnlich A. Ehrhardt, Über den Zusammenhang von Rasse und Leistung (1938). Siehe hierzu

Rassenhygienische Fortbildung und Schulung

Eine andere wichtige Ebene der Institutionalisierung der Rassenhygiene war der Bereich der Fortbildung und Schulung vor allem von Ärzten und Lehrern. Eine rassenhygienische Fortbildung war unter anderem für alle Ärzte und Richter vorgeschrieben, die für die Erbgesundheitsgerichte tätig wurden.[136] Rassenhygienische Fortbildungskurse fanden aber auch darüber hinaus ein breites Interesse unter der Ärzteschaft. Die rassenhygienischen Institute an den Universitäten nahmen vielfach auch praktische Aufgaben wie die Erstellung von Gutachten, erbbiologische Beratung und die Durchführung von Fortbildungs- und Schulungsmaßnahmen wahr, einige Institute beteiligten sich auch an der Organisation rassenhygienischer Ausstellungen. Selbst das Kaiser-Wilhelm-Institut in Berlin beschränkte sich nicht auf die reine Forschung; mehr als ein Drittel der Publikationen des Instituts diente der erbbiologischen Aufklärung von Ärzten und Krankenschwestern, aber auch Lehrern und Juristen.[137] Das KWI führte unter anderem auch Fortbildungskurse für SS-Ärzte durch; bereits 1934 fand ein einjähriger Kurs statt, für den wissenschaftlichen Unterricht war Eugen Fischer, für die weltanschauliche Schulung das RuSHA zuständig.[138] Nach dem Vorbild der Kurse des KWI wurden an der Staatsmedizinischen Akademie in Berlin achtmonatige erbbiologische und rassenhygienische Schulungskurse für Ärzte durchgeführt; die „weltanschauliche Ausrichtung" erfolgte durch Vorträge von Gütt, Conti, Gross und Ruttke.[139] Nach einem Erlaß vom 31. Mai 1935 war die Zulassung zur amtsärztlichen Prüfung an den Besuch eines Lehrgangs an den Staatsmedizinischen Akademien in Berlin und München gebunden. Außerdem bestand seit 1935 eine generelle Fortbildungspflicht für alle Ärzte in Kleinstädten, seit 1936 auch in Großstädten, die in Krankenhäusern und den medizinischen Akademien absolviert werden konnte; im Mittelpunkt der Fortbildungsveranstaltungen standen Rassenhygiene, Kriegspropaganda und standespolitische Themen.[140] Auf Fortbildungsaufgaben in besonderer Weise spezialisiert war die Staatsakademie für Rassen- und Gesundheitspflege des Deutschen Hygiene-Museums in Dresden, zuständig unter anderem für die rassenhygienische Schulung von Leitern und Führern der Politischen Organisationen der NSDAP sowie für die Erstellung von Schulungsmaterial. Seit 1933 wurden hier Einführungskurse in Rassenkunde und -pflege angeboten. Für die ärztliche Fortbildung existierten auf Reichsebene neben der Dresdner vier weitere Akademien, die rassenhygienische Lehrgänge für Ärzte durchführten.[141] Das Hygiene-Museum gab eine Unterrichtssammlung „Vererbung und Rassenhygiene" mit Bildmaterial heraus, die schon nach kurzer Zeit vergriffen war und mehrmals neu aufgelegt wer-

---

auch Laux, Pädagogische Diagnostik im Nationalsozialismus (1990), S. 127ff.; Geuter, Professionalisierung (1988), S. 279 und 296; Harten, Rasse und Erziehung (1993), S. 117.

136 Reichsinnen- und Justizministerium veranstalteten seit 1934 in ganz Deutschland Schulungskurse für Richter und Amtsärzte; in Hamburg hatte Walter Scheidt schon 1933 an der Universität mit rassenhygienischen Fortbildungsmaßnahmen für Richter begonnen. G. Bock, Zwangssterilisation im Nationalsozialismus (1986), S. 196.

137 H. P. Kröner, Von der Rassenhygiene zur Humangenetik (1998), S. 49.

138 F. Sparing, Von der Rassenhygiene zur Humangenetik – Heinrich Schade (2001).

139 Geh. Staatsarch. Dahlem, Med. Fak. 207/36.

140 Van den Bussche, Im Dienste der „Volksgemeinschaft" (1938), S. 74.

141 Berlin, Hamburg, München und Wien, 1938 kam eine Internationale Akademie in Budapest hinzu.

den mußte.[142] Der bedeutsamste Beitrag des Hygiene-Museums zur Propagierung der Rassenhygiene war aber wohl die Organisation großer Ausstellungen („Blut und Rasse", „Volk und Rasse", „Eugenik und Gesundheitspflege" etc.), die als Wanderausstellungen durch Deutschland gingen und in den Jahren 1934–1938 über eine Million Besucher gehabt haben sollen. Rassenhygienische Schulungskurse fanden häufig auch in psychiatrischen Anstalten statt, weil man hier den „Schrecken" vor Ort studieren und abstoßend wirkende Insassen vorführen konnte. So fanden beispielsweise allein in der Anstalt Eglfing-Haar von 1934 bis 1945 insgesamt 195 Schulungskurse mit 21142 Teilnehmern statt, vor allem SS- und SA-Angehörige, politische Leiter, Wehrmachts- und Polizeiangehörige. Auch Schulklassen unternahmen im Rahmen des Biologie-Unterrichts Exkursionen in Heil- und Pflegeanstalten.[143] Der Leipziger HfL-Dozent Fritz Braun bot zum Beispiel 1939 eine AG „Typische Formen des abartigen Seelenlebens" mit „Besuch von Schulen und Anstalten" an.[144] Werner Villinger berichtete 1937 aus Bethel – zu diesem Zeitpunkt war er Leiter der Bodelschwinghschen Anstalten – von 30000 bis 50000 Besuchern im Jahr, die aus Organisationen, Schulen oder Gauführerschulen kamen, „mit dem einen Gedanken", hier „Erbminderwertige" vorgeführt zu bekommen.[145] Ebenso waren die rassenhygienischen Kurse an der Staatsakademie des Dresdener Hygiene-Museums etwa mit Exkursionen zu den Landesheilanstalten verbunden.[146] Einen eher elitären Anstrich hatte die 1935 gegründete Führerschule der NS-Ärzteschaft in Alt-Rehse in Mecklenburg. Die Schule verfügte über ein eigenes erbbiologisches Forschungsinstitut, geleitet von dem Rassenhygieniker Hermann Boehm. In Alt-Rehse wurden Schulungslager und vierwöchige Lehrgänge vor allem für politisch zuverlässige, ausgewählte Jungärzte durchgeführt; die Form des Lagers sollte den nationalsozialistischen Anspruch auf weltanschaulich-gemeinschaftliche Erziehung zur Geltung bringen.[147]

---

142 Die Unterrichtssammlung umfaßte 1934 insgesamt 12 Tafeln. Die Bildtafeln „Die Rassen der Erde" und „Die Rassen des deutschen Volkes" wurden später ersetzt durch „Die nordische Rasse in Europa", um das „Nordische" als das gemeinsame und verbindende Element unter den Deutschen zu betonen; man trug damit der Kritik Rechnung, eine allzu starke Hervorhebung der Rassenunterschiede schade dem Zusammenhalt der Volksgemeinschaft. Siehe Praktische Gesundheitspflege 3/1934, H. 2 und H. 3, 12/1943, H. 3, S. 47f.

143 G. Bock, Zwangssterilisation im Nationalsozialismus (1986), S. 195; Schmuhl, Rassenhygiene, Nationalsozialismus, Euthanasie (1987), S. 175f.

144 Siehe Arbeitspläne der HfL Leipzig. Braun war Dozent für Charakter- und Jugendkunde. Ähnliche Lehrveranstaltungen fanden auch an anderen Hochschulen statt; z.B. führte der Biologe Brinkmann an der HfL Beuthen gemeinsam mit Prof. Martha Moers, zuständig für Jugend- und Charakterkunde, Besichtigungen von „Sonderschulen, Anstalten usw." durch (Arbeitsplan der HfL Beuthen für das Winterhalbjahr 1938/39). Martha Moers bot übrigens im gleichen Semester auch eine Einführung in die „Rassenseelenkunde" an.

145 G. Bock, Zwangssterilisation im Nationalsozialismus (1986), S. 195. Siehe auch etwa das Beispiel der Heil- und Pflegeanstalt Bedburg-Hau, das bei Dirk Blasius erwähnt wird („Einfache Seelenstörung", 1994, S. 161).

146 Caris-Petra Heidel, Zwischen Naturheilkunde und Rassenhygiene (1993).

147 Van den Bussche, Im Dienste der „Volksgemeinschaft" (1989), S. 73f.; A. Haug, Die Führerschule der deutschen Ärzteschaft in Alt-Rehse (1985). – Nebenbei sei noch die „Reichsschulstation" der „Kinderfachabteilung" in der Anstalt Brandenburg-Göhren als „rassenhygienische Fortbildungsstätte" genannt, an der die Experten der Kinder-Euthanasie in ihre Aufgaben eingewiesen wurden: Dahl, Aussonderung und Vernichtung (2001).

Eine besondere Rolle in der rassenhygienischen Schulung und Fortbildung spielte die „Staats-schule für Führertum und Politik" in Egendorf, noch 1933 von Wächtler als Volksbildungs-minister in Thüringen gegründet.[148] Hier führte das Thüringische Landesamt für Rassewesen in großem Umfang Schulungskurse durch. Neben Ärzten und Juristen (die Vorsitzenden der thüringischen Erbgesundheitsgerichte) nahmen Politische Leiter, Bürgermeister, Polizeibeamte und – als größte Einzelgruppe – Lehrer teil, insgesamt 9080 Personen allein vom Sommer 1933 bis Ende 1934, 17000 bis Ende 1935, darunter 8865 Lehrer. Die Maßnahmen fanden in zweiwöchigen „speziellen, erlebnispädagogisch konzipierten und lagermäßig durchgeführten Kursen" statt.[149] Die Kurse waren mit Exkursionen, sportlichen Aktivitäten, Feierlichkeiten, musikalischen Darbietungen u.ä. verbunden.[150] Die große Zahl der teilnehmenden Lehrer mag auch damit zusammenhängen, daß Wächtler Ende 1933 angeordnet hatte, daß alle Leh-rer Thüringens an einem 14tägigen weltanschaulichen Kurs teilnehmen müßten, anderenfalls drohe ihnen der Ausschluß aus dem Schuldienst. Waren hier Berufsgruppen angesprochen, die als Experten und Multiplikatoren für die nationalsozialistische Rassenpolitik gewonnen werden sollten, so waren andere Vorhaben für die breitere Bevölkerung gedacht. So beispiels-weise die Wanderausstellung „Thüringisches Rassewesen", die bis Ende 1934 über 73000 Besucher hatte, oder das Schauspiel „Erbstrom" von Konrad Dürre, das von über 116000 Besuchern allein in Thüringen gesehen wurde. Parallel dazu ließ das Thüringische Landesamt für Rassewesen 1 Million Merkblätter mit dem Titel „Erbstrom" unter die Bevölkerung ver-teilen.[151] Vielleicht kamen diese hohen Besucherzahlen aber auch nur dadurch zustande, daß Schulklassen geschlossen zur Aufführung gingen – wie in Berlin, wo 55000 Berufs- und Fach-schüler „unter Ausfall entsprechender Unterrichtsstunden" dem „Erbstrom" im Wallner-Theater beiwohnten.[152] Die Aufführungen fanden auf Veranlassung des Reichsausschusses für Volksgesundheit im Reichsinnenministerium statt, der die zentrale Zuständigkeit für Auf-klärung, Erziehung und Propaganda in Sachen Volksgesundheit innehatte. Der Ausschuß war für Aufklärungs- und Schulungsmittel verantwortlich, und ihm unterstanden auch Einrich-tungen wie das Deutsche Hygiene-Museum. Zu seinen Taten gehörte auch die „rassische Erneuerung" der Puppenköpfe, die auf den Puppenspielen für Kinder zum Einsatz kamen.[153]

---

148 Wächtler war gleichzeitig stellvertretender Gauleiter und Gauschulungsleiter. Er wurde später, nach dem Tod von Hans Schemm, Leiter des NSLB.

149 K. König, Die Schulung der Lehrer im Nationalsozialistischen Lehrerbund (1999), S. 369; W. Feiten, Der Nationalsozialistische Lehrerbund (1981), S. 174. Nach einem Bericht über die erste Phase bis Ende 1934 nahmen u.a. 583 Ärzte, 1683 Politische Leiter, 1456 Bürgermeister und 1748 Lehrer und Lehrerinnen teil: 1¹/₂ Jahre Thüringisches Rassewesen, in: Volk und Rasse 1935, H. 1, S. 25–27. – Zur rassenkundlichen und -politischen Schulungsarbeit in Thüringen siehe auch A. Peter, Das Thüringische Landesamt für Rassewesen (1995), S. 321; W. Lesandovsky, Schulreformerische Traditionen und nationalsozialistische Schulpolitik (1995), S. 413f.

150 Eine ausführliche und illustrative Schilderung eines dieser Lehrgänge findet sich in der Zeit-schrift „Der deutsche Polizeibeamte" (Jg. 1935, H. 3, 4 und 5). Auf diesem Lehrgang hielt unter anderem der Direktor der Weimarer Musikhochschule, Prof. Dr. Oberborbeck, einen mit Lied-vorträgen begleiteten Vortrag über „Rasse und Musik".

151 Astel, 1¹/₂ Jahre Türingisches Rassewesen (1935); Heimat und Arbeit 7/1934, S. 215.

152 Amtliches Mitteilungsblatt für das gewerbliche Unterrichtswesen, Ausgabe A, 25.11.1934, S. 13.

153 Mit den „rassisch erneuerten Puppenköpfen" fanden Aufführungen vor 450000 Schulkindern in Berlin und Brandenburg statt: Frey, Hygienische Erziehung im Volksgesundheitsdienst (1940), S. 57.

Ähnliche Aktivitäten wie das Thüringische Landesamt für Rassewesen entwickelten auch andere Rassenpolitische Gauämter. Das Gauamt Hannover, um nur ein Beispiel zu nennen, richtete u. a. eine rassenkundliche Abteilung im Landesmuseum ein, die „ein geschickt auf-gebautes Anschauungsmaterial für Schulungen" enthielt; die Schulungsstelle des Gauamtes organisierte Film- und Lichtbildervorträge und eine Wanderausstellung „Erbgut und Rasse", die 1938 allein 75000 Besucher hatte.[154]

Experten für die rassenpolitische Schulungsarbeit wurden speziell durch das Rassenpolitische Amt in Berlin ausgebildet. Das RPA betrieb eine eigene Rednerausbildung in der Reichsschule Babelsberg. Bis 1937 wurden hier etwa 2000 Propagandisten ausgebildet und mit einem „Red-nerausweis" ausgestattet, ein Jahr später waren bereits 3600 Redner und Schulungsexperten für Erb- und Rassenpflege ausgebildet worden. Die Ausbildung fand in kleinen Arbeitsgrup-pen mit maximal 30 Teilnehmern in achttägigen Lehrgängen statt. Auch hier stützte man sich auf den Einsatz moderner Medien wie Filme und Lichtbildreihen. Bis 1936 führte das RPA zudem 44 Ausstellungen durch, und 1938 konnte man die stolze Bilanz von insgesamt 64000 öffentlichen Veranstaltungen und Kundgebungen präsentieren. Die Zeitschrift „Neues Volk" erschien in einer Auflage von 300000 Exemplaren, der Kalender „Neues Volk" hatte eine Auf-lage von 800000, dazu kamen zahlreiche Einzelveröffentlichungen. Allein die Rundfunkrede „Rasse" von Walter Gross, dem Leiter des RPA, wurde in einer Auflage von 250000 Exempla-ren gedruckt.[155] Die Materialien, die das RPA erarbeitete, fanden auch Eingang in den Schul-unterricht; so wurden z. B. die rassenhygienischen Lehr- und Propagandafilme des RPA auch in den Schulen gezeigt.[156]

Das RPA hatte die Richtlinienkompetenz für den rassenpolitischen Unterricht und das Genehmigungsmonol für erb- und rassenkundliche Schulungsarbeit innerhalb der Partei und ihrer Gliederungen. Die Reichsschule Babelsberg war der „Schulung und Ausrichtung" von Parteifunktionären, speziell Politischen Leitern und Mitarbeitern der Rassenpolitischen Ämter vorbehalten.[157] Parallel zur Parteigliederung wurden auf Gauebene Rassenpolitische Gauämter gebildet, auf Kreisebene wurden Kreisbeauftragte für Rassenpolitik eingesetzt, die wiederum eigene Schulungskurse, Vortragsreihen und Ausstellungen auf Gau- und Kreis-ebene organisierten. Zu Gauamtsleitern oder Schulungsstellenleitern wurden in vielen Fällen

---

154 Hans-Helmut Rehkopf, Das Rassenpolitische Gauamt Hannover (1939).

155 Uhle, Neues Volk und reine Rasse (1999), S. 225ff.; Schmuhl, Rassenhygiene, Nationalsozialis-mus, Euthanasie (1987), S. 174; Bock, Zwangssterilisation im Nationalsozialismus (1986), S. 91. Einen Überblick über die rassenhygienische Schulungs- und Propagandaarbeit vermittelt auch K. L. Rost, Sterilisation und Euthanasie im Film des „Dritten Reiches" (1987), insbes. S. 44ff. und 77ff.

156 Rost, S. 80f. – Die Filme des RPA gelangten über die Reichsstelle für den Unterrichtsfilm in die Schulen. Leiter der Pädagogischen Abteilung der Reichsstelle war der Studienrat G. Pröbsting. Die Reichsstelle hatte Verbindungsmänner an den Hochschulen und Universitäten, insbesondere auch an den Hochschulen für Lehrerbildung. So hatten die für die rassenbiologische Lehrer-bildung zuständigen Professoren Hoffmann, Reich, Dobers, Brohmer, Eddelbüttel und Grehn zugleich die Funktion von Filmreferenten der Hochschulen. Siehe die Berichte in: Film und Bild in Wissenschaft, Erziehung und Volksbildung 1936.

157 Für diese Aufgaben war die Hauptstelle Schulung im RPA zuständig; sie wurde von Egon Leuschner geleitet. Die Reichsschule leitete Dr. Oppermann, wie Leuschner ein ehemaliger Lehrer.

Professoren für Rassenhygiene bzw. Rassenbiologie oder Biologie-Lehrer vor Ort ernannt. – Unter unseren Autoren waren 83 Mitarbeiter des RPA, darunter waren 15 Gauleiter, weitere 13 übten Funktionen als Stellenleiter, Schulungsleiter und Redner auf Gauebene aus; 12 waren Kreisamtsleiter bzw. Kreisbeauftragte, 11 waren in der Reichsleitung beschäftigt. In Leitungsfunktionen finden wir überwiegend Professoren und Dozenten, die der Fachrichtung nach Naturwissenschaftler und Mediziner waren. An zweiter Stelle folgen unter den Mitarbeitern Studienräte und Lehrer, in der Mehrzahl Biologen. Dieses Ergebnis spiegelt die Personalpolitik Walter Gross' wider, die darauf abzielte, ausgewiesene wissenschaftliche Experten für die Mitarbeit zu gewinnen.[158]

Innerhalb der NS-Organisationen besaß die SS einen Sonderstatus; sie unterhielt ein eigenes Schulungswesen, für das zunächst das RuSHA, später ein eigenes SS-Hauptamt Schulung zuständig war.[159] In diesen Ämtern wurden Materialien für die Schulungsarbeit in der SS erarbeitet.[160] Die SS betrieb ein eigenes System von „Schulungsmännern" und Schulungsleitern,[161] und unterhielt zahlreiche eigene Schulen und Ausbildungsstätten für die Rekrutierung des Nachwuchses von Schutz- und Sicherheitspolizei, Waffen-SS etc. Rassenpolitisch bedeutsam war der Aufbau eines Stabes von Eignungsprüfern durch das RuSHA, die vor allem die rassischen Überprüfungen im Zusammenhang mit der Deutschen Volksliste im besetzten Polen durchführten. Das Rassenamt des RuSHA unterhielt zu diesem Zweck eine Außenstelle in Litzmannstadt (Łódź), weitere Außenstellen gab es in Metz und Luxemburg. Das Rassenamt, dessen Leiter Bruno K. Schultz war, nahm seinen Hauptsitz während des Krieges in Prag ein; dort (und in Litzmannstadt) fand auch die Ausbildung der Eignungsprüfer statt. Sie umfaßte einen vierwöchigen Kurs in Biologie, Anthropologie, Rassenhygiene und -kunde, verbunden mit Begutachtungsübungen „am lebenden Objekt"; daran schloß sich ein halbes Jahr Einarbeitungszeit als Helfer eines „bewährten" Eignungsprüfers an.[162] Unter ihnen waren

---

158 Zu 34 RPA-Mitarbeitern haben wir keine näheren Funktionsangaben. Unter anderem waren folgende Professoren und Dozenten für Rassenhygiene, Rassenbiologie oder Rassenkunde zugleich Gau- oder Kreisamtsleiter des RPA: Dobers (HfL Elbing), Duckart (HfL Schneidemühl), Grossmann (Universität Danzig), Jeß (Hochschule für Politik Bochum), Kürten (Universität München), Kranz (Universität Gießen), Astel (Universität Jena), Loeffler (Universität Königsberg), Schmidt-Kehl (Universität Würzburg), Sell (HfL Frankfurt/O.), Maier (HfL Saarbrücken); Hüttig von der HfL Bonn war in der Reichsstellenleitung tätig.

159 Die Schulungsaufgaben in der SS wurden ursprünglich vom Rassen- und Siedlungsamt, dann vom Rasse- und Siedlungshauptamt wahrgenommen; sie wurden im Juli 1938 ans SS-Hauptamt transferiert. Beim RuSHA verblieben die Aufgaben der Eignungsprüfer-Ausbildung.

160 An dieser Arbeit waren unter anderem der Psychologie-Dozent Ludwig Eckstein, der HfL-Professor Moritz Edelmann und der Studienrat Siegfried Kadner beteiligt.

161 Den SS-Stürmen waren „Sturm-Schulungsmänner" zugeordnet, die Schulungsführer der Sturmbanne, Standarten und Abschnitte trugen die einheitliche Bezeichnung „Schulungsleiter", die Schulungsführer auf der Ebene der „Oberabschnitte" hießen „Rassereferenten": NS 31/400.

162 M. Hamann, Erwünscht und unerwünscht (1986), S. 149. – Die Beurteilungsbögen für die rassische Überprüfung und Begutachtung enthielten körperbauliche und rassische Kriterien, aus denen eine Gesamtwertung erstellt wurde. Für die rassische Zuordnung waren folgende Kategorien vorgegeben: nordisch, fälisch, dinarisch, westisch, ostisch, ostbaltisch, vorderasiatisch, orientalisch, außerasiatisch, mongoloid und negroid. Die Rassenmischungen wurden in 5 wertmäßig abgestuften Gruppen zusammengefaßt. Ergänzend kam eine Sippenbewertung hinzu (ebd., S. 144f.).

neben nicht mehr fronttauglichen SS-Offizieren auch Anthropologen, Psychologen und Pädagogen; beispielsweise Ludwig Sell, Professor für Charakter- und Jugendkunde an der HfL Saarbrücken oder Hans Preuß, Assistent am Psychologischen Institut der Universität Berlin, beide als Eignungsprüfer im besetzten Polen tätig. In Litzmannstadt waren neben Preuß Fritz Schwalm, zuvor Assistent am Anthropologischen Institut in München, sowie Hans Fleischhacker, vorher Assistent am Rassenbiologischen Institut in Tübingen, in leitender Funktion bei der Schulung des Eignungsprüfer-Nachwuchses tätig.[163] In anderen Fällen kamen Professoren aus der Lehrerbildung im Ausbildungswesen der Sicherheitspolizei zum Einsatz, wie etwa Gerhard Folkerts, Dozent für Leibesübungen, später Beurteiler an der Schule der Sicherheitspolizei in Prag.[164]

Für die Lehrerschulung waren der NSLB und das Zentralinstitut für Erziehung und Unterricht in Berlin zuständig. Das Zentralinstitut unterstand dem Reichserziehungsministerium; es unterhielt zwei eigene Schulungsstätten: Rankenheim bei Berlin und die ehemalige Fichte-Schule in Kettwig-Ruhr speziell für die fachliche Lehrerfortbildung. Zwischen REM und NSLB war eine Aufgabenteilung getroffen worden, nach der das REM für die fachliche Fortbildung, der NSLB für die weltanschauliche Schulung zuständig war, in der Praxis überlagerten sich aber beide Aufgabenfelder häufig, weil die Mehrzahl der Schulverwaltungsbeamten während des Dritten Reichs zugleich auch NSLB-Funktionäre waren. Das Zentralinstitut hatte eine eigene rassenkundliche Abteilung und führte bereits 1933 auch rassenkundliche Schulungslager durch.[165] Diese Aktivitäten waren aber stärker unterrichtspraktisch ausgerichtet als die Kurse des NSLB. So fand beispielsweise vom 2.–21. Oktober 1933 ein Junglehrer-Schulungslager im Jugenddorf Hassitz statt, auf dem es in einer Vortragsreihe um Fragen der Familien-, Erbgesundheits- und Rassenkunde und Möglichkeiten ihrer Behandlung im Unterricht ging.[166] 1934 errichtete das Zentralinstitut in 18 Landkreisen „Führungslager" für Pädagogen, die geschlossene Landjahrheime für Stadtkinder leiten und diese auch rassenkundlich und -hygienisch erziehen sollten.[167] Daneben gab es andere zentrale Fortbildungseinrichtungen auf regionaler Ebene wie die schon erwähnte Thüringer Staatsschule Egendorf oder die Rhein-Mainische Stätte für Erziehung in der Mainzer Zitadelle, die unter anderem auch rassen- und vererbungskundliche Schulungslehrgänge für hessische Lehrer und rassenkundliche Ausstellungen veranstaltete. 1934 organisierte die Rhein-Mainische Erziehungsstätte die Ausstellung „Rasse – Volk – Familie", deren Abteilungen von den Studienräten

---

163   An der Ausbildung der Eignungsprüfer des RuSHA war unter anderem auch Fritz Lenz beteiligt; er hielt auf einem Lehrgang der SS in der Reichsschule Müggelheim im April 1940 Vorlesungen mit anschließender Aussprache über Erb- und Rassenpflege sowie Bevölkerungspolitik und Familienlastenausgleich: BA, NS 2/88, Bl. 45.

164   Zu Fleischhacker siehe Klee, Deutsche Medizin im Dritten Reich (2001), S. 265; zu Folkerts siehe Hesse, Professoren und Dozenten (1995), S. 281 ff. Die anderen Personen sind in unserer Bibliographie verzeichnet.

165   Feiten, Der Nationalsozialistische Lehrerbund (1981), S. 153 und 171 f.; Böhme, Das Zentralinstitut für Erziehung und Unterricht und seine Leiter (1971); Frey, Hygienische Erziehung im Volksgesundheitsdienst (1940), S. 29.

166   Böhme, Das Zentralinstitut (1971), S. 196 f.

167   Insgesamt sollen 380 Lager unter Aufsicht des Landjahrbeauftragten des NSLB eingerichtet worden sein. Frey, Hygienische Erziehung (1940), S. 29.

Graf und Praetorius gestaltet wurden und an der sich namhafte deutsche Schulbuchverlage wie Beltz, Schwann, Diesterweg, Enke und Schrödel beteiligten.[168]

Den Hauptanteil an der rassenkundlichen Schulung hatte aber der NSLB. Folgt man den Berichten in den pädagogischen und fachdidaktischen Zeitschriften, so fanden im Deutschen Reich unablässig weltanschauliche – d. h. im wesentlichen nationalpolitische, volkskundliche und rassenkundliche – Schulungslager und -kurse statt, an denen sich auch mehr oder weniger alle Fachschaften beteiligten. Der NSLB war nach Reichs-, Gau- und Kreisebene gegliedert; entsprechend war auch die Schulungsarbeit strukturiert: in eine A-Schulung als „Breitenschulung", durchgeführt von den Kreisschulungsämtern der NSDAP bzw. des NSLB; eine B-Schulung als eine schon etwas „anspruchsvollere" Schulung auf Gauebene (Grundtext für die weltanschauliche Schulung war Rosenbergs „Mythus"), zu der eine Auslese aus den Kreisschulungslagern zugelassen wurde; eine C-Schulung schließlich auf Reichsebene nach einer weiteren Auslese in den Gauschulungslagern oder -kursen. Die C-Schulung fand im „Haus der Erziehung" in Bayreuth und in der nahegelegenen Reichsschule Donndorf statt. Neben der regionalen Gliederung nach Reichs-, Gau- und Kreisebene bestand eine Gliederung nach Fachschaften (auf Hochschulen und Schulformen bezogen) und Sachgebieten (auf Fächer bezogen), darunter auch das eigenständige Sachgebiet „Rassefragen". So gab es z. B. einen Reichs- und eine größere Zahl von Gau- und Kreissachbearbeitern für Rassefragen. Meistens nahmen Biologielehrer diese Aufgaben wahr. „Reichssachbearbeiter für Rassefragen im NSLB" war Karl Zimmermann, hauptberuflich Oberstudiendirektor und Dozent für „Rassenpädagogik" an der TH Dresden. Sein Stellvertreter war Werner Dittrich, Studienrat und promovierter Naturwissenschaftler. Die Schulungsarbeit unterstand dem Reichsschulungsamt und dem Hauptamt für Erziehung in der Reichsleitung der NSDAP, das von Hans Schemm geleitet wurde. Schemm war zugleich Führer des NSLB; nach seinem Tod rückte Fritz Wächtler in diese Ämter vor. Darunter waren in der vertikalen Gliederung die Gau- und Kreisschulungsämter bzw. -leiter bei der Gau- und Kreisleitung der Partei angesiedelt, denen im NSLB die Gau- und Kreisschulungswalter in den Gau- und Kreisämtern für Erziehung korrespondierten. Seit 1935 wurden diese Funktionen der Schulungsleiter bzw. -„walter" von Partei und NSLB in der Regel in Personalunion geführt, um die parteipolitischen mit den standespolitischen Interessen der Lehrerschaft kurzzuschließen.[169] 1934 gab es insgesamt 266 „Schulungswalter" und 352 Schulungsreferenten des NSLB, die den „Schulungswaltern" beratend und unterstützend zur Seite standen. 29 Schulungsreferenten waren zu diesem Zeitpunkt speziell für Rassenkunde, 6 für „Judenfragen" zuständig.[170] Daneben wurde zwischen „politischen Rednern" und „Fachrednern" unterschieden, die wiederum als Reichs-, Gau- oder Kreisredner ausgewiesen waren. Für das „Rednerwesen" der NSDAP existierte eine „Reichsrednerschule" ohne festen Sitz, die der Reichspropagandaleitung unterstand. Redner für rassenkundliche und -politische Themen erhielten, wie erwähnt, eine spezielle Ausbildung im Rassenpolitischen Amt, die mit einem Rednerausweis zertifiziert wurde.

---

168 Rasse, Volk, Familie. Ausstellung der Rhein-Mainischen Stätte für Erziehung Mainz, Zitadelle. 1935. – Leiter der Erziehungsstätte war der Darmstädter Oberstudiendirektor Ernst Ratz.
169 H. Scholtz, Erziehung und Unterricht unterm Hakenkreuz (1985), S. 90.
170 Reichszeitung der deutschen Erzieher 1934, H. 11, S. 12ff.

Aufbau des Schulungswesens

Der NSLB und das Hauptamt für Erzieher hatten ihren zentralen Sitz im Haus der Erziehung in Bayreuth. Hier wurden vor allem Lehrgänge für die Experten der Gauämter, d. h. für Gausachbearbeiter, Gauschulungsleiter und -referenten veranstaltet. Eine ständige Ausstellung „Rasse, Wehr und Frieden" informierte u. a. über rassenkundliche Lehr- und Lernmittel. Neben den zentralen Einrichtungen in Bayreuth unterhielt der NSLB in den meisten Gauen eigene Gauschulen (oder „Gauführerschulen"), 1938 existierten insgesamt 29 Gauschulen in 23 Gauen. Bis 1937 waren rund die Hälfte, bis 1939 etwa zwei Drittel aller Mitglieder des NSLB durch solche Schulungsmaßnahmen gegangen. Damit dürfte der größte Teil der Lehrer auf diese Weise erfaßt worden sein. Weitere Aktivitäten waren Ausstellungen, an denen sich der NSLB, oft in Zusammenarbeit mit den Rassenpolitischen Ämtern, beteiligte,[171] oder spezielle Vortragsreihen, zu denen Experten eingeladen wurden. Viele der bekannteren Autoren rassenkundlicher Schriften rotierten innerhalb dieses Schulungs- und Fortbildungssystems von einer Veranstaltung zur nächsten. Insbesondere der Leiter des RPA, Walter Gross war ständig unterwegs auf Vortragsreisen und besuchte meistens auch jede größere NSLB-Veranstaltungen. Neben offiziellen Vertretern aus der Leitung des NSLB und des Zentralinstituts

---

171 Die rassenpolitischen Ausstellungsaktivitäten während des Dritten Reichs wurden zu einem
     großen Teil von Biologie-Lehrern getragen. Die Zeitschrift „Der Biologe" berichtete regelmäßig
     darüber.

für Erziehung und Unterricht wie Zimmermann, Dittrich, Benze oder Pudelko gab es insbesondere eine Reihe von Experten aus der akademischen Lehrerbildung, die besonders häufig als Vortragsredner unterwegs waren, aber auch Experten der Rassenhygiene aus Universität, Staat und Verwaltung waren auf vielen Veranstaltungen als Redner zugegen. Der am häufigsten eingeladene Gastredner auf Lehrer-Tagungen scheint – nach einer kursorischen Durchsicht von NSLB-Zeitschriften – Ludwig Ferdinand Clauss gewesen zu sein.

Neben zahlreichen speziellen Biologenlagern (meist unter Leitung des Fachschaftsführers Ernst Lehmann) und Schulungslagern über Rassenkunde und Vererbungslehre sowie übergreifenden Themen wie „Rasse und Schule" führten die verschiedenen Fachschaften im NSLB jeweils eigene rassenkundliche Veranstaltungen durch. So stand z.B. die „Deutschkundliche Woche" 1934 in Danzig „ganz im Zeichen des Nordischen Gedankens", es sprachen u. a. Karl Zimmermann, Wilhelm Erbt und Ludwig Ferdinand Clauss, der kurz darauf schon wieder beim NSLB in Karlsruhe einen Vortrag über „Rassenseele und Volksgemeinschaft" hielt. 1936 widmete sich ein Schulungslager unter Leitung von Walther Köhn dem „Rassengedanken im deutschkundlichen Unterricht", im gleichen Jahr leitete Köhn auch ein Schulungslager zum „neuen Geschichtsunterricht", auf dem zahlreiche Vertreter der völkisch-rassischen Historie zugegen waren (Vortragende waren u. a. Kummer, Voigtländer, Gehl, Pleyer und Pudelko). Köhn selbst hielt den Einleitungsvortrag über „biologische Voraussetzungen der nationalsozialistischen Geschichtsauffassung". Ebenfalls 1936 fand im Haus der Erziehung ein Schulungslager für Französisch-Lehrer statt; Regierungsdirektor Gräfer sprach über „Rassenerziehung als Unterrichtsgrundsatz im Französischen", Oberstudiendirektor Ost hielt einen Vortrag „Französische Geschichte rassisch gesehen" etc., in der Woche darauf schloß sich ein ähnlicher Kurs für Englisch-Lehrer an. Im gleichen Jahr veranstaltete die Fachschaft Sonderschulen einen zentralen rassenpolitischen Lehrgang in Berlin; die Leitung hatte Egon Leuschner, der „Reichsschulungsbeauftragte" des RPA, auch die Redner wurden überwiegend vom RPA gestellt. Schon im Jahr zuvor fand in Berlin ein Lehrgang für Sonderschullehrer statt, ein „Gauschulungslager" über „Aufgaben, die das Gesetz zur Verhütung erbkranken Nachwuchses dem Sonderschullehrer stellt"; 250 Lehrer nahmen teil, um den Vorträgen ausgewiesener Experten wie Falk Ruttke, Mitverfasser des Kommentars zum GzVeN, oder Martin Werner, Oberarzt an der Poliklinik für Erb- und Rassenpflege in Berlin, zu lauschen. 1935 fand in Nürnberg die Reichstagung der Gausachbearbeiter für Rassefragen im NSLB statt; der NSLB Franken nutzte die Anwesenheit von viel Prominenz zur Durchführung einer eigenen „Ostertagung" über „Rasse und Vererbung", auf der u. a. Bargheer, der Fachschaftsleiter für Volksschulen, über „Rasse, Auslese und Erziehung" und der Königsberger Rassenhygieniker Loeffler über „Rassenbiologische Geschichtsauffassung" sprachen. Nur wenige Wochen später, zu Pfingsten 1935, setzte der NSLB Franken seine Schulungstätigkeit mit einem Kurs „Rasse und Schule" für Abteilungs- und Kreisamtsleiter fort; u. a. sprachen Sell, Ruttmann und Schwammberger, der Studienrat Hunger hielt einen Vortrag über „Rasse und Stil in der Deutschkunde" usw. Der Eifer kannte keine Grenzen, traf aber offensichtlich auch auf breites Interesse. Der NSLB Mecklenburg-Lübeck führte 1936 eine „Gau-Rassenveranstaltung" durch, auf der Ludwig Ferdinand Clauss vor 1000 Lehrern einen Vortrag über „Erziehung zu nordischer Haltung" hielt.[172]

---

172 Mecklenburgische Schulzeitung 1936, Nr. 42/43.

An Schulungs- und Fortbildungsmaßnahmen beteiligten sich auch die Pädagogischen Institute der Hochschulen, wie z. B. das Psychologisch-Pädagogische Institut der Universität Leipzig, das unter seinem Leiter Hans Volkelt in großem Umfang Mitarbeiter für die weltanschauliche und rassenpolitische Schulungsarbeit zum Einsatz brachte.[173] Die Arbeitsgemeinschaft für Rassenpolitische Erziehung des vom NSLB Sachsen getragenen Pädagogisch-Psychologischen Instituts in Leipzig bildete bis 1940 200 Lehrer fort, denen die rassenpolitische Erziehung an den Leipziger Schulen oblag.[174] Bleibt noch zu erwähnen, daß auch andere Organisationen und Gliederungen der Partei ihre eigenen Schulungsämter und -einrichtungen mit Referaten für rassenpolitsche Erziehung unterhielten, wie die HJ, die SA, der NS-Ärztebund, die NS-Dozentenschaft oder der NS-Studentenbund.[175] So war die rassenpolitische Schulung etwa in der HJ seit 1934 fest verankert; z. B. wurde nach Verabschiedung der „Nürnberger Gesetze" das Thema „Rasse" im Frühjahr 1936 in einem 12wöchigen Kurs in allen HJ-Einheiten behandelt, und 1938 machten rassenkundliche Themen bereits ein Drittel des weltanschaulichen Unterrichtsstoffs im Schulungswesen der HJ aus, deren Einrichtungen in diesem Jahr allein von rd. 150000 HJ-Führern und BDM-Führerinnen durchlaufen wurden.[176] Für die rassenpolitische Schulungsarbeit richtete die Reichsjugendführung zunächst ein Referat, dann eine eigene Abteilung im Amt für weltanschauliche Schulung ein. Ein Abkommen mit dem RuSHA regelte 1937 die Versorgung mit Schulungsmaterialien, Arbeitsvereinbarungen der Reichsjugendführung mit dem Rassenpolitischen Amt der NSDAP führten dazu, daß 1938 ein Referat für rassenpolitische HJ-Arbeit im RPA eingerichtet wurde. 1939 wurde das Referat zu einer Reichsstelle aufgewertet. Die für die Schulungsarbeit zuständigen Rassereferenten der HJ waren zugleich Mitarbeiter des RPA; sie erhielten eine spezielle Ausbildung an der Reichsfachschule des Amtes für weltanschauliche Schulung der Reichsjugendführung in Molchow bei Neuruppin. Auch BDM-Führerinnen wurden in dieses Programm einbezogen; im Herbst 1937 verfügte der BDM bereits über einen Stamm von 600 zu „Rassereferentinnen" ausgebildeten Führerinnen, die das Recht hatten, eigene rassenpolitische Lehrgänge abzuhalten.[177] Die rassenpolitische Schulung und Führerausbildung wurde im Krieg fortgesetzt; noch 1944 standen antisemitisch-rassistische Inhalte im Mittelpunkt der weltanschaulichen Schulungsarbeit der HJ.[178]

Die SA, um noch dieses Beispiel zu nennen, unterhielt ein umfangreiches, hierarchisch aufgebautes Schulungs- und Ausbildungssystem. Wer vom SA-Unterführer zum Sturmführer aufsteigen wollte, mußte zuvor eine „Gruppenschule" besuchen. Als Sturmführer konnte man nach dem Besuch eines Lehrgangs an der Reichsführerschule der SA in München oder – als

173 Laux, Pädagogische Diagnostik im Nationalsozialismus (1990), S. 76. – Über Volkelt traf Theodor Litt das Verdikt, er sei der „fanatischste und eifrigste Wortführer des Nazitums an der Universität Leipzig" gewesen. Heiber, Universität unterm Hakenkreuz, Bd. I, S. 400.
174 Zs. f. Päd. Psychologie und Jugendkunde 41/1940, S. 231. Die gleichen Mitarbeiter waren an den erwähnten „Asozialenerhebungen" in Leipzig beteiligt (ebd., S. 80).
175 In der Gaustudentenbundführung Berlin gab es, wie an anderen Hochschulen auch, einen Referenten für rassenpolitische Erziehung.
176 Buddrus, „Wir fahren zum Juden Geld holen!" Hitlerjugend, Antisemitismus, Reichskristallnacht (1993–1998), S. 35.
177 Ebd., S. 21ff.; vgl. auch ders., Totale Erziehung (2003), S. 70ff.; Schultz, Die Akademie für Jugendführung (1978).
178 Buddrus, Totale Erziehung, S. 90.

nebenamtlicher Führer – eines Sturmbannführer-Lehrgangs in Dresden zum Sturmbannführer aufsteigen; vom Sturmbannführer gelangte man in den Status des Standartenführers, wenn man als Erzieher an einer Gruppenschule tätig gewesen war oder – als nebenamtlicher Führer – einen zweiten Lehrgang in Dresden besucht hatte. Um schließlich zum Brigadeführer ernannt zu werden, mußte man als Erzieher an der Reichsführerschule in München oder an der Führerschule in Dresden, als Führer einer Gruppenschule oder in Führerstellungen bei Schulen der Partei gearbeitet haben. In diesen Ausbildungsgängen war jeweils auch erb- und rassenkundlicher Unterricht institutionalisiert.[179]

Im Dritten Reich wurde also eine umfangreiche Schulungs- und Fortbildungsarbeit auf dem Gebiet der Rassenhygiene und -politik geleistet. Zum Teil waren dies professionsspezifische „Qualifizierungsmaßnahmen", wie im Fall der ärztlichen und juristischen Weiterbildung; dies gilt auch für die Weiterbildung von Lehrern, die mit den Grundlagen der Rassenhygiene vertraut gemacht wurden oder die Gelegenheit zu fachwissenschaftlicher und -didaktischer Fortbildung erhielten. Zum Teil waren es Maßnahmen der „weltanschaulichen Erziehung". Beide Aspekte lassen sich nicht voneinander trennen, da das nationalsozialistische Berufsbild des Lehrers oder des Arztes immer auch einen kämpferischen Auftrag einschloß. Darauf zielte unter anderem die verbreitete Organisations- und Lernform des „Schulungslagers" ab. Im „Lager" ging es nicht nur um Wissensvermittlung, sondern auch um Einstellungs- und Haltungserziehung; im „Lager" sollte der Einzelne lernen, sich der Gemeinschaft unterzuordnen und sich mit dem nationalsozialistischen Staat zu identifizieren – zum Lageralltag gehörten wehrsportliche Übungen, Fahnenappelle und andere Rituale der nationalpolitischen Erziehung.[180] Die Wirksamkeit all dieser Schulungsmaßnahmen ist schwer zu beurteilen. Vermutlich gab es durchaus ein breites Interesse an rassenkundlichem und -hygienischem Wissen. Auf der anderen Seite beruhte die Teilnahme oft aber auch auf staatlichem Zwang. Dies gilt etwa für die Fortbildungspflicht von Ärzten und Richtern oder, wie im Falle Thüringens, auch von Lehrern, von denen einige die Schulung auch als eine Umerziehungsmaßnahme erlebt haben dürften.

Erbbiologische Erfassung und Sippenforschung

Eine Dimension, die für die Institutionalisierung der Rassenhygiene ebenso wie für ihre wissenschaftliche Entwicklung eine besondere Bedeutung hatte, war das Projekt der erbbiologischen Bestandsaufnahme und Erfassung der Bevölkerung durch eine systematischen Ahnen- und Sippenforschung.[181] Das Projekt war so alt wie die Rassenhygiene selbst, aber

---

179 Der erb- und rassebiologische Unterricht an der Reichsführerschule in München wurde zeitweise von Karl Astel geleitet. Den Ausbildungsgang in der SA haben wir anhand verstreuter Darstellungen in der Zeitschrift „SA-Führer" rekonstruiert.

180 Selbst für die Habilitation wurde die Teilnahme an einem „Dozentenlager" vorgeschrieben: V. Losemann, Zur Konzeption der NS-Dozentenlager (1980).

181 Die Ahnenforschung als Bestandteil der „Familienkunde" beschränkte sich darauf, die Linie der nächsten Verwandten zurückzuverfolgen, während die Sippenforschung die gesamte verwandtschaftliche Gruppe untersuchte; die Erweiterung der Ahnen- zur Sippenforschung und schließ-

erst jetzt, mit seiner Übernahme durch den Staat, konnte man daran gehen, es in die Realität
umzusetzen. Gestützt auf einen neuen Rahmen der Legalität, der jetzt auch in großem
Umfang Zwangsmaßnahmen ermöglichte, gefördert durch die materielle Unterstützung staatlicher und politischer Institutionen und getragen von einer Mission der Reinigung und der
Utopie eines neuen, homogenen „Volkskörpers" entfaltete dieses Projekt sehr schnell eine
eigene, starke Dynamik. Große Teile der akademischen Gesellschaft, dieser Eindruck drängt
sich auf, wurden von einem regelrechten Erfassungswahn heimgesucht. Er kristallisierte sich
um zwei praktische Aufgaben: den Nachweis der „arischen" Abstammung und das Aufspüren
erblich bedingter Krankheiten. Beide Aufgaben zielten auf die Herstellung des reinen Volkskörpers und, dies war auch klar, auf den Ausschluß derer, die weder arisch noch erbgesund
waren. Soziale und biologische Zuschreibungen liefen parallel und vermischten sich bald, so
daß am Ende nicht mehr zu unterscheiden war, was als „erbkrank" und was als sozial „unerwünscht" gelten sollte.

Der NSLB, um damit zu beginnen, richtete 1935 eine Stelle für Familienforschung und
-kunde in der Bayreuther Reichsleitung ein, 1936 umbenannt in Stelle für Sippenforschung
und -kunde. Paul Georg Herrmann, der die Stelle für Familienforschung leitete, betrieb das
Projekt, „große deutsche Erzieher" sippenkundlich zu erforschen, die Ergebnisse in einem
„Ehrenbuch der deutschen Erzieherschaft" zu publizieren und den Pädagogen als positives
Beispiel zugänglich zu machen. Bald wurden hier aber die Ahnentafeln aller Mitglieder
gesammelt. 1937 wurde es jedem NSLB-Mitglied zur Pflicht gemacht, Ahnennachweise bis
zurück zum Jahr 1800 beizubringen. Ziel war die gesamte sippenkundliche Bestandsaufnahme der deutschen Lehrerschaft.[182] Damit unterlagen die Lehrer – selbst Kindergärtnerinnen waren eingeschlossen –, die ja in ihrer Mehrheit nicht der NSDAP angehörten, einer
Pflicht, die sonst nur für Parteigenossen galt. Für die 320 000 NSLB-Mitglieder war dies ein
aufwendiges und zeitraubendes Unterfangen. Die entsprechenden Geburts- und Heirats-
urkunden mußten bei den einzelnen Kirchengemeinden eingesehen, vor Ort mußten von Pfar-
rern und Priestern beglaubigte Kopien erstellt werden. Der Gausachbearbeiter des NSLB für
Sippenkunde Willi Klenck entwickelte ein Verfahren zur Verkartung der Kirchenbücher, das
auch von anderen Organisationen übernommen wurde und dem NSLB auf dem Gebiet der
Sippenforschung einen bedeutenden Einfluß sicherte. Langfristig war geplant, sämtliche Kirchenbücher durch „Dorfsippenbücher" zu ersetzen.[183] Für diese Aufgaben wurden Sachbearbeiter des NSLB für Sippenkunde ernannt, die auf Gau-, Kreis- und Ortsebene in Zusammenarbeit mit Vertretern des Reichsnährstandes und des Rassenpolitischen Amtes für die
sippenkundliche Bestandsaufnahme sorgen sollten; in halbjährlich stattfindenden Wochenendschulungen wurden die Mitarbeiter auf ihre Arbeit vorbereitet. Die rassenkundliche und

---

lich zur Bevölkerungsgenealogie sollte dazu beitragen, auch rezessive Vererbungsgänge aufzudecken. Eine anschauliche Zusammenfassung der damit verbundenen pädagogischen Aufgaben
findet sich bei Hayn, Vererbungslehre, Familien- und Rassenkunde in der Schule (1935).

182 Den Ahnentafeln waren beglaubigte Dokumente beizufügen. Für die vorgeschriebenen Ahnen-
tafelformulare, die von der Gauwaltung ausgegeben wurden, und Beglaubigungen mußten
jeweils Gebühren entrichtet werden. Zur Prozedur siehe z. B. Hamburger Lehrerzeitung 16/1937,
Nr. 25/26, S. 290, und Nr. 42, S. 448 f.; Erzieher der Westmark 2/1939, H. 7, S. 156 f.

183 Siehe Klenck/Kopf, Deutsche Volkssippenkunde (1937); ähnlich Stengel, Biologische Dorfuntersuchungen (1937).

erbbiologische Auswertung sollte durch das RPA erfolgen. Nur die Umstände des Krieges verhinderten eine vollständige Durchführung.[184]

Eine andere Aufgabe war, die Lehrer im Erstellen von Ahnen- und Sippentafeln zu unterweisen, damit sie das Anfertigen von Ahnentafeln im schulischen Unterricht behandeln konnten. Auch dies wurde schließlich zur allgemeinen Pflicht: Nach einem Erlaß des Preußischen Ministeriums für Wissenschaft, Erziehung und Volksbildung sollten alle Schüler vom 8. Schuljahr an zur Erstellung von Ahnentafeln „bis mindestens zu den Großeltern, möglichst aber bis zu den Urgroßeltern" angeleitet werden: „Das deutsche Kind soll sich dessen bewußt werden, daß es als Glied in einer Kette von Geschlechtern unlösbar zum deutschen Volk gehört, aus dem es hervorgegangen ist, und daß es deshalb verpflichtet ist, sein Blut rein zu halten." 1938 ordnete das Reichserziehungsministerium an, daß alle Schüler in den Volks- und Mittelschulen in den Abschlußklassen, in den höheren Schulen spätestens in der 5. Klasse zu lernen hätten, ihre Ahnentafeln selbständig auszufüllen.[185] Gewiß stand dahinter die pädagogische Absicht, dem Deutschen das Denken in Kategorien der Ahnen- und Sippengemeinschaft und des „Erbstroms" zur alltäglichen Selbstverständlichkeit werden zu lassen. Aber es hatte auch den praktischen Aspekt, daß die Ahnentafeln auch für erbbiologische Untersuchungen genutzt werden konnten. Lehrer und Schulen konnten auf diese Weise an der rassenhygienischen Erfassungsarbeit beteiligt werden.

Das Ausmaß dieser Mitwirkung war regional verschieden. Besonders stark dürfte sie in Thüringen ausgeprägt gewesen sein, denn die rassenhygienische Lehrerfortbildung, die das Landesamt für Rassewesen hier durchführte, diente unter anderem auch der Vorbereitung auf die erbbiologische Erfassungsarbeit. So lernten die Teilnehmer an den Egendorfer Kursen u. a. selbständig Sippschafts- und Ahnentafeln zu erstellen.[186] Beispielhaft läßt sich die Einspannung der Schulen in die rassenhygienische Arbeit am mainfränkischen Raum illustrieren. Das Rassenpolitische Gauamt Mainfranken organisierte eine systematische erbbiologische Bestandsaufnahme der Bevölkerung in der Rhön, die vor allem über die Schulen durchgeführt wurde. In den Schulen wurden Vordrucke für Sippentafeln ausgeteilt, die die Schüler unter Anleitung der Lehrer auszufüllen hatten: „Sämtliche Lehrer wurden von Mitarbeitern des Rassenpolitischen Amtes über den vermeintlichen Sinn der ‚Sippschaftstafeln' unterrichtet und in die Technik ihrer Ausfüllung eingewiesen. Zudem war die Aufstellung der Sippschaftstafeln in der Schule im Gau Mainfranken Unterrichtsgegenstand, weil man erwartete, damit in den Kindern ‚Verständnis für die biologischen Notwendigkeiten in der Rhön' (Schmidt-Kehl) zu schaffen. Die Lehrer wurden dazu aufgefordert, überall dort vertrauliche ergänzende Angaben zu machen, wo die Eltern möglicherweise ‚erbbiologisch Wichtiges' ver-

---

184   Feiten, Der Nationalsozialistische Lehrerbund (1981), S. 155f.; König, Die Schulung der Lehrer im Nationalsozialistischen Lehrerbund (1999), S. 355f.; Pyta, „Menschenökonomie" (2001), S. 77ff.

185   Frey, Hygienische Erziehung im Volksgesundheitsdienst (1940), S. 22. Praktiziert wurde dies nicht erst 1938. Das Sächsische Ministerium für Volksbildung z. B. hatte schon vorher angeordnet, die Schuljugend zur Aufstellung von Ahnentafeln anzuleiten, mindestens zu den Großeltern, möglichst aber bis zu den Urgroßeltern: „Das deutsche Kind soll sich dessen bewußt werden, daß es als Glied in einer Kette von Geschlechtern unlösbar zum deutschen Volke gehört, aus dem es hervorgegangen ist, und daß es deshalb verpflichtet ist, sein Blut rein zu halten." In: Der Biologe 6/1937, H. 1, S. 33.

186   K. Astel, Rassekurs in Egendorf (1935).

schwiegen hatten."[187] Hintergrund des Vorhabens war der Plan des Gauleiters Otto Hellmuth, die Rhön nach erbbiologischen Gesichtspunkten wirtschaftlich neu zu ordnen. Die erbbiologischen Untersuchungen wurden mit finanzieller Unterstützung der DFG durch Mitarbeiter, Studenten und Doktoranden des Rassenbiologischen Instituts der Universität Würzburg unter Leitung Prof. Schmidt-Kehls durchgeführt, die Ergebnisse wurden in einer Reihe von insgesamt 16 Dissertationen veröffentlicht. In einem Resümee dieser Arbeiten stellte Schmidt-Kehl fest, daß der nordische Anteil in den untersuchten Dörfern „begabter" sei als der nicht-nordische.[188] An den Untersuchungen war auch der Psychologe Dr. Weigand vom Rassenpolitischen Amt beteiligt, der an den Schulen Intelligenzprüfungen durchführte; zuvor hatte bereits der Psychologe Hans Koch Untersuchungen in der Rhön unternommen.[189] (Auch die Würzburger Lehrerbildung war in das Projekt einbezogen: Schmidt-Kehl führte an der HfL u.a. Veranstaltungen zum Thema „Erbbiologische Bestandsaufnahme: praktische Übungen im Gau" durch. Unterstützung erhielt er von dem Theologen Kurt Schwindel, der regelmäßig Seminare zur „sippenkundlichen Bearbeitung" und „Verzettelung" von Kirchenbüchern anbot: Arbeitspläne der HfL Würzburg 1936–1938).

Die Schulen waren, so scheint es, optimale Einstiegsorte für die erbbiologische Erfassung. Unter praktischen Gesichtspunkten boten sie eine ideale Möglichkeit, um flächendeckend erbbiologische Untersuchungen anzustellen. Wohl aus diesem Grund hatte das KWI nach einem Bericht von Eugen Fischer schon Ende der 20er Jahre geplant, für die Durchführung anthropologischer Bevölkerungsuntersuchungen Volksschullehrer heranzuziehen.[190] Die Rassenhygieniker waren auch deswegen auf die Mitarbeit der Schulen angewiesen, weil sie in ihre Untersuchungen meistens auch Schulzeugnisse mit einbezogen. Als z. B. das Gesundheitsamt Berchtesgaden 1936 die Gemeinden aufforderte, Listen von Geisteskranken, Gebrechlichen, Alkoholikern etc. zu erstellen, gab es die Empfehlung aus: „Man geht am besten von den Schulen aus und läßt in dem letzten Schuljahr, sowie einmalig in allen Klassen … Ahnen- und Sippschaftstafeln als Schulaufgabe ausschreiben. Es ist dringend erwünscht, daß die Lehrer von sich aus, aber vertraulich, nach Fertigstellung der Tafeln mit Bleistift oder andersfarbiger Tinte auf den Tafeln … vermerken, was ihnen persönlich im Sinne der beiliegenden bezirksärztlichen Richtlinien bekannt ist."[191] Die fast gleichlautenden Anweisungen aus verschiedenen Regionen legen die Vermutung nahe, daß dies weit verbreitete Praxis war. Vor allem in ländlichen Gebieten, in denen die infrastrukturellen Bedingungen der Erfassung weniger günstig als in größeren Städten waren, dürfte die Mitarbeit von Lehrern und Schulbehörden besonders ausgeprägt gewesen sein.[192] Die Dorflehrer erwiesen sich als wichtige Mediatoren und „Türöffner", um den Rassenhygienikern und Sippenforschern den Weg zu

---

187   Hohmann, Landvolk unterm Hakenkreuz (1992), S. 165; siehe hierzu auch U. Felbor, Rassenbiologie und Vererbungswissenschaft in der Medizinischen Fakultät der Universität Würzburg (1995), S. 58 ff.

188   Zeitschrift für Rassenkunde 9/1939, S. 281.

189   Hohmann, Landvolk unterm Hakenkreuz (1992), S. 168 ff.; Pyta, „Menschenökonomie" (2001), S. 86 ff.

190   Geh. Staatsarch. Dahlem Rep. 76 Vc, Abt. 23,. Littr. A, 144, Bl. 175 ff.: Niederschrift der Sitzung des Kuratoriums des KWI, Bericht Eugen Fischer.

191   Zit. nach G. Bock, Zwangssterilisation im Nationalsozialismus (1986), S. 189 f.

192   Ebd., S. 250. – Ein in diesem Zusammenhang interessantes Beispiel erwähnt Czarnowski: Der Direktor der Thüringischen Landesheilanstalten Stadtroda, Gerhard Kloos, veröffentlichte 1941

einer traditionell mißtrauischen Landbevölkerung zu ebnen. Die Lehrerschaft wiederum dürfte für diese Arbeit besonders aufgeschlossen gewesen sein, weil sie ihnen die Gelegenheit bot, sich gegenüber den Dorfgeistlichen zu profilieren.[193]

Ein Schwerpunkt erbbiologisch-rassenhygienischer Erfassungsarbeit, der die Pädagogik unmittelbar berührte, lag in der Untersuchung der Hilfsschüler. Das Forschungsparadigma, das sich schon in den 20er Jahren herausgebildet hatte, nämlich in empirischen Untersuchungen zum Zusammenhang von Fortpflanzungsverhalten der Eltern und schulischen Leistungen der Kinder den Nachweis zu erbringen, daß die „Begabten" sich immer weniger, die „Unbegabten" sich immer stärker fortpflanzen, so daß das Erbgut der Bevölkerung sich immer mehr verschlechtern würde, erfuhr nun, im Zusammenhang mit den medizinischen Projekten der erbbiologischen Bestandsaufnahme und Erfassung, eine erhebliche Ausweitung. Daten über Schulleistungen wurden jetzt nicht mehr nur zur Ermittlung von Leistungs- und Begabungsschwächen, sondern auch zur Ermittlung von Erbkrankheiten herangezogen. Dies betraf vor allem die Hilfsschülerschaft, die unter einen generellen Verdacht des „angeborenen Schwachsinns" gestellt wurde, und „angeborener Schwachsinn" war nach dem Erbgesundheitsgesetz von 1933 ein Indikator, der zur Zwangssterilisierung führte. In der Praxis war es sogar der Hauptindikator. 1934 wurden 52,9% aller Sterilisierungen aufgrund dieser Indikation durchgeführt, 1935 waren es bereits 60%.[194] Nach Erlaß des Gesetzes zur „Verhütung erbkranken Nachwuchses" vom 14. Juli 1933 – es trat am 1. Januar 1934 in Kraft – setzte eine systematische erbbiologische Erfassung und Untersuchung der Hilfsschüler ein, in deren Zuge es zur Sterilisation von insgesamt rd. 100 000 Jugendlichen kam.[195] Ein so umfassendes Werk war nicht möglich ohne die Mitwirkung der Schulen. Sie bestand nicht nur in pädagogischer Betreuung (obwohl dies wichtig war, denn man befürchtete natürlich Depressionen, aber auch z. B. „sexuelle Haltlosigkeit" bei „sittlich gefährdeten" weiblichen Jugendlichen). Hilfsschulen und Hilfsschullehrer erhielten die Aufgabe, durch Sippenforschung und Führung von Sipp-

einen Artikel zur „Intelligenzprüfung der Landbevölkerung", in dem ein umfangreicher Fragebogen abgedruckt war, den er unter Mithilfe von Ortsbauernführern und Dorfschullehrern erstellt hatte. Denn „der Amtsarzt, der Erbgesundheitsrichter und der psychiatrische oder erbbiologische Gutachter seien ... bei der Prüfung der Intelligenz der bäuerlichen Bevölkerung in einer schwierigen Lage, weil ihnen der ‚bäuerliche Lebens- und Gedankenkreis meist doch etwas fremd' sei". Czarnowski, Das kontrollierte Paar (1991), S. 282.

193 Pyta, „Menschenökonomie" (2001), S. 71ff. Nach Pyta wurde die Arbeit der „Reichsarbeitsgemeinschaft für Sippenforschung und Sippenpflege" im wesentlichen von ehrenamtlich tätigen Erziehern getragen (ebd., S. 78).

194 G. Bock, Zwangssterilisation im Nationalsozialismus (1986), S. 302f.; J. Reyer, Alte Eugenik und Wohlfahrtspflege (1991), S. 164f.

195 Bei insgesamt rd. 360 000 vermuteten Sterilisierungen nach dem GzVeN im Deutschen Reich zwischen 1934 und 1945, etwa 1% der Bevölkerung (Bock, S. 237f.). Der andere Schwerpunkt der rassenhygienischen Sterilisation lag im Bereich der Kranken- und Pflegeeinrichtungen. Die Zahl der Hilfsschüler lag in den 20er Jahren bei 70 000 und war durch Verschärfung der Auslese und der Leistungsanforderungen in den Volksschulen bis 1938 auf 116 000 angewachsen. Dieser Anstieg war politisch gewollt, erleichterte er doch die systematische Erfassung der Träger „angeborenen Schwachsinns". – Zur Hilfsschule im Dritten Reich allgemein vor allem: M. Höck, Die Hilfsschule im Dritten Reich (1979); M. Rudnick, Behinderte im Nationalsozialismus (1985); Ellger-Rüttgardt, Die Hilfsschule im Nationalsozialismus (1991).

schaftsbögen zur Klärung der erblichen Belastung der Schüler beizutragen, und sie wurden verpflichtet, die Erbgesundheitsgerichte zu beraten. Die erbbiologische Erfassung der Hilfsschüler erfolgte zumeist durch die Gesundheitsämter in Zusammenarbeit mit dem NSLB, der die Schulung der Lehrer für diese Aufgaben übernahm.[196] Die primäre Zuständigkeit lag bei den Schulärzten der Hilfsschulen. In Einzelfällen wurde die Erfassung der „Schwachsinnigen" sogar auf die Volksschule ausgedehnt; so ordnete z. B. das Ministerium für Kirchen und Schulen in Oldenburg 1935 an: „Um alle Personen, die nach dem Gesetz vom 14. Juli 1933 erbkrank sind und daher für Sterilisation in Frage kommen, erfassen zu können, ordne ich hiermit an, daß die Schulleiter alle Kinder, bei denen Verdacht auf Schwachsinn besteht, beim Verlassen der Schule dem zuständigen Amtsarzt unter Angabe der genauen Personalien und Beifügung der Schulzeugnisse melden. Der Verdacht ist immer gegeben, wenn ein Kind ohne besonderen äußeren Anlaß (z. B. langdauernde Krankheit) in der Schule 2–3 mal sitzen geblieben ist."[197] Mit Erlaß vom 2. März 1940 wurde schließlich reichsweit ein einheitlicher Personalbogen für Hilfsschüler eingeführt, der Eintragungen durch die Volksschule, die Hilfsschule, den Amts- und Schularzt vorsah, in dem die Schulzeit dokumentiert und der erbbiologische Zustand jedes einzelnen Schülers durch eine Sippentafel erfaßt werden sollte.[198]

Für die Hilfsschulpädagogik bedeutete die Mitwirkung an der eugenischen Politik eine Statusaufwertung; vielleicht gab es deswegen nur wenig kritische und deutlich ablehnende Stimmen. Hilfsschullehrer hofften auf eine Zusammenarbeit mit den Erbgesundheitsgerichten und wiesen auf ihre besonderen Kompetenzen bei der Beurteilung der Schüler hin. Nicht wenige Lehrer, die später wichtige standespolitische Funktionen übernahmen, hatten sich bereits vor 1933 rassenhygienisches Gedankengut zu eigen gemacht.[199] So schrieb der Hilfsschullehrer Gossow 1932, inzwischen – nach der Weltwirtschaftskrise und der „Notzeit" – sei die Zeit reif geworden für die Akzeptanz der Sterilisierungsidee: „Der wirtschaftliche Niedergang und die große Arbeitslosigkeit sind die beiden treibenden Momente, die eugenischen Forderungen in nächster Zeit auf dem Wege der Gesetzgebung Wirklichkeit werden zu lassen." Gossow bot dem Erbgesundheitsarzt eine großzügige Unterstützung des Hilfsschullehrers an: „Gestützt auf die Erblehre, wird dann jeder Hilfsschullehrer die typischen ‚Hilfsschulfamilien' untersuchen können, um ausführliche Stammbäume aufzustellen." Die Ärzte kennen zumeist nur die lebenden Generationen, „die bejahrten Hilfsschullehrer dagegen aus täglichem Umgang in Schule und Fürsorge zwei bis drei Generationen. Aus diesen Gründen halte ich es für eine vordringliche Aufgabe der Hilfsschullehrerschaft, an diese Arbeit zu gehen und das Wissen der noch lebenden pensionierten Kollegen um die Hilfsschulfamilien auszuschöpfen und festzulegen."[200] Vorstöße aus der Reichsfachschaft der Sonderschullehrer

196   Siehe z. B. Schmacke/Güse, Zwangssterilisiert, verleugnet, vergessen (1984).
197   Zit. bei Gers, Sonderpädagogik im Faschismus (1990), S. 116.
198   Laux, Pädagogische Diagnostik im Nationalsozialismus (1990), S. 204; Höck, Die Hilfsschule im Dritten Reich (1979), S. 91 f. – Einige Städte und Regionen spielten hier eine Vorreiterrolle, wie z. B. Baden, wo schon 1936 verfügt wurde, „daß die Personalbögen der Hilfsschüler doppelt zu führen seien und ein Exemplar an das Gesundheitsamt zu gehen habe, um die Notwendigkeit einer Sterilisation zu überprüfen" (Bock, Zwangssterilisation im Nationalsozialismus, 1986, S. 249).
199   Sieglind Ellger-Rüttgardt, Der Verband der Hilfsschulen Deutschlands auf dem Weg von der Weimarer Republik in das „Dritte Reich", 1998.
200   E. Gossow, Hilfsschule und Eugenik, in: Die Hilfsschule 25/1932, S. 722f. – Gossow, der von seinen Schülern eigene Sippschaftstafeln anlegte, zeigte auch auf eigene Initiative hin einzelne

zu einer gesetzlichen Erweiterung der Ausführungsbestimmungen zum GzVeN dahingehend, Lehrer als Beisitzer bei den Erbgesundheitsgerichten einzusetzen, blieben allerdings erfolglos. Zum einen wollte man den medizinisch-naturwissenschaftlichen Schein des Ganzen wahren, zum anderen fürchtete man bei einer allzu offenkundigen Beteiligung der Lehrer Unruhen unter Schülern und Eltern. Schließlich sollten die Lehrer auch Überzeugungsarbeit bei den Eltern der betroffenen Kinder und Jugendlichen leisten und sie nach Möglichkeit zur freiwilligen Zustimmung bewegen.[201] Als nachgeordnete Aufgabe folgte dann noch die „seelische Betreuung vor und nach der Sterilisation", sie machte aus der Hilfsschulpädagogik eine Art Opferpädagogik mit dem besonderen Auftrag, zur Bejahung der Sterilisation als Dienst an der Volksgemeinschaft zu erziehen. Eine Opferpädagogik, die auch in den Propagandafilmen des RPA und des Reichsgesundheitsamtes vermittelt wurde.[202] Die erbbiologische Erfassung war ein Gemeinschaftswerk, an dem viele Institutionen und Organisationen zusammenwirkten – Gesundheitsämter, Schulen und Schulbehörden, Hochschulinstitute und die Rassenpolitischen Ämter. Das RPA in Schlesien richtete z. B. eine „Gaustelle für Sonderschulfragen und Erbkrankenbetreuung" ein, die sich neben der erbbiologischen Bestandsaufnahme vor allem Aufgaben der Aufklärung, Beratung und pädagogischen Betreuung widmete. Die Stelle hatte eigens 6 Mitarbeiter für den speziellen Umgang mit den unterschiedlichen Opfer- und Betreuungsgruppen (Blinde, Taubstumme, Hilfsschüler, Fürsorgezöglinge) und entfaltete eine rege Aufklärungs- und Erziehungsarbeit – Vorträge, Filmvorführungen, „Gemeinschaftsabende" usw.[203]

Wie systematisch und umfassend die erbbiologischen Erfassungen und Untersuchungen z. T. gewesen sein müssen, illustriert das schon erwähnte Beispiel der Universität Münster (siehe oben, S. 30). Ein anderes, gut untersuchtes Beispiel ist Hamburg, wo eine besonders rigorose, systematische Erfassung unter Beteiligung der Schulfürsorgerinnen durchgeführt wurde, in die nicht nur alle Hilfsschüler, sondern auch ehemalige Hilfsschüler einbezogen wurden. Unter den zur Sterilisation angezeigten Fällen spielten im engeren Sinn medizinische Indikationen nur eine ganz geringe Rolle; in 89% aller Fälle gaben faktisch soziale Kriterien den Ausschlag: „angeborener" und „moralischer Schwachsinn". „Angeborener Schwachsinn" wurde an Schulleistungen, „moralischer" an anderen sozialen Auffälligkeiten (Prostitution und Zuhälterei, Gewohnheitskriminalität, Alkoholismus, Unehelichkeit etc.) festgemacht. Die Definition des „Schwachsinns" ließ sich beliebig ausdehnen und bezog letztlich alle Arten sozialer Auffälligkeiten ein, die von den gesellschaftlichen Leistungs- und Anpassungsnormen abwichen.[204] Ein weiteres Beispiel, das wir hier noch anfügen wollen, sind die erbbiologischen Erfassungsarbeiten von Heinrich Schade in Frankfurt. Schade, seit 1931 NSDAP-Mitglied

---

Schüler zur Sterilisation beim Amtsarzt an: D. Gers, Sonderpädagogik im Faschismus (1990), S. 118. Er wurde übrigens später Schulungsleiter der Wachmannschaften des KZ Sachsenhausen.

201 Gers, Sonderpädagogik im Faschismus (1990), S. 120. – Besonders eifrig war der Reichsfachgruppenleiter für Sonderschulen im NSLB Alfred Krampf um eine institutionelle Zusammenarbeit zwischen Erbgesundheitsgerichten und Hilfsschullehrern bemüht; vgl. seine Vorschläge in „Hilfsschule im neuen Staat" (1936), vor allem S. 40ff. und 176ff.

202 Rost, Sterilisation und Euthanasie im Film des „Dritten Reiches" (1987).

203 Heinrich Manko, Die Gaustelle Sonderschulfragen und Erbkrankenbetreuung (1938).

204 Elisabeth Fenner, Zwangssterilisation im Nationalsozialismus (1990); Ebbinghaus u. a., Heilen und Vernichten im Mustergau (1986); Mitrovic, Fürsorgerinnen im Nationalsozialismus (1987); allgemein hierzu Bock, Zwangssterilisation im Nationalsozialismus (1991), S. 302ff.

und als SS-Arzt am KWI in Berlin ausgebildet, war Assistent bei Verschuer. Unter seiner Mitwirkung war bis 1938 bereits die Hälfte der Frankfurter Bevölkerung erbbiologisch erfaßt
worden, auch hier u. a. unter Heranziehung von Hilfsschulakten, Schulgesundheitspässen,
Aufzeichnungen von Fürsorgestellen etc. Schade habilitierte sich mit einer systematischen
Untersuchung im Schwalm-Eder-Kreis, wo er unter Einbezug von Schulzeugnissen Sippentafeln der Bevölkerung erstellte, die bis zum Dreißigjährigen Krieg zurückreichten. Seine
Untersuchungen hatten zum Ergebnis, daß 3,5 % der Gesamtbevölkerung als „schwachsinnig", weitere 3,6 % als „beschränkt" anzusehen seien. Zentrale Kriterien waren letztlich
soziales Eingliederungsvermögen und Lebensbewährung; in Grenzfällen gaben Straftaten und
asoziales Verhalten den Ausschlag bei der Zuordnung.[205] Schade war der Meinung, daß gerade die „leichteren Grade des Schwachsinns" die gefährlichen seien, weil sie (eben wegen des
„leichten Schwachsinns") mit besonders hohen Fortpflanzungsraten einhergingen, eine weit
verbreitete These, die auch von führenden Rassenhygienikern wie Fritz Lenz oder Ernst
Rüdin, aber auch von prominenten Psychiatern wie beispielsweise Ernst Kretschmer[206] vertreten wurde, und die in der Tendenz zu einer immer „großzügigeren" Auslegung des GzVeN
führte. Man handle um so mehr dem Geiste des Gesetzes nach, schrieb Rüdin, „je ‚leichtere'
Fälle man durch die Unfruchtbarmachung miterfaßt, weil gerade diese mit Vorliebe auch die
Krankheit in all ihren Formen und Graden fortpflanzen".[207]

Schades Arbeiten sind im Zusammenhang mit der Entwicklung der Sippenforschung zu
einem „Herzstück" (Czarnowski) der erbbiologischen Bestandsaufnahme in der zweiten Hälfte
der 30er Jahre zu sehen. Es genügte nicht mehr festzustellen, ob eine einzelne Person erbkrank war, man mußte auch die gesamte „Sippe" und deren Geschichte in die Untersuchung
einbeziehen. Jemand konnte vordergründig gesund sein, aber ein krankes Gen in sich tragen,
das er – unwissentlich, weil unentdeckt – an seine Nachkommen weitergab, und das irgend-
wann in einer Erkrankung manifest werden konnte. Dafür konnten bereits Erbkrankheiten
bei Sippenverwandten ein Indikator sein. Je mehr sich dieses Argumentationsmuster in der
Rassenhygiene durchsetzte, desto mehr trat das Erbbild des Einzelnen hinter dem der Sippe
zurück, und desto wichtiger wurde die Erfassung immer größerer Bevölkerungsgruppen, letztlich der gesamten Bevölkerung. Institutionelle Zentralen für eine solche Erfassung waren die
Gesundheitsämter, die für die Erteilung der „Ehetauglichkeitszeugnisse" zuständig waren.
Nach dem „Gesetz zum Schutze der Erbgesundheit des deutschen Volkes" vom 18. Oktober
1935 durfte eine Ehe nicht geschlossen werden, wenn einer der Verlobten an einer Erbkrankheit litt.[208] Zudem wurde die ärztliche Eheberatung und die amtsärztlich festgestellte Ehetaug-

---

205   F. Sparing, Von der Rassenhygiene zur Humangenetik (2001). Schade wurde 1939 Oberarzt und
      Dozent, 1954 erhielt er eine Professur an der Universität Münster. Er publizierte noch bis in den
      70er Jahren in rechtsextremen Zeitschriften und Verlagen.
206   Kretschmer sprach sich allerdings für „sehr vorsichtige Diagnosen" aus: Nagel, Die Philipps-
      Universität Marburg im Nationalsozialismus (2000), S. 240 ff.
207   Zit. nach Bock, Zwangssterilisation im Nationalsozialismus (1991), S. 311. Das GzVeN wurde
      nach dem Prinzip „lieber einer zu viel als einer zu wenig" umgesetzt. Der Grundsatz „Im Zwei-
      fel für den Angeklagten" habe, erklärte Alfred Dubitscher, für den Erbgesundheitsrichter keine
      Gültigkeit mehr (ebd., S. 203).
208   Ergänzend sei hinzu gefügt, daß auch das Reichserbhofgesetz mit dem Gesetz zur Verhütung
      erbkranken Nachwuchses verkoppelt wurde; danach konnten Erbkranke nicht „Erbhofbauern"
      werden. Im Einzelfall wurden Personen vom bäuerlichen Erbrecht ausgeschlossen, in deren

lichkeit im Dritten Reich zur Voraussetzung für die Gewährung von Ehestandsdarlehen gemacht. Stellte der Amtsarzt Erbkrankheiten fest oder wurde die Ausstellung des Ehetauglichkeitsnachweises aus anderen Gründen abgelehnt, mußte eine Sippentafel erstellt werden.[209] Bei der praktisch-methodischen Konzeptualisierung der Sippenforschung leisteten Lehrer, die, wie wir sahen, hier schon über Erfahrungen verfügten, wertvolle Hilfen. Bei Sterilisationsverfahren fanden Schulzeugnisse Berücksichtigung, und häufig wurden auch bei der Ehetauglichkeitsuntersuchung Schulzeugnisse und frühere schulärztliche Befunde herangezogen, oft bildete das Schulzeugnis sogar den wichtigsten Anhaltspunkt für die Erbgesundheitsdiagnose.[210] Bei der Ehetauglichkeitsprüfung ging es um „familiale Leistungsfähigkeit im weitesten Sinn"; sie sollte nicht nur eine Prognose des künftigen Erbwerts des Kindes, sondern auch des zu erwartenden ehelichen und familialen Sozialverhaltens der Eltern erlauben.[211] Die Durchsetzung dieser Ziele scheiterte letztlich zwar an Personal- und Geldmangel,[212] dennoch kam es in einzelnen Städten und Regionen zu sehr weitgehenden erbbiologischen Erfassungen. Institutionelle Anknüpfungspunkte für die systematische Erfassung gab es jedenfalls reichlich: die ärztliche Eheberatung, daneben die Anzeigepflicht von Erbkrankheiten für Kranken-, Heil-, Pflege- und Strafanstalten, Mitteilungspflichten für Schulen und nicht zuletzt die schulärztlichen Untersuchungen.

Schulärzte waren schon vor 1933 „Pioniere" rassenhygienisch orientierter Schüleruntersuchungen.[213] Als ein Beispiel sei Theobald Fürst genannt, Schularzt und Obermedizinalrat in München. Er arbeitete während des Dritten Reichs als Experte für Konstitutionslehre und Schulhygiene am Pädagogisch-Psychologischen Institut des NSLB in München mit.[214] Fürst hatte sich bereits in den 20er Jahren mit rassenhygienischen Aufgaben des Schularztes

---

Familie man schon eine Erbkrankheit vermutete. Zudem mußte sich jeder Siedlungsbewerber einer erbbiologischen Prüfung unterziehen: D. Gers, Sonderpädagogik im Faschismus – das Beispiel Hilfsschule, in: Rudnick, Aussondern – sterilisieren – liquidieren (1990), S. 118; Corni/Gies, Blut und Boden (1994), S. 119ff.; Pyta, „Menschenökonomie" (2001), S. 69.

209 Czarnowski, Das kontrollierte Paar (1991).

210 So z. B. in Kiel. In einem zeitgenössischen Kommentar heißt es dazu, die Vorlage des Schulzeugnisses habe „sich als notwendig erwiesen, da allmählich in zunehmender Weise bei Aufnahme der Anamnese die Ehestandsdarlehensbewerber bei sich und ihren Angehörigen jede krankhafte Veranlagung in Abrede stellen ... so blieb uns nur allein das Schulzeugnis als einzige Quelle, aus der häufig allein nur ein Rückschluß auf das Vorliegen geistiger Gebrechen gezogen werden kann." Alle diejenigen, bei denen „ausweislich des vorgelegten Schulzeugnisses das Endziel der Normalschule nicht erreicht war", mußten sich einer eingehenden psychiatrischen Untersuchung unterziehen, an die sich die Aufstellung einer mehrere Generationen einbeziehende Sippentafel anschloß. In nahezu 90% dieser Fälle diagnostizierte man „angeborenen Schwachsinn" (Czarnowski, Das kontrollierte Paar, 1991, S. 188ff.). Im Kieler Gesundheitsamt wurden auch rassenhygienische Begleitforschungen durchgeführt. Die Assistentin des Gesundheitsamts Maria Frede, die zuvor am KWI bei Eugen Fischer promoviert hatte, stellte in einer Untersuchung über ehemalige Kieler Hilfsschüler eine „überproportionale Fruchtbarkeit" vor allem bei „schwachsinnigen Mädchen" fest, deren Sterilisation sie deshalb als vordringlich empfahl (ebd., S. 281).

211 Ebd., S. 211.

212 Weingart/Kroll/Bayertz, Rasse, Blut und Gene (1988), S. 515.

213 Siehe die Literaturhinweise bei H.-C. Harten, Pädagogik und Eugenik (1997), S. 789ff.

214 Bayerischer Taschenkalender für Lehrer 1937.

beschäftigt und gemeinsam mit Fritz Lenz eine umfangreiche Schüler-Untersuchung durchgeführt. 800 Münchner Berufsschüler wurden, unterteilt nach Lehrlingen und Hilfsarbeitern, auf Schulnoten und Kinderzahl der Eltern hin untersucht; Ergebnis war, daß die Schüler mit den schlechtesten Noten aus den kinderreichsten, die Schüler mit den besten Noten aus den kinderärmsten Familien kamen.[215] Die jetzt für die Gesundheitsämter neu hinzugekommenen Aufgaben der „Erbgesundheitspflege" eröffneten auch den Schulärzten neue und größere Arbeitsfelder. Der Kriminalbiologe Theodor Viernstein forderte 1933, den schulärztlichen Dienst systematisch auszubauen, um „in einer, höchstens zwei Schulgenerationen das gesamte Volk biologisch zu untersuchen und erbwertlich zu qualifizieren". Die schulärztliche Untersuchung sei „die umfassendste, die der Rassedienst vornehmen kann".[216] Stellvertretend für viele schulärztliche Aktivitäten erwähnen wir an dieser Stelle nur das Beispiel des Amtsarztes Hans Büsing aus Schaumburg, der 1936 das Gesundheitsamt und die „Beratungsstelle für Erb- und Rassenpflege" in Schaumburg-Lippe aufbaute. Sein Hauptarbeitsgebiet war die Schul- und Jugendgesundheitsfürsorge, die er zum Erfassungsinstrument für die erbbiologische Bestandsaufnahme und die Sterilisierung ausbaute. Dazu nutzte Büsing die Reihenuntersuchungen der Schulgesundheitspflege, denen jeweils „die Schulrekruten, der 4. Jahrgang, die Schulabgänger, die Mittelstufen der Berufsschulen und die Berufsschulabgänger sowie die entsprechenden Klassen an den höheren Schulen" unterzogen wurden. Darüber hinaus nutzte Büsing, der gleichzeitig nebenamtlicher HJ-Arzt war und sich als Gesundheitserzieher verstand, die Tauglichkeitsuntersuchungen für die HJ. Über alle untersuchten Jugendlichen stellte er „Gesundheitsscheine" aus, die ans Gesundheitsamt gingen und dort in Sippenakten geordnet wurden. Auf diese Weise war die „planmäßige ärztliche Überwachung der gesamten Jugend" gewährleistet; Büsing träumte von der „biologischen Überwachung der ganzen Reifezeit". Weiterführende Sippenuntersuchungen wurden angestellt, sobald ein Hinweis auf bekannte Erbkrankheiten vorlag, aber auch „bei allen Schulkindern und Jugendlichen, die irgendwie verdächtig erschienen". Die Akten wurden im Gesundheitsamt aufbewahrt und nicht in den Schulen, „weil viele Scheine bereits bei den Schulrekruten Bewertungen über die erb- und sozialbiologische Verfassung der betreffenden Familie enthalten, die den Kindern nicht zur Kenntnis gelangen sollen". Denn das eigentliche Ziel des ganzen Verfahrens war es, „erbbiologisch minderwertige Familien festzustellen" und durch das Gesundheitsamt zu überwachen.[217]

Büsings Arbeitsweise entsprach den gesundheitspolitischen Zielen der Reichsjugendführung, die seit 1934 den Aufbau eines eigenen Gesundheitssystems mit einem Reichsgesundheitsamt und entsprechenden Abteilungen auf Gebiets- und Bannebene vorantrieb; Ende 1938 waren bereits 4000 Ärzte und 800 Zahnärzte im Dienst der HJ-Gesundheitsführung tätig.[218] Ziel

---

215 Fürst/Lenz, Ein Beitrag zur Fortpflanzung verschieden begabter Familien (1925); Fürst, Wie kann die Tätigkeit des Schularztes der Erblichkeitsforschung und Rassenhygiene dienen? (1927).

216 Eduard Schütt/Theodor Viernstein, Die Bekämpfung der Kriminalität vom bevölkerungspolitischen, rasseanthropologischen und erbbiologischen Standpunkt (1933); Viernstein, Erbwertliche Erforschung und Beurteilung abgrenzbarer Bevölkerungsschichten (1934), S. 344.

217 Büsing, Zur Technik der schul- und jugendärztlichen Tätigkeit (1939); vgl. Vossen, Gesundheitsämter im Nationalsozialismus (2001), S. 352f. Büsing kam übrigens von der sozialdemokratischen Eugenik her.

218 Buddrus, Totale Erziehung (2003), S. 911ff.

war vor allem, eine „Erfassungslücke" für die 14- bis 18jährigen zu schließen; darüber hinaus spielten rassenhygienische Intentionen eine zentrale Rolle. So wurde im Gesundheitsamt der RJF eine eigene Abteilung für Rassenpolitik eingerichtet. Schon im Herbst 1933 war den HJ-Ärzten aufgetragen worden, bei ihren Reihenuntersuchungen erbkranke und „minderwertige" Jugendliche zu erfassen und zu melden. Der HJ-Arzt sollte möglichst auch rassenhygienische Schulungsaufgaben wahrnehmen und einen Rednerausweis des Rassenpolitischen Amtes besitzen. 1940 wurde für die HJ-Ärzte ein reichseinheitlicher Jugendgesundheitsfragebogen erlassen, der sämtliche gesundheitliche Untersuchungen und Kontrollen vom 6. bis zum 18. Lebensjahr festhalten und u. a. jene Jugendliche kenntlich machen sollte, „die z. B. als Kriminelle oder sexuell Verdorbene auffallen".[219]

Es bedarf kaum der Erwähnung, daß sich hinter der rassenhygienischen Politik auch ein sozialpolitisches und -erzieherisches Projekt verbarg, das auf soziale Disziplinierung abzielte.[220] Die Drohung der Fortpflanzungsbeschränkung sollte vor allem auf die unteren sozialen Schichten disziplinierend wirken. In den bevorzugten institutionellen Angriffspunkten der Rassenhygiene wie Hilfsschulen, Fürsorge-, Pflege- und Strafanstalten sammelten sich vor allem randständige Gruppen, und die Opfer der Sterilisierung kamen ganz überwiegend aus der Arbeiter- und Unterschicht.[221] Während die erbbiologische Bestandsaufnahme der Gesamtbevölkerung in Anfängen und regionalen Initiativen stecken blieb, intensivierte sich desto mehr die Erfassung der „negativen Auslesegruppen". Neben den Hilfsschülern waren dies vor allem die „Gemeinschaftsfremden", insbesondere „Asoziale und Gewohnheitsverbrecher", Jugendliche, die als „erziehungsunfähig" galten und „ausgeschult" wurden, Bettler, Prostituierte und Zuhälter, Alkoholiker – kurz, alle sozialen Randgruppen, die als nicht anpassungsfähig erschienen, von denen keine Leistung für die Gemeinschaft zu erwarten war und die der Gesellschaft „zur Last" fielen.[222] Konnte man den Nachweis führen, daß ein nicht unerheblicher Teil dieser sozialen Problemfälle auf „genetische Defekte" zurückzuführen war und durch „Asylierung" und Sterilisation aus der Welt geschafft werden könnte, dann versprach dies auch eine beträchtliche Entlastung bei den staatlichen Sozialausgaben, ein Thema, das spätestens seit der Weltwirtschaftskrise und der sich seitdem verschärfenden Finanzkrise des Staates virulent wurde. Vor dem Hintergrund wachsender Lasten der öffentlichen Fürsorgeerziehung begann man beispielsweise schon 1932, die „un- und schwererziehbaren" Jugendlichen aus der öffentlichen Fürsorge zu entlassen.[223] Die Wohlfahrtspflegerin Kara Lenz-von Borries, Ehefrau von Fritz Lenz, hatte bereits in Beiträgen von 1926 und 1930 ein Konzept rassenhygienischer Fürsorgearbeit vorgeschlagen; „erblich minderwertige" Ju-

---

219 Ebd., S. 926.
220 Generell dazu Peukert, Volksgenossen und Gemeinschaftsfremde (1982). Im Bezug auf die Kriminalbiologie: Jürgen Simon, Kriminalbiologie und Zwangssterilisation (2001).
221 Siehe z. B. Emmerich/Härtel/Hühn, Massenmord in der Heilstätte (1990), S. 105.
222 Zur „Sozialdisziplinierung" gehört, daß diese Gruppen nicht nur in ihrer Fortpflanzung beschränkt werden sollten, sondern daß auch Maßnahmen der Asylierung und zwangsweisen „Arbeitserziehung" breit diskutiert und schließlich auch umgesetzt wurden. Darüber hinaus kamen Vorschläge auf, Strafformen aus der frühen Neuzeit wieder einzuführen. Zum Beispiel schlug der Ministerialrat Schütt „öffentliche Diffamierung, Verbannung, Vermögenseinziehung und Prügelstrafe" für „asoziale" Gruppen vor: Schütt/Viernstein, Die Bekämpfung der Kriminalität (1937), S. 13.
223 C. Kuhlmann, Erbkrank oder erziehbar? (1989), S. 47.

gendliche sollten nach vorangegangener Sterilisation aus der Fürsorgeerziehung entlassen werden. Der Einzelne hätte zwar ein Recht auf Leben und Gesundheit, aber keines, seine „minderwertige Erbmasse" an Nachkommen weiterzugeben.[224] Schon in den 20er Jahren waren erste Kriminalbiologische Untersuchungsstellen entstanden, die der erblich bedingten Kriminalität auf der Spur waren. Die erste dieser Stellen entstand 1923 beim Zuchthaus Straubing unter der Leitung Theodor Viernsteins. Viernsteins Fernziel war die „Ausmerzung" aller „für Volkstum und Rasse als unerwünscht erkannten Volksgenossen". 1925 führte Sachsen nach einer Initiative von Rainer Fetscher erbbiologische Karteien für Strafgefangene ein. In Sachsen wurde über jeden Strafgefangenen, der eine mehr als dreimonatige Strafe abzusitzen hatte, ein erbbiologischer Fragebogen erstellt. Fetscher wollte seine Kartei auch auf Trinker, Epileptiker und Geisteskranke ausdehnen und plante umfassende Dateien über „Minderwertige". 1930 zog Preußen mit der Einrichtung kriminalbiologischer Forschungsstellen nach. In Preußen wurden laut Verfügung von 29. Juli 1930 auch Schwererziehbare in diese Untersuchungen einbezogen.[225] Im Thüringischen Landesamt für Rassewesen wurde gleich nach seiner Entstehung zu Beginn des Dritten Reichs eine kriminalbiologische Abteilung eingerichtet, die „fortlaufend die Kriminellen sämtlicher Straftaten" registrierte und „deren zur Sippschaft gehörende Verwandte" erfaßte, um gegebenenfalls „die Möglichkeit rassenhygienischen Eingreifens" zu prüfen.[226] 1937 wurden diese Aktivitäten zentralisiert und vereinheitlicht, und an die Stelle der kriminalbiologischen Untersuchungsstellen trat ein reichsweiter kriminalbiologischer Dienst mit der Aufgabe systematischer erbbiologischer Untersuchungen von Strafgefangenen. Darunter fielen generell auch Jugendliche im Jugendstrafvollzug.[227]

Die Fürsorgeerziehung war während der Weltwirtschaftskrise unter Druck geraten, der Staat reduzierte zunehmend seine Hilfen und Leistungen für schwererziehbare Jugendliche. Kostenargumente führten auch auf diesem Feld zu einem Aufschwung rassenhygienischer Argumente, die sich im Nationalsozialismus Bahn brechen konnten, denn von der Zwangssterilisation versprach man sich langfristig erhebliche Einsparungen staatlicher Aufwendungen. Vor diesem ökonomischen Hintergrund konnten sich rassenhygienische Argumentationsmuster zunehmend in der Kriminologie und auch in der Sozialpädagogik durchsetzen. Rassenhygiene und Kriminalbiologie schienen Bewertungskriterien zu liefern, nach denen sich der Kreis derer, die für erzieherische Maßnahmen nicht mehr in Frage kamen und für die sich der pädagogische Aufwand „nicht mehr lohnte", immer präziser eingrenzen ließ.[228] Der Jugendlichen, die noch als „gemeinschaftsfähig" und erbgesund angesehen wurden, nahmen sich die Jugendheimstätten der NSV an, „gemeinschaftsschädliche" und „arbeitsscheue" Jugendliche kamen zur Umerziehung in Arbeitslager. „Nicht-mehr-Erziehungsfähige" kamen in Heilanstalten, wo viele der „Euthanasie" zum Opfer fielen.[229] Nach einer Entscheidung von Hitler Mitte 1941 sollten

---

224   Die Rassenhygiene im Arbeitsbereich der Fürsorgerin (1926); Das geplante Bewahrungsgesetz (1930).

225   J. Simon, Kriminalbiologie und Strafrecht von 1920 bis 1945 (1999); Dörner, Erziehung durch Strafe (1991), S. 131 ff.

226   Volk und Rasse 1935, H. 1, S. 27.

227   Simon, Kriminalbiologie und Strafrecht (1999), S. 241.

228   Simon, Kriminalbiologie und Zwangssterilisation (2001), S. 17. Zur Fürsorgepolitik siehe auch Reyer, Alte Eugenik und Wohlfahrtspflege (1991).

229   C. Kuhlmann, Erbkrank oder erziehbar? (1989).

Jugendliche, die als „unerziehbar" aus der Fürsorgeerziehung ausschieden, auf Lebenszeit in ein Konzentrationslager eingewiesen werden.[230] Mit den Lagern Moringen und Uckermark wurden spezielle Konzentrationslager für „gemeinschaftsfremde" Jugendliche eingerichtet. Hier führte der Jugendpsychiater und Kriminalbiologe Robert Ritter Untersuchungen zur angeborenen Kriminalität und Asozialität bei Jugendlichen durch.[231] Ritter, der nicht nur Arzt war, sondern auch mit einer pädagogischen Arbeit promoviert hatte, glaubte, in seiner Habilitation den Nachweis erbracht zu haben, daß asoziales Verhalten in Sippenverbänden weitergegeben wird und sich in einem negativen Erbbild verfestigt. Er warnte vor der Gefahr, regional gebundene „Asozialennester" könnten sich auflösen und mit den „vollwertigen Schlägen" vermischen; deshalb müsse mit einer bevölkerungsbiologischen Erforschung und Erfassung aller asozialen Sippen begonnen werden, um den „Erbstrom der Gemeinschädlichkeit" festzustellen und rechtzeitig – durch Zwangssterilisation – stoppen zu können.[232] Seine utopische Vision war, alle vermeintlich „kriminellen Erbstämme innerhalb des deutschen Volkskörpers aufzudecken, zu erfassen und prophylaktisch anzugehen".[233] Ritters Interesse galt speziell der erbbiologischen Erforschung der Jugendkriminalität, weil auf diesem Gebiet eine volksbiologische Prophylaxe den größten Erfolg versprach.[234] Seine Arbeiten und Schlußfolgerungen schienen so überzeugend, daß er sehr schnell vom Tübinger Oberarzt zum Leiter der Rassenhygienischen und Kriminalbiologischen Forschungsstelle des Reichsgesundheitsamts und wenig später darüber hinaus des Kriminalbiologischen Instituts der Sicherheitspolizei avancierte. Eine Hauptaufgabe dieses Instituts war es, alle „gemeinschaftsfremden" Jugendlichen auf ihre Erziehungsfähigkeit oder -unfähigkeit hin zu sichten. Je nach Ergebnis der erbbiologischen Diagnose sollten die Jugendlichen dann in Heilanstalten oder Jugendschutzlager eingewiesen werden.

Als Forschungsstellenleiter im Reichsgesundheitsamt erhielt Ritter die Möglichkeit, an der „Endlösung" des „Asozialenproblems" modellhaft in einem Teilkomplex, der Erfassung der in Deutschland lebenden „Zigeuner", mitzuwirken. Ritter war für das Klassifizierungssystem verantwortlich, das über das Schicksal der Betroffenen – Sterilisation und Deportation – entschied, er führte mit seinen Mitarbeitern rassenanthropologische Vermessungen und Untersuchungen vor Ort durch und erstellte entsprechende Gutachten für das Reichskriminalpolizeiamt. Nach Ritters Auffassung war nur ein sehr kleiner Teil der „Zigeuner" als „rassenrein" und „stammecht" anzusehen; die große Mehrheit waren für ihn Mischlinge asozialer Populationen. Die reinrassigen „Zigeuner" sollten nach seinen Vorstellungen in abgegrenzten Reservaten weiterleben können, die große Mehrheit der „asozialen Großfamilien und Mischlinge" wollte er in Vorbeugehaft nehmen und in Arbeitslager verbringen lassen; hier sollte ihre Fortpflanzung unterbunden werden.[235] Im Stereotyp des „Zigeuners" trafen erbbiologische und

230   Buddrus, Totale Erziehung (2003), S. 490.
231   Guse/Kohrs, Zur Entpädagogisierung der Jugendfürsorge in den Jahren 1922–1945 (1989).
232   Roth, Schöner neuer Mensch (1999).
233   Zit. nach M. Zimmermann, Rassenutopie und Genozid (1996), S. 152.
234   Auf einer Arbeitstagung der Justiz- und Reichsjugendführung referierte Ritter im November 1943 über die „Artung jugendlicher Rechtsbrecher" und malte das Bild von einem „charakterologisch und kriminalbiologisch geschulten Jugendrichter" aus, der mit sicherem und raschem Blick die geeignete präventive Maßnahme treffen könnte: Buddrus, Totale Erziehung (2003), S. 495 ff.
235   Roth, Schöner neuer Mensch (1999), S. 394.

rassistische Zuschreibungen zusammen. „Zigeuner" galten gewissermaßen als Inbegriff und Prototyp einer „asozialen Rasse", in der ursprünglich zigeunerisches Blut immer wieder Verbindungen mit kriminellen und anderen asozialen Elementen eingegangen war, so daß sich schließlich ein negatives Erbbild ganzer Sippenverbände herausbildete. Deren Kinder sind daher auch nicht mehr erziehbar, zu diesem Ergebnis kam Ritters Mitarbeiterin Eva Justin in ihrer Dissertation; sie müßten vielmehr aus allen Erziehungsmaßnahmen, auch der Fürsorgestellen, herausgenommen und sterilisiert werden.[236]

In gewisser Weise trifft dieses Konstrukt einer „asozialen Rasse" ähnlich auch auf Juden zu, nur daß sich die „Gemeinschädlichkeit" in diesem Fall – so das Stereotyp – häufig hinter einer Fassade der Intellektualität verberge. Zu den traditionellen völkischen und rassenanthropologischen Stereotypen des Antisemitismus traten in den späten 30er Jahren verstärkt erbbiologische Argumentationsmuster hinzu. Interessant und aufschlußreich ist, daß einige der wichtigsten unterrichtsbezogenen Bücher zur „Judenfrage" von Biologiedidaktikern verfaßt wurden. Ernst Dobers etwa führte die „seelischen Besonderheiten des Juden" auf eine lange Kreuzungsgeschichte „schmarotzender Nomaden" zurück, die sich schließlich zu einem spezifischen Erbbild verfestigte.[237] Zu diesem Erbbild gehörten besondere Anpassungsfähigkeiten, die sich, wie die Psychologen meinten, in analytischer Intelligenz, rascher Auffassungsgabe und Einfühlungsvermögen (die Fähigkeit zur Einfühlung in das „Wirtsvolk" als Anpassungsleistung) niederschlagen. Sie seien deswegen so gefährlich, weil „der Jude" es auch gelernt habe, seine wahren Absicht geschickt zu verbergen (auch dies eine Anpassungsleistung) – deshalb auch die paranoide Angst vor der zersetzenden Kraft des jüdischen Intellektuellen. Als „nomadisierende Schmarotzer" glichen die Juden den „Zigeunern und nach Zigeunerart umherziehenden Personen", gegen die sich der „Erlaß zur Bekämpfung der Zigeunerplage" vom Dezember 1938 richtete. Aber die „Zigeuner" bewegten sich auf der Ebene der Kleinkriminalität, während die Juden intelligent genug waren, um in höhere Positionen der Gesellschaft einzudringen und so die Volksgemeinschaft von innen heraus zu zersetzen drohten. Da die Juden von ihrer rassischen Disposition her unfähig zu staatlichen und kulturellen Schöpfungen seien, sondern vielmehr von den schöpferischen, konstruktiven Leistungen anderer lebten, würden sie, einmal in die Schaltzentralen der Macht gelangt, nur ein Zerstörungswerk anrichten. So gesehen bilden Juden und „Zigeuner" den Inbegriff dessen, was Erich Jaensch den „Gegentypus" und die Rassentheoretiker die „Gegenrasse" nannten. Auf sie ließ sich nämlich das „Rassentoleranzprinzip" nicht mehr anwenden, demzufolge jede Rasse ihrer Art gemäß leben soll. In dieser Hinsicht lag ihre Vernichtung daher in der Logik der erb- und rassenbiologischen Argumentation. Ernst Dobers spricht dies in seinem Schulbuch im Zusammenhang mit der Frage, ob es nicht auch anständige Juden gebe, auch ganz offen aus: „Der nordrassische Mensch weiß sehr wohl um die Tragik der geschichtlichen Abläufe, welche ihn dazu zwingt, Menschen zu vernichten, welche berufen wären, an ihrer Stelle im Leben Werte zu schaffen, welche Ernährer ihrer Familie sind. Und er ist davon über-

---

236 Eva Justin, Lebensschicksale artfremd erzogener Zigeunerkinder und ihrer Nachkommen, Diss. Berlin 1944.

237 Ernst Dobers, Die Judenfrage. Stoff und Behandlung in der Schule (1936). – Zwar sind mehr Unterrichtstexte zur „Judenfrage" von Geisteswissenschaftlern (vor allem Historikern) als von Biologen verfaßt worden. Bemerkenswert ist aber, daß überhaupt Biologen an dieser Textproduktion beteiligt waren; bezogen auf die Fachrichtung waren es etwa ein Drittel aller Autoren.

zeugt, daß er unter anderen Verhältnissen in den Reihen der Feinde viele wertvolle Menschen treffen würde, mit denen er Kameradschaft pflegen könnte ... Trotzdem würde derselbe nordische Mensch bedenkenlos jeden Tag von neuem für seines Volkes und seiner Kinder Leben und Zukunft gegen die andere Seite zum Kampfe auf Leben und Tod antreten, und würde nicht untersuchen, ob er nicht etwa auch einen ‚anständigen' Feind töten könnte. Völkerschicksale gehen über Einzelschicksale hinweg."[238] Hier klingt eine Opferpädagogik und -rhetorik an, der sich auch Himmler später bedienen wird, und die das Verhältnis von Täter und Opfer verkehrt: Opfer sind in Wahrheit die „Nordrassen", die das Schicksal dazu bestimmt hat, dieses schwere Werk der rassenhygienischen Reinigung auszuführen.

---

238 Dobers, Die Judenfrage (1936), S. 60f.

2. Das rassenhygienisch-pädagogische Schrifttum

Lehrer gehörten, wie wir sahen, zu den wichtigsten Adressaten rassenhygienischer und -politischer Schulung; die Schule war einer der wichtigsten Orte, um die Rassenideologie des Nationalsozialismus in der Gesellschaft zu verbreiten und zu veranken. Deshalb überrascht es nicht, daß rassenhygienisches und -politisches „Gedankengut" auch in breitem Umfang in das pädagogische Denken und Schrifttum eindrang. Wir haben dies in einer Bibliographie zeitgenössischer Texte dokumentiert. Auswahlkriterien unserer Bibliographie waren zum einen rassenkundliche und rassenhygienische Texte von erziehungswissenschaftlicher Relevanz, zum anderen rassenkundliche und rassenhygienische Schriften, die von Pädagogen im weitesten Sinn – Lehrern/Studienräten, Professoren und Dozenten der Lehrerbildung sowie Professoren und Dozenten der Pädagogik – verfaßt worden sind. Rassenhygienische Schriften sind unter sehr verschiedenen Aspekten erziehungswissenschaftlich relevant. Dazu gehört z. B. auch die erbbiologische Erfassung der Hilfsschüler mit dem Ziel der Zwangssterilisierung, weil sie Funktion, Selbstverständnis und Aufgaben der Hilfsschulpädagogik zentral und existentiell berührt; deshalb haben wir auch erbbiologische Arbeiten aus der medizinischen Wissenschaft aufgenommen, wenn sie auf die Hilfsschule bezogen sind; dies sind zwar keine pädagogischen Arbeiten, sie hatten aber Folgen für die Pädagogik, mit denen sie sich auch auseinandersetzen mußte. Abgeschwächt gilt dies auch für Arbeiten über „Asoziale" und „Zigeuner", die wir dann aufgenommen haben, wenn sie sich mit Kindern und Jugendlichen beschäftigen und sozialpädagogische Aspekte berühren.

Wir haben insgesamt 2052 Texte gefunden, die zwischen 1933 und 1945 erschienen sind, davon waren 760 Buchveröffentlichungen, 1260 Aufsätze und Zeitschriftenartikel sowie einige mit Texten verbundene Bildreihen und Kartenwerke u. ä. Bei 109 Texten handelt es sich um Dissertationen oder – einige wenige Fälle – Habilitationen. Versucht man eine Grobgliederung nach Typus und Funktion, so bilden didaktische Veröffentlichungen die größte Gruppe: Schulbücher, Schulungsmaterialien und Beiträge zur Methodik und Didaktik des rassenhygienisch-rassenkundlichen Unterricht (zusammen 31,7%). Es folgen Texte zur „Rassenpädagogik" – Schriften zur „rassischen" oder „rassenpolitischen Erziehung", zum „rassekundlichen Denken" u. ä., die dem Gesamtkomplex der „politisch-weltanschaulichen Erziehung" zuzurechnen sind (20,1%). Davon haben wir eine Gruppe von Texten abgegrenzt, die einen im engeren Sinn wissenschaftlichen Charakter haben und entweder der theoretischen Selbstverständigung und der Theoriebildung dienen oder als empirische Untersuchungen angelegt sind; dieser Gruppe haben wir auch alle Dissertationen zugeordnet (18,3%). Die große Zahl dieser Veröffentlichungen (365 Texte) weist auf den hohen Grad wissenschaftlicher Institutionalisierung der Rassenhygiene im Hochschulsystem hin. Es folgen Schriften, die für die allgemeine Volkserziehung bestimmt waren (6,1%) sowie solche, die den Charakter fachlicher Einführungen haben oder für die Fortbildung geschrieben wurden und speziell an Fachlehrer adressiert waren (4,3%). Als weitere Kategorien haben wir dann noch bildungssystembezogene

Texte aufgenommen; darunter fallen z. B. Arbeiten, die sich mit Aufgaben der Schule im allgemeinen oder bestimmter Schulformen im besonderen oder auch Fragen der Bildungsreform und der Bildungspolitik im Kontext der Rassenpolitik, der Rassenhygiene oder der Rassenpädagogik beschäftigen (6,2%). Schließlich haben wir noch eine spezielle Gruppierung von Texten vorgenommen, die sich von der Systematik her auch den anderen Gruppen zuordnen lassen, die wir aber wegen ihrer besonderen Bedeutung im Kontext der nationalsozialistischen Rassenpolitik noch einmal gesondert ausgewiesen haben, nämlich Texte, die sich mit den „negativen Auslesegruppen" – Hilfsschülern, Asozialen, Juden und „Zigeunern" – befassen; insgesamt sind 12,4% aller Veröffentlichungen explizit diesen Gruppen gewidmet.

An Autoren haben wir insgesamt 982 Personen gezählt, davon waren mindestens zwei Drittel promovierte Akademiker und/oder Hochschullehrer. Die Zahl der Schriften, die von Hochschullehrern und anderen promovierten Akademikern verfaßt wurden, liegt bei 75,1%. Überproportional war der Anteil der promovierten Autoren vor allem bei der „Produktion" theoretischer und empirischer Arbeiten (95,5%), einführender Werke und bildungssystembezogener Abhandlungen; unterproportional war er bei methodisch-didaktischen Texten sowie Beiträgen zu den „negativen Auslesegruppen": hier waren in größerem Umfang auch nicht-promovierte Lehrer und Studienräte beteiligt, insbesondere Volks- und Hilfsschullehrer.

Die Mehrheit der Autoren (62,4%) waren professionelle Pädagogen – Lehrer und Studienräte, Professoren und Dozenten der Lehrerbildung, Pädagogen und Psychologen. 20,3% der Autoren waren „reine" Naturwissenschaftler, also nicht im Schuldienst oder in der Lehrerbildung tätig (vor allem Universitätsprofessoren und Ärzte); auffallend gering fällt der Anteil der „reinen" Geisteswissenschaftler mit 6,4% aus. Von allen Autoren hatten 18,7% hauptamtliche Funktionen in Staat und Partei inne, darunter gehörten wiederum die meisten zur Gruppe der „professionellen Pädagogen" (dies waren vor allem Schulräte). Von professionellen Pädagogen sind vor allem – wenig überraschend – die Schulbücher und methodisch-didaktischen Texte verfaßt worden (83% aller Texte), wobei wiederum die Pädagogen, die an den Schulen oder in der Lehrerbildung für die natur- und rassenkundlichen Fächer zuständig waren, den Hauptanteil an der Erstellung von Schulbücher hatten. Professionelle Pädagogen hatten an allen Textgruppen den höchsten Anteil, ausgenommen Publikationen zur allgemeinen Volkserziehung, die vor allem von Naturwissenschaftlern und Funktionären aus Staat und Partei kamen. Mediziner und „reine" Naturwissenschaftler hatten einen überproportionalen Anteil an allgemeinen und fachlichen Einführungswerken, aber auch theoretischen und empirischen Texten – darin schlägt sich vor allem die große Zahl medizinischer Dissertationen zur erbbiologischen Erfassung der Hilfsschüler nieder. An Texten zur allgemeinen Volkserziehung waren auch staatlich-politische Funktionsträger in größerem Maße beteiligt; sie waren darüber hinaus überproportional an der Produktion von Texten zur „Judenfrage" sowie – auch dies wenig überraschend – bildungssystembezogenen Abhandlungen beteiligt. Alles in allem wird – bei allgemeiner Dominanz der „Pädagogen" – eine gewisse Arbeitsteilung und Schwerpunktbildung sichtbar, die professionsspezifische Interessen und Zuständigkeiten abbilden.

Die Rassenhygiene war 1933 noch ein relativ junges Paradigma, das zwar in den medizinischen Wissenschaften bereits einen Platz gefunden hatte, in anderen Wissenschaften und Disziplinen aber noch weitgehend auf Außenseiter-Rezeptionen beschränkt geblieben war. Vor 1933 sind Texte, die rassenkundliche, -hygienische, erbbiologische etc. Themen behandeln,

Zahl der Schriften nach Textgruppen

Veröffentlichungen insgesamt	2052	100%
Bücher	760	37,0%
Aufsätze	1260	61,4%
Sonstiges	32	1,6%
Dissertationen/Habilitationen	109	5,3%
Fachliche Einführung, Fort-/Weiterbildung	89	4,3%
Allgemeine Volksbildung	125	6,1%
Schulbücher/didaktische Materialien	246	12,0%
Methodik und Didaktik	405 (90)*	19,7%
Rassenpädagogik	412	20,1%
Theorie und Empirie	376**	18,3%
Bildungssystembezogen	128	6,2%
Hilfsschule und „Asoziale"	168	8,2%
„Juden/Zigeuner"	86	4,2%
Sonstige	18	0,9%

  * in Klammern: Lehrerhandbücher
 ** unter Einschluß der Dissertationen und Habilitationen

Autoren nach Berufsgruppen und Zahl der Veröffentlichungen

	Autoren	Veröffentlichungen
Promovierte und Hochschullehrer	673 (68,5%)	1542 (75,1%)
Andere	309	510
Professionelle Pädagogen insgesamt	613 (62,4%)	1275 (62,0%)
Med./Naturwissenschaftler	310 (31,6%)	788 (38,4%)
– professionelle Pädagogen	112 (11,4%)	340 (16,6%)
– reine Naturwissenschaftler*	199 (20,3%)	448 (21,7%)
Geisteswissenschaftler	296 (30,1%)	637 (31,0%)
– professionelle Pädagogen**	233 (23,7%)	514 (25,0%)
– reine Geisteswissenschaftler*	63 (6,4%)	123 (6,0%)
Staat und Partei	184 (18,7%)	486 (23,7%)
Andere/unbekannt	47 (4,8%)	81 (3,9%)
Gesamtzahl	982	2052

  * Wissenschaftler, die nicht in pädagogischen Berufen tätig waren.
 ** Lehrer/Studienräte der geisteswissenschaftlichen Fächer und Pädagogen/Psychologen

	Texte	Promovierte und Hochschullehrer	Andere	Professionelle Pädagogen insgesamt	Reine Naturwissenschaftler	Reine Geisteswissenschaftler	Staat und Partei	?
Autoren	**982 (100 %)**	**673 (68,5 %)**	**309 (31,5 %)**	**613 (62,4 %)**	**199 (20,3 %)**	**63 (6,4 %)**	**184*** (18,7 %)**	**47 (4,8 %)**
Veröffentl. insges.	**2052 (100 %)**	**1542 (75,1 %)**	**510 (24,8 %)**	**1275 (62,0 %)**	**448 (22 %)**	**123 (6,0 %)**	**486 (23,7 %)**	**81 (3,9 %)**
Bücher	760	605	155	475	177	45	177	20
Aufsätze	1260	909	351	789	262	76	301	60
Sonstiges	32	28	4	11	9	2	8	1
Diss./Habilschr.	109	109	0	33	64	10	13	0
Fachl. Einf., Fort-/ Weiterbildung	89 (4,3 %)	75	14	41	26	9	19	5
Allg. Volksbildung	125 (6,1 %)	107	18	33	56	12	41	13
Schulbücher/ didakt. Material	246 (12,0 %)	179	67	204	12	5	61	5
Methodik und Didaktik	405 (90)* (19,7 %)	235 (66)*	170 (24)*	348 (86)*	4 (1)*	11 (1)*	63 (6)*	15
Rassenpäd./Erz.	412 (20,1 %)	307	105	266	114	21	114	24
Theorie und Empirie	376** (18,3 %)	250 (ohne Diss.)	17	129	81	33	48	5
Bildungssystembez.	128 (6,2 %)	105	23	72	29	7	44	1
Hilfssch. und Asoz.	168 (8,2 %)	101	67	96	54	1	44	7
„Juden/Zigeuner"	86 (4,2 %)	64	23	47	3	11	33	4
Sonstiges	18 (0,9 %)	13	5	6	5	2	5	2

* Angabe der Lehrerhandbücher in Klammern

** unter Einschluß der Dissertationen

*** 127 Personen sind Pädagogen/Psychologen, davon 98 Akademiker

daher noch vergleichsweise selten. Thematisierungen in der Pädagogik oder unter pädagogischen und erziehungswissenschaftlich relevanten Aspekten finden sich in der Literatur kaum, sie blieben auf einige wenige Autoren beschränkt und bildeten einen insgesamt exklusiven Diskurs. Die Ereignisse des Jahres '33 heben diesen Diskurs plötzlich auf eine breite Ebene. Es erscheint eine Flut von Texten, und kaum eine Fachzeitschrift versäumt es, den neuen Themen Raum zu geben. Auch wenn diese Thematisierung in vielen Disziplinen nur am Rande erfolgt, so ist sie doch fast überall präsent. Vor diesem Hintergrund schien das Jahr 1933 eine kulturrevolutionäre Wende einzuleiten. Für die Pädagogik war diese Wende von essentieller Bedeutung. Die Beziehungen zwischen Anlage und Umwelt, Vererbung, Sozialisation und Erziehung wurden grundlegend neu definiert. Kritische soziologische und sozialisationstheoretische Ansätze, die nach dem Ersten Weltkrieg, begleitet von bildungspolitischen Demokratisierungsbestrebungen, Eingang in die pädagogische Forschung und Theoriebildung gefunden hatten, wurden abrupt abgebrochen. Statt dessen rückte ein neues Paradigma in den Vordergrund, das die pädagogische Theoriebildung um Jahrzehnte zurückwarf, auch wenn manches an ihm den Zeitgenossen durchaus „modern" erschienen sein mag.

Für den gesamten Zeitraum von 1933 bis 1945 haben wir 2052 Texte gefunden, eine Zahl, die für sich genommen schon als ein Indikator dieses Paradigmenwechsels gewertet werden kann. Dabei bildete 1933 kein Ausnahmejahr, die Flut der Veröffentlichungen setzte sich vielmehr über mehrere Jahre hinweg fort. Der Höhepunkt der Veröffentlichungen lag in den Jahren 1934/35 – 31,3 % aller Texte erschienen allein in diesen beiden Jahren. Aber erst mit dem Beginn des Krieges ging die Zahl der Texte deutlich zurück; auf die Jahre 1940–1945 entfallen lediglich 14,8 % aller Veröffentlichungen. Das muß nicht unbedingt ein Zeichen für ein abnehmendes Interesse an den Themen sein, weil die Produktion wissenschaftlicher Literatur während des Krieges insgesamt natürlich stark nachließ, nicht zuletzt auch aus Gründen wachsenden Papiermangels. Anders sieht es aus, wenn man nur Dissertationen und Habilitationen betrachtet: Hier setzte die „Produktion" etwas später ein, der Höhepunkt liegt in den Jahren 1936–1939, aber noch 1943/44 erschienen mehr Dissertationen als 1933/34 zu diesem Themenkreis. Dies hat sicher damit zu tun, daß solche Arbeiten einen längeren Vorlauf brauchen als schnell zu Papier gebrachte Zeitschriftenartikel. Es ist aber doch bemerkenswert, daß zahlreiche rassen- und erbwissenschaftliche Dissertationen noch während der Kriegsjahre geschrieben wurden und insgesamt ein Drittel aller Dissertationen noch in diesen Jahren zum Abschluß gebracht wurden. Ähnlich, wenn auch nicht ganz so ausgeprägt, ist es bei Unterrichtstexten und Schulbüchern. Auch hier setzte die Produktion mit Verzögerung ein; 1933 erschienen erst 19 Werke, die die neuen Inhalte aufnehmen, aber im gleichen Jahr haben sich viele Autoren darangemacht, neue Unterrichtstexte zu erarbeiten, denn im folgenden Jahr kamen bereits 46 neue Bücher auf den Markt. Die Produktion ging auch hier danach wieder zurück, doch noch 1940 erschienen mit 19 Schulbüchern ebenso viele und 1941 mit 18 kaum weniger als 1933. Knapp ein Drittel aller Texte, die während des Krieges (1940–1945) erschienen, waren Dissertationen und Schulbücher; ihr Anteil an der Gesamtheit der Veröffentlichungen hatte sich damit gegenüber den Vorjahren etwa verdoppelt. Der Anteil der Schulbücher würde noch mehr ins Gewicht fallen, wenn man Neuauflagen hinzuzählt, denn viele der in den Jahren zuvor verfaßten Schulbücher wurden während des Krieges neu aufgelegt, weil ja der Schulbetrieb auch in dieser Zeit – bei allen Einschränkungen – weiterging.

Insgesamt läßt sich der Verlauf so deuten: Zu Beginn des Dritten Reichs bestand ein starkes, schnell wachsendes Interesse an den neuen Themen, verbunden mit einer breiten Propagierung durch Experten, die sich offensichtlich schnell gefunden hatten. Dieses Interesse ließ bald wieder nach, blieb aber dennoch bestehen; die Themen blieben in der Literatur präsent. Es fand eher eine „Normalisierung" statt: Das Paradigma hatte sich bis zu einem gewissen Grad etabliert und wurde jetzt – etwa in Gestalt von Dissertationen und Schulbüchern – institutionell und professionell bearbeitet. Eine solche Ebene der Institutionalisierung und Professionalisierung war dann auch – einmal beschritten – nicht so leicht wieder zu verlassen. Noch Anfang 1945 erschien eine Dissertation mit dem Titel „Erbhygienische Untersuchungen an Hilfsschulkindern in Herne i. W.",[239] so als hätte sich nichts geändert und als sei die Welt immer noch empfänglich für die Träume der Rassenhygieniker.

Texte nach Erscheinungsjahr

Erscheinungsjahr	Texte insgesamt	davon Bücher	Schul-bücher	Disser-tationen*
1933	264	82	19	4
1934	351	132	46	3
1935	291	90	27	10
1936	270	86	16	12
1937	233	81	21	18
1938	183	63	14	12
1939	156	61	27	13
1940	83	50	19	9
1941	88	43	18	12
1942	67	27	8	7
1943	30	22	10	5
1944	11	7	2	3
1945	1	1	0	1
o. J.	24	15	3	/
Gesamt	2052	760	230	109

* einschließlich einiger Habilitationen (jeweils eine 1937, 1939 und 1941)

Wir wollen im folgenden einen näheren Blick auf die Textgruppen werfen, die wissenschafts- und disziplingeschichtlich von besonderem Interesse sind: theoretisch-empirische und unterrichtsbezogene Texte. Ein großer Teil der theoretischen und empirischen Schriften war im Grenzbereich zwischen Pädagogik und Psychologie angesiedelt. Pädagogik und Psychologie bildeten in den 30er Jahren vielfach noch ein Ganzes; selten waren etwa Lehrstühle an den Universitäten als Professuren nur für Pädagogik oder Psychologie definiert, oft war die Pädagogik mit der Philosophie, häufig und zunehmend aber mit der Psychologie verbunden.[240]

---

239   Ernst Beckerling, Diss. Münster 1945.
240   Dies gilt z. T. auch umgekehrt: von 15 Ordinariaten für Psychologie waren Anfang 1933 noch 8 mit der Philosophie, 4 mit Pädagogik und 3 mit Philosophie und Pädagogik verbunden: Geuter, Professionalisierung, S. 84.

Diese Verknüpfung war vor allem eine Folge von Reformen der Lehrerbildung nach dem Ersten Weltkrieg, und sie setzte sich im Dritten Reich mit der Einführung der Hochschulen für Lehrerbildung zunächst fort. Die Institutionalisierung der Psychologie an den Hochschulen erfolgte zu einem erheblichen Teil als Pädagogische Psychologie (an den Hochschulen für Lehrerbildung als „Jugend- und Charakterkunde). Zum anderen entwickelte sich im Dritten Reich eine rassen- und erbwissenschaftliche Richtung der Psychologie, die wir im Kontext unserer Themenstellung teils als eine Hilfs-, teils aber auch als eine Art anthropologischer Grundlagenwissenschaft der Pädagogik ansehen können. Als Hilfswissenschaft lieferte sie etwa diagnostische Instrumentarien, als Grundlagenwissenschaft trug sie u. a. zur Klärung der Beziehungen zwischen Vererbung und Erziehung bei. Daher haben wir psychologische Texte in unsere Bibliographie aufgenommen, wenn sie der Pädagogischen Psychologie sowie einer als pädagogisch relevant zu erachtenden Rassen- und Erbpsychologie zugeordnet werden konnten.

Gut die Hälfte der theoretischen und empirischen Schriften sind in diesem Sinne pädagogisch-psychologische Texte. Die andere Hälfte verteilt sich auf verschiedene Themenkomplexe:

– erbbiologische und rassenhygienische Schuluntersuchungen bzw. Untersuchungen an Kindern und Jugendlichen, vor allem Hilfsschülern;
– im weitesten Sinn sozialisationstheoretisch relevante Arbeiten (etwa über Rasse, Herkunft, Leistung und berufliche Eignung;
– reflexive und grundlagentheoretische Beiträge („Rasse, Vererbung und Erziehung", „biologische Grundlagen der Erziehung", theoretische Begründungsversuche zur „Rassenpädagogik" etc.);
– historische Arbeiten (z. B. über Eugenik und Erziehung in der Antike).

Die bei weitem größte Gruppe bilden pädagogisch-psychologische Arbeiten. Unter ihnen dominieren wiederum Beiträge zur Rassenpsychologie:[241]

	Autoren	Texte	Dissertationen
Rassenpsychologie	71	131	8
Erbpsychologie	41	72	13
Umvolkungspsychologie	7	13	3
Integrations- und Typenlehre	7	11	4
Psychologie der Auslese u. a.	12	12	2
Gesamt	128*	239	30

* Unter Berücksichtigung einiger Mehrfach-Zuordnungen

---

241 Die große Zahl rassenpsychologischer Beiträge, die zumeist von den Kategorien Günthers und Clauss' ausgehen, relativiert die These von der Marginalität der Rassenpsychologie, die Ulrich Geuter in seiner wegweisenden Untersuchung zur Psychologie im Dritten Reich formuliert hat, ein wenig: Geuter, Die Professionalisierung der deutschen Psychologie im Nationalsozialismus (1988). Anzumerken wäre auch, daß es eine Reihe von Psychologieprofessoren und -dozenten

Dabei ist zu berücksichtigen, daß allen Beiträgen mehr oder weniger stark ausgeprägt rassenhygienische Konzeptionen und Zielvorstellungen zugrunde liegen. Speziell an die erbpsychologische Forschung richteten sich Erwartungen einer vererbungswissenschaftlichen Fundierung der Rassenpsychologie. Die „Umvolkungspsychologie" operierte mit völkisch-rassistischen Annahmen über Veränderungen im Denken und Erleben von Volksgruppen in „fremdvölkischer Umgebung"; zu ihren Themen gehörte z. B. die Frage, ob Deutschstämmige, die in Osteuropa lebten, ihre rassische Substanz verloren haben oder bewahren konnten. Unter „Integrationspsychologie und Typenlehre" haben wir einige Texte zusammengefaßt, die sich speziell dem Ansatz von Erich Jaensch widmen, der als ein paradigmatischer Wegbereiter einer rassistischen Psychologie gelten kann. Beiträge zur Psychologie der Auslesevorgänge sind einem Konzept zuzurechnen, in dem sozialdarwinistische, völkische und rassenhygienische Ansätze zusammentreffen. Daß es sich bei all dem um im damaligen Selbstverständnis wissenschaftliche Beiträge handelt, wird an der vergleichsweise hohen Zahl von Dissertationen deutlich – 12,5% dieser Beiträge waren Dissertationen, während der Gesamtanteil der Dissertationen in unser Bibliographie nur bei 5,3% liegt. Noch bedeutsamer ist in diesem Zusammenhang, daß fast alle Autoren solcher pädagogisch-psychologischer Texte promoviert, die Hälfte Hochschulwissenschaftler und Universitätsprofessoren und etwas mehr als die Hälfte auch professionell ausgebildete und tätige Psychologen bzw. Pädagogen waren:

Zahl der Autoren:	128
promoviert	108
Universitätsprofessoren und -dozenten	41
HfL-Professoren und -dozenten	9
Hochschulassistenten	11
Professoren/Dozenten/Assistenten	61
Pädagogen/Psychologen	71
Lehrer/Studienräte	25
Pädagogen/Psychologen/Lehrer	95
Naturwissenschaftler/Mediziner	16
Geistes- und Sozialwissenschaftler	16

Diese Daten sprechen dagegen, in der Rassenpsychologie nur ein randständiges, von der Wissenschaft nicht ganz ernst genommenes Phänomen zu sehen. Wenn Kritik kam, dann zumeist in der Weise, daß die Methoden und Ergebnisse der Rassenpsychologie als noch nicht ausgereift beurteilt wurden. Generell wurde die Rassenpsychologie als eine neue, in der Entwicklung befindliche Wissenschaft betrachtet; auf Ablehnung stieß sie aber nicht, und mit Ignoranz bestraft wurde sie auch nicht. Allerdings blieb die Rezeption der Rassenkonzepte oft oberflächlich, manchmal hatte sie sicher auch nur den Charakter eines Lippenbekenntnisses. Bei der Betrachtung der wissenschaftlichen Literatur fällt auf, daß manche Autoren

---

gab, zu denen wir zwar keine rassenwissenschaftlichen Publikationen gefunden haben, die aber rassenpsychologische Lehrveranstaltungen durchführten. Immerhin waren Erbpsychologie und „biologische Hilfswissenschaften" – darunter fielen Erbbiologie und Rassenkunde – Bestandteil der Prüfungsordnung für Diplompsychologen (BA, R 21/753). Dennoch ist Geuter im Kern darin zuzustimmen, daß die rassentypologischen Ansätze weniger für die psychologische Praxis als für die weltanschauliche Legitimierung bedeutsam waren.

zweigleisig verfahren, indem sie sich in kleineren Beiträgen teils essayistischen, teils aber auch programmatischen Charakters zur Rassenlehre bekennen, in Qualifizierungsarbeiten wie Dissertationen oder Habilitationen aber eher in den konventionellen Bahnen bleiben und Zurückhaltung üben. Ein Beispiel wäre etwa Ludwig Eckstein, der für das SS-Hauptamt die Schulungsschrift „Rassenleib und Rassenseele" verfaßte und dort mit rassentypologischen Konstrukten operierte, in seiner zur gleichen Zeit verfaßten Habilitation aber nur in der Einleitung kurz auf die „nordische Seele" Bezug nimmt, ohne im weiteren Verlauf der Arbeit wieder darauf zurückzukommen.[242] Man kann dies als ein Indiz dafür werten, daß das rassenpsychologische Paradigma vor allem methodologisch noch nicht ausgereift genug war, um eine größere Zahl von Dissertationen und Habilitationen hervorzubringen. Etwas anders verhielt es sich mit der Erbpsychologie, die sich schon stärker auf etablierte naturwissenschaftliche Grundlagen stützen konnte und, wenn man nur die Zahl der Dissertationen betrachtet, einen höheren Status der „Wissenschaftlichkeit" erreichte. Dafür, daß das rassenpsychologische Paradigma auf der Grundlage der von Clauss und Günther entwickelten Kategorien gleichwohl ernst genommen wurde, spricht andererseits auch, daß viele Psychologen und Vertreter der Pädagogischen Psychologie ihm akademische Weihen gaben, indem sie es in Lehrveranstaltungen behandelten. Auch dazu ein Beispiel: Otto Tumlirz, Ordinarius in Graz, widmete der Rassenpsychologie in seinen psychologischen Grundlagenwerken jeweils nur einige Abschnitte, in seinen Lehrveranstaltungen rückte er sie dagegen in den Mittelpunkt. So hielt er 1940 eine Vorlesung über „Anthropologische Psychologie auf rassischer Grundlage" und führte noch 1944 „rassendiagnostische Übungen" durch. Auch an seinem Bekenntnis zum Nationalsozialismus ließ er keinen Zweifel: Im Wintersemester 1938/39, kurz nach dem „Anschluß" Österreichs, veranstaltete er eine Vorlesung mit dem Titel „Die pädagogischen Gedanken des Führers und ihre Verwirklichung im Dritten Reich".[243]

Im Zentrum der speziell für Lehrer und Unterrichtszwecke geschriebenen Texte stehen Veröffentlichungen zum Biologieunterricht. Hier finden sich zugleich die Buchveröffentlichungen mit den höchsten Auflagen, z. T. auch deswegen, weil sie von Amtsseite oder von den Lektoren der pädagogischen Zeitschriften besonders empfohlen wurden. Dies gilt z. B. für die schon erwähnten Unterrichtstexte von Arthur Hoffmann.[244] Wie Hoffmanns Schriften gehörte auch Konrad Dürres „Erbbiologischer und rassenhygienischer Wegweiser für jedermann" zu den offiziell empfohlenen Texten; 1939 erschien das Werk bereits in 9. Auflage – noch größeren Erfolg hatte Dürre allerdings mit seinem Schauspiel „Erbstrom", das allein in Berlin 1934 von 55000 Schülern gesehen wurde (oder vielleicht besser gesagt: gesehen werden mußte), Aufführungen in Thüringen hatten über 100000 Besucher.

Unter allen Büchern, die höhere Auflagenzahlen erreichten, finden sich fast nur Schulbücher für den Biologie-Unterricht bzw. für den rassenhygienischen und rassenkundlichen Unterricht: von 51 Schul- und Unterrichtsbüchern, die mehr als drei Auflagen erreichten, waren dies 43; von den übrigen war eines fächerübergreifend angelegt, drei Bücher waren Werke für den Geschichtsunterricht, drei weitere waren allgemeine pädagogische Bücher, eines war für

---

242 An anderer Stelle kritisierte Eckstein generell die Brauchbarkeit der typologischen Methode für die psychologische Persönlichkeitsbeurteilung: Geuter, Professionalisierung (1988), S. 208.
243 Mittenecker/Schalter, 100 Jahre Psychologie an der Universität Graz (1994).
244 Siehe oben S. 21.

die Eltern von Hilfsschülern bestimmt. Viele dieser Bücher wurden übrigens auch während des Krieges weiter aufgelegt. Die meisten der erfolgreicheren Autoren waren Lehrer, ganz überwiegend Biologie- und Naturkundelehrer; von den genannten 51 Büchern wurden 28 von Lehrern (bzw. Studienräten), 17 von Professoren (davon 8 Professoren der HfLs) und 8 von Ärzten verfaßt (von ihnen waren wiederum 4 zugleich Universitätsprofessoren und vier Ministerialbeamte). Lehrer waren offensichtlich am ehesten befähigt, erfolgreiche Unterrichtswerke zu verfassen, auch die Texte mit den höchsten Auflagenzahlen stammen ganz überwiegend von Lehrern. Es gab einige wenige Sonderfälle; etwa Martin Staemmler, dessen Schrift „Rassenpflege und Schule" 1937 in 43. Auflage erschien und damit die höchste Auflagenzahl aller Texte überhaupt erreichte. Staemmler war Arzt und Universitätsprofessor, sein Buch wurde schnell zu einem Klassiker. Ein relativ schmaler Band, der knapp, klar und scheinbar kompetent über die Aufgaben der Schule und der Pädagogik im Kontext der rassenpolitischen und -hygienischen Bestrebungen des Nationalsozialismus informierte. Vermutlich haben sehr viele Pädagogen diesen Text gelesen. Zu den Ausnahmefällen gehört auch Walter Gross, der Reichsleiter des RPA, der seinen Rundfunkvortrag „Rasse" in 250 000 Exemplaren vom RPA vertreiben ließ, und einige Klassiker wie Günther, Clauss und von Eickstedt, die nicht zu den Schulbuchautoren gehören. Insgesamt läßt sich aber festhalten, daß – von solchen Ausnahmen abgesehen – nur Schulbücher aufgrund ihres Gebrauchscharakters hohe Auflagen erreichten, und hier waren es ganz überwiegend Biologie-Bücher, die die rassenhygienischen und -kundlichen „Erkenntnisse" der Zeit für den Schulgebrauch aufbereiteten. Unter diesen Unterrichtsbüchern erreichten die höchsten Auflagen die Gemeinschaftswerke von Franke und Schmeil,[245] Ihde und Stockfisch,[246] Otto und Stachowitz,[247] Ludwig und Niemann,[248] sowie die Unterrichtstexte von Bartsch,[249] Thieme[250] und Graf[251], allesamt Lehrer und Biologiedidaktiker, deren Expertenwissen auch anderswo gefragt war: Franke, Thieme und Graf waren Gausachbearbeiter für Rassefragen im NSLB, Wiehle war Kreissachbearbeiter für Rassefragen, Meil, wie Wiehle Mittelschulrektor, war Kreisbeauftragter des RPA. Viele der genannten Werke standen in den Bibliotheken der Schulen und der lehrerbildenden Einrichtungen.

Alles in allem weist die hohe Zahl solcher Schul- und Unterrichtsbücher ebenso wie die hohe Auflagenzahl, die viele gerade dieser Texte erreichten, darauf hin, daß es eine umfangreiche Produktion unterrichtsbezogener Schriften und Materialien gab, die in Schulen und lehrerbildenden Einrichtungen präsent waren und auch im Unterricht Verwendung gefunden haben dürfte – sonst wären diese Texte wohl nicht in so großer Zahl verfaßt und immer wieder neu aufgelegt worden. Einige erziehungsgeschichtliche Studien weisen darauf hin, daß insbesondere die Rassenbiologie in der Unterrichtspraxis präsent war. Generalisierbare Aussagen über die Umsetzung der Richtlinien zum rassenkundlichen Unterricht im Schulalltag lassen sich

---

245 Naturkunde, 1937 in 42. Auflage. Hier handelte es sich allerdings um ein Unterrichtswerk, das schon seit langem in Gebrauch war und lediglich durch Ergänzungen aktualisiert wurde.
246 Erbgesundheitspflege, 1937 in 18. Auflage.
247 Vererbungslehre und Rassenkunde, 1941 in 13. Auflage.
248 Der deutsche Mensch, seine Rasse und sein Volk, 1940 in 12. Auflage.
249 Erbgut, Rasse und Volk, 1940 in 13. Auflage.
250 Vererbung, Rasse, Volk, 1938 in 11. Auflage.
251 Vererbungslehre, Rassenkunde und Erbgesundheitspflege, 1943 in 9. Auflage.

zwar beim gegenwärtigen Forschungsstand nicht treffen; faktisch besaßen die Lehrer auch im
Dritten Reich relativ große Gestaltungsfreiräume, und es hing von Überzeugung und Initiative des einzelnen Lehrers ab, ob er die vorgeschriebenen Unterrichtsinhalte mit Leben füllte
oder nur am Rande streifte und lediglich formal abhandelte.[252] Untersuchungen zu einzelnen
Schulen haben aber anhand der Analyse von Unterrichts- und Prüfungsprotokollen, Reife-
prüfungsthemen und Schüleraufsätzen durchaus intensive und „engagierte" Thematisierungen und Behandlungen rassenkundlicher und -politischer Fragen im Unterricht und auf Leh-
rerkonferenzen nachgewiesen.[253]

Vor diesem Hintergrund wird auch die große Zahl didaktisch-methodischer Beiträge verständlich. Die Biologiedidaktik bildete offenbar einen Kern im Kreis der rassenhygienisch
orientierten Pädagogik, und hier scheint die Rassenhygiene auch das größte Interesse unter
der Lehrerschaft gefunden zu haben.[254] Bemerkenswert erscheint uns, daß auch während des
Krieges weiterhin rassenhygienische und rassenkundliche Unterrichtstexte neu aufgelegt wurden. Die Schriften von Graf z. B., einem ausgewiesenen Experten für rassenbiologische Didaktik, erschienen noch 1943 in Neuauflagen; die „Rassenhygienische Fibel" von Jörns und
Schwab erschien 1942 im 46. Tausend, Friehes Volkserziehungsschriften zur Vererbungslehre
wurde 1943 in 11. Auflage erneut herausgebracht. Auch das Interesse an methodischen Fragen bestand fort. So wurde z. B. das von Dobers und Higelke herausgegebene Handbuch zur
rassenpolitischen Unterrichtspraxis noch 1943 neu aufgelegt. Ernst Dobers, Biologie-Profes-
sor an der HfL Elbing, verfaßte auch ein Buch zur Behandlung der Judenfrage im Unterricht,
das 1941, als es schon keine jüdischen Schüler mehr in deutschen Schulen gab, in 4. Auflage
erschien.[255]

Neben den Biologie-Büchern nehmen Texte für den Geschichts- und Erdkundeunterricht den
größten Raum ein. Die anderen Fächer spielen demgegenüber nur eine sekundäre Rolle;
rassentheoretische Beiträge finden sich gleichwohl für nahezu alle Fächer. Es folgen Texte
zum Deutsch- und Fremdsprachenunterricht, Schriften, die sich mit musisch-künstlerischen
Fragen beschäftigen, Beiträge zum Mathematikunterricht, zur Leibeserziehung und zum Religionsunterricht. Als „fächerübergreifendes" Thema kommen noch die diversen Schriften

---

252 U. Rotte, Schulwirklichkeit im Nationalsozialismus (2000), S. 302 f.; vgl. D. und G. Nixdorf,
     Politisierung und Neutralisierung der Schule in der NS-Zeit (1988), S. 240.
253 Beispiele bei Rotte, ebd.; H.-G. Bracht, Das höhere Schulwesen im Spannungsfeld von Demo-
     kratie und Nationalsozialismus (1998), S. 629 ff.; J. Trapp, Kölner Schulen in der NS-Zeit (1994),
     S. 95 ff.; B. Ortmeyer, Schulzeit unterm Hitler-Bild (1996), S. 68 f.; vgl. Keim, Erziehung unter
     der Nazi-Diktatur (1997), S. 101 ff.
254 Eine Umfrage von 1938 unter allen Biologielehrern in Deutschland über spezielle wissenschaft-
     liche Interessengebiete ergab, daß Themen der Vererbungs-, Abstammungs- und Rassenlehre mit
     Abstand vor allen anderen Themen rangierten, an denen die Lehrer ein besonderes Interesse
     hatten: Ernst und Günther Lehmann, Die Interessengebiete der Biologielehrer an höheren Lehr-
     anstalten (1938), S. 333–335. Zum Biologieunterricht im Dritten Reich siehe auch A. Bäumer-
     Schleinkofer, NS-Biologie und Schule (1992).
255 In Runderlassen aus dem Jahre 1940 empfahl das Reichserziehungsministerium neben 20 ein-
     schlägigen Werken zur Rassenkunde und Rassenhygiene auch 5 Bücher zur Judenfrage als
     Grundausstattung für die Studienbibliotheken: W. Havehorst, Die Lehrerbildungsanstalt (1985),
     S. 178.

hinzu, die sich explizit mit der „Judenfrage" beschäftigen, von denen die meisten wiederum der Geschichte zuzuordnen sind, ein bemerkenswert großer Teil allerdings auch für den Biologieunterricht verfaßt wurden.[256]

Anzahl der fachdidaktischen Texte*

Fachbezogene Texte	Gesamt	davon Lehrerhandbücher
Biologie	113	33
– Rassenkunde und Vererbungslehre/	78	29
– Familienkunde	46	4
Geschichte	70	22
„Judenfrage"	30	6
Erdkunde	36	3
Deutsch und Sprachen	35	1
Musik/Kunst	18	
Mathematik/Physik	12	2
Religion	8	
Leibeserziehung	7	

* nicht einbezogen sind fachbezogene Texte ohne didaktischen Charakter

Das Ergebnis spiegelt die Bedeutung wider, die den einzelnen Fächern im Rahmen der nationalsozialistischen Bildungspolitik zugewiesen wurden. Der Erlaß vom 15. Januar 1935, der die reichsweite Einführung von Rassenkunde und Vererbungslehre in den Schulen regelte, schrieb vor, rassenkundliche Themen außerhalb des Biologieunterrichts speziell in den Fächern Geschichte und Erdkunde zu behandeln; für alle anderen Fächer wurden nur sehr allgemeine Hinweise gegeben. Trotzdem blieben rassentheoretische Konzeptualisierungen in diesen Fächern eher randständig; die Thematisierung fand vor allem in didaktischen Materialien statt, weniger auf der theoretischen und konzeptionellen Ebene. In den Geschichtswissenschaften gab es zwar eine Reihe systematischer Versuche biologistisch-rassistischer Geschichtskonzeptionen, etwa die Ansätze von Fritz Schachermeyer, Erich Keyser oder Gustav Paul.[257] Gustav

---

256 Etwa ein Drittel der Autoren dieser Texte waren Biologen.

257 Schachermeyer, Professor für Alte Geschichte in Jena (1931), Heidelberg (1936), dann Graz (1940) suchte den Anschluß an Rassenkunde und Vererbungslehre in dem Entwurf einer „Geschichtsbiologie" („Lebensgesetzlichkeit in der Geschichte. Versuch einer Einführung in rassenbiologisches Denken", 1940). Die „neue Weltgeschichte", schrieb er, „hat zum Gegenstand die Selbstverwirklichung der nordischen Substanz in der geschichtlichen Entwicklung" („Die neue Sinngebung in der Weltgeschichte", 1934). Ähnlich Franz Miltner, Prof. für Alte Geschichte in Innsbruck, der 1939 beim „Ahnenerbe" den Plan für ein „Rassenkundlich-Historisches Institut" einreichte und unter anderem vorhatte, die hellenistische und römische Porträtkunst rassentypologisch auszuwerten (siehe Losemann, Nationalsozialismus und Antike, 1977, S. 98ff.). – Erich Keyser knüpfte an biologistisch-bevölkerungswissenschaftliche Ansätze an, während Gustav Paul biologistische Auffassungen mit solchen der traditionellen Geschichtswissenschaft zu integrieren versuchte. Andere Beispiele wären Adolf Helbok, der die Mendelschen Gesetze

Paul etwa, der an der HfL Darmstadt lehrte, verkündete großspurig, der „Einbruch der Naturwissenschaften in die Geisteswissenschaften" sei nicht mehr aufzuhalten.[258] Diese Versuche blieben aber nur eine Strömung, die an Bedeutung hinter völkischen und nationalistischen Ansätzen der Geschichtsschreibung zurückstand. „Rasse" war als Kategorie in vielen Werken präsent, aber zumeist nur in Verbindung mit politischen, kulturellen und ideellen Faktoren; „Volk, Rasse, Machtstaat und Tat" galten als die prägenden Faktoren der Geschichte.[259] Gleichwohl gab es durchaus auch praktisch relevante Dimensionen, in denen eine rassentheoretisch orientierte Geschichtswissenschaft zum Einsatz kommen konnte, vor allem im Zusammenhang mit der nationalsozialistischen Volkstums- und Volksraumpolitik im Osten. So wurden während des Krieges in den Ostgauen und im Generalgouvernement Landesforschungsstellen eingerichtet, in denen sich Historiker mit der Rekonstruktion der verschiedenen Bevölkerungsanteile befaßten. Adolf Helbok z. B. versuchte, im sudetendeutschen Raum germanische und slawische Bevölkerungsgruppen zu differenzieren, Erich Keyser beteiligte sich an der Begleitforschung zur Deutschen Volksliste, andere, darunter auch H. J. Beyer, untersuchten die deutschen Ursprünge polnischer Ortsnamen usw.[260] Zu den Schwerpunkten rassengeschichtlicher Forschung gehörte schließlich auch die Beschäftigung mit der Geschichte der Juden, vor allem der deutschen Juden, die Gegenstand zahlreicher Dissertationen war.[261] Einige Institutionen waren auf dieses Themenfeld spezialisiert. Etwa das von Walter Frank geleitete „Reichsinstitut für Geschichte des neuen Deutschlands", das eine eigene Forschungsabteilung für Judenfragen unterhielt, dem der Historiker Walter Grau vorstand. Grau, der sich 1937 in München mit einer Arbeit über „Wilhelm von Humboldt und das Problem der Juden" habilitierte, bereitete seine Erkenntnisse auch für Geschichtslehrer auf.[262] Grau war in München an der Konzeption der Wanderausstellung „Der ewige Jude" beteiligt. 1941 wurde er Leiter des auf Initiative von Alfred Rosenberg gegründeten „Instituts zur Erforschung der Judenfrage" in Frankfurt am Main.[263]

---

der Vererbung auf Geschichtsprozesse übertrug, oder Kleo Pleyer, der eine Völkergeschichte auf rassischer Basis entwarf. Oswald Torstens Werk „Rîche. Eine geschichtliche Studie über die Entwicklung der Reichsidee" (1943) war als rassenpsychologische Analyse angelegt, Otto Westphal („Das Reich. Aufgang und Vollendung", 1941) vertrat einen militanten Rassismus. Siehe hierzu u. a. Schönwalder, Historiker und Politik. Geschichtswissenschaft im Nationalsozialismus (1992); Schöttler, Die historische „Westforschung" zwischen „Abwehrkampf" und territorialer Offensive (1997); Schreiner, Führertum, Rasse, Reich (1985).

258 Paul, Raum und Rasse (1935).
259 Schönwalder, Historiker und Politik (1992); Riekenberg, Die Zeitschrift „Vergangenheit und Gegenwart" (1986).
260 I. Haar, Historiker im Nationalsozialismus (2000). Vgl. auch J. Lerchenmueller, Die Geschichtswissenschaft in den Planungen des Sicherheitsdienstes der SS (2001). H. J. Beyer erstellte 1942 einen „Dörferkatalog der deutschstämmigen Bevölkerung im Generalgouvernement": K. H. Roth, Heydrichs Professor (1997), S. 296; zu Keyser siehe auch Michael Burleig, Germany turns eastwards (1988), S. 240 f.
261 Wir haben in einer unsystematischen Bestandsaufnahme allein über 30 geisteswissenschaftliche Dissertationen zum Thema „Juden" gefunden; davon haben wir drei in unsere Bibliographie aufgenommen.
262 Die Judenfrage in der deutschen Geschichte (1937).
263 P. v. Papen, Schützenhilfe nationalsozialistischer Judenpolitik (1999); D. Schiefelbein, Das „Institut zur Erforschung der Judenfrage" (1999).

Da es kein in sich einheitliches und verbindliches nationalsozialistisches Geschichtsbild gab, sondern konkurrierende Auffassungen, kam auch eine vollständige Revision der Schulbücher nicht zustande; die Verlage beschränkten sich zumeist darauf, ältere Bücher mit einigen Ergänzungen versehen neu herauszubringen. Noch 1940 klagte der Leiter der Reichskanzlei Philipp Bouhler, der gleichzeitig auch Chef der „Parteiamtlichen Prüfungskommission zum Schutze des nationalsozialistischen Schrifttums" war, daß immer noch veraltete Lehrbücher verwendet würden; die meisten Studienräte, ergab ein Bericht, hätten „überholte" Geschichtsauffassungen. Daraufhin wurde die Steuerung der Schulbuchproduktion der Kompetenz des Reichserziehungsministeriums entzogen und der Reichskanzlei übertragen.[264] Es brauchte wohl auch einige Zeit, bis entsprechende Darstellungen ausgearbeitet waren. Eine Reihe z. T. sehr umfangreicher Werke für den Unterricht kamen auch erst während des Krieges heraus, so vor allem die vielbändigen Werke von Klagges und Gehl, die auch offiziell für den Unterricht genehmigt und empfohlen wurden und deren verschiedene Bände sukzessive zwischen 1939 und 1943 erschienen.[265] Speziellere Abhandlungen und Unterrichtstexte widmeten sich der germanischen Geschichte und Vorgeschichte, um hier das „nordische Erbe" wiederzuentdecken, und der Antike – hier standen zwei Themen im Vordergrund: das Vorbild Spartas, das insbesondere die Rassenhygieniker oft und gerne als Vorbild zitierten, und das Bemühen, die antike Kultur, die als Wiege des Abendlandes galt, als eine nordische Schöpfung auszuweisen, weil die Norder als die kulturschöpferische Rasse par excellence galten, ein Bemühen, das zu reichlich absurden Konstruktionen führte.[266] Die Antike, vor allem Sparta und Platons „Staat" bildete in vielen eugenischen, philosophischen sowie bildungstheoretischen und -historischen Schriften der Zeit einen bedeutsamen Interpretationshintergrund, um den Nationalsozialismus in eine historische Kontinuität einzubetten und mit einer höheren philosophisch-historischen Legitimität auszustatten.[267] In diesem Kontext konnte auch die Euthanasie thematisiert werden.

---

264 Ähnlich kritische Äußerungen aus der Reichskanzlei betrafen allerdings auch die Biologie-Schulbücher (Scholtz, Erziehung und Unterricht unterm Hakenkreuz, 1985, S. 91). – Bouhler hatte bereits 1937 ein Abkommen mit dem Reichserziehungsministerium zur Überprüfung der Schulbücher getroffen. Danach war die von ihm geleitete Parteiamtliche Prüfungskommission für die weltanschauliche, das REM für die fachlich-didaktische Überprüfung zuständig. Das Prüfungs- und Genehmigungsverfahren dauerte ihm jedoch zu lange, deshalb schuf er auf Weisung Hitlers vom Dezember 1940 eine „Reichsstelle für das deutsche Schul- und Unterrichtsschrifttum", die ihm persönlich unterstellt war und eine einheitliche zentrale Überprüfung aller Schulbücher vornehmen sollte. Die Genehmigung der Schulbücher wurde für die verschiedenen Schulformen in den folgenden Jahren sukzessive erteilt, die letzte im August 1943 für Hauptschulen; im April 1944 wurde aufgrund von kriegsbedingten Versorgungsengpässen für jede Schulart nur noch ein Lehrwerk zugelassen. Auf den verschiedenen Listen finden sich die einschlägigen Werke von Klagges, Gehl, Edelmann u. a.: J. Weiss, Zur nationalsozialistischen Einflußnahme auf die Schulgeschichtsbücher (1981); vgl. auch W. Müller, Schulbuchzulassung (1976), S. 193 f.; ausführlich A. Blähnsdorf, Lehrwerke für den Geschichtsunterricht (2004).

265 M. Riekenberg, Die Zeitschrift „Vergangenheit und Gegenwart" (1986), S. 139; H. Gies, Geschichtsunterricht unter der Diktatur Hitlers (1992); vgl. auch H. Genschel, Politische Erziehung durch Geschichtsunterricht (1980).

266 H.-J. Apel/S. Bittner, Humanistische Schulbildung 1890–1945 (1994), S. 221 ff.

267 B. Schneider, Die Höhere Schule im Nationalsozialismus (2000), S. 151, 181 f. Zur Platon-Rezeption in der Philosophie siehe Teresa Orozco, Platonische Gewalt (1995).

Alles in allem blieb der Versuch, eine rassenanthropologische Geschichtswissenschaft und -didaktik zu begründen, in Ansätzen stecken.[268] Allerdings gab es, wie unsere bibliographische Zusammenstellung zeigt, weit mehr solcher Ansätze und Versuche, als in der Forschungsliteratur bislang ausgewiesen. Ähnlich verhält es sich im Fach Erdkunde bzw. Geographie. In den Fachzeitschriften – „Zeitschrift für Erdkunde" und „Geographischer Anzeiger" (die Fachzeitschrift des NSLB) – erschienen auch während des Dritten Reichs nur vereinzelt Beiträge mit eindeutig rassenkundlicher Orientierung. Zwar läßt sich für die Zeit nach 1933 eine starke Politisierung des fachwissenschaftlichen Diskurses verzeichnen, und auch hier war der Rasse-Begriff präsent, im Zentrum dieser Politisierung standen aber eher geopolitische Themen.[269] Geopolitik, Wehrgeographie und Grenzlandkunde – dies waren Felder, die Wissenschaft und Unterricht unmittelbar in die Kriegsvorbereitungen mit einbezogen, vor allem in der Ausrichtung auf den „Ostraum", und in diesem speziellen Themenfeld spielten völkisch-rassistische Aspekte allerdings eine wichtige Rolle.[270] Beispiele einer systematischen Verknüpfung mit rassenanthropologischen und -biologischen Ansätze gab es auch in der Erdkunde-Didaktik, so etwa bei Franz Schnaß oder Theodor Müller. Für den Erdkundeunterricht relevant war auch der von der nordischen Bewegung ausgehende Versuch, die Landschaft als Erziehungskraft zu begreifen, so bei Luserke oder Tietjen, die als Repräsentanten einer „nordischen Reformpädagogik" angesehen werden können.[271] Anknüpfungspunkte zur völkischen Psychologie und Rassenanthropologie ergaben sich beim „Umvolkungsthema", insbesondere in der Ostforschung; paradigmatisch waren hier etwa die Arbeiten von Hans-Joachim Beyer, ein Osteuropa-Experte, der einige Zeit als Dozent für Erd- und Heimatkundeunterricht an der HfL Danzig wirkte. Interessant ist auch der Ansatz von Oswald Muris, Professor an der HfL Dortmund, die neuere Geschichte in den Kategorien der völkischen Psychologie Erich Jaenschs zu deuten.[272] Muris' Arbeit lag wie viele andere im Schnittpunkt zwischen Erdkunde und Geschichte. „Rasse und Raum" war das Schlagwörterpaar, das in der geographischen wie historischen Dimension gleichermaßen entfaltet werden konnte. Johann Ulrich Folkers, Leiter der Reichsarbeitsgemeinschaft für Geopolitik im NSLB, fand 1940 die programmatische Formulierung von der Geopolitik als Lehre von den Beziehungen zwischen Rasse und Raum, die auch die zwischen Rasse, Volk und Geschichte klärte: „Die Geschichte macht nicht der Raum, sondern das Volk nach Maßgabe des Könnens seiner Führung und der Leistungsfähigkeit der in ihm verfügbaren rassischen Kräfte. Der Raum stellt dem Volke die Aufgaben,

---

268 Von den rassentheoretisch ausgerichteten geschichtsdidaktischen Werken erreichten auch nur drei höhere Auflagen: von Leers' „Rassische Geschichtsbetrachtung" (4. Aufl. 1941), Zimmermanns „Deutsche Geschichte als Rasseschicksal" (6. Aufl. 1936) und die „Geschichte des deutschen Volkes" mit Karten zur Rassen- und Raumgeschichte von Folkers und Timm (9. Aufl. 1940).

269 Nach einer Untersuchung von Heske stieg der Anteil geopolitischer Themen von rund 10% vor 1933 auf 38,1% im Geographischen Anzeiger und 22,4% in der Zeitschrift für Erdkunde im Jahr 1939. Henning Heske, ... und morgen die ganze Welt. Erdkundeunterricht im Nationalsozialismus (1988), S. 123 ff.

270 Zur geographischen Ostforschung: M. Rössler, „Wissenschaft und Lebensraum". Geographische Ostforschung im Nationalsozialismus (1999).

271 H.-C. Harten, Rasse und Erziehung (1993), S. 126.

272 Erdkunde und nationalpolitische Erziehung (1934).

an denen seine rassischen Kräfte sich bewähren oder versagen."[273] Folkers, der Geschichte und Geographie an der HfL Rostock lehrte, war übrigens einer der erfolgreichsten Schulbuchautoren für diese Fächer. Seine mit Heinrich Timm zusammen herausgegebene „Geschichte des deutschen Volkes" (mit Karten zur „Rassen- und Raumgeschichte") erschien 1940 in 9. Auflage. Sonst blieben die Auflagenzahlen der rassenkundlich orientierten Geschichts- und Erdkundebücher weit hinter denen für den Biologieunterricht zurück. Lediglich Karl Zimmermanns „Deutsche Geschichte als Rassenschicksal" erreichte noch eine vergleichsweise hohe Auflage" (1936 die 6.), Zimmermann war allerdings eigentlich Biologiedidaktiker.

Geschichte und Erdkunde lassen sich zu einer Fächergruppe zusammenfassen; dazu gehören auch Beiträge zur Geopolitik, Wehrgeographie und Grenzlandkunde sowie allgemeiner zur nationalpolitischen Erziehung. Sie machen zusammen den größten Anteil der nicht zur Biologie gehörenden Fächer aus. Im „Mittelfeld" liegen die Beiträge zu den sprachlichen Fächern, vor allem zum Deutschkundeunterricht. Sie konzentrieren sich zumeist auf die Ausdeutung und Reinterpretation literarischer Texte unter Gesichtspunkten von „Rasse und Geschichte". Dazu gehören etwa rassenkundliche Studien zum deutschen Märchen und zur altgermanisch-nordischen Mythologie sowie entsprechende didaktische Anregungen und Vorschläge. Aus dem Repertoire der Rassenwissenschaften konnten neben historischen auch psychologische Ansätze noch Interesse bei Literaturwissenschaftlern wecken. Gelegentlich stößt man auf rassenpsychologische Abhandlungen – z.B. Mehl, „Rassenseele im Spiegel der Sprache" (1938) –, konzeptionelle Anknüpfungen und Ausarbeitungen, die deutlich über den Rahmen des Völkischen hinausgehen, sind aber eher die Ausnahme.[274] Noch mehr als für die Geschichte gilt für die Germanistik und die Deutschkunde, daß der Rassenbegriff zwar in einem sehr allgemeinen weltanschaulichen Sinn vielfach gegenwärtig war, aber nur in Einzelfällen auch wissenschaftliche Relevanz erlangte oder gar systematisch aufgenommen wurde. Bedeutsamer blieben völkische und stammeskundliche Ansätze, die sich in eine konservative, von ahistorischen Denkweisen geprägte Tradition der Literaturwissenschaften fügten.[275] In der Zeitschrift für Deutschkunde erschienen während der nationalsozialistischen Ära insgesamt lediglich 19, in der Zeitschrift für Deutsche Bildung 10 Beiträge, die sich eindeutig dem rassentheoretischen Paradigma zuordnen lassen.[276] Davon kamen 9 Beiträge allein von Eichenauer und Wenke, im Falle Wenkes waren es Literaturberichte, Eichenauer war einer der

---

273 Zit. nach Heske, ... und morgen die ganze Welt. Erdkundeunterricht im Nationalsozialismus (1988), S. 90 f.

274 Einige Beispiel für die Adaption rassen- und erbwissenschaftlicher Ansätze in literaturwissenschaftlichen und -geschichtlichen Dissertationen: Karl Hoss, Zur Entwicklung und Handhabung der Methode erbpsychologischer Untersuchungen an Prosadichtungen. Diss. Münster 1939; Walther Kauermann, Das Vererbungsproblem im Drama des Naturalismus, Diss. Kiel 1933; Eberhard Dannheim, Der Bauer im norwegischen Roman. Ein Beitrag zur Rassenpsychologie des norwegischen Volkes, Diss. Leipzig 1936; Hermann Blome, Der Rassengedanke in der deutschen Romantik und seine Grundlagen im 18. Jahrhundert, Diss. München 1943; Annemarie Kaltehäuser, Die Bedeutung der Rassen im Roman George Merediths, Diss. Frankfurt/M. 1944.

275 Voßkamp, Kontinuität und Diskontinuität (1985).

276 In der „Bibliografie zur Sprachkunde und Sprecherziehung in Deutschland bis 1945" (Marita Pabst-Weinschenk, Magdeburg 1993) finden sich ganze drei Beiträge (von Geißler und Rutz), bei denen der Rassebegriff in der Titelformulierung vorkommt.

wenigen Autoren, die einen systematischen rassenkundlichen Ansatz in den Geisteswissen-schaften verfolgten. Auch auf der Institutionalisierungsebene blieben größere Innovationen die Ausnahme, etwa das „Institut für Runenkunde", das Helmut Arntz 1938 an der Univer-sität Gießen gründete, oder das gleichnamige Institut der Universität Göttingen unter Lei-tung von Wolfgang Krause, das später als eine Zentralstelle des Ahnenerbes geführt wurde.

Für den Deutschunterricht sind volkskundliche Beiträge typisch, wie die damals beliebten Betrachtungen zum deutschen Märchen. Dem entsprechen in der Musik rassenkundliche und -pädagogische Studien zum deutschen Volkslied. In der Musikwissenschaft gab es eine ganze Reihe rassentheoretischer Beiträge; einige Autoren waren darauf spezialisiert, wie Blume, Bose, Frotscher und Eichenauer.[277] In der Kunstwissenschaft erreichte Schultze-Naumburg einen größeren Bekanntheitsgrad mit seinem Versuch, Entwicklungen in der modernen Kunst mit Erbkrankheiten in Verbindung zu bringen.[278] Beliebt waren auch „erbbiologische" Unter-suchungen zu „deutschen Genies", vor allem zur Familie Bach. Einige Rassenhygieniker wie Mjöen und Tirala lieferten Beiträge über Kunst und Rasse.[279] Eine Durchsicht der Fachzeit-schrift „Kunst und Jugend" zeigt aber, daß rassentheoretische Beiträge zur Kunstpädagogik spärlich blieben. Ähnlich in der Mathematik, wo solche Anknüpfungspunkte noch schwerer herzustellen waren. Es gab einige Ansätzen einer „deutschen Mathematik" oder „Raumlehre" und Abhandlungen über mathematische Begabung. Eine „arteigene deutsche Mathematik" entwarf beispielsweise Ludwig Bieberbach, Mathematikprofessor an der Berliner Universität, der ausgehend von Jaenschs Integrationspsychologie den Bogen zur Güntherschen Rassen-typologie zu schlagen versuchte.[280] Eine deutsche bzw. nordische Raumlehre vertraten etwa Tietjen und Drenckhahn, z. T. auch Petermann. Der nordische Geist sei im mathematischen Denken bestimmt durch „Schau, Richtung und Raum", so Tietjen gedankenschwer: „Im Norden ordnet sich zum Raum die Zahl. Nicht zeugt die Zahl den Raum. Die ganze Mathe-matik des nordischen Menschen ist Raumlehre".[281] Der nordischen Raumanschauung, aus der ein auf die Geometrie gegründeter Rechenunterricht folgte, stellte Tietjen das „kritisch-logische" Denken des romanischen und jüdischen Geistes gegenüber. Ziel der neuen Mathe-matik müsse es sein, die Urkräfte des nordischen Menschen wiederzuerwecken, „die durch die

---

277   Zur Rezeption des Rassenkonzepts in der Musikwissenschaft siehe P. Potter, Die deutscheste der Künste (2000), vor allem S. 174 ff. und 224 ff.; sowie die Hinweise bei Prieberg (Musik im NS-Staat, 1982), S. 363 ff. und 431.

278   Auch hier seien einige Dissertationen genannt: Fritz Kynass, Der Jude im deutschen Volkslied, Diss. Greifswald 1934; Eduard Hollerbach, Über Rasse und Geschichte in ihrer Widerspiege-lung in einer Leitgestalt der bildenden Kunst, Diss. Köln 1936.

279   In diesem Kontext gehören einige erbwissenschaftlichen Arbeiten wie beispielsweise Irmgard Schmales medizinische Dissertation von 1939, in der sie auf der Grundlage der Güntherschen Rassentypologie die geographische Verteilung bekannter deutscher Musiker, Künstler, Dichter und Denker untersuchte.

280   Bieberbach, Persönlichkeitsstruktur und mathematisches Schaffen (1934); Helmut Lindner, „Deutsche" und „gegentypische" Mathematik (1980). Zu den Verfechtern einer „Deutschen Mathematik" gehörte auch der Bonner Philosoph Oskar Becker, der in Anknüpfung an L. F. Clauss' Rassenseelenkunde das Konzept einer „nordischen Naturwissenschaft" vertrat und an der Bonner Universität auch Vorlesungen zur Rassenpsychologie abhielt: Höpfner, Die Univer-sität Bonn im Dritten Reich (1999), S. 345 ff.

281   Tietjen, Raum oder Zahl (1936), S. 58.

Macht der Zahl ... zerschlagen worden sind".[282] Im wesentlichen beschränkte sich der mathematische Beitrag zu einem nach rassischen Gesichtspunkten organisierten Unterricht aber auf didaktische Texte, in denen erb-, rassen- und bevölkerungswissenschaftliche „Erkenntnisse" in Rechenaufgaben transferiert wurden.[283] – Unter den Arbeiten zur Leibeserziehung wäre die Dissertation von Schingnitz hervorzuheben, die vor allem an Hans F. K. Günther anknüpft; der rassentheoretische Begündungszusammenhang bleibt in der Ausführung aber sehr allgemein.[284]

Als Resümee läßt sich festhalten, daß das rassenwissenschaftliche Paradigma auch außerhalb der Biologie in den verschiedenen Fächern präsent war, am stärksten ausgeprägt in der Fachgruppe Geschichte und Erdkunde, insgesamt aber eher randständig blieb. Es gab eine Vielzahl von Ansätzen, die sich auch in zahlreichen Dissertationen niederschlagen; und es gab, vor allem für den Geschichtsunterricht, auch umfangreiche didaktische Darstellungen. Die Zahl der relevanten Texte ist sicher größer als dies aufgrund der bisherigen Forschungsliteratur zu vermuten war. In den geisteswissenschaftlichen Fächern dominierten aber völkische und nationalpolitische Denk- und Argumentationsmuster.

Interessant ist für unsere Thematik noch ein Blick auf die Literatur, in der es um die Gruppen der „negativen Auslese" geht: Hilfsschüler, Fürsorgezöglinge, „Asoziale", „Zigeuner" und Juden, gegen die sich die nationalsozialistische Aussonderungspolitik zuallererst richtete. Insgesamt 254 Texte (12,4 %) beschäftigen sich damit, die meisten davon sind Texte, die sich auf die Hilfsschule (und Fürsorgeerziehung) beziehen, da die Pädagogik hier am ehesten unmittelbar betroffen war. Dabei handelt es sich im wesentlichen entweder um Abhandlungen, die die Rolle der Hilfsschule im Kontext der Rassenhygiene thematisieren, oder um erbbiologische, sozialeugenische und „bildungssoziologische" Untersuchungen an Hilfsschülern, darunter auch zahlreiche medizinische Dissertationen. Der Anteil der Dissertationen an diesen Texten liegt mit 26,1 % sehr hoch, verglichen mit 5,3 % Dissertationen der Gesamtheit aller Veröffentlichungen. Man hat es hier in besonderem Maße mit einem „Experten-Diskurs" zu tun und einem speziellen Forschungsfeld nationalsozialistisch-rassenhygienischer Wissenschaft, nämlich der erbbiologischen Erfassung und Bestandsaufnahme der Hilfsschüler als einer Hauptgruppe potentieller „Sterilisierungs-Kandidaten". Ähnliches gilt für die Gruppe der „Asozialen und Zigeuner", doch haben wir hier nur wenige Texte aufgenommen, weil dieser Komplex pädagogische und erziehungswissenschaftliche Fragestellungen nur noch am Rande berührt. Hier fällt auf, daß die meisten dieser Texte erst relativ spät erschienen, zwischen 1937 und 1941, also in einer Zeit, in der diese Gruppen verstärkt in den Blickpunkt staatlicher Maßnahmen und rassenbiologischer Forschung geraten. Mehr als ein Drittel aller Dissertationen über Hilfsschüler, Fürsorgezöglinge, „Asoziale und Zigeuner" erschienen nach 1939; dies

282 Elke Nyssen, Schule im Nationalsozialismus (1979), S. 99 ff.

283 Ebd. – Solche Aufgabenstellungen finden sich in vielen Unterrichtsbüchern, die wir aber nicht in unsere Bibliographie aufgenommen haben, weil der explizite thematische Bezug fehlt. Als ein Beispiel sei genannt: Otto Koschemann/Karl Otten/Georg Schniedewind, Rechenaufgaben im neuen Geiste (1935). Das Werk enthält kein eigenes Kapitel zur Rassen- und Erbbiologie, aber einige darauf bezogene Rechenexempel.

284 Die Aufgabe der Aesthetik in der Leibeserziehung (1941). Zur Rezeption des Rassenkonzepts im Sport und in der Leibeserziehung siehe L. Pfeiffer, Körperzucht und Körpererziehung im Dritten Reich (1993).

dokumentiert den Institutionalisierungsprozeß dieser Forschungsrichtung während des Dritten Reichs, die in einem unmittelbar praktischen Kontext stand, eine Art „wissenschaftlicher Begleitforschung" zur Vorbereitung und Durchführung von Maßnahmen der Erfassung, Aussonderung und Sterilisation. Der Stellenwert dieser Forschung wird auch daran deutlich, daß fast die Hälfte aller Dissertationen (46 %) in unserer Bibliographie diesem Themenkomplex der „negativen Auslese" zuzurechnen ist.

Die Texte zur „Judenfrage" haben insofern einen etwas anderen Charakter, als sie nicht auf das Bildungs- und Erziehungssystem als System der Erfassung und Aussonderung, sondern auf die Unterrichtspraxis bezogen sind. Es handelt sich im wesentlichen um didaktische Materialien mit Vorschlägen und Anleitungen zur Behandlung der „Judenfrage" im Unterricht, oder um Texte, die Lehrern Informationen, etwa zur Geschichte oder „Rassenkunde" des Judentums, an die Hand geben. Dagegen gab es keine didaktischen Texte speziell und explizit über Behinderte, Asoziale und „Zigeuner" als soziale Gruppen, sondern nur allgemein über die „Notwendigkeit" „erb- und rassenpflegerischer" Maßnahmen, in denen der Umgang mit diesen Gruppen dann thematisiert wird. Diese Differenz weist auf einen besonderen Erklärungs- und Legitimationsbedarf im Falle der Juden hin. Antisemitische Vorurteile waren in der Gesellschaft weit verbreitet und antisemitische Inhalte sind daher auch in vielen Texten präsent; daß so viele Texte – insgesamt 86 – explizit und ausschließlich der „Judenfrage" gewidmet sind, ist aber doch erklärungsbedürftig, weil es Vergleichbares zu anderen „Rassen" nicht gab. Wir haben z. B. keine speziellen didaktischen Materialien zur slawischen „Rasse" oder zur „Polenfrage" gefunden, obwohl doch die Beherrschung und Neugestaltung des Ostens eine zentrale Rolle in der politischen und militärischen Planung der Nationalsozialisten spielte; entsprechende Aspekte wurden eher unter geopolitischen Aspekten thematisiert. Man kann diese exzeptionelle Bedeutung der „Judenfrage" in der pädagogischen Literatur nur so verstehen, daß die Judenpolitik, die im Zentrum der Rassenpolitik stand, im Nationalsozialismus selber einen exzeptionellen Charakter annahm, der in seinen Konsequenzen weit über das hinausging, was der „alltägliche Rassismus" impliziert haben mag und deswegen besondere Anstrengungen der Begründung und Erklärung in den Schulen erforderlich machte. Nach 1940 erschienen dann allerdings nur noch sechs Texte, so als hätte sich mit dem Verschwinden der Juden aus dem öffentlichen Leben in Deutschland auch das „theoretische" Interesse an einer expliziten Behandlung der „Judenfrage" im Unterricht erübrigt. Gleichwohl blieb das Thema in eigenen Kapiteln und Abschnitten vieler Schulbücher, die während des Krieges herauskamen, präsent. Die Prävalenz antisemitischer Stereotypen in der von uns untersuchten didaktischen Literatur des Dritten Reichs ist beeindruckend und in der Diktion erschreckend. Auch wenn es selten so deutlich ausgesprochen wurde wie bei Karl Weinländer, der die Aussiedlung aller Juden innerhalb eines halben Jahres forderte,[285] so ließen die meisten Texte doch keinen Zweifel daran, daß es für Juden keine Zukunft in der deutschen Volksgemeinschaft geben konnte. Die Zahl der Texte legt im übrigen auch den Schluß nahe, daß die

---

285 Rassenkunde, Rassenpädagogik und Rassenpolitik (1933), S. 407. Das voluminöse Werk wurde mit Unterstützung des NSLB herausgebracht. Weinländers rassenhygienische Forderungen waren an Radikalität kaum noch zu überbieten. So sollte z. B. auf Geschlechtsverkehr „Rassenfremder" mit deutschen Frauen die Todesstrafe stehen; die Frauen sollten sterilisiert werden. Alle „Fremdrassigen, deren Aussiedlung nicht gelingt", wollte Weinländer zwangsweise sterilisieren lassen (S. 409 f.).

„Judenfrage" auch im Unterricht thematisiert wurde; das quantitative Ausmaß dieser Thematisierung zu bestimmen wäre eine Aufgabe künftiger Forschung. In diesem Zusammenhang sei erwähnt, daß beispielsweise die Hamburger Unterrichtsbehörde bereits 1933 anordnete, „Lösungsmöglichkeiten" für die „Judenfrage", die besonders geeignet seien, „den Willen zur Artreinheit triebsicher" zu machen, im Unterricht zu behandeln.[286]

Texte zu „negativen Auslesegruppen" (in Klammern: Dissertationen/Habil.)

	Hilfsschule und Fürsorgeerziehung	„Asoziale und Zigeuner"	Juden	Gesamt
1933	13	2	5	20
1934	24 (1)	2	6 (1)	32 (2)
1935	24 (9)		22	46 (9)
1936	23 (5)	1	9 (1)	33 (6)
1937	15 (8)	4 (3)	12	31 (11)
1938	12 (3)	5 (1)	10	25 (4)
1939	2	8 (2)	12 (1)	21 (3)
1940	6 (1)	2 (1)	2	10 (2)
1941	3 (1)	5 (2)	4 (1)	12 (4)
1942	4 (2)	2		6 (2)
1943	4 (1)	2 (2)	1	7 (3)
1944	3 (3)	1	1	5 (3)
1945	1 (1)			1 (1)
o. J.			2	2
Gesamt	134 (35)	34 (11)	86 (4)	251 (50)

---

286 Ottweiler, Die nationalsozialistische Schulpolitik im Bereich des Volksschulwesens im Reich (1980), S. 198.

3. Grundlinien des „rassenwissenschaftlichen Diskurses" – Auswertung der Referenzliteratur

Die in unserer Bibliographie zusammengestellten Texte eigens einer inhaltsanalytischen Untersuchung zu unterziehen schien uns ein allzu aufwendiges und unpraktikables Vorhaben. Viele dieser Schriften wiederholen und variieren nur Themen und Zusammenhänge, die anderswo besser und prägnanter dargestellt wurden, viele Texte sind zudem redundant und phraseologisch, und eine inhaltliche Diskussion verspricht deshalb wenig wissenschaftsgeschichtlichen und -theoretischen Gewinn. Insgesamt fanden während des Dritten Reichs wenig konzeptuelle Weiterentwicklungen statt – es war in erster Linie eine Zeit der Umsetzung und Ausarbeitung dessen, was vorher schon gedacht worden war, wissenschaftlich, politisch und pädagogisch gesehen. Der pädagogische Diskurs hat sich im wesentlichen an die vorherrschenden Paradigmen angeschlossen, die bereits Gegenstand umfangreicher wissenschaftsgeschichtlicher Darstellungen gewesen sind. Andererseits schienen uns einige strukturelle Differenzierungen des Materials sinnvoll zu sein, um unterschiedliche Typen und Argumentationslinien des „rassenwissenschaftlichen Diskurses" rekonstruieren und grundlegende Zuordnungen und Gewichtungen unter einer erziehungswissenschaftlichen und wissenschaftsgeschichtlichen Perspektive vornehmen zu können. Wir haben deshalb für einen großen Teil der Texte eine empirische Auswertung der Referenzliteratur anhand der zitierten Werke durchgeführt. Dabei wurde deutlich, daß es eine Serie von Schriften und Autoren gibt, die immer wieder oder vorwiegend zitiert werden und die die Rezeption und die Weiterentwicklung des Rassenkonzepts unter erziehungswissenschaftlichen Aspekten maßgeblich bestimmt haben. Diese Schriften und Autoren lassen sich unterschiedlichen wissenschaftlichen Kategorien und Orientierungen zuordnen, deren Bedeutung für die damalige „Rassen-Pädagogik" wir daher am Ende empirisch bestimmen können.

Die Auswertung zeigt, daß die meisten Schriften, auf die man sich bezieht, schon vor 1933 erschienen sind; die meistzitierten Autoren haben ihre Konzeptionen schon in den 20er Jahren entwickelt und publiziert. Dies gilt etwa für die „Klassiker" Baur/Fischer/Lenz, H. F. K. Günther oder L. F. Clauss, die die Rangliste – mit großem Abstand – anführen. Sie können als die einflußreichsten Wegbereiter des rassenwissenschaftlichen Diskurses im Dritten Reich gelten, und sie haben diesen Diskurs auch weiterhin maßgeblich bestimmt: Der „Baur/ Fischer/Lenz" als das Standardhauptwerk zur medizinisch-anthropologischen Rassenhygiene, Günther und Clauss als die führenden Theoretiker des „nordischen Gedankens". Die von unseren Autoren mit Abstand am häufigsten zitierten Schriften sind die einschlägigen Werke von Hans F. K. Günther. Dies ist vielleicht wissenschaftsgeschichtlich überraschend, weil Günthers Arbeiten in der Forschungsliteratur zur Rassenhygiene eher als wissenschaftlich wenig seriös und relevant abgetan und übergangen oder bestenfalls einmal am Rande erwähnt werden.[287] Günther war jedoch der Autor, der – sieht man einmal von den parteioffiziellen

---

287 So auch bei Weingart/Kroll/Bayertz, Rasse, Blut und Gene (1988), die gleichwohl konzedieren,

Werken Hitlers und Rosenbergs ab – die höchsten Auflagen erzielte. So erreichte seine „Rassenkunde des deutschen Volkes" bis 1942 eine Auflage von 125 000 Exemplaren, die „Kleine Rassenkunde" brachte es sogar auf 295 000; dies waren denn auch die am häufigsten zitierten Werke. Zugleich war Günthers Rang als Person und Autor damals auch weithin unumstritten, was im nationalsozialistischen Konkurrenzsystem und Kompetenzgerangel, in dem Fraktionen gegeneinander intrigierten und um die Definitionsmacht kämpften, schon bemerkenswert war. Seine Arbeiten waren auch in der Partei als „nationalsozialistisch" anerkannt, und die NSDAP belohnte ihn mit den höchsten Auszeichnungen, die sie für literarische und wissenschaftliche Werke zu vergeben hatte. Günther konnte als alter Kämpfer der nordischen Bewegung auf dem Felde der Wissenschaft gelten, der der nationalsozialistischen Rassenidee schon frühzeitig eine vergleichsweise anspruchsvolle und wegweisende Form gegeben hatte. Bei seiner Antrittsvorlesung in Jena 1930 waren Hitler und Göring persönlich zugegen – eine Ehre, die der „Führer" keinem anderen Wissenschaftler jemals wieder zuteil werden ließ.[288] Günthers Werk hatte also offiziellen Rang, und man konnte daher nichts falsch machen, wenn man ihn zitierte.[289] Sein Erfolg beruhte sicher auf seinen stilistischen Fähigkeiten, vor allem aber auf einer integrativen Darstellung, die natur-, sozial- und geisteswissenschaftliche Aspekte gleichermaßen verband und darüber hinaus in einen größeren kulturgeschichtlichen Kontext stellte, der den Nationalsozialismus als legitimen Erben und Vollender einer langen abendländischen Geschichte erscheinen ließ, die in eine „nordisch-hellenistische" Synthese münden sollte. Günther bewegte sich zugleich auf den Pfaden einer Tradition der Kulturkritik, für die auch breitere Schichten des Bürgertums und der bürgerlichen Pädagogik empfänglich waren.[290]

Aufgrund dieser vielfältigen Verknüpfungen – Natur- und Geisteswissenschaft, Hellenismus und Germanenkult – konnte sich gerade unter der akademischen Leserschaft jeder Interessent bei Günther wiederfinden und zugleich das Gefühl haben, Teil einer universell gebildeten akademischen *community* zu sein.[291] Dieser kulturelle Aspekt ist nicht zu unterschätzen. Er verweist auf spezifische Voraussetzungen und Gemeinsamkeiten der gebildeten Elite in Deutschland, die in ihrer eigenen schulischen Sozialisation noch den Wert der antiken Bildung als ein wesentliches kulturelles Status- und Abgrenzungsmerkmal erfahren hatte. Wenn man sich nur daran erinnert, welchen Stellenwert z.B. die Antike in der Ästhetik des Nationalsozialismus hatte, nicht zuletzt bei Hitler selbst, dann wird die Bedeutung dieses Hinter-

---

daß Günther mit der Zeit zunehmend Anerkennung auch unter den führenden „Fachanthropologen" fand (dies., S. 452f.). Günther wurde aber schon früh z.B. von Eugen Fischer unterstützt, mit dem er auch mehrere Dissertationen an der Friedrich-Wilhelm-Universität Berlin betreute; Günther und Fischer hatten bereits 1927 gemeinsam das Werk „Deutsche Köpfe nordischer Rasse" im J. Lehmann-Verlag herausgebracht. Günthers Bedeutung liegt vor allem darin, daß er die Rassenhygiene für die Geisteswissenschaften und die Pädagogik öffnete.

288 Auch Himmler war von Günther beeinflußt. Schon 1924 hatte er voller Bewunderung Günthers „Ritter, Tod und Teufel" gelesen: Ackermann, Heinrich Himmler als Ideologe (1970), S. 111.

289 Bereits in einem Ministerialerlaß vom Juli 1933 wurde Günthers Rassentheorie als offizielle Richtlinie für die Abfassung rassenkundlicher Passagen in den neuen Geschichtslehrbüchern vorgeschrieben: Apel/Bittner Humanistische Schulbildung 1890–1945 (1994), S. 242.

290 Siehe dazu K. Bergmann, Agrarromantik und Großstadtfeindschaft (1970).

291 Mühlmann hat Günthers Schriften als „die rassistischen Bildungsbücher des gehobenen Kleinbürgertums" bezeichnet: zit. bei Lutzhöft, Der Nordische Gedanke (1971), S. 36.

grundes evident. Für Günther ist nun wesentlich, daß die üblichen rassenhygienischen Forderungen à la Lenz auch bei ihm gegenwärtig sind, aber unter politischen Gesichtspunkten doch gegenüber einer Konzeption der „ästhetischen Bildung" deutlich zurücktreten, von der sich nicht zuletzt deutsche Studienräte und Hochschullehrer angezogen fühlen mußten, schien sie doch dem rassenpolitischen Projekt der Nationalsozialisten eine „hochkulturelle" Weihe zu geben. Damit schien auch die Pädagogik an ihren angestammten Platz zurückkehren zu können, vom dem sie die Rassenhygieniker eigentlich vertreiben wollten. Ebenso wichtig wie unmittelbar eugenische Maßnahmen war nämlich für Günther die „Aufstellung eines positiven Auslesevorbildes" durch die Schule, das die Gattenwahl lenken sollte. Günthers Idee war eine neue ästhetische Erziehung auf der Grundlage einer biologischen Ästhetik, eine Neuauflage des platonischen Vollkommenheitsideals durch eine „deutsche Lehre vom Schön-Tüchtigen", die zum „auslesenden Blick" erzieht, damit sich die völkischen Bildungswerte durch Zuchtwahl in vorbildlichen Geschlechtern „verleiblicht".[292] Die „Neuschöpfung Deutschlands", so Günther, müsse daher vom Geist kommen, sie sei in erster Linie eine Aufgabe weltanschaulicher, historischer und ästhetischer Erziehung, eine sittliche Aufgabe, die durch die Wiederbelebung des Erbes die Begeisterung der Jugend, den Willen zur Verantwortung vor dem Erbe und den Willen zur „Aufnordung" wecken müsse.[293]

So repräsentierte das Günthersche Werk in exzeptioneller Weise eine Balance der verschiedenen Aspekte des wissenschaftlichen Diskurses und – kultursoziologisch gesehen – der Wünsche und Bedürfnisse des nationalsozialistischen Bildungsbürgertums. Dies alles kam zudem sehr vornehm, elitär und scheinbar unaggressiv daher, weil es – unter dem Stichwort „Aufnordung" – mehr die „utopischen" Seiten der Rassenpolitik sichtbar werden ließ, während ihre destruktiven Implikationen, die gewiß auch präsent waren, eher im Hintergrund blieben. Noch mehr gilt dies für Ludwig Ferdinand Clauss, der hinter Günther an zweiter Stelle der meistzitierten Autoren folgt. Clauss war bemüht, der Rassenpsychologie, die er vertrat, den neutralen Anstrich einer scheinbar wertfreien „Ethno-Phänomenologie" zu geben. Seine einfühlsamen und feinsinnigen Beschreibungen rassetypischer Ausdrucksstile im Alltagsleben machten ihn zu einem offensichtlich sehr beliebten Autor; sein Werk „Rasse und Seele" erschien 1943 bereits in 18. Auflage.[294] Anders als Günther, dessen Bücher sich auch formal im Rahmen der üblichen Wissenschaft bewegten, arbeitete Clauss schon mehr an der Grenze zwischen Wissenschaft und Dichtung, er gab meist nur spärliche Literaturhinweise und führte keine Auseinandersetzungen mit anderen Konzeptionen. Trotzdem hatte seine Arbeitsweise eine gewisse Stringenz, die sich aber erst erschließt, wenn man ihre Herkunft aus der Phänomenologie erkennt (Clauss war ein Husserl-Schüler). Das mag ein Hintergrund dafür gewesen sein, daß seine Arbeiten bei einem szientistisch orientierten Bürokraten wie Walter Gross, dem Leiter des RPA, Irritationen auslösten. Im Unterschied zu Günther, dem die Lehre stets eine Last war, konnte Clauss seine stilistische Begabung auch in eine entsprechende Rhetorik umsetzen, die ihn zu einem der meistgefragten Vortragsredner seines Faches werden ließ.[295]

---

292 Günther, Platon als Hüter des Lebens (1928).
293 Günther, Rassenkunde des deutschen Volkes (1922), S. 424 ff.
294 „Rasse und Seele" (1926) und „Die Nordische Seele" (1932) waren die am häufigsten zitierten Schriften von Clauss.
295 Clauss soll in Berlin 127 Studenten gehabt haben, Günther hingegen, der auch in Briefen an Darré über die Last der Lehre klagte, kurz vor seinem Weggang nach Freiburg nur noch vier

Dieser Erfolg als Autor wie als Redner verschaffte ihm einen gewissen Sonderstatus, der von Parteiinstanzen bald mit Mißtrauen verfolgt wurde. Walter Gross brauchte lange, um ihn zu Fall zu bringen. Clauss stürzte schließlich über seine jüdische Mitarbeiterin. Aber der Fall war nicht allzu tief, denn er wurde von der SS aufgefangen, die, als „nordischer Orden", auf einen so bedeutenden Theoretiker des „nordischen Gedankens" nicht verzichten wollte.[296]

Baur, Fischer und Lenz, die an nächster Stelle folgen, hatten mit ihrem gemeinsam verfaßten zweibändigen „Grundriß der menschlichen Erblichkeitslehre und Rassenhygiene", zuerst 1921 erschienen, das Standardwerk verfaßt, aus dem auch Hitler selbst sein rassenhygienisches Wissen für „Mein Kampf" bezogen hatte, und das auch während des Dritten Reichs ein „Klassiker" blieb. Erwin Baur verstarb bereits 1933, Lenz und Fischer stiegen dagegen nach 1933 zu den bedeutendsten und einflußreichsten Vertretern der Rassenhygiene und der Rassenanthropologie im Dritten Reich auf. Beide waren alte und bewährte Mitstreiter in der rassenhygienischen und völkischen Bewegung, auch wenn sie erst spät der NSDAP beitraten. Wer sich verläßlich, umfassend und gründlich über die wissenschaftlichen Grundlagen, den Forschungsstand und die Ziele der Rassenhygiene informieren wollte, griff zu diesem Werk, das später in aktualisierten Auflagen erschien.[297] Unter diesen dreien rangiert wiederum Lenz an erster Stelle, weil er über die Ko-Autorschaft am „Baur/Fischer/Lenz" hinaus mit seiner Abhandlung über die „biologischen Grundlagen der Erziehung" (1925) einen Grundlagentext für die Diskussion rassenhygienischer Erziehungsfragen verfaßt hatte, der von vielen Pädagogen gelesen wurde.

Nimmt man die zehn am häufigsten zitierten Autoren, so folgen nach Günther, Clauss, Lenz, Fischer und Baur – neben Hitler und Rosenberg, die wir als „Pseudo-Referenzen" betrachten und deswegen ausklammern – noch Pfahler, Jaensch und Staemmler. Pfahler und Jaensch waren die wichtigsten „fachspezifischen" Referenzautoren der Pädagogik und Psychologie.[298] Von ihnen war nur Pfahler im engeren Sinn auch ein Autor des Dritten Reichs, während Jaensch noch zur älteren Generation gehörte und einen großen Teil seiner Schriften, auf die Bezug genommen wurde, schon vor 1933 verfaßt hatte. Man muß dabei berücksichtigen, daß genuin pädagogische bzw. erziehungswissenschaftliche und pädagogisch-psychologische Ansätze, die explizit an das rassenhygienische und „nordische" Paradigma anknüpften, in den 20er Jahren noch nicht ausgearbeitet waren. Jaensch war aber ein wichtiger Wegbereiter für solche Ansätze. Seine psychologische Typenlehre beruhte auf der Dichotomie, oder besser Polarität von „Integrations- und Auflösungstyp", und im „Integrationstyp" ließ sich un-

---

    (Heiber, Universität unterm Hakenkreuz, Bd. I, S. 482). Auch als Redner auf Schulungskursen ist Günther kaum in Erscheinung getreten.

296 P. Weingart, Doppelleben (1995).

297 Der große Erfolg und die Wirkung dieses Werks wird an der hohen Zahl von über 300 zeitgenössischen Rezensionen deutlich: Heiner Fangerau, Etablierung eines rassenhygienischen Standardwerkes 1921–1941 (2001).

298 Als ein Indikator für die tatsächliche Verbreitung dieser Schriften sei das Beispiel einer deutschen Schule im Kreis Jendrzejow (Distrikt Radom, Generalgouvernement) genannt, in deren Bibliothek u. a. Werke von Staemmler und Pfahler standen: Hansen, Schulpolitik als Volkstumspolitik (1994), S. 348 ff.

schwer die nordische, im „Auflösungstyp" die „jüdische Psyche" wiederfinden.[299] Jaensch differenzierte seine Typologie wie folgt:

J-Typus (Integrationstypus):

J 1: das „verspielte Kind" („mediterraner Typ");

J 2: der „opferbereite und begeisterungsfähige Jüngling" (die Gesellschaft brauche ihn als Träger von Idealen);

J 3: die in der Gesellschaft verwurzelte nordische Führernatur.

S-Typus (Auflösungstypus):

S 1: labil ohne rationalen Oberbau;

S 2: Kompensation der Labilität durch einen rationalen Oberbau (Rassenmischtypen, Degenerierte und nicht heilbare Kranke).

Entlang der daraus sich ergebenden Skala von „festen" zu „fließenden Gehalten" plazierte Pfahler dann die Güntherschen Rassentypen. Diese polarisierende Typologie eignete sich für Skalierungen, die man mit rassenpsychologischen Konzepten verbinden konnte.[300] Sie fand vielfältige Adaptionen, nicht nur in Psychologie und Pädagogik, sondern beispielsweise auch in Mathematik und Geographie.[301]

Staemmler folgt an 10. Stelle in der Rangliste der Referenzautoren vor allem deswegen, weil er mit einigen kurzen und prägnanten Zusammenfassungen sehr schnell Erfolg hatte. Dies gilt vor allem für die Bücher „Rassenpflege und Schule", 1937 in 43. Auflage erschienen, und „Rassenpflege im völkischen Staat", von dem bis 1939 bereits 76000 Exemplare erschienen waren. Unter diesen ersten zehn Autoren repräsentiert lediglich Pfahler mit seinen Versuchen zur systematischen Klärung des Verhältnisses von Vererbung, Rasse und Erziehung sowie der Verknüpfung der Jaenschschen Typenlehre mit der Rassentheorie etwas wissenschaftsgeschichtlich Neues, obwohl auch in seinem Fall einige Texte schon vor 1933 erschienen waren. Am häufigsten zitiert wurden seine Bücher „Vererbung als Schicksal" (1932) und „Warum Erziehung trotz Vererbung?" (1935). Dies signalisiert das Interesse an grundlegenden Fragen pädagogischer Anthropologie.

---

299 In Konkurrenz, teils auch komplementär zur Jaenschschen Integrationspsychologie stand die Leipziger Schule der Gestaltpsychologie Felix Kruegers. Analog zu Jaenschs „Gegentypus" führte sie den Begriff des „Gestaltfremden" ein und schuf eine ähnliche Dichotomie von „gestaltet versus gestaltfremd". Friedrich Sander etwa sprach von einem „Gestaltgesetz der Abstoßung des Gestaltfremden" und leitete daraus die Forderung nach „Ausschaltung aller fremdrassischen zersetzenden Einflüsse" ab: Scheerer, Organische Weltanschauung und Ganzheitspsychologie (1985); Geuter, Professionalisierung, S. 279 f.

300 Die Versuche, die Jaenschsche Integrationstypologie rassenpsychologisch zu deuten, wurden damals auch skeptisch beurteilt. So schrieb z. B. Hans-Erich Schwarz in einem Kommentar zur Dissertation des Jaensch-Schülers Kurt Rau, „Rasse" als „Funktion von Integrationsgrad" – R= f(I) – zu bestimmen, führe zu einer Entleerung des Rassenkonzepts, weil „nicht alle als rasseneigentümlich erkannten Eigenschaften mit Integrationsprägungen gleichzusetzen" seien. Der Bezug zur Rassenanthropologie gehe so verloren: Schwarz, Rassenmerkmal und Persönlichkeitsstruktur (1941); vgl. Rau, Untersuchungen zur Rassenpsychologie nach typologischer Methode (1936).

301 So z. B. Bieberbach, Persönlichkeitsstruktur und mathematisches Schaffen (1934); Muris, Erdkunde und nationalpolitische Erziehung (1934).

Danach folgt eine Reihe einflußreicher Experten wie Just, Verschuer, Hartnacke, Eickstedt, Kretschmer, Burgdörfer, Scheidt und Weinert, die nicht mehr zu den „Generalisten" gehören, sondern die vor allem für einen schon spezielleren wissenschaftlichen Diskurs bedeutsam waren, sowie einige der prominenteren und maßgeblichen „Ideologen" aus der Politik: Gross, Darré und Frick. Als Ahnherren aus der Vergangenheit treten Mendel, Chamberlain und Darwin auf. Erst danach, auf den Rängen 25–28 folgt eine Reihe pädagogischer Autoren: Graf, Kroh, Jörns und Krieck. Graf und Jörns offensichtlich, weil sie in der Bewertung der Zeitgenossen solide und für Pädagogen brauchbare didaktische und theoretisch zusammenfassende Darstellungen lieferten;[302] Kroh und Krieck als Wegbereiter einer völkisch-anthropologischen Psychologie und Pädagogik. Es mag überraschen, daß Krieck, der doch allgemein als der prominenteste nationalsozialistische Erziehungstheoretiker gilt, erst an 28. Stelle auftaucht; aber Krieck läßt sich nicht der rassenhygienischen Bewegung zurechnen, sondern war eher ein Autor der völkisch-nationalsozialistischen Bewegung, der sich zwar auch gelegentlich des Rassebegriffs bediente, aber Rasse als Mythos, nicht als wissenschaftliche Kategorie auffaßte. Ein „biologisch-materialistisches" Verständnis von „Rasse" lehnte er ab, und „Blutstrom" blieb bei ihm eher eine Metapher für eine kollektive geschichtliche Erfahrung.[303]

Klassifizierungen und Zuordnungen der Referenzliteratur nach Disziplinen und theoretischen Ansätzen sind nicht ganz einfach, weil man es oft mit fließenden Übergängen und teils auch wenig stringenten Konzepten zu tun hat. Man kann aber eine Grobgliederung vornehmen, die eine innere Differenzierung des Paradigmas „Rassenwissenschaft" zuläßt. Von der Disziplin her kann man den größeren Teil der Literatur den Naturwissenschaften zuordnen und hier wiederum nach rassenkundlich-anthropologischen und rassenhygienisch-medizinischen Schriften unterscheiden. Für die erste Gruppe wären etwa die Arbeiten von Eugen Fischer, Eickstedt und Weinert paradigmatisch, für die zweite Gruppe die Arbeiten von Lenz oder Verschuer. Die zweite Gruppe ließe sich näher differenzieren in Erbwissenschaft oder Erbbiologie und Rassenhygiene, Verschuer könnte man dann schwerpunktmäßig der Erbwissenschaft, Lenz der Rassenhygiene im engeren Sinn zuordnen. Zur Erbwissenschaft würden wir auch etwa Just oder Rüdin rechnen, zur Rassenhygiene im engeren Sinn z. B. Staemmler oder Astel. Als weitere Kategorie könnte man noch den Begriff der Rassenbiologie hinzunehmen,

---

302 Grafs „Vererbungslehre und Gesundheitspflege" (1930) und Jörns' „Erziehung zu eugenischer Lebensführung" sowie die „Rassenhygienische Fibel" von Jörns und Schwab (beide 1933) sind die besonders häufig erwähnten Einzelwerke in dieser Gruppe.

303 K. C. Lingelbach, Erziehung und Erziehungstheorien im nationalsozialistischen Deutschland (1970), S. 171; E. Hojer, Nationalsozialismus und Pädagogik: Umfeld und Entwicklung der Pädagogik Ernst Kriecks (1997), S. 108; G. Müller, Ernst Krieck und die nationalsozialistische Wissenschaftsreform (1978), S. 133ff. – In einem Gutachten an den thüringischen Gauleiter Sauckel kritisierte Stengel von Rutkowski Kriecks Wissenschaft als „eine nur hier und da mit dem Wort Rasse dekorierte Soziologie auf ständischer und bündischer Grundlage" (Heiber, Universität unterm Hakenkreuz, Bd. II.1, S. 468). Aufschlußreich ist in diesem Zusammenhang ein öffentlich ausgetragener Konflikt zwischen Krieck als „Geisteswissenschaftler" und Hartnacke als Vertreter eines biologischen Materialismus, der nach einer Intervention Heydrichs und Gross' mit dem Rückzug Kriecks aus der SS und der Hochschulpolitik endete. Krieck hatte 1937 wegen eines kritischen Artikels von Hartnacke, der in der Zeitschrift des RPA „Volk und Rasse" erschienen war, eine Klage gegen Bruno K. Schultz vom RuSHA erhoben, die er wenig später wieder zurückzog: BDC RKK 2100 BOX 212, File 2; Müller, S. 134ff.

der – in der Tendenz – für integrative Ansätze verwendet wurde, also Ansätze, die die verschiedenen Konzepte unter naturwissenschaftlichen Gesichtspunkten zusammenfaßten; hier würden wir Scheidt und Keiter zuordnen, aber die Kategorie ist zugegebenermaßen etwas artifiziell, weil auch Rassenhygieniker oder Erbwissenschaftler häufig integrative Darstellungen verfaßt haben. Diese Kategorie macht vor allem für die Pädagogik Sinn, weil integrative Darstellungen gerade auch zu den Aufgaben von Pädagogen gehörten. Einige Autoren wären der „Völkischen Anthropologie" zuzurechnen, vor allem Ernst Krieck, mit gewissen Einschränkungen auch Jaensch und Kroh – Einschränkungen deswegen, weil beide in einem Grenzbereich zwischen „völkischer" und „rassischer" Anthropologie anzusiedeln sind. Kroh verstand die „Völkische Anthropologie" als eine Art Einheitswissenschaft, die eine Brücke zwischen Geistes- und Naturwissenschaften schlagen sollte und damit auch Anknüpfungspunkte für die Einbeziehung eines naturwissenschaftlichen Konzepts der Rasse enthielt.

Die folgende Aufstellung gibt ein empirisches Bild von der Gewichtung der verschiedenen Ansätze und Orientierungen innerhalb des rassenwissenschaftlichen Paradigmas nach der Zahl der Zitate entsprechender Schriften und Autoren:

Zuordnung der Autorenzitate nach wissenschaftlichen Orientierungen

Völkische Anthropologie	206–367*
Rassenanthropologie	1452–1613*
Bevölkerungswissenschaft	418
Erbwissenschaft/Erbbiologie	911
Rassenhygiene	997
Rassenbiologie	271
Rassenpolitik**	147
Anzahl der Zitate insgesamt	4371

  * bei jeweils unterschiedlicher Zuordnung von Jaensch und Kroh
** Hier handelt es sich im wesentlichen um Schriften von Walter Gross und Wilhelm Frick, die ihre Texte nicht als Wissenschaftler, sondern in ihrer Funktion als Politiker verfaßten.

Obwohl die Rassenwissenschaft primär ein natur- und medizinwissenschaftliches Paradigma war, handelt es sich bei den zitierten Autoren keineswegs nur um Naturwissenschaftler. Am rassenwissenschaftlichen „Diskurs" waren vielmehr alle akademischen Disziplinen beteiligt, wenn auch in unterschiedlichem Ausmaß. Wir betrachten die Geschichte der Rassenhygiene bzw. der „Rassenwissenschaften" im Dritten Reich als einen Prozeß des Ausgreifens eines naturwissenschaftlich-medizinischen Paradigmas auf die anderen Wissenschaften: Sozial- und Geisteswissenschaften, Psychologie und Pädagogik, mit der Konsequenz einer Biologisierung des Sozialen. Quantitativ stellt sich das Gewicht der Disziplinen wie folgt dar:

Naturwissenschaften/Medizin	1870
Sozial- und Staatswissenschaften	698
Geisteswissenschaften	498
Pädagogik/Psychologie	932
Didaktik	373
Zitate insgesamt	4371

Einige der häufiger zitierten Autoren könnte man den Sozialwissenschaften im weitesten Sinn zurechnen, etwa Hartnacke, als Vertreter einer erbbiologisch orientierten „Bildungssoziologie", den Bevölkerungswissenschaftler Burgdörfer oder (mit allerdings vergleichsweise wenig Nennungen) Karl Valentin Müller als rassenhygienisch orientierten Soziologen.[304] Schwieriger ist die Zuordnung von Günther, der als „Professor für Rassenkunde, Völkerbiologie und Ländliche Soziologie" sowohl den Natur- als auch Sozialwissenschaften zugehörte, von Haus aus aber Geisteswissenschaftler (Germanist) war. Wir betrachten Günthers Werk im Schwerpunkt als Paradigma einer rassenanthropologisch ausgerichteten Soziologie, die in einem Schnittpunkt zwischen Natur- und Geisteswissenschaften steht; Günther war Rassenanthropologe und -historiker, das ihn zentral beschäftigende Thema war aber die Verstädterung, und den Kern seines Œuvres bildet ein Werk über das Bauerntum. In die gleiche Kategorie würden Darré und von Leers fallen.

Eine nicht unerhebliche Gruppe von Autoren rechnen wir den Geisteswissenschaften zu, vor allem Historiker und Philosophen. Einige gehören, wie Krieck, zur völkische Wissenschaft, den größeren Teil bilden Autoren, die eine rassenanthropologisch orientierte Historie oder Philosophie betrieben, allen voran Rosenberg sowie ältere Wegbereiter wie Gobineau und Chamberlain oder Historiker wie Erbt, Grau und Fritz Kern. Die geisteswissenschaftlichen Autoren beschränken sich auf diese Kategorie; eine im engeren Sinn erbbiologische und rassenhygienische Geschichts- oder Sprachwissenschaft etwa ist auch nur schwer vorstellbar. Es gab zwar Ansätze während des Dritten Reichs, in der Referenzliteratur tauchen sie aber noch nicht auf, sieht man von Einzelfällen wie Schultze-Naumburg ab, der eine Art rassenhygienisch orientierter Kunsttheorie zu etablieren versuchte.

Obwohl in den 20er und 30er Jahren noch weitgehend geisteswissenschaftlich orientiert, betrachten wir Pädagogik und Psychologie als eigene Wissenschaftsgruppe, einmal, weil ihr unser spezielles Interesse gilt, zum anderen aber auch, weil gerade die rassenwissenschaftlich orientierten Psychologen und Pädagogen bestrebt waren, sich von den traditionellen Geisteswissenschaften deutlich abzugrenzen. Beispielhaft ist hier das Werk von Clauss; Clauss arbeitete mit geisteswissenschaftlichen Methoden, um die „Rassenseele" zu erfassen, die von ihm beschriebenen Rassentypen sollten aber letztlich Ausdruck eines „blutsgebundenen Erbes", also genetisch fixiert sein. Seine Rassenseelenkunde stellt eine rassenanthropologisch fundierte Psychologie dar. Das gleiche gilt für Petermann. Schwieriger ist die Zuordnung bei Jaensch und Kroh. Kroh nahm zwar an vielen Stellen die Rassentypologie von Günther und Clauss auf, arbeitete dies aber nie zu einem zusammenhängenden Konzept aus; und das Werk von Jaensch verweist lediglich auf die Möglichkeit, die von ihm selbst entwickelte Typologie mit der Rassentypologie zu verknüpfen. Beide, Jaensch und Kroh, stehen an der Grenze zwischen völkischer und rassenkundlicher Anthropologie. Vor allem die Bedeutung von Jaensch als einer der meistzitierten Autoren überhaupt liegt in seiner Funktion als Wegbereiter. Die paradigmatische Verknüpfung mit der Rassenanthropologie nahmen Pfahler und Petermann in

---

304 Müller, der aus der gewerkschaftlichen Bildungsarbeit kam, steht für ein soziologisches Paradigma der Rassenhygiene. Er sah in der Eugenik ein Mittel, eine „erbwertmäßig" qualitativ hochstehende Arbeiterelite zu schaffen. Müller bezog sich auch immer wieder auf den nordischen Gedanken, ohne die Rassentypologie deshalb systematisch in seine Arbeiten aufzunehmen. Siehe unten S. 251 ff.

Angriff. Pfahler versuchte darüber hinaus einen Bogen zur Erbwissenschaft zu schlagen, ein Weg, der dann konsequenter von Pfahlers Schüler Eckle und von Gottschaldt eingeschlagen wurde, die aber unter den häufiger genannten Referenzautoren noch nicht auftauchen. Referenzautoren mit einer im engeren Sinn explizit rassenhygienischen Orientierung gab es aus der Psychologie und Pädagogik dagegen erst wenige; Eydt, Ruttmann und Benze wären hier zu nennen. Auch Staemmler könnte man nennen, der zwar Medizinwissenschaftler war, aber einige kleinere, vielgelesene Texte zu Erziehung und Schule verfaßte. Viele pädagogische Autoren, die in der Literatur zitiert werden, schrieben keine konzeptionellen Beiträge, sondern Überblicksdarstellungen, Einführungswerke und didaktische Texte. Von diesen sind einige primär erbbiologisch, einige rassenhygienisch orientiert; die meisten würden wir als „rassenbiologisch" in dem Sinn charakterisieren, daß sie übergreifende Darstellungen intendierten.

Wenn man diese Ergebnisse einer empirischen Auswertung resümiert, stellt man zwei Schwerpunkte fest: zum einen die Dominanz von Autoren aus Medizin und Naturwissenschaften, und hier wiederum überwiegt die Nennung von rassenhygienischen und erbbiologischen Werken; zum anderen eine Dominanz rassenanthropologisch orientierter Arbeiten auf der Ebene der verschiedenen Disziplinen. Autoren, die den Sozial- und Geisteswissenschaften sowie der Psychologie und Pädagogik zugerechnet werden können, sind überwiegend rassenanthropologisch orientierte Autoren. Dies gilt vor allem für die Sozial- und Geisteswissenschaften; das erbwissenschaftlich-rassenhygienische Paradigma war hier erst wenig präsent. In Pädagogik und Psychologie spielte dieses Paradigma dagegen schon eine erhebliche Rolle, insbesondere, wenn wir die rassenbiologischen Texte hinzu nehmen. In diesem Ergebnis kommen sowohl Aspekte thematischer Relevanz als auch die besondere Bedeutung einzelner Autoren zum Ausdruck. Bemerkenswert erscheint uns, daß Psychologie und Pädagogik innerhalb der Sozial- und Geisteswissenschaften eine Sonderrolle zu spielen scheinen. Dies ist nicht so sehr ein Artefakt unserer Untersuchung, weil wir ja die Lehrerbildung und damit auch die Fachdidaktiken mit einbezogen haben. Vielmehr kommt darin auch zum Ausdruck, daß die Lehrerbildung ein bevorzugtes Instrument zur Um- und Durchsetzung des rassenhygienischen Paradigmas war. Bemerkenswert ist weiterhin die Dominanz naturwissenschaftlicher Werke. Sie verweist auf das Bestreben der Rezipienten um ein wissenschaftlich begründetes Verständnis. Zitiert werden vorwiegend die anerkannten Klassiker der Medizin und Naturwissenschaft. Daneben existierte auch ein metaphysisches Paradigma, das vor allem in den völkisch und rassenanthropologisch orientierten Geisteswissenschaften beheimatet war und dessen Zentrum Rosenbergs „Mythus des 20. Jahrhunderts" bildete; an quantitativer Bedeutung fällt es weit zurück hinter das naturwissenschaftliche Paradigma. Dies läßt den Schluß zu, daß der rassenhygienische und -anthropologische Diskurs im Selbstverständnis unserer Autoren als ein seriöser, streng wissenschaftlicher Diskurs aufgefaßt wurde.

Quantitative Zuordnung der Autoren-Zitate nach wissenschaftlichen Orientierungen und Disziplinen*

	Naturwiss.	Sozialwiss.	Geisteswiss.	Päd./Psych.	Didaktik	Gesamt
Völkische Anthropologie			120	88–255*		208–375*
Rassen-anthropologie	375	579	602	294–461*		1850–2017*
Bevölkerungs-wissenschaft	245	77	22	112	29	485
Erbbiologie	682	84	31	187	60	1044
Sozialeugenik**	735	29	24	123	92	1003
Rassenbiologie	69		16	44	156	285
Rassenpolitik	62	10	11	87		170
Gesamt	2168	779	826	1102	337	5212

* bei jeweils unterschiedlicher Berücksichtigung von E. Jaensch und Kroh
** Rassenhygiene im engeren Sinn

Referenzautoren mit mehr als 10 Nennungen [305]

420	Günther, Hans F. K.	59	Scheidt, Walter
243	Clauss, Ludwig Ferdinand	56	Chamberlain, Houston Stewart
206	Lenz, Fritz	55	Frick, Wilhelm
190	Hitler, Adolf	55	Weinert, Hans
148	Fischer, Eugen	51	Graf, Jakob
124	Baur, Erwin	48	Darwin, Charles
119	Jaensch, Erich R.	48	Kroh, Oswald
117	Pfahler, Gerhard	44	Nietzsche, Friedrich
100	Staemmler, Martin	42	Jörns, Emil
97	*Baur/Fischer/Lenz**	41	Schemann, Ludwig
93	Verschuer, Otmar v.	41	Krieck, Ernst
87	Mendel, Gregor	40	Siemens, Werner
84	Hartnacke, Wilhelm	38	Brohmer, Paul
77	Eickstedt, Egon v.	38	Muckermann, Hermann
74	Kretschmer, Ernst	37	Galton, Francis
65	Burgdörfer, Friedrich	34	Neckel, Gustav
62	Gross, Walter	34	Ploetz, Alfred

* Die Nennungen des „Baur/Fischer/Lenz" als Gemeinschaftswerk sind in den für alle drei Autoren einzeln ausgewiesenen Zahlen jeweils mit enthalten.

---

305 Dieser Auswertung liegen etwa 600 Texte zugrunde, die wir selbst durchgesehen haben. Die Zusammenstellung ist zufällig und hing auch von der Verfügbarkeit ab; in vielen Fällen hatten wir nur bibliographische Hinweise, während die Schriften nicht auffindbar waren; in anderen Fällen haben wir uns eine Lektüre erspart, weil vom Titel her auf thematische Wiederholungen geschlossen werden konnte.

32	Rüdin, Ernst	16	Jaensch, Walther
32	Finckh, Ludwig	15	Grotjahn, Alfred
31	Goddard, Henry Herbert	15	Gruber, Max v.
31	Klages, Ludwig	15	Kern, Fritz
30	Reinöhl, Friedrich	15	Morgan, Thomas H.
30	Petermann, Bruno	15	Villinger, Werner
30	Schultz, Bruno K.	15	Reiter, Hans
29	Reche, Otto	14	Bluhm, Agnes
28	Fetscher, Rainer	14	Jung, Carl Gustav
28	Fritsch, Theodor	14	Lagarde, Paul de
28	*Gütt/Rüdin/Ruttke*	14	Plate, Ludwig
28	Lange, Johannes	14	Popenoe, Paul
28	Lotze, Reinhold	13	Goldschmidt, Richard
27	Gobineau, Arthur Graf	13	Woltmann, Ludwig
27	Spengler, Otto	13	Wundt, Wilhelm
27	Leers, Johannes von	13	Ziehen, Theodor
27	Schemm, Hans	13	Hayn, Friedrich
26	Zimmermann, Karl	12	Lange, Friedrich
25	Schallmeyer, Friedrich	12	Lundborg, Hermann
25	Saller, Karl	12	Tschermak, Erich von
24	Hoffmann, Arthur	12	Ammon, Otto
24	Correns, Carl	12	Astel, Karl
24	Stumpfl, Friedrich	12	Dittrich, Werner
23	Bavink, Bernhard	12	Grant, Madison
23	Dobers, Ernst	12	Hertwig, Otto
23	Ruttmann, Wilhelm J.	12	Hördt, Philipp
22	Benze, Rudolf	11	Gercke, Achim
22	Driesch, Hans	11	Hesch, Michael
22	Eichenauer, Richard	11	Johannsen, Wilhelm
21	Erbt, Wilhelm	11	Moeller van den Bruck, Arthur
21	Kranz, Heinrich	11	Riehl, Heinrich
20	Gütt, Arthur	11	Rust, Bernhard
19	Haeckel, Ernst	11	Schacht, Horand Horsa
19	Lapouge, Georges Vacher de	11	Tietjen, Claus Hinrich
19	Weismann, August	11	Wecken, Friedrich
18	Kossinna	11	Adler, Alfred
18	Lehmann, Ernst	11	Lersch, Philipp
17	Kühn, Alfred	11	Lottig, Heinrich
17	Lamarck, Jean Baptiste de	10	Eydt, Alfred
16	Dürre, Konrad	10	Frercks, Rudolf
16	Grau, Wilhelm	10	Freud, Sigmund
16	Hussong	10	Haecker, Valentin
16	Köhn, Walter	10	Hoffmann, Heinrich
16	Krueger, Felix	10	Keiter, Friedrich
16	Müller, Karl Valentin	10	Müller-Freienfels, Richard
16	Paul, Gustav	10	Petersen, Peter
16	Schaeffer, Caesar	10	Ruttke, Falk
16	Spranger, Eduard	10	Stoddard, Lothrop
16	Steche, Otto	10	Arndt, Ernst Moritz
16	Steiner, Gerhard		

4. Biographische Daten

4.1 Allgemeine Lebensdaten

Unsere Bibliographie enthält Schriften von insgesamt 982 Autoren. Darunter befinden sich 62 Frauen – das rassenhygenische und -politische Projekt war ein männliches Projekt, der dazu gehörige Diskurs wurde im wesentlichen von Männern geführt, die Frauen auch in ihrem theoretischen Selbstverständnis nur eine unter- oder nachgeordnete Rolle in der Gestaltung des gesellschaftlichen und politischen Lebens zuwiesen. Männer waren die Akteure in Politik und Wissenschaft gleichermaßen, Frauen partizipierten nur am Rande und nur in Ausnahmefällen, aber dort, wo sie partizipierten, unterschieden sich ihre Arbeiten und Schriften nicht von denen der Männer.[306]

Da es uns in der biographischen Untersuchung zugleich um eine wissenschaftsgeschichtliche Rekonstruktion geht und uns speziell die Frage interessiert, von welchen Personen der wissenschaftliche Diskurs getragen wird, haben wir bei der Auswertung der biographischen Daten nach Wissenschaftlern und anderen unterschieden und als Unterscheidungskriterium die Promotion zugrunde gelegt, weil erst die Promotion in der Regel die Teilhabe an der institutionalisierten wissenschaftlichen Gemeinschaft begründet. Zum Kreis der Wissenschaftler haben wir auch Personen gerechnet, die es ohne Promotion zum Hochschullehrer gebracht haben (insgesamt sind dies nur sehr wenige, vor allem einige Musik- und Kunstprofessoren). Bei den meisten Autoren haben wir es aber mit Akademikern zu tun, also Personen, die ein Studium absolviert haben, die übrigen sind zumeist Volksschullehrer mit seminaristischer Ausbildung.

Beginnen wir unsere Auswertung mit allgemeinen Lebensdaten – soweit verfügbar. Von 827 Autoren kennen wir das Geburtsjahr und können daher rekonstruieren, wie alt sie zum Zeitpunkt der „Machtergreifung" waren. Das Durchschnittsalter lag 1933 zwischen 36 und 37 Jahren. Es handelt sich daher überwiegend um Personen im mittleren Alter, die – wie wir noch sehen werden – beruflich etabliert sind, und weniger, wie man ja auch hätte vermuten können, um junge Akademiker, die sich ein neues Paradigma zu eigen machen, weil sie sich davon einen günstigen Einstieg in die berufliche Karriere versprechen.[307] Die größte Gruppe bilden die 30- bis 40jährigen (30,4 % aller Autoren), bei den promovierten Autoren liegt der Anteil

---

306 Dies gilt auch im Hinblick auf die Radikalität des Denkens, wie etwa die Beispiele von Eva Justin oder Karin Magnussen zeigen.

307 Daß es sich bei den Propagatoren der Rassenhygiene nicht um junge Karrieristen handelt, wird auch durch eine Studie von Irmgard Pinn nahegelegt, derzufolge die 47 Personen (darunter 33 Professoren), die im Laufe der Zeit als Mitherausgeber der Zeitschrift „Volk und Rasse" fungierten, im Durchschnitt 50 Jahre alt waren: I. Pinn, Die „Verwissenschaftlichung" völkischen und rassistischen Gedankenguts am Beispiel der Zeitschrift „Volk und Rasse" (1987).

Alter im Jahr 1933

	Alle Autoren (n)	Promovierte (n)
über 60 Jahre	36	23
55–60 Jahre	33	25
50–55 Jahre	65	34
über 50 Jahre	*16,2%*	*14,3%*
45–50 Jahre	93	52
40–45 Jahre	110	78
40–50 Jahre	*24,5%*	*22,6%*
35–40 Jahre	122	82
30–35 Jahre	130	95
30–40 Jahre	*30,4%*	*30,8%*
25–30 Jahre	103	75
20–25 Jahre	110	85
unter 20 Jahre	26	21
unter 30 Jahre	*28,9%*	*31,5%*
Zusammen	828	575
Durchschnittsalter	*36,8*	*36,4*

der unter 30jährigen mit 31,5% etwas höher als bei der Gesamtheit. Weniger stark sind die älteren Jahrgänge vertreten: nur 4,3% aller Autoren sind über 60, 16,2% über 50 Jahre alt; bei den Promovierten liegt dieser Anteil noch etwas niedriger.

Ein Weg, Geburtsdaten auszuwerten, ist der Versuch einer generationenspezifischen Analyse. Für unsere Thematik ist das Modell, das Ulrich Herbert in Anknüpfung an eine ältere Unterscheidung von Gründel für seine Untersuchung zu Werner Best zugrunde gelegt hat, interessant.[308] Dieses Modell nimmt den Ersten Weltkrieg als einen zentralen, generationenspezifischen Erfahrungshintergrund für die politische Sozialisation, insbesondere auch für die politische Sozialisation der nationalsozialistischen Funktionselite zum Ausgangspunkt und unterscheidet zwischen der „jungen Frontgeneration", der „Kriegsjugendgeneration" und der „Nachkriegsgeneration". Dieser Unterscheidung liegt die plausible Annahme zugrunde, daß das einschneidende Ereignis des Ersten Weltkriegs für Kinder, Jugendliche, junge und ältere Erwachsene jeweils anders erlebt und verarbeitet wurde, und daß diese Unterschiede bedeutsam sind für die politische Sozialisation. Nach diesem Modell lassen sich drei Generationen unterscheiden:

– die „junge Frontgeneration" der zwischen 1890 und 1899/1900 Geborenen, die als junge Männer den Krieg miterlebt und mitgemacht haben,

---

308 U. Herbert, „Generation der Sachlichkeit" (1991; ders., Best (1996); vgl. auch H. Fogt, Politische Generationen (1982), S. 126ff.

- die „Kriegsjugendgeneration" der zwischen 1900 und 1909/10 Geborenen, die den Krieg noch miterlebt haben, aber zu jung waren, um noch aktiv teilnehmen zu können,
- die Nachkriegsgeneration der nach 1910 Geborenen.

Wir möchten dieses Modell etwas modifizieren und die „Kriegsjugendgeneration" auf die Jahrgänge 1900 bis 1914 erweitern, weil wir denken, daß in einer psychoanalytischen Perspektive spezifische Kriegserfahrungen wie mangelhafte Ernährung, die Abwesenheit der Väter und das Gefühlsleben der Mütter prägend für die frühe Kindheit und die spätere Sozialisation sind; so kann man z. B. die spätere Ausbildung der Sehnsucht nach einem starken Führer oder nach Geborgenheit in einem geschlossenen Kollektiv mit solchen frühen Erfahrungen in Zusammenhang bringen.[309] Die Nachkriegsgeneration spielt für unsere Untersuchung keine Rolle, da von unseren Autoren nur 14 nach 1914 geboren wurden; stärker vertreten ist dagegen die ältere Generation der vor 1890 Geborenen. Wir haben daher folgende drei Gruppen gebildet:

- die ältere Generation (vor 1890)
- die junge Frontgeneration (1890–1899)
- die Kriegsjugend- und Kindheitsgeneration (1900–1914).

Die ältere Generation können wir – etwas vereinfachend – als jene Generation von Erwachsenen beschreiben, die zur Zeit des Ersten Weltkriegs bereits überwiegend beruflich etabliert war[310] und gesellschaftliche Verantwortung trug, die daher auch – in der Wahrnehmung der Jüngeren – den Krieg herbeigeführt hat und Träger der nationalen und militärischen Mobilisierung während des späten Kaiserreichs war. In dieser stark durch eine militärische Sozialisation geprägten Generation finden wir auch eine Gruppe von Veteranen und frühen Pionieren der völkischen und rassenhygienischen Bewegung, die noch im Nationalsozialismus eine wichtige Rolle spielten, um als Vertreter der älteren Generation das rassenpolitische Projekt der Nazis zu unterstützen. Zur „jungen Frontgeneration", wie die ältere Generation durch eine ausgeprägte militärische Sozialisation und Erziehung geprägt, zählen junge Männer, die das Fronterlebnis teilten, sich aber auch als Opfer der Irreleitung und des Versagens der Älteren fühlen konnten, eine Generation mit ambivalenten Erfahrungen, die mit jugendlicher Begeisterung und Gefühlsüberschwang in den Krieg zog (oder gezogen wurde) und um so stärker die Wucht der Ereignisse, die Niederlage und den Umsturz als traumatisch und entwurzelnd erlebte. Die „Kriegsjugendgeneration", die nach Herbert den eigentlichen Kern der späteren nationalsozialistischen Funktionselite bildete, erlebte den Krieg zwar mit, war aber noch zu jung, um selbst teilzunehmen; sie konnte das Trauma der Niederlage deshalb mit größerer Distanz und weniger Depressivität verarbeiten. Damit läßt sich die von Gründel beschriebene Kühle, Sachlichkeit und Härte im späteren Handeln dieser Generation in Verbindung bringen, Eigenschaften, die zu kompromißlosem und zugleich effizienzorientiertem, organisiertem

---

309 P. Loewenberg, The Psychohistorical Origins of the Nazi Youth Cohort (1971); siehe auch M. H. Kater, Generationskonflikt als Entwicklungsfaktor in der NS-Bewegung (1985), S. 217–243; eine differenzierende Betrachtung findet sich bei Scholtz, Erziehung und Unterricht unterm Hakenkreuz (1985), S. 35 f.

310 Dies widerspricht nicht dem oben zugrunde gelegten Durchschnittsalter der Promotion als Beginn der beruflichen Karriere und Etablierung, da dieses Alter vor dem Ersten Weltkrieg noch erheblich niedriger lag, nämlich bei 24,5 Jahren. Siehe dazu S. 128.

Handeln befähigen und die das Ideal des „politischen Soldaten" prägten. Die Kinder dieser Generation wuchsen unter kriegsbedingten Entbehrungen auf und litten vor allem an Defiziten elterlicher Zuwendung: Abwesenheit der Väter, unzulängliche Versorgung durch die Mütter. Zugleich war ihre Kindheit geprägt durch Bilder und Eindrücke permanenter Mobilisierung für Volk und Nation und gegen den „bösen Feind". Die Niederlage wurde von vielen dann als ein „Bankrott der alten Welt" erlebt, der auch bei dieser Generation Gefühle der Entwurzelung hinterließ. Da sie nicht selbst daran beteiligt war, mußte diese Generation aber auch weniger unter Schuldkomplexen leiden; vor diesem Hintergrund ließe sich die spätere Tendenz zur Kompromißlosigkeit, verbunden mit Inhumanität deuten. Aufschlußreich erscheint uns eine Formulierung von Peter Suhrkamp aus den frühen 30er Jahren, der von „Söhnen ohne Väter und Lehrer" sprach.[311] Die Väter waren zuerst abwesend, dann kehrten sie als Geschlagene zurück; während der Abwesenheit zu Heroen idealisiert, waren sie nun entzaubert, eines großen Teils ihrer Autorität beraubt – die antibürgerlichen und antiautoritären Reflexe, die ja auch zum Pathos des Nationalsozialismus (und des Nationalsozialismus als einer Jugendbewegung) gehören, mögen hier eine ihrer Wurzeln haben. Generell scheint uns die Annahme plausibel zu sein, daß die Zeitumstände spezifische Sozialisationsdefizite schufen, die durch kollektive Größenphantasien kompensiert wurden: die Sehnsucht nach neuen Sicherheiten, nach Geborgenheit in einem geschlossenen Kollektiv und der Wunsch, die geschlagenen Väter zu rächen. All dies dürfte für die politische Sozialisation bedeutsam sein. Für Jungakademiker und speziell Junglehrer kamen als eine weitere generationenspezifische Erfahrung die drastischen Stellenkürzungen ab 1930 nach einer Phase partieller Öffnung und Demokratisierung des Zugangs zur höheren Bildung hinzu, die viele zusätzlich in Gegnerschaft zum „System" trieb.

Unsere Autoren gehören zu annähernd gleichen Teilen allen drei Generationen an, mit einem leichten Übergewicht der „Kriegsjugend- und -kindheitsgeneration" (36,8%). Vielleicht lag eine spezifische Leistung des Nationalsozialismus gerade darin, die unterschiedlichen Bedürfnisse und Erwartungen der verschiedenen Generationen gleichermaßen zu befriedigen und auf einen einheitlichen Nenner zu bringen, so wie sich der Nationalsozialismus auch politik- und ideologiegeschichtlich als eine Art Union sehr verschiedener rechter, völkischer und nationalistischer Gruppierungen betrachten läßt und sein Erfolg in der Fähigkeit lag, diese verschiedenen Gruppierungen zu integrieren. Gleichwohl finden wir für die These von der besonderen Rolle, die die „Kriegsjugendgeneration" in der Funktionselite des Dritten Reichs spielte, eine Bestätigung. Die promovierten Autoren gehörten bereits zu 42,3% dieser Generation an. Noch größer wird dieser Anteil, wenn wir nur jene Autoren betrachten, die aktiv an der praktischen Rassenpolitik beteiligt waren, nämlich die Mitglieder der SS und die Mitarbeiter des Rassenpolitischen Amtes der NSDAP, die wir als „rassenpolitische Aktivisten" bezeichnen. Diese Gruppe umfaßt insgesamt 181 Personen (167 mit Angaben zum Geburtsjahr). Von ihnen gehört knapp die Hälfte der „Kriegsjugendgeneration" und nur ein vergleichsweise geringer Teil der älteren Generation an, der der rigorose und weniger emotional als wissenschaftlich begründete rassenpolitische Aktivismus, wie er in der SS und im RPA betrieben wurde, wohl eher fremd geblieben sein dürfte. Am höchsten lag der Anteil der zwischen 1900 und 1914 Geborenen unter den SS-Mitgliedern: hier lag er bei 56,8%.

---

311   Zit. nach U. Herbert, Best (1996), S. 45.

	Gesamtheit der Autoren n = 828	Promovierte n = 575	rassenpolitische Aktivisten n = 167
ältere Generation	32,5%	28,3%	19,2%
junge Frontgeneration	29,9%	27,3%	31,1%
Kriegsjugendgeneration	36,8%	42,3%	49,1%

Für einen Teil der Autoren liegen uns auch Daten zur sozialen Herkunft und zur Religionszugehörigkeit vor. Trotz der begrenzten Zahl scheinen sie doch, wenn man sie mit den Ergebnissen anderer Untersuchungen vergleicht, eine gewisse Repräsentativität zu haben und sollen deshalb hier erwähnt werden. Von 511 Autoren kennen wir die Religionszugehörigkeit. Danach waren 79,7% ursprünglich evangelisch, 19,9% katholisch. Mindestens 16,8% sind während des Dritten Reichs aus der Kirche ausgetreten, 14,7% bezeichneten sich als „gottgläubig", von ihnen gehörten wiederum zwei Drittel zur Gruppe der rassenpolitischen Aktivisten (SS/RPA). In diesen Zahlen reflektiert sich zum einen die allgemein größere Reserviertheit der katholischen Kirche gegenüber dem Nationalsozialismus und speziell gegenüber der nationalsozialistischen Rassenhygiene, die sich auch in einer geringeren rassenpolitischen Mobilisierung ihrer Mitglieder niedergeschlagen haben dürfte. Zum anderen zeigen sie, daß die religiösen Bindungen schon für einen vergleichsweise hohen Anteil der Autoren an Bedeutung verloren hatten; dies gilt insbesondere für Mitglieder der SS. Insgesamt wird aber deutlich, daß der rassenwissenschaftliche „Diskurs" im wesentlichen von protestantisch sozialisierten Akademikern geführt und getragen wurde.

Von 354 Autoren ist uns aus den Akten der Beruf des Vaters bekannt. Fast alle Autoren stammen aus der Mittelschicht, einige auch aus der Oberschicht, lediglich fünf haben wir der Arbeiterschicht zugeordnet. Zum Vergleich bieten sich am ehesten sozialstrukturelle Untersuchungen zur Hochschullehrerschaft des Dritten Reichs an. Unsere Zahlen weichen nur in einem Punkt deutlich von den Ergebnissen anderer Untersuchungen[312] ab: der Anteil der Hochschullehrer unter den Vätern fällt geringer aus, dafür ragt der hohe Anteil der Lehrer hervor. 22,6% hatten einen Lehrer oder Studienrat zum Vater. Diese Abweichung hängt sicher mit dem hohen Anteil an Lehrern und Studienräten unter unseren Autoren zusammen. Wir haben es in unserer Untersuchung im wesentlichen mit Hochschullehrern, Lehrern/ Studienräten und Ärzten zu tun (siehe unten). Sieht man von der großen Zahl der Lehrer unter den Vätern ab, so zeigt sich, daß sich diese Berufsgruppen zusammen sozialstrukturell nur wenig von der Hochschullehrerschaft unterscheiden und ein gemeinsames akademisches Milieu zu bilden scheinen. Etwa ein Drittel der Autoren kamen aus dem Bildungsbürgertum, 44% aus Beamtenhaushalten; insgesamt dominiert das Bildungs- und Beamtenbürgertum (zusammen 53%). 35% kamen aus dem selbständigen und wirtschaftlich aktiven Bürgertum.

---

312 v. Ferber, Die Entwicklung des Lehrkörpers der deutschen Universitäten und Hochschulen (1956); Chroust, Gießener Universität und Faschismus (1994).

Berufe der Väter (%)

	v. Ferber* (n = 1534)	Chroust** (n = 122)	eigene Untersuchung (n = 354)
Hochschullehrer	8,7	8,2	2,0
Lehrer	13,9	18,8	22,6
Höhere Beamte	6,8	8,2	9,3
Ärzte	7,0	10,6	3,9
Pfarrer	3,6	8,2 ·	3,0
Künstler/Schriftsteller	1,8	–	2,3
Fabrikanten/Unternehmer	2,6	5,7	3,6
Handwerker	4,4	1,6	6,2
Kaufleute	11,1	9,8	7,7
Rentner	0,3	–	1,5
Leitende Angestellte	5,1	5,7	4,2
Offiziere	1,9	5,7	2,3
Landwirte/Gutsbesitzer	4,0	8,2	10,2
Untere/mittl. Beamte	11,7	5,7	10,4
Untere/mittl. Angestellte	2,7	–	2,3
Arbeiter	2,1	0,8	1,4

* Untersuchung zu allen an Universitäten und Technischen Hochschulen 1933–1944 lehrenden Professoren
** Untersuchung über die Professoren an der Universität Gießen 1933–1945

Als Ergebnis können wir festhalten: die Autoren stammen im wesentlichen aus den protestantisch geprägten Mittelschichten, besonders ausgeprägt ist dabei die Herkunft aus dem Bildungs- und Beamtenbürgertum. Erwähnenswert wäre noch, daß von den Akademikern nur 42% ein „traditionelles" humanistisches Gymnasium besucht haben, darunter vor allem spätere Ärzte und Universitätsprofessoren. 35,5% haben das Abitur an einem Realgymnasium oder einer Oberrealschule gemacht – ein Indikator für eine schulische Sozialisation, die schon früh das Interesse an den Naturwissenschaften förderte.[313] Weitere 22,5% sind nicht über ein Gymnasium, sondern über die seminaristische Lehrerbildung zum Abitur gelangt; dies waren überwiegend Personen aus dem Kleinbürgertum, darunter wiederum auffallend viele Söhne von einfachen Lehrern, für die die Volksschullehrerbildung eine Aufstiegsmöglichkeit ins akademische Milieu bot (der typische Bildungsweg war: Volksschulbesuch – Präparandenanstalt und Lehrerseminar – Volksschuldienst – nachgeholte Reifeprüfung/Studium). Aus dieser Gruppe rekrutiert sich ein großer Teil der späteren HfL-Professoren. In diesem Zusammen-

---

313 Wir wollen diese Zahlen allerdings nicht überbewerten, denn sie entsprechen ungefähr den Anteilen der Schulformen unmittelbar vor dem Ersten Weltkrieg. In den 20er Jahren überrundeten die neusprachlich ausgerichteten Schulformen wie Realgymnasien und Oberrealschulen anteilsmäßig die Humanistischen Gymnasien. Vgl. Lundgreen, Sozialgeschichte der deutschen Schule (1981), S. 98 f.

hang ist auch aufschlußreich, daß die meisten Studienräte unter unseren Autoren, nämlich rd. 68%, an einem Realgymnasium oder einer Oberrealschule und weitere 14% an einem Lyzeum, dagegen nur sehr wenige an einem Humanistischen Gymnasium unterrichteten.

4.2 Berufsspezifische Daten

Für 878 Autoren verfügen wir über Angaben zur Berufstätigkeit. Die meisten (78,9%) zählen wir zur wissenschaftlich gebildeten Elite, wenn man die Promotion als ein Kriterium dieser Zugehörigkeit nimmt; hinzugerechnet haben wir einige wenige nicht promovierte Hochschullehrer und einige Universitätsassistenten und Institutsmitarbeiter, die noch nicht promoviert waren, aber als professionelle Wissenschafter gelten können. Doch auch die übrigen Autoren sind zumeist akademisch gebildet – überwiegend sind dies Studienräte sowie Lehrer, die Pädagogische Akademien besucht haben. Für die Gesamtheit der Autoren verteilt sich die Berufszugehörigkeit auf vier Hauptgruppen: Lehrer und Studienräte, Professoren und Hochschuldozenten, Mitarbeiter der staatlichen Verwaltung und Ärzte. Andere Berufsfelder spielen mit einem Anteil von 4,6% keine nennenswerte Rolle (Anwälte, Journalisten, Künstler, Offiziere, unternehmerisch tätige Personen etc.).

Autoren nach Berufsgruppen

	Insges.	Promovierte/Wiss.
Lehrer und Studienräte	352 (40,1%)	152 (43,2%)
Professoren und Dozenten[314]	249 (28,4%)	249 (100%)
– *HfL/LBA u. ä.*	87	
– *Univ.päd./-psychol.*	35	
andere Wissenschaftler	48 (5,5%)	
Professoren, Dozenten u. andere Wissenschaftler zusammen	297 (33,8%)	
Staat und Verwaltung	102 (11,6%)	76 (74,5%)
– *Lehrer/Studienräte*	59	
Ärzte	90 (10,2%)	90 (100%)
Sonstige	40 (4,6%)	
Gesamt	878	693 (78,9%)

Die größte Gruppe bilden Lehrer und Studienräte, die zweitgrößte Professoren und Dozenten, beide Gruppen zusammen machen rd. 68% aller Autoren aus. Etwa die Hälfte aller Hochschullehrer war in der Lehrerbildung und den pädagogisch-psychologischenen Fächern tätig: 87 arbeiteten an lehrerbildenden Hochschulen, 35 waren Universitätsprofessoren der

---

314 Einige wenige Dozenten, die an speziellen Hochschulen wie der Hochschule für Politik oder für Leibesübungen, der Bauernhochschule u. ä. unterrichteten, haben wir zur Vereinfachung ihrer jeweiligen Funktion entsprechend jeweils den Universitäten oder den lehrerbildenden Hochschulen zugeordnet.

Pädagogik und/oder Psychologie; hinzu kommen einige Assistenten aus diesen Fächern. Weitere 59 Studienräte und Lehrer waren hauptamtlich in der staatlichen Verwaltung beschäftigt. Insgesamt gehörten damit 557 = 63,4% aller Autoren zu den „professionellen Pädagogen". Unter den Lehrern waren 46% Studienräte, die anderen waren größtenteils Volksschullehrer, 37 Autoren arbeiteten als Hilfsschullehrer.[315] Die meisten Studienräte waren promoviert (69,3%), während dies unter den Volks-, Mittel- und Hilfsschullehrern nur für eine Minderheit von 24% gilt. Am niedrigsten liegt der Anteil der Promovierten bei den Hilfsschullehrern (18,9%); trotzdem haben wir es hier mit einer Standeselite zu tun, denn über die Hälfte (57%) aller Hilfsschullehrer übte Leitungsfunktionen als Rektoren und Schulräte aus. Hervorzuheben ist, daß fast die Hälfte aller Lehrer und Professoren in ihrem Beruf Leitungsfunktionen innehatte. So waren 158 (44,9%) Lehrer und Studienräte zugleich Schulleiter (Rektoren und Oberstudiendirektoren), 127 (51%) Professoren und Dozenten waren Institutsleiter oder Hochschulrektoren. Hinzu kommen eine Reihe weiterer Autoren, die außeruniversitäre Forschungsinstitute, Fortbildungseinrichtungen oder kulturelle Institutionen wie Museen leiteten. Insgesamt übten 353 Autoren (rd. 40%) solche Leitungsfunktionen aus. Wir haben es daher in hohem Maße mit einer berufsspezifischen und akademischen Führungselite zu tun. In dieses Bild paßt auch, daß 140 Autoren als Schriftleiter oder Herausgeber von Zeitschriften und Publikationsreihen fungierten und damit eine meinungsbildende Rolle in der akademischen und politischen Öffentlichkeit spielten.

Bei diesen professionsspezifischen Daten haben wir jeweils den Schwerpunkt und den höchsten Status der Berufstätigkeit zugrunde gelegt. Viele Personen haben während ihres Lebens aber mehrere Berufe ausgeübt. So waren vor allem die meisten Professoren an den Hochschulen für Lehrerbildung zuvor im Schuldienst tätig, ähnliches gilt für Personen, die als Schul- oder Regierungsräte in der Bildungsverwaltung tätig waren. Viele Lehrer sind im Laufe der Zeit in höhere Positionen aufgestiegen, ebenso sind eine Reihe von Ärzten später Professoren oder Medizinalräte in der staatlichen Gesundheitsverwaltung geworden. Die folgende Tabelle berücksichtigt entsprechende Mehrfachzählungen und gibt damit einen Überblick darüber, wie stark die verschiedenen Berufsfelder insgesamt vertreten sind:

	Insgesamt
Lehrer und Studienräte	561 (63,9%)
Hochschullehrer und Wissenschaftler	297 (33,8%)
Staat und Verwaltung	139 (15,8%)
– Bildungswesen	55
– Gesundheitswesen	48
Ärzte	168 (19,1%)

Die Daten zeigen, daß fast zwei Drittel aller Autoren aus dem Schuldienst kamen. Von ihnen sind 37% weiter aufgestiegen: etwa 12% in der staatlichen Verwaltung (vor allem Schulräte,

---

315 Von ihnen war etwa ein Drittel auch als Volksschullehrer tätig. 28 waren Sport- und Turnlehrer, die an verschiedenen Schulformen und anderen Einrichtungen arbeiteten.

von der Kreis- bis zur Ministerialebene), 25 % wurden Hochschullehrer.[316] Etwa jeder sechste
Autor war in der staatlichen Verwaltung tätig, überwiegend in der Bildungs- und Gesundheitsverwaltung; von diesen wiederum kamen die meisten aus dem Schul- und Hochschul-
bereich,[317] ein anderer Teil sind Ärzte, die im Gesundheitswesen arbeiteten. Die meisten hatten den Status von Schul- und Medizinalräten, nicht wenige waren Regierungsräte, einige
waren auch auf der ministerialen Ebene als Ministerialräte tätig oder brachten es sogar, wie
der Studienrat Wilhelm Hartnacke zum Minister oder wie der Lehrer und Schulbuchautor
Dietrich Klagges zum Ministerpräsidenten. 19,1 % der Autoren insgesamt, 24,2 % der promovierten Autoren, trugen den Titel des Dr. med. und waren entweder als praktizierende Ärzte,
als Medizinalräte oder als Universitätsprofessoren tätig.

Neben der großen Zahl professioneller Pädagogen finden wir Professoren anderer Fächer,
Medizinalräte und Ärzte, überwiegend Experten für Rassenkunde, Rassenanthropologie und
Rassenhygiene, die popularisierende, allgemeinbildende, für Schulungszwecke und für den
schulischen Unterricht bestimmte Texte verfaßten. Dieses „Expertentum" dominiert die Autorenschaft insgesamt, wenn man sie nach wissenschaftlichen Disziplinen aufschlüsselt; denn
die deutlich größte Gruppe bilden die Naturwissenschaftler:

Naturwissenschaften und Medizin	43,4 %
Pädagogik und Psychologie [318]	26,8 %
Andere Geisteswissenschaften [319]	21,0 %
Sozial- und Staatswissenschaften [320]	8,3 %
Musisch-künstlerische Fächer	2,7 %

Diese Zuordnung haben wir nach der Berufstätigkeit vorgenommen. Ergänzend und zur Präzisierung fügen wir noch eine Zusammenstellung nach den Dissertationen der Autoren an:

	Zahl der Diss.	%
Medizin	168	30,2
Naturwissenschaften	112	20,1
Pädagogik/Psychologie	125	22,4
Philologie und Geschichte	126	22,6
Sozial-, Rechts- und Staatswissenschaften	27	4,8
Gesamt	557	100

---

316 In diesem Zusammenhang dürfte eine Rolle spielen, daß der Machtwechsel 1933 für nationalsozialistisch orientierte Pädagogen nicht nur in den Hochschulen, sondern auch in der Schulver-
waltung zusätzliche Aufstiegsperspektiven eröffnete: 1933 waren in Preußen 22 % aller Schulräte
entlassen worden.

317 Professoren, die in der staatlichen Verwaltung tätig waren, haben wir in der ersten Tabelle, in
der wir die Autoren jeweils nur einem Berufsfeld zugeordnet haben, unter die Gruppe der Hochschullehrer subsumiert.

318 Einschließlich Sonder- und Sozialpädagogik.

319 Geschichte und Sprachen.

320 Einschließlich Rechts- und Bevölkerungswissenschaft, Heimat-, Erd-, Volks- und Sippenkunde.

Unter den Dissertationen stellen die medizinischen Arbeiten die größte Einzelgruppe dar, gut die Hälfte aller Promotionen entfallen auf die medizinisch-naturwissenschaftlichen Fächer. Die andere Hälfte sind im wesentlichen geisteswissenschaftliche Promotionen, wenn wir Pädagogik und Psychologie zu den Geisteswissenschaften rechnen. Pädagogisch-psychologische und historisch-philologische Dissertationen sind etwa gleich stark vertreten. Andere Disziplinen spielen nur eine untergeordnete Rolle. Die Produktion rassenkundlicher, rassenhygienischer und -politischer Texte für Zwecke der Erziehung und Schulung wird daher zu rd. 70 % von Medizin- und Naturwissenschaftlern sowie Pädagogen und Psychologen getragen. Alles in allem stellen die Autoren eine überwiegend wissenschaftlich gebildete, akademische Elite dar, für die uns vor allem eine starke szientistische Orientierung bedeutsam erscheint.

Werfen wir abschließend noch einen Blick auf die Gruppe der *weiblichen* Autoren. Das Durchschnittsalter der Frauen lag mit 31,8 Jahren etwas niedriger als das der Männer. Von insgesamt 62 Autorinnen waren 42 promoviert. Die meisten Frauen – knapp zwei Drittel – waren in pädagogischen Berufsfeldern tätig: 28 Lehrerinnen (überwiegend Studienrätinnen), 8 Frauen, die in sozialpädagogischen Tätigkeitsfeldern arbeiteten – ein weibliches Berufsfeld, das bei den Männern fehlt; drei Frauen waren Psychologinnen. Unter den Frauen befindet sich keine Professorin, sondern nur eine Dozentin, eine zweite Frau war Lehrbeauftragte an der Berliner Universität.[321] Sechs Frauen waren als Mitarbeiterinnen oder Assistentinnen in staatlichen Einrichtungen tätig (Gesundheitsamt, KWI u. a.). Vier Autorinnen hatten leitende Stellungen inne: zwei Frauen waren Schulleiterin bzw. stellvertretende Schulleiterin, eine war Vorstandsmitglied der Caritas,[322] eine leitete das Frauensekretariat des Reichsbundes der Deutschen Verbrauchergenossenschaften.[323] Jede dritte Frau und die Hälfte aller Promovierten waren Ärztinnen. Viele von ihnen promovierten mit „erbhygienischen" Untersuchungen über Hilfsschüler während des Dritten Reichs. Von insgesamt 25 medizinisch-naturwissenschaftlichen Dissertationen wurden allein 16 bei bekannten Vertretern der universitären Rassenhygiene geschrieben,[324] hinzu kommt eine „erbcharakterologische" Dissertation bei Pfahler. Einige Frauen betätigten sich schriftstellerisch: Ruth Köhler-Irrgang, Marie Konopath und Pia Sophie Rogge-Börner waren bekannte Autorinnen der nordischen Bewegung.[325]

---

321 Die Dozentin war Ilse Schwidetzky, die nach dem Krieg zur Professorin berufen wurde. Die Lehrbeauftragte war die Fürsorgerin Emmy Wagner.

322 Agnes Neuhaus, Mitbegründerin des katholischen Fürsorgevereins und bis 1930 Zentrumsabgeordnete im Reichstag.

323 Emmy Wagner, NSDAP-Mitglied seit 1932 und Organisationsleiterin der Deutschen Frauenfront.

324 Acht bei Jötten (Münster), drei bei Eugen Fischer (Berlin), je zwei bei Schmidt-Kehl (Würzburg) und Gieseler (Tübingen), eine bei Kühn (Göttingen).

325 Marie Adelheid Konopath war Mitbegründerin des „Nordischen Rings". Sophie Rogge-Börner vertrat eine Art „völkisch-nordischen Feminismus". Siehe Christine Wittrock, Weiblichkeitsmythen (1981). Rogge-Börner, Lehrerin und Schriftstellerin, gab die Zeitschrift „Die deutsche Kämpferin" heraus; die Zeitschrift wurde 1937 von der Gestapo verboten, nachdem Veröffentlichungen, die eine weitgehende Gleichstellung der Frauen forderten (z. B. Einbeziehung der Frauen in die militärische Ausbildung und Bewaffnung) im Ausland als Kritik am nationalsozialistischen Staat ausgelegt worden waren (Wittrock, S. 170). Für Rogge-Börner war die „germanische Frau" Gefährtin des Mannes auch im Kampf.

Autorinnen

Insgesamt	62
– biographische Daten	60
Promovierte	41
Durchschnittsalter 1933	31,8
Lehrerinnen	28
Sozialpädagoginnen	8
Psychologinnen	3
wissenschaftlich tätig	7
Ärztinnen	20
med.-naturwiss. Diss.	25

4.3 Politische Daten

Unsere Bibliographie umfaßt Schriften von insgesamt 982 Autoren. Für 802 Personen haben wir politische Daten finden können. In 50 Fällen fanden sich keine biographischen Hinweise, die einen Ausgangspunkt für Recherchen zu politischen Mitgliedschaften hätten liefern können. In anderen Fällen lagen zwar biographische Angaben vor, es ließen sich aber keine politischen Daten finden. Die Gründe liegen zum einen darin, daß in den NS-Karteien der Archive zu viele Personen unter dem gleichen Namen verzeichnet sind, ohne daß eine eindeutige Zuordnung möglich war. Auf der anderen Seite gab es eine Reihe von Autoren, von denen wir wissen, daß sie zumindest keine NSDAP-Mitglieder waren, darunter einige Pensionäre, die sich wohl aus Altersgründen nicht mehr parteipolitisch binden oder engagieren wollten. Darüber hinaus sind in unserer Bibliographie mehrere Ausländer enthalten, die in deutschen Zeitschriften publizierten. Nicht zuletzt gilt es zu berücksichtigen, daß es auch katholische und sozialdemokratische Traditionen der Sozialeugenik gab, so daß sich in unserer Bibliographie auch einige Autoren finden, die zwar 1933 noch rassenhygienische Texte publizierten, der nationalsozialistischen Bewegung aber eher distanziert oder ablehnend gegenüberstanden.

Bei den 802 Autoren, zu denen politische Daten vorliegen, handelt es sich nahezu ausschließlich um Daten zu Mitgliedschaft und Funktionen in der NSDAP und NS-Organisationen. Lediglich zehn Autoren gehörten keiner nationalsozialistischen, sondern einer anderen politischen Organisation an: Vier Autoren waren vor 1933 SPD-Mitglieder, drei gehörten dem Zentrum, drei völkischen Organisationen an, ohne nach 1933 der NSDAP oder einer NS-Organisation beizutreten. Für insgesamt 792 Personen ließ sich daher eine Mitgliedschaft in der NSDAP oder einer NS-Organisation nachweisen. Dabei handelt es sich nur um Mindestzahlen, da wir nicht für jede NS-Organisation systematische Recherchen anstellen konnten; zudem waren in vielen Fällen keine Akten auffindbar, in anderen gab es, wie erwähnt, Probleme der eindeutigen Identifizierung und Zuordnung von Personen. Aussagen über die politische Sozialisation und den Organisationsgrad können wir daher nur über diese Teilgruppe unserer Autoren treffen, die allerdings recht groß ist, da sie rd. 82% der Autoren insgesamt und 86% aller Personen, zu denen wir überhaupt biographische Angaben haben, umfaßt. Die uns bekannten Daten weisen auf einen hohen Grad politischer Aktivität hin. Bezogen auf die Gesamtheit von 932 Autoren, von denen wir überhaupt biographische (berufliche und/oder politische) Daten haben, waren danach mindestens 73,2% Parteigenossen bzw. 85% Mitglied der

NSDAP und/oder einer NS-Organisation. Dies läßt den Schluß zu, daß das Engagement für die Rassenhygiene bzw. die rassenhygienische und -politische Erziehung und nationalsozialistische Orientierung in der Regel konvergierten: die rassenhygienisch-pädagogische Bewegung war zugleich eine nationalsozialistische Bewegung.

Die Bedeutung dieser Zahlen wird sichtbar, wenn wir Vergleichszahlen heranziehen: 7,3% der berufstätigen Bevölkerung waren im Dritten Reich 1933/34 Mitglied der NSDAP.[326] Berufsspezifische Untersuchungen zeigen, daß die Berufsgruppen der Ärzte, Lehrer und Hochschullehrer, aus denen auch unsere Autoren im wesentlichen kommen, generell zu den Berufsgruppen mit dem höchsten politischen Organisationsgrad gehörten: Etwa 31% aller Lehrer waren Parteimitglied,[327] unter der Ärzteschaft waren es 45%. Bei der Interpretation dieser Zahlen muß aber berücksichtigt werden, daß der politische Organisationsgrad der Lehrer vor 1933 auch in anderen Parteien wesentlich höher war als ihr Anteil an der Gesamtbevölkerung.[328] Der Anteil der Professoren scheint ähnlich hoch gelegen zu haben – in Berlin etwa gehörten 38%, in Gießen 47%, in Hamburg 59% der Hochschullehrer der NSDAP an.[329] Unter den Hochschullehrern weisen wiederum die Professoren und Dozenten der medizinischen Fakultäten sowie der Lehrerbildung den höchsten Organisationsgrad auf; an den Hochschulen für Lehrerbildung waren sogar 93% aller Hochschullehrer in der Partei.[330] Mit rund 70% war der Anteil der Parteigenossen auch unter den deutschen Psychologieprofessoren außerordentlich hoch.[331] Ärzte und Lehrer sowie Professoren der Medizin und der Lehrerbildung bildeten ganz offensichtlich sowohl generell eine politische als auch speziell eine rassenpolitische und -wissenschaftliche Avantgarde. Diese Zahlen können allerdings nicht ohne weiteres so interpretiert werden, daß die Hälfte der Professoren und fast alle Lehrerbildner Nationalsozialisten waren. Zum einen sind die meisten Hochschullehrer erst im Verlaufe des Dritten Reichs in die NSDAP eingetreten, viele erst 1937, und nicht immer wird dies aus innerer Überzeugung geschehen sein; denn Gesetze vom 26. Januar 1937 und 28. Februar 1939 schrieben für beamtete Hochschullehrer die Mitgliedschaft in der NSDAP oder einer NS-Organisation vor.[332] Vor 1933 waren NSDAP-Mitglieder unter den Professoren dagegen eher Ausnahmefälle. Zum anderen muß man berücksichtigen, daß von 1933 bis 1938 etwa 40% der Lehrkräfte ausschieden, in vielen Fällen aus politischen und rassistischen Gründen, und unter den neu berufenen

---

326 Falter, Die „Märzgefallenen" von 1933 (1998), S. 613. Die Zahl der Parteimitglieder stieg allerdings ab 1937 noch einmal stark an.

327 Stand 1937, nach Feiten, Der Nationalsozialistische Lehrerbund (1981). Aus dem Leipziger Lehrerverzeichnis von 1936 geht hervor, daß 1936 21,8% aller Lehrkräfte in Leipzig (1057 Personen) NSDAP-Mitglieder waren; 95% gehörten dem NSLB an, 14,1% waren in der SA, im NSKK oder in der SS organisiert. Nach Angaben für Westfalen waren dort 1940 28,14% der berufstätigen Lehrer Parteimitglieder (Scholtz, Erziehung und Unterricht unterm Hakenkreuz, 1985, Anm. S. 191).

328 Erger, Lehrer und Nationalsozialismus (1980), S. 226.

329 Chroust, Gießener Universität und Faschismus (1994).

330 Hesse, Professoren und Dozenten (1995), S. 90 f.

331 Ash/Geuter, NSDAP-Mitgliedschaft und Universitätskarriere in der Psychologie (1985). – Für eine Gesamtheit von 117 professionell tätigen Psychologen (nicht nur Professoren) ermittelten Ash und Geuter 54,7% Parteigenossen. In unserer Untersuchung liegt dieser Anteil mit rd. 82% deutlich höher. Siehe unten S. 125.

332 Heiber, Universität unterm Hakenkreuz, Bd. I, S. 341.

Professoren etwa jeder zweite in der NSDAP war; daher sind diese hohen Mitgliederzahlen auch Ausdruck eines relativ starken Bruchs in der Zusammensetzung der Hochschullehrerschaft.[333] Man wird unterstellen können, daß der Beitritt zur NSDAP in vielen Fällen opportunistisch motiviert war, weil es nach 1933 zunehmend schwieriger wurde, ohne Parteibuch berufen zu werden. Helmut Seier geht davon aus, daß die engagierten nationalsozialistischen Professoren eine kleine Minderheit bildeten, deren Anteil unter 5–10 % gelegen habe.[334]

Besonders stark war der Bruch der personellen Kontinuität in der Lehrerbildung ausgeprägt. Er begann allerdings bereits 1931/32 mit der Schließung etwa der Hälfte aller Akademien der Lehrerbildung in Preußen. Von den verbliebenen Hochschullehrerstellen wurden 1933 noch einmal rund die Hälfte abgewickelt, ebenso viele wurden aber aus dem Kreis der vorher in den Ruhestand versetzten Professoren wieder zurückgeholt.[335] Eine gewisse Kontinuität im politischen Organisationsverhalten läßt sich am ehesten für die Ärzteschaft nachweisen, die bereits in den 20er Jahren die stärkste akademische Berufsgruppe innerhalb der NSDAP bildete. Der Organisationsgrad der Lehrer war dagegen zu Beginn des Jahres 1933 eher gering. Vor 1933 waren lediglich 2,9 % aller Lehrkräfte, bis zum 1. Februar 1933 waren 5 % aller Volksschullehrer Mitglied im NSLB. Drei Jahre später gehörten jedoch fast alle Volksschullehrer (97 %) dem NSLB an, davon waren 32 % zugleich Parteimitglieder.[336] Der hohe Anteil von Lehrern, die zu diesem Zeitpunkt in die NSDAP oder den NSLB eingetreten waren, darf deshalb nicht vorschnell als Ausdruck einer bei dieser Berufsgruppe besonders stark ausgeprägten Rechtslastigkeit interpretiert werden. Für viele wird es nur um die Absicherung ihrer Position als Beamte oder die Verbesserung von Beförderungschancen gegangen sein.[337] Dies galt vor allem für Lehrer in Leitungsfunktionen.

Für die Bewertung der politischen Daten ist daher der Zeitpunkt des Beitritts zu einer NS-Organisation wichtig. Wir haben eine Grenze mit dem Beginn der nationalsozialistischen Herrschaft nach den letzten Wahlen am 5. März 1933 gezogen. Wer vor diesem Zeitpunkt eintrat, dürfte es aus Überzeugung getan haben.[338] Danach gab es eine Eintrittswelle, auf die die

---

333 Seier, Die Hochschullehrerschaft im Dritten Reich (1988); Kleinberger, Gab es eine national-sozialistische Hochschulpolitik? (1980).

334 Seier, Die Hochschullehrerschaft im Dritten Reich (1988), S. 266.

335 Hesse, Professoren und Dozenten (1995), S. 69 ff.

336 Lamberti, German Schoolteachers (2001), S. 54; Feiten, Der Nationalsozialistische Lehrerbund (1981), S. 147; Erger, Lehrer und Nationalsozialismus (1980), S. 225; Breyvogel, Volksschullehrer und Faschismus (1977).

337 Falter, Die „Märzgefallenen" von 1933 (1998), S. 613.

338 In anderen Untersuchungen wird die Grenze mit dem 30. 1./1. 2. 1933 gezogen, dem Tag der Berufung Hitlers zum Reichskanzler. Ebenso gut könnte man sie mit dem 24. März ziehen, dem Tag der Selbstentmachtung des Parlaments. Eine frühere Grenzziehung würde unsere Ergebnisse nur unwesentlich beeinflussen. Untersuchungen zum NSLB zeigen, daß die meisten Mitglieder 1933 erst nach dem März beitraten; 80 % aller NSLB-Mitglieder in Hessen z. B. traten im April bzw. am 1. Mai 1933 ein (Breyvogel, Volksschullehrer und Faschismus, 1977; Erger, Lehrer und Nationalsozialismus, 1980). Unsere Zahlen bestätigen dies: Zwischen dem 5. und dem 31. März 1933 traten lediglich acht unserer Autoren in die NSDAP ein. Die große Eintrittswelle kam erst im April und vor allem am 1. Mai, weil sehr viele noch vor dem danach verhängten Aufnahmestop Mitglied werden wollten. Nach den parteistatistischen Untersuchungen von Jürgen

Partei Anfang Mai mit einer Mitgliedersperre reagierte, um Beitritten aus bloß opportunistischen Gründen vorzubeugen. In der Folgezeit gab es nur vereinzelte Parteiaufnahmen, man konnte aber NS-Nebenorganisationen (wie dem NSLB) beitreten. Ende 1935 wurde die Aufnahmesperre offiziell für ehemalige Mitglieder des Stahlhelms,[339] 1937 für Mitglieder in NS-Nebenorganisationen aufgehoben – in diesem Jahr gab es eine Eintrittswelle speziell von Hochschullehrern; erst 1939 fielen alle Beschränkungen.

Vor dem 5. März 1933 waren bereits 214 Autoren Mitglied der NSDAP oder einer ihrer Organisationen. Darüber hinaus hatten 146 zuvor anderen völkisch-nationalistischen Organisationen angehört, vorwiegend den Freikorps, dem Stahlhelm, der DNVP und völkischen Jugendorganisationen; von ihnen fanden viele z. T. noch lange vor der „Machtergreifung" den Weg zum Nationalsozialismus. Den größten Anteil unter den völkischen Organisationen bilden paramilitärische Verbände; dazu gehören neben den Freikorps und dem Stahlhelm z. B. auch der aus der Freikorpsbewegung hervorgegangene Jungdeutsche Orden, der Kyffhäuserbund, die „Reichsflagge" und der „Bund Oberland" sowie die Einwohnerwehren und Grenzschutzverbände, die unmittelbar nach dem Ende des Ersten Weltkrieges entstanden.[340] Mindestens 63 unserer Autoren waren Mitglied in einem dieser Verbände. Rechnet man die Autoren hinzu, die vor der „Machtergreifung" in der SA organisiert waren, so waren insgesamt mindestens 93 Autoren in einem paramilitärischen rechtsgerichteten Verband organisiert. Für die politische Sozialisation eines nicht unbeträchtlichen Teils der vor der „Machtergreifung" völkisch-nationalsozialistisch organisierten Autoren war daher auch eine militante Ausrichtung charakteristisch. War die militärische Erziehung schon ganz allgemein prägend für die Generationen, die im späten Kaiserreich und zwischen den Weltkriegen aufwuchsen, so läßt sich für diese Gruppe eine übersteigerte Militanz konstatieren. Die völkischen Jugendorganisationen überschneiden sich z. T. mit diesen paramilitärischen Verbänden. So gehörten einige Autoren zum Beispiel dem Jungdeutschen Orden, dem „Jungstahlhelm", „Jugendwehren" oder dem Kyffhäuser-Jugendbund an. Eine gewisse, wenn auch nicht sehr signifikante Rolle spielt in diesem Zusammenhang auch die Erfahrung von Heimatverlust und Vertreibung nach dem Ersten Weltkrieg, die für gut 50 Autoren prägend gewesen sein dürfte.[341]

Falter sind 1933 insgesamt 1,6 Millionen neue Parteimitglieder aufgenommen worden, davon rd. 1,3 Millionen allein zum letztmöglichen Datum, am 1. Mai (Falter, Die „Märzgefallenen" von 1933, 1998).

339   Der Stahlhelm wurde ab 1933 nach Altersgruppen sukzessive in die SA überführt; die ehemaligen Stahlhelm-Mitglieder bildeten zunächst die „SA-Reserve".

340   Die paramilitärischen Verbände boten nach dem Ersten Weltkrieg vielen jungen Männern einen Ersatz für die infolge der Demobilisierung drastisch reduzierten Möglichkeiten in der Reichswehr. Siehe hierzu A. Lehmann, Militär und Militanz zwischen den Weltkriegen (1989); zum Jungdeutschen Orden vgl. Dudek, Erziehung durch Arbeit (1988), S. 63 ff. Die „Reichsflagge" und der „Bund Oberland", die gemeinsam den Sturz der Weimarer Republik betrieben, schlossen sich 1923 unter Führung Adolf Hitlers zum „Deutschen Kampfbund" zusammen.

341   Lamberti hebt diesen Aspekt als einen Faktor hervor, der viele Lehrer während der Weimarer Republik zur völkisch-nationalsozialistischen Bewegung trieb; 1921 sollen allein unter den Flüchtlingen aus den an Polen abgetretenen Gebieten 9 600 Lehrer gewesen sein: Lamberti, German Schoolteachers, National Socialism, and the Politics of Culture at the End of the Weimar Republic (2001).

Zählt man beide Gruppen der völkisch und nationalsozialistisch organisierten Autoren zusammen und rechnet Doppelmitgliedschaften heraus (z. B. Übertritte von der DNVP zur NSDAP vor 1933), so waren vor dem „definitiven" Beginn der nationalsozialistischen Herrschaft 322 Personen in der völkisch-nationalsozialistischen Bewegung organisiert.[342] Das entspricht einem Anteil von 40,1 % aller Autoren, über die wir politische Daten haben. Wir können mindestens 40 Autoren hinzurechnen, die zwar nicht vor der „Machtergreifung" politisch organisiert waren, aber schon vor 1933 rassenhygienische und völkische Schriften veröffentlicht hatten.[343] Damit kann man in rd. 45 % aller Fälle eine politische und ideologische Motivation zugrunde legen, die sich bereits vor der Machtübernahme herausgebildet hatte. Dies sind Mindestzahlen; sie weisen darauf hin, daß die Vertreter und Verfechter des „Rassenkonzepts" in hohem Maße auch politische Aktivisten waren, schon früh ihren Platz in der völkisch-nationalsozialistischen Bewegung fanden und vermutlich auch nicht aus opportunistischen Motiven, sondern aus einer inneren Überzeugung heraus, die sich schon vor '33 vorbereitete, ihre Artikel und Bücher schrieben. Darin liegt offensichtlich eine Besonderheit unserer Bezugsgruppe im Vergleich zu allgemeinen berufsspezifischen Untersuchungen. Unter den deutschen Professoren etwa gab es vor der „Machtergreifung" nur wenige Parteigenossen, und selbst unter Psychologen und Lehrerbildnern waren Parteimitgliedschaften vor 1933 die Ausnahme.[344] Eine völkisch-nationalistische Sozialisation war ganz eindeutig konstitutiv und prägend für unsere Autoren: Nur insgesamt 28 (= 3,5 %) Autoren hatten während der Weimarer Republik einer Partei der Mitte (Zentrum, DDP) oder der SPD angehört; von ihnen traten später 15 der NSDAP und weitere sechs einer NS-Organisation bei.[345]

---

342 Die meisten vor 1933 völkisch organisierten Personen schlossen sich vor der Machtübernahme den Nationalsozialisten an, die übrigen danach. Lediglich in drei Fällen haben wir keinen Nachweis für einen späteren Beitritt zu einer NS-Organisation finden können.

343 Da wir dem nicht systematisch nachgegangen sind, können wir hier nur Mindestangaben machen.

344 In Marburg z. B. war vor 1933 noch kein Ordinarius in der NSDAP, die meisten traten erst 1937 bei (Nagel, Die Philipps-Universität Marburg im Nationalsozialismus, 2000, S. 46). Unter den von Ash und Geuter untersuchten Psychologen waren von 117 lediglich 9 schon vorher Parteimitglied. An der HfL Braunschweig, um ein anderes Beispiel zu nennen, waren von 28 Lehrkräften vier bereits vor dem Februar 1933 in der Partei (Bei der Wieden, Vom Seminar zur Lehrerbildungsanstalt, 1996), an der Universität Münster waren noch 1941 von 108 Parteigenossen (bei insgesamt 187 Lehrkräften) lediglich 7 schon vor 1933 eingetreten, darunter freilich nur 2 verbeamtete Professoren (Heiber, Universität unterm Hakenkreuz, Bd. I, S. 574f.). Von 114 Parteigenossen unter den Professoren der Berliner Universität waren nur 14 vor dem Frühjahr 1933 eingetreten (Seier, Die Hochschullehrerschaft im Dritten Reich, 1988). Selbst unter den bei Hesse verzeichneten Lehrerbildnern, von denen nach 1933 fast alle der NSDAP beitraten, waren nur 12 % schon vor dem 30. Januar 1933 zur Partei gestoßen (Hesse, Professoren und Dozenten, 1995, S. 90).

345 Von diesen Autoren gehörten 14 der SPD, 6 der DDP und 6 dem Zentrum an; vier ehemalige SPD- und drei ehemalige Zentrums-Mitglieder blieben auch nach der Machtübernahme den nationalsozialistischen Organisationen fern. Unter ihnen waren auch einige Vertreter der rassenhygienischen Bewegung, die 1933 „entmachtet" wurden, wie Hermann Muckermann, der bis 1933 Vorsitzender der Gesellschaft für Rassenhygiene war, als Vertreter einer katholischen Eugenik und ehemaliges Zentrums-Mitglied für den neuen Staat aber nicht mehr tolerabel war und 1937 mit einem Rede- und Ausreiseverbot belegt wurde.

Ein weiteres wichtiges Datum für die Interpretation des politischen Verhaltens stellt der Juli 1932 dar; denn von Juni 1930 bis Juli 1932 bestand in Preußen ein Verbot der Mitgliedschaft in der NSDAP für Beamte.[346] Viele Lehrer etwa waren deshalb zunächst nur Mitglied des NSLB und traten erst danach der Partei bei oder warteten mit einem endgültigen Beitritt bis zur Machtübernahme, d. h. bis zu einer eindeutigen Klärung der politischen Situation, um die berufliche Existenz nicht zu gefährden. Deshalb sind Parteieintritte erst im Frühjahr 1933 nicht nur als Ausdruck opportunistischer Motive zu deuten; denn viele, die am 1. Mai 1933 beitraten, gehörten bereits einer nationalsozialistischen Organisation an. Auf der anderen Seite weist eine Parteimitgliedschaft vor dem Juli 1932 auf eine besonders stark ausgeprägte nationalsozialistische Gesinnung hin. Immerhin trifft dies auf 134 Autoren zu (17%). 25 Autoren gehören zum Kreis der „alten Kämpfer", die schon in den 20er Jahren dabei waren, 70 schlossen sich 1930/31 der NSDAP an.

Politische Mitgliedschaften

Autoren insgesamt	802 (100%)
NSDAP	682 (85,0%)
Nur NS-Organisationen*	105 (13,1%)
Andere Parteien	28 (3,5%)
Völkisch/NS vor 5. 3. 1933	322 (40,1%)
NSDAP-Mitgl. vor 5. 3. 1933	190 (23,7%)
– vor Juli 1932	137 (17,1%)
NSLB vor 1. 5. 1933	94 (11,7%)
– vor Juli 1932	58 (7,2%)

* eine Parteimitgliedschaft ließ sich nicht nachweisen

Von den Personen, die einer NS-Organisation angehörten, waren die meisten zugleich Parteimitglied. Da wir es überwiegend mit Lehrern und Hochschullehrern zu tun haben, finden wir mit rd. 65% auch einen hohen Anteil an Mitgliedern im NSLB – tatsächlich dürfte diese Zahl noch höher gelegen haben, da bis zum Ende des Dritten Reichs fast alle Lehrer dem NSLB beitraten. Vor 1933 war der NSLB aber noch keine berufsständische Interessenorganisation, sondern ein politischer Kampfverband mit einer relativ kleinen Mitgliederzahl. Ende 1931 gehörten erst etwa 2000 Lehrer dem NSLB an, erst im Verlauf des Jahres 1932 stieg die Zahl deutlich an und erreichte bis Anfang März 1933 etwa 12 000. Danach begann die Eingliederung der Berufsverbände in den NSLB und damit auch der Strukturwandel zu einer berufsständischen Vertretung, der am Ende des Dritten Reichs fast alle Lehrer angehörten.[347] Daher können wir auch in diesem Fall die Mitgliedschaft im NSLB vor Anfang März 1933 als Indikator für eine besonders stark ausgeprägte nationalsozialistische Gesinnung werten. Ins-

---

346   Erschwerend kam für katholische Lehrer eine Unvereinbarkeitserklärung der katholischen Bischöfe 1931 hinzu (Lamberti, German Schoolteachers, 2001, S. 60). (Wieweit das Mitgliedschaftsverbot in Preußen tatsächlich umgesetzt wurde, läßt sich schwer beurteilen. Unter unseren Autoren sind einige, die aus politischen Gründen berufliche Nachteile erlitten und entlassen wurden; bei anderen blieb es wohl bei einem dienstlichen Verweis (siehe das Beispiel Fritz Winter: BDC 249 B SS-Führer).
347   J. Erger, Lehrer und Nationalsozialismus (1980).

gesamt sind 87 Autoren vor dem 5. März 1933 dem NSLB beigetreten, davon 54 vor Juli 1932.

Mindestens 195 Personen (24,3%) waren in der SA organisiert – eine bemerkenswert hohe Zahl, weil die SA nicht gerade eine Hochburg von Akademikern war. Für unsere Zwecke ist vor allem die Mitgliedschaft in jenen Organisationen von Interesse, die speziell für die Rassenpolitik des Nationalsozialismus „zuständig" waren: das Rassenpolitische Amt der NSDAP (RPA) und die SS, hier insbesondere das Rasse- und Siedlungshauptamt (RuSHA). 83 Autoren waren Mitarbeiter des RPA, 121 gehörten der SS an. Von den SS-Angehörigen arbeiteten 46 für das RuSHA, weitere 24 für den Sicherheitsdienst bzw. das Reichssicherheitshauptamt. SA-Mitgliedschaft werten wir als Zeichen für politischen Aktivismus, RPA-Mitarbeit und SS-Mitgliedschaft darüber hinaus als ein Zeichen für einen besonderen rassenpolitischen Aktivismus. Zählen wir diese Gruppen zusammen, so können wir 308 Autoren als Aktivisten, 180 als rassenpolitische Aktivisten kennzeichnen:

Politische und rassenpolitische Aktivisten

SA	195 (24,3%)
RPA	83 (10,3%)
SS	121 (15,1%)
– RuSHA	46 (5,7%)
– SD/RSHA	24 (3,0%)
RPA/SS*	188 (22,4%)
RPA/SS/SA*	308 (38,4%)

* Ohne Mehrfachnennungen

Zur Gruppe der politischen Aktivisten gehören 38,4% unserer Autoren, zu den rassenpolitischen Aktivisten 22,3%. Unter den politischen Aktivisten dominieren professionelle Pädagogen (Lehrer und Professoren/Dozenten der Lehrerbildung) mit 66%, während sich die rassenpolitischen Aktivisten gleichermaßen auf professionelle Pädagogen (53%) und andere – im wesentlichen Universitätsprofessoren anderer Fächer, Ärzte und Angehörige der staatlichen Verwaltung – verteilen.

Analysieren wir aber zunächst die Gruppe der SA-Mitglieder etwas näher. Hier fallen einige Besonderheiten auf. So war das Durchschnittsalter mit 34,2 Jahren deutlich niedriger als das der Autoren insgesamt (36,8). Bezogen auf die Generationenunterscheidung, die wir oben getroffen haben, gehörten überdurchschnittlich viele, nämlich 49,5% der „Kriegsjugendgeneration" an (gegenüber 36,8% aller Autoren); der Anteil entspricht etwa dem der rassenpolitischen Aktivisten, d. h. der RPA- und SS-Mitglieder. Dies paßt zu dem bekannten Bild von der SA als einer Organisation „junger, aktivistischer Männer".[348] Auch die (nachweisliche) Zugehörigkeit zu einer völkischen oder nationalsozialistischen Organisation vor dem März 1933 lag mit 51,6% deutlich über dem allgemeinen Durchschnitt von 37,7%.

---

348 In einer Untersuchung von Kater über die Münchner SA lag das Durchschnittsalter der Akademiker 1934 bei 27 Jahren: M. H. Kater, Ansätze zu einer Soziologie der SA (1976), S. 804.

Von den insgesamt 195 SA-Mitgliedern waren 136 (69,7%) promoviert, 82 (42,0%) gehörten zur Gruppe der Wissenschaftler (Professoren, Dozenten, Assistenten), 78 (40,0%) waren Lehrer oder Studienräte. Nach Fachrichtung unterschieden waren jeweils etwa ein Drittel Pädagogen/Psychologen und Naturwissenschaftler; ein weiteres Drittel verteilt sich auf andere Geisteswissenschaftler, Sozialwissenschaftler im weitesten Sinn und Juristen. Bemerkenswert ist der relativ hohe Organisationsgrad der Professoren und Dozenten der Lehrerbildung. Von den bei Hesse zusammengestellten Professoren und Dozenten der Hochschulen für Lehrerbildung waren 23,5% in der SA; unter unseren Autoren liegt dieser Anteil mit 34% deutlich höher, rechnet man Universitätspädagogen und wissenschaftliche Mitarbeiter hinzu, so waren es sogar 50%. Dies reflektiert den generell hohen SA-Organisationsgrad in den lehrerbildenden Einrichtungen; die SA-Mitgliedschaft von Professoren und Dozenten war ein spezielles Phänomen der akademischen Lehrerbildung, die während des Nationalsozialismus in weit höherem Maße politisiert war als die allgemeine universitäre Ausbildung.[349] Diese Politisierung nahm mit der Umwandlung der Hochschulen in Lehrerbildungsanstalten während des Krieges noch weiter zu, begleitet von einem drastischen Qualitätsverlust.[350]

Von 50 dieser SA-Mitglieder wissen wir, daß sie Führungspositionen innerhalb der SA innehatten, davon 23 auf der unteren, 15 auf der mittleren und 11 auf der höheren Ebene. Auf der unteren Führungsebene finden wir vor allem Lehrer, während die mittleren Führungsränge vorwiegend von Professoren besetzt werden. Für die höhere Führung dagegen spielte der Berufs- und der Professorenstatus offenbar keine Rolle mehr, hier zählten Positionen in der staatlich-administrativen Hierarchie vom Schulrat bis zum Ministerialdirektor, in die auch Studienräte und Ärzte gelangen konnten.[351] Studien zur Soziologie der SA zeigen, daß Akademiker nur selten den Weg in die SA fanden; ihr Anteil dürfte bei 1,5 bis 2,5% gelegen haben.[352] Um so größer war ihre Bedeutung bei der Besetzung von Führungsrängen. Eine relativ starke Stellung erreichte die SA jedoch an den Hochschulen dadurch, daß sie die wehrsportliche Ausbildung der Studenten durchführte; dafür war das 1933 gebildete SA-Hochschulamt zuständig. Bereits im April 1933 war eine zweisemestrige Sportpflicht für alle Studenten an Universitäten und Hochschulen eingeführt worden, ein Jahr später wurde der studentische Pflichtsport auf drei Semester ausgedehnt. Das Amt für Leibesübungen der Studentenschaft und die Institute

---

349   Hesse, Professoren und Dozenten (1995), S. 92. Wie weit die Zahl von 23,5%, die sich aus den bei Hesse zusammengestellten Daten ergibt, wirklich aussagekräftig ist, ist allerdings schwer zu sagen. An der HfL Hirschberg trat z. B. das Personal 1934 geschlossen in die SA ein, während die HfL Braunschweig 1937 trotz relativ hohen Politisierungsgrades nur ein einziges SA-Mitglied verzeichnete: Bei der Wieden, Vom Seminar zur Lehrerbildungsanstalt (1996). – Aufschlußreich ist ein Vergleich zur professionellen Gruppe der Psychologen, die ja häufig zugleich Pädagogen waren, für die Ash und Geuter einen Anteil von 17,6% SA-Mitgliedern unter allen Hochschullehrern ermittelt haben: Ash/Geuter, NSDAP-Mitgliedschaft und Universitätskarriere in der Psychologie (1985).

350   Siehe z. B. Bei der Wieden, Vom Seminar zur Lehrerbildungsanstalt (1996).

351   Die Zuordnung haben wir so vorgenommen: untere Führungsebene: Rotten-, Schar- und Truppführer; mittlere Ebene: Sturm- und Sturmbannführer; höhere Ebene: Standarten- und Gruppenführer.

352   Kater (1976) nennt für 1934 in München 1,5%; Peter Longerich nennt Ergebnisse aus anderen Untersuchungen, die sich um 2 bis 3% bewegen: Longerich, Die braunen Bataillone (1989), S. 81 ff.

für Leibeserziehung an den Hochschulen waren gehalten, mit dem SA-Hochschulamt bzw. – ab 1934 – dem Amt für Ausbildungswesen der SA zusammenzuarbeiten.[353]

Wenden wir uns nun den rassenpolitischen Aktivisten zu, den Mitarbeitern des RPA und Mitgliedern der SS, insgesamt 180 Personen – das sind 22,4% aller Personen, zu denen wir politische Daten haben. Sie bilden einen „harten Kern" unserer Autoren, weil RPA und SS die maßgeblichen und wichtigsten rassenpolitisch ausgerichteten Organisationen innerhalb des Nationalsozialismus waren. Von der Altersstruktur her gleicht diese Gruppe den SA-Mitgliedern: Das Durchschnittsalter lag 1933 bei 35,1 Jahren; die SS-Angehörigen bildeten mit einem Durchschnittsalter von 33,7 Jahren die jüngste Gruppe.[354] Knapp die Hälfte aller rassenpolitischen Aktivisten (49,1%) gehörten der „Kriegsjugend- und -kindheitsgeneration", 31% der „jungen Frontgeneration", 19,2% der älteren Generation an. Nimmt man nur die SS-Mitglieder, so gehörten 56,8% der Kriegsjugendgeneration an. Ein deutlicher Unterschied zu den SA-Mitgliedern ergibt sich im Hinblick auf die Fächerzugehörigkeit: Unter den rassenpolitischen Aktivisten waren Naturwissenschaftler überproportional vertreten, die offensichtlich bevorzugt als Experten für Rassenkunde und Rassenhygiene gefragt waren und in den für die Rassenpolitik in erster Linie zuständigen Parteiorganisationen mitarbeiteten. Dies gilt vor allem für das RPA (und innerhalb der SS ähnlich für das RuSHA), das bemüht war, für seine Arbeit möglichst durchweg ausgewiesene Experten aus den Hochschulen und Gymnasien zu gewinnen.

Bei der Zuordnung zu den Berufsgruppen haben wir keine Mehrfachzählungen vorgenommen, sondern jeweils den höchsten Status während des Dritten Reichs zugrunde gelegt. Dies erklärt u. a. den relativ geringen Anteil von 24,4% Lehrern. Tatsächlich kamen erheblich mehr rassenpolitische Aktivisten aus dem Schuldienst. Eine Reihe von Lehrern stiegen z. B. in höhere Staatsämter auf, und viele Professoren waren vor ihrer Berufung als Studienräte tätig gewesen. Ähnliches gilt für die Gruppe der Ärzte: Rechnet man die Ärzte, die etwa als Medizinalräte im Gesundheitswesen arbeiteten oder Universitätsprofessoren wurden, hinzu, so steigt ihre Zahl von 10 auf 37. Auffallend ist ganz allgemein ein hoher Anteil an Akademikern und Professoren unter den rassenpolitischen Aktivisten. Dies gilt besonders für die SS-Angehörigen: von ihnen waren 76,9% promoviert, fast die Hälfte hatte den Professoren- oder Dozentenstatus. Weiter fällt auf, daß der SS deutlich mehr Universitäts- als HfL-Professoren angehörten; Professoren der Hochschulen für Lehrerbildung organisierten sich eher bei der SA. Lehrer sind unter den SS-Mitgliedern mit 13,2% nur mäßig vertreten. Unter den 80 RPA-Mitarbeitern finden wir dagegen mit 38,6% einen sehr viel höheren Anteil an Lehrern. Dies waren häufig Biologie-Lehrer, die als Kreisamtsleiter für das RPA arbeiteten, während auf Gau-Ebene meistens Professoren solche Leitungsaufgaben übernahmen. Rechnet man die Lehrer hinzu, die in höheren Staatsämtern tätig waren, so ergibt sich für die SS ein Anteil von 21,5%, für das RPA von 43,4%.[355] Für das Rasse- und Siedlungsamt der SS arbeiteten insge-

---

353 W. Buss, Die Entwicklung des deutschen Hochschulsports vom Beginn der Weimarer Republik bis zum Ende des NS-Staates (1975).

354 Zum Vergleich: Nach Ziegler lag das Durchschnittsalter bei den Mitgliedern der Allgemeinen SS 1938 bei 29 Jahren, beim Führerkorps der SS bei 38 Jahren: Ziegler, Nazi Germany's New Aristocracy (1989), S. 62f.

355 Ein großer Teil der Gau- und Kreissachbearbeiter für Rassefragen im NSLB war gleichzeitig für

Rassenpolitische Aktivisten

	SS	RPA (80)	SS/RPA*
Insgesamt (= 100%)	121	83	180
Promovierte	93 (76,9%)	57 (68,7%)	134 (74,4%)
Professoren und Dozenten	57 (47,1%)	29 (34,9%)	75 (41,7%)
Universitäten	*38*	*19*	*51*
Hochschulen f. Lehrerbildung	*19*	*10*	*24*
Lehrer/Studienräte	16 (13,2%)	32 (38,6%)	44 (24,4%)
Staat und Verwaltung	26 (21,5%)	13 (15,7%)	32 (17,8%)
Ärzte	7 (5,8%)	4 (4,8%)	10 (5,6%)
Fachgruppen:**			
Naturwiss./Mediz.	45 (45,0%)	42 (60,9%)	76 (50,3%)
Sozialwiss./Juristen	13 (13,0%)	7 (10,1%)	17 (11,3%)
Geisteswiss.	28 (28,0%)	6 (8,7%)	32 (21,2%)
Päd./Psychol.	14 (14,0%)	15 (21,7%)	26 (17,2%)
völk./nat.soz. vor 5. 3. 33	92 (76,0%)	57 (68,7%)	134 (74,4%)

* Personen, die in beiden Organisationen tätig waren, wurden nur einmal berücksichtigt.
** Prozentangaben bezogen auf die Zahl der Personen, für die die Fachrichtung bekannt ist.

samt 46 Personen; darunter waren lediglich sechs Lehrer, von denen wiederum drei in gehobenen oder höheren Staatsämtern tätig waren. 25 RuSHA-Mitarbeiter waren Professoren oder Dozenten, weitere vier Personen waren als Universitätsassistenten beschäftigt, so daß insgesamt fast zwei Drittel dem Kreis der Hochschullehrer und Wissenschaftler zugerechnet werden können. Es scheint, als seien im RPA, das für die rassenpolitische Schulungsarbeit in der Partei zuständig war, vor allem Fachkenntnisse gefragt gewesen, wie sie Studienräte der naturwissenschaftlichen Fächer besaßen, während bei der SS Führungsqualitäten und Elitebewußtsein von größerer Bedeutung waren.

Das wohl bemerkenswerteste Ergebnis ist der hohe politische Organisationsgrad der rassenpolitischen Aktivisten schon vor dem März 1933: 77% der SS-Angehörigen und 67,5% der RPA-Mitarbeiter waren bereits vor dem Beginn der nationalsozialistischen Herrschaft Mitglied einer völkischen oder nationalsozialistischen Organisation. Es wird sich daher um eine Gruppe hochgradig politisch motivierter und verläßlicher Experten gehandelt haben. Je näher wir der Kerngruppe rassenpolitischer Aktivisten kommen, desto größer wird der Anteil derer, die schon vor der „Machtergreifung" völkisch-nationalsozialistisch organisiert waren, desto größer wird zugleich der Anteil der Professoren und Dozenten; nur die RPA-Mitarbeiter bilden in dieser Hinsicht eine Ausnahme wegen der großen Zahl der Lehrer als Mitarbeiter auf der Kreisebene:

---

das RPA tätig: „Die gesamte rassenpolitische Arbeit im deutschen Volk wird heute zu einem erheblichen Teil von der deutschen Erzieherschaft getragen", schrieb Werner Dittrich 1939.

	völk./ns. vor 3.5.33	Prof./Doz.
NSDAP oder NS-Organisationen	40,1%	26,8%
NSDAP-Mitglieder	42,9%	27,5%
SA-Angehörige	50,3%	36,9%
RPA-Mitarbeiter	68,7%	34,9%
SS-Angehörige	77,0%	47,9%
RuSHA-Mitarbeiter	84,7%	55,5%

In diesen Zahlen kommt das Selbstverständnis der SS als einer politischen und gesellschaftlichen Elite zum Ausdruck. Der Eindruck einer akademisch hochgebildeten rassenpolitischen Führungselite verfestigt sich, wenn wir Rang und Funktion in der politischen Organisationshierarchie betrachten: die meisten Personen hatten eine Leitungsfunktion inne, viele übten darüber hinaus Schulungsfunktionen aus. Die meisten SS-Mitglieder (nachweislich 58) hatten einen mittleren oder gehobenen Führungsrang als Sturm- oder Sturmbannführer, sieben waren Standarten- oder Gruppenführer. Auf der unteren Führungsebene (Rotten- und Scharführer) finden wir dagegen nur neun Personen. Insgesamt hatten von den SS-Angehörigen, deren Rang uns bekannt ist, 81,4% einen mittleren oder hohen Führungsstatus, während dies bei den SA-Mitgliedern nur für 52% galt. In dieses Bild paßt auch, daß jeder vierte rassenpolitische Aktivist höhere Ämter und Funktionen in Staat und Verwaltung innehatte; unter den SS-Angehörigen waren es 31%.

Generell läßt sich sagen, daß, wer von den Autoren Mitglied der NSDAP und/oder einer NS-Organisation war, zumeist auch aktiv beteiligt war. Mindestens 362 (das sind 47,8%) der politisch Organisierten übernahmen auch Aufgaben und Verantwortung, sei es als Gausachbearbeiter, als Lektor[356] oder als Referent, sei es in Leitungs- oder Schulungsfunktionen. Auch dies spricht dafür, daß wir es insgesamt mit einer akademischen Elite zu tun haben, die aktiver Träger der Rassenidee und -politik war.

	Insgesamt	Promoviert
Mitarbeit*	184 (23,2%)	132 (23,1%)
Leitungsfunktion	216 (27,3%)	152 (28,1%)
Schulungsfunktion	153 (19,3%)	104 (19,2%)
Aktive Beteiligung insges.	379 (47,8%)	271 (50,1%)

* Sach- und Fachbearbeiter, Lektoren, Referenten etc.

---

356 Lektoren hatten die Funktion von Begutachtern und Vorzensoren. Die meisten Lektoren und Begutachter unter unseren Autoren waren für den NSLB, einige für das Amt Rosenberg und die „Parteiamtliche Prüfungskommission zum Schutze des nationalsozialistischen Schrifttums" tätig. Die Parteiamtliche Prüfungskommission übte eine Vorzensur für das nationalsozialistische Schrifttum (politische und weltanschauliche Literatur) aus, die Hauptstelle bzw. Abteilung Schrifttum im NSLB befaßte sich mit der Überprüfung aller Erziehungs- und Schulfragen betreffenden Veröffentlichungen. Die Dienststelle Rosenberg war für die „Überwachung der

Werfen wir noch einen Blick auf den politischen Organisationsgrad und Aktivismus der professionellen Pädagogen und Erziehungswissenschaftler – Lehrer und Studienräte, Professoren und Dozenten der Pädagogik und der Pädagogischen Psychologie, der Lehrerbildung etc. Zu dieser Gruppe rechnen wir insgesamt 612 Autoren. Von 518 dieser Autoren wissen wir, daß sie Mitglied der NSDAP waren, fast alle anderen gehörten nicht der Partei, aber einer NS-Organisation an. Diese Personen waren in der Regel Mitglied im NSLB – dies erklärt die hohe Zahl von 517 nachgewiesenen NSLB-Mitgliedern unter der Gesamtheit unserer Autoren. NSLB-Mitgliedschaft (nach dem Machtwechsel) deutet für sich genommen aber noch nicht auf einen besonders ausgeprägten politischen Aktivismus hin, weil eine solche Mitgliedschaft oft nur aus berufsspezifischen Motiven erfolgte, nachdem die Berufsverbände im NSLB aufgehoben und „gleichgeschaltet" worden waren. Sie kann nur dann als ein Indikator für „politische Selbstmobilisierung" genommen werden, wenn sie mit der Übernahme wichtiger Funktionen verbunden war. Von etwas mehr als der Hälfte aller Lehrer und Pädagogikprofessoren wissen wir, daß sie auch Ämter und Aufgaben im NSLB und anderen NS-Organisationen übernahmen, also nicht nur passive Mitglieder waren; so nahmen sie vor allem Aufgaben als Sachbearbeiter, Referenten, Schulungs- und Amtsleiter wahr. Bemerkenswert ist darüber hinaus mit 85,7% der sehr hohe Anteil an Parteimitgliedern. Mehr als jeder vierte (26,1%) war in der SA, während der SS mit etwa 10% erheblich weniger Personen angehörten. Der Anteil der Autoren, die bereits vor der „Machtergreifung" einer völkischen oder nationalsozialistischen Organisation beitraten, entspricht mit 36,4% ungefähr dem Durchschnitt aller Autoren.

Politisches Profil der professionellen Pädagogen (Lehrer, Professoren und Dozenten der Hochschulen für Lehrerbildung, Universitätsprofessoren der Pädagogik und Psychologie)

Gesamtgruppe	518 (100%)
NSDAP-Mitglieder	441 (85,1%)
völk./ns vor 5.3.1933	190 (36,7%)
SA	136 (26,2%)
SS	59 (11,4%)
RPA	47 (9,1%)
SS/RPA	79 (15,2%)
SA/SS/RPA	197 (38,0%)
Aktive Mitarbeit	272 (52,5%)

Die Pädagogen unter unseren Autoren waren danach zwar in hohem Maße politisch organisiert und auch aktiv, insgesamt können wir aber nur einen kleinen Kreis zu den rassenpolitischen Aktivisten rechnen. Zählt man die Lehrer hinzu, die Staatsämter innehatten, so erhöht sich der Anteil der „rassenpolitischen Aktivisten" an den „professionellen Pädagogen" leicht von 15,2 auf 16,6%. Der Schwerpunkt politischer Aktivitäten der Pädagogen lag eher bei der

---

gesamten geistigen und weltanschaulichen Schulung und Erziehung der NSDAP" zuständig und beschäftigte zahlreiche Lektoren zur systematischen Überprüfung des gesamten deutschen Schrifttums. Zu Funktion und Arbeitsweise dieser verschiedenen Einrichtungen und Lektorate siehe Horn, Pädagogische Zeitschriften im Nationalsozialismus (1996), S. 56ff. und 93ff.

SA und in der Mitarbeit in den berufsspezifischen Organisationen der NSDAP, vor allem im NSLB.[357] Etwas anders stellt es sich dar, wenn wir nur die Gruppe der Erziehungswissenschaftler und Psychologen betrachten – Autoren, die diese Fächer an den Hochschulen vertraten oder in Pädagogik bzw. Psychologie promovierten. Unter ihnen lag der Anteil „politischer und rassenpolitischer Aktivisten" deutlich höher:

	Psychologen	Erziehungswiss.	Zusammen
n	70	84	113
ohne Angaben	4	3	5
NSDAP	54 *(81,8%)*	67 *(82,7%)*	87 *(80,6%)*
nur NSLB u. ä.	9	10	16
SA	17 *(25,8%)*	29 *(35,8%)*	32 *(29,6%)*
SS/RPA	16 *(24,2%)*	21 *(25,9%)*	28 *(25,9%)*
SA/SS/RPA	33 *(50,0%)*	44 *(54,3%)*	54 *(50,0%)*
völk./ns. vor 5. 3. 1933	13 *(19,7%)*	24 *(29,6%)*	32 *(29,6%)*

Die wenigen Pädagogen und Psychologen, die weder der NSDAP noch einer NS-Organisation angehörten, stellen Sonderfälle dar: Gerhard Clostermann und Helene Wessel etwa hatten starke katholische Bindungen, Herman Nohl und sein Assistent Jürgen Brake blieben zum Nationalsozialismus auf Distanz, Nohl wurde 1937 aus dem Hochschulamt entlassen. In den meisten übrigen Fällen ließ sich die Mitgliedschaft aufgrund von Identifizierungsproblemen nicht klären.

Was die Fachgruppen betrifft, so fällt wieder der hohe Anteil der Naturwissenschaftler und Mediziner unter den rassenpolitischen Aktivisten auf. Unter ihnen sind neben Biologie-Lehrern und Professoren der rassenkundlichen Fächergruppe an den Hochschulen für Lehrerbildung auch Universitätsprofessoren der naturwissenschaftlichen und medizinischen Fächer, Ärzte und Medizinialbeamte vertreten. Am höchsten fällt mit 60,9% der Anteil der Natur- und Medizinwissenschaftler an den RPA-Mitarbeitern aus. Unter SS-Angehörigen und RuSHA-Mitarbeitern ist dieser Anteil mit 45,0% bzw. 45,6% zwar ebenfalls sehr hoch, aber doch deutlich niedriger als bei den RPA-Mitarbeitern. Diese Differenz läßt zwei mögliche Interpretationen zu: Zum einen können wir darin eine Bestätigung unserer Annahme sehen, daß für die Mitarbeit in der SS neben fachspezifischen Kompetenzen vor allem Führungsqualitäten eine größere Bedeutung hatten als für die RPA-Mitarbeit. Zum anderen dürfte aber auch eine Rolle gespielt haben, daß das RPA vorwiegend Mitarbeiter mit rassenbiologischen Kenntnissen rekrutierte, während das RuSHA auch rassenpolitisch orientierte Volkstumsexperten und deshalb neben Naturwissenschaftlern auch Historiker und Sozialwissenschaftler beschäftigte.

Unter den Autoren, die für eine kulturpolitische NS-Organisation gearbeitet haben, dominieren dagegen die Geisteswissenschaftler. Der Anteil der Naturwissenschaftler und Mediziner in

---

357 Andere Mitgliedschaften – etwa in der NSV oder im RLB – haben wir in dieser Analyse nicht berücksichtigt, weil sie uns unter politischen Gesichtspunkten nicht genügend signifikant zu sein scheinen.

den verschiedenen NS-Organisationen geht in dem Maße zurück, wie sich die Organisation von Funktion und Selbstverständnis her vom „rassenhygienischen Aufgabenkreis" entfernt:

Anteil der Naturwissenschaftler und Mediziner

RPA	60,9%
SS	45,0%
– RuSHA	45,6%
SA	31,3%
Reichskulturkammer	26,9%
VDA und Reichskolonialbund	20,7%
„Rosenberg-Organisationen"*	15,0%

* Amt Rosenberg, Kampfbund für deutsche Kultur, BDO

Entsprechend wächst umgekehrt der Anteil der Geisteswissenschaftler und Pädagogen/Psychologen. Sozial- bzw. Staatswissenschaftler und Künstler können wir in diesem Zusammenhang vernachlässigen, da insgesamt weniger als 10% unserer Autoren diesen Fächergruppen angehörten. Erwähnenswert wäre nur, daß besonders viele Staats- und Sozialwissenschaftler dem Verein für das Deutschtum im Ausland (VDA) angehörten, ein völkisch-nationalistischer Interessenverband, in dem insbesondere Experten für Geopolitik und Grenzlandkunde mitarbeiteten, die wir der Gruppe der Sozialwissenschaftler zugeordnet haben. 55 Personen waren Mitglied der Reichskulturkammer – überwiegend Autoren, die zugleich als Schriftsteller arbeiteten; unter ihnen finden sich Vertreter aller Disziplinen, vor allem aber Geisteswissenschaftler und Pädagogen, darunter viele, die z. B. Jugendbücher und völkische Literatur verfaßten. Am stärksten waren die Geisteswissenschaftler in jenen Organisationen und Institutionen engagiert, die unter der Leitung oder dem unmittelbaren Einfluß Alfred Rosenbergs standen und die wir hier zu einer Gruppe zusammengefaßt haben, weil Rosenberg zugleich für ein bestimmtes Paradigma einer völkisch-rassistischen Weltanschauungslehre stand und die Arbeit für eine „Rosenberg-Organisation" vermutlich auch einen Hinweis auf eine spezifische weltanschauliche Orientierung gibt.[358] Das „Amt Rosenberg" war für die „Überwachung der geistigen und weltanschaulichen Erziehung" in der NSDAP zuständig und beschäftigte zahlreiche ehrenamtliche Mitarbeiter und Lektoren für diese Aufgabe.[359] Von diesem Amt hielten sich Naturwissenschaftler offenbar weitgehend fern – von 33 Autoren, die für das Amt Rosenberg arbeiteten, waren nur vier Naturwissenschaftler, vielleicht ein Indiz dafür, daß

---

358   Vgl. H. Lixfeld, Kulturpolitische Institutionen Rosenbergs (1994).

359   Die Abteilung Wissenschaft im Amt Rosenberg leitete Alfred Baeumler. Er war zugleich Hauptlektor für Geschichte in der Abteilung Schrifttumspflege. Die Abteilung Schrifttumspflege war aus der „Reichsstelle zur Förderung des deutschen Schrifttums" hervorgegangen, die im Juni 1933 von Rosenberg als Fortführung des „Kampfbundes für Deutsche Kultur" gegründet worden war. Sie beschäftigte mehrere Hauptlektoren, die die Fachlektoren auswählten. Zu den Hauptlektoren gehörten neben Baeumler und Walter Gross (für Rassenkunde) auch Georg Usadel (für Jugendschrifttum), Falk Ruttke (für Bevölkerungspolitik) und Kurt Mayer (für Sippenforschung); Mayer war Nachfolger Achim Gerckes als Leiter des Reichssippenamtes. 1933 waren 23 Lektoren für das Amt Rosenberg im Einsatz, bis 1940 war ihre Zahl auf 1400 angestiegen. Siehe hierzu Horn, Pädagogische Zeitschriften im Nationalsozialismus (1996), S. 56ff.

Naturwissenschaftler der Rosenbergschen Lehre distanziert gegenüber standen und ihre „Heimat" eher im RPA sahen. Das RPA vertrat einen naturwissenschaftlichen Ansatz und sah sich auch in einer gewissen Konkurrenz zum Amt Rosenberg, auch wenn sein Leiter Walter Gross selber Hauptlektor für Rassenkunde im Amt Rosenberg war. Einige Autoren waren für das ebenfalls unter der Leitung Rosenbergs stehende Außenpolitische Amt der NSDAP und das spätere Ost-Ministerium tätig. Zum Einflußbereich Rosenbergs kann man darüber hinaus den „Kampfbund für deutsche Kultur" rechnen, der 1929 von Rosenberg ins Leben gerufen worden war, sowie den Bund Deutscher Osten (BDO), 1933 unter der Schirmherrschaft Rosenbergs und der Leitung Franz Lüdtkes zur Gleichschaltung der verschiedenen Grenzlandvereine entstanden. Insgesamt waren 113 Autoren in diesen verschiedenen kulturpolitisch ausgerichteten Einrichtungen Mitglied oder Mitarbeiter, davon waren lediglich 17 Naturwissenschaftler.

Interessant ist in diesem Zusammenhang, daß wir auch unter den Autoren, die für das Propagandawesen der NSDAP tätig waren, fast ausschließlich Geisteswissenschaftler finden. Insgesamt handelt es sich allerdings um eine kleine Gruppe: 19 Autoren waren Ortsgruppenpropagandaleiter oder waren für die Reichspropagandaleitung der NSDAP tätig, weitere 9 Autoren arbeiteten in Propaganda-Abteilungen des NSLB oder anderer Parteigliederungen. 21 dieser Autoren waren Lehrer bzw. in der Lehrerbildung tätig, einige waren Schriftsteller und Buchhändler. Die meisten (22 von 28) waren bereits vor 1933 völkisch oder nationalsozialistisch organisiert. Somit haben wir es hier mit einer relativ homogenen Gruppe überwiegend geisteswissenschaftlich gebildeter Pädagogen mit einer starken völkisch-nationalsozialistischen Orientierung zu tun, die sich bereits vor 1933 herausgebildet hatte, und die vermutlich über sprachlich-rhetorische Fähigkeiten verfügte, die sie in den Dienst der parteipolitischen Propagandaarbeit stellte. Dies waren politisch-propagandistische Aktivisten ohne einen ausgeprägten wissenschaftlichen Bezug zur Rassenhygiene.

4.4 Karrieremuster; Überzeugung oder Opportunismus?

Ob und wieweit unsere Autoren ihre Texte aus Überzeugung oder aus opportunistischen Motiven verfaßten, ist aus heutiger Sicht natürlich nur schwer zu beurteilen. Verschiedene Indikatoren sprechen aber dagegen, daß opportunistische Motive und Karrierestreben für einen größeren Teil der Autoren im Vordergrund standen:

– das relativ hohe Durchschnittsalter von 36,8 Jahren;
– die große Zahl von mindestens 362 Autoren (45 %), die schon vor dem Beginn der nationalsozialistischen Herrschaft einer völkischen oder nationalsozialistischen Organisation angehörten oder rassenhygienische und völkische Schriften veröffentlicht hatten;
– die hohe Zahl von 308 politischen und 180 rassenpolitischen „Aktivisten" (38,4 bzw. 22,4 %);
– und der hohe Grad an aktiver Beteiligung und Mitarbeit der Personen, die Mitglied der NSDAP oder einer NS-Organisation waren (375 = rd. 48 % aller Autoren).

Wir gehen davon aus, daß das Alter von 30 Jahren als durchschnittliches Alter zum Zeitpunkt der Promotion in den 1930er Jahren entscheidend für den Beginn einer höheren akademischen Laufbahn war. Im folgenden wollen wir Beziehungen zwischen dieser Altersgrenze, beruflicher Etablierung und politischer Organisation untersuchen. Ausgangspunkt ist die Überlegung, daß für Personen, die 1933 am Beginn ihrer Karriere standen, die politische Organisation von größerer Bedeutung für einen sozialen und beruflichen Aufstieg war als für Akademiker, die bereits etabliert und älter waren. Daraus lassen sich unter Umständen Schlußfolgerungen für Vermutungen über den Anteil karriereorientierter Motivationen im politischen Verhalten anstellen. Rund ein Viertel (26 %) aller Autoren waren 1933 erst 30 Jahre oder jünger, standen also am Beginn ihrer akademischen Laufbahn. Allerdings ändert sich das Bild etwas, wenn wir nur die promovierten Autoren betrachten; denn 31 % aller Promotionen kamen erst ab 1933 zum Abschluß. Das durchschnittliche Alter zum Zeitpunkt der Promotion ist dabei im Verlauf der ersten Hälfte des 20. Jahrhunderts kontinuierlich angestiegen:

	Zahl der Promotionen	Durchschnittsalter zum Zeitpunkt der Promotion
vor 1914	109 (19,5 %)	24,5 Jahre
1914–1919	92 (16,4 %)	27,5
1920–1929	132 (23,6 %)	28,5
1930–1932	53 (9,5 %)	29,0
1933–1945	174 (30,7 %)	30,9

Karrieremotive könnten daher für rund ein Drittel der Akademiker zumindest eine Rolle gespielt haben, wenn sie einer NS-Organisation beitraten und rassentheoretische oder -politische Abhandlungen veröffentlichten. Dies dürfte speziell für junge Wissenschaftler gelten, die nach 1933 eine Hochschulkarriere anstrebten.[360] Studien zur Rekrutierung des Hochschullehrer-Nachwuchses und zur Berufungspraxis während des Dritten Reichs ergeben jedoch kein einheitliches Bild. Adam und Chroust kommen in ihren Untersuchungen über die Universitäten Tübingen und Gießen zu dem Ergebnis, daß es einen deutlichen und im Verlauf des Dritten Reichs enger werdenden Zusammenhang zwischen Berufung und Parteimitgliedschaft gibt. In der Untersuchung von Chroust hatten die jüngeren, nach 1933 berufenen Hochschullehrer den höchsten politischen Organisationsgrad. Ähnliches gilt für die von Ulrike Deichmann untersuchte Gruppe der Universitätsbiologen: Parteigenossen wurden bei Berufungen begünstigt, und unter den jüngeren Dozenten und Professoren befanden sich mit rd. 70 % deutlich mehr Parteimitglieder als unter der Gesamtheit der Biologen.[361] In anderen Untersuchungen ließen sich solche Zusammenhänge nur bedingt nachweisen.[362] Nach Kleinberger

---

360 Ähnlich stellt es sich für Studienräte dar: Im Durchschnitt mußten Studienräte gegen Ende der Weimarer Republik bis zum Alter von 35 Jahren auf eine feste Anstellung warten (Scholtz, Erziehung unterm Hakenkreuz, 1985, S. 62); genau ein Drittel aller Autoren waren 1933 35 Jahre alt oder jünger.

361 Ulrike Deichmann, Biologen unter Hitler (1992), S. 225 ff.

362 Seier, Die Hochschullehrerschaft im Dritten Reich (1988); Kelly, Die gescheiterte nationalsozialistische Personalpolitik und die mißlungene Entwicklung der nationalsozialistischen Hochschulen (1980). Für die Psychologen: Ash/Geuter, NSDAP-Mitgliedschaft und Universitätskarriere in der Psychologie (1985).

waren von allen zwischen 1933 und 1939 neu auf einen Lehrstuhl berufenen Professoren 50 % Parteigenossen, weitere 12 % waren nicht in der Partei, aber Mitglied einer NS-Organisation; es wurden also ebensoviel Parteimitglieder wie Nicht-Mitglieder berufen.[363] Diese Zahlen liefern zwar erste Anhaltspunkte, geben für sich genommen aber noch keinen Aufschluß darüber, ob jemand aus opportunistischen und Karriere-Motiven oder aus Überzeugung der NSDAP beitrat.

Wir können für einen großen Teil der Autoren Zusammenhänge zwischen Alter, akademischem Status und politischem Organisationsgrad rekonstruieren. Betrachten wir zunächst nur die Hochschullehrer. Von insgesamt 226 Professoren gehörten 184 (81,4 %) der NSDAP an. 82 waren bereits vor 1933 im Amt, 123 wurden ab 1933 berufen, in 21 Fällen haben wir keine näheren Angaben und kennen weder das Alter noch das Datum der Berufung. 47 Professoren waren 1933 erst 30 Jahre oder jünger; von ihnen wurden fast alle erst ab 1933 berufen. Die meisten Professoren waren 1933 über 30 Jahre alt, etwa die Hälfte von ihnen befand sich bereits in Amt und Würden. 47,3 % aller Professoren gehörten bereits vor dem 5. März 1933 einer völkischen oder nationalsozialistischen Organisation an – für sie wird man Karrieremotive wohl ausschließen können.[364] Bemerkenswert ist, daß die jüngeren Professoren, die erst ab 1933 berufen werden, in weit stärkerem Maße schon vorher völkisch-nationalsozialistisch organisiert waren als die bereits Arrivierten, die 1933 schon in Amt und Würden waren. Dies spricht nicht für opportunistische Motive, sondern eher für die „Belohnung alter Kämpfer": Wer sich vor der „Machtergreifung" schon in der nationalsozialistischen Bewegung engagiert hatte, konnte jetzt als politisch verläßlich gelten und leichter in höhere Ämter gelangen. Auf der anderen Seite waren unter den Professoren, die erst ab 1933 berufen wurden, erheblich mehr rassenpolitische Aktivisten und Mitarbeiter in politischen Ämtern und Funktionen als unter den bereits etablierten Professoren. Man kann nicht ausschließen, daß sie sich gezielt politisch engagierten und durch politische Beteiligung hervortaten, um Karrierevorteile zu erlangen. Aber gerade unter den Professoren, die erst ab 1933 berufen wurden, waren wiederum über die Hälfte schon von der „Machtergreifung" völkisch-nationalsozialistisch organisiert.

Karrieremuster und politischer Aktivismus (Professoren und Dozenten)

	Berufung vor 1933	Berufung ab 1933	Zusammen
1933 jünger als 30 J.	2 *(2,5 %)*	45 *(36,6 %)*	47 *(22,9 %)*
1933 älter als 30 J.	80 *(97,6 %)*	78 *(63,4 %)*	158 *(77,1 %)*
völk./ns. vor 5. 3. 33	34 *(41,5 %)*	63 *(51,2 %)*	97 *(47,3 %)*
NSDAP ab 5. 3. 33	41 *(50,0 %)*	43 *(35,0 %)*	84 *(41,0 %)*
rassenpolitische Aktivisten	8 *(9,9 %)*	32 *(26,0 %)*	40 *(19,5 %)*
Insgesamt	82 *(=100 %)*	123 *(=100 %)*	205 *(=100 %)*

---

363 Kleinberger, Gab es eine nationalsozialistische Hochschulpolitik? (1980).

364 Vgl. auch die Studie von Faust, der die Beteiligung von Professoren an Unterschriftenaktionen zugunsten Hitlers und der NSDAP 1932/33 ausgewertet hat und opportunistische Motive in bezug auf die berufliche Karriere ausschließt, weil das Durchschnittsalter der Unterzeichner bereits bei 54,5 Jahren lag und die Hälfte schon Ordinarien waren: Faust, Professoren für die NSDAP (1980).

41% der Professoren traten erst nach dem 5. März 1933 der NSDAP bei. Von ihnen waren aber etwa die Hälfte bereits etabliert, also vor 1933 schon berufen worden; unterstellt man für ihren Parteieintritt opportunistische Motive, so könnten sie sich nur darauf gerichtet haben, mehr Macht und Einfluß an den Hochschulen oder im Staat etwa zu erlangen. Für die andere Hälfte wäre es denkbar, daß sie der Partei beitraten, um ihre Chancen auf eine Berufung zu verbessern. Insgesamt handelt es sich um eine relativ kleine Gruppe von 38 Personen (18,5% aller NSDAP-Mitglieder). Betrachten wir diese Gruppe etwas genauer, so kommen wir zu dem Schluß, daß für die meisten opportunistische Erwägungen eher unwahrscheinlich gewesen sein dürften: Mehrere Autoren hatten bereits vor 1933 rassenhygienische oder völkische Schriften verfaßt, andere traten der NSDAP erst nach ihrer Berufung bei, einige entwickelten ihre theoretischen Positionen unabhängig von der politischen Konjunktur aufgrund enger Lehrer-Schüler-Beziehungen (z. B. Gert Heinz Fischer als wichtigster Schüler von Erich Jaensch). Außerdem befinden sich in dieser Gruppe eine Reihe von Professoren, die ab 1933 selber meinungs- und theoriebildend wirkten wie etwa Friedrich Burgdörfer, Artur Hoffmann oder Bruno Petermann. Es bliebe etwa ein Drittel übrig, bei denen opportunistische Motive im Vordergrund gestanden haben könnten. Dies sind zum einen Studienräte, die nach der „Machtergreifung" in die NSDAP eintraten, einen oder zwei kleine und unbedeutende rassenpädagogische Beiträge verfaßten und danach an eine Hochschule für Lehrerbildung berufen wurden. Zum anderen sind es Psychologen, die z. T. als Heerespsychologen arbeiteten und deren Beiträge zur Rassenpsychologie eher aufgesetzt wirken.[365] Danach würden wir den Kreis der möglichen Opportunisten auf rd. 6% aller Professoren und Dozenten eingrenzen.

Wenn wir die Gesamtheit der Autoren betrachten, zu denen wir entsprechende Daten haben, ergibt sich ein ähnliches Bild. Von insgesamt 659 Autoren waren zum Zeitpunkt der nationalsozialistischen Machtübernahme 85% bereits beruflich etabliert, die meisten waren über 30 Jahre alt. 43,7% dieser „beruflich Etablierten" waren schon vor der „Machtergreifung" völkisch-nationalsozialistisch organisiert, 37,8% traten erst danach in die NSDAP ein, 20,9% gehören zur Gruppe der rassenpolitischen Aktivisten. Anders gerechnet: Von allen Autoren, die erst nach dem 5. März 1933 der NSDAP beitraten, waren 82,2%, von allen rassenpolitischen Aktivisten waren 78% zu diesem Zeitpunkt bereits beruflich etabliert. Dennoch könnten Karrieremotive ihr politisches Engagement geleitet haben; denn von allen „beruflich Etablierten" erfährt knapp die Hälfte nach der „Machtergreifung" einen weiteren beruflichen Aufstieg (vom Professor zum Institutsdirektor, vom Studienrat zum Oberstudienrat, vom Lehrer zum Schulleiter, vom Schulleiter zum Schulrat etc.). Unter diesen „Aufsteigern" findet sich aber mit 49,4% wiederum ein höherer Anteil an Personen, die bereits vor der „Machtergreifung" einer völkischen oder nationalsozialistischen Organisation angehörten; unter denen, die keinen weiteren Aufstieg erfuhren, waren dies nur 38%. Auch hier wird es eher so gewesen sein, daß nicht Karrierestreben das politische Engagement, sondern umgekehrt der frühe politische Einsatz die Karriere beförderte.

Etwa 15% aller Autoren, zu denen wir über entsprechende Daten verfügten, begannen ihre berufliche Laufbahn erst ab 1933. Zu 90% waren dies jüngere Personen, die zum Zeitpunkt der „Machtergreifung" noch keine 30 Jahre alt waren. Sie bilden die politisch aktivste Gruppe. Nahezu alle jüngeren Autoren, die erst während des Dritten Reichs Karriere machen, waren

---

365 Eckstein, Kiehn, Lersch, Wilde. Zu Eckstein siehe unsere Darstellung im biographischen Teil.

politisch organisiert, die meisten auch aktiv. 33,6% gehören zu den rassenpolitischen Aktivisten – keine andere Gruppe erreicht einen so hohen Wert. Für sie wird es sicher karrierefördernd gewesen sein, sich politisch zu engagieren und im Rahmen des Rassenparadigmas zu publizieren. Allerdings waren überdurchschnittlich viele – 45,5% – auch schon vor 1933 völkisch-nationalsozialistisch organisiert; für diesen Teil kann man opportunistische Motive daher ausschließen.

Noch eindeutiger ist das Bild, wenn wir nur die Gruppe der rassenpolitischen Aktivisten betrachten. Von ihnen waren mehr als Dreiviertel bereits vor der Machtübernahme völkisch-nationalsozialistisch organisiert; dies gilt auch für die jüngeren Jahrgänge:

Rassenpolitische Aktivisten

	SS	RPA	SS/RPA
Bezugsgruppe insgesamt	108	80	161
– ab 1900 geboren	*61 (56,5%)*	*35 (43,7%)*	*81 (47,2%)*
völkisch/ns. vor 5.3.33	86 (79,6%)	59 (73,7%)	123 (76,4%)
– ab 1900 geboren	*48 (78,7%)*	*28 (80,0%)*	*63 (77,8%)*

Fassen wir zusammen: die Autoren, die ab 1933 beruflich aufsteigen, und die Jüngeren, die zum Zeitpunkt der Machtübernahme noch keine 30 Jahre alt sind, sind zugleich die politisch aktivsten. Je mehr das politische und speziell das rassenpolitische Engagement zunimmt, desto größer wird aber auch der Anteil derer, die bereits vor der „Machtergreifung" völkisch-nationalsozialistisch organisiert waren. Dieser enge Zusammenhang von politischem Aktivismus und völkisch-nationalsozialistischer Orientierung vor 1933 verweist darauf, daß es sich in vielen Fällen um stabile Orientierungen handelte, die sich schon länger herausgebildet hatten.

Karrieremuster und politischer Aktivismus in % der jeweiligen politischen Gruppe*

	völk.-ns. vor 5.3.33	berufl. Etablierung und Aufstieg ab 1933	vor 1933 etabliert und weiterer Aufstieg ab 1933	1933 unter 30 Jahre alt
Rassenpolit. Aktivisten	76,4	22,0	49,3	40,0
NSDAP-Mitglieder	43,1	17,8	37,6	29,9
nur in NS-Organisationen	13,9	6,9	27,7	15,8
alle Autoren mit politischen Daten	40,1	15,0	41,6	25,2

* bezogen auf die Zahl der Autoren, zu denen sich entsprechende Karriereverläufe rekonstruieren ließen

Offensichtlich wurde, wer schon früh der völkischen und nationalsozialistischen Bewegung angehörte, mit Aufstiegschancen belohnt, weil er als verläßliche Stütze der Bewegung gelten konnte; die Publikationen werden in diesen Fällen diese Verläßlichkeit nur bestätigt haben und können eher als zusätzlicher Indikator eines rassenpolitischen Aktivismus aus Überzeugung gewertet werden. Bei den Jüngeren verband sich individuelles Aufstiegsstreben und Karriereplanung mit dem Wunsch und dem Streben, an einer kollektiven Mission teilzuhaben und selbst Träger dieser Mission zu sein, mit der viele sich schon vor dem Machtwechsel identifiziert hatten. Unter den Älteren, Arrivierten wird es viele gegeben haben, die mit dem Dritten Reich die Chance gegeben sahen, schon lange gehegte Überzeugungen jetzt in die Tat umsetzen zu können; bei ihnen werden Machtmotive eine Rolle für weitere Aufstiegsaspirationen gespielt haben: der Wunsch, die eigenen Einflußmöglichkeiten bei der Umsetzung des Rassenparadigmas zu erweitern.

Daneben mag es auch Autoren gegeben haben, bei denen opportunistische Motive bedeutsamer waren als die Überzeugung, die hinter ihren Veröffentlichungen stand. Sie dürften aber weniger unter den politisch besonders aktiven zu finden sein. Am ehesten könnte man sie bei Personen vermuten, die wegen „demokratischer Gesinnung" oder ehemaliger Logenmitgliedschaft – dies waren in der Regel die entscheidenden Gründe – Probleme hatten, in die Partei aufgenommen zu werden und deswegen Karrierenachteile befürchteten; die Veröffentlichung rassenpädagogischer Beiträge sollte vielleicht ihre „rechte Gesinnung" demonstrativ zum Ausdruck bringen. Aber auch hier handelt es sich nur um eine kleine Gruppe. Insgesamt gab es 36 Autoren, die vor 1933 Logenmitglieder oder Mitglieder demokratischer Parteien waren. In sechs Fällen waren dies Personen, die aus der sozialdemokratischen und katholischen eugenischen Bewegung kamen und dem Nationalsozialismus distanziert oder ablehnend gegenüberstanden.[366] In neun Fällen kam es durch die NSDAP zur Ablehnung von Aufnahmeanträgen oder zu Ausschlußverfahren, meistens, weil eine ehemalige Logenmitgliedschaft nachträglich festgestellt wurde. Unter diesen Fällen befinden sich einige profilierte Autoren rassenhygienischer und -pädagogischer Schriften wie Ernst Lehmann, von Eickstedt, Hayn und Pietsch. Bei Lehmann dürfte die Nicht-Aufnahme außer in seiner ehemaligen Logenmitgliedschaft auch in persönlichem Fehlverhalten, bei Eickstedt in privaten Intrigen begründet gewesen sein. Hayn wurde, weil er seine Logenzugehörigkeit verschwiegen hatte, aus der SS ausgeschlossen, scheint aber in der Partei geblieben zu sein. Bei Pietsch ist der Hintergrund unklar. Während dies eher Sonderfälle sind, handelt es sich bei den übrigen um Autoren, die nur vereinzelte und wenig signifikante Beiträge lieferten. Insgesamt 17 Autoren wurden trotz ehemaliger Mitgliedschaft in einer Loge oder einer demokratischen Partei in die NSDAP aufgenommen, einige von ihnen erst nach mehreren Anläufen.[367] Bei ihnen fällt auf, daß es sich fast durchweg um politische oder rassenpolitische Aktivisten handelte, die auch zumeist mit signifikanten rassenpädagogischen oder rassenkundlichen Beiträgen hervortraten. Man kann vermuten, daß sie sich durch ihre aktive politische und wissenschaftliche Arbeit auch die Anerkennung der Partei erwerben wollten. Lediglich bei vier dieser 17 Autoren ist nicht erkennbar, daß hinter ihren Veröffentlichungen auch ein entsprechendes „Engagement" stand.[368]

---

366   Fetscher, Geiger, Muckermann, Neuhaus, Wessel und vermutlich auch Baege.

367   Ein Autor, Wilhelm Schumacher, war bereits 1932 abgelehnt worden, weil er sowohl in einer Loge als auch in der DDP gewesen war. 1937 wurde er „aus Versehen" aufgenommen und durfte seine Mitgliedschaft in der NSDAP dann „nach Gnadengesuch" behalten: BDC RKK 2100 Box 435, File 2; OPG 1528.

368   Einige der Autoren, die in der Weimarer Republik zunächst demokratisch orientiert waren, wur-

Eine weitere Gruppe wäre schließlich noch in die Betrachtung einzubeziehen, nämlich jene Autoren, die nur einen schwachen bis mäßigen Grad politischer Partizipation aufweisen, also etwa nur Mitglied im NSLB oder in der NSV waren, ohne sich aktiv zu beteiligen. Insgesamt trifft dies auf 105 Personen zu. Aber gerade diese Autoren gehören eher zu den Älteren, Arrivierten, bei denen schwer nachzuvollziehen ist, warum sie rassenpädagogische u. ä. Texte veröffentlichen sollten, wenn sie dies nicht aus Überzeugung taten. Nur 7 dieser Autoren begannen ihre berufliche Laufbahn erst ab 1933, und nur rd. 12% gehören zur Gruppe der Jüngeren, unter 30jährigen. Fast alle waren bereits beruflich „etabliert", etwa ein Drittel erfuhren während des Dritten Reichs trotz fehlender Parteimitgliedschaft einen weiteren beruflichen Aufstieg.

Alles in allem werden opportunistische Motive daher wenn, dann vorwiegend in der Verbindung von Macht- und Aufstiegsstreben mit innerer Überzeugung eine Rolle gespielt haben. Zusammenfassend läßt sich festhalten, daß politisches Engagement und Organisationsgrad am stärksten bei Lehrern und Professoren, Naturwissenschaftlern und Medizinern ausgeprägt waren; dies waren zugleich die Berufsgruppen, aus denen die Träger und Propagatoren der nationalsozialistischen Rassenhygiene kamen und aus denen sich die rassenpolitischen Aktivisten rekrutierten. Vieles spricht dafür, daß dies in den meisten Fällen Personen waren, die ihre Texte auch aus Überzeugung schrieben.

4.5 Professoren und Dozenten der Hochschulen für Lehrerbildung

Abschließend wollen wir noch einen Blick auf die Professoren und Dozenten der Hochschulen für Lehrerbildung und der Lehrerbildungsanstalten werfen. Dies ist zwar eine relativ kleine Gruppe, sie ist aber disziplingeschichtlich von besonderem Interesse, und darüber hinaus liegt in der Arbeit von Alexander Hesse eine ausgezeichnete Materialbasis vor, die für eine Spezialstudie genutzt werden kann. Für 79 Personen können wir Karriereverläufe und politische Mitgliedschaften rekonstruieren. Die Lehrerbildner unter unseren Autoren rekrutierten sich zu rd. 28% aus dem Personalbestand der ehemaligen Pädagogischen Akademien und Institute vor 1933; von ihnen war etwa die Hälfte infolge der Akademie-Schließungen in Preußen 1932 in den Ruhestand versetzt und 1933/34 wieder eingestellt worden, die andere Hälfte wechselte unmittelbar von der Pädagogischen Akademie zur HfL über. Etwa ein Drittel waren Studienräte und Studienassessoren, 20% waren Volksschullehrer, 10% waren als Assistenten und Institutsmitarbeiter wissenschaftlich tätig. Nur am Anfang, 1933/34, griff man in größerem Umfang auf erfahrenes Personal der Akademien zurück, danach und im Zuge der Personalexpansion in den folgenden Jahren wurden zunehmend Studienräte und Lehrer eingestellt. Da die meisten Lehrerbildner unter unseren Autoren in den „neuen Fächern" – Rassenbiologie, Volkskunde, Grenzlandkunde etc. – tätig waren, liegt der Schluß nahe, daß für diese Fächer überwiegend neues Personal ohne Erfahrungen in der akademischen Lehrerbildung rekrutiert wurde und daß die Institutionalisierung der neuen Inhalte in dieser Hinsicht auf eine personelle Diskontinuität verweist.

---

den danach Mitglied des „Opferrings", um ihre nationalsozialistische Gesinnung zu unterstreichen. „Opferring" war die Bezeichnung für eine Gruppe von Nationalsozialisten, die mehr als den geforderten Mitgliedsbeitrag zahlten.

Nach Hesse schufen die drastischen Stellenkürzungen vor 1933 eine verschärfte Konkurrenz-situation zwischen denen, die auf ihren Stellen blieben, den „abgewickelten" Hochschulleh-rern und einer Generation „nachwachsender Jungakademiker, die durch die Erfahrung von Arbeitslosigkeit und Unterbeschäftigung sozialisiert und gezeichnet war". Diese Generation von Jungakademikern, so Hesse, „kämpfte nach dem Machtwechsel mit Vehemenz um die eigene Versorgung und ging daran, die Alten auf breiter Front aus ihren Ämtern zu verdrän-gen".[369] Dieses Bild können wir in Teilen bestätigen. So befand sich ein großer Teil der Lehrerbildner (30 von 79) 1932 in einer unsicheren oder schlechteren beruflichen Statussitua-tion: Zehn waren als Akademieprofessoren entlassen worden, fünf waren als Studienassesso-ren, weitere acht als wissenschaftliche Mitarbeiter noch nicht auf festen Stellen, drei warteten als Privatdozenten auf eine Berufung, dazu kommen einige, die noch auf Stellensuche waren oder zuvor schon bei dem Versuch, auf eine Studienratsstelle zu gelangen, gescheitert waren. Dabei muß berücksichtigt werden, daß auch Assessoren und Assistenten zu diesem Zeitpunkt von akademischer Arbeitslosigkeit bedroht waren. Es ist denkbar, daß viele unter ihnen sich 1933 enttäuscht den Nationalsozialisten zuwandten und den Machtwechsel als eine Karrie-rechance begriffen, die sie u. a. durch die Veröffentlichung bekenntnishafter rassenpädagogi-scher Schriften zu verbessern hofften. Auf der anderen Seite sollte man die Situation, in der sich diese Pädagogen 1932 befanden, aber auch nicht überdramatisieren. Existentiell bedroh-lich war sie nur für sehr wenige. Die entlassenen Hochschullehrer kehrten in der Regel unter Beibehaltung des Titels und der Bezüge in das Amt des Studienrats oder Volksschullehrers zurück. Die Studienassessoren waren alle zuvor Volksschullehrer gewesen und hätten notfalls in den alten Beruf zurückkehren können. Auch die Privatdozenten waren zuvor Studienräte oder Lehrer gewesen. Es ging also für die meisten nicht um Versorgungssicherung, sondern um die Erfahrung einer Aufstiegsblockierung. Sonderfälle stellen jene Autoren dar, die als Assistenten, Mitarbeiter oder in leitender Funktion in universitären und außeruniversitären Forschungseinrichtungen arbeiteten, bevor sie an eine Hochschule für Lehrerbildung berufen wurden. Dies war eine aufstiegsorientierte und zugleich risikobereite Gruppe von Jungakade-mikern, die offensichtlich von vornherein keinen Lehrerberuf anstrebten und für die daher auch der sichere Beamtenstatus nicht das primäre Ziel war. Lediglich drei Autoren befanden sich vor ihrer Berufung in einer prekären Situation: Helmich, Hinst und Weiland gelang es nicht, eine Stelle als Lehrer im Staatsdienst zu finden, alle drei versuchten daraufhin, ihre Situation durch Aufnahme eines Studiums zu verbessern. Weiland arbeitete zeitweise unent-geltlich als Lehrer, dann als Hilfsbibliothekar; seine Situation änderte sich erst mit der Pro-motion bei Pfahler. Hinst schlug sich als Privatlehrer und -erzieher durch, Helmich war Hilfsturnlehrer, bis er 1933 eine Stelle als Lehrer fand. Insgesamt stellt sich die Situation des-halb zumindest für unsere Autoren als nicht so bedrohlich dar, wie es die Ausführungen bei Hesse vermuten lassen. Die meisten mußten lediglich Abstriche von ihren Ambitionen machen oder Rückstufungen hinnehmen. Dies ist freilich ein Hintergrund, der eine Hinwen-dung zum Nationalsozialismus und zur Aufnahme nationalsozialistischen Gedankenguts plausibel macht.

Die zügige Besetzung der HfL-Professuren 1933/34 weist jedoch auf eine eher pragmatische Personalpolitik hin, bei der politische Kriterien nur von untergeordneter Bedeutung waren. Von den insgesamt 79 Hochschullehrern wurden 36 in diesen Jahren berufen, davon wurden

---

369   Hesse, Professoren und Dozenten (1995), S. 82.

sieben von den bestehenden Pädagogischen Akademien übernommen, neun aus dem Kreis der 1932 entlassenen wieder eingestellt, so daß zusammen 16, also fast die Hälfte der 1933/34 Berufenen erfahrene Professoren und Dozenten aus der akademischen Lehrerbildung vor 1933 waren; dies legt die Vermutung nahe, daß die professionelle Erfahrung ein ausschlaggebendes Einstellungskriterium war. Das Parteibuch scheint eine gewisse, aber keine bestimmende Rolle gespielt zu haben. Die meisten (25 von 35) konnten keine Mitgliedschaft vor der Machtübernahme vorweisen; sieben Autoren waren bereits 1932 der NSDAP beigetreten, darunter drei, die zuvor entlassen worden waren, drei weitere traten vor dem 5. März 1933 bei. Sie werden dies – im Zeichen dramatisch sich verschlechternder Berufschancen – kaum aus Karrieremotiven getan haben. Weitere acht Personen hatten sich schon vorher völkischen Organisationen angeschlossen, so daß insgesamt die Hälfte aller 1933/34 Berufenen zuvor schon völkisch-nationalsozialistisch organisiert war. Für sie dürfte der Machtwechsel 1933 sowohl eine Karrierechance als auch die Erfüllung ihrer politischen Ziele bedeutet haben.

Unter den Autoren, die 1933/34 berufen wurden, dominieren übrigens die älteren, vor 1900 geborenen Pädagogen; nur 11 von 36 gehörten den Jahrgängen ab 1900 an. Das Durchschnittsalter zum Zeitpunkt der Berufung liegt bei 40 Jahren. Nach 1934 veränderte sich das Rekrutierungsmuster deutlich. Die meisten Autoren, die nach 1934 berufen wurden, waren Lehrer, Studienräte und wissenschaftliche Assistenten, und es wurden mehr jüngere Pädagogen berufen, darunter viele, die schon eine vorgängige völkisch-nationalsozialistische Orientierung mitbrachten. Das Durchschnittsalter zum Zeitpunkt der Berufung liegt nach 1934 bei 34,9 Jahren.[370] Insgesamt waren die jüngeren Pädagogen in höherem Maße politisiert als die älteren. 38% aller HfL-Professoren und Dozenten unter unseren Autoren gehörten schon vor dem Machtwechsel einer völkischen oder nationalsozialistischen Organisation an; unter den jüngeren, die ab 1900 geboren wurden, waren es 62% (18 von 29). Von diesen jüngeren Hochschullehrern hatten sich wiederum die meisten (16) vor 1933 in ungesicherten Beschäftigungsverhältnissen als Studienassessoren oder Assistenten befunden; dennoch weisen gerade sie den höchsten politischen Organisationsgrad vor 1933 auf. Wenn wir diese kleine, aber markante Gruppe völkisch-nationalsozialistisch orientierter Jungakademiker in ungesicherten Beschäftigungsverhältnissen etwas näher betrachten, fällt auf, daß wir in ihr fast alle Autoren finden, die vor ihrer Berufung als Assistenten und Mitarbeiter akademischer und wissenschaftlicher Einrichtungen tätig waren. Dies war die von der Altersstruktur her jüngste und zugleich politisch motivierteste Teilgruppe der Lehrerbildner. Ihr gehören acht Autoren an, sieben waren erst nach der Jahrhundertwende geboren worden, bis auf einen gehörten alle schon vor dem Machtwechsel einer völkisch-nationalsozialistischen Organisation an. Die Sonderstellung dieser Gruppe wird auch daran deutlich, daß sie allein die Hälfte aller Professoren und Dozenten der HfL stellt, die zum Zeitpunkt der Machtergreifung noch keine 30 Jahre alt waren. Diese Personen weisen für Lehrerbildner untypische Biographien auf. Zu ihnen gehört beispielsweise Werner Hüttig, geboren 1908. Er nahm unmittelbar nach der Lehramtsprüfung eine Tätigkeit als Assistent an einer Forschungsanstalt in Kiel auf und erhielt anschließend (1932) ein Forschungsstipendium am KWI für Biologie in Berlin, von 1933 bis 1936 arbeitete er als Referent in der Reichsleitung des Rassenpolitischen Amtes.

---

370 Einen ähnlichen Verjüngungsprozeß hat Claudia Bei der Weiden für Braunschweig ermittelt; danach ging das Durchschnittsalter der Lehrkräfte von 41 Jahren 1930 auf 35 Jahre 1939 zurück: Vom Seminar zur Lehrerbildungsanstalt (1996), S. 239.

Horand Horsa Schacht, ebenfalls Jahrgang 1908, war Studienassessor und leitete zugleich das Grenz- und Auslandsdeutsche Institut des VDA in Halle, bevor er 1934 an die HfL Dortmund berufen wurde. Hans-Joachim Beyer, auch er 1908 geboren, war bis zu seiner Berufung an die HfL Danzig als Journalist tätig. Josef Grehn, gleichfalls 1908 geboren, arbeitete als Assistent an landwirtschaftlichen Forschungseinrichtungen, bevor er 1934 an die HfL Weilburg berufen wurde. Dies sind nur vier Beispiele für Autoren, die mit starken politischen und beruflichen Ambitionen ins Berufsleben eintraten und die Tätigkeit in der Lehrerbildung nur als eine Durchgangsstation zu höheren Aufgaben betrachteten. Hüttig wurde später Stellenleiter im RPA und Leiter eines Forschungsinstituts der „Hohen Schule" der NSDAP, Schacht wurde Mitarbeiter der Reichsorganisationsleitung der NSDAP in München, Beyer avancierte zum SD-Experten, Professor und Institutsdirektor an der Deutschen Universität Prag, Grehn, der 1933 in die SS eintrat, wurde während des Krieges Abteilungsleiter am Reichsinstitut für Forstpflanzenzüchtung bei Prag. Hüttig war bereits 1930 der NSDAP beigetreten, Schacht gehörte seit 1929 dem Kampfbund für deutsche Kultur an, Beyer arbeitete lange vor 1933 für völkische Zeitungen, Grehn war seit 1927 Mitglied des Nationalsozialistischen Studentenbundes. Sie alle verkörpern einen Typus des nationalsozialistischen Jungakademikers, der sein politisches Verhalten nicht an Karriereüberlegungen ausrichtete, sondern konsequent nach einem Weg suchte, politische und beruflich-wissenschaftliche Interessen und Ambitionen zur Deckung zu bringen.

Insgesamt erwarben praktisch alle Hochschullehrer im Laufe der Zeit die NSDAP-Mitgliedschaft. Ausnahmen waren Rössel, der wegen ehemaliger Logenmitgliedschaft nicht aufgenommen wurde, Ernst Weber, der als Altliberaler den Nationalsozialismus ablehnte, und Kosswig, der nach 1933 emigrierte. Daran schließen sich Fragen nach Kontinuität und Diskontinuität der akademischen Lehrerbildung in Deutschland über die Jahre 1933–1945 hinweg an.[371] Für unsere Teilgruppe können wir festhalten, daß das Moment der Diskontinuität überwiegt. Nur 27,8% der in unserer Bibliographie verzeichneten Professoren und Dozenten der Hochschulen für Lehrerbildung und der Lehrerbildungsanstalten waren zuvor an den Pädagogischen Akademien und Instituten der Weimarer Republik tätig. Ganz offensichtlich waren die Pädagogischen Akademien auf die neuen Fächer nicht vorbereitet. So kam insbesondere nur jeder vierte Hochschullehrer, der die neue rassenbiologische Fächergruppe vertrat, aus der akademischen Lehrerbildung; in den meisten Fällen wurden jüngere Lehrer und Studienräte berufen, die in den Naturwissenschaften promoviert hatten und aufgrund ihrer schulpraktischen Erfahrungen wie fachwissenschaftlichen Qualifikation für diese Aufgaben geeignet erschienen. Ähnliches gilt übrigens auch für die Universitäten: Von allen Hochschullehrern unter unseren Autoren, die an den Universitäten rassenkundliche Fächer vertraten, wurden zwei Drittel erst ab 1933 berufen. Auf diesem Feld gab es eine personelle Erneuerung, während der Bruch in den anderen Fächern weniger stark ausgeprägt gewesen sein dürfte. Den Verbleib nach 1945 können wir für 64 Personen rekonstruieren. Von ihnen sind 16 im Krieg gefallen oder kurz nach Kriegsende gestorben, acht wurden – vorwiegend aus gesundheitlichen Gründen – in den Ruhestand versetzt. Von den verbleibenden 40 arbeiteten zwölf wieder an einer Pädagogischen Hochschule, drei an einer Universität (unter ihnen der während des Dritten Reichs emigrierte Kosswig), 13 fanden ein Auskommen in ihrem alten

---

371 Siehe hierzu die kontroversen Auffassungen von Hesse und Tenorth: Tenorth, Deutsche Erziehungswissenschaft 1930 bis 1945 (1986); Hesse, Professoren und Dozenten (1995), S. 69 ff.

Beruf als Lehrer oder Studienrat. Wenn wir Kosswig als Sonderfall ausklammern, konnten 37,5 % ihre Tätigkeit und ihre Karriere an einer Pädagogischen Hochschule oder Universität fortsetzen. Diese Zahl ist nicht weit von den 43,3 % entfernt, die Hesse für die Gesamtheit der preußischen Lehrerbildner des Dritten Reichs ermittelt hat.[372] Angesichts der Publikationen und des thematisch und inhaltlich belasteten Arbeitsfeldes der meisten unserer Lehrerbildner ist dieses Ergebnis doch etwas überraschend. Geringer fällt dieser Anteil allerdings für die Hochschullehrer aus, die speziell für den rassenbiologischen Unterricht an den Hochschulen für Lehrerbildung zuständig waren: Von ihnen konnten – unter Abzug der verstorbenen und in den Ruhestand versetzten Hochschullehrer – von 18 Professoren lediglich vier ihre Tätigkeit an einer Pädagogischen Hochschule fortsetzen, zwei erhielten eine naturwissenschaftliche Professur an einer Universität, darunter wiederum Kosswig. Berücksichtigt man, daß die Rassenbiologen der Hochschulen für Lehrerbildung zu den jüngeren Hochschullehrern gehörten – mehr als jeder zweite war erst ab 1900 geboren worden und hätte daher noch lange nach 1945 weiter seiner akademischen Berufung folgen können – so tritt das Moment der Diskontinuität in diesem Fall noch deutlicher hervor. Für „Rassenbiologen" gab es nach 1945 keinen Bedarf mehr.

Etwas anders sah es für die Professoren aus, die an den Universitäten Rassenhygiene und rassenkundliche Fächer vertraten. Von 32 Professoren, deren Lebensweg wir entsprechend rekonstruieren konnten, starben sechs während oder gegen Ende des Krieges; von den verbliebenen 28 waren 16 wieder im Amt – in diesen Fällen genügte eine einfache Änderung der Nomenklatur: aus „Rassenhygiene" wurde Humangenetik, aus „Rassenkunde" wieder Anthropologie.

Karrieremuster und politischer Aktivismus – die Grunddaten im Überblick –

	ins- gesamt	1933 jünger als 30 Jahre	1933 älter als 30 Jahre	völk./nat.soz. vor 1933	NSDAP ab 5. 3. 1933	SS/RPA
vor 1933 beruflich etabliert	286	13	225	110	115	43
vor 1933 etabl. und weiterer Aufstieg	274	9	116	135	97	74
Etablierung und Aufstieg ab 1933	99	52	6	45	46	33
zusammen	659	66	233	290	258	150
Hochschullehrer:	205	47	158	97	84	40
– Berufung vor 1933	82	2	80	34	41	8
– Berufung ab 1933	123	45	78	63	43	32

372 Zur Bewertung dieser Zahl sei daran erinnert, daß 93 % der HfL-Professoren und Dozenten in Preußen nach Hesse NSDAP-Mitglied waren.

Die wichtigsten biographischen Daten im Überblick

	Insgesamt
Autorenzahl	982
durchschnittliches Alter 1933	36,8 Jahre
weibl.	62
1. berufliche Daten (Autorenzahl)	878
promoviert	693 (78,9%)
1.1. Lehrer/Studienrat	559 (63,7%)
– Nur als Lehrer tätig	*526 (40,1%)*
– Studienräte	*270*
– andere	*287*
Leitungsfunktion (Rektor/Direktor)	158
1.2. Professoren/Dozenten	249 (28,4%)
– HfL/LBA u. ä.	87
– Universitätspädagogen/-psychologen	35
Leitungsfunktion (Rektor, Institutsdirektor)	127
1.3. andere Wissenschaftler	48 (5,5%)
1.4. Staat und Verwaltung	102 (11,6%)
Mit Mehrfachzählungen	139 (15,8%)
– Bildungsverwaltung	55
– Gesundheitsverwaltung	48
1.5. Sonstige Berufe	130 (14,8%)
Ärzte	90 (10,2%)
Dr. med.	*168 (19,1%)*
andere	40 (4,6%)
1.6. Fachgebiet	
– Päd./Psychol.	171 (26,8%)
– andere Geisteswiss.	132 (21,0%)
– Sozial-, Rechts- und Staatswiss.	53 (8,3%)
– Naturwiss.-medizin.	277 (43,4%)
Leitungsfunktionen insgesamt	353 (40,2%)
Schriftleiter, Herausgeber	140 (15,9%)
2. Politische Daten (Autorenzahl)	802
2.1. bis März 1933	336 (41,9%)
– völk.-nationalsozialist. organisiert	146
– NS-Organisationen	214
völk.-ns. zusammen	*322 (40,1%)*
– andere (DDP, SPD, Zentrum)	28 (3,5%)
2.2. nationalsozialistisch organisiert	
ab 5. 3. 1933	792
NSDAP	682 (85,0%)
NSLB	517 (64,5%)
SA	195 (24,3%)
RPA	83 (10,3%)

SS	121 (15,1 %)
– RuS/RuSHA	46 (5,7 %)
– RSHA	24 (3,0 %)
„Rassenpolit. Aktivisten" (SS/RPA)	180 (22,4 %)
politische Aktivisten (SA/SS/RPA)	308 (38,4 %)
2.3. aktive Mitarbeit	375 (47,8 %)
Referenten, Sachbearbeiter u. ä.	184
Leitungsfunktion	216
Schulungsfunktion	153

II. Biographischer Teil

Vorbemerkungen

Der folgenden biographischen Darstellung liegt eine Auswahl von 146 Autoren zugrunde. Dabei ging es uns darum, eine möglichst repräsentative Auswahl zu treffen, in der sowohl die wichtigsten Autoren als auch die wichtigsten wissenschaftlichen und politischen Praxisfelder vertreten sind. Ein entscheidendes Kriterium war allerdings die Materiallage. Unser Ziel war die Rekonstruktion des Zusammenhangs von wissenschaftlicher, beruflicher und politischer Entwicklung in der Lebensgeschichte der Autoren. Bis zu einem gewissen Grad lassen sich auf der Grundlage dieser biographischen Rekonstruktionen Aussagen zur politisch-wissenschaftlichen Sozialisation treffen, auch wenn das historische Material solche Schlußfolgerungen immer nur begrenzt zuläßt. Im Vordergrund steht ein disziplingeschichtliches Interesse. Deshalb haben wir uns vor allem auf „professionelle Pädagogen" konzentriert: Lehrer und Studienräte, Professoren und Dozenten der Lehrerbildung sowie Vertreter der universitären Pädagogik und der Pädagogischen Psychologie. Sie machen insgesamt etwa drei Viertel der hier zusammengestellten Autoren-Biographien aus. Daneben haben wir uns vor allem mit einer Gruppe von Medizin- und Naturwissenschaftlern beschäftigt, die unter erziehungsgeschichtlichen Gesichtspunkten von besonderer Bedeutung für die Wissenschaftsentwicklung, den pädagogischen Diskurs und die Schulungs- und Fortbildungspraxis waren. Ein spezielles Interesse galt der Gruppe der rassenpolitischen Aktivisten, die wir als Kern- und Trägergruppe einer politischen Umsetzung des rassenwissenschaftlichen Paradigmas gesondert untersucht haben.

Wir haben die biographischen Darstellungen daher nach folgenden Hauptgruppen gegliedert:

1. Vertreter der wissenschaftlichen Pädagogik und der Pädagogischen Psychologie – hier stehen Autoren im Mittelpunkt, die auf paradigmatische Weise diskursbestimmend und schulbildend gewirkt haben oder die beispielhafte Anstrengungen theoretisch-empirischer Konzeptualisierung unternahmen.
2. Didaktiker, die das rassenwissenschaftliche Paradigma mit seinen Aussagen und Forderungen in unterrichtsbezogene Texte übersetzten.
3. Praktiker und Organisatoren der Schulungs- und Erziehungsarbeit – Fachvertreter und Schulungsexperten des NSLB, der parteipolitisch organisierten Erziehung und Propaganda sowie Vertreter der Bildungsverwaltung.
4. Rassenpolitische Aktivisten – hier erfolgte die Auswahl sowohl unter disziplingeschichtlichen Gesichtspunkten als auch nach politischer Relevanz. Im Vordergrund steht auch hier die Berufsgruppe der Pädagogen, daneben haben wir aber auch einige Volkstumswissenschaftler und Rassenanthropologen einbezogen, die aufgrund ihrer Forschungsarbeiten, ihrer politischen Stellung und ihres Einflusses auch auf die Pädagogik von besonderem Interesse sind.
5. Medizin- und Naturwissenschaftler – hier haben wir uns unter Gesichtspunkten erziehungsgeschichtlicher Relevanz mit Vertretern der rassenhygienischen Forschung, Fortbildung und Gesundheitserziehung beschäftigt.

Vorweg haben wir die Biographien zu Hans F. K. Günther und Ludwig F. Clauss gestellt, weil beide innerhalb unseres Corpus eine Sonderstellung einnehmen. Sie lassen sich keinem dieser Felder eindeutig zuordnen, waren aber die mit Abstand bedeutsamsten und am meisten zitierten Autoren, die den rassenwissenschaftlichen Diskurs in der Pädagogik weitgehend bestimmten.

Da viele Autoren mehreren dieser Gruppen gleichzeitig zugeordnet werden können, haben wir uns jeweils für die Zuordnung entschieden, die uns für die betreffende Person am charakteristischsten erschien. Karl Zimmermann z. B. war sowohl Didaktiker als auch Schulungs- und NSLB-Funktionär; wir haben ihn in den Zusammenhang der NSLB-Mitarbeiter gestellt, weil uns dieser Aspekt seines Wirkens bedeutsamer und aufschlußreicher erschien. Die biographischen Rekonstruktionen haben wir in zwei Stufen vorgenommen. Zunächst sollten möglichst repräsentativ für die genannten Themenfelder exemplarische Biographien vorgestellt werden, für die Datenmaterialien vorhanden sind, die über allgemeine Grunddaten hinausgehen. In einem zweiten Schritt haben wir eine Reihe von besonders wichtigen und interessanten Autoren ausgewählt, über die umfangreichere biographische Materialien vorliegen, die eine etwas ausführlichere und vertiefte Betrachtung erlauben und an denen sich beispielhaft politisch-wissenschaftliche Sozialisationsverläufe untersuchen lassen. In der Darstellung haben wir beide Ebenen aber miteinander verbunden, weil eine Trennung die Übersichtlichkeit und Lesbarkeit des Textes beeinträchtigt hätte.

Einige wichtige Autoren fehlen in der biographischen Darstellung, weil sich nicht genügend Datenmaterial fand, so z. B. Autoren wie Burkhardt, Graf, Hayn, Höft oder Lucas, die mit einer größeren Zahl von Publikationen in unserer Bibliographie vertreten sind. Umgekehrt haben wir einigen Autoren, die nur wenige, zum Teil auch nur wenig signifikante Texte schrieben, relativ viel Raum gegeben, weil das biographische Material in diesen Fällen von exemplarischer Bedeutung für die sozialisationsgeschichtliche Fragestellung unserer Untersuchung erschien. Aufgrund der disziplingeschichtlichen Ausrichtung unserer Arbeit haben wir den Kreis der Medizinwissenschaftler und Anthropologen bewußt klein gehalten und uns hier auf Personen von besonderer und offensichtlicher erziehungsgeschichtlicher Bedeutung beschränkt. Deshalb fehlen so bekannte Rassenhygieniker wie Eugen Fischer, Ernst Rüdin, Falk Ruttke oder Otmar von Verschuer. Auch Fritz Lenz haben wir ausgeklammert, obwohl er ein wichtiger Referenzautor für die Pädagogen war; aber er war doch in erster Linie ein Wegbereiter, und außerdem gibt es zu ihm bereits biographische Darstellungen, auf die an dieser Stelle verwiesen sei.[1] Unter den Pädagogen fehlen wiederum bekannte Autoren wie Baeumler und Krieck. Beide stellen in mehrfacher Hinsicht Randfälle dar, die sich im Rahmen der von uns gewählten Gliederung nur schwer zuordnen lassen und in einem anderen Kontext zu diskutieren wären. Baeumler und Krieck sind die in der erziehungsgeschichtlichen Forschung am ausführlichsten untersuchten Ideologen der nationalsozialistischen Erziehung; diesen Darstellungen hätten wir nichts Nennenswertes hinzufügen können. Baeumler hat zudem das Rassenkonzept nur sehr beiläufig aufgenommen und in dieser Hinsicht wenig markante Texte verfaßt. Krieck steht für eine völkisch-mythische Verwendung des Rassenbegriffs, die wir zwar berücksichtigt haben, aber nicht ins Zentrum unserer Untersuchung rücken wollten.

---

1 R. Rissom, Fritz Lenz und die Rassenhygiene (1983); P. E. Becker, Zur Geschichte der Rassenhygiene (1988).

1. Hans F. K. Günther und Ludwig F. Clauss – die wichtigsten Referenzautoren

Wegen ihrer herausragenden Bedeutung als Referenzautoren der rassenpädagogischen Literatur beginnen wir diese Darstellung mit den Biographien Günthers und Clauss'. **Hans Friedrich Karl Günther** mag zwar für die Natur- und Medizinwissenschaften nur von zweitrangiger Bedeutung gewesen sein, für Lehrer und Lehrerbildner stellte er aber die mit Abstand wichtigste geistige Bezugsperson dar. Günther, der von Beruf Lehrer und Schriftsteller war, bevor er eine Professur erhielt, verfaßte nicht nur vielgelesene rassenkundliche Bücher, sondern auch eine Reihe pädagogisch relevanter Schriften, darunter auch solche, die sich direkt mit Erziehungs- und Unterrichtsfragen befaßten. Einige dieser Texte erschienen schon vor 1933, so das Buch „Platon als Hüter des Lebens. Platons Zucht- und Erziehungsgedanken und ihre Bedeutung für die Gegenwart" (1928) oder der Aufsatz „Erziehung der Jugend zum Nordischen Gedanken" (1930). Den größten Einfluß auf die Lehrerschaft erzielte er aber mit seinen popularisierenden rassenkundlichen Darstellungen. Da wir auf Bedeutung und Inhalt seines Werks schon eingegangen sind, beschränken wir uns an dieser Stelle auf einen rein biographischen Abriß.[2] Günther wurde 1891 als Sohn eines Kammermusikers in Freiburg/Breisgau geboren. Er studierte in Freiburg und Paris Vergleichende Sprachwissenschaften und Germanistik und promovierte 1914 in Freiburg mit einer literaturgeschichtlichen Arbeit. Danach meldete er sich als Freiwilliger im Ersten Weltkrieg, kam aber nicht zum Fronteinsatz, weil er nach einer Erkrankung während der Ausbildung für untauglich erklärt wurde. 1919/20 legte er die Prüfung fürs Höhere Lehramt ab und arbeitete danach als Hilfslehrer in Dresden und Freiburg. Während dieser Zeit versuchte er sich, anfangs mit wenig Erfolg, als Schriftsteller. Sein Buch „Ritter, Tod und Teufel. Der heldische Gedanke" (1920) fand aber Resonanz in der völkischen Bewegung. Der Verleger Julius Lehmann war von ihm so angetan, daß er Günther zu einer persönlichen Begegnung einlud und mit Alfred Ploetz und Fritz Lenz bekannt machte. Nachdem deren Urteil über Günther positiv ausgefallen war, vereinbarte Lehmann mit ihm ein Publikationsprojekt für eine Rassenkunde des deutschen Volkes und zahlte ihm dafür einen Vorschuß, der es ihm erlaubte, den Schuldienst aufzugeben und sich für zwei Jahre ungestört dieser Arbeit zu widmen. Die „Rassenkunde des deutschen Volkes" erschien im Juli 1922 und war sofort ein großer Erfolg. Günther konnte jetzt sein Leben als freier Autor und Rassenforscher fortsetzen. Er ging für einige Jahre zu weiteren Studien nach Skandinavien, erhielt dort auch finanzielle Unterstützungen für seine Arbeit und die Möglichkeit zu Gastvorlesungen an der Universität Uppsala; hier existierte zu dieser Zeit schon ein „Staatsinstitut für Rassenbiologie". 1929 kehrte er mit seiner Familie – er hatte eine norwegische Musikstudentin geheiratet – nach Deutschland zurück, weil infolge der Weltwirtschaftskrise die Einnahmen aus dem Verkauf seiner Bücher nicht mehr zum Lebensunterhalt reich-

---

2 Zum Folgenden siehe insbesondere Hans-Jürgen Lutzhöft, Der Nordische Gedanke in Deutschland (1971), S. 28 ff.

ten. In Dresden verschaffte ihm der damalige Stadtschulrat Wilhelm Hartnacke, mit dem
Günther seit langem befreundet war, eine halbe Studienratsstelle. Dieses zweite Zwischenspiel
an der Schule währte wiederum nicht lange. Da Günther inzwischen einer der meistgelesenen
Rassenkundler und Theoretiker des „nordischen Gedankens" geworden war und er einen
exzellenten Ruf in völkisch-nordisch gesinnten Intellektuellenkreisen genoß, in die er vor
allem durch seinen Freund Paul Schultze-Naumburg[3] eingeführt wurde, dauerte es nicht
lange bis zur nächsten höheren Berufung. Sie kam mit dem Eintritt der NSDAP und der
deutsch-völkisch orientierten Wirtschaftspartei Max Robert Gerstenhauers in die thüringische Landesregierung im Januar 1930.[4] Noch im gleichen Jahr setzte der damalige Bildungs-
minister Frick gegen den Willen der Universität die Berufung Günthers auf einen Lehrstuhl
für Sozialanthropologie in Jena durch. Die NSDAP setzte damit ein frühes hochschulpolitisch bedeutsames Zeichen. Zur Antrittsvorlesung (Thema: „Die Ursachen des Rassenverfalls
des deutschen Volkes seit der Völkerwanderungszeit") erschienen Hitler und Göring persönlich und natürlich auch Schultze-Naumburg. Am Abend wurde Günther von 1500 Fackel-
trägern geehrt, vor allem Studenten, unter ihnen auch die Stahlhelm-Hochschulgruppe und
der Führer des „Nordischen Rings" Geheimrat Konopath. Vor der nächtlichen Marktkulisse
Jenas wurde Günthers Berufung mit Ansprachen (u. a. von Göring) und Ehrenappellen zele-
briert.[5] Ein Jahr später wäre er fast einem Attentat zum Opfer gefallen, als ein junger arbeits-
loser Sozialdemokrat aus Wien nach einer Veranstaltung mehrere Schüsse auf ihn abfeuerte,
die ihn aber nur am Oberarm verletzten.

Nach der Machtübernahme der Nationalsozialisten im Reich wurde Günther von Staat und
Partei weiter gefördert und mit Ehrungen bedacht. So erhielt er 1935 als erster Preisträger
von Rosenberg den „Preis der NSDAP für Wissenschaft", 1936 folgte die „Rudolf-Virchow-
Plakette" der von Eugen Fischer geleiteten Berliner Gesellschaft für Ethnologie, Anthropologie und Urgeschichte, 1941 die „Goethe-Medaille" und – nach Günthers eigener Aussage –
das Goldene Parteiabzeichen. Günther wurde in den Sachverständigenbeirat für Bevölke-
rungs- und Rassenpolitik des Reichsgesundheitsamts berufen, war Ehrenmitglied des Reichs-

---

3   Bei Schultze-Naumburg verkehrten u. a. Darré und Frick, Hitler selbst war mehrmals zu Gast.
    Darré schrieb in seinem Haus das Buch „Neuadel aus Blut und Boden". Günther und Darré
    waren gut miteinander befreundet; beide waren Mitglieder des völkischen Jugendbundes der
    „Artamanen", dem auch Himmler, Rosenberg und Höß angehörten. Frick setzte 1930 außer der
    Berufung Günthers nach Jena auch die Ernennung Schultze-Naumburgs zum Direktor der Wei-
    marer Kunsthochschule durch: G. Neliba, Wilhelm Frick und Thüringen als Experimentierfeld für
    die nationalsozialistische Machtergreifung (1995); M. H. Kater, Die Artamanen (1971). Die Arta-
    manen setzten sich für eine rassisch motivierte Landbesiedlung im Osten ein; der Bund wurde
    1934 in die HJ eingegliedert und beteiligte sich dort am Aufbau des HJ-Landdienstes.
4   Nachdem die NSDAP bei den Wahlen im Dezember 1929 11,3 % der Stimmen erhalten hatte, trat
    sie in eine Koalitionsregierung ein, in der sie mit Wilhelm Frick den Innen- und Volksbildungs-
    minister stellte. Fricks Amtszeit gilt als eine Art Probelauf für die spätere Politik im Reich. Zu sei-
    nen Taten gehörte nicht nur die Einrichtung eines rassenkundlichen Lehrstuhls in Jena, sondern
    u. a. auch ein Erlaß „Wider die Negerkultur", der die „fremdrassigen Einflüsse" im kulturellen
    Leben zurückdrängen sollte, die geeignet seien, „die sittlichen Kräfte des deutschen Volkstums zu
    unterwühlen" (zit. nach Neliba, Wilhelm Frick und Thüringen, 1995, S. 87).
5   Heimat und Arbeit 3, 1941, S. 79; R. Sturz, Im Schatten von Zeiss. Die NSDAP in Jena (1995),
    S. 132.

instituts für Geschichte des neuen Deutschlands usw. Ende 1934 erhielt er einen Ruf an die Universität Berlin. Hier wurde für ihn – durch Umwandlung des zuvor von dem „Nicht-Arier" Mittwoch besetzten Lehrstuhls[6] – ein eigenes Institut geschaffen, die „Anstalt für Rassenkunde, Völkerbiologie und Ländliche Soziologie". Sie gehörte sowohl der Philosophischen als auch der Landwirtschaftlich-tierärztlichen Fakultät an, ein Kuriosum, das programmatisch Günthers Bestreben, eine „Entstädterung der Gesinnung" einzuleiten, zum Ausdruck brachte. Günthers erste Assistentin in Berlin war Sophie Ehrhardt, eine Schülerin von Mollison, die vorher an der anthropologischen Staatssammlung in München beschäftigt gewesen war. Während der Zeit bei Günther (1935–1938) stellte sie Schädelmessungen in Ostpreußen an, danach unternahm sie eine Forschungsreise zwecks „Untersuchungen von Zigeunern und Zigeunermischlingen" – hier wird sie schon wichtige berufspraktische Erfahrungen für ihre nächste Arbeit gemacht haben, denn 1938 wechselte sie als Mitarbeiterin zu Robert Ritter, der gerade Leiter der Rassenhygienischen und bevölkerungspolitischen Forschungsstelle beim Reichsgesundheitsamt geworden war und hier die systematische Erfassung der in Deutschland lebenden „Zigeuner" in Angriff nahm. Bis 1942 war sie noch mit Untersuchungen über ostpreußische Sinti beschäftigt. Sophie Ehrhardt war auch an der Erstellung von Gutachten zur Klassifizierung von „Zigeunern und Zigeunermischlingen" beteiligt, die 1943 die Grundlage für die Deportationen bildeten. Daneben arbeitete sie bei Ritter über das Thema „Juden und ihre durch Mischehen hervorgerufenen Erbeinflüsse". Während seines Umzugs von Berlin nach Freiburg lieh Günther übrigens eine Mitarbeiterin (Ruth K.), die von 1937 bis zum Ende des Krieges als medizinisch-technische Angestellte bei ihm beschäftigt war, für einein-halb Jahre an Ritters Institut aus, um Sophie Ehrhardt bei ihren Untersuchungen zu unter-stützen – offenbar bestanden sehr gute Beziehungen zwischen Günther und Ritter.[7] Sophie Ehrhardts Nachfolger an Günthers Anstalt war Berthold Pfaul, auch er ein Anthropologe. Er war als wissenschaftlicher Hilfsarbeiter bei den Staatlichen Museen für Tierkunde und Völkerkunde in Dresden für die anthropologische Sammlung zuständig gewesen, die damals von Michael Hesch geleitet wurde. Pfaul, Jahrgang 1911 und seit 1931 NSDAP-Mitglied, hatte 1937 mit einer Dissertation über „Biometrie in der Rassenkunde" in Jena promoviert – ein Thema, das von unmittelbar praktischer Relevanz für erb- und rassenbiologische Erfassungs- und Identifizierungsarbeiten war. 1940 veröffentlichte er eine rassenkundliche „Aso-zialen"-Studie, mit dem Ergebnis, daß von 109 untersuchten Personen nur zwei als „vorwie-gend nordisch" einzustufen waren, die Mehrheit erschienen ihm als schwer zuzuordnende, „eher rasselose" Mischlinge: „verneinende und zersetzende, zwiespältige und unharmonische Naturen".[8]

Die Wahl der Mitarbeiter überrascht; vielleicht wollte Günther sich damit deutlicher als naturwissenschaftlich orientierter Rassenanthropologe profilieren. Dafür spricht auch, daß er in Berlin eine Reihe von Doktoranden gemeinsam mit Eugen Fischer vom Kaiser-Wilhelm-

---

6 Eugen Mittwoch war zuvor Ordinarius für Semitistik und Direktor am Institut für semitische Philologie und Islamkunde der Friedrich-Wilhelm-Universität.

7 Archiv Humboldt-Universität, UK 982; M. Zimmermann, Rassenutopie und Genozid (1996), S. 143 und 148; J. Hohmann, Robert Ritter und die Erben der Kriminalbiologie (1991), S. 531 ff.

8 Pfaul 1940. – Ende 1939 war Pfaul als Mitarbeiter Bruno K. Schultz' vorgesehen (UK 1313/1314). 1942 wurde er als Experte für Anthropologie beim „Sonderkommando Kaukasus" des SS-Ahnen-erbes geführt: R. Greve, Tibetforschung im SS-Ahnenerbe (1995), S. 181.

Institut betreute, die überwiegend erbbiologisch-anthropologische Themen bearbeiteten.[9] Darüber hinaus fällt auf, daß sich Günthers Mitarbeiter und z. T. auch seine Doktoranden auf die Beschäftigung mit „negativen Auslesegruppen" (Zigeuner, Juden, Asoziale) und Methoden ihrer Erfassung spezialisierten; dies legt den Schluß nahe, daß Günther, dessen Schriften sonst in einer relativ aggressionsfreien Sprache verfaßt waren, durchaus auch rassenpolitisch Einfluß nehmen wollte. Die oben erwähnte medizinisch-technische Assistentin erklärte nach dem Krieg auch, daß Mitarbeiter Günthers deutsche Volksstämme in Böhmen und Mähren untersuchten, um den slawischen Blutsanteil zu ermitteln.[10] 1940 wurde er von Albert Forster, dem Gauleiter von Danzig-Westpreußen zu einer Besichtigungsreise durch den Gau eingeladen, um ihn in der Volkstums- und Rassenpolitik hinsichtlich der Eindeutschungsfähigkeit von Polen zu beraten. Forster vertrat hier, abweichend von seinem Kollegen Greiser im Warthegau, eine großzügige Auffassung, er wollte – auch aus praktischen und ökonomischen Erwägungen – möglichst viele Polen in die Deutsche Volksliste aufnehmen und wurde von Günther in seiner Haltung bestärkt. Zehn Tage reichten Günther, um festzustellen, daß man es in dem betreffenden Gebiet mit einem gleichsam unentwirrbaren Rassengemisch zu tun habe; vier Fünftel der polnischen Bevölkerung stünde rassisch dem Deutschtum Ostmitteldeutschlands nahe. Sein Schüler Heinrich Gottong kam dagegen für das Generalgouvernement zu anderen Ergebnissen und postulierte einen besonderen „ostisch-mongoliden" Typus. Gottong, der bei Günther und Bruno K. Schultz mit einer Arbeit über die rassische Struktur der Oberlausitz promoviert hatte, wurde übrigens Judenreferent zunächst bei Arlt in der Abteilung Bevölkerungswesen und Fürsorge der Regierung des Generalgouvernements, dann beim Institut für Deutsche Ostarbeit in Krakau. Bereits 1940 plädierte er dafür, die jüdische Bevölkerung aus dem Generalgouvernement abzuschieben. Gottong war 1939 noch für eine Assistentenstelle bei Günther im Gespräch, bevor er nach Krakau ging.[11]

1940 lehrte Günther unterdes schon nicht mehr an der Berliner Universität. Schon seit längerem war er bemüht, von Berlin wieder wegzukommen; 1937 reichte er bereits ein Versetzungsgesuch ein, um sich Forschungsarbeiten widmen zu können, zu denen er angeblich durch Alfred Rosenberg beauftragt worden war; die Geschäftsführung der Berliner Anstalt wollte er behalten, ansonsten aber lieber an einer kleinen ländlichen Universität arbeiten.[12] Günthers Wünsche stießen auf Verständnis. Es hatte sich gezeigt, daß er die hohen Erwartungen, die man von seiten der Partei in ihn gesetzt hatte, nur bedingt erfüllen konnte. Walter Gross erstellte 1938 ein Gutachten über Günther, in dem er ihm „Unbeholfenheit und Lebensfremdheit" attestierte, er sei deshalb nicht als Dozent und Redner, sondern besser für Forschungs-

---

9   Es handelt sich um folgende Dissertationen: Erich Nehse, Beiträge zur Morphologie, Variabilität und Vererbung der menschlichen Kopfbehaarung (1936); Gottfried Pressler, Untersuchungen über den Einfluß der Großstadt auf die Kopfform sowie Beiträge zur Anthropologie und Stammeskunde Hannovers (1939); Alexander Paul, Jüdisch-deutsche Blutsmischung. Eine sozialbiologische Untersuchung (1940); Maria Ploetz-Radmann, Die Hautleistenmuster der unteren beiden Fingerglieder der menschlichen Hand (1937); Brigitte Richter, Burkhards und Kaulstoß, zwei oberhessische Dörfer (1936).

10 Hohmann, Robert Ritter und die Erben der Kriminalbiologie (1991), S. 533.

11 H.-C. Harten, De-Kulturation und Germanisierung (1996), S. 134f.; G. Aly/S. Heim, Vordenker der Vernichtung (1991), S. 248f.; Archiv Humboldt-Universität UK 982/2.

12 Archiv Humboldt-Universität, UK 982/22–24.

aufgaben ohne Lehrtätigkeit geeignet.[13] Im Unterschied etwa zu Clauss hatte Günther als Redner und Hochschullehrer an der Berliner Universität keinen durchschlagenden Erfolg; er wurde zwar auch zu zahlreichen außeruniversitären Vorträgen eingeladen, aber er sprach in der Regel nur in kleinem Kreis vor ausgewählten Zuhörern. Sein Traum war stets das Leben als unabhängiger Gelehrter gewesen. Schon 1933 hatte er aus Jena seinem Freund Darré geschrieben: „Wenn Sie eine Möglichkeit sehen, mich vom Dozententum zu befreien und mich dem freien Gelehrtentum wieder zurückzugewinnen – denn was könnte ich alles schreiben, wenn ich nicht dozieren müßte! – so geben Sie mir entsprechende Winke!"[14] Ende 1939 schließlich erhielt er einen Ruf nach Freiburg. Seit dem Sommersemester 1940 lehrte Günther nun wieder in seiner südwestdeutschen Heimat an einer kleinen Universität, befreit von dem Druck einer repräsentativen Lehraufgabe „und allem Amtlichen" in der Hauptstadt. 1941 wurde seine Anstalt als „Institut für Rassenkunde und Bauerntumsforschung" in Freiburg neu eingerichtet. Es mag sein, daß Günther als Persönlichkeit menschen- und öffentlichkeitsscheu war, wie Lutzhöft schreibt; aber daß er im Grunde „unpolitisch" war und dem Nationalsozialismus reserviert gegenüber blieb, erscheint doch stark übertrieben. Günther mied die Masse und alles „massenhafte" als Ausdruck einer entarteten Moderne; sein Lebens- und Bildungsideal bezog er, wie übrigens auch Darré, vom englischen Landadel, und in diesem Stile wollte er sicher auch selber leben: in komfortabler Abgeschiedenheit und ohne Verpflichtungen, die seinem „germanischen Freiheitsdrang" Grenzen setzten. Günther entsprach es mehr, durch seine Schriften und im Hintergrund zu wirken. Wie wir am Beispiel seiner Schüler gesehen haben, nahm er durchaus Einfluß auf die erbbiologische Radikalisierung der Rassenpolitik. Noch 1942 forderte er in einem Brief an Darré eine breite Besiedlung des Ostens und eine Ausweitung des Geltungsbereichs des Gesetzes zur Verhütung erbkranken Nachwuchses. Ihn trieb die Angst vor der „Vermehrung Minderwertiger" um.[15] Zu diesem Zeitpunkt arbeitete er an einem neuen Buch mit dem Titel „Die Unehelichen in erbkundlicher Betrachtung"; mit ihm setzte sich eine gewisse Schwerpunktverlagerung in Günthers Arbeit von rassenkundlichen zu erbbiologischen Fragestellungen fort, die sich schon während seiner Berliner Zeit ankündigte. Auch sein 1941 erschienenes popularisierendes Buch „Gattenwahl zu ehelichem Glück und erblicher Ertüchtigung", in dem die „nordische Idee" kaum noch eine Rolle spielt, paßt in diesen Kontext; vielleicht hoffte er mit diesem Buch, das sich auch sehr gut verkaufte, noch einmal einen größeren schriftstellerischen Erfolg erzielen zu können.[16] Die Veröffentlichung der „Unehelichen" wurde jedoch von parteiamtlichen Stellen unterbunden, weil es Themen ansprach, von denen man damals nicht wollte, daß sie öffentlich ausgetragen wurden. Günther übte darin indirekt eine Kritik an Bormann und vor allem an Himmler, der mit dem „Lebensborn" und Plänen zur Einführung der Mehrehe nach dem Krieg sein eigenes konservatives Familienideal untergrub. Günther forderte umgekehrt gerade die „Hemmung der unehelichen Fortpflanzung". Ehe und Familie waren für ihn der „Züchtungsgrund der Gattung überhaupt",

---

13 Archiv Humboldt-Universität, Personalakte Günther 98, Bl. 22f.
14 BDC A 489, Brief vom 10. 10. 1933.
15 BDC A 489, Brief vom 13. 9. 1942. Im gleichen Brief klagt er über das spätsommerliche schwüle Freiburger Klima: es „erdrückt die Leistungsfähigkeit, zumal ich nur mit Schlafmitteln einschlafe bei dieser lauen unbewegten Nachtluft. Ich sehne mich nach Kühlung und Regen."
16 Günther arbeitete zu dieser Zeit auch an einem Buch über „Formen und Urgeschichte der Ehe". Ein Vorabdruck erschien 1940 unter dem Titel „Bedeutung und Grenzen des Geschlechtstriebes in der menschlichen Ehe" in der Zeitschrift „Volk und Rasse".

während Uneheliche in der Regel erblich minderwertig seien. Deshalb forderte er eine Ausweitung der gesetzlichen Grundlagen der Sterilisierung: „Können noch mehr erbuntaugliche Menschen, besonders erbuntaugliche Mädchen, in den Bereich des Gesetzes zur Verhütung erbkranken Nachwuchses einbezogen werden, so wird hiermit ein beträchtlicher Teil der möglichen Erzeuger unehelicher Kinder von der Fortpflanzung ausgeschlossen." [17]

1944 wurde das Freiburger Institut bei Bombenangriffen zerstört. Die letzten Monate des Krieges verbrachte Günther mit seiner Familie bei Schultze-Naumburg in Weimar. Im April 1945 wurde dessen Villa von den Amerikanern beschlagnahmt. Günther mußte wie alle Einwohner Weimars für einige Tage im KZ Buchenwald arbeiten. Als die russischen Truppen sich näherten, zog er nach Freiburg zurück. Dort wurde er von der Französischen Militärbehörde seines Hochschullehreramtes enthoben und lebte danach, von der Geschichte weithin unbelehrt, als freier Schriftsteller weiter.

Der nach Günther wichtigste Referenzautor in der rassenpädagogischen Literatur war **Ludwig Ferdinand Clauss**, den man als den eigentlichen Begründer der „Rassenseelenkunde" ansehen kann. Clauss verfaßte auch selbst wichtige Beiträge zur Pädagogik, einschließlich Didaktik, publizierte in pädagogischen Zeitschriften und trat auf zahlreichen Schulungsveranstaltungen als Redner auf. Er war speziell unter Lehrern sehr beliebt und als Redner begehrt; in Lüneburg widmete ihm der NSLB zum Beispiel 1934 eine ganze „Dr.-Clauss-Woche", und Gross' Bemühungen, ihn von der Schulungsarbeit der Partei fernzuhalten, dürften lange Zeit vergeblich gewesen sein. Auf einer „Gau-Rassenveranstaltung" des NSLB Mecklenburg-Lübeck hielt Clauss vor 1000 Erziehern und Lehrern zwei Vorträge,[18] und noch 1938 sprach er auf einer Veranstaltung in Blankenburg/Thüringen über „Religion und Rasse".

Clauss wurde 1892 in Offenburg/Baden als Sohn eines Landgerichtsrats geboren. Er besuchte das Humanistische Gymnasium, machte das Abitur in Freiburg und studierte dort Philosophie und Psychologie sowie deutsche, skandinavische und englische Philologie. Zuvor absolvierte er aber einen Dienst bei der Marine, der ihn als Seekadett bis nach Norwegen führte. Angeblich erwachte hier seine Leidenschaft für die nordisch-skandinavische Welt. Aus der Marine wurde er mit dem Vermerk „Neigt zu Widerspruch" entlassen. Den Ersten Weltkrieg machte Clauss als Kriegsfreiwilliger bei der Marine mit. November 1919 legte er die Staatsprüfung für das Höhere Lehramt ab, 1921 promovierte er bei Husserl, im gleichen Jahr erschien auch sein erstes Buch (über Lieder der Edda). 1921/22 hielt Clauss die ersten Vorlesungen zur Psychologie der Rasse an der Bismarck-Hochschule in Dresden. Clauss gehörte zum engeren Schülerkreis Edmund Husserls und erhielt von Husserl auch ein Angebot zur Habilitation über Humboldts Sprachphilosophie, doch es wurde schon bald eine Unvereinbarkeit der Interessen sichtbar, die zum Abbruch des Projekts führten. Clauss hat dies später so dargestellt: „Philosophie-Professor Husserl konnte für mich nicht in Frage kommen, da er Jude war, und ich habe mich auch nachher mit ihm überworfen, da ich mich gegen die Auffassung Wilhelm von Humboldts stellte, daß z. B. auch ein Neger in seiner Weiterentwicklung ein wunderbarer Germane werden könne." [19] Clauss hatte 1918 die Tochter eines Freiburger Universitätsprofessors geheiratet, sich aber ein Jahr später wegen Ehebruchs der Frau wieder

---

17 Zit. nach Lutzhöft, Der Nordische Gedanke in Deutschland (1971), S. 394.
18 Landt (1936).
19 BDC 6112.

scheiden lassen; 1921 beging seine Ex-Frau Selbstmord, und es scheint, daß das Zusammentreffen belastender persönlicher Erfahrungen mit dem vorläufigen Abbruch einer Hochschulkarriere eine Lebenskrise auslösten, die ihn in ferne Länder und in die literarische Arbeit trieb. Für den Schuldienst war sein ruheloser, nach Abenteuern strebender Geist offensichtlich nicht geeignet. 1923 verdingte er sich zwecks rassenpsychologischer Studien als Landarbeiter in Norwegen, danach als Schiffer in Dänemark und Schweden, 1925 bereiste er den Balkan. Seine wichtigste Reise führte ihn in den Nahen Osten, der ihn so in den Bann gezogen haben muß, daß er dort zum Islam übertrat. Später schloß sich Clauss dann allerdings der Deutschen Glaubensbewegung an. Mit einigen Zuwendungen der Notgemeinschaft der deutschen Wissenschaft, etwas Schmerzensgeld, das er nach einem Unfall erhielt, vor allem aber der Unterstützung von Friedrich Wilhelm Prinz zur Lippe[20] brach er zusammen mit seinem Förderer und Margarete Landé, die er während des Studiums bei Husserl kennengelernt hatte, zu einer längeren, vier Jahre dauernden Exkursion nach Palästina auf. Hier stellte er Studien zur „vorderasiatischen und wüstenländischen Rassenseele" an, mit deren Auswertung er noch lange danach beschäftigt war. Margarete Landé hatte neben Philosophie und Psychologie auch Arabisch studiert, aber sie war jüdischer Abstammung, und das sollte Clauss später zum Verhängnis werden, denn er beschäftigte sie auch während des Dritten Reichs zur Auswertung der gemeinsamen Studien privat als Mitarbeiterin weiter.

Clauss' finanzielle Situation blieb lange prekär. Er wohnte zumeist bei seinem Bruder im badischen Ettenheim und wird sich mit Einkünften aus seinen Büchern und aus einem Fonds zur Nachwuchsförderung des Reichserziehungsministeriums (REM) über Wasser gehalten haben. Er machte sich aber bald einen Namen vor allem als Theoretiker der „nordischen Seele". 1934 gründete er gemeinsam mit Hans F. K. Günther, mit dem er seit der Freiburger Zeit befreundet war, die Zeitschrift „Rasse", verließ allerdings den Herausgeberkreis später wieder, wohl nachdem es zu persönlichen Unstimmigkeiten mit Günther gekommen war. 1936 gelang es ihm schließlich, sich zu habilitieren, und er erhielt, unterstützt durch den NS-Studentenbund, eine Dozentur an der Berliner Universität und wurde 1941 auch ins Beamtenverhältnis übernommen. Während dieser Zeit erreichte er den Höhepunkt seiner Karriere. Von seinem Buch „Rasse und Seele" waren bis 1941 bereits 116 000 Exemplare verkauft worden. 1941 sollte er – als einziger deutscher Wissenschaftler – in Italien in eine Kommission zur Erforschung der rassischen Grundelemente des italienischen Volkes berufen werden. Im gleichen Jahr war er vom REM für den Lehrstuhl für Psychologie und Pädagogik an der Reichsuniversität Posen vorgesehen, den Rudolf Hippius damals kommissarisch vertrat.

Eine Intervention des Amts Rosenberg verhinderte jedoch eine Berufung nach Posen.[21] Hintergrund war ein inzwischen von Walter Gross angestrengtes Parteiausschlußverfahren. Auslöser des Verfahrens war eine Denunziation seiner zweiten Frau: Clauss hatte 1935 wieder

---

20 Friedrich Wilhelm zur Lippe veröffentlichte 1934 eine „Rassenkunde fürs Dritte Reich". Ausführlich zur Palästina-Exkursion P. Weingart, Doppelleben (1995).

21 Heiber, Universität unterm Hakenkreuz (1991), Bd. I, S. 490; Geuter, Professionalisierung (1988), Anm. S. 492. Nach Auskunft von Lersch, der Clauss' Arbeiten noch nach dem Krieg methodische wie inhaltliche Relevanz bescheinigte, war Clauss vorher schon für Breslau im Gespräch gewesen, die Berufung sei nur am Widerstand des NS-Dozentenbundes gescheitert (Weingart, Doppelleben, 1995, S. 209).

geheiratet, diesmal die Tochter eines ostpreußischen Offiziers aus altem Adel, ließ sich aber 1940 erneut scheiden. Seine Frau, die um das „Geheimnis Landé" wußte und sicher auch eifersüchtig auf diese exklusive geistige Beziehung war, zeigte ihn beim Rassenpolitischen Amt an. Dort schien man nur auf einen solchen Anlaß gewartet zu haben, denn Gross ebenso wie Baeumler vom Amt Rosenberg waren Clauss und der große Erfolg, den er mit seinen Büchern und Vorträgen hatte, schon lange suspekt, teils vielleicht aus Neid (wie Clauss selbst sicher nicht ganz zu Unrecht vermutete), mehr aber wohl deshalb, weil Clauss für sich selbst eine Art Sonderrolle in Anspruch nahm, die für die Partei schwer akzeptabel war. Clauss maßte sich die Rolle eines führenden, keiner Instanz unterworfenen Theoretikers an, der sich z. B. auch sehr kritische und herablassende Worte über den in seinen Augen überzogenen „Kult des Nordischen" und die „Affen der Nordheit" leisten konnte.[22] Walter Gross schwankte in seiner Einschätzung von Clauss zwischen Respekt und Kritik, aber als parteiamtlicher Sachwalter der rassenpolitischen Erziehung konnte er solche Anmaßungen kaum hinnehmen, und so war es nur eine Frage der Zeit, bis er Clauss zur Raison bringen würde.[23] Glaubt man den Nachkriegs-Äußerungen von Fritz Arlt, dann bestanden aber keine prinzipiellen wissenschaftlichen Differenzen zwischen Gross und Clauss. Gross war zwar Naturwissenschaftler, aber er hat Clauss durchaus geschätzt, und er hat auch die Ansätze gekannt und unterstützt, die die Clauss'sche Rassenpsychologie erbwissenschaftlich weiterentwickeln und fundieren sollten.[24] Die Differenz wird sich eher an Clauss' Persönlichkeit, vor allem an seinen Alleinvertretungsansprüchen und seiner arrogant wirkenden Abwertung der Rassenbiologie entzündet haben; erst vor diesem Hintergrund wird die Kontroverse Gross-Clauss als eine wissenschaftstheoretische Kontroverse verständlich. Es war nämlich Clauss, der die naturwissenschaftliche Orientierung ablehnte; die Vertreter der Rassenbiologie und -anthropologie im Parteigerichtsverfahren, Gieseler und Bruno K. Schultz, blieben dagegen zwar auf Distanz, versagten ihm aber nicht den Respekt. Anders lag der Fall bei Gottschaldt, der um ein wissenschaftliches Gutachten gebeten worden war. Seine Stellungnahme fiel denkbar negativ aus. Aber in ihm hatte man – sicher beabsichtigt – einen Gutachter gewählt, der in direkter Rivalität und Konkurrenz zu Clauss stand und der seine psychologischen Forschungen in eindeutiger Abgrenzung, nicht in Anknüpfung an Clauss betrieb. Eine weitere Rolle dürfte – was die Bewertung durch Gross betrifft – Clauss' Anspruch auf „Wertfreiheit" gespielt haben; so sehr man diesen Anspruch auch in Frage stellen kann – er war mit Gross' Konzept der rassenpolitischen Erziehung unvereinbar.[25] Der Fall Landé war jedoch von einer solchen Brisanz – Clauss hatte schließlich gegen die Nürnberger Rassegesetze verstoßen –, daß der Vorgang bald eine Eigendynamik entwickelte und mit einer – von Gross anfangs sicher nur intendier-

---

22 So im Vorwort zur 14. Auflage von „Rasse und Seele".
23 Intrigen gegen Clauss hatte es schon vorher gegeben. Der Assistent am Psychologischen Institut der Universität Berlin Firgau hatte behauptet, Clauss stünde im Dienst der katholischen Aktion; der Vorwurf konnte entkräftet werden, Firgau wurde als Spitzel Baeumlers entlarvt und nach einem von Clauss angestrengten Disziplinarverfahren aus dem Amt entlassen; er arbeitete später als rassenpolitischer Referent im Reichsministerium für die besetzten Ostgebiete (Weingart, Doppelleben, 1995, S. 41; Heinemann, „Rasse, Siedlung, deutsches Blut", 2003, S. 450).
24 Uhle, Neues Volk und reine Rasse (1999), S. 237.
25 Zum Parteigerichtsverfahren siehe Weingart, Doppelleben (1995); Heiber, Universität unterm Hakenkreuz, Bd. I, S. 481 ff.; BDC 6112; 235 GDP; BDC Zweitschriften 163/41 Oberstes Parteigericht 1. Kammer. Zu Gottschaldt siehe unten S. 189 f.

ten – Maßregelung nicht mehr zu beenden war, sondern zum Parteiausschluß führen mußte. Im Januar 1943 wurde Clauss aus der NSDAP ausgeschlossen, im gleichen Jahr folgte seine Entlassung aus dem Beamtenverhältnis.

Man muß es Clauss zugute zu halten, daß er seine Mitarbeiterin vor dem Zugriff der Gestapo schützte, so daß sie das Dritte Reich überleben konnte. Ihn deswegen von nationalsozialistischer Gesinnung und selbst Antisemitismus freizusprechen, ist aber unzulässig. Clauss war eine widersprüchliche Gestalt. Er trat zwar für eine „wertfreie" Rassenpsychologie ein, aber seine Beschreibungen und Analysen waren voll von Wertungen, die eindeutig rassistische Implikationen hatten.[26] Clauss war schon früh nicht nur Mitglied antisemitischer Vereine, sondern auch von Theodor Fritsch beeinflußt, und seine Beschreibungen des „vorderasiatischen Rassentypus" etwa enthielten zahlreiche antisemitische Stereotypen.[27] Daß dieser Widerspruch von Clauss nie theoretisch-begrifflich ausgetragen und gelöst wurde,[28] erlaubte ihm freilich eine Sprache, die scheinbar nur einfühlsam war und alles im Unbestimmten ließ. Die Schlußfolgerungen mußten die Leser selber anstellen, sie waren aber allzu oft nur evident, wie wir schon am Beispiel der „Tragik der ostischen Seele in einer nordisch bestimmten Leistungswelt" gesehen haben. Diese Unbestimmtheit konnte auch durchaus didaktisch gemeint sein. Dazu ein kleines Beispiel aus der Pädagogik:[29] Zusammen mit Arthur Hoffmann verfaßte Clauss ein Lehrer- und Schülerheft, das als erstes Schulbuch zur Rassenseele gelten kann. In diesem Heft sollte eine „Methode des Schauens" zur praktischen Menschenkenntnis vermittelt werden. Es enthielt eine Charakterisierung von Personengruppen durch Textbausteine, die einem Bilderbogen zugeordnet werden mußten. Alle Bilder wurden ausführlich beschrieben und sollten anhand eines Schauplans interpretiert werden. Clauss und Hoffmann forderten die Betrachter auf, Leitgestalten aus Kunst, Kultur oder Mythen für ein typisierendes rassenkundliches Ordnungsschema zu finden und eine Reihenfolge für ein zu erstellendes Gesamtbild festzulegen. Zu diesem Zweck sollten rassenkundliche Arbeitsgemeinschaften gebildet werden. Nur bei zwei Bildern fehlten ausführliche Legenden. Diese Bilder – „ein polnischer Jude aus Galizien, der uns beim Handel mit seinem verbindlichen Lächeln gewinnen will" und ein „Negerjunge aus Somaliland: ein Sklavenkind, das ängstlich und befangen in einem Beduinenlager vor dem großen Scheich steht" – wurden in diesem methodischen Entwurf separiert. Gemäß der Methode haben sich die Schüler dazu äußern sollen, warum die beiden abgesondert waren, und sie sollten deren rassische Zusammengehörigkeit thematisieren. Waren die inhaltlichen Bezüge nicht unmittelbar antisemitisch konnotiert, so waren es die vielfältigen literarischen Bezüge und Verweise im Lehrerheft um so mehr: Clauss und

---

26 Siehe oben S. 20ff. Theoretisch liegt seine vermeintliche Rassismus-Kritik auf der argumentativen Ebene, auf der sich die „Neue anthropologische Rechte" seit den 60er Jahren bewegt: Zurückweisung universalistischer Kategorien, Forderung nach Entmischung, damit jede Rasse, wie es Clauss postuliert hatte, „ihrer Art gemäß" leben könne; in der Praxis hätte dies verheerende Folgen, es bleibt Rassismus: P. Moreau, Die neue Religion der Rasse (1983).

27 Matthias Schwerendt, Antisemitismus in Schulbüchern des Dritten Reichs, in Vorbereitung.

28 Clauss hätte dann, wäre er der Phänomenologie wirklich treu geblieben, von der „Rassenseelenkunde" zur Ethnographie finden müssen.

29 Clauss/Hoffmann 1934; vgl. etwa die Rezension in der Hamburger Lehrerzeitung 13/1934, H. 34/35, S. 520.

Hoffmann bezogen sich auf so illustre Antisemiten wie Darré und Erbt, Günther, Schultze-Naumburg, B. K. Schultz, Staemmler oder Karl Zimmermann. Die von Clauss und Hoffmann verwendete Methode kann als modern gelten: Nicht die Indoktrination mit antisemitischen Inhalten, sondern der pädagogisch qualifizierte Brückenschlag von Bildern und Gegenbildern, zurückhaltenden Interpretationen und den Assoziationen der Schüler in Arbeitsgruppen sicherte die Verstärkung antisemitischer und rassistischer Projektionen und Zerrbilder. Die richtige Zuordnung der Bilder in einer sozialen Wertehierarchie wurde durch die Vorgaben gesichert, ebenso wie die nationalsozialistischen Diskurse durch die literarischen Bezüge bemüht wurden.

Clauss' politischer Weg ist eindeutig. Er war zwar nie sehr aktiv, fand aber schon früh den Weg zur völkischen Bewegung, war Mitglied im Deutschbund und im antisemitischen Deutschvölkischen Schutz- und Trutzbund. Der NSDAP trat er allerdings erst am 1. Mai 1933 bei. Er gehörte dem NSLB sowie dem Reichsnährstand an, wohl weil er auf einem kleinen Landgut in Rüthnick bei Berlin lebte und seinen Beruf u. a. auch mit „Forstwirt" angab (der große Erfolg seiner Bücher im Dritten Reich hatte ihm endlich ein kleines Vermögen eingebracht). Politisch trat Clauss während des Dritten Reichs vor allem als Redner hervor, er selbst sprach von zahlreichen Schulungsvorträgen für die SS, den NSLB, die HJ, den BDM und die Hochschule für Politik. Er hatte zudem gute Verbindungen zur SS, die ihm nach dem Partei-Ausschluß zunutze kommen sollten. Ein Schüler von Clauss, Bruno Beger, war seit 1934 Mitarbeiter des Rasse- und Siedlungshauptamtes (1937 als Abteilungsleiter für Rassen- und Erbkunde). Clauss lud das RuSHA über Beger im November 1936 zu seiner Antrittsvorlesung an der Berliner Universität ein; im Gegenzug bat man ihn zu einem Vortrag über „Rassenentstehung" an der Schule des RuSHA in Berlin-Grunewald.[30] Beger, der zuvor auch schon bei Günther in Jena studiert hatte, promovierte 1940 bei Clauss und arbeitete zeitweise auch für ihn in seinem privaten Archiv. Während des Krieges war er als Anthropologe und SS-Hauptsturmführer mit Forschungsarbeiten über die innerasiatischen Rassen für das „Ahnenerbe" befaßt. 1941 machte Beger Himmler den Vorschlag, Clauss mit einem Forschungsprojekt über „Rassen im Kampf" in Mittelasien zu beauftragen; Himmler war auch nicht abgeneigt, mußte aber ablehnen, nachdem Walter Gross auf das schwebende Verfahren hingewiesen hatte, das gerade seinen Anfang nahm. Clauss wurde zu diesem Zeitpunkt aber bereits als Referent für die arabischen Länder im Referat VI C 13 des SD geführt, um ihm etwas Unterstützung im Konflikt mit dem RPA zukommen zu lassen. Nachdem das Verfahren abgeschlossen war, versuchte Beger einen erneuten Vorstoß und hatte diesmal Erfolg, nachdem Himmler sich zuvor bei Bormann abgesichert hatte.[31] Außerdem lag ihm eine positive Stellungnahme aus dem Reichssicherheitshauptamt vor: Hans Ehlich, der die Amtsgruppe „Volkstum und Volksgesundheit" im RSHA leitete, urteilte, daß der Parteiausschluß zwar zu Recht erfolgt sei, Clauss werde aber „gute Absicht" konzediert; seine Forschungsergebnisse seien „doch von erheblicher Bedeutung", er habe „die gesamte Rassenkunde immer-

---

30   BA, NS 2/85.

31   In der ihm eigenen Logik schrieb Himmler: „Ich halte es nicht für richtig, einen Mann wie Professor Clauss, der doch immerhin einiges wissenschaftlich geleistet hat, nun durch restlose Ablehnung zur Verzweiflung und damit irgendwie in das Lager unserer Gegner zu treiben." Zit. nach Weingart, Doppelleben (1995), S. 171.

hin nach der psychologischen Seite hin so befruchtet, dass es richtig erscheint, wenn man Clauss die Möglichkeit gibt, seine Forschungen privat weiterzubetreiben".[32]

Beger plante in enger Zusammenarbeit mit dem RuSHA die Errichtung einer Forschungsabteilung für Rassen- und Volkstumsfragen im Rahmen der wehrwissenschaftlichen Forschungen des Ahnenerbes, die das Verhalten fremder Rassen im Kampf untersuchen sollte; davon versprach er sich praktisch folgenreiche Erkenntnisse für die „Behandlung Fremdvölkischer" im Krieg, die für die Beherrschung der besetzten Länder nutzbar gemacht werden könnten. Das Vorhaben sollte als Kriegsberichterstattung getarnt durchgeführt werden.[33] Zwischenzeitlich war Beger von Wolfgang Abel (dessen Karriere war wiederum von Günther befördert worden) als Assistent für anthropologische Untersuchungen an russischen Kriegsgefangenen gewonnen worden, und während er den Projektvorschlag „Rassen im Kampf" ausarbeitete, fahndete er in Auschwitz nach sowjetischen Innerasiaten.[34] Begers Ansehen in der SS war in dieser Zeit stark gestiegen, und das mag die Annahme des Projektes begünstigt haben.[35] Von dem ganzen Plan blieb zwar nicht viel übrig, aber Clauss wurde im Mai 1944 als Sturmmann der Waffen-SS zur Kriegsberichter-Standarte „Kurt Eggers" einberufen und rückte, weil Mittelasien zu diesem Zeitpunkt schon unrealistisch geworden war, im September 1944 schließlich nach Bosnien aus, wo wenigsten auch „Orientalen" lebten, mit denen Clauss sich ja auskannte. Beger und Clauss wollten in Jugoslawien ausländische Einheiten der Waffen-SS, vor allem die „Muselmanen-Divisionen" in Bosnien in ihrem „aktiven Kampfverhalten" beobachten und filmen.[36] Der Einsatz war aber nach zwei Monaten schon wieder zu Ende; Clauss wurde in Bosnien bei einem Luftangriff verwundet und kehrte nach Rüthnick zurück. Im November 1944 verfaßte er einen Abschlußbericht, in dem er auf einige grundlegende Probleme im Verhalten der deutschen Soldaten und Offiziere hinwies (vor allem eine ausgeprägte „Unruhe", die die Bosniaken irritieren würde). Für das Ziel, ein Europa unter germanischer Führung zu schaffen, sei es aber noch nicht zu spät. Im Februar 1945 legte Clauss ein Konzept mit dem Titel „Vorbereitung eines Einsatzes zur Gewinnung islamischer Völker" vor, in dem er seine Arbeit mit den Bestrebungen der „Germanischen Leitstelle" im SS-Hauptamt verband, die auch für die Aufstellung und Betreuung nicht-germanischer Verbände der Waffen-SS zuständig war. Er selbst wollte mit arabischen Autoritäten Fühlung aufnehmen, „um vorsichtig ihre Mitwirkung zu gewinnen", während Beger sich zu den turkestanischen Freiwilligenverbänden begeben sollte, um die bei den Bosniern gemachten Erfahrungen auf ihre Übertragbarkeit zu überprüfen. Ein dritter Partner, Dr. Walz, würde sich mit Koran-Deutung

---

32 BA, NS 19/1260 (25. 8. 1943).

33 BDC BO 235.

34 Beger wirkte hier an der Auswahl und Tötung jüdischer Häftlinge für Hirts anatomische Sammlung in Straßburg mit. Vgl. Irmtraud Wojak, Das „irrende Gewissen" der NS-Verbrecher und die deutsche Rechtsprechung (1999). – Im November 1943 skizzierte Beger einen Forschungsplan, der aus drei Teilprojekten bestand: a) „Rassen-im-Kampf-Forschung", b) „Fremdvölker-Forschung", c) „Mongolenforschung"; die „Mongolenforschung" sei im Juni 1943 in Auschwitz begonnen worden, Clauss sollte in Verbindung mit Beger die Projektteile a und b bearbeiten: BA, NS 19/1260.

35 M. H. Kater, Das „Ahnenerbe" der SS (1974), S. 208 ff.

36 R. Greve, Tibetforschung im SS-Ahnenerbe (1995), S. 191.

beschäftigen.[37] Diese Projekte und Überlegungen hatten einen durchaus realen Hintergrund, denn 1943 war auf dem Balkan eine Division der Waffen-SS aus etwa 30 000 „mohammedanischen Bosniaken" aufgestellt worden, für die spezielle Betreuungs- und Schulungskonzepte erarbeitet werden mußten. Das SS-Hauptamt, das mit dieser Aufgabe befaßt war, traf u. a. ein Kooperationsabkommen mit dem Großmufti von Jerusalem, das eine „rassenseelisch" begründete Abklärung der wechselseitigen Interessen beinhaltete. Für die Schulung der Division wurde ein System entwickelt, nach dem sich deutsche Schulungsleiter und „Truppen-Imame" die Arbeit teilten. Im Zusammenhang mit der Aufstellung von Verbänden aus Angehörigen der Turkvölker wurde im November 1944 auch eine „Mullah-Schule" in Dresden eröffnet, in der Imame für die Truppenbetreuung ausgebildet werden sollten.[38] In diesem Zusammenhang konnte jemand wie Clauss durchaus als willkommener Ratgeber für die Experten des SS-Hauptamtes erscheinen.

Nach dem Krieg gelang es Clauss nicht mehr, im Hochschulbetrieb Fuß zu fassen, obwohl selbst Kollegen wie Lersch und Spranger positiv über ihn gutachteten. Er bemühte sich viele Jahre vergeblich um Rehabilitation und lamentierte darüber, daß jemand wie Günther von den Ruhestandsbezügen seiner Professur leben konnte, während er, weil er nach einem Parteiausschlußverfahren aus dem Beamtenverhältnis entlassen worden war, leer ausging. Zur Erinnerung an die Errettung Margarete Landés wurde ihm in Yad Vashem eine Ehrentafel gewidmet – etwas vorschnell, die Kenntnis von seiner Rolle als eines führenden Rassentheoretikers im Dritten Reich hatte sich noch nicht herumgesprochen.

---

37 BA, NS 31/171. Bei Walz handelte es sich um Reinhard Walz, der bei Clauß mit der Arbeit „Psychologie der prophetischen Berufung. Beiträge zur Psychologie des semitischen Menschen" promoviert hatte. Zweitgutachter der Arbeit war Eduard Spranger. Walz, geb. 1920 als Sohn eines Gymnasialprofessors in Gießen, hatte sich 1943 freiwillig zur SS-Standarte „Kurt Eggers" gemeldet: Tilitzki, Die deutsche Universitätsphilosophie (2002), S. 1000; BA, PK-N 19.

38 BA, NS 19/2601; NS 31/60 und 40.

2. Autoren der wissenschaftlichen Pädagogik und der Pädagogischen Psychologie

2.1 Jaensch, Kroh, Pfahler und Schüler

Unter den Pädagogen und Psychologen gab es einige Personen, die den Charakter von Schlüsselgestalten hatten wie Jaensch, Kroh und Pfahler; sie waren zugleich – zusammen mit Hartnacke – die am häufigsten zitierten Referenzautoren aus der Pädagogischen Psychologie. Jaensch und Kroh waren völkische Autoren, die sich des rassentheoretischen Vokabulars bedienten, ohne selbst viel zur systematischen Konzeptualisierung einer rassentheoretisch orientierten Psychologie oder Pädagogik beizutragen, sie waren aber überaus einflußreich und förderten junge Wissenschaftler, die in dieser Richtung arbeiteten; beide schufen Netzwerke von Wissenschaftlern, die mehr oder weniger stark untereinander verbunden waren. Kroh selbst war ein Schüler von Jaensch, bei dem er 1919 promoviert hatte; ein weiterer wichtiger Schüler von Jaensch war Gert Heinz Fischer, der 1940 seine Nachfolge an der Universität Marburg antrat. Die Liste der Schüler von Jaensch ist beeindruckend. Zu ihnen gehörte zum Beispiel Friedrich Becker, der 1938 bei ihm zum Thema „Die Intelligenzprüfung unter völkischen und typologischen Gesichtspunkten" promovierte. Eine Arbeit, die Jaenschs schon früher vorgetragene These von der „Artwidrigkeit" gängiger Intelligenztests untermauern sollte, die angeblich die Intelligenz des „deutschen Typus" gegenüber der „jüdischen Denkform" benachteiligten – eine brisante These, wenn man sich vergegenwärtigt, daß etwa die Sterilisationsbeschlüsse der Erbgesundheitsgerichte u. a. aufgrund von Intelligenztests getroffen wurden.[39] Ein anderer Schüler Jaenschs war Hans Möckelmann, der 1929 bei ihm promovierte. Möckelmann, Turn- und Sportlehrer, wurde später Direktor des Instituts für Leibesübungen an der Universität Marburg; nach Jaenschs Tod übernahm er für kurze Zeit die geschäftsführende Leitung des Instituts für Psychologie. Möckelmann war ein alter Freikorpskämpfer, wurde später Gaudozentenbundführer und SS-Untersturmführer. Er stellte die Aufgaben der Leibeserziehung in den Kontext der rassenhygienischen Forderungen.[40] Wolfgang Huck, NSDAP-Mitglied seit 1930, promovierte 1934 mit der Dissertation „Psychologisch-anthropologische Untersuchungen über das Wesen der nordischen Rasse" bei Jaensch. Werner Weiland, Dozent für Jugend- und Charakterkunde an der HfL Oldenburg und NSDAP-Mitglied seit 1932, promovierte bei Jaensch über „Persönlichkeitstypus und Wertung".[41] Einige Promotionen, die Jaensch betreute, wurden nach seinem Tod 1940 unter Gert Heinz Fischer zum Abschluß gebracht, dazu gehören die Arbeiten von Erich Lenz, „Erb-

---

39 Jaensch sprach diesen Zusammenhang selber an: ders. 1934.
40 Möckelmann 1939; vgl. Alkemeyer, Körper, Kult und Politik (1996), S. 366.
41 Die Dissertation ist frei von rassenwissenschaftlichen Bezügen. Weiland verfaßte aber auch einen bekenntnishaften Beitrag über „Jugendkunde und Charakterkunde im Dienste der nationalsozialistischen Erziehung" (1939).

psychologische Gruppenuntersuchungen nach integrationspsychologischer Methode" (1940) und Ferdinand Carspecken, „Strukturpsychologische Untersuchungen zum Problem der Berufswahl" (1941).[42] Carspecken, dies sei am Rande erwähnt, übernahm während des Krieges als geschäftsführender Assistent des Marburger Instituts Leitungsaufgaben bei der Durchführung „wichtiger Volkstumsuntersuchungen" in Zusammenarbeit mit der SS in Belgien und dem Institut für deutsche Ostarbeit in Krakau.[43]

Jaensch, Kroh, Pfahler und Schüler

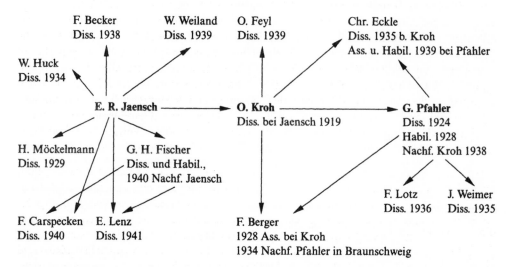

Erich Jaensch gehört zu jenen Wegbereitern einer rassistischen Psychologie, die ihre Sympathie für den Nationalsozialismus schon vor 1933 erkennen ließen. Jaensch wurde 1883 in Breslau geboren; sein Vater war Arzt, ein Beruf, den auch sein Bruder Walther wählte. Er wurde relativ früh, mit 27 Jahren Privatdozent in Straßburg, vertrat 1912 für ein Jahr den philosophischen Lehrstuhl in Halle, bevor er 1913 als ordentlicher Professor für Philosophie und Leiter der psychologischen Abteilung des philosophischen Seminars an die Universität Marburg berufen wurde; 1933 wurde er dort Leiter des neugegründeten Instituts für psychologische Anthropologie, hatte es also geschafft, die Psychologie institutionell von der Philosophie zu „emanzipieren", 1938 wurde seine Venia legendi außerdem um theoretische Pädagogik erweitert. In dieser Position blieb er in Marburg bis zu seinem Tod 1940. Während des Dritten Reichs war Jaensch ein Nestor der regimetreuen Psychologie, mit großem Ansehen und Einfluß, was auch darin zum Ausdruck kommt, daß er von 1936 bis 1940 Vorsitzender der Deutschen Gesellschaft für Psychologie war. Er förderte rassentheoretische Adaptionen in der Psychologie, betrachtete die vorliegenden Ansätze aber mit einer gewissen Skepsis und sah in der

42   Zu nennen wäre auch noch Werner Küchenhoff, Sittliches Erleben bei Jugendlichen von verschiedenem Persönlichkeitstypus, Diss. Marburg 1941. Küchenhoff war bis 1939 Mitarbeiter bei Jaensch und arbeitete während des Krieges als Marinepsychologe in Wilhelmshaven.
43   BA, R 4901/2027.

Rassenpsychologie eher eine Zukunftsaufgabe als eine Realität.[44] Seine Einschätzung durch das Amt Rosenberg war eher kritisch, er wurde dort nach seinem Tod ähnlich wie Krieck als „deutschnational" eingestuft.[45] Andererseits war Jaensch aber ein Bewunderer von Günther. Als dieser Ende 1937, in Berlin überfordert, den Rückzug nach Freiburg plante, versuchte Jaensch ihn davon abzuhalten und für Marburg zu gewinnen: in Freiburg werde er nur isoliert dastehen.[46] Jaensch nutzte seine Position als Herausgeber der „Zeitschrift für Psychologie", um nicht nur seinen eigenen Auffassungen, sondern vor allem auch seinen Schülern ein Forum in der wissenschaftlichen Öffentlichkeit zu verschaffen, die dezidierter als er selbst auch rassenpsychologische Konzeptionen vertraten.[47]

Jaensch trat schon vor 1933 mit Beiträgen zu einer völkischen Psychologie hervor, die er auch sehr kämpferisch und aggressiv vertrat. Die aggressive Diktion seiner Texte steigerte sich nach 1933 noch. Jaensch erfand den einprägsamen Begriff des „Gegentypus", der „zersetzend" statt aufbauend wirke und der sich verhängnisvoll auf die deutsche Kultur ausgewirkt habe; Jaensch nahm zwar keine klaren rassischen Zuordnungen vor, doch es war evident, daß mit dem „Gegentypus" vor allem der „jüdische Geist" gemeint war. Jaensch unterschied ferner zwischen „Gegentypus" und „mittelländischem Typus" (eine Kategorie, die auf Clauss zurückging); letzterer sei der deutschen Seele zwar fremd, stünde aber nicht in Gegnerschaft, sondern in einer komplementären Beziehung zu ihr, so daß die Möglichkeit eines „Bündnisses bei Bewahrung der Eigenart" bestünde. Erziehungsgeschichtlich bemerkenswert ist, daß Jaensch in der Persönlichkeit Wilhelm von Humboldts eine Verbindung von „Gegentypus" und „mittelländischem Typus" erblickte, die sich negativ auf die deutsche Bildungsgeschichte ausgewirkt habe.[48] Zu diesem Verdikt trug bei, daß Humboldt „gerade auch jüdische Freundinnen und Freunde" gehabt habe. An seiner antisemitischen Einstellung ließ Jaensch in seinen Schriften keinen Zweifel. Dieser Antisemitismus könnte noch einen besonderen biographischen Hintergrund in den Umständen seiner Berufung 1912 zum Nachfolger auf den Lehrstuhl des bekannten jüdischen Philosophen Hermann Cohen gehabt haben: Damals protestierten 107 Philosophen, unter ihnen prominente jüdische Philosophen gegen diese Berufung. Der Protest war zwar standespolitisch motiviert und galt der Besetzung eines Philosophen-Lehrstuhls durch einen Psychologen. Bei Jaensch verband sich aber seitdem ein Gefühl mangelnder wissenschaftlicher Anerkennung, das seinen Eintritt in die Ordinarienschaft überschattete, mit einem Ressentiment gegen die „jüdische" Philosophie. Jaensch hat später an mehreren Stellen in seinen Schriften gegen Cohen polemisiert und zudem die Hochschul-

---

44 Jaensch, Die Lage und Aufgaben der Psychologie (1933), S. 119 ff.

45 Geuter, Professionalisierung (1988), Anm. S. 501.

46 Heiber, Universität unterm Hakenkreuz, Bd. II.2, S. 280.

47 Nach einer Analyse von Lydia Lange war Jaensch der meistzitierte Autor in den Beiträgen der „Zeitschrift für Psychologie", seine Schüler dominierten den rassenpsychologischen Diskurs; gleichzeitig gingen unter der Herausgeberschaft von Jaensch während der Zeit des Dritten Reichs experimentalpsychologische Beiträge deutlich zurück, jüdische Autoren wurden schließlich überhaupt nicht mehr zitiert. Nach dem Tod von Jaensch ging seine Bedeutung als Referenzautor freilich drastisch zurück: L. Lange, Externe Einflüsse auf die Wissenschaft und die Reaktion der „wissenschaftlichen Gemeinschaft" am Beispiel von E. R. Jaensch und der Zeitschrift für Psychologie 1933–1944 (1990).

48 E. R. Jaensch, Zur Neugestaltung des deutschen Studententums und der Hochschule (1937), S. 81 ff.

politik der Weimarer Republik attackiert, weil sie eine „jüdische Überfremdung" der Psychologie gefördert habe.[49] Zunehmend entwickelte sich in ihm der Ehrgeiz, für die Durchsetzung
einer „deutschen, nicht-jüdischen Psychologie" kämpfen zu müssen. 1933 begrüßte er die
Entlassung William Sterns in Hamburg als die endliche Befreiung von dem „Joch der systematischen Verjudung" des Faches.[50] Jaensch hatte seinen Antisemitismus vielleicht selbst als
vererbt angesehen, denn schon sein Vater war im Streben nach einer Hochschulkarriere laut
Gert-Heinz Fischer daran gescheitert, daß der jüdische Nachfolger seines Lehrers ihm
während seiner Teilnahme am Krieg von 1870/71 die Assistentenstelle wegnahm![51] Erwähnenswert scheint uns noch, daß Jaensch, wie er 1931 in einem Brief an Eduard Spranger
bekannte, tuberkulosekrank war und an einer Heilungsmöglichkeit zweifelte; in seinen Schriften rechnete er die Tuberkulose-Kranken aber selber dem „Gegentypus" zu.[52] Es ist deshalb
nicht völlig abwegig, wenn man vermutet, daß die völkische Aggressivität bei ihm auch etwas
mit Selbsthaß zu tun hatte, kompensatorische und – wie im Fall seines Antisemitismus[53] auch
paranoide Züge trug. Paranoide Züge kommen auch darin zum Ausdruck, daß Jaensch einen
großen Teil seiner Energien darauf verwandte, gegen Kollegen zu intrigieren. So versuchte er
z. B. mehrmals Berufungen seines Schülers Oswald Kroh zu verhindern; in einem Gutachten
attestierte er Kroh „Konjunktursinn, Geschäftstüchtigkeit, schrankenloses Geltungsstreben
und erschreckende Charakterlosigkeit". Jaensch verstieg sich sogar dazu, Krohs arische
Abstammung in Zweifel zu ziehen. Kroh erklärte diese Ausfälle aus einer tiefliegenden Eifer-
sucht, weil Jaensch sich mehrmals ihm gegenüber zurückgesetzt gefühlt und selber auf die
Berufungen spekuliert hätte, die dann an ihn ergingen. Kroh konstatierte, daß Jaensch sich in
anderen Fällen, so gegen Nicolai Hartmann, Heidegger und Köhler, ähnlich verhalten hätte
und revanchierte sich in einer Gegen-Stellungnahme mit einer nicht weniger denunziatori-
schen Sprache, indem er ihn als einen paranoiden, „durch und durch krankhaften Menschen"

---

49 I. Pinn, Die rassistischen Konsequenzen einer völkischen Anthropologie (1987); zu Jaenschs
    Antisemitismus siehe auch Geuter, Nationalsozialistische Ideologie und Psychologie (1985). Vgl.
    auch die Stellungnahme von Oswald Kroh in: H. Retter, Oswald Kroh (2001), S. 204.
50 Er war aber doch Standespolitiker genug, um im gleichen Atemzug vor der Besetzung der Stelle
    mit dem Erziehungswissenschaftler Gustav Deuchler zu warnen: Heiber, Universität unterm
    Hakenkreuz, Bd. I, S. 398. – 1936 schrieb Jaensch in einem Gutachten, das im Zusammenhang
    mit den Berufungsprozeduren anläßlich der Wiederbesetzung des Lehrstuhls von William Stern
    entstand: „Die jüdischen Wissenschaftler sind ja von Haus aus ‚geschäftstüchtiger' als die
    deutschblütigen, und namentlich von inneren Hemmungen freier, die der Deutsche überall hat.
    Dazu kommt, dass ihnen der ganze vom Judentum und extremen Liberalismus aufgebaute
    Werbe-Reklame- und Verkaufsapparat von Geistesgütern zur Verfügung stand. Auch machte das
    Ministerium Becker von seinem Grundsatz, die Psychologie zurückzudrängen, immer eine Aus-
    nahme, wenn es sich um jüdische Psychologen handelte (Stern, Wertheimer, Geld, Katz, Peters
    usw.)." BA, R 4901/821, Bl. 84.
51 Gert Heinz Fischer, E. R. Jaensch zum Gedenken. Sein Werk und Vermächtnis (1940), S. 9.
52 Pinn, Die rassistischen Konsequenzen einer völkischen Anthropologie (1987), S. 233.
53 Wie ernst es ihm mit dem Kampf gegen das Judentum war, zeigt ein von Jaensch am 11. Dezem-
    ber 1938 in der Essener „National-Zeitung" veröffentlichter Artikel: „Geisteskampf gegen Welt-
    judentum". Jaenschs aggressiver Antisemitismus fällt auf, weil man ihn in dieser Weise in der
    Pädagogischen Psychologie eher selten antrifft, auch wenn antisemitische Einstellungen, die vor
    allem gegenüber der Psychoanalyse zutage traten, weit verbreitet waren (Geuter, Professionalisie-
    rung, 1988, S. 278 f.).

bezeichnete.[54] Es fällt allerdings auch in anderem Zusammenhang schwer, nicht auch leicht pathologische Seiten bei Jaensch anzunehmen, wenn er etwa von seinen Schülern das unterschiedliche Pickverhalten nordländischer und südländischer Hühnerrassen untersuchen ließ; die Untersuchung bestätigte natürlich Jaenschs Integrationslehre auch für Hühnerrassen.[55]

In seinem politischen Verhalten war Jaensch – vielleicht aus gesundheitlich-konstitutionellen Gründen – nicht übermäßig aktiv, aber doch eindeutig. 1932 trat er dem Kampfbund für deutsche Kultur bei, wurde Förder-Mitglied der SS und gehörte zu den Unterzeichnern des Wahlaufrufs für die NSDAP. Der Partei trat er aber erst am 1. Mai 1933 bei, dem NSLB am 1. April 1933. Sein zwei Jahre älterer Bruder Walther war wesentlich aktiver, und man kann vermuten, daß Walther Jaensch die politische Sozialisation seines Bruders wesentlich mit beeinflußt hat. Walther Jaensch studierte in Halle und München Medizin, wurde 1919 Assistenzarzt in Marburg und war dann in Frankfurt tätig, wo er Forschungen zur „Leistungskraft Leichtgestörter" anstellte; von 1928 bis 1934 arbeitete er als Sportmediziner und Dozent an der Hochschule für Leibesübungen in Berlin, 1943 wurde er apl. Professor und Direktor des Instituts für Konstitutionsmedizin an der Berliner Charité. Er verfaßte einige rassenhygienische Schriften und rassenhygienisch orientierte Beiträge zur Leibeserziehung.[56] Walther Jaensch war bereits während der Studentenzeit im Thüringer Freikorps und im Marburger Studentenkorps aktiv und übernahm Leitungsaufgaben in der Marburger Dozentenschaft, stieg dann allerdings erst 1933 wieder aktiv in die Politik ein: Am 1. Februar 1933 trat er dem NSLB, zwei Monate später auch der NSDAP bei, wurde für zweieinhalb Jahre stellvertretender Führer der Dozentenschaft der Universität Berlin, trat noch 1933 in die SS ein und brachte es bis zum Hauptsturmführer als Arzt (Oberstabsarzt) im Ausbildungsstab des Hauptamtes der Sanitäts-Abteilung. Als SS-Arzt trat Walther Jaensch aus der Kirche aus und wurde „gottgläubig".[57]

Der wichtigste Schüler Erich Jaenschs und vielleicht die einflußreichste Gestalt in der Pädagogischen Psychologie der Zeit war **Oswald Kroh**, der übrigens auch das Amt des Vorsitzenden der Deutschen Gesellschaft für Psychologie nach dem Tod von Jaensch übernahm. Zu Krohs Schülern wiederum gehörten so bedeutende Vertreter der rassen- und erbwissenschaftlich orientierten Pädagogik und Psychologie wie Gerhard Pfahler, Friedrich Berger und

---

54 H. Retter, Oswald Kroh (2001), S. 188 ff.

55 E. Jaensch, Der Hühnerhof als Forschungs- und Aufklärungsmittel in menschlichen Rassenfragen (1939). Vgl. Geuter, Professionalisierung (1988), S. 282. Jaenschs Sprache läßt an eine Beeinflussung durch Konrad Lorenz denken: das Nordhuhn sei die auch bei Menschen erwünschte Wildform, das Südhuhn dagegen eine abzulehnende Domestikationsform.

56 Erich Jaenschs Schüler und Nachfolger Gert-Heinz Fischer arbeitete übrigens später auch mit Walther Jaensch zusammen bei der „Entwicklung von ganzheitlichen Auslesemethoden für Parteiführerstellen": R 4901/2026.

57 Auch Walther Jaensch litt an „konstitutionellen Schwächen". In erbbiologischer Hinsicht erfüllte er nicht ganz die Kriterien der SS. Als er 1944 um Erlaubnis zur Eheschließung ersuchte, wurde die Genehmigung zwar erteilt, jedoch nur „auf beiderseitige Verantwortung freigegeben", weil, wie es hieß, „eine Base väterlicherseits von Ihnen einen Selbstmordversuch verübte, ein Vetter väterlicherseits von Ihnen an Krampfanfällen litt und Sie an einem geringfügigen Herzfehler leiden". Die Braut wurde positiv beurteilt, allerdings wurde der „ungünstige Altersunterschied" zwischen beiden bemängelt. Das Gutachten hatte Lothar Stengel von Rutkowski erstellt: BDC RS C 5204. Während Walther Jaensch erst spät, mit 55 Jahren, heiratete, blieb Erich Jaensch übrigens ledig.

Christian Eckle sowie einige weniger bekannte Vertreter der Rassenpsychologie. So arbeitete
sein Assistent Hans Dannemann bei Kroh an einer größeren Untersuchung „über die
Sprechmelodie als rassisch bedingtes Phänomen"; Hans-Willi Ziegler, der 1925 bei Kroh mit
einer Dissertation über Friedrich Schlegel promoviert hatte, wurde 1934 zum Professor für
Charakter- und Jugendkunde an die HfL Hirschberg berufen und übernahm 1938 auch das
Lehrgebiet Rassenkunde; er trat später in die Dienste des SS-Hauptamtes und leitete dort die
Abteilung für „praktische Rassenpsychologie".[58] Kroh nahm in seinen Schriften die rassenanthropologischen und -psychologischen Ansätze vor allem von Günther und Clauss auf,
strebte aber ihre Integration in das übergreifende Konzept einer „völkischen Anthropologie"
an. Darin stand er Jaensch nahe, doch weisen seine Schriften nicht den aggressiven Unterton
der Jaenschschen Diktion auf. In der Diskussion der Rassentheorie suchte Kroh vor allem
das für das deutsche Volk Verbindende hervorzuheben. Er glaubte, daß sich auf die Anerkennung der führenden Rolle des „nordisch-fälischen Erbguts" eine deutsche Volksgemeinschaft
aufbauen ließe und vertrat das Konzept einer biologisch begründeten „deutschen Menschenkunde".[59] Krohs Denken war in verschiedenen Richtungen – zur Rassentheorie, zu Jaensch
und Krieck – gleichermaßen offen. Bemerkenswert ist, daß Kroh, der aus der reformpädagogischen Bewegung kommt, bis 1932 politisch eher als nationalkonservativ galt, dann aber eine
grundlegende Wende vollzog, die ihn zu einer rückhaltlosen Identifikation mit dem Nationalsozialismus führte.[60] Dies schlug sich auch deutlich in seinen Veröffentlichungen nieder, in
denen jetzt die Idee des „Völkischen und Artgemäßen" in den Vordergrund trat; die Kategorie der „Rasse" war in seinem Denken präsent, blieb aber dem „Völkischen" und der Idee
der Volksgemeinschaft untergeordnet.[61]

Oswald Kroh wurde 1887 im westfälischen Beddelhausen geboren. Er war zunächst als Volksschullehrer tätig. Nach der Promotion 1919 in Marburg wurde er Assistent in Göttingen,
habilitierte sich dort und erhielt – nach einem kurzen Zwischenspiel in Braunschweig – 1923
eine Professur für Pädagogik und Psychologie an der Tübinger Universität; die Professur
hatte zuvor Gustav Deuchler innegehabt. Für 15 Jahre hat Kroh vor allem die Lehrerbildung
in Tübingen maßgeblich mit geprägt. Er vertrat reformpädagogische Ansätzen – Kroh unternahm z. B. Seminarexkursionen zur Odenwaldschule – und war bestrebt, die Lehrerbildung
auf eine erziehungswissenschaftliche Grundlage zu stellen. Dazu gehörte die Einführung von
Übungs- und Versuchsklassen, deren Lehrer bei ermäßigtem Deputat mit der Universität
zusammenarbeiteten. Kroh besetzte diese Lehrerstellen mit eigenen Studenten, von denen
mehr als die Hälfte später bei ihm promovierten, unter ihnen auch Gerhard Pfahler. Das

---

58 BA, SSO-C 21; Retter, Oswald Kroh (2001), S. 123; Hesse, Professoren und Dozenten (1995),
    S. 810. Viele andere Schüler Krohs, dies sei hier betont, lassen sich allerdings nicht diesem Kreis
    rassen- und erbpsychologisch orientierter Wissenschaftler zurechnen.
59 O. Kroh, Deutsches Menschentum (1937).
60 Diese Wende mag der Hintergrund dafür sein, daß Erich Jaensch Kroh als charakterlosen Kon-
    junkturritter denunzierte: Retter, Oswald Kroh (2001), S. 129 ff. und 188 ff.
61 Siehe die quantitative Analyse von Gudrun Storm: Oswald Kroh und die nationalsozialistische
    Ideologisierung seiner Pädagogik (1998), S. 92. Die Gewichtung der Kategorien „Volk" und
    „Rasse" kommt sehr gut in Krohs Lehrangebot zum Ausdruck: Zwischen 1934 und 1939 veran-
    staltete er drei Übungen zur Rassenpsychologie, aber regelmäßig jedes Semester Seminare zur
    völkischen Erziehung. Die Rassenpsychologie war für ihn wohl mehr etwas für Spezialisten. Eine
    Liste der Lehrveranstaltungen findet sich bei H. Retter, Oswald Kroh (2001).

Pädagogische Seminar benannte er 1936 programmatisch in „Erziehungswissenschaftliches Seminar" um.[62] 1933 gehörte er zum „Führerrat" der Universität.[63] 1938 trat Kroh die Nachfolge Aloys Fischers in München an – Fischer war als „jüdisch versippter" Hochschullehrer 1937 zwangsemeritiert worden und starb wenig später; seine Frau wurde während des Krieges nach Theresienstadt deportiert. Kroh, der schon 1937 auf dieses Amt spekuliert hatte, trat gleichzeitig auf Veranlassung Fischers in den Herausgeberkreis der „Zeitschrift für pädagogische Psychologie und Jugendkunde" ein, während Fischer kurz darauf als Herausgeber zurücktrat.[64] Fischers Ordinariat wurde präzisiert als Lehrstuhl für Pädagogik und Psychologie mit besonderer Berücksichtigung der Heerespsychologie. Kroh hatte sich für dieses Amt mit seinem 1926 erschienenen Buch „Erziehung im Heere" qualifiziert. In München war Kroh 1939 als Gutachter an der Habilitierung des Volkstums- und SD-Experten Hans-Joachim Beyer über „Umvolkungsvorgänge, vor allem in Ostmitteleuropa" beteiligt, ein Werk, das Karl-Heinz Roth als ein „ans Psychopathologische grenzendes Konstrukt eines verwissenschaftlichten Ressentiments" bezeichnet hat.[65] Kroh wird Beyer von einer Tagung der „Arbeitsstelle für auslandsdeutsche Volksforschung" 1937 in Stuttgart gekannt haben, deren Leiter Beyer damals war. Dort hatte sich auch Kroh mit einem Vortrag zur „Psychologie der Umvolkung" als Experte auf diesem Gebiet zu erkennen gegeben. Kroh warnte vor Entfremdungs-, Entartungs- und Degenerationserscheinungen bei Rassen- und Völkervermischungen und forderte eine rassentypologische und „stammesmäßig differenzierende Umvolkungsforschung". Insofern hatte seine Förderung Beyers durchaus programmatischen Charakter.[66] Kroh und Beyer hatten übrigens auch einen gemeinsamen Schüler, Othmar Feyl, der noch in Tübingen bei Kroh studiert hatte und 1937/38 Mitarbeiter der Arbeitsstelle für auslandsdeutsche Volksforschung war. Feyl promovierte 1939 in Tübingen mit einer Dissertation zur „grenzvölkischen Erziehung". Volkstums- und Umvolkungsfragen müssen Kroh zu dieser Zeit besonders beschäftigt haben, denn 1940 unternahm er eine Reise nach Südosteuropa, um die Situation des Deutschtums und der deutschen Schulen dort zu inspizieren. In seinem Reisebericht beklagte er den „Zug zum Englischen" in Bulgarien; er sei durch die Juden verstärkt worden, „die sich im ganzen Balkan, sogar bis Budapest herauf, immer mehr als werdende Engländer gebärden".[67] In Ungarn sei die deutsche Sprache infolge der „magyarischen

---

62 Eckhard Schäfer, Übungs- und Versuchsklassen der Universität Tübingen an Volksschulen (1991). Zu den reformpädagogischen Aspekten seines Werks siehe auch H. Retter, Die Pädagogik Oswald Krohs (1969).

63 U. Adam, Hochschule und Nationalsozialismus (1977), S. 52.

64 K.-P. Horn, Pädagogische Zeitschriften im Nationalsozialismus (1996), S. 265.

65 Kroh kritisierte zwar den Mangel der „Architektonik einer einheitlichen Durchgestaltung", empfahl die Arbeit aber „als Ausdruck einer begrüßenswerten volkspolitischen Verantwortung und als Beitrag zur Eroberung eines bedeutungsvollen Neulandes deutscher Forschung" zur Annahme: Roth, Heydrichs Professoren (1997), S. 284.

66 Harten, De-Kulturation (1996), S. 138 ff.

67 Das Zitat legt den Schluß nahe, daß Kroh nicht frei von Antisemitismus war. Er selbst rühmte sich, seine arische Abstammung bis zum Jahr 1623 lückenlos zurückverfolgt zu haben. In diesem Zusammenhang ist auch eine Beschwerde aufschlußreich, die er 1941 wegen eines nicht bewilligten Sonderzuschusses zur Umzugskostenpauschale während seines Wechsels nach München erhob: den Sonderzuschuß reklamierte er, weil die Wohnung, die er bezog, zuvor von einer jüdischen Familie bewohnt gewesen sei, die sie „total heruntergewirtschaftet und verschmutzt" hinterlassen hätte: Retter, Oswald Kroh (2001), S. 211.

Umvolkungstendenz der letzten 50 Jahre" stark zurückgegangen; in Anlehnung an Beyer konstatierte Kroh: „So viel ist sicher: rassisch und geistig existiert das Magyarentum von heute zu einem erheblichen Teil auf Kosten des assimilierten Deutschtums. Auf dem Weg zu dieser Assimilation ist der Raub der deutschen Sprache ein bedeutender Schritt."[68]

Kroh blieb nicht lange in München, sondern übernahm 1942 den Lehrstuhl für Psychologie an der Universität Berlin, der seit langem – seit der Emigration Wolfgang Köhlers 1935 – vakant gewesen war; wie zuvor schon im Falle Fischer in München zog Kroh – der Eindruck drängt sich auf – seinen Vorteil aus den politischen Umständen. In Berlin blieb er und wirkte nach der Gründung der Freien Universität 1948 bruchlos als Professor und bald auch wieder als Direktor des Psychologischen Instituts weiter. Seine entwicklungspsychologischen und -pädagogischen Schriften gehörten auch nach 1945 zur Standardliteratur der pädagogischen Ausbildung. Wohl kein anderer deutscher Psychologe, schreibt Geuter, wurde nach dem Krieg in Nachrufen so geehrt wie Oswald Kroh.[69] Das hängt mit seinen Verdiensten für das Fach zusammen, er war als Vorsitzender der Deutschen Gesellschaft für Psychologie maßgeblich am Zustandekommen der Diplomprüfungsordnung und damit auch am Professionalisierungs- und Institutionalisierungsschub beteiligt, den die Psychologie während des Dritten Reichs erfuhr. Er bemühte sich während des Krieges, der Pädagogischen Psychologie, wo es ging, neue Aufgabenfelder zu erschließen. Auf seinen Vorschlag hin kam es z.B. während des Krieges zu einer systematischen Zusammenarbeit der Deutschen Gesellschaft für Psychologie mit der NSV, vor allem auf dem Gebiet der Erziehungsberatung. Aber eine unabhängige Verbandspolitik gab es im Dritten Reich nicht, sie war immer eingebunden in die Interessenpolitik von Staat und Partei. Und Kroh war ohne Zweifel auch ein überzeugter Nationalsozialist, der rassenwissenschaftliche Arbeiten und nationalsozialistische Wissenschaftler gefördert hat, wo er konnte. Kroh war zwar kein „alter Kämpfer", und wir haben keine Hinweise auf eine völkische Sozialisation vor 1933; der NSDAP trat er erst am 1. Mai 1933 bei. Aber er war weit mehr als nur ein passives Mitglied. Unter anderem gehörte er dem NS-Dozentenbund, dem NS-Altherrenbund, dem Reichsluftschutzbund und der NSV an. Er war Lektor für die parteiamtliche Prüfungskommission und stellvertretender Blockwart der NSDAP. In einer parteiamtlichen Einschätzung von 1940 wird er als „in politischer und sonstiger Hinsicht vollkommen zuverlässig" beurteilt; er habe seinen Parteibeitrag freiwillig erhöht, sei ein eifriger Versammlungsbesucher und habe sich in seiner Ortsgruppe auch schon selbst als Redner zur Verfügung gestellt; seine Frau sei ebenfalls Parteigenossin. Kroh wollte sein politisches Engagement offenbar 1940 verstärken, denn die Beurteilung wurde angefertigt, als er sich als Mitarbeiter für das Rassenpolitische Amt anbot.[70]

Vom Jaensch-Schüler Kroh kommen wir zum Kroh-Schüler **Gerhard Pfahler**, dessen Schriften für eine rassentheoretisch und erbwissenschaftlich begründete Pädagogik und Psychologie paradigmatisch waren. Gerhard Pfahler gehörte schon einer jüngeren Generation an. Er wurde 1897 in Freudenstadt als Sohn einer evangelischen Pfarrersfamilie geboren. Nach dem Besuch der Volks- und Lateinschule und anschließend des evangelisch-theologischen Seminars legte er die Kriegsreifeprüfung ab. 1916 zog er mit 19 Jahren als Freiwilliger in den Welt-

---

68 Reisebericht (1940), abgedruckt in: ebd., S. 243.
69 Geuter, Professionalisierung (1988), S. 443.
70 BDC PK 6801.

krieg und brachte es dort zum Leutnant der Reserve und Stoßtruppführer. Nach dem Krieg –
dekoriert mit der Goldenen Württembergischen Verdienstmedaille – absolvierte er eine seminaristische Ausbildung und legte 1920 die 1. Lehrerprüfung ab. 1921 begann er ein Studium
der Pädagogik, Psychologie und Philosophie, das er 1924 mit der Promotion bei Oswald Kroh
abschloß. Danach arbeitete er als Lehrer an einer der Übungs- und Versuchsschulen der Universität Tübingen[71] und war zugleich als Assistent bei Kroh am Pädagogischen Seminar tätig,
bei dem er sich 1928 auch habilitierte. Danach begann eine Wanderung durch Institutionen
der akademischen Lehrerbildung: 1929 Professor für Psychologie und Pädagogik am Pädagogischen Institut Rostock, 1930 an der Pädagogischen Akademie Altona, 1931 Technische
Hochschule Braunschweig, 1932 Frankfurt am Main; 1934 wird er zum Professor und Direktor des Instituts für experimentelle Psychologie und Pädagogik der Universität Gießen berufen. 1938 folgt Pfahler einem Ruf, der ihn wieder zurück nach Tübingen führt, wo er die
Nachfolge Krohs nach dessen Weggang nach München antritt. 1945 wird er in Tübingen als
politisch belastet entlassen. Durch Gnadenerlaß rehabilitiert, wird er 1953 wieder in die Rechte
eines Professors eingesetzt. 1976 stirbt Pfahler in Tübingen.

Pfahler war ein gefragter Mann, der während des Dritten Reichs eine bemerkenswerte Karriere
durchlief. 1935 wollte man ihn auch in Breslau haben, 1938 erhielt er einen Ruf nach Göttingen, später auch nach Leipzig als Nachfolger Lerschs. Pfahler zog aber Tübingen vor, freilich
im Leipziger Fall wohl auch aus gekränkter Eitelkeit, denn Kroh hätte ihn gerne, als er von
München nach Berlin wegzog, auch in München als seinen Nachfolger gesehen, doch entschied man sich dort für einen Experten der Wehrmachtspsychologie, nämlich Lersch, dessen
Stelle dadurch wiederum in Leipzig frei wurde – ein gutes Beispiel übrigens für die beträcht-
lichen Rotationen, die während des Dritten Reichs Usus waren. Gleichwohl, Pfahler gehörte
zu jenen NS-Wissenschaftlern, deren Stellung politisch wie wissenschaftlich unangefochten
war. Politisch, weil er, obwohl noch jung, zur Garde der „alten Kämpfer" gehörte, denn er
war bereits 1923 in die NSDAP eingetreten.[72] In Gießen wurde er 1934, frisch berufen,
sogleich zum Universitätsrektor ernannt, er soll damals der jüngste Universitätsrektor in
Deutschland gewesen sein. Politisch betätigte er sich hier vor allem in der SA, der er als
Sturmführer diente. Pfahler, der sich schon mit Schriften zum Themenkomplex „Rasse, Vererbung und Erziehung" einen Namen gemacht hatte und zu den wenigen viel gelesenen Erziehungswissenschaftlern dieser Richtung gehörte, spezialisierte sich in Gießen auf rassen- und
erbcharakterkundliche Forschungen. Er erhielt zu diesem Zweck auch DFG-Mittel, 1936 zur
Leitung eines Projektes über „Zwillingsforschung und Erbcharakterkunde", 1941 dann in
Tübingen für Forschungen über „Rassenkerne des deutschen Volkes". Im Kontext des ersten
Projektes dürften die Arbeiten von Eckle und Ostermeyer entstanden sein. Eckle wurde 1935

---

71 Er begann 1924 als Unterlehrer in einer 7. Klasse: Schäfer, Übungs- und Versuchsklassen (1991),
    S. 18.

72 Er scheint dann allerdings nach der Neugründung der Partei 1925 nicht wieder eingetreten zu
    sein; 1933 verpaßte er offenbar den Anschluß – angeblich wollte er sich die Mitgliedschaft durch
    den Dienst in der SA wieder verdienen, erst 1937 gelang ihm der Wiedereintritt: Heiber, Univer-
    sität unterm Hakenkreuz, Bd. II.2, S. 159. – Nach Chroust war Pfahler auch ehemaliger Frei-
    korps-Soldat: P. Chroust, Gießener Universität und Faschismus (1994), S. 210. Allgemein zu
    Pfahler siehe auch Chroust, Gleichschaltung der Psyche (1979); Hesse, Professoren und Dozenten
    (1995), S. 573f.

Assistent bei Pfahler und habilitierte sich 1939 bei ihm mit „erbcharakterologischen Zwillingsuntersuchungen", Gerda Ostermeyer arbeitete an Eckles Untersuchungen mit und promovierte 1936 mit einer Arbeit über Gestaltpsychologie und Erbcharakterkunde bei Pfahler. Sein Vorgänger als Assistent bei Pfahler in Gießen war übrigens Georg Schliebe, den Pfahler bei seinem Amtsantritt in Gießen übernommen hatte. Schliebe ging 1935 als Dozent an die HfL Elbing. Auch er arbeitete während dieser Zeit, sicher unter dem Einfluß Pfahlers, über Fragen der „Erbcharakterkunde", beschäftigte sich dann aber vor allem mit dem Konzept einer „völkischen Jugendkunde". Dem gleichen Forschungszusammenhang wie die Arbeiten von Eckle und Ostermeyer gehören die Dissertationen von Joachim Weimer und Franz Lotz an. Weimer promovierte bei Pfahler mit einer „erbcharakterologischen" Untersuchung. Lotz stellte experimentelle Untersuchungen zur Beziehung von Integrationstypologie und Erbcharakterkunde an. Lotz war Sportlehrer und unterrichtete an der Reichsakademie für Leibesübungen, Weimer arbeitete als Wehrmachtspsychologe.[73]

Pfahler knüpfte in Gießen auch Kontakte zu Heinrich Wilhelm Kranz' Institut für Erb- und Rassenpflege, denn schon 1935 hielt er dort einen Vortrag im Rahmen eines Schulungskurses für „Mädel- und Jungmädel-Untergauführerinnen".[74] Eckle verwendete in seinen „erbcharakterologischen Zwillingsuntersuchungen" Material aus dem Kranzschen Institut; im Vorwort zu seiner Habilitation dankt er Kranz für die Überlassung einer Liste anthropologisch untersuchter Zwillinge. 1938 kehrte Pfahler zu seiner ursprünglichen Wirkungsstätte nach Tübingen zurück;[75] Oswald Kroh und Reichsdozentenbundsführer Walther Schultze hatten seine Berufung unterstützt.[76] In Tübingen benannte Pfahler das Erziehungswissenschaftliche Semi-

---

73 Ein weiterer Pfahler-Schüler in Gießen war Heinrich Geißler, der 1938 mit einer Arbeit über die Zweisprachigkeit auslandsdeutscher Kinder promovierte und als Leiter einer deutsch-serbischen Schule in Belgrad über Probleme der „Umvolkung Jugendlicher in der fremdvölkischen Großstadt" räsonierte.

74 Heiber, Universität unterm Hakenkreuz, Bd. II.2, S. 166. Zu Pfahlers Zeit in Gießen siehe auch Chroust, Gießener Universität und Faschismus (1994).

75 Auf Pfahlers Stelle in Gießen gelangte Otto F. Bollnow, der sich 1939 mit Lehrveranstaltungen über „Grundfragen der Rassenseelenkunde" und „Grundfragen der nationalsozialistischen Erziehung" sogleich als würdiger Nachfolge empfahl: Tilitzki, Deutsche Universitätsphilosophie (2002), Anhang.

76 Der selbsternannte Führer der „Deutschen Glaubensbewegung" und SD-Mitarbeiter Jakob Wilhem Hauer hatte vergeblich versucht, seine Berufung zu verhindern, weil Pfahler auch als überzeugter evangelischer Christ galt (Heiber, Universität unterm Hakenkreuz, Bd. II.2, S. 163). Pfahler trat aber während des Dritten Reichs aus der evangelischen Kirche aus. Hauer und die Fakultät hätten lieber Friedrich Berger auf dem Tübinger Lehrstuhl gesehen. Berger, der mit Hauer befreundet war und sich seiner deutschen Glaubensbewegung angeschlossen hatte, war zwar auch ein Kroh-Schüler und zudem politisch profilierter, seine wissenschaftliche Qualifikation stand aber hinter der Pfahlers zurück. Eine Intervention Himmlers zugunsten von Berger kam zu spät. Hauer und Pfahler scheinen dann aber doch nicht so weit auseinander gewesen zu sein, denn zu der von Hauer 1940 veranstalteten Vorlesungsreihe über „Germanisch-deutsche Weltanschauung" steuerte auch Pfahler eine Vorlesung (über „Rassenleib und Rassenseele") bei. Siehe Heiber, Universität unterm Hakenkreuz, Bd. II.2, S. 163; Geuter, Professionalisierung (1988), S. 119; Adam, Hochschule und Nationalsozialismus (1977), S. 145; Junginger, Von der philologischen zur völkischen Religionswissenschaft (1999), S. 181.

nar sogleich in programmatischer Absicht und etwas hochtrabend um in „Institut für Psychologie und Erziehungswissenschaft mit Abteilung für Erbcharakterologie und Rassenseelenkunde" (diese Bezeichnung trug es von 1939 bis 1945). In der Lehrerbildung setzte Pfahler die von Kroh begründete Tradition der Übungs- und Versuchsschulen fort, aus der er selber kam. Von ehemaligen Schülern wurde berichtet, daß in den Schulen auch Schädelvermessungen und Rassenvergleiche vorgenommen wurden.[77] Pfahler entfaltete in Tübingen eine rege rassenkundliche Lehrtätigkeit und hielt neben seinen Lehrveranstaltungen auch Vorträge für die akademische Gemeinde, z. B. einen Vortrag über „Rasse und Erziehung" in einem Studenten-Schulungslager 1939 oder 1941 über „Rassenleib und Rassenseele" vor der Dozenten-Akademie.[78] Pfahler wurde auch von parteiamtlicher Seite als „einer der Führer der Erbcharakterologie" angesehen, „die er auch zur Rassenlehre in Beziehung zu setzen weiß". In einer charakterlichen Beurteilung durch das Reichserziehungsministerium aus der Zeit des Krieges ist zu lesen: „Pfahlers ganze Persönlichkeit ist bei der Klarheit seiner Lehre und dem vorbildlichen Einsatz als Frontoffizier ein glänzendes Beispiel erzieherischen Einflusses im Hochschulleben."[79] Über die „Klarheit der Lehre" gingen die Meinungen aber doch auseinander. Als die NSV 1941/42 nach dem Vorstoß Krohs plante, in Tübingen ein Institut für Volkswohlfahrt zu errichten, mit deren Aufbau und Leitung Pfahler betraut werden sollte, sprach sich Rosenberg, dessen „Hoher Schule" das Institut angegliedert werden sollte, gegen die Besetzung mit Pfahler aus: Pfahler, so die Befürchtung, würde die Ausbildung der Kindergärtnerinnen „erbcharakterologisch fundieren wollen", die Forschungen auf diesem Gebiet seien aber noch nicht weit genug entwickelt und Pfahlers Theorie sei für den Zweck zu kompliziert.[80] Der Plan wurde daraufhin fallengelassen, und das Institut wurde dann 1943 unter Leitung des Medizinprofessors Benzing in Marburg eröffnet. Himmler andererseits versuchte, Pfahler für die Mitarbeit im Rasse- und Siedlungshauptamt zu gewinnen. Er lud ihn in sein militärisches Hauptquartier ein und ordnete an, Pfahler, der 1943 als Hauptmann verwundet wurde, in ein SS-Lazarett und anschließend nach Hohenlychen, Himmlers „Prominenten-Krankenhaus", zu verlegen. Pfahler, inzwischen in die Tübinger Chirurgie verlegt, bedankte

---

77   Schäfer, Übungs- und Versuchsklassen, S. 71. Schädelvermessungen in der Schule waren offenbar nichts Ungewöhnliches. Karl Weinländer z. B., pensionierter Oberlehrer, erwähnt in seinem Buch „Rassenkunde, Rassenpädagogik und Rassenpolitik" (1933), daß er rassenkundliche Vermessungen an seinen Schülern durchgeführt hätte. Ein ehemaliger Lehrer des damaligen Kaiser-Wilhelm-Realgymnasiums in Berlin berichtet: „Wir sind über die Dörfer gezogen, um die Köpfe zu messen, und zwar die Form. Ob es mehr fälische Schädel sind, ostische, oder mehr nordische ..." (zit. nach M. Homann, Schulalltag im Dritten Reich, 1993, S. 376). Der Anthropologe Hans Weinert kritisierte diese Praxis in einem Schreiben ans REM vom August 1933. Einzelne Geschichtslehrer hätten rassenkundliche Kopfvermessungen an Schülern vorgenommen; dies dürfe aber nur in einem wissenschaftlich abgesicherten Rahmen erfolgen, andernfalls sei die „nationale Sache" durch „Verwirrung, Überheblichkeit und Minderwertigkeitsgefühle", die unprofessionell durchgeführte Untersuchungen zur Folge haben könnten, gefährdet. Weinert forderte, eigenmächtige Vermessungen seitens der Lehrer durch eine amtliche Verfügung zu untersagen: Geh. Staatsarch. Dahlem Rep. 76, Va, Sekt. 1, Tit. 4, Nr. 1, Bd. 14, Bl. 109.
78   Adam, Hochschule und Nationalsozialismus (1977), S. 163 f.
79   BDC 513.
80   H. Vorländer, Die NSV (1988), S. 453 f. Laut Retter soll ursprünglich Kroh als Leiter der Hochschule vorgesehen worden sein: Retter, Oswald Kroh (2001), S. 185.

sich im Dezember 1943 mit der Übersendung seiner Werke an Himmler, nachdem er ihm schon zuvor den ersten Band seiner „Rassenkerne des deutschen Volkes" zugesandt hatte; Eckles erbcharakterologische Zwillingsuntersuchungen sollten nachfolgen.[81] Pfahlers Arbeit wurde noch 1944 vom Reichsdozentenführer Walter Schultze als „kriegswichtig" eingestuft. Aber den größeren Teil der Kriegszeit verbrachte Pfahler wohl bei der Truppe und nicht an der Universität. 1944 mußte der Lehrbetrieb ohnehin eingestellt werden, und im September des Jahres übernahm Pfahler die Leitung des Deutschen Volkssturms in Tübingen. Nach der Niederlage wurde er von der Französischen Militärregierung deswegen interniert und aus dem Universitätsamt entlassen, konnte seine Professorentätigkeit aber wenige Jahre später wieder aufnehmen.[82]

Zu den wichtigeren Schülern Oswald Krohs gehören neben Pfahler auch Christian Eckle und Friedrich Berger. **Christian Eckle** war ein gemeinsamer Schüler von Pfahler und Kroh, wenn auch Pfahler sicher die prägendere Bedeutung für ihn hatte. Er hatte 1935 bei Kroh mit einer Arbeit über den platonischen Bildungsgedanken im 19. Jahrhundert promoviert. Eckle gehörte der gleichen Generation wie Pfahler an; er war 1899 in Gerhausen in Württemburg geboren worden und war wie Pfahler zunächst Volksschullehrer, hatte dann für ein Jahr als Assistent am Psychologischen Institut der TH Darmstadt und von 1931 bis 1935 am Psychologischen und Philosophischen Institut der TH Dresden gearbeitet. 1935 bis 1939 war er Pfahlers Assistent in Gießen. Dort habilitierte er sich mit einer Arbeit über „erbcharakterologische Zwillingsuntersuchungen". Anschließend folgte er Pfahler 1939 zunächst nach Tübingen und ließ sich dorthin umhabilitieren, erhielt dann aber kurz darauf eine Professur für Psychologie an der Universität Breslau. 1943 trat er schließlich die Nachfolge des nach Prag übergewechselten Rudolf Hippius als Professor und Leiter des Seminars für Psychologie und Pädagogik an der Reichsuniversität Posen an. Er soll 1945 in russischer Kriegsgefangenschaft umgekommen sein. Eckle gehört zu jenen Hochschullehrern, die Karriere machen konnten, obwohl sie weder in nennenswertem Umfang durch Publikationen hervortraten noch durch ein besonderes politisches Engagement auffielen (Eckle war lediglich im Herbst 1933 dem NSLB beigetreten). Die Schülerschaft von Kroh und Pfahler und eine erbcharakterologische Habilitation waren offenbar ein eindeutiger und ausreichender Ausweis der für einen Lehrstuhl in Psychologie und Pädagogik während der Ära des Nationalsozialismus erforderlichen Qualifikation.[83] Eckle muß in dieser Hinsicht unbestritten gewesen sein, denn die Reichsuniversität Posen war eine nationalsozialistische Musteruniversität. Einen eigenen theoretischen Beitrag lieferte er nicht, sondern er stützte sich in seiner Habilitation im wesentlichen auf den Ansatz von Pfahler.[84]

---

81 BA, NS 19/1328.

82 Eine Festschrift zu seinem 70. Geburtstag, die 1969 in der Zeitschrift „Psychologische Beiträge" (Jg. 11, H. 2) erschien, erwähnt die Aktivitäten Pfahlers während des Dritten Reichs mit keinem Wort. Mitherausgeber der Festschrift und Verfasser der Laudatio war übrigens Hans-Willi Ziegler, der damals als Professor für Psychologie in Stuttgart lebte.

83 Die Professur in Breslau – die Nachfolge Lersch, die Pfahler ausgeschlagen hatte – dürfte er auch durch Vermittlung von Lersch erhalten haben, den er von der Assistentenzeit in Dresden kannte.

84 Biographische Hinweise bei Geuter, Professionalisierung (1988), S. 124ff., 567; Harten, De-Kulturation (1996), S. 160f.

Von ganz anderer Statur war **Friedrich Berger**. Auch er gehörte der Generation der um die Jahrhundertwende Geborenen an und stammte, wie die meisten Schüler Krohs, aus dem baden-württembergischen Raum; Berger wurde 1901 in Archshofen bei Creglingen in der Nähe von Bad Mergentheim geboren. Er stammte aus einfachen ländlichen Verhältnissen, sein Vater war Schmiedemeister. Nach dem Besuch der Volksschule in Archshofen und Riedbach, beides kleine Flecken, ging er aufs evangelische Lehrerseminar in Künzelsau und legte dort 1922 das Volksschullehrerexamen ab. Er arbeitete zunächst als Hilfslehrer, begann aber dann ein Studium der Philosophie, Pädagogik und Physik in Tübingen, Jena und Berlin. 1926 legte er die Ergänzungsreifeprüfung des Realgymnasiums ab und promovierte schließlich 1928 bei Oswald Kroh an der Universität Tübingen (mit „summa cum laude"). Dort arbeitete er anschließend bis 1934 als Assistent am Pädagogischen und Psychologischen Seminar. Zwischenzeitlich hatte er sich 1931 mit einer Arbeit über Herder habilitiert und den Privatdozentenstatus erhalten. 1934 erhielt er eine Professur für Theoretische Pädagogik an der TH Braunschweig. Krohs Beziehungen nach Braunschweig müssen besonders gut gewesen sein, denn zuvor hatte er schon seinen Schüler Gerhard Pfahler dort unterbringen können. Berger blieb bis zum Ende des Dritten Reichs die beherrschende Gestalt in der erziehungswissenschaftlichen Lehrerbildung in Braunschweig. Er war sowohl an der Gründung der Hochschule für Lehrerbildung, die aus der Technischen Hochschule herausgelöst wurde, als auch deren Überführung in die Lehrerbildungsanstalt während des Krieges beteiligt. Er wurde 1938 Direktor der HfL und leitete später auch die Lehrerbildungsanstalt. Aus der ehemaligen Kulturwissenschaftlichen Abteilung der TH war er übrigens der einzige Hochschullehrer, der am Ende noch an der LBA unterrichtete, ein Zeichen für die starke Diskontinuität in der Entwicklung der Lehrerbildung während des Dritten Reichs.[85] Berger trat vor allem mit völkischen Schriften zur Erziehung hervor, im theoretisch-weltanschaulichen Selbstverständnis stand er Ernst Krieck nahe. Wie Oswald Kroh vertrat er eine völkisch-pädagogische Anthropologie, verband aber den völkischen eng mit dem rassischen Gedanken. Sein Interesse galt mehr der weltanschaulichen Ausformulierung einer nationalsozialistischen Erziehungstheorie als ihrer rassenwissenschaftlichen Grundlegung. Für die Braunschweigische Lehrerbildung entwarf er einen Studienplan, der Erbpsychologie, Rassenkunde, Rassenhygiene und Gesellschaftsbiologie einen wichtigen Platz in der obligatorischen Fachgruppe „Deutsche Lebens- und Volkstumskunde" zuwies.[86] Er selbst hielt auch Vorlesungen über Themen wie „Rasse und Weltanschauung" oder „Rasse und Kultur", die aber unter den Studenten nur wenig Resonanz gefunden haben sollen.[87]

Berger war schon früh politisch aktiv. Er kam aus der völkischen Jugend- und Grenzlandbewegung,[88] schloß sich aber erst 1933 aktiv den Nationalsozialisten an. Dies allerdings sehr massiv und engagiert: 1933 Eintritt in die SA, dort errang er das SA-Sportabzeichen, 1934, nach dem Röhm-Putsch, verließ er die SA wieder, um der SS beizutreten, wo er es als Standartenschulungsleiter zum Obersturmführer im Rasse- und Siedlungsgauamt brachte. Zur gleichen Zeit – 1934 – brach er mit seiner evangelischen Vergangenheit und schloß sich der

---

85 Bei der Wieden, Vom Seminar zur Lehrerbildungsanstalt (1996), S. 308.
86 Berger, Der Aufbau der Braunschweigischen Lehrerbildung (1936), S. 79–88; Bei der Wieden, S. 130.
87 Bei der Wieden, Vom Seminar zur Lehrerbildungsanstalt (1996), S. 233.
88 BDC RS A 0461.

Deutschen Glaubensbewegung an.[89] Als SS-Führer war er auch Mitglied im Lebensborn e.V.
Daneben war Berger Mitglied in den verschiedensten NS-Organisationen: NSLB, NS-Dozentenbund, NSV, Reichsluftschutzbund, NS-Reichsbund für Leibesübungen, Reichsbund der
Kinderreichen, VDA, Nordische Gesellschaft – kaum etwas fehlt in dieser linientreuen Biographie. Von 1933 bis 1936 war er als „politischer Leiter in der politischen Organisation der
NSDAP" tätig und arbeitete nebenamtlich als HJ-Führer und HJ-Musikreferent. Im NSLB
übernahm er Aufgaben als Gau-Schulungsredner und Begutachter im „Fachgebiet Erziehungswissenschaften und völkische Weltanschauung". Die Liste der Aktivitäten ist imposant,
und man kann sich schwer vorstellen, daß Berger, der ja neben diesen vielfältigen politischen
„Schulungs- und Führeraufgaben" vor allem die Leitung der Hochschule, den Lehrbetrieb
und nebenher auch noch die Leitung des Naturhistorischen Museums in Braunschweig
bewältigen mußte, nicht unter chronischer Überlastung litt. Jedenfalls überrascht es nicht,
daß seine wissenschaftlichen Beiträge mehr als dürftig blieben. Er scheint auch keine nennenswerten Forschungsarbeiten angeregt zu haben. Seine Stärken lagen wohl mehr auf der
Ebene des erziehungs- und bildungspolitischen „Managements". Als Hochschulleiter ging er
im Volksbildungsministerium ein und aus und wurde dort 1942 auch zum Leiter des Referats
für Lehrerbildung ernannt. Zuvor, 1941, war er Regierungsrat im Eignungsprüfungswesen der
Wehrmacht geworden. Nach dem Krieg kam er in britische Internierungshaft, wurde aber
nach einem Jahr wieder freigelassen.[90]

Es bleiben uns noch einige Jaensch-Schüler zu erwähnen. Der wichtigste unter ihnen war **Gert
Heinz Fischer**. Fischer promovierte bei Jaensch, war sein Assistent, habilitierte sich bei ihm
und trat schließlich seine Nachfolge an. In theoretischer Hinsicht vertrat er einen ähnlichen
Ansatz wie Pfahler, indem er erb- und rassenwissenschaftliche Konzepte mit der Integrationspsychologie von Jaensch und der Kretschmerschen Konstitutionslehre zu verknüpfen versuchte.
Er hat in relativ kurzer Zeit viele kleinere Abhandlungen geschrieben, in denen vor allem das
Bemühen um eine klare Systematik sichtbar wird. Den praktischen Erfahrungshintergrund
bildete bei ihm aber nicht wie bei Pfahler die Schulpädagogik, sondern die Tätigkeit als Eignungsprüfer bei der Wehrmachtspsychologie. Fischer kam wie Jaensch aus dem Osten, er
wurde 1909 in Krotoschin in der damals noch preußischen Provinz Posen geboren. Fischer ist
der bisher jüngste in unserer Reihe, er gehörte bereits zur Kriegsjugendgeneration, bei Ausbruch des Ersten Weltkrieges war er gerade erst 5 Jahre alt. Er wuchs in einer evangelisch-
lutherischen Familie auf. Sein Vater war Studienrat und schickte ihn nach dem Besuch der
Volksschule zunächst auf das Humanistische Gymnasium in Posen; die Familie verließ Posen
aber nach dem Krieg und siedelte nach Hannover über, wo Fischer das Humanistische
Goethe-Gymnasium besuchte und 1927 die Reifeprüfung ablegte. Anschließend studierte er
in München, Leipzig und Marburg Philosophie, Psychologie, Englisch und Deutsch und
besuchte als Gasthörer auch juristische und medizinische Vorlesungen. 1933 legte er die
1. Staatsprüfung für das Lehramt an Höheren Schulen ab. Er trat aber nicht in den Schuldienst ein, sondern schlug gleich eine wissenschaftliche Laufbahn ein. Nachdem er im März
1932 in Marburg das Rigorosum abgelegt hatte – die Promotion war erst 1934 abgeschlossen –, begann er im April für drei Jahre eine Tätigkeit als Volontärsassistent bei Jaensch. Aus-

---

89   Als „Deutschgläubiger" verfaßte er auch einen Aufsatz für J. W. Hauer (Berger, 1938).
90   BDC PK 772; BDC SS-Officer 105; BDC NSLB-Listen 12; BA Koblenz, Z 42 VII/896 Benze,
     Rudolf; Bei der Wieden, S. 116f.

gestattet mit einem Forschungsstipendium der DFG leitete er unter anderem erb-, entwicklungs- und sozialpsychologische Versuchsreihen am Psychologischen Institut. Nachdem er sich 1935 in Marburg für Psychologie und Pädagogik habilitiert hatte, nahm er noch im gleichen Jahr eine Stelle als Heerespsychologe in Münster an. 1937 erhielt er eine Dozentur für Psychologie, Anthropologie und Jugendkunde an der Universität Münster und vertrat dort insbesondere die Gebiete Erbpsychologie, Ausdruckspsychologie, Charakterkunde und Wehrpsychologie. Mit Ausbruch des Krieges nahm er seine wehrpsychologische Tätigkeit wieder auf und arbeitete als Regierungsrat und leitender Psychologe bei der Flak-Artillerieschule in Göppingen. Nach dem Tod Erich Jaenschs übernahm er zunächst 1940 die Vertretung seines Lehrstuhls und trat schließlich 1941 seine Nachfolge als Professor für Psychologie und Pädagogik und Direktor des Instituts für psychologische Anthropologie in Marburg an.[91]

Fischers wissenschaftliche Karriere war steil und geradlinig; mit gerade 31 Jahren war er Nachfolger seines Mentors geworden. Er war als NS-Wissenschaftler unumstritten, und seine Arbeit wurde als so wichtig eingeschätzt, daß er vom Kriegsdienst freigestellt wurde. Politisch war Fischer aber eher ein Nachzügler; er war erst im Oktober 1933 in die SA eingetreten und wurde dort Sturmmann im Nachrichtensturm der Brigade Marburg, 1934 trat er in den NSLB ein, der Eintritt in die NSDAP gelang ihm erst 1937. 1942 stellte er einen Antrag auf Aufnahme in die SS, und inzwischen war er auch aus der Kirche ausgetreten. Der Antrag wurde auch zunächst befürwortet, Fischer so lautete das Urteil, sei „unbedingter Nationalsozialist, positiv gegenüber der SS eingestellt und als Wissenschaftler wertvoll, weil er die Verbindung zwischen Rassenpsychologie und Medizin" vertrete. Diese Beurteilung hing wohl damit zusammen, daß Fischer während des Krieges beim Reichserziehungsministerium um Genehmigung dafür nachsuchte, noch ein Medizinstudium aufnehmen zu dürfen. Himmler verfügte jedoch, die Aufnahme in die SS zu verschieben, weil es Unstimmigkeiten zwischen Fischer und Reichsleiter Rosenberg gebe.[92] Die schienen aber bald ausgeräumt worden zu sein, denn 1943 berief ihn Rosenberg, der offenbar mehr von ihm hielt als vom renommierteren Pfahler, in die „Hohe Schule", wo er 1944 die Leitung der Abteilung Familien- und Volkserziehung in dem von Benzing geleiteten Institut für nationalsozialistische Volkspflege übernahm. Fischer verlagerte seine Forschungstätigkeiten ins neu gegründete Institut, nahm aber seine Lehrverpflichtungen an der Universität weiter wahr. Er war daneben auch an der Führerschulung der HJ beteiligt; so hielt er 1942 einen Vortrag auf einem Ausleselager der Reichsjugendführung auf der Ordensburg Vogelsang.[93] 1945 geriet er in Kriegsgefangenschaft und wurde aus dem Hochschuldienst entlassen. Eine Rückkehr auf seine Professur ist ihm nicht mehr gelungen. Er arbeitete zunächst als freiberuflicher Psychologe, dann als Studienrat und wandte sich zunehmend Aufgaben in der Lehrerbildung zu. 1956 wurde er Mitarbeiter an der Hochschule für Internationale Pädagogische Forschung in Frankfurt, 1958 Seminarleiter für Gymnasien in Kassel, 1971 war er noch als Lehrbeauftragter an der Gesamthochschule Kassel tätig. Eine Festschrift, die zu seinem 80. Geburtstag erschien, enthält keine Hinweise auf seine nationalsozialistische Vergangenheit.[94]

---

91 BDC A 0031 REM 5306 Personalakte Fischer.
92 BDC Ahnenerbe B 245; A 482; PK 02768.
93 M. Buddrus, Totale Erziehung (2003), S. 634 f.
94 H. Weiß, Hrsg., Neue Wege für die Lehrerbildung (1989).

Ein weiterer Jaensch-Schüler aus unserer Bibliographie ist **Werner Weiland**. Er promovierte 1939 bei Jaensch mit einer Arbeit über „Persönlichkeitstypus und Wertung", trat aber sonst kaum mit Publikationen hervor. Weiland war ein Jahr jünger als Fischer, 1933 war er gerade 23 Jahre alt. Er kam 1910 in Kassel als Sohn eines Maschinenbauingenieurs zur Welt. Nach der Reifeprüfung am Realgymnasium in Kassel machte er zunächst ein Volontariat bei einer Lokomotivfabrik und nahm dann ein Studium der Naturwissenschaften und Psychologie auf. Als der Vater arbeitslos wurde, legte er die Mittelschullehrerprüfung ab. Nachdem er fünf Monate unentgeltlich als Lehrer an einer Mädchenschule in Kassel gearbeitet und vergeblich auf eine Festanstellung gewartet hatte, begann er eine Bibliothekarsausbildung, brach jedoch diese Ausbildung wieder ab, als eine in Aussicht gestellte Stelle anderweitig vergeben wurde. Daraufhin immatrikulierte er sich 1933 an der Marburger Universität, sein Studium konnte er durch eine Tätigkeit als Hilfsbibliothekar finanzieren. 1939 promovierte er bei Jaensch mit einer Dissertation über „Persönlichkeitstypus und Wertung", im gleichen Jahr veröffentlichte er einen Aufsatz über nationalsozialistische Lehrerbildung.[95] Nachdem er das Rigorosum bereits 1936 abgelegt hatte, wurde er 1937 als kommissarischer Dozent für Jugend- und Charakterkunde an die HfL Oldenburg berufen und dort 1941 als planmäßiger Dozent bestätigt. Weiland hatte zwar eine Phase beruflicher Schwierigkeiten durchzustehen, andererseits gelangte er aber auch sehr jung, mit 27 Jahren, bereits ins Hochschullehreramt. Nach der Auflösung der Oldenburger Hochschule wurde er an die LBA Hadamar bei Limburg versetzt. Einen großen Teil des Krieges verbrachte er aber als Psychologe und Eignungsprüfer bei der Wehrmacht; 1943 wurde er Leutnant der Reserve, 1944 Ausbildungsoffizier.[96] Nach dem Krieg arbeitete er in sozialpädagogischen Tätigkeitsfeldern, 1946 als Mitarbeiter im Heimkehrerdienst des CVJM, 1949 als Leiter eines Jugendheims für verhaltensgestörte Jugendliche, später, in den 60er Jahren als Verwaltungsoberrat im Landeswohlfahrtsverband Hessen, nach dem Ruhestand in den 70er Jahren noch als Lehrbeauftragter an der Fachschule für Sozialpädagogik in Fürstenhagen bei Kassel und als Pädagogischer Direktor eines Rehabilitationszentrums für körperbehinderte Schüler. Die nationalsozialistische Zeit scheint in dieser Biographie nur eine frühe Episode gewesen zu sein. Weiland gehörte vermutlich zu jenen jungen Männern, die vor allem durch Arbeitslosigkeit und berufliche Perspektivlosigkeit früh zum Nationalsozialismus getrieben wurden, denn er trat bereits im Mai 1932 in die NSDAP ein. Außerdem verließ er die evangelische Kirche, um sich den „Gottgläubigen" anzuschließen. Allerdings scheint sich sein politisches Engagement in Grenzen gehalten zu haben; sonst ist nur von ihm bekannt, daß er im NS-Dozentenbund mitarbeitete (als Gaukassenwalter im Gau Weser-Ems).[97]

Zum Kreis der bisher Genannten wäre von der theoretischen Ausrichtung her noch **Bruno Petermann** zu rechnen, der zwar nicht zu den Schülern von Jaensch oder Kroh gehörte, aber auf Vorschlag von Jaensch 1938 zunächst vertretungsweise, dann im darauf folgenden Jahr hauptamtlich auf den Lehrstuhl für Psychologie und Pädagogik in Göttingen berufen wurde, den Pfahler zuvor ausgeschlagen hatte. Petermann muß auch Kroh nahegestanden haben, denn Kroh verfaßte 1935 das Vorwort zu seinem Buch „Das Problem der Rassenseele", ein

---

95 Jugendkunde und Charakterkunde im Dienste der nationalsozialistischen Lehrerbildung (1939).

96 Weiland kam u. a. als Regierungsrat bei der Luftwaffe in Hannover und als Ausbildungsoffizier für Funkmeßgeräte in Oberitalien zum Einsatz.

97 Biographische Daten nach Hesse, Professoren und Dozenten (1995), S. 767 f.

Werk, das vor allem an die Clauss'sche Typologie anknüpfte und damals unter Expertenkreisen als grundlegend und wegweisend angesehen wurde. Petermann stellte eine „dynamische Kulturtheorie" und ein „funktionell-empirisch" begründetes Konzept einer allgemeinen Rassenseelenlehre in Aussicht, das die intuitive Methode von Clauss auf ein wissenschaftliches Fundament stellen sollte, er konnte aber seinen Ansatz nicht weiter ausarbeiten, da er bereits 1941 bei einem Fliegerangriff ums Leben kam. Ein anderer Schwerpunkt seiner Arbeit war die Entwicklung einer „organischen Raumlehre", hier bestanden Beziehungen zu den Ansätzen einer „deutschen" bzw. „nordischen Mathematik". Petermanns Biographie weist einige Entsprechungen zu der Pfahlers auf: Wie dieser kam er aus der Volksschullehrerbildung und gelangte über die Tätigkeit an verschiedenen Stätten der Lehrerbildung schließlich auf einen renommierten Universitätslehrstuhl. Er war nur ein halbes Jahr jünger als Pfahler, 1898 wurde er in Kiel als Sohn eines Kaufmanns geboren. Nach dem Besuch der Oberrealschule in Kiel wurde er noch als 19jähriger in den Krieg eingezogen. Nach dem Krieg studierte er Mathematik, Physik und Philosophie, gleichzeitig arbeitete er als Hilfslehrer an einer privaten Realschule in Kiel. Bereits 1921 promovierte er mit einer „psychotechnischen" Dissertation über Tiefen- und Raumwahrnehmung und legte die Prüfung für das Lehramt an Höheren Schulen ab. Es folgten zahlreiche Stationen eines rasch wechselnden Berufslebens: 1921 Assistent am Psychologischen Institut der Universität Kiel, 1923 Studienassessor in Wyk auf Föhr, 1925 Studienrat an einem Kieler Gymnasium; 1928 Habilitation (mit einer Arbeit zur Gestaltpsychologie) und Privatdozent an der Universität Kiel, 1928 bis 1930 Wahrnehmung einer Gastprofessur an der deutsch-chinesischen Universität in Shanghai; 1931 Professor für Psychologie und Mathematik an der Pädagogischen Akademie Dortmund, 1932 Professor an der Pädagogischen Akademie Kiel, 1933 Studienrat am Gymnasium in Altona sowie – nach Umhabilitation – Dozent an der Universität und (1936–1939) Lehrbeauftragter an der HfL Hamburg, 1939 schließlich ordentlicher Professor und Direktor des Instituts für Pädagogik und Psychologie an der Universität Göttingen. Gleichzeitig wurde er Vorstandsmitglied der Deutschen Gesellschaft für Psychologie. Viel wird er in Göttingen nicht mehr bewirkt haben, da er schon bald nach Amtsantritt zur Heerespsychologie einberufen und nur zur Wahrnehmung von Lehrverpflichtungen beurlaubt wurde. Der NSDAP trat Petermann erst 1937 bei. Er war aber vorher schon in der SA und gehörte zudem zahlreichen NS-Organisationen an: dem NSLB, dem NS-Dozentenbund, dem Reichsluftschutzbund und dem nationalsozialistischen Altherrenbund sowie – sicher vor dem Hintergrund seiner mehrjährigen Tätigkeit in Übersee – dem Reichskolonialbund und dem Volksbund für das Deutschtum im Ausland.[98]

2.2 Schüler von Aloys Fischer

Zu den Schlüsselgestalten als „Gründungs- bzw. Doktorväter" für eine rassenwissenschaftlich orientierte Pädagogik gehört, etwas überraschend, auch Aloys Fischer. Fischer hat zwar selbst nie in dieser Richtung publiziert, er hatte aber auffallend viele Schüler und Mitarbeiter,

---

98 Biographische Hinweise ebd., S. 563 f.; siehe auch R. Paul, Psychologie unter den Bedingungen der „Kulturwende" (1987), S. 337; Edgar und Elvira Weiß, Pädagogik und Nationalsozialismus (1997), S. 154 ff.; BA, BDC 9005; R 21/10217 Universität Hamburg; BBF Personalakten A Höhere Schulen.

die sich rassenpädagogisch und -psychologisch profilierten. Dies mag mit dem offenen, auch für Anregungen aus anderen Disziplinen aufnahmebereiten Wissenschaftsverständnis Aloys Fischers zusammenhängen, weist aber nicht, wie bei Jaensch und Kroh, auf auch theoretisch und politisch begründete Lehrer-Schüler-Beziehungen hin. Eine Schülerin Fischers, **Josefine Dressel**, verfaßte 1935 eine Studie über Schulleistung und Kinderzahl „nebst Folgerungen daraus für die Jungmädchenerziehung". Die Arbeit stand in der von Fritz Lenz geprägten Tradition rassenhygienisch-bildungssoziologischer Forschung. Josefine Dressel kam 1892 in München als Tochter eines Bildhauers zur Welt. Sie besuchte das Seminar der Dominikanerinnen in Augsburg und arbeitete anschließend als Volks-, seit 1921 als Berufsschullehrerin. 1925 legte sie die Ergänzungsprüfung für Lehrer am Wilhelmsgymnasium in München ab und nahm danach ein Universitätsstudium auf. 1932 promovierte sie bei Aloys Fischer mit einer Dissertation über die Entwicklung der weiblichen Jugendpflege in Bayern. Ihr akademischer Lehrer war neben Fischer auch der Anthropologe und Rassenhygieniker Theodor Mollison. Josefine Dressel, die danach Oberstudiendirektorin in München wurde, war kein Parteimitglied, sondern nur im NSLB organisiert.[99]

Bei Aloys Fischer wurde eine der wenigen explizit erziehungswissenschaftlichen Dissertationen zur Rassenhygiene geschrieben, eine Arbeit, die vor allem Hermann Muckermanns Konzept einer katholischen Eugenik verpflichtet war.[100] Die Arbeit erschien 1937, und dem Autor, **Willy Schuh**, hat es offensichtlich nicht geschadet, daß Muckermanns Schriften 1937 verboten wurden. Schuh wurde 1910 in Elversberg bei Saarbrücken geboren, er kam aus einer katholischen Familie, sein Vater war Wiegemeister. Schuh studierte Pädagogik, Psychologie und Philosophie und daneben auch vier Semester Naturwissenschaften. Nach der Promotion arbeitete er zunächst für kurze Zeit als Aushilfskraft an der Biologischen Abteilung der Bayerischen Landesanstalt für Pflanzenbau und Pflanzenschutz, wechselte dann aber ins berufspädagogische Metier, wurde 1938 Leiter des Beratungsdienstes in der bayerischen Bezirksstelle des Reichsstudentenwerks und stieg schließlich zum stellvertretenden Amtsleiter im Nachwuchsamt des Reichsforschungsrates auf. Schuh, seit 1937 NSDAP-Mitglied, war zuvor Mitglied der Deutschen Front des Saargebietes gewesen. 1933 war er der SA beigetreten, während des Krieges wechselte er zur SS und diente als Untersturmführer im SD und beim Inspekteur der Sicherheitspolizei in München. Inzwischen hatte er auch die katholische Bindung aufgegeben und war „gottgläubig" geworden. Ende 1944 wurde er noch Reichsfachgruppenleiter in der Reichsstudentenführung.[101]

Ein interessanter Autor war **Albert Huth**, der als Assistent bei Fischer gearbeitet hat. Huth versuchte die Rassentypologie Clauss' und Günthers für die Berufspädagogik und Arbeitseignungsforschung nutzbar zu machen – Fischers Förderung der Pädagogischen Soziologie scheint hier ihre Früchte getragen zu haben. Seine rassenpsychologische Typologie, die er auf dem Kongreß der Deutschen Gesellschaft für Psychologie 1934 vorlegte, stellt ein eindrucksvolles Dokument wissenschaftlich verbrämter Vorurteilsbildung dar; so charakterisiert er den ostischen Typus z.B. als Untertanengeist ohne Verantwortungsbewußtsein, als engherzig, kleinlich und selbstsüchtig, spießbürgerlich, plump und taktlos im sozialen Umgang, im

---

99   BDC NSLB; Lebenslauf in der Dissertation von 1932.
100   W. Schuh, Erziehung im Dienste der Rassenhygiene (1937).
101   BDC PK L 0088, RS F 5098; SS-Officer.

Selbstgefühl unsicher und gehemmt, im Ehrgefühl gleichgültig; der Oster sei der geborene Herdenmensch, sein soziales Empfinden reiche nicht über den Kreis der Familie hinaus. Während der Norder „ausgesprochen heroisch" sei, der Wester „phrasenhaft", der Dinarer immerhin „verwegen und tapfer", spricht Huth dem Oster jeden Sinn fürs Heldentum ab usw.[102] Huth wurde 1892 in Hamburg geboren und lebte seit 1932 in München. Er hatte zunächst als Volksschullehrer gearbeitet, promovierte 1923 in München, wurde 1925 Leiter des Pädagogisch-Psychologischen Instituts in Nürnberg und arbeitete seit 1928 als leitender Psychologe in der Arbeitsverwaltung. Nach einer vorübergehenden Tätigkeit in Hamburg wurde er Regierungs- und schließlich Oberregierungsrat beim Landesarbeitsamt München. Nach dem Krieg erhielt er 1948 eine Honorarprofessur für Angewandte Psychologie an der Universität München, in den 50er Jahren arbeitete er als Dozent für Psychologie in der Lehrerbildung.[103] In einem Brief an Regierungsrat Eduard Kolb schrieb er 1935, er wolle in die NSDAP eintreten, und beteuerte seine nationalsozialistische Gesinnung: „Meine wissenschaftlichen Arbeiten vertraten immer schon nationalsozialistische Grundgedanken wie alle meine Veröffentlichungen beweisen: In der Pädagogik forderte ich beispielsweise körperliche Ertüchtigung ..., schärfsten Kampf gegen den Intellektualismus als einen Grundfehler unseres Erziehungswesens ...", in der Psychologie habe er den „Grundsatz der Ganzheit gegen die Psychoanalyse" vertreten, wegen des Kampfs gegen die Psychoanalyse habe er sogar Schwierigkeiten an der Universität bekommen. Huth gibt sich als Opfer des „Systemstaats" zu erkennen: „Wegen meiner Gesinnung mußte ich unter der früheren Regierung manchen Kampf ausfechten. Mir wurden die Elternabende zeitweise verboten."[104] Dem Aufnahmeantrag wurde 1937 stattgegeben. In einer parteiinternen Einschätzung von 1941 wird er als aktiver Parteigenosse beurteilt, der politisch anerkennenswert sei und Hochachtung verdiene. Huth war Mitglied einiger weniger spektakulärer Verbände wie der NSV, des Reichsbundes für Beamte und des Reichsluftschutzbundes. Er war aber als Kulturstellenleiter in der SA aktiv, hielt rassenpolitische Vorträge in der Ortsgruppe der NSDAP und beteiligte sich an rassenpolitischer und -hygienischer Schulungsarbeit im NSLB, in der SA, vor der NS-Frauenschaft u. a.[105]

Eduard Kolb, der eben erwähnt wurde, war gleichfalls Fischer-Schüler, er hatte 1921 bei ihm promoviert. Kolb wurde 1888 in Uffenheim geboren. Er studierte naturwissenschaftliche Fächer und Geographie, wurde Studienrat und stieg im Dritten Reich zu einem der führenden NSLB-Funktionäre in Bayern auf. Er machte kaum mit nennenswerten Publikationen zur Rassenpädagogik von sich reden, trat aber als Schulungsredner mit rassenkundlichen Vorträgen hervor.[106] Kolb spielte eine herausragende Rolle in der nationalsozialistischen Schulungs-

---

102 Huth 1935, S. 128.

103 Er veröffentlichte nach dem Krieg u. a. die Bücher „Gesetze der Seele" (1949), „Lerne deine Kinder kennen" (1949) und ein Handbuch für psychologische Eignungsuntersuchungen (1953). Vgl. P. Drewek, Die Begabungsuntersuchungen Albert Huths und Karl Valentin Müllers nach 1945 (1989).

104 BDC PKK 5377.

105 Ebd.

106 In der Zeitschrift „Der Biologe" (H. 8, 1937) wird z. B. ein Vortrag „Rassenerkenntnis als Grundpfeiler unserer nationalsozialistischen Weltanschauung" erwähnt. Kolb wird wiederholt in der Zeitschrift als rassenkundlicher Redner des Gauamtes für Erziehung München-Oberbayern genannt.

arbeit in Bayern. Er war zuerst Kreisschulungsleiter in Coburg, dann Gauschulungsleiter der Bayerischen Ostmark, Leiter der „Gauamtswalterschule" Plassenburg bei Kulmbach und Dozent an der Landesführerschule, Mitarbeiter im Reichsschulungsamt der NSDAP und Oberschulleiter einer SS-Standarte. Im Hauptberuf war er Oberstudiendirektor und Leiter der HfL Bayreuth, dort zuständig für Erziehungswissenschaft.[107]

Ebenfalls ein Fischer-Schüler war **Bruno Hinst**, Autor einiger rassenpädagogisch und erbpsychologisch orientierter Schriften. 1932 promovierte er bei Aloys Fischer in München. 1934 wurde er Dozent, später Professor für Erziehungslehre und Seelenkunde an der HfL Lauenburg. 1939 wechselte er an die HfL Beuthen. Hinst war wie Huth erst 1937 in die NSDAP aufgenommen worden, aber schon 1933 dem NSLB beigetreten und betätigte sich dort als Kreissachbearbeiter für Erziehungs- und Unterrichtslehre. Er war zudem SA-Mann und Mitglied im Bund Deutscher Osten. Hinst, 1903 in Nordschleswig geboren, kam aus kleinen Verhältnissen; nach dem frühen Tod des Vaters mußte die Mutter für den Lebensunterhalt der Familie sorgen. Er besuchte nach der Mittelschulprüfung die Präparandenanstalt in Bad Oldesloe und das evangelische Lehrerseminar in Eckernförde. Da er wegen der Lehrerarbeitslosigkeit keine Anstellung im Schuldienst fand, arbeitete er zunächst am Erziehungsheim Bad Liebenstein in Thüringen, dann als Privatlehrer eines geistig behinderten Kindes im Haus eines jüdischen Kommerzienrates in München. Nach Studium und Promotion in München wurde er Pädagogischer Leiter eines heilpädagogischen Kindersanatoriums, bevor er dann dem Ruf an die HfL Lauenburg folgte. 1941 fiel er im Krieg bei Lublin.[108]

Mehr ist über Fischers Schüler **Heinrich-Josef Nelis** zu sagen. Er gehörte zwar eher zu jenen Pädagogen, die das Rassekonzept nicht systematisch aufnahmen, sondern in ein übergreifendes völkisches Wissenschaftskonzept integrierten, wir wollen aber trotzdem etwas länger bei ihm verweilen, weil er eine bemerkenswerte politische Biographie aufweist. Wie die anderen Fischer-Schüler kam auch Nelis, 1894 in der Nähe von Aachen geboren, aus einer katholischen Familie; sein Vater war Schlosser und Mechaniker. Zu Beginn des Ersten Weltkriegs legte er das Abitur am Humanistischen Gymnasium in Aachen ab und meldete sich anschließend als Kriegsfreiwilliger zum Fronteinsatz, von dem er als Unteroffizier zurückkehrte. Nach dem Krieg studierte er Theologie, empfing 1922 die Priesterweihen und arbeitete anschließend als Kaplan und Religionslehrer. 1928 schloß er sich dem Stahlhelm an. Wegen eines im Stahlhelm gehaltenen Vortrags wurde er von der Kirchenbehörde gemaßregelt und von Mönchengladbach nach Essen strafversetzt. Nelis quittierte daraufhin den Dienst bei der Kirche und nahm ein zweites Studium auf, diesmal mit dem Schwerpunkt Erziehungswissenschaft an der Universität München. Dort promovierte er 1933 mit einer Dissertation über „Die Autorität als pädagogisches Problem" bei Aloys Fischer. Nach einer längeren Zeit der Arbeitslosigkeit fand er Anfang 1934 zunächst eine Beschäftigung als hauptamtlicher Referent beim Sicherheitsdienst der SS (vom RuSHA als „fälisch-westischer Rassetyp" eingestuft); zuvor war er am 1. Mai 1933 in die NSDAP aufgenommen worden. Im Oktober 1934 erhielt er eine Dozentur für Erziehungswissenschaft an der HfL Bonn, 1936 wurde er dort zum planmäßigen Professor ernannt. 1936/37 vertrat er Eduard Spranger in Berlin, der eine Gastprofessur in Japan wahrnahm, im Oktober 1937 ging er als Professor und Direktor des Pädagogischen Seminars an die

---

107   BDC PK 6492; siehe auch König, Die Schulung der Lehrer (1999), S. 168.
108   Zur Biographie siehe Hesse, Professoren und Dozenten (1995), S. 356f.

Universität Frankfurt/M.[109] Zu Beginn des Zweiten Weltkriegs trat er wieder in den Sicherheitsdienst ein und arbeitete dort als SD-Ergänzungsreferent im Rang eines Hauptsturmführers. Offenbar mußte er diesen Dienst wegen „SS-schädlichen Verhaltens" nach einem Jahr wieder aufgeben, wurde aber bald rehabilitiert und 1942 als Sachbearbeiter für kirchenpolitische Fragen beim Befehlshaber der Sicherheitspolizei für die besetzten Niederländischen Gebiete in Den Haag eingesetzt. „Die politische und weltanschauliche Haltung des SS-Hauptsturmführer Prof. Dr. Nelis", hieß es in einer politischen Beurteilung, „ist einwandfrei. Er kann als ausgesprochener Aktivist bezeichnet werden." Seine Einstellung zur nationalsozialistischen Weltanschauung sei völlig gefestigt.[110] Die frühere Arbeit bei der Kirche machte sich bezahlt. Der SS-Brigadeführer in Den Haag Dr. Harster lobte Nelis für seine Arbeit: Aufgrund seiner guten Verbindungen zu Kirchenkreisen sei es ihm gelungen, umfangreiches Nachrichtenmaterial zusammenzutragen, „deshalb konnten erfolgreiche sicherheitspolizeiliche Aktionen durchgeführt werden". Nelis wurde die „vorbildliche" Arbeit 1943 mit der Beförderung zum SS-Sturmbannführer im Reichssicherheitshauptamt gelohnt.[111] Kurz nach dem Rückzug aus den Niederlanden starb er im März 1945 an Tuberkulose und Herzschwäche.

Nelis hatte sich nach der „Machtergreifung" sehr schnell und konsequent und mit einer Tendenz zur Selbstradikalisierung den Nationalsozialisten angeschlossen. Er wechselte zwischen Hochschullehrer- und sicherheitsdienstlicher Tätigkeit hin und her, arbeitete aber auch während der Hochschullehrertätigkeit ehren- und nebenamtlich für den SD als Kirchenreferent für den „SD-Oberabschnitt Rhein" weiter – er wurde für seine „SD-mäßige Arbeit an der Hochschule" in Bonn und Frankfurt gelobt und mehrmals im SS-Rang befördert.[112] Parallel dazu war er aber auch im NSLB und im NS-Dozentenbund aktiv. Schon 1934 unterrichtete er an der Gauführerschule in Frankfurt/M., 1938 wurde er Leiter des Reichssachgebiets „Volkstumspädagogik" im NSLB und Schriftleiter der NSLB-Zeitschrift „Volkstumspädagogik". Im folgenden Jahr wurde er Unterführer im NS-Dozentenbund Frankfurt/M., 1940 arbeitete er als Schulungsreferent in der Gaudozentenbundführung Hessen-Nassau mit. Bei dieser ungewöhnlich dichten politischen Biographie dürften zwei spezielle Faktoren eine Rolle gespielt haben: zum einen der Bruch mit der Kirche – die Vermutung liegt nahe, daß Nelis sich mit der sicherheitsdienstlichen Tätigkeit in den Niederlanden auch an der Kirche für die frühere Maßregelung gerächt hat. Aus der Kirche war er bereits 1937 ausgetreten. Zum anderen war der Bruch mit der Kirche mit einer grundlegenden Neuorientierung und einer längeren Phase der Arbeitslosigkeit verbunden, und erst durch die Aufnahme in den Sicherheitsdienst gelang es ihm, beruflich wieder Fuß zu fassen. Vermutlich fühlte er sich deswegen der SS und dem neuen Regime in besonderer Weise verpflichtet, dies wird vermutlich eine starke Identifikation geschaffen haben, die die motivationale Basis seines politischen Aktivismus war. Vielleicht ist auch die Betonung des Völkischen in seinen Schriften – das „Rassische" definiert sich bei Nelis nur über die Ausgrenzung des Fremden – als Ausdruck eines grundlegenden Zugehörigkeits- und Zusammengehörigkeitsbedürfnisses zu lesen.

---

109   Zu seinen Lehrveranstaltungen gehörten u. a. „Übungen über das Judentum in der Philosophie der Bildung": Tilitzki, Deutsche Universitätsphilosophie (2002), Anhang.

110   BDC 1211, Personalbericht vom 15. 3. 1943.

111   BDC 1211.

112   Nelis gehörte zu den aktiven SD-Mitarbeitern, die mit eigenen Initiativen nach vorne drängten: W. Dierker, Himmlers Glaubenskrieger (2002), S. 197 f.

2.3   Der Kreis um Gustav Deuchler

Einzugehen wäre an dieser Stelle noch auf eine andere einflußreiche Gestalt in der pädagogisch-psychologischen Hochschullandschaft, die aber wie Aloys Fischer nicht in unserer
Bibliographie vertreten ist, nämlich Gustav Deuchler. Deuchler war ein überzeugter nationalsozialistischer Aktivist von freilich theoretisch bescheidenem Format, das auch auf seine
Schüler abgefärbt hat. Er war SA-Sturmführer und kam auch in SA-Uniform in die Universität (um die Zivilkleidung zu schonen, wie er nach dem Krieg zu seiner Entschuldigung vor-
gab).[113] Deuchler selbst hat während des Dritten Reichs außer einigen Schulungsbeiträgen für
den „SA-Führer"[114] nur wenig publiziert, und er hat in diesen Publikationen allenfalls beiläufig auf den Rassenbegriff Bezug genommen. Er war aber Mitglied der Nordischen Gesellschaft, und er hat tatkräftig rassenpädagogische Arbeiten gefördert, richtete auch an der Universität Hamburg eine rassenpsychologische Arbeitsgemeinschaft ein und beteiligte sich 1942
noch am Kriegseinsatz der Psychologie mit Expertisen über Probleme der „bolschewistischen
Psychologie" und „Einsatzmöglichkeiten der deutschen Psychologie bei der Beherrschung des
Ostraums" für den Sonderstab Wissenschaft des Rosenbergschen Ostministeriums. Deuchler
hielt sich zu diesem Zweck 1942 für zwei Monate in Kiew auf.[115] Deuchler wird meist oppor-
tunistisches Verhalten unterstellt, er hatte aber bereits 1917 rassenspezifische Untersuchungen
in der Schule angestellt.[116] Er war 1921–1923 Krohs Vorgänger in Tübingen, und es ist denkbar, daß Pfahler, der zu dieser Zeit in Tübingen studierte, von ihm bereits Einflüsse aufgenommen hat. Einige seiner Schüler wollen wir hier nur kursorisch nennen:

– Wilhelm Fielmann, Dissertation 1943: „Rassenbiologisches Bildungsdenken";
– Erwin Küster, Dissertation 1940: „Die nationalsozialistische Weltanschauung als Um-
  bildungsfaktor in der seelischen Wirklichkeit. Eine Untersuchung über die Formkraft
  der weltanschaulichen Erziehung in der SA und ihre Auswirkung in der Gestaltung des
  Politischen Volkes";
– Karl Matthias Hinrich Hecht, Dissertation 1938: „Die Ausgliederung des Charakters in
  Charakterzüge";

---

113 Heiber, Universität unterm Hakenkreuz, Bd. I, S. 397.
114 Das nationalsozialistische Wirtschaftsethos, in: Der SA-Führer 5/1940, H. 10 und 11; Die um-
     bildende und volksschöpferische Kraft der weltanschaulichen Erziehung, in: Der SA-Führer
     6/1941, H. 4; Politische Charakterologie, in: Der SA-Führer 7/1942, H. 1 und 4.
115 K. Saul, Lehrerbildung in Demokratie und Diktatur (1991); H. Scheuerl, Zur Geschichte des
     Seminars für Erziehungswissenschaft (1991).
116 Über Entwicklungsunterschiede zwischen jüdischen und „germanischen" Schülerinnen, vermut-
     lich an der von Scheibner geleiteten Gaudig-Schule in Leipzig. Siehe H. Scheuerl, Zur Geschichte
     des Seminars für Erziehungswissenschaft (1991). – Deuchler wurde 1883 in Baden geboren,
     arbeitete zunächst als Lehrer, promovierte 1909 in Leipzig, habilitierte sich anschließend in
     Tübingen und wurde nach kurzem Zwischenspiel in Tübingen 1923 Professor und Direktor des
     Erziehungswissenschaftlichen Seminars an der Universität Hamburg; 1933–1942 nahm er kom-
     missarisch auch die Leitung des Psychologischen Instituts wahr. Er wurde 1945 entlassen und
     starb 1955. Interessante biographische Notizen, die von Deuchler das Bild eines ehrgeizigen,
     politisch ambitionierten Opportunisten zeichnen, bei Heiber, Universität unterm Hakenkreuz,
     Bd. I, S. 397ff.

- Diez Jäger, Dissertation 1938: „Angst und Charakter beim Kampfsport in einer Untersuchung des Durchlebens angstartiger Zustände auf Hinderniskampfbahnen unter dem Gesichtspunkt der soldatischen Charakterhaltung";[117]
- Werner Eitze, Dissertation 1942: „Vom Wesen und den Formen der Schulung in der Ortsgruppe der NSDAP. Ein Beitrag zur Klärung der Funktion der weltanschaulichen Erziehungsarbeit".

Deuchlers Pädagogik war eine völkische Schulungs- und Weltanschauungspädagogik, seine politische Heimat war die SA, theoretisch wird er Ernst Krieck nahe gestanden haben, und in dieser Richtung bewegten sich überwiegend auch seine Schüler. Etwas mehr ist über seine Assistenten zu sagen. Sein wichtigster Schüler und Mitarbeiter war **Wilhelm Arp**. Arp wurde 1903 bei Stade geboren. Nach einer Tätigkeit als Volks- und Mittelschullehrer nahm er noch ein Studium auf, promovierte 1930 bei Deuchler und arbeitete als dessen Assistent an der Hamburger Universität. 1933 erhielt er eine Stelle als Wissenschaftlicher Rat (Schulrat) in der Landesschulverwaltung, 1936 wurde er zum Dozenten und 1939 zum Professor und stellvertretenden Direktor der „Hansischen" Hochschule für Lehrerbildung berufen. Arp fiel 1941 im Krieg; sein Hauptwerk „Deutsche Bildung im Kampf um Begriff und Gestalt unseres arteigenen Menschentums", das auch längere rassentheoretische Passagen enthält, wurde 1943 posthum mit einer Ehrung für den Autor vom NSLB und der Landesschulbehörde herausgegeben. Damit wurde ein „verdienter Mitarbeiter" gewürdigt, denn Arp, seit 1. Mai 1933 NSDAP-Mitglied, war ein führender Funktionär im Hamburger NSLB, nämlich Leiter der Abteilung Erziehung und Unterricht in der Hamburger „Gauwaltung". Er war darüber hinaus Mitarbeiter der Zeitschrift „Nationalsozialistisches Bildungswesen".[118]

Ein weiterer Schüler Deuchlers war **Ludwig Kiehn**, geboren 1902 als Sohn eines Kaufmanns in Hamburg. Er war zunächst Volksschullehrer und Studienrat. 1932 promovierte er bei Deuchler, anschließend arbeitete er als Lehrbeauftragter in der Hamburger Lehrerbildung. 1934 wurde er Dozent, 1935 Professor für Erziehungswissenschaft an der HfL Kiel. Nach Schließung der Kieler Hochschule war er kurzzeitig wieder an der HfL Hamburg, dann Dortmund tätig, schließlich wurde er 1941 Studienrat und Professor an der LBA Kiel, tatsächlich war er aber während des Krieges hauptsächlich als Eignungsprüfer und Regierungsrat im Kriegseinsatz. In den 50er Jahren war er zunächst als Wissenschaftlicher Rat, dann Professor für Berufspädagogik und schließlich Direktor des Pädagogischen Instituts wieder an der Universität Hamburg tätig. Kiehn war Blockleiter der NSDAP, Mitglied im NS-Dozentenbund und Mitarbeiter in der Gauwaltung des NSLB Schleswig-Holstein.[119] Kiehn verfaßte einen kleinen Artikel über „Das Wesen der Rasse in der ‚Nationalpolitischen Erziehung' Ernst Kriecks" für die „Hamburger Lehrerzeitung".[120]

Erwähnen wir schließlich noch **Fritz Rössel**. Er wurde 1866 geboren, war Volksschullehrer und Hilfsschulpädagoge und promovierte 1925 bei Deuchler. Er war als Wissenschaftlicher Rat am erziehungswissenschaftlichen Seminar der Universität Hamburg beschäftigt und nahm gleichzeitig eine Dozentur am Psychologischen Institut der Universität wahr. Seit

---

117 Jäger war SA-Sturmführer und publizierte wie Deuchler auch im „SA-Führer" („Idee und Wirklichkeit der politisch-soldatischen Erziehung", Jg. 4, 1939, H. 3).
118 BDC Diverses, NSLB-Listen 4, RKK 2101/26/17.
119 Biographische Daten nach Hesse, Professoren und Dozenten (1995), S. 417f.
120 BDC Diverses; Hesse, Professoren und Dozenten (1995), S. 417ff.

1. Mai 1933 gehörte er dem NSLB an; sein Antrag auf Aufnahme in die NSDAP wurde wegen ehemaliger Logenmitgliedschaft abgelehnt.[121] Rössel schrieb gleichfalls für die „Hamburger Lehrerzeitung" einen Beitrag zur Erbgesundheitserziehung.

2.4 Peter Petersen und Schüler

Als einziger namhafter Vertreter der geisteswissenschaftlichen Pädagogik, der sich das Rassekonzept zu eigen machte, ist **Peter Petersen** zu nennen. Petersen hat in zahlreichen kleineren Beiträgen und verstreuten Bemerkungen versucht, eine „nordisch-germanische" Pädagogik zu entwerfen. Er bezog sich vor allem auf Günther und Darré, aber auch auf die rassen- und kulturbiologischen Ansätze von Scheidt und Keiter, seine Rezeption ihrer Schriften blieb aber oberflächlich und konfus. So vermischte er z. B. „norddeutsch" und „nordisch". Die Hamburger Lebensgemeinschaftsschulen etwa, eine bekannte reformpädagogische Strömung der 20er Jahre, seien eine typisch norddeutsche Erscheinung gewesen, die „außerhalb des am reinsten ,nordisch' bestimmten, auch rassisch reinsten Niedersachsenwinkels" keinen Ableger gefunden hätte. Andererseits hätte sich aber seit 1930 der „nordisch-germanisch bestimmte Realismus" immer deutlicher durchgesetzt, der nun auch zur Grundlage des von Petersen vertretenen „Pädagogischen Realismus" wurde: die Anerkennung der „Wirklichkeitsfunktion der Erziehung" und mit ihr die politische Ausrichtung der Erziehung auf die Volksgemeinschaft. Das Konzept des „Jenaplans", selber „im Bereich des nordisch-germanischen Menschen entsprungen", versuchte Petersen zur wahren nordisch-germanischen Pädagogik hochzustilisieren.[122] „Nordisch" bedeutete für ihn „germanischer Individualismus", eine Kategorie, die er, in Anlehnung an Darré, für den Nationalsozialismus als grundlegend erachtete und die für ihn den Unterschied zum Faschismus bezeichnete: Der Faschismus sei „caesarisch", indem er von der Allgewalt des Staates ausgehe; Rassenfragen seien ihm fremd. Die nationalsozialistische Idee der Volksgemeinschaft dagegen gründe sich auf die Vorstellung des persönlichen Treueverbandes, der sich über der biologischen Grundlage des Volkes erhebe, Führer und Gefolgschaft seien danach durch das gemeinsame Band von Blut und Geschichte „volkhaft" miteinander verbunden und einander zu wechselseitiger Treue und Dienst verpflichtet.[123] Der eigentliche Antipode des Nationalsozialismus war aber für Petersen nicht der Faschismus, sondern der Liberalismus und die „Ideen von 1789". Die universalistische Idee der Gleichheit aller Völker und einer „Menschenkultur", die Idee „übervölkischer antinationaler Reiche" – dies waren für ihn Chimären, die vor der neuen „Wirklichkeitswissenschaft" keinen Bestand hätten. Alle Völker hätten ihre eigene Erbsubstanz, die sich nicht verändern ließe, kulturelle Leistungen seien „von einer Entwicklungsenergie" abhängig, die „einer Rassenseele innewohnt". Die am höchsten entwickelte und wertvollste Rasse seien die Nordeuropäer, und ihre kulturschöpferischen Leistungen, behauptete Petersen in beachtlicher Unkenntnis der Geschichte, hätten sich von innen

121 Saul, Lehrerbildung in Demokratie und Diktatur (1991); BDC Diverses.

122 Nationalpolitische Bildung der menschlichen Sittlichkeit (1935), S. 213; Der Jena-Plan (1935), S. 5; Führungslehre des Unterrichts (1937), S. 254ff.; Bedeutung und Wert des Politisch-Soldatischen für den deutschen Lehrer und unsere Schule (1934).

123 Die erziehungswissenschaftlichen Grundlagen des Jenaplanes im Lichte des Nationalsozialismus (1935); vgl. auch Petersens Vortrag auf der Landschultagung in Lübbecke im September 1933, in: H. Retter, Peter Petersen und der Jenaplan (1996), S. 278.

heraus, aus eigener Kraft entwickelt, ohne nennenswerte Einflüsse von außen. „Neger" könnten bestenfalls übernehmen, was diese geborenen Herrenvölker schüfen. Um so wichtiger sei es, Rassenvermischungen zu verhindern und die Vorherrschaft des „weißen Mannes" zu sichern.[124]

Petersen war sicher bestrebt, sein reformpädagogisches Werk durch die Zeit des Nationalsozialismus hindurch zu retten, seine völkisch-rassistischen Äußerungen sind gleichwohl zu eindeutig, um sie nur als Entgleisungen oder als opportunistisch abzutun. Vielleicht hoffte er sogar auf eine günstige Konjunktur für sein reformpädagogisches Konzept; so warb er in zahlreichen Veranstaltungen des NSLB für die Einführung des Jenaplans als Beitrag zur nationalsozialistischen Erneuerung des Landschulwesens.[125] Man kann darüber streiten, ob Petersens Affinität zum völkischen Denken auch in seiner Pädagogik angelegt war; der „Kult des Schweigens und Stilleseins", der in den Jenaplan-Schulen gepflegt wurde, war jedenfalls kein Konzept einer demokratischen Erziehung. Petersen war zwar kein Parteimitglied, sondern nur (seit 1934) im NSLB organisiert, stellte sich aber bereitwillig in den Dienst des Regimes. Unter anderem hielt er Vorlesungen an der HJ-Führerakademie und der SS-Junkerschule in Braunschweig und an der Mädelakademie Luxemburg, wirkte an Kursen des Reichsarbeitsdienstes mit und hielt Vorträge vor Wehrmachtsangehörigen. 1937 unternahm er als „Botschafter des neuen Deutschlands" eine Vortragsreise nach Südafrika, auf der er unter Verweis auf die nationalsozialistische Politik die Rassentrennung rechtfertigte und die „Judenhörigkeit" der südafrikanischen Lehrerschaft beklagte.[126] Petersen unterhielt in Jena Verbindungen zum Kreis um den SS-Rassentheoretiker Lothar Stengel-Rutkowski; noch 1944 beteiligte er sich gemeinsam mit dem Leiter des thüringischen Landesamtes für Rassewesen Karl Astel und anderen Kollegen der Jenaer Universität an den Vorlesungen vor verschleppten norwegischen Studenten im Konzentrationslager Buchenwald.[127] Petersen, der aus einer Bauernfamilie in Schleswig-Holstein stammte und seit 1923 Erziehungswissenschaft an der Universität Jena lehrte,[128] war auch nicht 1933 über Nacht zum völkischen Pädagogen geworden. Er war 1932 Mitglied des Christlich-Sozialen Volksdienstes, einer deutschnationalen, konservativen Partei des norddeutschen Protestantismus, für die er im März 1933 sogar kandidierte.[129] In der Weimarer Republik hatte er sich für den rechtsvölkischen Schleswig-Holsteiner-Bund engagiert. Zum

---

124   Rassische Geschichtsbetrachtung (1940); Es gibt rassische Hochwertigkeit (1941).

125   K. H. König, Das „Haus der Deutschen Erziehung" in Bayreuth (1997), Anm. S. 379.

126   Retter, Peter Petersen und der Jenaplan (1996), S. 360; vgl. Kaßner, Die pädagogische Tatsachenforschung von Else und Peter Petersen (1997); Keim, Erziehung unter der Nazi-Diktatur, Bd. II (1997), S. 91. Zur Diskussion der Affinitäten Petersens zum Nationalsozialismus siehe auch Lingelbach, Verdrängung politischer Wirklichkeit aus dem pädagogischen Denken (1992).

127   S. Zimmermann, Die Medizinische Fakultät der Universität Jena (2000), S. 185ff.; T. Schwan, Dem Nationalsozialismus gefolgt und gescheitert? (2003), S. 91.

128   Da über Petersen schon viel geschrieben worden ist, haben wir uns in diesem biographischen Abriß auf die für unsere Thematik wichtigen Aspekte beschränkt. Ergänzend sei hinzugefügt, daß Petersen vor dem Ersten Weltkrieg Privatassistent des Historikers Buchholz in Posen und Mitarbeiter der „Ostdeutschen Korrespondenz Posen" war. 1908 arbeitete er als Privatassistent des Nationalökonomen Biermann in Leipzig, 1909 erhielt er eine Stelle als Lehrer in Hamburg, 1920 wurde er Leiter der Lichtwarkschule; im gleichen Jahr habilitierte er sich in Hamburg, 1923 erhielt er den Ruf nach Jena, wo er auch nach 1945 seine Tätigkeit als Professor fortsetzte.

129   E. Skiera, Peter Petersens politisch-pädagogisches Denken in der Zeit des Nationalsozialismus (1990), S. 35.

10jährigen Bestehen des Bundes hatte er 1930 eine Rede gehalten, deren Rundfunkübertragung damals durch die SPD verhindert worden sein soll. Die Rede erschien 1933 in der Artamanen-Zeitschrift „Blut und Boden". Darin nahm er bereits auf Günthers Rassentypologie des deutschen Volkes Bezug. Im Vorwort der Herausgeber wird Petersen als „unser Mitarbeiter" bezeichnet.[130] Karl Alnor, eine führende Persönlichkeit im Schleswig-Holsteiner-Bund, war offensichtlich gut mit ihm bekannt. Er versuchte Petersen 1933 eine Professur in Kiel zu verschaffen und seine Berufung zum Leiter der Kieler Hochschule für Lehrerbildung zu erreichen, scheiterte damit aber, weil Petersen nicht als Nationalsozialist galt und zu eng mit dem amtierenden Leiter der Hochschule befreundet war.[131]

Petersens Arbeiten blieben insgesamt der völkischen Anthropologie verhaftet, der Bezug zur Rassentheorie blieb oberflächlich, zum rassen- und erbpsychologisch orientierten Ansatz Pfahlers stellte er, obwohl er dessen Schriften kannte, keine systematische Verbindung her. Der Bezug zu rassentheoretischen Konzepten blieb auch bei seinen Schülern oberflächlich. Petersen hatte eine Reihe von Schüler, die über nationalsozialistische und rassenpädagogische Themen arbeiteten. So betreute er die Dissertation von Prashila Devi aus Indien über „Wandlungen der Schulhygiene seit 1900", die auch ein Kapitel über Schul- und Rassenhygiene enthielt (1937). Kurt Saberschinsky schrieb bei ihm im gleichen Jahr eine Dissertation über „Die Anfänge der Schulungsarbeit in der nationalsozialistischen Bewegung bis September 1935", Hans-Joachim Düning promovierte 1936 über das Thema „Der SA-Student im Kampf um die Hochschule 1925–1935", Hans Mieskes 1941 über „Die volkeigene Schule. Grundlagen einer neuen volksdeutschen Erziehungswissenschaft und Pädagogik, für Siebenbürgen dargestellt". Bereits 1932 hatte Werner Pohl bei ihm eine Dissertation über „Bündische Erziehung" verfaßt; Pohl, zu dessen Buchveröffentlichung Petersen ein Nachwort beisteuerte, wurde später Polizeischulungsleiter und Sturmbannführer der SS. Petersens Assistent Heinz Döpp-Vorwald, der sich 1938 bei ihm habilitierte, schrieb über die „Gemeinschaft der deutschen Jugend in der HJ und SA" und forderte: „Lehrerschaft und Schule müssen sich mit der Hitlerjugend restlos und vorbehaltlos in die Gesamtbewegung eingliedern".[132] In seinem Werk „Pädagogischer Realismus als Gegenwartsaufgabe" feierte er die „nationalsozialistische Wende" als „Bruch mit der Überfremdung deutschen Wesens durch die rationalistische-aufklärerische-intellektualistische Grundhaltung" und formulierte als Aufgabe der Erziehung, „die biologische Gesundheit des Volkes bewahren zu helfen durch Pflege des Rassen- und Familiengedankens". „Pädagogischer Realismus" gründete sich für ihn auf den „völkischen Realismus" des Nationalsozialismus und bedeutete nichts anderes, als den einzelnen in die schicksalhaft gegebenen „rassischen, politischen, historischen, wirtschaftlichen Realitäten des Volkslebens ... hineinzuzwingen". Döpp-Vorwald pries die „Führermacht Hitlers" als „von einem gnädigen Geschick gesandt".[133] Seine Bemühungen, die Jenaplan-Pädagogik zur Grundlage der nationalsozialistischen Erziehungs-Revolution zu machen, scheiterten jedoch an überzogenen Ansprüchen.[134]

---

130 Petersen, Heimat, Volk und Vaterland (1933).
131 Retter, Peter Petersen und der Jenaplan (1996), S. 80f.
132 Döpp-Vorwald, Hitlerjugend und Schule (1934).
133 Pädagogischer Realismus als Gegenwartsaufgabe (1935), S. 12, 91 und 101. Weil Döpp-Vorwald den Rasse-Begriff nur beiläufig verwendet, haben wir seine Texte gleichwohl nicht in die Bibliographie aufgenommen.
134 Schwan, Dem Nationalsozialismus gefolgt und gescheitert? (2003).

Am Pädagogischen Seminar in Jena entstand u. a. die Arbeit „Rassische Messungen an Schülern" von Karl Gumpricht (1936). Zu Petersens Schülern gehört **Robert Reigbert**, von dem 1937 eine Abhandlung über den „nordischen Raum als Völkerwiege" erschien. Reigbert, geboren 1894 in Nürnberg, war Volks- und Hauptschullehrer und hatte 1928 bei Petersen mit einer Dissertation zum Thema „Die methodische Erfassung der werdenden Persönlichkeit unter besonderer Berücksichtigung der Physiognomik und der Graphologie" promoviert. Er wurde später Dozent an der Universität Jena. Reigbert gehörte seit 1933 dem NSLB und seit 1939 der NSDAP an.[135] Ein weiterer Schüler und zugleich Mitarbeiter Petersens war **Arno Förtsch**. Er wurde 1901 in Dörnfeld an der Ilm geboren, sein Vater war Land- und Gastwirt. Förtsch wurde 1923 Werklehrer und Erzieher an den Staatlichen Erziehungsheimen Stadtroda/ Thüringen, seit 1925 arbeitete er als Assistent an der Universitätsschule der Erziehungswissenschaftlichen Anstalt in Jena; 1932 promovierte er bei Petersen mit einer schulpädagogischen Arbeit. Förtsch verfaßte einige Beiträge zur Jenaplan-Pädagogik. 1933 trat er dem NSLB und der SA bei. 1934 erschien von ihm ein Artikel über „Rassenpflege im Geschichtsunterricht der Volksschule" im „Thüringer Erzieher". Förtsch fiel 1942 im Rußlandfeldzug.[136] Ebenfalls zum Kreis der Petersen-Schüler gehört der 1905 in Hildburghausen geborene Volksschullehrer **Gerhard Steiner**, der 1929 mit einer mathematikdidaktischen Arbeit in Jena promovierte.[137] Steiner veröffentlichte seine Arbeit 1934 unter dem veränderten Titel „Arteigenes Rechnen", der ihm einen Plagiat-Vorwurf des Lüneburger Lehrers Klaus Hinrich Tietjen eintrug, ein Vertreter des „nordischen Mathematikunterrichts": das Werk sei in Teilen von einem amerikanischen Vorbild abgeschrieben, und der Titel „arteigen" sei irreführend. Petersen führte deswegen für seinen Schüler einen Prozeß, der aber ungünstig für ihn ausging.[138] Steiner veröffentlichte daneben familien- und sippenkundliche didaktische Schriften. Er trat 1933 dem NSLB und der SA bei und arbeitete als „Rassewart" des Thüringischen Landesamtes für Rassewesen. Da Steiner in Blankenhain bei Bad Berka lebte und Mitglied der Ortsgruppe Bad Berka war, ist zu vermuten, daß er an den rassenkundlichen Schulungen beteiligt war, die das Landesamt für Rassewesen und der NSLB in der „Deutschen Heimatschule" Bad Berka durchführten.[139]

2.5 Vertreter rassenhygienischer und erbbiologisch-psychologischer „Bildungsforschung"

Das rassenhygienisch-erbbiologische Paradigma der Bildungsforschung, wie es vor allem durch Fritz Lenz in den 20er Jahren vorangetrieben worden war, fand seinen wichtigsten

---

135 BDC NSLB-Listen.

136 BDC NSLB-Listen.

137 Das Rechnen im gefächerten und geschlossenen Unterricht, Diss. Jena 1929.

138 Retter, Peter Petersen und der Jenaplan (1996), S. 91 ff. Tietjen erhob den Vorwurf, das Werk sei in Wahrheit dem „liberalistischen Geist" verhaftet, und richtete den Vorwurf des Liberalismus auch gegen Petersen, denn dieser habe gesagt, die Schule dürfe gegen den Staat erziehen. Petersen wehrte sich mit dem zweifelhaften Argument, der Satz stamme von Theodor Geiger, „welcher Nationalsozialist sein soll heute oder so doch SA-Mann" (zit. nach ebd., S. 352). Geiger war jedoch Sozialdemokrat und emigrierte 1933 nach Dänemark.

139 BDC Diverses. – Der Leiter der Heimatschule Bad Berka, Theodor Scheffer, war seit 1937 Dozent für Politische Pädagogik an der Universität Jena. Die Schule diente vor 1933 dem völkischen Jugendbund der Artamanen als Schulungsstätte.

Repräsentanten in der Pädagogik und Bildungspolitik in **Wilhelm Hartnacke**. Er verbreitete in Anknüpfung an Lenz in zahlreichen, zum Teil schon vor 1933 veröffentlichten Schriften die These, daß das Bildungssystem unter sozialdarwinistischen und rassenhygienischen Gesichtspunkten kontraselektiv wirke: zum einen, weil es aus einem falsch verstandenen Gleichheitsdenken heraus einen unverhältnismäßig großen Aufwand zur Förderung schwach begabter und erblich „minderwertiger" Schüler betreibe; zum anderen, weil es die „Begabten", die einmal gesellschaftlichen Führungspositionen einnehmen sollten, zu lange in Schule und Hochschule festhalte. Dies und eine verfehlte Sozialpolitik trage dazu bei, daß die Kinderzahl unter den Minderwertigen steige, unter den Gebildeten jedoch wegen der sich immer weiter hinauszögernden Eheschließung sinke. „Volkstod durch Bildungswahn" sei die Folge. Hartnacke beschwor das Ende der abendländischen Kultur. Nicht nur nähmen die „geistig Minderwertigen" überhand, sondern: „Wenn ein Volk schrumpft, dann wird Platz für Unterwanderung. Rassefremdes Volk strömt ein."[140] Hartnacke äußerte 1936 die Überzeugung, „daß die jungen Jahrgänge (der Schule) nicht nur zahlenmäßig schwächer, sondern auch weniger gehaltreich sind an geistig bestimmten Erbträgern".[141] Als bildungspolitische Konsequenz forderte er eine allgemeine Verkürzung der Bildungszeiten bei gleichzeitig verschärfter Selektion. Als Ziel postulierte er die „Züchtung" eines „politischen Bildungsadels" durch Auslese der „oberen Leistungsgruppe" in der höheren Schule.[142] Auch die Lehrerbildung sei verfehlt: zu aufwendig, zu kostspielig, zu lang; zu viel Aufwand werde für Minderbegabte betrieben. Und es sei auch nicht nötig, die Ausbildung der Volksschullehrerbildung an Abitur und Hochschule zu binden, denn auch der „bestgebildete" Lehrer könne Dumme nicht gescheit machen.[143]

Hartnacke, 1878 als Sohn eines Postsekretärs in Altena (Sauerland) geboren, gehörte zur älteren Generation der Pädagogen. Er hatte neuere Sprachen in Halle und Berlin studiert und 1901 promoviert. Danach arbeitete er als Lehrer in Bremen. 1910–1918 war er dort als Schulinspektor tätig, 1919 wurde er Stadtschulrat von Dresden. In dieser Eigenschaft sorgte er dafür, daß der mit ihm befreundete Hans F. K. Günther nach seiner Rückkehr aus Schweden 1929 eine halbe Studienratsstelle in Dresden erhielt. Von 1933 bis 1935 war Hartnacke Kultusminister in Sachsen. Danach scheint er am Kreuzgymnasium in Dresden unterrichtet zu haben, während des Krieges war er noch als Kriegsverwaltungsrat tätig. Unmittelbar nach seinem Amtsantritt als Minister verlangte er von allen Lehrenden ein schriftliches Bekenntnis, sich „für die Erziehung deutscher Jugend zum nationalen und völkischen Gedanken, zum Christentum und zu echter Volksgemeinschaft" einzusetzen.[144] Als Staatsminister hatte er die Gelegenheit erhalten, seine bildungspolitischen Vorstellungen in die Tat umzusetzen. Hartnacke setzte in Sachsen besonders rigorose Studienbegrenzungen durch, die alle NC-Maßnahmen im übrigen Reich an Schärfe übertrafen. Sachsen war das einzige Land, das die nach dem Numerus clausus von 1934 zugeteilte Quote von Hochschulberechtigten nicht ausschöpfte und darüber hinaus noch zusätzliche Zugangsbegrenzungen zur Oberstufe der höheren Schulen einführte. Als sich die negativen Folgen in einem unverhältnismäßig starken Rückgang der Studentenzahlen zeigten und sich ein wachsender Mangel an Fachkräften und Akademikern

---

140 Bildungswahn – Volkstod! (1932), S. 12.
141 Die Ungeborenen (1936), S. 135.
142 Ebd., S. 127f.
143 Bildungswahn – Volkstod! (1932), S. 60.
144 Zit. nach Keim, Erziehung unter der Nazi-Diktatur, Bd. I (1995), S. 142f.

bemerkbar machte, wurde Hartnacke wegen des Vorwurfs übertrieben elitärer Einstellungen 1935 wieder aus dem Amt entlassen.[145] Vor allem Ernst Krieck hatte ihm öffentlich vorgeworfen, seine Bildungstheorie sei ein „Hohn auf die nationalsozialistische Volksgemeinschaft", denn sie laufe darauf hinaus, den Monopolanspruch des Besitzbürgertums zu verteidigen und die Arbeiterkinder von höherer Bildung fernzuhalten; Hartnackes bildungspolitische Forderungen seien deshalb „erzreaktionär". Hartnacke wiederum disqualifizierte Kriecks „völkische Anthropologie" als eine mythisch-mystische Weltanschauungslehre, die nichts mit einer biologisch fundierten Wissenschaft zu tun hätte und der jedes erbwissenschaftliche Verständnis von Rasse abginge.[146] Der Streit zwischen Krieck und Hartnacke wurde nach einer Intervention von Gross und Heydrich beendet; man wollte nach außen den Eindruck der Geschlossenheit wahren, vor allem aber lehnte das Rassenpolitische Amt in seiner naturwissenschaftlichen Orientierung Kriecks Verwendung des Rassenbegriffs ab. Krieck, der sich von der SS kompromittiert sah, legte daraufhin seine politischen Ämter nieder.[147] In der „wissenschaftlichen" Auseinandersetzung behauptete Hartnacke trotz Entlassung aus dem Ministeramt das Feld. Hartnacke ging auch Pfahlers Konzept einer erbgebundenen Pädagogischen Psychologie nicht weit genug. Pfahlers Typologie müsse deutlicher mit einer Werteskala von Erbqualitäten verbunden werden. Gegensatzpaare wie „feste und fließende Gehalte" waren ihm zu formal. Hartnacke verband dies mit einer grundlegenden Kritik des wissenschaftstheoretischen Prinzips der Wertfreiheit: ein solches Prinzip sei dem Denken von „Mischlingen" entsprungen, „bei denen innere Spannungen und Auseinandersetzungen eine klare Wertewelt nicht aufkommen lassen oder im Aufkommen zerstören".[148] Nicht ganz klar ist Hartnackes Haltung zur NSDAP. Ursprünglich DNVP-Anhänger trat er 1933 der NSDAP und dem NSLB bei. Die Gauleitung in Dresden teilte der NSDAP-Reichsleitung aber 1934 mit, Hartnacke hätte seinem Sohn den Eintritt in die Partei verboten. Hartnackes Parteimitgliedschaft wurde etwas später für ungültig erklärt und eine erneute Aufnahme wurde 1938 abgelehnt. Die genauen Hintergründe ließen sich nicht klären.[149]

Eine im Vergleich zu Hartnacke „gemäßigte" Version erbbiologischer Bildungsforschung vertrat Günther Just, der sich allgemein mit „eugenischen Fragen der Erziehung" und Untersuchungen zum Zusammenhang von Schulleistung und Begabung beschäftigte. Just selbst war jedoch kein Pädagoge, sondern Naturwissenschaftler, und wir werden uns ihm erst später in einem anderen Kontext widmen. Just hatte einige Schüler, die mit Schulleistungsuntersuchungen bei ihm promovierten.[150] Von ihnen sei **Werner Lottmann** an dieser Stelle erwähnt. Lottmann promovierte 1934 bei Just mit der Dissertation „Schulleistung und Lebensleistung ehemaliger Gymnasialabiturienten". Darin meinte er enge Zusammenhänge zwischen Schul-

145 A. Nath, Die Studienratskarriere im Dritten Reich (1988), S. 200 und Anm. S. 280. Zu den Folgeproblemen der restriktiven Schul- und Hochschulpolitik in den Anfangsjahren des Dritten Reichs siehe auch B. Zymek, War die nationalsozialistische Schulpolitik sozialrevolutionär? (1980); für die Lehrerbildung: Hesse, Professoren und Dozenten (1995), S. 95f. und 98.

146 G. Müller, Ernst Krieck und die nationalsozialistische Wissenschaftsreform (1978), S. 134f.; Hartnacke in: Volk und Rasse 12/1937, S. 391ff.

147 Müller, Ernst Krieck (1978), S. 138ff.

148 Seelenkunde vom Erbgedanken aus (1940), S. 57.

149 BDC PK 4358; BDC Diverses.

150 Siehe unten S. 296ff.

leistungen und späterem Berufsstatus nachweisen zu können. So hätten Kammergerichtspräsidenten, Dozenten der philosophischen Fakultät und Studienräte während ihrer Schulzeit die schulische „Oberschicht" gebildet, während Ärzte, evangelische Theologen und Bürgermeister schulleistungsmäßig zur „Unterschicht" gehörten. Lottmanns Thema waren schulische Ausleseprozesse und Elitebildung. In einem 1942 erschienen Aufsatz postulierte er eine „lebensgesetzlich bestimmte, organische Auslese" und verstand darunter eine Auslese der Begabten nach völkisch-rassischen Kriterien. Formale Schulleistungen allein waren für ihn kein ausreichendes Kriterium, das hatte schon seine Dissertation gezeigt, denn trotz schlechterer Schulleistungen kann die Lebensleistung eines Bürgermeisters für die Volksgemeinschaft ebenso wertvoll wie die eines Studienrats sein. Entscheidend sei die Rasse. So würde z. B. „eine vom nordischen Rasseelement eines Volkes geführte Verwaltung" wesentlich anders aussehen als eine unter „ostischer" Führung stehende. Ausleseziel müsse die Gestaltung des biologisch gegeben „nordischen Erbes" sein.[151]

Lottmann kam 1909 in Wuppertal als Sohn eines Zollbeamten zur Welt. Er besuchte das Humanistische Gymnasium und studierte anschließend an verschiedenen Universitäten naturwissenschaftliche Fächer sowie Pädagogik und Psychologie. Lottmann schlug offenbar keine Studienratslaufbahn ein, sondern suchte den Schwerpunkt seiner Berufstätigkeit sehr früh in der Arbeit für politische Organisationen. 1932 trat er der NSDAP bei und wirkte in Greifswald als Leiter der „Abteilung Ahnenforschung und rassenpolitische Schulung des Kreisstabes Greifswald der NSDAP", gleichzeitig schloß er sich dem Nationalsozialistischen Studentenbund an. 1933 trat er der SA bei und betätigte sich im SA-Nachrichtensturmbann. Von September 1933 bis März 1934 arbeitete er bei der HJ, zunächst als Referent für Rassefragen, Grenz- und Auslandsdeutschtum, Hygiene und Kulturarbeit bei der HJ Vorpommern, dann als Gefolgschaftsführer und Referent für Rassefragen im „Gebietsstab des Gebietes Ostsee". Danach arbeitete er in der rassenpolitischen Schulung und als Leiter des Aufklärungsamtes für Rassefragen in der Studentenschaft. Er wurde persönlicher Adjutant des Führers der Studentenschaft in Berlin, war als Referent für Jugendfürsorge für die NSV tätig und beteiligte sich als Schulungswalter der Deutschen Arbeitsfront an der rassenpolitischen Schulung von Standesbeamten. Daneben war er Lektor für das RPA und die Reichsstelle zur Förderung des deutschen Schrifttums (Amt Rosenberg). 1937 wurde er Referent in der Abteilung Förderung des Reichsstudentenwerks. Im Oktober 1938 trat er in die SS ein und wurde im Stab der Dienststelle Heißmeyer beschäftigt. August Heißmeyer war zunächst Leiter des SS-Hauptamtes, bis er 1939 von Gottlob Berger abgelöst wurde. Für Heißmeyer wurde statt dessen eine eigene Dienststelle geschaffen, die vor allem für die Inspektion der Nationalpolitischen Erziehungsanstalten (Napola) zuständig war. In dieser Dienststelle war Lottmann für Aufgaben der Berufsberatung (für Napola-Abgänger) zuständig.[152] Vor diesem Hintergrund entstand offenkundig sein erwähnter Beitrag über Fragen der schulisch-beruflichen Auslese. 1942 wurde Lottmann zum Sturmbannführer, 1944 zum Obersturmbannführer befördert.[153] Nach 1945 arbeitete er als Dozent für Psychologie und Soziologie an der Niederrheinischen Bergschule in Moers und als Sekretär der Duisburger Universitätsgesellschaft.

---

151 Auslese als Wirkteil der Erziehungswirklichkeit (1942).
152 Vgl. H. Scholtz, NS-Ausleseschulen (1973), S. 131.
153 BDC PK 7502, SS-Officer 1067, RS D5195, OGK.

Mit Fragen der Schülerauslese beschäftigte sich auch **Wilhelm Julius Ruttmann**, Studienprofessor in Schwabach und Herausgeber der „Blätter für Schulpraxis und Erziehungswissenschaft". Ruttmann war ein Vielschreiber, der sich zu mehr oder weniger allen die Pädagogik betreffenden rassenhygienischen, rassenpsychologischen und erbwissenschaftlichen Themen äußerte. Sein eigentliches Gebiet war aber die Pädagogische Psychologie, zu der er schon vor 1933 zahlreiche Publikationen beigesteuert hatte, u. a. ein „Handbuch der Pädagogischen Psychologie" (1930). Bereits 1917 war von ihm zudem ein Buch über „Erblichkeitslehre und Pädagogik" erschienen. Ruttmann wurde 1884 bei Nördlingen geboren und wuchs in einer evangelischen Familie auf. Er studierte Pädagogik und Naturwissenschaften in München und Würzburg und unterrichtete später an der Aufbauschule Schwabach, die zugleich den Status einer Lehrerbildungsanstalt hatte. Ruttmann muß sehr radikal zum Nationalsozialismus umgeschwenkt sein, denn er war während der Weimarer Republik in der DDP und galt lange Zeit politisch als unzuverlässig. Vielleicht wollte er durch eine besonders rege und vielseitige Publikationstätigkeit seine nationalsozialistische Gesinnung nach allen Seiten unter Beweis stellen. Noch 1937 lehnte die NSDAP-Ortsgruppe Schwabach seine Aufnahme in die Partei ab, und 1938 wurde er noch als „demokratisch" und „judenfreundlich" denunziert.[154] Seine anhaltenden Bemühungen wurden aber schließlich doch belohnt. 1940 wurde der Antrag endlich befürwortet, weil nichts „Negatives" bekannt sei und er außerdem die Unterstützung „anerkannter Wagnerkenner" hatte. Ruttmann hatte sich zuvor sehr zustimmend mit Wagners Antisemitismus auseinandergesetzt.[155] Tatsächlich hatte er schon 1932 eine Schrift über „Rassenpflege im völkischen Staat" verfaßt und offensichtlich schon länger mit der demokratischen Bewegung gebrochen. Während des Dritten Reichs entwickelten sich seine Publikationen zunehmend von pädagogischen zu im engeren Sinn rassenhygienischen Fragestellungen hin.[156] Sein Fall war wohl deswegen nicht ganz einfach, weil er nicht nur passiver Demokrat, sondern sogar (1926–1930) als Ortsgruppenführer in der DDP aktiv gewesen war. Dem NSLB gehörte er seit dem 1. Mai 1933 an, und dort übte er auch seit 1934 Funktionen aus, so u. a. als Begutachter für Erb- und Rassenforschung. Ruttmann war ein Vertreter der seminaristischen Lehrerbildung und hatte auch dem Seminarlehrerverein angehört; im NSLB war er daher als Gaureferent für Lehrerbildung aktiv.[157] Seine Publikationstätigkeit bewegte sich denn auch in diesem Rahmen, seine Schriften waren vor allem an Lehrerbildner adressiert und behandelten grundlegende Fragen und Themen einer rassen- und erbwissenschaftlich begründeten Erziehung. Ruttmann selbst vertrat einen Ansatz, der von Günthers Rassenanthropologie und Clauss' Rassenseelenlehre ausging, er meinte aber, die Rassenpsychologie müsse „durch die kaum begonnene Analyse objektiver Ausdrucksgebilde" erweitert werden.[158] Pfahlers integratives Konzept war für ihn wegweisend. In seinem Streben nach Objektivierung verstieg sich Ruttmann zu abenteuerlichen Behauptungen. So meinte er, die Rassen-

154 BDC, PK 09702.

155 So in „Die Seele als Ausdruck der Rasse" (1938).

156 1940 veröffentlichte er z. B. zusammen mit Dr. E. Bieneck eine Abhandlung „Statistische Untersuchungen über die Todesursachen der deutschen und jüdischen Bevölkerung in Breslau in den Jahren 1928–1937" in der Münchner Medizinischen Wochenschrift.

157 BDC PKK 09707, A 533, L 345; NSLB-Listen 00145.

158 Man könne zwar beispielsweise „den Juden" an Gestik, Haltung etc. erkennen, aber der „messenden Wissenschaft" sei es noch nicht gelungen, „wissenschaftlich abgesicherte Merkmale des jüdischen Rassentyps aufzustellen": Die Seele als Ausdruck der Rasse (1938), S. 243.

seele sei die Äußerung des Leibes, und das Blut sei das sichtbare Medium zwischen Rassenkörper und -seele. Geschlechtsverkehr mit „Rassefremden", warnte er, könne einen „Schock der ganzen Person" auslösen infolge der „Überwindung von seelischen Widerständen im Zeugungserlebnis", dadurch werde das Blut so in Wallung gebracht, daß es zu genetischen Veränderungen in den Keimzellen kommen könne.[159]

Als Beispiel eines Autors, der im Anschluß an Pfahler integrations- und rassentypologische Ansätze verknüpfte, sei **Hellmut Ludwig** genannt. Er unternahm in seiner Dissertation den Versuch, die Kategorien der Rassen-, Integrations- und Konstitutionspsychologie für die Untersuchung von Intelligenz und Berufseignung nutzbar zu machen, ohne freilich viel mehr als gehaltlose Deskriptionen und Zahlenreihen zutage zu fördern. Ludwig wurde 1906 in der damaligen deutschen Kolonie Kamerun geboren, seine Eltern kehrten aber bald nach Deutschland zurück, wo sein Vater eine Stellung als Betriebsführer hatte. Nach dem Abitur 1926 studierte Ludwig Psychologie, Pädagogik, Volkswirtschaft und andere Fächer in Freiburg, Bonn und Köln und promovierte 1937 mit der erwähnten Dissertation bei Siegfried Behn in Bonn. Zuvor hatte er 1931 bereits die Mittelschullehrerprüfung abgelegt und als Erzieher an einer höheren Privatschule gearbeitet. Von 1933 bis 1938 war er als Leiter der Abteilung für Berufsberatung bei den Arbeitsämtern Wesel und Opladen tätig; im Rahmen dieser Tätigkeiten entstanden auch seine psychologischen Eignungsuntersuchungen. 1936/37 unterrichtete er außerdem am Seminar für Arbeitspolitik der Verwaltungsakademie Köln. 1938 wurde er als wissenschaftlicher Hilfsarbeiter beim Generalkommando der Wehrmacht in Stuttgart beschäftigt, 1939 war er in der rassenkundlichen Fortbildungsarbeit bei der Wehrmacht tätig. Ludwig war früh politisch aktiv. Schon 1920, als 17jähriger, nahm er am „Einsatz gegen Spartakus" in Essen teil, 1923 wurde er von französischen Truppen verhaftet. 1927 gehörte er dem Nationalsozialistischen Studentenbund in Freiburg an, 1929 trat er der SA bei, 1932–33 war er hauptamtlich bei der Gauführung der HJ in Essen beschäftigt – 1939 verließ er die HJ als Oberstammführer. Der NSDAP war Ludwig im Frühjahr 1932 beigetreten. Darüber hinaus war er – als ehemaliger Kameruner – „Ortsverbindungsleiter" im Reichskolonialbund.[160]

Zu den Pädagogen und Erziehungswissenschaftlern, die sich im Anschluß an Pfahler um eine Integration von Rassentheorie und Erbpsychologie bemühten, gehörte auch **Herbert Graewe**. Graewe spezialisierte sich vor allem auf eine pädagogisch-psychologische Zwillingsforschung und stellte Untersuchungen zu Schulleistungen von Zwillingen an, äußerte sich aber auch zu allgemeineren rassenpädagogischen Fragen. Er wurde 1908 in Querfurt unweit von Halle geboren und wuchs in einer evangelischen Familie in Thüringen auf, der Vater war Mittelschullehrer. Nach einem naturwissenschaftlich-mathematischen Studium in München und Halle wurde er zunächst Mittelschullehrer, dann Studienrat in Halle, wo er 1932 auch promovierte. Auch Graewe wurde früh politisch aktiv; bereits 1925, mit 17 Jahren, schloß er sich dem Jungdeutschen Orden an, 1930 trat er dem Nationalsozialistischen Studentenbund bei. 1933 wurde er Mitglied in der NSDAP und im NSLB; dort brachte er es zum Kreis- und stellvertretenden Gausachbearbeiter für Rassefragen, gleichzeitig wurde er Mitarbeiter im Rassenpolitischen Amt. Er war außerdem SA-Rottenführer.[161]

---

159 Ebd., S. 245f.
160 BDC PK 7518.
161 BBF Personalkartei A; BA, BDC Diverses.

Die Biographie von Graewe zeigt, daß eine szientistisch-erbpsychologische Orientierung eng mit einem rassenpolitischen Engagement verbunden sein konnte. Weniger deutlich ist dies bei **Kurt Gottschaldt**, einem der führenden Experten für erbpsychologische Zwillingsforschung, dessen Publikationen aber ohne jeden rassenpädagogischen Bezug blieben. Er beschäftigte sich mit dem Zusammenhang von Vererbung und Begabung, einem Thema, das Berührungspunkte zu den Arbeiten Günther Justs aufwies, an dessen „Handbuch der Erbbiologie des Menschen" er daher auch mitarbeitete. Der Fall Gottschaldt zeigt, daß man es im Dritten Reich auf diesem Forschungsfeld zu etwas bringen konnte, ohne Parteimitglied zu sein. Gottschaldt, Jahrgang 1902, hatte Psychologie und Naturwissenschaften studiert und 1926 bei Wolfgang Köhler promoviert, dessen Assistent er wenig später wurde. Von 1929 bis 1933 arbeitete er als Leiter der Psychologischen Abteilung an der Provinzialkinderanstalt für Seelisch Abnorme in Bonn, 1932 habilitierte er sich bei Rothacker in Bonn. 1935 übertrug ihm Eugen Fischer die Leitung der Erbpsychologischen Abteilung des KWI für Anthropologie in Berlin (als Nachfolger von Verschuer), daneben war er gleichzeitig auch Leiter der Poliklinik für nervöse und schwererziehbare Kinder am Kinderkrankenhaus der Stadt Berlin. Sein Assistent am KWI war der Psychologe Kurt Wilde, der später einen Ruf nach Halle annahm und dort u. a. auch für Rassenpsychologie zuständig war.[162] Gottschaldt bemühte sich 1938 um die Nachfolge Köhlers (der aus politischen Gründen gegangen war) als Professor und Direktor des Psychologischen Instituts der Universität Berlin, eine Berufung scheiterte aber am Einspruch des Dozentenführers der Universität. Er erhielt den Titel eines nicht beamteten außerordentlichen Professors am Anthropologischen Institut der Mathematisch-Naturwissenschaftlichen Fakultät, bot aber parallel auch Lehrveranstaltungen zu den Themenbereichen Sozial- und Erbpsychologie an der Philosophischen Fakultät an. Eugen Fischer schätzte ihn in seinem Gutachten als „politisch durchaus zuverlässig" ein, fügte aber hinzu, daß eine aktive politische Beteiligung „seiner ganzen Natur nach nicht in seiner Richtung" liege. Gottschaldt erschien hier als eher unpolitischer, „reiner" Wissenschaftler, der vielleicht doch an einer Forschungseinrichtung wie dem KWI besser aufgehoben war.[163] Auch in Gottschaldts Publikationen fehlt es an Bezügen und Bekenntnissen zur NS-Ideologie und selbst zur Rassenhygiene. Trotzdem war sein Ansehen hoch und auch Gross und Rosenberg schätzten ihn. Rosenberg hatte für ihn den Lehrstuhl für Erbpsychologie an der „Hohen Schule" vorgesehen.[164] Einige Anzeichen weisen darauf hin, daß Gottschaldt möglicherweise auch auf dem Sektor „erbbiologische Sippenforschung" tätig war.[165] In politischer Hinsicht erschien Gottschaldt, der neben Hans Nachtsheim der einzige Mitarbeiter am KWI war, der nicht der NSDAP angehörte, als eine etwas undurchsichtige Gestalt. Johann Baptist Rieffert, der 1936 als Nachfolger Köhlers am Psychologischen Institut der Berliner Universität vom Professo-

---

162 Wilde wurde unmittelbar nach seiner Habilitation 1939 mit nur 28 Jahren zum Dozenten für Psychologie (spez. Erbpsychologie) in Halle berufen und dort 1942 zum Professor ernannt. Wilde war Mitglied der SA, der NSDAP und stellvertretender Gaudozentenbundführer in Halle (Ash/Geuter, NSDAP-Mitgliedschaft und Universitätskarriere in der Psychologie, 1985, S. 274).

163 M. G. Ash, Die erbpsychologische Abteilung am Kaiser-Wilhelm-Institut (1992), S. 211. Ashs Aussage, daß Gottschaldt „weder NSDAP-Mitglied noch sonst in NS-Organisationen hervorgetreten war", trifft freilich nicht ganz zu, denn Gottschaldt war zumindestens Mitglied im NSLB und im NS-Dozentenbund.

164 Losemann, Nationalsozialismus und Antike (1977), S. 143.

165 Ash, Die erbpsychologische Abteilung (1992), S. 219.

renamt suspendiert wurde, weil er seine SPD-Vergangenheit verschwiegen hatte, denunzierte ihn als „Kommunisten".[166] Selbst Ludwig Ferdinand Clauss brachte diesen Verdacht während des Parteigerichtsverfahrens gegen ihn 1941 zur Sprache: Gottschaldt sei „nachweislich früher politisch und weltanschaulich links eingestellt" gewesen – Clauss nannte ihn einen „nachträglich herübergewechselten Roten" – und habe „geistig und weltanschaulich fast ausschließlich jüdische Bindungen" gehabt.[167] Der Vorfall verdient Interesse, weil ausgerechnet Gottschaldt im Parteigerichtsverfahren gegen Clauss als fachwissenschaftlicher Experte mit einem Gutachten beauftragt wurde. Offensichtlich sollte gerade die Stellungnahme eines politisch unabhängigen Experten die Objektivität und Sachlichkeit des Urteils verbürgen. Gottschaldt konzedierte Clauss zwar, daß die „biologisch orientierte Rassenpsychologie" wichtige Anregungen von ihm erhalten hatte, gleichwohl fiel sein Gutachten vernichtend aus, weil es Clauss' Ansatz jede Wissenschaftlichkeit absprach. Gottschaldt argumentierte aber nicht gegen die Rassenpsychologie, sondern nur gegen eine *geisteswissenschaftliche* Rassenseelenkunde. Er war in gewisser Weise radikaler als Clauss, indem er eine erb- und das heißt naturwissenschaftlich-empirisch begründete Rassenpsychologie forderte: „Die biologische Forschung steht aber vor der Aufgabe, die Rassenseelenkunde auf gesicherter empirischer Basis aufzubauen. Diese Aufgabe wird sie freilich umfassender und nüchterner zu lösen haben, indem sie das Rasseneigentümliche des seelischen Lebens in seiner empirischen Gesetzlichkeit als Erbbedingtheit aufweist. Das kann wie alle menschliche Erbforschung nicht mit einem intuitiven bilderbeschreibenden Verfahren geleistet werden, sondern nur mit den gültigen Methoden der menschlichen Erblehre." Mit anderen Worten: der Weg ist richtig, nur die Methoden sind falsch: „Es besteht kein Zweifel, daß wir auch im strengsten Sinne der Erbforschung von rassenseelischen Bestimmtheiten sprechen können, das aber erweist uns nicht die Rassenseelenlehre von Clauss, sondern ist nur mit den exakten Methoden der menschlichen Erblehre und der Rassenkunde zu belegen."[168] Gottschaldt stellte sich also eine Rassenseelenlehre vor, die sich auf die Erbbiologie und die Rassenanthropologie stützt. Damit repräsentierte er eine „fortgeschrittenere" Version der Rassenwissenschaft, wie sie zu dieser Zeit etwa in der Abteilung für Erb- und Rassenpflege des Reichsgesundheitsamtes institutionalisiert und durch Wissenschaftler wie Robert Ritter und Günther Just verkörpert wurde. Gottschaldts Stellungnahme gegen Clauss dürfte aber auch von persönlicher Rivalität und Feindschaft bestimmt gewesen sein, denn Clauss hatte die erwähnten Vorwürfe gegen Gottschaldt wiederum bereits 1938 in einem negativen Gutachten über ihn formuliert, um das er im Zusammenhang mit einer Berufung Gottschaldts auf den Lehrstuhl für Psychologie in Breslau gebeten worden war, und Clauss hatte seine Kritik damals auch öffentlich gemacht.[169] Der Ruf erging gleichwohl, scheiterte aber am Ende daran, daß Gottschaldt in Breslau nicht die Mittelausstattung durchsetzen konnte, die ihm in Berlin zur Verfügung stand. – Gottschaldt wurde 1948 nach der Verlagerung der Dahlemer Institute an die Humboldt-Universität in Ostberlin dort Professor und Direktor des Psychologischen Instituts, siedelte aber später in die Bundesrepublik über und wurde 1962 zum Ordinarius für Psychologie an der Universität Göttingen ernannt.[170]

---

166 M. Stadler, Das Schicksal der nicht emigrierten Gestaltpsychologen im Nationalsozialismus (1985).
167 Weingart, Doppelleben (1995), S. 85.
168 Zit. nach ebd., S. 83f.
169 N. C. Lösch, Rasse als Konstrukt (1997), S. 331; Weingart, Doppelleben (1995), S. 85f.
170 Zu Gottschaldts Wirken nach 1945 siehe M. G. Ash, Verordnete Umbrüche – Konstruierte Kontinuitäten (1995), S. 918ff.

3. Didaktiker, Schulungsexperten und Angehörige der Bildungsverwaltung

3.1 Didaktiker

Einer der meistgelesenen Rassenhygiene-Didaktiker des Dritten Reichs war **Arthur Hoffmann**, der unter anderem auch ein Schulbuch zusammen mit Ludwig F. Clauss veröffentlichte (siehe oben S. 153). Hoffmann war Professor für Jugend- und Charakterkunde, seit 1936 auch für Rassenkunde und Biologieunterricht an der stark nationalsozialistisch profilierten HfL Cottbus. Er verfaßte eine ganze Reihe von Beiträgen zur Rassenpädagogik und -hygiene, vor allem aber einige Unterrichtstexte, die zu den auflagenstärksten der Zeit gehörten. Hoffmann wurde 1889 in Erfurt als Sohn eines Eisenbahnsekretärs geboren, war also nur drei Jahre älter als Clauss, und absolvierte den klassischen Gang des Lehrerbildners: Bürgerschule – Präparandenanstalt – (evangelisches) Lehrerseminar – Volksschuldienst – nachgeholte Reifeprüfung am Realgymnasium – Studium – Promotion (1922 in Jena mit einer Arbeit über die Philosophie des Neukantianers Wilhelm Windelband bei Bruno Bauch[171]). Er arbeitete dann einige Jahre als Assistent am Philosophischen Seminar der Universität Jena, wurde anschließend Mittelschullehrer in Erfurt und unterrichtete gleichzeitig als Dozent am Heilpädagogischen Institut in Halle. 1928 wurde er Lehrer am Kindergärtnerinnenseminar in Erfurt. Hoffmann betätigte sich nebenher in wissenschaftlichen Gesellschaften; so war er geschäftsführender Vorsitzender der Deutschen Philosophischen Gesellschaft und Sekretär der Abteilung Erziehungswissenschaft und Jugendkunde in der Erfurter Akademie gemeinnütziger Wissenschaften, Herausgeber philosophischer Schriftenreihen und der pädagogischen Gesamtbibliographie „Die Erziehungswissenschaftliche Forschung". 1929 wurde er als Dozent für Philosophie und Psychologie an die Pädagogische Akademie Erfurt berufen, 1934 als Professor an die HfL Cottbus. Nach der Schließung der Hochschule 1940 vorübergehend nach Frankfurt/Oder versetzt, war er von 1941 bis 1945 dann als Professor und Leiter der LBA wieder in Cottbus tätig. Hoffmann muß sehr umtriebig gewesen sein, denn er war gleichzeitig von 1939 bis 1944 Lehrbeauftragter für „Erziehungswissenschaft und Psychologie des Berufs- und Wirtschaftslebens" an der Wirtschafts-Hochschule in Berlin, Mitherausgeber der „Zeitschrift für pädagogische Psychologie und Jugendkunde" und der Schriftenreihe „Volkhafte Schularbeit" sowie Mitglied der Kommission zur Erarbeitung der ersten Diplomprüfungsordnung für Psychologie. Um so tiefer war sein Sturz nach 1945. Nach einer Umschulung zum Tischler arbeitete er als Orthopädie-Mechaniker und nebenher als Lehrer für Anatomie in den Ausbildungsgängen für Orthopädietechniker in Erfurt und Weimar. Später nahm er geschäftsführende Aufgaben in der thüringischen Einkaufs- und Liefergenossenschaft des Bandagisten-, Orthopädie- und Chirurgiemechaniker-Handwerks wahr.[172] Vielleicht begriff er diese Arbeit selbst als eine Art

---

171 Bruno Bauch gehörte zu den prononciertesten Vertretern der völkischen Bewegung in der deutschen Universitätsphilosophie: Tilitzki, Die deutsche Universitätsphilosophie (2002).
172 Biographische Daten nach Hesse (1995), S. 364 f.; BDC Diverses.

Wiedergutmachung, nachdem er sich während des Dritten Reichs für den Kampf gegen die Behinderten stark gemacht und damals noch von einer „Geißel über dem Volke" gesprochen hatte: „Es wäre unfaßlich, wenn einer solchen ungehemmten Ausbreitung einer offenkundig schwer geschädigten Erbmasse von den staatlichen Gesundheitsämtern nicht ein Riegel vorgeschoben würde. Hier müssen die Gesetzgeber eines Amtes walten, das in einzelnen Maßnahmen hart sein muß, aufs Ganze gesehen aber doch auch das Werk der Nächstenliebe ist."[173] Hoffmann gehörte auch zu den Erfindern und Begründern der Methode des „Bild und Gegenbild", und in seinen Bild-Reihen werden sehr plastisch Bilder etwa von gesunden Hitlerjungen mit solchen behinderter Kinder kontrastiert, eine Methode, die auch die SS in ihren Schulungsheften übernahm.[174] Hoffmanns politisches Engagement hielt sich in Grenzen. Er trat 1933 dem NSLB bei, war SA-Truppführer und RPA-Mitarbeiter und wurde 1937 in die NSDAP aufgenommen. Seine Schriften weisen aber schon vor 1933 eine deutlich völkische Orientierung auf;[175] nach 1933 wurde er rasch einer der bedeutendsten Didaktiker auf dem Gebiet der nationalsozialistischen Rassenhygiene. Seine Bedeutung wird auch daran sichtbar, daß es ihm gelang, prominente Ko-Autoren für sich zu gewinnen: nicht nur Clauss, sondern, für das Buch „Erbnot und Volksaufartung", auch Rudolf Frercks – Hauptstellenleiter im RPA, Stabsarzt und SS-Obersturmbannführer, mit dessen Wahl man bei einem solchen Thema sicher nichts falsch machen konnte.

Zu den wichtigsten Biologie-Didaktikern des Dritten Reichs gehört **Paul Brohmer**, auch er ein politisch nicht übermäßig profilierter Autor, dessen Schulbücher jedoch paradigmatisch für eine nationalsozialistische Didaktik waren, die Rassenhygiene und Rassenkunde verknüpfte und kaum ein völkisch-rassistisches Stereotyp ausließ. Als Ziel des rassenbiologischen Unterrichts, den er nicht auf die Biologie beschränkt wissen wollte, sondern der alle Fächer durchdringen sollte, formulierte Brohmer, die Schüler sollten am Ende des Unterrichts wissen, wie sehr sie ihre Nachkommen schädigen, wenn sie sich mit Angehörigen fremder oder minderwertiger Rasssen vereinigen, dies müsse verinnerlicht sein, wenn sie ins Leben treten.[176] Für Brohmer waren die rassenhygienischen Einsichten und Forderungen nicht neu, er hatte sie schon vor 1933 in seine Unterrichtswerke aufgenommen, hinzu kamen jetzt zunehmend detaillierter werdende Kenntnisse vor allem der Güntherschen Rassentypologie, die er für pädagogische Zwecke aufbereitete und noch einmal auf auch für Schüler leicht faßbare und eingängige stereotype Muster herunterbuchstabierte. Seine Texte enthielten reichlich antisemitische und andere rassistische Auslassungen – alle Klischees sind hier zu finden: „Fremd und widerlich ist uns die schrankenlose Sinnlichkeit des Juden, und unter ihnen hat es zahlreiche Sittenverbrecher gegeben!!" Doch solle man, dies gebiete der „pädagogische Takt", solange sich jüdische Kinder in der Klasse befinden, von den Juden nur als „fremdrassig", nicht als „minderwertig" sprechen. Während der Jude sich überall schamlos einniste, stürben die Norder aus, weil sie so tapfer sind (und im Krieg deshalb zuerst fallen) und die Gefahr

---

173 Rassenhygiene, Erblehre und Familienkunde (1933), S. 25.
174 Bild und Gegenbild, erläuterte Hoffmann, seien eine methodisch wertvolle Entdeckung des „unvergleichlich starken Anreizes zu selbständiger Auffassung und Stellungnahme". Allerdings sollte dies keine kognitive Aneignung sein: die Bilderfolge wende sich nicht an den Verstand, sondern an das Gefühl: „an Menschen, die den Weg über vorwiegend theoretische Einführungen gar nicht erst gehen können". Hoffmann/Frercks, Erbnot und Volksaufartung (1934).
175 Tilitzki, Deutsche Universitätsphilosophie (2002), S. 492 f.
176 Der Biologieunterricht im Sinne der völkischen Erziehung (1936), S. 252 f.

lieben (Norder ergreifen z. B. gerne den Kraftfahrerberuf) usw.[177] Diese Didaktik war erheblich direkter als die von Clauss und Hoffmann, bei Brohmer mußten die Schüler nicht erst selber herausfinden, was gemeint war. Um die Forderung der Rassenhygieniker nach Sterilisation von „Asozialen und Verbrechern" zu begründen, zog er in einem seiner Biologie-Bücher eine Zeitungsmeldung aus den „Kieler neuesten Nachrichten" vom 23. September 1933 heran: „Der 30 Jahre alte M. F. in Worms, der mit seiner Frau und 5 Kindern aus öffentlichen Mitteln betreut wird, brachte seine Unterstützung von 30 RM bis auf einen Rest von 8 RM durch. Für diese Pflichtvergessenheit gegenüber seiner Familie, zu deren Unterhalt er gesetzlich verpflichtet ist, und weil er öffentliche Mittel in Wirtschaften durchbrachte, wurde er festgenommen und auf die Dauer von 4 Wochen in das Konzentrationslager Osthofen gebracht. Es kann nicht angehen, daß Personen, die aus öffentlichen Mitteln unterstützt werden, diese ihrer Familie entziehen und in Wirtschaften Zechgelage machen. Hier hat die Öffentlichkeit ein Interesse daran, daß derartige Schädlinge eines Besseren belehrt werden. Die Familie ist die Keimzelle des Staates, und ein gesunder Staat kann nur dann bestehen, wenn die Keimzelle, nämlich die Familie, geschützt wird und deren pflichtvergessene Familienväter zur Rechenschaft gezogen werden."[178]

Mit Hoffmann teilte Brohmer eine ähnliche soziale Herkunft: Auch Brohmers Vater hatte bei der Eisenbahn gearbeitet (als Oberbahnassistent). Brohmer stammte aus Sangerhausen in der Nähe von Eisleben, wo er 1885 geboren wurde. Sein Bildungsweg gleicht zunächst dem Hoffmanns: Volksschule – Präparandenanstalt – evangelisches Lehrerseminar (in Erfurt, das gleiche, das Hoffmann besuchte) – Lehramtsprüfung und Reifeprüfung am Realgymnasium; den Volksschuldienst ließ Brohmer aus. Anschließend ein naturwissenschaftliches Studium ebenfalls in Jena, dort 1909 Promotion, und danach wieder eine Besonderheit: 1909 wurde Brohmer Privatassistent des bekannten Naturphilosophen Ernst Haeckel. Ab 1910 arbeitete er dann aber als Seminarlehrer und -oberlehrer an diversen evangelischen Lehrerseminaren, bis er 1926 als Dozent an die Pädagogische Akademie Kiel berufen und dort 1927 zum Professor für Biologie ernannt wurde. Mit der Umwandlung der Akademie in eine Hochschule für Lehrerbildung war Brohmer in Kiel auch für Vererbungslehre und Rassenkunde zuständig. 1940 wechselte er an die HfL Elbing. Nach dem Krieg wurde er von der Britischen Militärbehörde entlassen, nach der Entnazifizierung ging er in den vorzeitigen Ruhestand. Brohmer war zwar ein überzeugter Rassenhygieniker, aber kein „alter Kämpfer". Er trat im Frühjahr 1933 der NSDAP und dem NSLB bei; gemeinsam mit Direktor Ulrich Peters soll er schon am 31. Januar 1933 die Hakenkreuzfahne über der Pädagogischen Akademie in Kiel gehißt haben. Seit 1934 war Brohmer Kreisredner, er erhielt „die Erlaubnis, rassenpolitische Vorträge zu halten", wurde Kreissachbearbeiter für Rassenpolitische Erziehung im NSLB und war als Sachbearbeiter für Schulfragen in der Gaudienststelle Schleswig-Holstein der NS-Kulturgemeinde aktiv. Während des Krieges leitete er Fortbildungslehrgänge für Biologie-Lehrerinnen.[179] Brohmer veröffentlichte auch nach 1945 noch Unterrichtswerke; seine Bücher zur Pflanzenbestimmung sind bis heute im Gebrauch.

177 Schülerheft „Rassenkunde" (1937), S. 14; Biologieunterricht (1933), S. 49 f.
178 Biologieunterricht (1933), S. 40.
179 Biographische Daten aus Hesse, Professoren und Dozenten (1995), S. 204 f.; U. Gutzmann, Von der Hochschule für Lehrerbildung zur Lehrerbildungsanstalt (2000), S. 489; E. und E. Weiß, Pädagogik und Nationalsozialismus (1997); BDC NSLB-Listen 22.

Zu den führenden Biologie-Didaktikern des Dritten Reichs gehörte auch **Heinrich Eddelbüttel**. Er war Ko-Autor mehrerer Biologiebücher. Im erbbiologischen Teil der Unterrichts-
reihe „Der junge Naturfreund", die er zusammen mit dem Studiendirektor Walter Burmeister
verfaßte, wird die Gefahr des Anwachsens der „Schwachsinnigen und Minderwertigen" im
deutschen Volk beschworen: Würden sie sich weiter wie bisher vermehren, so werde ihr Anteil
am Volk in 300 Jahren auf 96% ansteigen. Daneben wird die Fremdartigkeit der Juden hervorgehoben, mit denen ein Zusammenleben nicht möglich sei, denn ihr Handeln sei nur von
Selbstsucht, Profitgier, Verantwortungslosigkeit und Gottlosigkeit geleitet.[180] Eddelbüttel
wurde 1888 in Hamburg geboren. Er studierte Naturwissenschaften und promovierte 1911 in
Göttingen. Anschließend arbeitete er als Assistent am Botanischen Garten und Museum in
Göttingen, danach als Oberlehrer in Hamburg. 1927 erhielt er eine Stelle als Dozent, 1928
wurde er Professor am Pädagogischen Institut in Rostock. Nach der Umwandlung des Instituts in eine Hochschule für Lehrerbildung wirkte er dort als Professor für Biologieunterricht
weiter und wurde damit auch für die rassenbiologische Lehrerbildung zuständig. Er hielt u. a.
Lehrveranstaltungen über „Die Rasse als gestaltendes Prinzip in den Lebensformen des deutschen Volkes" ab.[181] Am 1. Mai 1933 trat er der NSDAP und dem NSLB bei und übte dort
eine rege Schulungstätigkeit aus. Er hielt Vorträge und Führungen in Ortsgruppen des NSLB
Mecklenburg, war Schulungsredner und Gausachbearbeiter sowie Begutachter für die NSLB-
Reichsleitung. Eddelbüttel betätigte sich als Referent bei überregionalen Schulungslehrgängen des NSLB und wirkte regelmäßig an Reichslehrgängen von 1934 bis 1938 mit.[182]

Ähnlich ausgerichtet in der Verknüpfung von Rassenhygiene und Güntherscher Typologie
und ähnlich drastisch in der sprachlichen Reduktion war die rassenbiologische Didaktik von
Marx Schwarz. Schwarz behauptete in seinem Lehrgang der Biologie für die Abschlußklasse,
Geschichte, Religion und Recht seien in der Rasse begründet; Juden seien bei überdurchschnittlicher Begabung geborene Schmarotzer und „Ferment der Dekomposition der Völker",
dank großer Anpassungsfähigkeit und überdurchschnittlicher geistiger Begabung seien sie in
der Lage, die „Wirtsvölker" über ihre eigentlichen Ziele zu täuschen. Heinrich Heine wird von
Schwarz als ein Beispiel für Begabung bei minderwertigem Charakter präsentiert. Noch vor
den Nürnberger Gesetzen formulierte Schwarz klar und deutlich und, damit es auch niemand
übersah, gesperrt gedruckt in einem Schulbuch: „Wir müssen also unter allen Umständen verlangen, daß eine Vermischung von Deutschen mit Juden oder anderen fremden oder gar farbigen Rassen nicht nur gesetzlich verboten wird, sondern vom ganzen Volke als Schändung
der eigenen Art angesehen wird."[183] Auch Schwarz wollte den rassenbiologischen Unterricht
auf alle Schulfächer ausgedehnt sehen – er selbst lieferte einen Beitrag zum Deutschunterricht, und auch Schwarz operierte mit eindeutigen Bildern. Dem Band „Lebenskunde für
Mittelschulen", mit Walter Köhn, Fritz Herrmann und Friedrich Wolfart zusammen verfaßt,
sind im Anhang Bilder zum Thema „Fremdrassen in Deutschland" beigefügt, die unter anderem polnische Juden, Zigeuner und Juden im Ghetto von Lublin zeigen – 1943 erschienen, als
man solche Aufnahmen kaum noch machen konnte. Dies war ein eigentümlich schizoides und
doch typisches Schulbuch, in dem sich Abschnitte zur Rassenkunde mit heftigen antisemiti-

---

180   Eddelbüttel/Burmeister, Der junge Naturfreund, Teil IV (1941), S. 78 f.
181   Siehe z. B. Vorlesungsverzeichnis der HfL Rostock 1938.
182   BDC PK 2274; BDC NSLB-Listen 37.
183   Schwarz/Wolff, Kurzgefaßter Lehrgang der Biologie (1934), S. 54.

schen Ausfällen und so harmlose Kapitel wie „Wir arbeiten im Garten" oder „Anregungen zu Beobachtungen im Schulgarten, auf Fahrt und im Landschulheim" bruchlos aneinanderreihen.[184]

Auch Schwarz kommt aus kleinen Verhältnissen. Er kam 1893 im holsteinischen Bad Bramstedt als Sohn eines Oberbriefträgers zur Welt, ging dort zur Volksschule und besuchte anschließend das renommierte Schulpforta bei Naumburg. Dort machte er auch das Abitur. Danach studierte er Naturwissenschaften und Mathematik in Freiburg, Berlin und Kiel. 1914 meldete er sich als Kriegsfreiwilliger zum Einsatz an die Front, wurde aber 1916 nach schwerer Verwundung aus dem Militärdienst entlassen. Nach einer Tätigkeit als wissenschaftlicher Hilfsarbeiter am Botanischen Institut der Universität Kiel legte er die Prüfung für das Höhere Lehramt ab und arbeitete zunächst (1919/20) als Assessor an der Realschule im nordschleswigschen Apenrade, wechselte dann aber, als Nordschleswig durch die Volksabstimmung 1920 an Dänemark zurückfiel, nach Lübeck und lebte dort bis 1935 als Studienrat. Daneben war er von der Kultusverwaltung des Staates Lübeck mit der Leitung naturwissenschaftlicher Fortbildungskurse für Lehrer beauftragt und als Lehrer an der Landwirtschaftsschule und am evangelischen Lehrerseminar in Lübeck tätig. Inzwischen (1923) hatte er in Kiel mit einer botanischen Dissertation promoviert. 1935 erhielt er eine Professur für Vererbungslehre, Rassenkunde, Biologie und Methodik des naturkundlichen Unterrichts an der HfL Weilburg. 1936 wurde er mit Gründungsarbeiten für die HfL Oldenburg beauftragt und dort zum Direktor ernannt. Nach der Schließung der Oldenburger Hochschule arbeitete er in der Bildungsverwaltung, zwischenzeitlich war er noch einmal an der LBA Lüneburg tätig. Max Schwarz war am 1. Mai 1933 in die NSDAP aufgenommen worden und am 1. September 1933 dem NSLB beigetreten. Er war außerdem, wohl im Zusammenhang mit seinen Nordschleswig-Erfahrungen, Mitglied im VDA. Im NSLB wurde er Leiter der 1936 neu gebildeten Gaufachschaft „Lehrer an Hochschulen". Schwarz scheint es mehr zur Bildungsverwaltung als zur rassenpolitischen Arbeit gedrängt zu haben. Nachdem er schon mit dem Aufbau der HfL Oldenburg befaßt gewesen war, wurde er während des Krieges 1940 als Referent für Schulhelferkurse und ein Jahr später für Lehrerbildungsanstalten ins REM abgeordnet und später zum Ministerialrat im REM ernannt. Schwarz setzte seinem Leben im Frühjahr 1945 selbst ein Ende.[185]

Einen Höhepunkt in der Ausarbeitung einer rassistischen und antisemitischen Biologie-Didaktik markiert zweifellos das Werk von **Ernst Dobers**. Seine Didaktik ist weit entfernt von der subtileren Methode Clauss' und Hoffmanns, für ihn galt es, alle „Fakten" klar auszusprechen und eine „leidenschaftliche Kampfeshaltung" in der Erziehung einzunehmen. Dobers betrieb eine nationalsozialistische Erweckungs-Didaktik, die jeden Bildungsanspruch aufgegeben hatte. Wir begnügen uns hier zur Illustration mit einem Zitat: „Wer einmal, wie der Verfasser dieses Heftes erlebt hat, in welcher Weise sich sogenannte deutsche Mädchen und Frauen in einer deutschen Großstadt der Nachkriegszeit an die Neger einer Hagenbeck-Völkerschau herangemacht und was für Gespräche sie mit den farbigen Männern geführt haben, der wird ein für allemal davon überzeugt worden sein, daß sich Rasseninstinkt nicht durch

---

184 Köhn/Herrmann/Wolfart/Schwarz, Lebenskunde für Mittelschulen (1943).

185 Biographische Daten bei Hesse, Professoren und Dozenten (1995), S. 683f.; BBF Personalakten A Höhere Schulen; BDC 151, BDC REM Personal 1936 A 101.

wissenschaftliche Vorträge und gelehrte Erörterungen mit Lichtbildern erwecken läßt, sondern daß hier dem instinktlos gewordenen Menschen der abendländischen Zivilisation ganz andere Reize gesetzt werden müssen. Man kann die eingeschlafenen Gewissen und die fast erstickte Stimme des Blutes nicht mit Flüstertönen wecken, sie lassen sich nur durch herzhaftes Zupacken aufrütteln, und es ist ebenso klar, daß ein Rufer im Rassenkampfe die Mannschaft mitreißen wird, wenn er sie mit der Sprache des Kämpfers anredet, nicht aber, wenn er wissenschaftliche Reden mit ‚Wenn‘ und ‚Aber‘ hält."[186]

Ernst Dobers, Jahrgang 1892, stammte aus Posen, sein Vater war Lehrer. Er besuchte zuerst das Gymnasium in Posen, dann in Potsdam und nahm nach der Reifeprüfung ein naturwissenschaftlich-mathematisches Studium in Berlin auf, das er 1915 mit einer biologischen Dissertation abschloß. Nach dem Ersten Weltkrieg, in dem er es als Kriegsfreiwilliger zum Leutnant der Reserve brachte, arbeitete er als Studienrat, wurde 1928 Oberstudienrat sowie Fachberater für Biologie beim Provinzialschulkollegium in Hannover und erhielt 1930 eine Professur an der Pädagogischen Akademie Stettin. Schon vor 1933 hielt er Vorlesungen über rassenhygienische und bevölkerungspolitische Themen. Von 1933 bis 1941 war er Professor für Vererbungslehre und Rassenkunde an der HfL Elbing und blieb dort auch nach der Umwandlung der Hochschule in eine Lehrerbildungsanstalt. Er war in der Lehrerfortbildung aktiv[187] und wurde während des Krieges vom REM an der Leitung der zentralen Fortbildungslehrgänge für Biologie-Lehrer beteiligt.[188] Dobers hatte wohl noch höhere Ziele, denn 1942 habilitierte er sich für Rassenbiologie mit einer unveröffentlichten Arbeit über „Westpreußische Nehrungsfischer" an der Universität Königsberg. Im gleichen Jahr wurde er mit der Leitung der LBA Eilenburg bei Leipzig betraut. In den letzten Kriegsmonaten wurde er noch in die Ministerialverwaltung berufen und übte das – vermutlich bereits fiktive – Amt eines Aufsichtsbeamten über die Lehrerbildungsanstalten Pommerns aus. Im Mai 1945 wurde er für vermißt erklärt.[189] Ernst Dobers war streng deutsch-national sozialisiert. Er hatte sich im Grenzschutz engagiert, gehörte dem Stahlhelm an, war Mitglied der Deutschnationalen Partei und fand 1933 bruchlos den Weg zum Nationalsozialismus: 1933 Beitritt zum NSLB, Mitgliedschaft im Kampfbund für deutsche Kultur, im NS-Frontkämpferbund und in der SA, wo er Schulungsreferent einer SA-Standarte wurde und es bis zum Obersturmführer brachte; 1937 Aufnahme in die NSDAP. An der HfL Elbing war er Stellenleiter im NS-Dozentenbund und zudem HJ-Hauptgefolgschaftsführer. Als Experte für Rassenkunde und Vererbungslehre war Dobers Kreisbeauftragter des Rassenpolitischen Amtes; 1942 hatte er für das RPA „kriegswichtige Aufgaben zu erledigen"; vielleicht handelte es sich um die Erstellung eines Biologie-Lehrbuchs.[190] Dobers brachte zusammen mit Kurt Higelke ein wichtiges Handbuch

---

186 Die Judenfrage (1938), S. 61 f.
187 1938 hielt er z. B. rassenkundliche Vorträge auf Fortbildungsveranstaltungen für Lehrer in
     Marienwerder und Allenstein (BA, R 4901/3365); 1939 sprach er über „Rassenpolitische Erziehung im heimatlichen Gesamtunterricht" auf dem Reichslehrgang der Gausachbearbeiter für
     Rassefragen in Bayreuth (Erzieher der Westmark 2/1939, H. 17).
188 1941 übernahm Dobers z. B. die wissenschaftliche Leitung der reichsweiten Fortbildungslehrgänge für Biologielehrer an der LBA St. Pölten: Gutzmann, Von der Hochschule für Lehrerbildung zur Lehrerbildungsanstalt (2000), S. 489; BA, R 4901/3365.
189 Biographische Daten bei Hesse, Professoren und Dozenten (1995), S. 238 ff.
190 Darauf deutet ein Schreiben Dobers ans REM 1944 hin: BA, R 4901/10991, Bl. 9.

zur „Rassenpolitischen Unterrichtspraxis" heraus (Higelke arbeitete während des Krieges als Referatsleiter in der deutschen Besatzungsregierung des „Generalgouvernements").[191] Anfang Mai 1945 wurde er für vermißt erklärt.

Ein rassenpolitischer Aktivist der ersten Stunde mit einer bewegten Biographie war **Albert Friehe**, der hier etwas aus dem Rahmen fällt, weil er Bürgermeister war und weder in der Schule noch in der Lehrerbildung arbeitete, aber einige rassenhygienische Volksbildungs- und Jugendschriften schrieb, die hohe Auflagen erreichten. Sein Hauptwerk war eine Darstellung zur Vererbungslehre und Rassenkunde mit den üblichen Themen und Inhalten, das er in mehreren Versionen jeweils für Jugendliche, für den Schulunterricht, für die allgemeine Volksbildung und für Schulungsleiter und Referenten herausbrachte. Friehe wurde 1904 in der Nähe von Hildesheim als Sohn eines „Erbhofbauern" geboren. Er besuchte die Dorfschule in Mölme, danach bis 1921 die Höhere Landwirtschaftsschule in Hildesheim, machte dort die Mittlere Reife, ging dann zur Oberrealschule in Braunschweig und legte dort 1924 das Abitur ab. Anschließend arbeitete er ein Jahr auf dem väterlichen Hof, bevor er ein Studium der Volkswirtschaft, Geschichte, politischen Geographie und Biologie aufnahm. Er wollte eigentlich in Marburg promovieren, überwarf sich aber aus politischen Gründen mit seinem Doktorvater; ein zweites Dissertationsprojekt bei Günther in Jena schlug fehl, weil „Professor Günther damals schikanöser Weise die Prüfungsberechtigung versagt blieb und er seine sämtlichen Doktoranden entlassen mußte". Friehe gab daraufhin die Wissenschaft auf und wandte sich „restlos" der politischen Arbeit zu. Hinsichtlich seiner politischen Entwicklung in den 20er Jahren zitieren wir am besten aus seinem ausführlichen Lebenslauf: „Mein politisches Interesse wurde vor allem geweckt durch die Ereignisse im Herbst 1923 (Kommunistenaufstände, Lebensmittelunruhen, nationale Erhebung in München). Da die NS-Bewegung in meiner Heimat so gut wie völlig unbekannt war, trat ich dort im Frühjahr 1924 zunächst dem Bismarck-Bund als führendes Mitglied bei. Im Sommer 1924 fanden in meiner Heimat die ersten Versammlungen des völkisch-sozialen Blockes statt, für den wir im Dezember desselben Jahres bereits Wahldienst machten. Im Februar 1925 wurde auf mein Betreiben die Ortsgruppe der Bismarck-Jugend aufgelöst. Am 7.9.1925 trat ich offiziell der NSDAP bei (Mitgliedsnr. 18097). Zunächst betätigte ich mich nur als SA-Mann. Im Sommer 1926 beteiligte ich mich an der Gründung der Ortsgruppe Tübingen der NSDAP. Im Herbst dieses Jahres kandidierte ich an 2. Stelle bei den Wahlen zum allgemeinen Studentenausschuss in München. 1927 erlebte ich in Wien die Kämpfe an der Universität und den roten Aufstand vom 15. Juli. Hier erhielt ich die Anregung, mich erstmals rednerisch zu betätigen. Während der Ferien leitete ich 1926 und 1927 wiederholt den Ortsgruppenverband Hoheneggelsen der NSDAP (Hannover). 1928 war ich vor allem schriftstellerisch und journalistisch tätig. Im Dezember 1928 vertrat ich den Völkischen Beobachter als ständiger Mitarbeiter und Berichterstatter auf der Völkerbundstagung in Lugano. 1929 ging ich zur Vollendung meines Studiums nach Marburg, wo ich mich sofort wieder der Partei restlos zur Verfügung stellte. Als Bezirksorganisationsleiter führte ich hier zwei halbjährige Rednerschulungskurse durch. Im Juli 1931 organisierte und leitete ich den ersten grundlegenden siebentätigen Bauernschulungskursus in Wabern (Kurhessen), in dessen Auswirkung Pg. Darré, der damalige Leiter der Hauptabteilung V (Landwirtschaft) bei der Reichsleitung, mich mit der Durchführung ähnlicher Lehrgänge im ganzen Reich beauftragte. Im Januar 1932 wurde ich offiziell zum Fach-

---

191 BDC NSLB-Listen 33; BDC Diverses.

bearbeiter für bäuerliches Bildungswesen im Amt für Agrarpolitik (Reichsleitung) ernannt. Gleichzeitig redigierte ich im Auftrage von Darré die Jugendbeilage der ‚Nationalsozialistischen Landpost' vom 1.9.1931 bis zur Einziehung der Beilage im Juni 1932. Im Juli und November 1932 kandidierte ich auf dem Reichswahlvorschlag der NSDAP zu den Reichstagswahlen. Im Sommer 1933 leitete ich einige Monate das Gauschulungsamt in Sachsen, bis ich mich durch Pg. Kost, den nachmaligen Landesbauernführer der Landesbauernschaft Westfalen, bestimmen ließ, in Westfalen, wo ich im Dezember 1932 den ersten Frauenschaftslehrgang (Münster) und im Januar 1933 den ersten Bauernschulungskursus (Porta) durchführte, die politische Erziehung der Bauern in die Hand zu nehmen. Am 1. Juli 1935 schied ich auf eigenen Wunsch aus der Landesbauernschaft aus, da ich vom Gauleiter und Reichsstatthalter Pg. Dr. Meyer für die Übernahme des Landratsamtes oder eines Bürgermeisteramtes in Vorschlag gebracht war. Seit dem 1.4.1936 bin ich Bürgermeister in Bückeburg. Ausserdem bin ich ständiger Mitarbeiter des RPA der NSDAP, als dessen Gauamtsleiter ich im Februar 1934 vom Gauleiter in Vorschlag gebracht war."[192] Friehe war also vor allem im bäuerlichen Schulungswesen des RuS aktiv. In diesem Zusammenhang verfaßte er ein Konzept für „nationalsozialistische Bauernschulungskurse", in dem er sehr geschickt so unterschiedliche Themen wie Vererbungslehre, Volksgesundheit und Antisemitismus mit volks- und landwirtschaftlichen Fragen verband.[193] Friehes Bemühungen um weiteren Aufstieg blieben erfolglos. 1938 brachte er sich vergeblich für das Oberbürgermeisteramt in Göttingen ins Gespräch – als alter Nationalsozialist und Rassenkundler meinte er ein Anrecht auf ein größeres und bedeutsameres Wirkungsfeld zu haben. 1942 – immer noch Bürgermeister in Bückeburg – machte er noch einmal auf sich aufmerksam, als er Walter Gross vom RPA Vorschläge zur „besseren Erfassung der Gemeinschaftsunfähigen" zusandte: Seine praktischen Erfahrungen als Bürgermeister hätten ihm gezeigt, das die Erfassung am besten durch die Bürgermeister und die ihnen unterstehenden Ämter (Arbeits-, Fürsorge-, Gesundheitsamt, Schulen, Gendarmerie etc.) erfolge: „Sie kennen die Arbeitsscheuen."[194]

Wir wollen diese Reihe noch mit einigen exemplarischen Biographien von Lehrern ergänzen, die ebenfalls als Didaktiker der Biologie und speziell der Rassen- und Erblehre hervortraten. Auch unter ihnen finden wir Mitarbeiter des RPA, wie z.B. **Hans Bartmann**, der sich als Didaktiker auf das Thema Erbbiologie spezialisiert hatte. Bartmann wurde 1900 in Beverungen geboren, ging in Rimbeck und Warburg, kleinen Orten im östlichen Westfalen, zur Schule und machte 1919 das Abitur, nachdem er 1918 noch kurzfristig zum Krieg eingezogen worden war. Er kam aus einer katholischen Familie, sein Vater war Oberinspektor bei der Reichsbahn. Bartmann studierte Naturwissenschaften in Münster und legte 1924 die 1. Prüfung für das Lehramt an Höheren Schulen ab, scheint die 2. Prüfung aber erst 1938 absolviert zu haben; bis dahin arbeitete er als Studienassessor, seit 1928 in Gerolstein. Vielleicht kam er nicht zur pädagogischen Prüfung, weil er stark von schriftstellerischer Arbeit in Anspruch genommen war; er schrieb (unter dem Pseudonym Johannes Papenkauler) zahlreiche kleine Betrachtungen über Heimat, Haus, Hof und das Erbe der Väter für diverse nationalsozialistische Zeitun-

192 BDC 3021 (Lebenslauf vom 11.7.1938). Tatsächlich war Friehe für kurze Zeit Gauschulungsleiter in Sachsen und ansonsten als Gemeindeleiter Mitarbeiter des RPA.

193 „Nationalsozialistische Bauernschulungskurse. Ihre Aufgaben und Richtlinien für ihre Durchführung": BBF 97.1333.

194 BDC 3021.

gen und Zeitschriften und verfaßte auch eine ganze Reihe von Rundfunkbeiträgen. Bartmann muß eine starke katholische Bindung gehabt haben, denn er hatte die Prüfung 1924 auch in katholischer Religion abgelegt, war 1929/30 Mitglied des Zentrums und publizierte auch in katholischen Verlagen und Kirchenblättern. Vielleicht wurde er deswegen nicht in die NSDAP aufgenommen, eine Mitgliedschaft ließ sich jedenfalls nicht ermitteln. Er war aber in zahlreichen NS-Organisationen, nicht nur im NSLB, im Bund der Kinderreichen, im Reichsluftschutzbund, in der NSV und im Reichsverband der Schriftsteller in der Reichskulturkammer, sondern auch in der SA, und er arbeitete, wie gesagt, für das Rassenpolitische Amt, er publizierte u. a. auch in der Korrespondenz für Volksaufklärung und Rassenkunde und in der NS-Partei-Korrespondenz, war also ein höchst aktiver Nationalsozialist.[195]

Die meisten Biologie-Didaktiker unter den Lehrern profilierten sich politisch im NSLB. Einige arbeiteten auch in der Reichsleitung des NSLB, so z. B. **Erich Meyer** und **Werner Dittrich**, die gemeinsam mehrere Unterrichtswerke zur Erb- und Rassenkunde verfaßten. Dittrich, der auch für das RPA arbeitete, war Stellvertreter, Meyer Mitarbeiter des „Reichssachbearbeiter für Rassefragen" im Haus der Erziehung in Bayreuth; Reichssachbearbeiter war Karl Zimmermann, auch er Autor zahlreicher didaktischer und rassenpädagogischer Werke, eines davon verfaßte Zimmermann mit Erich Meyer zusammen.[196] Charakteristisch für diese Texte ist auch hier ein stark ausgeprägter Antisemitismus, dazu immer wieder durchaus „moderne" pädagogische Methoden, wie die anschauliche Gegenüberstellung von Bild und Gegenbild (etwa Erbkranke in den Palästen der Heilanstalten vs. erbgesunde Familien, die in Armut leben müssen) oder aktivierende Aufgaben der Art: „Ermittelt die Zahl der Juden in eurem Schulort im Jahre 1880, 1933 und jetzt!"[197] Dittrich folgte Walter Gross' Idee einer „seelischen Revolution", nicht lediglich um einen Einbau der Rassenkunde in den Unterricht gehe es, sondern um den „völligen Umbruch eines geistigen Weltbildes". Die Biologie wird zum „weltanschaulichen Kampfgebiet". Deshalb muß auch im Unterricht das gefühlsmäßige Erleben im Mittelpunkt stehen – die nationalsozialistische Version einer „Erlebnispädagogik": der Rassengedanke müsse erlebbar gemacht werden, um die Jugend aus den „tieferen Schichten der Seele heraus zu formen", der Erzieher müsse ein „glühender Prediger des Rassegedankens" sein. Auch die „Judenfrage" müsse der Jugend zum Erlebnis werden, damit die Anlagen „im nordischen Rassekern unseres Volkes mobilisiert" werden könnten. Deshalb müsse der Schwerpunkt der rassenkundlichen Schilderung auch bei der Rassenseelenkunde, nicht bei der „beschreibenden Anthropologie" liegen.[198] Der Widerspruch zwischen nordischer Erweckungspädagogik und deskriptiver Rassenpsychologie bei Clauss wird hier aufgelöst, die rassenseelenkundlichen Deskriptionen werden vereinfacht und stereotypisiert und können so für eine rassenpädagogische Mobilisierung in Dienst genommen werden.

Dittrich, der das Humanistische Gymnasium besucht und in Naturwissenschaften promoviert hatte, war – 1906 geboren – ein typischer Vertreter der „Kriegsjugendgeneration", in ihm verband sich eine an den Naturwissenschaften geschulte Sachlichkeit, die in seinen Texten *auch*

---

195 BDC RKK 2101/0050/1.

196 Lebenskunde (1942). Zu Zimmermann siehe unten S. 209 f.

197 Meyer/Dittrich/Schulz, Kleine Erb- und Rassenkunde (1934); Meyer/Zimmermann, Lebenskunde (1942).

198 Dittrich, Rassenkunde und Biologieunterricht (1937); Weltanschauliches Kampfgebiet Biologie (1938); Erziehung zum Judengegner (1937).

zum Tragen kam, mit einem radikalen Aktivismus, der sich in ein rassenpädagogisches und -politisches Eiferertum umsetzte. Er trat im April 1933 in die NSDAP und erst 1934 in den NSLB ein, stieg dann aber sehr schnell zu einem führenden Funktionär auf. Bevor er 1935 Reichsreferent für Rassefragen im NSLB wurde, war er bereits Kreissachbearbeiter für Rassefragen in Leipzig gewesen und hatte gemeinsam mit Erich Meyer die AG „Rassenpolitische Erziehung" im Pädagogisch-Psychologischen Institut des NSLB Leipzig geleitet. Dittrich war zu diesem Zeitpunkt Studienassessor an der Petrischule in Leipzig. Daneben war er Mitarbeiter des RPA. In den folgenden Jahren leitete er rassenpolitische Schulungslager und trat als Redner auf Schulungsveranstaltungen auf. In Bayreuth organisierte er 1937 die Ausstellung „Rassenkunde in der Schule" und wirkte regelmäßig an den Reichslehrgängen für Gausachbearbeiter und -schulungsleiter mit.[199]

Erich Meyer, 1905 in Halle geboren, gehörte der gleichen Generation wie Dittrich an. Sein Vater war Reichsbahnobersekretär. Meyer hatte 1925 in Leipzig das Abitur abgelegt, anschließend Naturwissenschaften studiert und 1928 in Halle promoviert. Er war kurze Zeit Volontärassistent an der Universität, arbeitete dann aber als Referendar und Assessor an der Helmholtzschule in Leipzig; 1933 wurde er für etwa ein Jahr zum kommissarischen Leiter der Höheren Israelitischen Schule in Leipzig ernannt – eine seltsame Aufgabe für jemanden, der zu diesem Zeitpunkt bereits an Schulbüchern mitarbeitete, über die antisemitische Inhalte verbreitet wurden. Später arbeitete er als Studienrat am Realgymnasium in Radebeul. 1939 wurde er – als Mitarbeiter des Reichssachbearbeiters für Rassefragen im NSLB – vom Ministerium beurlaubt, um umfangreichere Arbeiten am Biologie-Lehrbuch für höhere Schulen beenden zu können. Das Lehrbuch („Lebenskunde"), das er mit Karl Zimmermann zusammen herausgab, erschien dann in mehreren Bänden während der Kriegsjahre. Meyer war ein Jahr älter als Dittrich, und er war auch schon etwas früher politisiert: Er trat dem NSLB bereits 1932 bei, der NSDAP am 1. März 1933.[200]

Ein Koautor von Meyer und Dittrich war auch **Rudolf Wiggers**, Studienrat in Rostock. Er verfaßte u. a. ein eigenes „Rassebüchlein für die deutsche Jugend", in dem er, methodisch sehr wirkungsvoll, mit vergleichenden Märchenbeschreibungen aus dem deutschen und orientalisch-vorderasiatischen Raum begann, um die Unterschiede der Rassen und ihrer Seelen zu erläutern; dies unterlegte er mit Bildern, die er von Clauss – Wiggers war ein Clauss-Verehrer – übernahm. Judenhaß war auch bei ihm ein zentrales Motiv und Thema; an der ganzen Wirtschaftskrise der Nachkriegszeit sei „der Jude" schuld gewesen, die „nordische Rassenkraft" habe er zerstören wollen und deshalb versucht, den Bauern von seiner Scholle zu vertreiben: „Er trieb keine Landwirtschaft, höchstens zum Wochenende fuhr er einmal in seinem Luxuswagen auf seine Besitzung, um dort einen vergnügten Tag zu verleben. Dann fuhr er wieder in die Stadt zurück zu seinen Geldgeschäften, durch die er arme deutsche Volksgenossen auspreßte."[201] – Auch Wiggers gehörte zur Kriegsjugendgeneration, in der der Antisemitismus besonders stark und aggressiv, verbunden mit Vernichtungsphantasien, ausgeprägt

---

199   BDC 00033; NSLB-Listen 33; H. Laux, Pädagogische Diagnostik im Nationalsozialismus (1990), S. 67f.
200   BA, RKK 2101/838/17; BDC Diverses.
201   Rassebüchlein (1936), S. 21.

war. Er kam 1902 in Hamburg zur Welt und stammte aus gehobenen Verhältnissen, sein Vater war Kaufmann und Senator. Sein Bildungsweg fällt denn auch etwas anders als bei den meisten anderen Didaktikern aus: Nach dem Gymnasium nahm Wiggers ein altphilologisches Studium auf und promovierte 1927 an der Universität Rostock. 1930 wurde er dort Lehrbeauftragter und Dozent. Im Frühjahr 1932 trat er der NSDAP und dem NSLB bei. Bald zog es ihn von der Altphilologie mehr zu Rassenfragen hin, denen er eine ganze Reihe von Veröffentlichungen widmete; als Biologie-Didaktiker war er „Autodidakt". In einem Brief an die Begutachtungsstelle im Hauptamt für Erzieher bat er, man möge ihm keine altsprachlichen Werke mehr zur Begutachtung schicken, da er sich mittlerweile hauptsächlich der rassenpolitischen Arbeit widme. Inzwischen war Wiggers Gausachbearbeiter für Rassefragen im NSLB geworden, zudem wurde er Mitarbeiter der „Sammel- und Austauschstelle des rassenpolitischen Schrifttums" in Dresden. 1936 organisierte Wiggers eine „Gau-Rassenveranstaltung" des NSLB Mecklenburg-Lübeck in Schwerin, in deren Mittelpunkt Vorträge von Ludwig F. Clauss über Rassenseelenkunde und „Erziehung zu nordischer Haltung" standen.[202]

Arbeiteten Dittrich und Meyer auf Reichsebene für den NSLB, so waren die meisten Lehrer unter den Biologiedidaktikern als Gau- und Kreissachbearbeiter tätig. So z. B. **Jakob Graf**, Jahrgang 1891, promovierter Naturwissenschaftler und Studienrat an der Realschule in Rüsselsheim, dessen Unterrichtswerke zu den offiziell empfohlenen Texten gehörten. Sein Schulbuch „Vererbungslehre, Rassenkunde und Erbgesundheitspflege", in einer ersten Fassung schon 1930 herausgekommen, gehörte zu den am meisten verwendeten Unterrichtstexten und erschien noch 1943 in der 9. Auflage.[203] Darüber hinaus publizierte er rassenpädagogische Aufsätze, Schülerarbeitshefte und die vierbändige Schulbuchreihe „Biologie für Oberschulen und Gymnasien". Er war einer der wichtigsten Ideengeber einer NS-Biologie in der Schule. Graf hatte in Frankfurt am Main Naturwissenschaften studiert und das Studium dort 1923 mit der Promotion abgeschlossen. Er unterrichtete dann als Biologielehrer an einer Realschule in Rüsselsheim. Graf war der NSDAP und dem NSLB bereits 1932 beigetreten und betätigte sich später als Gausachbearbeiter für Rassenfragen und Biologie im NSLB Gau Hessen-Nassau. Graf rekurrierte auf die einschlägige rassen- und erbhygienische Literatur, stützte sich sehr ausführlich auf die Günthersche Typologie und nahm auch auf Clauss' Beschreibungen Bezug. Er verband die didaktische Darstellung sehr geschickt mit methodischen Veranschaulichungen und Aufgabenstellungen für die Schüler, wie das Anlegen von „Rassenmappen", Sammeln von Bildern aus der Werbung und Karikaturen, Sammeln von Bildern bedeutender Persönlichkeiten aus Illustrierten u. ä., die nach rassischen Gesichtspunkten geordnet werden sollten. Graf verfaßte mit Luise Hennig, Studienrätin in Halle, auch ein Unterrichtswerk für höhere Mädchenschulen; zusammen mit Bruno K. Schultz, dem späteren Chef des Rassenamtes des RuSHA der SS, gab er vererbungs- und rassenkundliche Lichtbildreihen und Wandtafeln für Schulungs- und Unterrichtszwecke heraus.[204] Nach 1945 veröffentlichte er Standardwerke zur Pflanzensystematik und Tierbestimmungsbücher, Darstellungen zu

---

202 BDC NSLB-Listen 191; Mecklenburgische Schulzeitung, Nr. 42/43, 1936.
203 Grafs Werke standen auch in den Bibliotheken der lehrerbildenden Einrichtungen. Seine „Biologie für Oberschulen und Gymnasien", zu fast der Hälfte der Rassenlehre gewidmet, bildete z. B. in der Ausgabe für Aufbauschulen das Lehrbuch der Abschlußklassen an der Lehrerbildungsanstalt Oldenburg während des Kriegs: W. Havehorst, Die Lehrerbildungsanstalt (1985), S. 177.
204 BDC Diverses.

„Pflanzen und Tieren des deutschen Waldes" u. ä., die im ehemals völkischen J. F. Lehmann Verlag in München erschienen, der auch schon 1930 sein erstes Buch herausgebracht hatte. Graf starb 1973 in Wiesbaden.

Gausachbearbeiter für Rassefragen war auch **Hans Feldkamp**, dessen Buch „Vererbungslehre, Rassenkunde, Volkspflege" ebenfalls zu den auflagenstärkeren Unterrichtswerken gehörte. Er verfaßte wie Graf eine ganze Reihe weiterer didaktischer Texte. Seine ersten Schulbücher für Biologie und Vererbungslehre waren bereits während der Weimarer Republik erschienen. Feldkamp, 1899 in Koblenz geboren, hatte noch am Ersten Weltkrieg teilgenommen; er war promovierter Naturwissenschaftler, Studienrat und seit 1934 Studiendirektor am Realgymnasium Düsseldorf-Benrath. 1933 trat er der NSDAP und dem NSLB bei und stieg dort sehr schnell zum Experten für Biologie und Rassenbiologie auf, wurde Redner für Biologie, Erb- und Rassenkunde, Gausachbearbeiter und Gaumitarbeiter im Schulungsamt sowie „Gau-Unteramtsleiter" im NSLB. Zusätzlich war er Begutachter für Erb- und Rassenbiologie beim Hauptamt für Erzieher. In der NSDAP war er schon 1934 Ortsgruppen-Blockleiter.[205]

Zahlreiche Texte zum Biologie-Unterricht verfaßte auch **Friedrich Wolter**. Er ist einer der wenigen ausgewiesenen Didaktiker, die kein Universitätsstudium absolviert hatten. Wolter gehörte einer älteren Generation an; er wurde 1878 geboren und wuchs zunächst in der ehemaligen preußischen Provinz Posen, dann in Berlin auf, besuchte die Volksschule, die Präparandenanstalt und später das Lehrerseminar in Berlin und war seit 1899 im Berliner Volksschuldienst tätig, 1925 auch als Volksschulrektor. Nebenher betätigte er sich auch schriftstellerisch. Wolter, NSDAP-Mitglied, konnte langjährige Erfahrungen in der Lehrerfortbildung im NSLB einbringen, dem er 1933 beitrat; er wurde dort Gausachbearbeiter und Gaureferent für Heilpflanzenkunde. Er scheint ein Vertreter der nationalsozialistischen „Ökologie" gewesen zu sein und engagierte sich vor allem für eine heimat- und naturverbundene Erziehung. Seine Texte waren in Stil und Diktion etwas zurückhaltender und weniger aggressiv, unterschieden sich inhaltlich aber wenig von anderen. Sie waren stärker rassenbiologisch als -anthropologisch ausgerichtet, vor allem fällt die „biologische Betrachtungsweise" der „Judenfrage" und der Rassenmischung auf: „Wie die Allerweltsunkräuter Wasserpest und Franzosenunkraut oder die Nagerschädlinge Wanderratte, Bisamratte, oder die menschlichen Außenschmarotzer oder die Kaninchen in Australien haben sie nach anfänglicher Duldung ihre Wirtsvölker so durchdrungen, haben deren geistige Umwelt so stark verändert, daß für die Wirtsvölker selbst das Leben in ihrem eigenen Lebensraum unerträglich wurde." – „Überlege! Ist es denkbar, daß Nachkömmlinge von einem edlen Rassehund und einem Dorfköter bessere Eigenschaften haben als der Rassehund? Oder muß nicht auf jeden Fall der Mischling geringwertiger sein als die gute Rasse? Und was wäre die Folge, wenn wir dauernd solche Abwertungen zuließen? – Darum wählt ja der Züchter nur das beste Zuchtmaterial aus. Sollte es beim Menschen anders sein … Und wie steht es mit der Behauptung, daß die Nachkommen der schon lange in Deutschland weilenden Juden sich völlig unseren deutschen Heimatrassen angeglichen hätten? Kann man einen Juden nicht schon rein äußerlich von einem Arier unterscheiden? Kannst du ihn nicht auch nach seinem Wesen als Juden erkennen? Aber die Juden haben sich doch in unserem deutschen Klima und in unserer deutschen Umwelt gut entwickelt und reich vermehrt. Beweist das nicht, daß sie gut hierher passen? – Nun, sie haben

---

205   BDC PK 2650; NSLB-Listen 143; BDC Diverses; BBF Personalblatt A.

sich überall in der Welt gut entwickelt und vermehrt. Damit ist aber nur erwiesen, daß sie sich – wie alle Schmarotzer – vorzüglich anpassen und dann allen Bodenständigen das Leben schwer machen können."[206]

Zu den erfolgreichsten Schulbuch-Autoren gehörten **Hermann Wiehle** und **Wilhelm Meil**, beide Mittelschulrektoren in Dessau. Ihre „Einführung in die Rassenkunde" erschien 1935 bereits in 13. Auflage. Meil, Jahrgang 1895, war schon im April 1932 in die NSDAP und wenig später in den NSLB eingetreten; er wurde Kreisbeauftragter des Rassenpolitischen Amtes, für einen einfachen Lehrer schon eine vergleichsweise gehobene Position.[207] Meil verfaßte mehrere Unterrichtswerke zusammen mit seinem Dessauer Kollegen Hermann Wiehle. Wiehles politische Biographie war weniger eindeutig. In einer Beurteilung durch die Gauamtsleitung von 1936 heißt es, er habe vor 1933 der demokratischen Partei nahegestanden – gemeint war wohl die DDP, an anderer Stelle ist allerdings von der „deutschnationalen Partei" die Rede. Wie dem auch sei: er bekenne sich, heißt es weiter, jetzt aber „ehrlich zum nationalsozialistischen Staat". Er wird außerdem als „tüchtiger Pädagoge" gewürdigt und als „Spezialwissenschaftler von Ruf", der sich seit 1933 mit Rassenfragen beschäftige. Wiehle war 1884 in Ballenstedt im Harz geboren worden; er war über eine seminaristische Ausbildung zum Mittelschullehreramt gelangt, hatte dann aber noch das Abitur nachgeholt und ein naturwissenschaftliches Studium begonnen, das er 1927 mit der Promotion abschloß. 1933 trat er dem NSLB bei, schrieb das erwähnte rassenkundliches Unterrichtsbuch mit Wilhelm Meil zusammen und erwarb sich dadurch den Ruf eines zuverlässigen Experten; im NSLB wurde er als Kreissachbearbeiter für Rassefragen eingesetzt. Er bemühte sich auch um Aufnahme in die Partei, sein Antrag ist aber noch 1938 abgelehnt worden.[208]

Ein gleichfalls erfolgreiches Autorenpaar waren **Emil Jörns** und **Julius Schwab**; sie schrieben zusammen eine „Rassenhygienische Fibel", 1942 in einer Auflagenhöhe von 46 000 Exemplaren erschienen, ein Buch, das auch offiziell empfohlen wurde und in vielen Bibliotheken der Lehrerbildung und der Schulen stand. Beide legten zusammen mit F. W. Meyer vom Rasse- und Siedlungsamt zu Beginn des Dritten Reichs einen Plan zur Reorganisation des öffentlichen Gesundheitswesens vor, in dem sie die Institutionalisierung eines neuen „Erbpflegeamtes" vorschlugen.[209] Jörns verfaßte neben einem sippenkundlichen Schülerheft noch ein vielzitiertes Werk über „Erziehung zu eugenischer Lebensführung". Darin bemühte er sich – u. a. mit Bezug auf Muckermann – um eine ethische und religiöse Begründung eugenischer Erziehung und formulierte als Erziehungsziel: „daß am Kinde der Satz ‚ich bin ein Nichts im Ganzen, wenn ich ihm nicht diene' zum tiefstempfundenen Bekenntnis werden könnte, daß das Kind in eine Gemeinschaft eingegliedert wird".[210] Über Jörns wissen wir nur wenig. Er wurde 1910 in Hannover geboren, war als Lehrer in Marburg und Hannover tätig und gehörte seit 1933 der NSDAP und dem NSLB an. Die „Rassenhygienische Fibel" verfaßte er zusammen mit Schwab, der als Arzt die wissenschaftlichen Kenntnisse beisteuerte. Schwab wurde 1893 in Kassel geboren, hatte Medizin studiert und 1921 in Göttingen promoviert. Er

---

206 Erbgut und Rasse (1939), S. 37f.; biographische Daten: BDC RKK 2102/1413/5.
207 BDC Diverses; BDC PK 7951.
208 BDC NSLB-Listen 191; BDC PK T 0074.
209 Czarnowski, Das kontrollierte Paar (1991), S. 138f.
210 Erziehung zu eugenischer Lebensführung als Aufgabe der Volksschule (1933), S. 25.

war städtischer Fürsorgearzt in Paderborn, arbeitete dort als Gefängnisarzt und wurde später zum Medizinalrat ernannt. Seit 1931 gehörte er der NSDAP an und betätigte sich als Kreis-schulungsredner; 1939 führte er einen Kurs für Kreisschulungsreferenten auf der Schulungs-burg Erwitte durch. Schwab war Kreisamtsleiter des RPA in Paderborn. Nach dem Krieg wurde er im Entnazifizierungsverfahren als „fanatischer Nationalsozialist" belastet, der als Gefängnisarzt den staatlichen Terror unterstützt und unerträgliche Haftbedingungen zugelas-sen habe; Schwab habe Ostarbeiter schikaniert – sie hätten den Bürgersteig verlassen müssen, wenn er gekommen sei, über die Juden habe er geäußert, daß mit ihnen „noch zu gnädig ver-fahren wurde". Als ein Gestapomann einen Polen totprügelte, habe er als Todesursache Lun-genentzündung angegeben. Trotzdem wurde das Verfahren eingestellt. In dem Teil des Ver-fahrens, in dem es um seine Tätigkeit für das RPA ging, entlastete ihn der ehemalige Gauamtsleiter mit der verblüffenden Feststellung: „Das Reichsamt für Rassenpolitik war ein unpolitisches Amt. Seine Aufgabengebiete lagen in der Pflege der erbgesunden deutschen Familie." Im gleichen Sinne ließ sich seine Frau ein, die Kinderärztin Ilse Schwab (auch sie war schon vor 1933 der NSDAP beigetreten): Als Kreisamtsleiter des RPA habe ihr Mann lediglich soziale Betreuungsarbeiten kinderreicher Familien für den Bund der Kinderreichen durchgeführt. In der Urteilsbegründung hieß es denn auch: „Das Verfahren wird eingestellt, weil der Beschuldigte als Beauftragter für Rassepolitik nicht zu dem der Zuständigkeit des Spruchgerichts unterliegenden Personenkreis gehört."[211]

Schließen wir an dieser Stelle noch die Biographien eines weiteren Autorenpaares an, **Eggert Reimers** und **Ludwig Koopmann**, zwei Autoren, die nur wenig durch Veröffentlichungen her-vorgetreten sind, die aber doch beispielhaft für das Wirken von Biologielehrern auf der loka-len Ebene stehen können. Sie entwarfen zusammen einen „Lehrplan für Biologie in Mittel-schulen". Koopmann versuchte sich darüber hinaus am Thema „biologische Grundlagen der Geschichte". Darin entlarvte er den Marxismus als „eine vom Judentum für seine geheimen Ziele geschaffene Zwecklehre". Er empfahl, kindgerecht, das Vorbild der Hasen für die Wie-derherstellung der natürlichen Verhältnisse von Auslese und Ausmerze bei den Menschen: „Unter den Hasen werden von Raubtieren in erster Linie die vernichtet, die dem Daseins-kampf durch irgend eine körperliche Behinderung nicht gewachsen sind. Diese werden aber zumeist schon in der Jugend, also vor der Reife ausgemerzt und haben dadurch ihr Erbgut, das irgendwie in seiner Kombinierung nicht lebenstüchtig war, nicht weitergeben können."[212] Koopmann kam 1900 in Wenningstedt auf Sylt als Sohn eines Volksschullehrers zur Welt.[213] Sein Bildungsweg ist der übliche eines damaligen Volks- und Mittelschullehrers: Volksschule, Präparandenanstalt und Lehrerseminar (beides in Tondern/Nordschleswig), Unterbrechung durch Heeresdienst 1918 im Ersten Weltkrieg, Lehramtsprüfung; 1919 bis 1922 arbeitete er als Volks- und Mittelschullehrer in Keitum und Westerland, war dann als Hauslehrer in Klanxbüll beschäftigt und kam über wechselnde Schulstellen schließlich 1931 an die Mittel-

---

211 BDC PK L 133; BA Koblenz, Spruchkammerakten Z 42 V/2511, Schwab, Julius Dr.
212 Koopmann (1937), S. 256f.
213 Schwensen erwähnt in seinem Buch über den „Schleswig-Holsteiner-Bund" einen Rektor Koop-
     mann, der 1920 als Interessenvertreter der deutschen Nordschleswiger Beiratsmitglied im
     Schleswig-Holsteiner-Bund und später Geschäftsführer des Schleswigschen Wählervereins war;
     möglicherweise handelt es sich dabei um Ludwig Koopmanns Vater: Schwensen, Der Schleswig-
     Holsteiner-Bund (1993), S. 127 und 175.

schule nach Wesselburen. Hier war er Kollege von Reimers, den er 1937 auch als Rektor ablöste, nachdem Reimers als Schulrat nach Niebüll gegangen war. Koopmann übte sein Amt – vom Dienst an der Ostfront unterbrochen – bis zum Ende des Krieges aus, bis er 1945 durch die britischen Militärbehörden entlassen wurde. Koopmann war von 1925 bis 1933 Mitglied im Jungdeutschen Orden, 1930–1933 war er Mitglied der Deutschen Staatspartei. Erst nach der „Machtergreifung" trat er dem NSLB und der NSDAP bei. Im NSLB wurde er Fachschaftsleiter für Mittelschulen in Norddithmarschen, in der NSDAP wurde er Ortsgruppenkulturwart, daneben war er Kreisschulungsredner für Vererbungsfragen. Nach dem Krieg begründete er im Entnazifizierungsverfahren den Beitritt zur NSDAP damit, daß er keine beruflichen Nachteile erleiden und „das Vertrauensverhältnis zwischen mir und meiner damals von der HJ und dem Jungvolk erfaßten Schülerschaft" nicht untergraben wollte. Von Judenghettos, Konzentrationslagern und Greueltaten im Krieg habe er nichts gewußt. Eine Reihe von Zeugen aus Wesselburen setzten sich für ihn ein; so erklärte der Gärtner, er habe, wie er von seinen Kindern wisse, im Schulunterricht keine nationalsozialistische Propaganda betrieben, der Pfarrer entlastete ihn damit, daß er nie gegen die Kirche gesprochen habe, die Polizei bescheinigte ihm, ein anständiger Mensch gewesen zu sein und ein Freund erklärte ihn gar zum „bewußten Gegner der NS-Diktatur". Die Wahrheit dürfte anders ausgesehen haben, denn über die genannten Aktivitäten hinaus war Koopmann 1933 auch in die SS eingetreten und dort Scharführer und „Verwaltungsführer der Standarte 53" geworden. Gleichzeitig war er aus der evangelischen Kirche ausgetreten und hatte sich den „Gottgläubigen" angeschlossen. Daneben gehörte er dem Reichskolonialbund und bereits seit 1929 dem VDA an, in dem er von 1931 bis 1937 Kreisverbandsvorsitzender war.[214]

Eggert Reimers wurde 1886 in Westerrönfeld bei Rendsburg als Sohn eines Bauern geboren. Nach Besuch der Volksschule und des Lehrerseminars arbeitete er zunächst als Mittelschullehrer in Rendsburg, studierte dann noch zwei Semester Mathematik in Hamburg und arbeitete danach bis 1935 als Lehrer an der Mittelschule in Wesselburen in Dithmarschen. Am Ersten Weltkrieg nahm er als Leutnant teil. 1925 schloß er sich dem Stahlhelm an, im Juni 1932 trat er dem NSLB, am 1. Februar 1933 der NSDAP bei und erlebte in der Folgezeit einen raschen politischen Aufstieg, der beruflich mit der Ernennung zum Kreisschulrat in Niebüll begleitet war. Reimers wurde Kreis- und Gauschulungsredner, Schulungsleiter im Hauptschulungsamt der NSDAP sowie Kreisbeauftragter des Rassenpolitischen Amtes. Für den NSLB arbeitete er als Begutachter für Rassefragen, Bevölkerungspolitik und Biologie in Volks- und Mittelschulen. „Parteigenosse Reimers", heißt es in einer parteiinternen Beurteilung, „ist eine nordische Kämpfernatur für organische, lebensgesetzliche Weltanschauung, die in klaren Erkenntnissen bei ihm verankert ist. Er ist von lauterer Gesinnung, in seinem Beruf von anerkannter Tüchtigkeit."[215] Die „lautere Gesinnung" trieb auch ihn zur SS, der er gleichfalls 1933 beitrat. 1934 war er Scharführer und Oberschulungsleiter im Rasse- und Siedlungshauptamt, 1937 wurde er zum Untersturmführer ernannt, während des Krieges rückte er 1944 zum Obersturmführer auf.

Etwas aus dem Rahmen fällt die Biographie von **Otto Steche**, mit der wir die Reihe der Biologie-Didaktiker abschließen wollen. Er verfaßte mehrere rassenbiologische Unterrichtstexte,

---

214 BA Koblenz, Z 42 III/1695, Ludwig Koopmann.
215 BDC NSLB-Listen 138; SSO; RS E 5429.

die, wie in den meisten Fällen, Vererbungslehre und Rassenanthropologie miteinander ver-knüpften, und die im übrigen alle damals gängigen rassistischen und antisemitischen Stereo-typen und Invektiven enthielten. 1940 frohlockte Steche, Wien, wo 300 000 Juden lebten, wäre fast dem Deutschtum verlorengegangen, sei aber in letzter Minute noch gerettet worden: Sie „werden alle aus unserer schönen deutschen Donaustadt verschwinden".[216] Otto Steche gehörte zur älteren Generation. Er wurde 1879 in Leipzig geboren und kam aus gutsituierten Verhältnissen: Sein Vater war Fabrikbesitzer. Er besuchte das Thomas-Gymnasium in Leip-zig, studierte nach dem Abitur zunächst Medizin in Freiburg und Marburg, schloß dann ein naturwissenschaftliches Studium in München und Leipzig an und beendete beide Studien mit der Promotion. 1908 wurde er Assistent am Zoologischen Institut Leipzig, nach der Habilita-tion stellvertretender Leiter des Instituts und – 1916 – nichtbeamteter außerordentlicher Pro-fessor. Vielleicht hatten der Erste Weltkrieg und der politische Umbruch auch in Steches Leben eine Krise und einen Bruch ausgelöst; denn 1921 gründete er ein Landerziehungsheim. Offenbar war dieses Unternehmen nicht mit viel Erfolg gekrönt, denn wenige Jahre später machte er noch das Staatsexamen und wurde Studienrat in Leipzig. Dort arbeitete er auch an der Universität als Privatdozent und Leiter der Abteilung für Biologie am Institut für prakti-sche Pädagogik der höheren Schule. 1933 trat er dem NSLB bei. Später wurde er Studien-direktor des Domgymnasiums Naumburg und leitete für einige Jahre die Nationalpolitische Erziehungsanstalt Ilfeld im Harz. Seine Neigung zur Internatserziehung konnte sich hier noch einmal erfüllen, jetzt unter deutlich politischen Vorzeichen. Steche weist also eine ungewöhn-liche Mehrfachqualifikation als Arzt, Naturwissenschaftler und Studienrat auf. Er starb im August 1945 im alliierten Kriegsgefangenenlager Treysa.[217]

Wir haben uns bisher nur mit Biologen beschäftigt, weil Biologie-Bücher auch im Mittelpunkt der unterrichtsbezogenen Texte stehen. An zweiter Stelle kamen – mit großem Anstand – Texte zum Geschichts- und Erdkundeunterricht, deshalb wollen dieses Kapitel mit einem Blick auf einige Geschichts- und Erdkunde-Didaktiker abrunden. Beginnen wir mit **Karl Alnor**, der einige Werke für den Geschichtsunterricht schrieb. Alnor war eher ein völkischer Autor, wir haben aber sein Werk „Geschichtsunterricht" (1935) in die Bibliographie aufge-nommen, weil hier ein systematischer Bezug zur Rassentheorie hergestellt und die völkische mit der rassenanthropologischen Sichtweise verbunden wird. So nimmt Alnor Bezug auf Günther und Clauss sowie auf Scheidt, der als Rassenbiologe auch kulturwissenschaftliche Abhandlungen schrieb und dadurch auch für Geisteswissenschaftler interessant wurde. Alnor entwarf während des Dritten Reichs einen Lehrplan für das Fach Geschichte an Volksschu-len, der auf drei Begriffspaaren aufgebaut war: Volk und Rasse („völkischer Gedanke"), Volk und Raum („volksdeutscher Gedanke") sowie Volk und Reich („volkspolitischer Gedanke").

Alnor wurde 1891 in Kiel als Sohn eines Volksschullehrers geboren. Er besuchte die Gelehr-tenschule und das Reform-Realgymnasium in Kiel, studierte anschließend in Kiel Geschichte, Philosophie und Philologie und promovierte 1914 mit einer landesgeschichtlichen Arbeit. Er nahm als Kriegsfreiwilliger am Ersten Weltkrieg teil, wurde Leutnant und war zeitweise als Kompanieführer in Nordschleswig stationiert. 1914 gehörte er der Einheit an, die bei Lange-

---

216   Lehrbuch der Biologie (1940), S. 174.
217   BDC REM Personal 1936 A 101; BBF Personalblatt A; D. Franz, Biologismus von oben (1993), S. 27.

marck kämpfte und um die später ein Kult des nationalen Opfertodes entstand. Nach dem Krieg absolvierte Alnor das Referendariat in Kiel, danach arbeitete er als Assessor, seit 1921 als Studienrat in Flensburg, später (1931) am Reform-Realgymnasium in Kiel. 1933 erhielt er einen Ruf als Professor für Deutsche Geschichte, Methodik des Geschichtsunterrichts und Grenzlandkunde an die HfL Kiel. 1939 nahm er als Reserveoffizier am Zweiten Weltkrieg teil und fiel ein Jahr später beim Einmarsch in Frankreich. Alnors völkisches Engagement war eng mit seiner Schleswig-Holsteinischen Heimat und dem „Grenzlandkampf" im Norden verbunden. Seine Vorfahren stammten aus Nordschleswig, und Alnor verstand sich zeitlebens als deutscher Nordschleswiger. Noch als Student war er 1909 dem nationalistischen „Verein für deutsche Friedensarbeit in der Nordmark" beigetreten. Nachdem er 1919 die Leitung des Nachrichtenbüros der „Zentrale für Heimatdienst" übernommen hatte, die für eine deutsche Abstimmung in Flensburg agitierte, wurde er im folgenden Jahr Mitbegründer und Vorstandsmitglied des Schleswig-Holsteiner-Bundes, der sich für den Verbleib Nordschleswigs im Deutschen Reich einsetzte.[218] Nach der Volksabstimmung wurde er ein führendes Mitglied in der Schleswig-Holsteinischen Landespartei, einer völkisch, nationalistisch und antisemitisch orientierten Partei, die schon früh enge Verbindungen zur NSDAP knüpfte – Generalsekretär war Hinrich Lohse, seit 1925 Gauleiter der NSDAP. Darüber hinaus war Alnor Vorstandsmitglied der Gesellschaft für Schleswig-Holsteinische Geschichte und bis 1939 Herausgeber der „Zeitschrift der Gesellschaft für Schleswig-Holsteinische Geschichte". Seine national-völkische Orientierung ließ ihn bruchlos den Weg in die NSDAP finden, der er 1933 beitrat. Er war Mitglied im VDA und im NSLB, hier wurde er Kreissachbearbeiter für Geschichte und gehörte bis zu seinem Tod zum Herausgeberkreis der Historiker-Zeitschrift des NSLB „Vergangenheit und Gegenwart". Alnor war zudem SA-Rottenführer und betätigte sich, obwohl kein Sportpädagoge, in der SA als Sportreferent und „Sportabzeichenprüfer". Man kann in ihm einen völkisch-nationalsozialistischen Aktivisten sehen, der sich für den Grenzlandkampf engagierte und bestrebt war, die eigenen politisch-nationalistischen Bestrebungen auch rassenkundlich zu untermauern. An der Kieler HfL, die er zu einer „Grenzlandhochschule" zu profilieren suchte, führte er gemeinsam mit Paul Brohmer auch eine Lehrveranstaltung zur Familien- und Rassenforschung durch.[219]

Ähnlich wie bei Alnor verbanden sich auch bei **Johann Ulrich Folkers** geschichtliche mit geopolitischen Interessen. „Rasse und Raum" – die etwas vornehmere Umschreibung für „Blut und Boden" – waren für Folkers die geschichtsbestimmenden Kräfte. Die geschichtlichen Abläufe ordnete er zwischen den Polen „jüdische Zersetzung" und „Führungsrolle der nordischen Rasse", die er auf den gesamten indogermanischen Raum ausdehnte. Geschichte wird zur Rassengeschichte; denn es waren „nordische Blutwellen", denen die großen staatlichen und kulturellen Hervorbringungen in der Geschichte zu verdanken sind.[220] Folkers kam 1887

---

218 Der Bund war 1919 aus dem „Deutsch-Schleswig-Holsteiner Schutz- und Trutzbund" hervorgegangen. Er ging 1933 im VDA auf; Alnor wurde jetzt Mitglied des „Volksdeutschen Rates des Landesverbandes Schleswig-Holstein des VDA". Siehe hierzu B. Schwensen, Der Schleswig-Holsteiner-Bund 1919–1933 (1993).

219 E. und E. Weiß, Pädagogik und Nationalsozialismus (1997), S. 77. Biographische Daten bei Hesse, Professoren und Dozenten (1995), S. 136f.; Jessen-Klingenberg, Karl Alnor (2001); Schwensen, Der Schleswig-Holsteiner-Bund (1993), S. 85f.; BA, R 4901/3365; BDC Diverses.

220 Karten zur Rassen- und Raumgeschichte des deutschen Volkes, Langensalza 1937 (Lehrerheft).

in Ostfriesland in einer Bauernfamilie zur Welt, er besuchte Volksschule und Gymnasium in Oldenburg, machte das Abitur in Jever und studierte anschließend Deutsch, Geschichte und evangelische Religionslehre. 1910 promovierte er in Kiel mit einer Dissertation über die deutsche Volkssage und legte die Prüfung für das Lehramt an Höheren Schulen ab. Noch im gleichen Jahr begann er als Lehrer am Gymnasium in Husum, 1912 arbeitete er am Realgymnasium Kiel, dann in Haldersleben, 1913–1928 als Oberlehrer in Rostock, unterbrochen nur vom Kriegsdienst im Ersten Weltkrieg. 1928 wurde er Professor für Geschichte, später auch Geopolitik in Rostock, zunächst am Pädagogischen Institut, dann an der HfL; dort machte er sich einen Namen als Experte für niederdeutsche Volkskunde, Siedlungsgeschichte und Bauernhausforschung. Folkers trat am 1. Mai 1933 in die NSDAP ein und wurde ein wichtiger Aktivist und Funktionär im NSLB: Kreisschulungsleiter, Leiter des Gauschulungswerks Rostock und der „Gaumittelstelle Deutscher Bauernhof", Gausachbearbeiter, schließlich (1939) Reichssachbearbeiter für Geopolitik.[221]

Kein Hochschullehrer und auch kein besonders profilierter Didaktiker, aber ein prominenter und viel zitierter völkischer Autor war **Wilhelm Erbt**. Die meisten seiner Werke hatte er lange vor 1933 geschrieben, und mit seiner „Weltgeschichte auf rassischer Grundlage" hatte er schon 1925 „Maßstäbe" gesetzt. Erbt, der sich auch auf Günther und Clauss bezog, begriff Geschichtsschreibung schon früh als angewandte Rassenkunde, und er hatte sich in zahlreichen Schriften mit dem alten Germanentum beschäftigt und sich vor allem um eine „artgemäße Religion" bemüht. Erbt war ein „alter Kämpfer" auf weltanschaulichem Terrain. Er wurde 1876 in Posen als Sohn eines Mühlenbesitzers geboren. Nach dem Studium der Theologie und Philologie in Breslau promovierte er 1900 in Greifswald, erhielt 1903 die Ordination zum evangelischen Pfarrer und arbeitete danach zunächst am Predigerseminar in Wittenberg, dann als Pfarrer in der Nähe von Bromberg. Seit 1903 war er aber als Lehrer und Seminarlehrer tätig, zuerst in Posen, seit 1911 dann in Neumünster, wo er schließlich Oberstudiendirektor der Klaus-Groth-Schule wurde. Erbt gehörte der DNVP von der Gründung bis zur Auflösung an, war Ehrenmitglied im Bund völkischer Schriftsteller, trat dem Kampfbund für deutsche Kultur bei und übernahm Führungsfunktionen im Reichsverband Deutscher Schriftsteller. Erbt stand Rosenberg, der ihn auch in seinem Mythos zitierte, nahe und war auch mit Goebbels persönlich bekannt, mit dem er 1928 die Ferien verbracht hatte. Bis zu seiner Pensionierung war er als Gausachbearbeiter für Geschichte im NSLB aktiv.[222]

3.2 Schulungsexperten des Nationalsozialistischen Lehrerbunds und Funktionäre der parteipolitischen Erziehungsarbeit

Die Pädagogen unter unseren Autoren waren zu einem großen Teil aktiv im NSLB tätig, viele davon in Führungspositionen. Rudolf Benze z. B. war Leiter der Fachschaft für Lehrer an höheren Schulen, Ernst Lehmann war Reichssachbearbeiter für Biologie, Karl Zimmermann Reichssachbearbeiter für Rassefragen. Sie haben durch ihre Schriften ebenso wie durch ihre verbandspolitische Arbeit einen maßgeblichen Einfluß auf die Lehrerschaft im Dritten Reich

---

221   BDC RKK 2101/3174; BDC PK 2879; BBF Personalblatt A 13.
222   BA, RKK 2100/75/1; BBF Personalblatt A 481.

ausgeübt. Unter rassenpädagogischen und -politischen Gesichtspunkten war **Karl Zimmermann** die wichtigste Gestalt im NSLB. Er publizierte zahlreiche rassenpädagogische Beiträge, darunter auch einige Unterrichtsbücher, zwei davon zusammen mit seinem Mitarbeiter Erich Meyer. Zimmermann war Naturwissenschaftler, setzte sich aber auch mit geschichtlichen Fragen auseinander und vertrat eine biologisch begründete Geschichtsauffassung, die er in Aufsätzen und seinem mehrfach wiederaufgelegten Werk „Deutsche Geschichte als Rassenschicksal" darlegte. Als Rassenhygieniker forderte Zimmermann eine rassenhygienische Schulung der gesamten Elite und u. a. ein generelles Verbot von Mischehen sowie Eheverbote für alle Juden, Farbigen und „Bastarde".[223] Karl Zimmermann wurde 1889 in Zwickau geboren, sein Vater war Eisenbahnoberingenieur. Nach Besuch der Volksschule und des Realgymnasiums in Leipzig studierte er Naturwissenschaft und Philosophie und promovierte 1912 mit einer philosophischen Arbeit („Jean Pauls Ästhetik"). 1914 legte er die 1. Staatsprüfung ab und trat kurz darauf in den Probedienst für das Höhere Lehramt ein, meldete sich aber 1915 freiwillig als „Arbeitssoldat" und Dolmetscher zum Kriegseinsatz; 1916 wurde er jedoch vom Kultusministerium für den Schuldienst reklamiert und dem Realgymnasium Meißen als Studienassessor zugewiesen. Danach unterrichtete er an Gymnasien in Dresden und Leipzig. Seit 1926 war er Studienrat an der Höheren Mädchenschule in Zwickau, später wurde er hier zum Oberstudiendirektor ernannt. Bei Zimmermann zeigte sich schon früh eine völkische Orientierung. 1921 trat er dem Deutsch-völkischen Schutz- und Trutzbund bei. 1924 übernahm er die Leitung der Fichte-Hochschule in Leipzig, eine völkische Volkshochschule (1916 gegründet),[224] an der er schon seit 1921 als Dozent unterrichtet hatte. Am 1. März 1929 wurde er Mitglied der NSDAP, im folgenden Jahr trat er der SA und dem NSLB bei. In seinem Lebenslauf von 1935 betont er, daß er sich schon lange vorher in Vorträgen und Arbeitsgemeinschaften an der Dresdner Volkshochschule und der Fichte-Hochschule sowie in literarischen Arbeiten für nationalsozialistische Ideen eingesetzt und deshalb Konflikte mit dem Sächsischen Volksbildungsministerium bekommen hätte. Daß Zimmermann ein „alter Kämpfer" war, zeigt sich auch daran, daß er politisch vorbestraft war. In Zwickau begann er eine rege politische Tätigkeit zu entfalten. 1929 wurde er als NSDAP-Vertreter ins Zwickauer Stadtverordneten-Kollegium gewählt, 1933 in den Stadtrat entsandt. Zimmermann arbeitete seit 1929 aktiv am Aufbau der Zwickauer Ortsgruppe der NSDAP mit, er war in der Presse- und Propagandaabteilung tätig, trat als Redner auf, wirkte bei der Organisation der ersten Kurse für Arbeitsdienstführer im Kreis mit (Zimmermann erstellte die Lehrpläne), gründete die Ortsgruppe des Kampfbundes für deutsche Kultur und baute den ersten SA-Reservesturm in Zwickau auf. 1931 wurde er Leiter der NSLB-Ortsgruppe und erhielt wenig später den Auftrag, die Hauptabteilung Erziehung und Unterricht des NSLB im Gau Sachsen aufzubauen. Außerdem wurde er noch zum „Gauspezialreferenten für kulturpolitische Gemeindefragen innerhalb des kommunalpolitischen Referats des Gaus Sachsen" ernannt. 1933 hatte er sich bereits einen soliden Ruf als Aktivist der Aufbauzeit erworben. Seit 1933 gab er die Reihe „Das Dritte Reich. Bausteine zum neuen Staat und Volk" heraus, in der auch sein mit Friedrich Donath zusammen verfaßtes Werk „Biologie, Nationalsozialismus und neue Erziehung" erschien. 1933 organisierte er für den NSLB eine Ausstellung „Rasse und Erziehung" in Dresden. Im folgenden Jahr wurde er zum „Reichsachbearbeiter für Rassefragen" im Hauptamt

---

223 Zimmermann/Donath, Biologie, Nationalsozialismus und neue Erziehung (1933), S. 52f.
224 W. Keim, Erziehung unter der Nazi-Diktatur, Bd. I (1995), S. 45 und 143.

für Erzieher in Bayreuth ernannt, ausgestattet mit einem „Reichsfachrednerausweis"; zuvor war er schon politischer Bezirksredner, Gauredner und kulturpolitischer Gauredner gewesen. 1935 wurde ihm Werner Dittrich als Referent und Stellvertreter zur Seite gestellt. Nebenher nahm Zimmermann einen Lehrauftrag für „Sozial- und Kulturbiologie und Rassenpädagogik" an der TH Dresden wahr. 1937 wurde Zimmermann zum Oberstudiendirektor der LBA Radebeul ernannt und konnte seine Arbeit für das „Haus der Erziehung" nur noch nebenamtlich wahrnehmen.[225]

Zur Führungsriege des NSLB gehörte auch **Rudolf Freund** als „Methodik-Berater" des Reichsreferenten für Leibeserziehung im NSLB, Autor einiger Beiträge zum rassenbiologischen Unterricht. Der Schwerpunkt seiner politischen Aktivitäten lag aber in der SA-Arbeit. Freund wurde 1894 als Sohn eines Lehrers in Halle geboren. Er besuchte dort das Gymnasium und studierte anschließend in Halle, unterbrochen vom Kriegseinsatz, klassische Philologie, legte die Turnlehrerprüfung ab und arbeitete seit 1923 als Studienreferendar, später Studienrat in Magdeburg. Von 1926 bis 1932 unterrichtete er als Turnrat, seit 1930 als Oberturnrat an der Hochschule für Leibesübungen in Berlin-Spandau. Nach der Schließung der Hochschule wurde er als Dozent am Institut für Leibesübungen der Berliner Universität weiterbeschäftigt, 1934 stieg er dort zum Abteilungsleiter auf, 1935 wurde er zum Oberregierungsrat beim Oberpräsidium der Provinz Brandenburg, 1937 zum Oberregierungsrat und Schulrat beim Stadtpräsidium Berlin ernannt und von der Leitung der Fortbildungslehrgänge am Hochschulinstitut entbunden. 1939 rückte er weiter auf ins Amt für Körperliche Erziehung beim Reichserziehungsministerium, 1941 erhielt er den Status eines Ministerialrats, wurde im folgenden Jahr Vorsitzender des Prüfungsamtes für Leibeserziehung und schließlich stellvertretender Leiter des Amtes für körperliche Erziehung im REM. Parallel zu dieser bruchlos verlaufenden beruflichen Karriere war er politisch aktiv. 1933 hat er sich offenbar sehr entschlossen und zielstrebig der nationalsozialistischen Bewegung angeschlossen; er trat gleichzeitig in die NSDAP, den NSLB und die SA ein und engagierte sich neben der Arbeit für den NSLB vor allem in der SA: Vom Sportreferenten brachte er es während des Krieges zum Sturmführer in der Adjutantur des Stabschefs der Obersten SA-Führung. 1938 wurde Freund die stellvertretende Leitung der Führerschule Neustrelitz übertragen, eine Außenstelle des Berliner Hochschulinstituts für Leibesübungen, die gleichzeitig als SA-Führerschule fungierte. Hier unterrichtete er während des Krieges Methodik der Leibeserziehung. Nach dem „Anschluß" Österreichs war er zeitweise auch mit der Leitung der Lehrgänge für österreichische Leibeserzieher beauftragt, um für die „nationalsozialistische Ausrichtung des österreichischen Schulturnens" zu sorgen.[226]

Nicht ganz so geradlinig verlief die Karriere von **Ernst Lehmann**, dem „Führer der deutschen Biologenschaft". Lehmann wurde 1880 in Dresden geboren, sein Vater war Landvermesser. Er studierte Naturwissenschaften, promovierte 1905 und war 1909 bereits Privatdozent in Kiel. 1913 wurde er zum außerordentlichen Professor ernannt, seit 1922 hatte er einen Lehrstuhl für Botanik in Tübingen inne. Auch Lehmanns Biographie weist eine frühe politische

225 BDC RKK 2100/503/17; Feiten, Der Nationalsozialistische Lehrerbund (1981), S. 151.
226 BBF Personalblatt 283; BDC PK 2973; BDC REM A 0034; H. Bernett, Untersuchungen zur Zeitgeschichte des Sports (1973).

Betätigung in der völkischen Bewegung auf. Er war Mitglied des Alldeutschen Verbandes und schon 1920 beim Deutsch-völkischen Schutz- und Trutzbund dabei. 1922 gründete er in Tübingen zusammen mit Gesinnungsgenossen als Gegengewicht zur „Tübinger Chronik" des „Juden Weil" die völkische „Tübinger Zeitung" und organisierte für deren Leser Fahrten zu den ersten Versammlungen Hitlers in Württemberg. In verschiedenen Zeitungsartikeln der 20er Jahre berichtete er begeistert „aus dem Land des Duce" und über Reden Hitlers und Goebbels nach einem Besuch des Berliner Sportpalastes. 1931 gehörte Lehmann zu den Mitbegründern des Deutschen Biologenverbandes und sorgte damals bereits dafür, daß die Verbandszeitschrift „Der Biologe" nicht vom jüdischen Fachverlag Springer, sondern vom völkischen Julius-Lehmann-Verlag herausgebracht wurde. Lehmann hielt sich später zugute, 1932 als erster von einer „deutschen Biologie" gesprochen zu haben. All dies prädestinierte ihn dazu, nach 1933 auch das Amt des Reichssachbearbeiters für Biologie im NSLB zu übernehmen. Seine Aufnahme in die NSDAP wurde aber 1933 gesperrt, nachdem Gerüchte über eine angeblich jüdische Abstammung aufgekommen waren. Hier hat sich offenbar jemand gerächt, denn der SD ermittelte später, daß das Gerücht „von einem Juden Weil gestreut" worden sei. Lehmann, ein Antisemit der ersten Stunde, konnte alle Spekulationen dieser Art „restlos" entkräften, hatte aber den Termin vor der Aufnahmesperre verpaßt. In seinem Einsatz für den Nationalsozialismus und den nationalsozialistischen Rassegedanken ließ Lehmann deswegen nicht nach. Noch 1933 organisierte er eine Erklärung von 50 Tübinger Kollegen für Hitler und setzte in der Fakultät die Verleihung der Ehrendoktorwürde für den Verleger Lehmann durch. Er wirkte an „Biologenlagern" des NSLB als Redner oder Leiter mit und war an der Organisation der Ausstellung „Ewiges Volk" beteiligt, seinen Hörsaal ließ er mit einem Sinnspruch von Alfred Rosenberg verschönern. Als die Partei 1937 wieder geöffnet war, scheiterte er erneut, und 1938 – diesmal lagen die Dinge nicht so einfach – wurde er aufgrund von Unterlagen, die der SD über ihn zusammengetragen hatte, seines Führungsamtes im NSLB enthoben.[227] Vordergründig wegen nicht eindeutig geklärter Logenmitgliedschaft, tatsächlich aber wohl eher, weil Lehmann sich mittlerweile durch seine Umgangsformen, durch Streitsucht, Rechthaberei, angebliche Ausnutzung seiner Assistenten, eigenwilliges Finanzgebaren am Universitätsinstitut etc. zu viele Kollegen in Tübingen zu Feinden gemacht hatte. Jedenfalls kam es zu einem Disziplinarverfahren, in dem viele kleine von seinen Gegnern zusammengetragene Vorwürfe das Fehlen eines schwerwiegenden Grundes ersetzen mußten, darunter „Verstöße gegen die Sittlichkeit, von der Zote über einen Kuß beim – etwas zu wörtlich genommenen – ‚Kameradschaftsabend' bis zu angeblichen ‚Verhältnissen', darunter mit der Frau eines Untergebenen".[228] Der Vorgang zog sich folglich lange hin und wurde erst 1942 eingestellt. Lehmann war während dieser Zeit auch vom Professorenamt suspendiert. Die Universität wollte ihn aber danach nicht wieder haben, und die Bemühungen um vollständige Rehabilitation und Wiedereinsetzung als Institutsdirektor zogen sich bis zum Ende des Krieges hin. 1949 mußte er schließlich als Emeritus wieder aufgenommen werden. Von seiten des „Ahnenerbes", dem Lehmann als ehemaliger „Führer der deutschen Biologenschaft" eng verbunden war, war noch 1944 seine vollständige Rehabilitation eingefordert worden; man brau-

---

227 Der Deutsche Biologenverband wurde 1939 als „Reichsbund für Biologie" neu gegründet, neuer Vorsitzender wurde F. Knoll.
228 Heiber, Universität unterm Hakenkreuz, Bd. I, S. 437.

che Lehmann als „hochbedeutende Kraft wieder im Kampf um eine deutsche Biologie", denn an der Tübingen Universität würden sich schon wieder „reaktionäre Kreise" breitmachen. Lehmann selbst hielt sich zugute, er sei schon vor 1933 der einzige Tübinger Ordinarius gewesen, der in jeder nationalsozialistischen Versammlung gesessen hätte. Nach 1945, immer noch nicht wieder in seine Rechte als Hochschullehrer eingesetzt, benutzte er die vorangegangenen Querelen dazu, sich vom Makel des nationalsozialistischen Wissenschaftlers und Funktionärs reinzuwaschen, indem er behauptete, er sei „von der NSDAP, der SS wie der nationalsozialistischen Verwaltung aufs hartnäckigste verfolgt und bekämpft" und „wie ein Verbrecher ... bis an den Rand des Konzentrationslagers gejagt" worden.[229]

In der Schulungsarbeit des NSLB spielte **Walter Köhn** eine wichtige Rolle. Er schrieb eine Reihe rassenpädagogischer und rassenkundlicher Beiträge, war Mitverfasser lebenskundlich-rassenbiologischer Schulbücher (siehe oben S. 194) und hatte 1933 in Bonn mit einer erbpsychologischen Zwillingsstudie promoviert. Zusammen mit Egon von Eickstedt brachte er eine Lichtbildsammlung zur Rassenkunde des deutschen Volkes heraus. Köhn, 1900 in Havelberg geboren, studierte in Freiburg, wo er auch als Mittelschullehrer arbeitete, Naturwissenschaften und wurde 1939 Dozent für Biologie, Erb- und Rassenlehre an der HfL Würzburg. Er war bereits 1929 im NS-Studentenbund in Freiburg organisiert und trat 1932 der NSDAP und dem NSLB bei. Im NSLB übernahm er die Aufgabe eines „Schulungswalters für Biologie und Weltanschauung". Köhn wies eine ungewöhnliche breite „Qualifikation" als Erziehungspsychologe, Biologie-Didaktiker und Rassenpädagoge auf. Wohl deshalb wurde er vom Zentralinstitut für Erziehung und Unterricht mit Schulungsaufgaben betraut. So leitete er z. B. 1936 ein überregionales Schulungslager des Zentralinstituts zum „Rassengedanken im deutschkundlichen Unterricht" und eines zum „Neuen Geschichtsunterricht", auf dem er einen Vortrag über „biologische Voraussetzungen der nationalsozialistischen Geschichtsauffassung" hielt.[230] Zusammen mit Alfred Pudelko vom Zentralinstitut verfaßte er das 1939 erschienene Buch „Unseres Volkes Schicksalsweg".

Zu den bedeutenderen Funktionären des NSLB als Gaufachschaftsleiter und Herausgeber der NSLB-Zeitschrift „Die Volksschule" gehört **Herbert Freudenthal**. Er war einer jener Historiker, die Geschichte und Rassenbiologie miteinander verknüpfen wollten, ohne dies jemals zu einem systematischen Konzept auszuarbeiten. Was Freudenthal in seinen Schriften verbreitete, bewegte sich eher in den Bahnen Kriecks und ging kaum über eine Paraphrasierung Hitlerscher Einsichten hinaus. Vor dem NSLB hielt er 1935 einen Vortrag über „Adolf Hitlers ‚Kampf' als politische Volkskunde der Gegenwart auf rassischer Grundlage".[231] Freudenthals Sprache war vergleichsweise gemäßigt, er war gleichwohl ein „Blut-und-Boden-Theoretiker", für den Rasse, Volkstum und Heimat die grundlegenden Koordinaten der Pädagogik waren, zusammengehalten durch den „inhaltlich erfüllten Glauben an die vorwiegend nordisch-germanisch bestimmte Herrenrasse". „Volkstum" definierte Freudenthal als

---

229 Biographische Daten und Materialien: BDC A 506; BDC Ahnenerbe B 268, BDC B 511, BDC NSLB-Listen 103; Heiber, Universität unterm Hakenkreuz, Bd. I, S. 434ff.; Ute Deichmann, Biologen unter Hitler (1992), S. 289ff.
230 BDC Diverses; BDC PK 6401.
231 Jahresbericht der HfL Hirschberg 1935/36.

„durch Boden und Geschichte geprägte Rasse".[232] Freudenthal wurde 1894 als Sohn eines Seemanns in Hamburg geboren, besuchte dort die Volksschule und das Lehrerseminar, nahm dann als Kriegsfreiwilliger und Leutnant der Reserve am Ersten Weltkrieg teil und arbeitete nach dem Krieg als Volksschullehrer in Hamburg. Nebenher studierte er – zunächst als Gasthörer, bis er die Reifeprüfung nachgeholt hatte – Volkskunde, Geschichte und Pädagogik und promovierte 1927/28 mit einer volkskundlichen Dissertation an der Universität Hamburg. Er arbeitete dann zwei Jahre als wissenschaftlicher Rat am Institut für Lehrerfortbildung in Hamburg, bis er 1929 als Professor für Geschichte und Staatsbürgerkunde an die Pädagogische Akademie Kiel berufen wurde. 1934 ging er an die HfL Halle, nach deren Verlegung nach Hirschberg im Riesengebirge wechselte er dorthin über und wurde zugleich Direktor der HfL Hirschberg, als Professor zuständig für Volkskunde und Methodik des Geschichtsunterrichts. Dort blieb er bis zum Ende des Krieges, zuletzt als Leiter der LBA Hirschfeld. Nach der Entnazifizierung arbeitete er als Lehrer an Hamburger Schulen. Freudenthals Biographie ist in gewisser Weise die typische Biographie eines HfL-Professors, in beruflicher wie politischer Hinsicht: aus kleinen Verhältnissen stammend, über die seminaristische Bildung, das Volksschullehreramt und die nachgeholte Reifeprüfung zum Studium, von dort über die Promotion in die akademische Lehrerbildung gelangt, im Dritten Reich als politisch verläßlich ins Professorenamt übernommen. Vor 1933 scheint Freudenthal politisch allerdings nicht in Erscheinung getreten zu sein. Am 1. Mai 1933 wird er in die NSDAP, kurz darauf in den NSLB aufgenommen. Im NSLB wurde er Leiter der Fachgruppe „Lehrer an Volksschulen" in der Gauwaltung Schlesien. Er war außerdem Herausgeber der NSLB-Zeitschrift „Die Volksschule", Organ der Fachschaft Volksschulen, und leitete Schulungslager des Zentralinstituts für Erziehung und Unterricht in Berlin. Politisch engagierte sich Freudenthal, wie viele Lehrerbildner, besonders bei der SA. Als Direktor und Dozentenbundsführer in Hirschberg war er bestrebt, aus der HfL eine SA-Musterhochschule zu machen. Die Hirschberger HfL war eine hochgradig politisierte Hochschule, von Anfang an als „Grenzlandhochschule" zur Befestigung des deutschen Volkstums im Osten geplant. Von hier aus unternahm man mit den Studenten „Grenzlandfahrten". Während des Krieges wurde Hirschberg ein Zentrum für die Ausbildung von Schulhelfern und -helferinnen, die in den besetzten polnischen Gebieten zum Einsatz kamen. Freudenthal war ein begeisterter Anhänger der Krieckschen Idee, die Lehrerbildung im Boden und in der Landschaft zu verankern und „wiederzuverwurzeln". Die Jugend müsse fest im heimischen Boden verwurzelt werden, um allen fremden Einflüssen widerstehen zu können, die Erneuerung des Volkes müsse daher von den Landschulen ausgehen.[233] Die Landschulen im Grenzland stünden dabei an vorderster Front. Zu den vordringlichen Aufgaben der Lehrerbildung gehörte deshalb für ihn „die Inangriffnahme wissenschaftlicher Arbeiten im Rahmen der Landesplanung und auf den Forschungsgebieten der heimatgebundenen Rassen- und Volkskunde, des Naturschutzes usw., ferner der Land- und Fabrikdienst der Studentenschaft, die Grenzlandarbeit, die Singefahrten".[234] Die Studenten erhielten in Hirschberg eine paramilitärische Ausbildung und gehörten automatisch dem eigens gebildeten SA-Hochschulsturm „Jägerstandarte 5" an, dessen Führer Freudenthal war. Freudenthal selbst war SA-Hauptsturmführer und brachte es gegen Kriegsende

---

232 Die deutsche Volksschule (1938), S. 135.
233 Ebd., S. 143 und 137.
234 Freudenthal 1937, in: Gamm (1990), S. 222f. – Zur „Grenzlandpädagogik" siehe auch Harten, De-Kulturation (1996), S. 54ff.

bis zum Sturmbannführer. Die SA ehrte ihn für seine literarischen Leistungen mit ihrem Kulturpreis.[235]

Eine ähnliche Rolle wie Freudenthal für die Volkskunde spielte **Bernhard Iversen** für die Musikpädagogik im NSLB. Iversen verfaßte einige kleinere unspektakuläre rassenpädagogische Beiträge zur Musikerziehung. Er wurde 1881 als Sohn eines Volksschullehrers und Organisten in Munkbrarup bei Flensburg geboren und absolvierte den klassischen Bildungsweg des künftigen Lehrerbildners: Volksschule, Präparandenanstalt, (evangelisches) Lehrerseminar, Volksschullehrerdienst. Von 1908 bis 1926 war Iversen Seminarmusiklehrer in Rendsburg und übte nebenher, wie schon sein Vater, das Amt eines Organisten und Chorleiters aus. 1926 wurde er als Dozent für Musik an die Pädagogische Akademie Kiel berufen, 1927 zum Professor ernannt, von 1933 bis 1941 war er Professor für Musikerziehung an der HfL Kiel. Iversen trat 1933 in die NSDAP, den NSLB und die SA ein, offenbar entschlossen, alle Erwartungen zu erfüllen, die an einen HfL-Professor gestellt wurden. Im NSLB wurde er Gausachbearbeiter für Musikerziehung und Mitarbeiter der Zeitschrift „Neue Wege", der Zeitschrift der Reichsfachschaft „Lehrer an Volksschulen", 1935 wurde er Schriftleiter für Musische Erziehung der NSLB-Zeitschrift „Kunst und Jugend". Daneben war er Referent für Volksmusik in der NS-Kulturgemeinde Kiel und Leiter von Schulungslagern für Musiklehrer. Nach der Schließung der Kieler Hochschule wurde er zunächst an die HfL Hamburg, dann an die LBA Hannover abgeordnet, kehrte dann aber 1943 wieder nach Kiel zurück, wo er als kommissarischer Aufsichtsbeamter über die Lehrerbildungsanstalten Schleswig-Holsteins in der Bildungsverwaltung eingesetzt wurde. 1944 leitete er noch den Reichslehrgang für Musik in Lunden. Nach der Entlassung durch die britische Militärregierung starb Iversen 1947 an den Folgen einer Operation.[236]

Waren die bisher Genannten Professoren der Lehrerbildung, so wollen wir an den folgenden Beispielen illustrieren, welche herausragende Rolle Lehrer auf der regionalen Ebene in der nationalsozialistischen Schulungsarbeit spielten.[237] So etwa **Richard Geuss**, 1905 in Coburg geboren. Er war Volks- und Mittelschullehrer in Oberfranken und wurde 1936 Lehrer an der Übungsschule der HfL Bayreuth. Am 1. Januar 1930 trat er der NSDAP und im gleichen Jahr noch dem NSLB bei. Er war Ortsgruppenführer, wurde Gaustellenleiter im Schulungsamt der NSDAP Gau Bayerische Ostmark und trat als Gauredner für die Partei auf. Später wurde er Kreisfachschafts- und Schulungsleiter im NSLB. Geuss war evangelisch, trat aber später aus der Kirche aus und wurde „deutschgläubig".[238] Er verfaßte u. a. ein Buch über „rassenseelische Grundlagen der Erziehung", das 1940 in der von ihm selbst herausgegebenen Reihe „Schule im Gestaltenkampf" erschien, und einige weitere rassenpädagogische Abhandlungen, die sich stark an Rosenberg anlehnten. Die nordische Rasse hielt er für „die Menschenrasse, die den Sinn des Lebens am vollkommensten erfüllt und damit zur Führung bestimmt ist".

---

235 Vermutlich für das Buch „Vermächtnis an der Front. Ein Nachtgespräch vom Kriege" (1940). – Biographische Daten: Hesse, Professoren und Dozenten (1995), S. 291f.; BDC SA; BDC 2101 RKK S II.

236 Hesse, Professoren und Dozenten (1995), S. 390f.; Gutzmann, Von der Hochschule für Lehrerbildung zur Lehrerbildungsanstalt (2000), S. 492.

237 Nach Zahlen für 1934 waren 48,8 % der Beamten, die als Kreisleiter für die NSDAP arbeiteten, Lehrer: Lamberti, German Schoolteachers (2001), S. 53.

238 BDC NSLB-Listen 54; RKK 2100/104/9; PK 3421.

Erziehung begriff er als eine Teilaufgabe der „nationalsozialistischen Revolution", nämlich „alle Lebensgebiete bis in ihre Gründe artgemäß auszurichten" und die Kinder der „arteigenen Wertwelt" gemäß zu bilden; entsprechend gelte es, alle „artfremden Fehlentwicklungen auszumerzen".[239] Geuss bereicherte die nationalsozialistischen Theorien über den Bolschewismus mit der originellen Behauptung, die Juden hätten in Rußland das Alkoholmonopol gehabt, und in ihrer Geldgier hätten sie die Russen so lange alkoholisiert, bis diese für die „Schlachtmesser der Bolschewiken" reif gewesen wären.[240]

Noch früher als Geuss hatte sich **Johannes Döring** der nationalsozialistischen Bewegung angeschlossen. Er verfaßte eine kleine Abhandlung über die „Entwicklung des rassischen Denkens im Geschichtsunterricht der Volksschule" und stützte sich, wie Geuss, vor allem auf Rosenberg. Döring wurde 1905, also im gleichen Jahr wie Geuss, in Chemnitz geboren, sein Vater war Kaufmann. Er besuchte das Lehrerseminar im sächsischen Frankenberg und wurde Volksschullehrer, studierte dann aber noch am Pädagogischen Institut in Leipzig und wurde dort 1933 Assistent. 1935 wurde er Sachbearbeiter für Lehrerbildung im Ministerium für Volksbildung und organisierte die Umwandlung des Pädagogischen Instituts in eine Hochschule für Lehrerbildung. Er wurde aber nicht Dozent, sondern (1936) Volksschulrektor. Auch Döring trat aus der evangelischen Kirche aus und wurde 1933 gottgläubig. Er gehörte bereits mit 17 Jahren dem Jungnationalen Bund an und trat 1926 der NSDAP bei, war daher auch Ehrenzeichenträger der Partei. Seit 1930 war er beim NSLB und wurde dort Gutachter für Methodik des Geschichtsunterrichts und Geschichtsschulbücher. 1932/33 war Döring weltanschaulicher Leiter der SA-Führerschule in Dresden. Döring war Gauredner, wurde 1933 stellvertretender Kreisschulungsleiter in Leipzig und 1936 Stellenleiter im Gauschulungsamt.[241]

Den Gottgläubigen schloß sich auch der vormals katholische **Friedrich Mettenleiter** an, Autor der Schrift „Alaf sig arna. Alles Heil dem Artbewußten", ein „Jugendbuch für Rasse- und Vererbungslehre, Ahnen- und Bevölkerungskunde in Erlebnissen", zu dem er auch eine Schulausgabe verfaßte. Das Buch war in einem derart platten Stil verfaßt, daß es sogar von den Experten des Amts Rosenberg abgelehnt wurde. Trotzdem fand es 1938 Eingang in die offizielle Nationalsozialistische Bibliographie, mit der Begründung, es sei das erste Jugendbuch, „das die Fragen der Rassenkunde und Rassengeschichte des deutschen Volkes den Schülern in künstlerisch-kindertümlicher Form als Erlebnis nahezubringen sucht".[242] Mettenleiter schrieb daneben eine Reihe von Leseheften zur deutschen Nationalgeschichte, für den weltanschaulichen Unterricht und zur Heimatkunde und betätigte sich schriftstellerisch mit Artikeln und Erzählungen für Zeitungen, als Romanautor und als Hörspielautor für den Rundfunk; er veröffentlichte auch nach 1945 noch Jugendbücher. Mettenleiter wurde 1897 in Fulgenstadt bei Saulgau in Oberschwaben geboren, sein Vater war Lehrer, und Mettenleiter schlug die gleiche Laufbahn ein, besuchte die Präparandenanstalt und das Lehrerseminar in Saulgau, nahm für einige Monate am Ersten Weltkrieg teil, wurde aber wegen Kriegsuntauglichkeit zum Schul-

---

239 Rassenseelische Grundlagen der Erziehung (1940), S. 10ff.

240 Arbeitshilfen zu einem völkisch-politischen Lehrgut (1939), S. 95f.

241 BDC PK 2004; NSLB-Listen 33; RKK 2100/60/8.

242 Zit. nach U. Nassen, Jugend, Buch und Konjunktur (1987), S. 80. Zu Mettenleiters Jugendbuch siehe auch H. J. Markmann, Rassenlehre im NS-Jugendbuch (1987).

dienst beordert und arbeitete danach als Lehrer an verschiedenen Volksschulen im Ober-
schwäbischen, zuletzt (1935) als Schulleiter in Achstetten. Er scheint ein etwas impulsiver
Lehrer gewesen zu sein, denn er hatte während des Dritten Reichs einen Gerichtsprozeß
wegen Körperverletzung – ein Mädchen verlor zwei Schneidezähne, als Mettenleiter sie gegen
die Tafel stieß. Mettenleiter gehörte von 1926 bis 1929 dem Zentrum an, sei dann aber, wie er
später schrieb, „öffentlich ausgetreten", habe das Zentrum seitdem bekämpft und sich immer
mehr dem Nationalsozialismus angenähert. Im März 1933 trat er der NSDAP und dem
NSLB bei, wurde Mitglied der SA und übernahm zunehmend auch politische und pädagogische Aufgaben: Stützpunktleiter, Kreisredner, Kreisfunkwart, stellvertretender Ortsgruppenleiter und Propagandawart, Schulungsleiter in der NSDAP und Kreisschulungswalter im
NSLB. Nebenher betätigte er sich schriftstellerisch und verfaßte Rundfunkbeiträge und Artikel für lokale und regionale Zeitungen sowie für die Schülerzeitung des NSLB „Hilf mit!".
1939 verließ er die katholische Kirche und nannte sich fortan „arisch-gottgläubig".[243] Mettenleiter gehörte zu jenen, die im Nationalsozialismus einen weltanschaulichen Religionsersatz
suchten wie ihn Rosenberg etwa anbot.

Einige Autoren engagierten sich nicht nur im NSLB, sondern übernahmen darüber hinaus
Aufgaben und Ämter in der NSDAP. Dies gilt zum Beispiel für **Gustav Bub**, der mehrere reli-
gionspädagogische Schriften zur nordischen Seele beisteuerte. Bub konstruierte einen Gegensatz zwischen dem „jüdischen" und dem „nordisch-heldischen Jesus" und entwickelte, ähnlich
wie Clauss, aber vor allem gestützt auf Rosenberg, eine Entfremdungstheorie, derzufolge die
nordische Seele erst zu sich selbst komme, wenn sie die jüdisch-religiösen Anteile, die die Kirche immer mitgeschleppt habe, ausstoßen werde. Bub war 1889 als Sohn eines Badermeisters
geboren worden. Er besuchte das Gymnasium in Nürnberg und studierte, nachdem er für
kurze Zeit als landwirtschaftlicher Praktikant auf einem bayerischen Staatsgut gearbeitet
hatte, evangelische Theologie, Geschichte und Germanistik in Erlangen und promovierte dort
1924 mit einer geschichtlichen Arbeit. Den Ersten Weltkrieg hatte er als Feldgeistlicher mitgemacht. Bis 1938 arbeitete er als Religionslehrer in Nürnberg; dann entschloß er sich, die Kirche zu verlassen, wechselte ins nationalsozialistisch-weltanschauliche Fach und erteilte seither
nationalpolitischen Unterricht an Höheren Schulen in Nürnberg. Gleichzeitig war er – von
1925 bis 1935 – Dozent für Geschichte und Heimatgeschichte an der Nürnberger Volkshochschule und ihrer Nachfolgerin, dem „Bildungssaal für Deutsches Volkstum und deutsche Kultur". Bub muß lange mit sich gerungen haben, bevor er aus der Kirche austrat, denn seine
völkische Weltanschauung hatte sich schon früh herausgebildet. Nach einer kurzen Zeit der
Mitgliedschaft bei der Bayerischen Mittelpartei schloß er sich bereits 1919 der vaterländischen Bewegung und verschiedenen Wehrverbänden an. 1930 wurde er Mitglied im Stahlhelm
und engagierte sich dort als Redner und Schulungsleiter. Als der Stahlhelm in der SA aufging,
setzte er seine Arbeit dort fort; 1934 wechselte er zur SS und betätigte sich dort als weltanschaulicher Referent einer SS-Brigade. Der NSDAP und dem NSLB trat Bub 1933 bei. Er
arbeitete zunächst als Schulungsredner und Presseamtsleiter der NSDAP im Kreis Nürnberg
und wurde 1942 schließlich Gaustellenleiter im Hauptschulungsamt der Partei. An Bubs Entwicklung läßt sich eine fortschreitende nationalsozialistische Politisierung ablesen, die eng mit
seiner weltanschaulich-religiösen Entwicklung verbunden, aber von Anfang an völkisch fun-

---

243 BDC Diverses; RKK 2100/269/15; NSLB-Listen 114.

diert war: vom evangelischen Religionslehrer mit deutschnationaler Orientierung zum nationalpolitischen Lehrer und nationalsozialistischen Schulungsleiter.[244]

Ebenfalls in Nürnberg wirkte **Fritz Fink** als Lehrer und Schulungsleiter. Er war Autor eines jener als antisemitische Hetzschrift angelegten Unterrichtsbücher zur „Judenfrage". Darin schlug er unter anderem vor, die Schüler mögen „Judenmerkhefte" führen, in die sie alles eintragen sollten, was ihnen tagtäglich bezüglich der Juden auffiel. Sein Buch traf auf große Resonanz und wurde mit zahlreichen positiven Besprechungen und Empfehlungen in Lehrerzeitschriften sowie im „Stürmer" bedacht, für den Fink auch selber Beiträge verfaßte.[245] Auch Fink verließ die Kirche und wurde „gottgläubig". Er kam 1897 in Nersingen bei Ulm zur Welt, besuchte die Volksschule, das Gymnasium und die Lehrerbildungsanstalt und arbeitete von 1919 bis 1934 als Volksschullehrer. Fink gehört zu jenen alten Genossen, die nach 1933 mit einem sozialen Aufstieg belohnt wurden: 1934 Berufsschuldirektor in Nürnberg, 1935 Stadtrat, schließlich hauptamtlicher Stadtschulrat; er übte sein Amt übrigens bis 1947 aus. Parallel zu seinem beruflichen Aufstieg wuchs sein Status in der Partei: Er war 1930 der NSDAP beigetreten und arbeitete bis 1934 als Gauredner und Gaupressewalter der Partei, von 1934 bis 1940 war er als Gauamtsleiter für die Gauschulungsarbeit zuständig, d. h. für die Schulung politischer Leiter und Schulungsredner (Hauptthemen der Schulungsarbeit waren die Judenfrage, der Bolschewismus, die weltpolitische Lage und „Deutscher Sozialismus"). Fink gehörte auch dem Rednerstab der Reichspropagandaleitung an. Parallel dazu übernahm er Schulungsaufgaben in der SA und stieg zum Sturmbannführer (1937) und schließlich Standartenführer (1943) auf.[246]

Einige Autoren arbeiteten im Hauptschulungsamt der NSDAP-Reichsleitung. Zu ihnen gehört **Horand Horsa Schacht**, ein Experte für „Grenzlandkunde und Judenfragen". Schachts große Obsession war der Kampf gegen Bolschewismus und Judentum. Hinter allen Bedrohungen witterte er die große Weltverschwörung – die Verschwörung der „jüdischen Blutbestie des Bolschewismus". In Rußland hätte eine zumeist jüdische Verbrecher- und Untermenschenschicht die Macht an sich gerissen, und inzwischen stünde der Todfeind schon mitten in Europa: Es fange mit Paneuropawahn, Humanitätsduselei und Rassenmischung an und ende mit der Sklaverei im Dienste jüdischer Bankherrschaft und jüdischer Blutgier. Die Bolschewisten, phantasierte er 1937 in einem wirren Buch, würden schon die deutschen Äcker aufteilen, ein russisches Großflugzeug sei bereits gelandet, und die Insassen hätten mit den örtlichen jüdischen Agenten der Sowjets gefeiert. Der Bolschewismus sei der Todfeind jedes Volkstums, seine Abwehr aber nur aus volkstumsbewußtem Geist möglich: Verbrecher widerlege man nicht, man vernichte sie.[247]

Horand Horsa Schacht kam 1908 als Sohn eines Lehrers in Altona zur Welt, gehörte also schon zur „Kriegskindheitsgeneration". Als sein Vater Berufsschuldirektor in Erfurt wurde, zog die Familie dorthin um. Schacht ging in Erfurt zur Schule, machte dort das Abitur und

---

244 BDC Partei-Kanzlei 1486; RKK 2100/36/14.

245 Der „Stürmer" veröffentlichte mehrere begeisterte Besprechungen von Pädagogen, z. B. in Nr. 42, 44 und 47/1937.

246 BDC PK 2734; SA 0219061532.

247 Lage und Aufgabe des deutschen Volkstumskampfes (1937); Gegen den bolschewistischen Todfeind (1937).

begann 1926 mit dem Studium der Geschichte und Geographie, das er 1929 mit der Promotion an der Universität Halle-Wittenberg abschloß. Er arbeitete danach als Studienreferendar und -assessor für Erdkunde, Geschichte und Deutsch u. a. an den Franckeschen Anstalten in Halle. Nebenher unterrichtete er auch als Dozent an der Volkshochschule in Halle, wurde aber schon bald, 1934, als Dozent an die HfL Dortmund berufen, zuständig für geschichtliche und nationalpolitische Erziehung sowie Grenzlandkunde und Bevölkerungs- und Judenfragen. Nach einem kurzen Zwischenspiel 1938 an der HfL Saarbrücken nahm er am Krieg teil, wurde 1940 zum Leutnant ernannt und arbeitete seit Ende 1940 hauptamtlich in der Reichsleitung der NSDAP. Nach dem Krieg verbrachte er drei Jahre in amerikanischer Kriegsgefangenschaft. 1951 erhielt er wieder eine Anstellung als Lehrer, später wurde er Oberstudienrat und stellvertretender Schulleiter in Schleswig, in den 60er Jahren lebte er als Studiendirektor in Erlangen. Schachts Leben weist bis 1945 eine makellose völkisch-nationalsozialistische Biographie auf. Mit 21 Jahren trat er bereits dem Kampfbund für deutsche Kultur und dem Verein für das Deutschtum im Ausland (VDA) bei, 1930 wurde er Mitglied der NSDAP (er trat allerdings 1931 wieder aus und 1933 erneut ein). Als „Grenzlandkundler" spielte Schacht eine wichtige Rolle im VDA. Er war dort zunächst Vorsitzender der Ortsgruppe Halle und Mitglied des Hauptausschusses, 1937 wurde er zur „Erledigung von Sonderaufgaben", vor allem Schulungsarbeiten, in die westfälische Landesleitung berufen. In Halle war Schacht für kurze Zeit auch Leiter des Ende 1933 gegründeten Grenz- und Auslandsdeutschen Instituts gewesen, das gemeinsam von Universität und Stadt Halle, NSDAP-Gauleitung und VDA getragen wurde. Die weiteren politischen Mitgliedschaften und Aktivitäten listen wir nur summarisch auf: HJ, SA-Sturmmann, Gau-Fachschaftsleiter für höhere Schulen und Gausachbearbeiter für Geschichte im NSLB, Gaudozentenbundführer und Leiter der Hauptstelle für politische Erziehung im NS-Dozentenbund Gau Westfalen-Süd, Mitglied in der NSDAP-Gauleitung in Bochum. 1940 wurde Schacht „uk." gestellt, vom Hochschuldienst beurlaubt und als bewährter Schulungsexperte zur Reichsorganisationsleitung der NSDAP ins Braune Haus nach München abgeordnet. Hier arbeitete er während der Kriegsjahre als Amtsleiter im Hauptschulungsamt der Partei, zuständig für „redaktionelle Schulungsmittel" und in dieser Funktion Schriftleiter der NSDAP-Zeitschriften „Der Schulungsbrief" und „Der Hoheitsträger" sowie Herausgeber von „Grundschulungsbriefen" für NS-Führungsoffiziere.[248]

Im Hauptschulungsamt der Reichsleitung arbeitete auch **Hans Karl Leistritz**. Er wurde 1909 als Sohn eines Schulrektors in Schlesien geboren, gehörte also der gleichen Generation wie Schacht an. Leistritz ist einer der wenigen Nicht-Pädagogen in diesem Abschnitt. Nach dem Abitur am Realgymnasium Königswusterhausen 1927 studierte er Jura und promovierte 1935 zum Dr. jur. an der Universität Frankfurt; für die Promotion hatte er ein Stipendium vom Reichserziehungsministerium erhalten. Leistritz arbeitete zunächst als Lektor bei einem Berliner Wirtschaftsverlag, wurde aber bald hauptamtlicher Mitarbeiter in der Reichsorganisationsleitung der NSDAP. Dort leitete er das Amt für Schulungsbriefe, gleichzeitig war er Hauptschriftleiter der von Baeumler herausgegebenen Zeitschrift „Weltanschauung und Schule". Leistritz war der Partei erst 1933 beigetreten, muß aber sehr schnell aktiv geworden sein, denn noch im gleichen Jahr fungierte er als Leiter des Amtes für Leibeserziehung im

---

248 Hesse, Professoren und Dozenten (1995), S. 636f.; BDC Diverses, BDC 147; BBF Personalakten
      A Höheres Lehramt.

Hauptamt Politische Erziehung der Deutschen Studentenschaft und war Mitglied im SA-Hochschulsturm. Zuvor war er bereits Mitglied im völkischen Akademischen Turnbund gewesen.[249] An seiner Arbeit im Hauptschulungsamt kam 1938 Kritik von seiten Baeumlers und des Amts Rosenberg auf, die dazu führte, daß er die Schriftleitung von „Weltanschauung und Schule" aufgeben mußte. Baeumler war sowohl mit seiner redaktionellen Arbeit als auch seiner weltanschaulichen Orientierung nicht einverstanden und wollte zudem lieber einen Schulpraktiker an dieser Stelle haben.[250] Im Amt Rosenberg war man mit der Publikationstätigkeit des Amts für Schulungsbriefe unzufrieden. Leistritz blieb dennoch bis zum Ende des Krieges im Hauptschulungsamt, wurde aber ins Amt für theoretische Schulung versetzt.[251] Während des Krieges wurde er zeitweise für Verwaltungsgeschäfte nach Norwegen abkommandiert, war an der Ostfront, wurde aber 1943 wieder als Abschnittsleiter im Hauptschulungsamt eingesetzt und zum „Reichsschulungsredner" ernannt. Er bekam noch vom Hauptschulungsamt den Auftrag, ein Programm für „antibolschewistische" Schulungen[252] zu erarbeiten und entwickelte, wie er selbst formulierte, ein „neues Lehrgerät zwischen Tonfilm und Lichtbildervortrag". Noch im Januar 1945 erhielt er dafür den Rang eines Amtsleiters mit einem Korrespondenzbüro „Neue Welt". Nach dem Krieg hoffte er, damit noch bei der amerikanischen Besatzungsbehörde reüssieren zu können: „Nachdem nun die US-Politik der Politik der UdSSR gegenüber durch die Londoner Konferenz eindeutig als antibolschewistisch erkenntlich war, entschloss ich mich, meine Erfahrungen und insbesondere mein in antibolschewistischem Einsatz bewährtes Lehrgerät dem US-Hauptquartier in Frankfurt a. M. zu Verfügung zu stellen." So seine Einlassung im Entnazifizierungsverfahren 1948. Leistritz, der 1938 in einem Beitrag für den „Deutschen Erzieher" den „zerstörerischen Weltkampf" der Juden anprangerte, zum Rassenkampf gegen die Juden aufrief und ihnen jedes Verhältnis zu körperlicher und wertschaffender Arbeit absprach, besuchte während des Krieges auch das Warschauer Ghetto. Während der Vernehmung berichtete er 1948: „Ich wußte, daß die Juden im Ghetto leben mußten. In Warschau hatte ich den Eindruck, daß das Ghetto schon seit längerer Zeit bestand, also nicht erst von den Deutschen eingerichtet worden war." Auch das KZ Sachsenhausen hatte er besucht, hätte dort aber alles sauber und ordentlich gefunden. Das Verfahren gegen ihn wurde Ende 1948 eingestellt.[253]

Mit Leistritz und Schacht arbeiteten zwei ausgewiesene antisemitische Experten im Hauptschulungsamt der NSDAP. Leistritz' Qualifikationen werden mehr im Organisatorischen gelegen haben, während Schacht als Hochschullehrer und Historiker mehr fürs Konzeptionelle zuständig gewesen sein dürfte.

Schließen wir diese Reihe mit der Biographie eines Schulungsfunktionärs der Hitlerjugend, **Anton Plügel**, ab. Plügel wurde 1913 in Wien geboren und gehört damit schon fast der Nach-

---

249 H. Bernett, Untersuchungen zur Zeitgeschichte des Sports (1973).

250 Horn, Pädagogische Zeitschriften im Nationalsozialismus (1996), S. 329 f.

251 Das Hauptschulungsamt der NSDAP war in fünf Ämter untergliedert: das Amt für theoretische Schulung, für aktive Schulung, für Einberufung, für Verwaltung und für Schulungsbriefe. Ihnen entsprachen jeweils Hauptstellen in den Gauschulungsämtern. Es brachte den „Schulungsbrief" heraus, für den eine ganze Reihe unserer Autoren Beiträge lieferten.

252 1944 brachte das Hauptschulungsamt der Reichsorganisationsleitung der NSDAP sein Werk „Marxismus und Bolschewismus" heraus.

253 BDC PK 7241; BA Koblenz, Z 42 IV/1826, Leistritz.

kriegsgeneration an. 1933 war er erst 20 Jahre alt, spielte aber bereits eine bedeutende Rolle in der nationalsozialistischen Bewegung Österreichs. Plügel war kein Pädagoge, sondern studierte Anthropologie und Ethnologie, 1930 hatte er bereits eine Stelle als wissenschaftlicher Hilfsreferent am Völkerkundemuseum in Wien. Nach der Machtübernahme der Nationalsozialisten in Berlin zog es ihn ins „Reich": Von 1935 bis 1938 arbeitete er als Programmreferent beim Reichsrundfunk in Berlin. Danach kehrte er für kurze Zeit nach Wien zurück und promovierte dort 1939. 1940 wurde er als Referent für Museumsangelegenheiten, Bücherei und Schulfilm in der Abteilung Schulwesen beim Chef des Distrikts Krakau eingestellt, im darauffolgenden Jahr wurde er als Ethnologe Mitarbeiter in der Sektion „Rassen- und Volkstumsforschung" beim Institut für deutsche Ostarbeit in Krakau, 1942 war er bereits zum stellvertretenden Leiter der Sektion avanciert. Plügel erstellte dort demographische Karten über das Generalgouvernement; er befaßte sich mit der anthropologischen Struktur der „Ostrassen" und behauptete für das Generalgouvernement eine minderwertige Variante der ostischen Rasse, um eine deutliche Trennlinie zwischen den „ostischen Rassetypen" in Deutschland und Polen zu ziehen. Das „Blut des Ostrassenkreises" weise durch einen „hohen Anteil von Grob- und Primitivformen eine stark abwertige Prägung" auf: „Die gesamte Zucht dieses Raumes ist durch lange Zeit vollkommen schief gelaufen und auf ein unheroisches Ideal gestellt worden."[254] Plügels Biographie ist ein gutes Beispiel für das Nebeneinander von „wissenschaftlicher Rationalität", die sich auch in einer nüchternen, von Rosenbergscher Metaphysik weit entfernten Sprache ausdrückte, zielgerichteter Karriereorientierung und einem entschlossenen und radikalen politischen Einsatz, wie es für viele Nationalsozialisten seiner Generation charakteristisch war. Er wurde schon in der Jugend politisch aktiv, mit 15 war er Schulgruppenführer im Deutschen Mittelschüler-Bund in Wien, mit 17 schloß er sich der nationalsozialistischen Bewegung an, 1932, als 19jähriger, war er Mitbegründer der NSDAP-Ortsgruppe Brünn und wurde Ortsgruppenleiter und Bezirksredner. Während er am Wiener Volkskundemuseum arbeitete, trat er in die HJ ein und stieg dort rasch vom Standortführer zum BannSchulungsleiter und (1933) Oberbannschulungsleiter auf. Nach dem Parteiverbot war er weiterhin aktiver HJ-Führer für Niederösterreich, ging dann aber ins Deutsche Reich, um dort im Winter 1934 Auslandsrundfunkreferent und schließlich Hauptreferent in der Reichsjugendführung zu werden. In Krakau setzte er seine Schulungsarbeit unermüdlich fort und wurde Standortschulungsleiter der NSDAP. Während all dieser Jahre arbeitete er weiterhin an wissenschaftlichen Vorhaben, promovierte zwischendurch, beschäftigte sich u. a. mit „mathematischen Methoden in der Anthropologie" und begann sich systematisch mit dem „Ostrassenkreis" zu beschäftigen, fest das Ziel der Habilitation und eine Universitätskarriere im Auge. Trotzdem war Plügel als besonders junger „alter Kämpfer" und Träger des Goldenen Ehrenzeichens der HJ alles andere als ein Opportunist.[255]

---

254   Rassen und Volkstümer des Generalgouvernements (1942). Siehe hierzu auch Harten, De-Kulturation (1996), S. 135f.

255   BDC 280. Biographische Hinweise auch bei U. Michel, Ethnopolitische Reorganisationsforschung am Institut für Deutsche Ostarbeit in Krakau (2000).

3.3   Im Dienste der rassenpolitischen Propagandaarbeit

Eine Reihe von Autoren stellten sich in den Dienst der parteipolitischen Propagandaarbeit. Der Gehalt ihrer Beiträge lag in der Regel noch unter dem Niveau der didaktischen Texte. Die meisten dieser Autoren waren Lehrer mit geisteswissenschaftlicher Bildung und einer frühen völkisch-nationalsozialistischen Orientierung. So zum Beispiel **Otto Losch**. Er wurde 1907 in Litauen geboren, legte 1926 das Abitur in Königsberg ab, studierte anschließend Deutsch, Geschichte und Geographie und promovierte 1931 mit einer wirtschaftsgeographischen Dissertation über Litauen. 1933 absolvierte er noch die Mittelschullehrerprüfung und erhielt anschließend eine Stelle als akademischer Mittelschullehrer in Königsberg. Daneben arbeitete er als Lehrer an einer Heeresfachschule. Losch betätigte sich schon früh schriftstellerisch mit Zeitungs- und Rundfunkbeiträgen, schrieb Aufsätze und Gedichte in Heimatkalendern und arbeitete regelmäßig in der NSLB-Presse für Ostpreußen mit. Er war seit 1929 in der nationalsozialistischen Studentenschaft aktiv, war 1930 Mitglied einer NS-Zelle, trat aber erst 1933 der Partei und dem NSLB bei. Er wurde Blockwart und Schriftwart, Ortsgruppenschulungsleiter, Gaustellenleiter für Presse und Propaganda im Amt für Erzieher sowie Leiter des „Kreisrings für nationalsozialistische Volksaufklärung und Propaganda" im Kreis Saamland. Darüber hinaus war er förderndes Mitglied der SS und Mitglied des BDO. Losch qualifizierte sich zum Propagandaredner durch die Teilnahme an Lehrgängen auf der Reichsschulungsburg Hirschfeld und an der Reichs-Rednerschule der Reichspropagandaleitung. Er verfaßte 1936 einen Beitrag über die rassenpolitischen Aufgaben der Mittelschule und arbeitete an Walther Gehls rassistischem, hochgradig antisemitischem Geschichtsbuch für Mittelschulen mit.[256]

Ebenfalls Mittelschullehrer war **Walter Schöler**. Er veröffentlichte einen Aufsatz mit dem Titel „Das Weltjudentum – der Weltfeind!" in der Mecklenburgischen Schulzeitung (1935). Darin bezeichnete er die Juden als „unterwertiges Rassengemisch", „Abschaum der Menschheit" und „Verbrecherseelen ohne nordische Aktivität". Erziehung zum Antisemitismus sei eine Aufgabe, der sich alle Fächer stellen müßten, am besten zu Beginn und am Ende jeder Unterrichtsstunde. Im Unterricht müsse auch der alltägliche Antisemitismus behandelt und etwa der Boykott jüdischer Läden und andere antijüdische Maßnahmen begründet werden. Schöler wurde 1904 in Bernitt, Kreis Güstrow geboren. Nach dem Besuch verschiedener Lehrerbildungsanstalten legte er 1930 in Rostock die Mittelschullehrerprüfung ab und fand danach eine Stelle als Mittelschullehrer in Wismar, später in Parchim. Schöler trat bereits im Dezember 1931 der NSDAP und kurz darauf dem NSLB bei. 1932 betätigte er sich als Ortsgruppenpropagandaleiter und Kreisschulungsleiter, 1934 wurde er Ortsgruppenleiter. 1933 war er zum Gauredner ernannt worden, daneben bekleidete er das Amt eines Kreisleiters in der nationalsozialistischen Beamtenorganisation und war Leiter des Amtes für Ausbildung im Kreis Wismar.[257]

An der Propagandaarbeit der NSDAP beteiligte sich auch **Paul Malthan**, Studienrat in Offenburg. Malthan wirkte an dem von Dietrich Klagges und Walter Franke herausgegebenen Schulbuch „Volk und Führer" mit. In dem 1941 erschienen Buch wird er als Professor geführt, wir haben diese Angabe aber nicht konkretisieren können. Malthan kam 1900 in Wup-

---

256   BDC Diverses; RKK 2100/252/2; NSLB-Listen 108.
257   BDC Diverses; PKK Q 0100.

pertal als Sohn eines Kaufmanns zur Welt. Nach dem Abitur arbeitete er für ein Jahr als Redaktionsvolontär bei der Barmer Zeitung. Danach studierte er Deutsch und Geschichte in München und Heidelberg und promovierte 1927 mit einer literaturgeschichtlichen Dissertation über das „Junge Deutschland". Im folgenden Jahr legte er die Staatsprüfung für das Höhere Lehramt ab und wurde Assessor am Realgymnasium Heidelberg. Von 1930 bis 34 unterrichtete er an einem privaten Realgymnasium in Gumperda, 1934 erhielt er eine Studienratsstelle in Offenburg. Malthan war 1930 bis 1932 Ortsgruppenführer im Stahlhelm, verließ den Stahlhelm aber „wegen völkischer Überzeugungen" und trat 1933 der NSDAP und dem NSLB bei. Hier betätigte er sich als Ortsgruppenpropagandaleiter und Kreisredner. 1935 erteilte ihm das Gauschulungsamt Karlsruhe einen Rednerausweis für „Marxismus und deutschen Sozialismus". Danach arbeitete er als Kreisbeauftragter des Deutschen Volksbildungswerkes in der NS-Gemeinschaft „Kraft durch Freude" in Offenburg.[258]

Zu den bedeutenderen Propaganda-Experten des Dritten Reichs gehörte **Henrich Hansen**. Er schrieb zahlreiche literarische Werke, Hörspiele, Zeitungsartikel und unter anderem auch einen Beitrag für die „Hamburger Lehrerzeitung" mit dem Titel „Volksgemeinschaft – Wehrgemeinschaft – Blutsgemeinschaft" (1937). Zusammen mit Johann von Leers verfaßte er ein Buch zur deutschen Schul- und Bildungsgeschichte. Dies war zwar keine rassengeschichtliche Darstellung, aber das Werk enthält einige stark antisemitische Passagen. So ist von „Wellen der Seelenverjudung" die Rede, in denen sich das Denken in „rassefremden Formen" bewege; als Beispiel werden die „geistesverjudeten Klosterschulen" genannt.[259] Hansen wurde 1895 in Ohrstedt geboren, besuchte das Lehrerseminar, verdiente sein Einkommen danach aber zunächst als kulturpolitischer Mitarbeiter von Tageszeitungen. Nach der Teilnahme als Freiwilliger am Ersten Weltkrieg legte er das Examen ab, arbeitete danach als Zeichenlehrer an Volksschulen in Itzehoe und Kiel und wurde Leiter der Zeichenlehrerkurse in Schleswig-Holstein. Parallel dazu betätigte er sich schriftstellerisch und künstlerisch. Bis 1927 war er nach eigener Aussage SPD-Anhänger, gleichzeitig war er aber Führer einer Einwohnerwehr, und seit 1930 engagierte er sich für die NSDAP. Er erhielt deswegen ein Verfahren, und es scheint, daß er zu Beginn der 30er Jahre den Schuldienst aufgab, um sich ganz der journalistischen Arbeit für die NSDAP zu widmen. 1931 wurde er fester Mitarbeiter bei der nationalsozialistisch orientierten Kieler Zeitung, 1932 bei der NSDAP-Kreiszeitung „Der Volkskampf", 1933 wurde er Schriftleiter der parteiamtlichen Gauzeitung „Nordische Rundschau". Daneben war er Hauptschriftleiter der Schleswig-Holsteinischen Schulzeitung und seit 1933 der NSLB-Zeitschrift „Kunst und Jugend". Mit dem Machtantritt der Nationalsozialisten begann eine steile Karriere im Propaganda- und Pressewesen der Partei. Nachdem er am 1. Januar 1933 dem NSLB beigetreten war, wurde er zunächst Gaupressewart in Schleswig-Holstein, schon im folgenden Jahr wurde er aber in die Reichswaltung des NSLB nach Bayreuth berufen und zum Leiter der Hauptstelle Presse und Propaganda im Hauptamt für Erzieher ernannt. 1935 bis 1937 war er zudem Gaupresseamtsleiter der Bayerischen Ostmark. 1937 stieg er zum persönlichen Referenten des Reichspressechefs Dietrich in der Reichspressestelle der NSDAP auf und arbeitete die folgenden Jahre als Reichshauptstellenleiter, seit 1940 als Reichsamtsleiter des Hauptamtes Presse und Propaganda. Während des Krieges übernahm Hansen zusätzliche Aufgaben. So wurde er Reichssachgebietsleiter für „wehrgeistige

---

258   BDC PK 7791, RKK 2101/0802/18, NSLB-Listen.
259   Hansen/v. Leers, Der deutsche Lehrer als Kulturschöpfer (1939).

Erziehung" im NSLB, Verbindungsoffizier des Hauptamtes für Erzieher zum Oberkommando der Wehrmacht, Leiter des pädagogischen Beratungsstabes beim OKW und Vorgesetzter der Schul- und Verbindungsoffiziere zur Wehrmacht und Waffen-SS. 1939 war er bereits als Obersturmbannführer in den Stab Heißmeyer übernommen worden, später wurde er zum SS-Standartenführer befördert. Während dieser Jahre startete Hansen umfangreiche wehrpolitische Propagandaaktionen. Als Hauptschriftleiter der Schülerzeitung „Hilf mit!" war er Initiator der Schülerwettbewerbe „Seefahrt tut not" und „Der Kampf im Osten".[260]

Einige Ähnlichkeiten weist sie Karriere von **Hannes Schmalfuß** auf. Schmalfuß war zusammen mit Danzer Verfasser eines „Bevölkerungspolitischen ABC", das von Himmler als sehr gut geeignet für die Verwendung durch Schulungsführer und Sippenpfleger befunden wurde. Schmalfuß war 1893 in Freiberg in Sachsen als Sohn eines Polizisten geboren worden, hatte aber eine andere Laufbahn als der Vater eingeschlagen: Nach dem Besuch der Oberrealschule und nach der Teilnahme als Freiwilliger am Ersten Weltkrieg nahm er ein geisteswissenschaftliches Studium auf, promovierte 1921 und arbeitete danach in einem Verlag. 1928 machte er sich als Buchhändler selbständig, daneben war er schriftstellerisch tätig. Schmalfuß, der 1919 zu den Gründern des Bundes deutscher Frontsoldaten (Stahlhelm) gehörte, war früh in der völkischen Bewegung aktiv, eigenen Angaben zufolge wurde er deswegen auch von der Universität entfernt. Er widmete sich vor allem „völkischer Schrifttumsarbeit" und betrieb eine „Grenzlandbuchhandlung". Seit Januar 1931 gehörte er dem Opferring der NSDAP an, der bedürftige Mitglieder unterstützte, trat aber erst 1933 der Partei bei. Im Juni 1933 war er Ortsgruppenpropagandaleiter und stieg dann in der parteipolitischen Propagandaarbeit rasch auf: 1934 Mitarbeiter der Landesstelle Sachsen des Reichspropagandaministeriums, bevölkerungspolitischer Reichsfachredner, 1936 Reichspropagandawart des Reichsbundes der Kinderreichen, Leiter der Propaganda- und Organisationsabteilung in der Reichsbundesleitung. Daneben war er seit 1936 auch Mitarbeiter des RPA. 1937 trat er in die SS ein, erhielt den Rang eines Obersturmführers und wurde ehrenamtlicher Mitarbeiter des RuSHA; 1941 folgte die Beförderung zum Hauptsturmführer. Schmalfuß, der auch zu den „Gottgläubigen" gehörte, war Träger des SS-Totenkopfrings und des „Ehrenzeichens für Volkspflege". 1943 war er beim OKW, hielt Kriegsvorträge vor Offizieren und wurde mit der „Ostmedaille" geehrt. Vermutlich war dies der Lohn für eine als „Befriedungsmaßnahme" gekennzeichnete „Säuberungsaktion", die er 1943 in einem Durchgangslager bei Pawlograd organisierte, bei der 80 Personen erschossen wurden und dank „geschickter Gefangenenpropaganda" 1100 Kriegsgefangene abtransportiert werden konnten. Die Aktion habe, wie es in einem Schreiben des Gebietskommissars heißt, zur schnellen Befriedung und Räumung des Gebietes beigetragen.[261]

3.4 NSLB-Funktionäre und Experten der Bildungsverwaltung

Einige Lehrer unter unseren Autoren brachten es zu hohen Ämtern in Staat und Partei. Zu ihnen gehört **Rudolf Benze**, einer der wichtigsten NSLB-Funktionäre, Ministerialrat im Reichserziehungsministerium und Leiter des Zentralinstituts für Erziehung und Unterricht.

260 BDC RS C 24, PK 4283; SS-Officer.
261 BDC RS F 0425; SS-Officer.

Er verfaßte eine ganze Reihe von Schriften, die sich sowohl mit rassenpädagogischen als auch bildungspolitischen Themen befaßten und unter dem programmatischen Ziel einer „Schulreform auf rassischer Grundlage" standen. Benze kritisierte vor allem die Überbewertung formaler Bildung; bisher sei die Auslese nur am Nachweis von Kenntnissen orientiert gewesen – „so konnte es kommen, daß fremdrassige, geistig bewegliche Elemente wie die Juden eine höhere Bewertung fanden gegenüber volksgebundeneren und gediegeneren deutschen Jungen, denen Sein mehr war als Schein".[262] In Zukunft sei bei der Schülerauslese auch zu beachten, daß „wertvolle Führereigenschaften und religiös-sittliche Werte im Sinne des nordisch-germanischen Rassenideals ... bis zu einem gewissen Grad einen Ausgleich für geistig geringere Leistungen bilden können".[263] Benze forderte eine grundlegende Neuausrichtung des Unterrichts auf die Biologie als lebenskundliches „Kerngebiet" und Erb- und Rassenkunde als Grundlage aller Erziehung.[264] Latein und Französisch wollte er ganz abschaffen, Englisch sollte auf ein Minimum reduziert werden, Mathematik hielt er auch nicht für so wichtig – die Inhalte der weltanschaulichen Erziehung waren entscheidend. Jüdische Literatur sei selbstverständlich ganz auszuschließen und dürfe – etwa ein Heine-Text – „höchstens einmal in ausdrücklich zu kennzeichnenden Einzelfällen als Gegenbeispiel herangezogen werden". Die gesamte geistige Bildung könne nur die Aufgabe haben, „das durch Bluterbe von Geburt an vorhandene deutsche Wesen schrittweise der Jugend bewußt zu machen und in dem vorhandenen Rahmen das Wertvolle zu entwickeln, das Minderwertige abzuschwächen – stets im Hinblick auf die künftigen Aufgaben der Rassen- und Volksgemeinschaft". Fremdrassige – also vor allem Juden – müßten aus dem deutschen Bildungswesen ausgeschlossen werden, sie sollten ihre Kinder mit eigenem Geld erziehen, der deutsche Staat habe lediglich darauf zu achten, daß sich diese Erziehung nicht gegen das deutsche Volk richte.[265] Benze schrieb dies bereits 1934, lange bevor die jüdische Bevölkerung tatsächlich dazu gezwungen wurde, ein eigenes Schulwesen zu finanzieren.

Rudolf Benze, Jahrgang 1888, war Altphilologe und Historiker (er hatte Latein und Griechisch studiert, also Fächer, die er selber später abschaffen wollte). Nach der Teilnahme am Ersten Weltkrieg arbeitete er als Studienrat am Reformrealgymnasium in Braunschweig. 1928 erwarb er noch die Lehrbefähigung in Erdkunde und promovierte in Halle. 1927 bis 1929 war Benze kommissarischer Direktor der Oberrealschule Schöningen, wurde dort aber bereits aus politischen Gründen wieder entlassen. Er erhielt sogleich eine neue Stelle als Oberstudienrat in Braunschweig, 1932 als Oberstudiendirektor in Bad Gandersheim. Noch im gleichen Jahr wurde er als Stadtrat zum Leiter des Schul- und Kulturreferats der Stadt Braunschweig berufen. Bei Benze dürfte ein eindeutiger Zusammenhang zwischen politischer Arbeit und beruflichem Aufstieg bestehen, denn er war bereits 1931 dem NSLB und 1932 der NSDAP beigetreten, und er wird davon profitiert haben, daß im Freistaat Braunschweig schon 1931 die NSDAP mit Klagges für das Bildungs- und Erziehungswesen zuständig wurde. Er muß sich in Braunschweig rasch einen „guten Ruf" erworben haben, denn er wurde bereits 1933 zum Oberregierungsrat, 1934 zum Ministerialrat im Preußischen Kultusministerium, später Reichserziehungsministerium, ernannt und bearbeitete in der Abteilung höhere Schulen grundsätzliche Fragen des höheren Schulwesens – vermutlich eben auch Fragen einer „Schulreform auf

---

262 Schulreform auf rassischer Grundlage (1935), S. 2.
263 Rasse und Schule (1934), S. 20.
264 Erziehung im Großdeutschen Reich (1943), S. 9.
265 Rasse und Schule (1934), S. 21 ff.

rassischer Grundlage". 1935/36 war Benze auch für die Beurteilung von Schulbüchern zuständig. Gleichzeitig war er Reichsfachschaftsleiter für höhere Schulen im NSLB und in dieser Funktion Herausgeber der NSLB-Zeitschrift „Die Deutsche Höhere Schule". Wegen Konflikten mit Fritz Wächtler, der nach dem Tod Hans Schemms 1935 dessen Nachfolge als Reichsleiter des NSLB antrat, wurde Benze von seinem Posten als Fachschaftsleiter 1936 abgelöst, blieb aber weiter Herausgeber der Zeitschrift. 1938 wurde er dann zum Gesamtleiter des Zentralinstituts für Erziehung und Unterricht ernannt und erhielt damit auch die Zuständigkeit für die Lehrerfortbildung und Schulung im Verantwortungsbereich des Reichserziehungsministeriums. Daneben war er als HJ-Bannführer ehrenamtlicher Mitarbeiter beim Beauftragten für Schul- und Hochschulfragen der Reichsjugendführung. 1939 trat er der SS bei und arbeitete als Sturmbannführer im Stab der Dienststelle Heißmeyer mit, die für die Inspektion der Nationalpolitischen Erziehungsanstalten zuständig war. 1941 bis 1943 war Benze noch Reichskommissar für die deutsche Oberreal- und Handelsschule in Istanbul. Nach dem Krieg geriet er in britische Internierungshaft, wurde aber nach einem Jahr wieder freigelassen; 1966 starb er in Göttingen.[266]

Benzes Stellvertreter im Zentralinstitut war **Alfred Pudelko**. Er brachte mit Benze zusammen den Sammelband „Rassische Erziehung als Unterrichtsgrundsatz der Fachgebiete" (1939) heraus und verfaßte eine eigene Schulungsschrift mit dem Titel „Rasse und Raum als geschichtsbestimmende Kräfte" (1939). Pudelko, 1899 im schlesischen Altwasser geboren, stammte aus einer Pädagogen-Familie: Sein Vater war Konrektor, sein 1901 geborener Bruder Walther wurde gleichfalls Lehrer und arbeitete später als Musikdozent an der HfL Hannover. Beide gingen den gleichen Bildungsweg: Volks- und Realschule, Präparandenseminar, Lehramtsprüfung und Schuldienst. Die Lehramtsprüfung legte Alfred Pudelko Ende 1919 ab, nachdem er aus der Armee ausgeschieden war. Zuvor war er drei Monate beim schlesischen Freikorps gewesen. Wegen der damals in Preußen herrschenden Einstellungsbeschränkungen und langen Wartezeiten im Schuldienst ging Pudelko für fast zwei Jahre zur Schutzpolizei in Westfalen und arbeitete dort als Wachtmeister. Danach war er für kurze Zeit als Turn- und Zeichenlehrer am Waldenburger Gymnasium tätig, war eine Weile arbeitslos, arbeitete als Bergarbeiter, nahm verschiedene Schulstellen an, legte 1931 noch die Mittelschullehrerprüfung in Geschichte und Erdkunde ab und wurde 1932 zum Leiter der Schlesischen Grenzlandschule Reichenberg berufen. Im gleichen Jahr trat er übrigens vom Katholizismus zum Protestantismus über. 1933 erhielt er eine Stelle als Abteilungsleiter am Zentralinstitut für Erziehung und Unterricht in Berlin, 1936 folgte die Ernennung zum Kreisschulrat, schließlich zum Regierungsrat. Dieser schnelle Aufstieg war auch bei Pudelko zweifellos politisch bedingt, denn Pudelko gehörte zur Garde der „alten Kämpfer": Er war schon 1925 in die NSDAP eingetreten. Bereits vorher hatte er sich der völkischen Bewegung angeschlossen; 1922 wurde er Mitglied des völkischen Jugendbundes „Adler und Falken" – übrigens gemeinsam mit seinem Bruder, von 1928 bis 1932 war er Bundesjugendführer der „Adler und Falken". Die „Adler und Falken" waren eine 1922 entstandene deutsch-völkische Spielschar, die sich seit 1928 deutlich nationalsozialistisch orientierte.[267] Pudelko selbst beschrieb seine

266 BDC NSLB; BA Koblenz, Z 42 VII/896, Benze; G. Böhme, Das Zentralinstitut für Erziehung und Unterricht und seine Leiter (1971), S. 205 ff. und 298; M. Buddrus, Totale Erziehung (2003), S. 1121 f.; A. Blänsdorf, Lehrwerke für Geschichtsunterricht (2004), S. 284.

267 J. H. Ulbricht, Kulturrevolution von rechts (1995), S. 38.

politische Entwicklung später als einen geradlinigen Prozeß, der vom Polizeidienst über den Jugendbund zur NSDAP führte.[268] Seine politische Entwicklung war zudem eng mit einem wehrhaften „grenzlandpolitischen" Engagement verbunden: Zuvor schon im schlesischen Freikorps, war er seit 1926 als Kompanieführer im schlesischen Grenzschutz aktiv und wurde einige Jahre später Leiter einer Grenzlandschule in Schlesien. Folgerichtig trat er auch dem Bund Deutscher Osten bei und wurde dort Landesgruppenleiter. Pudelko, der 1929 auch am Nürnberger Reichsparteitag teilgenommen hatte, war Ehrenzeichenträger der NSDAP, wurde Mitarbeiter des Rassenpolitischen Amtes und trat 1933 in die SS ein. Dort erlebte er eine zweite Berufung. Er wurde zunächst als Hauptscharführer ins Rasse- und Siedlungshauptamt übernommen, wechselte aber bald zum Reichssicherheitshauptamt und avancierte dort zum Hauptsturmführer und schließlich Sturmbannführer. In einem Personalbericht von 1939 heißt es über ihn: „SS-Untersturmführer Alfred Pudelko arbeitet seit dem 1. 8. 34 ehrenamt- lich für den Sicherheitsdienst RFSS. Durch seine Beziehungen als Leiter des Zentralinstituts für Erziehung und Unterricht ist er ein wertvoller und unentbehrlicher Mitarbeiter der Abt. II/223. Durch seine Arbeit für den SD hat er bewiesen, dass er in der Lage ist, ihm über- tragene Aufgaben im SD-mässigen Sinne zu erledigen."[269] Die Abt. II/223 war die Abteilung für Erziehung im SD-Amt „Deutsche Lebensgebiete". Zu Beginn des Krieges war Pudelko als Leutnant bei der Wehrmacht, er beantragte bald den Dienst bei der Waffen-SS, scheint aber aus gesundheitlichen Gründen nicht zum Einsatz gekommen zu sein. Ende 1942 wurde er zum SS-Oberabschnitt Nord nach Oslo abkommandiert und arbeitete als Referent für Berufs- schulfragen in der Abteilung Schul- und Bildungswesen des Reichskommissars für die besetz- ten norwegischen Gebiete. Zugleich war er Herausgeber der Schriftenreihe der Deutschen Akademie in Norwegen. Pudelko war übrigens auch Mitglied im Lebensborn e. V. Das letzte Lebenszeichen, das wir von ihm haben, ist die Meldung, daß er im Frühjahr 1944 wieder bei der Truppe war.[270]

Erheblich weiter brachte es, obwohl nur ein einfacher Volksschullehrer mit einem auch nur mageren literarisch-pädagogischen Œuvre, **Friedrich Wambsganß** auf der politischen Kar- riereleiter. Wambsganß wurde 1886 als Sohn eines Oberzollsekretär in Rehau in Oberfranken geboren. Er besuchte die Lehrerbildungsanstalt Kaiserslautern und wurde Volksschullehrer, ein Amt, das er zunächst in Bayern, dann in Kaiserslautern offenbar bis 1933 ausübte, unter- brochen nur durch den Ersten Weltkrieg, zu dem er sich als Kriegsfreiwilliger gemeldet hatte. Seine weitere berufliche Karriere fällt mit dem Beginn der nationalsozialistischen Herrschaft zusammen. Wambsganß gehörte zum Kreis der „alten Kämpfer", und dies wurde ihm 1933 umgehend mit einem bemerkenswerten Aufstieg in der Bildungsverwaltung gelohnt. Er war bereits 1925 in die NSDAP eingetreten und hatte für ein Jahr die Position eines Gauleiters der Pfalz inne. Wambsganß betätigte sich als Kreis- und Gauredner und war seit 1931 Gau- amtsleiter des NSLB. 1933 wurde er zum Stadtschulrat in Kaiserslautern ernannt, 1935 folgte die Ernennung zum Oberregierungsrat beim Reichskommissar für das Saarland in Saar- brücken, 1937 wurde er zum Regierungsdirektor, 1943 zum leitenden Regierungsdirektor er-

---

268   BDC 1324.
269   Ebd.
270   BDC 9382; 1324; E 5231; zu Pudelkos Bruder Walther siehe Hesse, Professoren und Dozenten
      (1995), S. 586.

nannt.[271] Während des Zweiten Weltkrieges erhielt er die Leitung der Abteilung Erziehung und Unterricht beim Reichsstatthalter der Westmark und Chef der Zivilverwaltung in Lothringen übertragen. Damit hatte er die oberste Zuständigkeit für das saarländische und lothringische Schulwesen inne.[272] Parallel dazu stieg er in der SA auf: vom Sturmmann 1931 über den Sturmbannführer 1933 und den Standartenführer 1934 bis zum SA-Oberführer 1937. Seit 1937 war Wambsganß, Träger des Goldenen Parteiabzeichens, bei allen großen SA-Aufmärschen im Gau und beim SA-Aufmarsch auf dem Reichsparteitag dabei.[273]

Das Beispiel Wambsganß zeigt, daß es ein einfacher Volksschullehrer in der politischen Hierarchie weit bringen konnte, wenn er nur frühzeitig der Partei beigetreten und für sie aktiv geworden war. Ähnliches gilt für den Österreicher **Karl Springenschmid**, einen „gottgläubigen" Lehrer und alten Kämpfer, der nach der Machtübernahme der Nationalsozialisten in Österreich einen beachtlichen Karrieresprung erlebte. Springenschmid wurde 1897 in Innsbruck geboren. Er besuchte die Lehrerbildungsanstalt, legte das Examen für Englisch und Italienisch ab und arbeitete nach dem Krieg, an dem er als Leutnant der Reserve teilnahm, als Dorfschullehrer. Springenschmid kam aus der Wandervogel-Bewegung und war Mitglied beim Bund der Geusen. 1931 schloß er sich den österreichischen Nationalsozialisten an, trat der NSDAP bei und arbeitete in der Illegalität für den NSLB in Österreich. Er organisierte u. a. Schulungslager und arbeitete auch in anderen Parteigliederungen als Schulungsexperte mit. Seine Stunde kam mit dem „Anschluß": Er stieg rasch zum Landesrat (Schulreferent in der Landesregierung) und schließlich Regierungsdirektor beim Reichsstatthalter in Salzburg auf. Parallel dazu akkumulierte er Ämter in der nationalsozialistischen Bewegung: Springenschmid wurde Oberbereichsleiter der NSDAP sowie Gauschulungsleiter und Gauamtsleiter des NSLB. Als Schulungsredner spezialisierte er sich vor allem auf geopolitische Themen, als Experte für Volkstumsfragen interessierte er sich speziell für die „grundsätzliche Neuordnung des gesamten Westraums". In einer Beurteilung von 1940 wird Springenschmid die „überdurchschnittliche politische Ausrichtung und Führung der Erzieherschaft des Gaues" als sein ausschließliches Verdienst angerechnet. Daneben war er Oberbannführer der HJ, SS-Hauptsturmführer und Mitarbeiter beim Rasse- und Siedlungshauptamt, nebenamtlich arbeitete er in der DAF-Schulungsarbeit mit. 1943 erhielt er den Titel eines „Reichsschulungsredners".[274]

Der bedeutendste „alter Kämpfer" in dieser Riege war **Dietrich Klagges**. Auch er war DNVP-Mitglied, trat aber bereits 1925 in die NSDAP ein und stieg dort rasch zu einem prominenten Parteifunktionär auf. Klagges war Herausgeber einer Schulbuchreihe zur deutschen Geschichte, die in mehreren Bänden für die verschiedenen Schulklassen zwischen 1939 und 1941 erschien und den Charakter eines offiziellen nationalsozialistischen Unterrichtswerks hatte. Dietrich Klagges wurde 1891 in Herringsen bei Soest als Sohn eines Waldwärters geboren. Er besuchte die Volksschule, die Präparandenanstalt und das Lehrerseminar, wurde zunächst Volksschullehrer, legte nach dem Krieg auch die Mittelschullehrerprüfung ab und arbeitete 1920 bis 1926 als Mittelschullehrer in Wilster in Holstein, 1926 bis 1930 war er Konrektor in

---

271 Daneben war Wambsganß 1934 auch Präsident der Landessynode der Pfälzer Landeskirche geworden: Dieter Muskalla, NS-Politik an der Saar unter Josef Bürckel (1995).

272 Wolfanger, Die nationalsozialistische Politik in Lothringen (1977), S. 115f.

273 BDC SA 0619050811.

274 BDC PK L 333; SS-Officer 1651; SS-Officer 147 B.

Benneckestein am Harz. Seine weitere Laufbahn ist eng mit seiner politischen Karriere verbunden. Klagges engagierte sich schon früh in der deutschvölkischen Bewegung. Er hatte sich bereits 1911 Theodor Fritsch und dem Reichshammerbund angeschlossen, war 1918 der DNVP beigetreten, war Mitglied im Deutschbund, trat 1924 wieder aus der DNVP aus, weil sie ihm als zu bürgerlich erschien und fand nach kurzem Zwischenspiel bei der Deutsch-Völkischen Freiheitspartei 1925 schließlich zum Nationalsozialismus. 1928 wurde er Ortsgruppenleiter der NSDAP in Benneckenstein, danach Stadtverordneter und Bezirksleiter der NSDAP für den Südharz. Während dieser Zeit war er auch ständiger Mitarbeiter der von Goebbels redigierten und von Gregor Strasser herausgegebenen „Nationalsozialistischen Briefe" und trat als Redner und Schulungsleiter für die Partei auf. 1930 wurde er wegen seines NS-Engagements aus dem Schuldienst entlassen, als ein Mitgliedschaftsverbot für Beamte in der NSDAP erging. Im gleichen Jahr kandidierte er noch erfolglos für den Reichstag. Ein Angebot von Goebbels zur Mitarbeit in Berlin lehnte er trotz Arbeitslosigkeit ab, um finanziell nicht von der Partei abhängig zu werden, aber auch, weil ihm Goebbels' Verständnis von Propaganda zu wenig in die „Tiefe" ging. Klagges' persönliche Krise währte aber nur kurz. Als es nach den Wahlen im September 1930 zu einer Beteiligung der Nationalsozialisten an der Regierung des Freistaats Braunschweig kam,[275] wurde Klagges zum 1. Januar 1931 als Regierungsrat ins Volksbildungsministerium, im September 1931 schließlich selbst zum Minister für Inneres und Volksbildung berufen. In seiner Eigenschaft als braunschweigischer Innenminister verlieh er Hitler 1932 die deutsche Staatsbürgerschaft, damit dieser bei den kommenden Wahlen zum Reichspräsidenten kandidieren konnte; mit dem Versuch, Hitler über die Verleihung einer „a. o. Professur für Organische Gesellschaftslehre und Politik" die Einbürgerung zu ermöglichen, war Klagges zuvor gescheitert.[276] Nach der Machtübernahme der Nationalsozialisten im Reich wurde er 1933 auch Ministerpräsident von Braunschweig. Klagges, der Liberalismus und Kapitalismus bekämpfte, saß in zahlreichen Aufsichtsräten von Braunschweiger Industriebetrieben. Daneben war er auch Mitglied in der SS – 1942 wurde er zum SS-Obergruppenführer ernannt, war Träger des SS-Totenkopfrings und des SS-Ehrendegens. Nach dem Krieg wurde er als hoher SS-Offizier und wegen Menschenrechtsverbrechen zu lebenslanger Haft verurteilt, 1957 aber vorzeitig entlassen.[277] Klagges hatte Folter und Mordaktionen von SS und SA in Braunschweig zu verantworten, die dort besonders schlimm gewütet hatten; die ersten Judenpogrome sollen in Braunschweig stattgefunden haben. Selbst Himmler beurteilte die in Braunschweig verübten Verbrechen gegenüber Klagges als „weit über das übliche Maß hinausgehend".[278]

1949 behauptete er während seines Prozesses, von den Deportationen der Juden und der nationalsozialistischen Vernichtungspolitik nichts gewußt zu haben. Ein militanter, hochgra-

---

275 Die NSDAP hatte bei den Landtagswahlen 22,2 % der Stimmen erhalten und stellte in einer Mitte-Rechts-Koalition, wie schon in Thüringen, den Innen- und Volksbildungsminister.

276 Bachmann, Theodor Geiger (1995), S. 41 f. Auch eine Professur für Architektur und für Pädagogik soll erwogen worden sein; Hitler mußte sich mit der Stelle eines braunschweigischen Regierungsrats zufrieden geben: Sandfuchs, Theodor Geigers Beitrag zur universitären Lehrerausbildung und zur Schulpolitik im Freistaat Braunschweig (1995), S. 382 f.

277 BA Koblenz, Z 42 IV/6320, Klagges.

278 Zit. nach Germann, Die politische Religion des Nationalsozialisten Dietrich Klagges (1995), S. 119.

dig paranoider Antisemitismus durchzieht aber seine Schulbücher wie ein roter Faden. Mehr oder weniger alle Krisen (oder die, die Klagges dafür hielt, dazu gehörten für ihn z. B. auch die preußischen Reformen) der deutschen Geschichte werden von ihm mit dem vermeintlichen Zersetzungswerk der Juden in Verbindung gebracht. Am schlimmsten habe „der Jude" aber nicht in Politik, Finanzen und Kultur gewütet, sondern – hier erwies sich Klagges als Kenner der Rassenbiologie: „Die schwerste Gefahr aber drohte unserem Volke durch das zunehmende Einströmen jüdischen Blutes in den deutschen Volkskörper." Denn dadurch sei es zu einer „planmäßigen Blutverseuchung und Blutvergiftung" gekommen, und dadurch seien „Werte vernichtet worden, die nie mehr zu ersetzen" seien. Die Nürnberger Gesetze hätten folgerichtig „den alten Rechtszustand hergestellt und die Juden wieder aus der Gemeinschaft des Volkes ausgeschieden".[279] Klagges breitete in diesen zum Teil voluminösen Unterrichtswerken ein manichäisches Geschichtspanorama aus, in dem auf der Schattenseite die Juden und die rassische Entartung, auf der Lichtseite der Geschichte dagegen die „Ario-Germanen" als völkisch-rassische „Gegenkraft" stehen, denen alles Große und Gute in dieser Welt zu verdanken sei. Dieser Manichäismus war bei Klagges, ähnlich wie bei Erbt, in ein religiöses Weltbild eingebettet. Klagges gehörte zu den Wegbereitern einer völkischen Theologie und eines Deutschen Glaubens. 1926 hatte er in seinem Buch „Das Urevangelium Jesu" behauptet, es gebe ein Urevangelium, das von den Juden verfälscht worden sei, Jesus sei in Wahrheit Arier gewesen usw., ein Buch, das der junge Goebbels als „epochal" würdigte.[280] Jesus war für ihn der erste Nationalsozialist, der, beginnend mit der Tempelaustreibung, den Kampf gegen die Juden als Symbol des Bösen aufgenommen hatte. In Klagges Weltbild war die Vernichtung der Juden als notwendiger Weg zur Erlösung vom Bösen angelegt. Er war davon überzeugt, daß sein Geschichtsbild religiös begründet und gleichzeitig durch die „Erkenntnisse der Wissenschaft", d. h. die Rassenbiologie fundiert war. Germann bezeichnet ihn als Apologeten eines religiösen Rassismus und eines religiös motivierten Antijudaismus. Klagges' Unterrichtswerk markiert einen Tiefpunkt nicht nur der Wissenschaft überhaupt, sondern selbst der nationalsozialistischen Didaktik. Dabei war dies keineswegs bloß das Werk eines einfachen Mittelschullehrers. Das Schulbuchwerk „Volk und Führer" war von beinahe monumentalen Ausmaßen, die nur unter Mithilfe eines Stabs hochrangiger Experten bewältigt werden konnten. Wir listen die Mitarbeiter hier mit Titel auf: Prof. Dr. Gerhard Staak, Prof. Dr. Paul Malthan, die Oberstudiendirektoren Dr. Walter Franke, Dr. Paul Vogel und Dr. Johannes Silomon sowie die Studienräte Dr. Waldemar Halfmann und Dr. Eugen Huth. Auch nach dem Krieg änderte sich Klagges Denken nur wenig; er gehörte zu den Propagatoren der „Auschwitzlüge", entwarf weiterhin apokalyptische Szenarien und forderte nach wie vor die Sterilisierung von Erbkranken und „Minderwertigen".[281]

---

279 Volk und Führer, Kl. 5 (1939), S. 17; Kl. 3 (1939), S. 108.

280 Claus-Ekkehard Bärsch, Der junge Goebbels. Erlösung und Vernichtung (1995), S. 298 f. – Die Theorie vom „arischen Christus" vertrat selbst ein Autor wie Ludwig F. Clauss: Nordische Glaubensgestaltung, in: Deutschlands Erneuerung 8/1924, H. 7.

281 Germann, Die politische Religion des Nationalsozialisten Dietrich Klagges (1995), S. 123 ff. Biographische Materialien: BDC NSLB-Listen 89; OPG 818; PK 6094; BDC B 327; BA Koblenz, Z 42 IV/6320, Klagges.

4. Rassenpolitische Aktivisten

Im folgenden wollen wir uns mit jenen Autoren beschäftigen, die in besonderer Weise dem Kreis der rassenpolitischen Aktivisten zugerechnet werden können, weil sie nicht nur rassenhygienische und -politische Schriften publizierten und sich in der Schulungsarbeit engagierten, sondern darüber hinaus auch in den „Kernorganisationen" der nationalsozialistischen Rassenpolitik mitarbeiteten, insbesondere im Rassenpolitischen Amt der NSDAP, im Rasse- und Siedlungshauptamt und im Reichssicherheitshauptamt der SS.

4.1 Mitarbeiter des Rassenpolitischen Amtes

Mitarbeiter der Reichsleitung des RPA

Leiter des Rassenpolitischen Amtes war **Walter Gross**. Er steht beispielhaft für jene akademisch gebildete Kriegsjugendgeneration, die während des Dritten Reichs in einem erheblichen Maß die Funktionselite des nationalsozialistischen Staates bildete; auch die meisten seiner Mitarbeiter gehörten dieser Generation an. Gross stand auch für die Radikalität dieser Elite, denn in seinem Amt wurden z. B. bereits 1939 rassenpolitische Leitsätze zur Fremdvolkpolitik im besetzten Polen ausgearbeitet, die sich von den Planungsvorstellungen der SS nicht unterschieden, sondern in der realen Politik weitgehend umgesetzt wurden.[282] Als Leiter des Rassenpolitischen Amtes war Gross in letzter Instanz für die gesamte rassenpolitische Erziehung- und Schulungsarbeit in der Partei zuständig, mit Ausnahme der SS, die einen Sonderstatus genoß und ihr eigenes Rassenamt hatte. Ihm unterstand z. B. auch in sachlichen Angelegenheiten der Reichssachbearbeiter für Rassefragen des NSLB, auch wenn dieser organisatorisch und disziplinarisch dem NSLB angehörte. In seiner Funktion als Reichsleiter des RPA trat Gross als Redner in zahllosen Veranstaltungen, insbesondere auch des NSLB auf und veröffentlichte viele kleinere und größere Beiträge in pädagogischen Zeitschriften. Gross vertrat eine relativ einfache rassen- und bevölkerungspolitische Theorie, in der er drei Faktoren für die „Degeneration" des deutschen Volkes verantwortlich machte: 1. die rein zahlenmäßige Abnahme der Bevölkerung, 2. den Anstieg „unterdurchschnittlich Begabter" bei gleichzeitiger Abnahme der erblich Wertvollen und 3. die Vermischung mit artfremden Rassenbestandteilen, die zu innerer Unruhe, Zerrissenheit und Entfremdung führe. Um die qualitative Verschlechterung des Erbguts aufzuhalten und umzukehren, müßten immer wieder „die unter

---

282 E. Wetzel/G. Hecht, Die Frage der Behandlung der Bevölkerung der ehemaligen polnischen Gebiete nach rassenpolitischen Gesichtspunkten, Berlin 1939; W. Gross (Hrsg.), Rassenpolitische Leitsätze zur Fremdvolkpolitik des Deutschen Reichs (Entwurf von Hecht und Wetzel), in: BDC, PA Gross 03853.

dem guten Durchschnitt stehenden" Erbwerte ausgemerzt werden, das Gesetz zur Verhütung erbkranken Nachwuchses sei ein erster Schritt in diese Richtung. Um die Vermischung mit fremden Rassen zu unterbinden, sei ein erster Anfang mit dem Gesetz zur Wiederherstellung des Berufsbeamtentums gemacht worden; das „Blutschutzgesetz" war in dieser Hinsicht nur eine konsequente Weiterentwicklung. Für Gross bildeten die Juden die Hauptgefahr, weil sie nicht nur fremdrassig waren, sondern sich in ihnen darüber hinaus auch noch ein besonders schlechtes Erbgut herausgebildet hätte.[283] Gross schien dies alles wissenschaftlich erwiesen. Er selbst verstand sich stets als Naturwissenschaftler und legte Wert darauf, naturwissenschaftlich gebildete und kompetente Akademiker als Mitarbeiter für das RPA zu gewinnen. Gleichwohl postulierte er, daß die „grundsätzliche weltanschauliche Forderung rassischen Denkens" wichtiger sei als wissenschaftlich-spezialisierte Arbeiten.[284] Im Zentrum der rassenpolitischen Arbeit stand für ihn die Erziehungsaufgabe; gesetzliche Maßnahmen allein würden letztlich nichts nützen, denn man könne nur negative Maßnahmen treffen, aber niemanden zwingen, Kinder in die Welt zu setzen; der Staat könne immer nur Rahmenbedingungen schaffen, der Wille zum Kind, zur Aufartung müsse aber aus der inneren seelischen Kraft des Volkes selbst kommen. Einziges Mittel zur Rettung vor dem biologischen Tod der Nation sei deshalb die Erziehung. Gross proklamierte eine rassenpolitische Erweckungspädagogik, die eine „seelische Revolution" bewirken müsse. Erziehung wurde für ihn zu einer „Angelegenheit unerhörtester geistiger Aufrüttelung und innerster, tiefster Weltanschauungsumkehr", und zwar nicht durch „Verstand und Wort", sondern durch die „Kraft einer unerhörten, aber echten und innerlich wahren Suggestion". Man müsse „den Menschen an der tiefsten Stelle seines Wesens innerlich zu packen verstehen und ihn völlig umwandeln". Gelinge dies nicht, seien die Deutschen dem Untergang geweiht: „Am Ende ist alles zwecklos gewesen, und sie sind versunken im dunklen Schoß der Geschichte, weil sie es nicht fertig bekamen, in der großen Stunde weltanschaulicher Entscheidung zu erkennen, daß jetzt der Einsatz auf diesem Gebiet, daß jetzt der erbarmungslose Wille zur Erneuerung erforderlich war, um all den anderen Einsatz innerlich zu rechtfertigen und zur Vollendung zu führen."[285] Man sieht, wie hier die Dinge auseinanderfallen: ein wissenschaftliches Fundament und eine Elite aus Experten auf der einen Seite und eine Weltanschauungs- und Erweckungspädagogik auf der anderen Seite, die zwar rational begründet schien, die aber selbst keinen Raum für rationale Auseinandersetzungen und Aneignungsformen mehr ließ. Die Erziehung wird in dieser Konzeption vollständig instrumentalisiert.[286]

Zur Person und Biographie: Walter Gross wurde 1904 in Kassel geboren, sein Vater war Oberpostdirektor, das soziale und kulturelle Umfeld der Familie war durch das mittlere bis gehobene Bildungs- und Beamtenbürgertum geprägt.[287] 1905 ging die Familie nach Posen,

---

283 Rassenpolitische Erziehung (1934).
284 Rasse und Weltanschauung (1939).
285 Rassenpolitische Erziehung (1934).
286 Insofern trifft Ulrich Herberts Unterscheidung von „Gefühlsantisemiten" – Streicher und die SA – und wissenschaftlich-rational denkenden Antisemiten um Gross und die Experten des SD nicht ganz den Kern der Sache. Die gefühlsmäßig-weltanschauliche Erziehung steht auch bei Gross im Mittelpunkt, nur eben im Rahmen eines „wissenschaftlich" begründeten, rationalen Kalküls. Herbert, Best (1996), S. 206 ff.
287 Uhle, Neues Volk und reine Rasse (1999), S. 73.

wurde dort aber nach dem Versailler Vertrag 1919 ausgewiesen – dies wird für Gross sicher ein prägendes Kindheitserlebnis gewesen sein. Er hatte in Posen die Mittelschule und das Humanistische Gymnasium besucht, legte später das Abitur in Göttingen ab und studierte dort Medizin. Nach der Promotion in Göttingen arbeitete er 1930–1932 als Arzt am Braunschweiger Landeskrankenhaus, zu einer Zeit, in der in Braunschweig bereits die Nationalsozialisten mitregierten. Gross geriet bereits während der Studentenzeit in Göttingen unter den Einfluß völkisch-konservativer Bewegungen. Er schloß sich schon früh dem Jungdeutschen Orden Mahrauns an, eine mystisch-konservative, antiparlamentarische Jugendbewegung. 1922 wurde er SA-Mann, trat als Redner und Ortsgruppenleiter in Aktion, 1925, also mit 21 Jahren wurde er Mitglied der NSDAP, im Wintersemester 1927/28 war er an der Gründung des Göttinger NS-Studentenbundes beteiligt. An der Göttinger Universität beherrschten völkisch-nationalistische Verbindungen das politische Klima, bis 1931 dem NS-Studentenbund hier der Durchbruch gelang. Göttingen gehörte zu den reaktionärsten und sozial exklusivsten Universitäten in Deutschland. Hier begann Achim Gercke, der spätere Leiter des Reichssippenamtes, mit dem Aufbau seiner Juden-Kartei, die im Dritten Reich den Grundstock für sein Sippen-Archiv bilden sollte. Gercke war es auch, der den jungen Gross in Göttingen an völkisches und antisemitisches Gedankengut heranführte, er vermittelte ihm später seine Stelle bei der NSDAP. An der Göttinger Universität kam Gross auch mit rassenhygienischen Ideen in Berührung. Sein Doktorvater Karl Heinrich Bauer hatte bereits 1923/24 Vorlesungen zur Rassenhygiene gehalten und 1925 darüber publiziert.[288] Aufgrund dieser Einflüsse war Gross' Weg in die nationalsozialistische Rassenpolitik vorgezeichnet. Sein Aufstieg vollzog sich dann sehr schnell: 1932 wurde er als Experte für rassen- und bevölkerungspolitische Fragen in die Reichsleitung der NSDAP in München berufen, 1933 wurde er Leiter des „Aufklärungsamtes für Bevölkerungspolitik und Rassenpflege", das danach in „Rassenpolitisches Amt" umbenannt wurde und das er von 1934 bis 1945 geleitet hat. 1933 wurde er gleichzeitig Leiter der Abteilung für Rassenkunde und Rassenpflege an der Hochschule für Politik in Berlin, seit 1935 war er auch Dozent, seit 1938 Honorarprofessor an der Berliner Universität. Daneben saß er in zahlreichen wichtigen Ausschüssen und Einrichtungen und akkumulierte Ämter und Positionen; so saß er im Ausschuß zum Schutze des deutschen Blutes, im Sachverständigenbeirat für Volksgesundheit bei der Reichsleitung der NSDAP und im Sachverständigenbeirat für Bevölkerungs- und Rassenpolitik beim Innenministerium, war Senator der Kaiser-Wilhelm-Gesellschaft und Mitglied des Reichstags, Gründungsmitglied des NS-Ärztebunds, gehörte dem Führungskreis des NS-Altherrenbunds an usw. Als das RPA während des Krieges an Bedeutung verlor, verschaffte ihm Rosenberg vorsichtshalber ein Ausgleichsamt: Seit 1942 war er auch Leiter der Abteilung Naturwissenschaft im Hauptamt Wissenschaft beim Amt Rosenberg. Reichsdozentenführer Scheel versuchte noch 1944 einen „Führungskreis des Reichsdozentenführers" zu etablieren, in dem Gross das Gebiet Rassenkunde vertreten sollte.[289] Gross war freilich hellsichtig genug, um

---

288   Bauer wurde 1933 Ordinarius und Direktor der Chirurgischen Universitätsklinik in Breslau; er geriet später in die Schußlinie fakultätsinterner Querelen, nachdem er eine „Vierteljüdin" geheiratet hatte. Bauer wurde aber von Staemmler, damals Rektor der Breslauer Universität, protegiert, der ihn aus seiner Assistentenzeit 1921 in Göttingen kannte. Siehe Heiber, Universität unterm Hakenkreuz, Bd. II.2, S. 348 ff.

289   Hammerstein, Die Deutsche Forschungsgemeinschaft in der Weimarer Republik und im Dritten Reich (1999), S. 495.

das nahende Ende vorauszusehen und begann bereits 1944 mit Aktenvernichtungen, am Ende des Krieges beging er Selbstmord.

Einer der engeren Mitarbeiter Walter Gross' war **Werner Hüttig**, der aus der Lehrerbildung kam und sich in zahlreichen Schriften zur rassenhygienischen und -politischen Erziehung verbreitete, unter anderem auch zum Thema „Rassenpflege und Alkoholmißbrauch". Hüttig teilte die Auffassung, daß es in der rassenpolitischen Erziehung nicht um Volksbildung ginge, sondern um Propaganda und „aufrüttelnde Appelle". Den Unterschied zwischen Deutschen und Juden brachte er auf die schlichte Formel, der deutsche Ehrbegriff fände seinen Ausdruck in dem Ruf „Lever duad üs Slav!", während der Jude sich sage: „Lieber fünf Minuten feige als das ganze Leben tot!"[290] Hüttig wurde 1908 in Klein-Räschen in der Niederlausitz geboren, gehörte also gleichfalls zur Kriegsjugendgeneration. Sein Vater war Kaufmann und Prokurist. Hüttig besuchte das Reform-Realgymnasium in Senftenberg, legte 1926 die Reifeprüfung ab und studierte anschließend Naturwissenschaften in Wien und Berlin 1931 promovierte er mit einer botanischen Arbeit, gleichzeitig absolvierte er die 1. Prüfung für das Höhere Lehramt. Er arbeitete dann zunächst als wissenschaftlicher Hilfsarbeiter an der Preußischen Versuchs- und Forschungsanstalt für Milchwirtschaft in Kiel, erhielt 1932 ein Stipendium der Notgemeinschaft der deutschen Wissenschaft am KWI für Biologie in Berlin und wurde 1936 Dozent für Vererbungslehre und Rassenkunde an der HfL Bonn. 1940 habilitierte er sich an der Universität Bonn. Hüttigs beruflicher Werdegang ist eng mit seinen politischen Aktivitäten verknüpft. Er war bereits 1930 der NSDAP und dem NSLB beigetreten. Wo immer die berufliche Karriere ihn hinführte, wurde Hüttig sogleich auch politisch aktiv. Während seiner Tätigkeit in Kiel wirkte er als Sachbearbeiter in der Abteilung Volkstum und Heimat der NS-Kulturgemeinde Schleswig-Holstein mit. Als Mitarbeiter am KWI war er „Betriebszellenobmann" für Biologie. Anschließend, von 1933 bis 1936, also bevor er Dozent in Bonn wurde, war Hüttig hauptberuflich als Referent und Stellenleiter im RPA tätig; im Auftrag des RPA verfaßte er zusammen mit Herbert Gerdes das Drehbuch für den rassenhygienischen Propagandafilm „Alles Leben ist Kampf".[291] Gleichzeitig war Hüttig Lehrbeauftragter für Politische Rassenkunde an der Hochschule für Politik und Ortsgruppen-Propagandaleiter der NSDAP in Berlin-Steglitz. Als Hochschullehrer an der HfL Bonn übernahm er die Leitung des NS-Dozentenbunds an der Hochschule. Daneben war Hüttig noch im Außenpolitischen Schulungshaus des NS-Dozentenbunds sowie als Mitarbeiter des Zentralinstituts für Erziehung und Unterricht und des Amts Rosenberg tätig. Als die Bonner HfL Ende 1939 stillgelegt wurde, kehrte er als Reichsstellenleiter zum RPA zurück. Im Juli 1940 wurde er zum stellvertretenden Leiter des Instituts für Biologie und Rassenkunde in Schelklingen bei Ulm ernannt, einer Außenstelle der „Hohen Schule" Rosenbergs. Während des Krieges wurde Hüttig als Landwirtschaftsberater in die besetzten Ostgebiete gerufen. 1944 sandte ihn Gross in einer „wichtigen Mission" nach Italien (im Rahmen des „Sonderkommandos des Sonderstabs Wissenschaft beim Einsatzstab Reichsleiter Rosenberg"). In seiner Eigenschaft als Institutsleiter der „Hohen Schule" und in Zusammenarbeit mit dem Institut für Volkskunde der Hohen Schule wollte er u. a. 13 Gemeinden nördlich von Verona familienbiologisch, volkskundlich und psychologisch untersuchen, mit dem Ziel, herauszufinden, warum die Italiener

---

290 Rassenpolitische Erziehung (1940), S. 324.
291 Rost, Sterilisation und Euthanasie im Film des „Dritten Reiches" (1987), S. 60.

im Krieg an der Seite Deutschlands versagt und sich vom Duce losgesagt hatten. Der Einsatz-ort konnte jedoch nicht erreicht werden, weil die Buslinien eingestellt waren; rassenanthropo-logische Schädelvermessungen in Museen konnten nicht durchgeführt werden, weil die Italie-ner die Museumsstücke vorher fortgeschafft hatten. Von dem groß angelegten Projekt blieben rassenkundliche Untersuchungen in einem Arbeiterdurchgangslager bei Mantua, denen sich allerdings viele der Arbeiter entziehen konnten. Trotzdem reichten die Ergebnisse Hüttig für eine Bestätigung des schon vorher gehegten Verdachts, das Versagen der Italiener müsse die Folge eines zu schwach ausgeprägten nordischen Blutsanteils sein.[292] Nach dem Krieg fand Hüttig für einige Jahre ein Auskommen als Töpfer. Der Versuch einer Rückkehr an die Uni-versität Bonn scheiterte 1952 an einer Nervenkrankheit. Danach arbeitete er in der For-schungsabteilung der Aluminiumwerke AG in Bonn. Von 1960 bis zu seinem Tod 1972 war er Dozent an der Staatlichen Ingenieurschule in Köln.[293]

Ein anderer Mitarbeiter in der Reichsleitung des RPA war **Günther Hecht**, wissenschaftlicher Referent und Leiter der Abteilung für Volksdeutsche und Minderheiten. Er war auf kolonial-politische Fragen spezialisiert, verfaßte aber auch rassenpädagogische Schriften („Kannst du rassisch denken?" 1939) und veröffentlichte zusammen mit Hans Reiter vom Reichsgesund-heitsamt ein Buch zur Gesundheitserziehung („Genußgifte, Leistung und Rasse"). Hecht wurde 1902 in Völpke geboren, sein Vater war Lehrer und Journalist, er selbst schlug keine pädagogische, sondern eine journalistische Laufbahn ein. Er wurde sehr früh politisch aktiv, 1917 trat er als Sekundaner in die Jugendgrenzwehr ein, 1919 beteiligte er sich an Freikorps-aktionen gegen Separatisten und Kommunisten in Westdeutschland. 1920 war er Volontär beim Frankfurter Pressedienst, wo sein Vater ein Korrespondenzbüro leitete. Er arbeitete dann im Nachrichtendienst der Freikorpsdienststelle und wurde 1922 von den Franzosen wegen Spionage verhaftet und zu 5 Jahren Gefängnis verurteilt. 1924 vorzeitig aus der Haft entlassen, holte er die Reifeprüfung nach, nahm die Arbeit für den Frankfurter Pressedienst wieder auf und begann gleichzeitig ein naturwissenschaftliches Studium, das er 1930 mit der Promotion abschloß. Danach arbeitete er als wissenschaftliche Hilfskraft am Naturkunde-museum der Universität Berlin, setzte aber nebenher die nachrichtendienstliche Aktivitäten („politische Sonderaufgaben bei der Bekämpfung marxistischer Tätigkeiten") fort. 1933 trat er der NSDAP und der SA bei, wurde Sturmmann und Schulungsreferent einer Motor-Stan-darte des NSKK. Für seine Verdienste im Kampf gegen „reichsfeindliche Bestrebungen" erhielt er den Schlageter-Ehrenschild mit Schwertern verliehen; das NSKK bescheinigte ihm, er sei ein „alter Kämpfer", zwar nicht im Sinne der Partei, aber der nationalsozialistischen Befreiungsbewegung. Er selbst beschrieb seine politische Entwicklung so: Seit der Schülerzeit sei seine politische Grundhaltung konservativ-völkisch und nationalistisch gewesen, geprägt durch die Schriften Moeller van den Brucks, durch den Alldeutschen Kreis und die Freikorps-Vorgesetzten; erst später sei er sich des grundsätzlichen Unterschieds zur „sozialistisch-völki-schen Haltung des Nationalsozialismus" bewußt geworden, und 1930 habe er deshalb begon-nen, nationalsozialistisch zu denken. 1938 wurde er Mitarbeiter im RPA. Hecht arbeitete zusammen mit Erhard Wetzel, Rechtsexperte und Leiter des Referats „Beratung", die schon erwähnte Denkschrift zur Behandlung der polnischen Bevölkerung nach „rassenpolitischen

---

292   Uhle, Neues Volk und reine Rasse (1999), S. 254 ff.
293   Hesse, Professoren und Dozenten (1995), S. 382 f.; BDC PK 5337.

Gesichtspunkten" aus.[294] Gross versuchte 1940 vergeblich, ihn auf einem an der Reichsuniversität Posen geplanten Lehrstuhl für Rassenpolitik unterzubringen.[295]

Hauptstellenleiter und zuständig für rassen- und erbbiologische Angelegenheiten in der Reichsleitung des RPA war **Rudolf Frercks**, auch er kein Pädagoge, sondern wie Gross Arzt. Frercks verfaßte eine Reihe rassenpädagogischer und -politischer Schriften, von denen einige auch ins Englische, Schwedische und Italienische übersetzt wurden, und schrieb zusammen mit Arthur Hoffmann das didaktische Werk „Erbnot und Volksaufartung". Er war Mitautor des erfolgreichen rassenhygienischen Propagandafilms „Opfer der Vergangenheit", ein Auftragsfilm der Reichspropagandaleitung, der in sämtlichen deutschen Filmtheatern gezeigt wurde.[296] Frercks wurde 1908 in Kiel geboren, besuchte dort das Gymnasium, studierte anschließend Medizin und promovierte 1935 zum Dr. med. mit einer Arbeit über das „Schädelmaterial von Haithabu", eine Arbeit, die sein Interesse an der germanischen Vergangenheit bezeugt. Er schloß sich bereits 1928 dem NS-Studentenbund an, trat 1931 der NSDAP bei und wurde 1933 Mitarbeiter in Gross' Aufklärungsamt für Bevölkerungs- und Rassenpflege. 1934 wurde er als Abteilungsleiter ins RPA übernommen und war dort Verbindungsmann für rassen- und erbbiologische Angelegenheiten beim Reichserziehungsministerium. Frercks gehörte wie Hüttig der SA in Berlin-Steglitz an und und trat 1936 in die SS ein. Während des Krieges war er als Stabsarzt bei der Marine, wurde zum SS-Hauptsturmführer und schließlich Obersturmbannführer und Sanitäts-Oberstaffelführer im SS-Hauptamt ernannt. Zwischenzeitlich (1941–1943) war er in englische Gefangenschaft geraten. Nach dem Krieg setzte er seine Karriere als Chefarzt fort.[297]

Unter unseren Autoren sind noch einige andere Mitarbeiter in der Reichsleitung des RPA, so Helmut Schubert, Egon Leuschner, Bruno Manger, Friedrich Mau, und – als eine der wenigen Frauen – Alice Lincke. Schubert arbeitete bei der Pressestelle des RPA und war Schriftleiter der RPA-Zeitschrift „Neues Volk". **Alice Lincke**, 1908 in Mönchengladbach geboren, war Studienassessorin in Berlin, bevor sie in die Dienste des RPA eintrat. Hier war sie für Buch-Rezensionen im Informationsdienst zuständig. Sie gehörte seit 1937 dem NSLB an und wurde 1940 in die NSDAP aufgenommen. **Egon Leuschner** war Schulungsleiter im RPA und für die Rednerschule zuständig. Er wurde 1901 in Liegnitz geboren und war zunächst als Lehrer in Breslau beschäftigt. Im Januar 1932 trat er der NSDAP und dem NSLB bei. Leuschner war Schulungsobmann des NSLB, Kreiskulturwart und Abteilungsleiter im Untergauamt, dann Amtsstellenleiter und Beauftragter des RPA für Bevölkerungs- und Rassenpolitik im Gau Schlesien. 1935 mußte er sein Amt als Gauamtsleiter wegen „ungeklärter Mitgliedsverhältnisse" in der NSDAP niederlegen – die Hintergründe ließen sich nicht rekonstruieren, vielleicht hatte er sein frühes Eintrittsdatum in die NSDAP fingiert. Walter Gross nahm ihn aber gegen Vorwürfe der Parteileitung in Schutz und beschäftigte ihn als „Reichsschulungsbeauftragten" des RPA in Berlin weiter. 1936 leitete er den „1. Rassenpolitischen Schulungskurs" der Fachschaft Sonderschulen in Berlin.[298] Noch 1942 gab das RPA seine Schrift

---

294 Abgedruckt in: Documenta occupationis, Bd. V (1952).
295 BDC RKK 2101/474/11; BDC PK 4455; R 21/10303.
296 Rost, Sterilisation und Euthanasie im Film des „Dritten Reiches" (1987), S. 65ff. und 81f.
297 BDC RS B 591, 170, REM A 34.
298 Vielleicht entstand in diesem Zusammenhang sein Vortrag über „Rasse und Erziehung": BDC 7299.

„Nationalsozialistische Fremdvolkpolitik" mit einem Vorwort von Walter Gross heraus. Im Zentrum seines Buchs standen Überlegungen zur „Umvolkung" und Ausführungen zum Umgang mit den Polen. Leuschner arbeitete vor allem die Grenzen der „Umvolkungsfähigkeit" der Polen heraus: nur assimilierte, nicht „umgevolkte polonisierte Deutschstämmige" seien „rückdeutschungsfähig". Deshalb auch die klare Schlußfolgerung: „Das Fernziel rassenpolitisch ausgerichteter Fremdvolkpolitik kann nur die restlose Entfernung des größten Teils der Polen aus dem Reiche sein." Über die Polen schrieb er: „Die sklavische Gesinnung des Polen verlangt, daß er jederzeit den Herrn fühlen muß, wenn er zufriedene Arbeit leisten soll."[299]

Zu den Pädagogen unter den Mitarbeitern in der Reichsleitung des RPA gehören noch Bruno Manger und Friedrich Mau. **Bruno Manger** verfaßte einige Schriften zur Familienkunde und gab im Auftrag der NSLB-Leitung des Gaus Halle-Merseburg 1935 den Sammelband „Rassisches Erleben. Grundlagen und Anregungen für die Schule" heraus. Manger wurde 1900 im niedersächsischen Schöppenstedt geboren; er war Volksschullehrer in Halle, später wurde er Lehrer an einer Bauernschule und Landwirtschaftsrat. Manger hatte Deutsch und Geschichte studiert und promovierte 1933 in Halle mit einer Arbeit über „Heimat- und Volkskunde als Vorstufe zur staatsbürgerlichen Erziehung in der Volksschule", kann also als Volkstumspädagoge angesehen werden, er selbst gab als sein Aufgabenfeld „Volkheitskunde" an. In seinen Schriften rekurrierte er vor allem auf Günther. Als Mitarbeiter beim „Jahrweiser Deutschen Glaubens" wird er auch „deutschgläubig" gewesen sein. In den 20er Jahren hatte sich Manger dem Jungdeutschen Orden angeschlossen, der NSDAP und dem NSLB trat er erst 1933 bei. Im NSLB wurde er Gausachbearbeiter für „Volkheitskunde". Später arbeitete er als Lektor und Schulungsredner in der Gauleitung Thüringen mit.[300] Einige wenige biographische Daten haben wir noch über **Friedrich Mau**, einer der wenigen Mitarbeiter aus der älteren Generation. Er wurde 1885 in Ludwigslust geboren, sein Vater war Rentier. Mau studierte Naturwissenschaften; er wurde Studienrat und arbeitete als Oberlehrer an der Oberrealschule Glogau. Im RPA arbeitete er bei der Bildstelle und war für den Kalender „Neues Volk" zuständig. Über politische Mitgliedschaften wissen wir nur, daß er seit 1933 dem NSLB angehörte.[301]

Pädagogen als Mitarbeiter der Rassenpolitischen Gau- und Kreisämter

Wir wollen an dieser Stelle einige exemplarische Biographien von Pädagogen anschließen, die auf Gau- und Kreisebene für das Rassenpolitische Amt arbeiteten. Dazu gehören auch einige Hilfsschullehrer, wie Krampf, Lesemann, Manko oder Weinert, die ihre Erfahrungen in den Dienst der erbbiologischen Erfassungsarbeiten des RPA stellten und bei der „Aufklärungsarbeit", aber auch bei der pädagogischen „Nachbetreuung" der Opfer des Sterilisierungsgesetzes halfen. Ausführlich vorgestellt wird diese Form der Mitarbeit z. B. in einem Bericht von **Heinrich Manko**, Gaustellenleiter im Rassenpolitischen Amt Schlesiens.[302] Manko, 1905

---

299 BA, R 21/197, Bl. 27. Biographische Materialien zu Leuschner: BDC 7299; NSD 17; R 21/197.
300 BDC RKK 2101/804/8.
301 BBF Personalakten A; Uhle, Neues Volk und reine Rasse (1999), S. 91.
302 Die Gaustelle Sonderschulfragen und Erbkrankenbetreuung (1938).

in Sensburg geboren, hatte nach seminaristischer Ausbildung, 1. und 2. Lehramtsprüfung noch einen zweijährigen Ausbildungslehrgang für Taubstummenlehrer an der Staatlichen Taubstummenanstalt in Berlin-Neukölln besucht, darüber hinaus hatte er einige Semester als Gasthörer an der TH Danzig und an der Berliner Universität studiert. Anschließend wurde er Oberlehrer und Leiter der Mädchentaubstummenanstalt im schlesischen Ratibor. Manko hatte offenbar keine Probleme damit, seine Berufstätigkeit mit der Übernahme von Führungsaufgaben im RPA zu vereinbaren. Er trat bereits 1931 der NSDAP bei und arbeitete als Propagandaredner, Kreisschulungsleiter und Ortsgruppenobmann sowie als Abteilungsleiter im „Untergauamt für Beamte" mit. Als Fritz Arlt Gauamtsleiter des RPA in Schlesien wurde, richtete er die „Gaustelle Sonderschulfragen und Erbkrankenbetreuung" ein und übertrug Manko deren Leitung.[303] Die Gaustelle betrieb auch eine Eheberatungsstelle für Sterilisierte; vielleicht hatte Arlt die Anregung dazu aus seiner Arbeit im sächsischen RPA mitgebracht, wo der Taubstummenlehrer Herbert Weinert in Zusammenarbeit mit dem RPA eine Ehevermittlungsstelle aufgebaut hatte.[304]

Unter den RPA-Mitarbeitern auf Gau- und Kreisebene finden wir vor allem Biologielehrer und -Didaktiker, wie Dobers oder Bartmann, mit denen wir uns schon beschäftigt haben. Beginnen wir mit einigen Lehrern, die auf Gau- und Kreisebene als Experten und Propagatoren rassenpolitischer und -biologischer Erziehung wirkten. So z. B. **Franz Dunschen**, Kreisbeauftragter des RPA und Kreisfachbearbeiter des NSLB Westfalen-Süd. Er verfaßte für das RPA und den NSLB Südwestfalen einen Ziel- und Stoffplan für den lebenskundlichen Volksschulunterricht und schrieb zusammen mit Walter Tiemann, ebenfalls Kreissachbearbeiter für Rassefragen im NSLB, ein Handbuch für den lebenskundlichen Unterricht in der Volksschule. Beide waren katholisch, Tiemann war Lehrer in Dortmund, Dunschen war Mittelschullehrer und Rektor in Hüsten bei Arnsberg. Dunschen kam 1892 in Natzungen bei Beverungen zur Welt, besuchte Volksschule, Präparandenanstalt und Lehrerseminar, studierte Biologie und neuere Sprachen, promovierte zum Dr. phil. nat. und wurde Mittelschullehrer. Er war bis 1930 deutschnationaler Wähler, wechselte dann zur NSDAP, der er im März 1933 auch beitrat. Noch im gleichen Jahr wurde er Ortsgruppenamtswalter im NSLB und Schulungsobmann der Ortsgruppe Hüsten. Er trat außerdem der SA bei, wurde dort Kreisführer und schließlich Führer der Standarte Sauerland-West.[305] Dunschen verfaßte mit seinem „Handbuch für den lebenskundlichen Unterricht" ein beispielhaft nationalsozialistisches Werk, das sich als didaktische Anleitung der Erziehung zum eugenischem Rassismus und Antisemitismus liest. Die Prinzipien der biologischen Vererbungslehre werden umstandslos auf die Gesellschaft übertragen, von den Mendelschen Gesetzen, die am Beispiel der Erbsen erläutert werden, geht Dunschen zu den Erbkranken über („Wir übertragen die Erkenntnisse auf menschliche Verhältnisse ...") und legt, untermauert durch Kostenargumente, Schlußfolgerungen in Richtung Euthanasie nahe: „Zur Beantwortung der Frage, ob es Mitleid ist und der Wille Gottes sein kann, wenn auf diese Weise Unschuldige in großer Zahl unglücklich gemacht werden, ist nur ein klein wenig Ehrlichkeit nötig."[306] Rassenmischung, heißt es an anderer Stelle, führt zu Leistungsminderung und Niedergang, am schlimmsten sei die Wir-

---

303 BDC 7805.
304 Biesold, Klagende Hände (1988).
305 BDC NSLB-Listen 36.
306 Handbuch für den lebenskundlichen Unterricht der Volksschule (1938), S. 224.

kung der Juden als „Dämon des Verfalls" und „Ferment der Dekomposition". Die Juden seien den Deutschen „in jeder Weise" so fremd und wesensverschieden von ihnen, daß eine Vereinigung mit ihnen ein „Verbrechen am deutschen Volke" sei. Dunschen operierte sehr stark mit Veranschaulichungen und Illustrationen und schlug vor, Ähnlichkeiten mit den Rassetypen des deutschen Volkes anhand von Familienbildern zu erarbeiten. Die Schüler müßten lernen, Rasse nach Schönheit zu beurteilen: Wie werden von Malern tüchtige Menschen dargestellt und wie Schieber und Wucherer? Usw.

Mitarbeiter des RPA Hannover war **Erich Thieme**, dessen Buch „Vererbung, Rasse, Volk" zu den auflagenstärksten Schriften für den rassenbiologischen Unterricht gehörte. Daneben wirkte er an der Schulbuchreihe „Das Leben" mit. Nach 1945 veröffentlichte er zusammen mit Erich Stengel die Schulbuchreihe „Lebendige Natur". Stengel war wie Thieme während des Dritten Reichs Gausachbearbeiter für Biologie im NSLB. Thieme wurde 1892 im sächsischen Zeitz geboren, sein Vater war Postsekretär. Thieme besuchte die Lateinhauptschule der Franckeschen Stiftung in Halle. Nach dem Studium in München und Halle, unterbrochen vom Einsatz im Ersten Weltkrieg, legte er 1919 die 1. Lehramtsprüfung in naturwissenschaftlichen Fächern und Erdkunde ab und promovierte zum Dr. phil. nat. Danach unterrichtete er an der Oberrealschule in Halle, später wurde er Studienrat am Lyzeum in Bochum, 1930 in Hannover. 1933 trat er der NSDAP und dem NSLB bei. Thieme war zunächst Kreisfachbearbeiter, dann Gausachbearbeiter im NSLB und „Verbindungsmann" des RPA zum NSLB.[307]

Für das Rassenpolitische Gauamt Hannover arbeiteten gleich mehrere Pädagogen, die in unserer Bibliographie verzeichnet sind. Neben Thieme z. B. auch **Albert Bauer**. Er machte sich einen Namen als Experte mit einem Schulbuch zur Vererbungs-, Rassen-, Bevölkerungslehre und Familienkunde (1934). Vom Inhalt her enthielt es das Übliche, mit einem starken Bezug auf Günther und einer deutlich antisemitischen Ausrichtung. Bauer gehörte noch einer älteren Generation an, war 1886 in Diez bei Limburg in kleinen Verhältnissen geboren worden, der Vater war Bäckermeister. Bauer machte das Abitur in Wiesbaden, studierte naturwissenschaftliche Fächer, legte 1910 die 1. Lehramtsprüfung ab und promovierte im gleichen Jahr an der Universität Marburg. 1913 erhielt er die erste Festanstellung, nach dem Ersten Weltkrieg wurde er Studienrat in Hannover, nebenher war er als Dozent für Chemie an der VHS Hannover tätig. 1933 trat Bauer der NSDAP und dem NSLB bei und war als rassenbiologischer Experte bald sehr gefragt: als Lektor für die parteiamtliche Prüfungsstelle zum Schutze des nationalsozialistischen Schrifttums, Kreissachbearbeiter im NSLB, Redner und Schulungsleiter des RPA in Hannover, zudem als Ausbilder und Prüfer für das Landesprüfungsamt am Bezirksseminar und am NS-Kindergärtnerinnenseminar im Dienst. 1937 übernahm er die Leitung der vom Rassenpolitischen Gauamt eingerichteten „Rassen- und Bevölkerungspolitischen Schausammlung" im Landesmuseum Hannover. Die Sammlung bestand aus drei Abteilungen: Die erste war dem Thema Erbkrankheiten gewidmet, die zweite veranschaulichte „den rassenmäßigen Aufbau unseres Volkes, die Folgen der Bastardierung, insbesondere das Eindringen des Judentums und die staatlichen Ausmerzemaßnahmen", die dritte Abteilung illustrierte „die ernste bevölkerungspolitische Lage des deutschen Volkes".[308]

---

307   BBF: Höhere Lehranstalten Lehrerkartei Personalblatt A; BDC Diverses.

308   BBF: Höhere Lehranstalten Lehrerkartei Personalblatt A; BDC NSLB-Listen 8; Bauer, Die Rassen- und Bevölkerungspolitische Schausammlung im Landesmuseum Hannover (1939).

Neben Thieme und Bauer gehörte auch **Alfred Krampf** zu den Mitarbeitern des RPA Hannover, er war dort in der Hauptstelle „Rassenpflege" für den Bereich Hilfsschulen zuständig. Krampf war Hilfsschullehrer, Schulrat, Mitglied der NSDAP und Reichsfachgruppenleiter für Hilfsschulen im NSLB. Er verfaßte eine Reihe von Schriften zur rassenhygienischen Aufgabe der Hilfsschule. Etwas mehr ist über **Ferdinand Roßner** zu sagen, Professor an der HfL Hannover und ebenfalls Mitarbeiter im RPA Hannover. Roßner verfaßte zahlreiche rassenpädagogische und -didaktische Schriften, die in hohem Maße rassistisch und antisemitisch waren. In seiner „biologischen Lebenskunde" empfahl er Bühnemanns „Rasseköpfelotto", an anderer Stelle die Lektüre des „Handbuchs zur Judenfrage" von Theodor Fritsch. Er klagte, daß sogar die Biologie in der Vergangenheit ein Opfer jüdischer Zersetzung geworden wäre und freute sich: „Die Erziehungswissenschaft und ihre Nachbardisziplinen haben die artfremden Sterne – auch William Stern! – vom pädagogischen Himmel verbannt."[309] Die Judenfrage sei die Kernfrage, und der Unterricht dürfe dem nicht aus dem Weg gehen.

Roßner wurde 1900 in der Nähe von Posen geboren, sein Vater war Mittelschulrektor. Nach Besuch der Bürgerschule und des Realgymnasiums legte er 1918 die Reifeprüfung ab und wurde sogleich zum Krieg eingezogen. Nach dem Krieg nahm er ein naturwissenschaftliches Studium auf, war zwischenzeitlich als wissenschaftlicher Hilfsarbeiter am Botanischen Institut der Universität Greifswald tätig, und promovierte in Greifswald mit einer botanischen Dissertation. Anschließend arbeitete er als Studienrat, bis er 1934 zum Dozenten für Biologie und Methodik des naturkundlichen Unterrichts an die HfL Hannover berufen wurde. Roßner war Mitherausgeber der NSLB-Fachschaftszeitschrift „Der Biologe" und Vorstandsmitglied im Reichsbund für Biologie. In die NSDAP trat er am 1. Februar 1933 ein. Während des Krieges arbeitete Roßner im Rassenpolitischen Gauamt Südhannover-Braunschweig mit und wurde dort Leiter der Hauptstelle Schulung; seine Arbeit war offenbar so wichtig, daß er noch im Juli 1944 vom Staatsdienst beurlaubt und in ein außerplanmäßiges Dienstverhältnis der NSDAP übernommen wurde (mit dem Dienstrang eines „Hauptgemeinschaftsleiters"). Roßner arbeitete eng mit dem Landesmuseum Hannover zusammen, das eine eigene Rassenkundliche Abteilung hatte, in der eine Sammlung für Schulungszwecke aufgebaut wurde („Rassen- und bevölkerungspolitische Schausammlung").[310] Der Besuch der Sammlung gehörte zu seinem Ausbildungsprogramm an der HfL. Als Stellenleiter im Schulungsamt war Roßner u. a. für die Ausbildung des „Rednerstabes" des Gauamtes verantwortlich und reiste auch selber als rassenpolitischer Redner durchs Reich.[311] Grundprinzip seines Schulungskonzepts war Anschaulichkeit und Lebensnähe; deshalb legte Roßner großen Wert auf den Einsatz moderner Medien wie Schausammlungen, Filme und Lichtbilder.[312] 1938 reichte er beim Ahnenerbe einen Beitrag zum Forschungsprojekt „Wald und Baum in der arisch-germanischen Geistes- und Kulturgeschichte" ein, der aber nicht angenommen wurde.[313] Einige Jahre

---

309 Rasse als Lebensgesetz (1941), S. 78; Biologische Lebenskunde (1938), S. 10.

310 Zur Schausammlung siehe A. Bauer, Die Rassen- und bevölkerungspolitische Schausammlung im Landesmuseum Hannover (1939).

311 Zum Beispiel hielt er 1942 Vorträge auf einem Lehrgang für Biologie und Rassenfragen in der Gauschule des NSLB Hessen-Nassau: Der Biologe 1942, H. 5/6, S. 161 f.

312 Rehkopf, Das Rassenpolitische Gauamt Hannover (1939).

313 Im Rahmen des Projektes sollten 42 verschiedene Themenbereiche von Referenten gegen einen bescheidenen „Ehrensold" bearbeitet werden. Der bekannte Althistoriker Franz Altheim z. B. bearbeitete in der Unterabteilung „Tiere des Waldes" den „Hirsch", Jakob Wilhelm Hauer be-

später kam es aber doch zu einer engeren Zusammenarbeit, als er Leiter der unter der Schirmherrschaft Walter Gross' stehenden „Anstalt für Germanische Volks- und Rassenkunde"
wurde; Roßner sollte für die Anstalt im Zusammenwirken mit dem Ahnenerbe „Mitarbeiter
aus den germanischen Ländern" im Rahmen eines Sonderauftrags gewinnen, den Himmler
dem Gauleiter SS-Gruppenführer Lauterbacher erteilt hatte. Nach Kriegsende kam Roßner
zunächst in ein britisches Internierungslager; später arbeitete er wieder als Studienrat, zuletzt
bis zur Pensionierung als Oberstudienrat in Hildesheim.[314]

Biologie-Didaktiker war auch der Leiter des Rassenpolitischen Amtes der Westmark **Georg
O. Th. Maier.** Er ist kaum mit Veröffentlichungen hervorgetreten, war dafür aber politisch
um so profilierter. In einer Abhandlung zur Leibeserziehung propagierte er die Überwindung
des Dualismus von Leib und Seele und der „schlaffen und disziplinlosen äußeren Haltung",
„Restbestände artfremden Geistes", durch eine Leibeserziehung, die den Rassengedanken
und die biologisch-rassisch bedingten Grundlagen des menschlichen Geistes wieder in den
Mittelpunkt rückt.[315] Maier wurde 1906 bei Passau geboren, besuchte dort die Volksschule
und das Lehrerseminar in Straubing; zwischendurch tat er mit 17 Jahren als Zeitfreiwilliger
bei einem Freikorps Dienst. 1925 bis 1928 arbeitete er als Lehrer an der Volks- und Handelsschule in Passau, danach für zwei Jahre an einer privaten Realschule in Nürnberg, 1930 bis
1932 war er Volksschullehrer in Passau. Er ging anschließend für fünf Jahre zu einem naturwissenschaftlichen Studium in die Schweiz nach Zürich. Maier trat Ende 1932 in die Schweizer NSDAP ein, war aber schon seit 1929 mit Beiträgen für NS-Zeitungen und als Redner für
die NSDAP in Bayern aktiv. Der Wechsel in die Schweiz war mit der Übernahme wichtiger
Aufgaben beim Aufbau der Schweizer NSDAP verbunden. Maier wurde Schulungs- und
Ortsgruppenleiter in Zürich und Führer der Deutschen Studentenschaft in der Schweiz. 1935
wurde er Kreisleiter der NSDAP in der Mittelschweiz und Mitarbeiter von Wilhelm Gustloff,
dem Landesgruppenleiter Schweiz in der NSDAP-Auslandsorganisation. 1936 wurde die
Schweizer Landesgruppe zwangsaufgelöst, Maier mußte auf Anweisung der Züricher Polizei
seine Parteiämter niederlegen. Er beendete sein Studium in Zürich 1938 mit einer anthropologischen Dissertation[316] und kehrte im gleichen Jahr ins Reich zurück, nachdem er zum
Dozenten für Vererbungslehre und Rassenkunde an die HfL Saarbrücken berufen worden
war – sicher ein Beispiel für eine deutlich politisch motivierte Berufung. Gleichzeitig wurde
Maier Hauptstellenleiter in der Gauleitung Westmark, Gauschulungsredner im Hauptschulungsamt und Leiter des RPA. 1940 wechselte er als Leiter an die HfL, später LBA Metz und
leitete dort die Umschulungslehrgänge für lothringische Lehrer.[317] Maier war zudem Mitglied

---

schäftigte sich mit der „Irminsäule": Junginger, Von der philologischen zur völkischen Religionswissenschaft (1999), S. 254f.

314 BDC B 284; BDC 9598 PK; Hesse, Professoren und Dozenten (1995), S. 626f.

315 Neugestaltung der Leibeserziehung in Lothringen (1942). In einer anderen kleinen Abhandlung
     feiert Maier Ludwig Klages als Wegbereiter des nationalsozialistischen Rassengedankens: Mit-
     teilungsblatt NSLB Gauwaltung Westmark 1943, H. 3.

316 Anthropologische Untersuchungen im Bezirke Wolfsheim des Bayerischen Waldes, Phil. Diss. Uni-
     versität Zürich 1938. Die Arbeit besteht im wesentlichen aus der Wiedergabe der Ergebnisse anthro-
     pologischer Vermessungen. Nur am Schluß nimmt Maier auch auf die Rassentypologie Bezug.

317 Zur Schulpolitik und Lehrerbildung im besetzten Elsaß-Lothringen siehe Helmut Wolter: Der
     Aufbau des Schulwesens im Elsaß und in Lothringen, in: Mitteilungsblatt des NSLB Gauwal-
     tung Westmark 1942, H. 10.

der SS und des VDA. Er war ursprünglich katholisch, trat aber aus der Kirche aus und wurde „gottgläubig".[318]

Einer der eifrigsten Proselyten rassenpolitischer Erziehung und zugleich einer der kenntnisreichsten Rassenhygieniker unter den Pädagogen war **Alfred Eydt**, Mitarbeiter im Rassenpolitischen Amt des Gaus Sachsen. Er stützte sich gleichermaßen auf die rassenhygienischen Klassiker wie Baur/Fischer/Lenz wie auf Günther und Clauss, und er war einer der wenigen „Rassenpädagogen", die auch eigene Forschungsuntersuchungen anstellten. Seine Arbeiten lassen sich zum einen einer rassenhygienisch orientierten Pädagogischen Soziologie zurechnen – so setzte er sich vor allem mit den selektiven Aufgaben des Bildungssystems auseinander und arbeitete in der Richtung weiter, die Lenz und Hartnacke eingeschlagen hatten. In diesem Rahmen führte er in Zusammenarbeit mit dem Rassenpolitischen Amt umfangreiche erbbiologische Untersuchungen anhand der Kinderreichenkartei des RPA in Sachsen über Zusammenhänge zwischen Schulleistung und sozialen Auffälligkeiten durch. Bildungspolitisch trat er insbesondere für eine verschärfte soziale Auslese in der Volksschule und einen konsequenten Ausbau der Hilfsschule zu einer Entlastungsinstitution ein und postulierte das Erkennen von Erblinien und die Bewertung des Erbguts als neue Aufgabe der Pädagogik.[319] Der Schule wies er weitreichende Aufgaben der „Auslese und Ausmerze" zu; das Sterilisierungsgesetz genüge nicht, denn es merze nur die Schlechtesten der Untüchtigen aus: „Unser Kampf – auch in der Schule! – geht weiter gegen die, die unter dem Mäntelchen angeblicher Normalwertigkeit ihre Untüchtigkeit verbergen, die in Wahrheit Ballastexistenzen sind ... Wir müssen den Mut finden, ganz scharf zwischen ‚normal, gesund veranlagt' und ‚schwach, unter dem Durchschnitt veranlagt' zu unterscheiden."[320] Eydt sah in der Schule überhaupt das „optimale Erfassungsmilieu" für eine generalisierte Selektion nach Erbtauglichkeit, und er erkannte auch, daß die schulische Leistungsbewertung im Dienst der sozialen Auslese stets auch als „Sippenwertung" gestaltet werden müsse: Bei der schulischen „Siebung und Auslese" seien auch Erbwerte zu berücksichtigen, und dies schließe den Blick auf erbmäßige Belastungen durch die Herkunftsfamilie ein. Der Erzieher müsse daher jedes Kind „zunächst als Ausdruck eines Sippenwertes, nicht mehr aber nur als Individuum" betrachten und werten.[321] Eydt forderte eine institutionelle Zusammenarbeit von Lehrern, Behörden und Ärzten für eine erbbiologische Bestandsaufnahme und „Kartierung" der Schüler. Er schlug auch bereits 1933 die Einführung eines „Rasse- und Gesundheitspasses" vor, in dem das rassische, erbgesundheitliche und leistungsmäßige Gesamtbild der Persönlichkeit dokumentiert würde, und von dem nicht nur die Erteilung der Heiratsgenehmigung, sondern ganz allgemein auch die Stellung und die Einsatzmöglichkeit des einzelnen in Staat und Gesellschaft abhängen sollte.[322]

Eydt nahm also sehr konsequent erbbiologische Argumentationsgänge auf. Darüber hinaus lieferte er aber auch zahlreiche Beiträge zur rassenpädagogischen Methodik und Didaktik.

---

318 BDC D 5324; 07681; Hesse, Professoren und Dozenten (1995), S. 489.
319 H. Laux, Pädagogische Diagnostik im Nationalsozialismus (1990), S. 184ff.
320 Rassenpolitische Erziehung in der Volksschule (1936).
321 Psychologische Grundfragen rassenpolitischer Erziehung (1938); Auslese und Ausmerze in der Schule (1939).
322 Der Rasse- und Gesundheitspaß (1933).

Was die Ziele der rassenpolitischen Erziehung betrifft, so folgte er Walter Gross darin, daß es nicht primär um Wissensvermittlung, sondern um seelisch-geistige Beeinflussung, um eine erlebte Identifikation und die Verstärkung des „natürlichen Rasseninstinkts" ginge. Deshalb müsse in der methodischen Darstellung des Stoffs auch Anschaulichkeit, Lebendigkeit und Lebensnähe das leitende Prinzip sein. Dem folgend entwarf Eydt aber ein vergleichsweise differenziertes und ausgebautes Erziehungs- und Unterrichtskonzept, das alle Schuljahre und alle Fächer umfaßte und vom gefühlsmäßig Erlebten zum verstandesmäßig Erfaßbaren fortschritt – beginnen sollte man z. B. im 3. Schuljahr mit nordischen Märchen, während man im höheren Mathematikunterricht etwa die „Vernegerung Frankreichs" anhand von Rechenaufgaben thematisieren könne. Der Deutschunterricht könne von der Familien- zur Sippenkunde führen. Fremdwörter seien grundsätzlich zu vermeiden, weil sie die Rassenmischung begünstigen. Eydt verband seine Darstellungen stets mit lebensnahen Beispielen und konkreten Aufgabenstellungen:

„Aufgabe: Wiederhole, was du über die asiatische Rassen lerntest, nach folgenden Gesichtspunkten:

> *Welche Rassen gibt es? Ihre Wohngebiete!*
> *Vergleiche ihr Äußeres mit dem unsrigen!*
> *Bewerte ihre Kultur nach unserem Maßstabe!*
> *Bewerte diese Kulturen für sich, etwa: in ihrem Lande und für ihre Rasse haben sie folgendes Gutes geschaffen ...*
> *Zeige die seelischen Unterschiede an der Arbeits- und Lebensweise!*
> *Was weißt du von den Rassenmischlingen im Verhältnis zu den Leistungen und zur Gesundheit ihrer Elternrassen?*
> *Welches Naturgebot, welches göttliche Gesetz ist dir ins Bewußtsein gekommen?*
> *Zeichne abschließend eine Rassenkarte Asiens (nur grobe, schematische Verteilung über die Hauptwohngebiete hinweg)!*
> *Sieh dir Bilder von Vertretern der genannten Rassen an, vergleiche sie mit Bildern deutscher Menschen! Zeigt sich im körperlichen Ausdruck der innere Unterschied?"*

Dazu präsentierte Eydt photographische Aufnahmen aus den Werken von Clauss. Breit werden auch die negativen Merkmale der Juden vorgestellt – Menschenrechte und Liberalismus seien Erfindungen jüdischer Mischlinge, in den USA seien fast alle Gangster Juden oder Judenmischlinge etc. – und in diesem Kontext, nach der Erarbeitung erbbiologischer und rassischer Unterschiede, sollten auch die Nürnberger Gesetze im Unterricht thematisiert werden: „Warum verbietet der Staat die Heirat mit Juden? Welche Eigenschaften haben diese Mischlinge, welche fehlen ihnen?" usw.[323]

Bei Eydt finden wir paradigmatisch jenes Zusammentreffen eines wissenschaftlich-rationalen (erbbiologischen) Selbstverständnisses mit rassistisch-anthropologischen Stereotypen und einer rigorosen, konsequenten Handlungsorientierung, wie es für die jüngere Generation der rassenpolitischen Aktivisten charakteristisch ist. Eydt wurde 1907 geboren, sein Vater war Reichsbahnoberinspektor. Nach Besuch der Volksschule und des Lehrerseminars studierte er deutsche Literatur, Geschichte und Erdkunde und arbeitete anschließend zwei Jahre als

---

323   Rassenpolitische Erziehung in der Volksschule (1936).

Volksschullehrer. Dabei lernte er, wie er später schrieb, „die soziologischen und rassehygienischen Verhältnisse der Stadt- und Landbevölkerung kennen und unterscheiden." Lassen wir ihn weiter selbst sprechen: „Ich widmete diesen Fragen desto mehr Aufmerksamkeit, als ich seit 1925 Nationalsozialist bin. Ich gründete mit meinen beiden Brüdern zusammen die Großdeutsche (nationalsozialistische) Jugendbewegung, später Hitlerjugend, Ortsgruppe Leipzig und Gau Nordwerk-Sachsen. Dadurch trat ich der Rassenfrage und Rassenhygiene nahe, denen ich mich nunmehr ausschließlich widmete."[324] 1933 promovierte Eydt an der Universität Leipzig mit einer rassekundlichen Untersuchung über die Wehrsportler der Leipziger SS bei Otto Reche. Er selbst war im gleichen Jahr in die SS eingetreten, wurde dort Sturmmann und arbeitete beim Rasse- und Siedlungsamt sowie beim Dresdener SD mit. Das rassekundliche Gutachten der SS zur Heiratsgenehmigung wies ihn als „Mischtypus mit nichtarischem Einschlag", aber glücklicherweise „vorwiegend nordisch" aus, so daß der Eheschließung nichts im Weg stand. Bereits 1931 war er dem NSLB beigetreten. Der Schwerpunkt seiner politischen Aktivitäten lag aber in der Arbeit als Stellenleiter im Rassenpolitischen Gauamt Sachsen. In dieser Eigenschaft führte er die schon erwähnten erbbiologischen Untersuchungen durch und entwarf einen Plan für eine systematische Sippenforschung in Sachsen, für die NSLB-Sachbearbeiter für Familienkunde herangezogen werden sollten; Eydt selber war inzwischen Gausachbearbeiter für Familienkunde geworden. In einer Notiz hielt er fest: „Besetzung nach Möglichkeit nur mit solchen Berufskameraden, die durch den Ausleselehrgang für Sippenforscher in Siebenlehn oder einen Ersatzkurs gelaufen sind oder den Ausweis des RfS [vermutlich Reichssachbearbeiter für Sippenforschung] besitzen. Evt. muß in einzelnen Kreisen, die bereits einen Sachbearbeiter führen, mit Neubesetzung gerechnet werden." Zu den Arbeitsaufgaben gehörten speziell Erhebungen über alte Lehrerfamilien; in Siebenlehn sollten Schulungen und Ausleselehrgänge für Sippenforscher organisiert werden.[325] Ausdruck dieser Hinwendung zur Sippenforschung war sein 1939 erschienenes Buch „Die Sippen. Spiegel und Lebensgesetz unseres Volkes". Inzwischen (1938) war Eydt Dozent an der HfL Dresden geworden, zuständig für alle Gebiete, mit denen er sich beschäftigte: Rassenpolitik, rassenpolitische Erziehung, Rassenpsychologie, Sippenkunde und -pflege. Für diese Position hatte er sich neben seinen zahlreichen rassenpädagogischen Veröffentlichungen auch mit Beiträgen speziell zur rassenkundlichen Lehrerbildung und -fortbildung empfohlen. Aus der gemeinsamen Feder von Alfred Eydt und seinem Bruder Rudolf, gleichfalls rassenpädagogischer Experte im Leipziger NSLB, stammt u. a. ein Konzept für einen rassenkundlichen Junglehrer-Jahreskurs, adressiert ans sächsische Volksbildungsministerium.[326] Während des Krieges arbeitete Eydt an der LBA Radebeul, und er scheint auch als Dozent in der Lehrerbildung in Warschau tätig gewesen zu sein. Über seinen Verbleib nach dem Krieg ist nichts bekannt.[327]

---

324 BDC B 310. Sein älterer Bruder Rudolf, gleichfalls aktiver Nationalsozialist und wie Alfred Eydt seit 1925 Parteimitglied, war Lehrer und 1936 Schulleiter an einer Leipziger Volksschule.

325 BDC NS 12/904-918. – In diesem Aufgabenfeld arbeitete offenbar Hans Kunze, Mitarbeiter für Schul- und Lehrerfragen, später Gaustellenleiter im RPA Sachsen. Kunze war vermutlich promovierter Studienrat; er verfaßte 1937 einen Beitrag zur „praktischen Sippenforschung in der Schule".

326 BDC PK 2559; NSLB-Listen 41.

327 BDC B 310; BDC 2559; RKK 2101 S II. – 1939 hielt Eydt einen Vortrag auf dem Reichslehrgang der Gausachbearbeiter für Rassefragen in Bayreuth über „Rassenpolitische Erziehung durch die Familienkunde" (Erzieher der Westmark 2/1939, H. 17).

4.2 Volkstumsexperten des Rasse- und Siedlungshauptamtes und des Reichssicherheitsdienstes

Alfred Eydt wird **Fritz Arlt** aus der Arbeit im Rassenpolitischen Amt Sachsens gekannt haben. Beide gehören der gleichen Generation und dem gleichen Typus nationalsozialistischer Wissenschaftler an, beide fanden bereits in der Jugend zum Nationalsozialismus und waren von einem starken aktivistischen Impuls getrieben, der sich aber bei Eydt vorwiegend in der wissenschaftlichen Arbeit äußerte, während es Arlt von Anfang an zur Politik zog. Arlt war 1933 gerade erst 21 Jahre alt, und doch schon ein „alter Kämpfer"; sieben Jahre später war er an der Auschwitz-Planung mitbeteiligt.[328] Er wurde 1912 in Niedercunnersdorf in der Oberlausitz geboren und wuchs in einem, wie er selber schreibt, pietistischen, konservativen Elternhaus auf. Seine Eltern – der Vater war Landwirt – schickten ihn auf ein christlich-konservatives Internat. Nach dem Abitur an der Oberschule in Bautzen studierte Arlt in Leipzig Religionswissenschaften, Anthropologie und Soziologie, unter anderem bei Hans Freyer; 1936 promovierte er bei Arnold Gehlen mit einer rassenpsychologischen Dissertation über „die Frauen Altisraels und Altislands", ein Werk, das den Nachweis für die vermeintlich „gegentypische Veranlagtheit" der jüdischen Frau erbringen sollte.[329] 1938 erhielt er als Mitarbeiter des Anatomen und Rassenhygienikers Martin Staemmler einen Lehrauftrag für Bevölkerungslehre an der medizinischen Fakultät der Universität Breslau.[330] Unmittelbar nach der Besetzung Polens – er hatte selbst am Feldzug teilgenommen – wurde er Ende 1939 in die Verwaltung des Generalgouvernements nach Krakau berufen. Hier leitete er die Abteilung Bevölkerungswesen und Fürsorge in der Inneren Verwaltung, in deren Verantwortung u. a. die Zwangsumsiedlung Zehntausender Polen, Juden und Zigeuner während seiner Amtszeit lag. Daneben war er an den Gründungsarbeiten des Instituts für deutsche Ostarbeit beteiligt. Arlt baute hier die Sektion für Rassen- und Volkstumsforschung auf, die er anfangs auch selbst leitete.[331] Arlt selbst hatte bereits in Leipzig an einer karteimäßigen Erfassung der jüdischen

---

328 Aly/Heim, Vordenker der Vernichtung (1991). Arlt hat die Darstellung seiner Rolle bei Aly und Heim später in einer Rechtfertigungsschrift zurückgewiesen: Arlt, Polen-, Ukrainer-, Judenpolitik (1995).

329 Auch Gehlen, NSDAP-Mitglied und Lektor im Amt Rosenberg, verfaßte rassentheoretische Beiträge. Er bezog sich vor allem auf Keiter, aber auch auf Pfahler und postulierte als Leitidee: „Daß Leben Kampf ist, und daß menschliches Leben unter dem Gesetz der Rasse steht" (Anlage, Vererbung und Erziehung, 1941, S. 11). 1938 führte er an der Leipziger Universität „Übungen zur pädagogischen Typenlehre Pfahlers" durch (Tilitzki, Deutsche Universitätsphilosophie, 2002, Lehrveranstaltungsverzeichnis im Anhang).

330 Es scheint, daß Arlt auch eine wissenschaftliche Laufbahn anstrebte. Er erwähnt in seinem Rechtfertigungsbuch ein Habilitationsprojekt, das aber im RPA Sachsen auf Kritik gestoßen sei, deshalb sei auch eine Berufung an die Universität Posen nicht zustande gekommen: Arlt, Polen-, Ukrainer-, Judenpolitik (1995), S. 80. Da Arlt selbst zu dieser Zeit bereits eine führende Stellung im Rassenpolitischen Gauamt innehatte, erscheint es als wenig überzeugend, daß das RPA seine wissenschaftliche Karriere verhindert hätte. – Zu Arlts Assistententätigkeit bei Staemmler siehe Sybille Steinbacher, „Musterstadt" Auschwitz (2000), S. 127.

331 Die Leitung der Sektion wurde danach Erhard Riemann übertragen, einem ehemaligen Studienrat, der zuletzt an der HfL Elbing unterrichtet hatte. Stellvertretender Leiter wurde später der schon erwähnte Anton Plügel. Ein Kollege Plügels war, nebenbei bemerkt, Heinrich Gottong, zuvor „Judenreferent" bei Arlt in der Abteilung Bevölkerungswesen und Fürsorge, ein gemein-

Stadtbevölkerung gearbeitet[332] und konnte diese Erfassungsarbeiten jetzt für das General-gouvernement in großem Stil weiterführen lassen; sie standen im Kontext einer großange-legten bevölkerungs- und wirtschaftspolitischen Raumplanung, die die Aussiedlung von rund 1,5 Millionen Juden aus dem Generalgouvernement vorsah. Nach einem Jahr Verwaltungs-tätigkeit in Krakau wechselte Arlt, dem die Verwaltung bescheinigte, „mit Tatkraft und von Idealismus getragenem Schwung an die ihm gestellten Aufgaben" heranzugehen, als Beauf-tragter des „Reichskommissars für die Festigung des deutschen Volkstums" in die Stabs-leitung der Dienststelle des SS-Gruppenführers von dem Bach in Oberschlesien. In dieser Funktion war er Berater des HSSPF und leitete die Hauptämter Volkstumsfragen sowie Schule und Bildung und den Aufbau des Zentralinstituts für oberschlesische Landesforschung.

Arlts berufliche Karriere war eng mit seiner politischen Entwicklung verbunden. Bereits als Schüler war er bei der Deutschen Freischar aktiv, 1929, also mit 17, arbeitete er im National-sozialistischen Schülerbund in Bautzen mit und machte Flugblattpropaganda für die natio-nalsozialistische Bewegung. Im Herbst des folgenden Jahres war er schon Führer im ostsäch-sischen Jungvolk; 1931 errichtete er in einer Steinbruchbude in der Nähe von Bautzen das erste HJ-Jungvolkheim in Bautzen. Nachdem er es in der HJ bis zum Bezirksführer gebracht hatte, schloß er sich auf der Universität sofort dem Nationalsozialistischen Studentenbund an. Während der Wahlen zum Allgemeinen Studentenausschuß wurde er wegen einer Schlä-gerei von der Polizei festgenommen und anschließend von der Universität verwiesen; er ging zunächst zur Hilfspolizei, konnte das Studium dann aber doch fortsetzen, weil das Verfahren aufgrund einer Amnestie niedergeschlagen wurde.[333] Arlt, der auch Religionsgeschichte stu-dierte, wurde Fachschaftsleiter der Theologischen Fakultät und arbeitete als Wirtschafts-referent in der Kreisführung des NS-Studentenbundes; zwei Semester lang organisierte er Arbeitsgemeinschaften von Professoren und Studenten „über die Notwendigkeit einer völki-schen Theologie".[334] Inzwischen – im Juni 1932 – war er auch der NSDAP beigetreten. Noch im gleichen Jahr hatte er ein weiteres Betätigungsfeld in der Leipziger SA gefunden, die ihn sogleich zum Scharführer und „Schulungsleiter der Fliegeruntergruppe IV" ernannte. Ende 1934, gerade erst 22 Jahre alt, wurde Arlt als Kreishauptstellenleiter in Leipzig Mitarbeiter im Rassenpolitischen Amt Gau Sachsen. In diesem Amt unternahm er seine Arbeiten zur Erfas-sung und „volksbiologischen" Untersuchung der Leipziger Juden. Als Arlt nach kurzer Zeit auch diese Stätte seines politischen Wirkens wieder verließ, stellte ihm der Gauamtsleiter des RPA, Wolfgang Knorr, ein exzellentes Zeugnis aus und rühmte als besonders „vorbildlich seine Arbeit in der Judenfrage, die gerade für das Gebiet der Stadt Leipzig außerordentlich wichtig ist. Pg. Arlt habe ich in dieser Zeit als einen von der Idee durchdrungenen National-

---

samer Schüler von Hans F. K. Günther und Bruno K. Schultz, bei denen er mit einer rassen-kundlichen Untersuchung über die Bevölkerung in der Oberlausitz promoviert hatte (M. Bur-leigh, Germany Turns Eastwards, 1988, S. 266f.; Harten, De-Kulturation, 1996, S. 134ff.). 1941 plante die Sektion, rassen- und völkerkundliche sowie sprachwissenschaftliche Untersuchungen „größeren Umfangs" in Kriegsgefangenenlagern durchzuführen: BA, R 4901/690, Bl. 85.

332 Volksbiologische Untersuchung über die Juden in Leipzig, Leipzig 1938.
333 BDC SS-Officer 34, Bl. 19308.
334 Ein Kollege Arlts als Studentenfunktionär war übrigens Helmut Schelsky, der zur gleichen Zeit die Abt. Volkstumspolitik im Amt für politische Schulung der Leipziger Studentenschaft leitete (Personalverzeichnis der Universität Leipzig 1934).

sozialisten kennengelernt, der auf Grund einer vielseitigen Begabung und eines reichen Wissens für die rassenpolitische Arbeit sehr befähigt ist."[335] Die Jahre 1935/36 brachten einen weiteren Schub in der politischen Karriere Fritz Arlts: Er wurde auf Vorschlag Martin Staemmlers, der damals Leiter des RPA Gau Breslau war, dessen Stellvertreter sowie Leiter der Hauptstelle Schulung und Geschäftsführung. Als Stellenleiter im RPA richtete Arlt die schon erwähnte „Gaustelle Sonderschulen und Erbkrankenbetreuung" ein.[336] 1937 übernahm er auch die Gesamtleitung des Rassenpolitischen Gauamts, und im März 1939 erhielt er vom Oberpräsidenten der Provinz Schlesien die Genehmigung zur Errichtung eines „Landesamts für Rassen-, Sippen- und Bevölkerungswesen" nach thüringischem Vorbild. Es sollte in vier Abteilungen gegliedert sein: Rassenwesen, Sippenwesen, Bevölkerungswesen, volksbiologische Aufklärung und Propaganda. Zu seinen Aufgaben gehörte u. a. die Errichtung einer „Fremdrassigenkartei", die „Fremdrassigenbeobachtung", der Aufbau eines „Fremdrassigenarchivs", einer „Schlesischen Sippenkartei" und einer „Kulturträger-Sippen-Erfassung".[337] Als Universitätsdozent war Arlt 1936 auch Mitglied im NSLB geworden. Er trat mit Vorträgen bei mehreren NSLB-Tagungen auf; so wirkte er z. B. an dem von Egon Leuschner geleiteten Rassenpolitischen Schulungskurs der Fachschaft Sonderschulen 1936 in Berlin mit und sprach 1939 in Bayreuth über „Volksreligion und Weltreligion".[338] Für den „Schulungsbrief" der NSDAP verfaßte er u. a. einen Beitrag über den „jüdischen Einbruch in den deutschen Arbeitsraum"; darin behauptete er die „rassische Bedingtheit" beruflicher Eignung und beruflichen Handelns. Die Berufstätigkeit der Juden sei durch Profitgier und betrügerisches Handeln charakterisiert. Um den „deutschen Arbeitsraum von Juden zu reinigen", sei die einzige Lösung nicht Erziehung, sondern „Verdrängung des jüdischen Bluts" aus diesem Raum – zur Illustration war dem Artikel eine Karikatur beigegeben, auf der SA-Männer die „gefräßige jüdische Raupe" in Brand setzten.[339] Aus Arlts Feder stammten auch Schulungsunterlagen über den „jüdischen Ursprung der Ideologie des Bolschewismus".[340]

Arlt strebte indes längst nach Höherem. 1937 war er als Untersturmführer in die SS aufgenommen worden, nachdem er zuvor mit einem Brief an den SS-Führer Oberabschnitt Südost von dem Bach-Zelewski auf sich aufmerksam gemacht und sich für einen Posten in der Stabsführung empfohlen hatte. Darin schlug er eine enge Zusammenarbeit zwischen RPA und SS vor: Das RPA könne der SS wichtige Informationen und Erkenntnisse z. B. über die Juden in

---

335   BDC SS-Officer 34, Bl. 19319.
336   Siehe oben S. 237.
337   Zs. f. Rassenkunde 9/1939, H. 3, S. 284. – Als Gauamtsleiter des RPA unterstützte Arlt auch das umfangreiche Projekt von Eickstedts und seiner Mitarbeiter zur rassenanthropologischen Erfassung der schlesischen Bevölkerung, dessen Ergebnisse ab 1939 in der von Arlt mit herausgegebenen Schriftenreihe „Rasse, Volk, Erbgut in Schlesien" veröffentlicht wurden: J. Michelsen, Die „Breslauer Schule" der Rassenkunde (1998), S. 96.
338   Hamburger Lehrerzeitung 15/1936, H. 46, S. 426; Erzieher der Westmark 2/1939, H. 17. – Da Fritz Arlt schon Opfer von Personenverwechslungen geworden ist, sei erwähnt, daß im NSLB Schlesien eine Person namens Dr. Rudolf Arlt, zu dieser Zeit Studienassessor in Breslau, eine wichtige Rolle als Gausachbearbeiter für Rassefragen spielte. 1938 hielt er einen Vortrag über „Rassische Erziehung als Unterrichtsgrundsatz der deutschen Schule" auf einer Fortbildungsveranstaltung vor Lehrern in Breslau (BA, R 4901/3365).
339   Der Schulungsbrief 5/1938, H. 5.
340   BA, R 49/3123, Bl. 45.

Schlesien und über die rassische Zusammensetzung des Gaus liefern, und man könne jederzeit Fachredner zur Verfügung stellen.[341] Umgekehrt sei das RPA auf die Hilfe des Sicherheitsdienstes der SS angewiesen: „Die Arbeit des RPA erfordert in Judendingen, Abtreibungsfällen, in böswilligem Verstoß gegen unser bevölkerungspolitisches Denken der Hausbesitzer, Hebammen usw. ein enges Zusammenarbeiten mit der SD-Dienststelle."[342] Es dauerte noch eine Weile, aber nachdem Arlt im Generalgouvernement seine organisatorischen Fähigkeiten unter Beweis gestellt hatte, holte von dem Bach-Zelewski ihn September 1940 ins Stabsamt und beförderte ihn bei der Gelegenheit zum Sturmbannführer. In den folgenden Jahren arbeitete Arlt für den „Reichskommissar für die Festigung des deutschen Volkstums"; 1941 wurde er zum Führer im Stabshauptamt des RKFDV ernannt. Arlt war für Volkstumsfragen sowie Schule und Bildung zuständig. Er war zugleich Gauschulungsleiter der NSDAP für Oberschlesien;[343] in dieser Eigenschaft gründete er die Zeitschrift „Das Vorfeld". Als Leiter des Amtes für Volkstumsfragen war er u. a. für Um- und Aussiedlungsangelegenheiten Hunderttausender mit verantwortlich. Ihm oblag auch die Vergabe der Mittel, die nötig waren, um die jüdische Bevölkerung aus der Stadt Auschwitz zu deportieren.[344] Zu seinen Aufgaben gehörte darüber hinaus die Erfassung und Beschlagnahme „fremdvölkischen Besitzes", speziell die Erfassung von Kulturgütern für die „Treuhandstelle Ost" („in sauberer Weise vorgenommen"). Er organisierte den Abtransport z. B. von Büchern, die der Bibliothek der Oberschlesischen Landesforschung einverleibt wurden, und anderen „wertvollen Kulturgütern" aus polnischen Schlössern und „Judenvillen".[345]

Nach einem kurzen Einsatz bei der Waffen-SS und nach einer Verwundung, die er sich während des Rußland-Feldzuges zuzog, wurde Arlt Ende Juli 1944 zum „Hauptabteilungsleiter für Ostfragen in der Amtsgruppe D (Germanische Leitstelle)" des SS-Hauptamtes ernannt und zum Obersturmbannführer befördert. Er war dort für die Anwerbung, Aufstellung und Betreuung „nicht-germanischer" Freiwilligeneinheiten für die Waffen-SS aus Osteuropa zuständig. Noch im Januar 1945 sollte er Standartenführer werden, doch wurde die Beförderung mit der Begründung abgelehnt, für einen so hohen Rang sei er noch zu jung.[346] Ende des Krieges geriet er in Gefangenschaft; wie er selbst schreibt, erstellte er für die Ameri-

---

341 Im Juli 1936 hatte sich Arlt bereits auf Veranlassung Heydrichs mit Mitarbeitern der Abt. II 112 des SD – das „Judenreferat", in dem auch Eichmann beschäftigt war – getroffen und ihnen seine Hilfe für die Organisation von Schnellkursen in hebräischer Sprache angeboten. Arlt sollte als nebenamtlicher SD-Mitarbeiter verpflichtet werden; im Gegenzug sollte der SD ihn beim Aufbau seiner „Juden-Kartei" für Schlesien unterstützen. Ob die Zusammenarbeit zustande kam, ist unklar, denn Eichmann war noch ein Jahr später auf der Suche nach einem Hebräischlehrer: BA, R 58/991 (Arbeitsbericht der Abt. II.112 vom 18.12.1936), R 58/563; vgl. Y. Lozowick, Hitlers Bürokraten (2000), S. 41. Das Referat hatte sich zuvor schon für Arlts Methoden der Erfassung der jüdischen Bevölkerung in Leipzig interessiert und einige Anregungen von ihm übernommen: Aly/Roth, Die restlose Erfassung (1984), S. 73f.; Steinbacher, „Musterstadt" Auschwitz, S. 128.
342 BDC SS-Officer 34, Brief Arlts vom 11.5.1937.
343 Hinweise auf Arlts Tätigkeit als Gauschulungsleiter in: BA, R 49/3122–3123.
344 Unter anderem war er mit der Planung der Deportation von Polen und Juden befaßt, um Wohnungen für Deutsche „freizumachen": BA, R 49/3107; Haar, Historiker im Nationalsozialismus (2000), S. 349f.; ausführlich hierzu auch Steinbacher, „Musterstadt" Auschwitz, S. 128f.
345 BDC SS-Officer 34, Bl. 19374ff.
346 Ebd., Bl. 193578.

kaner „Studien in Sachen ostpolitische Beziehungen der Deutschen/psychologische Kriegs-
führung". Nach erfolgreicher Entnazifizierung als „Mitläufer" (!) war er mit der Erstellung
der Kriegsgefangenennachforschungslisten für die Verhandlungen Adenauers in Moskau
befaßt. In den 50er Jahren arbeitete Arlt als Unternehmensberater und Mitarbeiter des von
den Arbeitgeberverbänden getragenen Deutschen Industrie-Instituts in Köln, wurde dort
Mitglied der Geschäftsführung und Leiter der Abteilung „Bildungsarbeit und gesellschafts-
politische Fragen"; unter anderem machte er sich einen Namen mit Schriften zum zweiten
Bildungsweg.[347]

Ähnlich umtriebig, aber stärker als Wissenschaftler profiliert war der schon mehrfach
erwähnte **Hans Joachim Beyer**, ein Experte für „Umvolkungsfragen". Beyer befaßte sich mit
den vermeintlich rassisch bedingten Grenzen und Gefahren der Assimilation oder, wie er es
nannte, „Umvolkung". Er vertrat u. a. die Meinung, daß deutsche Volksgruppen in fremdvölkischer Umgebung – also etwa in Polen – besonderen Gefahren des „Renegatentums" ausgesetzt seien, weil das deutsche Volk in seinen Auslandsgruppen vielfach mehr Begabungen her-
vorbringe als es in seinem völkischen Lebensraum „ansetzen" könne: „Das Mißverhältnis
Begabungen – Wirkungsraum hat dann Aufstiegsassimilation zur Folge, d. h. Absaugung der
Begabungen durch ein leistungsschwächeres Volk, das in einem Staate einen unausgefüllten
Wirkungsraum besitzt." Nordisch-germanische Volksgruppen gingen dann als Führungselite
im fremden Volk auf.[348] Beyer gab damit einer Angst, die auch Himmler umtrieb, eine wissenschaftliche Begründung, daß nämlich „umgevolkte Norder", solange sie nordisches Blut in
sich tragen, auch Norder blieben; von der Natur mit Führungsfähigkeiten ausgestattet würden sie deshalb als Renegaten und Führer fremder Völker zu den gefährlichsten Gegnern des
deutschen Volkes werden. In seiner Habilitationsschrift forderte Beyer eine konsequente Politik der „Dissimilation" in Mitteleuropa: Ausschaltung der Juden, Rückgewinnung des „deutschen Leistungserbguts" und eine „Neubestimmung der Wertigkeit der osteuropäischen
‚Völkerstämme' je nach ihrem ‚deutschen Einschlag'". Die Volksgeschichtsschreibung, so
hatte er schon vorher erklärt, müsse bei der Rückgewinnung des ostdeutschen Volks- und
„Bewährungsraums" mitwirken.[349] Die Theorie, nach der die slawischen Völker zu höheren
kulturellen Leistungen und zu eigener Staatsführung nicht befähigt seien und deswegen von
überlegener Hand geführt werden müßten, bereicherte er um ein sexistisches Argument über
die polnischen Frauen: „Die bei anderen europäischen Völkern klare Unterscheidung zwischen Ehefrau und Dirne träfe bei den Polinnen oft nicht zu, da sie häufig beide Leben vereinigten. Dieses ‚Weibtum' könne gegnerische Kräfte binden und habe schon oft die Hände
eines Mannes von dem Steuer gelöst, das den ‚klaren Kurs der Volkstumspolitik sichern
sollte'."[350]

Beyer kam 1908 in Geesthacht als Sohn eines Volksschul- und späteren Hauptlehrers in einer
protestantisch und deutschnational geprägten Familie zur Welt. Er machte 1926 das Abitur

---

347 Biographische Materialien: BDC Diverses; BDC SS-Officer 34; BDC RS A 143; BA, R 4901/
     3365; Arlt, Polen-, Ukrainer-, Judenpolitik (1995).
348 Zur Frage der Umvolkung (1937).
349 Roth, Heydrichs Professoren (1997), S. 283, 273f. – Zur „Umvolkungstheorie" siehe auch Har-
     ten, De-Kulturation (1996), S. 138ff.
350 Das Schicksal der Polen. Rasse, Volkscharakter, Stammesart (1942), S. 159, hier zit. nach Wie-
     demann, Die Reinhard-Heydrich-Stiftung (2000), S. 57.

an einer Hamburger Oberrealschule und studierte anschließend Geschichte, Literaturwissenschaft und Staatsrecht. 1931 promovierte er in Hamburg mit einer zeitgeschichtlichen Arbeit, danach arbeitete er zunächst als Journalist. Dabei machte er sich, wie Roth schreibt, als „publizistisches Sprachrohr einer deutschnational-völkischen Strömung der norddeutschen evangelischen Landeskirchen nützlich" und betätigte sich als Versammlungs- und Wahlredner für den Christlich-Sozialen Volksdienst (CSVD). Sein Vater war Schriftleiter des „Hamburger Schulblattes" und 1931 Kandidat des CSVD bei der Hamburger Bürgerschaftswahl. Beyers enge Bindung an den Vater wird auch daran deutlich, daß er für ein Jahr als Chefredakteur an der vom CSVD mitgetragenen „Täglichen Rundschau" in Berlin arbeitete. 1933 propagierte Beyer eine „Lutherische Kirche deutscher Nation", die ein historisches Bündnis mit dem „nationalen Sozialismus" eingehen „und im gemeinsamen Kampf gegen das Judentum den ‚völkischen Reinigungsprozeß' vorantreiben" müsse.[351] Im gleichen Jahr wurde er für kurze Zeit als Referent im Preußischen Kultusministerium eingestellt. 1934 erhielt er dann eine Dozentur für Erdkunde und Methodik des Erd- und Heimatkundeunterrichts an der HfL Danzig, und noch im gleichen Jahr übernahm er die Leitung der Arbeitsgemeinschaft für Erdkunde in der Abteilung Erziehung und Unterricht der Gauwaltung Danzig des NSLB. Ende 1936 wechselte Beyer nach Stuttgart, wo er Leiter der Mittelstelle für auslandsdeutsche Volksforschung im Deutschen Auslandsinstitut wurde. 1936 war er der NSDAP beigetreten und Mitglied des Volkswissenschaftlichen Arbeitskreises des VDA geworden, arbeitete in der Reichsstudentenführung mit sowie in der Parteiamtlichen Prüfungskommission zum Schutze des NS-Schrifttums. Beyers politisches Engagement radikalisierte sich zunehmend. Seit 1933 hatte er bereits der SA angehört, 1938 trat er in die SS ein, wurde ehrenamtlicher Mitarbeiter des SD und stieg rasch zu einem der führenden Volkstumsexperten des Reichssicherheitshauptamtes auf. Beyer war ein Wissenschaftler, den es unmittelbar zur Tat drängte und der die Wissenschaft als einen Teil des volkstumspolitischen Kampfes begriff. Er übernahm die Leitung des „Grenz- und Auslandsdeutschen Ausschusses der NS-Studenten-Kampfhilfe" im Bereich Südwest, gründete in Südwestdeutschland volkstumspolitische Hochschulgruppen und versuchte hochschulpolitisch Einfluß auf die Entwicklung der Volkstumswissenschaft zu nehmen.

1939 begann Beyer als hauptamtlicher Mitarbeiter des SD in Berlin. Dort arbeitete er zunächst als Bibliotheksreferent in der Abteilung „Gegnerforschung" unter der Leitung von SS-Standartenführer Alfred Six. Six, Professor in Königsberg, war gerade zum Aufbau-Kommissar einer neuen Auslandswissenschaftlichen Fakultät an der Universität Berlin ernannt worden und sah für Beyer dort eine Dozentenstelle vor. Beyer reichte deshalb in München seine Habilitationsschrift über „Umvolkungsvorgänge in Ostmitteleuropa" ein. Gutachter waren Karl Alexander von Müller und Oswald Kroh, mit dem Beyer auch bei anderen Gelegenheiten zusammenarbeitete. Nach Annahme der Habilitation wurde er im April 1940 beamteter Dozent für Volksforschung mit besonderer Berücksichtigung Osteuropas an der Berliner Universität. Unterdes ging seine Karriere beim Reichssicherheitshauptamt weiter. Ende 1939 wurde er als Ukraine-Referent[352] in die Amtsgruppe „Volkstum" versetzt und zu einem ersten Einsatz ins Generalgouvernement geschickt. Im April 1940 wurde er zum SS-Obersturmbannführer befördert. Während dieser Zeit als SD-Mitarbeiter erstellte er u. a. Listen pol-

351 Roth, Heydrichs Professoren (1997), S. 272.
352 Im Amt RSHA III B 15.

nischer Intellektueller, die als Grundlage für das Vorgehen des SD im Herbst 1939 gegen die polnische Intelligenz dienten. Im Juni 1941 verließ Beyer erneut Berlin, um sich als Ukraine-Referent den Einsatzgruppen der Sipo und des SD anzuschließen. In Lemberg war er als volkstumspolitischer Berater der Einsatzgruppe C des SD an der Organisation antijüdischer Pogrome und Massenexekutionen beteiligt. Im Rahmen der Aktionen der Einsatzgruppe wurden im Juli 1941 3000 Juden im Lemberger Stadion ermordet; anschließend wurden anhand vorbereiteter Listen des Ukraine-Referats auch polnische Intellektuelle der Universität Lemberg mißhandelt und umgebracht. Beyer wirkte hier unmittelbar an der praktischen Ausführung dessen mit, was er als Wissenschaftler volkstums- und rassenbiologisch legitimiert hatte.[353] Beyer arbeitete auch an der Vorbereitung der „Deutschen Volksliste" mit und erstellte für das RSHA einen Dörferkatalog über die deutschstämmige Bevölkerung im Generalgouvernement.[354] Für seinen Einsatz wurde er mit einem Ruf auf einen Lehrstuhl für Volkslehre an die Reichsuniversität Posen belohnt. Im September 1941 beauftragte ihn Reinhard Heydrich mit Gründungsarbeiten für die geplante Reichsstiftung für deutsch-slawische Forschung in Prag, die spätere Reinhard-Heydrich-Stiftung. Seit 1942 war Beyer stellvertretender Leiter der Heydrich-Stiftung und leitete – gemeinsam mit Rudolf Hippius – die Abteilung für Volkswirtschaft und Völkerpsychologie. Gleichzeitig war er Ordinarius für Volkslehre und Nationalitätenkunde Osteuropas an der Deutschen Universität in Prag.[355] 1944, als das Deutsche Reich seinem Untergang entgegenging, war Beyer auf dem Höhepunkt seiner Karriere. Er hatte maßgeblichen Anteil am Ausbau der Heydrich-Stiftung zur bedeutsamsten rassen- und volkstumspolitischen Wissenschaftsinstitution des RSHA. Er war Leiter der gesamten wissenschaftlichen Arbeit der Stiftung, Herausgeber mehrerer volkstumswissenschaftlicher Zeitschriften, Organisator rassen- und volkstumswissenschaftlicher Arbeiten zum osteuropäischen Raum und einer der einflußreichsten volkstumspolitischen Berater des SD. Nach dem Krieg blieb er unbehelligt, im Entnazifizierungsverfahren wurde er 1948 als „entlastet" eingestuft, da er in der SS nur den Rang eines Hauptsturmführers eingenommen hatte. Er konnte bruchlos an seine Anfänge anknüpfen und arbeitete zunächst als Pressesprecher bei der Evangelischen Landeskirche Schleswig-Holsteins. 1949 wurde er in den Landespresseausschuß des Landes Schleswig-Holstein berufen, 1950 war er für eine Lokalzeitung in Husum tätig und seit 1951 arbeitete er wieder in der Lehrerbildung als Professor für Geschichte und Methodik des Geschichtsunterrichts an der PH Flensburg, seit 1952 war er darüber hinaus (zusammen mit Theodor Wilhelm) für das Fach Politische Bildung zuständig. Inzwischen war er der CDU beigetreten und arbeitete im evangelischen Arbeitskreis der CDU mit. 1962 wurde Beyer, nachdem es zu Kontroversen um seine Person wegen seiner Tätigkeiten in der NS-Zeit gekommen war, bei Weiterzahlung des vollen C4-Gehalts von seinen Lehrverpflichtungen entbunden und an das Landesarchiv Schleswig abgeordnet.[356]

---

353 Michael Fahlbusch, Wissenschaft im Dienst der nationalsozialistischen Politik (1999), S. 521 f.
      und 532; vgl. auch Roth, Heydrichs Professoren (1997); Wiedemann, Die Reinhard-Heydrich-
      Stiftung in Prag (2000), S. 56.
354 Roth, Heydrichs Professoren (1997), S. 296.
355 Der Lehrstuhl war durch Verlagerung des freien Ordinariats in Posen auf Veranlassung Heydrichs gebildet worden, dem, wie es in einem Schreiben des Reichserziehungsministeriums heißt, „sehr daran gelegen ist, durch Zurverfügungstellung geeigneter Professoren die eingeleitete Befriedungsaktion bei den Tschechen baldigst durchzuführen." BA, R 21/10303, Bl. 142.
356 Biographische Materialien: BDC A 519; SS-Officer 119; Ahnenerbe B 254; NSLB-Akten; Hesse,

Ein Kollege Beyers in Prag war **Karl Valentin Müller**. Obwohl er weder der SS noch der NSDAP angehörte, wollen wir ihn an dieser Stelle erwähnen, weil seine Untersuchungen dem gleichen Arbeitsfeld zugehören und zu einem großen Teil von der Reinhard-Heydrich-Stiftung in Prag finanziert wurden.[357] Müller war vor 1933 Sozialdemokrat und Funktionär der gewerkschaftlichen Bildungsarbeit; möglicherweise hat er deswegen gar nicht erst den Versuch gemacht, die Mitgliedschaft in der NSDAP zu erwerben. Seine wissenschaftlichen Arbeiten stellte er aber schon lange vor 1933 in den Kontext der Rassenanthropologie, und sein rascher akademischer Aufstieg nach 1933 bis zur Verleihung eines Direktorats an der Universität Prag zeigt, daß er es verstand, sich mit seinem sozial- und rassenanthropologischen Forschungsansatz für das Regime und speziell für die volkstumswissenschaftlichen und -politischen Experten des Reichssicherheitshauptamtes unentbehrlich zu machen. Müller war von dem sozialdemokratischen Eugeniker Grotjahn ebenso wie von Fritz Lenz und Hans F. K. Günther beeinflußt, die seine Karriere förderten, nahm aber auch Darrés Idee eines „Neuadels aus Blut und Boden" auf und entwarf in seinem Hauptwerk „Der Aufstieg des Arbeiters durch Rasse und Meisterschaft" (1935) das Projekt eines neuen Arbeiteradels. Eine erbgesunde und -tüchtige Arbeiterelite sollte mit staatlicher Förderung „Erbhöfe der Arbeit" in eigenen Stammarbeitersiedlungen erhalten; Müller wollte einer „Auslesegruppe nach Leistungs- und Erbwert" eine „hegegerechte Umwelt" für die Aufzucht des eigenen Nachwuchses schaffen. Als besondere Auszeichnung würden hochwertige Arbeiter in den Rang eines „Erbmeisters" aufrücken können und eine Kleinsiedlerstelle als Erbe erhalten.[358]

Karl Valentin Müller wurde 1896 in Bodenbach in Böhmen geboren. Er besuchte in Bodenbach und Pogrzybow in der Provinz Posen, wo sein Vater als Lehrer tätig war, die Volksschule, dann in Dresden das Realgymnasium, legte dort das Kriegsabitur ab und meldete sich 1915 als Freiwilliger an die Westfront. Nach dem Krieg studierte er in Leipzig zunächst Germanistik, dann Staats- und Sozialwissenschaften. 1922 promovierte er zum Dr. phil. Mitte der 20er Jahre begann seine Beschäftigung mit der Rassenhygiene. 1927 erschien von ihm eine im Auftrag der Gewerkschaften erstellte „gemeinverständliche" rassenhygienische Publikation unter dem Titel „Arbeiterbewegung und Bevölkerungsfrage". Zuvor hatte er bereits eine Schulkinderuntersuchung veröffentlicht, in der er die Ansicht äußerte, daß bei „nordischen" Kindern schöpferische Begabung und „Führerdrang" besonders ausgeprägt seien, während etwa Rassenmischlinge aufgrund ihres „Halbmenschentums" zum „Herdentümlichen" neigten.[359] Er hatte also schon früh den Anschluß an die „nordische Bewegung" gefunden. 1929

Professoren und Dozenten (1995), S. 170ff.; Roth, Heydrichs Professoren (1997); Ernst Ritter, Das Deutsche Auslands-Institut in Stuttgart (1976), S. 86ff.; zur Nachkriegsgeschichte vor allem G. Paul, Landunter. Schleswig-Holstein und das Hakenkreuz (2001), S. 369ff.; vgl. auch Rammstedt, Deutsche Soziologie 1933–1945 (1986), S. 134ff.

357 Roth, Heydrichs Professoren (1997), S. 307.

358 Der Aufstieg des Arbeiters durch Rasse und Meisterschaft (1935). Müllers Ideen fanden eine Teil-Umsetzung in der Sauckel-Marschler-Stiftung in Thüringen, die für „bedürftige kinderreiche, erbgesunde und arische" Familien kleine Einfamilienhäuser errichten ließ. Für die erbbiologische Überprüfung, die das thüringische Landesamt für Rassewesen durchführte, mußten neben polizeilichem und parteiamtlichem Unbedenklichkeitsbescheid u. a. Schulzeugnisse, Ahnen- und Sippschaftstafeln der Kinder sowie ärztliche Gesundheitszeugnisse vorgelegt werden: Astel, 1½ Jahre Thüringisches Rassewesen (1935).

359 K. V. Müller/M. Springer, Sozialanthropologische Betrachtungen (1926).

folgte ein Essai über den „nordischen Gedanken in der Arbeiterbewegung". Darin vertrat er
die Auffassung, daß der „kämpfende, klassenbewußte" Teil der Arbeiterbewegung aus herabgesunkenen Volksschichten nordischer Freibauern stamme und eine „Schutz- und Trutz-
bewegung enterbter, zur (vorübergehenden) gesellschaftlichen Machtlosigkeit und Ungeltung
verurteilter Volksmassen" darstelle.[360] Man müsse daher, wie er später schrieb, zwischen „Pro-
letariern aus Art" und solchen, „die es wider ihre Art – vielleicht vorübergehend – sein müssen", unterscheiden.[361] Aus dieser „herabgesunkenen Schicht proletarisierter Freibauern"
wollte Müller die künftige rassisch hochwertige Arbeiterelite züchten; diese Elite sollte auf
bäuerlichen und städtischen Volkshochschulen nach nordischem Vorbild eine Fortbildung zur
Führerschaft erhalten, um ihren „Wiederaufstieg durch rassische Erneuerung" einzuleiten.[362]
Gleichzeitig sprach er sich dafür aus, die Fortpflanzung der „Lebensuntüchtigen" zu unterbinden.[363]

Seit etwa 1927 arbeitete Müller als wissenschaftlicher Referent (zunächst für Erwachsenenbildung) im damals sozialdemokratisch geführten sächsischen Kultusministerium. Zugleich war
er Leiter der westsächsischen Wirtschafts- und Betriebsräteschulung. 1928 wurde er als Referent für soziales Bildungswesen für die Aufgabenbereiche Soziale Fachschulen, Erwerbslosen-
schulung, Landumschulung und Freiwilliger Arbeitsdienst zuständig. Die Machtübernahme
der Nationalsozialisten hatte 1933 wegen seiner SPD-Zugehörigkeit kurzzeitig seinen Ausschluß aus dem Staatsdienst zur Folge, er wurde danach aber als Referent für Erwachsenenbildung im sächsischen Volksbildungsministerium weiterbeschäftigt. Während dieser Zeit verfaßte er auch einige kleinere Beiträge über Rassenhygiene und Erziehung.[364] 1936 habilitierte
er sich in Leipzig bei Freyer und Reche für das Gebiet Soziologie und Bevölkerungswissenschaften, 1938 wurde er Dozent, 1939 übernahm er in kommissarischer Verwaltung den Lehrstuhl für Soziologie an der TH Dresden und leitete dort bis 1941 das Soziologische Seminar.
Hier hielt er regelmäßig Vorlesungen zu Themen wie „Rasse, Volk und Gesellschaft" oder
„Volk und Raum". Mit Beginn des Krieges wandte er sich zunehmend rassen- und sozial-
anthropologischen Untersuchungen im osteuropäischen Raum zu. 1939/1940 führte er
„Fruchtbarkeitsuntersuchungen" im Warthegau durch,[365] im Sommer 1941 unternahm er mit
Studenten der Dresdner AG „Rassen- und Völkerkunde der Sudetenländer" eine Studien-
fahrt zu anthropologischen Untersuchungen ins besetzte tschechische Gebiet; der Studien-
reise war eine Vorlesung zur „neueren Rassen- und Volksgeschichte der Sudetenländer" vorausgegangen.[366] Bereits 1937 hatte er eine Abhandlung veröffentlicht, in der er alle größeren
kulturellen und staatenbildenden Leistungen im osteuropäischen Raum auf das Wirken nord-

---

360 Der Nordische Gedanke in der Arbeiterbewegung (1929).
361 Der Aufstieg des Arbeiters (1935), S. 71.
362 Die Bildungsbedeutung der Volkshochschulen vom Standpunkt der Rassen- und Gesellschafts-
      biologie (1933).
363 Sozialarbeit und Erbbiologie (1934).
364 Zum Beispiel: Rassenpflege und Rassenhygiene in der Schule (1933); Sozialarbeit und Erbbiolo-
      gie (1934); Lebenserfolg und Lebensauslese (1935).
365 Die Ergebnisse wurden 1942 im Archiv für Rassen- und Gesellschaftsbiologie publiziert („Beob-
      achtungen über die Fruchtbarkeit und Fruchtbarkeitsunterschiede der Gutsbevölkerung in der
      ehemaligen Provinz Posen").
366 Sonnemann u. a., Geschichte der Technischen Universität Dresden (1978).

rassisch geprägter Einwanderer zurückführte. Insbesondere stamme die Lehrerschaft höherer Schulen in Polen von deutschen Bevölkerungsgruppen ab.[367]

Müller hatte sich inzwischen einen Namen als Volkstumsexperte gemacht und wurde deshalb 1941 an die Universität Prag berufen. Hier war er bis zum Ende des Krieges Professor und Direktor des Instituts für Sozialanthropologie und Völkerbiologie sowie Leiter der Hochschularbeitsgemeinschaft für Raumforschung. Während dieser Zeit führte er z. T. im Auftrag der Reinhard-Heydrich-Stiftung umfangreiche Forschungsarbeiten durch, unter anderem psychologisch-sozialanthropologische Untersuchungen über die tschechische Polizei, begabungssoziologische Schulerhebungen an tschechischen Kindern sowie rassen- und sozialanthropologische Untersuchungen über den „deutschblütigen Erbanteil" und die „Einvolkung deutschblütiger Sippen in Tschechien", die Müller teilweise in Zusammenarbeit mit Rudolf Hippius durchführte und die bis 1944 regelmäßig vom Reichsforschungsrat finanziert wurden.[368] Noch für das Wintersemester 1944/45 kündigte er Vorlesungen zur „Rassen- und Blutsgeschichte des tschechischen Volkes" und über „Leistung und Rassenerbe in Volk und Gesellschaft" durch.[369] Nach vorübergehender Internierung in einem Kriegsgefangenenlager wurde er 1945 aus Tschechien ausgewiesen. 1946 erhielt er mit Unterstützung des damaligen niedersächsischen Kultusministers Grimme die Gelegenheit, ein Institut für Empirische Soziologie aufzubauen. 1952 wurde er Lehrbeauftragter an der Bamberger Philosophisch-Theologischen Hochschule, 1955 erhielt er eine Professur für Soziologie und Sozialanthropologie an der Hochschule für Wirtschafts- und Sozialwissenschaften in Nürnberg. Müller konnte seine wissenschaftliche Karriere in der Bundesrepublik bruchlos fortsetzen und machte sich insbesondere einen Namen als Bildungs- und Begabungssoziologe.[370]

Arbeiten, wie sie Beyer und Müller lieferten, bildeten die wissenschaftliche Grundlage für die Rassen- und Volkstumspolitik des RSHA im besetzten Osten. Eine zentrale Rolle in der volkstumspolitischen Planungsarbeit des RSHA spielte **Hans Ehlich**. Er ist in unserer Bibliographie nur mit einem kleinen Beitrag für die Zeitschrift „Politische Erziehung" vertreten, wir wollen ihm aber einige Sätze wegen seiner besonderen politischen Bedeutung widmen. Ehlich war 1940 Beyers Vorgesetzter im Amt III B des RSHA. Denkbar ist, daß er die akademische Karriere sowohl Beyers als auch Müllers befördert hat. Ihre Forschungsergebnisse gingen in ein Resümee der bis dahin geleisteten „Umvolkungsforschung" ein, das Ehlich 1942 mit Blick auf die Rassen- und Volkstumspolitik im besetzten Polen zog: „Umvolkung", das habe die Wissenschaft gezeigt, sei nur auf rassischer Basis möglich; man könne daher nur jene „germanischen Rassenbestandteile" assimilieren, die auf eingewanderte „leistungstüchtige deutsche Sippen" zurückgingen. Allerdings erfordere diese Assimilation eine „unerhört lange Erziehungsarbeit", da viele „polonisierte" Deutschstämmige dem Deutschtum erst noch wieder zurück-

---

367 Gesetzmäßigkeiten bei Wandlungen von rassisch nahestehenden Nachbarvölkern durch Umvolkungsvorgänge (1937).

368 BA, RFR K. V. Müller; vgl. Roth, Heydrichs Professoren (1997), S. 307.

369 Personal- und Vorlesungsverzeichnis der Deutschen Karls-Universität Wintersemester 1944/45. Prag 1944.

370 Drewek, Die Begabungsuntersuchungen Albert Huths und Karl Valentin Müllers nach 1945 (1989). – Zur Biographie siehe die Hinweise von Gerhard Eis in: Bibliographie der Schriften von Karl Valentin Müller (1961); Harten, De-Kulturation (1996), S. 142 f.; Roth, Schöner neuer Mensch (1999), S. 395 ff.; Thieme, Rassentheorien zwischen Mythos und Tabu (1988), S. 92 f.

gewonnen werden müßten. Die Mehrheit der Polen dagegen sei nicht „umvolkungsfähig", sondern müsse zur Befriedigung des deutschen Bedarfs an „Tagelöhner- und Knechtsippen" dienen.[371]

Ehlich wurde 1901 in Leipzig geboren, sein Vater war Ingenieur. Er legte 1920 in Chemnitz das Abitur ab und studierte anschließend Medizin in Leipzig und Würzburg. 1928 schloß er das Studium mit der Promotion ab, arbeitete anschließend als Assistenzarzt am Stadtkrankenhaus in Dresden-Johannstadt und ließ sich schließlich als praktischer Arzt nieder. 1933 wechselte er nach Sebnitz über und beschäftigte sich dort vor allem mit Fragen der Schulgesundheitsfürsorge. 1935 erhielt er daraufhin eine Stelle als Medizinalrat und Referent für Gesundheitsfürsorge und Rassenfragen in der Gesundheitsabteilung des Sächsischen Innenministeriums. Von dort wechselte er 1937 als hauptamtlicher Mitarbeiter zum SD über. Dieser Wechsel kam nicht unvermittelt. Ehlich war bereits als 22jähriger Student der „Reichsflagge" beigetreten und hatte danach dem Stahlhelm angehört. 1931 trat er in die NSDAP, 1932 auch in die SS ein, der er als Sturmbannarzt und Sanitätsausbilder diente. Er tat sich in der SS als Experte für Erb- und Rassenpflege und als „erfolgreicher Redner" hervor.[372] 1937 wurde er mit der Leitung des SD-Referats Volksgesundheit und Bevölkerungspolitik betraut. Als Vertreter der Reichsführung SS war er Mitherausgeber der NSLB-Zeitschrift „Der Biologe". Er war auch in die Schulungsarbeit der SS einbezogen und beteiligte sich unter anderem an den Ausbildungskursen in der Führerschule des SD in Bernau. Nachdem er sich während des „Polen-Feldzuges" in der Einsatzgruppe 5 bewährt hatte, wurde er zum Leiter des Einwanderungs- und Siedlungsreferats für die besetzten Gebiete ernannt und übernahm die Leitung des Amtes III B (Volkstum) im RSHA. 1943 arbeitete er, inzwischen zum Ministerialrat und Standartenführer befördert, in leitender Funktion in der neu gebildeten Amtsgruppe VI G („Wissenschaftlich-methodischer Dienst") des RSHA, die nach außen als „Reichsstiftung für Länderkunde" in Erscheinung trat. 1944 leitete er als Vorsitzender des „Kuratoriums für Volkstums- und Länderkunde" der SS zusammen mit dem Historiker und Geographen Wilfried Krallert das Wannsee-Institut. In diesen Funktionen unterstand ihm die Kontrolle über alle wichtigen auslands- und volkstumswissenschaftlichen Forschungsinstitute einschließlich der Reinhard-Heydrich-Stiftung in Prag. Beyer war damals Ehlichs wichtigster Berater in volkstumspolitischen Forschungs- und Planungsangelegenheiten.[373] Nach dem Krieg wurde Ehlich interniert und zu einer Haftstrafe von einem Jahr und neun Monaten verurteilt, die er aber nicht antreten mußte, weil sie als mit der Internierungszeit verbüßt galt. Ehlich ließ sich danach als praktischer Arzt in Braunschweig nieder, wo er 1991 verstarb.[374]

Unter der SD-Aufsicht Ehlichs arbeitete auch Beyers und Müllers schon mehrfach erwähnter Prager Kollege **Rudolf Hippius**. Es ist zwar ungewiß, ob er der SS angehörte, wir wollen aber auch ihm an dieser Stelle einige Sätze widmen, weil er in wichtigen Tätigkeitsfeldern mit der SS zusammenarbeitete und dem gleichen wissenschaftlich-politischen Umfeld wie Beyer und Müller zuzurechnen ist. Hippius wurde 1905 in Estland als Sohn eines Oberförsters geboren.

---

371 Die Behandlung des fremden Volkstums, in: Rössler/Schleiermacher, Der Generalplan Ost (1993), S. 48 ff.; vgl. Harten, De-Kulturation (1996), S. 145 f.

372 BDC SS-Officer 175.

373 Roth, Heydrichs Professoren (1997), S. 309.

374 Zur Biographie: ebd.; BA Koblenz, Z 42 II/2450, Ehlich, Hans Dr.; Wildt, Generation des Unbedingten (2002), passim; zu Ehlichs Tätigkeit in Bernau: BA, R 58/259 u. 7156.

Nach einem abgebrochenen Theologiestudium machte er 1928 das Staatsexamen und promovierte 1929 in Dorpat (estn. Tartu), anschließend war er für zwei Jahre Forschungsstipendiat und weitere zwei Jahre Hilfsassistent am Psychologischen Institut der Universität Leipzig. 1934 habilitierte er sich und arbeitete von 1934 bis 1939 als Dozent an der Universität Dorpat. Hier gehörte er dem Wissenschaftlichen Institut für Heimatforschung an, das 1929 als „Arbeitsstätte der planmäßigen volks- und landeskundlichen Erfassung des eigenen Volkstums und des Kräftespiels im baltischen Lebensraum" gegründet worden war.[375] Hippius begann in Dorpat mit berufspsychologischen Untersuchungen an den deutschen Schulen. Er engagierte sich schon früh in der deutschvölkischen Bewegung in Estland, war seit 1924 Mitglied der Deutsch-Baltischen Partei und arbeitete seit 1934 in der nationalsozialistischen Erneuerungsbewegung in Estland mit. Er wurde stellvertretender Landesleiter der Volksdeutschen Vereinigung und (1939) Präsident des Deutschen Volksbundes in Dorpat. Nach der Besetzung Polens erhielt er Ende 1939 einen Ruf als Dozent und kommissarischer Leiter des Seminars für Psychologie und Pädagogik an die Reichsuniversität Posen, 1942 folgte die Verbeamtung. 1940 war er auch als Heerespsychologie und Kriegsverwaltungsrat beim Generalkommando in Posen tätig. Für die Diplom-Psychologen-Ausbildung in Posen skizzierte er 1940 ein Programm, das als künftige Arbeitsfelder neben der Berufsberatung, der Jugendkunde und Erziehungsberatung als dritten Punkt die „Ausbildung von Beratern im Gefüge der Rassenpflege", d. h. im Zusammenhang mit „Fragen der Festigung des Deutschen Volkstums sowie der Behandlung fremder Volkstümer einbezogener oder abhängiger Gebiete" vorsah: „Diese Arbeit und ihre Notwendigkeit beginnt sich im Gefüge der amtlichen Rassenpflege deutlich als notwendig anzukündigen". Die Ausbildung erfordere „neben umfassenden rassenkundlichen und psychologischen Studien vor allem Weiterbildung der Völkerpsychologie, Vermittlung und Weiterbildung der Methoden der Volksgruppenanalyse, Studium der gegenseitigen Beeinflussungen in Grenzräumen, der Auswirkungen von Zwei- und Mehrsprachigkeit, der psychologischen Auswirkung des Kulturgefälles usw."[376]

1942 war er Mitarbeiter in Rosenbergs Ministerium für die besetzten Ostgebiete und wurde als stellvertretender Leiter für die Umsiedlung der Baltendeutschen in Stadt und Kreis Dorpat eingesetzt. Im gleichen Jahr stellte Hippius, inzwischen zum SA-Obersturmführer befördert, auch einen Aufnahmeantrag an die NSDAP, der aber erst 1944 angenommen wurde. In Posen führte er im Auftrag des Arbeitskreises „Eignungsforschung" der Reichsstiftung für deutsche Ostforschung, die der Universität angegliedert war, zwei größere Forschungsprojekte durch, eines über die Siedlungsbereitschaft deutscher Soldaten im Osten und ein zweites, in dem es um „eignungspsychologische und charakterologische Wertigkeitsuntersuchungen" an Polen und deutsch-polnischen Mischlingen ging. Bereits Ende 1939 hatte er eine Denkschrift zur Bevölkerungsplanung im Warthegau vorgelegt.[377] Gleichzeitig wirkte er an den psycholo-

---

375 J. von Hehn, Deutsche Hochschulaktivitäten in Riga und Dorpat zwischen den Weltkriegen (1987), S. 271. – Der Autor, von Hehn, selber ehemaliger Mitarbeiter des Herder-Instituts in Riga, war während der Okkupationszeit damit beauftragt, im Zuge der Beschlagnahme und Auflösung der polnischen Bibliotheken das gesamte polnische Buch- und sonstige Schriftgut in Posen zu erfassen: Kalisch/Voigt, „Reichsuniversität Posen" (1961), S. 192.

376 BA, R 21/19310, Bl. 44 f.

377 Abgedruckt in: Goguel, Über die Mitwirkung deutscher Wissenschaftler am Okkupationsregime in Polen im 2. Weltkrieg (1964), S. 46 ff.

gischen Eignungsprüfungen mit, die das RuSHA in Litzmannstadt im Zusammenhang mit der Deutschen Volksliste durchführte.[378] Speziell die Mischlingsuntersuchung stand im Kontext der neuen „Umvolkungsforschung", wie sie von Beyer vorangetrieben wurde und die Hippius nach der psychologischen Seite hin ausbaute. Sie wurde unter dem Titel „Volkstum, Gesinnung und Charakter" veröffentlicht, ein umfangreiches und schwer lesbares empirisches Werk, an dem mehrere Kollegen, unter ihnen auch Konrad Lorenz, mitgewirkt hatten. Die Autoren kamen zu dem Ergebnis, daß bei steigendem Grad völkisch-rassischer Vermischung die charakterliche Substanz abnehme. Heinz Höppner, der Leiter des Gauamts für Volkstumsfragen, faßte die Ergebnisse prägnant so zusammen: Die Untersuchungen hätten gezeigt, „daß bei deutsch-polnischen Mischlingen die seelisch tragfähige Substanz von etwa 90 % im vollkräftigen Volkskörper auf etwa 60 % bei Mischlingen herabsinkt. Die sozialschwierigen Personen wachsen infolge zunehmenden Egoismus und Haltlosigkeit sowie wissentlicher Herabsetzung der Einordnungsbereitschaft von 20 auf 40 % an. Zwiespältige unprägnante Charaktere, die Charakterzüge aufweisen wie Hinterhältigkeit, Angebertum, gespannte Erregbarkeit, steigen an. Die dem Deutschen eigentümliche wertvolle Gestaltungskraft fehlt fast völlig." [379] Kurz, lauter Jaenschsche „Gegentypen" schienen in diesem Mischlingsmilieu zu leben, deshalb zog Hippius den politisch folgenreichen Schluß: „Es erscheint demnach im Allgemeinen berechtigt, in Volkstumsfragen (ebenso wie in Rassenfragen) Gruppenbildungen und Grenzziehungen nach der absoluten Größe des völkischen Blutsanteils vorzunehmen." [380] Mit solchen eindeutigen und vielversprechenden Erkenntnissen hatte Hippius das Rasse- und Siedlungshauptamt für die finanzielle Unterstützung seiner Arbeit gewinnen können: „Es wird erstmalig der klare Nachweis erbracht, dass die blutsmässige Mischung von Völkern einen bis ins einzelne fassbaren, regelmässigen Wandel der charakterlichen Erbwerte herbeiführt." [381] 1943 befaßte sich der SD in Lemberg mit Hippius' Arbeiten und Forschungsprojekten, und zuvor war auch Hans Joachim Beyer während seiner Tätigkeit in Posen auf ihn aufmerksam geworden und holte ihn Ende 1942 nach Prag. Dort erhielt Hippius einen Lehrstuhl für Sozial- und Völkerpsychologie an der Deutschen Universität und leitete zusammen mit Beyer das Institut für europäische Völkerkunde und Völkerpsychologie der Reinhard-Heydrich-Stiftung. Der Psychologie war im Konzept der Heydrich-Stiftung eine besondere Rolle zugedacht; neben der rassenanthropologischen Bestandsaufnahme des tschechischen Volkes ging es auch darum, „in das seelische Gefüge dieser Menschen einzudringen", „ihre Gesinnung, ihre Beeinflußbarkeit, ihre weltanschaulichen Bindungen und ähnliche seelische Tatbestände" zu erforschen, wie Karl Herrmann Frank anläßlich der Eröffnung der Stiftung erklärte. Hippius erhielt in Prag eine großzügige Ausstattung: Seinem Universitätsinstitut wurden drei Mitarbeiter beigeordnet, der Abteilung für Völkerpsychologie an der Heydrich-Stiftung gehörten drei Assistenten und zwei technische Hilfskräfte an; insgesamt standen ihm 10 Arbeitsräume und vier größere Räume für Reihenuntersuchungen zur Verfügung. Hippius

---

378   Strickner, Die „Deutsche Volksliste" in Posen (1942).

379   Höppner, Die Aufgaben des Gauamtes für Volkstumsfragen im Reichsgau Wartheland (1943), S. 265.

380   Hippius u. a., Volkstum, Gesinnung und Charakter (1943), S. 18.

381   BDC WI A 494. Das RuSHA stellte ihm 2500 RM für eine sozialpsychologische Sonderuntersuchung an 500 polnischen und deutschen Jugendlichen des Warthegaus zur Verfügung. Mitarbeiter waren der Oberlehrer Armsen und Hippius' Frau Maria; Maria Hippius, geboren am 14. 1. 1909 in Wiesbaden, hatte 1932 in Leipzig im Fach Psychologie promoviert.

führte für die Heydrich-Stiftung u. a. Untersuchungen an tschechischen Studenten hinsichtlich ihrer rassischen Eignung zum Studium an reichsdeutschen Universitäten durch.[382] Daneben entfalteten Hippius und Beyer während der letzten Kriegsjahre eine rege Vortrags- und Schulungstätigkeit. Unter anderem hielt Hippius im Februar 1944 einen Vortrag in einem Schulungslager der Wehrmacht; im Rahmen einer Vortragsreihe, die im Juni 1944 an der Junkerschule der Waffen-SS in Bad Tölz stattfand, referierte er über die „Psychologie der Völker der Sowjetunion", während Beyer über „Bolschewismus und die Völker der Sowjetunion" sprach; beide hatten zuvor an einer Arbeitstagung der Deutschen Gesellschaft für Psychologie über Fragen des Kriegseinsatzes im Oktober 1943 in Weimar teilgenommen. Beyers und Hippius' Institut für Völkerkunde und Völkerpsychologie gab zudem einen „Volkswissenschaftlichen Informationsdienst" und „Volkswissenschaftliche Feldpostbriefe" für Studenten an der Front und junge Offiziere der Waffen-SS heraus.[383] Schließlich beteiligte sich Hippius noch am Aufbau der im September 1944 von Lothar Stengel-Rutkowski gegründeten AG zur „Erforschung der bolschewistischen Weltgefahr".[384] Noch in der Endphase des Krieges, im März 1945, befaßte man sich in der Abteilung für Weltanschauliche Erziehung im SS-Hauptamt mit einer Expertise von Hippius über „Psychologische Unterlagen zur Frage der Bevölkerungslenkung in der Ukraine".[385] – Über Hippius' Verbleib nach dem Krieg ist nichts bekannt; er starb vermutlich 1945 in russischer Kriegsgefangenschaft.[386]

Auch **Joachim Duckart** war in leitender Funktion an Umsiedlungsmaßnahmen im Baltikum beteiligt. Duckart wurde 1898 als Sohn eines Justizrats und späteren Militärgerichtsrats in Leipzig geboren. Er besuchte das Gymnasium in Berlin, nahm als Kriegsfreiwilliger am Ersten Weltkrieg teil und studierte danach an der Landwirtschaftlichen Hochschule in Berlin, wurde Diplom-Landwirt und promovierte schließlich zum Doktor der Agrarwissenschaften. Er arbeitete anschließend als Saatzucht-Experte in landwirtschaftlichen Betrieben und wurde 1932 Angestellter beim Reichsnährstand in Berlin, 1934 unterrichtete er an der Bauernhochschule Neisse. Duckart trat 1931 der NSDAP bei, nachdem er zuvor schon Mitglied der Deutsch-Sozialen Partei und des Stahlhelms gewesen war.[387] 1933 schloß er sich der SS an und arbeitete dort als Schulungsleiter mit; 1934 war er Hauptschulungsleiter des SS-Abschnitts XXIV.[388] 1937 wurde er zum Dozenten für Vererbungslehre und Rassenkunde und Leiter des Vererbungswissenschaftlichen Seminars an der Grenzlandhochschule für Lehrerinnenbildung in Schneidemühl berufen. In Schneidemühl war er Kreisamtsleiter der NSDAP und Mitarbeiter des RPA, daneben leitete er an der Hochschule das Presseamt des NS-Dozentenbunds. 1939 veröffentlichte er in einer vom RPA und dem Bund der Kinderreichen herausgegebenen Reihe eine antisemitische Schrift über das „Wirken der Juden im deutschen Osten", die aus einer Gemeinschaftsarbeit des Vererbungswissenschaftlichen Seminars her-

---

382 Wiedemann, Die Reinhard-Heydrich-Stiftung (2000), S. 60 ff. und 113.

383 Ebd., S. 82 ff.

384 R. Gehrke, Deutschbalten an der Reichsuniversität Posen (2001), S. 400.

385 BA, NS 31/450, Bl. 52.

386 Gehrke, ebd. – Weitere biographische Daten zu Rudolf Hippius in BDC PK 4902; BDC Ahnenerbe B 254.

387 BDC RKK 2101/0242/19.

388 BA, NS 2/134.

vorgegangen war.[389] Während des Krieges war Duckart als SS-Hauptsturmführer und Hauptabteilungsleiter zunächst beim Höheren SS- und Polizeiführer (HSSPF) in Danzig-Westpreußen tätig und leitete dort als Landwirtschaftsexperte die Ansiedlung von Volksdeutschen
aus dem Baltikum, deren Rückkehr zu den Vereinbarungen des Hitler-Stalin-Pakts gehörte.
Nach dem Angriff auf die Sowjetunion wurde er Anfang 1942 zum Sturmbannführer befördert und nach Litauen abkommandiert, um dort als „Führer im Stab SS-Oberabschnitt Ostland" im Auftrag des RKFDV die Rücksiedlung der Litauendeutschen aus Danzig-Westpreußen und dem Wartheland zu leiten. Für diese Aktion kamen nur Volksdeutsche in Frage,
die zuvor als rassisch hochwertig eingestuft worden waren. Duckart leitete den Ansiedlungs-
stab Kauen (Kaunas), der im Zuge der Umsetzung des „Generalplans Ost" gebildet wurde;
der Plan sah drei große „Siedlungsmarken" im Baltikum, in der Region Leningrad und in der
Ukraine vor, darunter die Errichtung einer litauischen „Siedlungsbrücke", die über Siedlungs-
stützpunkte mit dem „Altreich" verbunden werden sollten.[390] Zuvor waren in der besetzten
Sowjetunion „RuS-Führer" eingesetzt worden, zu deren Aufgaben die praktische Vorbereitung dieser Siedlungsvorhaben gehörte. Sie organisierten eigene landwirtschaftliche Betriebe,
auf denen Landwirte aus SS und Polizei sowie Kriegsversehrte der Wehrmacht[391] als eine Art
rassenpolitischer Vorhut ausgebildet wurden und zum Einsatz kamen. Um diese Höfe sollten
dann, „SS-mäßig angeleitet" und auf die Gefahren des Partisanenkampfes vorbereitet, volksdeutsche Landwirte angesiedelt werden.[392]

Duckart strebte für Litauen geschlossene volksdeutsche Siedlungsgebiete an, unter anderem
auch, um ein funktionsfähiges Schulwesen aufbauen zu können; dies erschien um so wichtiger als viele Umsiedler nur sehr geringe Deutschkenntnisse hatten. Damit war die Umsetzung und Vertreibung einheimischer Bevölkerungsgruppen verbunden, die nach rassen-
und volkstumspolitischen Gesichtspunkten vorgenommen wurden. Hauptbetroffene waren
neben Juden vor allem Polen und Russen, die teils zur Zwangsarbeit ins Reich abtransportiert
wurden, teils als Knechte auf ihren Höfen weiter arbeiten mußten. Trotzdem erreichten die
neu geschaffenen Siedlungsgebiete vielfach nicht die Größe, die für den Aufbau eines deutschen Schulwesens erforderlich war, deshalb ließ Duckart „Landheimschulen", d. h. Internate
errichten, die in der Regel von kriegsversehrten Angehörigen der Waffen-SS geleitet wurden
und auch langfristig als Zentren deutscher Kolonisation dem RKFDV unterstellt bleiben
sollten. „Politische Kampf- und Selbstbehauptungsaufgaben" sollten im Vordergrund des
Lehrplans stehen. Gleichzeitig ließ Duckart „Bandenbekämpfungstrupps" aus Rücksiedlern

---

389 Die Juden von Betsche (1939).

390 Litauen wurde vermutlich als ein bevorzugtes Gebiet für die Rücksiedlung von Volksdeutschen
     angesehen, weil der Anteil der „eindeutschungsfähigen" Bevölkerung hier – verglichen mit Est-
     land und Lettland – als besonders gering galt. An den entsprechenden Untersuchungen über die
     rassenpolitische Zusammensetzung der Bevölkerung im Baltikum wirkte übrigens Günther
     Holtz mit, ein Schüler und ehemaliger Mitarbeiter von Eickstedts, Mitverfasser einer rassen-
     kundlichen Dia-Serie für den Schulunterricht. Holtz hielt „bestenfalls ein Drittel" für eindeut-
     schungsfähig: Aly/Heim, Vordenker der Vernichtung (1991), S. 427.

391 Das Oberkommando der Wehrmacht war an den Aktivitäten in Kauen mit einem eigenen Sied-
     lungsreferenten beteiligt: ebd., S. 426.

392 Vgl. hierzu Heinemann, „Rasse, Siedlung, deutsches Blut" (2003), S. 421 ff.

aufstellen.[393] Himmlers Konzept der „Wehrbauernhöfe" nahm hier bereits konkrete Formen an.

Als der Krieg eine andere Wendung nahm, wurde Duckart 1944, inzwischen zum Obersturmbannführer befördert,[394] wiederum mit der Aufgabe der Rückführung der deutsch-litauischen Siedler ins Reich beauftragt. Anläßlich seiner Beförderung zum Obersturmbannführer heißt es in einer Beurteilung über ihn: „Duckart ist seit dem 1.3.1942 als Leiter des SS-Ansiedlungsstabes beim Generalkommissar in Kauen tätig. In dieser Eigenschaft hat er die Planung, Rückführung und Ansiedlung von ca. 30000 deutschstämmigen Rücksiedlern nach Litauen durchgeführt und sich mit seiner ganzen Person für dieses Aufgabengebiet des Reichskommissars für die Festigung des deutschen Volkstums eingesetzt. Es steht ausser Zweifel, dass er im Rahmen seiner Zuständigkeit Besonderes geleistet hat." Duckart machte sich zum Instrument einer Volkstumspolitik, die Zehntausende von Menschen je nach Kriegslage wie auf einem Schachbrett hin- und herschob. Die Ansiedlungsmaßnahmen waren bereits in Danzig-Westpreußen, auf ehemals polnischem Gebiet, gleichzeitig mit Vertreibungen verbunden; Duckart hatte daher „Hofzuweisungen gegen den Willen der Einheimischen" vornehmen müssen. Er sei in Danzig-Westpreußen durch eine „harte Schule" gegangen und habe „Anfeindungen von beinahe asiatischer Schärfe" erlebt: „Es gibt Dinge, die man schriftlich nicht berichten kann, über die ich ihnen gelegentlich mündlich berichten möchte", schrieb er im April 1943 an seinen Obergruppenführer.[395] 1944 erhielt er das Kriegsverdienstkreuz 1. Klasse für seine Verdienste bei der Rückführung der Litauendeutschen nach Westen.[396] Nach dem Krieg war er einige Jahre in einem amerikanischen Internierungslager. 1949 wurde er Leitender Angestellter in der Verwaltung eines landwirtschaftlichen Betriebes und arbeitete bis zu seinem Tod im Jahr 1952 als Berater für die Landwirtschaftskammern Bonn und Köln.[397]

Wie Hippius und Duckart war auch **Karl H. Schöpke**, ein Darré-Adept, an den Umsiedlungsaktionen im Baltikum beteiligt. Schöpke wurde 1884 in Teplitz geboren, hatte Land- und Volkswirtschaft studiert und war Studienprofessor im Sudentengau. Schöpke gehörte früh der völkischen Bewegung an, er war Mitglied des Artamanen-Bundes und arbeitete seit 1929 für den Wirtschaftspolitischen Pressedienst der NSDAP. Der Schwerpunkt seiner politischen Tätigkeit lag im Reichsarbeitsdienst. Schon 1929 hatte er ein Buch verfaßt, in dem er ein Deutsches Arbeitsdienstjahr forderte, von dem er sich zugleich eine rassische Erneuerung erhoffte.[398] Nach der „Machtergreifung" wurde er als Oberfeldmeister in die Reichsleitung des Arbeitsdienstes berufen, 1935 war er Gauobmann für den Arbeitsdienst in Pommern. 1941

---

393 Stossun, Die Umsiedlung der Deutschen aus Litauen während des Zweiten Weltkrieges (1993), S. 207 und 221; vgl. insgesamt zu Duckarts Tätigkeit in Litauen ebd., S. 158 ff.

394 Für die Beförderung hatte sich sein Vorgesetzter, der HSSPF und SS-Obergruppenführer Jeckeln, eingesetzt: BDC 170.

395 Die Situation war in Danzig-Westpreußen zusätzlich dadurch erschwert, daß sich die Höfe, die für die volksdeutschen Siedler aus Litauen und Bessarabien „freigemacht" werden konnten, von Zahl und Qualität her zunächst als nicht ausreichend erwiesen; das Rasse- und Siedlungsamt verschärfte daraufhin die Aussiedlungskriterien für die polnische Landbevölkerung: Heinemann, „Rasse, Siedlung, deutsches Blut" (2003), S. 249 f.

396 BDC 170.

397 BDC RS B 61; BDC 170; Hesse, Professoren und Dozenten (1995), S. 244 f.

398 Dudek, Erziehung durch Arbeit (1988), S. 73 ff.

war Schöpke bei der Waffen-SS in Litauen und leitete als Gebietsbevollmächtigter für Nord-
litauen die Umsiedlung der Volksdeutschen. Danach arbeitete er als Abteilungsleiter bei der
Volksdeutschen Mittelstelle in Berlin, führte dort Schulungsarbeiten durch und beschäftigte
sich mit der „Fremdvolkfrage auf dem Lande" und den Gefahren, die vom „fremdvölkischen
Arbeitseinsatz im Reich" ausgehen. 1943 fiel er in Ungnade, nachdem er falsche Gerüchte
über Göring verbreitet hatte (Göring sei wegen Unfähigkeit abgesetzt und halte sich in
Schweden auf). Er mußte dafür vier Wochen als Buchhalter in einem Konzentrationslager
arbeiten. Im November 1944 meldete sich Schöpke noch als Freiwilliger zum Volkssturm in
Neuruppin.[399]

Für das Reichssicherheitshauptamt arbeitete **Johannes Hermann Mitgau**, ein Kollege Duckarts an der HfL Schneidemühl. Mitgau war Experte für Familien- und Sippenkunde und versuchte sich am Konzept einer genealogischen Soziologie. Zusammen mit Arthur Hoffmann,
dessen Kollege er eine Zeitlang an der HfL Cottbus war, verfaßte er eine Einführung in die
Familienkunde. Geboren wurde er 1895 in Braunschweig als Sohn eines Maschinenbauingenieurs und Landgewerberats. 1914 machte er das Abitur und meldete sich als Kriegsfreiwilliger zum Fronteinsatz. Nach dem Krieg studierte er Geschichte und Sozialwissenschaften in
Heidelberg, 1922/23 schloß er das Studium mit der Promotion ab. Seit 1921 war er als
Sekretär beim Allgemeinen Studentenausschuß der Universität Heidelberg angestellt, von
1923 bis 1928 arbeitete er als Geschäftsführer beim Verein Studentenhilfe e. V. 1928 erhielt
Mitgau eine Stelle als Assistent bei Alfred Weber am Institut für Sozial- und Staatswissenschaften der Universität Heidelberg, 1930 habilitierte er sich dort mit einer soziologischen
Arbeit und noch im gleichen Jahr erhielt er eine Professur für Soziale Volks- und Staatsbürgerkunde an der Pädagogischen Akademie Frankfurt/M. 1934 folgte ein Ruf an die HfL
Cottbus, hier war Mitgau bis 1939 Professor für Volkskunde und Familienforschung, leitete
das Seminar für Volks- und Sippenkunde und richtete eine familienkundliche Arbeitsgemeinschaft ein. Er war auch für die Auswertung eines rassenkundlichen Fragebogens der Hochschule zuständig.[400] 1939 wechselte er für ein Jahr zur HfL Frankfurt/Oder, dann zur HfL
Schneidemühl, 1942 wurde er mit Aufbauarbeiten des von Friedrich Burgdörfer geplanten
und initiierten Reichsinstituts für Bevölkerungswissenschaft und Bevölkerungspolitik in München beauftragt, die erhoffte Ernennung zum Abteilungsleiter scheiterte jedoch ebenso wie
die geplante Berufung zum Honorarprofessor an der Münchner Universität. Statt dessen
erhielt er einen bevölkerungsstatistischen Forschungsauftrag am Statistischen Landesamt in
München. Nach dem Krieg wurde Mitgau 1946 Professor für Didaktik der Geschichte und
Niedersächsische Landesgeschichte an der PH Göttingen. Mit diversen Preisen, Ehrenämtern
und dem Verdienstkreuz 1. Klasse des Niedersächsischen Verdienstordens geehrt, starb er
1980 in Göttingen.

Mitgaus frühe Jahre waren vor allem durch die Jugendbewegung geprägt. Bereits 1911 war er
Mitglied des Wandervogels (Ortsgruppe Braunschweig) geworden, 1919 wurde er auf dem
Freideutschen Jugendtag in Jena in den Führerrat der Freideutschen Jugend gewählt. Den
Nationalsozialisten schloß er sich, wie es scheint, erst zögernd an. 1933 trat er der SA bei,
1934 dem NSLB, dann kam es aber zu einem Politisierungsschub während seiner Zeit in Cott-

---

399   BDC WI A 528; RKK 2100/424/1; PK 9934.
400   HfL Cottbus, Arbeitsplan 1937/38.

bus: 1937 Eintritt in die NSDAP und Mitarbeit beim RPA, 1938 folgte die Bewerbung um Aufnahme in die SS. Die Beurteilung durch das Rasse- und Siedlungsamt der SS fiel aber ungünstig aus: zwei Schwestern litten an manisch-depressivem Irresein, eine Tante hatte eine Hüftgelenksverrenkung. Er wurde dann aber doch aufgenommen, allerdings erst 1943 und auch nur im Rang eines Untersturmführers des SD. Mitgau hatte mehrere Lehrgänge an der Reichsführerschule der SA in Neustrelitz besucht und nahm 1940 auch noch an einem Führerlehrgang an der Reichsführerschule des SD in Bernau teil. Doch haben ihm diese Anstrengungen nicht viel eingebracht. Wie es scheint, entwickelte Mitgau während des Krieges weitreichende berufliche wie politische Aspirationen, die aber auf beiden Ebenen steckenblieben.[401]

4.3 Polizeilehrer

Einige Autoren standen im Dienste der polizeilichen und sicherheitspolizeilichen Ausbildungsarbeit. An der Reichsführerschule der Sicherheitspolizei unterrichtete **Arthur Wetz**, über den wir allerdings nur wenig biographische Daten haben. Er verfaßte einige erziehungstheoretische und -psychologische Beiträge. Wetz wurde 1898 in Berlin als Sohn eines Lehrers geboren, besuchte dort die Realschule und das Lehrerseminar und wurde nach der Teilnahme am Ersten Weltkrieg Lehrer in Berlin. Er nahm dann noch ein Studium auf, erlangte das Handelslehrer-Diplom und promovierte 1933 in Leipzig. 1937 war er Rektor einer Berliner Volksschule, nebenamtlich arbeitete er als Dozent für Psychologie an der Volkshochschule Berlin und an der Reichsführerschule der Sicherheitspolizei. Wetz war Mitglied der NSDAP und des NSLB. 1938 nahm er an der Besetzung des Sudetenlandes teil.[402]

Kein Pädagoge und kein Akademiker, aber Autor jugend- und rassenpädagogischer Schriften war der Polizeimajor **Karl Olfenius**, Kommandant der Schutzpolizeischule in Köln. Er verfaßte u. a. für das Rasse- und Siedlungshauptamt eine Schulungsbroschüre zur Judenfrage. In einem Artikel über „Rassenschande und gesundes Volksempfinden" forderte Olfenius unter Berufung auf den Vorsitzenden des Volksgerichtshofs Roland Freisler, Blutschande mit Hochverrat gleichzusetzen und schlug die „Entsippung" geschändeter Frauen vor.[403] Er schrieb eine Reihe von Beiträgen zu verschiedenen Themen für die Zeitschrift „Die deutsche Polizei", die ihn als Schulungsexperten auswiesen.[404]

---

401 BDC 1157; BDC D 5723; Hesse, Professoren und Dozenten (1995), S. 513ff.; ebd., S. 114f.; Thieme, Rassentheorien zwischen Mythos und Tabu (1988), S. 93f.; G. Franz, Familie und Geschichte. Hermann Mitgau (1981).

402 BDC NSLB-Listen 189; BDC RKK 2101/1378/16.

403 Rassenschande und gesundes Rechtsempfinden (1937).

404 Eine Themenauswahl: „Vorzeitiges Kündigungsrecht für versetzte Beamte" (1933); „Die Lösung des Judenproblems"; „Über Maßnahmen des Dritten Reichs zum Schutze und zur Erhaltung der Volksgesundheit" (1935); „Was müssen wir über die Entstehung der nordischen Rasse und unseres Volkes wissen?" (1936); „Außerdeutsche Rassengesetzgebung der Gegenwart" (1937); „Unbeaufsichtigte Hunde auf der Straße"; „Heirat nur noch mit Ehetauglichkeitszeugnis" (1938).

Olfenius wurde 1891 in Braunschweig als Sohn eines Oberleutnants geboren. Er besuchte das Gymnasium, brach aber die Schule vorzeitig ab, ging 1908 zur Infanterie und schlug wie sein Vater eine Offizierslaufbahn ein. Nach dem Ersten Weltkrieg war er Ende 1919 beim Frei-korps Grenzschutz Ost im Baltikum. 1920 ging er zur Polizei, im gleichen Jahr schloß er sich der DNVP an. Während der 20er Jahre belegte er als Gaststudent einige Semester Staatsrecht (sowie „Rassen- und Bevölkerungspolitik") an der Universität Münster. Vorübergehend wandte er sich auch der DDP zu, trat aber im Januar 1933 der NSDAP bei. 1935 war er als Polizeioffizier, Mitarbeiter der Gauleitung und des RPA in Breslau tätig. 1938 war Olfenius Kommandant der Schutzpolizeischule Köln, im gleichen Jahr bewarb er sich um Aufnahme in die SS. Zu Kriegsbeginn kommandierte er zunächst eine motorisierte Polizeiabteilung, von November 1939 bis März 1940 befehligte er ein Polizeibataillon, 1940 wurde er zum SS-Sturmbannführer befördert. Während des Krieges war er bei der Polizeiverwaltung in Aussig tätig, 1944 wurde er zur Schutzpolizeischule Gnesen abgeordnet, wenig später aber wegen Dienstunfähigkeit in den Ruhestand versetzt.[405]

Als Polizeilehrer arbeiteten auch Werner Krumpt und Joachim Römer sowie der Psychologe Ludwig Eckstein, mit dem wir uns im nächsten Kapitel beschäftigen werden (siehe unten S. 269f.). **Werner Krumpt** wurde 1900 in Schlesien geboren, besuchte die Oberrealschule in Beuthen und absolvierte nach dem Ersten Weltkrieg eine kaufmännische Lehre. Er wurde Diplom-Handelslehrer und arbeitete zunächst an der Heeresfachschule für Verwaltung und Wirtschaft in Hirschberg, dann an verschiedenen Berufsschulen in Merseburg, Beuthen und München. 1930 verlor er aus politischen Gründen seine Stelle als Handelsschulleiter in Mün-chen und ging deswegen für einige Zeit ins Ausland. Krumpt war nach dem Krieg beim Frei-korps und beim Selbstschutz Schlesien gewesen. 1930 trat er der DNVP bei, 1932, nach der Rückkehr aus dem Ausland, wurde er NSDAP-Mitglied und betätigte sich als Kreisredner und Ortspropagandawart. Er will über 200 öffentliche Reden in den Wahlkämpfen für die NSDAP gehalten haben und war auch in Schlägereien verwickelt. Inzwischen arbeitete er als Geschäftsführer der NSBO in Hirschberg. 1933 trat er dem NSLB bei und wurde Gaureferent für Sonderschulen. 1933 und 1934 arbeitete er als Lehrer an der Polizeiberufsschule und als Sachbearbeiter des Polizei-Schulrates im Polizeipräsidium Berlin, danach tat er als „Straf-anstaltsoberlehrer" am Strafgefängnis Berlin Spandau und am Untersuchungsgefängnis Moabit seinen Dienst.[406]

Joachim Römer fällt von der Biographie her etwas aus dem Rahmen, weil er weder aus einem pädagogischen noch medizinischen Berufsfeld kommt. Er wurde 1908 in Löbau geboren, sein Vater war Unternehmer, und der Sohn absolvierte eine kaufmännische Ausbildung, die ihn u. a. auch nach England führte. Er arbeitete dann offenbar im väterlichen Betrieb; 1931 kam es jedoch zum Zusammenbruch des Unternehmens, und Römer lebte danach „in völliger Ver-armung mit Mutter und Geschwistern". Nach eigenen Angaben beschäftigte er sich seit 1924 mit rassenpolitischen Fragen, seit 1929 sei er auch Anhänger und Wähler Hitlers gewesen, trat aber erst 1933 der NSDAP bei. Von da an wurde er politisch sehr aktiv und fand in der NSDAP offensichtlich ein neues Aufgabenfeld. Er baute das Kreisamt des RPA in Großen-hain in Sachsen mit auf und wurde Kreisbeauftragter des RPA sowie Gau- und Kreisfachred-

---

405   BDC SS-Officer 357 A; RS E 461; RKK 2101/923/5.
406   BDC PK 6852; RKK 2100/216/3.

ner für Rassenfragen und -politik in der Gauleitung Sachsen. In diesem Zusammenhang entstand seine Abhandlung über die „Erziehung des Arbeiters zum Stand in ihrer biologischen Bedeutung". Römer knüpfte darin an die Arbeiten Karl Valentin Müllers an, der analog zu Darrés Projekt eines neuen Adelsbauerntums einen erbbiologisch hochwertigen Arbeiteradel schaffen wollte. Daneben veröffentlichte Römer im Auftrag des Rassenpolitischen Gauamtes Untersuchungen über „Fremdrassen in Sachsen".[407] Seit 1933 gehörte er der SA an, 1936 trat er in die SS ein und wurde hier Sturmbannschulungsleiter. Auch Römer verließ die evangelische Kirche, um „gottgläubig" zu werden. Im November 1936 wurde er auch ehrenamtlicher Mitarbeiter des RuSHA, 1939 als Führer beim Stab des RuSHA. Seit 1941 arbeitete er als Schulungsleiter bei der Ordnungspolizei und wirkte an der Polizeioffiziersschulung mit. 1944 war er Führer im Stab des SS-Oberabschnitts Elbe.[408]

4.4 Schulungsexperten des Rasse- und Siedlungshauptamtes und des SS-Hauptamtes

Die meisten SS-Angehörigen unserer Autoren arbeiteten als Schulungsexperten für das Rasse- und Siedlungshauptamt und, da die Schulungsaufgaben während des Krieges zunehmend dorthin verlagert wurden, für das SS-Hauptamt. Die Schulungsarbeit war hierarchisch gegliedert, vom „Rassereferenten" auf der Ebene der Oberabschnitte über den Abschnitts- und Standartenschulungsleiter auf der Ebene der Abschnitte und Standarten, den Sturmbannschulungsleiter und schließlich den Sturm-Schulungsmann auf der untersten Rang-Ebene. „Sturmschulungsmann" war z. B. **Andreas von Antropoff**, Professor der Chemie und Physik in Bonn und Autor eines kleinen Aufsatzes über den „Kampf der nordischen Rasse um die europäische Kultur" in der Zeitschrift „Deutsche Erziehung im Osten". Kein profilierter Autor, aber doch ein Beispiel für viele nationalsozialistische Professoren, die meinten, sich am weltanschaulichen Erziehungskampf beteiligen zu müssen. Antropoff war ein Vertreter der älteren Generation, er war 1878 in Estland geboren worden und kam über Umwege 1918 nach Deutschland, wo er 1921 die Staatsbürgerschaft erhielt. Antropoff stammte aus einer angesehenen baltisch-deutschen Familie, sein Vater war Oberlandgerichtsadvokat und Stadtverordneter in Reval und gehörte zu den Gründern des Vereins „Estonia". Antropoff hatte in Deutschland promoviert und war bereits vor dem Erster Weltkrieg Dozent für anorganische Chemie am Polytechnikum Riga. 1915 wurde er Abteilungsleiter an der Zentralkammer für Maße und Gewichte in St. Petersburg. Er war mehrmals wegen Propaganda gegen den Bolschewismus und für die Loslösung des Baltikums von Rußland inhaftiert worden, nahm auf deutscher Seite am Ersten Weltkrieg teil, war 1919 beim Freikorps und wurde für seinen Kampf gegen Rußland mit dem Baltenkreuz geehrt. 1918 erhielt er eine Assistentenstelle an der TH Karlsruhe, habilitierte sich dort und wurde a. o. Professor, seit 1925 war er Professor in Bonn. Gleichzeitig war er Mitarbeiter beim Stinnes-Konzern, später bei der IG Farben. 1924 trat er der DNVP bei, 1926 schloß er sich dem Stahlhelm an, war Mitglied im „Herrenclub", einem elitären konservativen Verein, der von Papen unterstützte und geistig-welt-

---

407   In: Volk und Rasse 8/1937, S. 321 ff. Vorangegangen war 1936 ein Beitrag von Römer über „Fremdrassen in Deutschland".
408   BDC RS E 5684; SS-Officer.

anschaulich von Moeller van den Bruck beeinflußt war. 1932 wurde Antropoff Mitglied im Kampfbund für deutsche Kultur. 1933 wechselte er vollends zum Nationalsozialismus, trat der NSDAP bei und wurde Mitglied der SS. Hier ernannte man ihn zum Scharführer und, wie es einem alten Kämpfer aus baltischem Adel wohl entsprach, Schulungsmann im SS-Reiter- sturm. Seit 1935 arbeitete er als Schulungsleiter, 1938 wird er als Untersturmführer im RuSHA geführt; darüber hinaus war er seit 1933 Obmann des NSLB. Während des Krieges diente er als Dolmetscher und Kriegsverwaltungsrat. Antropoff war „gottgläubig" und Mit- glied im Lebensborn e. V. 1945 wurde er aus dem Hochschuldienst entlassen und versuchte sich als Unternehmer mit der Herstellung pharmazeutischer und kosmetischer Erzeugnisse.[409]

Als Vertreter der jüngeren Generation und als weiteres Beispiel eines Hochschullehrers, der sich der SS als Schulungsmann zur Verfügung stellte, wollen wir **Josef Grehn** erwähnen, Autor eines Beitrags zum rassenkundlichen Volksschulunterricht. Grehn wurde 1908 als Sohn eines Volksschullehrers in Schweinfurt geboren, er machte das Abitur am Realgymnasium Würzburg und studierte anschließend Naturwissenschaften in München und Würzburg. Unmittelbar nach Abschluß der Promotion erhielt er eine Anstellung als Hilfsarbeiter und Assistent in Bonn, 1934 wurde er Dozent für Vererbungslehre, Rassenkunde, Biologie und Methodik des naturkundlichen Unterrichts an der HfL Weilburg. Grehn trat zwar erst 1933 der NSDAP bei, hatte aber schon seit 1927 im NS-Studentenbund mitgearbeitet. Er trat 1933 auch in die SS ein und arbeitete hier als Schulungsredner. 1935 wurde er als Sturmführer mit der Führung des „Trupp Weilburg" betraut, der sich überwiegend aus Studenten zusammen- setzte. Während des Krieges wurde er zu kriegswichtigen Forschungsarbeiten an das Institut für Forstpflanzenzüchtung bei Prag abgeordnet. Nach 1945 arbeitete er als Forschungsleiter in der Privatwirtschaft und war nebenher als Honorarprofessor an der Universität Gießen tätig.[410]

Im gleichen Arbeitsfeld, nämlich im Reichsinstitut für Forstpflanzen Klein-Wanzleben, war **Ludwig Schlösser** tätig. Schlösser verfaßte eine Aufsatzreihe zur Rassenhygiene und -kunde für die Zeitschrift „Deutsche Handelsschulwarte" und war an der Erstellung von Schulungs- materialien im RuSHA beteiligt. Er wurde 1906 in Hannover geboren, sein Vater war Kunst- maler und Lehrer an der Kunstgewerbeschule in Hannover. Schlösser besuchte zunächst eine Privatschule, danach ging er aufs Reformrealgymnasium, nach dem Abitur erhielt er ein Sti- pendium der Studienstiftung des deutschen Volkes und studierte in Göttingen Naturwissen- schaften. Nach der Promotion erhielt er 1930 eine Assistentenstelle am Botanischen Institut in Göttingen, 1931 ging er als Assistent an das Botanische Institut der Universität München und beschäftigte sich dort mit Pflanzenzüchtung. 1933/34 arbeitete er gleichzeitig als Schu- lungsleiter und SS-Oberscharführer für das Rasse- und Siedlungsamt in München, zuständig für Bevölkerungsbiologie und Rassenkunde. Hier muß er sich einen guten Ruf als Schulungs- experte gemacht haben, denn 1935 wurde er ins RuSHA nach Berlin berufen, offensichtlich in hauptamtlicher Funktion, denn er schreibt in einem Lebenslauf aus dem Jahre 1939, er habe seine wissenschaftliche Arbeit in dieser Zeit zugunsten der politischen Arbeit unterbrechen

---

409   BDC SS-Officer 0031; BA, R 21/10000: Hochschullehrer; Deutschbaltisches Biographisches Lexikon (1970); Höpfner, Die Universität Bonn im Dritten Reich (1999), S. 495ff.; Heiber, Uni- versität unterm Hakenkreuz, Bd. I, S. 358.

410   Hesse, Professoren und Dozenten (1995), S. 309f.; BDC B 5364.

müssen.[411] Über die Art seiner Tätigkeit schreibt er weiter: „Ich arbeitete dort an Fragen menschlicher Auslese und an rassenbiologischen Problemen im Zusammenhange mit dem Verlobungsbefehl des RFSS." Ende 1936 wurde er ins Stabsamt des Reichsbauernführers versetzt „und arbeitete dort an ähnlichen Fragen in Beziehung zum deutschen Bauerntum".[412] Zwischendurch war er mit seiner Habilitation beschäftigt, die er 1937 in Göttingen einreichte; 1938 wurde er dort Dozent für Züchtungsforschung und Vererbungslehre. Kurz darauf wurde ihm die Leitung des Forschungsinstituts Klein-Wanzleben übertragen, des damals wohl größten deutschen Pflanzenzuchtbetriebes. In Wanzleben übernahm er sogleich die Aufgaben eines Kreishauptstellen- und -schulungsleiters für das RPA. 1943 wurde er zum Obersturmführer befördert. Inzwischen lebte Schlösser als „Gottgläubiger" auf einem SS-Erbhof. Bevor er 1945 von den Amerikanern verhaftet wurde, verbrannte er noch schnell seine Wohnungseinrichtung – offenbar hatte er einiges zu verbergen. Im Entnazifizierungsverfahren wurde ihm die Wählbarkeit aberkannt, weil er sich während des Verfahrens als uneinsichtig zeigte und wiederholt durch falsche Angaben zu seiner politischen Vergangenheit das Gericht zu täuschen versucht hatte.[413]

Besonders aktiv war **Richard Eichenauer** in der Schulungsarbeit des Rasse- und Siedlungsamtes engagiert, ein Vielschreiber der nordischen Bewegung und einer ihrer gewichtigeren Autoren. Eichenauer war vor allem ein gelehriger Günther-Schüler, sein Spezialthema waren die rassenkundlichen Grundlagen der Musik und des Musikunterrichts. Er äußerte sich aber auch zu Fragen eines rassekundlichen Deutschunterrichts und ganz allgemein zur Rassenerziehung. Eichenauer hielt die harmonische Mehrstimmigkeit, die die Musik „nach abendländischem Empfinden" erst zur Kunst mache, für eine nordische Schöpfung. Die atonale Musik der „Verfallszeit" sei ein „Vorstoß gegen unser Musikempfinden", zum größten Teil von Juden getragen, die „kraft des ihnen angeborenen Rassegesetzes zur Verneinung der nordisch bedingten tonalen Harmonik geradezu vorherbestimmt waren".[414] 1930 schreibt er in der Zeitschrift der nordischen Bewegung „Die Sonne" über den „Untermenschen auf der Opernbühne", 1934 läßt er sich in einem Vergleich von Volksliedern und Schlagern über den modernen Schlager aus: „Es ist eben auch darin ein Sinnbild einer bastardisierten Zeit, dass viele rassische Einflüsse in ihm durcheinandergehen. Sicher spielt Außereuropäisches in ihn hinein. Nicht umsonst wurde er so häufig von Negersängern vorgetragen; nicht umsonst waren die Juden unter den Schlagerkomponisten mit an erster Stelle."[415] In seinem Buch „Die Rasse als Lebensgesetz in Geschichte und Gesittung" beschäftigte er sich auch mit Fragen der rassischen Auslese in der Schule und des Verhältnisses von Rasse und Leistung. Dabei tritt in seinen Formulierungen die ganze Zirkularität der Argumentation hervor, die der Rassenpsychologie und -pädagogik insgesamt zugrunde lag: „Wir bedürfen im neuen Staat kaum einer besonderen Veranstaltung …, um die nordischen Menschen auszulesen: der Grundsatz der Auslese nach Tüchtigkeit, nach Leistung allein fördert von selbst die Nordischeren zutage –

---

411 1935 führte der „SS-Sturmmann Dr. Schlösser" vorübergehend die Geschäfte des Sippenamtes des RuSHA (Heinemann, „Rasse, Siedlung, deutsches Blut", 2003, S. 84); vermutlich handelt es sich dabei um Ludwig Schlösser.

412 BA Koblenz, Z 42 IV/6883, Schlösser, Ludwig, Bl. 38.

413 BA Koblenz, Z 42 IV/6883.

414 Musik (1937).

415 BDC RS B 171.

damit gleichzeitig wieder beweisend, auf welcher Menschenart die Tüchtigkeit im deutschen Volke in Wahrheit beruht."[416] Eichenauer war kein spät Bekehrter, sondern hatte schon in den 20er Jahren für die nordische Bewegung geschrieben und unter anderem Zukunftsbilder einer „nordischen Schule" entworfen. Seine Konzeptionen nahmen reformpädagogische Ideen auf, stellten aber, ganz wie bei Günther, das nordisch-hellenische Bildungsgut in den Mittelpunkt des Curriculums und zielten vor allem auf die Bildung einer nordischen Leistungs- und Führungselite ab. So forderte er spezielle „Nordische Führerschulen", anzulegen in freier Natur und frei von bürokratischem Geist – künftige Führer sind schon auf der Schulbank aufsässig! –, zu denen auch nur nordische Kinder zugelassen würden. Die Schüler sollten sich aus der Nachkommenschaft des von Darré geplanten „neuen Adels aus Blut und Boden" rekrutieren und als künftige Führungskräfte in der Gesellschaft wirken: „... die Nordische Führerschule aber wird diejenigen zu erziehen haben, denen der Nordische Gedanke im Sinne einer Nordisch bestimmten Gesittung zum Hauptinhalt ihres Schaffens werden soll, also vor allem die zukünftigen Lenker unserer staatlichen Geschicke, sowie in allen geistigen Berufen die ganz dünne Schicht der wirklich schöpferisch Begabten."[417]

Rudolf Eichenauer wurde 1893 in Iserlohn in einer gutsituierten katholischen Familie geboren – später trat er samt Frau und Kindern aus der Kirche aus. Sein Vater war Kaufmann und Fabrikdirektor. Auch sein Bildungsweg entsprach „gehobeneren Ansprüchen": Nach dem Abitur am Realgymnasium Iserlohn studierte er in München, Leipzig und Paris Germanistik, neuere Sprachen und Musik, 1913 hielt er sich in England auf. Zum Krieg meldete er sich als Freiwilliger, 1916 kehrte er mit einer Kriegsverletzung zurück (seine Nasenform war seitdem durch einen Granatsplitter zerstört). Er setzte das Studium fort, machte das Staatsexamen fürs Höhere Lehramt und unterrichtete von 1919 bis 1935 am Reformrealgymnasium Bochum, seit 1927 als Studienrat. 1924 legte er noch die Prüfung zum Gesanglehrer ab. Erst der Aufstieg der Nationalsozialisten brachte größere Veränderungen in sein äußeres Leben. Ende 1932 trat er in die NSDAP und die SS ein (als „vorwiegend dinarisch-nordischer" Rassetyp eingestuft). 1933 reichte er beim Rasse- und Siedlungsamt ein Projekt für ein rassenkundliches Einführungswerk für den Deutsch- und Geschichtsunterricht ein und sandte einen Aufsatz über „die bevölkerungs- und rassenpolitischen Aufgaben der SS" zu.[418] Eichenauer wurde daraufhin als Mitarbeiter in der Abteilung „Sitte und Brauchtum" im Rasse- und Siedlungsamt aufgenommen. Im Herbst 1933 kam es zu einem Konflikt mit dem NSLB in Bochum wegen rücksichtslosen und undisziplinierten Verhaltens Eichenauers, der in einen Parteiausschlußantrag mündete, nach Intervention des Rasse- und Siedlungsamtes aber beigelegt wurde. Trotzdem war offensichtlich keine Zusammenarbeit mit dem NSLB in Bochum mehr möglich, deshalb beantragte Eichenauer, als Schulungsleiter bei der SS eingesetzt zu werden. Nachdem er sich mit Schulungsvorträgen in der SS bewährt hatte – 1934 war Eichenauer Hauptschulungsleiter des SS-Abschnitts XXV – berief ihn Darré (mit dem Eichenauer, wie er schrieb, schon seit Kriegszeiten bekannt war) 1935 zum Leiter der Bauernhochschule des Reichsnährstands in Goslar. Er leitete die Hochschule unter immer schwieriger werdenden äußeren Bedingungen, bis die Kurse während des Krieges schließlich eingestellt werden mußten. 1937 wurde Eichenauer zum Obersturmführer befördert. 1938 wird er

---

416   Die Rasse als Lebensgesetz (1934), S. 139.
417   Rudolf Richard (Pseud.), Der Nordische Gedanke und die Schule (1930), S. 537.
418   BDC RS B 171, Bl. 19.

als SS-Führer beim Stab des Rasse- und Siedlungshauptamtes geführt, 1940 wurde er mit dem
SS-Totenkopfring geehrt und zum Kreisschulungsleiter in Goslar ernannt. Nach 1945 wurde
er zunächst interniert, im Entnazifizierungsverfahren aber auf Kosten der Staatskasse freigesprochen.[419]

Wie Eichenauer unterrichteten auch einige andere Autoren, die zugleich der SS angehörten,
an Bauernschulen, so z. B. Henning von Lepel, Fritz Wüllenweber und Onko Buss. Sie alle
teilten eine starke Orientierung an Darré und Günther in ihrem Denken. **Henning Freiherr von
Lepel**, geboren 1910 im niedersächsischen Freistatt bei Varrel, war Landwirt. Er hatte 1934
das landwirtschaftliche Diplom in Bonn abgelegt und im gleichen Jahr die Leitung der kurhessischen Bauernschule in Landau (bei Arolsen) übernommen. 1942 promovierte er am
Institut für Agrarwesen und Wirtschaftspolitik in Göttingen mit einer Dissertation über „Idee
und Methode der nationalsozialistischen Bauernschule". Von Lepel war seit 1930 NSDAP-,
seit 1931 SA-Mitglied und trat als Gauschulungsredner der Partei auf. 1937 trat er in die SS
ein und erhielt den Rang eines Obersturmführers.[420] Er war u. a. Bauernreferent des RuSHA,
Schulungsredner und Kreisamtsleiter des RPA, Ortsgruppenschulungsleiter sowie Ratsherr
von Landau. 1942 fiel er an der Ostfront.

Fritz Wüllenweber war Dozent an der Bauernhochschule in Goslar und gab im Auftrag Darrés eine Quellenreihe zur volkspolitischen Erziehung heraus. Wüllenweber wurde 1906 als
Sohn eines Geh. Regierungs- und Schulrats geboren. Er verbrachte die Jugend in Koblenz
und besuchte dort das Realgymnasium. Seine Eltern wurden während der Zeit der französischen Besetzung des Rheinlandes wegen Widerstandes ausgewiesen und ließen sich in Berlin
nieder, wo Fritz Wüllenweber 1925 das Abitur ablegte. Anschließend studierte er in Berlin
und Göttingen Philologie und Psychologie. 1931 promovierte er in Göttingen bei Herman
Nohl mit einer erziehungswissenschaftlichen Arbeit und erhielt eine Stelle als Assistent bei
Erich Weniger an der Pädagogischen Akademie Altona, Ende 1932 arbeitete er als Lehrer an
einer Bauernvolkshochschule. Nebenher spezialisierte er sich auf das Thema „altgermanische
Erziehung"; die Ergebnisse dieser Studien kamen zwischen 1935 und 1939 zur Veröffent-
lichung.[421] 1936 erhielt er einen Ruf an die HfL Lauenburg, zog es aber vor, einem Angebot
Darrés auf eine Dozentur an der Bauernhochschule in Goslar zu folgen. Auf Vorschlag
Eichenauers wurde er zum Oberlandwirtschaftsrat ernannt. Wüllenweber wurde erst 1937 in
die NSDAP aufgenommen, war aber bereits 1933 der SA beigetreten, und man wird bei ihm
von einer vorausgegangenen völkischen Sozialisation ausgehen können, weil er bereits 1932
Kontakte zum Volkstumskampf im Elsaß geknüpft und einem Sabotagetrupp angehört hatte.
Als Dozent in Goslar war er zugleich Mitarbeiter des RPA Hannover, 1937 wurde er Mitarbeiter des Rasse- und Siedlungshauptamtes der SS.[422]

Wie Wüllenweber schlug auch **Onko Buss** das Angebot einer HfL-Dozentur aus, um für den
Reichsnährstand zu arbeiten. Buss wurde 1908 in Ostfriesland geboren, sein Vater war
Schmiedemeister. Er legte das Abitur am Realgymnasium in Leer ab, besuchte von 1928 bis

---

419 BBF Personalblatt A200; BDC Diverses; RS B171; SS-Officer 364; PK 2336; BA Koblenz, Z 42
     VII/4113 Eichenauer.
420 Siehe den Lebenslauf in seiner Dissertation: von Lepel (1942); BDC SSO.
421 Altgermanische Erziehung (1935); Germanische Jungmannschaftszucht (1937–1939).
422 BDC PK U 0049; RS G 5567.

1931 das Pädagogische Institut in Leipzig und wurde anschließend Volksschullehrer, setzte sein Studium aber gleichzeitig an der Universität Leipzig fort und promovierte dort 1932 bei Kötzschke mit einer Dissertation über das ostfriesische Deichwesen. 1933/34 absolvierte er das Referendariat und arbeitete für kurze Zeit als Studienassessor in Berlin, wurde dann aber beurlaubt, um eine Stelle als wissenschaftlicher Assistent am Pädagogischen Institut der Universität Leipzig wahrzunehmen. Bis 1936 war er an der HfL Leipzig tätig und widmete sich u. a. der „Dorfkulturarbeit" und der Durchführung von „Dorfdienstlagern"; danach wurde ihm die Leitung der Reichsschule für Leibesübungen des Reichsnährstandes übertragen – eine Dozentenstelle an der HfL schlug er stattdessen aus. 1940 erschien sein Buch „Gedanken zu einer lebensgebundenen Erziehungswissenschaft". „Lebensgebunden" meinte den Bezug auf „Blut und Rasse". Aufgabe der Erziehung sei es, der „Stimme des nordischen Blutsanteils" zur Durchsetzung zu verhelfen und den Blick für rassische Unterschiede zu schulen. Eine „lebensgebundene" Erziehungswissenschaft müsse deshalb den Anschluß an die Rassenseelenkunde suchen: „In Verbindung mit einer Rassenseelenkunde muß ... die Erziehungswissenschaft herausstellen, wie und in welchem Grade eine planmäßige Formung und Ausrichtung im Sinne Nordischer Lebensgestaltung möglich ist."[423]

Buss hatte sich schon früh der völkischen Jugendbewegung angeschlossen. Er gehörte in den 20er Jahren dem Jungdeutschen Orden und dem Kyffhäuser-Jugendbund an. 1930 trat er der NSDAP und – als Mitbegründer – dem NSLB bei. Am Pädagogisch-Psychologischen Institut des NSLB Leipzig leitete er später eine „Forschungsgemeinschaft für Dorfkultur" – schon hier zeigte sich seine Affinität zur bäuerlichen Kultur. 1934 trat Buss der SS bei und wurde Mitarbeiter bei der Schrifttumsstelle des SD-Hauptamtes in Leipzig, die sich mit der Sichtung und Auswertung der Literatur beschäftigte, die bei der Deutschen Bücherei eingingen;[424] in der SS brachte er es bis zum Obersturmführer. 1938 arbeitete er als hauptamtlicher Abteilungsleiter im Reichslager für Beamte der NSDAP. 1940 wurde er zum Studienrat ernannt, fiel aber ein Jahr später im Krieg.[425]

Schulungsarbeit für das RuSHA leistete auch der Historiker **Walther Wache**. Er veröffentlichte 1936 eine „Judenfibel" für Zwecke des Unterrichts und der allgemeinen Bildung. Wache wurde 1908 in Wien als Sohn eines Lehrers – der Vater war Bürgerschuldirektor – geboren. Er besuchte das Humanistische Gymnasium, studierte anschließend in Wien Deutsch und Geschichte; 1933 promovierte er und legte die Staatsprüfung für das Lehramt ab. Wache wurde schon früh politisch aktiv, 1929 war er Landesleiter im deutschen Mittelschülerbund Österreichs, aus dem später der NS-Schülerbund hervorging. Er war Mitglied der Deutschen Wehr, trat 1932 der NSDAP bei und stellte noch im gleichen Jahr einen Aufnahmeantrag an die SS, dem nach einem 6monatigen Lehrkurs stattgegeben wurde. Seine politischen Aktivitäten brachten ihm in Österreich Vorstrafen ein und machten eine Anstellung im Staatsdienst unmöglich. Eine Beschäftigung als Bibliothekar in Rom wurde wegen seiner politischen Einstellung und Vorstrafen abgelehnt. 1934 mußte er Österreich aus politischen Gründen ver-

---

423   Gedanken zu einer lebensgebundenen Erziehungswissenschaft (1940), S. 29.
424   Die Schrifttumsstelle des SD wurde von dem Gymnasiallehrer Wilhelm Spengler geleitet. Sie wurde 1936 nach Berlin verlegt. Siehe hierzu M. Wildt, Generation des Unbedingten (2002), S. 174f.
425   BA, RS A 5321, PK B 0172.

lassen. Wache siedelte nach Prag über, wo er ein Stipendium der Notgemeinschaft der Deutschen Wissenschaft für Forschungsarbeiten über den böhmischen Grundbesitz erhielt. Im November 1935 wurde er in Prag wegen Spionagetätigkeit verhaftet und einige Monate später nach Deutschland abgeschoben. Hier wurde er von der SS aufgefangen und als Mitarbeiter für historische Fragen im Schulungsamt des RuSHA beschäftigt. Gleichzeitig erhielt er die deutsche Staatsbürgerschaft, und im Oktober 1936 wurde er als Assistent an der Universität Köln eingestellt. Dort habilitierte er sich 1938 und wurde schließlich zum Professor für neuere und mittlere Geschichte ernannt. Parallel zu dieser zweifellos politisch geförderten beruflichen Karriere arbeitete Wache für die SS. Für das Schulungsamt hielt er Filmvorträge, führte Schulungskurse durch und arbeitete an der Erstellung der „SS-Leithefte" mit; in diesem Kontext wird auch seine „Judenfibel" entstanden sein.[426] Seit 1938 war Wache Mitarbeiter des „Ahnenerbes". Während des Krieges diente er, inzwischen zum Hauptsturmführer befördert, bei der Waffen-SS.[427]

An der Erstellung von SS-Schulungsmaterialien, bei denen es sich in der Regel um anspruchslose, stereotypisierte Propagandaschriften handelte, waren auch andere unserer Autoren beteiligt. So etwa Ludwig Eckstein und Siegfried Kadner. **Siegfried Kadner** wurde 1887 in Kirchenthumbach in der Oberpfalz als Sohn eines Forstmeisters geboren. Er besuchte das Alte Gymnasium in Regensburg, studierte in Marburg, Paris und Straßburg Deutsch, Französisch und Erdkunde und legte 1911 das Staatsexamen ab. Nach einem Aufenthalt in England arbeitete er zunächst als Hilfslehrer in Hamburg-Wandsbeck und nahm dann am Ersten Weltkrieg teil. 1919 promovierte er in Kiel mit einer literaturwissenschaftlichen Arbeit und erhielt anschließend eine Anstellung als Studienrat in Berlin. Nebenher unterrichtete er als Dozent für deutsche Stilkunde an der Volkshochschule. Seit 1929 nahm er auch Lehraufträge über Rassenkunde an der Berliner Universität wahr. 1933 übernahm er für zwei Jahre die ehrenamtliche Leitung der Volkshochschule. 1941 wurde er zum Oberstudienrat ernannt. Kadner trat 1933 der NSDAP und dem NSLB bei, war Mitglied der SS und arbeitete als Fachredner für Rassenkunde und Vererbungslehre im Gauschulungsamt mit. Er verfaßte einige Beiträge für die „SS-Leithefte", so z. B. eine Abhandlung über die „Hussitenkriege" (1937).[428]

Ludwig Eckstein, Regierungsrat und habilitierter Psychologe, verfaßte mehrere Broschüren für den weltanschaulichen Unterricht der SS, darunter „Rassenleib und Rassenseele" und „Die Rassenfrage ist der Schlüssel zur Weltgeschichte".[429] Darin läßt er die „Rassenseele" im „Rassenleib" wurzeln, spricht von „natürlichen Auslese- und Ausmerzevorgängen" und warnt vor einer Unterwanderung durch die „osteuropide Rasse". In seiner gleichzeitig verfaßten Habilitationsschrift „Die Sprache der menschlichen Leibeserscheinungen" ist von einem Einfluß der Rassenpsychologie so gut wie nichts zu spüren, so als habe er in seinem eigenen Denken einen deutlichen Unterschied zwischen wissenschaftlicher Psychologie und politischer

---

426 Als Historiker steuerte Wache vor allem Beiträge zur Geschichte für die Zeitschriften der SS und Polizei bei; so etwa: „Geschichtliche Entwicklung der Überseekolonisation" (SS-Leithefte 1936); „Die politische Kirche" (SS-Leithefte 1937); „Ist Europa bedroht?" (Die deutsche Polizei 1936); „Das Frankenreich" (Die deutsche Polizei 1937).
427 1942/43 als Kommandeur in der SS-Panzergrenadier-Division „Das Reich". – Biographische Materialien: BDC Diverses; SSO 1791; Ahnenerbe B 309; RS G 617.
428 BDC RKK 2101/584/19; BDC Diverses; BBF Personalakten.
429 BA, NS 31/405.

Propaganda gemacht. An anderer Stelle kritisierte Eckstein sogar die Brauchbarkeit etwa der Jaenschschen Typologie für die psychologische Persönlichkeitsbeurteilung.[430] Eckstein selbst entwarf eine Ausdruckspsychologie, die die „preußische Zuchtform" als Idealbild einer natürlichen menschlichen Haltung postulierte: die preußische Haltung als Ausdruck eines starken Willens, die inneren Regungen zu beherrschen und zu kontrollieren, als Bedingung für Leistungsbereitschaft und Widerstandsfähigkeit; eine Zuchtform, die sich an der Muskulatur etwa ablesen lasse.[431] In seinem Buch „Die Familie formt den jungen Menschen" (1936) weist er der Familie die Aufgabe zu, „das völkische Blutserbe rein und gesund zu erhalten", in seiner „Deutschen Metaphysik" (1935) hebt er hervor, daß auch die Formen des philosophischen Denkens letztlich rassegebunden seien, doch bleibt es in seinen Schriften meist bei solchen Bekenntnisformeln.

Eckstein wurde 1904 in einer Bauernfamilie in Löwenstein bei Heilbronn geboren. Er besuchte das Lehrerseminar und absolvierte ein achtsemestriges Hochschulstudium, fand aber keine Anstellung im Schuldienst und arbeitete deshalb mehrere Jahre als Lehrer an einer Polizeischule. 1929 setzte er das Studium in Tübingen und Berlin fort und fand danach eine Beschäftigung am Lehrerseminar in Eßlingen. Die Erfahrungen als Polizeilehrer, die ihm die „preußische Zucht" vermittelt haben dürften, trugen vielleicht dazu bei, daß er sich dann für eine Tätigkeit als Heerespsychologe entschied; von 1934 bis zur Auflösung der Wehrmachtspsychologie 1942 arbeitete er bei der Psychologischen Prüfstelle in Stuttgart-Bad Cannstatt, seit 1938 in der Funktion eines leitenden Heerespsychologen. 1936 promovierte er in Tübingen, im gleichen Jahr wurde er zum Regierungsrat, 1939 zum Oberregierungsrat ernannt. 1942 habilitierte er sich in Erlangen für Psychologie, 1943 erhielt er eine Vertretungsprofessur in Berlin. Eckstein war 1933 in die NSDAP, den NSLB und die SA eingetreten. Das Ende seiner Zeit als Heerespsychologe brachte für ihn neue Aufgaben an der politisch-militärischen Front: 1942 trat er in die SS ein, wurde als Obersturmbannführer eingestuft (später zum Standartenführer befördert) und als Personalgutachter für die Waffen-SS übernommen. Nur wenig später trat er in die Dienste des SS-Hauptamtes ein. Dort arbeitete er von 1943 bis zum Ende des Krieges als Hauptabteilungsleiter und wissenschaftlicher Referent des Amtschefs im Amt C 1, das für die gesamte weltanschauliche Erziehung der SS zuständig war. In dieser Zeit entstanden seine Schulungsschriften. Seit 1942 publizierte er außerdem regelmäßig in den SS-Leitheften, die vom Amt C 1 des SS-Hauptamtes für die laufende Schulungsarbeit herausgegeben wurden: 1942 verfaßte er u. a. einen Beitrag über den „biologischen Sinn der Auslese", in dem er die Fortpflanzung der „rassisch Tüchtigen" propagierte, 1943 erschienen Beiträge über „Krieg und Frieden" und den „biologischen Sinn des Krieges". Nach dem Krieg arbeitete er wieder als Lehrer, in den 50er Jahren an einer Mädchen-Mittelschule in Heilbronn. In den 60er Jahren verfaßte er einige Bücher zur Erziehungsberatung.[432]

Als ein weiteres Beispiel eines Hochschullehrers aus dem Bereich der Psychologie und Pädagogik, der für das Schulungsamt der SS arbeitete, wollen wir an dieser Stelle **Moritz Edelmann** nennen. Er war einer der einflußreichsten Geschichtsdidaktiker des Nationalsozialismus und arbeitete an einem umfangreichen, in hohem Maße rassistischen und antisemiti-

---

430 Geuter, Professionalisierung (1988), S. 208.
431 Ebd., S. 165, 184 ff.
432 BDC WI A 480; SSO.

schen Geschichtswerk für die höheren Schulen mit, das während des Krieges erschien („Volk-werden der Deutschen"). Edelmann wurde 1891 als Sohn eines Försters in Ostpreußen gebo-ren, gehörte also einer älteren Generation als Eckstein an. Die „preußische Zucht" wird auch ihn geprägt haben, denn aus dem Ersten Weltkrieg kehrte er als hochdekorierter Leutnant zurück. Von 1919 bis 1935 arbeitete er als Studienrat in Berlin, zuletzt am Gymnasium zum Grauen Kloster. 1935 wurde er Oberstudiendirektor und Leiter des Staatlichen Lyzeums Augustaschule in Berlin-Tiergarten. Daneben war er Lehrbeauftragter an der Deutschen Hochschule für Politik und Leiter des der Hochschule angegliederten Seminars des NSLB für nationalpolitische Pädagogik. 1939 wurde er als Direktor und Professor für Deutsche Geschichte und Methodik des Geschichtsunterrichts an die HfL Dortmund berufen, die er auch nach der Umwandlung in eine Lehrerinnenbildungsanstalt weiter leitete. Nach dem Krieg geriet er in amerikanische Gefangenschaft, später lebte er als Schulbuchautor und Pen-sionär in Baden-Württemberg. Edelmann hatte sich früh dem Nationalsozialismus ange-schlossen. Zum 1. Mai 1932 war er der NSDAP und dem NSLB beigetreten. Im NSLB war er zuerst Fachgutachter, 1934 war er bereits Reichssachbearbeiter für Geschichte in der Reichs-waltung des NSLB in Bayreuth, nachdem er im Jahr zuvor schon Vorsitzender des Verbandes deutscher Geschichtslehrer in Berlin geworden war. In dieser Funktion war er auch Mit-herausgeber der NSLB-Fachzeitschrift für das Sachgebiet Geschichte „Vergangenheit und Gegenwart". 1939 trat er mit einem Vortrag über „Erziehung zum Rassebewußtsein im Geschichtsunterricht" auf dem Reichslehrgang der Gausachbearbeiter für Rassefragen in Bayreuth auf.[433] 1933 war Edelmann in die SS eingetreten, seit 1935 arbeitete er hier als Schu-lungsleiter, zunächst als Untersturmführer, dann (1940) als Hauptsturmführer im Schulungs-amt des SS-Hauptamtes und verfaßte zahlreiche Beiträge zu „SS-Leitheften" und Bildbän-den. Edelmann war außerdem NS-Führungsoffizier.[434]

Repräsentativ für das Niveau der Schulungsarbeit in der SS dürften die Schriften **Johannes von Leers'** sein, ein radikaler Antisemit. Von Leers stammte aus besseren Verhältnissen, er wurde 1902 als Sohn einer traditionsreichen mecklenburgischen Gutsbesitzerfamilie geboren. Nach dem Abitur studierte er in Kiel, Berlin und Rostock Jura, Geschichte und Volkswirt-schaft, promovierte in Jura und absolvierte noch ein Japanisch-Studium am Orientalischen Seminar in Berlin. Er arbeitete zunächst als Attaché im Auswärtigen Amt, wegen antisemiti-scher Gesinnung und NSDAP-Mitgliedschaft wurde ihm aber wieder gekündigt. 1927 erhielt er eine Stelle als Dozent und arbeitete als Studienleiter der Verwaltungsakademie Berlin, 1933 wurde er zum Leiter der Abteilung für Außenpolitik und Auslandskunde der Deutschen Hochschule für Politik berufen. 1939 erhielt er durch Vermittlung Astels und mit Unterstüt-zung Himmlers eine auf ihn zurechtgeschnittene Professur für „Rechts- und Wirtschafts-geschichte auf rassischer Grundlage" an der Universität Jena. 1942 wurde er darüber hinaus Wissenschaftlicher Leiter des Europäischen Handwerks-Instituts in Frankfurt/M. Der Aufstieg von Leers' in der Wissenschaft ist eng mit seiner politischen Entwicklung verbunden. Von Leers wurde sehr früh aktiv. 1923 gehörte er der Freikorpsdivision „Wiking" an, 1929 trat er der NSDAP bei. Er betätigte sich vor allem journalistisch, war Mitarbeiter der Redaktion von „Der Angriff" (von Leers schrieb unter dem Pseudonym M. Thomas), wurde Hauptschrift-leiter der Zeitschrift „Wille und Weg" der NS-Reichspropagandaleitung, später wurde er auch

433 Erzieher der Westmark 2/1939, H. 17.
434 BDC PK 2276; RS B 130, SS-Officer; Hesse, Professoren und Dozenten (1995), S. 249f.

Schriftleiter der NSLB-Schülerzeitschrift „Hilf mit!".[435] Während der Weimarer Republik liefen mehrmals Strafverfahren gegen ihn wegen volksverhetzender Artikel und Reden. 1930 trat
von Leers in die SA ein, 1931 wurde er Kreisschulungsleiter im NS-Studentenbund und stieg
dann rasch zum Bundesschulungsleiter in der Reichsleitung des NS-Studentenbundes auf.
Sein Einsatz für die Partei wurde ihm 1933 mit einer leitenden Stellung an der Hochschule für
Politik gelohnt. Von Leers war sehr umtriebig und an vielen Fronten gleichzeitig aktiv. So
stellte er sich häufig als Schulungsredner für den NSLB zur Verfügung, war Gauredner der
NSDAP in Groß-Berlin, Mitglied in der DAF und der NSV, im Reichskolonialbund, im
Reichsbauernrat etc. 1936 wurde er aufgrund seiner antisemitischen Arbeiten trotz schlechter
Konstitution in die SS aufgenommen. Hier arbeitete er als Obersturmführer im Rasse- und
Siedlungshauptamt. 1938 wurde er zum Hauptsturmführer befördert und dem Schulungsamt
im SS-Hauptamt zur ehrenamtlichen Mitarbeit zugeteilt. In einer Beurteilung anläßlich seiner
Beförderung werden ihm rege Aktivitäten sowohl in der praktischen Schulungsarbeit inner-
halb der SS-Verfügungstruppe als auch in der literarischen Arbeit, u. a. für die „SS-Leithefte"
bescheinigt – von Leers war einer der eifrigsten Autoren der „Leithefte". 1939 folgte die
Beförderung zum SS-Sturmbannführer. Auch von Leers schloß sich übrigens den „Gottgläubigen" an.[436]

Von Leers war ein Vielschreiber, der gelegentlich auch ganze Passagen von anderen Autoren
abschrieb, deshalb kam es 1943 zu einem Ehrengerichtsverfahren wegen eines Plagiatsvor-
wurfs gegen ihn. In seinen Schriften stützte er sich u. a. auf Günther und Clauss, vor allem
aber auf Rosenberg und Chamberlain. Deren Geschichtsauffassung, schrieb er 1939, werde
bald das politische Bekenntnis eines jeden Deutschen sein. Man dürfe nur noch rassisch hochwertige Lehrer einstellen, denn auf die Lehrer komme es ganz besonders an. Als Beispiel einer
„kraftvollen Erzieherpersönlichkeit" rühmte er Julius Streicher, der habe schon als Lehrer
„dem Judentum und seinen fremdblütigen Einflüssen" den Kampf angesagt, er sei der Typ
des Rassenkämpfers, dem mittlerweile alle deutschen Erzieher folgten.[437] Eine zentrale Rolle
spielten antisemitische Stereotype, die von paranoiden Wahnvorstellungen geleitet waren.
Zum Beispiel brachte er 1935 das Neuköllner Reform-Schulmodell (unter Loewenstein) mit
dem „Protokoll der Weisen von Zion" in Zusammenhang und behauptete, seine Absicht sei
es, den arischen Geist zu zerstören. An anderer Stelle bezeichnete er Konrad Adenauer als
„Blutjuden".[438] Unterwelt und Verbrechertum seien wie 1918 so immer schon ein Bündnis mit
dem Judentum eingegangen. Schon als die Juden aus Ägypten vertrieben wurden, sei „viel
Pöbel" mit ihnen gezogen, und sie hätten noch die Ägypter beraubt, bevor sie weggezogen
seien. Die Juden hätten sich schon früh mit „unehrlichem Pöbelvolk" vermischt, das in ihrem
Blut aufgegangen sei. Die Juden erfanden den Parlamentarismus usw. 1943, auf dem Höhepunkt des Holocaust, sandte er ein Manuskript über „den Juden als Weltparasiten" an die

---

435   „Hilf mit!" hatte eine Auflage von 4,4 Millionen und richtete sich an die Schüler der Klassen
      5 bis 8. Die Zeitschrift veranstaltete Schülerwettbewerbe (1937/38 z. B. den Wettbewerb „Volks-
      gemeinschaft – Blutsgemeinschaft"), an denen sich bis zu 1 Million Jugendliche aktiv beteilig-
      ten.
436   Biographische Daten: BDC 1009 SS-Officer; PK 7190; B 327; RKK 2100/234/6.
437   Leers/Hansen, Der deutsche Lehrer als Kulturschöpfer (1939), S. 173 f.
438   Der Jude als Lehrer (1935); A. Faust, Der nationalsozialistische Studentenbund (1973), S. 160.

Dienststelle Rosenberg, Hauptamt Lehrmittel, in dem er klarstellte: „Hier im Bolschewismus entdeckt das Judentum sich selbst ... Das Judentum ist keine Minderheit, sondern ein Staatsfeind, keine Volksgruppe, sondern eine Gaunergruppe, kein Nationalitätenproblem, sondern eine nationale Todesgefahr für jedes Volk, das nicht mit rücksichtsloser Entschlossenheit die Juden abschüttelt und zerschmettert. Die Juden sind Feinde jeden Staates – Umstürzler und Zerstörer aus unausrottbarer böser Neigung."[439] Von Leers, der 1942 in der Zeitschrift „Odal" das Schönheitsideal der alten Perser pries, emigrierte nach 1945 aus Deutschland in den Orient. 1955 ließ er sich in Kairo nieder, trat zum Islam über und lebte dort als Journalist bis zu seinem Tod 1965.

4.5 Experten im Eignungsprüferwesen des Rasse- und Siedlungshauptamtes

Einige Pädagogen und Psychologen arbeiteten nicht nur als Schulungsexperten, sondern auch als Eignungsprüfer für das RuSHA, sie wurden vor allem für die rassenanthropologischen und -psychologischen Untersuchungen in den besetzten Gebieten gebraucht. Zu ihnen gehört **Hans Endres**, 1911 in Stuttgart als Sohn eines Regierungsrats und Professors geboren. Der Vater starb, als Endres 11 Jahre alt war. Endres wuchs in Mannheim und Neckargemünd auf. Nach dem Abitur lebte er für einige Monate als Austauschstudent in London, danach studierte er in Heidelberg, Wien und Graz Philosophie, Psychologie und Pädagogik. Zwischendurch arbeitete er vier Jahre lang als Hauslehrer bei einer deutschen Gutsbesitzerfamilie bei Graz. Bereits 1933, noch kurz vor dem Verbot der Partei, trat er in die österreichische NSDAP ein. 1936 kehrte er nach Heidelberg zurück, 1937 promovierte er bei Ernst Krieck mit der Dissertation „Rasse, Ehe, Zucht und Züchtung bei Nietzsche und heute". Endres fand rasch Anschluß an den Kreis um Jakob Wilhelm Hauer, der sich selbst als neuen „Nietzsche redivivus" begriff und in Tübingen die deutsche Glaubensbewegung ins Leben gerufen hatte. 1938 siedelte Endres nach Tübingen über, mit dem Ziel, sich bei Hauer zu habilitieren; kurz darauf wurde er Assistent bei Hauer am „Arischen Seminar" der Universität. 1939 trat er auf Betreiben Hauers in die SS ein, 1940 kam er zum Einsatz bei der Waffen-SS. 1941 vermittelte ihm Hauer eine Stelle in der weltanschaulichen Erziehungsarbeit des RSHA. Endres nahm als Betreuer einer Feldbücherei am Ostfeldzug teil. Nach einem Autounfall wurde er 1942 für wissenschaftliche Sonderaufgaben zum RuSHA nach Berlin versetzt. Dort plante man, ihn als Eignungsprüfer einzusetzen und schickte ihn deshalb zu einem Eignungsprüfer-Lehrgang nach Prag. Während dieser Zeit war Endres mit Arbeiten zu rassenkundlichen Aspekten der Arbeitspsychologie beschäftigt, die er in einer Aufsatzfolge in „Volk und Rasse" veröffentlichte. Darin untersuchte er auf der Basis der Kategorien von Günther und Clauss die unterschiedlichen Leistungsfähigkeiten und Charaktereigenschaften der verschiedenen Rassen, mit dem Ziel, die psychotechnische Prüfungsdiagnostik durch rassenpsychologische Kriterien zu erweitern. Erwartungsgemäß kam er zu dem Ergebnis, daß die nordische Rasse in jeder Hinsicht das beste Leistungsprofil hatte, während der Oster hier wie in den meisten Typologisierungsversuchen dieser Art am schlechtesten abschnitt: geringe Phantasie, langsames Auffas-

---

439   BDC Reichsbauernrat, siehe unter U'Stuf.F Reichsnährstand, Nedden zur, Otto.

sungsvermögen, „sehr geringe Reinlichkeit", ein „bloß schematisch ausgebildeter Ordnungssinn" etc.[440]

Im Herbst 1942 wurde Endres vom RuSHA dem Sonderkommando „K", der Kaukasus-Expedition des Ahnenerbes zugewiesen; er wurde als Rassenpsychologe dem Clauss-Schüler Bruno Beger zugeordnet, der die anthropologische Abteilung des Unternehmens leitete und später auch L. F. Clauss selbst ins Boot holte. Zusammen mit dem Tübinger Anthropologen Hans Fleischhacker, der gleichfalls als Eignungsprüfer für das RuSHA arbeitete, wurde er mit vorbereitenden Planungsarbeiten beschäftigt. Endres, aus diesem Anlaß zum SS-Untersturmführer befördert, wurde speziell mit der Betreuung der Dolmetscher beauftragt, die den Kontakt mit den Einheimischen im Kaukasus herstellen sollten. Daneben sollte er aufgrund seiner besonderen parapsychologischen Kenntnisse eingesetzt werden.[441] Die Niederlage der deutschen Truppen bei Stalingrad ließ das Projekt scheitern. Endres, Fleischhacker und Rübel (siehe unten) sollten daraufhin 1943 für Beger und Wolfgang Abel[442] anthropologische Untersuchungen an Juden und russischen Kriegsgefangenen in Auschwitz und Sachsenhausen durchführen. Endres hatte im nachhinein Glück, denn zu seinem Einsatz kam es nicht, deshalb wurde er auch nicht in die Prozesse einbezogen, die später in der Bundesrepublik gegen Beger und Fleischhacker geführt wurden.[443] Der Grund lag vermutlich darin, daß zur gleichen Zeit ein SS-Ehrengerichtsverfahren gegen ihn lief, weil in seiner Tübinger Wohnung bei einer Geburtstags- und Abschiedsfeier laut Musik gespielt und getanzt worden war, obwohl Himmler nach der Niederlage bei Stalingrad ein generelles Tanzverbot erlassen hatte. Endres kam mit einer Disziplinarstrafe davon. In die gleiche Zeit fiel seine Habilitation an der Universität Tübingen. Er reichte zwei Arbeiten ein, die eine beschäftigte sich mit „Nietzsches Stellung in der germanisch-deutschen Glaubensgeschichte", die andere war eine „Untersuchung über den Zusammenhang von Religion und Rasse", der Befragungen in einer Tübinger Schulklasse zugrunde lagen. Im März 1943 erhielt er die Venia legendi, 1944 auch den Status eines Dozenten für „Vergleichende Religionswissenschaft mit besonderer Berücksichtigung von Religion und Rasse". Gleichzeitig bemühte er sich, eine Stellung im Schulungswesen der SS zu erlangen. So nahm er noch 1944 an einem Ausbilderlehrgang an der SS-Junkerschule in Bad Tölz teil; danach arbeitete er als Lehrer für weltanschauliche Schulung mit dem Rang eines Standartenoberjunkers an der Junkerschule der Waffen-SS in Klagenfurt. Nach Kriegsende wurde Endres aus dem Hochschuldienst entlassen. Er startete danach eine zweite Karriere als Industriepsychologe und Management-Trainer, baute ein eigenes „Institut für

---

440   Endres, Arbeitspsychologie (1942).

441   Endres wurde gleichzeitig zum „Fachführer Parapsychologie" ernannt: Junginger, S. 297.

442   Abel, geb. 1905, war Anthropologe, Mitarbeiter am KWI, Dozent und stellvertretender Leiter der Abteilung für Rassenkunde und -pflege an der Hochschule für Politik in Berlin. Er hatte mit Unterstützung Hans F. K. Günthers Mittel der Deutschen Forschungsgemeinschaft für rassenbiologische Forschungen erhalten und arbeitete seit 1942 im Stab des OKH einen Plan zur „fortschreitenden Ausschaltung" der russischen „Rasse" aus, nach dem alle nordrassischen Typen germanisiert und der Rest nach Sibirien verbannt werden sollte: Kater, Das „Ahnenerbe" der SS (1974), S. 208; Archiv Humboldt-Universität, NS-Dozentenschaft Personalakte Abel.

443   Es ging dabei auch um die Selektion „jüdischen Menschenmaterials" für die Skelettsammlung des Anatomen Hirt in Straßburg, die Beger damals in Auschwitz vornahm. Wie Endres nahm auch Rübel, der für wichtigere Aufgaben an der Front gebraucht wurde, nicht an diesem Einsatz teil.

Lebensfragen", später „Institut für ganzheitliche Lebensgestaltung" auf und wurde schließlich zu einem kommerziell erfolgreichen Vertreter der „transpersonalen Psychologie".[444]

Beim „Sonderkommando Kaukasus" war auch der Pädagoge und SS-Obersturmführer **Heinz Rübel** dabei. Rübel wurde 1910 in Dillingen geboren, sein Vater war Bauer und Wachtmeister. Nach dem Besuch des Realgymnasiums in Augsburg studierte Rübel in München Neuere Sprachen, Geschichte und Geographie, 1933 legte er das Staatsexamen ab und absolvierte das Referendariat an einem München Realgymnasium. Rübel kam aus einfachen Verhältnissen und hatte sein Studium z.T. durch eigene Arbeit finanzieren müssen, zeitweise hatte er sich als Hafenarbeiter im Ausland verdingt und, wie er selbst schreibt, ein „Vagabundenleben" geführt. Im April 1933 trat er in die NSDAP und die SS ein, und bald erwachte in ihm der Wunsch, seine Arbeit ganz in den Dienst der nationalsozialistischen Bewegung zu stellen. Er arbeitete zunächst als Assessor an der NS-Deutschen Oberschule in Feldafing, einer Schule für den Führernachwuchs der Partei, die bis 1936 als Privatschule unter Leitung der Obersten SA-Führung stand,[445] entschloß sich dann aber, eine hauptamtliche Tätigkeit als Lehrer bei der SS anzustreben. So kündigte er in Feldafing und trat im November 1934 hauptamtlich als Schulungsleiter und Referent für Geschichte und Vorgeschichte in den Dienst des Rasse- und Siedlungsamtes ein. Rübels Weg zum Nationalsozialismus war aber nicht unvermittelt gekommen, sondern hatte über mehrere „völkische Stationen" geführt. Bereits 1923, als 13jähriger, hatte er sich dem „vaterländischen" Jugendbund „Jung-Bayern" angeschlossen und war dort drei Jahre später Zugführer geworden, einem paramilitärischen völkischen Verband, den er jedoch wieder verließ, weil er ihm zu klerikal ausgerichtet war. Eine neue politische Heimat fand er im Stahlhelm, dem auch sein Vater schon angehörte, und schließlich bei der HJ und der SA.[446]

Als Mitarbeiter des RuS-Amtes der SS scheint Rübel ein neues Interesse an rassenkundlicher Forschung entdeckt zu haben. Er kehrte zur Universität zurück, wurde Mitarbeiter bei Wilhelm Boerger[447] am „Institut für Deutschen Sozialismus" an der Universität Köln und promovierte hier 1939 zum Dr. jur. mit einer Untersuchung über „Wechselbeziehungen zwischen Rasse, Geschichte, Familie, Konfession und Beruf" am Beispiel des Eifelstädtchens Monschau. Die Untersuchung stand im Zusammenhang mit einem Forschungsprojekt, in dem sich eine interdisziplinäre Arbeitsgruppe aus Angehörigen der Universitäten Köln und Bonn, der Medizinischen Akademie Düsseldorf und der TH Aachen systematische und exemplarische volkskundliche, wirtschaftliche, soziologische und erbbiologische Untersuchungen im Kreis Monschau zum Ziel gesetzt hatte.[448] Rübels Arbeit bestand aus einer rassenkundlichen Geschichtsdarstellung der Region und rassenanthropologischen Vermessungen von Schülern und Hitler-Jugendlichen – Vermessungen der ganzen Bevölkerung, resümierte er seine praktischen Erfahrungen, seien unmöglich, weil sie auf zu viel Mißtrauen stießen; aber das Rassenbild einer Bevölkerung spiegele sich ohnehin in ihren Kindern. Die Ergebnisse der Unter-

---

444 Endres bezeichnete sich selbst später als einen Wegbereiter des New Age. Zur Biographie siehe Junginger, S. 268 ff.; biographische Materialien: BDC REM A 28, BDC RS B 232, BDC SS-Officer, Bl. 369–422.

445 Zur Feldafinger Schule siehe H. Scholtz, NS-Ausleseschulen (1973), S. 88 ff., 299 ff.

446 Lebenslauf in BDC RS F 63, Bl. 3 b.

447 Boerger stellte seine Hochschullehrertätigkeit in den Dienst des RuSHA und beförderte die Karriere Rübels: Heinemann, „Rasse, Siedlung, deutsches Blut" (2003), S. 75.

448 Dazu Pyta, „Menschenökonomie" (2001), S. 61 f.

suchungen waren alarmierend genug: Die nordrassischen Familien brächten weit weniger Kinder zur Welt als die westischen, diese wiederum weniger als die ostischen; nach fünf Generationen wäre die Region total „verostet". Dazu käme das Problem eines leeren Grenzraums als Ausdruck der Schwäche des Volkes und als natürliches Einfallstor für feindliche Nachbarn. Man müsse daher in dieser Region die wirtschaftlichen Entwicklungsbedingungen verbessern und den Willen zum Kind, vor allem in den rassisch hochwertigen höheren Schichten fördern.[449]

Rübel, der während dieser Zeit ehrenamtlich bei der SS weiter mitarbeitete, plante danach eine Habilitation, wurde mit Kriegsbeginn aber zur Wehrmacht eingezogen. 1940 war er bei der Waffen-SS im Einsatz und bei der Totenkopfstandarte bei Posen stationiert. Danach begann eine zweite, jetzt sehr intensive Phase hauptamtlicher RuS-Arbeit. Zunächst wurde Rübel damit beauftragt, ukrainische Flüchtlinge in der Ostmark auf Möglichkeiten ihres Arbeitseinsatzes hin zu untersuchen; von August 1940 bis zum Frühjahr 1941 war er damit beschäftigt, 5000 Ukrainer, vor allem Jugendliche, auf ihre „rassische Tauglichkeit" für eine Ausbildung bei der DAF zu mustern.[450] Danach schickte man ihn für fachliche Beratungs- und Sonderaufgaben zur Außenstelle des RuSHA in Litzmannstadt. Hier beteiligte er sich an der „Eindeutschungsarbeit" und führte rassenkundliche Erhebungen u. a. über die „Walddeutschen" im Generalgouvernement durch. Danach setzte er seine anthropologisch-rassenkundlichen „Musterungsarbeiten" in der Slowakei fort, es folgten rassenkundliche Untersuchungen über die Rumäniendeutschen in Kronstadt. Inzwischen hatte Rübel einiges an Wissen und Erfahrung gesammelt. Im Dezember 1941 wurde er zum Leiter der „Abteilung Rassenlehre" sowie der „Abteilung RuS-Führerschulen" im Rassenamt des RuSHA ernannt; damit war er für die Organisation der wissenschaftlichen Ausbildung des Eignungsprüfer-Nachwuchses zuständig, die damals in Prag stattfand, während die praktische Ausbildung in Litzmannstadt erfolgte. Auf den Eignungsprüferlehrgängen hielt er vor allem rassengeschichtliche Vorlesungen. Im Herbst 1942 wurde er als Experte für Geschichte und Rassengeschichte zum „Sonderkommando Kaukasus" abgeordnet. Vermutlich als wissenschaftliche Vorarbeit war in diesem Zusammenhang wohl sein gemeinsam mit Gerhard Teich vom Ostministerium verfaßtes völkerwissenschaftliches Werk über die UdSSR entstanden.[451] Im gleichen Jahr erschienen seine Aufsätze „Rassenkräfte in der hellenischen Geschichte" und „Rassengeschichte des Dnjepr-Raums" in der Zeitschrift „Volk und Rasse". 1943 war Rübel noch mit der erwähnten Kriegsgefangenenuntersuchung beschäftigt. Ab September 1943 war er dann wieder im Fronteinsatz, 1944 als SS-Standartenjunker und Kompanieführer bei der Division „Wiking" und der estnischen Division der Waffen-SS, bis zu einer Verwundung im Dezember 1944. Nach dem Krieg arbeitete er als Geschäftsführer bei Gerling in Würzburg.[452]

---

449 Die Wechselbeziehungen zwischen Rasse, Geschichte, Familie, Konfession und Beruf (1939).

450 BDC RS F 63; Heinemann, „Rasse, Siedlung, deutsches Blut" (2003), S. 480f.

451 Gerhard Teich/Heinrich Rübel, Völker, Volksgruppen und Volksstämme auf dem ehemaligen Gebiet der UdSSR (1942). Dr. Teich war Assistent am Berliner Institut für Grenz- und Auslandsstudien und Gruppenleiter im Ostministerium, zuständig für die „politische Lenkung der fremden Volkstumsgruppen im Ostland": Aly/Heim, Vordenker der Vernichtung (1991), S. 424.

452 Biographisches Material: BDC RS F 63, SSO 1442, BDC SA 0519031013; zum Kaukasus-Projekt siehe auch BDC Ahnenerbe B 285; Heinemann, „Rasse, Siedlung, deutsches Blut" (2003), S. 632.

Zu den Mitarbeitern des RuSHA gehörte auch der Clauss-Schüler und Rassenpsychologe **Hans Preuß**.[453] Preuß war Südafrika-Deutscher, er wurde 1905 in Johannesburg geboren, studierte aber in Deutschland Psychologie und Anthropologie bei Eugen Fischer. Er arbeitete als Volontariatsassistent am Psychologischen Institut der Universität Berlin und wurde 1936/37 Mitarbeiter von Ludwig Ferdinand Clauss. Zu dieser Zeit plante er eine rassenpsychologische Dissertation bei Günther und Clauss, 1937 brach er aber das Studium ab und entschied sich für eine Karriere in der SS. 1934 wurde er in die SS aufgenommen und zunächst als Sturmschulungsmann eingesetzt. Der Hintergrund für den Abbruch des Dissertationsprojektes dürfte aber woanders zu suchen sein: Preuß war ursprünglich als Mitarbeiter Johann Baptist Riefferts eingestellt worden, und sein Dissertationsvorhaben – Preuß beschäftigte sich mit einer Arbeit über die „Erkennbarkeit des Juden an der Stimme" – wird im Zusammenhang mit Riefferts großangelegtem Forschungsprojekt einer Psychologie des Judentums gestanden haben.[454] Dieses Projekt zerschlug sich, nachdem Rieffert aus disziplinarischen Gründen des Amtes enthoben wurde. Rieffert hatte sich aber auch den persönlichen Zorn Eugen Fischers zugezogen, weil er gegen Fischers Mitarbeiter Gottschaldt und schließlich auch gegen Fischer selbst intrigiert hatte.[455] Mit Eugen Fischer wiederum war Günther gut befreundet, und beide hatten auch mehrfach bei Promotionen zusammengearbeitet. Vermutlich gestaltete sich die Arbeitssituation am Psychologischen Institut für Preuss, der sich zuvor auch als Vertreter der NS-Studentenschaft an Denunziationen im Zusammenhang mit dem Rücktritt Köhlers beteiligt hatte, nach der Entlassung Riefferts etwas schwierig, so daß er deshalb für sich einen Ausweg bei der SS suchte.[456] Preuss war bereits 1933 im NS-Studentenbund aktiv, war Referent für rassenpolitische Erziehung in der Gaustudentenbundführung und wurde 1934 Leiter des Hauptamts Wissenschaft in der Studentenschaft der Universität Berlin. Gleichzeitig war er Mitarbeiter im Rassenpolitischen Amt und besaß einen Fachrednerausweis. 1937 wurde er in die NSDAP aufgenommen und noch im gleichen Jahr begann er eine dreimonatige Ausbildung zum Eignungsprüfer beim RuSHA. Danach wurde er als hauptamtlicher Referent in einer SS-Standarte beschäftigt. Bei Kriegsausbruch meldete er sich freiwillig zur Waffen-SS, wurde dann aber 1940 als Eignungsprüfer des RuSHA bei der UWZ und EWZ Litzmannstadt eingestellt. Hier übernahm er die Leitung der praktischen Ausbildung der Eignungsprüfer. Im Frühjahr 1940 erstellte er den Abschlußbericht über 55 600 Baltendeutsche, die auf SS-Tauglichkeit und die Eignung zur Ansiedlung im besetzten Polen untersucht wurden.[457] 1942 wurde Preuss, nachdem er sich bei der „Lösung von Sonderaufgaben" bewährt hatte, zum Leiter der RuS-Dienststelle Brünn, dann der Außenstelle Böhmen-Mähren des RuSHA in Prag ernannt, 1943 erhielt er zugleich den Titel eines „RuS-Führers Böhmen-Mähren". Preuss ordnete u. a. 1942 die rassische Überprüfung unehelicher Kinder aus deutsch-tschechischen Beziehungen auf ihre Eindeutschungsfähigkeit hin an; 1943 ließ er die „rassenwertliche"

---

453 Als Rassenpsychologe wies sich Preuß mit einem Aufsatz in der Zeitschrift „Rasse" (1935) und einem Konzeptpapier zur Rassenseelenforschung für das „Ahnenerbe" aus: BDC Ahnenerbe B 281.

454 Ebd.; siehe auch oben S. 40. – Preuß war ein gelehriger Schüler Riefferts, der sich rühmte, Juden am Stil ihrer Schriften erkennen zu können; so in einem Gutachten über Richard Hönigswald: C. Schorcht, Philosophie an den bayerischen Universitäten (1990), S. 160.

455 Lösch, Rasse als Konstrukt (1997), S. 328.

456 Ash, Ein Institut und seine Zeitschrift (1985).

457 BA, NS 2/88, Bl. 30.

Untersuchung der Kinder aus den Ortschaften Lidice und Ležáky, die als Vergeltungsmaß-
nahme auf das Heydrich-Attentat dem Boden gleichgemacht worden waren, durchführen und
sonderte einige zur „Rückdeutschung" aus, während die übrigen in Vernichtungslager verbracht wurden.[458] 1943 wurde Preuß, inzwischen zum Sturmbannführer ernannt, mit dem
Totenkopfring, im Februar 1945 mit dem Orden 1. Klasse geehrt. In den 60er Jahren wurde
gegen ihn wegen der Verbrechen an der Bevölkerung von Lidice ermittelt, das Verfahren
wurde aber später wieder eingestellt.[459]

Kollege und (1940) Vorgesetzter von Preuss im RuSHA war **Fritz Schwalm**. Auch er hatte das
Studium abgebrochen, um hauptberuflich für die SS zu arbeiten. Schwalm wurde 1910 als
Sohn eines Schuhmachermeisters geboren; nach dem Abitur studierte er 1929 zwei Semester
in Marburg, wechselte dann, weil er wegen Beleidigung des preußischen Kultusministers
Becker von der Universität gewiesen wurde, nach Tübingen und schließlich nach München.
Schwalm studierte Deutsch, Geschichte, Geographie und Rassenkunde und wurde später in
der Personaldatei der SS unter Beruf als „Kandidat der Philologie" geführt. Schon seit
seinem 17. Lebensjahr brennend an Rassefragen und Rassenkunde interessiert, lernte er in
München jemanden kennen, der berufen war, ihm den „richtigen Weg" zu weisen: Bruno
K. Schultz, damals Assistent am Anthropologischen Institut. In seinem Auftrag und von ihm
angeleitet führte Schwalm 1931/32 eine vergleichende anthropologische Untersuchung in
einer katholischen Enklave im Chiemgau und einem evangelischen Dorf durch. Ziel der
Untersuchung war es, rassische Unterschiede der Konfessionen zu ermitteln. Er wollte daraus
eigentlich eine Dissertation machen, mit dem Ziel, rassenanthropologische Forschungsansätze in der Geschichtswissenschaft zu etablieren,[460] kam aber nicht mehr dazu, denn 1934
ging er, ähnlich abrupt wie Preuss, ein hauptamtliches Dienstverhältnis mit der SS ein, das
ihm für die wissenschaftliche Arbeit keine Zeit mehr ließ. Vielleicht hat der Wechsel auch
damit zu tun, daß sein Mentor Schultz im gleichen Jahr eine Leitungsfunktion beim Rasse-
und Siedlungsamt übernommen hatte. Noch keine 24 Jahre alt und mit abgebrochenem Lehramtsstudium, verknüpfte er seine Zukunft jetzt mit der SS und dem RuSHA. Politisch aktiv
war er allerdings schon seit langem: Als Jugendlicher war er schon 1924 bei den Adlern und
Falken und den Deutschen Jugendwanderern. 1929 – mit 19 Jahren – trat er dem NS-Studentenbund bei, noch im gleichen Jahr auch der NSDAP und der SA, und auch der SS gehörte er
bereits seit 1932 an (als „vorwiegend nordisch" eingestuft). 1934 wurde er als „Fachführer im
Rasse- und Siedlungswesen" eingestellt und arbeitete in dieser Funktion zunächst als Oberschulungsleiter im SS-Oberabschnitt Rhein, danach in gleicher Funktion beim SS-Oberabschnitt Fulda-Werra in Arolsen. Als rassekundlicher „Fachführer" bzw. Referent wurde er
mehrfach auch vom Zentralinstitut für Erziehung und Unterricht zur Mitarbeit in Schulungslagern angefordert; so wirkte er als Dozent für Rassenkunde an den Führungslagern mit, die
das Zentralinstitut 1934 für Schüler unter Aufsicht des Landjahrbeauftragten des NSLB in

458 Heinemann, „Rasse, Siedlung, deutsches Blut" (2003), S. 517 und 630.

459 BDC RS E 5193; SS-Officer 1317; BDC Ahnenerbe B 281; Archiv der Humboldt-Universität Z
     DI 829.

460 So Schwalm in einem selbstverfaßten Lebenslauf von 1932; er nennt an dieser Stelle als die für
     ihn wichtigsten Referenzautoren Hans F. K. Günther, Baur/Fischer/Lenz, Siemens, Hartnacke
     und Darré: BDC RS F 5203.

Landjahrheimen durchführte.[461] 1934 veröffentlichte er einen Aufsatz in der pädagogischen Zeitschrift „Heimat und Arbeit". Darin schlug er unter anderem vor, jeder Lehrer auf dem Land möge mit der Anlage eines „Dorfbuches" beginnen, das die äußerlichen und geistig-seelischen Merkmale und Eigenschaften aller Familienmitglieder, der Schulkinder und ihrer Leistungen dokumentiert. Dieses Buch würde so einen Überblick über den „Erbwert" des Dorfes vermitteln und könne daher als Grundlage für bevölkerungs- und rassenpolitische Maßnahmen dienen.[462]

Schwalm war in der SS sehr schnell zum „Rassereferenten" aufgestiegen, die höchste Stufe, die man als Schulungsleiter im RuSHA erreichen konnte. 1936 wurde er zum Sturmbannführer ernannt, 1937 ließ ihm Darré das Buch „Der Aufstieg der Juden" als Geschenk zum Julfest überreichen. Als Rassereferent auf Führerlehrgängen und als Schulungskontrolleur in Arolsen bewährt, wurde er 1940, nachdem er am „Frankreich-Feldzug" teilgenommen hatte, „uk." gestellt und zur Umwandererzentrale nach Litzmannstadt abkommandiert. Dort übernahm er die Leitung der Außenstelle des RuSHA und organisierte die Arbeit der Eignungsprüfer und die Ausbildung des Eignungsprüfer-Nachwuchses. Er führte Sonderaufgaben wie rassische Erhebungen über „Splittergruppen" für die Deutsche Volksliste in den eingegliederten Gebieten und im Generalgouvernement aus und war für die Durchführung von Umsiedlungsaktionen zuständig. Schwalm hatte maßgeblichen Anteil an der Entwicklung der Bewertungs- und Beurteilungsschemata, die den Rassenuntersuchungen in den besetzten Gebieten zugrunde gelegt wurden.[463] Im Herbst 1941 wurde er zum Rasse- und Siedlungs-Führer beim HSSPF Ostland ernannt, mußte aber bald wieder vom „RuS-Wesen Riga" abgezogen werden, um als Adjutant im Stab der Waffen-SS beim HSSPF und SS-Obergruppenführer Friedrich Jeckeln bei der Sicherung der Front auszuhelfen. Als „Sonderführer" kam Schwalm bei der „Kampfgruppe Jeckeln" zum Einsatz; unter Jeckelns Kommando wurden während dieser Zeit Massaker an der jüdischen Bevölkerung in Lettland durchgeführt. Nach einem Sturz vom Pferd schied Schwalm aus dem Fronteinsatz wieder aus, wurde aber nachträglich noch 1943 zum Hauptsturmführer der Waffen-SS ernannt und mit der Ostmedaille für die Teilnahme an der „Winterschlacht im Osten" geehrt.[464] Im Oktober 1942 übernahm Schwalm die Dienstgeschäfte eines RuS-Führers beim HSSPF Kaukasien. Nachdem er sich auch „bei diesen neuen Osteinsätzen ganz hervorragend bewährt" hatte, wurde er 1943 zum Obersturmbannführer befördert und zum Stellvertreter Bruno K. Schultz' ernannt, den es zum Fronteinsatz drängte. Vom Frühjahr 1943 bis zum Ende des Krieges war er Stabsführer des RuSHA. Als einer der führenden Funktionäre des RuSHA gehörte Schwalm zu den Angeklagten des Nürnberger RuSHA-Prozesses. 1948 wurde er zu zehn Jahren Haft verurteilt, kam aber bereits 1951 wieder frei. Er baute sich danach eine neue Existenz als Wäschereibesitzer auf.[465]

Die beiden vorangegangenen Biographien sollten nicht zu dem Schluß verleitete, die fachwissenschaftlichen Experten des RuSHA und speziell des Eignungsprüferwesens hätten sich vorzugsweise aus Studienabbrechern rekrutiert, obwohl eine solche Annahme nicht ganz

---

461 Ebd.; zu den Schulungslehrgängen siehe Frey, Hygienische Erziehung im Volksgesundheitsdienst (1940), S. 29.
462 Rassen- und Erbpflege in der Dorfgemeinschaft (1934), S. 145.
463 Hamann, Erwünscht und unerwünscht (1986), S. 144 ff.
464 BDC SS-Officer 1592; siehe auch Heinemann, „Rasse, Siedlung, deutsches Blut", S. 423 f.
465 Heinemann, „Rasse, Siedlung, deutsches Blut" (2003), S. 586.

unplausibel ist, denn wer es in diesem Fach bis zur Promotion brachte, wurde eher in der Hochschullehre benötigt, wo es ja generell an qualifiziertem Nachwuchs mangelte. Wir wollen hier noch ein Beispiel anschließen, das das Gegenteil belegt: **Ludwig Sell**, der als HfL-Professor während des Krieges Eignungsprüfer im RuSHA wurde. Sell veröffentlichte 1936/37 mehrere pädagogische und didaktische Beiträge zur Rassenhygiene. Er wurde 1897 als fünfter Sohn eines Bauern in Elfershausen in der Nähe von Bad Kissingen geboren, besuchte das Humanistische Gymnasium in Amberg und machte dort das Abitur, nachdem er zuvor als Freiwilliger am Ersten Weltkrieg teilgenommen hatte. Danach war er für kurze Zeit beim Freikorps. 1920 legte er die 1., 1922 die 2. Lehramtsprüfung ab, arbeitete danach als Volksschullehrer und studierte nebenher Psychologie und Pädagogik in Würzburg. 1928 promovierte er mit einer psychologisch-pädagogischen Dissertation und arbeitete anschließend als Assistent bei Marbe am Psychologischen Institut der Universität Würzburg. 1934 wurde er stellvertretender Leiter des Instituts für Wirtschaftspsychologie und Pädagogik der Hindenburg-Hochschule für Wirtschafts- und Sozialwissenschaften in Nürnberg.[466] Dort führte er u. a. Untersuchungen zum Spielverhalten von Kindern durch,[467] hielt aber auch Vorlesungen zur Charakter- und Rassenseelenkunde ab. 1937 folgte ein Ruf an die HfL Saarbrücken, wo Sell 1938 zum Professor für Jugend- und Charakterkunde ernannt wurde; nach der Schließung der Hochschule kehrte er 1939/40 noch einmal an die Hindenburg-Hochschule zurück. Während des Krieges wurde er nacheinander an die Lehrer- bzw. Lehrerinnenbildungsanstalten Dortmund und Koblenz, Kettwig und Frankfurt/O. abgeordnet. Nach dem Krieg lebte er als freiberuflicher Dozent, Erziehungsberater und Jugendpsychologe vorwiegend in Schweinfurt. Sell schloß sich erst 1933 der nationalsozialistischen Bewegung an, war aber schon früh deutschnational orientiert; zu Beginn der 20er Jahre war er Mitglied des völkischen Wehrverbands „Reichsflagge". 1933 trat er dem NSLB bei, wurde dort Gausachbearbeiter für rassenpolitische Erziehung und beteiligte sich als Lehrer der Gauführerschule Franken an der rassenkundlichen Fortbildungsarbeit; so hielt er z. B. 1935 einen vererbungswissenschaftlichen Vortrag auf dem Schulungskurs „Rasse und Schule" des NSLB Franken in der Gauschule Henfenfeld.[468] Darüber hinaus war er in Nürnberg Gauhauptstellenleiter im NS-Dozentenbund, seit 1934 war er bei der SA und hielt dort rassen- und bevölkerungspolitische Vorträge, 1935 folgte die Aufnahme in die Partei, 1938 wurde er Mitarbeiter des SD in Saarbrücken, danach in Nürnberg. Inzwischen hatte er auch mit Ehefrau und vier Kindern zusammen die katholische Kirche verlassen und sich den „Gottgläubigen" angeschlossen. Es fällt schwer, in Sells Leben eine größere Kontinuität auszumachen, und er wird nur ausnahmsweise zu einer geregelten Hochschularbeit gekommen sein. 1940–1942 arbeitete er als Wehrmachtspsychologe in Nürnberg, 1941 kamen Tätigkeiten für die Erziehungsberatung der NSV Franken hinzu. Nach Auflösung der Wehrmachtspsychologie meldete er sich im September 1942 als Freiwilliger zur Waffen-SS, mit dem Wunsch, als Eignungsprüfer für das RuSHA zu arbeiten. 1943 unterschrieb er eine Verpflichtungserklärung für den Dienst bei der Waffen-SS bis zum Ende des Krieges. Sell mußte sich aber noch eine Weile mit der Lehrerinnenbildung herumschlagen, der er offenbar zu entfliehen suchte, um sich „höheren Auf-

---

466   Die Hindenburg-Hochschule war aus der 1919 gegründeten Handelshochschule, später Hochschule für Wirtschafts- und Sozialwissenschaften Nürnberg hervorgegangen.

467   Siehe H. Retter, Spielzeug (1979), S. 189 und 199.

468   Blätter für Schulpraxis und Erziehungswissenschaft 6/1935, S. 31.

gaben" widmen zu können. Nachdem er kurzzeitig in Dortmund, Koblenz und Kettwig tätig war, kam er Ende 1942 an die LBA Frankfurt/Oder, wo er etwas länger blieb und die Funktionen eines Kreisamtsleiters des Rassenpolitischen Amtes wahrnahm. Im Sommer 1944 wurde er dann dem Rassenamt des RuSHA zur Dienstleistung zugeteilt, freilich nur als einfacher Oberscharführer. Zunächst wurde er zum „RuS-Führer Donau" abgeordnet, dann aber als Eignungsprüfer zum HSSPF und RuS-Führer Danzig-Westpreußen abkommandiert; dort war er noch im Januar 1945 gemeldet. Nach dem Krieg arbeitete er als Leiter der Erziehungsberatungsstelle in Schweinfurt.[469]

Im Rasse- und Siedlungshauptamt waren überhaupt auffallend viele Akademiker und Professoren in gehobener und leitender Funktion tätig. Als SS-Führer im RuSHA tätig war z. B. **Michael Hesch**, seit 1943 Professor und Direktor des Instituts für Soziologie und Sozialanthropologie an der TH Dresden. Hesch schrieb einige didaktische, pädagogische und allgemeinbildende Texte zur Rassenkunde. Er wurde 1893 in Siebenbürgen geboren, hatte 1917 nach einem naturwissenschaftlichen Studium die Lehramtsprüfung abgelegt, als Probekandidat an der deutschen Knabenbürgerschule in Schäßburg gearbeitet und anschließend das Referendariat an einer Oberrealschule in Budapest absolviert. Danach nahm er ein Anthropologie- und Völkerkunde-Studium in Wien auf. Nach einer Assistentenzeit in Wien arbeitete er dann als Kustos und Leiter der Anthropologischen Abteilung des Museums für Tier- und Völkerkunde in Dresden. Hesch war Schüler und Assistent von Otto Reche, dem er von Wien nach Leipzig gefolgt war und bei dem er sich auch habilitierte. 1940 wurde er Dozent für Erb- und Rassenbiologie in Dresden. 1943 war Hesch für eine Berufung auf einen Lehrstuhl für Anthropologie/Rassenkunde in Straßburg im Gespräch, konnte aber noch im gleichen Jahr die Nachfolge Karl Valentin Müllers antreten, der einen Ruf nach Prag angenommen hatte – bemerkenswert, wie leicht man damals als Erb- und Rassenbiologe auf einen soziologischen Lehrstuhl gelangen konnte, aber Müller hatte ja mit seiner Spezialisierung auf eine rassenbiologisch ausgerichtete Sozialanthropologie schon den Boden bereitet. Viel wird Hesch auf dem Lehrstuhl nicht mehr ausgerichtet haben, denn wenig später war er als Hauptsturmführer der SS und kommissarischer Leiter der Außenstelle Böhmen-Mähren des RuSHA in Prag tätig. In seine Amtszeit fallen u. a. die rassischen Prüfungen von Jungen tschechischer bzw. teilweise tschechischer Volkszugehörigkeit zur evtuellen Aufnahme in eine Nationalpolitische Erziehungsanstalt oder Deutsche Heimschule.[470]

Hesch trat zwar erst 1933 der NSDAP bei, hatte aber schon eine lange Geschichte völkischen und rassenpolitischen Aktivismus hinter sich. In den frühen 20er Jahren beteiligte er sich am Kampf der völkischen Studenten-Burschenschaft „Moldavia" gegen Juden und Klerikale, und 1927 wurde er Mitglied des „Nordischen Rings". Seine rassenkundlichen Arbeiten reichen bis in die Zeit des Ersten Weltkrieges zurück. 1916 führte er bereits rassenkundliche Untersuchungen an russischen Kriegsgefangenen, 1917 an siebenbürgisch-sächsischen Schulkindern durch, wenig später beteiligte er sich an rassenkundlichen Arbeiten der Universität Uppsala in Schweden, es folgten in den 20er Jahren zahlreiche Untersuchungen in Siebenbürgen und Österreich. Als Mitarbeiter Otto Reches in Dresden setzte er diese Arbeiten dann in Deutschland fort: 1933 folgten Untersuchungen über Schülerzwillinge in Sachsen, 1934 erb-

---

469 BDC NSLB-Listen 163; BDC SM B 316 SEE; Hesse, Professoren und Dozenten (1995), S. 692 f.
470 Ueberhorst, Elite für die Diktatur (1969), S. 114 ff.

biologische Erhebungen an sächsischen Strafgefangenen u. a. Gleichzeitig engagierte er sich in der rassenpolitischen Erziehungs- und Schulungsarbeit, arbeitete als „Fachberater für Rasse" in der Kulturpolitischen Abteilung der NSDAP-Kreisleitung und hielt zahlreiche Vorträge und Kurse vor den verschiedensten Einrichtungen wie dem Amt für politische Erziehung der Leipziger Studentenschaft, der NS-Frauenschaft oder der Schutzpolizei Leipzig. Darüber hinaus nahm er seit 1936 einen Lehrauftrag für politische Erziehung am Pädagogischen Institut der Universität Leipzig über „Grundlagen und Wege der nationalsozialistischen Rassen und Bevölkerungspolitik" wahr.[471] Den Schwerpunkt seiner Tätigkeit fand er aber zunehmend als Schulungsleiter bei der SS, der er seit 1934 angehörte. 1936 stieg er zum Standartenschulungsleiter beim RuSHA auf. Als SS-Fachführer Rasse- und Siedlungswesen wurde er 1940 zur EWZ Litzmannstadt abkommandiert und dort mit der wissenschaftlichen Auswertung rassenkundlicher Untersuchungen an den Volksdeutschen aus Wolhynien und Galizien beauftragt. Damit Hesch seinen Lehrverpflichtungen in Dresden nachgehen konnte, wurde die Abteilung Statistik der EWZ vorübergehend nach Berlin verlegt. 1941 war er zu „geheimen Sondereinsätzen" im Protektorat Böhmen und Mähren, im Jahr darauf übernahm er die Leitung der RuS-Dienststelle Königgrätz, gleichzeitig wirkte er als Lehrkraft bei den Eignungsprüferlehrgängen des Rassenamtes mit.[472] 1943 wurde er Leiter der Landesstelle Sudeten des Rasse- und Siedlungsamtes, 1944 nahm er kommissarisch die Aufgaben eines Leiters der RuS-Außenstelle Böhmen-Mähren in Prag wahr. Nach 1945 war Hesch wieder als Professor an der TH und Direktor der Staatlichen Museen für Tierkunde und Anthropologie in Dresden tätig.[473]

Zu den Professoren in führender Position beim RuSHA gehört **Bruno Kurt Schultz**; wegen seiner herausgehobenen Rolle als Chef des Rassenamtes des RuSHA[474] wollen wir seiner Biographie etwas breiteren Raum geben. Schultz verfaßte eine Reihe pädagogischer Schriften, darunter das Buch „Erbkunde, Rassenkunde, Rassenpflege" (1933), das als Lehrerhandbuch empfohlen wurde. Er schrieb rassenbiologische Beiträge für pädagogische Zeitschriften und brachte zusammen mit Jakob Graf Lichtbildervorträge und Wandtafeln zur Rassenkunde heraus, die als didaktisches Material in Schulen und Schulungskursen im Gebrauch waren. Schultz wurde 1901 in Sitzenberg in Österreich geboren; sein Vater war Polizei-Vizepräsident. Er besuchte die Volksschule und das Humanistische Gymnasium in Wien, legte das Abitur mit Auszeichnung ab und studierte anschließend in Wien, Uppsala und Leipzig Völkerkunde, germanische Altertumskunde und Rassenbiologie. 1924 promovierte er in Wien mit einer Dissertation über die „Jenseitsvorstellungen der Germanen". Anschließend arbeitete er zunächst

---

471   BDC SSO 178, Bl. 1467.
472   Unter anderem hielt er 1942 auf einem Eignungsprüferlehrgang des RuSHA für Wehrmachtspsychologen in Prag Vorlesungen über „Die Entstehung der europäischen Rassen", „Rasse und Kultur" und „Rassengeschichte des jüdischen Volkes": BA, NS 2/89.
473   Biographische Materialien: BDC SSO 178; NSLB; BA, R 21/796; BDC Karte REM.
474   Das Rasse- und Siedlungshauptamt gliederte sich in verschiedene Ämter: Neben dem Rassenamt das Siedlungsamt, das Sippen-, Heirats- und Ahnentafelamt, das Schulungsamt sowie das Fürsorge- und Versorgungsamt. Die Gesamtleitung hatte der Chef des RuSHA, dem die Stabsführung zur Seite stand. Das RuSHA hatte zwei Außenstellen in Litzmannstadt und Prag sowie „RuS"-Führerstellen jeweils bei den SS-Oberabschnitten: Heinemann, „Rasse, Siedlung, deutsches Blut" (2003), S. 684ff.

als Volontärassistent an der Mittelstelle für Volks- und Kulturforschung in Leipzig, war für kurze Zeit am naturhistorischen Museum in Wien beschäftigt und belegte dann noch einige Semester Medizin. 1927 war er wissenschaftlicher Hilfsarbeiter am Anthropologischen Institut in Wien, 1928 wurde er Assistent bei Mollison am Anthropologischen Institut der Universität München. 1934 habilitierte er sich in München und war danach Dozent für Rassenkunde und menschliche Erblehre. Bis dahin hatte er sich bereits einen Namen mit Publikationen, Vorlesungen, Volkshochschulkursen, Vorträgen und vor allem auch politischen Aktivitäten und Schulungsarbeiten gemacht. Seine Spezialität waren (rassen-)anthropologische Meßmethoden. Bis 1934 hatte er schon mehrere größere rassenkundliche Untersuchungen in Bayern (zur südbayerischen Bauernbevölkerung) und Hessen durchgeführt. Seit 1931 war er Mitherausgeber und Schriftleiter des Anthropologischen Anzeigers, 1934 organisierte er in der Ausstellung „Volk und Schule" des Münchner Lehrervereins die Abteilung „Rasse – Erbgut – Volk".[475] 1936 habilitierte er sich nach Berlin um und übernahm dort einen Lehr- und Forschungsauftrag an der Reichsakademie für Leibesübungen. 1938 wurde er zum Professor und Direktor des biologischen Instituts der Reichsakademie für Leibesübungen und gleichzeitig zum a. o. Professor für Rassenbiologie (Anthropologie, menschliche Erblehre und Bevölkerungsbiologie) an der Berliner Universität ernannt. Schultz bot sowohl an der Naturwissenschaftlichen als auch an der Medizinischen Fakultät Lehrveranstaltungen an. 1941 sollte er einen Lehrstuhl für Rassenkunde an der Reichsuniversität Posen erhalten, nahm aber statt dessen Ende 1941 einen Ruf als Direktor des Instituts für Rassenbiologie an die Deutsche Karls-Universität nach Prag an, weil er hier gleichzeitig Leitungsfunktionen im Rasse- und Siedlungshauptamt wahrnehmen konnte. Von Schultz erhoffte man sich in Prag „eine erfolgversprechende Mitarbeit an der Lösung des deutsch-tschechischen Problems, soweit es sich um dessen rassenkundliche Seite handelt".[476] Dem Lehrstuhl war die Aufgabe zugedacht, „zuverlässige Grundlagen für weittragende politische Entscheidungen" in Böhmen und Mähren zu erarbeiten. Schultz erhielt eine Option auf mögliche Befreiung von Lehrverpflichtungen, damit er seine Aufgaben als Chef des Rassenamtes des RuSHA weiter wahrnehmen und sich vor allem der Rassenforschung und -politik widmen konnte. Seine Lehrverpflichtung wurde auf lediglich zwei Tage vierzehntägig festgelegt und sollte zudem die wissenschaftliche Ausbildung von Angestellten und Eignungsprüfern der Außenstelle des RuSHA in Prag einschließen. Damit erwies sich der Lehrstuhl eher als eine Dépendance des Rassenamtes: Das RuSHA konnte die Mittel und Einrichtungen der Universität für eigene Forschungs- und Ausbildungszwecke nutzen. Zudem hatte es, wie in einer Aktennotiz aus einem Gespräch zwischen Universitätsleitung und RuSHA zu lesen ist, „einen enormen Wert, wenn der Chef des Rassenamtes gleichzeitig ordentlicher Professor und damit eine in Fachkreisen nicht anzugreifende, unbestrittene Autorität sei".[477]

Schultz war schon früh deutschnational orientiert. 1918, also mit 17 Jahren, war er Mitbegründer der Ortsgruppe „Thule" der „nationalbewußten Jugend" des Deutschen Schulvereins. Als Student war er Vorstandsmitglied des völkischen Blocks der Deutschen Studentenschaft an der Wiener Universität. 1927 hielt er bereits rassenkundliche und -politische Vorträge vor Hochschulgruppen in München. 1929 – in diesem Jahr hatte er auch die deut-

---

475   Volk und Schule. Pädagogische Großveranstaltung des Münchner Lehrervereins (1934).
476   BDC 1572, Schreiben SS-Oberf. Saure an SS-Gruf. Hoffmann vom 17.10.1941.
477   BDC 1572, Aktennotiz Hofmann vom 3.12.1941.

sche Staatsbürgerschaft angenommen – wurde er Schriftleiter der Zeitschrift „Volk und Rasse", und in der Folgezeit machte er mit rassekundlichen Vorträgen von sich reden, zeitweise war er auch Ortsgruppenführer im Nordischen Ring. Inzwischen war man in der Stabsführung des Rasse- und Siedlungsamts auf ihn aufmerksam geworden, und im Januar 1932 schlug seine Stunde, als Darré ihm anbot, als Referent für Rassenkunde in seinem Amt zu arbeiten.[478] Voraussetzung sei nur der Eintritt in die NSDAP und die SS. Er würde seine berufliche Arbeit ungestört fortsetzen können, denn er könne das Referat nach Belieben verwalten und würde auch ein Büro mit einer Schreibkraft erhalten: „Sie würden im übrigen in einem Stabe von Männern, die dem Nordischen Gedanken voll und ganz ergeben sind, mitarbeiten können an der Verwirklichung des Nordischen Gedankens und dies in einer Form, wie sich Gleiches nicht so bald wieder darbieten wird. Denn die SS, ein Verband von 25 000 Männern, fest wie ein Orden zusammengeschlossen und dem heldischen Gedanken nicht nur ergeben sondern in ihm auch erprobt, ist ein Material von Menschen, wie Sie es nirgends sonst so bald wieder zusammenbekommen werden."[479] Die Aussicht, an gehobener Stelle zur neuen Elite hinzuzugehören, ließ Schultz nicht lange zögern. Am 1. Februar war er bereits NSDAP- und SS-Mitglied, im März nahm er seine Arbeit auf. Schultz machte vor allem Schulungsarbeit. Er sprach auf Führerlehrgängen der SS und gab darüber hinaus Kurse an der Reichsführerschule der SA. 1934 trat er aus der Kirche aus und wurde „gottgläubig". Nachdem er sich als Rassereferent bewährt hatte, wurde er im gleichen Jahr zum Leiter der Abteilung Rassenkunde und Rassenforschung im Rasse- und Siedlungsamt ernannt. In einem Bericht listete er die Themen der Kurse auf, die er an der Reichsführerschule gab: Rassenkunde Europas, insbesondere des deutschen Volkes; Die bevölkerungspolitische Lage des deutschen Volkes; Der nordische Gedanke; Die rassenhygienischen Forderungen und ihre Verankerung im nationalsozialistischen Partei-Programm; Biologische Familienkunde; Anleitung zur erbbiologischen Familienforschung und Anlegung einer erbbiologischen Sippschaftstafel.

1935 wurde er mit dem Totenkopfring der SS geehrt. Daneben war Schultz Mitglied der Schrifttumskommission des „Ahnenerbes". Seit 1937 wird er als „Führer beim Stab des RuSHA" geführt. 1940 wird er mit der Begründung „uk." gestellt, man benötige ihn „zur Bewältigung der ihm vom RFSS in seiner Eigenschaft als RKFDV im Rahmen der Besiedlung der neugewonnenen deutschen Ostgebiete übertragenen Aufgaben dringend … als Sachbearbeiter für eine außerordentlich verantwortungsvolle Arbeit, von deren schnellen Erledigung viele der im Osten auftauchenden Probleme abhängt".[480] 1940 wird er zum Obersturmbannführer befördert und 1941 zum Chef des Rassenamtes im RuSHA ernannt. Inzwischen hatte er im Auftrag Himmlers Sonderaufgaben im Elsaß und in Lothringen (als Leiter der Außenstelle West des RuSHA) sowie in den besetzten Gebieten der Südsteiermark und Kärntens wahrgenommen. Im Februar 1941 schlug Schultz vor, das im besetzten Polen eingeführte System der Deutschen Volksliste auch für Lothringen zu übernehmen. Mit Rasseprüfern des RuSHA führte er in den Jahren 1940/41 bereits Rassenmusterungen an größeren

---

478   Zuvor hatte Schultz bereits den SS-Heiratsbefehl mit vorbereitet: Heinemann, „Rasse, Siedlung, deutsches Blut" (2003), S. 56.
479   BDC 1572, Schreiben Darrés vom 16. 1. 1932.
480   BDC F 5115.

Bevölkerungsgruppen in Lothringen und im Elsaß durch, die die „koordinierte Absiedlung"
einiger Tausend „rassisch unerwünschter" Personen zur Folge hatten.[481] Als Leiter der RuS-
Einsatzstelle Südost führte er rassenkundliche Untersuchungen in Bosnien und Dalmatien
(„Überprüfung der Slowenen") durch. Er untersuchte „das Problem des Dinariers in Gebieten, in denen wohl am ehesten die Lösung vorwärts getrieben werden kann".[482] Unter Schultz'
Leitung wurde eine rassenbiologische Erfassung und Klassifizierung der slowenischen Bevölkerung vorgenommen, die die Grundlage für Umsiedlungen und Deportationen der „nicht
erwünschten" Bevölkerungsgruppen bildete.[483] Zu seinen Aufgaben gehörte es daneben, „den
westischen (mediterranen) Menschen wie auch den Dinarier in guten Aufnahmen" festzuhalten. „Das Gleiche soll geschehen mit den namentlich in Kroatien noch sehr häufig vorkommenden Zigeuner-Sippen". Die Aufnahmen waren für einen Bildband des Rassenamtes über
die in Europa vorkommenden Grundrassen gedacht. Aufnahmen von Farbigen und Juden
sollten den Band vervollständigen.[484]

1942 erhielt Schultz den Titel eines SS-Standartenführers im Stab des RuSHA. 1943 drängte
es ihn zum Fronteinsatz; er meldete sich bei der Waffen-SS und schlug vor, daß Obersturmbannführer Schwalm während dieser Zeit seine Aufgaben beim Rassenamt als Stellvertreter
wahrnahm. Für den militärischen Einsatz mußte er erst einen fünfmonatigen „Lehrgang für
germanische Offiziere und Fachführer" an der SS-Junkerschule in Bad Tölz absolvieren.[485]
Ende August 1944 trat er seinen Waffendienst als „Standartenoberjunker an". Im Januar 1945
war er bei der SS-Panzergrenadier-Division Nordland im Einsatz. Nach dem Krieg wurde
Schultz trotz seines Rangs als ehemaliger SS-Standartenführer als Professor zur Wiederver-
wendung für Anthropologie und menschliche Erblehre am Institut Othmar von Verschuers in
Münster geführt.[486]

Als Ideengeber und Graue Eminenz im Hintergrund wirkte **Otto Reche** für das Eignungsprüferwesen des RuSHA. Bruno K. Schultz und Michael Hesch gehörten zu seinen wichtigsten Schülern. Der Leiter des RuSHA, Günther Pancke, beauftragte Reche während des Krieges damit, die volksdeutschen Rücksiedler in den Umsiedlungslagern auf ehemals polnischem
Boden nach rassischen Kriterien zu mustern.[487] Reche, der 1939 schon im 60. Lebensjahr
stand, übte für das RuSHA Berater- und Gutachtertätigkeiten aus und stellte eigene Mitarbeiter zur Verfügung.[488] Seine Korrespondenz mit SS-Ämtern vermittelt den Eindruck, daß

---

481 Heinemann, „Rasse, Siedlung, deutsches Blut" (2003), S. 315 ff.
482 BDC 1572, Personalbeurteilung durch Hoffmann vom 11. 7. 1941 an RFSS.
483 Seidler/Rett, Rassenhygiene (1988), S. 208 ff.
484 Der gesamte Vorgang in BDC 1572.
485 Er bestand die Prüfung, sein Abgangszeugnis fiel allerdings gemischt aus: Ihm wurde Korrekt-
     heit und Pflichtbewußtsein, ein „aufrichtiger und ehrlicher Charakter", außerordentliche geistige
     Beweglichkeit, gesundes und treffsicheres Urteil attestiert, und er überzeuge in freier Rede, neige
     jedoch zu Überheblichkeit und Arroganz „gegenüber den Problemen und dem Denken des ein-
     fachen Mannes", seine Leistungen im Truppen- und Gefechtsdienst seien gerade ausreichend,
     sein Auftreten vor der Truppe sei verkrampft, aber er bemühe sich um soldatische Haltung.
     BDC 1572, Abgangszeugnis vom 19. 8. 1944.
486 Biographische Materialien: BDC 1572; B 293; A 529; BA, R 4901/alt/R21/817, R 21/10025.
487 I. Haar, Historiker im Nationalsozialismus (2000), S. 337.
488 BDC A 520.

er sich mit seinem Rat geradezu aufdrängte, so als hätte er Angst, nicht mehr dabei sein zu können: „Ich würde es niemals verwinden können, wenn ich in dieser gewaltigen Zeit nicht mit allen Kräften an der Zukunft unseres Volkes mitarbeiten könnte und zwar auf dem Gebiet, auf dem ich am meisten schaffen kann! Ich fühle hier, trotz meiner 60, noch große Arbeitsenergien in mir!"[489]

Otto Reche, Jahrgang 1879, war nach dem Ersten Weltkrieg, aus dem er als Kriegsversehrter zurückgekommen war, Dozent an der Universität Hamburg geworden. 1924 hatte er einen Lehrstuhl für Rassen- und Völkerkunde in Wien erhalten, seit 1927 war er Professor und Direktor des Instituts für Rassen- und Völkerkunde der Universität Leipzig. Reche schloß sich schon früh der Völkisch-Sozialen Partei an; bereits 1921 war er dem „Bund völkischer Lehrer Deutschlands" beigetreten. Während der Zeit in Wien war er Mitglied und Ehrenvorsitzender des 1924 gegründeten Wiener Instituts zur Pflege Deutschen Wissens. Seit 1927 war er Schriftleiter, später Mitherausgeber von „Volk und Rasse", 1931 arbeitete er nach einer Anfrage aus dem Braunen Haus in der NSDAP mit und stellte sich als Schulungsredner für Rassefragen zur Verfügung, trat aber der Partei „aus taktischen Gründen" nicht bei. 1933 trat er dem NSLB bei, 1934 wurde er Mitarbeiter des Rassenpolitischen Gauamts Sachsen. Im Auftrag von Walter Gross erstellte er 1939 ein grundlegendes Gutachten über den Wert des erbbiologischen Abstammungsnachweises. 1940 – inzwischen war er in die Partei aufgenommen worden – bemühte er sich vergebens um eine Vordatierung seines Parteieintritts. Er wollte unbedingt eine niedrige Mitgliedsnummer haben und nahm dafür sogar juristischen Beistand in Anspruch, denn er habe schon während seiner Zeit in Wien im Geiste des Nationalsozialismus gedacht und gehandelt, das Wiener „Institut zur Pflege Deutschen Wissens" sei in Wahrheit eine Tarnorganisation der nationalsozialistischen Studenten in Österreich gewesen etc.[490] 1945 wurde Reche aus politischen Gründen aus dem Hochschuldienst entlassen; danach arbeitete er als Sachverständiger für Vaterschaftsgutachten. 1965, ein Jahr vor seinem Tod, wurde er mit dem Österreichischen Ehrenkreuz 1. Klasse für Wissenschaft und Kunst geehrt.

Reche veröffentlichte auch einige pädagogische und allgemeinbildende Schriften zur Rassenkunde und betreute eine Reihe erziehungswissenschaftlich relevanter Dissertationen.[491] Wir wollen an dieser Stelle aber vor allem deswegen etwas näher auf ihn eingehen, weil sich an seinem Beispiel besonders gut ein aggressiver Rassismus illustrieren läßt, der in seiner Sprache unverhüllt zu Tage tritt. „Jeder, der die polnische Landbevölkerung kennt", schrieb er etwa über die Polen, „weiß wie primitiv, roh, vielfach fast schwachsinnig schon der Gesichtsaus-

---

489 Zit. nach K. Geisenhainer, Rassenkunde zwischen Metaphorik und Metatheorie (2000), S. 94.
490 BDC 36.
491 Bei Reche promovierten u. a. Alfred Eydt mit einer Arbeit über den „Körperbau der SS", Heinz Bober mit einer anthropologischen Schulkinderuntersuchung, Werner Brückner mit einer rassenkundlichen Untersuchung über die Leipziger Hitlerjugend und Peter Sachse mit einer rassenkundlichen Untersuchung über die Leipziger SA. Zu Reches Schülern zählt auch der Bremer Lehrer und Bildungssenator SS-Oberführer Richard von Hoff, der 1933 im Bremer Kolonialmuseum eine Abteilung „Stammesgeschichte und Rassen der Menschheit" mit Abbildungsmaterial von L. F. Clauß einrichten ließ (M. Roth, Xenophobie und Rassismus in Museen und Ausstellungen, 1989).

druck dieser Leute ist und wie roh sie im Denken und Handeln sind."[492] In einem Brief vom Oktober 1939 bot er Pancke seine Unterstützung und beratende Mitarbeit als Beirat der Nord- und Ostdeutschen Forschungsgemeinschaft in der Rassenpolitik im besetzten Polen an: „Es handelt sich ja vor allen Dingen um die ungeheuer wichtige Ostjudenfrage und darum, daß wir möglichst viel rein deutschen Volkssiedlungsboden gewinnen ohne durch ‚polnische Läuse' behelligt zu werden, deren Vorhandensein ja auch eine schwere rassische Gefahr bilden würde."[493] Reche hatte zu diesem Zeitpunkt bereits die Theorie eines „ziemlich primitiven ostischen Typus" mit „mongolidem Einschlag", der in Polen vorherrsche, vertreten, eine Theorie, die dann von Gottong und Plügel etwa weiter verfolgt wurde.[494] In einer Reihe rasch aufeinanderfolgender Briefe an Pancke gab Reche praktische Anregungen zur Organisation der rassenwissenschaftlichen Arbeit und Schulung, schlug die Bildung einer „Wissenschaftlichen Kommission für Rassefragen der Ostsiedlung" vor und die Einführung einer Kennkarte mit Fingerabdrücken – „sonst kommen bei Juden und sonstigen Gaunern immer wieder unvermeidbare Fälschungen vor!"[495] In diesem Zusammenhang bot er an, zusammen mit seinen Assistenten die Schulung von SS-Angehörigen für solche Aufgaben zu übernehmen.[496] Am 21. „Julmond" 1939 fragte er in ungeduldiger Erwartungen bei Pancke an: „Sind wir aus den annektierten Landesteilen die Juden schon los? Zunächst ins Protektorat? Können wir die Juden des Altreiches nicht als ‚Gratisbeigabe' auch erstmal dorthin schicken? Meines Erachtens wäre eine recht nette Friedensbedingung, von den Engländern und Franzosen zu verlangen, daß sie alle unsere Juden in Madagaskar als ‚Arbeiter' übernehmen."[497] Nachdem Pancke ihm vorgeschlagen hatte, doch einmal für einige Tage nach Litzmannstadt zu kommen und die dortigen Auffanglager zu besichtigen – dann könne man „an Ort und Stelle besprechen, in welcher Art und Weise ihr Institut zur Mitarbeit eingeschaltet werden könnte" – schickte Reche seinen damaligen Assistenten Hesch hin, der hier wohl seine ersten Kontakte mit dem RuSHA anbahnen konnte. Reche setzte sich bei Pancke und Hofmann, dem Chef des RuSHA in Prag, auch für eine Berufung Heschs an die Karls-Universität ein: „Gerade im Raum des Protektorats hat ein Rasseforscher sehr vielseitige und wichtige Aufgaben (z. B. die rassische Beurteilung und Wertung der örtlichen Schläge des Tschechen oder Fragen des Fortlebens von Germanenresten in einer sprachlich slawisierten Bevölkerung) und für die deutsche Bevölkerung wäre es wichtig, dass ein Mann nach Prag kommt, der imstande ist, mit Hilfe

---

492 Reche, Leitsätze zur bevölkerungspolitischen Sicherung des deutschen Ostens (1939), in: Rössler/Schleiermacher, Generalplan Ost (1993), S. 353.

493 BDC A 520, Brief vom 2. 10. 1939.

494 Reche, Leitsätze zur bevölkerungspolitischen Sicherung des deutschen Ostens (1939); ders., Stärke und Herkunft des Anteiles Nordischer Rasse bei den West-Slawen, in: H. Aubin u. a., Deutsche Ostforschung. Ergebnisse und Aufgaben seit dem 1. Weltkrieg. Leipzig 1942.

495 Vgl. Burleigh, Die Stunde der Experten (1993), S. 247f. Ein Schüler Reches, Erich Karl, für den er in diesem Zusammenhang uk.-Stellung forderte, war für solche Fragen Spezialist; Karl hatte 1934 mit einer erbbiologischen und rassenkundlichen Untersuchung des „Papillarmusters der menschlichen Fingerbeere" promoviert. Wie schon Reches Schüler Schultz und Hesch gelangte auch Karl in eine Führungsposition beim RuSHA, in dem er 1938/39 für kurze Zeit das Rassenamt leitete: BDC A 520 (Reche an Pancke vom 8. 11. 1939); Heinemann, Rasse, Siedlung, deutsches Blut (2003), S. 684.

496 K. Geisenhainer, Rassenkunde zwischen Metaphorik und Metatheorie (2000), S. 94f.

497 BDC A 520.

rasse- und erbkundlicher Gutachten die nicht seltenen Fälle zweifelhafter arischer Abstammung zu klären."[498] Die Stelle bekam dann mit Bruno K. Schultz aber ein anderer Reche-Schüler, der für diese Aufgaben schon qualifizierter war. In weiteren Briefen schlug Reche die Ausweisung aller Polen vor; in einem Brief an den Stellvertreter des Führers Rudolf Heß bot er anläßlich der Schaffung einer „Heldenspende des Deutschen Volkes" an, alle „Helden" rassenkundlich zu vermessen. Sie sollten Erbhofbauern werden und einen kinderreichen bodenständigen Kriegeradel an den Reichsgrenzen bilden.[499]

---

498   Ebd., Brief Reche an Pancke vom 12.12.1940.
499   Ebd., Brief Reche an Stellvertreter Heß vom 15.5.1940.

5. Experten rassenhygienischer Forschung, Fortbildung und Gesundheitserziehung

Mit dem Aufstieg der Rassenhygiene zu einem zentralen Begründungskonzept der Rassenpolitik wuchs den Ärzten eine neue Macht in der Gesellschaft zu. Ärzte entschieden über Klassifizierungs- und Selektionsprozesse, die schwerwiegende Folgen für das Leben der Betroffenen haben konnten, von der Sterilisierung bis zur „Euthanasie". Mediziner lieferten wissenschaftliche, ideologische und argumentative Grundlagen für die nationalsozialistische Rassen- und Gesundheitspolitik. Viele verstanden sich als Gesundheitserzieher und sahen ihre Aufgabe darin, rassenhygienisches Bewußtsein im Volk zu verbreiten. Eine ganze Reihe von Ärzten und Professoren der Medizin verfaßten rassenhygienische Schriften zur Allgemeinen Volksbildung oder speziell für den Unterricht, räsonierten über Fragen der rassenhygienischen Bedeutung von Schule und Erziehung oder bemühten sich um eine Verankerung des rassenhygienischen Unterrichts in der Lehrerbildung. Viele von ihnen waren auch aktiv in der rassenhygienischen Schulung und Lehrerfortbildung tätig. Einige arbeiteten als Funktionäre der Gesundheitsämter und befaßten sich mit Fragen und Aufgaben rassenhygienischer Gesundheitserziehung. Andere leisteten oder initiierten Forschungsarbeiten, die auch von erziehungswissenschaftlicher Bedeutung waren, wie „rassenbiologische" Untersuchungen an sozialen Randgruppen, Jugendlichen und Schulkindern. Oder sie lieferten eigene konzeptionelle Beiträge zur Integration natur- und kulturwissenschaftlicher Forschungsansätze, die in die Diskussion einer rassenhygienisch begründeten Erziehungstheorie einfließen konnten.

5.1 Martin Staemmler – der Popularisator

Ein Vielschreiber der rassenhygienischen Volkserziehung war **Martin Staemmler**, Ordinarius für Pathologie in Breslau. Er veröffentlichte vor allem Beiträge, die Lehrern die pädagogische und bildungspolitische Relevanz der Rassenhygiene vermitteln sollten. Staemmler wurde 1890 in der ehemals preußischen Provinz Posen geboren, machte in Posen das Abitur und studierte anschließend an wechselnden Orten Medizin. Am Ersten Weltkrieg nahm er bereits als Truppenarzt teil. 1919 erhielt er eine Stelle als Assistent am Pathologisch-hygienischen Institut der Stadt Chemnitz. 1921 wurde er Assistent am Pathologischen Institut der Universität Göttingen; hier habilitierte er sich 1922. Nach kurzen Zwischenstationen als Honorar- und Vertretungsprofessor in Leipzig und Greifswald erhielt er 1926 eine außerordentliche Professur in Göttingen und kehrte 1927 als Direktor ans Pathologisch-hygienische Institut in Chemnitz zurück. 1934 wurde er Ordinarius und Direktor des Pathologischen Instituts der Universität Kiel, im Jahr darauf der Universität Breslau. Damit war er offenbar am Ziel seiner Karriere angelangt, denn in Breslau blieb er bis zum Ende des Krieges; später arbeitete er am Krankenhaus Hamm. Im Zweiten Weltkrieg kam er als Oberstabsarzt und beratender Pathologe zum Einsatz. Von 1938 bis 1942 war Staemmler Rektor der Breslauer Universität, trotz Anfeindungen innerhalb der Universität, weil er mit einem „jüdisch versippten" Kollegen befreundet war. Es handelte sich um den Ordinarius und Direktor der Chirurgischen Universitätsklinik Karl Heinrich Bauer, der 1937 eine „Vierteljüdin" geheiratet hatte. Staemmler kannte ihn seit seiner Assistentenzeit in Göttingen. Bauer war der Doktorvater von Walter Gross gewesen und hatte schon in den 20er Jahren in Göttingen Vorlesungen zur Rassenhygiene veranstaltet. Dies mag dazu beigetragen haben, daß Staemmler sich seiner Sache ziemlich sicher war und seine schützende Hand über Bauer hielt. Das REM sah denn auch ausnahmsweise von einer Amtsenthebung ab, doch wurde Bauer „absolute Zurückhaltung" auferlegt, er durfte z. B. keine Reden in der Öffentlichkeit halten.[500] Von einer gewissen Paradoxie ist die Geschichte auch deshalb, weil Staemmler selber sich in seinen Schriften als radikaler Antisemit zu erkennen gab, sich stets für eine klare Trennung zwischen Deutschen und Juden ausgesprochen hatte und es als eine Hauptaufgabe des Staates ansah, das „Fremdrassige" fernzuhalten und Vermischungen jeder Art zu verhindern. Auch die „Resorptionsthese" lehnte er ab, man könne jüdische Blutsanteile nicht „aufsaugen" – ein Mops mit Windhundbeinen oder ein Windhund mit Bulldoggenkopf, illustrierte er in einem pädagogischen Beitrag, gäben schließlich doch auch kein schönes Bild ab.[501]

Staemmler war 1931 der NSDAP beigetreten und trat als Parteiredner auf, im gleichen Jahr gehörte er zu den Mitbegründern des NS-Ärztebundes. Darüber hinaus arbeitete er im NS-Dozentenbund und als Referent in der Reichsleitung des RPA mit, wo er für das Gebiet „positive Bevölkerungspolitik", insbesondere Familienlastenausgleich zuständig war. Er beteiligte sich auch an der Diskussion über die Neugestaltung des Staatlichen Gesundheitswesens und legte 1933 einen „Organisationsplan über die Rassenpflege im Reich" vor.[502] 1935 wurde er Leiter des Rassenpolitischen Gauamtes in Breslau, im folgenden Jahr holte er Fritz Arlt aus Leipzig als seinen Stellvertreter ins Amt. Staemmler, der ja eigentlich nicht „vom Fach" war, hatte sich seit 1930 mit Fragen der Rassenhygiene und -pflege beschäftigt und in der Folgezeit eine ausgedehnte popularisierende Publikationstätigkeit auf diesem Gebiet entfaltet. 1933 verfaßte er ein kleines Buch mit dem Titel „Rassenpflege und Schule", das zu den erfolgreichsten und am weitesten verbreiteten Schriften dieser Art überhaupt gehörte – 1937 war bereits die 43. Auflage erschienen. Einen großen Erfolg hatte auch sein Buch „Rassenpflege im völkischen Staat", von dem bis zum Beginn des Krieges 76000 Exemplare verkauft waren. „Rassenpflege und Schule" brachte eine gut lesbare Synthese der verschiedenen schon bekannten Aspekte, Behauptungen und Forderungen der rassenhygienischen Bewegung. Staemmler definierte darin die Volksgemeinschaft als eine Rassen- und Blutsgemeinschaft, die Erbmasse als eine dynamische Größe, die unterschiedliche Reaktions- und Anpassungsmöglichkeiten in einem rassisch festgelegten Rahmen zulasse, so daß es auch einen gewissen Spielraum für die Erziehung gebe. Aufgabe der Schule sei es, für die Aussonderung der Minderwertigen und die Förderung der Begabten zu sorgen, einen rassenkundlichen Unterricht einzuführen usw. Vor allem aber hob er hervor, daß eine staatliche Politik der Rassenhygiene letztlich nur gelingen könne, wenn sie auf Verständnis beim Volk treffe. Darauf hinzuwirken sei die eigentliche Erziehungsaufgabe der Schule. Deshalb erklärte er die Erziehung zum Rassenstolz, die Rückgewinnung und Schärfung des Rassengewissens zur vordringlichen Aufgabe, mit der Ausrichtung auf das „nordische Zuchtziel". Der Niedergang der Rasse, letztlich

---

500   Heiber, Universität unterm Hakenkreuz, Bd. II.2, S. 348 ff.
501   Reiner Tisch zwischen deutsch und jüdisch (1935), S. 350.
502   Czarnowski, Das kontrollierte Paar (1991), S. 139.

des Abendlandes drohe vom Eindringen „Fremdrassiger" und von der überproportionalen Vermehrung der Minderwertigen, vor allem „Schwachsinniger und Asozialer" bei gleichzeitigem Geburtenrückgang der besseren Teile des Volkes. Für den Geburtenrückgang machte Staemmler das Vordringen einer „individualistischen Weltanschauung" verantwortlich, das wiederum von den Juden betrieben würde – den Juden gab er die Hauptschuld am „Gebärstreik" der Frauen.[503] An anderer Stelle forderte er eine Ausdehnung der rassenhygienischen Gesetzgebung von den „Erbkranken" auf die „Erbbelasteten", d. h. „Asozialen". Asozial sei „jeder, der sich nach seiner gesamten Verhaltungsweise nicht in die Volksgemeinschaft einfügt, der sich im Leben nicht bewährt oder nicht willens ist, den ihm zukommenden Platz in der Gemeinschaft auszufüllen".[504]

5.2 Experten rassenbiologisch-rassenhygienischer Forschung

Erziehungswissenschaftler und Pädagogen, die sich der Rassenhygiene verschrieben hatten, suchten den Anschluß an die Naturwissenschaften. Umgekehrt gab es Medizinwissenschaftler und Rassenbiologen, die den Brückenschlag zu den Kulturwissenschaften suchten. Zu ihnen gehörten Scheidt und Keiter. Bei **Walter Scheidt** verband sich dies zugleich mit prononcierten bildungs- und schulpolitischen Ambitionen. Scheidt entwarf eine Kulturbiologie, mit dem Anspruch, auch institutionell auf die universitäre Lehrerbildung Einfluß zu nehmen. Die Rassenbiologie verstand er als eine übergreifende Wissenschaft vom Leben, die auch die psychologischen und kulturellen Phänomene auf eine naturwissenschaftliche Grundlage stellen würde. Er setzte sich für eine Studien- und Schulreform nach rassenbiologischen Grundsätzen ein: „Da ein Volk aus lauter biologischen Analphabeten auf die Dauer nicht erhaltungsfähig ist, weil es für Politik im Sinne der überindividuellen Lebenserhaltung und Lebenssteigerung kein Verständnis haben kann, ist solider Biologieunterricht als Grundlage aller politischer Wissenschaften unerläßlich, angewandte Biologie in Geschichte, Landes- und Volkskunde, Rechts- und Staatslehre notwendig."

Rassenhygiene setzte Scheidt mit Kulturpolitik gleich, und für die Schule forderte er eine kulturelle Revolution, nämlich die rassenbiologische Durchdringung des gesamten Unterrichts. Man dürfe nicht in den Fehler verfallen, Rassenkunde als separates Fach zu etablieren, weil dies die alte Spaltung von Natur- und Geisteswissenschaften nur perpetuieren würde: „Rassenbiologie ist entweder überall im Unterricht – oder ist überhaupt nicht. Die Rassenbiologische Lehraufgabe besteht also in einer Durchdringung des gesamten Unterrichtes mit rassenbiologischem Denken. Diese Aufgabe kann nicht von einem ‚Lehrer für Rassenkunde', sie kann nur von allen Lehrern erfüllt werden."[505] Zusammen mit Ernst Dobers gab Scheidt auch selbst Hefte für den rassenbiologischen Unterricht heraus.[506]

Scheidt wurde 1895 als Sohn eines Zahnarztes im Allgäu geboren; er besuchte das humanistische Gymnasium im Kempten und nahm als Kriegsfreiwilliger am Ersten Weltkrieg teil. Nach

---

503 Deutschlands Bevölkerungslage (1934), S. 110.
504 Das Problem der erbkranken und der asozialen Familie (1938). – Biographische Daten: BDC Diverses; BDC L 345; A 533.
505 Politik und Biologie (1933).
506 Lebendiges Wissen. 9 Hefte zur Unterstützung des rassenbiologischen Unterrichts (1933/34).

dem Krieg studierte er Naturwissenschaften und Medizin in München, promovierte dort 1920, arbeitete einige Jahre als Assistent am Anthropologischen Institut und habilitierte sich 1923 für das Gebiet Rassenkunde. Wenig später, 1924, wurde er zum Leiter der Rassenkund- lichen Abteilung des Hamburger Völkerkundemuseums berufen. 1926 war Scheidt Mitbe- gründer und erster Schriftleiter der Zeitschrift „Volk und Rasse", legte die Schriftleitung aber nach einem Streit mit dem Verleger Lehmann im folgenden Jahr schon wieder nieder. Scheidt war übrigens zusammen mit Hans F. K. Günther auch Beiratsmitglied des von Lehmann gegründeten „Werkbundes für deutsche Volkstums- und Rassenforschung".[507] 1928 erhielt er den Titel eines ao. Professors, 1933 wurde die Anthropologische Abteilung des Völkerkunde- museums zum „Rassenbiologischen Institut" der Hamburger Universität verselbständigt. Scheidt wurde zum Direktor und Professor für Rassen- und Kulturbiologie ernannt, eine „kostenneutrale" Maßnahme übrigens, die durch Umwidmung des freigewordenen Lehrstuhls des renommierten Philosophen Ernst Cassirer zustande kam, der 1933 in die Emigration gezwungen wurde. Er blieb in diesem Amt auch über den Krieg hinaus, nur die Nomenklatur wurde geändert – statt „Rassenbiologie" hieß es jetzt wieder „Anthropologie". Scheidt war in mehrerer Hinsicht eine Ausnahmeerscheinung unter den deutschen Rassenhygienikern und -biologen. So war er einer der wenigen Rassenbiologen, die ohne Parteibuch Karriere mach- ten, er wahrte Distanz zur Politik und bestand auf seiner Unabhängigkeit als Wissenschaftler. Seine Schriften waren auch frei vom sonst üblichen kruden Antisemitismus. Sein Konzept einer „Kulturbiologie" war ein eigenwilliger Versuch, mit dem er sich weit vom ‚mainstream' der Rassenhygiene entfernte. Hünemörder beschreibt ihn als „Sonderling ..., den man im Stil- len wirken ließ, ohne ihm den wohl anfangs erstrebten Einfluß einzuräumen".[508] Scheidt ent- zog sich einfachen Zuordnungen, und es scheint auch, als sei er zunehmend auf Distanz zum Nationalsozialismus gegangen. 1936 schrieb der Rektor der Hamburger Universität, Scheidt sei zwar nicht Parteigenosse: „er bejaht aber unbedingt den Nationalsozialismus als ein For- scher, der seit mehr als 10 Jahren für den Rassegedanken eingetreten ist". Die Gauleitung der NSDAP äußerte sich zwei Jahre später erheblich kritischer über ihn: Er hänge zwar die Hakenkreuzfahne heraus, lehne aber den Beitritt seiner Kinder zur HJ ab, beteilige sich nicht an Gemeinschaftsfeiern der Partei, sein Leben, so wird etwas ratlos konstatiert, stimme nicht mit seiner Lehre überein. 1941 wird er als politisch unzuverlässig bezeichnet, die Kinder sind immer noch nicht in der HJ, schlimmer noch: Scheidt soll zu jenen Personen gehören, „die den Führer in ihren Reden ironisch behandeln".[509] Vielleicht war diese distanziert-ironische Haltung auch Ausdruck einer gewissen Überheblichkeit, die mit Scheidts weitreichenden theoretischen Ansprüchen zu tun hat, und gleichzeitig einer Enttäuschung darüber, daß er mit seinen Ambitionen an der Hamburger Universität nicht so zum Zuge gekommen war, wie er es sich gewünscht hatte.

1935 bemühte sich Scheidt darum, den seit der Entlassung von William Stern vakanten Lehr- stuhl für Psychologie in Hamburg mit zu verwalten. Vorangegangen waren Initiativen Scheidts und Julius Gebhards, eines Mitarbeiters von Wilhelm Flitner, Rassenbiologie als selbständiges Wahlprüfungsfach für Lehramtsstudenten zu institutionalisieren; Scheidt arbei- tete 1934 ein entsprechendes Konzept aus, das den Nachweis des Besuchs von zwei rassenbio-

---

507   Hünemörder, Biologie und Rassenbiologie in Hamburg (1991), S. 1171.
508   Ebd., S. 1174; ähnlich H. Fischer, Völkerkunde im Nationalsozialismus (1990).
509   BDC RKK 2100/405/8.

logischen Seminaren bei der Meldung zur Prüfung vorsah.[510] Im gleichen Jahr war Scheidt bereits mit einem Vorstoß in die Juristen-Ausbildung erfolgreich gewesen; erb- und rassenbiologische Vorlesungen gehörten seitdem zum juristischen Studienprogramm und mußten an Scheidts Institut besucht werden. Daneben beteiligte sich Scheidt auch an Fortbildungsveranstaltungen für Hamburger Richter, und 1937 wurde er zum Mitglied des Reichsjustizprüfungsamtes bestellt.[511] Seine Ambitionen auf das Psychologische Institut fanden zuerst auch die Unterstützung des Rektorats und des Dekanats der Philosophischen Fakultät: „Zunächst möchte die Fakultät Herrn Scheidt rückhaltlos die Möglichkeit geben, mit allen Arbeitsmitteln, auch des Psychologischen Instituts, zu erweisen, wie weit sein Bemühen um ein Vorstoßen vom biologischen in die Bereiche der Kultur führen kann."[512] Die Zunft – einschließlich Deuchlers, der selber auf den Lehrstuhl spekulierte, den er seit der Entlassung Sterns mit vertrat – war sofort alarmiert. Felix Krueger, der als führendes Mitglied der Deutschen Gesellschaft für Psychologie um Stellungnahme gebeten wurde, räumte zwar als „dringendes Bedürfnis" ein, „daß die Seelenforschung enger als bisher mit der naturwissenschaftlichen Biologie zusammenarbeite", besonders mit der Erbbiologie und Rassenkunde; Scheidts Arbeiten hätten aber mit Psychologie wenig zu tun, sondern gehörten in die Physik. Nicht anders fielen die Gutachten von Jaensch und Deuchler selber aus. Von „blühendem Unsinn" war die Rede und „Beschämung darüber, dass wir in unserem Fache so weit gekommen sind, über krasse und blutige Dilettanten in unserem Gebiet ein sogenanntes wissenschaftliches Gutachten abgeben zu müssen und uns zu der Frage zu äußern, ob sie für eine Professur in unserem Fach in Frage kommen".[513] Scheidt verfaßte noch eine „Denkschrift über Lage und Aufgabe der Psychologie": „Die Psychologie verlangt in Zukunft eine rassenbiologische Ausrichtung. Denn eine wissenschaftliche Lehre von den seelischen Lebensäußerungen muß so beschaffen sein, daß sie die Erforschung der zugrundeliegenden Erbanlagen möglich macht."[514] Sein Vorstoß scheiterte aber am massiven Widerstand der Zunft, die die „Einziehung" der Psychologie befürchtete.[515] Auf der anderen Seite brachte Scheidt den Versuch des Psychologischen Instituts zu Fall, eine eigene rassenpsychologische Forschungsabteilung aufzubauen. Die Institutionalisierung der Rassenpsychologie scheint also in Hamburg an einer wechselseitigen Blockierung gescheitert zu sein. Später geriet Scheidt in der Philosophischen Fakultät – vermutlich sowohl aus persönlichen Gründen als auch wegen seines radikalen naturwissenschaftlichen Selbstverständnisses – zunehmend in die Isolation und bemühte sich um eine Verlagerung seines Instituts zu den Naturwissenschaften. Eine Institutionalisierung in der medizinischen Fakultät, die vom Fachgebiet her eigentlich nahegelegen hätte, stieß dort auf Ablehnung, weil Scheidt selbst kein Mediziner war. 1941 wurde er schließlich in die Mathematisch-Naturwissenschaftliche Fakultät versetzt, freilich mit der

---

510   Saul, Lehrerbildung in Demokratie und Diktatur (1991), S. 378 f. – Scheidts Einfluß auf die rassenkundliche Lehrerbildung in Hamburg wird an der Hamburger Prüfungsordnung deutlich; sie sah als Themengebiete „Allgemeine, Besondere und Angewandte Rassenbiologie" (Rassenhygiene) sowie Kulturbiologie vor: R. Lehberger, Die Ausbildung Hamburger Volksschullehrer (1986), S. 144.

511   Paech/Krampe, Die Rechts- und Staatswissenschaftliche Fakultät (1991), S. 877; BDC A 93.

512   Gutachten über Scheidt: BA, REM R 21/10217, Bl. 96f.

513   BA, R 21/10217, Bl. 116f.

514   BDC A 93, Bl. 107–110.

515   BDC A 93, Scheidt (Schreiben Krügers an Mattiat vom 30.8.1935).

Verfügung, daß Lehrstuhl und Institut bei seinem Ausscheiden an die Medizinische Fakultät fallen sollten.[516]

Während Scheidt einer der weniger Rassenbiologen war, die nicht der NSDAP angehörten, waren seine beiden Assistenten Keiter und Gottschick engagierte Parteigenossen. **Johann Gottschick** war sogar bereits 1930, mit 21 Jahren, beigetreten und hatte schon vor 1933 an Aufmärschen der SA teilgenommen. Er wurde 1908 in Siebenbürgen als Sohn eines Landwirts geboren, hatte am deutschen Gymnasium in Bistritz das Abitur abgelegt, anschließend in Wien und Hamburg Medizin studiert und 1935 das Studium mit der Promotion zum Dr. med. an der Hamburger Universität abgeschlossen. Im gleichen Jahr wurde er Assistent am Rassenbiologischen Institut. Er arbeitete bei Scheidt an erb- und familienbiologischen Untersuchungen über Hilfsschüler. In einer 1935 erschienen Publikation behauptete er, die Hilfsschüler würden den Kulturfortschritt hemmen und man müsse bei „fast allen" von einer erblich bedingten Minderbegabung ausgehen. Selbst wenn es sich um „erscheinungsbildlich Gesunde" handle, sei der Ausschluß von der Fortpflanzung angezeigt; denn Hilfsschüler hätten „rassenhygienisch betrachtet ein mindestens so unerwünschtes Erbgefüge … wie die Idioten, obwohl sie, oder besser: gerade weil sie sich mit einiger Unterstützung durch besondere Kultureinrichtungen an gewisse kulturelle Verhältnisse eben anpassen können, dadurch aber Gelegenheit gewinnen, ihre Erbanlagen mehr in der Bevölkerung zu verbreiten als Normalbegabte." Lasse man den Dingen ihren Lauf, dann werde der Anteil der „Schwachbegabten" bis „Schwachsinnigen" im deutschen Volk im Jahr 2000 auf 57% angewachsen sein – Gottschick stützte sich bei dieser Berechnung auf Studien von Scheidt.[517]

Ein weiterer Mitarbeiter Scheidts war **Hans Kirchhoff**, 1914 in Hamburg geboren und von Beruf Volksschullehrer. Er führte am Rassenbiologischen Institut unter Scheidt eine rassenpsychologische Untersuchung in Thüringen durch. Bei der „Materialaufnahme" wurde er, wie er schreibt, von einem Lehrer aus Jena unterstützt. Kirchhoff trat 1937 der NSDAP bei und arbeitete eine Weile am Schulungshaus Sonthofen.[518] 1945 promovierte er mit einer psychologischen Arbeit und qualifizierte sich als Schulpsychologe.

Wie Scheidt selbst versuchte auch sein wichtigster Assistent **Friedrich Keiter** den Bogen von der Erb- und Rassenbiologie zur Kulturwissenschaft und Psychologie zu schlagen. Als Ziel der Rassenpsychologie postulierte Keiter eine „völkische Selbsterkenntnis", die sich, frei nach Günther, in der Anerkennung des „nordischen Wert- und Idealtypus" als völkisches Bildungsvorbild vollziehen müsse: „Dieses nordische Charakterbild ist dazu da, daß wir uns danach richten und daß es uns richte."[519] Keiter meinte, an der Augenfarbe den rassisch bedingten

---

516 Hünemörder, Biologie und Rassenbiologie in Hamburg (1991), S. 1181 ff.

517 Gottschick, Die rassehygienische Bedeutung der Hilfsschüler (1935), S. 11 und 25 ff. Zur Biographie siehe den Lebenslauf in seiner Dissertation „Das Carcinom als Ursache symptomatischer Psychosen", Hamburg 1935; BDC PK 3657; BDC SA 02191170236.

518 Auf der Ordensburg Sonthofen war die 1937 errichtete Erzieher-Akademie der Adolf-Hitler-Schulen untergebracht; hier sollten künftige Lehrkräfte eine viersemestrige weltanschaulich ausgerichtete Ausbildung erhalten, mit anschließendem Universitätsstudium. An der Akademie unterrichteten einige unserer Autoren, so der Erziehungswissenschaftler Wilhelm Hehlmann und der Historiker Otfried von Vacano, der in den letzten Kriegsjahren die kommissarische Leitung der Akademie innehatte.

519 Rassenpsychologie (1941), S. 69. – Es überrascht ein wenig, daß Keiter nach dem Krieg behaup-

Charakter ablesen zu können, und behauptete, daß auch die Eigenschaften der deutschen Stämme rassischer Natur seien. Aus der Rassenpsychologie leitete er den Führungsanspruch des deutschen Volkes in Europa ab: „Die Aufgaben der Zeit sind solche, daß sie das Volk der Sachlichkeit und der groß geplanten und geschauten Synthesen allein bewältigen kann."[520] Keiter war Österreicher, 1906 in Wien geboren. Nach der naturwissenschaftlichen Promotion war er 1929 Assistent am Anthropologischen Institut der Universität Kiel geworden; 1933 promovierte er noch zum Dr. med., und im gleichen Jahr habilitierte er sich in Graz. 1934 holte ihn Scheidt als Assistent ans Rassenbiologische Institut nach Hamburg, 1939 wechselte er als Assistent und Dozent ans Rassenbiologische Institut der Universität Würzburg und übernahm dort nach dem Tode Schmidt-Kehls für die Jahre 1941/42 als außerplanmäßiger Professor die kommissarische Leitung des Instituts. Eine Berufung kam dann aber nicht zustande, nicht zuletzt, weil sich Scheidt, der um ein Gutachten gebeten worden war, ablehnend geäußert hatte. Scheidt kritisierte an Keiter eine Orientierung an „äußerem Erfolg" und einen „ungewöhnlich starken Erwerbstrieb". Damit meinte er die Erstellung einträglicher Erbgutachten (vor allem zur Vaterschaftsbestimmung), deren wissenschaftlichen Wert er selber skeptisch beurteilte.[521] Anders als Scheidt gelang es Keiter nach dem Krieg nicht, seine Universitätskarriere fortzusetzen; nach 1945 betrieb er eine Gutachterpraxis für Vaterschaftsdiagnostik. Erst 1958 erhielt er lediglich eine außerplanmäßige Professur für Anthropologie und Erbbiologie in Würzburg. Dazu mag nicht nur seine umstrittene wissenschaftliche Qualifikation beigetragen haben, sondern auch sein eindeutiges Eintreten für den Nationalsozialismus. Er war seit 1934 Mitglied im NSLB und betätigte sich als Begutachter für das pädagogische Schrifttum; 1940 wurde er in die NSDAP aufgenommen.[522] Als Persönlichkeit war Keiter nicht frei von opportunistischem Verhalten. Darauf deuten nicht nur Äußerungen in dem Gutachten von Scheidt hin, sondern auch seine Rechtfertigungsversuche aus der Nachkriegszeit, wenn er z. B. schreibt, er sei 1939 in Hamburg aus politischen Gründen entlassen worden; sein Wechsel nach Würzburg wird aber eher mit Meinungsverschiedenheiten mit Scheidt und der Aussicht auf bessere Karrierebedingungen in Würzburg zu tun gehabt haben.

In welchem Maß Vertreter der naturwissenschaftlich-medizinischen Rassenhygiene sich auch die eher weltanschaulich ausgerichteten Theorien, wie sie Günther und Clauss verbreiteten, zu eigen machten, läßt sich nach Keiter auch am Beispiel von **Friedrich Eberhard Haag** illustrieren. Haag, 1896 in Rottweil geboren, promovierte 1925 in Würzburg zum Dr. med. und bekleidete dort bis 1927 die Stelle eines Assistenten am Hygiene-Institut der Universität; 1927 habilitierte er sich mit einer Arbeit über Milzbrand. Von 1927 bis 1930 arbeitete er als Schularzt in Stuttgart; aus dieser Zeit wird sein Interesse an Fragen der Gesundheitserziehung rühren. 1930 erhielt er eine Stelle als Assistenzarzt am Hygiene-Institut in Düsseldorf, wo er 1934 zum außerordentlichen Professor für Erbgesundheits- und Rassenpflege ernannt wurde. Während dieser Zeit war er zugleich Ortsgruppenleiter der Deutschen Gesellschaft für Rassenhygiene und Leiter der Erbbiologischen Abteilung der Ehe- und Rassenberatungsstelle Düsseldorf. 1940 trat er die Nachfolge von Philalethes Kuhn als Direktor des Hygienischen

---

tete, er habe damals „als Fachmann" schon gewußt, daß es Rassentypen im Sinne Günthers gar nicht gebe: Weingart/Kroll/Bayertz, Rasse, Blut und Gene (1988), S. 538.
520 Ebd., S. 75.
521 Hünemörder, Biologie und Rassenbiologie in Hamburg (1991), S. 1180.
522 BDC PK 05906.

Instituts in Gießen an. Haag trat zwar erst am 1. Mai 1933 der NSDAP bei, hatte sich aber schon ein Jahr zuvor Rosenbergs Kampfbund für deutsche Kultur angeschlossen und war schon früher Freikorpsmitglied gewesen. Im November 1933 trat er der SA bei, während des Krieges wurde er Führer des Nationalsozialistischen Dozentenbunds in Gießen. Bereits in seiner Antrittsvorlesung, die 1931 veröffentlicht wurde, gab er sich als völkisch orientierten Rassenhygieniker zu erkennen; er vertrat das Ideal der aus den Erfahrungen des Ersten Weltkrieges geborenen Volksgemeinschaft und eines ständisch gegliederten autoritären Staates und bezog sich u. a. auf Darré und auf sozialaristokratisches Gedankengut.[523] Ein Essay von 1934 zeigt, daß er inzwischen die Ideen von L. F. Clauss aufgenommen hatte. So übernahm er Clauss' Theorem von den Grenzen des „fremdrassenseelischen Verstehens". Ein Zitat mag beleuchten, zu welchen selbstreflexiven geistigen Höhenflügen ein deutscher Hygiene-Professor in dieser Zeit fähig war: „Als Franke bin ich nordisch-dinarischer Mischling, aus alemannischem Blut stammt ein starker nordischer Anteil, aus schwäbischem Blut ein deutlicher ostischer Anteil; es ist mir möglich, die drei Rassen (nordisch, dinarisch und ostisch) zu verstehen. Da in meinem Erbbild westische und ostbaltische Einschläge fehlen, bin ich diesen Rassen gegenüber befangen, sie sind mir fremd." Haag stellte diese Überlegungen in den Kontext einer Diskussion des geisteswissenschaftlichen Verstehenskonzeptes und deutete Diltheys Differenzierung in Naturalismus, Idealismus der Freiheit und objektiven Idealismus rassenanthropologisch in ostische, nordische und fälische Weltbilder um. Daran schloß er dann ganz im Stile Günthers eine Staatslehre an, derzufolge die Demokratie mit dem nordischen Geist unvereinbar sei und zur Degeneration führe: „So sehen wir in der Demokratie die Gegenauslese: der geistig starke Mensch mit seinem heldischen Freiheitsdrang und seiner freudigen Verantwortung wird aufgerieben, Rassen ohne große geistige Spannung, vor allem Menschen vom Gegentypus kommen auf, bringen die Geschäfte des Staates in ihre Hand und richten die politischen Aufgaben in ihrem Sinne aus. Jüdisches Volk, ostische, ostbaltische und westische Rassenanteile wachsen auf Kosten der nordischen, fälischen und dinarischen Teile, die an Boden verlieren und deren Kinderzahl aus Mangel an Raum abnimmt." Mit Raummangel war gemeint, daß Norder, Fäler und Dinarer die Weite („einzelstehende Heimstätten") brauchen: „Nur der ostische und ostbaltische Mensch können in der Enge der Großstadtwohnung leben und für Nachwuchs sorgen."[524]

Auf dem anderen Pol des rassenhygienischen Denkens finden wir mit **Günther Just** einen Vertreter der erbbiologischer Forschung, der um Sachlichkeit und wissenschaftliche Objektivität bemüht war. Er wurde 1942 statt Keiter Nachfolger Schmidt-Kehls in Würzburg. Als Wissenschaftler hatte Just einen weit besseren Ruf als Keiter, obwohl er eher Erb- als Rassenbiologe war, zur Rassenanthropologie auf Distanz blieb und seine Schriften von antisemitischen und rassistischen Äußerungen weitgehend frei blieben.[525] Ein Schwerpunkt der Arbeiten von Just lag auf einem Gebiet, das man am besten als „erbbiologische Bildungsforschung" bezeichnen könnte, speziell waren dies eugenische und erbbiologische Untersuchungen über Schulleistung, Begabung und Persönlichkeitsentwicklung, die zum Teil in der Tradition der Arbei-

---

523 Zielke, Sozial- und Rassenhygiene (1997).
524 Haag, Die Pflege der geistigen Gesundheit rassisch betrachtet (1934).
525 Just hielt allerdings auch Vorträge zu Themen wie „Rassische Aufartung des deutschen Volkes", siehe den Arbeitsplan der Deutschen Schule für Volksbildung Mannheim, Winterhalbjahr 1933/34.

ten von Fritz Lenz standen.[526] Justs Beiträge zu einer rassenhygienischen Bildungsforschung hoben sich aber deutlich von der Schule Fritz Lenz' ab, da Just z. B. in der Diskussion schulischer Leistungsbewertungen auch sozialisationstheoretische Aspekte berücksichtigte. Er plädierte für eine klarere Differenzierung zwischen „Milieugeschädigten" und „konstitutionell-erbmäßig Geschädigten" – seine Forschungsarbeiten sollten zu dieser Klärung beitragen. Er sprach sich auf der anderen Seite aber auch für eine durchgreifende Sterilisierung erbgeschädigter Verwahrloster, Krimineller und „Schwachsinniger" aus und formulierte als allgemeines Ziel eugenischer Politik die „Ausschaltung leistungsungeeigneter Erblinien". Von sozialen Stereotypisierungen war auch Just nicht frei, wenn er z. B. als Beleg für die Problematik der stärkeren Fortpflanzung von Familien von Hilfsschülern Daten aus Elternbeiratswahlen heranzog, nach denen die Mehrheit der Hilfsschuleltern die Liste der KPD wählte.[527]

Just wurde 1892 in Cottbus geboren. Er studierte Naturwissenschaften, promovierte nach der Rückkehr aus dem Ersten Weltkrieg 1919 in Berlin, arbeitete für zwei Jahre als Assistent für Biologie am KWI in Berlin und habilitierte sich 1923 in Greifswald. 1925 erhielt er eine Anstellung als Assistent am Zoologischen Institut der Universität Greifswald, 1928 wurde er zum außerordentlichen Professor für Biologie und Vererbungslehre, 1929 zum Leiter der Abteilung Vererbungswissenschaft, 1933 schließlich zum Direktor des Instituts für menschliche Erblehre und Eugenik in Greifswald ernannt. Als das Gesetz zur Verhütung erbkranken Nachwuchses 1933 verkündet wurde, notierte Just: „Die Empfindungen, die uns in diesem Augenblick beherrschen, sind Freude, Dank und Stolz."[528] Vielleicht ist er auch deshalb, weil der neue Staat mit den Forderungen der Rassenhygiene ernst machte, im gleichen Jahr der NSDAP, dem NS-Dozentenbund und dem NSLB beigetreten. 1934/35 arbeitete er als Ortsgruppenschulungsleiter für die Partei, darüber hinaus war er Mitarbeiter des RPA und förderndes Mitglied der SS.[529] Seine politische Biographie war also makellos, und da seine wissenschaftlichen Arbeiten seriös und solide schienen, wurde er 1937 zum Leiter des Erbwissenschaftlichen Forschungsinstituts des Reichsgesundheitsamtes in Berlin berufen und zum Oberregierungsrat ernannt. Bis 1942 leitete er die Untergruppe „L4"[530] in der Erbmedizinischen Abteilung des Reichsgesundheitsamtes und betrieb hier zukunftsweisende Grundlagenforschung: „In einer engen gemeinschaftlichen Arbeit von erbwissenschaftlich geschulten Ärzten und erbexperimentell geschulten Biologen will das Institut mitarbeiten an der

---

526 Eine Reihe von Dissertationen, die bei Just geschrieben wurden bzw. an seinem Greifswalder Institut entstanden, beschäftigten sich mit diesen Zusammenhängen, z. B.: Waltraud Kramaschke, Schulleistung und psychischer Konstitutionstypus (1938); Frieda Krehl, Schulleistung und Lebensleistung ehemaliger Mittelschüler (1939); Arthur Schultze-Naumburg, Statistische Untersuchungen an Hilfsschülern (1935) sowie die schon erwähnte Arbeit von Werner Lottmann, Schulleistung und Lebensleistung ehemaliger Gymnasialabiturienten (1934).

527 Ist Leistung erbbedingt? (1940).

528 Zit. nach U. Felbor, Rassenbiologie und Vererbungswissenschaft (1995), S. 153.

529 BDC PKK 5671; BA, R 21/100024.

530 „L" war das Kürzel der Abteilung für Erbmedizin im Reichsgesundheitsamt. Sie bestand aus den Untergruppen L1: Allgemeine und angewandte Erb- und Rassenpflege (Leiter: Eduard Schütt), L2: Kriminalbiologische Forschungsstelle (Leiter: Edler von Neureiter), L3: Rassenhygienische und bevölkerungswissenschaftliche Forschungsstelle (Leiter: Robert Ritter) und L4: Erbwissenschaftliches Forschungsinstitut unter der Leitung von Günther Just. Siehe M. Zimmermann, Rassenutopie und Genozid (1996), S. 139 f.

Schaffung wissenschaftlicher Grundlagen für künftige erbpflegerische Maßnahmen, für deren Inangriffnahme unser heutiges Wissen noch unzureichend ist."[531] Im Vordergrund stand die Aufgabe der erbbiologischen Erfassung des „Erbgesunden in seiner Gesamtpersönlichkeit und Leistung", d. h., man untersuchte vor allem Beziehungen zwischen Erbgesundheit und Leistungsfähigkeit, insbesondere bei Jugendlichen – Justs Spezialgebiet. Die Ergebnisse sollten für die „positive Auslese" bei der Schul- und Berufslenkung genutzt werden. Daneben wandte sich die Abteilung „erbbiologischen und soziobiologischen Untersuchungen an Hilfsschülern" zu, um die „Erbgrundlagen des Schwachsinns" und speziell die Beziehungen zwischen „Schwachsinn" und Geschlecht zu erforschen.[532] 1942 folgte Just dem Ruf auf die Nachfolge Schmidt-Kehls nach Würzburg. Da Just einen anderen Wissenschaftsansatz vertrat, mußte Keiter damals als Assistent und Dozent gehen. Just überstand das Dritte Reich ohne Probleme: 1948 wurde er Professor und Direktor des Anthropologischen Instituts in Tübingen.

Justs Wechsel nach Würzburg scheint auch damit zusammenzuhängen, daß seine Arbeiten im RGA während des Krieges ins Stocken gerieten, weil die Beschäftigung mit „asozialen" Randgruppen, wie sie **Robert Ritter** betrieb, zunehmend in den Vordergrund rückte. Ritter leitete damals die Unterabteilung „L3", die Rassenhygienische und bevölkerungsbiologische Forschungsstelle im Reichsgesundheitsamt, die er zielstrebig zu einer Zentrale der „Zigeunerforschung" ausbaute.[533] Seine Klassifizierungsmethoden und seine Gutachtertätigkeit bildeten eine Grundlage für die Deportation der deutschen Zigeuner. Ein weiterer Schwerpunkt seiner Arbeit waren erbbiologische Untersuchungen über „asoziale" und kriminelle Jugendliche, die er u. a. auch in Ghettos und Konzentrationslagern durchführte. Ritter wurde 1901 in Aachen geboren, wuchs aber in Berlin auf. Sein Vater war Marineoffizier und achtete auf eine standesgemäße und gehobene Bildung, aber auch strenge Erziehung seines Sohnes, den er nach dem Besuch des Gymnasiums auf die Preußische Kadettenanstalt in Berlin-Lichterfelde schickte. Ritter selbst bezeichnete sein Elternhaus als „streng konservativ". 1919 war er als Freiwilliger beim Grenzschutz Ost. Nach „Dienst in nationalen Jugendbünden" und sozialfürsorgerischer Tätigkeit im rheinisch-besetzten Gebiet legte er 1921 die Reifeprüfung ab und studierte anschließend Pädagogik, Psychologie, Psychiatrie und Heilpädagogik.[534] 1927 promovierte er in München mit einer sexualpädagogischen Arbeit („Das geschlechtliche Problem in der Erziehung als Versuch einer Sexualpädagogik auf psychologischer Grundlage"). Darin plädierte er in kritischer Abgrenzung zur Psychoanalyse als Heilmittel gegen den durch psychosexuelle Störungen angeblich geschwächten „Volkskörper" und die vermeintlich

---

531   Zit. nach Maitra, „… wer imstande und gewillt ist, dem Staate mit Höchstleistungen zu dienen!" (2001), S. 378.

532   Just, Das Erbwissenschaftliche Forschungsinstitut des Reichsgesundheitsamtes, in: Zs. f. Rassenkunde 9/1939, S. 273f.; M. Zimmermann, Rassenutopie und Genozid, S. 140.

533   Es sollte nicht unerwähnt bleiben, daß Just die Karriere Sophie Ehrhardts, einer Mitarbeiterin Ritters, nach 1945 beförderte: Sie war seine Assistentin und wurde 1957 apl. Professorin für Anthropologie in Tübingen. Sophie Ehrhardt war vor dem Krieg Schülerin und Mitarbeiterin Hans F. K. Günthers (siehe oben) und beteiligte sich danach an der „Zigeunerforschung" und Gutachtertätigkeit in der Forschungsstelle Robert Ritters; u. a. war sie auch mit anthropologischen Untersuchungen an Juden in Dachau befaßt. Klee, Deutsche Medizin im Dritten Reich (2001), S. 262; Hohmann, Robert Ritter und die Erben der Kriminalbiologie (1991), S. 198.

534   BDC PKK 171, Lebenslauf vom 1.4.1944.

sexuelle Krise der „materialistisch-rationalistischen Gegenwart" die Idee einer „seelischen, anbetenden, himmlischen Liebe". Durch Erziehung, so meinte er, könne der Gegensatz zwischen himmlischem und irdischem Eros überbrückt werden. 1930 folgte die Promotion zum Dr. med. in Heidelberg mit einer erbwissenschaftlichen Arbeit. In Briefen von 1931 ordnete Ritter sich selbst politisch dem jungkonservativen Spektrum zu und verstand sich als national und sozial. Die NSDAP lehnte er aber wegen ihrer mythologischen, rassistischen und gewalttätigen Tendenzen noch ab, für den „nüchtern denkenden Teil der jungen Generation" reklamierte er vielmehr, „kaltes Blut zu bewahren, sich auf sich selbst zu besinnen und auf ihre Aufgaben am eigenen Volk".[535] Diese Mischung aus idealistischer Schwärmerei, Sachlichkeit und „kaltem Blut" war charakteristisch für weite Teile der Kriegsjugendgeneration. Ritters weitere beruflichen Erfahrungen müssen allerdings seinen anfänglichen pädagogischen Idealismus und Optimismus stark erschüttert haben. Nach der medizinischen Promotion arbeitete er in heilpädagogischen und psychiatrischen Einrichtungen: zunächst in einem Jugendsanatorium in Wyk auf Föhr, dann nach einem zusätzlichen Studiensemester in Paris, wo er sich vor allem für Einrichtungen der Sozialfürsorge interessierte, als Assistent an der Psychiatrischen Klinik in Burghölzli bei Zürich und seit 1932 als ärztlicher Betreuer des Klinischen Jugendheims der Universitäts-Nervenklinik in Tübingen. Hier fielen ihm während seiner Sprechstunden „Kinder auf, an denen er ‚etwas merkwürdig Strolchenhaftes und Spitzbübisches' zu entdecken glaubte, das er als einen hinter einer ‚Maske von Schlauheit' ‚getarnten Schwachsinn' charakterisierte".[536] Michael Zimmermann sieht in diesen Beobachtungen und Wahrnehmungen den Beginn eines Wandels in Ritters Denken, der nun, in seinen pädagogischen Idealen und Phantasien enttäuscht, zunehmend den Glauben verlor, durch Erziehung auf die von ihm beobachteten Kinder einwirken zu können und sich statt dessen immer mehr vererbungswissenschaftlichen Theoremen zuwandte und schließlich von einer vorwiegend erbbedingten „Minderwertigkeit" von Fürsorgezöglingen ausging. Zu diesem Orientierungswandel wird aber auch beigetragen haben, daß Ritter in Tübingen mit zwei ausgewiesenen Rassenhygienikern in Berührung kam, die ihren Einfluß auf ihn kaum verfehlt haben dürften: Robert Gaupp, der den Lehrstuhl für Psychiatrie innehatte und sich in einem vielbeachteten Buch schon 1925 für die Sterilisierung „geistig und sittlich Kranker und Minderwertiger" ausgesprochen hatte,[537] und Hermann Hoffmann, der 1935/36 die Nachfolge Gaupps antrat und zugleich Leiter der Universitäts-Nervenklinik war, an der Ritter arbeitete. Hoffmann war zuvor Professor und Vorsitzender der Ortsgruppe der Deutschen Gesellschaft für Rassenhygiene in Gießen gewesen; dort hatte er u. a. „erbbiologische" Untersuchungen an Fürsorgezöglingen angestellt.[538] Er gehörte zu jenen Psychiatern, die frühzeitig eine Ausweitung des

---

535 Zit. nach M. Zimmermann, Rassenutopie und Genozid (1996), S. 127 f.

536 Ebd., S. 128.

537 Robert Gaupp, Die Unfruchtbarmachung geistig und sittlich Kranker und Minderwertiger, Berlin 1925. Gaupp war einer der ersten, die auch einen direkten Zusammenhang mit der Wirtschaftskrise herstellten und sozialpolitische Kostenargumente bei der Diskussion der Sterilisierung ins Spiel brachten (Weingart/Kroll/Bayertz, Rasse, Blut und Gene, 1988, S. 293).

538 Hoffmann war seit 1927 Professor in Tübingen, 1934 bis 1936 leitete er die Klinik für psychische und nervöse Krankheiten in Gießen, danach kehrte er wieder nach Tübingen zurück. 1937 wurde er Rektor der Tübinger Universität. Pfahler und Kroh hatten die Berufung Hoffmanns nach Tübingen gegen Kretschmer, der von der Medizinischen Fakultät auf den 1. Platz gesetzt worden war, unterstützt: M. Leonhardt, Hermann F. Hoffmann (1996).

Gesetzes zur Verhütung erbkranken Nachwuchses auf „sozial abnorme Psychopathen und Neurotiker" und generell „Sozial-Abnorme" forderten.[539]

1934 wurde Ritter zum Oberarzt befördert und trat jetzt auch – offenbar hatte ihn die rasche Umsetzung des Sterilisierungsgesetzes ebenso überzeugt wie ihn die Aussicht auf eine Karriere im neuen Staat motiviert haben mag – dem NSLB und der NSDAP bei. Gleichzeitig übernahm er auch die Leitung der Eheberatungsstelle der Ortsgruppe der Deutschen Gesellschaft für Rassenhygiene in Tübingen und baute hier eine Erbgesundheitskartei auf. Ritter nutzte die Möglichkeiten, die ihm diese Position bot, ausgedehnte erb- und sippenkundliche Forschungen über die württembergische Bevölkerung anzustellen, die in ein von der Deutschen Forschungsgemeinschaft finanziertes Habilitationsprojekt – „Arbeiten zur Asozialenforschung und zur Bastardbiologie (Zigeuner, Juden)" – mündeten. Dem Projekt lag die These von einem seit dem 18. Jahrhundert in Schwaben verbreiteten „Züchtungskreis" aus Vagabunden, Gaunern und Räubern zugrunde, die auf den Schinderhannes und die Bande des Räuberhauptmannes Hannikel zurückgingen und sich mit „Zigeunern", Juden und anderen „fremdvölkischen Gruppen" zu einer „mehrere tausend Köpfe umfassenden Gaunerpopulation" verfestigt hätte. Die Ergebnisse der Untersuchungen veröffentlichte er in seiner 1937 erschienenen Habilitationsschrift „Ein Menschenschlag". Zu Beginn des Buchs machte er deutlich, daß es ihm um den Nachweis einer besonderen Form des angeborenen Schwachsinns, nämlich den „getarnten Schwachsinn" ging, den er schon vorher an „Jugendlichen mit strolchhaftem und spitzbübischem Wesen" meinte ausgemacht zu haben, verwahrloste und verwilderte Jugendliche, die es gelernt hätten, ihre Umwelt durch Verschlagenheit und Schläue auszunutzen und über ihren wahren Zustand hinwegzutäuschen. Der Schwachsinn sei auf den ersten Blick nicht erkennbar, würde aber am ehesten im Unterricht als Begabungsmangel und Bildungsunfähigkeit zutage treten. Außerdem erkenne man sie an ihrem Lebensstil: „Planlos und unbekümmert lebten sie in den Tag hinein. Ihr Leben erschien infolgedessen auch unbekümmert und sorglos." Rechte „Taugenichtse" also, „die an geregelte Arbeit weder durch Güte noch durch Strenge zu bringen sind" und an denen auch jede Erziehung scheitern muß.[540] Von diesem Typus randständiger Jugendlicher, die er als „asoziale oder antisoziale Psychopathen" definierte, kam Ritter in „genealogischer Kleinarbeit" auf jenes „Vagabundenerbgut", das sich angeblich über viele Generationen in einem negativen Kreuzungs- und Züchtungsprozeß herausgebildet und ausgebreitet hatte und zu einem scheinbar „unausrottbaren Übel" für die Gesellschaft geworden war. „Weder Rad noch Galgen, noch Schwert, weder Rute noch Brandmarkung, weder Verschiebung noch Landesverweisung, weder Zucht- noch Arbeitshäuser, weder Kinderheime noch Erziehungsanstalten, weder Kirche noch Schule haben diesen Menschenschlag zu ändern vermocht. Denn all diese Maßnahmen konnten nicht rechtzeitig verhindern, daß die Glieder des Gaunerschlages sich untereinander fortpflanzten, und daß sie damit ihr geprägtes Erbgut immer wieder durch die Jahrhunderte an die folgenden Geschlechter weitergaben."[541] Dieser „schlechte Erbstrom" stünde kurz davor, sich in breitere Teile des Volkes zu ergießen; deshalb sei, so lange er sich noch mit wissenschaftlichen Mitteln rekonstruieren und kontrollieren ließ, schnellstes Handeln vonnöten. Im

---

539 Dalchow, Die Entwicklung der nationalsozialistischen Erb- und Rassenpflege an der medizinischen Fakultät der Ludwigs-Universität Gießen (1998), S. 179.
540 Ein Menschenschlag (1937), S. 19 und 106.
541 Ebd., S. 111.

Reichsgesundheitsamts war man sofort alarmiert. 1936 holte man Ritter nach Berlin und erteilte ihm den Auftrag zur „Erforschung und Erfassung der gesamten asozialen und kriminellen nicht-sesshaften Bevölkerung Deutschlands mit dem Ziel der vorbeugenden Verbrechensverhütung".[542] Im Reichsgesundheitsamt wurde ihm die Leitung der Rassenhygienischen und bevölkerungsbiologischen Forschungsstelle übertragen. Mit einem großen Mitarbeiterstab ging Ritter vor allem daran, die in Deutschland lebenden „Zigeunermischlinge" zu erfassen, die für ihn im Zentrum des „asozialen Züchtungskreises" standen und deren Bekämpfung er daher als vordringlich ansah. Zu den weiteren Aufgabenbereichen gehörte die Erfassung und Sichtung sozial „abnormer" und krimineller Jugendlicher; daneben wurde in Ritters Arbeitsstelle noch eine „erbgeschichtliche und sippenkundliche Untersuchung der südwestdeutschen Judenschaft" durchgeführt.

Ritters „Zigeuner- und Asozialenforschung" stieß schnell auf das Interesse der Kriminologen des Reichssicherheitshauptamtes. Wohl in der Erwartung einer Kooperation mit dem RSHA war Ritter 1936 auch in die SS eingetreten. In der Folgezeit wurde er zu Beratungen und bei den Vorbereitungen zu einem „Reichszigeunergesetz" und der Ausarbeitung des Erlasses zur „Bekämpfung der Zigeunerplage" (vom 8. Dezember 1938) herangezogen. Der Erlaß sah eine Klassifizierung der Betroffenen in drei Hauptgruppen („rasereine Zigeuner, Zigeunermischlinge und nach Zigeunerart umherziehende Personen") und mehrere Untergruppen vor und band die Zuordnung an Sachverständigengutachten, die durch Ritters Forschungsstelle anzufertigen waren. Die Zusammenarbeit mit dem Reichskriminalamt gestaltete sich offensichtlich sehr produktiv, und so übertrug man Ritter, um die Zusammenarbeit noch zu intensivieren, Ende 1941 auch die Leitung des Kriminalbiologischen Instituts der Sicherheitspolizei. Zuvor hatte er bereits seinen Wirkungsbereich im Reichsgesundheitsamt mit der Übernahme der Abteilung L2, der kriminalbiologischen Forschungsstelle im Reichsgesundheitsamt, ausweiten können.[543] Seit 1940 nahm er auch einen Lehrauftrag für Kriminalbiologie an der Rechts- und Staatswissenschaftlichen Fakultät der Universität Berlin wahr. 1943 wurde er in den Rang eines Direktors im Reichsgesundheitsamt erhoben, 1944 zum Regierungsrat ernannt; in der SS war er inzwischen zum Obersturmbannführer vorgerückt.

Ritter hatte immer offen ausgesprochen, daß eine „Lösung der Zigeunerfrage" nur in Asylierung und Sterilisierung liegen könne. 1938 meinte er: „Diese Familien wären am besten, nachdem sie in Wanderhöfen gesammelt und gesichtet wurden, von der Polizei in geschlossenen Kolonien unterzubringen. Ein familiäres Zusammenleben wäre dort nur nach vorangegangener Sterilisation der noch Fortpflanzungsfähigen zu gestatten."[544] Die Deportationspläne hat er jedoch abgelehnt, weil eine Abschiebung nach Osten keine langfristige Lösung sei, solange

---

542 K. H. Roth, Schöner neuer Mensch (1999).

543 Ritter erhielt diese Position auf Vermittlung Paul Werners, der die Abteilung Verbrechensvorbeugung im RSHA leitete und für den Aufbau des Kriminalbiologischen Instituts zuständig war. Werner hatte Ritter Mitte der 30er Jahre kennengelernt, als Ritter noch Untersuchungen an süddeutschen Sinti anstellte; Werner war damals Leiter des Kriminalpolitischen Amtes Karlsruhe. Beide waren auch privat miteinander befreundet: H. Krokowski, Die „Rassenhygienische und Bevölkerungsbiologische Forschungsstelle" im Reichsgesundheitsamt (1994), S. 79.

544 Zit. nach Johannes Meister, Die „Zigeunerkinder" von der St. Josefspflege in Mulfingen (1987), S. 24.

nicht die Fortpflanzung unterbunden würde.[545] Mit den Vernichtungsphantasien, die schon vor 1943 umgingen, war er aber durchaus vertraut, denn bereits im Winter 1941/42 wurde er vom RPA und der Gestapo zu einer Konferenz hinzugezogen, auf der man die Ertränkung von 30000 Roma im Mittelmeer erwog.[546] Bis zum März 1943, als die Deportationen der deutschen „Zigeuner" nach Auschwitz begannen, hatte Ritter mit seinen Mitarbeitern etwa 21500 Sinti und Roma erfaßt. Mit „fliegenden Arbeitsgruppen" wurde das Reich einschließlich der „Ostmark" bereist und durchforstet, um unter Polizeischutz und mit polizeilichem Zwang die vorgeschriebenen Untersuchungen durchzuführen. An diesen Arbeiten wirkten auch einige Pädagogen und Psychologen mit, wie die Psychologinnen Eva Justin und Brigitte Richter sowie der Hilfsschullehrer Otto Hesse, der 1939 Ergebnisse seiner „erbbiologischen Untersuchungen an zigeunerstämmigen und asozialen Elementen" in der Zeitschrift „Die deutsche Sonderschule" vorstellte. Unter den Hilfskräften waren drei Sozialpädagoginnen und eine Gewerbelehrerin, die vor allem mit der Erstellung von Stammbäumen und Sippentafeln beschäftigt waren.[547] Eva Justin, 1909 als Tochter eines Reichsbahnbeamten in Dresden geboren, war bereits in Tübingen als Praktikantin bei Ritter beschäftigt gewesen. Sie war ihm nach Berlin gefolgt und promovierte 1943 mit einer Dissertation über „Lebensschicksale artfremd erzogener Zigeunerkinder", in der sie zu dem Ergebnis kam, daß deren „Erbschicksal" durch Erziehung nicht geändert werden könne und „alle Erziehungsmaßnahmen für Zigeuner und Zigeunermischlinge einschließlich jeder Form der Fürsorgeerziehung oder Erziehungsfürsorge" deshalb eingestellt werden sollten.[548]

Parallel zu diesen Arbeiten und verstärkt nach dem Abschluß der „Zigeuner"-Erfassung wandte sich Ritter der erbbiologischen Erforschung des Problemkomplexes „jugendliche Gemeinschaftsfremde" zu.[549] Ziel war, den „Artverbrecher" frühzeitig zu erkennen, um prophylaktisch rassenhygienische Maßnahmen ergreifen zu können. Deshalb wurden der „Reichszentrale zur Bekämpfung der Jugendkriminalität" im Reichskriminalpolizeiamt „alle ungewöhnlichen Taten Jugendlicher" laufend gemeldet: „so besteht die Gewähr, daß auch das

---

545 Zimmermann, Rassenutopie und Genozid (1996), S. 170 f.

546 B. Müller-Hill, Tödliche Wissenschaft (1986), S. 62.

547 Ebenfalls Mitarbeiter bei Ritter war Georg Wagner, der 1943 mit einer rassenbiologischen Arbeit über Zigeunerzwillinge am KWI bei Eugen Fischer promovierte. Zu den Mitarbeiter-(inne)n siehe Hohmann, Robert Ritter und die Erben der Kriminalbiologie (1991), S. 68 ff. und Anhang.

548 Zit. nach Zimmermann, Rassenutopie und Genozid (1996), S. 150. – Eva Justin wurde nach dem Krieg als Kriminal- und Kinderpsychologin bei der Fürsorgestelle der Stadt Frankfurt/M. weiterbeschäftigt, deren Leiter Robert Ritter 1947 geworden war. Gegen sie wurde 1959 ein Verfahren eröffnet, weil es während der Untersuchungen in den Konzentrationslagern auch zu schweren Mißhandlungen gekommen sein soll, das aber 1961 wieder eingestellt wurde, ebenso wie schon das Verfahren gegen Ritter 1950. Die Gerichte glaubten den Zeugen nicht, im Falle Ritter hatte die Staatsanwaltschaft „Zigeuner" generell als glaubwürdige Zeugen abgelehnt. Hohmann, Robert Ritter und die Erben der Kriminalbiologie (1991), S. 174 f.; zu Eva Justin siehe auch Gilsenbach, Wie Lolitschai zur Doktorwürde kam (1988).

549 Erneut erhielt er dafür die finanzielle Unterstützung durch die DFG: Müller-Hill, Tödliche Wissenschaft (1986), S. 64. Daneben waren Mitarbeiterinnen von ihm 1943/44 auch noch mit Sippenuntersuchungen zu „Bibelforscherfamilien" in Ravensbrück beschäftigt: Hohmann, Robert Ritter und die Erben der Kriminalbiologie (1991), S. 208.

Kriminalbiologische Institut über sozial besonders auffällige Kinder und wiederholt rückfällige Jugendliche regelmäßig unterrichtet wird. Dadurch kommt das Institut in die Lage, in
allen fragwürdigen Fällen eine kriminalbiologische Untersuchung in die Wege zu leiten." Als
„sozial besonders auffällig" und damit unter dem Generalverdacht angeborener asozialer
oder antisozialer Neigungen stehend galten für Ritter „kindliche Gemeinschaftsstörer",
„Schwersterziehbare" sowie „jugendliche Vagabunden, Arbeitsscheue, Schwindler und andere
abartig Veranlagte".[550] „Charakterlich abartige Dauerversager" wurden in eines der Jugend-
Konzentrationslager – für Jungen Moringen, für Mädchen Uckermark – eingewiesen. Zu den
Aufgaben des Kriminalbiologischen Instituts der Sicherheitspolizei gehörte die „Sichtung des
Verbrechernachwuchses in den neu errichteten polizeilichen Jugendschutzlagern".[551] Zu diesem Zweck hatte Ritter in Moringen differenzierte Blocksysteme eingeführt und Kriterien
aufgestellt, nach denen die Jugendlichen nach einer Beobachtungsphase in den Block
der „Untauglichen", der „Störer", „Dauerversager", „Gelegenheitsversager", „fraglich Erziehungsfähigen" oder „Erziehungsfähigen" eingewiesen wurden, mit der Möglichkeit, sich
jeweils in einen höheren Block hinaufzuarbeiten. Die Einstufung entschied darüber, ob sie am
Ende in ein KZ, eine Anstalt oder zur Wehrmacht entlassen wurden.[552] 1943 richtete Ritter
eine Außenstelle seines Instituts auf dem Gelände der Führerschule der Sicherheitspolizei in
Drögen bei Fürstenberg in der Nähe des KZ Ravensbrück und des „Jugendschutzlagers"
Uckermark ein. Als die Rote Armee näherrückte, setzte er sich nach Württemberg ab. Im
Wintersemester 1944/45 führte er an der Tübinger Universität noch eine Lehrveranstaltung
„Übung über die charakterliche Artung jugendlicher Rechtsbrecher" durch. Nach dem Krieg
arbeitete er als Stadtarzt und Leiter der „Jugendsichtungsstelle" und Jugendpsychiatrie in
Frankfurt/M.[553] 1948 wurde er wieder ins Beamtenverhältnis übernommen und zum städti-
schen Obermedizinalrat ernannt. Ein strafrechtliches Ermittlungsverfahren gegen ihn wurde
1950 wieder eingestellt.

Ein anderer bedeutender Experte der „Asozialenforschung" und in seinem Denken ähnlich
radikal wie Ritter war **Heinrich Wilhelm Kranz**, Leiter des Instituts für Erb- und Rassenpflege
in Gießen, später Nachfolger Verschuers in Frankfurt am Main. Kranz wurde 1897 in Göttingen als Sohn eines Postmeisters geboren. Nach dem Abitur meldete er sich als Freiwilliger
zum Ersten Weltkrieg, als Leutnant der Reserve kehrte er 1918 zurück und studierte anschließend Medizin in Marburg und Freiburg. 1920 nahm er zusammen mit Verschuer als
Mitglied des Studentenkorps Marburg an der Niederschlagung des Spartakusaufstandes in
Thüringen teil. Nach der Promotion zum Dr. med. arbeitete er als Oberarzt an der Univer-
sitätsaugenklinik in Gießen, 1926 habilitierte er sich dort, überwarf sich aber mit seinem Chef
und eröffnete deshalb 1928 eine eigene Praxis als Augenarzt in Gießen. Kranz trat nach

550 Ritter, Das Kriminalbiologische Institut der Sicherheitspolizei, in: Kriminalistik 16/1942, H. 11,
       S. 118.
551 Zit. nach Hohmann, Robert Ritter und die Erben der Kriminalbiologie (1991), S. 98.
552 Guse/Kohrs Zur Entpädagogisierung der Jugendfürsorge in den Jahren 1922–1945 (1989);
       Hepp, Vorhof zur Hölle. Mädchen im „Jugendschutzlager" Uckermark (1987).
553 Ritter war für den Bereich „Jugendliche" sowie für die fachärztliche Beratung und Berufsbera-
       tung in städtischen Jugendheimen zuständig, seine Mitarbeiterin Eva Justin für „Sonderfälle"
       („Nichtseßhafte, Arbeitsbummler und Rückhaltbedürftige"): H. Buhlert u. a., Institutionen im
       Dritten Reich. Wie anfällig sind wir für Machtmißbrauch? (1989), S. 198 f.

eigenen Angaben bereits 1930 der NSDAP bei, vermutlich handelte es sich hier aber um einen der häufigen Versuche einer nachträglichen Vordatierung, denn registriert ist sein Beitritt erst zum Dezember 1932. Seit Anfang 1932 will er auch bei der SA dabei gewesen sein; 1933 war er SA-Sturmführer, später wurde er zum Obersturmbannführer ernannt. 1931 engagierte sich Kranz, wiederum nach eigenen Angaben, bei der Organisation und rassenhygienischen Schulung des NS-Ärztebundes in Oberhessen. 1933 beginnt ein steiler Aufstieg in der Partei und – trotz schmalen Œuvres und lediglich als Augenheilkundler ausgewiesen – in der Wissenschaft: Kranz wurde zunächst Assistent für Rassenhygiene bei Philalethes Kuhn und übernahm nach dessen Erkrankung auch Kuhns Lehrveranstaltungen über Rassenhygiene und Bevölkerungspolitik. 1934 gründete er ein eigenes Institut für Erb- und Rassenpflege, das einige Jahre später der Universität angegliedert wurde, verbunden mit der Verleihung eines Ordinariats, das durch Umwidmung eines Lehrstuhls für Systematische Theologie zustande kam. Parallel dazu wurde er 1933 Leiter des Aufklärungsamtes für Bevölkerungspolitik und Rassenpflege in Hessen-Nassau, im Jahr darauf Gauamtsleiter des RPA; gleichzeitig machte er seinen Assistenten Arthur Wiessmann zum Kreisbeauftragten des RPA in Gießen.[554] Politische und universitäre Karrieren waren auch bei ihm eng miteinander verbunden. In den folgenden Jahren wurde er mit Ämtern überhäuft: Kommissar der ärztlichen Spitzenverbände Oberhessen, Leitung der Abteilung Erbgesundheit und Rassenpflege bei der Hessischen Ärztekammer, Mitglied des Erbgesundheitsobergerichts, Referent (1936 Hauptreferent) für Rassefragen in der SA, Landesschulungsleiter im Reichsbund der Kinderreichen, Gaudozentenbundsführer etc. 1938 nahm Kranz als Stabsarzt am Einmarsch ins Sudetenland teil, 1939 zog er als Sanitätskompanieführer mit in den Krieg. In die Zeit seines Rektorats in Gießen fällt die Gründung einer Wissenschaftlichen Akademie des NS-Dozentenbundes nach dem Vorbild Kiels, Tübingens und Göttingens, deren erster Präsident Kranz wurde. Anläßlich der Gründung wurde eine Ausstellung „Landschaftsgebundene Wissenschaft" gezeigt. Während des Krieges hielt Kranz mehrere „Kriegsvorträge", über „Rasse und Wehrkraft" im Rahmen einer wehrwissenschaftlichen Vortragsreihe an der Universität oder über „Soldatentum auf rassischer Grundlage", ein Vortrag, der 1941 im „SA-Führer" veröffentlicht wurde, in dem er Hitler als den „großen Vollender" feierte, dessen Armeen „wie ein reinigendes Gewitter den alten und vernegernden Erbfeind Frankreich" zerschlügen und schon „an die Tore des verjudenden und niedergehenden Weltreichs der Briten" pochten. 1943 übernahm er die Nachfolge Verschuers in Frankfurt/M., obwohl Eugen Fischer, Günther Just und Verschuer selbst sich gegen ihn ausgesprochen hatten, weil sie ihn für wissenschaftlich nicht genügend qualifiziert ansahen. Auch hier überwogen politische Überlegungen. Die „Landeszentrale für erbbiologische Bestandsaufnahme", die Kranz in Gießen aufgebaut hatte, wurde ebenso wie das Rassenpolitische Gauamt nach Frankfurt transferiert. Nachdem er bereits von 1939 bis 1942 Rektor der Universität Gießen gewesen war, wurde er noch im Januar 1945 auch zum Rektor in Frankfurt ernannt. Im Mai 1945 beging er Selbstmord.[555]

---

554 Als Oberarzt an der Universitätsklinik war Wiessmann gleichzeitig für die praktische Umsetzung der Rassenhygiene, vor allem für die Zwangssterilisationen an „Asozialen" zuständig: Chroust, Gießener Universität und Faschismus (1994), S. 203. Zuvor hatte er in Gießen mit einer Arbeit über die „Sterilisation Minderwertiger in Deutschland" promoviert.

555 Biographische Materialien: BDC SA 0319210721; BDC WI A 503; Dalchow, Erb- und Rassenpflege an der Ludwigs-Universität Gießen (1998).

Aus der Zeit der Zusammenarbeit mit Philalethes Kuhn resultierte 1933 ein gemeinsames, sehr erfolgreiches Buch („Von deutschen Ahnen für deutsche Enkel"), das als rassenhygienische Einführung zur allgemeinen Volks- und Jugenderziehung gedacht war, ein hochgradig paranoides, antisemitisches Pamphlet, in dem die Vertreibung der Juden, die für alles Unglück Deutschlands verantwortlich seien, gefordert wird. Das Kulturleben z. B., ein bekanntes Stereotyp, sei während der Weimarer Republik „vollständig verjudet": „Wir alle haben die Darbietungen im Rundfunk und im Film gehört und gesehen, die unter einem künstlerischen Deckmantel nichts anderes verbreiteten als einen der deutschen Wesensart absolut artfremden, nervenaufpeitschenden Sexual-Bolschewismus."[556] Kuhn, seit 1926 Direktor des Hygienischen Instituts in Gießen, war Mitbegründer der Ortsgruppe Dresden der deutschen Gesellschaft für Rassenhygiene und seit 1931 NSDAP-Mitglied.[557] Kranz fand in Gießen also bereits eine rassenhygienische Tradition vor. Nachdem er 1934 mit Unterstützung des NS-Ärztebundes sein eigenes Institut für Erb- und Rassenpflege gegründet hatte, machte Kranz sich sogleich an die erbbiologische Erfassung der Bevölkerung. Noch im gleichen Jahr konnte er verkünden, daß Ärzteschaft, Lehrer und Amtswalter der Partei bereits karteimäßig erfaßt seien. Als „besonders dringliche Aufgabe" für die weitere Arbeit nannte er „die erbbiologische Erfassung der Fürsorgezöglinge, der Kriminellen, der Trinker usw. ... Ebenso werden die Zöglinge der Hilfsschulen erfaßt, die Epileptiker und die Insassen der Heil- und Pflegeanstalten."[558] Mit Hilfe des NSLB trug Kranz erbbiologische Daten über alle bis zu 800 Einwohner zählenden hessischen Landgemeinden zusammen.[559] Ein anderer Schwerpunkt waren Vorträge, Schulungs- und Fortbildungstätigkeiten. Nach eigenen Angaben hielt er zusammen mit seinen Mitarbeitern allein 1934 auf über 100 öffentlichen Versammlungen rassen- und bevölkerungspolitische Vorträge, 1936 will er mit seinen Mitarbeitern auf „nicht weniger als 630 Schulungsabenden der NSDAP" gesprochen haben. Zu den Mitarbeitern gehörten die „Rassenredner" des Rassenpolitischen Gauamtes, insgesamt 15 Parteigenossen, denen er Rednerausweise ausgestellt hatte. Er organisierte rassenhygienische Schulungskurse für Ärzte, für Wohlfahrtspflegerinnen und Schwestern, beteiligte sich u. a. auch zusammen mit Pfahler an Schulungsvorträgen für den BDM etc.[560]

Bis 1940 hatte Kranz ein Archiv mit 18 000 Sippentafeln (nach der Astelschen Methode) und 600 000 „verkarteten Personen" angelegt. Für die statistischen Arbeiten stand ihm der Arzt und Statistik-Experte Siegfried Koller zur Seite.[561] Koller wirkte auch an seinem Hauptwerk „Die Gemeinschaftsunfähigen" mit, 1939/1941 in drei Bänden erschienen. Kranz wollte damit die Grundlage für ein erweitertes Sterilisierungsgesetz legen, das nun auch auf „Asoziale"

---

556 Von deutschen Ahnen (1933), S. 73.

557 Kuhn hatte eine bewegte koloniale Vergangenheit: Er war während des Kaiserreichs Arzt in der Schutztruppe Deutsch-Südwestafrika und Distriktchef in Grootfontein; 1904/05 nahm er am Vernichtungsfeldzug gegen die Hereros teil. Anschließend arbeitete er beim Kommando der Schutztruppe im Reichskolonialamt in Berlin, unmittelbar vor Beginn des Ersten Weltkriegs war er als Medizinalreferent in Kamerun tätig.

558 Zit. nach Dalchow, Erb- und Rassenpflege an der Ludwigs-Universität Gießen (1998), S. 157.

559 Pyta, „Menschenökonomie" (2001), S. 66.

560 Ebd., S. 155ff. und 195ff.

561 Zu Koller, der nach 1945 Abteilungsleiter im Statistischen Bundesamt und Professor in Mainz wurde, siehe Aly/Roth, Die restlose Erfassung (1984), S. 96ff.

ausgedehnt werden und nicht allein für Erbkranke, sondern auch für „Erbuntüchtige" gelten sollte. Unter „Gemeinschaftsunfähige" subsumierte er „Gemeinschaftsuntüchtige" und rückfällige Kriminelle. Als Asoziale bzw. „Gemeinschaftsunfähige" definierte er alle „Personen, die nach einer ausreichenden Beobachtung längere Zeit oder ihr ganzes Leben lang ein Unvermögen zeigen, sich als selbständige und nützliche Mitglieder in die Volksgemeinschaft einzufügen".[562] Vorab rechnete er dazu „Kriminelle, Landesverräter, Rassenschänder, straffällige Abtreiber, Sittlichkeitsverbrecher und rückfällige sexuell Hemmungslose, Homosexuelle, Süchtige und Trinker, Prostituierte, Arbeitsscheue und gewohnheitsmäßige Schmarotzer".[563] Kranz entwarf also ein großangelegtes Projekt „sozialer Reinigung". All diesen Gruppen sollten die „völkischen Ehrenrechte" aberkannt werden, darunter verstanden Kranz und Koller die Rechte auf „Teilnahme an der Erhaltung und Sicherung von Ehre, Bestand und Leistung des eigenen Volkes". Neben der Sterilisation als „völkischer Ehrenstrafe" würde man die „Gemeinschaftsunfähigen" von allen Formen öffentlicher Unterstützungsleistungen ganz oder weitgehend ausschließen, die frei werdenden Mittel könnten erbtüchtigen Arbeiterfamilien etwa zu Verfügung gestellt werden. Kranz und Koller forderten zunächst einmal eine systematische erbbiologische Bestandsaufnahme „gemeinschaftsunfähiger Sippen". Besonders wichtig schien ihnen die „Früherfassung"; deshalb müßten vor allem „belastete Jugendliche" bei ihrer ersten Auffälligkeit durch ein besonderes Erziehungssystem in geschlossenen Anstalten erfaßt werden. Noch wichtiger sei es, auch die Kinder derjenigen „Gemeinschaftsunfähigen" zusammenzufassen, bei denen die erbliche Grundlage eines „gemeinschaftsunfähigen" Verhaltens sippenmäßig hinreichend gesichert sei; erblich belasteten „Gemeinschaftsunfähigen" sollte die Erziehungsgewalt über ihre Kinder entzogen werden.[564] Zu dieser düsteren Vision gesellten sich als weitere Aufgaben und Arbeiten des Instituts „Mischlingsuntersuchungen" zur Juden- und Zigeunerfrage. Kranz' Mitarbeiter Otto Finger promovierte 1936 bei ihm mit Untersuchungen zu „asozialen Zigeunermischlings-Sippen". Die praktischen Schlußfolgerungen – Asylierung, Arbeitszwang, Sterilisierung, Ausweisung – ließ Finger zu diesem Zeitpunkt noch offen. Kranz meinte aber schon 1937, eine „zeitlich begrenzte Asylierung" würde „bei der Hemmungslosigkeit dieses Gesindels" keine Lösung bringen: „Das deutsche Volk wird daher – auf lange Sicht gesehen – letzten Endes erst dann von dieser Landplage befreit werden können, wenn auf irgendeine Weise die Fruchtbarkeit völlig ausgeschaltet wird."[565] Im Vorgriff der Ereignisse legte das Rassenpolitische Gauamt, dessen Leiter Kranz war, der Stadt Frankfurt 1940 schon einmal nahe, noch verbliebene „Zigeunerkinder" von der Schule zu weisen: „Mißstände wie die, daß deutsche Schulkinder mit verlausten Zigeunerkindern zu Dreien auf einer Bank sitzen, können also vermieden werden."[566]

---

562 Die Gemeinschaftsunfähigen, Bd. 1, S. 10.
563 Bd. 2/3, S. 16.
564 Ebd., S. 147f. – Ergänzend dazu sei die medizinische Dissertation über „Rasse und Verbrechen" erwähnt, die Rolf Ludwig Martin 1938 bei Kranz schrieb.
565 Zigeuner, wie sie wirklich sind (1937), S. 27.
566 W. Wippermann, Das Leben in Frankfurt zur NS-Zeit, Bd. 2: Die nationalsozialistische Zigeunerverfolgung (1986), S. 96. Bei Wippermann wird an dieser Stelle ein Konflikt wegen der Beschulung von Zigeunerkindern in Frankfurt dokumentiert. Der Hintergrund war, daß auch Zigeunerkinder offiziell noch der Schulpflicht unterlagen; das REM überließ es erst in einer Anordnung von 1941 den lokalen Behörden, Zigeunerkinder vom Unterricht auszuschließen, wenn sie eine „sittliche Gefahr" für deutsche Kinder darstellten.

Mit ähnlichen Themen wie Ritter und Kranz war auch **Werner Villinger** beschäftigt. Er gehörte zu Ritters Vorgängern in Tübingen und wie dieser zum Schülerkreis um Ignaz Gaupp; bis 1926 arbeitete er als Assistenzarzt auf der psychiatrischen Kinderstation in Tübingen. Villinger, der danach leitender Psychiater beim Hamburger Jugendamt wurde und später an der Euthanasie mitwirkte, weist in seinem Denken und in seiner Biographie einige Parallelitäten zu Ritter auf. Er sprach sich schon 1926 für die Sterilisation „minderwertiger Geschöpfe" aus und behauptete, daß es eine „absolute endogene Unerziehbarkeit" gebe. Später unterschied er zwischen „exogener und endogener Arbeitslosigkeit" und meinte, „endogen arbeitslose Jugendliche" würden besonders häufig kriminell und müßten deshalb eugenischen Maßnahmen unterworfen werden.[567] Während des Dritten Reichs setzte er sich in einer Reihe von Publikationen für ein „Bewahrungsgesetz" ein, das auch die Sterilisation „asozialer" Fürsorgezöglinge regeln sollte. Bei rund der Hälfte aller Fürsorgezöglinge lägen genetische Defekte vor, nur bei 15 bis 20 % seien vorwiegend äußere Umstände für ihre Erziehungsprobleme verantwortlich. Der Grad genetischer Schädigung war für ihn freilich nicht entscheidend: „die Unfruchtbarmachung ist aber angezeigt überall da, wo bei leichtem Schwachsinn (einschließlich der an der Grenze der Debilität stehenden ‚Beschränktheit') ausgesprochen asoziale Züge konstitutioneller Art oder geringe praktische Leistungen oder erblich belastende Momente vorhanden sind".[568] Villingers Hauptinteresse galt dem Schutz der Volksgemeinschaft vor den „Gemeinschädlichen und Gemeingefährlichen", bei denen „leichter Schwachsinn" mit „asozialen Zügen" zusammentreffe. Für die „Gemeinschädlichen" – damit meinte er „endogen unerziehbare asoziale Psychopathen" – forderte er die Unterbringung in „Bewahrungsanstalten oder -kolonien". Von dieser Gruppe hob er die „Gemeingefährlichen" ab, die nicht bloß „asozial", sondern „dissozial und antisozial" seien und eine Störung und Bedrohung für die Gesellschaft bildeten; bei ihnen seien fürsorgerische Maßnahmen nicht angebracht, sie müßten vielmehr in strafrechtliche Verwahrung genommen werden. Für beide Gruppen sei jedoch der „Mangel an sozialer, besonders sozialethischer Anpassungsfähigkeit" kennzeichnend. Sie „präsentierten" sich, je nach Standpunkt des Betrachters, „dem Pädagogen als unerziehbar oder ‚schwersterziehbar', dem Richter als unverbesserlich kriminell, dem forensischen Psychiater als vermindert zurechnungsfähig, weil irgendwie abnorm, dem Arbeitsamt als arbeitsscheu, berufsschwach oder berufsunfähig, aber für die Reservearmee für die Zeiten stärkster Konjunktur, der breiten Öffentlichkeit als unnützer, asozialer Ballast, der bald mehr als gemeingefährlich, bald mehr als gemeinlästig empfunden wird".[569] Die Grenzen zwischen „Imbezillität" und „normaler Beschränktheit oder Dummheit" seien fließend; besonders gefährlich seien die „Leichtschwachsinnigen" wegen ihrer Tendenz zu ungehemmter Vermehrung und der Gefahr des „Absinkens in Verwahrlosung, Kriminalität, Prostitution und Vagabundieren": „Ihre Früherfassung ist die wirksamste Vorbeugung gegen die Durchsetzung des Volkskörpers mit minderwertigem Erbgut."[570] Villingers Ziel war, die Gesellschaft von allen „Störenfrieden und Unverbesserlichen" zu befreien. Übrigens seien dies „zugleich

---

567 R. Baumann u. a., Arbeitsfähig oder unbrauchbar? (1994), S. 40 ff. und 78.

568 Erfahrungen mit der Durchführung des Erbkrankheitenverhütungsgesetzes an männlichen Fürsorgezöglingen (1935), S. 244.

569 Die Notwendigkeit eines Reichsbewahrungsgesetzes vom jugendpsychiatrischen Standpunkt aus (1938), S. 3.

570 Angeborener Schwachsinn (nach Erscheinungsbild und Abgrenzung) und das Schwachsinnigengesetz (1938), S. 38 f.

auch politisch sehr unzuverlässige und aufreizende Elemente".[571] Villinger verwendete Aus-
drücke wie „psychopathisch, unerziehbar, asozial und kriminell" nahezu synonym und leistete
damit einen Beitrag zur rassenhygienischen Stigmatisierung sozialer Randgruppen. Bei rück-
fälligen Kriminellen war für ihn vorab der Verdacht erblich bedingter „Minderwertigkeit"
gegeben; in diese Kategorie schloß er auch Strichjungen und „Homosexuelle beiderlei
Geschlechtes" ein, die er als Gewohnheitsverbrecher ansah und in besonderen Anstalten asylieren wollte.[572]

Villinger, 1887 geboren, stammte aus einer alten Ärzte- und Apothekerfamilie und wuchs, wie
er selber schrieb, in einem „christlich-national-soldatisch-sozial" geprägten Umfeld auf. Vom
Vater übernahm er nicht nur das Interesse an medizinischen Fragen, sondern auch die Begeisterung fürs Militär. Nach Besuch des Humanistischen Gymnasiums in Ludwigsburg strebte
er zunächst eine Laufbahn bei der Marine an, wurde dort aber wegen körperlicher Untaug-
lichkeit nicht aufgenommen. Auch ein zweiter Anlauf bei der Infanterie schlug wegen körperlicher Gebrechen fehl.[573] Er absolvierte daraufhin ein Medizinstudium und erhielt unmittelbar
vor Beginn des Ersten Weltkriegs die Approbation zum Arzt in Straßburg, wo er auch für
kurze Zeit als Assistent in der Anatomie arbeitete. Nach der Rückkehr aus dem Krieg, an
dem er als Sanitätsoffizier teilgenommen hatte,[574] wurde er Volontärarzt in Marburg und
arbeitete danach (1919–1925) als Assistenzarzt bei Gaupp an der psychiatrischen Kinderstation der Tübinger Nervenklinik. 1920 promovierte er bei Gaupp. 1925 nahm er gleichzeitig
eine nebenamtliche Tätigkeit als Jugendpsychiater in Stuttgart wahr. 1926 erhielt er eine Stelle
als Oberarzt an der Psychiatrischen Klinik der Universität Hamburg; gleichzeitig war er als
Oberarzt und wenig später Leitender Oberarzt und Jugendpsychiater beim Landesjugendamt
Hamburg tätig. Dort leitete er die Aufnahme- und Beobachtungsstation für neue oder
zurückgekehrte Zöglinge der städtischen Fürsorgeerziehung und entschied über deren weitere
Unterbringung in Pflegstellen und Heimen. Während dieser Zeit entstanden seine ersten
Beiträge zur Fürsorgeerziehung. Nebenamtlich unterrichtete Villinger auch am Staatlichen
Sozialpädagogischen Institut und am Lehrerbildungsinstitut in Hamburg. Nach seiner Habilitation 1932 wurde er in Hamburg zum außerplanmäßigen Professor ernannt. 1934 wechselte
er als Chefarzt an die Bodelschwinghschen Anstalten in Bethel über, wo er sich als Verfechter
einer extensiven Sterilisationspraxis einen Namen machte.[575] Gleichzeitig wurde er als Mitglied in den ständigen Ausschuß für Rassenhygiene und Rassenpflege der Inneren Mission
berufen, 1938 übernahm er dort den Vorsitz als Nachfolger Harmsens. Seit 1936 wirkte er
auch als Beisitzer des Erbgesundheitsgerichtes beim Oberlandesgericht Hamm an der Umsetzung des Erbgesundheitsgesetzes mit. 1939 erhielt er schließlich einen Ruf an die Universität

---

571 Die Notwendigkeit eines Reichsbewahrungsgesetzes (1938), S. 17.
572 Holtkamp, Werner Villinger (2002), S. 62 und 69f. – Villinger stand wohl auch wegen seiner
     Auffassungen zur Homosexualität auf einer Gutachterliste der Wehrmacht für homosexuelle
     Delikte „zwecks Unterscheidung zwischen einmaligen Handlungen und Anlagebedingtheit" für
     den Wehrkreis VIII (Breslau) und das Generalgouvernement: G. Grau, Homosexualität in der
     NS-Zeit (1993), S. 232.
573 Holtkamp, Werner Villinger (2002), S. 12.
574 Villinger wurde gegen Ende des Krieges zum Generalstabsoffizier ernannt und kehrte mit dem
     Eisernen Kreuz I. und II. Klasse aus dem Krieg zurück.
575 Ausführlich hierzu W. Schäfer, „Bis endlich der langersehnte Umschwung kam" (1991).

Breslau, wo er zum ordentlichen Professor und Direktor der Nervenklinik ernannt wurde. In Breslau führte er auch rassenhygienische Lehrveranstaltungen durch[576] und war einer der Prüfer für das Fach in der Medizinischen Fakultät. Während des Krieges war er als beratender Psychiater für die Wehrmacht tätig,[577] war Beisitzer am Erbgesundheitsobergericht Breslau und verfaßte Euthanasie-Gutachten für die T4-Organisation.[578] Seit 1934 war Villinger Mitherausgeber, seit 1936 Schriftleiter der Zeitschrift für Kinderforschung, 1940 wurde er Vorsitzender der deutschen Gesellschaft für Kinderpsychiatrie und Heilpädagogik.

Villinger war kein aktiver Nationalsozialist, sein Interesse konzentrierte sich auf die berufliche und verbandspolitische Karriere. Er trat im März 1933 dem Stahlhelm bei, der wenig später in der SA aufging und wurde 1937 in die NSDAP aufgenommen. Nach dem Krieg problemlos entnazifiziert, wurde er 1946 Ordinarius für Psychiatrie in Marburg. 1950 wurde er Vorsitzender der Deutschen Vereinigung für Jugendpsychiatrie, im Jahr darauf Vorsitzender der Gesellschaft Deutscher Neurologen und Psychiater, von 1958 bis zu seinem Tod war er außerdem Vorsitzender der Deutschen Gesellschaft für Sexualforschung.[579] 1952 hatte er das Große Verdienstkreuz des Verdienstordens der Bundesrepublik Deutschland erhalten, 1956 wurde ihm das Amt des Universitätsrektors übertragen, 1958 berief man ihn als Mitglied in den Bundesgesundheitsrat, im gleichen Jahr wurde er mit der „Heinrich-Hoffmann-Medaille für Verdienste um das hilfsbedürftige Kind" geehrt, 1959 erhielt er die Ehrendoktorwürde der Juristischen Fakultät der Universität Hamburg. 1960 fiel jäh ein Schatten auf diese scheinbar bruchlose Karriere, als es zu einem Verfahren gegen Villinger wegen seiner Beteiligung am Euthanasie-Programm kam. Das Verfahren wurde im April 1961 wegen unzureichender Beweislage eingestellt, im Juni 1961 wurde Villinger jedoch im Zusammenhang einer Ermittlung gegen den Euthanasiearzt Heyde und andere erneut vernommen; 14 Tage später verunglückte er tödlich bei einem Absturz in den Alpen.[580]

Villingers Nachfolger im Hamburger Jugendamt war **Heinrich Lottig**. Lottig wurde 1900 in Hamburg geboren, studierte Medizin und promovierte 1926 zum Dr. med.; er arbeitete als Assistent zunächst am Anatomischen Institut der Universität, dann an der Neurologischen Klinik in Hamburg-Eppendorf. 1930 habilitierte er sich mit einer Arbeit zur Zwillings-

---

576 Unter anderem ein „Sammelkolleg über Rassenbiologie", an dem auch Viktor von Weizsäcker mitwirkte: ebd., S. 210.

577 Schon 1937 war Villinger neben seiner Tätigkeit in Bethel auch Oberststabsarzt bei der Sanitätsabteilung der Luftwaffe, 1939 wurde er Chefarzt des Reservelazaretts Bielefeld. Als Wehrpsychiater verordnete er u. a. Elektroschocktherapien bei Kriegsneurotikern: Holtkamp, Werner Villinger (2002), S. 25 und 173.

578 Villinger gehörte zwar nicht zu den „überzeugten Haupttätern" der Euthanasie; er versuchte durch seine Gutachten vielmehr Entscheidungen zu verzögern und wurde deswegen, wie es scheint, später wieder aus der Liste der Gutachter gestrichen. An seiner Beteiligung, die er nach dem Krieg vehement bestritten hat, besteht jedoch kein Zweifel: Holtkamp, ebd., S. 39f. und 108; E. Klee, Euthanasie im NS-Staat (1985), S. 205.

579 F. Pfäfflin, Ein Kapitel aus der Geschichte der Deutschen Gesellschaft für Sexualforschung (1991).

580 Zur Biographie siehe Schäfer, „Bis endlich der langersehnte Umschwung kam" (1991); Ruth Baumann u. a., Arbeitsfähig oder unbrauchbar? (1994); Holtkamp, Werner Villinger (2002); BDC REM W 49/4.

forschung und wurde Dozent für Neurologie und Heilpädagogik. Lottigs wissenschaftliches Interesse galt der Erblichkeit des Charakters. In seiner Habilitationsschrift untersuchte er 20 Zwillingspaare unter diesem Gesichtspunkt. Seine Studie ergab einen hohen Anteil genetischer Bedingtheit für den „Stoff", einen mäßigen Anteil in der „Artung", aber nur einen geringen Anteil für das „Gefüge" des Charakters – klare pädagogische Schlußfolgerungen ließen sich daraus kaum ziehen. 1931 hob er noch den großen Einfluß der Erziehung auf die Entwicklung des Charakters hervor, 1936 leitete er aus denselben Ergebnissen das genaue Gegenteil ab und sah die nationalsozialistische Rassenseelenlehre durch seine Zwillingsuntersuchungen bestätigt: „Wenn die Zwillingsforschung gerade auf dem Gebiet der Seelenkunde den Nachweis der Vererbung seelischer Züge erbringen konnte, und wenn sich dann zeigte, daß der Einfluß der Umweltfaktoren viel geringer ist, als man früher geglaubt oder tendenziös behauptet hat, so ist damit zugleich die Rassegebundenheit der geistigen und seelischen Inhalte der Menschen nachgewiesen. Gerade diejenigen Zwillingsuntersuchungen, die sich mit der Vererbung der feineren seelischen Züge befaßt haben, stellen das sicherste Beweismaterial dafür dar, daß es von der biologischen Herkunft des Menschen abhängt, welche Gedanken er denkt, welche Gefühle ihn bewegen und welche Kulturschöpfungen er zustande bringt."[581] 1934 war Lottig, seit 1933 auch Mitglied im NSLB, zum Leitenden Oberarzt am Jugendamt Hamburg ernannt worden. Programmatisch formulierte er als Aufgabe, die Zöglinge nach ihrem biologischen Wert zu sichten und Fürsorgemaßnahmen unter dem Gesichtspunkt „strenger Sonderung nach Erbwert und Leistungswert" durchzuführen mit dem Ziel eines „frühzeitigen Abfangens minderwertiger und asozialer Elemente". Erblich hochwertige Jugendliche gehörten nicht in die Fürsorgeerziehung, sondern in Pflegefamilien; die Fürsorgeerziehungsanstalten müßten „Sammelbecken für erblich minderwertige Personen sein". Lottig plädierte für eine neue Nüchternheit: Bei „allem Wert der in den Anstalten mit Selbstlosigkeit und Idealismus durchgeführten Erziehungsarbeit" wäre es nicht richtig, „wenn man sich über den geringen Wert der Anstaltsinsassen hinwegtäuschen wollte".[582] In einem Gutachten über 366 Waisenhauskinder entwickelte er ein Klassifizierungssystem, daß sich auf die Auswertung von Sippentafeln, psychiatrische und erbbiologische Beurteilungen und Erziehungs- und Schulberichte stützte. Den „biologischen Wert" der Kinder teilte er daraufhin nach sechs Gruppen auf:

I. Wertvolle geistige und charakterliche Qualität.
II. Ausreichende geistige und charakterliche Qualität, aber ohne durchschnittliche Werte.
III. Leichte geistige oder charakterliche Unwertigkeit.
IV. Mittlere geistige oder charakterliche Unterwertigkeit.
V. Starke geistige oder charakterliche Unterwertigkeit.
VI. Nicht erziehungsfähig.

Das Gesamtergebnis war, das nur 44,5 % der Kinder als „normal" angesehen, d. h. den Gruppen I und II zugerechnet werden könnten.

Parallel zu seiner Tätigkeit beim Jugendamt hatte Lottig ein Interesse an Fragen der Luftfahrtmedizin entwickelt. 1935 wurde er gleichzeitig Leiter und Lehrbeauftragter des Eppen-

---

581 Zwillingsforschung und Seelenkunde (1936), S. 417; vgl. Mai, Humangenetik im Dienste der „Rassenhygiene" (1997), S. 96.
582 Erbwert und jugendpflegerische Maßnahmen (1937), S. 395.

dorfer Instituts für Luftfahrtmedizin. Hier machte er sich einen Namen als Fliegereignungs-diagnostiker. 1938 wirkte er an den Vortragsreihen der SS-Studiengemeinschaft an der Universität Hamburg mit (Vorträge über „Höhenphysiologie" sowie „Seelenleben und Vererbung").[583] Nachdem der Versuch einer Ernennung zum Professor an der Hamburger Universität trotz eines Gutachtens von Wilhelm Flitner gescheitert war,[584] wechselte er noch im gleichen Jahr als Gruppenführer des Nationalsozialistischen Fliegerkorps nach Berlin und übernahm dort die Leitung des Sanitätsamtes des Fliegerkorps im Reichsluftfahrtministerium. 1939 wurde er zum außerordentlichen Professor an der Berliner Universität und zum Beirat in der Reichsärztekammer ernannt. 1940 meldete Lottig sich freiwillig zum Fronteinsatz und tat als Bataillonsarzt in einem Fallschirmjägerregiment Dienst. 1941 kam er bei einem Einsatz über Kreta ums Leben.[585]

Karl Astel und das Landesamt für Rassewesen im „Mustergau Thüringen"

Einer der politisch einflußreichsten Rassenhygieniker und Gesundheitspolitiker des Dritten Reichs war **Karl Astel**, der an der Universität Jena die hochschulpolitischen Interessen der SS vertrat und als Leiter des Thüringischen Landesamts für Rassewesen auch eine umfangreiche rassenhygienische Schulungsarbeit aufbaute. Astel verkörperte einen Gegentypus zu den eher nüchtern-technokratischen Rassenhygienikern wie Just und Ritter: Er verknüpfte die Eugenik mit der nordischen Idee, propagierte die Züchtung eines nordischen Menschen und trat offen für Maßnahmen der „Euthanasie" ein.

Astel wurde 1898 in Schweinfurt geboren, sein Vater war dort Polizeichef. Er besuchte die Volksschule und das humanistische Gymnasium, nahm am Ersten Weltkrieg teil und studierte anschließend Medizin und Philosophie in Würzburg und München, 1925 promovierte er in Würzburg zum Dr. med. und arbeitete danach als praktischer Arzt und Vererbungsberater. 1932 gründete er in München mit Unterstützung durch Fritz Lenz eine Vererbungsberatungs-stelle, in der er bereits Sterilisationen durchführen ließ.[586] Daneben absolvierte er eine praktische Ausbildung als Sportarzt und -lehrer an der Bayerischen Landesturnanstalt.[587] Astel war neun Jahre lang Leiter der Sportärztlichen Untersuchungs- und Beratungsstelle der Universität und der Technischen Hochschule in München. Der Leistungssport spielte in seinem Leben auch später eine große Rolle. So errang er das Reichssportabzeichen in Gold, machte den Segelflugschein und arbeitete auch als Skilehrer.[588] Astel verdankte seinen Aufstieg an der Universität seiner politischen Vita, denn sein wissenschaftliches Werk war eher bescheiden.

583 BA, NS 31/169, Bl. 88 ff.

584 Van den Bussche, Medizinische Wissenschaft im „Dritten Reich" (1989), S. 111 ff.

585 Zur Biographie: Mai, Humangenetik im Dienste der „Rassenhygiene" (1997), S. 94 ff.; Baumann u. a., Arbeitsfähig oder unbrauchbar? (1994), S. 176; van den Bussche, Medizinische Wissenschaft im „Dritten Reich" (1989), S. 212 ff. und 259 ff.

586 Brigitte Jensen, Karl Astel – „Ein Kämpfer für deutsche Volksgesundheit" (1995), S. 163.

587 H. Böhm, Von der Selbstverwaltung zum Führerprinzip (1995), S. 294.

588 Astel gab seine Begeisterung für den Leistungssport an seine Tochter weiter, die im Dritten Reich beste Skifahrerin im Abfahrtslauf des BDM wurde: E. Klee, Deutsche Medizin im Dritten Reich (2001), S. 230 f.

Schon 1919 war er beim Freikorps Epp und beteiligte sich am Kampf gegen den „Bolschewismus", d. h. die „Roten Garden" in Würzburg und die Räterepublik in München.[589] 1920 trat er dem „Bund Oberland" bei, der am Putsch-Versuch der NSDAP 1923 mitwirkte; er nahm am Kapp-Putsch teil, schloß sich dem Deutsch-völkischen Schutz- und Trutzbund an, war Mitglied der Ortsgruppe des Jungnationalen Bundes in Schweinfurt, also ein „alter Kämpfer" der deutsch-völkischen Bewegung. Astel gehörte zu den ersten Mitgliedern des Kampfbunds für deutsche Kultur; 1930 trat er in die NSDAP ein (Ortsgruppe München-Pullach), Anfang 1934 wurde er Mitglied der SS, Hauptsturmführer und Rassefachberater im Oberabschnitt Mitte, nachdem er schon vorher begonnen hatte, als rassenhygienischer Berater für das Rasse- und Siedlungsamt zu arbeiten. 1933 wurde er Leiter des Thüringischen Landesamtes für Rassewesen in Weimar – vermutlich geht Astels Ernennung auf seine guten Beziehungen zum Gauleiter Sauckel zurück, mit dem er seit 1920 bekannt war. Sauckel erklärte ihn 1935 als allein zuständig für das gesamte Rassewesen Thüringens, übertrug ihm die „Aufsichtsbehörde des Innenministeriums für die gesamte Erb- und Rassepflege" und ernannte ihn schließlich zum Leiter der gesamten Medizinalabteilung des Thüringischen Innenministeriums.[590] 1934 war die Berufung zum Professor für „menschliche Züchtungslehre"[591] und Direktor des Instituts für menschliche Erbforschung und Rassenpolitik an der Universität Jena vorausgegangen. 1939 bis 1945 war Astel Rektor der Universität und gleichzeitig, neben seinem Amt als Präsident des Landesamts für Rassewesen, thüringischer Staatsrat im Ministerium des Innern – in dieser Funktion leitete er die Abteilung für Gesundheits- und Wohlfahrtswesen; darüber hinaus war er Leiter des Rassenpolitischen Gauamts und Mitarbeiter im Stab des RuSHA. In dieser Verknüpfung führender Universitäts-, Staats- und Parteiämter war Astel die beherrschende Gestalt der Rassenwissenschaft und -politik in Thüringen. Sein Ehrgeiz ging dahin, an der Seite des Gauleiters Sauckel Thüringen in einen Mustergau zu verwandeln. In diesen Kontext gehörten u. a. erbbiologische Untersuchungen an kinderreichen Familien, die durch die Sauckel-Marschler-Stiftung gefördert werden sollten. Nach den Zielen der Stiftung sollten erbgesunde, arische kinderreiche Familien Musterhäuser erhalten, ähnlich wie es Karl Valentin Müller propagiert hatte. Zur Untersuchung mußten u. a. auch Schulzeugnisse und Zeugnisse der Arbeitgeber für die berufstätigen Familienmitglieder vorgelegt werden.[592]

Aus der Universität Jena wollte Astel eine SS-Universität machen; er sorgte für die Berufung von SS-Experten und „alten Kämpfern" der Bewegung. Astel hatte dabei die besondere Unterstützung Himmlers, mit dem er persönlich bekannt und befreundet war – Himmler war 1934 auch Leiter des „Geheimen Polizeiamtes in Weimar" und Kommandeur der Politischen Polizei Thüringens und nahm später noch persönlichen Anteil am Wohlergehen Astels und seiner Familie.[593] Astel war Träger des „Silbernen Gauadlers" der 1000 ältesten Parteigenossen in Thüringen und des Goldenen Ehrenzeichens der NSDAP, das ihm Hitler 1939 verlieh. Er leistete Schulungsarbeit für SA und SS – seit 1931 unterrichtete er Rassenhygiene an der

589   Heiber, Universität unterm Hakenkreuz, Bd. II.2, S. 133.
590   A. Peter, Das Thüringische Landesamt für Rassewesen (1995), S. 319; Brigitte Jensen, Karl Astel (1995), S. 159.
591   1935 lautete die Lehrstuhlbezeichnung „Menschliche Erbforschung und Rassenpolitik", 1939 „Rassenhygiene, Vererbungslehre und Bevölkerungspolitik".
592   Vgl. Hohmann, Thüringens „Rhön-Plan" (1995)
593   Brigitte Jensen, Karl Astel (1995), S. 158 f.; zur Berufungspolitik siehe ebd., S. 175 f.

Reichsführerschule der SA in München, 1932 wurde er Leiter des Rassenhygienischen Amtes der Schule.[594] 1936 sprach er vor SS-Standartenoberjunkern in Dachau. Zur gleichen Zeit versuchte er in Jena ein „SS-Mannschaftshaus" aufzubauen, eine Erziehungsstätte ausgelesener SS-Studenten, die von den befähigsten Professoren, die er in Jena um sich sammelte, in rassenkundlichen und weltanschaulichen Dingen ausgebildet werden sollten: „Es würde die Ausbildung in den von mir erprobten Methoden der praktischen Erb- und Rassenpflege im Vordergrund stehen und durch eine umfassende naturgesetzliche Fundierung auf allen anderen wichtigen Gebieten der Wissenschaft ergänzt werden."[595] Daneben trat Astel auch als Redner auf Veranstaltungen des NSLB und des Zentralinstituts für Erziehung und Unterricht auf, z. B. 1934 mit einem Vortrag über „Rasse und Volkstum" im Rahmen eines volkskundlichen Schulungslagers auf der Cyriaksburg in Erfurt.[596]

Astel war nicht unumstritten, vor allem im RPA scheint seine Qualifikation angezweifelt worden zu sein, denn 1935 beklagt sich Astel bei Himmler in einem „streng vertraulichen" Brief, daß Walter Gross seine Absetzung als Leiter des RPA im Gau Thüringens betreibe. Sein Rückhalt in der SS war jedoch groß, und Himmler unterstützte mehrfach seine Projekte, so z. B. sein Projekt einer Homosexuellen-Untersuchung.[597] 1937 wurde er zum Obersturmbannführer befördert. Astel wird sich allerdings auch viele Feinde gemacht haben, weil er gegen Kollegen intrigierte und sich immer wieder mit wichtigtuerischen Briefen bei Himmler meldete, die jedoch oft ohne Resonanz blieben. Zum Beispiel warnte er ihn 1933 vor Expertenmeinungen, nach denen das Problem der „Judenmischlinge" im Laufe der Zeit durch „Resorption" gelöst werden könne: „Der Führer ist unerhört falsch beraten worden."[598] Astel hoffte, mit seinen Berechnungen, die das genaue Gegenteil ergäben, nämlich die Forderung nach rigoroser biologischer Abgrenzung („rein Deutsche" sollten „rein Deutsche" heiraten, „Judenmischlinge" müsse man sich selbst überlassen), dem Führer selbst vortragen zu dürfen. An anderer Stelle sprach er in einem Brief an Himmler den Kriminalbiologen Viernstein und Fetscher samt den Experten des Reichsjustizministeriums die Kompetenz in Sachen Kriminalbiologie ab. Dann wieder warnte er 1941 Himmler vor den gefährlichen Lehren des Rudolf Steiner, die durch den Stellvertreter des Führers gefördert würden – sein Mitarbeiter Stengel-Rutkowski habe Material über Steiner gesammelt und dem SD übersandt. Feinde wird er sich auch an der Universität gemacht haben – durch seine Berufungspolitik, aber auch z. B. durch einen rigorosen Anti-Raucher-Kampf, den er, Gesundheitsfanatiker, der er war, in die Universität hineintrug, indem er „in allen Räumen der Universität Jena das Rauchen aus vaterländischen, volkswirtschaftlichen und gesundheitlichen Gründen" untersagte. „Es ist bestimmt

---

594 Tilitzki, Deutsche Universitätsphilosophie (2002), S. 833.

595 BDC WI A 471, Bl. 5.

596 Die Volksschule 30/1934, H. 12, S. 414.

597 Himmler ließ Astel für Forschungszwecke eine Liste von „mindestens 100 spezifischen Homosexuellen in Thüringen" durch die Gestapo übersenden. Siehe dazu Grau, Homosexualität in der NS-Zeit (1993), S. 156 ff.

598 Astels Kritik richtete sich vermutlich gegen Eugen Fischer: C. Essner, Die Alchemie des Rassenbegriffs (1995), S. 213 ff. – Ähnlich kompromißlos zeigte sich Astel noch 1944, als Bruno K. Schultz vom RuSHA ein Gutachten wegen einiger SS-Angehöriger von ihm anforderte, in deren Ahnenreihe sich jeweils ein jüdischer Vorfahre in der 8. Generation gefunden hatte: Heinemann, „Rasse, Siedlung, deutsches Blut" (2003), S. 553.

kein Zufall", meinte Astel, „wenn der Prototyp des selbstsüchtigen Engländers, Herr Churchill, als Raucher stets mit dicken Zigarren photographiert wird, während ihm der Nichtraucher Adolf Hitler geistig überlegen ist." 1941 wurde an der Universität mit finanzieller Unterstützung der Reichskanzlei das erste „wissenschaftliche Institut zur Erforschung der Tabakgefahren" eingerichtet. Anläßlich der Eröffnung fand eine Konferenz statt, auf der die schwächende Wirkung des Tabaks auf die Kräfte der Nation angeprangert wurde; dahinter steckte, so Johannes von Leers in seinem Vortrag, das Judentum; denn der jüdische Kapitalismus habe das Rauchen in Europa verbreitet.[599]

Ein Schwerpunkt Astelscher Aktivitäten war die Organisation rassenhygienischer Schulung und Fortbildung in Thüringen (s. o. S. 49). Zwischen 1933 und 1935 wurden allein über 12 000 Partei- und Staatskräfte durch das Landesamt für Rassewesen geschult. Von ihnen stellten sich anschließend 6 000 als ehrenamtliche Helfer dem Landesamt zur Verfügung, darunter auch viele Lehrer, um an Astels Hauptwerk, der generalstabsmäßigen erbbiologischen Erfassung und Bestandsaufnahme der thüringischen Bevölkerung mitzuwirken. Astel wollte neben der Ärzte- vor allem auch die Lehrerschaft für seine Ziele einspannen. Er entwickelte für die erbbiologischen Erfassungsarbeiten selber eine Sippschaftstafel, die auch außerhalb Thüringens Verwendung fand. Die Schulungskurse fanden in der „Thüringischen Staatsschule für Führertum und Politik" in Egendorf und Bad Berka statt. „Heute ist Egendorf", schrieb Astel 1935, „die Erziehungsstätte der hoffnungsvollen Auslese Thüringens. Gesunde, kräftige, im Leben bewährte deutsche Männer und Frauen arischer Abstammung versammeln sich hier als nationalsozialistische Erziehungsgemeinschaft."[600] Bis 1937 war etwa ein Fünftel der Bevölkerung in über 400 000 Akten erfaßt, schwerpunktmäßig zunächst „Minderwertige und Ehestandsdarlehensbewerber. Man sammelte systematisch Daten aus den Gesundheitsämtern, Heil- und Pflegeanstalten, Krankenhäusern, Schulen, Wohlfahrts- und Fürsorgeeinrichtungen, Strafanstalten und Polizeibehörden.[601] Die Schulen waren nach einem Erlaß des Thüringischen Volksbildungsministeriums verpflichtet, alle „belasteten" Schüler ans Landesamt für Rassewesen zu melden.[602] Bis 1936 waren 1 % der 17- bis 24jährigen in Thüringen „durchsterilisiert". Als Beisitzer im Erbgesundheitsobergericht in Jena konnte Astel selbst für die Anordnung der Zwangssterilisation sorgen; bis 1943 waren unter seiner Amtsführung 14 000 Sterilisationen durchgeführt worden.[603] Schon vor 1935 richtete er im Landesamt eine spezielle Kriminalbiologische Abteilung ein, die alle Strafgefangenen und darüber hinaus alle jugendlichen Fürsorgezöglinge und „schwerstziehbaren Minderjährigen" des Landes erb-

---

599 R. N. Proctor, Blitzkrieg gegen den Krebs (1999), S. 236ff.; Heiber, Universität unterm Hakenkreuz, Bd. II.2, S. 133; Münchner Medizinische Wochenschrift 88, 1941, S. 697ff. (Eröffnungsvortrag von Hans Reiter).

600 Rassekurs in Egendorf (1935), S. 6.

601 Archiv für Bevölkerungswissenschaft und Bevölkerungspolitik 5/1939, S. 269f.

602 Johannes Vossen, Gesundheitsämter im Nationalsozialismus (2001), S. 436.

603 Czarnowski, Das kontrollierte Paar (1991), S. 13; Brigitte Jensen, Karl Astel (1995); Archiv für Bevölkerungswissenschaft und Bevölkerungspolitik 5/1939, S. 269f. – In Thüringen wurden weit mehr Sterilisationen durchgeführt als in den meisten anderen Gebieten des Deutschen Reichs; dies hängt auch damit zusammen, daß Astel sich in Thüringen auf einen besonders hohen Anteil von Parteigenossen und „alten Kämpfern" in der Gesundheitsverwaltung stützen konnte, die in ihrem Handeln von einer „hohen Eigenmotivation" geleitet waren: Vossen, Gesundheitsämter im Nationalsozialismus (2001), S. 442f., 449.

biologisch und sippenmäßig erfassen sollte. Ein Schwerpunkt der thüringischen Gesundheitspolitik lag in den Schulgesundheitsuntersuchungen, um die Träger vermeintlicher Erbkrankheiten frühzeitig zu erkennen und auszusondern; die Lehrer mußten „fortlaufend alle – körperlich und geistig – belastenden Schüler" melden, die NSV war gehalten, „chronische
Nichtstuer und andere auffällig Belastete" anzugeben.

Begleitet war dies von Forschungsarbeiten, u. a. unterstützt mit Mitteln der Carl-Zeiss-Stif-
tung, die vor allem dem Fortpflanzungsverhalten der „Auslesegruppen" Thüringens galten.
Zusammen mit seiner Assistentin Dr. Erna Weber führte Astel umfangreiche Untersuchungen
über das Fortpflanzungsverhalten von 29 000 politischen Leitern der NSDAP im Gau Thüringen sowie 14 000 Handwerksmeister und 12 000 Beamten und Angestellten der thüringischen
Staatsverwaltung durch. Die Ergebnisse fielen für Astel deprimierend aus; die Geburtenrate
war ausgerechnet bei den politischen Leitern während des Dritten Reichs nicht in dem als
notwendig erachteten Maß angestiegen, die „Rassetüchtigkeit" sogar zurückgegangen. Die
Ursachen sah Astel in Egoismus und Individualismus als Begleiterscheinungen der modernen
Kultur. Vor allem die Frau sei nicht mehr opferbereit genug, verweigere die Hervorbringung
eines „genügend zahlreichen Nachwuchses" und sei oft auch körperlich, durch ungesunden
Lebenswandel bedingt, gar nicht in der Lage, mehr als ein oder zwei Kinder zu gebären.[604]
Sein Kollege und Mitarbeiter Stengel von Rutkowski ergänzte diese Forschungsarbeiten mit
einer Untersuchung über das Fortpflanzungsverhalten von 20 000 Bauern.[605] Astel förderte
die Karriere Stengel von Rutkowskis, der schon vor ihm bei der SS und im Rasse- und Siedlungsamt aktiv war und Astel vermutlich in die SS geholt und zur Radikalisierung seines
Denkens in rassenhygienischen Dingen mit beigetragen hatte.[606] Andere Forschungsarbeiten
und -projekte des Landesamts galten den „negativen Auslesegruppen"; u. a. wollte Astel
Untersuchungen zur Erbbedingtheit der Homosexualität anstellen, die Beschaffenheit der
„Erzeuger sämtlicher unehelich Geborener" in Thüringen erforschen und generell den Zusammenhang von Kriminalität, Sippschaft und Erbkrankheit untersuchen. Dabei wollte er
seine Kollegen in der Kriminalbiologie an Radikalität übertreffen. 1937 schrieb er an Himmler: „Ich möchte also eine solche umfangreiche Arbeit in Angriff nehmen, die außerdem noch
einen Maßstab für die Anwendung der Sicherungsverwahrung und evt. für die Vernichtung,
d. h. Tötung von Verbrechern, auch wenn sie noch nicht selbst einen Menschen getötet haben,
gibt. Dazu hätte ich gegen 4600 in Thüringen inhaftierte und im Archiv des Thüringischen
Landesamtes für Rassewesen mit Bildern und wertvollsten Verwandtschaftsaufzeichnungen
registrierte Kriminelle zur Verfügung. Bei dieser Gelegenheit möchte ich bemerken, daß ich
mit den bisherigen Kriminalbiologischen Sammelstellen, weder der von Viernstein noch der
von Fetscher, noch den demnächst vom Reichsjustizminister geplanten, einverstanden sein

---

604 Nach Lutzhöft, Der Nordische Gedanke (1972), S. 346f.

605 Vermutlich entstand auch die Dissertation von Gottfried Kurth im Kontext dieser Projekte.
     Kurth stellte in den Jahren 1933 bis 1936 rassenkundliche Untersuchungen mit Hans F. K.
     Günthers späterem Mitarbeiter Berthold Pfaul an. Siehe Kurth, „Rasse und Stand in vier
     Thüringer Dörfern" (1936).

606 Beide waren auch persönlich eng verbunden; so übernahm Astel die Patenschaft bei der heid-
     nischen Namensweihe von Widigo, dem Sohn Stengel-Rutkowskis. Zu dieser Beziehung siehe
     E. Klee, Deutsche Medizin im Dritten Reich (2001), S. 230ff.; A. Peter, Landesamt für Rasse-
     wesen (1995), S. 321; BDC WI A 471, Bl. 78.

kann, da sie alle nicht wesentlich genug d. h. nicht auf züchterische Eingriffsmöglichkeiten ausreichend abgestellt sind."[607] 1937 sprach Astel klar von Tötung und Vernichtung. Die Ärzte der Landesheilanstalten in Thüringen, die in die „Euthanasie" involviert waren, forderte er später, auch nach dem offiziellen Ende der „Euthanasie", ausdrücklich auf, mit ihrer Arbeit fortzufahren.[608] Astels Eifer mußte 1943 von der Berliner Ministerialverwaltung mit dem Hinweis auf die nötige Geheimhaltung gebremst werden.[609]

Astel gehörte zu jenen „150-Prozentigen", die sich zu sehr mit dem Dritten Reich identifizierten als daß sie sich ein Leben danach vorstellen konnten, deshalb war es nur konsequent, daß er am Ende, im April 1945 Selbstmord beging. 1944 hatte er noch an „Ringvorlesungen" im KZ Buchenwald mitgewirkt. 400 aus Norwegen deportierte Studenten sollten hier auf Befehl Hitlers eine germanische Umerziehung erhalten; in „streng wissenschaftlicher Weise" sollte in Vorlesungen die „germanische Gemeinsamkeit beleuchtet" werden. Neben Astel beteiligten sich u. a. auch der Erziehungswissenschaftler Peter Petersen und der Psychologe Friedrich Sander von der Universität Jena an den Vorlesungen.[610]

An Astels Biographie läßt sich exemplarisch ein zeittypischer sozialisationstheoretischer Hintergrund beleuchten: eine starke Orientierung an den Werten Ordnung, Gesundheit und Leistung, verbunden mit einer schon früh sich herausbildenden völkischen Einstellung und einem kämpferischen politischen Aktivismus. Der Beruf des Vaters hat offensichtlich eine ausgeprägte Neigung zu autoritären Entscheidungen begünstigt: „Der Vater von Astel war Polizist, daher will Astel alles durch Befehle und polizeiliche Anordnungen regeln."[611] Diese Neigung wird sich bei Astel in die Präferenz eines starken autoritären Staates umgesetzt haben, und sie mag eine motivationale Grundlage für seine frühe Beteiligung an Kampf-Aktionen gegen die Rätebewegung nach dem Ende des Ersten Weltkrieges gebildet haben. Auffallend ist weiterhin ein zum Fanatismus gesteigerter Kampf für Gesundheit und eine gesunde Lebensführung, der sich in den Kampf für eine erbgesunde Volksgemeinschaft umsetzte und den er gleichfalls mit polizeistaatlichen Mitteln führte – angefangen mit der Anordnung des Rauchverbots, kulminierend in der staatlich angeordneten Sterilisation und schließlich seiner Euthanasie-Weisung. Der Feldzug gegen das Kranke, Schwache und Min-

607   BDC WI A 471, Bl. 43
608   So eine Aussage des Psychiaters Johannes Schottkys, eines Kollegen Astels aus dem RuSHA, der die Landesheilanstalt Hildburghausen leitete (Jensen, Karl Astel, 1995, S. 171). Im RuSHA befaßte er sich speziell mit Fragen der erbbiologischen Auswahl künftiger Siedler für den besetzten Osten. Schottky war an der Erstellung von SS-Schulungsmaterial beteiligt und gab den Band „Die Persönlichkeit im Lichte der Erblehre" heraus. An dem Band wirkte auch Gerhard Kloos mit, der als Leiter der Heilanstalt Stadtroda eine „Kinder- und Jugendfachabteilung" einrichtete, eine Tarnbezeichnung für Stationen der „Kinder-Euthanasie". Kloos verfaßte auch eine „Anleitung zur Intelligenzprüfung im Erbgesundheitsgerichtsverfahren" (Jena 1941).
609   Ernst Klee, „Euthanasie" im NS-Staat (1985), S. 341 f. und 425.
610   Insgesamt waren nach der zwangsweisen Schließung der Osloer Universität 65 Professoren und 1500 Studenten verhaftet und z. T. nach Deutschland verschleppt worden. S. Zimmermann, Die Medizinische Fakultät der Universität Jena während der Zeit des Nationalsozialismus (2000), S. 185ff.
611   So äußerte sich später der Sohn von Fritz Lenz über ihn: B. Jensen, Karl Astel (1995), S. 153.

derwertige verband sich mit einer stark ausgeprägten Leistungsorientierung, die in seiner Leidenschaft für den Leistungssport zum Ausdruck kam; erst vor diesem Hintergrund erhält der
Leistungssport seine spezifisch symbolische Bedeutung als Gegenbild einer Manifestation des
Starken und Gesunden. Die nationalsozialistische Ideologie der Rassenhygiene bot Astel ein
Schema, diese verschiedenen Werte und Orientierungen in ein handlungsmächtiges übergreifendes Konzept zu integrieren, so daß sie sich zu motivationalen Kräften einer fortschreitenden Radikalisierung rassenhygienischer Politik verwandeln konnten.

Wichtigster Mitarbeiter und „Kampfgefährte" Astels war **Lothar Stengel von Rutkowski**, der
als Autor einiger Unterrichts- und Schulungsschriften und anderer pädagogischer Beiträge
hervortrat. Er wurde 1908 geboren und wuchs als sechster Sohn des baltendeutschen Pastors
Arnold von Rutkowski in Lettland auf. 1919 wurden seine Eltern von den Bolschewiki
ermordet. Lothar Stengel von Rutkowski wurde nach der Flucht nach Deutschland von dem
Marburger Universitätsprofessor Stengel adoptiert, besuchte in Marburg das Gymnasium
und legte dort 1928 das Abitur ab. Anschließend studierte er in Marburg, München und
Wien Medizin, Rassenkunde und Rassenbiologie. 1934 wurde er eingebürgert, legte das
Staatsexamen ab, absolvierte sein praktisches Jahr als Arzt an der Psychiatrie und Nervenklinik in Jena und arbeitete als Abteilungsleiter beim Thüringischen Landesamt für Rassewesen in Weimar, zuständig für das Gebiet Forschung und Lehre. 1937 wurde er zum Regierungsrat ernannt, 1938 promovierte er zum Dr. med. bei Astel mit einer Untersuchung über
die Fortpflanzung von 20000 thüringischen Bauern. 1940 habilitierte er sich mit einer Abhandlung über den „biologischen Volksbegriff" („Was ist ein Volk?") und erhielt eine Dozentur für „Rassenhygiene, Kulturbiologie und genetische (rassenhygienische) Philosophie" an
der Universität Jena. Stengel von Rutkowski setzte sich für eine biologische Fundierung der
Geisteswissenschaften ein und forderte eine „lebensgesetzliche" Schulreform. Dazu gehörte
z. B. eine Überprüfung des Sprachunterrichts „nach dem neuen biologisch-nordischen Wert-
maßstab", die Abschaffung des Unterrichts in den alten Sprachen („sinnloser Ballast") und
vor allem in Französisch („fremdes Seelentum"), während der Biologie-Unterricht aufgewertet werden sollte: Biologie müsse das neue und zentrale Hauptfach werden, zugleich aber
den gesamten Unterricht durchdringen. Außerdem müßten die Bildungszeiten insgesamt
„auf der Grundlage strengster Eignungsauslese" drastisch reduziert werden, das Hochschulstudium müsse, wie schon von Astel vorgeschlagen, mit dem 21. Lebensjahr abgeschlossen
werden, damit der begabte Akademikernachwuchs früh zur Familiengründung kommen
könne.[612]

Stengel von Rutkowski war seit der Jugend deutsch-völkisch orientiert, sicher auch vor dem
Hintergrund der Erfahrungen in Lettland. Schon als Schüler engagierte er sich in völkischen
Jugendbünden – Junghessenbund, Knappenschaft, 1927 war er bei den „Adlern und Falken",
zuletzt in der Stellung eines Gauleiters von Hessen und Reichsreferenten für Rassen- und Erbpflege. Im Auftrag der „Adler und Falken" organisierte er 1928 und 1929 rassenhygienische
Ausstellungen. 1930 trat er der NSDAP bei, betätigte sich als Gauredner, hielt Postendienst
im Braunen Haus und war an Saalschlachten in München und Wien beteiligt. Den Schwerpunkt seiner politischen Arbeit fand er in der SS, der er im Juni 1931 beitrat. Hier arbeitete er
1932/33 als hauptamtlicher Referent für Rassenhygiene im RuSHA und als Fachleiter für

---

612   Der Weg zur lebensgesetzlichen Schule (1935).

Erbgesundheit im SS-Hauptamt. Darüber hinaus war er Hauptstellenleiter im Gauamt des RPA. 1933 verließ er die Kirche und wurde „gottgläubig". Im Rasse- und Siedlungsamt wurde er mit „Sonderaufträgen auf dem Gebiet der Feiergestaltung und Rassenkunde" beschäftigt; vor allem aber war er für Gesundheitszeugnisse für SS-Bewerber und Mitglieder zuständig, eine Arbeit, die er später als Leiter der ärztlichen Hauptabteilung im Heiratsamt des RuSHA fortsetzte.[613]

1940 sandte er seine Habilitation „Was ist ein Volk?" an den Leiter des RuSHA, der gleich begeistert 20 Exemplare für die Dienststellenleiter bestellte und vorschlug, eine gekürzte Fassung in großer Auflage herauszugeben. „Vom Leiter meiner Aussenstelle in Litzmannstadt wurde ich verständigt", schrieb er Stengel von Rutkowski, „daß Sie vor geraumer Zeit diese Aussenstelle besuchten. In dieser Aussenstelle wird, wie Sie sich überzeugen konnten, ein Teil der praktischen Arbeit geleistet, die dem Begriff des deutschen bzw. des germanischen Volkes mehr und mehr Ausdruck verleiht. Tag für Tag holen wir aus den evakuierten Polensippen die Besten und Wertvollsten heraus, um sie dem deutschen Volk wieder zuzuführen."[614] Stengel von Rutkowski war unterdes als Waffen-SS-Mann im Fronteinsatz bei der „Bandenbekämpfung" in Griechenland und auf dem Balkan beschäftigt und tat als Truppenarzt bei einer SS-Polizeidivision Dienst. Zwischen den Einsätzen fand er Zeit, sich weiter um seine Universitätskarriere zu kümmern. Seinem Kollegen und Freund aus dem RuSHA Fritz Schwalm schrieb er in einem Brief vom Mai 1941 über seine Pläne, auf einen Lehrstuhl für Rassenbiologie an der Reichsuniversität Posen zu gelangen – jener Lehrstuhl, der zunächst für Bruno K. Schultz vorgesehen war, den Stengel von Rutkowski noch als Gutachter für sich einspannen zu können hoffte. Er träumte von einem eigenen Institut für Kulturbiologie, Volkslehre und „genetische Philosophie": „Ich sehe es als meine Lebensaufgabe an, den Geisteswissenschaftler dazu zu bringen, die rassischen und biologischen Grundlagen aller Kultur zu verstehen und sich mit ihnen ernsthaft zu beschäftigen."[615] Um nicht mit Vaterschaftsgutachten u. ä. überlastet zu werden, hätte er das Ordinariat lieber in der Philosophischen als der Medizinischen Fakultät gehabt. Sein Ziel war die Gründung einer AG aller Rassenforscher, die er an die Arbeit des RuSHA anbinden wollte. Dies schien ihm auch strategisch wichtig, denn gleichzeitig klagte er über den „ständigen Rückgang rassenpolitischen Einflusses an den deutschen Universitäten. Überhaupt: die Rassenwissenschaft stagniert! Das REM würgt alle rassenpolitischen Berufungen grundsätzlich ab."[616] In Posen fehlten mit der Berufung von B. K. Schultz nach Prag wohl die Mittel für einen solchen Lehrstuhl. Statt dessen holte man ihn 1944 nach Prag, um dort ein „Institut zur Erforschung der bolschewistischen Weltgefahr" aufzubauen. Gleichzeitig wurde er als Leiter der ärztlichen Hauptabteilung des HSSPF zum RuSHA in Böhmen und Mähren versetzt. Dort nahm er noch Anfang 1945 als RuSHA-Arzt rassen- und erbbiologische Untersuchungen

---

613   Von ihm stammt z. B. die ungünstige Beurteilung der konstitutionellen Verfassung von Walther Jaensch aus dem Jahr 1944. Zur Ironie der Geschichte gehört, daß wiederum Johannes Schottky 1934 über Stengel von Rutkowski ein Gutachten anfertigte, in dem er Bedenken gegen eine Heirat äußerte, weil die Schwester schizophren und der Vater melancholisch gewesen sein: BDC F 5738, Gutachten vom 30. 4. 1934.
614   BDC RKK 2100/442/1, Schreiben vom 19. 12. 1940.
615   BDC 1673, Brief vom 20. 5. 1941.
616   Ebd.

von Eheleuten aus „Mischehen" und Personen, die die deutsche Staatsangehörigkeit erhalten wollten, vor.[617] Stengel von Rutkowski überlebte den Krieg und arbeitete später als Leiter des Kreisgesundheitsamtes in Waldeck.

5.3 Experten der rassenhygienischen Fortbildung und Gesundheitserziehung

Der NS-Ärztebund richtete 1934 in Alt-Rehse in Mecklenburg eine „Führerschule" ein, die auch für die rassenhygienische Fortbildung der nationalsozialistischen Ärzteschaft zuständig war. An ihr war **Hermann Alois Boehm** als Schulungsleiter tätig. Boehm war ein alter Kämpfer der nationalsozialistischen Bewegung. Er wurde 1884 in Fürth als Sohn eines praktischen Arztes geboren. Nach dem Besuch der Volksschule und des Humanistischen Gymnasiums studierte er in München Medizin und promovierte 1911 zum Dr. med.; anschließend arbeitete er als Assistent an den Pathologischen Instituten der Universitäten Jena und Göttingen. Während des Ersten Weltkriegs war er in einem Frontlazarett tätig. 1922 wurde er Leiter des Pathologischen Instituts am städtischen Krankenhaus in München. Nach dem Krieg hatte er sich der völkischen Bewegung angeschlossen und war Mitglied im Alldeutschen Verband, im deutsch-völkischen Offiziersbund und im völkischen Rechtsblock geworden. 1923 nahm er am Hitler-Putsch in München teil; dafür erhielt er den Blutorden der NSDAP. Er schloß sich im gleichen Jahr der SA als Regimentsarzt an und nahm an den SA-Treffen 1931 in Braunschweig und 1932 in Coburg teil. Seit 1923 beschäftigte sich Boehm eigenen Angaben zufolge mit Rassenhygiene und Vererbungslehre. 1931 wurde er als Referent für Rassenhygiene in die Reichsleitung des NS-Ärztebundes und als Abteilungsleiter für Volksgesundheit in die Reichsorganisationsleitung der NSDAP berufen. Mit der Machtübernahme der Nationalsozialisten stieg er rasch weiter auf. 1933 und 1934 leitete er die Abteilung Vererbung und Rassenhygiene im Reichsausschuß für Volksgesundheitsdienst; hier erstellte er mehrere kommentierte Bildreihen zur Erbkunde, Bevölkerungspolitik und Rassenhygiene, die als Schulungsmaterial Verwendung fanden. Gleichzeitig wurde er in den Stab der Obersten SA-Führung aufgenommen und 1937 zum Sanitäts-Brigadeführer ernannt. 1934 wurde ihm die Leitung des Pathologisch-Anatomischen Instituts des Rudolf-Hess-Krankenhauses in Dresden übertragen, parallel dazu erhielt er eine Honorarprofessur für Rassenhygiene an der Leipziger Universität, wurde Vorsitzender des Disziplinargerichtes des NS-Ärztebundes Sachsen und Mitglied im Erbgesundheitsobergericht Dresden.[618] Nach einem kurzen Zwischenspiel 1936 in der Reichsleitung der NSDAP in München wurde er 1937 zum Schulungsleiter des neugebildeten erbbiologischen Forschungsinstituts der Reichsärzteschule Alt-Rehse berufen. Die Honorarprofessur übte er jetzt an der Universität Rostock weiter aus. Boehms Arbeit in Alt-Rehse sollte vor allem dazu beitragen, den Mangel an qualifiziertem Nachwuchs im Bereich der Rassenhygiene abzubauen. Geplant waren zweijährige Kurse für Jungärzte, von denen ein Jahr bei

---

617 Heinemann, „Rasse, Siedlung, deutsches Blut" (2003), S. 176.

618 Das Rudolf-Heß-Krankenhaus war als ein Zentrum der „Neuen Deutschen Heilkunde" geplant; ihm war das „Reichsmutterhaus der Braunen Schwestern" angegliedert, Hauptsitz der NS-Organisation der Krankenpflegerinnen, sowie eine biologische Forschungs- und Fortbildungsstelle für Ärzte: Fäßler, Sozialhygiene – Rassenhygiene – Euthanasie (1998), S. 198.

Boehm und jeweils ein halbes Jahr bei Loeffler in Königsberg und Verschuer in Frankfurt absolviert werden sollten. Boehm war danach für die Vermittlung von Grundlagenkenntnissen der experimentellen Genetik und die „weltanschauliche Ausrichtung" zuständig, Loeffler für Fragen der Rassenkunde, Anthropologie und Eheberatungspraxis, Verschuer für Erbpathologie und erbbiologische Untersuchungsmethoden.[619] Während des Krieges war der Lehrbetrieb immer schwieriger aufrechtzuerhalten; Boehm versuchte deshalb, eine Angliederung des erbbiologischen Forschungsinstituts an die Universität Rostock zu erreichen. Die Verhandlungen zogen sich aber dahin, und so nahm er 1943 den Ruf auf die Nachfolge Kranz in Gießen an.[620] Nachdem er 1945 durch die amerikanischen Militärbehörden entlassen worden war, eröffnete er eine Privatpraxis.[621]

Eine der wichtigsten Institutionen rassenhygienischer Fortbildung und allgemein „hygienischer Volksbelehrung" war das Hygiene-Museum in Dresden, eine traditionsreiche Institution, die schon 1913, nach der ersten Hygiene-Ausstellung in Dresden (1911) auf Betreiben und mit finanzieller Unterstützung des Odol-Fabrikanten Lingner gegründet worden war. Seit 1926 bestand hier eine Hygiene-Akademie, sie wurde 1934 in eine Staatsakademie für Rassen- und Gesundheitspflege umgewandelt und hatte vor allem Schulungs- und Fortbildungsaufgaben für Politische Leiter und Staatsbeamte: Richter, Staatsanwälte, Ärzte und Lehrer. Das Hygiene-Museum entwickelte Ausstellungskonzepte, organisierte Ausstellungen, die auch als Wanderausstellungen durch Deutschland gingen (u. a. „Blut und Rasse", „Volk und Rasse" und „Eugenik und Gesundheitspflege") und von über einer Million Besuchern gesehen worden sein sollen. Es brachte Schulungs-, Fortbildungsmaterialien und Unterrichtssammlungen heraus, insbesondere Lichtbildreihen zur Vererbungslehre, Rassenhygiene, Bevölkerungspolitik und Rassenkunde usw.[622]

Leiter des Hygiene-Museums und der Staatsakademie war **Ernst Wegner**. Er gab 1934 anläßlich der Eröffnung der Staatsakademie den Sammelband „Rassenhygiene für jedermann" heraus, an dem auch Martin Staemmler und Otto Reche mitwirkten. Wegner verfaßte darin u. a. den Beitrag „Die Geschichte als Lehrmeister völkischen Geschehens", in dem er die Rassenmischung und den Einfluß der Juden für mehr oder weniger alle Probleme und Krisen in der Geschichte verantwortlich machte, insbesondere auch für die Niederlage im Ersten Weltkrieg: Die Juden seien der unbesiegten Wehrmacht nach jahrzehntelanger Wühlarbeit feige (da sie

---

619 BA, R 4901/965.

620 Das Reichserziehungsministerium wollte ihn „auf Anregung der Parteikanzlei" vorher auf einen Lehrstuhl für Rassenpolitik in Posen berufen, die Berufung scheiterte aber an der Ablehnung der Universität, weil Boehms Arbeit „zu wenig geisteswissenschaftlich ausgerichtet" war. Der Lehrstuhl war für die „Übertragung des rassenkundlichen Wissens auf das politische, volks- und geisteswissenschaftliche Gebiet" geplant. Clauss, der für diese Stelle zunächst vorgesehen war, kam wegen seiner jüdischen Mitarbeiterin nicht mehr in Frage. Gross, der seinen Mitarbeiter Hecht in Posen unterbringen wollte, blieb damit aber ebenfalls erfolglos (BA, R 21/10303). Inzwischen hatte Boehm einen Ruf nach Würzburg erhalten, den er aber nicht annahm, so daß die Stelle hier mit Just besetzt wurde.

621 Biographische Daten nach Dalchow, Erb- und Rassenpflege an der Ludwigs-Universität Gießen (1998), S. 204 ff.

622 C.-P. Heidel, Zwischen Naturheilkunde und Rassenhygiene (1993); P. Fäßler, Sozialhygiene – Rassenhygiene – Euthanasie (1998).

nicht selber gedient hätten) in den Rücken gefallen und hätten die Novemberrevolution angezettelt etc.

Wegner wurde 1900 im Kreis Hohensalza im Wartheland als Sohn eines Chemikers geboren. Er besuchte das Gymnasium in Köthen und Bernburg und meldete sich 1918 als Primaner freiwillig zum Kriegsdienst; später war er bei den Freikorps (Brigade Ehrhard und Eiserne Division Württemberg). Nach dem Krieg studierte er Medizin und war Mitglied der „Schwarzburgverbindung Sedinia". 1924 promovierte er zum Dr. med., anschließend arbeitete er bis 1933 als praktischer Arzt in Kirchberg in Sachsen. Das frühe Engagement für den Nationalsozialismus beförderte 1933 seine Karriere. 1930 war er der NSDAP beigetreten, wurde Ortsgruppenleiter in Kirchberg und Gauobmann des NS-Ärztebundes in Sachsen. 1930 war er gleichzeitig in die SA eingetreten, und bereits im Juli 1930 war er beim SA-Aufmarsch zum Gautag in Chemnitz dabei, im Jahr darauf nahm er am SA-Aufmarsch in Braunschweig teil; später wurde er Sanitäts-Oberführer der SA in Sachsen. 1932 war er Reichstagsabgeordneter der NSDAP. 1933 wurde er als Staatskommissar für das Gesundheitswesen ins Sächsische Innenministerium berufen und zum Ministerialrat ernannt, von 1934 bis 1937 leitete er dort die Abteilung für Volksgesundheit. Seit 1934 war er Rektor der Staatsakademie, seit 1935 auch Leiter des Hygiene-Museums. Daneben leitete er auch die Dresdener Akademie für ärztliche Fortbildung. Gleichzeitig war er Gauamtsleiter des Amtes für Volksgesundheit der NSDAP Sachsen. 1937 schied Wegner aus dem Staatsdienst aus und übernahm die Leitung der sächsischen Ärztekammer. Im gleichen Jahr verließ er die evangelische Kirche und wurde „gottgläubig". 1938 wurde er ins Gesundheitshauptamt im Stab der Obersten SA-Führung berufen und zum Brigadeführer ernannt, wenig später erhielt er eine Hauptstelle in der Reichsdienststelle des Hauptamtes für Volksgesundheit der NSDAP. 1941 mußte er aus dem Stab der Obersten SA-Führung wieder ausscheiden, weil er falsche Angaben über Ehrungen und Orden aus dem Ersten Weltkrieg gemacht hatte.[623]

Die Abteilung Erb- und Rassenkunde am Hygiene-Museum leitete **Hermann Vellguth**. Er war damit auch für die rassenhygienischen Ausstellungen des Museums verantwortlich und gab die dazugehörigen Kataloge heraus. So organisierte er u. a. die Wanderausstellungen „Blut und Rasse" und „Volk und Rasse". Vellguth kam 1906 in Kirchtimke bei Bremen zur Welt. Sein Vater Leopold Vellguth war Kreisarzt in Meldorf (Holstein), er wurde im Dritten Reich Medizinalrat und Leiter des Sächsischen Erbgesundheitsamts.[624] Der Sohn folgte dem Vater nach. Hermann Vellguth besuchte das humanistische Gymnasium in Meldorf, nahm nach dem Abitur ein Medizinstudium auf und promovierte 1930 in Leipzig zum Dr. med. Vorher hatte er als Praktikant und Assistent in der pathologischen Anatomie gearbeitet, danach in der chirurgischen Klinik in Dresden. Vellguth bezeichnete sich selbst als Schüler des Rassenanthropologen Eugen Fischer, dessen Lehrveranstaltungen er in Freiburg besucht hatte; unter Fischers Einfluß habe er schon früh Rassenhygieniker werden wollen, diesen

623 BDC Diverses; BDC A 555.

624 Leopold Vellguth trat Anfang 1932 der NSDAP bei, 1939 war er Führer einer SS-Sanitätssonderstaffel. Aus seiner Feder stammt eine kleine Abhandlung über „rassenhygienische Propaganda" (1933), in der er die Volksschullehrer als die wichtigsten Mittler des rassenhygienischen Gedankens anspricht: „Haben wir erst die Lehrer in dieser Weise gewonnen, so haben wir, wenigstens auf dem Lande, schon beinahe das Volk."

Berufswunsch aber erst 1933 [625] mit dem Eintritt in die Dienste des Hygiene-Museums verwirklichen können.

Vellguth war bereits als Schüler bei der Bündischen Jugend, während der Studentenzeit wurde er Mitglied der Akademischen Gilde „Wiking". Anfang 1932 – am gleichen Tag wie sein Vater – trat er in die NSDAP, den NS-Ärztebund und kurz darauf auch in die SS ein. In der SS war er zunächst „Sturmarzt", während des Krieges wurde er 1941 zum Sturmbannführer befördert. Im Juni 1933 erhielt er den Auftrag, am Hygiene-Museum in Dresden die neue Abteilung für Erb- und Rassenkunde aufzubauen. Parallel dazu war Vellguth Gauamtsleiter des RPA Sachsen und ehrenamtlich Beisitzer am Erbgesundheitsobergericht Dresden. Als RPA-Leiter organisierte er rassenhygienische Schulungsmaßnahmen für Ärzte in Sachsen. Nach 1936 stieg er zum Medizinalrat und Leiter des Staatlichen Gesundheitsamts in Ostpreußen auf, 1940 wechselte er nach Wien und übernahm auch hier die Leitung des Rassenpolitischen Amtes. 1943 kam er bei der Waffen-SS zum Einsatz, bis er in Kriegsgefangenschaft geriet. Laut Aussage einer Fürsorgerin in seinem Entnazifizierungsverfahren arbeitete Vellguth ein Jahr lang als Lehrer an einer Fürsorgeschule in Wien. Nach dem Krieg ließ er sich in Flensburg nieder. Während des Verfahrens, das 1947 gegen ihn als ehemaligen Sturmbannführer der SS und Untersturmführer der Waffen-SS geführt wurde, beschrieb er seine Tätigkeit für das RPA als eine rein gesundheitspolitische Arbeit; das Gericht glaubte seiner Darstellung, daß er kein aktives SS-Mitglied und kein bekennender Nationalsozialist gewesen sei und beließ es bei einer Geldstrafe von 3000 Mark. [626]

Nachfolger Vellguths als Abteilungsleiter für Erb- und Rassenkunde am Hygiene-Museum ebenso wie als Gauamtsleiter des RPA war **Wolfgang Knorr**, auch er ein „gottgläubiger" Arzt. Knorr kam 1911 in Wolkenstein in Sachsen zur Welt. Er absolvierte ein Doppelstudium in Medizin und Rassenkunde und promovierte 1936 mit einer Arbeit über die „Kinderreichen in Leipzig" zum Dr. phil. und 1939 mit einer erbbiologischen Untersuchung über „asoziale Großfamilien" zum Dr. med. in Rostock. Knorr trat 1932 der NSDAP bei und war seitdem ehrenamtlich als Kreis- und Gauredner für die Partei tätig. Unter Vellguth war er schon 1934 stellvertretender Gauamtsleiter des RPA, später wurde er Leiter der Hauptstelle „Praktische Bevölkerungspolitik" in der Reichsleitung des RPA. Knorr ist 1940 in Frankreich gefallen.

Das Dresdner Hygiene-Museum unterstand organisatorisch dem Reichsausschuß für Volksgesundheitsdienst im Reichsinnenministerium. Leiter des Ausschusses war **Arthur Gütt**, einer der politisch einflußreichsten Rassenhygieniker und Gesundheitspolitiker. Er gehörte zu den Initiatoren des Gesetzes zur Verhütung erbkranken Nachwuchses, war Ministerialdirektor und Staatssekretär im Ministerium des Innern und spielte als Leiter der Staatsmedizinischen Akademie in Berlin auch eine wichtige Rolle in der rassenhygienischen Fortbildung. Er war maßgeblich verantwortlich für die Reorganisation und Vereinheitlichung des Gesundheitswesens und damit verbunden die Übertragung rassenhygienischer Aufgaben auf die Gesundheitsämter im Dritten Reich. [627] Gütt verfaßte auch einige Schriften zur rassenhygienischen Volksbildung, für die nationalsozialistische Schulung und zur Leibeserziehung. Er wurde 1891 als Sohn eines Gutsbesitzers in Westpreußen geboren. 1914 meldete er sich als Frei-

625   BA Koblenz, Z 42 VII/2140, Bl. 2.
626   BDC 1772; BDC G 490; BA Koblenz, Z 42 VII/2140.
627   Czarnowski, Das kontrollierte Paar (1991).

williger zum Kriegseinsatz und verbrachte mehrere Jahre in russischer Kriegsgefangenschaft. Nach dem Krieg beendete er 1919 das Medizinstudium mit der Promotion in Königsberg und arbeitete danach als Arzt im ostpreußischen Popelken. Über seine weitere Entwicklung schreibt er selbst: „Dort trat ich 1923 nach dem Hitlermarsch in München der völkischen Bewegung bei und begründete Anfang 1924 die NS-Freiheitsbewegung, den Frontkämpferbund und den Wehrwolf. Kreisführer der politischen Partei war ich von 1924 bis zu meinem Fortzug 1925, wobei ich auf solchen Versammlungen als Redner auch Vorträge über Rassenfragen gehalten habe. Dann wurde ich preußischer Medizinalbeamter in Waldenburg/Schl., Kreisarzt in Marienwerder und Wandsbek." [628] 1925 wurde er durch die Landesleitung des „Frontbanners" mit dem Frontkreuz geehrt. Nach der Aufhebung des Verbots der NSDAP wurde er 1932 erneut Parteimitglied und trat gleichzeitig in die SS ein. Seit 1932 arbeitete er zudem als Berater der Reichsleitung für das Öffentliche Gesundheitswesen. 1933 wurde er von Frick zum Ministerialrat und Vorsitzenden des Reichsausschusses für Volksgesundheitsdienst ernannt und in den Sachverständigenbeirat für Bevölkerungs- und Rassenpolitik des Innenministeriums berufen. 1935 machte ihn Himmler zudem zum Chef des Amtes für Bevölkerungspolitik und Erbgesundheitspflege in seinem Stab; 1937 wurde Gütt Chef des Sippenamtes im RuSHA, 1938 folgte die Beförderung zum SS-Brigadeführer, 1939 quasi parallel dazu die Ernennung zum Staatssekretär. Im gleichen Jahr erlitt er einen schweren Jagdunfall und zog sich daraufhin von allen Ämtern zurück. Geistig bewegte sich Gütt schon früh in den Bahnen von Lenz und Darré. Er forderte u. a. die Rückkehr der Frau zu ihrer Aufgabe als Hausfrau und Mutter, Familiengründung und Aufzucht vieler Kinder müßten zur Pflicht werden, das politische Stimmrecht müsse als Familienstimmrecht umgestaltet werden (für je zwei Kinder sollte es eine Zusatzstimme geben), Mischehen mit Fremdrassigen seien abzulehnen, Juden unter Fremdenrecht zu stellen, Ostjuden auszuweisen. In Anlehnung an Darré trat er für eine „Aufartung durch bäuerliche Neusiedlung" ein. „Als höchstes Ziel staatlicher Bevölkerungspolitik müßte uns eine staatliche, germanisch-nordisch eingestellte Rassenpolitik vorschweben." In der Erziehung käme es weniger auf Wissensvermittlung als auf Gewöhnung an Arbeit und Pflichterfüllung an. Die Gesamtschulzeit solle man kürzen, damit die Begabten früher zur Familiengründung kämen. Der Biologieunterricht müsse zu Lasten der Sprachen ausgeweitet werden, vor allem müsse Rassenhygiene in den Schulen unterrichtet werden. Für Ärzte und Lehrer müsse es rassenhygienische Fortbildungsprogramme geben etc. [629]

Als Leiter des Reichsausschusses für Volksgesundheitsdienst war Gütt auch für die rassenhygienische Aufklärung, Erziehung und Propaganda im Rahmen der Aufgaben des Innenministeriums zuständig. Sein besonderes Interesse galt u. a. dem „rassenhygienischen Theater". Gütt versuchte sich auch selber als Schriftsteller und Regisseur, er war Mitglied im Reichsausschuß für Freilichtbühnen und Volksschauspiele, und unter seiner Leitung unterhielt der Ausschuß für Volksgesundheitsdienst eine eigene Theatertruppe, die sich auf die Aufführung rassenhygienischer Lehrstücke spezialisierte, wie Konrad Dürres „Erbstrom", das in vielen Städten Deutschland vor Schulklassen gezeigt wurde. Ein anderes Beispiel war das Volksstück „Schwiegersöhne" von Alexander Paul, in dem es um einen Pastor geht, der die

---

628 BDC 564, Lebenslauf Gütt, o. D.
629 Staatliche Bevölkerungspolitik: ebd. – Biographische Materialien: BDC Diverses; BDC 76: 7770 Personalakte des obersten Parteigerichts; BDC 3394; 564; B 509; 564; BA Koblenz, Z 42 II/ 1223, Gütt, Artur.

Erkenntnisse der Vererbungs- und Rassenlehre leugnet und seine Tochter einem „erbkranken und rassenfremden" Mann zur Frau gibt; das Stück wurde 1935 im Hamburger Thalia-Theater von der Theatergruppe des Volksgesundheitsdienstes zur Uraufführung gebracht. „Schwiegersöhne" war ein Auftragswerk des Volksgesundheitsdienstes, und Paul, der noch weitere Bühnenwerke schrieb, war dort als Mitarbeiter beschäftigt.[630]

Als Beispiel eines jüngeren Mitarbeiters des Volksgesundheitsdienstes wollen wir **Hans-Joachim Lemme** erwähnen. Lemme war Jurist und arbeitete als Rechtsreferent für die SS, war aber gleichzeitig an der Erstellung rassenhygienischen und rassekundlichen Schulungsmaterials beteiligt. Geboren wurde er 1905 in Berlin, sein Vater war kaufmännischer Angestellter. Er besuchte das Reformgymnasium in Berlin-Mariendorf, machte dort 1922 das Abitur und studierte anschließend Jura. 1929 machte er das Referendar-, 1934 das Assessorexamen; Lemme arbeitete am Amtsgericht Berlin-Wedding. Er hatte sich schon früh der völkischen Bewegung angeschlossen; schon mit 16 Jahren war er beim völkischen Jugendbund „Adler und Falken", von 1929 bis 1933 war er dort Gauführer der Mark Brandenburg. 1933 trat er in die SS ein und wurde Rechtsreferent im Stab Ausbildungswesen des RuSHA. 1935 trat er der NSDAP bei, im gleichen Jahr wurde er beim Reichsausschuß für Volksgesundheitsdienst angestellt; nach seinen späteren Angaben bearbeitete er dort Statistiken und nahm die Aufgaben eines geschäftsführenden Abteilungsleiters wahr. Seine Veröffentlichungen zeigen, daß er auch Schulungsmaterialien und Schriften des Volksgesundheitsdienstes erstellte. Daneben arbeitete er als Sachverständiger für das RPA. Den Krieg verbrachte Lemme, der inzwischen aus der Kirche ausgetreten und „gottgläubig" geworden war, bei der Wehrmacht und in der Waffen-SS, zu der er sich 1942 als SS-Sturmmann freiwillig meldete. In einem Verhör nach dem Krieg gab er an, er sei 1933 in die SS eingetreten, weil er Deutschland retten und zur Elite gehören wollte, habe sich aber insgesamt passiv verhalten und sei kein Militarist und Aktivist gewesen, und auch seine Arbeit im Volksgesundheitsdienst sei rein wissenschaftlicher Art gewesen. 1946 arbeitete er als Dozent für Englisch, Französisch und Geschichte in einer volkshochschulähnlichen Einrichtung eines Kriegsgefangenenlagers in Zimming/Mosel. Ein Gutachter der französischen Militärregierung, selbst ein ehemaliger KZ-Häftling, bescheinigte ihm, „dass er sich in harter Selbsterziehung vom rassistischen Ideengut völlig losgelöst und in einer für einen Deutschen sehr beachtlichen Weise mit demokratischen sowie sozialistischen Gedankengängen vertraut gemacht" hätte.[631]

Präsident des Reichsgesundheitsamtes war **Hans Reiter**. Er verfaßte mehrere kleine Beiträge zur Erziehung, die zumeist aus Reden heraus entstanden, so beispielsweise der Aufsatz „Kommende Erziehung", dem ein Vortrag auf dem Internationalen Freiluftschulkongreß 1936 zugrunde lag. Reiter gibt hier eine rein sozialdarwinistische Definition von Erziehung: „Der

---

630 Alexander Paul (Pseud. Karsten Pagel), geb. 1902, wurde durch Gütt aus einer längeren Phase der Arbeitslosigkeit „gerettet". Er veröffentlichte 1936 das Buch „Der Film der Gegenwart und die Rassenfrage", nahm noch ein Studium auf und promovierte 1940 bei H. F. K. Günther und Eugen Fischer mit der Dissertation „Jüdisch-deutsche Blutsmischung. Eine sozial-biologische Untersuchung". Darin kam er zu dem Schluß, daß Mischlinge auf Dauer keinen Platz in der „deutschen Volksgemeinschaft" haben könnten und deswegen dem jüdischen Volk „zugeschlagen" werden müßten. Siehe BDC RKK 2101/938; BDC PK 8923; Joseph Wulf, Theater und Film im Dritten Reich (1983), S. 247.

631 BDC D 5011; BA Koblenz, Z 42 II/2432.

innere Sinn jeder Erziehung und Schulung ist die Steigerung der körperlichen und geistigen Wehrhaftigkeit des einzelnen gegenüber seiner Existenzbedrohung." Die „Existenzbedrohung" ist offensichtlich eine, *die* beherrschende universelle Grundtatsache; und da der einzelne nur als Teil der Familie, des Stammes und schließlich des Volkes existieren kann, muß die Erziehungsaufgabe letztlich auf die Existenzwahrung und Sicherung des ganzen Volkes abzielen. Daraus ergab sich die Definition des Hoch- und Minderwertigen: Hochwertig sei, was die Fähigkeit, sich im Daseinskampf zu behaupten, erhöht, und dies gelte es im Rahmen des durch die Erbanlagen Vorgegebenen zu entwickeln, das Minderwertige, Schwache entsprechend zurückzudrängen. Reiter gesteht hier immerhin der Erziehung einen gewissen Spielraum zu; manche Menschen würden z. B. mit einer Neigung, andere mit einer Hemmung des „Kriminellwerdens" geboren – wenn beides vorhanden sei, könne die Neigung durch eine pädagogische Stärkung der Hemmung neutralisiert werden.[632] Reiter unterschied zwar auch zwischen „arisch" und „artfremd" und teilte die üblichen antisemitischen Stereotypen, dachte aber doch primär in erbbiologischen Kategorien. Die rassenanthropologischen Typologien etwa scheinen in seinem Denken keine Rolle gespielt zu haben; dies hebt ihn beispielsweise deutlich von Gütt ab. Reiter förderte denn auch vor allem die erbbiologische Forschung, wie sie durch Ritter und Just repräsentiert wurde.

Reiter wurde 1881 in Reudnitz bei Leipzig geboren; er kam aus dem mittleren bis gehobenen Wirtschaftsbürgertum. Sein Vater war Kaufmann und Besitzer einer Möbelfabrik. Er besuchte die Thomasschule in Leipzig, legte 1901 das Abitur ab und studierte anschließend in Leipzig, Breslau und Tübingen Medizin. Als Student war Reiter Mitglied der schlagenden Verbindung „Cheruskia". 1906 promovierte er in Leipzig zum Dr. med., 1911 wurde er Assistent am Hygiene-Institut der Universität Königsberg, 1913 habilitierte er sich dort. Während des Krieges war er beratender Hygienearzt bei den deutschen Truppen in Bulgarien; für seinen Einsatz erhielt er das Eiserne Kreuz. 1920 wurde er außerordentlicher Professor für Sozialhygiene in Rostock; nach einem kurzen Zwischenspiel als stellvertretender Abteilungsleiter am KWI für experimentelle Therapie in Berlin wurde er 1926 zum Medizinalrat und Direktor des Landesgesundheitsamtes Mecklenburg-Schwerin ernannt. Parallel zu seiner beruflichen Karriere entwickelte sich sein politisches Engagement. 1920 schloß er sich der rechtsliberalistischen DVP an, wurde Ortsgruppenvorsitzender und Stadtverordneter in Rostock. 1931 wechselte er zur NSDAP; zu diesem Zeitpunkt soll er der einzige Parteigenosse unter den Universitätskollegen gewesen sein. 1932 saß er bereits als NSDAP-Abgeordneter im mecklenburgischen Landtag und wurde Mitarbeiter des nationalsozialistischen Unterrichtsministers Friedrich Scharf; gleichzeitig war er der erste Hochschulobmann des NSLB für die Universität Rostock. Reiter war also 1933 ein ausgewiesener Experte für Hygienefragen, Leiter eines Landesgesundheitsamts und ein erfahrener NS-Politiker; so überrascht es nicht, daß er bald nach der „Machtergreifung" zum Präsidenten des Reichsgesundheitsamtes ernannt wurde, ein Amt, das er von 1933 bis 1945 innehatte. Parallel dazu wurde seine Honorarprofessur von Rostock nach Berlin transferiert; seit 1934 hielt er an der Berliner Universität Vorlesungen zur Erb- und Rassenkunde. Reiter scheint nicht in der SS gewesen zu sein, ihm lag offenbar die SA mehr, der er schon vor 1933 angehörte und in der er 1941 zum Standartenführer ernannt wurde – als „Geschenk" zu seinem 60. Geburtstag. Sein Amt als Leiter des RGA zog „naturgemäß" viele andere Ämter und Verpflichtungen nach sich. So war er u. a. Vorsitzender

---

632 Kommende Erziehung (1936).

des Senats des Deutschen Hygiene-Museums, Mitglied im Reichsausschuß für Volksgesundheitsdienst, des Sachverständigenbeirats für Volksgesundheit in der NSDAP-Reichsleitung,
des Führerrats des NS-Dozentenbundes etc. Reiter war auch Vorstandsmitglied der Kriminalbiologischen Gesellschaft und Mitherausgeber der Zeitschrift „Kriminalbiologie und Straf-
rechtsreform" – unter seiner Verantwortung wurde die Arbeitsstelle Robert Ritters in der
Erbmedizinischen Abteilung des RGA eingerichtet und ausgebaut. Er protegierte Ritter noch
nach dem Krieg, indem er ihm später die – falsche – Bescheinigung ausstellte, weder NSDAP-
noch SS-Mitglied gewesen zu sein. Reiter selbst arbeitete seit 1949 wieder als Arzt an der
Königin-Elena-Klinik in Kassel. Verantwortungen für Kriegsverbrechen waren ihm nicht
nachzuweisen, er galt im wesentlichen als Funktionär der Gesundheitsverwaltung; zudem
hatte er bereits 1942 aufgrund von Differenzen mit Gütt und Conti erheblich an politischem
Einfluß verloren.[633]

5.4 Ärzte im Dienst der Totenkopfverbände

Abschließend wollen wir noch einige Ärzte erwähnen, die erbbiologische Schüler-Unter-
suchungen anstellten und später Dienst in Konzentrationslagern und bei den SS-Totenkopfverbänden taten. **Hanns Meixner**, der 1936 eine erbbiologische Untersuchung über Münchner
Hilfsschulkinder veröffentlichte, war Lagerarzt im KZ Dachau. Er wurde 1906 im bayerischen
Reichertshofen geboren. Seit 1933 war er als Vertrauensarzt der Landesversicherungsanstalt
tätig. 1937 promovierte er, im Jahr darauf wurde er Medizinalrat und Leiter der Erbabteilung
des Kreisgesundheitsamtes Niederbarnim, 1939 wurde er Leiter des Gesundheitsamtes
Wehlau. Meixner war zu jung gewesen, um noch am Ersten Weltkrieg teilnehmen zu können,
fand aber eine Kompensation im Stahlhelm, dem er von 1928 bis 1930 angehörte. Von dort
wechselte er 1930 zur SS; der NSDAP trat er 1931 bei und wurde Kreisamtsleiter des Amtes
für Volksgesundheit der NSDAP in Wehlau. Seine politische Karriere vollzog sich bei der SS:
1933 wurde er Untersturmführer beim RuSHA, Mitglied des Totenkopfverbandes Oberbayern und Lagerarzt in Dachau. 1934/35 nahm er, von Theodor Eicke, dem Kommandanten
des KZ Dachau protegiert, als „Kameradschaftsleiter" am erb- und rassenbiologischen Kurs
des KWI in Berlin teil. Damit erwarb er die erforderlichen Qualifikationen, um anschließend
zum nebenamtlichen Führer beim Amt für Bevölkerungspolitik und Erbgesundheitslehre in
den Stab des RFSS berufen zu werden. Anschließend wurde er 1937 Führer im RuSHA und
zugleich ehrenamtlicher Mitarbeiter im Sippenamt; seit 1943 war er auch Führer im RSHA.
Im Oktober 1939 wurde Meixner zur Einwandererzentrale Litzmannstadt abkommandiert; in
der Folgezeit arbeitete er u. a. als Mitglied der „Fliegenden Kommission" des Chefs der Sipo
und des SD an der Erfassung der Volksdeutschen in Frankreich mit. Im besetzten Polen übernahm er die Funktion des Leiters der Gesundheitsstellen der EWZ in Litzmannstadt und
Gotenhafen. In dieser Eigenschaft gab er Richtlinien für die erbbiologische Beurteilung volksdeutscher Umsiedler heraus, in denen er vor allem die Bedeutung der „Wertung nach der

---

633 Bemerkenswert ist aber doch, daß er mit einer Frau verheiratet war, deren Bruder zu den
     T 4-Mitarbeitern gehörte, die für die Organisation der „Euthanasie" zuständig waren; zur Bio-
     graphie siehe R. T. Maitra, „... wer imstande und gewillt ist, dem Staate mit Höchstleistungen
     zu dienen!" (2001).

Gesamtsippe" hervorhob. Am Beispiel Meixners läßt sich gut zeigen, wie sich erbbiologische Diagnostik und soziale Zuschreibungen in der Praxis vermischten; er gab in seinen Richtlinien z. B. die Devise aus: „Die Bewährung oder das Versagen in der Leistung oder bei der Eingliederung in die Volksgemeinschaft sind häufig bessere Maßstäbe für den Gesamterbwert der Sippe als die Ergebnisse kurzer ärztlicher Untersuchungen."[634] Meixner, der den SD-Ausweis besaß, gehörte zum Stab der Einsatzgruppe A, der er als Obersturmbannführer im Sanitätswesen diente.[635]

Auch **Carlheinz Lübow** war als Lazarett-Arzt in Dachau. Er gehörte zur SS-Verfügungstruppe. 1943 war er als Sturmbannführer und SS-Lazarett-Arzt in Prag und nahm dort 1944 an einem Lehrgang für Versehrtentransport an der Reichsschule für Leibeserziehung teil. Lübow war 1913 in Berlin als Sohn eines Goldschmieds geboren worden, hatte die Deutsche Oberschule in Magdeburg besucht und nach dem Abitur 1931 Medizin in Kiel und Tübingen studiert. Er war am 1. März 1933 in die NSDAP und die SS eingetreten und „gottgläubig" geworden. Lübow hatte 1937 bei Gieseler an der Universität Tübingen mit einer rassenkundlichen Untersuchung über Schulkinder in der Umgebung von Rottenburg promoviert und als Arzt an der Universitätsfrauenklinik gearbeitet.[636] **Horst Rosorius** untersuchte die „erbbiologische und soziale Wertigkeit bei Kieler Hilfsschulkindern" und erhielt dafür 1938 in Kiel den Doktortitel. Rosorius war 1912 in Duisburg geboren worden. Er trat bereits mit 20 Jahren 1932 der NSDAP und der SS bei, in die er nach einer halbjährigen Anwartschaftszeit im Dezember 1932 als Rottenführer aufgenommen wurde. Während des Krieges war er bei den SS-Totenkopfverbänden in Lublin stationiert. Er ist Anfang 1942 gefallen.[637]

---

634 BA, R 69/178 (6. 1. 1941).
635 BDC RÄK; Krausnick/Wilhelm, Die Truppe des Weltanschauungskrieges (1981), S. 291.
636 BDC RÄK; BDC RS D5584; BDC SS-Officer.
637 BDC RS F0014. – Zu erwähnen wäre auch noch Wilhelm Pfannenstiel, Professor für Hygiene in Marburg, der als Hygieniker der Waffen-SS zur Beratung u. a. im Vernichtungslager Belzec herangezogen wurde (Klee/Dreeßen/Rieß, „Schöne Zeiten", 1988).

6. Randfälle und Konfliktzonen

Zum Schluß wollen wir uns mit Autoren beschäftigen, die mit der NSDAP oder dem nationalsozialistischen Staat in Konflikt gerieten. In einigen Fällen handelte es sich um Konflikte, die in inhaltlichen, wissenschaftstheoretischen und politischen Differenzen begründet waren; in anderen Fällen kam es zu Maßregelungen oder Parteiausschlußverfahren, die andere, im persönlichen Verhalten oder persönlichen Rivalitäten begründete Ursachen hatten: Achim Gercke z. B., der als Chef des Reichsamtes für Sippenforschung eine führende Rolle im rassenpolitischen Institutionengefüge des Dritten Reichs einnahm und bereits 1933 eine Kartei mit 500000 „Judennachweisen" aufgebaut hatte, wurde 1935 wegen Homosexualität aus der Partei ausgeschlossen,[638] L. F. Clauss wegen seiner jüdischen Mitarbeiterin, andere wurden wegen falscher Angaben zu ihrer Vergangenheit ihrer politischen Ämter enthoben oder im Rang herabgestuft, doch waren dies insgesamt sehr seltene Fälle, die auch oft mit einer neuen Bewährungschance verbunden waren. Hayn und Rittershaus z. B. bekamen Probleme, weil sie offensichtlich ihre Logenmitgliedschaft verschwiegen hatten; Hayn wurde aus der SS ausgeschlossen, bemühte sich später aber um Wiederaufnahme,[639] der Parteiausschluß von Rittershaus wurde wieder aufgehoben, nachdem er nachweisen konnte, daß er bereits vor der Machtübernahme der Nationalsozialisten aus der Loge ausgetreten war. Albert Höft, der sich mit einer Reihe didaktischer Beiträge zum rassenbiologischen Unterricht einen Namen gemacht und in Zusammenarbeit mit Justs Institut für menschliche Erblehre in Greifswald eine Ausstellung „Erbgut und Rasse" mit organisiert hatte, wurde 1935 wegen langjähriger Mitgliedschaft im Druidenorden aus der SA ausgeschlossen, nach einer Entscheidung durch die Reichskanzlei aber 1941 schließlich doch in die Partei aufgenommen.[640]

Schwerer wogen falsche Angaben, wenn persönliches Fehlverhalten hinzu kam. Von Isenburg etwa wurde aus der SA ausgestoßen, weil er falsche Angaben über seinen Rang gemacht hatte und zudem Gefängnisstrafen wegen „Zechprellerei und Autoraserei" erhalten hatte. Ernst Lehmann wurde seiner Ämter enthoben, weil zu einer ungeklärten Logenmitgliedschaft viele kleine Fälle fragwürdiger Entscheidungen und persönlichen Fehlverhaltens hinzukamen, die schließlich das Maß des von den Nationalsozialisten Tolerierten überschritten. Ein schwieriger Fall war Martin Löpelmann, der als streitsüchtig galt, sich mit der Jugendführung anlegte

---

638 Der Straftatbestand war eindeutig, auch wenn ein Zeuge ihn mit dieser interessanten Feststellung zu entlasten suchte: „Dr. Gercke kam mir durchaus ‚männlich' vor. Von einer gleichgeschlechtlichen Veranlagung kann bei Gercke meines Erachtens nicht gesprochen werden. Er hatte durchaus ‚männliche Allüren', rauchte Zigaretten, was Homosexuelle in der Regel nicht tun." BDC PK 3291.

639 Ob er damit erfolgreich war, ließ sich nicht eruieren. Er wurde aber dem RuSHA von der SS-Führung als Autor für Schulungsmaterialien empfohlen: BDC SSEM; BDC Diverses.

640 BDC PK 4963; RKK 2101/518/13.

und gegen den ein Parteiausschlußverfahren wegen parteischädigenden Verhaltens geführt wurde. Löpelmann, Philologe, Studienrat, ehemaliger Reichstagsabgeordneter der NSDAP, seit 1933 Ministerialrat und 1935 auch Ministerialdirigent in der Abteilung Höhere Schulen, hatte u. a. HJ-Jungen als „Rotzlöffel", BDM-Mädchen als „speerschwingende Walküren" und Baldur von Schirach als „alte Jungfer" beschimpft, weil er dessen Grundsatz „Jugend führt Jugend" ablehnte; Löpelmann war jedoch ein „alter Kämpfer", gegen den schon während der Weimarer Republik Strafverfahren wegen republikfeindlicher und antisemitischer Äußerungen liefen,[641] und so wurde er zunächst nur verwarnt, 1938 dann aber doch aus der Partei ausgeschlossen und in den Ruhestand versetzt.

Für uns interessanter sind Fälle, die auf inhaltliche Differenzen verweisen und einen deutlich politischen oder moralischen Hintergrund hatten, weil sich an ihnen auch die Frage nach einem eventuell vorhandenen Widerstandspotential diskutieren läßt, wenn man davon im Zusammenhang mit dem Thema „Rassenhygiene und Rassenkunde" überhaupt reden kann. Alles in allem war dieses „kritische Potential" minimal. Einige wenige Experten der Rassenhygiene und -kunde wurden nach dem Machtwechsel kaltgestellt, etwa Hermann Muckermann als Repräsentant einer katholisch gebundenen Eugenik oder Karl Saller, der das Konzept einer geschichtlich geprägten „deutschen Rasse" vertrat, das mit dem nationalsozialistischen Biologismus nicht vereinbar war. Saller war gleichwohl völkisch orientiert und stand der nationalsozialistischen Bewegung als solcher keineswegs ablehnend gegenüber.[642] Wie Muckermann bekam auch der Protestant Bavink Schwierigkeiten, weil ihm in seinen rassenhygienischen Schriften geistige Nähe zu „kirchlich gebundenen Kreisen" vorgeworfen wurde; Bavink war Oberstudienrat in Münster und erhielt 1942 eine Honorarprofessur für Naturphilosophie an der Universität Münster, die aber wenig später durch das REM wieder aufgehoben wurde, trotz eines positiven Gutachtens durch Günther Just, der ihm rassenhygienisch-biologische Linientreue bescheinigte, und trotz einer Stellungnahme des Dekans, der ihm eine „klar antisemitische", „gegen die Judenherrschaft in Deutschland gerichtete Einstellung" attestierte. Den Ausschlag gab aber wohl, daß Bavink Mitglied im Rotary-Club war, der 1937 in Deutschland aufgelöst wurde, und zudem im Verdacht stand, Freimaurer gewesen zu sein. So scheinen sich mehrere negative Aspekte zu dem Bild eines „weltanschaulich nicht gefestigten" Wissenschaftlers ergänzt zu haben, der für eine Honorarprofessur nicht geeignet erschien.[643] Einige Rassentheoretiker bewahrten sich eine gewisse Distanz zum System, die

---

641 Unter anderem hatte er den sozialdemokratischen Innenminister Grzesinski als „lächerlichen Bonzen und Judenbastard" beschimpft, „der eine Schauspielerin als Freundin und eine Villa in Zehlendorf hat", die Stadtverordneten des Friedenauer Rathauses bezeichnete er als Verbrecher, und über die Regierung äußerte er: „Eine Regierung, die ihrem Volke das bietet, was unsere Regierung seit 12 Jahren unserem Volke bietet, sei eine Negerregierung." 1930 wurde ein Prozeß gegen ihn geführt, weil er einen Galgen für politische Gegner gefordert und dazu aufgerufen hatte, „Judenjungen in die Fresse zu schlagen" etc.: BDC Hauptarchiv B 0327.

642 Sallers Schriften stießen sowohl im Reichsgesundheitsamt als auch in der Partei auf heftige Ablehnung, was dazu führte, daß ihm die Lehrbefugnis entzogen und die Geheime Staatspolizei damit beauftragt wurde, ein Verbot seiner Bücher zu überwachen: BA, R 4901/965, Bl. 1f.

643 BDC REM A 0006; die Stellungnahme von Just findet sich im Geh. Staatsarchiv Dahlem Rep. 76 VC, Sekt. 2, Titel 23, LITT a, 128a, Bl. 107f. – 1932 war eine Berufung Bavinks an die TH Darmstadt noch u. a. daran gescheitert, daß er als „Nazi" galt: Tilitzki, Deutsche Universitätsphilosophie (2002), S. 202.

aber nie die Form offener Kritik annahm und sich deswegen noch im Bereich des politisch Tolerierbaren bewegte. Dies gilt z. B. für Walter Scheidt, der sich gelegentlich ironisch über den Führer äußerte, sich von der Partei und den Gemeinschaftsfeiern fernhielt und als politisch nicht zuverlässig eingestuft wurde, über dessen wissenschaftliche Arbeit es aber keinen politischen Dissens gab und der auch in seiner Funktion als anerkannter Rassenbiologe in Hamburg für die Nationalsozialisten zu bedeutend war, um ihn deswegen aus dem Amt zu drängen.[644]

In Verdacht geriet auch zeitweise Egon von Eickstedt, wie Scheidt ein prominenter Rassen-anthropologe, der noch größere Anerkennung genoß und dessen Schriften auch nie streitig waren. Von Eickstedt war auch durchaus NS-Sympathisant; 1933 stellte er einen Antrag auf Aufnahme in die NSDAP, der aber nach Denunziationen seines ehemaligen Assistenten Walther Jankowsky abgelehnt wurde. Von Eickstedt wurde vorgeworfen, daß er sich von „schmutzigen jüdischen Anwälten" in einem Prozeß gegen einen Parteigenossen habe vertre-ten lassen und allgemein in Breslau als „judenfreundlich" bekannt sei. Außerdem hätte er in Breslau einen schlechten Ruf wegen „Weibergeschichten", dazu kamen Vorwürfe wegen angeblich falscher Angaben zu seiner adligen Herkunft. Den Hintergrund bildete aber wohl eine persönliche Vendetta, denn von Eickstedt hatte die Habilitation Jankowskys verhindert. Dieser war inzwischen Mitarbeiter des Rasse- und Siedlungsamtes in Schlesien geworden und hatte einen SS-Mitarbeiter als Spitzel auf von Eickstedt angesetzt.[645] Insgesamt hatte die Affäre zur Folge, daß von Eickstedt keine politische Karriere machen konnte, als Wissen-schaftler aber unangefochten blieb. Als Wissenschaftler unumstritten war auch Alfred Kühn, ein Spezialist für Vererbungslehre und Direktor des KWI für Biologie, der aber als politisch unzuverlässig eingestuft wurde, weil er kein Anhänger des Nationalsozialismus, sondern eher der „demokratischen Partei" sei. Weil er sich politisch zurückhielt, wurde seiner Berufung ans KWI zwar zugestimmt, er dürfe aber nicht als politischer Redner auftreten; 1941 wurde über ihn immerhin vermerkt, daß er „regelmäßig flaggt".[646]

August Messer, der sich als pazifistischer Pädagoge einen Namen gemacht hatte, erhielt 1933 die Mitteilung, daß eine Fortsetzung seiner Lehrtätigkeit im neuen Staat untragbar sei; hier mag auch eine Rolle gespielt haben, daß Messer sich zuvor schriftlich mit der Absicht an Goebbels gewandt hatte, eine Verbesserung in der Situation der Pressefreiheit zu erreichen, und im Jahr zuvor Hitler aufgefordert hatte, zugunsten Hindenburgs auf eine Kandidatur bei der zweiten Runde der Präsidentschaftswahlen zu verzichten. Messer hatte außerdem bereits die Altersgrenze erreicht und wurde auf eigenes Gesuch hin emeritiert.[647]

---

644   Walter Gross nahm schon früh eine kritische Haltung zu Scheidt ein und ermahnte ihn, von der offiziellen Linie der Rassenlehre abweichende Meinungsäußerungen nicht in die Öffentlichkeit zu tragen, diese Ermahnung blieb aber ohne Folgen: Van den Bussche, Im Dienste der „Volksge-meinschaft" (1989), S. 108. Nach Michelsen ging es im „Fall Scheidt" weniger um politische als um methodische Differenzen im Rassenkonzept, teils auch um persönliche Konkurrenzkämpfe: Jakob Michelsen, Die „Breslauer Schule" der Rassenkunde (1998), S. 113.

645   BDC A 480; Heiber, Universität unterm Hakenkreuz, Bd. I, S. 320.

646   BDC PK 6889; BDC WI A 504.

647   Messer, der als ein Mentor der Freideutschen Jugend galt, betonte noch nach seiner Emeritierung seine völkische Einstellung und konnte, wie ein 1934 erschienener Beitrag zeigt, dem Rassen-gedanken auch positive Seiten abgewinnen. Siehe B. Kanitschneider, August Messer (1982).

Einige wenige Autoren gerieten in Schwierigkeiten, weil sie der Sozialdemokratie nahestanden, so etwa der Soziologe Theodor Geiger, der 1932 aus der SPD austrat und 1933 noch einige rassenhygienische Beiträge veröffentlichte, die in der Tradition der nicht-völkisch orientierten Sozialeugenik standen, wie sie mit den Namen Schallmeyers und Grotjahns verbunden war. Bei Geiger mögen auch opportunistische Motive eine Rolle gespielt haben.[648] Er wurde dennoch aus dem Hochschuldienst entlassen und emigrierte anschließend nach Dänemark.

Ein spezieller Fall war Kurt Kosswig, Professor für Biologie an der HfL Braunschweig. Auch Kosswig vertrat rassenhygienische Positionen, im Unterschied zu Geiger war er aber deutschnational sozialisiert und trat 1933 der SS bei. 1934 war er stellvertretender Hauptschulungsleiter und „Rassefachberater" beim SS-Oberabschnitt Nordwest.[649] Er arbeitete noch bis 1935 für den NSLB und publizierte rassenkundliche Beiträge für die Lehrerzeitschrift „Niedersächsischer Erzieher". Kosswig, ein Schüler des Münsteraner Zoologen Leopold von Ubisch, dessen Mutter Jüdin war, bekam jedoch Probleme mit dem Regime, weil er die antisemitische Politik an den Hochschulen ablehnte und sich mit jüdischen und nicht-konformen Kollegen solidarisierte. 1937 erhielt er einen Ruf an die Universität Istanbul. Obwohl ihm die Genehmigung zur Ausreise wegen mangelnder politischer Zuverlässigkeit versagt wurde, nahm er den Ruf an und verließ Deutschland auf illegalem Weg. Er wurde nachträglich aus dem Hochschuldienst in Deutschland entlassen, als politischer Emigrant eingestuft und vermutlich ausgebürgert. Kosswig baute in Istanbul ein wissenschaftliches Institut auf und kehrte nach dem Krieg als Direktor des Zoologischen Instituts an die Universität Hamburg zurück.[650]

Auf der anderen Seite konnte jemand wie Gottschaldt, der als links galt und als ehemals kommunistisch denunziert wurde, problemlos während des Dritten Reichs Karriere machen, offenkundig weil seine wissenschaftliche Kompetenz als „Erbpsychologe" gefragt war und er sich politisch unauffällig verhielt. Ähnlich der Fall Karl Valentin Müller, der aus der Grotjahn-Schule der sozialdemokratischen Eugenik kam und während der Weimarer Republik in der gewerkschaftlichen Bildungsarbeit tätig und SPD-Mitglied gewesen war. Müller hatte aber auch schon vor 1933 den Anschluß an die nordische Bewegung gefunden und stellte seine Arbeit im Dritten Reich eindeutig in den Kontext der nationalsozialistischen Rassen-, Volkstums- und Umvolkungsforschung. Als Experte für soziologische Aspekte in diesen Feldern war er unumstritten und offensichtlich unentbehrlich und obwohl er sich, wie es scheint, von den Parteiorganisationen fernhielt, wurde er 1941 auf einen Lehrstuhl für Sozialanthropologie an die Deutsche Universität in Prag berufen und führte dort Arbeiten für die Reinhard-Heydrich-Stiftung durch.

---

648 Geiger übte deutliche Kritik an der rassenhygienischen Bewegung und schrieb 1932 von der „Bedrohung eines furchtbaren und primitiven Naturalismus der Blutsromantik", trat aber 1933 auch für „Fortpflanzungssperren" bei „Ballastexistenzen" („Anrüchige und Schädlinge") ein: Geiger, Erbpflege und Sozialpolitik (1933). Geiger selbst begann 1932 mit den Vorarbeiten zu einer großangelegten biographisch-historisch-sozialstatistischen Untersuchung über die Verteilung „herausragender Deutscher" nach Familienherkunft und geographischen Räumen: S. Bachmann, Theodor Geiger (1995), S. 39f.

649 BA, NS 2/134, Verzeichnis der Schulungsleiter und Rassefachberater der SS 1934.

650 K. D. Grothusen, Der Scurla-Bericht (1987), S. 127; U. Deichmann, Biologen unter Hitler (1992), S. 44 und 237.

Ludwig Häufler, Professor für Geschichtsdidaktik an der HFL Beuthen, wurde parteiintern der Vorwurf gemacht, er hätte nicht NS-konforme Mitglieder des Hochschulkollegiums begünstigt, er galt aber sonst als politisch zuverlässig. Häufler war schon 1932 der NSDAP beigetreten und hatte zuvor der illegalen Schwarzen Reichswehr in Schlesien angehört und wurde deshalb lediglich mit einer Zwangsversetzung an die HFL Frankfurt/O. bestraft.[651]

Ein anderer Fall war der renommierte Erziehungswissenschaftler Herman Nohl. In seiner Konzeption einer „deutschen Ostpädagogik", die noch vor 1933 entstand, ließ er durchaus Sympathien mit dem Nationalsozialismus erkennen.[652] Er wurde trotzdem 1937 in den vorzeitigen Ruhestand versetzt. Die Gründe dafür sind nie ganz geklärt worden, doch geht aus einer parteiinternen Stellungnahme hervor, daß er als „intellektueller Anhänger der KPD" und damit als „absolut unzuverlässig" galt, außerdem bestand der Verdacht, daß seine Frau Jüdin sei. In sein 1940 erschienenes Werk „Charakter und Schicksal. Eine pädagogische Menschenkunde" baute er ein rassenkundliches Kapitel ein, und 1944 wurde er schon wieder erheblich günstiger beurteilt: „Es hängt ihm nach, daß seine Versuchsschule eine Art Vorschulklassen zur Erprobung pädagogischer Methoden, in Bezug auf die wirkenden Personen und Ideen sehr weit links gerichtet war. Von diesen Irrtümern erscheint er durchaus geheilt."[653]

Insgesamt zehn bis elf unserer Autoren waren ehemalige SPD-Mitglieder oder galten als SPD-nahe oder „links"; von ihnen mußten einige ihr Amt aufgeben: neben Geiger und Nohl auch Rainer Fetscher, der zwar schon vor 1933 als Kriminalbiologe und Rassenhygieniker tätig gewesen war, aber zu den Vertretern einer sozialistischen Eugenik gehörte; ihm wurde die Lehrbefugnis wegen seiner ehemaligen SPD-Mitgliedschaft und Kontakten zum Verein sozialistischer Ärzte entzogen. Er konnte aber als Arzt weiterarbeiten und fand später eine neue Beschäftigung beim Polizeipräsidium Dresden. Fetscher soll gegen Kriegsende beim Versuch, Kontakte zur Roten Armee aufzunehmen, von SS-Leuten erschossen worden sein.

Als SPD-nah galt auch Martin Luserke, doch dürfte dies nur für die Anfangszeit der Weimarer Republik zutreffen. 1919 hatte er noch ein rätedemokratisch inspiriertes Bildungskonzept entworfen,[654] aber schon in den 20er Jahren wandte er sich zunehmend völkisch-nordischen Ideen zu. Luserke hatte darüber hinaus noch den „Makel" einer ehemaligen langjährigen Logenmitgliedschaft. Sein Landerziehungsheim mußte er 1934 aufgeben, wohl deswegen verließ er im gleichen Jahr auch den NSLB wieder, dem er 1933 gerade erst beigetreten war. Die Schule war allerdings schon vorher in die Krise geraten; 1931 hatte Luserke sich bereits mit

---

651 Hesse, Professoren und Dozenten (1995), S. 326.
652 Harten, De-Kulturation (1996), S. 54 ff.
653 BDC NSLB-Listen 125. – Der Verdacht des „Linksintellektualismus" dürfte damit zusammenhängen, daß Nohl in Göttingen auch Leonard Nelson, dem Begründer des Internationalen Sozialistischen Kampfbundes (ISK) nahestand; den NSLB-Unterlagen zufolge war Nohl Mitglied des ISK. Der Neukantianer Nelson vertrat ein elitäres Konzept der Führererziehung und plante den Aufbau einer „Partei der Vernunft", die als Avantgarde SPD und KPD wieder zusammenführen sollte. Vorgänger des ISK war der Internationale Jugendbund, der von bekannten Reformpädagogen getragen wurde und zu dessen „Freundesrat" so prominente Persönlichkeiten wie Albert Einstein und Käthe Kollwitz gehörten.
654 M. Luserke, Schulgemeinde. Der Aufbau der neuen Schule (1919).

dem Gedanken getragen, die Leitung der Schule aufzugeben.[655] Seine schriftstellerischen Arbeiten wurden im übrigen hoch geschätzt, denn 1944 empfahl die Reichsschrifttumskammer ihn als Autor von Erzählungen über die germanische Zeit für die „SS-Leithefte".[656]

Allen anderen Autoren geriet die ehemalige SPD-Mitgliedschaft nicht zum Schaden: Henrich Hansen war schon 1930 zur NSDAP übergewechselt und wurde später zu einem führenden Funktionär des nationalsozialistischen Presse- und Propagandawesens. Walther Ruthe war ebenfalls bereits 1929 der NSDAP beigetreten, er wurde Oberschulrat und Kreisamtsleiter im NSLB. Siegfried Kadner wurde 1933 in die NSDAP aufgenommen, er verfaßte später Beiträge für SS-Schulungshefte. Hugo Zinsinger war 1919 bei der SPD, ging aber später zur Bayerischen Volkspartei und „stellte sich 1933 sofort auf den Nationalsozialismus ein";[657] nachdem er aktiv für die HJ, die NSV und den NSLB gearbeitet hatte, wurde er 1937 in die Partei aufgenommen. Paul Bommersheim war in der Zeit der Novemberrevolution für kurze Zeit Mitglied der USPD; er schloß sich eng an seinen Lehrer Bruno Bauch an, der zu einem der profiliertesten Vertreter der völkischen Philosophie in Deutschland vor 1933 werden sollte, und versuchte, eine Brücke von Bauchs „Wertephilosophie" zur Rassenlehre zu schlagen.[658] Am 1. Mai 1933 wurde er NSDAP-Mitglied. Als Dozent der TH Darmstadt hielt Bommersheim mehrere Vorlesungen zur „Philosophie der Rasse". Friedrich-Karl Scheumann schließlich, Stadtschularzt in Berlin, war bis zum Machtwechsel in der SPD, trat aber am 1. Mai 1933 der NSDAP bei. Gegen ihn gab es ein Parteigerichtsverfahren wegen „schwangerschaftsverhütender Beratung", das aber eingestellt wurde, weil es sich „nur" um Verhütungsberatung für „Erbkranke und Erbminderwertige" gehandelt hatte.[659]

Wir wollen abschließend an zwei Beispielen Biographien von Didaktikern vorstellen, die von politischer Seite kritisch beurteilt wurden. Zunächst **Gerhard Benl**, Autor eines Schulbuchs zur Rassenhygiene, das er zusammen mit Peter Kramp verfaßte, und einer methodischen Abhandlung zum Unterricht in Vererbungslehre. Kramp war 1943 Assistent bei Kranz in Frankfurt/M., er hatte sich mit einer erbbiologischen Arbeit habilitiert und wurde 1944 kommissarischer Direktor des Instituts für Vererbungswissenschaft an der Frankfurter Universität. Benl und Kramp gehörten der jüngeren Generation der Rassenhygieniker an; Benl wurde 1910 in Nürnberg geboren, Kramp war Jahrgang 1911. Benl kam aus einer katholischen Familie, sein Vater war Gymnasialprofessor, und der Sohn schlug den gleichen Bildungsweg ein; während des Dritten Reichs arbeitete er am Alten Realgymnasium in München. 1935 promovierte er in München in Biologie. 1933 trat er der NSDAP und dem NSLB bei, darüber hinaus war er bei der SA. In der NSDAP war er Blockleiter, im NSLB wurde er Gausachbearbeiter für Rassefragen. 1936 bewarb er sich für den Dienst an einer Auslandsschule; trotz seiner auf den ersten Blick einwandfreien politischen Vita wurde ein solcher Einsatz abgelehnt: Benl hätte keinen Beweis erbracht, daß er Nationalsozialist sei. Die Familie, teilte die Ortsgruppe der NSDAP mit, lehne den deutschen Gruß ab, Benls Spendenverhalten wurde kritisiert, als Blockleiter genieße er keinen Respekt sondern würde wie ein Hausierer

---

655 K. Sydow, Die Lebensfahrt eines großen Erzählers (1980).
656 BA, NS 31/416 (16. 8. 1944).
657 BDC RKK 2100/504/17, PK U 152, NSLB.
658 Tilitzki, Deutsche Universitätsphilosophie (2002), S. 204, 1047.
659 BDC OPG 1422.

behandelt.[660] Später scheiterte Benl mit einem Versuch, sich in Erlangen zu habilitieren. In einem Gutachten wurde ihm vorgeworfen, er hätte in seiner „Vererbungslehre" ausgerechnet die Familie Mendelssohn als „Musterbeispiel für die Erblichkeit genialer Leistungen" angegeben statt einer „deutschen Musikerfamilie überragenden Formats". „Auch sonst wurde ohne Notwendigkeit zustimmend auf Juden verwiesen." Von der NSDAP-Reichsleitung kam 1944 das vernichtende Urteil: „Die Schwäche Benls scheint eben in seiner absoluten Unfähigkeit zu liegen, die politischen und weltanschaulichen Bedingtheiten zu verstehen, bzw. sie an Hand des Vererbungsgeschehens jemandem klar zu machen."[661] Das Schulbuch, das Benl und Kramp zusammen schrieben, fällt, verglichen mit anderen rassenhygienischen Unterrichtstexten, durch eine gewisse Sachlichkeit auf. Die Darstellung stützte sich vor allem auf Günther und Lenz. Benl und Kramp brachten zwar die üblichen Stereotypen über die Abhängigkeit der Intelligenz, der kulturellen Leistung oder der Kriminalität von der Rasse (Urkundenfälschung und Betrug kämen z. B. doppelt so oft bei Juden als bei anderen vor; Rassenmischungen seien schädlich und gefährlich, deshalb die Notwendigkeit der Nürnberger Gesetze etc.), aber dies alles wird in einer relativ aggressionsfreien Sprache vorgetragen. Man kann hier von einem rationalisierten Antisemitismus sprechen. Ähnlich wie Clauss begründeten sie die Forderung nach Trennung und Entmischung der Rassen damit, daß jeder seiner Rasse gemäß leben solle und eine Trennung deshalb im Interesse aller Rassen liege, auch der Juden selbst. Ungewöhnlich im Vergleich zu anderen Texten dieser Art ist, daß Juden nicht einfach paranoid diffamiert werden, sondern daß ihnen ein eigenes Lebensrecht und auch positive Fähigkeiten zugeschrieben werden. Zum Beispiel sei der jüdische Mensch ein akustischer, der germanische ein optischer Typ, daher die besonderen musikalischen Begabungen der Juden. Der Verweis auf Mendelssohn war also kein Fauxpas, sondern lag in der Systematik einer Argumentation begründet, die sich um eine differentielle Betrachtung unterschiedlicher Rassetypen bemühte. Unter Bedingungen strikter Trennung, für die die Nürnberger Gesetze die Voraussetzung geschaffen hätten, sollten die Juden ihrer Eigenart gemäß leben können, deshalb müsse ihnen ein staatlicher Minderheitenschutz gewährt werden, der freie Religionsausübung und ein eigenes kulturelles Leben ermögliche.[662] Eine solche Argumentation mußte nach 1939 natürlich als völlig untragbar erscheinen. Der Fall weist gewisse Analogien zu dem von L. F. Clauss auf, der sich in den Aporien seines Anspruchs einer „wertfreien Rassenwissenschaft" verstrickte.

Einer der wenigen Autoren, die dem Nationalsozialismus anscheinend kritisch gegenüberstanden, war **Ernst Weber**, Verfasser eines Beltz-Lesebogens „Volk und Rasse". Weber hatte allerdings auch kaum berufliche Nachteile zu befürchten, weil er 1933 bereits 60 Jahre alt war. Geboren wurde er 1873 im bayerischen Königshofen, sein Vater war Landwirt und Stadtrat. Er besuchte das Lehrerseminar in Würzburg und die Turnlehrerbildungsanstalt in München und arbeitete danach als Lehrer, später als Oberlehrer und Leiter der Dom-Pedro-Schule in München. Nach der Teilnahme als Freiwilliger am Ersten Weltkrieg wurde er 1919 Oberstudiendirektor und Leiter der Lehrerbildungsanstalt und Deutschen Aufbauschule Bamberg; 1936 wurde er in den Ruhestand versetzt. Weber war Mitglied des Bayerischen Volksschulund Seminarlehrervereins und hatte an zahlreichen pädagogischen Zeitschriften mitgearbei-

---

660   BDC PK 740, Schreiben vom 25. 5. 1936.
661   BDC REM A 0008, Bl. 25.
662   Vererbungslehre (1936), S. 33 ff.

tet. Er war Herausgeber des Beltz-Lesebogens und des „Deutschen Spielmanns". Weber war bereits vor dem Ersten Weltkrieg Mitglied des national- und jungliberalen Vereins, später war er – bis 1933 – Mitglied der Bayerischen Volkspartei. Dem NSLB trat er erst 1934 bei, von der NSDAP hielt er sich fern. Im gleichen Jahr wurde er förderndes Mitglied der SS, aber vielleicht war dies nur eine Schutzmaßnahme, denn die Gauleitung beurteilte ihn 1935 denkbar schlecht: Er besuche keine Versammlungen des Amts für Beamte, stünde zu den politischen Ereignissen in schärfster Kritik und sei ein entschiedener Gegner des NS-Staates. Weber habe das Singen des Horst-Wessel-Liedes als Gebrüll bezeichnet und die Aufhebung der klösterlichen Lehrerinnenbildungsanstalt kritisiert; die Schwestern hätte er damit getröstet, daß sich die politischen Verhältnisse auch wieder ändern würden. 1936 fiel die politische Beurteilung nicht besser aus: Schon 1932, hatte man inzwischen herausgefunden, hätte er Hitler vor seinen Schülern kritisiert, 1933 hätte er die HJ mit den Schülerräten von 1918 verglichen und das Tragen der SA-Uniform in der Schule verboten. Über Hans Schemm, den bayerischen Kultusminister und Führer des NSLB, hätte er geurteilt, daß er als Hauptlehrer zwar ein guter Redner sei, das Aufstellen pädagogischer Grundsätze aber doch berufenen Leuten überlassen und die Lehrerschaft mit pädagogischen Weisheiten verschonen solle. Weber war offensichtlich ein konservativ-katholisch geprägter Pädagoge, der den Nationalsozialismus ablehnte und offen aussprach, was er dachte, wegen seines Alters – 1936 war er schon im Ruhestand – aber auch nicht viel zu befürchten hatte.[663]

---

663   BDC PK N 0035; RKK 2101/1398/07; NSLB-Listen 185.

Zusammenfassung

Für die hier zusammengestellten Autoren charakteristisch ist ein durchgängig hoher Grad an politischem Engagement. Die meisten übernahmen politische Aufgaben und Ämter im NSLB oder in der Partei, über die Hälfte – etwa 55% – gehören zum Kreis der rassenpolitischen Aktivisten. In der Mehrheit der Fälle haben wir es zudem mit Personen zu tun, die bereits vor 1933 eine völkisch-nationalsozialistische Orientierung herausgebildet hatten. Von insgesamt 146 Autoren gehörten 91 (62,3%) vor dem 5. März 1933 einer völkischen oder nationalsozialistischen Organisation an. Am stärksten ist dieser Anteil mit 78,8% bei den rassenpolitischen Aktivisten ausgeprägt, am schwächsten bei den im ersten Kapitel vorgestellten Vertretern der pädagogischen Wissenschaft und der Pädagogischen Psychologie (37%); vielleicht hängt dies mit dem Beamtenstatus zusammen, der den meisten dieser Autoren vor der Machtübernahme der Nationalsozialisten politische Zurückhaltung auferlegte. Bei dieser Gruppe von 27 Autoren, die vor allem den wissenschaftlichen Diskurs in der Pädagogik und der Pädagogischen Psychologie trug, haben wir es ausschließlich mit promovierten Pädagogen und Psychologen zu tun. Die meisten waren Professoren, die zuvor als Lehrer oder Studienräte tätig gewesen waren. Ausnahmen bilden Schuh, Huth, Ludwig und Lottmann, die unmittelbar nach der wissenschaftlichen Ausbildung in die Arbeitsverwaltung oder, wie im Falle Lottmann, in die politische Verwaltung gingen. Huth und Lottmann erlangten aber nach 1945 noch den Professorenstatus. Im Kern wurde der wissenschaftliche Diskurs daher von Personen getragen, die im Wissenschaftssystem Karriere machten und in gehobene, zum Teil auch führende Positionen aufstiegen. Lediglich drei Autoren verblieben im Status des Studienrats; nur Graewe sowie die beiden Petersen-Schüler Förtsch und Steiner brachten es nicht zu leitenden Stellungen. Insgesamt ist diese Gruppe durch starke akademische Karrieren und eine primär wissenschaftliche Ausrichtung ihrer Arbeit charakterisiert, die von einem eindeutigen politischen, wenn auch nicht unbedingt rassenpolitischen Engagement begleitet war; von 27 Autoren waren nachweislich 19 politisch aktiv. Sechs gehörten nicht der NSDAP an: Rössel, der sich um Aufnahme in die Partei bemühte, wegen seiner ehemaligen Logenmitgliedschaft aber abgelehnt wurde; Gottschaldt, der als ehemaliger Sozialdemokrat vermutlich gar nicht die Parteimitgliedschaft anstrebte, sowie Petersen, Förtsch und Steiner; Förtsch gehörte allerdings der SA an und Steiner arbeitete als Rassewart für das Thüringische Landesamt für Rassewesen. Dem vergleichsweise schwach ausgeprägten politischen Profil des Petersen-Kreises korrespondiert übrigens, daß in diesem Kreis die Rezeption des rassenwissenschaftlichen Paradigmas weitgehend oberflächlich blieb. Ähnliches gilt für den Kreis um Gustav Deuchler, doch trat bei Deuchler der Wille zur politischen Partizipation deutlicher hervor. Am stärksten war der Zusammenhang von Wissenschaft und Politik beim Kreis um Jaensch, Kroh und Pfahler ausgeprägt. Dieser Kreis beanspruchte für sich eine theoretische Meinungsführerschaft und setzte diesen Anspruch auch verbands- und parteipolitisch um. Der wissenschaftliche Führungsanspruch verband sich bei ihnen mit einem Macht- und Durchsetzungswillen. Jaensch und Kroh waren zwar 1933 schon etabliert, waren aber bestrebt, ihren Einfluß in der Wissenschaft weiter zu festigen und auszubauen. Die anderen – Pfahler, Berger, Gert-Heinz Fischer, Eckle, Weiland, Petermann – wurden erst nach 1933 auf feste Planstellen berufen. Bei ihnen werden Karrieremotive eine Rolle gespielt haben. Weiland erlebte eine Phase der Arbeitslosigkeit, Berger und Eckle waren auf unsicheren Assistentenstellen, Pfahler und Petermann rotierten auf Durchgangsprofessuren. Aber Pfahler, Berger und Weiland waren schon vor 1933 völkisch-nationalsozialistisch organisiert, Fischer und Eckle waren ihren akademischen Lehrern Jaensch, Kroh und Pfahler eng verbunden; bei Fischer mag auch ein „Vertriebenensyndrom" im Spiel gewesen sein, denn er hatte seine Heimat Posen nach dem Ersten Weltkrieg verlassen müssen. Karrierestreben, der Wunsch nach Macht und Einfluß im Wissenschaftssystem und eine frühe völkisch-nationalsozialistische Orientierung trafen vermutlich mit dem Eindruck zusammen, an einem tiefgreifenden gesellschaftlich-politischen Wandel teilzuhaben, den sie alle herbeisehnten und der zugleich von einem Paradigmenwechsel in der Wissenschaft begleitet sein sollte: weg von der geisteswissenschaftlichen Orientierung hin zu einer neuen „lebensgesetzlich" fundierten Erziehungswissenschaft, in der die Trennung von Natur- und Geisteswissenschaften überwunden wäre. Diesen Wandel wollten sie maßgeblich mitgestalten. Kroh formulierte diesen Anspruch programmatisch in seinem Projekt einer „völkischen Anthropologie", Pfahler, Fischer und Petermann arbeiteten daran, dieses Projekt durch seine erb- und rassenwissenschaftliche Fundierung weiterzuentwickeln. Die historische Situation gab ihnen die Gelegenheit, an diesem Paradigmenwandel mitzuwirken, und sie nahmen entschlossen die Chance des akademischen Statusgewinns wahr, die sich damit verband. Irritierender ist die Tatsache, daß zu dieser Gruppe der Pädagogen und Psychologen auch eine Reihe von Aloys-Fischer-Schülern gehört, denn Aloys Fischer wird man kaum Sympathien für den Nationalsozialismus nachsagen können. Aber vielleicht war es gerade die sozialpädagogische und sozialwissenschaftliche Ausrichtung Fischers, die diese Schüler für die Idee der „lebensgesetzlich fundierten Pädagogik" aufnahmebereit machte. Ausgerechnet bei Fischers Schülern finden sich nicht nur die eindeutigsten Versuche einer pädagogisch-psychologischen Adaption von Rassenhygiene und Rassentypologie, sondern mit Schuh und Nelis auch zwei spätere Mitarbeiter des SD.

Ein recht konsistentes Bild geben die Didaktiker ab: dies waren nahezu durchweg Pädagogen mit schulpraktischer Erfahrung, in der Mehrheit promovierte Studienräte. Auch die Hochschullehrer – von 23 erwähnten Didaktikern unterrichteten sieben an einer HfL – waren zuvor im Schuldienst tätig gewesen. Nur zwei Autoren fallen aus dem Rahmen: Friehe, der Landwirt war, und Schwab, der als Arzt arbeitete. Beide hatten aber Erfahrungen in der parteipolitischen Schulungspraxis, und Schwab hatte seine „Rassenhygienische Fibel" zusammen mit dem Lehrer Emil Jörns geschrieben. Die rassenbiologischen Unterrichtstexte wurden überwiegend von promovierten Biologen verfaßt, die als Studienräte oder HfL-Professoren arbeiteten, es gab aber auch einige Volks- und Mittelschullehrer, die erfolgreiche Schulbücher schrieben. Auffallend ist, daß viele Biologie-Didaktiker aus Eisenbahner- und Postler-Familien kommen, während die Geschichtsdidaktiker eher aus Grundbesitzerfamilien stammen – so als stünde die Sphäre der Zirkulation für das fließende Leben und der Grundbesitz für das zu bewahrende historische Erbe. Alle Didaktiker waren Parteigenossen, bis auf Bartmann, Stoche und Erbt, die aber nicht aus dem Rahmen fallen, denn Bartmann war Mitarbeiter des RPA, Stoche leitete eine Nationalpolitische Erziehungsanstalt und Erbt hatte sich lange vor 1933 einen Namen als völkischer Autor gemacht. Nahezu alle Didaktiker waren politisch aktiv, doch war dies vorwiegend ein „sachbezogener" Aktivismus, denn die meisten waren als Sachbearbeiter im NSLB tätig. Etwa die Hälfte hatte schon vor 1933 zur völkischen oder nationalsozialistischen Bewegung gefunden, allerdings nur ein Drittel der Biologen. Für die meisten Biologie-Didaktiker stand offenbar ein fachwissenschaftliches Interesse an Fragen der Rassenhygiene und Vererbungslehre im Vordergrund, und es scheint, als hätten sie vor allem über dieses Interesse zur nationalsozialistischen Bewegung gefunden, weil sie in ihr den politischen Träger der Rassenhygiene sahen. Ein großer Teil der Biologie-Didaktiker stellte sich als Mitarbeiter für das RPA zur Verfügung, dies sind zugleich die Biologen, die schon vor 1933 völkisch-nationalsozialistisch organisiert waren: In diesen Fällen hat die vorgängige politische Orientierung offenbar den späteren rassenpolitischen Einsatz begünstigt. Aber es war ein primär wissenschaftlich vermittelter Einsatz, denn kaum ein Biologie-Didaktiker trat der SS bei (von den insgesamt erwähnten 20 Biologie-Didaktikern arbeiteten sieben fürs RPA, zwei für die SS).

Deutlich anders zusammengesetzt ist die Gruppe der Autoren, die den Schwerpunkt ihrer Tätigkeit in der Schulungs-, Propaganda- und bildungspolitischen Arbeit hatten. Bei ihnen standen nicht fachwissenschaftliche Kenntnisse im Vordergrund, sondern allgemeinere „Schulungs- und Leitungsqualifikationen". Von 24 untersuchten Autoren waren nur zwei fachwissenschaftlich ausgebildete Naturwissenschaftler (Karl Zimmermann und Ernst Lehmann). Im wesentlichen handelt es sich um Geisteswissenschaftler, vor allem aber um Volks- und Mittelschullehrer sowie Professoren und Dozenten der Lehrerbildung, die von der Volksschule über das Lehrerseminar zum Hochschulamt aufstiegen und während des Dritten Reichs Leitungs- und Führungsfunktionen im NSLB, in der Partei oder in der Bildungspolitik und -verwaltung übernahmen. Diese Autoren wiesen eine starke politische Motivation auf; die meisten – 19 von 24 – gehörten schon vor der „Machtergreifung" den Nationalsozialisten oder einer völkischen Organisation an, und von den übrigen hatten sich einige schon vorher für den Nationalsozialismus eingesetzt oder völkische Schriften verfaßt. Offensichtlich handelt es sich um eine Gruppe hochgradig politisch motivierter und verläßlicher, aufstiegsorientierter und im akademischen System erfolgreicher Pädagogen, die ihre Fähigkeiten nach 1933 bereitwillig und entschlossen in den Dienst der nationalsozialistischen Schulungsorganisation stellten. Das Beispiel von Wambsganß, Springenschmid und Klagges zeigt, daß „alte Kämpfer" unter der Lehrerschaft in hohe politische Positionen gelangen konnten. Insgesamt waren dies politische Aktivisten, die sich aber eher in der SA als in der SS engagierten. Eine spezifisch rassenpolitische Orientierung war bei ihnen dagegen nur schwach ausgeprägt – offensichtlich fehlte dafür die besondere „fachwissenschaftliche Kompetenz".

Wenn wir uns dem Kern der rassenpolitischen Aktivisten zuwenden, stellen wir als erstes und auffallendes Merkmal im Vergleich zu den zuvor beschriebenen Gruppen eine deutlich jüngere Altersstruktur fest. Waren die Altersgruppen bisher relativ gleichmäßig verteilt, so gehörten die rassenpolitischen Aktivisten zu etwa zwei Dritteln den Jahrgängen ab 1900 an. Jeweils Dreiviertel waren promoviert und gehörten schon vor 1933 nationalsozialistisch-völkischen Organisationen an; etwa die Hälfte waren zudem in militanten Gruppen organisiert (Freikorps, Stahlhelm etc.). Auf sie trifft am ehesten das Bild zu, das Lerchenmueller von der rechtsorientierten Kriegsjugendgeneration gezeichnet hat: eine Generation junger Männer, die politisch-weltanschaulich im „Grenzlandkampf" der Weimarer Jahre und durch ein entsprechendes Engagement in völkisch-nationalistischen Organisationen sozialisiert wurden und früh den Weg zur nationalsozialistischen Bewegung fanden.[664] Insgesamt haben wir es

---

664   Lerchenmueller, Die Geschichtswissenschaft in den Planungen des Sicherheitsdienstes (2001), S. 50.

daher mit einer jungen und zugleich sehr früh politisierten Gruppe von Akademikern zu tun. Dies waren Akademiker mit einer sehr starken Aufstiegsorientierung: Von 49 untersuchten Personen begannen 29 als Lehrer oder Studienrat, von ihnen wurden 11 Schulleiter oder Schulrat, 12 brachten es zum Professor oder Dozenten. Hinzu kommen weitere 16 Wissenschaftler, teils Professoren und Assistenten aus der universitären Pädagogik und Psychologie, teils Universitätsprofessoren anderer Fächer. Nur zwei Autoren hatten keine akademische Ausbildung: Olfenius und Römer, die beide als Polizeilehrer wirkten. Eine fachspezifische naturwissenschaftliche Ausbildung spielte vor allem für die Mitarbeiter des Rassenpolitischen Amtes eine Rolle; die Volkstumsexperten der SS hatten eher eine historisch-sozialwissenschaftliche Bildung, während wir im Eignungsprüferwesen des RuSHA vor allem pädagogisch-psychologisch ausgebildete Akademiker finden. Unter den Schulungsexperten der SS überwiegen wiederum die Geisteswissenschaftler. Insgesamt ergibt sich der Eindruck einer akademisch-politischen Führungselite. Fast alle RPA-Mitarbeiter hatten politische Leitungsfunktionen inne: als Mitarbeiter der Reichsleitung des RPA, als Schulungs-, Fachschafts- und Amtsleiter des NSLB u. ä. Sie bilden daher eine Gruppe, die sich durch Fachwissen und Führungsfähigkeiten auszeichnete. Unter den 12 Schulungsexperten des RuSHA bzw. des SS-Hauptamtes, die wir näher betrachtet haben, waren neun Professoren, einer war Assistent, zwei waren Bauernschul- bzw. Bauernhochschulleiter. Dies ist die Gruppe mit der höchsten „akademischen Statusdichte"; lediglich Rudolf Eichenauer, der die Bauernhochschule des Reichsnährstandes leitete, war nicht promoviert. Auffallend ist, daß sich unter diesen Autoren nur drei Naturwissenschaftler befanden: Das rassenkundlich-biologische Fachwissen scheint für die gehobenen Schulungsfunktionen in der SS wie schon beim NSLB nur eine sekundäre Rolle gespielt zu haben – entscheidend waren offenbar ein hohes akademisches Statusbewußtsein, Führungsqualitäten sowie eine starke politische Motivation und ideologische Orientierung. Dazu paßt auch, daß diese Gruppe den höchsten Anteil von „Gottgläubigen" aufweist. Die Pädagogen, Psychologen und Anthropologen, die für das Rassenamt des RuSHA arbeiteten, waren durchweg akademisch gebildete Wissenschaftler, die gleichzeitig Leitungsfunktionen in der politischen Schulungsarbeit innehatten. Bei ihnen kamen zu ideologischer Orientierung, Führungs- und Schulungsfähigkeiten spezifische psychologisch-pädagogische Qualifikationen hinzu, die sie für die „diagnostischen" Aufgaben ihrer Arbeit im Rassenamt benötigten. Die meisten dieser Pädagogen/Psychologen waren zuvor Lehrer oder hatten eine Lehrerausbildung abgebrochen. Für sie scheint eine Karriere bei der SS wichtiger gewesen zu sein als in einem „zivilen" pädagogisch-wissenschaftlichen Berufsfeld. Auch in dieser Gruppe finden wir einen besonders hohen Anteil an „Gottgläubigen".

Ähnliche Strukturen weist die näher untersuchte Gruppe der Mediziner und „reinen" Naturwissenschaftler auf: Es waren überwiegend junge, erst ab 1900 geborene Akademiker, über die Hälfte war bereits vor der Machtübernahme völkisch-nationalsozialistisch organisiert, bis auf Scheidt gehörten alle der NSDAP an, und auch hier finden wir einen hohen Anteil an „Gottgläubigen". Die Hälfte der Autoren läßt sich dem Kreis der rassenpolitischen Aktivisten zurechnen, relativ viele gehörten auch der SA an. In dieser Gruppe finden wir zugleich die höchsten SA- und SS-Führungsränge: unter den insgesamt 21 betrachteten Autoren hatten fünf einen hohen Rang (Standarten-, Brigade-, Oberführer), fünf einen mittleren bis gehobenen Rang (Sturmführer bis Obersturmbannführer). Fast alle hatten den Titel des Dr. med., dazu kommen drei Naturwissenschaftler und ein Jurist. Zehn waren Professoren, die meisten anderen Ärzte. Bei dieser Gruppe haben wir es daher mit einer akademischen Elite zu tun.

Viele Autoren kamen zugleich aus gehobenen familiären Verhältnissen und hatten, was für die Gesamtheit unserer Autoren eher die Ausnahme war, ein humanistisches Gymnasium besucht; auf sie trifft am ehesten das Bild einer traditionellen akademischen Elitenreproduktion zu. Unter diesen Autoren befanden sich eine ganze Reihe, die an maßgeblicher Stelle an der wissenschaftlichen Entwicklung und Umsetzung des rassenbiologisch-rassenhygienischen Forschungsparadigmas arbeiteten; dies waren durchweg Universitätsprofessoren und Forschungsexperten in leitender Stellung. Unter den Experten und Funktionären der Fortbildung und Gesundheitserziehung finden wir dagegen vor allem Ärzte, die weniger über die wissenschaftliche Forschung als über die politische Karriere in ihre Ämter und Positionen gelangten. Die Ärzte, die sich in den Dienst der SS-Totenkopfverbände stellten, waren sehr junge Akademiker, die alle schon vor dem Machtwechsel Nationalsozialisten waren und daher eine starke politische Motivation für diesen Dienst mitbrachten.

Wenn wir die Ergebnisse dieser biographischen Darstellung zu den allgemeinen Daten und Schlußfolgerungen in Beziehung setzen, die Beruf und politische Mitgliedschaften betreffen (Kap. I. 4), so fällt auf, daß der Politisierungsgrad der Autoren, mit denen wir uns im biographischen Teil beschäftigt haben, höher ausfällt als für die Gesamtheit der Autoren. Dies ist nicht nur eine Folge der Auswahl, die wir getroffen haben, sondern auch der besseren Materiallage und Datenbasis. Deshalb ist zu vermuten, daß weitere Recherchen und bessere Kenntnisse über die einzelnen Autoren das Gesamtbild noch verändern und stärker den Ergebnissen der biographischen Darstellung angleichen würden. So waren 63% der näher untersuchten Autoren schon vor der „Machtergreifung" völkisch oder nationalsozialistisch organisiert – gegenüber 39,6% der Gesamtheit aller Autoren. Etwa jeder zweite war bereits vor 1933, fast jeder dritte sogar vor 1932 der NSDAP beigetreten. Viele kamen aus der völkischen und nationalsozialistischen Jugend- und Studentenbewegung und hatten dort bereits Führungspositionen erlangt. Etwa ein Viertel hatte sich vor dem Anschluß an die nationalsozialistische Bewegung in paramilitärischen völkischen Gruppen und Organisationen engagiert; rechnen wir die Personen hinzu, die schon vor der „Machtergreifung" in der SA oder SS organisiert waren, so erhöht sich der Anteil derer, für die sich eine militante rechtsorientierte politische Sozialisation konstatieren läßt, auf 36%. Für eine akademische Autorenschaft sind dies bemerkenswerte Zahlen. Es scheint, daß nationalistische Ressentiments, völkischer Utopismus und bei vielen eine ausgeprägte Tendenz zur Militanz einen fruchtbaren Boden für die Aufnahme rassistischer Ideologien schufen. Mehr als die Hälfte (53,8%) aller näher untersuchten Autoren gehören zur Gruppe der rassenpolitischen Aktivisten, von ihnen waren wiederum 81% bereits vor der „Machtergreifung" völkisch-nationalsozialistisch organisiert. Insgesamt handelt es sich um eine Gruppe politisch hoch motivierter und aktiver Akademiker, von denen die meisten schon eine völkisch-nationalsozialistische Orientierung mitbrachten. Den Machtwechsel werden sie als eine Chance erlebt haben, an entscheidenden Stellen der Gesellschaft den Wandel, den sie selbst erstrebten und auf den viele von ihnen bereits hingearbeitet hatten, aktiv mit gestalten zu können.

III. Bibliographie pädagogischer und pädagogisch
relevanter Schriften zur Rassenhygiene
und Rassenkunde 1933–1945

Vorbemerkungen

Unserer Untersuchung lagen zwei Ziele zugrunde: Zum einen ging es darum, zu untersuchen, in welchem Maß rassenhygienische, rassenkundliche und rassenpolitische Argumentationsmuster und Denkfiguren während der Zeit des Dritten Reichs in die Pädagogik eindrangen, von pädagogischer Seite rezipiert und unter eigenen Fragestellungen weiterentwickelt wurden; dies war das wissenschaftsgeschichtliche Interesse, einen Beitrag zur Geschichte der Pädagogik als akademischer Disziplin in jener Zeit zu leisten. Zum anderen ging es uns aber auch um eine Rekonstruktion der Geschichte der Rassenhygiene und der Rassenpolitik des Dritten Reichs unter erziehungswissenschaftlichen Aspekten, um in dieser Hinsicht aus der Perspektive unserer Disziplin einen Beitrag zur Rekonstruktion dieser Geschichte zu liefern. Eine Materialbasis unserer Arbeit bildeten bibliographische Recherchen, deren Ergebnisse im Folgenden dokumentiert sind. Unsere Bibliographie soll sowohl Auskunft über die Rezeption des rassenwissenschaftlichen Paradigmas in der Pädagogik als auch über die pädagogischen Dimensionen und Implikationen dieses Paradigmas im Dritten Reich geben.

Der Auswahl und Aufnahme der Texte lagen daher zwei Kriterien zugrunde:

1. Texte, die von Pädagogen verfaßt wurden und auf das Rassenkonzept Bezug nehmen. Unter „Pädagogen" haben wir Lehrer und Studienräte, Professoren und Dozenten der akademischen Lehrerbildung sowie der universitären Pädagogik und Psychologie gefaßt.

2. Texte zur Rassenkunde, Rassenhygiene etc., die nicht von Pädagogen in diesem Sinne verfaßt wurden, aber einen explizit und eindeutig pädagogischen Bezug haben. Dies sind im wesentlichen Texte für Unterrichts- und Schulungszwecke, Beiträge zur „Rassenpädagogik" („Rasse und Erziehung" etc.), zu rassenhygienischen und -politischen Fragen der Schul- und Bildungssysteme sowie zu pädagogisch relevanten Aspekten rassenhygienischer Auslese- und Aussonderungsprozeduren.

Aufgrund dieser zweifachen Aufgabenstellung und Auswahlkriterien enthält unsere Bibliographie nicht nur Texte, die dem Inhalt nach auch von pädagogischer Relevanz sind. Zum Beispiel verfaßten Studienräte oder Lehrerbildner auch Beiträge zur Rassengeschichte, die nicht für didaktische Zwecke bestimmt waren, die wir aber deswegen aufgenommen haben, weil sie von professionellen Pädagogen verfaßt wurden. Denn die bibliographischen Recherchen sollten auch eine Materialbasis für professionsspezifische Untersuchungen liefern und Aufschluß darüber geben, in welchem Maß und auf welche Weise professionelle Pädagogen den rassenwissenschaftlichen und -politischen „Diskurs" aufgenommen und mitgetragen haben. Wir haben also pädagogisch und erziehungswissenschaftlich relevante Beiträge generell aufgenommen, andere Beiträge dagegen nur dann, wenn sie von Pädagogen verfaßt wurden. Von Fachwissenschaftlern verfaßte Einführungsliteratur haben wir nur dann aufgenommen, wenn sie beispielsweise als Lehrerhandbuch, für Zwecke der allgemeinen Volksbildung oder als Schulungsmaterial ausgewiesen war.

Unsere Bibliographie erhebt keinen Anspruch auf Vollständigkeit. Nicht nur, weil uns der eine oder andere Beitrag entgangen sein dürfte, sondern auch aus systematischen Gründen. Der Begriff der „Rasse" taucht in unzähligen Texten auf, oft aber nur beiläufig oder als Ausdruck einer Gesinnungsbekundung, die ohne Bezug zum Text bleibt. Wir haben uns deshalb, um die Untersuchung nicht ausufern und diffus werden zu lassen, nach Möglichkeit auf die Auswahl von Texten beschränkt, die signifikanten oder programmatischen Charakter hatten – signifikant vom Inhalt her, programmatisch vor allem in der Titelformulierung. Eine solche Vorgehensweise wirft natürlich Interpretations- und Abgrenzungsprobleme auf, die sich im Einzelfall nur pragmatisch entscheiden lassen. Nicht jeder Text ließ sich eindeutig zuordnen. Außerdem haben wir nicht jeden Text auf seinen Inhalt hin überprüfen können, sondern uns in einigen Fällen auf die Titelformulierung verlassen. Bei einigen Autoren, bei denen es sich um Randfälle handelt oder die Probleme der Zuordnung aufwarfen, haben wir uns zudem auf eine exemplarische Auswahl beschränkt; dies gilt vor allem für jene Autoren, deren Schriften, auch wenn sie mit dem Rassenbegriff operieren, eher dem völkischen als dem rassenwissenschaftlichen Paradigma zuzurechnen sind; in der Regel bleibt die Verwendung des Rassenbegriffs in solchen Texten beiläufig und metaphorisch. Unserer Auswahl lag auch ein pragmatisches Kriterium der Inhaltsrelevanz zugrunde, das die Intensität der Recherchen bestimmte: Das Hauptgewicht haben wir auf Beiträge gelegt, die sich unmittelbar mit Rassenhygiene, Rassenkunde und -politik befassen, weil unser wissenschaftsgeschichtliches Interesse in erster Linie einer Rekonstruktion dieses Themenkomplexes (unter erziehungswissenschaftlichen Gesichtspunkten) galt. Dieser Komplex läßt sich aber nur in einem breiteren Kontext darstellen und verstehen, weil er auf andere Ebenen übergriff und mit anderen Ebenen verbunden war. An zweiter Stelle folgen deshalb Texte, die einen rassenwissenschaftlichen Bezug haben, aber zugleich andere Dimensionen berühren, wie vererbungs- und bevölkerungswissenschaftliche oder familien- und sippenkundliche Themen; an dritter Stelle folgen Texte, die völkische Konzepte in einem rassenkundlichen Kontext thematisieren. Aus dieser Abstufung ergibt sich die inhaltliche Struktur unseres bibliographischen Materials. Diese Kriterien abgestufter Relevanz waren auch für die biographischen Recherchen und die Aufnahme biographischer Grunddaten in die Bibliographie bestimmend. Unser Ziel war es nicht etwa, auf repräsentative Weise zu zeigen, in wie vielen Texte welche Autoren das Konzept der Rasse thematisierten, sondern die Struktur eines Diskurses zu rekonstruieren. In einigen Fällen mag die Aufnahme eines Titels fragwürdig erscheinen. So haben wir beispielsweise Texte von Gottschaldt aufgenommen, obwohl der Begriff „Rasse" in ihnen so gut wie nicht vorkommt; wir waren aber der Meinung, daß Gottschaldt wenigstens mit einigen Texten in unserer Bibliographie vertreten sein sollte, weil er für ein erbpsychologisches Paradigma steht, das mit dem Anspruch verbunden war, die Rassenpsychologie szientistisch zu fundieren. Auf der anderen Seite haben wir, um ein Beispiel zu nennen, einen Text wie „Der Lehrer als Kulturschöpfer" von Henrich Hansen und Johann von Leers nicht aufgenommen, obwohl er deutlich antisemitische Passagen und einen Abschnitt über „Rasse und Blut als Erziehungsgrundsätze" enthält; es handelt sich jedoch um isolierte Stellen, die sich auf eine von 180 Seiten beschränken und ohne systematischen Bezug zur Gesamtdarstellung bleiben. Ähnlich das Buch „Geschichte und Erziehung" von Walter Voigtländer, das auf 2 von 74 Seiten auf den Rassenbegriff Bezug nimmt – diese Texte schienen uns nicht signifikant genug zu sein.

Die Materialbasis der Bibliographie bildeten zum einen Buchveröffentlichungen, die sich über Recherchen in einschlägigen Bibliographien, in der Staatsbibliothek Berlin – Preußischer Kulturbesitz, in der Bibliothek für Bildungsgeschichtliche Forschung (BBF) des Deutschen Instituts für Internationale Pädagogische Forschung und anderen Einrichtungen sowie aufgrund von weiterführenden Literaturhinweisen und biographischen Hinweisen in Büchern und Zeitschriften des Dritten Reichs und natürlich auch der Sekundär- und Forschungsliteratur ermitteln ließen. Zum anderen haben wir systematisch die wichtigsten in Frage kommenden Zeitschriften und Publikationsreihen des Dritten Reichs auf thematisch relevante Aufsätze hin durchgesehen. Eine dritte Quelle bildeten Hinweise, die sich aus den biographischen Archiv-Recherchen ergaben. Darüber hinaus haben wir die Lebensläufe in den Dissertationen der Autoren, soweit verfügbar, ausgewertet.

Die bibliographischen Recherchen bildeten für uns eine Materialbasis und einen Ausgangspunkt für weiterführende biographische Untersuchungen. Sie erfolgten daher von Anfang an immer auch unter biographiegeschichtlichen Aspekten. Die wichtigsten biographischen Daten, die wir ermitteln konnten, sind den Autoren-Bibliographien jeweils vorangestellt. Weitere biographische Hinweise finden sich für die Teilgruppe der 146 exemplarisch untersuchten Autoren im biographischen Teil. Dort finden sich auch die entsprechenden Verweise auf die archivalischen Quellen.

In einigen Fällen haben wir Zuschreibungen biographischer Daten vorgenommen, die nur auf Vermutungen beruhen. Dies war etwa dann der Fall, wenn es zu einem Namen mehrere NS-Mitgliedschaftskarteien gab; wir haben uns dann für eine entschieden, die uns am wahrscheinlichsten erschien. In der Regel haben wir solche Zuschreibungen in der Bibliographie vermerkt.

Die eingerückten bibliographischen Angaben sind unsystematisch aufgenommene Hinweise von zusätzlichem Informationswert, die wir aber nicht in der Auswertung berücksichtigt haben.

Adamheit, Herbert

12.9.1897 in Bieberswalde/Ostpreußen – 18.7.1981;
Vater Landwirt
Turn- und Sportlehrer; Sportlehrer bei der hessischen
Schutzpolizei, 1930 Dozent für Leibesübungen
Pädagog. Akademie Frankfurt/O., 1933 Dozent,
1938 Prof. HfL Elbing
Freikorps, SA, NSDAP (1937), NSLB

Leibeserziehung. In: Ernst Dobers und Kurt
Higelke (Hrsg.), Rassenpolitische Unterrichtspraxis. Der Rassengedanke in der Unterrichtsgestaltung der Volksschulfächer, Leipzig 1938,
S. 278–300

Adelmann, Josef

*6.12.1899; kathol.; Vater Oberpostschaffner
Seit 1921 Volksschullehrer; Dr. phil. Würzburg 1923
(pädagogisch-psychologische Diss. über Jean Paul). –
Nach 1945 Oberstudienrat für Allgemeine Didaktik
PH Würzburg
NSLB 1.7.1933, SA November 1933: Rottenführer,
Referent f. Weltanschauung; NSV, NSDAP 1937,
Kreisabteilungsleiter f. Kultur, Volksbildung und
Presse

Rassenkunde des deutschen Volkes. In: Deutsches Bildungswesen 8/9, 1933, S. 221

Albert, Wilhelm

*29.1.1890 in Bad Kissingen; kathol.; Vater Gast-
wirt
Hauptlehrer und Rektor in Nürnberg; Schriftsteller,
Leitung der Reichsarbeitsgemeinschaft
für Gesamtunterricht
NSLB 1.5.1933, RSK, NSV, Opferring, VDA;
Antrag auf NSDAP-Mitgliedschaft wg. früherer
Logenzugehörigkeit abgelehnt

Die Bedrohung Europas und der weißen Rasse.
In: Bayerische Lehrerzeitung 71/1937, H. 32/33,
S. 473–481

Albinus, Hildegard

*1.6.1892 in Glatz
Studienrätin in Magdeburg, Königstein und
Schwerin
NSLB 1.4.1933, NSDAP 1.5.1933, NS-Frauen-
schaft

Der Rassengedanke in Erziehung und Unterricht
der weiblichen Jugend. In: Mitteldeutscher
Kulturwart. Gau Magdeburg, 76. Jg., März
1937, S. 82–85

Alnor, Karl

7.2.1891 in Kiel – 8.6.1940; evang.; Vater Lehrer
Dr. phil. Kiel 1914, Studienrat, 1934 Prof. f. deutsche
Geschichte, Methodik des Geschichtsunterrichts und
Grenzlandkunde HfL Kiel; Mithrsg. „Vergangenheit
und Gegenwart"
Kriegsfreiwilliger; Schleswig-Holsteiner-Bund,
NSDAP 1.5.1933, NSLB (1.7.1933): Kreissach-
bearbeiter für Geschichte; SA-Rottenführer und
Sportreferent; VDA.

Geschichtsunterricht, Osterwieck 1935 (darin:
Rasse und Volk) (Schriftenreihe „Die nationalsozialistische Erziehungsidee im Schulunterricht")

Alter, Otto

*4.1.1905 in Wulkow/Ruppin; evang.; Vater Schiffs-
eigner
Lehrer und Erzieher in Rastatt und am Lietzschen
Landerziehungsheim Gebesee bei Erfurt, Volksschul-
und Hauptlehrer; Turn- und Sportlehrer, Rektor;
Dr. phil. Halle 1942 (bei Hehlmann)
NSLB 1.5.1933; SA 15.11.1933, NSDAP 1.5.1937

Handschrift und äußeres Verhalten bei Erb-
charaktertypen, Halle 1941 (Diss. phil. Halle
1941)

Alverdes, Friedrich

10.4.1889 in Osnabrück – 1952
Promotion 1912, Habil. 1924, Prof. f. Zoologie
Universität Halle, danach Marburg 1928,
Direktor des Zoologischen Instituts
NSLB 1.11.1933, NSDoz., NSDAP 1.5.1937

Grundzüge der Vererbungslehre, Leipzig (Hirzel)
1935

(zus. mit Ernst Krieck:) Zwiegespräch über
völkisch-politische Anthropologie und biologische Ganzheitsbetrachtung. In: Der Biologe
1937, H. 2, S. 49–55

Andreesen, Alfred

3.2.1886 in Verden – 1944
Oberleiter der Hermann-Lietz-Schulen; Vorsitzender
der Vereinigung der Landerziehungsheime und Freien
Schulgemeinden
vor 1933 Mitglied im antisemitischen Verein Deut-
scher Studenten; NSLB 1.6.1933, SA, Kampfbund
für deutsche Kultur, NSDAP 1937; Reichs-Fach-
redner für Schul- und Erziehungsfragen

Die Heimschulen im nationalsozialistischen
Erziehungswesen, o. O., o. J. [1941]

Andres, Helmut

*4.2.1900; evang.
Hilfsschulrektor in Danzig
NSLB 1.3.1933, NSDAP 1.4.1933; HJ-Geldverwalter

Die volksbiologische Aufgabe der Hilfsschule
und ihre Durchführung im Gau Danzig. In: Die
deutsche Sonderschule 6/1939, H. 1, S. 19–30

Antropoff, Andreas von

4.8.1878 in Reval (Estland) – 1956; gottgläubig;
Vater Jurist, Stadtverordneter
1918 Assistent TH Karlsruhe, 1920 Prof. Karlsruhe,
1925 o. Prof. (Chemie und Physik) Universität Bonn,
Institutsleiter, Kriegsverwaltungsrat
Freikorps, Stahlhelm, DNVP, Kampfbund für
deutsche Kultur, NSDAP 5.3.1933; NSLB
(Obmann), NSDoz.; SS-Schulungsmann, 1938
U'Stuf. im RuSHA, SD

Der Kampf der nordischen Rasse um die
europäische Kultur. In: Deutsche Erziehung im
Osten 3/1936, H. 1

Arlt, Fritz

*12.4.1912 in Niedercunnersdorf; Vater Landwirt
Dr. phil. Leipzig 1936 (bei A. Gehlen); 1940 Leiter
der Abt. Bevölkerungswesen und Fürsorge in der
Regierung des Generalgouvernements. Nach 1945
Mitarbeiter in der Geschäftsführung der Bundes-
vereinigung der Arbeitgeberverbände (BDA) und des
Deutschen Industrie-Instituts
1929 NS-Schülerbund, 1930 NSDAP, HJ-Bezirks-
führer, Schulungsleiter in der Leipziger SA; NSLB,
1936 Leiter der Hauptstelle Schulung und Geschäfts-
führung des RPA Breslau, dann Gauamtsleiter;
1940–1943 Stabsführer beim Beauftragten des
RKFDV Oberschlesien, 1944 Hauptabteilungsleiter
für Ostfragen in der Amtsgruppe D (Germanische
Leitstelle) des SS-HA, SS-O'Stubaf.

Die Frauen der altisländischen Bauernsagen und
die Frauen der vorexilischen Bücher des Alten
Testaments, verglichen nach ihren Handlungs-
werten, ihrer Bedeutung, ihrer Erscheinungs-
weise, ihrer Behandlung. Ein Beitrag zur Rassenpsychologie, Leipzig 1936 (Diss. phil. Leipzig)

Die Frauen Altisraels und Altislands. Ein Beitrag
zur Rassenpsychologie. In: Politische Erziehung
1936, H. 7, S. 212–218

Die Unterjochung der Nichtjuden. Ein Programm-
bild aus der Bücherei der Breslauer Judenlogen –
zugleich ein Beitrag zur Psychologie des Judentums. In: Der Weltkampf 15/1938, S. 199–202

Der jüdische Einbruch in den deutschen
Arbeitsraum. In: Der Schulungsbrief 5/1938,
H. 5, S. 175–178

Arnold, Hans

Studienassessor Baltenschule Mistroy; Schriftleitung
der Zeitschrift „Erziehung zum Osten"

Ostpolitik und Schule. In: Erziehung zum Osten
1/1934, H. 9/10

Arntz, Helmut

*6.7.1912 in Bonn
Dr. phil. Gießen 1933, 1935 DFG-Referent für
deutsche Volksforschung, 1937 Dozent Universität
Gießen, Prof. und Leiter des 1938 gegründeten
Instituts für Runenkunde Universität Gießen
Stahlhelm 1932; Studentenkampfhilfe, SA 1933,
NSDAP 1937

Rasse, Sprache und Kultur und ihre Beziehung
zum Volkstum. In: Zeitschrift f. Deutsche
Bildung 1937, H. 13, S. 265 ff.

Arp, Wilhelm

18.1.1903 in Horneburg/Stade – 1941 (gefallen);
evang.
Volks- und Mittelschullehrer, Studium: Pädagogik,
Psychologie, Biologie, Staatslehre; 1930 Dr. phil. und
Assistent Universität Hamburg, 1933 Wissenschaft-
licher Rat in der Landesschulverwaltung, 1936
Dozent, 1939 stellv. Direktor und Prof. f. Pädagogik
HfL Hamburg
NSDAP und NSLB 1.5.1933; Sektionsschriftwart
und Begutachter f. Psychologie, Biologie und Staats-
lehre; Leiter der Abt. Erziehung und Unterricht in der
NSLB-Gauwaltung Hamburg; Mitarbeiter der Zeit-
schrift „Nationalsozialistisches Bildungswesen";
RKK, NSV

Deutsche Bildung im Kampf um Begriff und
Gestalt unseres arteigenen Menschentums,
Leipzig 1943

Astel, Karl

26.2.1898 in Schweinfurt – 4.4.1945 (Selbstmord);
evang.; Vater Polizeichef
Dr. med. Würzburg 1925, Sportarzt, Turn- und
Sportlehrer, 1933 Präsident des Thüringischen
Landesamtes f. Rassewesen, 1934 Prof. f. Mensch-
liche Züchtungslehre Universität Jena, 1939–45
Rektor der Universität; 1939 Staatsrat, Leiter des
Gesundheits- und Wohlfahrtswesens im thüringischen
Ministerium des Inneren; Mithrsg. „Der Biologe",

*„Volk und Rasse"; Ortsgruppenleiter der Deutschen
Gesellschaft für Rassenhygiene in Weimar
Freikorps v. Epp, Kapp-Putsch, Bund Oberland,
NSDAP 1930; Gauamtsleiter des RPA in Thüringen;
1933 Leitung des erb- u. rassebiologischen Unterrichts an der Reichsführerschule SA; 1934 Rassefachberater beim RuSHA, 1942 SS-Staf.*

Hrsg.: Rassekurs in Egendorf. Rassenhygienischer Lehrgang des Thüringischen Landesamtes
für Rassewesen, München 1935

Rassendämmerung und ihre Meisterung durch
Geist und Tat als Schicksalsfrage der weisen
Völker, München 1935, ²1937

Züchterische Familienkunde. In: Astel (Hrsg.),
Rassekurs in Egendorf, München 1935,
S. 91–102

Aus Rassenhygiene und Bevölkerungspolitik.
1 ¹/₂ Jahre Thüringisches Rassewesen. Ein
Arbeitsbericht des Thüringischen Landesamtes
für Rassewesen von Präsident Prof. Dr. Astel,
Weimar. In: Volk und Rasse 1935, H. 1,
S. 25–27

Hochschule und Wissenschaft. In: Nationalsozialistische Monatshefte, Dezember 1936

Erbbiologie und Familienkunde. In: Hans
Harmsen und Franz Lohse (Hrsg.), Bevölkerungsfragen, München 1936

Die Aufgabe der nationalsozialistischen Hochschule auf rassischer Grundlage. In: Öffentlicher
Gesundheitsdienst 20/1937

Avemarie, Hans
Altona

Ein Beitrag zur Judenfrage. In: Der deutsche
Volkserzieher 3/1938, H. 18, S. 776f.

Baasen, Carl
**25.5.1886 in Bockhörn; evang.
Niedersächsischer Landeskundler, Mittelschullehrer
in Westerstede
NSDAP 1.8.1932, NSLB 1.4.1933, stellv. Ortsgruppenleiter der NSV*

Blut und Boden als das Kernproblem der
deutschkundlichen Lehrfächer. In: Hamburger
Lehrerzeitung 14/1935, H. 2, S. 14–17

Bacher, Josef
**18.3.1900 in Krems; evang.
Dr. rer. nat. Innsbruck 1923, Prof., Linz
NSDAP und NSLB 1938*

Das deutsche Lied und die Rassenkunde. In:
Nationalsozialistisches Bildungswesen 4/1939,
H. 9/10, S. 514–525

Baege, Max Hermann
**11.5.1875 in Jeßnitz – 1938; evang., später
Austritt
Anthropologe, Psychologe, Soziologe; Höherer
Schuldienst, Dr. phil. Jena, 1914 Dozent der
Humboldtakademie Berlin, 1912–1917 Sekretär
der Gesellschaft für positivistische Philosophie;
1918 Unterstaatssekretär im Preuß. Ministerium
für Wissenschaft, Kunst und Volksbildung, 1919
Dozent am Zentralinstitut für Erziehung und
Unterricht, 1921 Prof. Handelshochschule und
Direktor der Städtischen Volkshochschule
Nürnberg, nach Kündigung aufgrund eines
Strafverfahrens wg. Verführung Privatgelehrter in
Jena
1918–1932 SPD, Republikanischer Lehrerbund,
Bundesvorstand des Deutschen Monistenbunds;
1937 NSV, RKK*

Die biologischen und sozialen Ursachen der
Entartung, Langensalza 1936 (Schriften zur
politischen Bildung; Mann's Pädagogisches
Magazin)

Baeumler, Alfred
*19.11.1887 in Neustadt/Sudeten – 1968; Austritt aus
kathol. Kirche, ohne Bekenntnis
Dr. phil. München 1915, 1924 Habil. (Philosophie
und Pädagogik); Privatdozent und Studienrat TH
Dresden, 1928 Prof. f. Philosophie und Pädagogik am
Pädagogischen Institut TH Dresden, 1933–1945
Prof. und Direktor des Instituts f. philosophische und
politische Pädagogik Universität Berlin; Hrsg. „Weltanschauung und Schule"; „Internationale Zeitschrift
f. Erziehung"
Unterzeichner des Wahlaufrufs für die NSDAP
1932, NSDAP 1.5.1933, NSDoz. und NSV 1934;
1934 Referatsleiter, 1937 Amtsleiter der Hauptstelle
Wissenschaft im Amt Rosenberg, Hauptlektor
des HA Schrifttumspflege f. Geschichte; kommiss.
wissenschaftliche Leitung der Deutschen Hochschule
f. Leibesübungen, 1935 Ehrenmitglied des Reichsinstituts f. Geschichte des neuen Deutschland;
Führerrat der Deutschen Gesellschaft f. Zeitungs-
wissenschaft; 1941–1944 Leiter des Aufbauamtes
der Hohen Schule der NSDAP*

Rasse und Persönlichkeit. In: NS-Dozentenbund Gau Berlin (Hrsg.), Nationalsozialismus und Wissenschaft, 1937, S. 21–23

Rasse als Grundbegriff der Erziehungswissenschaft. In: Internationale Zeitschrift f. Erziehung 8/1939, H. 4, S. 242–255; auch in: ders., Bildung und Gemeinschaft, Berlin 1942

Balssen, Meinhard

15.4.1913 in Aurich; evang.
Dr. med. Hamburg 1940; Arzt, Staatliches Gesundheitsamt Emden
NSDAP 1937, HJ

Beitrag zur Frage der Erblichkeit der Asozialität, Diss. med. Hamburg 1940

Banniza von Bazan, Heinrich

25.4.1904 in Riga – 1950; evang.
Dr. phil. Berlin 1927, Studiendirektor in Berlin; Genealoge, Schriftsteller
NSLB 8.3.1933 (NSLB-Walter), SA (Stellenleiter), HJ (Leiter der Jungbannbüchereien), RSK, NSDAP 1937, Fachredner für Rassenpolitik

Familie – Rasse – Volk. Grundlagen und Aufgabe der Volkssippenforschung, Leipzig – Berlin 1934

(zus. mit Dr. Richard Müller:) Deutsche Geschichte in Ahnentafeln, Berlin 1942

Die Sippenkunde im Deutschunterricht. In: Zeitschrift f. Deutschkunde 53/1939, S. 362–366

Bareth, Karl

20.8.1887 in Mittelbuch/Biberach
Hauptlehrer Volksschule Freiburg (1938)
Frontkämpfer, NSLB 1.4.1933, SAR, RLB

(zus. mit Alfred Vogel:) Erblehre und Rassenkunde für die Grund- und Hauptschule. Bühl/Bd. 1937, [6]1940

Bartel, Anneliese

24.9.1914 in Liegnitz
NSDAP 1937; BDM-Führerin, 1939 Rassenreferentin des BDM in der Führung des Untergaus Schlesien

Du bist zwischen Enkel und Ahnherr gestellt. Anleitung zur sippenkundlichen Arbeit der Führerinnenschaft des Bundes Deutscher Mädel, Berlin 1941 (Heft 1 der Schriftenreihe für die Schulung in der Hitlerjugend)

Barth, Heinz

15.12.1912 in Trier; evang.
Lehrer in Offen bei Celle u. a.
NSDAP 1.4.1933, NSLB

Erbkunde in der Volksschule. In: Der deutsche Volkserzieher 1/1936, H. 13, S. 595–605

Erbpflege und Schule. In: Der deutsche Volkserzieher 1/1936, H. 14, S. 646–653

Der Kampf ums Dasein ist weniger ein Kampf Mann gegen Mann als ein Geburtenkampf. In: Der deutsche Volkserzieher 1/1936, H. 19, S. 903–909

Bartmann, Hans

19.10.1900 in Gerolstein/Höxter, kathol.; Vater Reichsbahnoberinspektor
Biologe; Studienassessor, Höhere Knabenschule Gerolstein; Schriftsteller (Pseud.: Johannes Papenkauler)
1929/30 Zentrum; NSLB 1934, NSDAP, SA, RPA, Bund der Kinderreichen, Opferring, RSK, NSV

Das Erbe der Väter. Eine kleine Erblehre, Langensalza 1935

Menschen mühen sich um lebendiges Erbgut. Leseheft 28, Langensalza 1939

Erblehre im Biologieunterricht der Oberstufe der Volksschule. In: Die Neue Deutsche Schule 12/1938, H. 8, S. 533–541

Die zahlenmäßige Erhaltung des deutschen Volkes. In: Der Biologe 1942, H. 9, S. 233–239

Bartsch, Max

30.4.1894 in Pommerantz
Mittelschullehrer in Breslau
NSDAP 1.2.1933

Erbgut, Rasse und Volk. Ein Lese- und Arbeitsbogen für den Schulgebrauch, Breslau 1934, [13]1940

Ins freie Vaterland. Nationalsozialistischer Lernstoff für den Staatsjugendtag zur deutschen Zeitgeschichte und zur Rassenkunde mit einem Anhang neuer vaterländischer Geschichte. Gleichzeitig Ergänzungsheft im Sinne des Min.-Erl. vom 31.1.1934. Bearbeitet von Klemens Lorenz, Otto Moslehner, Breslau (Heinrich Handels Verlag) 1934

Die Quelle deutscher Kraft. Kurze Darstellung der Rassenkunde und Volkspflege für den Schulgebrauch, Breslau 1935, [7]1941

Der ewige Strom. Kurze Darstellung der Rassenkunde und Volkspflege für den Schulgebrauch, Breslau 1935, [9]1941

Bartsch, Paul

20.4.1893 in Berlin
Diplom-Handelslehrer in Berlin (1930 Diplomarbeit rer. gymn.: „Die geschichtliche Entwicklung der Wurfübungen in Deutschland"), Anstaltslehrer, Dr. phil. 1944 („Der Pflegling und seine Anstalt"); Heil- und Pflegeanstalt Berlin-Wuhlgarten
NSLB (1.7.1932): Reichsfachgruppenleiter, NSDAP 1.5.1933, stellv. Schulungsobmann

Zur Einrichtung des Referats für negative Schülerauslese und Sonderschulfragen im Rassenpolitischen Amt. In: Die deutsche Sonderschule 4/1937, H. 2, S. 81–87

Bauch, Bruno

19.1.1877 in Groß-Nossen/Schlesien – 1942; Vater Gutsbesitzer
Dr. phil. Freiburg 1901, Habil. und Privatdoz. Halle 1903, 1911 Prof. Philosophie Jena, 1922 Rektor der Universität Jena; Vorsitzender der Deutschen Philosophischen Gesellschaft, Mithrsg. „Blätter f. deutsche Philosophie"

Erbanlage, Erziehung und Geschichte. In: Blätter f. deutsche Philosophie 15, 1941/42, S. 45–68

Bauer, Albert

2.2.1886 in Diez bei Limburg; evang.; Vater Bäckermeister
Lehrer, naturwiss. Studium, Dr. phil. Marburg 1910, Studienrat und Seminarlehrer in Hannover, nebenamtl. VHS-Doz. für Chemie; 1937 Leiter der Rassen- und bevölkerungspolitischen Abteilung des Landesmuseums Hannover
NSDAP 29.4.1933, NSLB (1.5.1933): Kreissachbearbeiter, RPA Gau Südhannover-Braunschweig (Schulungsleiter und Redner); Lektor der parteiamtlichen Prüfungsstelle zum Schutze des NS-Schrifttums

Vererbungslehre, Rassen-, Bevölkerungs- und Familienkunde. Für die Abschlußklassen der Mittelschulen höherer Lehranstalten, Leipzig (G. Freytag) 1934

Die Rassen- und bevölkerungspolitische Schausammlung im Landesmuseum Hannover. In: Der Biologe 8/1939, H. 3, S. 82

Baustaedt, Carl

9.7.1880 in Gimte bei Hann.-Münden; evang.
Oberstudienrat Oberrealschule Göttingen
Nationalliberale Partei, DVP, NSDAP (1.5.1933): Zellenleiter, Kreisredner, Kreisabschnittswalter Amt für Erzieher der NSDAP; NSLB (1.10.1933): Ortsgruppenschulungsleiter, NSV, RLB; 1943 Parteiämter entzogen

Rosenbergs Mythus und seine Wegbereiter im Geschichtsunterricht der Prima oder: Von Nietzsche zu Rosenberg. Ein Unterrichtsversuch in der Prima. In: Vergangenheit und Gegenwart 26/1936, H. 12, S. 673–691

Bavink, Bernhard

30.6.1879 in Leer – 1947; evang.; Vater Kaufmann
Dr. phil. 1903; 1905 Oberlehrer in Göttingen, 1913 Gymnasialprof., 1927 Oberstudienrat (Mathematik und Physik) in Bielefeld, 1942 Honorarprof. f. Naturphilosophie Universität Münster (1944 widerrufen); Leiter des Kepler-Bundes, 1936 Mitglied des Wissenschaftlichen Ausschusses der Gesellschaft Deutscher Naturforscher und Ärzte; Hrsg. „Unsere Welt"; 1944 Ehrenbürger der Stadt Münster, 1947 Prof. f. Naturphilosophie Universität Münster; eugenische Beiträge vor 1933
NSDAP 1.4.1933, NSLB 1.8.1933, rassenhygienischer und -politischer Schulungsredner Gau Westfalen-Süd

Organische Staatsauffassung und Eugenik, Berlin (Alfred Metzner) 1933 (Schriften zur Erblehre und Rassenhygiene)

Eugenik als Forschung und Forderung der Gegenwart, Leipzig (Quelle u. Meyer) 1934

Eugenik und Weltanschauung. In: Zentralinstitut für Erziehung und Unterricht (Hrsg.), Erblehre – Erbpflege, Berlin 1933, S. 92–102

Eugenik und Christentum. In: Die Sonne 9/1933, H. 2, S. 95–98

Die eugenische Aufgabe des Lehrers. In: Pädagogische Warte 40/1933, H. 13, S. 577–581

Neuere Literatur zur Rassenhygiene und Rassenkunde. In: Unsere Welt 25/1933, S. 370–375

Rasse und Kultur – Rasse und Religion. In: Unsere Welt 26/1934, H. 6, S. 161–190

Die Bedeutung der Vererbungslehre für das Erziehungsproblem. In: Die Schule im nationalsozialistischen Staat 11/1935, H. 3/4, S. 6f.

Bayerl, Lorenz

*12.10.1894 in Weiden/Oberpf.; kathol.
Dr. phil. München 1934, Lehrer an der Übungsschule
der HfL Pasing, 1943 Schulrektor. – Nach 1945
Studienrat und Dozent f. Unterrichtslehre
PH München-Pasing
NSLB 1.4.1933, NSDAP 1.5.1933 (Blockleiter),
NSV, NSKOV, RLB, NS-Reichskriegerbund,
NS-Altherrenbund der deutschen Studenten, VDA,
Sängerbund

Die volksbiologische Seite des Unterrichts auf
der Volksschuloberschule. Aufriß einer rassenkundlichen Erziehungs- und Lehrarbeit in den
oberen Jahrgängen der Volksschule in theoretischen Grundlegungen und sachlichen, zeich-
nerischen und bildhaften Ausdrucksformen. (Mit
26 Bildern), Stuttgart 1940 (Der neue Stoff)

Rassenkunde in der Volksschule. In: Pädagogische Warte 40/1933, H. 23, S. 1028–1032

Rassenkundliche Unterweisung in der Volksschule. In: Bayerische Lehrerzeitung 69/1935,
H. 5, S. 66–71

Beck, Christoph

*28.4.1874 in Pretzfeld; kathol.; Vater Landwirt
Volkskundler, Philologe; Dr. phil. Erlangen 1906,
Gymnasiallehrer, Oberstudiendirektor in Nürnberg

Rasse und Sprache in England. In: Die Mittelschule 49/23.10.1935, S. 441–443

Beck, Ernst-August

vermutl. Lehrer in Hinte/Ostfriesland

Die sippenkundliche Arbeit der Dorfschule.
In: Der deutsche Volkserzieher 3/1938, H. 19,
S. 808–816

Beck, Friedrich Alfred

*29.6.1899 in Harpen; kathol., dann gottgläubig
Volksschullehrer, Dr. phil. Königsberg 1935 („Idee
und Wirklichkeit. Eine Untersuchung über den
Nationalsozialismus als ganzheitliche Einheit von
Geist und Leben"); 1933 kommiss. Leiter der Schul-
abteilung bei der Regierung in Ansberg, Hilfsreferent
in der Unterrichtsabteilung des Preuß. Kultusministe-
riums, Min. rat im Preuß. Ministerium für Wissen-
schaft und Kunst
Gau- und Reichsredner, Gaukulturwart, wiss. Leiter
der Hochschule für Politik der NSDAP Westfalen-Süd

Das Volk. In: Pädagogische Warte 40/1933,
H. 13, S. 613–617

Beck, J.

siehe Schmeil

Beck, Robert

*2.7.1904 in Königshütte/Oberschlesien; kathol.,
dann gottgläubig
Lehrer, Dr. phil. Berlin 1936, 1935 Assistent am
Psychologischen Institut Universität Berlin
1924 Bund deutscher Lehrer in Polen; 1933/34 SA;
NSDStB: Kameradschaftsführer, stellv. Hauptamts-
leiter für Wissenschaft/Hauptamt für Grenzland-
fragen in der Gauleitung des NSDStB; NSLB 1934,
NSDoz. 1938, NSDAP

Untersuchungen zum Problem des Nationali-
tätenwandels „beim schwebenden Volkstum"
in den abgetretenen Teilen Oberschlesiens. Ein
Beitrag zur politischen Psychologie, Diss. phil.
Berlin 1936 (Schwebendes Volkstum im Gesin-
nungswandel. Eine sozialpsychologische Untersuchung, Stuttgart 1938)

Zur Psychologie der Umvolkung. In: Baltische
Monatshefte 1938, H. 1, S. 41–49

Das „schwebende Volkstum". In: Neues Volk
1941, H. 2, S. 4f.

Becker, Friedrich

*14.10.1905 in Wilhelmshaven; evang.; Vater
Geschäftsführer
Lehrer, Dr. phil. Marburg 1938, Psychologe (Jaensch-
Schüler)

Die Intelligenzprüfung unter völkischen und
typologischen Gesichtspunkten. In: Zeitschrift f.
angewandte Psychologie und Charakterkunde
55/1938, H. 1, S. 78f., 110f. (Die Intelligenzprüfung unter völkischen und typologischen
Gesichtspunkten. Ein Beitrag zum Problem der
Auslese, Diss. phil. Marburg, Leipzig 1938)

Becker, Willi

(vermutl.) *25.7.1893 in Berlin-Weißensee
Historiker, Dr. phil. Greifswald 1921, Studienrat in
Berlin
NSDAP 30.4.1933, NSLB 3.5.1933

(zus. mit Johann von Leers:) Nationalsozialistische
Staatskunde in 10 Briefen, Potsdam 1935–1939,
1942 (Unterrichtsbriefe Methode Rustin)

(zus. mit Walter Fasolt:) Nordische Frühgeschichte. Von der Urzeit der nordischen Rasse
über ihr Wirken im Inder-, Iraner-, Hellenen-
und Römertum bis zum Aufstieg der Germanen,

Potsdam – Leipzig 1940 (Selbstunterrichtsbriefe Methode Rustin)
Nordische Rasse im Schicksal der Völker. Nationalsozialistische Geschichtsauffassung. 1. Volk Rasse, Gemeinschaft. In: Rustin Nachrichten 3/1936, H. 4, S. 105ff.; 2. Die nordische Rasse 3/1936, H. 5, S. 128ff.; 3. Die Indogermanen und ihre Kultur 3/1936, H. 6, S. 149ff.; 4. Die Inder 4/1937, H. 1, S. 2–7; 5. Die Iraner 4/1937, H. 2, S. 40–46; 6. Die Armenier 4/1937, H. 5, S. 109–114; 7. Die Griechen. 1. Hellas. Urbewohner und die Griechen 5/1938, H. 1, S. 11–17; 8. Die Griechen. Kretische und mykenische Gesittung 5/1938, H. 2, S. 47–55

Beckerling, Ernst

21.12.1917
Dr. med. Münster 1945
NSDAP 1937

Erbhygienische Untersuchungen an Hilfsschulkindern in Herne i.W., Diss. med. Münster 12.3.1945

Beckmann, Franziska

17.11.1896 in Buer-Erle/Gelsenkirchen; Vater Fleischermeister
Dr. med. Münster 1935 (bei Jötten)

Erbhygienische Untersuchungen an Hilfsschulkindern in der Stadt Gelsenkirchen-Buer und zwar in den Stadtteilen Buer und Horst unter besonderer Berücksichtigung der sozialen Verhältnisse, Diss. med. Münster 1935

Behr-Pinnow, Carl F. L. von

27.6.1864 in Pinnow; Vater Gutsbesitzer
Dr. jur. Dr. med. h.c., Königlich-preuß. Kammerherr, Kabinettsrat a.D.; Landrat Kreis Plön, Rittmeister, Sozialhygieniker, Gründungsmitglied des Deutschen Bundes für Volksaufartung und Erbkunde; Stadtarzt

(zus. mit Dr. Hanhart:) Sippschaftstafel und 10 lebenskundliche Personenbeschreibungen zur Familien- und Erbkunde, Görlitz o. J.

Methodologisches für die Erforschung geistiger Erbanlagen. In: Zeitschrift f. Rassenkunde 5/1937, H. 1, S. 1–19

Behrens, Dietrich

15.7.1893; evang.
Dr. med., prakt. Arzt in Varel
Stahlhelm 1922–1933, Gauobmann des NS-Ärztebundes für den Gau Hessen-Nassau, Frankfurt/M.; SS, SA 1933

(zus. mit Hermann Thyen:) Unsere Familie, Langensalza – Berlin – Leipzig 1933

Belstler, Hanns

18.12.1893 in Steppberg (bei Donauwörth); kathol.; Vater Volksschullehrer
Hauptlehrer, 1942 Volksschulrektor in München; Mitautor an Kurt Higelkes „Neubau der Volksschularbeit"
NSLB 1.9.1933, NSDAP 1937; Blockleiter, Kulturstellenleiter, stellv. Ortsgruppen-Propagandaleiter, NSV, RLB, DAF, VDA, Reichskolonialbund

Du stehst im Volk, München o. J. (zum Abgang aus den Schulen überreicht)

Bender, Heinz

2.12.1902
Studienassessor in Ilvesheim bei Mannheim; Dr. phil. Jena 1939, 1942 Prof. in Mannheim SS-U'Scharführer

Der Kampf um die Judenemanzipation in Deutschland im Spiegel der Flugschriften 1815–1820, Zeulenroda 1939 (Diss. phil. Jena 1939)

Benl, Gerhard

18.12.1910 in Nürnberg; kathol.; Vater Gymnasialprof.
Biologe; Dr. phil. München 1935; Studienassessor Realgymnasium München; REM; NSLB (1.10.1933): Gausachbearbeiter für Rassefragen; Lektor der parteiamtlichen Prüfungskommission, NSDAP (30.4.1933): Blockleiter, SA, NSV, RLB

(zus. mit Peter Kramp:) Vererbungslehre, Rassenkunde und Rassenhygiene. Lehrbuch für die Oberstufe höherer Lehranstalten, 2 Bde., Leipzig 1936
Moderne methodische Richtlinie zum Unterricht in der Vererbungslehre auf der Oberstufe höherer Lehranstalten. In: Deutsches Bildungswesen 6/1934, S. 338–449; 7/1934, S. 365–374

Benze, Rudolf Edmund Richard

23.10.1888 in Ildehausen/Gandersheim – 1966
Studium: klassische Philologie und Geschichte;

*Dr. phil. Halle 1928, Oberstudienrat, Oberstudien-
direktor, 1932 Schul- u. Kulturreferent der Stadt
Braunschweig; 1933 Oberregierungsrat, 1934 Ministerialrat im REM (Abt. Höhere Schulen), 1938
Leiter des Deutschen Zentralinstituts für Erziehung
und Unterricht, Hrsg. „Deutsche Schulerziehung". –
1947 in britischer Internierungshaft, nach 1 Jahr Haft
freigesprochen
1925 DVP, 1929 stellv. Vorsitzender des Landesvereins für Heimatschutz in Braunschweig, NSDAP
(1932); NSLB (1931): Leiter der Fachschaft 2
(Höhere Schulen); HJ-Bannführer (1935);
SS (1939), SS-Stubaf.*

Geschichte im Rassenkampf, Berlin (Brehm)
1934 (Volk und Wissen, Bd. 17)

Rasse und Schule. Grundzüge einer lebens-
geschichtlichen Schulreform, Braunschweig
1934, ³1935 (Hrsg. vom NSLB Südhannover-
Braunschweig)

Nationalpolitische Erziehung im Dritten Reich,
Berlin 1936

(zus. mit A. Pudelko, Hrsg.:) Rassische Erziehung als Unterrichtsgrundsatz der Fachgebiete,
Frankfurt/M. 1937, ²1942

Erziehung im Großdeutschen Reich. Eine Über-
schau über ihre Ziele, Wege und Einrichtungen,
Frankfurt/M. 1937, ²1943

(zus. mit Gustav Gräfer:) Erziehungsmächte und
Erziehungshoheit im Großdeutschen Reich als
gestaltende Kräfte im Leben des Deutschen,
Leipzig 1940

Rasse und Schülerauslese. In: Niedersächsischer
Erzieher 1/1933, S. 35–37

Rassische Erziehung. In: Niedersächsischer
Erzieher 2/1934, H. 8, S. 207–212

Rassische Geschichtsauffassung und Schule.
In: Erzieher im Braunhemd. Kampfblatt des
NSLB Gau Halle-Merseburg 3/1935, H. 7,
S. 166–171

Schulreform auf rassischer Grundlage. In:
Korrespondenz f. Volksaufklärung und Rassenpflege 4/1935, S. 2f.

Berg, Hilde

**12.9.1905 in Tullenberg
Privatlehrerin in Königsberg
NSDAP 1.1.1929*

Volksmärchen und Rassenfrage. In: Deutsches
Bildungswesen 7/1933, S. 117–119

Berger, Friedrich

*4.6.1901 in Archshofen/Mergentheim – 1966; evang.,
1934 deutschgläubig; Vater Schmiedemeister
Realschullehrer; Studium der Philosophie,
Pädagogik, Physik; Dr. phil. Tübingen 1928,
Seminarlehrer, 1929 Assistent bei O. Kroh, 1931
Habil. und Privatdozent Universität Tübingen,
1934 Prof. f. Pädagogik (philosophisch-pädagogische
und völkische Anthropologie) TH Braunschweig,
1938 Direktor der HfL Braunschweig; 1941
Regierungsrat im Eignungsprüfungswesen,
1942 Leiter des Referats f. Lehrerbildungsanstalten
im Braunschweiger Ministerium f. Volksbildung
Völkische Jugendbewegung, Grenzlandbewegung;
SA 1933; SS (1934): Standartenschulungsleiter,
O'Stuf. im RuSHA; NSLB: Begutachter, Gauschulungsredner, NSDoz., NSV, RLB, NS-Reichsbund für Leibesübungen, Reichsbund der Kinderreichen, VDA; NSDAP 1937*

Volk und Rasse als Grundlage und Ziel deutscher Erziehung, Stuttgart 1936

Die völkischen Richtkräfte in der Neugestaltung
deutscher Erziehung. In: Friedrich Hiller (Hrsg.),
Deutsche Erziehung im neuen Staat, Leipzig
1935, S. 196–208

Rasse, Weltanschauung und Erziehung. In:
J. Wilh. Hauer (Hrsg.), Glaube und Blut. Beiträge zur Rolle der Religion und Rasse, Leipzig
1938, S. 8–37

Berger, Siegfried Werner

**11.1.1907 in Reichenbach/Vogtl.; Vater Oberlehrer
Studium Medizin u. Naturwiss., Dr. phil. Innsbruck
1931 (biolog. Diss.), wirtschaftswiss. Studium, wiss.
Assistent, 1936 Diplom-Volkswirt, 1940 Dr. rer. pol.
Erlangen*

Unternehmertum und Rassenbild. Ein Beitrag
zum Problem „Rasse und Wirtschaftsleben",
Diss. Erlangen 1942

Berger, Walter

Was ist Rasse? Versuch einer Abgrenzung ihrer
Wirksamkeit im seelischen Bereich. Mit Berücksichtigung des jüdischen Rassenproblems, hrsg.
von der A. Philipp-Spitta-Gedächtnis-Gesell-
schaft, Wien 1936

Bergmann, Ernst

7.8.1881 – 1945; evang., 1932 Austritt
Dr. phil. 1905, nb. a.o. Prof. f. Philosophie Leipzig
1916, apl. Prof. 1939
NSDAP 1930; NSLB 1931, Fachberater für Hoch-
schulfragen im sächsischen NSLB

Deutschland, das Bildungsland des neuen
Menschen. Eine nationalsozialistische Kultur-
philosophie, Breslau 1933, ²1936

Bernstorf, Otto

*30.1.1888 in Gr. Oesingen
Studienrat Oberschule/Reformrealgymnasium in
Stadthagen; Vorstandsmitglied des Vereins für
schaumburgisch-lippische Geschichte, Altertümer
und Landeskunde
NSLB 1.8.1933

Sippenforschung (Familienkunde) im Deutschunterricht der Mittelstufe. In: Zeitschrift. f.
Deutschkunde 47/1933, S. 728–731

Bertram, Otto

9.8.1911 in Kaiserslautern – 1942
Dr. phil. München 1937 („Mundart der Oberpfalz"),
Studienrat in Kaiserslautern; während des Krieges in
Metz tätig
NSLB 1935, NSDAP 1937

Vom Juden in der Westmark. In: Mitteilungsblatt
der NSLB-Gauwaltung Westmark 1941, H. 9,
S. 87–94; H. 10, S. 101

Beyer, Albert

25.10.1900 in Saarbrücken – 1966; evang.; Vater
Schießmeister
Dr. phil. 1929, 1931 Studienrat Reformrealgymnasium
Neunkirchen, 1936 Dozent f. Rassenkunde und Ver-
erbungslehre HfL Saarbrücken, Schulrat, 1939 HfL
Braunschweig, 1940 Metz (Umschulungslehrgänge für
lothringische Lehrer); LBA Ottweiler, Boppard, Zwei-
brücken. – Nach 1945: PH Saarbrücken (1957 kom-
miss. Leiter), Oberstudiendirektor
NSDAP 1.6.1933, Mitglied der Gauleitung; NSDoz.
Gaudozentenbundsführer, SA-O'Stuf.

Der naturwissenschaftliche Unterricht im
Dienste der Wehrerziehung. In: J. Szliska (Hrsg.),
Erziehung zum Wehrwillen, Stuttgart 1938

Beyer, Hans Joachim

14.6.1908 in Geesthacht – 25.8.1971; evang.; Vater
Lehrer

Dr. phil. Hamburg 1931, 1934 Dozent f. Erdkunde
und Methodik des Erd- und Heimatkundeunterrichts
HfL Danzig; 1936 Abteilungsleiter am Deutschen
Auslandsinstitut Stuttgart; 1939 Habil., 1940 Dozent
Universität Berlin, 1942 Prof. und Direktor des
Instituts für Volkslehre und Nationalitätenkunde
der Deutschen Universität Prag, wiss. Leiter der
Reinhard-Heydrich-Stiftung; Hrsg. „Auslandsdeut-
sche Volksforschung", „Volksforschung" u. a. –
Nach 1945 Pressesprecher der evang. Landeskirche
Schleswig-Holstein, Prof. f. Geschichte, Methodik
des Geschichtsunterrichts und Staatsbürgerkunde
PH Flensburg
Christlich-Sozialer Volksdienst, VDA vor 1933,
SA 1933, NSDStB, 1934 Leiter der AG für Erd-
kunde in der NSLB-Gauwaltung Danzig, NSDAP
1.5.1936, RKK; SS (1938): H'Stuf., Referent im
Amt „Inland" des SD-Hauptamtes und im Amt
„Weltanschauliche Forschung und Auswertung",
1939 Mitarbeiter der Amtsgruppe Volkstum und
Ukraine-Referent im RSHA, Politischer Berater
beim SD in Lemberg

Das Schicksal der Polen. Rasse, Volkscharakter,
Stammesart, Leipzig – Berlin 1942

Zur Frage der Umvolkung. In: Auslandsdeutsche
Volksforschung 1/1937, H. 4, S. 368–371 und
382–385

Rassische Kräfte in der Umvolkung. In: Deutsches Archiv f. Landes- und Volksforschung 6,
1942, S. 1–16

Völkerpsychologische Bemerkungen zur
Umvolkungsfrage. In: Deutsche Monatshefte
(Kattowitz) 7, 1940/41, S. 407–419

Beyer, Walter

*17.3.1892 in Fraustadt; evang.; Vater Gymnasialprof.
Gymnasium Posen, Dr. phil. Greifswald 1914, 1919
Studienassessor, Studienrat in Berlin-Schöneberg
(Geschichte, Deutsch, Philosophie), 1926–1928
Deutsch-Lektor an japanischer Hochschule des
Generalgouvernements Formosa; 1938 Dozent Wirt-
schaftshochschule Berlin
Kriegsfreiwilliger, 1928 aktiver NS-Kämpfer bei
Reichstagswahlen, NSDAP und NSLB 1.4.1933

Literaturberichte: Zur Judenfrage. In: Monatsschrift f. höhere Schulen 36/1937, H. 2,
S. 132–138

Bieberbach, Ludwig

1886 in Goddelau bei Darmstadt – 1982; evang.
1910 Habil. in Zürich, 1913 Prof. f. Mathematik an

*der Universität Basel, 1915 Frankfurt/M., 1921–1945
Berlin, Dekan Philos. Fak.; Schriftleiter „Deutsche
Mathematik"
SA, Gesellschaft f. deutsches Schrifttum, NSLB und
NSDoz. 1.11.1933, NSDAP 1937*

Persönlichkeitsstruktur und mathematisches
Schaffen. In: Unterrichtsblätter f. Mathematik
u. Naturwissenschaften 40/1934, S. 236–243;
auch in: Forschungen und Fortschritte 10/1934,
S. 235–237

Bieling, Hans

**26.7.1909 in Gelsenkirchen; Vater Augenarzt
Dr. med. Münster 1935 (bei Jötten)
NSDAP 1.5.1933*

Erbhygienische Untersuchungen an Hilfsschulkindern in Gelsenkirchen, Diss. med. Münster
1935

Bittrich, Max

**21.11.1892 in Bütow; evang.
Hilfsschullehrer in Berlin, später Rektor in Oberschlesien
NSDAP und NSLB 21.9.1932: Ortsgruppenschulungsleiter, Gaufachredner, Volksbildungsstätten-
leiter, Politischer Leiter, SA-Pressewart,
RPA-Redner*

Das Hilfsschulwesen in Großdeutschland.
In: Weltanschauung und Schule 6/1942, Nr. 4,
S. 76–85

Blume, Friedrich

**5.1.1893 in Schüchtern/Hessen; Vater Kataster-
kontrolleur
1921 Dr. phil. und Assistent Universität Leipzig, 1925
Privatdozent, 1927 stellv. Leiter des Musikwissenschaftlichen Instituts, 1928 zugleich Lehrer f. Musik-
geschichte an der Kirchenmusikschule Spandau, 1933
a.o. Prof. Universität Berlin, 1938 Prof. und Direktor
des Musikwissenschaftlichen Instituts Kiel; Sekretär
des „Erbes deutscher Musik" (1939); Mithrsg.
„Deutsche Musikkultur", nach 1945 Prof. Universität
Kiel
NSV, RLB, NSDoz. 1942; Kampfbund für deutsche
Kultur, NS-Kulturgemeinde*

Das Rasseproblem in der Musik. Entwurf zu einer
Methodologie musikwissenschaftlicher Rasseforschung, Wolfenbüttel – Berlin 1939

(Hrsg.:) Schriften zur musikalischen Volks- und
Rassenkunde, Wolfenbüttel – Berlin o. J.

Musik und Rasse. In: Die Musik 30/1938,
H. 11

Erbe und Auftrag. In: Deutsche Musikkultur
4/1939

Bober, Heinz

**26.9.1908 in Berlin; Vater technischer
Angestellter/Ingenieur
naturwissenschaftliches Studium in Berlin und
Leipzig, Volontärassistent für Anthropologie am
Institut f. Konstitutionsforschung Charité Berlin
(bei W. Jaensch), dann Tätigkeit an der Frauen-
und Kinderklinik des Berliner Krippen-Vereins;
Dr. phil. Leipzig 1937 (bei O. Reche und F. Krüger)
NSDAP 1940*

Schulkinderuntersuchung im Fläming. Ein
Beitrag zur Frage der Beziehung zwischen
Anthropologie und Klinik, Diss. phil. Leipzig
1937

Sport und Rassenpflege. In: Zeitschrift f.
ärztliche Fortbildung 32/1935, H. 10, S. 304–
306

Bochnig, Paul

**6.10.1885 in Nieder-Salzbrunn
Lehrer in Nieder-Salzbrunn, 1934 in Breslau
NSDAP 1934, RKK*

Erste Einführung in die Lehre von der Vererbung.
In: Neue Bahnen 47/1936, H. 5, S. 129–134

Boeck, Adalbert

**5.12.1889 in Wielkalonko; evang.; Vater Bauer
Volks- und Mittelschullehrer in Danzig; 1933–1939
Senator für Volksbildung, Wissenschaft, Kunst und
Kirchenwesen in Danzig
1923 Deutschsoziale Partei, Deutschvölkischer
Lehrerbund, 1930 SA (1936 Standartenführer), 1930
Gauamtsleiter im Amt für Erziehung und Gauführer
des NSLB Danzig, Gastlehrer Reichsschulungsburg
Jenkau; 1931 NSDAP; VDA (Leiter des Landes-
verbandes Danzig), Bundesführer des Bundes
Vereinigter Frontkämpfer*

(Hrsg., zusammengestellt von Johannes
Bluhm:) Rasse, Kultur, Erziehung. Festschrift
zur 13. Deutschkundlichen Woche in Danzig
am 10.–12.10.1933, Danzig 1933

Die Erziehungs- und Bildungsarbeit in der
Schule des Dritten Reiches, Danzig 1936

Boehm, Hermann Alois

27.10.1884 in Fürth – 1962; kathol.; Vater Arzt
1911 Dr. med., 1933 wiss. Leiter der Abteilung
Vererbung und Rassenhygiene im Reichsausschuß
für Volksgesundheitsdienst Berlin; 1934 Honorar-
prof. f. Rassenpflege in Leipzig und Vorstand
des Pathologischen Instituts des Rudolf-Heß-
Krankenhauses Dresden, Stadtobermedizinalrat
und Mitglied am Dresdner Obererbgesundheits-
gericht; 1937–1942 Leiter des Erbbiologischen
Forschungsinstituts der Führerschule der
Reichsärzteschaft Alt-Rehse, daneben seit 1938
Honorarprof. Rostock, 1943 Prof. und Direktor
des Instituts für Erb- und Rassenpflege der Uni-
versität Gießen. – Nach 1945 Entlassung, ärztliche
Privatpraxis
1920 Alldeutscher Verband, Deutsch-völk.
Offiziersbund, Völk. Rechtsblock; 1923 NSDAP,
Teilnahme am Hitlerputsch, Blutorden; SA-
Regimentsarzt; 1931 Referent für Rassenhygiene
in der Reichsleitung des NS-Ärztebund, Leiter der
Abt. Volksgesundheit in der Reichsorganisations-
leitung der NSDAP, Stab OSAF, SA-Sanitäts-
Brigadeführer

Erbkunde, Berlin 1936 (Bd. 2 der „Grundlagen der Erb- und Rassenpflege" der Handbücherei f. den öffentlichen Gesundheitsdienst)

Nationalsozialismus und Rassenhygiene.
In: Mecklenburgische Schulzeitung, Nr. 41,
1933 (Sondernummer zum Gautag in Rostock
21.–22. Oktober 1933), S. 419

Ausmerzung der geistigen Begabung in vollem
Gange. In: Zeitschrift f. ärztliche Fortbildung
33/1936, S. 297–299

Erbkunde und Rasse. In: Der Schulungsbrief
1/1934, H. 3, S. 6–21

Volkspflege. In: Der Schulungsbrief 1/1934, H. 7,
S. 17–30

Böhnert, Bruno

12.2.1905–1942 (gefallen)
Lehrer an der Trusoschule Elbing (Ausbildungsschule
der HfL Elbing)

(zus. mit P. Rodig:) Geschichte. In: Ernst Dobers
und Kurt Higelke (Hrsg.), Rassenpolitische
Unterrichtspraxis. Der Rassengedanke in der
Unterrichtsgestaltung der Volksschulfächer,
Leipzig 1938, S. 103–204

Boerger, Wilhelm

14.2.1896 in Essen-Kray – 1962
Schlossergeselle, 1933 Preußischer Staatsrat, Reichs-
treuhänder der Arbeit für das Rheinland; 1933 Lehr-
auftrag, 1935 Honorarprof. Universität Köln, Verwal-
tungsrat bei der Reichspost, Mitglied des Zentralaus-
schusses der Deutschen Reichsbank, 1938 Leiter des
Instituts f. deutschen Sozialismus Universität Köln,
Ministerialdirektor im Reichsarbeitsministerium
1920–1927 völkische Freiheitsbewegung, NSDAP
1925; 1929 Ortsgruppenleiter, 1930 Kreisleiter
und MdR; 1932 Landesobmann NSBO, 1943
SS-Brigadef., RuSHA

Angewandte Rassenkunde für jedermann, Berlin
(Verl. Ges. d. Dt. Metallverarbeitung) 1933

Bohrmann, Johannes

*24.7.1912 in Dahlbrügge
Rektor in Düben
SS, 1938 Ausbildung in Oranienburg

Blut und Rasse. Eine Vorbetrachtung auf die Wanderausstellung des Deutschen Hygienemuseums.
In: Erzieher im Braunhemd 4/1936, H. 23, S. 627f.

Die Erforschung der Erbgesundheitsverhältnisse
der Kinder durch die Schule. In: Die Volksschule
32/1936, H. 9/10, S. 307f.

Rassenpolitik und Zigarettenindustrie. In:
Erzieher im Braunhemd 3/1939, S. 69f.

Boltenstern, Ernst Joachim von

*19.11.1898
Dr. phil. Jena 1921, Leipzig; Studienrat, 1942 Ober-
studiendirektor und Leiter der deutschen Oberschule
Riga
NSDAP 1.11.1931, Kreisamtsleiter NSLB

Luther und die Juden. Eine nationalpolitische
Studie für den Religionsunterricht. In: Neue
Bahnen 47/1936, H. 11, S. 321–330

Bommersheim Paul

5.10.1893 in Bad Nauheim – 1944; evang.; Vater
Lehrer
Philosophie, Psychologie, Pädagogik; Dr. phil. Jena
1927 (bei Bauch), 1922 Assessor, 1930 Studienrat in
Darmstadt, 1931 Habil. und Privatdozent TH Darm-
stadt; Lehrstuhlvertretung Philosophie und Päda-
gogik Universität Mainz; 1940 Prof. f. Erziehungs-
wissenschaften und Biologie HfL, 1941 LBA
Darmstadt; 1944 apl. Prof. TH Darmstadt
Freideutsche Jugend, Deutsche Vaterlandspartei;
NSDAP 1.5.1933, NSLB 1942, Blockleiter, politischer
Schulungsleiter, NSV

Sippe und Schicksal im Volk, 1943

Weltanschauliche Aufgaben des biologischen
Unterrichts. Ein Vortrag im pädagogischen
Seminar. In: Monatsschrift f. höhere Schulen
35/1936, H. 2, S. 77–88

Warum ist die Rassenkunde kein „Materialismus"? In: Monatsschrift f. höhere Schulen
36/1937, H. 5, S. 283–297

Die Rasse als Bedingung der Geschichtsbildung.
In: Monatsschrift f. höhere Schulen 37/1938,
H. 3, S. 158–165

Bonn, Eduard (Joseph Apollinaris)

23.4.1892 in Köln; kathol.; Vater Glasfabrikbesitzer
Dr. phil. Münster 1921, Studienrat für Mathematik
und Physik in Münster 1921, Oberrealschule Köln
1934

Deutschland Vorbild in der Verhütung erbkranken Nachwuchses. In: Schule im neuen Staat
1/1934/35, S. 9–11

Borkholder, Susanne

29.4.1920
Dr. med. Würzburg 1944

Rassenhygienische Untersuchungen an Würzburger Hilfsschulfamilien, Diss. med. Würzburg
1944

Bose, Fritz

26.7.1906 in Messenthein/Randow; evang., dann
gottgläubig
Musikwissenschaftler und -pädagoge; Dr. phil. Berlin
1933, wiss. Assistent, 1934 Leiter des Instituts f.
Lautforschung an der Universität Berlin. – Nach 1945
Direktor des Instituts f. Musikforschung, TH Berlin
Technische Nothilfe 1920–1928, NS-Studentenbund
1934 (Leiter der AG „Tonpsychologie in der Gegen-
wart" in der Fachschaft für völkische Erziehung der
Studentenschaft der Universität Berlin), NSDAP
1938, NSLB 1937, NSV; 1935 ehrenamtlich Mit-
arbeiter im Persönlichen Stab Reichsführer SS
(Forschungsstätte für Musik, Abteilung Nordische
Musik im Ahnenerbe), ehrenamtlicher Musikreferent
beim Chef der Hauptabteilung R III, RuSHA (kein
SS-Dienstgrad, da für den SS-Dienst untauglich),
Forschungsexpeditionen i.A. des Reichsführers SS
für das Ahnenerbe; Kriegsberichterstatter bei der
Wehrmacht

Musik und Rasse. Zur Methodik einer musikalischen Rassenkunde, 1933

Das Rassische in der Musik. In: Unser Wille und
Weg 4/1934, S. 111

Klangstile als Rassenkunde. Beiheft zur Zeitschrift f. Rassenkunde 1941

Bourges, Karl

16.10.1899
Diplom-Ingenieur, Diss. TH Aachen 1938, Arbeits-
amt Trier
NSDAP 1930

Abstammung und Beruf. Ein Beitrag zur
nationalsozialistischen Menschenführung im
Betrieb, Düsseldorf 1938 (Diss. TH Aachen
1938)

Brake, Jürgen

26.6.1906 in Lüneburg; evang.; Vater Studienrat
Studium der Geschichte, Literatur, Volkswirtschaft,
Pädagogik und Psychologie; 1 Jahr Praktikum im
Staatlich-thüringischen Fürsorgeerziehungsheim
Egendorf; Dr. phil. Göttingen 1935 (Diss.: „Wirt-
schaften und Charakter in der antiken Bildung"),
1933–1937 Assistent am Pädagogischen Institut der
Universität Göttingen bei H. Nohl. – Nach 1945
Dozent f. Pädagogik und Sozialpädagogik PH
Göttingen, Prof. PH Lüneburg

Spartanische Staatserziehung, Hamburg 1939

Der Forschungsstand der Rassenpsychologie. In:
Erziehung 11/1936, S. 1–36

Der Ursprung der Rassenlehre im europäischen
Denken der Neuzeit. In: Internationale Zeitschrift f. Erziehung 8/1939, H. 4, S. 256–274

Brammer, Heinrich

23.4.1898; evang.
Volksschullehrer in Schobüll/Schleswig; völkischer
Autor
bis 1933 SPD, dann Eintritt in Stahlhelm, SA
September 1933, NSKOV, NSV (Ortsbeauftragter),
NSLB 1.2.1934, RSK (Fachschrifttum Rassen-
seelenkunde)

Mitarbeit an der Rassenseelenkunde. In: Die
Sonne 7/8/1937, S. 274–277

Brandt, Käthe

13.12.1892 in Kiel; evang.; Vater Geh. Regierungsrat
Volksschullehrerin in Kiel 1920; naturwissenschaft-
liches Studium, Lehramtsprüfung Universität Kiel
1931; Oberlyzeum Flensburg
NSDAP 1937

Erreichbares im rassenkundlichen Unterricht der Volksschule. In: Die Neue Deutsche Schule 8/1934, H. 1, S. 30–37

Braun, Fritz

*14.8.1898 in Hofheim/Unterfranken; kathol.; Vater Oberlehrer
Volksschullehrer in Güntersleben; Dr. phil. Würzburg 1928 (psychologische Diss. bei Marbe), Assistent HfL Leipzig, dort 1939 Dozent für Charakter- und Jugendkunde
NSDAP 30.4.1933, SA, NSLB 15.12.1933 (1934 Leiter des Pädagogisch-Psychologischen Instituts der Fachschaft Volksschule im NSLB Leipzig)

Die psychologischen Voraussetzungen rassenpolitischer Erziehung. In: Nationalsozialistisches Bildungswesen 3/1938, H. 1, S. 18–27

Brehm, Bruno

23.7.1892 in Laibach – 1974; Vater Offizier
Offizier, Dr. phil. Wien 1922, Schriftsteller, Senator, Südeuropagesellschaft Wien, Präsident der Wiener Kulturvereinigung (1941)
NSDAP 1.5.1938

Juden schachern um Völker. In: Die Schule im Volk 2-1/1939, H. 4, S. 103–107

Breitbarth, Martin

5.8.1871 – 1944; evang.
Hilfsschulrektor i.R. Halle/Saale, 1924 Vorstand des Hilfsschullehrerverbands (VdHD)
NSLB 1.11.1932, NSDAP 24.3.1933; Gaufachschaftsleiter im NSLB

Der Heilpädagoge in der Frage der Volksaufartung und Rassenhygiene. In: Die Hilfsschule 26/1933, H. 8, S. 449–459

Die Aufgabe der Volkheit, der Volks- und Heilerziehung in der Volksaufartung des deutschen Volkes. In: Die Hilfsschule 26/1933, H. 10, S. 580–595

Heilen, Heilerziehung und Sterilisierung in ihrer Bedeutung für die Aufartung der arischen Rasse: In: Die Hilfsschule 27/1934, H. 2, S. 65–81

Alkoholismus und Volksaufartung. In: Die deutsche Sonderschule 1/1934, H. 4, S. 283–293

Die Aufgabe der Volkserziehung im Kampfe gegen den Alkoholismus. In: Die deutsche Sonderschule 1/1934, H. 5, S. 373–387

Das Gesetz „zur Verhütung erbkranken Nachwuchses" und die Erzieherschaft. In: Erzieher im Braunhemd 2/1934, H. 1, S. 21–24

Breitinger, Emil

*15.10.1904 in Feuchtwangen/Mittelfranken Zeitfreiwilligendienst bei der Reichswehr, Ausbildung zum Turnlehrer in München; Studium der Anthropologie, Biologie der Leibesübungen und Pädagogik Universität München, Dr. phil. München 1933 (Diss. „Körperform und sportliche Leistung Jugendlicher"), Anthropologisches Institut München Schulungsleiter RuSHA München

Die rassische Zusammensetzung unseres Volkes. In: B. K. Schultz (Hrsg.), Lichtbilder-Vorträge, München 1934

Breitkopf, Ernst

*18.3.1903 in Goslar
Gewerbeoberlehrer, Regierungs- und Gewerbeschulrat in Potsdam, Oberregierungsrat beim Reichsstatthalter im Warthegau, Abteilung Schulaufsicht Posen 1944
NSLB 1.1.1932, NSDAP 1.4.1933

Der rassenkundliche Unterricht in der Berufsschule. In: Die deutsche Berufsschule 42/1933, H. 17, S. 513–518

Brenger, Kurt/Curt

*11.7.1896 in Solingen; evang.; Vater Fabrikant (Solinger Stahlwaren)
Offizier, nach 1921 Fabrikant
Freikorps, NSDAP 1925, 1933 (1936 hauptamtlich) Gauschulungsleiter im Gau Düsseldorf, Leiter der Gauführerschule Welchenberg; DAF; Leiter des Gaupersonalamts und Gauwehrmachtsbeauftragter, 1940 Sonderaufgaben f. Reichsleiter Rosenberg in Holland

Die Welt im Spiegel der Rassenseele, Breslau 1938, ²1941 (Weltanschauliche Kampfschrift, hauptsächl. für die Parteiarbeit)

Brett, Otto (Jesse)

*11.2.1903; evang.
Lehrer
NSDAP 1.5.1933, NSLB 1.6.1933 (Ortsgruppe Goslar)

Geschichte auf rassischer Grundlage. In: Erzieher im Braunhemd 5/1937, H. 8, S. 197f.

Breuer, Hubert

*1.6.1890 in Woffelsbach/Rheinl.; kathol.; Vater
Landwirt
Theologie-, dann Philologiestudium, Studienassessor
(Französisch, Latein, Geschichte); Dr. phil. Münster
1927, Studienrat 1929*

Die Völkerwanderung vom rassisch-völkischen
Standpunkt aus gesehen. In: Die Neue Deutsche
Schule 12/1938, H. 9, S. 569–578

Brewitz, Walther

*16.4.1883 in Kassel; evang.
1902/03 militärische Ausbildung (Kriegsschule
Glogau), 1903–1908 als Kaufmann und Lehrer in den
USA, Studium (Neuere Sprachen und Geschichte),
Dr. phil. Tübingen 1914; Tätigkeit als Sprachlehrer
an kaufmännischer Privatschule; Dozent an der
Berliner Universität f. Englisch und Geschichte; wiss.
Mitarbeiter bei Langenscheidt und beim Verlag f.
zeitgemäße Sprachmethodik in München
Frontkämpfer; 1919 DNVP, Deutscher Offiziersbund,
1920 Teilnahme am Kapp-Putsch, 1932 NSDAP
(Block-, Zellen-, Kulturwart), 1934 festangestellt im
Gauschulungsamt (Abteilung Schrifttum), Gaubeauf-
tragter des RPA, Gaufachredner für Rassefragen;
NSV, RLB, Reichskolonialbund*

Von Abraham bis Rathenau. Viertausend Jahre
jüdischer Geschichte, Berlin 1935, ²1937

Geschichte der Juden, Berlin 1935

Brinkmann, Matthias

*31.3.1879 in Ostenfelde/Osnabrück – 21.9.1969;
kathol.; Vater Erbhofbauer
Volks- u. Mittelschullehrer; Studienrat in Hildesheim
und Ratibor, Seminarlehrer, Dr. phil. Göttingen 1927;
1930 Prof. f. Erziehungskunde, Zoologie und Botanik
Pädagog. Akademie, dann HfL Beuthen, 1941 Prof.
und stellv. Leiter LBA Beuthen. – Nach 1945 Kreisbeauftragter f. Naturschutz und Landschaftspflege
Osnabrück, 1961 Verdienstkreuz 1. Klasse des
Verdienstordens der Bundesrepublik Deutschland
Zentrum; NSLB 1.7.1933, SA, NSDAP 1937, NSV,
RLB, VDA, NSDoz., DAF; goldenes Frontkämpfer-
abzeichen*

Die biologische Grundlage der Erziehung zum
Volk. In: ders. (Hrsg.), Volk und Volkstum in
der deutschen Erziehung, Dortmund – Breslau
1936, S. 1–33 (Veröffentlichung der HfL
Beuthen)

Zur Veranschaulichung der Erbregeln Mendels.
In: Der Biologe 4/1935, H. 12, S. 405–407

Brix, Wilhelm

*18.2.1898; evang.
Volks- und Hilfsschullehrer in Halle; Dr. phil. Halle
1933
NSLB 1.5.1933, SAR, NSDAP 1937*

Kindheitserinnerungen Landgebürtiger als Quell
völkischer Selbsterkenntnis. In: Zeitschrift f.
pädagogische Psychologie u. Jugendkunde
35/1934, S. 329–337

Möglichkeiten und Aufgaben der psychologi-
schen Erbanalyse bei Sonderschülern. In:
Die deutsche Sonderschule 7/1940, H. 3/4,
S. 79–82

Brohmer, Paul

*8.11.1885 in Sangershausen – 30.1.1965; evang.;
Vater Oberbahnassistent
Dr. phil. 1909, Privatassistent von Erich Haeckel;
Seminarlehrer; 1926 Dozent, 1927 Prof. Pädagog.
Akademie Kiel, 1933 HfL Kiel (Vererbungslehre,
Rassenkunde, Biologie und Methodik des Natur-
kundeunterrichts), 1940 HfL Elbing. – 1945 ent-
lassen, 1947 als Mitläufer eingestuft und in den
Ruhestand versetzt
NSDAP 1.5.1933, NSLB (1.4.1933): Kreissach-
bearbeiter für Rassenpolitische Erziehung; Kreis-
redner; NS-Kulturgemeinde*

Vererbungslehre, Stuttgart 1933

Biologieunterricht unter Berücksichtigung
von Rassenkunde und Erbpflege, Osterwieck
1933, ³1936 (Die Nationalsozialistische Erziehungsidee im Schulunterricht 1 u. 2). 2. Teil:
Die praktische Unterrichtsarbeit; 4. Aufl. 1943
unter dem Titel: Der Unterricht in der Lebenskunde

Biologieunterricht und völkische Erziehung,
Frankfurt/M. 1933, ²1936

Mensch – Natur – Staat. Grundlinien einer
nationalsozialistischen Biologie Frankfurt/M.
1935

Die deutschen Lebensgemeinschaften. Lehrerhandbuch für den Biologieunterricht, Osterwieck
1936. 1. Lebensraum und Lebensgemeinschaft,
2. Der deutsche Wald (²1938), 3. Moor und Heide
(²1941); zahlreiche weitere Auflagen auch nach
1945

Schülerhefte für den Biologieunterricht in Volksschulen, Osterwieck – Berlin (Zickfeldt) 1937ff.
Bd. 2: Deutschland muß ewig leben, 1939, ³1940–43; Bd. 7: Die Macht der Vererbung, 1938, ⁵1940–43; Bd. 9: Rassenkunde, 1938, ⁴1940–43; Bd. 10: Bekämpfung der Rassensünden durch den nationalsozialistischen Staat, 1939, ³1940–43; Bd. 23: Unsere Familie und Sippe, 1939, ³1940–43; Bd. 25: Lebensgesetze, ²1940– 43

Nationalpolitische Erziehung und Biologieunterricht. In: Die Neue Deutsche Schule 7/1933, H. 8, Ausgabe B, S. 422–428

Rassenhygiene in der Volksschule. In: Bayerische Lehrerzeitung 68/1934, H. 5, S. 65–68

Was heißt „Rasse"? In: Zeitschrift f. Deutsche Bildung 10/1934, S. 337–346

Der Lebensgemeinschaftsgedanke im Biologieunterricht im Dienst der nationalpolitischen Erziehung. In: Deutsches Bildungswesen 8/9, 1936, S. 497–506

Der Biologieunterricht im Sinne der völkischen Erziehung. In: Friedrich Hiller (Hrsg.), Deutsche Erziehung im neuen Staat, Leipzig ²1936, S. 249–256

Die Wandlung des biologischen Weltbildes und ihre Bedeutung für den Biologieunterricht. In: Nationalsozialistisches Bildungswesen 2/1937, H. 5, S. 302–309

Kriegsaufgaben des Biologieunterrichts der Volksschule. In: Der deutsche Volkserzieher 5/1940, H. 1/2, S. 1–8

Der Krieg in biologischer Betrachtung. In: Der deutsche Volkserzieher 7/1942, H. 11/12, S. 233–239

Bruchhagen, Paul
*28.10.1902 in Essen
Dr. phil. Bonn 1932; „Rassen- und Kulturforscher" in Köln
SA (November 1933), NSLB, NSDAP 1.5.1937

Allgemeine Rassenseelenlehre. Grundlegung, Leipzig 1940

Trieb und Rasse: In: Zeitschrift f. Rassenkunde 5/1937, S. 152–167

Rassenseelenlehre. In: Archiv f. Rassen- und Gesellschaftsbiologie 32/1939, H. 6, S. 531–538

Brückner, Werner
*16.6.1913
Dr. phil. Leipzig 1935 (Reche-Schüler)
NSDAP 1.5.1933

Die Hitlerjugend von Leipzig. Eine Studie zur Rassenkunde unter besonderer Berücksichtigung des Wachstums 16- und 17-Jähriger, Leipzig 1934 (Studien zur Rassenkunde 4) (Diss. phil. Leipzig 1935)

Brüggemann, Fritz
Dr. med. (?), Landesleiter im RDF

Auslese erbtüchtiger Familien. In: Walter Kopp (Hrsg.), Rassenpolitik im Kriege, Hannover 1941

Brzóska, Maria
*21.4.1895 in Köln; Vater Ingenieur
Lehrerin f. Höhere Schulen (Deutsch, Englisch); Dr. phil. Köln 1929; 1931 Oberlyzeum Bonn, danach Gymnasium Köln
NSDAP 1937

Zur Familienkunde. In: Katholische Frauenbildung im Deutschen Volk 48/1935, H. 4, S. 274–281

Bub, Gustav
*24.7.1889 in Nürnberg; evang., 1938 Austritt; Vater Badermeister
Historisches und theologisches Studium, Studienrat, Dr. phil. Erlangen 1924; 1915–1938 Religionslehrer, danach Lehrer f. nationalpolitischen Unterricht an höheren Schulen Nürnbergs, 1925–1935 Dozent f. Geschichte und Heimatgeschichte an der VHS Nürnberg
Bayerische Mittelpartei, Mitglied verschiedener Wehrverbände, 1930 Stahlhelm (Schulungsleiter und -redner), SA; NSDAP 13.4.1933, NSLB 1.4.1933; Kreisamtsleiter, Schulungsredner seit 1933, 1942 Gauschulungsredner, 1934/35 weltanschaulicher Referent SS-Brigade, 1933–1937 Reichspresseamtsleiter Kreis Nürnberg; RKK

Christentum und nordische Rassenseele. In: Blätter f. Schulpraxis und Erziehungswissenschaft 48/1937, H. 8, S. 440–446

Der Bruch in der Rassenseele des nordischen Menschen. In: Blätter f. Schulpraxis und Erziehungswissenschaft 48/1937, H. 11, S. 598–603

Seelische Überfremdung. In: Blätter f. Schulpraxis und Erziehungswissenschaft 48/1937,
H. 12, S. 671–677

Evangelium, Kirche und Rassenseele. Beiträge zu
einer Kirchengeschichte auf rassischer Grundlage.
In: Der deutsche Erzieher 1938, H. 10, S. 226–228

Buchholz, Erich

*2.4.1892 in Konitz; evang.; Vater Landrat
Dr. phil. Greifswald 1914, 1918 Oberlehrer Real-
gymnasium Berlin, Studienrat (Deutsch, Geschichte,
Philosophie)

Von der deutschen Ostsiedlung bis zu den
Anfängen Bismarcks. Bearb. von Erich Buch-
holz, Ludwig Zimmermann und Karl Disch,
Leipzig–Berlin 1940

Buchholz, Erich

*13.8.1901
Dipl.-Handels- und Hilfsschullehrer in Berlin-Steg-
litz, 1940 Hilfsschulrektor in Neukölln
NSLB (21.4.1933): stellv. Gaufachschaftsreferent;
NSDAP (27.4.1933), SA (Verwaltungsführer)

Rassefragen und erbbiologische Untersuchungen
in einer Hilfsschule. In: Die deutsche Sonderschule 1/1934, H. 2, S. 94–112

Bühnemann, Hermann

*10.11.1901; evang.
Hauptlehrer/Rektor in Fehrbellin und Jüterbog; LBA
Posen (1944)
NSLB 19.4.1933, NSDAP 1.5.1933, SA

Entwurf eines Erziehungs- und Bildungsplans
der völkischen Landschule, Langensalza–Berlin–
Leipzig [1-5]1935

Das „Rasseköpfelotto". Arbeitsmittel-Beilage
(Hinweis in: Der deutsche Volkserzieher 2/1937,
H. 10, S. 405)

Büsing, Hans

*29.3.1896 in Delmenhorst
Dr. med. Kiel 1921, 1936 Staatliches Gesundheitsamt
für Schaumburg-Lippe, Regierungsmedizinalrat
Jugendbewegung, vor 1933 SPD-nah und Vertreter
der Sozialhygiene; HJ-Arzt

Zur Technik der schul- und jugendärztlichen
Tätigkeit und ihrer Verwertung für die erbbiologische Erfassung. In: Der öffentliche Gesundheitsdienst 4/1939, H. 19, S. 549–553

Buhl, Fritz/Friedrich

*29.4.1893 in Hörde; evang.
Volks- und Mittelschullehrer in Dortmund-Hörde,
Schwimmlehrer
NSLB 1.5.1933 (Vertrauensmann), NSDAP
1.8.1933, SA-Scharf. Mitarbeiter RPA

Rassenkunde – Sippenforschung. In: Die Schule
im nationalsozialistischen Staat 11/1935, H. 7,
S. 20 f.

Bujok, Margarete

*30.9.1910 in Miechowitz/Beuthen; Vater Rektor
Dr. med. Münster 1938 (bei Jötten), Zahnärztin
NSDAP 1937

Sozialhygienische und erbbiologische Untersuchungen an Hilfsschülern und in den Familien
der Hilfsschulkinder aus den Kreisen Hamm und
Lüdinghausen, Werne 1935 (Diss. med. Münster
1938)

Bullinger, Ida Maria

*9.11.1911 in Burgkunstadt/Oberfranken; Vater Arzt
Dr. med. Würzburg 1937 (bei L. F. Schmidt)
NSDAP 1941

Die Kinder von Hilfsschülern, je nach der Erbstruktur ihrer Sippen, Diss. med. Würzburg 1937
(Hrsg. RPA Gau Mainfranken)

Burgdörfer, Friedrich

*24.4.1890 in Neuhemsbach/Pfalz; evang.
Bevölkerungswissenschaftler, Dr. phil. 1916, 1921
Regierungsrat, 1925 Oberregierungsrat Statistisches
Reichsamt Berlin, 1929–1939 Direktor der Abteilung
Bevölkerungs-, Betriebs- und Kulturstatistik; 1933
nebenamtlicher Dozent, 1937 Honorarprof. an der
Universität Berlin, Dozent an der Hochschule für
Politik; 1939 Universität München, 1939–1945
Präsident des Bayerischen Statistischen Landes-
amtes. Sachverständigenbeirat für Bevölkerungs-
und Rassenpolitik im RMdI, Mithrsg. „Archiv für
Rassen- und Gesellschaftsbiologie" und „Archiv
für Bevölkerungswissenschaften und Bevölkerungs-
politik"
NSDAP 1937, parteiamtliche Prüfungskommission
zum Schutze des NS-Schrifttums, Referent im RPA,
NS-Dozentenschaft, Ehrenführerring des Reichsbunds
der Kinderreichen, VDA; Schulungstätigkeit für das
RPA, Führerschule Alt-Rehse u. a.; NSV, NSKOV,
RLB

Kinder des Vertrauens. Bevölkerungspolitische Erfolge und Aufgaben im großdeutschen Reich, Berlin (Eher) 1940, 1942: 50. Tsd. (Schriftenreihe der NSDAP, Gruppe III: Volkheit und Glaube, Bd. 6)

Zur biologischen Sicherung der deutschen Zukunft. Hrsg. Der Reichsorganisationsleiter der NSDAP, Hauptschulungsamt, München 1944

Bevölkerungsstatistik, Bevölkerungspolitik und Rassenhygiene. Tatsachen, Ausmaße, Auswirkungen des Geburtenrückgangs und die Mittel zu seiner Bekämpfung. In: K. Astel, Rassekurs in Egendorf, München 1935, S. 104–157 (mit 17 Abbildungen)

Burgemeister, Kurt

*29.4.1907 in Berlin; evang.
Volksschullehrer in Köslin
NSLB 1.4.1933, NSDAP 1.5.1933, Obmann der
Abteilung für Erzieher, SA

Das jüdische Volk als Fremdkörper im deutschen Volk. In: Pommersche Blätter f. die Schule 57/1933, H. 38, S. 460f.

Burger, Hans-Otto

Studienrat

Die rassischen Kräfte im deutschen Schrifttum. In: Zeitschrift f. Deutschkunde 48/1934, H. 7, S. 462–476

Rassen im Deutschen Reich. In: Rudolf Krüger/ Otto Lemke (Hrsg.), Der deutsche Mensch, Langensalza 1934 (Arbeitshefte zur national-sozialistischen Erziehung der deutschen Jugend)

Burkhardt, Hans

*23.10.1904 in Würzburg
Dr. med. Würzburg 1928, Oberarzt Landesheilanstalt
Schleswig; Schriftleiter der Zeitschrift „Rasse"
(1942); Ortsgruppenleiter der Deutschen Gesell-
schaft für Rassenhygiene in Schleswig (1936)
NSDAP 1937

Der rassenhygienische Gedanke und seine Grundlagen, München 1930

Die seelischen Anlagen des nordischen Menschen. Rassenpsychologische Untersuchung, Berlin 1941

Rassenpsychologische Forschungen an Schulkindern. In: Pädagogische Warte 4/1934, S. 164–168

Psychiatrische Beiträge zur Rassenseelenkunde. In: Volk und Rasse 1936, H. 3, S. 85–88

Tiefenpsychologie und nordische Rasse. In: Rasse 5/1938, H. 2, S. 41–53

Zwei vorherrschende Merkmale im Seelenleben der nordischen Rasse. In: Rasse 8/1941, H. 5, S. 185–192

Rassenmischung und Seelenleben. In: Rasse 8/1941, H. 6, S. 241–249

Das nordische Kindergesicht. In: Rasse 9/1942, H. 2, S. 60–64

Rasse und Seelenkunde. Ein Übersichtsbericht. In: Rasse 9/1942, H. 2, S. 64–73

Burkhardt, Heinz

18.6.1902 in Dresden – 1933; Vater Bezirksland-
messer
Volksschullehrer (1923–1926), danach Studium
(Psychologe, Philosophie, Pädagogik, Zoologie,
Botanik, Geographie) in Leipzig; Dr. phil. Leipzig
1933 (Diss. „Über Verlagerung räumlicher Gestal-
ten" bei Felix Krueger und Hans Volkelt)
NSDAP und NSLB 1.4.1933, Leiter des Pädago-
gisch-Psychologischen Instituts der Kreisfachschaft
Volksschule im NSLB Leipzig, Leiter der Fach-
gemeinschaft für genetische Rassenpsychologie
und -pädagogik

Rassenpsychologische Forschungen an Schulkindern. In: Pädagogische Warte 41/1934, H. 4, S. 164–168

Burmeister, Walter

*14.11.1894 in Ulrichshausen; evang.
Studiendirektor, Oberrealschule Wismar, Schriftleiter
der Mecklenburgischen Schulzeitung
NSDAP und NSLB 1.5.1933; Begutachter und
Hauptschriftleiter der Gauzeitung NSLB Mecklen-
burg-Lübeck (1934); SA-Oberscharführer

(zus. mit Heinrich Eddelbüttel:) Der junge Naturfreund. Ein Hilfsbuch für den naturkundlichen Unterricht. A. Pflanzen des Wirtschaftsgartens und des Zimmers. B. Der menschliche Körper. C. Erbbiologie (2. neubearb. Heft. Anhang Sippentafel), Berlin 1934, ⁵1941

Deutschland und die Judenfrage. In: Mecklenburgische Schulzeitung 66/1935, H. 28, S. 469

Der Biologieunterricht in der neuen Schule. In: Mecklenburgische Schulzeitung 70/1939, H. 9, S. 209–212

Buss, Onko

2.11.1908 in Driewer/Ostfriesland – 1941; evang., dann gottgläubig; Vater Schmiedemeister Volksschullehrer; Historiker und Erziehungswissenschaftler, Dr. phil. Leipzig 1932, Studienassessor, wiss. Assistent am Pädagogischen Institut, dann HfL Leipzig; Leiter der Reichsschule des Reichsnährstands für Leibesübungen
1924 Jungdeutscher Orden, Kyffhäuser-Jugendbund, NSDAP und NSLB 1930; Leiter der Forschungsgemeinschaft für Dorfkultur am Pädagogisch-Psychologischen Institut des NSLB Leipzig; SA, SS (1934): SD, O'Stuf.; Reichskolonialbund, NSV

Gedanken zu einer lebensgebundenen Erziehungswissenschaft, Leipzig 1940

Bykowski, Ludwik Jaxa

Prof. Dr., Poznan

Untersuchungen des intellektuellen Niveaus der arischen und jüdischen Schüler in dem polnischen Gymnasium. In: Zeitschrift f. pädagogische Psychologie und Jugendkunde 36/1935, H. 1, S. 38–40

Betrachtungen über Rassenauslese an polnischen Schulen. In: Zeitschrift f. Rassenkunde 4/1936, H. 1, S. 9–14

Campbell, C. G.

Prof., New York; Präsident der Gesellschaft für Eugenische Forschung

Jüdisches Rassenparasitentum. In: Mecklenburgische Schulzeitung 66/1935, H. 28, S. 470 f.

Carspecken, Ferdinand

13.3.1915 in Kassel; Vater Reichsbahnamtmann Dr. phil. Marburg 1940 (Strukturpsychologische Untersuchungen zum Problem der Berufswahl), Assistent f. Psychologie und Pädagogik am Institut für psychologische Anthropologie Universität Marburg, eignungspsychologische Tätigkeit für das Arbeitsamt Marburg, 1940 Tätigkeit für die Wehrmacht, in Zusammenarbeit mit der SS Forschungs-

aufgaben in den besetzten Gebieten. – Nach 1945 Dezernent Landesjugendamt Oldenburg, Regierungsrat, Präsident des niedersächs. Verwaltungsbezirks Oldenburg; Mitarbeiter der Bundesarbeitsgemeinschaft für Landesjugendämter und überörtliche Erziehungseinrichtungen; Mithrsg. „Unsere Jugend", „Recht der Jugend"
SA, HJ (Stammführer, Sozialstellenleiter und Referent in Kurhessen), NSDAP 1940

Die psychologische Anthropologie, ihre Stellung und Aufgabe in der Rassenkunde. In: Deutsche Forschung im Osten 2/1942, H. 7, S. 247–251

Cassel, Adolf

15.2.1899 in Frankenhain; evang. Mittelschullehrer in Bad Harzburg, Schulleiter NSDAP und NSLB 1931, Kreispressewart, Kreisschulungsleiter, Schulungswalter im NSLB für Deutschkunde, Biologie und Weltanschauung; SA, NSV-Ortsgruppenwalter, NS-Kulturgemeinde

Grundsätzliches zur deutschen Schule und der Rassenkunde in der Mittelschule. In: Die Mittelschule 35/3.10.1934, S. 396

Cehak, Gerd

1.4.1910 in Segeberg Dr. phil. München 1936, Biologisches Institut der Reichsakademie für Leibesübungen Berlin-Charlottenburg. Nach 1945 Studienrat in Hannover NSDAP 1.5.1933

Über das psychomotorische Tempo und die Rhythmik, eine rassenpsychologische Untersuchung, München – Berlin 1937 (Diss. phil. München 1936); aus: Zeitschrift f. Rassenphysiologie, Bd. 9, H. 1/4

Das psychomotorische Tempo nach Geschlecht und Rasse. In: Volk und Rasse 12/1937, H. 7, S. 275–280

Die Rhythmik nach Geschlecht und Rasse. In: Volk und Rasse 12/1937, H. 9, S. 347 ff.

Chudoba, Erhard

27.6.1916 in Chemnitz Dr. med. Leipzig 1942 NSDStB, 1939 Reichstudentenführung; NSDAP 1941; NSKK, RAD, SA-Sportabzeichen

Erbbiologische Untersuchungen an zwei Klassen der Innsbrucker Hilfsschule, Diss. med. Leipzig 1942

Cimbal, Walter

*9.4.1877 in Neisse
Dr. med. Breslau 1902, Arzt in Altona, Oberarzt
NSDAP 1.5.1933

Aufgaben und Wege zu einer deutschen Seelen-heilkunde. In: M. Göring (Hrsg.), Deutsche Seelenheilkunde, Leipzig 1934

Charakterentwicklung des gesunden und nervösen Kindes, ihre Beeinflussung durch Rasse und Erziehung, Berlin (Urban und Schwarzen-berg) 1934

Cladder, Guido

*25.7.1910 in Berlin
Studienreferendar
NSLB 1937

Die ostische Rasse im Unterricht. In: Zeitschrift f. Deutschkunde 51/1937, S. 617–626

Clasen, Armin

* 15.9.1890 in Neukirchen/Kreis Ziegenheim; evang.
Hamburger Lehrer und Lokalhistoriker
NSLB 11.5.1933, Schulluftschutzleiter

Familienkunde und Schule. In: Hamburger Lehrerzeitung 16/1937, H. 13/14, S. 151–153

Clauß / Clauss, Ludwig Ferdinand

8.2.1892 in Offenburg – 1974; deutsch- bzw. gott-
gläubig; Vater Landgerichtsrat
Dr. phil. 1921 bei Husserl in Freiburg, Privatgelehr-
ter, völkerpsychologische/ethnologische Expeditionen;
1936 Habil. und Dozent f. Psychologie und Ethno-
logie/Rassenpsychologie an der Universität Berlin,
1941 Verbeamtung, 1943 Entlassung nach Parteiaus-
schlußverfahren wegen jüdischer Mitarbeiterin. Nach
1945 Verlagsleiter, 1950 Präsident der Internatio-
nalen Expeditionsgesellschaft
Deutsch-völkischer Schutz- und Trutzbund; NSDAP
1.5.1933 (1943 Ausschluß), NSLB 1936, Reichsnähr-
stand, NSLB 1936, RKK; SD-Mitarbeiter, 1944 als
Sturmmann der Waffen-SS Forschungsauftrag
„Rassen im Kampf" im Rahmen der SS-Kriegs-
berichterstattung

Die nordische Seele. Artung, Prägung, Ausdruck, Halle 1923; später unter dem Titel: Eine Ein-führung in die Rassenseelenkunde, [2]1932, [7]1939 (31.–36.Tsd.), [8]1940

Rasse und Seele. Eine Einführung in die Gegen-wart, München 1926, [5]1933, 1935 (20.–29. Tsd.), [18]1943

(zus. mit Arthur Hoffmann:) Vorschule der Rassenkunde auf der Grundlage praktischer Menschenbeobachtung, Erfurt 1934 (Lehrerheft und Schülerheft mit je 24 Bildkarten)

Rassenseelenforschung im täglichen Leben, Berlin 1934 (Volk und Wissen, Bd. 20)

Rasse ist Gestalt!, München (Franz Eher) 1937 (Schriften der Bewegung, H. 3, hrsg. von Philipp Bouhler)

Rasse und Charakter (mit 55 Bildern), Teil 1: Das lebendige Antlitz, Frankfurt/M. (Diester-weg) 1936, [3]1942

Erziehung zu rassehygienischem Denken in der Schule. II. Vom geisteswissenschaftlichen Stand-punkt. In: Gesundheit und Erziehung 46/1933, H. 10, S. 380–390

Warum „Aufnordung" im neuen Reiche? In: Die Deutsche Schule 38/1934, S. 53–58

Rassenkörper – Rassenleib – Rassenseele. In: Die Neue Deutsche Schule 8/1934, H. 1, S. 43–45

Forschungswege der Rassenseelenkunde. In: Die Sonne 11/1934, H. 3, S. 97–103

Rassenseele und Volksgemeinschaft. Vortrag, gehalten auf der 12. Deutschkundlichen Woche Danzig 11.10.1934. In: Rasse 2/1935, H. 1, S. 3–19

Zum Stilbegriff der Rassenseelenforschung. In: Rasse 3/1936, H. 3, S. 91–95

Schalk und Schelm. In: Rasse 3/1936, H. 6, S. 236–241

Psycho-Anthropologie und mimische Methode. In: Zeitschrift f. Rassenkunde 4/1936, H. 1, S. 14–22

Rhythmus. In: Monatsschrift f. Deutsche Kultur 1935, H. 6; auch in: Zeitschrift f. Menschen-kunde 1936, H. 1

„Gloire" und „Sûreté". Rassenpsychologische Betrachtung zum Abbau der Erbfeindschaft. In: Soldatentum 6/1936, H. 4, S. 176–180

Das Erlebnis der Arbeit. Seelische Reaktion der Rassen. In: Praktische Gesundheitspflege in Schule und Haus 9/1940, H. 1, S. 4–6

Grundfragen der Rassen-Psychologie. In: Wir und die Welt 3/1941, H. 6, S. 252–262

Rassenseele und Einzelmensch. Lichtbildervortrag (39 Lichtbilder), München – Berlin 1938

Clostermann, Gerhard

* 10.5.1892 in Dortmund
Studium: Philosophie, Pädagogik, Psychologie;
Dr. phil. 1921, Habil. Münster 1925, Assistent und
Privatdozent f. Pädagogik an der Universität
Münster, 1929–1966 Leiter der städtischen
Forschungsstelle für Psychologie der Arbeit und
Bildung Gelsenkirchen

Der Idealismus des Blutes. In: Pharus 24/1933, 2. Halbbd., S. 135–149

Psychologie und Metaphysik in der Vererbungs- und Rassenlehre. In: Katholische Frauenbildung im Deutschen Volke 47/1934, S. 253–265

Conti, Leonardo

24.8.1900 in Lugano – 1945 (Selbstmord)
1925 Dr. med. München, prakt. Arzt, Assistenz- und
Fürsorgearzt in Berlin, 1932 Mitglied des Preuß.
Landesgesundheitsrats, 1933 Medizinalrat, 1936
Stadtmedizinalrat von Berlin, 1939 Leitung des
öffentlichen Gesundheitsdienstes und Ernennung zum
Staatssekretär (Nachf. Gütt), 1945 Honorarprof. an
der Staatsakademie für den öffentlichen Gesundheits-
dienst
1918 Mitbegründer des antisemitischen Kampfbundes
„Deutscher Volksbund", 1919 DNVP, 1923 Deutsch-
völkische Freiheitspartei, 1927 NSDAP, Organisation
des SA-Sanitätswesens, 1930 SS; 1931 Gründung des
NS-Ärztebundes, 1934 Gauamtsleiter für Volks-
gesundheit, 1935 SS-Brigadeführer, 1939 Leiter des
Hauptamtes für Volksgesundheit der NSDAP
(„Reichsgesundheitsführer und Reichsärzteführer"),
1944 SS-Obergruppenführer

Rasse, Volk und Staat, Hamburg 1934 (Führerbriefe für politische Erziehung, hrsg. vom Amt für Arbeitsdienst der deutschen Studentenschaft)

Cordsen, Hans Christian

* 28.12.1875 in Goldelund
Höhere Privatschule Soltau; Prof., Diss. Halle 1907,
Oberlehrer in Hamburg, Seminardirektor i. R.; Hrsg.
„Die Schule im nationalsozialistischen Staat", „Der
Saemann", „Zeitschrift f. Jugendwohlfahrt, Jugend-
bildung und Jugendkunde"
NSDAP 1.4.1933; NSLB 1.8.1933, Kreisfachschafts-
leiter

Los vom Alten Testament, vom „Juden" Paulus und von Jesus Christus? Das Übergreifen der religiösen Streitigkeiten in den Schulunterricht. In: Die Schule im nationalsozialistischen Staat 10/1934, H. 11, S. 1–5

Die Schulgemeinde muß den Kampf gegen Freimaurer und Juden kennen und miterleben. In: Die Schule im nationalsozialistischen Staat 11/1935, H. 11, S. 1–4; H. 12, S. 1–3; 12/1936, H. 1, S. 1–4

Schulgemeinde und Judenfrage. In: Die Schule im nationalsozialistischen Staat 12/1936, H. 3, S. 1–4

Corte, Erna

24.12.1892 in Halle – 1975; Vater Kaufmann
Kindergärtnerin, Diss. Heidelberg 1919; 1921–1924
Referentin beim Arbeitsamt Stuttgart, danach Mit-
arbeiterin beim Archiv für Jugendwohlfahrt des
Reichsinnenministeriums. – Nach 1945 Lehrerin am
Pestalozzi-Fröbel-Haus Berlin, danach Mitarbeiterin
beim Jugendamt Berlin-Steglitz

Eugenik und Heilpädagogik. In: Gesundheit und Erziehung 1/1934, S. 29–32

Cretius, Paul

* 4.1.1878 in Magdeburg; evang.
Volksschulrektor in Berlin-Oberschöneweide
1919 DDP, 1932 DVP, 2.3.1933 NSLB, NSDAP 1937

(zus. mit Martin Spielhagen:) Ziele und Wege des neuen Volksschulunterrichts. Winke für die Unterrichts- und Stoffplangestaltung im Geiste der neuen Richtlinien vom 15.12.1939, Osterwieck – Berlin 1940

Csallner, Alfred

10.4.1895 in Bistritz – 1992; evang.; Vater Gym-
nasialprof.
1922/23 Prof. an der evangelischen Lehrerinnen-
bildungsanstalt Schaßburg, dann Pfarrer in Klein-
scheuern/Siebenbürgen; Leiter der Landesarbeits-
stelle für Statistik, Bevölkerungspolitik und
Sippenwesen beim Deutschen Volksrat in Rumänien,
später Amt für Erbbiologie beim Kulturamt der
Deutschen in Rumänien; Hrsg. „Volk und Rasse –
Volk und Raum"; Forschungsrat des Südost-Instituts
der Universität München, VDA. 1943 Internierung
und Zwangsarbeit in Rußland

Von der Bedeutung der Gattenwahl für Wesen und Schicksal der Kinder. In: Volk und Rasse – Volk und Raum 1/1934, Juliheft

Dabelstein, Rudolf

*26.6.1885 in Kummer/Meckl.; evang.
Lehrer in Rostock
NSDAP 1.5.1933, NSLB 1.12.1933, NSV-Zellenwart

Das Gesetz zur Verhütung erbkranken Nachwuchses. In: Mecklenburgische Schulzeitung 31–32/1933, S. 315–317

Dadt, Friedrich

*8.6.1890 in Diebach; evang.
Lehrer in Frankfurt/M.
NSDAP, NSLB 1.5.1933, Schulobmann

Westermanns Arbeitsheft für Familienkunde und Vererbungslehre, Braunschweig 1934

Danzer, Paul

*8.12.1879 in München; Vater Fabrikbesitzer
Major der Artillerie; Studium der Nationalökonomie
und Geschichte; Dr. phil. München 1923; Direktor
der Bayerischen Kunstgewerbe-Vereinigung, Schrift-
leiter „Völkischer Wille"
NSDAP 1.5.1933, 1934 in der Reichsleitung des
Reichsbunds der Kinderreichen Berlin, Mitarbeiter
des RPA

Geburtenkrieg, München 1936, [4]1943

Der Wille zum Kind, München 1938 (Politische Biologie, H. 6)

(zus. mit Hannes Schmalfuß:) Das bevölkerungspolitische ABC, München [2]1940, [8]1942

Erziehung zur Volkserhaltung. In: Der deutsche Erzieher (Gau Mark Brandenburg) 1939, H. 3, S. 52–54

Volk ohne Raum? In: Der Schulungsbrief 3/1936, H. 11, S. 444f.

Deile, Gotthold

24.8.1898 – 1944
Dr. med. Halle
SA, NSDAP 1937

Die erbbiologische Bewertung des Hilfsschulkindes. In: Zeitschrift f. Gesundheitsverwaltung und Gesundheitsfürsorge 4/1933, S. 525–535

Wege zur erbbiologischen Erfassung und Bewertung des schwachsinnigen Schulkindes. In: Die Hilfsschule 27/1934, H. 1, S. 8ff.

Dennert, Wolfgang

*22.10.1898 in Godesberg; evang.; Vater Gymnasial-
prof.
Studium: Biologie, Chemie, Physik; Dr. phil. 1925
Bonn, 1930 Studienrat Frankfurt/M.; Mithrsg. „Leben
und Weltanschauung". – 1946 Prof. f. Didaktik der
Biologie an der Pädagogischen Akademie Bonn
NSLB

Entwicklungsgeschichte und Abstammungslehre. Aschendorffs Biologielehrbuch für die Oberstufe in vier Heften, Münster 1938, [2]1940

Depdolla, Philipp

16.10.1880 in Groß-Hainow – 14.7.1939; evang.;
Vater Pastor
Studium: Chemie, Zoologie, Botanik, Erdkunde;
Lehrer, Dr. phil. 1906 Marburg, 1909 Oberlehrer,
Studienrat in Berlin-Charlottenburg; Mithrsg. „Der
Biologe"; vor 1933 Vorstandsmitglied des Deutschen
Vereins zur Förderung des mathematischen und
naturwissenschaftlichen Unterrichts

Erblehre, Rasse, Bevölkerungspolitik (vornehmlich für den Unterricht in den höheren Schulen bestimmt), Berlin (Metzner) 1934, [3]1937

Biologie und nationale Erziehung. In: Unterrichtsblätter f. Mathematik und Naturwissenschaften 39/1933, H. 7, S. 241–245

Der Rassengedanke im erdkundlichen Unterricht. In: Die Deutsche Schule 38/1934, S. 83–91

Rassenfragen und Erbbiologie und ihre Eingliederung in den Unterricht der Mädchenschulen. In: Deutsche Mädchenbildung 10/1934, H. 1, S. 27–35

Eugenik und höhere Schule. In: Erich Zeßler-Vitalis (Hrsg.), Volksaufartung durch Ahnen- und Familienforschung, Bevölkerungspolitik, Rassenhygiene, Erbbiologie, Berlin 1934, S. 54–69 (Erbbiologische Vortragsreihen der Deutschen Heilpädagogischen Gesellschaft)

Devi, Prashila

*29.7.1912 in Ashbury Park; Vater Rechtsanwalt
Schulbesuch in Indien, Höhere Schule in Detroit,
Ypsilanti College; Studium der Pädagogik und Philo-
sophie in Jena, Dr. phil. Jena 1937 (bei Peter Petersen)

Wandlungen in der Schulhygiene seit 1900. Wege zur pädagogischen Lösung der hygienischen Handlungen, Diss. Jena 1937

Diedrich, Heinz

*12.10.1913
Dr. med. Berlin 1941 (bei F. Lenz)
NSDAP 1937

Erhebungen an Stettiner Grundschülern über Schulleistung, Begabung und Geschwisterzahl, Diss. med. Berlin 1941

Diers, Magdalena

*18.7.1910; Vater Molkereidirektor
Dr. med. Münster 1937 (bei Jötten)
NS-Frauenschaft

Erbhygienische Untersuchungen an Hilfsschulkindern im Kreise Minden, Gütersloh 1936 (Diss. med. Münster 1937)

Dietel, Johannes

21.5.1908 in Reichenbach/Vogtland – 1941 (gefallen)
Maschinenbau-Ingenieur, Gewerbe- und Berufsschullehrer
1930 NSDAP, SA, 1933 NSLB (Schulzellenobmann); Abteilungsleiter Gauschulungsamt Sachsen, RPA; Dozent Führerschule SD in Bernau; Kommandeur Ordensburg Vogelsang

Rassenpolitische Schulung im Lehrplan der weltanschaulichen Schulung der NSDAP, Berlin 1941 [BA, NSD 9/68]

Dingler, K.

Rektor in Danzig
NSLB: Gaufachschaftsleiter für Sonderschulen

Einzelarbeitsvollzüge bei den Sippenerhebungen für den Entlaßjahrgang einer Hilfsschule. In: Die deutsche Sonderschule 8/1941, H. 10, S. 466–473

Disch, Karl

*26.5.1903; Vater Blechnermeister
Historiker, Dr. phil. Freiburg 1930 (bei Gerhard Ritter), Studienrat in Wertheim
NSDAP 1.5.1933, NSLB 1934, SA-Pressereferent Sturmbann III/38 (Duisburg) und Sturmbann II/261 Wertheim; Mitarbeit an der Zeitschrift „Volksgemeinschaft Heidelberg"

Volkwerden der Deutschen. Geschichtsbuch für höhere Schulen. Deutsche Geschichte von 1648–1871 (Bd. 4), bearb. von Ludwig Zimmermann und Karl Disch, Leipzig – Berlin 1939, 4., durchges. Aufl. 1942

Von der deutschen Ostsiedlung bis zu den Anfängen Bismarcks. Bearb. von Erich Buchholz, Ludwig Zimmermann und Karl Disch, Leipzig – Berlin 1940

Volkwerden der Deutschen. Geschichtsbuch für höhere Schulen. Hrsg. von M. Edelmann und Leo Gruenberg. Klasse 8: Von Bismarck zum Großdeutschen Reich. Bearb. von Karl Disch und Leo Gruenberg, Leipzig – Berlin 1941, ²1942

(zus. mit M. Edelmann, Hrsg.:) Deutsche Geschichte von 1871 bis zur Gegenwart, Berlin 1941

Dittmar, Hans

(vermutl.) *24.3.1884 in Nürnberg
Dr. phil. Erlangen 1908 (naturwissenschaftliche Diss.), Studienprof. in Nürnberg
NSLB seit 1935, Fachredner, 1937 NSDAP-Anwärter

Hilfsmittel zur Einführung in die Vererbungslehre. In: Der Biologe 4/1934, H. 4, S. 115–122

Dittrich, Werner

*18.4.1906 in Leipzig; evang.
Staatsprüfung in Botanik, Zoologie, Geologie, Chemie; Dr. phil. Leipzig 1930, Studienassessor in Leipzig
NSDAP 4.4.1933, NSLB (1934): Kreissachbearbeiter NSLB Leipzig, dann stellv. Reichssachbearbeiter für Rassen- und Lebenskunde, Reichsreferent für Rassefragen im Haus der Erziehung des NSLB in Bayreuth; Mitarbeiter des RPA; Ausstellung „Der Rassegedanke in der Schule" 1937

(zus. mit Erich Meyer:) Erb- und Rassenkunde, Breslau (Hirt) 1933

(zus. mit Erich Meyer:) Kleine Erb- und Rassenkunde. Ausgabe für Westdeutschland, bearb. von Wilhelm Klodt, Breslau 1933

(zus. mit Erich Meyer:) Kleine Erb- und Rassenkunde. Ausgabe für Berlin und Gau Kurmark, bearb. von Franz Schulz, Breslau 1934

(zus. mit Erich Meyer:) Kleine Erb- und Rassenkunde. Ausgabe für den Gau Mecklenburg-Lübeck, bearb. von Rudolf Wiggers, Breslau 1935

(zus. mit Friedrich Lange und Erich Meyer:) Das Vererbungsgesetz. Tafeln zur Vererbungslehre, Erfurt 1935

Grundschule der Rassenpolitik, 1935

Vererbung und Rasse. Hand- und Hilfsbuch für den Lehrer, Stuttgart 1936 (Der neue Stoff)

Erziehung zum Judengegner. Hinweise zur Behandlung der Judenfrage im rassenpolitischen Unterricht, München 1937

Zur Methodik des bevölkerungspolitischen Unterrichts. In: Reichszeitung der deutschen Erzieher 1935, H. 9, S. 5–7

Der Einbau des Rassegedankens in den Unterricht nach der biologischen Seite. In: Mecklenburgische Schulzeitung 1936, Nr. 42/43, S. 658 f.

Die Erbgebundenheit der Erziehung. In: Blätter f. Schulpraxis und Erziehungswissenschaft 48/1937, H. 11, S. 620–630; Pädagogischer Umbruch 5/1937, Nr. 19/20; Mecklenburgische Schulzeitung 68/1937, H. 49, S. 697–700; Der Thüringer Erzieher 5/1937, H. 18, S. 503–506

Rassenkunde und Biologieunterricht. In: Nationalsozialistisches Bildungswesen 2/1937, H. 1, S. 18–22

Der deutsche Erzieher als Rassenpolitiker. In: Nationalsozialistisches Bildungswesen 3/1938, H. 9, S. 513–519

Weltanschauliches Kampfgebiet Biologie. In: Politische Erziehung 1/1938, S. 20–30

Deutsche Lehrer als Träger der rassenpolitischen Erziehung des deutschen Volkes. In: Der deutsche Erzieher 1938, H. 5, S. 100–102

Wehrgeistige Erziehung im lebenskundlichen Unterricht. In: Der Biologe 9/1940, H. 1/2, S. 53–56

Dobers, Ernst

3.3.1892 in Posen – Mai 1945; evang.; Vater Volksschullehrer und Berufsschuldirektor
Dr. phil. Berlin 1915, 1921 Studienrat (Biologie, Mathematik, Physik), 1928 Oberstudienrat, 1930 Prof. f. Biologie Pädagog. Akad. Stettin, 1933 Prof. f. Vererbungslehre u. Rassenkunde HfL Elbing, 1937 stellv. Direktor, 1942 Habilitation, Januar 1945 kommiss. Aufsichtsbeamter über die Lehrerbildungsanstalten in Pommern
Kriegsfreiwilliger, Stahlhelm, Grenzschutz, DNVP, HJ-Hauptgefolgschaftsführer, SA-O'Stuf. und Schulungsreferent, NSLB 1.12.1933, NSDAP 1937, Stellenleiter im NS-Dozentenbund, Kampfbund für deutsche Kultur, RLB, Kreisbeauftragter des RPA; 1940 Besatzungsoffizier in Warschau

(zus. mit Walter Scheidt:) Lebendiges Wissen Frankfurt 1933–1934. 9 Hefte zur Unterstützung des rassenbiologischen Unterrichts (H. 1–4: 1933, H. 5–9: 1934)

Die Zeitung im Dienste der Rassenkunde, Leipzig 1936 (Neuland in der Deutschen Schule. Beiträge zur praktischen Volksschularbeit, Bd. 10)

Die Judenfrage. Stoff und Behandlung in der Schule, Bad Heilbronn – Leipzig 1936, ⁴1941 (Neuland in der deutschen Schule)

Rassenkunde: Forderung und Dienst, Leipzig 1936, ³1942

(zus. mit Kurt Higelke, Hrsg.:) Rassenpolitische Unterrichtspraxis. Der Rassengedanke in der Unterrichtsgestaltung der Volksschulfächer, Leipzig 1938, ⁴1943

Von der nordischen Rasse. In: Rassenkunde 1936, S. 76–89

Beobachtungsschulung im rassebiologischen Sehen und Verstehen. In: Der Biologe 1936, H. 5, S. 382–389

Die Judenfrage in der Schule. In: Bayerische Lehrerzeitung 71/1937, H. 5, S. 53–59

Rasse und Humor. In: Die deutsche Schule 7/8, 1937

Biologie. In: Ernst Dobers und Kurt Higelke (Hrsg.), Rassenpolitische Unterrichtspraxis. Der Rassengedanke in der Unterrichtsgestaltung der Volksschulfächer, Leipzig 1938, S. 205–252

Was soll der Erzieher von der Judenfrage wissen? In: Die Schule im Volk 2-1/1939, H. 4, S. 92–99

Döring, Artur

*3.12.1878 in Bromberg; evang.
Lehrer in Bromberg und Posen, 1909 Oberschullehrer in Frankfurt/M., dort 1928 Studienrat (Biologie, Physik, Chemie)
NSDAP 1937

Das Stammbuch. Ein Arbeitsweg zur erbbiologischen Erziehung, Frankfurt/M. 1934

Döring, Johannes

*30.3.1905 in Chemnitz; evang., dann gottgläubig;
Vater Kaufmann
Volksschullehrer und -rektor, 1927–1930 Pädagogik-
studium, 1933 Assistent am Pädagogischen Institut
Leipzig, 1935 Sachbearbeiter für Lehrerbildung im
Ministerium f. Volksbildung; Mithrsg. der Reihe
„Wege zur völkischen Schule"
1922–1927 Jungnationaler Bund, 1926 NSDAP
(Ehrenzeichen), politischer Redner, 1932/33
weltanschaulicher Leiter an SA-Führerschule; NSLB
(1930): Begutachter, Stellenleiter Gauschulungsamt,
1933 stellv. Kreisschulungsleiter, 1937 Gaudozenten-
führer, RKK

Die Entwicklung rassischen Denkens im
Geschichtsunterricht der Volksschule. In: Neue
Bahnen 46/1935, H. 11, S. 330–334

Donath, Friedrich (Fritz)

*9.3.1888
Dr. phil. Leipzig 1924 (psychol. Diss.), Studienrat in
Leipzig

(zus. mit Karl Zimmermann:) Biologie,
Nationalsozialismus und neue Erziehung,
Leipzig 1933

Dorner, Adolf

*9.8.1887 in Berlin; evang.
Studium: Mathematik, Physik, Chemie, Mineralogie;
1913 Oberlehrer, Studienrat in Berlin-Spandau, 1938
Oberstudiendirektor
NSDAP, NSLB 21.4.1933, Zellenwart, VDA (vor
1933), RLB

Mathematik im Dienste der nationalpolitischen
Erziehung mit Anwendungsbeispielen aus Volks-
wissenschaft, Geländekunde und Naturwissenschaft. Ein Handbuch für Lehrer, Frankfurt/M.
1935

(Hrsg.:) Mathematik im Dienste der nationalen
Erziehung: Nachtrag enthaltend Aufgaben aus
den Gebieten der Erbgesundheitslehre und der
Schiffsortung, Frankfurt/M. 1935 (mit Auf-
gabensammlung)

Mathematische Aufgaben aus der Volks-,
Gelände- und Wehrkunde. Ergänzungsheft zu
mathematischen Lehrbüchern. 2. Teil (Oberstufe): Für die Obersekunda und Prima der
höheren Schulen, Frankfurt/M. 1936

Dornfeld, Walter

*1900 in Berlin
1921 Volksschullehrer, 1939 Höherer Schuldienst,
1940 Promotion (bei Eugen Fischer). Nach 1945
Schuldienst, 1960 Direktor der Albert-Einstein-
Schule in Britz

Studien über Schädelformen und Schädel-
veränderungen von Berliner Ostjuden und ihren
Kindern, Diss. rer. nat. Berlin 1941

Drenckhahn, Friedrich Johann Bernhard Christian

*28.5.1894 in Frauenmarckl/Meckl; evang.
Dr. phil. 1917, Studienrat, 1926 Dozent, 1928 Prof.
f. Erziehungswissenschaften, Mathematik und mathe-
matische Unterrichtslehre und stellv. Direktor an der
Pädagogischen Akademie, später HfL Rostock; 1942
Leiter des staatlichen Studienseminars Rostock. –
1945 Direktor PH Kiel, 1949 PH Flensburg, Referent
f. Lehrerbildung im Ministerium Schleswig-Holstein
1945–1948
NSDAP, NSLB 1.4.1933, Gutachtertätigkeit f.
NSLB

Volkseigener Rechen- und Raumlehreunterricht.
In: Friedrich Hiller (Hrsg.), Deutsche Erziehung
im neuen Staat, Leipzig 1935

Das Gesetz zum Schutze des deutschen Blutes
und der deutschen Ehre vom 15.9.1935 im
Lichte der volkswissenschaftlichen Statistik. In:
Deutsche Mathematik 1/1936, H. 6

Drescher, Karl-Heinz

*20.1.1906 in Berlin
Studienassessor in Berlin
NSLB 1934, NSDAP 1937

Volksgemeinschaft – Blutsgemeinschaft. In:
Vergangenheit und Gegenwart 28/1938, H. 7/8,
S. 436–439 (Ausstellung des NSLB)

Dresel, Ernst Gerhardt

*3.9.1885 in Magdeburg; evang., dann gottgläubig;
Vater Kaufmann
Dr. med. Heidelberg 1911, Dr. phil. 1913; 1915
Privatdozent, 1921 Prof. an der Universität Heidel-
berg, 1926 Greifswald, 1934 Leipzig, Direktor des
Hygiene-Instituts der Universität Leipzig
1926 DNVP, NSDAP 1.5.1933, NSLB, Schulungs-
redner und Kreisschulungsleiter f. Rassenkunde und
Erbpflege, Reichsfachwart f. Rassefragen für die
Hochschulen im NSLB; SS (1936): Führer im
RuSHA, UStuf.; Lebensborn

Grundriß der Gesundheitslehre, Osterwieck (Zickfeld) 1932 (Handbücherei des deutschen Volksschullehrers)

Vererbung und Erziehung. In: Reichszeitung der deutschen Erzieher 1934, H. 6, S. 7f.

Dressel, Josefine

*23.1.1892 in München; kathol.; Vater Bildhauer Volksschullehrerin, 1921 Tätigkeit an Berufsschule, Oberstudiendirektorin in München, Dr. phil. München 1932 (Diss. „Entwicklung der weiblichen Jugendpflege in Bayern" bei Aloys Fischer) NSLB 1.11.1933

Ein Beitrag zur Frage des Zusammenhangs von Schulleistung und Kinderzahl nebst Folgerungen daraus für die Jungmädchenerziehung. In: Deutsche Handelsschulwarte, Ausgabe B der deutschen Berufserziehung 15/1935, H. 31, S. 359–363

Droschl, Heinrich

*4.11.1914; Vater Oberlehrer Dr. med. Leipzig 1941

Erbcharakterkundliche Untersuchungen an einer kriminellen Sippe, Diss. med. Leipzig 1941

Dubitscher, Fred

*6.7.1905 Dr. med. Münster 1930; Assistenzarzt, 1934 Reichsgesundheitsamt, stellv. Leiter der Abteilung Erb- und Rassenpflege, 1938 Regierungsrat, dann Oberregierungsrat; 1937–1944 Oberarzt an der Poliklinik für Erb- und Rassenpflege des Auguste-Viktoria-Krankenhauses Berlin, stellv. Direktor 1942; Rassengutachter fürs Reichssippenamt NS-Ärztebund, aber kein NSDAP-Mitgl.

Asoziale Sippen. Erb- und sozialbiologische Untersuchungen, Leipzig (Thieme) 1942

Die Mithilfe des Sonderschullehrers bei erbpflegerischen Maßnahmen. In: Die deutsche Sonderschule 5/1938, H. 1, S. 1–7

Sozialbiologische Beurteilung der Persönlichkeit. In: Der öffentliche Gesundheitsdienst 4/1939, H. 22, S. 666–673

Was versteht man unter Schwachsinn im Sinne des Gesetzes zur Verhütung erbkranken Nachwuchses? In: Zeitschrift f. ärztliche Fortbildung 38/1941, S. 397–399

Erbbiologische Untersuchungen asozialer Familien. In: Die deutsche Sonderschule 8/1941, H. 9, S. 427–430

Duckart, Joachim

12.6.1898 in Leipzig – 14.11.1952 Diplom-Landwirt, Dr. agric., Saatzuchtexperte, Tätigkeit beim Reichsnährstand in Berlin; 1937 Dozent (Vererbungslehre und Rassenkunde) und Leiter des Vererbungswissenschaftlichen Seminars HfL Schneidemühl. – Nach 1945 in der Landwirtschaft und als Berater bei den Landwirtschaftskammern Köln und Bonn tätig Deutsch-Soziale Partei, Stahlhelm, NSDAP 1931; NS-Dozentenbund (Leiter des Amtes f. Presse), NSLB 1937, RPA (Kreisamtsleiter); SS (1.1.1933): RuSHA, Hauptschulungsleiter, SS-O'Stuf., Beauftragter des RKFDV, Abteilung Umsiedlung und Planung beim SSOA Weichsel, StabsHA RKFDV Litauen

Die Juden von Betsche. Ein Beitrag zum „Wirken" der Juden im deutschen Osten. Gemeinschaftsarbeit des Vererbungswissenschaftlichen Seminars der Hochschule für Lehrerinnenbildung Schneidemühl, Hannover (Schaper) 1939 (Veröffentlichungen des Rassenpolitischen Amtes der NSDAP und des Reichsbundes der Kinderreichen Gau Mark Brandenburg, Nr. 1)

Grundsätzliches zur nationalsozialistischen Rassenpolitik. In: Guido Waldmann (Hrsg.), Rasse und Musik, Berlin 1939, S. 7–21 (Schulungsschrift, hrsg. im Auftrag der Reichsjugendführung)

Dürre, Konrad

31.8.1884 in Lüchow – 1940; evang.; Vater Landgerichtssekretär Germanistik-Studium, Dr. phil. Göttingen 1915; Oberlehrer (Deutsch und Französisch) in Wiesbaden, 1927–1933 Studienrat in Hannover, Mitarbeit am Deutschlandsender in Berlin, 1934 Rückkehr nach Wiesbaden, Leiter VHS Wiesbaden; Schriftsteller Ruhrkampf (Ausweisung aus Wiesbaden durch die Franzosen); Schriftleiter „Der Türmer", RKK, RPA, NSDAP 1937; Ortsgruppenleiter der Deutschen Gesellschaft für Rassenhygiene in Wiesbaden (1936)

Erbbiologischer und eugenischer (später: rassenhygienischer) Wegweiser für jedermann, Berlin (Metzner) 1933, [7+8]1939

Die eugenische Bewegung in Deutschland
und anderen Ländern. In: Zentralinstitut für
Erziehung und Unterricht (Hrsg.), Erblehre –
Erbpflege, Berlin 1933, S. 80–91

Werden und Bedeutung der Rassen. In: Die neue
Propyläen-Weltgeschichte. Urgeschichte – Früh-
zeit – Altertum, hrsg. von Willi Andreas, Bd. 1,
Berlin 1939, S. 89–118

Erbstrom. Schauspiel in 3 Akten. Bühnen-
bearbeitung: Anthes Kiendl, Bühnenverlag
Ahn & Simrock Berlin 1933

Hör- und Lehrspiel „Am Erbstrom des Volkes"

Dumke, Artur

*29.10.1904 in Mogilno/Posen; evang.
ab 1929 Volksschullehrer in Berlin. – 1955 Dozent f.
Praktische Pädagogik an der PH Lüneburg, 1960
Referent, 1962 Oberregierungs- und -schulrat im
niedersächsischen Kultusministerium
1929 SPD; 1934 NSLB, NSV, RLB; NSDAP
1941

Genetische Biologie und Pädagogik. In: Neue
Bahnen 45/1934, H. 12, S. 383–387

Duncker, Hans

26.5.1881 in Ballenstedt – 1961; evang.
Dr. phil. Göttingen 1906 (Zoologie); 1909 Studienrat
Realgymnasium Bremen, Oberstudienrat; 1930 Leiter
der Rassenhygienischen Gesellschaft Bremen
Vor 1933 Stahlhelm/NSDFB, NSLB Nov. 1933,
Referent f. Oberaufbauschulen des BDM, Rednerstab
RPA, NSDAP 1941

(zus. mit Friedrich Lange:) Neue Ziele und Wege
des Biologieunterrichts, Frankfurt/M. 1934

Dunschen, Franz

*26.9.1892 in Natzungen/Warburg; kathol.
Studium Französisch, Englisch und Biologie; Mittel-
schullehrer, Dr. phil. nat.; Rektor in Hüsten
Vor 1933 deutschnationaler Wähler, NSDAP
27.3.1933, SA (Schulungsbeauftragter, Kreisführer
und Führer der Standarte Sauerland-West), NSLB
(1.6.1933): Ortsgruppenamtswalter, Schulungs-
obmann, Begutachter und Kreisfachbearbeiter für
Rassefragen im NSLB Westfalen-Süd; Kreisbeauf-
tragter des RPA

(zus. mit H. Hedfeld:) Arbeitstafel für Modell-
versuch zur Entwicklung und Veranschaulichung
der Vererbungsgesetze, Breslau 1935/36

Der lebenskundliche Unterricht in der Volksschule. Ausführlicher Ziel- und Stoffplan in
Monatseinheiten mit organischem Einbau der
Vererbungslehre, Rassenkunde, Rassenpflege,
Familienkunde und Bevölkerungspolitik. In Verbindung mit den Gauamtsleitungen Westfalen-
Süd, des Amtes für Erzieher des NSLB und des
rassenpolitischen Amtes der NSDAP, Düsseldorf
1936, [2]1939

(zus. mit Walter Tiemann:) Handbuch für den
lebenskundlichen Unterricht in der Volksschule,
Düsseldorf 1938

Eckle, Christian

21.3.1899 in Gerhausen/Württ. – 1945
Volksschullehrer, 1930 Assistent am Psycholog.
Institut TH Darmstadt, 1931–1935 Assistent
am Psychologischen und Philosophischen Institut
TH Dresden, 1935 Dr. phil. Tübingen (Diss. über
den platonischen Bildungsgedanken im 19. Jh.),
1935 Assistent an der Universität Gießen, dort
1939 Habil., 1940 a. o. Prof. und Direktor
Psychologisches Seminar Universität Breslau;
1943 Prof. f. Psychologie und Pädagogik
RU Posen
NSDAP 1.10.1933

(unter Mitarbeit von Gerda Ostermeyer:) Erbcharakterologische Zwillingsuntersuchungen,
Leipzig 1938 (Phil. Habil. Gießen 1939) (Zeitschrift f. angewandte Psychologie und Charakterkunde, Beiheft 82)

Eckstein, Ludwig

*26.10.1904 in Löwenstein; evang., dann gottgläubig;
Vater Bauer
Lehramtsstudium, 1925–1929 Polizeilehrer, danach
Studium in Tübingen und Berlin, 1932–1934 Tätig-
keit am Lehrerseminar Eßlingen, 1934–1942 Heeres-
psychologe, 1936 Regierungsrat, 1936 Dr. phil., 1939
Oberregierungsrat in Nürnberg, 1942 Habil. und
Dozent f. Psychologie Universität Erlangen, 1943
Vertretungsprof. in Berlin. – Nach 1945 Mittelschul-
lehrer
NSDAP (1933), NSLB 16.5.1933, SA, SS (1942):
wiss. Referent und Chefadjutant im Amt C 1
(Weltanschauliche Erziehung) des SS-HA,
O'Stubaf., dann Standartenführer

Rassenleib und Rassenseele, o. O., o. J. (Hrsg.
SS-HA)

Die Rassenfrage ist der Schlüssel zur Weltgeschichte, o. O., o. J. (SS-Schulungsheft)

Über den biologischen Sinn der Auslese. In: SS-Leitheft 8/1942, H. 7, S. 34–40

Die biologische Seite des totalen Krieges. In: SS-Leitheft 8/1943, H. 2, S. 19–24

Eddelbüttel, Heinrich

*12.11.1888 in Hamburg; evang.; Vater Technischer Assistent
Dr. phil. Göttingen 1911; 1911/12 Assistent am Botanischen Garten und Museum Göttingen, anschließend bis 1927 Oberlehrer in Hamburg, 1927 Dozent, 1928 Prof. am Pädagogischen Institut, später HfL Rostock
NSDAP 1.5.1933, Obmann im NSLB, Begutachter für die Reichsamtsleitung des NSLB, Schulungsredner und Gausachbearbeiter

(zus. mit Caesar Schaeffer:) Ergänzungsheft Erbbiologische Arbeiten (Ergänzungsheft zu: Biologisches Arbeitsbuch. Freiburg 1933), Berlin – Leipzig (Teubner) 1934

(zus. mit W. Burmeister:) Der junge Naturfreund. Hilfsbuch der Biologie auf arbeitsunterrichtlicher und heimatlicher Grundlage. Teil 4: Lebensleistungen. Pflanzen des Wirtschaftsgartens und des Zimmers. Der menschliche Körper. Erbbiologie. Anhang Sippentafel, 2., neubearb. Heft, Berlin 1934; weitere Auflagen 1939 und 1941/43

Sippentafel, Berlin 1934

Erbbiologie auf der Volksschule. In: Mecklenburgische Schulzeitung 65/1934, H. 17, S. 261f.

Erbbiologisches Gedankengut und Tatsachenmaterial in der Praxis des biologischen Unterrichts. In: Mecklenburgische Schulzeitung 67/1936, H. 11, S. 191–193

Das Reichsfachgebiet Biologie und die Arbeitsziele des biologischen Unterrichts auf den Schulen. In: Mecklenburgische Schulzeitung 46/1936, S. 722f.

Edelmann, Moritz

23.2.1891 (Försterei Aßlaken/Ostpr.) – 1973; evang., dann gottgläubig; Vater Revierförster
Leutnant im Ersten Weltkrieg; 1919 Studienrat, 1935 Oberstudiendirektor in Berlin, 1938 Dozent für nationalpolitische Pädagogik an der Hochschule f. Politik, 1939 kommiss. Direktor und Prof. f. Deutsche Geschichte und Methodik des Deutschunterrichts HfL Dortmund; Mithrsg. „Vergangenheit und Gegen-

wart". – Nach 1945 US-Internierung; Schulbuchautor, freiberufliche Tätigkeit als wiss. Reiseleiter
Kriegsfreiwilliger, NSDAP und NSLB 1.5.1932; 1934 Reichssachbearbeiter f. Geschichte in der Reichsleitung des NSLB; SS (1.3.1933): Schulungsleiter und Rassebearbeiter, H'Stuf. im RuSHA, 1941 SSHA (Schulungsamt, Beiträge f. SS-Leithefte); Lebensborn; NS-Führungsoffizier

(zus. mit K. Disch, Hrsg.:) Deutsche Geschichte von 1871 bis zur Gegenwart, Berlin 1941

Volkwerden der Deutschen. Die letzten 15 Jahre, Leipzig ²1935

Rassenkunde und Geschichtsunterricht. In: Reichszeitung der deutschen Erzieher 1935, H. 6, S. 12–14

Eher, Alfred

Hilfslehrer, Dr. phil. Prag 1941; Psychologe. Nach 1945 Tätigkeit als Arbeitspsychologe
NSLB 1939

Über das Verhältnis von Rasse und Typus, Diss. phil. Prag 1941

Ehlich, Hans

*1.7.1901 in Leipzig; evang., dann gottgläubig; Vater Ingenieur
Dr. med. 1928, Arzt (Schulgesundheitsfürsorge in Sebnitz), 1933 Regierungsmedizinalrat (Rassereferent in der Gesundheitsabteilung des sächsischen Innenministeriums), 1943 Ministerialrat; Mithrsg. Der Biologe. – Nach 1945 Interniert, im Entnazifizierungsverfahren zu 1 Jahr und 9 Monaten Haft verurteilt, danach Tätigkeit als praktischer Arzt
Reichskriegsflagge, Stahlhelm; NSDAP 1931, SS 1932; Arzt im Ausbildungsstab der Sanitätsabteilung (1938), RPA Gauleitung Berlin; SS-Staf. im RSHA, 1941 Leitung Gruppe IIIB: Volkstum und Volksgesundheit im RSHA

Praktische Rassenpolitik. In: Politische Erziehung 7/1936, S. 221–225

Ehrhardt, Adolf

*21.7.1890 in Wolfenbüttel
Dr. phil. Leipzig 1931, Assistent am Psychologischen Institut der Universität Leipzig bei Otto Klemm, 1940 Leiter der Abteilung f. Berufsberatung des Arbeitsamtes Leipzig
NSLB 1.8.1933

Rasse und Leistung. In: Volk und Rasse 5/1937, S. 179–181

(zus. mit O. Klemm:) Rasse und Leistung, auf
Grund von Erfahrungen im Felde der Eignungs-
untersuchungen. In: Zeitschrift f. Angewandte
Psychologie und Charakterkunde 53/1937, S. 1–18

Über den Zusammenhang von Rasse und
Leistung. In: Rasse 5/1938, S. 161–169

Eichenauer, Richard

**24.2.1893 in Iserlohn; kathol., später ausgetreten;
Vater Kaufmann und Fabrikdirektor
Musikwissenschaftler und -pädagoge, Gesanglehrer,
Lehramtsprüfung für Deutsch, Französisch und Eng-
lisch; 1919–1935 Reformrealgymnasium Bochum;
1935–1945 Direktor der Bauernhochschule Goslar,
Schriftleiter „Nordische Blätter" (Pseud. Rudolf
Richard). – Nach 1945 Internierung, im Entnazifizie-
rungsverfahren freigesprochen
Kriegsfreiwilliger, NSDAP und SS 1932, NSLB
1.4.1933, NSV, Reichsnährstand, Reichsbund der
Kinderreichen; Hauptschulungsleiter im RuSHA,
SS-O'Stubaf., Totenkopfring; Kreisschulungsleiter
Goslar 1940; VDA*

Musik und Rasse, München 1932, 2., verb. u.
erw. Aufl. 1937

Die Rasse als Lebensgesetz in Geschichte und
Gesittung. Wegweiser für die deutsche Jugend,
Leipzig – Berlin 1934, ³1939

Polyphonie, die ewige Sprache deutscher Seele.
Der Jugend des Dritten Reiches, Wolfenbüttel –
Berlin 1938

Deutscher Unterricht und Rassenkunde. In: Zeitschrift f. Deutschkunde 47/1933, S. 522–532

Musik. In: R. Benze (Hrsg.), Rassische Erziehung im Unterricht, 1937, S. 186–189

Über die Grundsätze rassenkundlicher Musik-
betrachtung. In: Guido Waldmann (Hrsg.),
Rasse und Musik, Berlin 1939, S. 22–47 (Schulungsschrift, hrsg. im Auftrag der Reichsjugendführung)

Wo steht die rassenkundliche Musikforschung?
Ein Übersichtsbericht (I). In: Rasse 1942,
S. 145–152

Eichhorn, Friedrich

**1888 in Mainz; evang.
Altphilologe, Dr. phil. Göttingen 1912, Studienrat in
Frankfurt/M. und Kassel, Studiendirektor
NSDAP 1.10.1932, NSLB (1.4.1933): Reichssach-
bearbeiter für alte Sprachen*

Das Reichssachgebiet „Alte Sprachen" im NSLB
und der altsprachliche Unterricht im Dritten
Reich. In: Ziele und Wege des altsprachlichen
Unterrichts im Dritten Reich. Vorträge und
Berichte der Tagung der altsprachlichen Arbeitsgemeinschaft im NS-Lehrerbund Gau Württemberg-Hohenzollern auf der Reichenau (Bodensee), Stuttgart 1937

Eichhorn, Walter

**1.8.1908
Studienreferendar, Studienrat und Studienprof. in
Thüringen; Bearbeiter der rassenkundlichen Abteilung
im Zentralinstitut für Erziehung und Unterricht Berlin
NSDAP 1.5.1933*

Der Rassengedanke und seine Vorbereitung in
der Volksschule. In: Pädagogische Warte
40/1933, H. 23, S. 1023–1028

Eichler, Paul

**20.4.1888 in Reichenbach/Vogtland
Biologe; Lehrer, Konrektor, Studienrat am Annen-
Realgymnasium Dresden; Dr. rer. nat.*

Ausgewählte Versuche zur Menschenkunde und
Gesundheitslehre, Leipzig 1934 (Schriftenreihe
Versuche und Stoffe für den Unterricht in der
Lebenskunde, H. 2, hrsg. von F. Spielberger)

(zus. mit Otto Schmeil:) Grundriß der Menschenkunde. Mit einer Einführung in die Gesundheitslehre, Vererbungslehre, Rassenhygiene, Familienkunde, Rassenkunde und Bevölkerungspolitik,
Leipzig ²1937

(zus. mit Otto Schmeil:) Der Mensch. Gemein-
schaftskunde, Gesundheitslehre, Vererbungslehre, Rassenhygiene, Familienkunde, Rassenkunde, Bevölkerungspolitik, 99. Aufl., unveränd.
Nachdruck der 92. Aufl., bearb. von Paul Eichler,
Leipzig 1940

Eickstedt, Egon Freiherr von

*10.4.1892 in Jersitz/Posen – 1965
Anthropologe; Dr. phil. nat. 1920, 1924 Leiter der
Anthropologischen Sammlung des Naturhistorischen
Museums Wien, 1929 med. Habil., Leiter des
Anthropologischen Instituts der Universität Breslau,
1933/34 a.o. Prof. und Institutsdirektor, 1939 o. Prof.
Universität Breslau; Hrsg. „Zeitschrift f. Rassen-
kunde". – 1946 Universität Mainz
NSLB, NS-Dozentenbund, Aufnahmegesuch in
NSDAP im April 1933 abgelehnt (Vorwurf der
„Judenfreundlichkeit")*

Die rassischen Grundlagen des deutschen Volkes, Köln 1934; 41.–45. Tsd. 1941 (Schriften zur völkischen Bildung)

Rassenkunde und Rassengeschichte der Menschheit, Stuttgart 1934, 2. Aufl. 1954–1959 unter dem Titel: Die Forschung am Menschen. Eine Darstellung des Gesamtinhalts der vergleichenden Biologie der Hominiden (Anthropologie)

Die Rassen der Erde. Physikalischer Wandatlas. Erläuterungen zur gleichnamigen Wandkarte, Gotha 1935

Die Rassen Europas. Physikalischer Wandatlas, Gotha 1935

Grundlagen der Rassenpsychologie, Stuttgart 1936

Rassenkunde und Rassenpflege im Unterricht. In: Deutsches Philologen-Blatt 41/1933, S. 389–392

Die farbige Gefahr. In: Pädagogische Warte 40/1933, H. 23, S. 1043–1045

(zus. mit Günther Holtz und Ilse Schwidetzky:) Ausgewählte Lichtbilder zur Rassenkunde des deutschen Volkes, Stuttgart 1934 [Dia-Serie für den Schulunterricht]

(zus. mit Walter Köhn:) Ausgewählte Lichtbilder zur Rassenkunde des deutschen Volkes, Stuttgart 1938

Eilks, Hans

Dr. phil. Marburg 1938, Wilhelmshaven

(zus. mit G. H. Fischer:) Charakterkunde, Typologie und Vererbungslehre. Zur Auseinandersetzung mit Pfahlers „Vererbung als Schicksal". In: Archiv f. die gesamte Psychologie 87/1933, H. 3/4, S. 433–446

Eilemann, Johannes

*1.8.1888 in Bründel-Plötzkau; evang.
Philologie-Studium, Studienrat, Oberstudiendirektor, Stadtrat, Dezernent f. Schulwesen in Berlin-Neukölln, 1939 Hauptdezernent und Inspekteur des Wirtschafts- und Ernährungsamtes Neukölln
NSLB 1.5.1932, NSDAP 20.8.1932, Gauhauptstellenleiter im Amt für Erzieher, Obergemeindeleiter in der NSDAP-Gauleitung Berlin

Weltanschauung, Erziehung und Dichtung. Einige Kapitel einer arteigenen Ethik, Frankfurt/M. 1935 (Der nationalpolitische Unterricht, ein Handbuch für den Lehrer)

Eisenbock, Karl

*17.5.1870 in Penzberg; deutschgläubig
Gymnasial- und Turnlehrer, Privatschullehrer in München
NSDAP 1.5.1933, NSLB 1.10.1933

Volkstum, Rasse und leibseelische Ertüchtigung. In: Schule im neuen Staat 7/1933–34, S. 27–31 und 8/1933–34, S. 31–39

Ekkehart, Winfried (Pseud.)

siehe Schnee, Heinrich

Elster, Hanns Martin

*11.6.1888 in Köln; evang.; Vater Oberleutnant, Archivar und Bibliothekar
Studium: Literatur-, Militär- und Kulturgeschichte; Dr. phil. 1912; Schriftsteller, Lektor, Mitarbeit in der Presse-Stelle des Hugo-Stinnes-Konzerns; 1933 Hauptamt für Beamte in der Reichsleitung der NSDAP, Beamtenpresse, Schriftleiter und Büchereileiter; literarische Leitung des Steuben-Verlags Liga zum Schutz der deutschen Kultur, Leitung des Vereins für Erneuerung wirtschaftlicher Sitte und Verantwortung, RKK, NSDAP (1.5.1933, Ausschluß 1934)

Die Judenfrage ist die Rassenfrage. In: Hamburger Lehrerzeitung 14/1935, H. 38/39, S. 357f.

Endres, Hans

*26.2.1911 in Stuttgart; kathol., dann gottgläubig; Vater Regierungsrat und Univ.-Prof.
1933–1936 Hauslehrer in Graz, Dr. phil. Heidelberg 1938 (bei Krieck), 1939 Assistent am „Arischen Seminar" der Universität Tübingen (bei Hauer), 1943 Habil., 1944 Doz. f. „Vergleichende Religionswissenschaft mit Berücksichtigung von Rasse und Religion". 1945 Entlassung; Tätigkeit als Industriepsychologe und Management-Trainer, 1974 Gründung des Instituts für Lebensmotivation, später Institut für ganzheitliche Lebensgestaltung
NSDAP Österreich 1933; 1939 SS: Referent f. weltanschauliche Erziehung RSHA, Teilnahme an Kaukasien-Expedition des Ahnenerbes; U'Stuf. der Waffen-SS; 1944 Lehrer f. weltanschauliche Schulung an der SS-Junkerschule Klagenfurt

Rasse, Ehe, Zucht und Züchtung – bei Nietzsche und heute, Diss. Heidelberg 1938

Arbeitspsychologie in rassenkundlicher Sicht. Möglichkeiten rassenseelenkundlicher Auswertung der Methodik der Arbeitspsychologie bzw. der psychotechnischen Eignungsprüfung. In: Volk und Rasse 1942, H. 5, S. 92–95; H. 6, S. 113–116; H. 7, S. 132–136; H. 8, S. 143–149

Engbrocks, Julius

*9.10.1912 in Dülken/Rheinl.; kathol.
Praktikant Heil- und Pflegeanstalt Bonn, Rheinische Landesklinik für Jugendpsychiatrie, 1939 Assistent am Krankenhaus Mönchengladbach; Dr. med. Bonn 1940
SA, NSDAP 1937

Über die Beziehung zwischen „Angeborenem Schwachsinn" im Sinne des Gesetzes zur Verhütung erbkranken Nachwuchses und Asozialität. Dargestellt an einer Sippe, Diss. Bonn 1941

Engelsmann, Robert

*26.3.1885 in Leipzig
Dr. med. Leipzig 1909, Habil. Münster 1937 („Die Ursachen des Geburtenrückgangs in den europäischen Staaten und bei Personen europäischer Abstammung"), Amtsarzt, Städtischer Medizinalrat/Leiter des städtischen Gesundheitsamts Münster, Dozent für Hygiene an der Universität Münster
NSDAP 1.4.1933

Die erbbiologische Bedeutung der Hilfsschule. In: Der öffentliche Gesundheitsdienst 4/1933, H. 23, S. 693–702

Erbt, Wilhelm

*23.11.1876 in Berlin; evang.; Vater Mühlengutsbesitzer
Pfarrer, Historiker, Dr. phil. 1900, Oberlehrer, Seminarlehrer in Posen, Oberstudiendirektor, Direktor der Klaus-Groth Schule Neumünster; völkischer Schriftsteller
DNVP, Kampfbund für deutsche Kultur, NSLB 1.8.1933: Gausachbearbeiter f. Geschichte; RSK, Reichsverband Deutscher Schriftsteller (Reichsverbandsführer), Ehrenmitglied des Bundes völkischer Lehrer

Weltgeschichte auf rassischer Grundlage, Leipzig (Armanen Verlag) 1925, dritte, überarb. Aufl. 1934, ⁵1944

Weltgeschichte, rassenkundlich gesehen. In: Die Sonne 11/1934, H. 2, S. 76–81

Das Judentum. In: Schleswig-Holsteinische Hochschulblätter, Sonderheft „Rasse, Art, Erbgut", Juni 1934

Die Alte Geschichte. In: Vergangenheit und Gegenwart 26/1936, H. 11, S. 617–628

Geschichte. Von 500–1600. In: R. Benze (Hrsg.), Rassische Erziehung im Unterricht 1937, S. 101–111

Ernst, Bodo

*29.11.1892
Voks- und Hilfsschullehrer im Regierungsbezirk Breslau; Schriftsteller
1925 Bund völkischer Lehrer, NSDAP und NSLB 1931, Kreisfilmwart, politischer Redner, Schulungsleiter, Gaufachredner

Entwurf eines Reichsschulgesetzes für das deutsche Volk im dritten Reiche. In: Die Sonne 7/1939, H. 12

Escherich, Karl

19.9.1871 in Schwandorf – 1951
Dr. med. et phil., 1907 Prof. f. Zoologie an der Forstakademie Tharandt, 1914 an der Universität München, 1933–1935 Rektor der Universität München, 1936 emer.
NSDAP 1921/1923; Bund völkischer Lehrer

Biologisches Gleichgewicht. Eine zweite Münchener Rektoratsrede über die Erziehung zum politischen Menschen, München 1935

Essen, Jac. van

Dr., niederländischer Psychologe, lebt um 1939 in Paris

Psychologie und rassische Eigenart. In: Zeitschrift f. Psychologie 150/1941, S. 1–3, und 168–184

Eydt, Alfred

*9.7.1907 in Leipzig; evang.; Vater Reichsbahninspektor
Volksschullehrer, Dr. phil. Leipzig 1933 (bei O. Reche), 1938 Dozent HfL Dresden (für Rassenpolitik, rassenpolitische Erziehung, Rassenpsychologie, Sippenkunde und -pflege), 1941 Radebeul (?)

Mitbegründer der Großdeutschen Jugendbewegung, NSDAP 1925/1.1.1933; NSLB 1931; Hauptstellenleiter im RPA Gauleitung Sachsen, SS 1933, O'Scharf., seit 1933 Arbeit für das RuSHA; SD Dresden

Der Rasse- und Gesundheitspaß als Nachweis erblicher Gesundheit und rassischer Vollwertigkeit, Leipzig 1933

Der Körperbau der Leipziger SS. Rassenkundliche und Konstitutionsuntersuchungen an einer ausgelesenen großstädtischen Gruppe. Zugleich eine Richtlinie für umfassende rassische Erhebungen im deutschen Volk, Weimar 1934 (zugleich Diss. phil. Leipzig 1933 unter dem Titel: Der Körperbau der Wehrsportler. Anthropologische und Konstitutionsuntersuchungen an einer ausgelesenen großstädtischen Gruppe (SS Leipzig), Erfurt 1933)

Schreibers rassenkundliche Anschauungstafel: Deutsche Rassenköpfe. 6 Rassenköpfe in Vorder- und Seitenansicht nach Naturaufnahmen, Eßlingen 1935

Rassenpolitische Erziehung in der Volksschule. Handreichungen für eine artgemäße Erziehung, Leipzig 1936, ⁴1943 (Wege zur völkischen Schule, 1)

Die Sippen. Spiegel und Lebensgesetz unseres Volkes, München (Lehmann) 1939 (Lehrbuch für Volksbildungsstätten)

Rassenpsychologische Ergebnisse als Grundlage für die Rassenpädagogik. In: Politische Erziehung 1936, H. 7, S. 206–212

Rassenpolitische Familienkunde. In: Neue Bahnen 47/1936, H. 5, S. 149–154

Rassenpolitische Erziehung des Handarbeiters durch Sippenpflege. In: Volk und Rasse 12/1937

Rassenpolitische Erziehungswissenschaft und Rassenseelenkunde. In: Nationalsozialistisches Bildungswesen 2/1937, S. 2–13

Rassenpolitik und Sippenpflege. In: Politische Erziehung 1937, H. 1, S. 1–9

Die rassenpolitischen Erzieheraufgaben der künstlerisch-technischen Fächer und Körperertüchtigung in der Schule. In: Neue Bahnen 7/8, 1937, S. 217–226

Psychologische Grundfragen rassenpolitischer Erziehung unter besonderer Berücksichtigung des Grundschul- und Ausleseproblems. In: Nationalsozialistisches Bildungswesen 3/1938, H. 10, S. 577–590

Die Bedeutung der Märchen für die rassenpolitische Erziehung. In: Kindergarten 23/1938, S. 93–97

Deutsche Märchen und Sagen als Grundlagen rassenpolitischer und nordischer Erziehung. In: Politische Erziehung 1938, H. 1, S. 7–16

Auslese und Ausmerze in der Volksschule. In: Volk und Rasse 13/1938

Behandlungsmöglichkeiten der rassenpolitischen Gesetze in der Schule. In: Politische Erziehung 1938, 2. Ausgabe A, S. 42–51

Auslese und Ausmerze in der Schule. In: Nationalsozialistisches Bildungswesen, 4/1939, H. 2, S. 94–114

Gibt es ein Asozialenproblem in der Schule? In: Der Biologe 8/1939, H. 7/8, S. 310–314

Zur Frage der individual- und erbpsychologischen Beurteilung gemeinschaftsschwieriger und gemeinschaftstauglicher Schulkinder. In: Nationalsozialistisches Bildungswesen 7/1942, H. 8/9, S. 209–236

Eydt, Rudolf A. J.
* 15.6.1904; Bruder von Alfred Eydt; evang.; Vater Reichsbahninspektor
Volksschullehrer und -rektor in Leipzig
Ortsgruppenführer der Großdeutschen Jugend, NSDAP 1925, Kulturwart, Ortsgruppenschulungsleiter; Mitarbeiter RPA, NSLB (1931): Begutachter f. Rassenpolitik und Geschichte, Gausachbearbeiter f. Familienkunde, Amt f. Sippenkunde; SS (1933): Schulungsleiter RuS; NSV, Reichskolonialbund, Deutsche Gesellschaft f. Rassenhygiene; Gauführerrat des Reichsverbandes für gemischte Chöre; Führerring der Landesgruppe Sachsen der Kleingärtner e. V.

Schule und Kind im Lichte der Rassenseele. In: Reichszeitung der deutschen Erzieher 1934, H. 5, S. 14–16

Eyrich, Max

*22.3.1897 in Stetten; evang.
Dr. med. Tübingen 1923; Facharzt für Psychiatrie,
Landesjugendarzt und Medizinalrat im Landes-
jugendamt Stuttgart
NS-Ärztebund (1941), Gaufachbeauftragter

Fürsorgezöglinge, erbbiologisch gesehen. In:
Zeitschrift f. Kinderforschung 47/1938, H. 4

Fabry, Richard

*9.1.1893; evang.
Dr. phil., Studienrat Obermenzing, Oberschule
München-Pasing, 1940 Studienprof.
bis 1929 Schulgruppenleiter des VDA am Gymnasium
Rosenheim, 1931/32 Unterstützung des NS-Schüler-
bundes Rosenheim, NSDAP und NSLB 1.5.1933;
Ortsgruppenleiter in Regensburg 1933–35; NSV, RLB

siehe Schmeil

Facaoaru, Jorchache

Dr. phil. München 1933, Mitarbeiter am Hygiene-
Institut Cluj/Rumänien

Soziale Auslese. Ihre biologischen und psychologischen Grundlagen, Cluj/Klausenburg 1933
(Diss. München 1933)

Fasolt, Walter

*4.3.1897 in Berlin
Studienrat in Hennigsdorf
NSDAP 1.5.1933

siehe Willy Becker

Faulwasser, Arthur

*10.1.1898 in Mahlis; evang.
Dr. phil. Jena 1929, Schulleiter in Leipzig
NSDAP 1.5.1933, Zellenobmann, Pol. Leiter, NSLB
1.9.1933

Rasse und Märchen. In: Nationalsozialistisches
Bildungswesen 3/1938, H. 6, S. 334–349

Fechner, Helmut

*28.10.1903 in Punitz; evang.
Dr., Studienassessor Lyzeum Berlin-Spandau
NSLB 1.4.1932, NSDAP 1.4.1933; SS 1933, NSV

(zus. mit Wilhelm Rose:) Von deutschem Blut
und deutschem Geist, Frankfurt/M. 1935 (Der
nationalpolitische Unterricht, ein Handbuch für
den Lehrer)

Feichtenbeiner, Ludwig

*5.6.1909
Sachbearbeiter in Eichenau/Oberbayern
NSDAP 1.3.1932, Blockleiter, SA, NSV-Kassenwart,
SS: Mitarbeiter RuS (1932–1934 Sachbearbeiter in
sippenkundlicher Abteilung; Dienststelle bei der
Reichsführung SS); Organisations- und Schulungslei-
ter, Reichskolonialbund, DAF, Arbeit bei der Landes-
bauernschaft

Deutschland – ohne Hilfsschüler. In: Volk und
Rasse 9/1934, H. 2, S. 5

Feldens, Franz

*16.5.1900 in Essen; evang.
Lehrer und Musikwissenschaftler in Essen. – Nach
1945 Prof. f. Schulpädagogik an der PH Kettwig
NSLB 1.10.1933

Sieben Generationen Bach. Eine erbbiologische
Untersuchung. In: Hamburger Lehrerzeitung
14/2.4.1935, H. 14/15, S. 152f.

Feldkamp, Hans

*29.5.1899 in Koblenz; evang.
Dr. phil. 1922, Studienrat (Biologie, Physik, Mathe-
matik), Studiendirektor am Realgymnasium Düssel-
dorf-Benrath; Leiter der Gilde für Naturkunde
NSDAP 1.4.1933, Ortsgruppen-Blockleiter, NSV;
NSLB (1.4.1933): Mitarbeiter Gauschulungsamt,
Gausachbearbeiter f. Biologie, Gutachter f. Erb- und
Rassenbiologie beim Hauptamt für Erzieher, Redner
für Erb- und Rassenkunde

Vererbungslehre und Rassenhygiene. Lehrbuch
der Biologie für die Oberstufe, 1933

Familienkunde, Münster 1934

Vererbungslehre, Rassenkunde, Volkspflege,
Münster [4]1935, [6]1938 (Aschendorffs Biologie-
lehrbuch für die Oberstufe)

Fetscher, Rainer

26.10.1895 in Wien – 7.5.1945
Sozialeugeniker, Dr. med. Tübingen 1921; 1922
Assistent am Hygiene-Institut Dresden, 1923 Dozent
(Habil. bei Ph. Kuhn), 1928 Prof. f. Hygiene TH
Dresden; Mitarbeit an Hygiene-Ausstellung 1930;
1933 Entlassung wegen Verbindungen zum Verein
sozialistischer Ärzte in der Weimarer Republik, 1943
als Arzt beim Polizeipräsidium Dresden tätig
SPD

Abriß der Erbbiologie und Rassenhygiene,
Frankfurt/M. [2]1934

Rassenhygiene. Eine erste Einführung für Lehrer, Leipzig 1934

Zur Fortpflanzung der Kriminellen. In: Archiv f. Soziale Hygiene und Demographie N.F. 8/1933–34, S. 308–310

Erbbiologie und Staat. In: Unterrichtsblätter f. Mathematik und Naturwissenschaften 39/1933, H. 6, S. 181–185

Die rassenhygienische Bildung der Lehrerschaft. In: Gesundheit und Erziehung 46/1933, H. 10, S. 366–372

Feyl, Othmar

* 30.4.1914 in Großlippen/Saazer Bauernland; Vater Oberlehrer
Theologisches Examen (1937), 1937/38 Mitarbeiter der Arbeitsstelle f. Auslandsdeutsche Volksforschung Deutsches Auslandsinstitut Stuttgart (bei H. J. Beyer), Dr. phil. Tübingen 1939 (Schüler von Kroh und Beyer)

Zur volkspolitischen Bedeutung des römisch-naturrechtlichen und des formal-konfessionellen Volksverständnisses für die grenzvölkische Erziehung und den außendeutschen Volkskampf, Saaz 1939 (Diss. phil. Tübingen 1939)

Fielmann, Wilhelm

Dr. phil. Hamburg 1943 (bei Deuchler)

Rassenbiologisches Bildungsdenken, Diss. phil. Hamburg 1943

Finckh, Ludwig

21.3.1876 in Reutlingen – 1964
Dr. med. Freiburg 1904, Arzt, 1940 Referent im RM f. Ernährung und Landwirtschaft in Berlin; Schriftsteller, Vortragstätigkeit über Ahnenkunde seit 1920 Wandervogel; NSDAP 1.5.1933

Unser Ahnenhaus. Ein fröhlicher Lesebogen für die deutsche Schule, Breslau 1934, ⁸1943

Fink, Fritz

* 13.10.1897 in Nersingen; gottgläubig
1919 Volksschullehrer, 1934 Berufsschuldirektor, 1935–1947 Stadtschulrat, Beigeordneter und Stadtrat in Nürnberg
NSDAP 1930 (Goldenes Ehrenzeichen), Gauredner und Gaupressewalter, 1934 Gauamtsleiter in Franken, Rednerstab der Reichspropagandaleitung,
SA (1933): Standartenführer und Schulungsarbeit; 1943 Schulbeauftragter KLV Gau Franken

Die Judenfrage im Unterricht, Nürnberg 1937 (Der Stürmer)

Fischer, Adolf

* 17.6.1906 in Haselvorwerk bei Neustadt/Oberschlesien; evang.
Taubstummen- und Blindenoberlehrer in Breslau SA 1.5.1933, NSLB 1.8.1933, HJ: Führer der Blinden-HJ Schlesien, Sportref.; Zellenobmann der NSKG, NSDAP 1937

Die Aufgabe der Blindenerziehung, die sich aus den rassenpflegerischen Maßnahmen des nationalsozialistischen Staates ergeben. In: Die deutsche Sonderschule 5/1938, H. 9, S. 587–595

Fischer, Eugen

5.6.1874 in Karlsruhe–1967; Vater Kaufmann
1898 Dr. med., 1900 Habil. Freiburg, 1904 Prof. f. Anatomie und Anthropologie, 1912 Prof. Universität Würzburg, 1914 Freiburg, dort 1918 Direktor des Anatomischen Instituts, 1927–1942 Direktor KWI f. Anthropologie, menschliche Erblehre und Eugenik u. Prof. f. Anthropologie Universität Berlin, 1933/34 Universitätsrektor, 1942 emer.; Sachverständigenbeirat für Bevölkerungs- und Rassenpolitik, Mitglied des Erbgesundheitsobergerichts Berlin; Mithrsg. „Volk und Rasse". – Nach 1945 Ehrenmitglied der Deutschen Anthropologischen Gesellschaft
1919–1926 DNVP, 1940 NSDAP; Schulungskurse für SS-Ärzte, NSDoz.-Führungskreis, NSLB

(zus. mit Kurt Gottschaldt, Hrsg.:) Erbpsychologie, Leipzig 1942 (Arbeiten zur Erb- und Umweltforschung)

Volkstum und Rasse als Frage der Nation. In: Monatsschrift für höhere Schulen 32/1933, S. 254–263

Rasse und Kultur. In: Der nationalsozialistische Erzieher (Danzig) 1/1933, H. 5

Rasse und Volkstum. In: Schulungsbriefe der NSDAP 1, Folge 6, 1933

Menschliche Erb- und Rassenlehre als Grundlage einer Bevölkerungspolitik. In: Badische Schule 1/1934, H. 12, S. 283–285

Fischer, Gert Heinz

** 19.3.1909 in Krotoschin; evang., später Austritt;
Vater Studienrat
Staatsprüfung für das höhere Lehramt, Dr. phil.
Marburg 1932; Assistent bei E. Jaensch, 1935 Habil.,
Heerespsychologe, 1937 Dozent an der Universität
Münster, 1939 Regierungsrat der Luftwaffe, 1941
Prof. und Direktor des Instituts f. psychologische
Anthropologie in Marburg; 1944 Abteilungsleiter am
Institut für nationalsozialistische Volkspflege der
„Hohen Schule". – 1945 aus politischen Gründen ent-
lassen; später Oberstudiendirektor und Seminarleiter
1933 SA (Nachrichtensturm), NSLB 1.6.1934,
NSDAP 1937, RLB; SS 1942*

Menschenbild und Menschenkenntnis. Über
Grundfragen der psychologischen Anthropologie, Leipzig 1943

(zus. mit H. Eilks:) Charakterkunde, Typologie
und Vererbungslehre. Zur Auseinandersetzung
mit Pfahlers „Vererbung als Schicksal". In:
Archiv f. die gesamte Psychologie 87/1933,
H. 3/4, S. 433–446

Die Beziehungen zwischen der Rasseforschung
und der Typenlehre von E. R. Jaensch, zugleich
im Hinblick auf die Rassenkunde. In: Soldatentum 5/1938, H. 1, S. 21–27

Über psychologische Vorfragen organischer
Erziehung. In: Zeitschrift f. pädagogische
Psychologie und Jugendkunde 40/1939, H. 7/8

Seelenkunde und Erbgedanke. In: Zeitschrift f.
pädagogische Psychologie und Jugendkunde
17/1941, S. 35–44

Auslese und Begabung. Einsatz der Wissenschaft
vom Menschen. In: Das Junge Deutschland
36/1942, H. 6, S. 201–207

Wege, Ziele und Einsatz der rassenkundlichen
Forschung. In: Rasse 9/1942, H. 6, S. 193–211

Grundfragen der Auslese. In: Zeitschrift f.
pädagogische Psychologie u. Jugendkunde
43/1942, S. 65–72

Fischer, Richard

** 18.1.1886 in Barth/Pommern; evang.; Vater Kauf-
mann
Naturwissenschaftliches Studium, Dr., 1908 Oberlehrer Realgymnasium Duisburg, Oberstudiendirektor
in Oberhausen*

siehe Schmeil

Fleck, Max

*Hrsg. der „Zeitschrift des Bundes für deutsche
Schrift"*

Rasse und Schriftstil. In: Die Sonne 13/1936,
H. 3, S. 97–99

Foerster, O. G.

*Evt. Oskar Georg Foerster, Autor völkischer Jugend-
bücher*

Rassenhygiene und Heilpädagogik. In: Pädagogische Warte 40/1933, H. 23, S. 1040–1043

Förtsch, Arno

*18.6.1901 (Dörnfeld an der Ilm) – 1942 (gefallen);
evang.; Vater Land- und Gastwirt
1923 Werklehrer und Erzieher an den Staatl.
Erziehungsheimen Stadtroda/Thür., seit 1925
Assistent bei Petersen an der Universitätsschule in
Jena; Dr. phil. Jena 1932
NSLB 1.7.1933, SA, Luftschutzobmann*

Rassenpflege im Geschichtsunterricht der Volksschule. In: Thüringer Erzieher 2/1934, H. 11,
S. 328–333

Folkers, Johann Ulrich

** 12.3.1887 in Krummhörn/Oldenburg; evang.; Vater
Hofbesitzer
Dr. phil. Kiel 1910 („Stilkritik der deutschen Volkssage"); 1913 Oberlehrer in Rostock, Studienrat, 1928
Prof. f. Geschichte, später Geopolitik am Pädagogischen Institut/Hfl Rostock; Mithrsg. „Vergangenheit
und Gegenwart"
NSDAP 1.5.1933, RKK; NSLB (1934): Kreisschulungsleiter, Leiter der Reichsarbeitsgemeinschaft f. Raumforschung, 1939 Reichssachbearbeiter
f. Geopolitik im NSLB, Lektor für die parteiamtliche
Prüfungskommission, Leitung der Gaumittelstelle
Deutscher Bauernhof*

(zus. mit Heinrich Timm:) Geschichte des deutschen Volkes. Landschulausgabe, Langensalza
1933, ³1935 nach den neuen amtlichen Richtlinien für die deutsche Jugend geschaffen, mit
24 Karten zur Rassen- und Raumgeschichte des
deutschen Volkes, ⁹1940

Vom deutschen Nährstand. Ein Abriß seiner
Geschichte, Langensalza (Beltz) 1935

24 Karten zur Rassen- und Raumgeschichte des
deutschen Volkes, Langensalza (Beltz) 1937
(Lehrerheft)

24 Karten zur Rassen- und Raumgeschichte des deutschen Volkes, Langensalza (Beltz) 1938 (Schülerheft)

Geopolitische Geschichtslehre und Volkserziehung, Heidelberg (Vowinckel) 1939 (Schriften zur Geopolitik, H. 16)

Volk und Raum im Geschichtsunterricht. In: Vergangenheit und Gegenwart 1938, S. 558–576

Die geschichtliche Bedeutung der Landnahme als Auslesevorgang. In: Deutsches Archiv f. Landes- u. Volksforschung 5/1941, S. 506–569

Leitsätze geopolitischer Erziehung. In: Nationalsozialistisches Bildungswesen 6/1941, S. 41f. und in: Geographischer Anzeiger 42/1941, S. 4f.

Folkerts, Enno

*(vermutl.) * 14.11.1901 in Esens/Ostfriesland; Vater Rechtsanwalt und Notar*
Dr. jur. Göttingen 1929, Rechtsanwalt und Notar in Esens
SS 1932, Stubaf. der Waffen-SS; Tätigkeit f. Reichsnährstand

Die Bedeutung der Leibesübungen für den rassischen Bestand des deutschen Volkes. In: Volk und Rasse 10/1935, H. 4, S. 99–105

Franke, Eberhard

* 30.11.1909
Dr. med. Breslau 1941
NSDAP 1.5.1933

Beitrag zur Frage der Fruchtbarkeit ehemaliger Hilfsschüler in Breslau, München 1941 (Diss. med. Breslau 1941)

Franke, Gustav

21.3.1887 in Meiningen/Thür.; evang.; Vater Fotograf
Lehramtsstudium in Berlin (Chemie, Biologie, Mathematik), 1918 Studienrat, 1934 Oberstudiendirektor in Berlin, Dr. phil. Berlin 1933
1919 DDP; SA und NSDAP 1.8.1932, Blockwart; NSLB (1932): Obmann, Begutachter für Erb- und Rassenkunde, Gaufachmitarbeiter f. Rassefragen

Vererbung und Rasse. Eine Einführung in Vererbungslehre, Familienkunde, Rassenhygiene und Rassenkunde, München (Deutscher Volksverlag) 1934, ²1938

Vererbung, eine weltanschauliche Grundfrage. Grundsätzliche Fragen der Erb- und Rassenkunde, die alle angehen, München (Eher Verlag) 1937 (Schriften der Bewegung, H. 2, Hrsg. Reichsleiter Philipp Bouhler)

(zus. mit Schmeil): Naturkunde für höhere Mädchenschulen, Lyzeen und Studienanstalten. 4. Heft: Untersekunda, Leipzig ⁴²1937

(zus. mit Cäsar Schaeffer u. a.:) Das Leben. Biologisches Unterrichtswerk, Leipzig; verschiedene Jahrgänge für Aufbauschulen und für höhere Schulen (Einführungsband und Klassenstufenbände); Bd. 2 für die Klassen 3 und 4, bearb. von Caesar Schaeffer und Alfred Weis, Leipzig – Berlin ²1942; Bd. 3: Klasse 5, bearb. von Ernst Thieme, Leipzig – Berlin ²1941; Bd. 4: Klasse 6 bis 8 der Jungenschulen, bearb. von Caesar Schaeffer und Gustav Franke, Leipzig – Berlin 1941

Franke, Walter

* 13. Juli 1885 in Mutschau/Kreis Weißenfels; evang.; Vater Hauptlehrer
Studium der Theologie, Philologie und Geschichte, Dr. phil. 1910 Halle, 1911 Studienrat Frankfurt/M., 1927 Oberstudienrat, 1936 Oberstudiendirektor Frankfurt/M., Liebig-Oberrealschule; 1933 Leiter des Staatlichen Bezirksseminars für Studienreferendare
DVP bis 1928, NSDAP 1.5.1933; NSLB (1.4.1933): Gaufachschaftsleiter der Fachschaft 2, Gutachter für Religionsunterricht und Kunstgeschichte

(zus. mit D. Klagges, Hrsg.:) Volk und Führer. Deutsche Geschichte für Schulen. Ausgabe für Oberschulen und Gymnasien. Klasse 3: Das Erste Deutsche Reich (900–1648), Frankfurt/M. 1939, bearb. von Dr. Waldemar Halfmann und Dr. Paul Vogel; Klasse 4: Preußen gestaltet das Zweite Reich, bearb. von Prof. Dr. Gerhard Staak und Dr. Walter Franke, Frankfurt/M. 1939 (4. Aufl. 1943 leicht verändert); Klasse 5: Nun wieder Volk, bearb. von Dr. Walter Franke, Frankfurt/M. 1939; Klasse 6: Von der Vorgeschichte bis zum Ende der Staufenzeit, bearb. von Dr. Johannes Silomon und Dr. Walter Franke, Frankfurt/M. 1940; Klasse 7: Deutsches Ringen um Lebensraum, Freiheit und Einheit (1250 bis 1850), bearb. von Dr. Eugen Huth (1250–1650), Dr. Waldemar Halfmann (1650–1815), Prof. Dr. Paul Malthan (1815–1850), Frankfurt/M. 1941

Frede, Maria

* 1.8.1907; Vater Gutsbesitzer in Ostenfelde/Westf. Dr. Berlin 1934 (KWI, bei Eugen Fischer); wiss. Assistentin am Kieler Gesundheitsamt

Über den sozialen Wert, die erbbiologischen Verhältnisse, Heiratshäufigkeit und Fruchtbarkeit von Schwachsinnigen. Eine Untersuchung an ehemaligen Kieler Hilfsschülern. In: Der Erbarzt 11/1937, S. 145–153; 12/1937, S. 161–166

Frercks, Rudolf

*31.3.1908 in Kiel; Vater Oberstadtsekretär Dr. med. Kiel 1935 („Das Schädelmaterial von Haithabu"); Mitarbeiter für rassen- und erbbiologische Angelegenheiten beim REM, 1940 Marineassistenzarzt, 1941–1943 in britischer Kriegsgefangenschaft. – Nach 1945 Chefarzt NSDStB 1928; NSDAP 1931; 1933 RPA, 1934 Abteilungsleiter, 1938 Hauptstellenleiter im RPA Berlin (Rassen- und erbbiologische Angelegenheiten) und Verbindungsmann des RPA zum REM, SS-OStubaf., Stabsarzt, SA, NSV

(zus. mit Arthur Hoffmann:) Erbnot und Volksaufartung. Bild und Gegenbild aus dem Leben zur praktischen rassenhygienischen Schulung, Erfurt 1934

Das rassische Erwachen des deutschen Volkes, Berlin 1935 (Nationalsozialistische Aufklärungsschriften, H. 5)

(zus. mit Edgar Hans Schulz:) Warum Arierparagraph? 3., erw. Aufl. Berlin 1935, [7]1938 (Schriften des Rassenpolitischen Amtes der NSDAP)

Deutsche Rassenpolitik, Leipzig (Reclam) 1937

Politische Rassenkunde und Lehrerbildung. In: Der neue Volkserzieher 1/1934, H. 2

Der Rassengedanke fordert eine neue Auslese. In: Korrespondenz f. Volksaufklärung und Rassenpflege 4/1935, S. 3

Freudenthal, Herbert

9.7.1894 in Hamburg – 1975; evang.; Vater Seemann Volksschullehrer in Hamburg, Dr. phil. 1927, Wiss. Rat am Institut f. Lehrerfortbildung Hamburg, 1929 Prof. Pädagog. Akademie Kiel, 1933 Prof. HfL Halle, 1934 Prof. (Volkskunde und Methodik des Geschichtsunterrichts) u. Direktor HfL Hirschberg; Schriftl. „Die Volksschule". – Nach 1945: nach Ent-

nazifizierung Lehrer an Hamburger Schulen Kriegsfreiwilliger, NSDAP 1.5.1933, SA-Obersturmführer und Stabschef; NSLB (1.7.1933): Leiter der Fachgruppe Lehrerbildung in der Gaufachschaft I (Hochschulen), Hochschul-Dozentenführer im NSDoz.; NSV; Mitarbeiter in Rosenbergs Reichsarbeitsgemeinschaft für Deutsche Volkskunde

Deutsche Wissenschaft im Kampf um das Volk. Zur volkserzieherischen Sendung der Volkskunde, Berlin – Leipzig 1934

Über den Aufbau des Geschichtsunterrichts im Bildungsplan der Volksschule. In: Pädagogische Warte 40/1933, H. 11, S. 487–491

„Mein Kampf" als politische Volkskunde der deutschen Gegenwart auf rassischer Grundlage. In: Zeitschrift f. Volkskunde N.F. 6/1935, H. 2, S. 122–135

Die Erziehungsschule des deutschen Volkes. In: ders., Die deutsche Volksschule. Das Schicksal unseres Volkes in der Geschichte seiner Schule, Langensalza – Berlin – Leipzig 1938, [2]1940

Freund, Rudolf

*26.1.1894 in Halle; evang.; Vater Vorschullehrer Altphilologe und Turnlehrer, Studienassessor in Merseburg; Dr. phil. 1913, 1926–1932 Turnrat und Oberturnrat Hochschule für Leibesübungen Spandau, Dozent und (1935) Abteilungsleiter am Hochschulinstitut f. Leibesübungen Berlin; Oberreg.- und Schulrat, 1938 stellv. Leiter der Führerschule für Leibesübungen in Neustrelitz; 1939 REM (Amt f. körperliche Erziehung), 1941 Ministerialrat NSDAP 1.5.1933, NSLB 1.4.1933, bis 1936 Methodik-Berater des NSLB-Reichsreferenten; SA-Stuf. und Sportreferent, 1944 Adjutantur d. OSAF

Rassenbiologie im Unterricht. Vortrag auf dem Rassenbiologischen Lehrgang. In: Erzieher im Braunhemd 2/1934, H. 1, S. 13–17

Erbkrankheiten – Sterilisierung. In: Erzieher im Braunhemd 4/1936, H. 2, S. 49

Warum Rassenkunde in der Schule? Vortrag in der Schulgemeinde des Reformrealgymnasiums Halle. In: Erzieher im Braunhemd 4/1936, H. 19, S. 522–528

Frey, Gottfried

23.7.1871 in Schwetz/Weichsel – 1952; evang., dann gottgläubig; Vater Pfarrer
Dr. med.; im Ersten Weltkrieg Leiter der Medizinalverwaltung beim Zivilverwaltungschef im besetzten Gebiet Polens; 1920 Ministerialdirektor im RGA, 1933–1937 Leiter der Medizinalabteilung im preuß. Innenministerium. Pseud. Ernst Wolfhart
NSDAP 1931; SA-Sanitätsstandartenführer, RKK

Hygienische Erziehung im Volksgesundheitsdienst, Berlin ³1934, ⁵1940 (Handbücherei für den öffentlichen Gesundheitsdienst, Bd. 12)

Die Rassenfrage. In: SA-Führer 4/1939, H. 12, S. 22–25

Frick, Wilhelm

12.3.1877 in Alsenz/Pfalz – 1946; evang.; Vater Lehrer
Dr. jur. Heidelberg 1901, Verwaltungsjurist, 1904–1925 Beamter im Münchener Polizeipräsidium, ab 1919 Leiter der Abteilung Politische Polizei; 1930/31 Thüringischer Innen- und Volksbildungsminister; 1933–1943 Reichsminister des Innern, 1943 Reichsprotektor für Böhmen und Mähren, 1946 in Nürnberg hingerichtet
Beteiligt am Hitler-Putsch 1923, 1924–1930 MdR für die Deutschvölkische Freiheitsbewegung, dann für die NSDAP; Träger des Blutordens

Kampfziel der deutschen Schule. Ansprache des Reichsminister des Innern auf der Ministerkonferenz am 9. Mai 1933, Langensalza (Beyer & Mann) 1933 (Schriften zur politischen Bildung, 10. Reihe, H. 11; Mann's Pädagogisches Magazin, Nr. 1376)

Bevölkerungs- und Rassenpolitik. Ansprache des Reichsministers des Innern auf der ersten Sitzung des Sachverständigenbeirats für Bevölkerungs- und Rassenpolitik am 28. Juni 1933, Langensalza 1933 (Schriften zur politischen Bildung, 12. Reihe: Rasse, H. 1; Mann's Pädagogisches Magazin, Nr. 1378)

Erziehung zum lebendigen Volk. In: Friedrich Hiller (Hrsg.), Deutsche Erziehung im neuen Staat, Langensalza – Berlin – Leipzig 1935, S. 23–32

Wir müssen wieder den Mut haben, unseren Volkskörper nach seinem Erbwert zu gliedern. In: Friedrich Hiller (Hrsg.), Deutsche Erziehung im neuen Staat, Langensalza 1935, S. 97–101

Friedrichs, Heinz F.

*31.1.1905 in Frankfurt/M.; kathol.
Lehrer in Frankfurt/M., Dr.
NSLB 24.10.1933, NSDAP 1.5.1933

(zus. mit Rudolf Gierlichs:) Rheinische Sippen. Rüstzeug zur Kenntnis der sippen-, erb- und rassenkundlichen Verhältnisse der Bevölkerung beiderseits des Mittel- und Niederrheins, Frankfurt/M. 1937

Rassenhygiene in der Schule. In: Reichszeitung der deutschen Erzieher 1934, H. 3, S. 10f.

Die Bedeutung des familienkundlichen Unterrichts für die rassenpolitische Erziehung. In: Blätter f. Schulpraxis und Erziehungswissenschaft 46/1935, H. 2, S. 16–25

Friehe, Albert

*13.7.1904 in Mölme bei Hildesheim; Vater Erbhofbauer
Studium Volkswirtschaft, Geschichte, Geographie, Biologie. Landwirt; Bürgermeister von Bückeburg
Bismarck-Bund, SA u. NSDAP 1925, Mitarbeiter „Völkischer Beobachter", Redakteur der Jugendbeilage der „Nationalsozialistischen Landpost", 1932 Referent f. bäuerliches Schulungswesen bei der Reichsleitung NSDAP, 1933 Leiter des Gauschulungsamtes Sachsen; Leiter der Rednerschule Bezirk Marburg; NSDStB; Mitarbeiter des RPA

Nationalsozialistische Bauernschulungskurse. Ihre Aufgaben und Richtlinien für ihre Durchführung, o. O. o. J.

Was muß der Nationalsozialist von der Vererbung wissen?, Frankfurt/M. 1934, ⁷1939 (Für Schulungsleiter und Referenten)

Was die deutsche Jugend von der Vererbung wissen muß! Grundlagen der Vererbung und ihre Bedeutung für Mensch, Volk und Staat, Frankfurt/M. 1935, ⁵1943

Was muß die deutsche Jugend von der Vererbung wissen?, Frankfurt/M. ⁴1941 (Schulausgabe)

Was jeder Deutsche von der Vererbung wissen muß! Die Grundlagen, Frankfurt/M. ¹¹1943

Friese, Gerhard

* 10.5.1900; konfessionslos
Dr. med.; Medizinalrat, Leiter der Abteilung Rassen-
hygiene im Reichsausschuß für Volksgesundheits-
dienst; Amtsarzt Staatliches Gesundheitsamt Bergen
(1937) und Gotenhafen (1943)
NSDAP 1.4.1933, SS, NS-Ärztebund

Das Erbgesundheitsgesetz. Mit Übersichtstafeln,
Berlin 1936, ³1941 (Schriftenreihe des Reichsausschusses für Volksgesundheitsdienst)

(zus. mit Hans-Joachim Lemme:) Die deutsche
Erbpflege, Leipzig 1937

Rasse und Erbe. In: Heimat und Arbeit 8/1935,
H. 11, S. 329–334, 360–364; 9/1936, H. 1,
S. 9–13, 73–79 und 145–150

Rassenseelenkunde. In: Heimat und Arbeit
9/1936, H. 8, S. 268–274

Erbkunde als politische Wissenschaft. In:
Heimat und Arbeit 10/1937, H. 5, S. 159–168

Frischeisen-Köhler, Ida

* 1887 in Berlin; Vater Stadtbaumeister
1907–1913 Lehrerin, Studium der Philosophie und
Psychologie in Halle, danach naturwissenschaftliches
Studium, 1932 Assistentin KWI, Dr. phil. Berlin 1933
(bei Eugen Fischer und W. Köhler)

Das persönliche Tempo, eine erbbiologische
Untersuchung, Diss. phil. Berlin 1933

Nationale Eugenik. In: Pädagogische Warte
4/1934, H. 21, S. 984–987

Fritz, Max

* 9.4.1887 in Horn; kathol., dann gottgläubig
Dr. Wien 1911, Prof. am Realgymnasium Wien,
Stadtschulrat, 1935 aus Staatsdienst entlassen, nach
dem Anschluß Präsident des Stadtschulrates Wien
NSDAP und NSLB 1932; nach Verbot der NSDAP
in Österreich Landesleitung des NSLB; mehrfach aus
politischen Gründen inhaftiert; nach dem Anschluß
Gauamtsleiter f. Erziehung und Gauwalter des NSLB,
SS 1.3.1938, 1940 Stubaf. im SD-HA

Erziehung aus dem Erbe der Ahnen. In: Die
Schule im Volk 1/1937, H. 3, S. 50–55

Fröhlich, Otto

* 31.1.1901 in Breslau; evang.
Volksschullehrer in Krippitz und Tepliwoda/Schlesien

NSDAP 1931, Parteiredner, NSLB 1.1.1932,
Leiter der Hauptstelle Presse und Propaganda im
Amt für Erzieher Gau Schlesien, Schriftleiter
„Der schlesische Erzieher", Zeitschrift des NSLB
Schlesien

Die deutsche Schule im völkischen Staat. Ein
Beitrag zum Verständnis des völkischen Gedankens und nationalsozialistischer Erziehungsgrundsätze und Schulforderungen. In: Mecklenburgische Schulzeitung 64/1933, H. 14,
S. 145–148

Frotscher, Gotthold

* 6.12.1897 in Ossa/Leipzig; gottgläubig
Dr. phil. 1922, 1924 Privatdozent, 1930 Prof. TH
Danzig, 1936 a.o. Prof. (Musikwissenschaft) Berlin;
1941 beamt. Prof., 1944 Direktor des Musikhistori-
schen Seminars Universität Berlin; Mitarbeiter der
„Hohen Schule" (Honorarbeauftragter)
NSDoz. 1.4.1933, NSDAP 1.5.1933, Ortsgruppen-
leiter; NSLB; 1942 Abteilungsleiter im Kulturamt
der Reichsjugendführung; 1943 wiss. Mitarbeiter der
Reichsleitung NSDAP (Dienststelle Reichspropa-
gandaleitung, Hauptkulturamt)

Aufgaben und Ausrichtung der musikalischen
Rassenstilforschung. In: Guido Waldmann
(Hrsg.), Rasse und Musik, Berlin 1939,
S. 102–112 (Schulungsschrift, hrsg. im Auftrag
der Reichsjugendführung)

Fürst, Theobald

* 8.11.1880; kathol.
Dr. med., städtischer Schularzt und Obermedizinal-
rat in München; Mitarbeiter für Konstitutionslehre
und Schulhygiene am Pädagogisch-Psychologischen
Institut des NSLB München; ehrenamtlicher
Leiter der Hauptabteilung Gesundheit und
Volksschutz in Garmisch-Partenkirchen; Heeres-
stabsarzt
NS-Ärztebund 1935, NSV-Kreisarzt 1943

Zum Problem der Begabtenauslese. In:
Bayerische Lehrerzeitung 68/1934, H. 28,
S. 343–345

Einführung in das Wesen der biologischen
Familienkunde. In: Bayerische Lehrerzeitung
69/1935, H. 23, S. 371–376

Zur Psychischen Hygiene des Kindes- und
Jugendlichenalters. In: Zeitschrift f. pädago-
gische Psychologie u. Jugendkunde 36/1935,
S. 25–37

Fulde, Paul

**9.12.1883 in Frankenstein; gottgläubig
Dr. med., Hautarzt in Schwerin
NSDAP 1928, SS (1932): O'Stubaf.,
SS-Stabsarzt, Lebensborn; Gastlehrer an Gauführerschule;
NS-Ärztebund*

Die Jugend als Lebensborn jeder Rasse und
jeden Volkes. In: Mecklenburgische Schulzeitung
68/1937, H. 1, S. 4–7

Funkenberg, Alexander

**4.9.1903; gottgläubig
Nach kaufmännischer Lehre wirtschaftswiss. Studium
in Bonn und Kiel, 1929/30 Schriftleiter Kieler
Zeitung, Leiter des Reichskontors Berlin der
Nordischen Gesellschaft, Hauptschriftleiter „Nordische Stimmen"
1919–1924 völkische Jugendbewegung, Führer der
Greifen-Ringer im Deutschen Orden; Deutsch-akademische Gildenschaft, Studentenschaft des Hochschulrings deutscher Art; NSDAP 1.5.1933, 1936 Ortsgruppe Braunes Haus/Reichsleitung, 1941 SS*

Der nordische Gedanke. In: Blätter f. Schulpraxis und Erziehungswissenschaft 47/1936,
H. 7, S. 11–17

Gabler, Anton

vermutl. Lehrer

Die Judenfrage im Spiegel der Zahlen. In:
Bayerische Lehrerzeitung 71/1937, H. 5, S. 63f.

Der Verrat von 1918 und das Judentum. In: Die
Schule im Volk 2/1-1939, H. 4, S. 100–102

Gaertner, Fritz

**31.8.1903 in Burk; evang.; Vater Volksschullehrer
seit 1923 Volksschullehrer in Mittelfranken, 1933 in
München; Dr. phil. Erlangen 1933; Mitwirkung an
der Ausstellung „Volk und Schule" des Münchner
Lehrervereins (Abteilung Rasse – Erbgut – Volk)
1934
NSLB 1.11.1933, NSDAP 1937*

Die pädagogische Bedeutung der Erbanlage,
Feuchtwangen 1933 (Diss. phil. Erlangen
1934)

Haben die Ergebnisse der Erbforschung eine
Bedeutung für die Gestaltung der Schule und des
Unterrichts? In: Bayerische Lehrerzeitung
68/1934, H. 21, S. 331f.

Garbe, Heinrich

**7.5.1887 in Kiel; evang.; Vater Marineoberstabsingenieur
1919 Oberlehrer, dann Studienrat (Deutsch, Englisch,
Französisch) in Berlin-Wilmersdorf, später Oberrealschule Hindenburg
1906–1909 Seekadett und Fähnrich zur See;
NSDAP 1.9.1932, NSLB 7.1.1933, Schulobmann,
Blockwart*

Die weltanschaulichen Grundlagen der Rassenlehre H. F. K. Günthers im Unterricht. In: Deutsches Bildungswesen 1936, H. 4/5, S. 246–253

Der Rassengedanke und die Schule. Ist Rassenkunde ein nur naturwissenschaftliches Fach? In:
Rasse 1937, H. 5, S. 177–189

Der Rassengedanke im Schulunterricht. In:
Ministerialamtsblatt 1937, H. 17

Der Ganzheitsgedanke als Grundforderung der
rassenkundlichen Unterweisung. In: Der Biologe
7/1938, H. 5, S. 145–149

Das ewige Ja. Lebens- und Schöpferwille als
Grundkräfte der nordischen Rassenseele. In: Die
Sonne 15/1938, H. 5/6, S. 171–176

Rassische Kunsterziehung. In: Nationalsozialistisches Bildungswesen 3/1938, H. 11, S. 659–670

Garbe, Ulrike

**1.9.1884 in Danzig; Vater Kaufmann; evang., dann
deutschgläubig; Ehefrau von Heinrich Garbe
Lehrerinnenexamen für höhere Mädchenschulen,
Dr. phil. Leipzig 1916, Lehrerin in Danzig, Privatlehrerin bei deutscher Familie in Zentralasien
NSDAP 1.5.1932, NS-Frauenschaft: Gaurednerin;
RKK (Fachschrifttum Germanenkunde, Kulturkunde)*

Germanisches Frauentum als Erziehungsvorbild. In: Die Deutsche Schule 39/1935,
H. 2, S. 58–68

Gareis, Oskar

**26.6.1888
Dr. phil. Erlangen 1925, Studienrat in Nürnberg
NSDAP 1933, NSLB 1.7.1933*

Das französische Volk in rassebiologischer
Betrachtung. In: Blätter f. Schulpraxis und
Erziehungswissenschaft 48/1937, H. 7,
S. 379–392

Garms, Harry

**20.10.1903 in Cranz/Hamb.; evang.; Vater Hochsee-
fischer
Dr. rer. nat. Hamburg 1930, Wichernschule
Hamburg, Studienassessor, 1937 Dozent HfL
Hamburg (Biologie und Methodik des Biologie-
unterrichts)
NSDAP 1.5.1933 (stellv. Zellenwart), NSLB
1.8.1933*

Handbuch des Biologieunterrichts, 1940

Merkmalstatistische Untersuchungen als Grundlage für die Behandlung physiogenetischer und
rassenbiologischer Themen im Unterricht. In:
Neue Ziele und Wege des Biologieunterrichts.
Vier Beiträge, hrsg. von Hans Duncker und
Friedrich Lange, Frankfurt/M. (Diesterweg)
1934, S. 86–99

Erbanlage und Umwelt. Zwei Beispiele aus der
praktischen Unterrichtsarbeit der höheren
Schule. In: Hamburger Lehrerzeitung 14/1935,
H. 9, S. 51 f.

Praktische Untersuchungen über Bevölkerungs-
bewegungen im biologischen Unterricht. In:
Hamburger Lehrerzeitung 16/1937, H. 15/16,
S. 166 f.

Gastpar, Alfred

*4.5.1873 – 1944; evang.
Bakteriologe und Hygieniker, Dr. med. München
1896, 1930, a.o. Prof. der TH Stuttgart, Vorstand des
Gesundheitsamts der Stadt Stuttgart
NSDAP 1937, NS-Ärztebund*

Die Aufgabe der Sonderschulen im nationalsozialistischen Staate vom rassenhygienischen
Standpunkt aus. In: Die deutsche Sonderschule
1/1934, H. 8, S. 566–571

Gauch, Hermann

**6.5.1899; gottgläubig
Dr. med., Marine-Stabsarzt, Truppenarzt, Arbeits-
gauarzt
NSDAP (1922; Wiedereintritt 1934), SA
1922–1925; Reichsschulungsamt; DAF; Stabsleiter
im Stabsamt von Walter Darré; SS (bis 1935): SD,
Adjutant beim RFSS für Rasse- und Kulturfragen;
SS-U'Stuf.*

Neue Grundlagen der Rassenforschung, Leipzig
(Ad. Klein) 1933

Der germanische Glaube als Träger des Rechts
und der Wissenschaft, des Bauerntums und der
Rassenzucht, Leipzig 1933

Gebhard, Bruno

*1.2.1901 in Rostock – 1985
Dr. med. Rostock 1924, 1927 Hygiene-Museum
Dresden, 1932–1936 Direktor des Ausstellungsamtes
in Berlin, 1936 wegen politischer Unzuverlässigkeit
entlassen, 1937 Emigration in die USA, 1940–1965
Direktor am Gesundheitsmuseum Cleveland*

Grenzen und Möglichkeiten gesundheitlicher
Volkserziehung. In: Archiv f. Soziale Hygiene
und Demographie N.F. 8/1933–34, S. 429–433

Gehl, Walther

*20.3.1895 in Charlottenburg – 1942 (gefallen);
evang.; Vater Versicherungsdirektor
Leutnant im Ersten Weltkrieg; Dr. phil. Rostock
1920; Lehrer und Erzieher an Landschulheimen in
Haubinda, Hohenlychen und Am Solling; 1922
Studienassessor in Templin, 1923 Studienrat in
Berlin-Charlottenburg (Deutsch und Geschichte)
Völkische Jugendbewegung; NSDAP April 1932,
stellv. Blockleiter, NSLB, 1933 zweiter Vorsitzender
der Berliner Ortsgruppe des Verbandes deutscher
Geschichtslehrer, Leiter der AG für Geopolitik im
NSLB; SS*

Nordische Urzeit. Für die Oberstufe, Breslau
1936

Der deutsche Aufbruch 1918–1936, 2., erw. Aufl.
Breslau 1936 (Hirts Deutsche Sammlung, Sach-
kundliche Abteilung Geschichte und Staatsbürgerkunde, Bd. 9)

Geschichte für sächsische höhere Lehranstalten.
Hrsg. von Dr. Gotthold Wicker und Dr. Georg
Weicker. Mittelstufe: Ein Hilfsbuch zu
geschichtlicher Anschauung. 4. Heft: Vom
Wiener Kongreß bis zur Gegenwart, 2., durchges.
Aufl. 1937

Geschichte der Antike in Stichworten, Breslau
1938

Geschichte, Breslau 1939–1940: 4. Klasse, Ausgabe C: Oberschulen in Aufbauform. Von den
Glaubenskämpfen der Reformation bis zur
Gründung des Zweiten Reiches; 4. Klasse, Ausgabe A: Oberschulen und Gymnasien. Vom
Westfälischen Frieden bis zur Gründung des
zweiten Reiches; 5. Klasse, Oberschulen, Gym-

nasien und Oberschulen in Aufbauform: Von der Gründung des Bismarckreiches bis zur Gegenwart; 6. Klasse, Ausgabe A: Oberschulen, Gymnasien und Oberschulen in Aufbauform: Von der Urzeit bis zum Ende der Hohenstaufen; 7. Klasse, Oberschulen, Gymnasien und Oberschulen in Aufbauform: Von der deutschen Ostsiedlung bis zum Scheitern der Märzrevolution; 8. Klasse, Oberschulen, Gymnasien und Oberschulen in Aufbauform: Von Bismarck bis zur Gegenwart, Breslau 1940

Geschichte für Mittelschulen. Bearbeitet von Otto Losch, Heinrich Pahlke, Erich Weschollek. Vierter Teil: Klasse 4, Breslau 1941; Fünfter Teil: Klasse 5, Breslau 1943; Sechster Teil: Klasse 6, Breslau 1943

Gehlen, Arnold

29.1.1904 in Leipzig – 30.1.1976
Dr. phil. Leipzig 1927, Habil. und Privatdozent Leipzig 1930, Assistent bei H. Freyer, 1934 o. Prof. f. Soziologie, Psychologie und Philosophie Universität Leipzig, 1938 Königsberg, 1940 Wien, dort Direktor des Psychologischen Instituts (1940) und des Instituts f. Philosophie (1942); 1942 Vorsitzender der Deutschen Philosophischen Gesellschaft. – 1947 Prof. an der Verwaltungsakademie Speyer (1951–1953 Rektor), 1962 TH Aachen NSDAP 1.5.1933, Ortsgruppenzellenleiter, NSLB 1.8.1933, Amtsleiter in der Leipziger Dozentenschaft, Lektor Amt Rosenberg

Rasse und Staat. In: Erziehung 9/1934, S. 201–203

Anlage, Vererbung und Erziehung. In: Internationale Zeitschrift f. Erziehung 10/1941, H. 1, S. 1–11

Geiger, Theodor

9.11.1891 in München – 16.6.1952
Soziologe, Dr. jur. 1919, VHS-Leiter Berlin, 1928 Prof. f. Soziologie TH Braunschweig, 1933 entlassen; 1938–1952 Prof. Universität Aarhus SPD (1932 Austritt)

Soziologische Kritik der eugenischen Bewegung. Veröffentlichungen auf dem Gebiete der Medizinalverwaltung. XI, H. 4, Gesamtnr. 353, Berlin (Schoetz) 1933

Erbpflege. Grundlagen, Planung, Grenzen, Stuttgart (Enke) 1934

Erbpflege und Sozialpolitik. In: Archiv f. soziale Hygiene und Demographie 8/1933, S. 223–229

Natürliche Auslese, soziale Schichtung und das Problem der Generation. In: Kölner Vierteljahreshefte f. Soziologie 12/1933, S. 159–183

Geiler, Heinz

Lehrer, naturkundliche Schulbücher nach 1945

Familienkunde auf der Unterstufe der Volksschule als Vorbereitung des späteren erbbiologischen Unterrichtes (Ein Arbeitsbericht aus einem dritten Schuljahr). In: Neue Bahnen 47/1936, H. 5, S. 145–149

Geißler, Ewald

18.1.1880 in Dresden – 1946 (Selbstmord)
Dr. phil. Dresden 1904, Habil. Erlangen 1925, a. o. Prof. f. Deutsche Sprechkunst Universität Erlangen NSLB 1.5.1933, SA, NSDAP 1937

Sprachpflege als Rassenpflicht, Berlin 1937 (Flugschriften des Deutschen Sprachvereins 1)

Wortkunst als Rassenausdruck. In: Nationalsozialistisches Bildungswesen 3/1938, H. 2, S. 65–80 (Vortrag auf dem Reichslehrgang der Gausachbearbeiter für Rassefragen Januar 1938 im Haus der Erziehung)

Geißler, Heinrich

*26.10.1902 in Banja Luka; evang.; Vater Pfarrer Studium Philosophie, Pädagogik, Psychologie, Geschichte in Leipzig; Volksschullehrer, Erzieher in Siebenbürgen, Schulleiter der Deutsch-Serbischen Schule Belgrad; Dr. phil. Gießen 1938 (bei Pfahler) NSLB 1.10.1933, NSDAP 1934

Umvolkungserscheinungen bei Jugendlichen in der fremdvölkischen Großstadt. In: Auslandsdeutsche Volksforschung 2/1938

Gercke, Achim

3.8.1902 in Greifswald; Vater Univ.-Prof. (Klassische Philologie)
Studium in Göttingen, naturwissenschaftliche Diss. Freiburg 1930, Assistent Universität Greifswald, Sachverständiger für Rassenforschung RMdI, 1933 Leiter Amt für Sippenforschung (ab 1935: Reichsamt für Sippenforschung), Mitglied der Akademie für Deutsches Recht NSDAP 1926 (1935 Ausschluß wegen Homosexualität), MdR, Amtsleiter in der Reichsleitung der NSDAP

Rasseforschung und Familienkunde, Langensalza 1934 (Schriften zur politischen Bildung,
12. Reihe: Rasse, H. 5; Mann's Pädagogisches
Magazin, Nr. 1389)

Das Gesetz der Sippe, Berlin 1934

Die Aufgaben des rassenkundlichen Schrifttums.
In: Pommersche Blätter f. die Schule 57/1933,
H. 49, S. 608f.

Können wir Menschen züchten? In: Pommersche
Blätter f. die Schule 57/1933, H. 41, S. 500f.

Die Lösung der Judenfrage. In: Nationalsozialistische Monatshefte 4/1933, H. 38

Gerlach, Kurt

*4.3.1889 in Dresden–1976; evang.; Vater Buchhändler
Volksschullehrer in Dresden-Hellerau; Dr. phil. Berlin
1929 (Diss. über das Schuldrama), Schriftsteller,
völkisch-rassistische Publikationen vor 1933, Mithrsg.
„Der Hüter", „Blätter für Dienst am Leben"
Leitete W. Hentschels Mittgartbund bis zu seiner
Auflösung; NSLB 1.11.1933, NSDAP 1937; BDO
(Ortsgruppenreferent), Opferring*

Rassenkundliche Betrachtung des Dramas im
Unterricht. In: Nationalsozialistische Erziehung
6/1937

Gerstenhauer, Max Robert

*30.9.1873–1940
Jurist; 1924 Ministerialrat; Geheimer Regierungsrat,
Ministerialdirektor im Thüringischen Justizministerium
1921–1940 Bundesgroßmeister des Deutschbunds,
„Reichsherr der Deutschen Bauernhochschul-
bewegung"; Mithrsg. „Die Sonne"*

Die völkischen Aufgaben der Rassenlehre. In:
Die Sonne 11/1934, H. 11, S. 533–536

Die kulturschaffende nordische Rasse. In: Heimat
und Arbeit 9/1936, H. 7, S. 229–232

Gerth, Werner

**22.5.1896 in Kleinpörthen
Volksschullehrer, Rektor in Annaburg (Merseburg)
NSDAP und NSLB 1.5.1933, Schulungswart,
Bezirksobmann*

„Die Judenbuche". Ein Unterrichtsbeispiel für
eugenische Willensbildung im Deutschunterricht.
In: Erzieher im Braunhemd 2/1934, H. 4/5, S. 113f.

Geuss, Richard

**5.4.1905 in Coburg; evang., dann deutschgläubig
1930 Volksschullehrer, 1936 Übungslehrer
HfL Bayreuth; Hrsg. „Schule im Gestalten-
kampf"
NSDAP 1930, NSLB (1.12.1930): Stellenleiter im
Gauschulungsamt Bayerische Ostmark (Leiter der
Gauhauptstelle Lehrwesen f. Deutsche Geschichte),
Gauschulungsredner, Kreisfachschaftsleiter, Stamm-
schulungsleiter, HJ-Ortsgruppenführer, RLB, DAF,
RKK*

Arbeitshilfen zu einem völkisch-politischen
Bildungsgut, Schkeuditz bei Leipzig (Klein) 1939
(Schule im Gestaltenkampf, H. 2)

Rassenseelische Grundlagen der Erziehung,
Schkeuditz bei Leipzig (Klein) 1940 (Schule im
Gestaltenkampf, H. 1)

Rassenseelische Betrachtung der Werte Blut und
Boden, Persönlichkeit, Gemeinschaft, Sittlichkeit
und Frauentum, Bayreuth (NSDAP Gauleitung
Gauschulungsamt) 1941

Die Schule in der nationalsozialistischen
Weltanschauungsfront. In: National-
sozialistisches Bildungswesen 4/1939, H. 2,
S. 65–67

Geyer, Horst

**30.3.1907 in Jena; evang.; Vater Facharzt
Dr. med. Kiel 1932, 1935 Assistent bei F. Lenz
am KWI für Anthropologie, Habil. Berlin
1939, 1939–1943 Landesheilanstalt Düsseldorf,
1943 Assistent bei Loeffler in Wien (Leiter der
Abteilung f. Erbpsychologie, Psychiatrie und
Neurologie am Rassenbiologischen Institut),
dort 1945 apl. Prof. – Nach 1945 Chefarzt
der Nervenklinik Bad Zwischenahn, 1945
apl. Prof. f. Psychiatrie Universität Oldenburg
NSDAP 1937, SS, Sanitätsführer beim NSFK,
NS-Ärztebund*

Rassenpflege, 1936 (Hillgers deutsche Jugendbücherei, 571)

Gierlichs, Rudolf

*(vermutl.) *13.12.1897 in Ohligs
Kaufmann
NSDAP 1.5.1933*

siehe Heinz F. Friedrichs

Giese, Gerhardt

26.2.1901 (Berlin) –21.3.1969; evang.; Vater Volks-schul- und Gewerbelehrer
Dr. phil. Berlin 1923, Studienassessor, 1930 Dozent f.
Pädagogik am Pädagog. Institut Universität Rostock,
1932 Assistent bei Spranger am Pädagog. Seminar
Universität Berlin, 1934 Dozent, 1939 Prof. HfL
Elbing, zugleich Herder-Institut Riga; 1941 Leiter
LBA Schmückert (Wartheland), 1942 LBA Lissa. –
Nach 1945 Mitglied im Kollegium der Kirchlichen
Hochschule Berlin, Leiter der Schulkanzlei der
Evangelischen Kirche, Oberstudiendirektor
Wandervogel; Freikorps und Grenzsschutzdienst in
Schlesien, Jungdeutscher Bund, Mitbegründer der
Volkskonservativen Vereinigung, NSLB 9.5.1933,
NSDAP 1.5.1937; SA-Scharführer

Dienst am Volkstum und evangelische Haltung,
Kassel 1933

Die deutschen Erziehungswissenschaften im
Umbruch, Riga 1938 (Abhd. der Herder-Gesell-
schaft und des Herder-Instituts zu Riga)

Dienst am Volkstum und evangelische Haltung,
Kassel 1938 (Vortrag vor der Mitglieder-
versammlung des Verbandes der evangelischen
Wohlfahrtspflege)

Gießler, Alfred

*3.11.1903
Studienassessor in Dortmund und Herford, Dr. 1928
Halle, Naturwissenschaftler
NSLB 1.2.1934

Die Biologie als grundlegender Faktor nationalsozialistisch ausgerichteter schöpferischer technischer Erziehung. In: Nationalsozialistisches
Bildungswesen 1937, H. 10, S. 616–619

Gockler, Ludwig

*ca. 1864
Volksschullehrer in Ungarn, Prof. an der Handels-
hochschule Klausenberg, lebt 1935 in München

Die Grundfragen der Erziehung in biologischer
Beleuchtung, Halle – Berlin (Buchhandlung des
Waisenhauses Halle) 1936

Goebbels, Joseph

29.10.1897 in Rheydt – 1945
Dr. phil. Heidelberg 1922, Journalist, Reichspropa-
gandaminister
NSDAP 1925

Rassenfrage und Weltpropaganda, Langensalza
1934 (Mann's Pädagogisches Magazin)

Görs, Willi

*5.1.1902 in Roman/Kolberg; evang.
Lehrer in Pyritz (Stettin), Mittelschullehrer
NSDAP 1.5.1933, NSLB (1.7.1933): komiss.Orts-
gruppenleiter, Kreissachbearbeiter für Rassefragen,
Kreisschulungswart der Fachschaft IV; RLB, NSV

Bemerkungen zu dem Entwurf eines Lehrplanes
für Familien- und Rassenkunde für das Winter-
halbjahr 1933/34. In: Pommersche Blätter f. die
Schule 57/1933, H. 48, S. 599–601

Gohlke, Kurt

*7.2.1890 in Warlubien/Kreis Schwetz
Dr. phil. Königsberg 1913 (botan. Diss.), Lehrer in
Danzig, 1922 Studienrat, 1938 Oberstudiendirektor in
Zoppot
NSDAP 1.5.1933 (1944 Ausschluß wg. ehemaliger
Freimaurerlogenmitgliedschaft), NSLB (1.7.1933):
Hauptstellenleiter f. Schrifttum, 1941 Lektor f.
Biologie in der Reichswaltung des NSLB

Der Rassengedanke in Erziehung und Unter-
richt. In: Der nationalsozialistische Erzieher,
Bundesblatt des NSLB Gau Danzig 7/1939,
Juli-Heft, S. 245–247

Goltz, Richard

*21.2.1888 in Berlin
Lehrer in Wietstock/Ludwigsfelde
NSDAP 1931, NSLB

Pädagogik als angewandte Biologie. Die biologische Schule und die biologische Kirche,
Osterwieck (Zickfeldt) 1934

Gossong, Heinrich

vermutl. Lehrer in Werder/Havel

Erziehung und Vererbung. In: Deutsche Handelsschulwarte, Ausgabe B der deutschen Berufserziehung 15/1935, H. 31, S. 363f.

Gossow, Erich

*13.10.1903 in Grüneberg/Neum.; evang., dann gott-
gläubig; Vater Land- und Gastwirt
1924–1928 Hauslehrer, Heilpädagogisches Studium,
Sonderschullehrer, 1935 Volks- und Hilfsschullehrer
in Stettin, Stadtschulverwaltung; rassenhygienische
Beiträge vor 1933

*NSDAP 1.5.1933, Blockleiter; NSLB 1.4.1933:
Kreissachbeabeiter für Rassefragen; SA, SS (1934):
Sturmbann-Schulungsleiter RuSHA, SS-Nachrich-
ten-Sturmbann Stettin, 1942–1945 Schulungsleiter
im KZ Sachsenhausen; O'Stuf.*

Erbgesund oder erbkrank? In: Die deutsche
Sonderschule 1/1934, H. 9, S. 651–659

Gottschaldt, Kurt

*25.4.1902 in Dresden – 1991
Dr. phil. Berlin 1926, Assistent am Psychologischen
Institut Universität Berlin, 1929 Leiter der psychologischen Abteilung der Rheinischen Provinzialkinderanstalt für seelisch Abnorme in Bonn, 1932 Habil.
und Privatdozent; 1935–1945 KWI (Leiter der Erbpsychologischen Abteilung in Berlin-Dahlem),
zugleich Leiter der Poliklinik für nervöse und schwer
erziehbare Kinder Berlin, 1938 a.o. Prof. f. Psychologie Universität Berlin. – Nach 1945: Prof. und
Institutsdirektor Humboldt-Universität Berlin, 1962
Prof. in Göttingen
1933 NSLB, 1936 NSDoz.*

Die Methodik der Persönlichkeitsforschung in
der Erbpsychologie, Leipzig 1942

(zus. mit Eugen Fischer, Hrsg.:) Erbpsychologie,
Leipzig 1942 (Arbeiten zur Erb- und Umweltforschung)

Umwelterscheinungen im erbpsychologischen
Bild. In: Die Naturwissenschaften 25/1937,
H. 26/27

Zwillingsforschung. In: Neues Volk 5/1937, H. 2,
S. 9–13

Über die Vererbung von Intelligenz und Charakter. In: Fortschritte der Erbpathologie, Rassenhygiene und ihrer Grenzgebiete 1/1937, H. 1,
S. 1–21

Zur Methodik der erbpsychologischen Untersuchungen in einem Zwillingslager. In: Zeitschrift f. induktive Abstammungs- und Vererbungslehre 73/1937, H. 3/4

Erbe und Umwelt in der Entwicklung der geistigen Persönlichkeit. In: Zeitschrift f. Morphologie
und Anthropologie 38/1939, H. 1

Erbpsychologie der Elementarfunktionen der
Begabungen. In: G. Just (Hrsg.), Handbuch
der Erbbiologie des Menschen, Bd. 3, Berlin
1939

Zur Problematik der psychologischen Erbfor-
schung. Eine Erwiderung auf den gleichnamigen
Beitrag von Fritz Lenz. In: Archiv f. Rassen- und
Gesellschaftsbiologie 36/1942, H. 1, S. 27–56

Gottschick, Johann

*15.6.1908 in Petersdorf/Siebenbürgen; gottgläubig;
Vater Bauer
Dr. med. Hamburg 1935, Assistent am Rassen-
biologischen Institut Hamburg 1934–38
NSDAP 1.3.1930, SA 1931, NSV, RLB, NS-Ärzte-
bund*

Die rassehygienische Bedeutung der Hilfsschüler
und der erbbiologischen Untersuchung ihrer
Familienverhältnisse. In: Die deutsche Sonderschule 1935/1, S. 4–26

Ergebnisse familienbiologischer Erhebungen in
einer schlesischen Sonderschule. In: Die deutsche
Sonderschule 3/1936, H. 4, S. 282–291; H. 5,
S. 336–344

Gower, Erich

*17.5.1893 – 1938; evang.
Hilfsschullehrer, Taubstummen-Oberlehrer
NSDAP 1.4.1933, NSLB, RSK*

Erbbiologische Betrachtungen zur Taub-
stummenerziehung. In: Blätter f. Taubstummenbildung 46/1933, H. 11, S. 171–176

Graach, Hans Josef

*4.5.1899 in Merzig; kathol.; Vater Rektor
Dr. phil. 1921; 1923 Volksschullehrer in Trier, 1930
Realgymnasium Trier, 1938 Studienrat in Solingen
(Deutsch, Geschichte, Bürgerkunde, Turnen)*

Rasse als Formel der Lebensmeisterung, 1933

Die abendländische Revolution, Trier 1936

Gräfer, Gustav

*13.11.1894 in Langewiese; evang.
Studienrat, Oberstudiendirektor, Dr. phil. Marburg
1922, Regierungsdirektor, Leiter der Abteilung f.
Höhere Schulen beim Stadtpräsidenten von Berlin
NSDAP 1.5.1933, NSLB 23.4.1933, Ortsgruppen-
amtsleiter*

(zus. mit R. Benze:) Erziehungsmächte und
Erziehungshoheit im Großdeutschen Reich als
gestaltende Kräfte im Leben des Deutschen,
Leipzig 1940

Graewe, Herbert

*13.10.1908 in Querfurt; evang.; Vater Mittelschul-
rektor*
Studium Physik, Mathematik, Chemie; Dr. phil.
Halle 1932; Studienassessor, 1939 Festanstellung als
Studienrat in Halle
Jungdeutscher Orden; NSDStB 16.7.1930, SA-
Rottenführer, NSDAP 1.4.1933, NSLB 1.9.1933;
Kreis- und stellv. Gausachbearbeiter für Rassen-
fragen, Mitarbeiter im Rassenpolitischen Gauamt

Einige Auswirkungen rassischen Denkens auf
den Unterricht. In: Erzieher im Braunhemd.
Kampfblatt des NSLB Gau Halle-Merseburg
3/1935, H. 24, S. 669–671

Die Schulleistungen erbgleicher Zwillinge. In:
Volk und Rasse 1937, S. 1–17

Psychologische Vererbungsfragen im Lichte der
Zwillingsforschung. In: Nationalsozialistisches
Bildungswesen 3/1938, H. 7, S. 414–420

Die biologischen Grundlagen der menschlichen
Zwillingsforschung. In: Die Deutsche Höhere
Schule 5/1938, H. 20, S. 678–681

Die Bedeutung der Zwillingsforschung für die
Erziehungslehre. In: Zeitschrift f. pädagogische
Psychologie und Jugendkunde 39/1938, H. 5/6,
S. 151–154

Erbbiologisch ausgerichtete Erziehung. In:
Erzieher im Braunhemd 7/1939, H. 9, S. 217–221

Die erbpsychologische Fragestellung und ihre
Auswirkung auf die Erziehbarkeit. In: Der
Biologe 8/1939, H. 2, S. 58–62

Erziehung, erbbiologisch gesehen. In: Neues
Volk 1940, H. 6, S. 4f.

Vergleichende Untersuchungen über die Schulleistungen von Zwillingen. In: Volk und Rasse
1940, S. 142–147

Graf, Jakob

17.12.1891 in Worfelden – 1973; evang.
Biologe; Dr. rer. nat. Frankfurt/M. 1924, Studienrat
Realschule Rüsselsheim
NSDAP 1932, NSLB 1.7.1932: Gausachbearbeiter f.
Rassefragen und Biologie

Vererbungslehre, Rassenkunde und Erbgesundheitspflege, München ³1935; ⁹1943 (zuerst 1930
unter dem Titel: Vererbungslehre und Erbgesundheitspflege. Einführung nach methodischen
Grundsätzen)

Die Bildungs- und Erziehungswerte der Erblehre,
Erbpflege und Rassenkunde. Nach einem
Vortrag gehalten vor den Naturkundelehrern
Hessens am 30. Brachmond 1933, München
(J. F. Lehmann) 1933

Familienkunde und Rassenbiologie für Schüler.
Mit einem Schülerarbeitsheft mit Vordrucken,
München (J. F. Lehmann) 1934, ³1936

Biologie für die Aufbauschule. Nebst Anleitungs-
heft Familienkunde, München 1940

Biologie für Oberschulen und Gymnasium.
Klasse III und IV, 1. Teil: Blut und Boden.
2. Teil: Lebensgemeinschaft – Blutsgemeinschaft, München 1940, ²1943; Klasse V: Der
Mensch und die Lebensgesetze, München 1940,
²1943

Biologie für Oberschulen und Gymnasium.
4. Bd., Ausgabe für Knabenschulen, 1942

Biologie für Oberschulen und Gymnasium.
4. Bd., Ausgabe für Mädchenschulen, unter
Mitarbeit von Luise Hennig, 1943

„Rasse" und „Volk" als höhere Lebenseinheiten.
In: Volk und Rasse 9/1934, H. 2, S. 56

Allgemeine Vererbungslehre. In: Rasse, Volk,
Familie. Ausstellung der Rhein-Mainischen
Stätte für Erziehung Mainz, Zitadelle 1935,
S. 9f.

Rassenkunde. In: Rasse, Volk, Familie. Ausstellung der Rhein-Mainischen Stätte für Erziehung
Mainz, Zitadelle 1935, S. 11f.

Lebenskunde. In: Rudolf Benze (Hrsg.),
Rassische Erziehung als Unterrichtsgrund-
satz der Fachgebiete, Frankfurt/M. 1937,
S. 30–45

Erbstruktur im weltanschaulichen Zusammenhang vom Rassenstandpunkt aus. In: Nationalsozialistisches Bildungswesen 1937, H. 12,
S. 741–743

(zus. mit Bruno K. Schultz:) Lichtbildervorträge
aus dem Gebiete der Vererbungslehre. 9 Tafeln
zur Rassenkunde

(zus. mit Bruno K. Schultz:) Wandtafeln für den
rassen- und erbkundlichen Unterricht, mit
Begleittext, München 1933

Grapentin, Oskar

*12.6.1883; evang.
Volksschulrektor in Berlin
NSLB 31.3.1933, NSDAP 1.5.1933

Das Reich Adolf Hitlers in seinem geschichtlich-
politischen Werden und Ausbau, Frankfurt/M.
1937 (Der nationalpolitische Unterricht, ein
Handbuch für den Lehrer)

Grau, Wilhelm

*4.8.1910 in Straubing; Vater Postbeamter
Historiker, Dr. phil. München 1933, 1936–1938
Leiter der Forschungsabteilung Judenfragen
des Reichsinstituts f. Geschichte des neuen
Deutschlands in München; 1937 Habil. München
(„Wilhelm von Humboldt und das Problem der
Juden"), 1940–1942 Außenstellenleiter und
Direktor der Bibliothek des Instituts zur Erfor-
schung der Judenfrage im Amt Rosenberg
Frankfurt/M.
Jugendgruppe Neudeutschland, Führer des Bundes
Großneudeutschland in München, Bayerische Volks-
partei, VDA vor 1933, NSDAP 1937, NSV

Die Judenfrage in der deutschen Geschichte,
Leipzig 1937; zuerst in: Vergangenheit und
Gegenwart 26/1936, H. 4, S. 193–209; H. 5,
S. 249–259

Greff, Josef

*26.3.1885
Rektor in Halle
NSDAP 1.5.1933

Rassetafeln des deutschen Volkes, Braunschweig
o. J.

Gregor, Adalbert

*1878
Dr. med. habil. Leipzig 1909, Psychiater, Oberarzt
Heilanstalt Dösen und Heilerziehungsheim Klein-
meusdorf, Anstaltsdirektor, Prof. in Karlsruhe

Über die Sterilisierung minderwertiger Fürsorgezöglinge. In: Ernst Rüdin, Erblehre und Rassenhygiene im völkischen Staat, München 1934,
S. 173–183

Erfahrungen über die Durchführung des deutschen Sterilisierungsgesetzes auf dem Gebiet der
Fürsorgeerziehung. In: Zeitschrift f. Kinderkunde 4, 1934

Grehn, Josef

*5.1.1908
1929 Assistent am Botanischen Institut Universität
Würzburg, Dr. phil. 1932, 1934 Dozent f. Vererbungs-
lehre, Biologie und Methodik des naturkundlichen
Unterrichts HfL Weilburg, 1944 Regierungsrat und
Abteilungsleiter Reichsinstitut f. Pflanzenzüchtung
Prag. – 1955 Dozent, 1968 Honorarprof. Universität
Gießen
NSDStB 1927, NSDAP 1.5.1933, SS (1933):
Sturmmann, Rotten- und Truppführer Weilburg,
Schulungsredner, SA, NSLB 1935

Das rassenkundliche Prinzip im Volksschulunterricht. Eine Betrachtung zur Lage des rassenkundlichen Unterrichts. In: Die Neue Deutsche
Schule 12/1938, H. 2, S. 116–121

Greiser, Alfred Max

*14.11.1884 in Grünberg, evang.
Mittelschullehrer in Köln
NSLB 1.4.1933, NSDAP 1.5.1933

Familienkunde. Ihre Bedeutung und ihre Ziele,
Leipzig 1934

Grobig, Hermann Ernst

*30.9.1903 in Neustrelitz; evang.
Dr. med. 1934; 1936 Assistent (bei Rüdin) Uni-
versität München, 1940 Habil.; 1941 Dozent,
Oberarzt, Prof. Medizinische Fakultät Universität
Greifswald
NSDAP 1.12.1931, SA (1932): Ausbildungssturm
Breslau, ärztl. Referent des SA-Hochschulamtes
Greifswald, H'Stuf.; Mitarbeiter des RPA

Was weißt du von Rasse und Vererbung?
[Hinweis in BA (ehem. BDC) Grobig, Hermann
Ernst, SA 0219191114]

Psychiatrische und neurologische Erkrankungen
einer Auslesebevölkerung. Zugleich eine
Krankheits- und Begabungsprognose für die
Kinder einer Bevölkerungsauslese. Berlin 1941
(Habil. med. 1940). Aus: Zeitschrift f. die
gesamte Neurologie und Psychiatrie 172, H. 1, 2
und 4

Groß / Gross, Walter

21.10.1904 in Kassel – 1945 (Selbstmord); Vater
Postdirektor
Dr. med. Göttingen 1930, Arzt, 1933 Habil., 1935
Lehrauftrag und Honorarprof. f. Rassenkunde an der
Philosophischen Fakultät der Universität Berlin

Jungdeutscher Orden, NSDAP 1925, MdR, NSDStB, SA, 1934–1945 Leiter des RPA der NSDAP; NSDoz.; Reichsausschuß zum Schutze des deutschen Blutes, Sachverständigenbeirat für Bevölkerungs- und Rassenpolitik, Hauptlektor des HA Schrifttumspflege (Amt Rosenberg) für Rassenkunde; Hrsg. „Neues Volk"

Rassenpolitische Erziehung, Berlin 1934, ²1935 (Schriften der Deutschen Hochschule für Politik, 6)

Rasse. Eine Rundfunkrede von Dr. Groß, 2. Aufl., 200.–250. Tsd., 10.10.1934 in der „Stunde der jungen Nation"

Heilig ist das Blut. Eine Rundfunkrede von Dr. Groß. Gehalten am 7. Ernting 1935 in der „Stunde der jungen Nation". Auch in: Die Schule im nationalsozialistischen Staat 11/1935, H. 10, S. 6 f.

Rasse, Weltanschauung, Wissenschaft. 2 Universitätsreden: 1. Das junge Deutschland und seine hohen Schulen. Festrede anläßlich der Berliner Universitätsfeier am 30.1.1936. 2. Der Rassengedanke in der weltanschaulichen Auseinandersetzung unserer Tage. Antrittsvorlesung, gehalten am 26.11.1935 in der Aula der Universität Berlin, Berlin (Junker und Dünnhaupt) 1936

Der Rassengedanke im neuen Geschichtsbild. Schriften für Politik und Auslandskunde. Hrsg. von Prof. Dr. F. A. Gir. Deutsches Auslandswissenschaftliches Institut, H. 18 (Vortrag einer Rede vom 4.1.36 vor HJ-Führern in der Hochschule für Politik in Berlin), Berlin (Junker und Dünnhaupt) 1936, ³1942

Der deutsche Rassengedanke und die Welt. Schriften der Hochschule für Politik. I. Idee und Gestalt des Nationalsozialismus, H. 42, hrsg. von Paul Meier-Benneckenstein (Vortrag vom 18.1.1939 in der Hochschule für Politik), Berlin (Junker und Dünnhaupt) 1939

Die Familie, unser rassenpolitisches Programm, ³1940 (Bevölkerungspolitische Wahrheiten, Beiheft 1)

Die rassenpolitischen Voraussetzungen zur Lösung der Judenfrage, München 1943 (Kleine Weltkampfbücherei, H. 1/2)

Sippe und Volk, Berlin 1943

Deine Ehre ist die Treue zum Blute deines Volkes, 1943 (Schriftenreihe für die Wochenendschulungen der Hitlerjugend, Hrsg. Reichsjugendführung, H. 3)

Propagandaarbeit. Aus: Mecklenburgische Schulzeitung 41/1933. Sondernummer Gautag in Rostock, S. 420

Die Leistungen der nordischen Rasse – Abriß einer nationalsozialistischen Geschichtsbetrachtung. In: Die Sonne 10/1933, H. 3, S. 124–133; H. 4, S. 169–177

Geburtenrückgang – Rassenniedergang. In: Korrespondenz f. Volksaufklärung und Rassenpflege, Juni 1933, S. 1 f.

Zur Schulung und Propaganda auf dem Gebiet der Bevölkerungspolitik und Rassenpflege. In: Ziel und Weg 1933, H. 19

Politik und Rassenfrage. In: Niedersächsischer Erzieher 2/1934, H. 3, S. 73–76

Die Idee der Rasse und ihre Bedeutung für die weltanschauliche Revolution der Gegenwart. In: Niedersächsischer Erzieher 2/1934, H. 9/10, S. 249–251

Erbbiologie und nationalsozialistische Weltanschauung. In: Niedersächsischer Erzieher 2/1934, H. 11–13, S. 303–311

Rasse und Schule. In: Korrespondenz f. Volksaufklärung und Rassenpflege 4/1935, S. 1 f.; auch in: Ziel und Weg 1935, H. 9

Vererbung und Erziehung. In: Neues Volk 1935, H. 5

Rede des Leiters des RPA PG Dr. Groß am 13. Juli 1936 auf der Reichstagung des NSLB in Bayreuth. In: Mecklenburgische Schulzeitung 34–35/1936, S. 521–527

Die Rasse im neuen Geschichtsbild. In: Kurhessischer Erzieher 80/1936, H. 3, S. 38 f.

Die rassenpolitische Erziehung. In: Kurhessischer Erzieher 80/1936, H. 25, S. 388 f.

Es spricht durch die Erbgesetze einfach ein starres Schicksal über den Menschen. In: Reichszeitung der deutschen Erzieher 1936, H. 7, S. 28–35

Der Weg unseres Blutes. Zum „Hilf mit!"-Wettbewerb des NSLB: Volksgemeinschaft – Blutsgemeinschaft. In: Hamburger Lehrerzeitung 16/1937, H. 13/14, S. 150; Der Thüringer Erzieher 5/1937, H. 3, S. 76

Um die Rassenhygiene als Lehr- und Forschungsfach. In: Ziel und Weg 7/1937, H. 7, S. 166f.

Biologischer Selbstmord? In: Der Biologe 8/1939, H. 5, S. 168–178

Wehrwesen und Rassenbiologie. In: Praktische Gesundheitspflege 7/1939, H. 5, S. 129–135

Rasse und Weltanschauung. In: Die Schule im Volk 2-1/1939, H. 4, S. 78–87; auch in: Der SA-Führer 3/1938, H. 8

Rasse und Leistung. In: Rassenpolitische Auslandskorrespondenz 1939, H. 8; auch in: Neues Volk 1939, H. 6, S. 8

Grosse, Hans

*26.2.1901 in Sangershausen; Vater Lehrer
Diplomlandwirt, Dr. rer. nat. Halle 1927, Lehrer
Landwirtschaftsschule Königsberg/Neumark
1919 Grenzschutz; SS, Oberschulungsleiter im RuSHA*

Die Zukunft der Juden. Volks- und Aufklärungsschrift, Berlin 1934

Grossmann, Paul

*26.5.1899 in Frankfurt/M.; evang.
Oberschulrat in Darmstadt
NSLB 1.1.1932, NSDAP 1.8.1932: Kreisleiter*

(zus. mit J. Jaeger, H. Schäfer und G. Weigand:) Neue Sachkunde für Volksschulen. Ausgabe A in 4 Teilen. Dritter Teil: Naturkunde: Pflanze, Tier und Mensch, einschließlich Vererbungslehre und Erbpflege, Frankfurt/M. (Diesterweg) [2]1936

Grossmann, Reinhold

*2.6.1893; gottgläubig; Vater Lehrer
Naturwissenschaftliches Studium, Dr. phil. 1916,
1921 Studienrat Wirtschaftsoberschule Dresden;
Assistent am Hygieneinstitut Göttingen; Schriftsteller
Kriegsfreiwilliger; NSLB 1.4.1933, NSDAP 1933,
Ortsgruppen-Blockleiter, 1936 Mitarbeiter RPA
Dresden; NSV, RKK*

Rassenrein – Erbgesund – Kinderreich: Eine Einführung in die Rassenpolitik, Dresden (Ehlermann) 1938, [2]1941 (Sammlung Beruf und Bildung. Kurzbuchreihe in Kernsätzen)

Grün, Georg von der

*20.8.1889; ohne Bekenntnis
Oberlehrer, Konrektor München
Einwohnerwehr; Gründer und Vorsitzender des Bayerischen Landesvereins für Familienkunde (1922),
1925 Vorstandsmitglied der Münchner Gesellschaft
für Rassenhygiene; NSLB 1.7.1934, NSD-Schulgemeinde 1934, NSV, NSKOV, RLB; VDA seit 1924
(Mitarbeiter für auslandsdeutsche Sippenforschung)*

Familienkunde im Dienste völkischer Erziehung. In: Bayerische Lehrerzeitung 69/1935, H. 23, S. 361f.

Der Weg des Familienforschers. In: Bayerische Lehrerzeitung 69/1935, H. 23, S. 362–365

Gruenberg, Leo Otto

*6.6.1892 in Berlin; evang.
Oberschulrat in Berlin
NSLB 1930, NSDAP 1.10.1931, bis 1934 Kreisamtsleiter*

Die Behandlung des 19. Jahrhunderts im nationalsozialistischen Geschichtsunterricht. In: Moritz Edelmann (Hrsg.), Vorträge der Ersten Geschichtstagung des NS-Lehrerbundes in Bremen vom 28. September bis 6. Oktober 1935. Vergangenheit und Gegenwart, 9. Ergänzungsheft, S. 55–74

Grunsky, Hans Alfred

*31.7.1902 in Stuttgart; gottgläubig; Vater völkischer
Musikschriftsteller
Dr. phil. Tübingen 1923, Prof. f. Philosophie Universität München (1937)
NSDAP 1930; Hauptlektor f. Philosophie im Amt
Rosenberg, Mitglied des Reichsinstituts f. Geschichte
des neuen Deutschlands*

Blut und Geist. Sind wir „Rassenmaterialisten"? In: Der Schulungsbrief 3/1936, S. 87–89

Die philosophischen Grundlagen des Rassegedankens. In: Pädagogische Warte 4/1936, S. 238

Grunwald, Karl

*(vermutl.) *27.12.1893 in Glindau; evang.
Mittelschulrektor in Bernstadt/Breslau
NSDAP und NSLB 1.4.1933, Ortsgruppenleiter und
-pressewart; VDA*

(zus. mit Otto Lukas:) Von der Urzeit zur Gegenwart. Aufgabe und Stoff eines Geschichtsunterrichts auf rassischer Grundlage, Frankfurt/M. (Diesterweg) [3]1938

Gscheidle, Adolf

Dr. phil. 1924 Tübingen (botan. Diss. bei E. Lehmann); Mittelschulrektor

(zus. mit Pfahler:) Biologische Schülerübungen, Stuttgart 1938

(zus. mit Pfahler:) Arbeitsheft für biologische Schülerübungen, Stuttgart 1938.

Lebenskunde für Mittelschulen, Eßlingen (Burgbücherei Wilhelm Schneider) 1940

Günther, Hans Friedrich Karl

16.02.1891 – 1967; evang., 1919 Austritt, später gottgläubig; Vater Kammermusiker
Dr. phil. Freiburg 1914, 1919 Lehramtsprüfung, Schuldienst, 1923 als freier Schriftsteller in Norwegen, 1925–1929 Vorlesungen am Rassenbiologischen Institut Uppsala, 1929 Studienrat in Dresden, 1930 Prof. f. Sozialanthropologie Universität Jena, 1935 Berlin (Rassenkunde, Völkerbiologie und ländliche Soziologie), 1940 Freiburg, apl. Prof. der Deutschen Universität Prag; Sachverständigenbeirat f. Bevölkerungs- und Rassenpolitik im RMdI 1933 Artamanenbund, Deutschbund, 1930 Führerrat der Nordischen Bewegung; NSDAP (1.5.1932); Preis der NSDAP für Wissenschaft (1935), Goldenes Parteiabzeichen (1941)

Volk und Staat in ihrer Stellung zu Vererbung und Auslese. Ein Vortrag, München (Lehmann) 1933

Vererbung oder Erziehung. Vortrag, Berlin 1939 (Schriftenreihe des Rassenpolitischen Amtes der NSDAP, 13); auch in: Rasse 3/1936, S. 262–274 und in: Günther, Führeradel durch Sippenpflege, München 1936, ³1943

Gattenwahl zu ehelichem Glück und erblicher Ertüchtigung, München – Berlin 1.–20.Tsd.: 1941; 21.–30. Tsd.: 1941; 31.–40. Tsd.: 1943

Zur Frage einer akademischen Ausbildung der Volksschullehrer. In: Deutschlands Erneuerung 17/1933, H. 4, S. 239–242

Zur Frage der Begründung eines Neuadels. In: Rasse 1/1934, H. 4/5, S. 151–163

Hellenentum und nordisches Menschentum. In: Reichszeitung der deutschen Erzieher 1935, H. 11, S. 5

Die Erneuerung des Familiengedankens in Deutschland. In: Rasse 3/1936, H. 9, S. 346–356; H. 10, S. 377–383

Rassenkunde Europas: Spanien – rassenkundlich gesehen. In: Mecklenburgische Schulzeitung 42–43/1936, S. 663f.

Die Aufgabe der Weckung und Schulung eines Sinnes für Leibesschönheit. In: Rasse 8/1941, H. 1, S. 14–17

Günther, Johannes Joachim

*16.9.1898 in Hildesheim; kathol.
Studienrat in Olpe
NSDAP 1.5.1933, NSLB (Kreissachbearbeiter), SA-Rottenführer

Unterrichtsplan für Volksschulen in Erbbiologie und Rassenkunde, Olpe/Westf. 1936

Günther, Siegfried

*18.6.1909
Religionslehrer, Studienrat in Berlin-Neukölln, musikwiss. Diss. Gießen 1935
SA 1.11.1933, NSStud.

Musikalische Begabung und Rassenforschung im Schrifttum der Gegenwart: Eine methodologische Untersuchung. In: Archiv f. Musikforschung 2/1937, S. 309–316, 327, 336–338

Rassenseelenkundliche Beiträge zur musikalischen Stilforschung. In: Archiv f. Musikforschung 3/1938, S. 385–427

Gütt, Arthur

17.8.1891 in Rosenberg/Westpr. –1949; Vater Gutsbesitzer
Dr. med. Königsberg 1919, Arzt und Landwirt; Medizinalrat, Präsident des Preuß. Landesgesundheitsrates; Leiter der Staatsmedizin. Akademie Berlin, Ministerialdirektor, Staatssekretär im RMdI; Mitinitiator des GzVeN; 1939 Rückzug von allen Ämtern nach Jagdunfall
Kriegsfreiwilliger, NSDAP 1924 und 1932, SS 1.9.1932, Amtschef des Sippenamtes im RuSHA, SS-Brigadeführer

Die Bedeutung von Blut und Boden für das deutsche Volk, Berlin 1933 (Schriftenreihe des Reichsausschusses für Volksgesundheitsdienst, H. 4)

Leibesübungen im Dienste der Rassenpflege, Langensalza 1935, ²1937 (Schriften zur politischen Bildung, 12. Reihe: Rasse, H. 7; Mann's Pädagogisches Magazin)

Verhütung krankhafter Erbanlagen, Langensalza
1936 (Schriften zur politischen Bildung, 12.
Reihe: Rasse, H. 8; Mann's Pädagogisches
Magazin); zuerst erschienen unter dem Titel:
Ausmerzung krankhafter Erbanlagen. Eine
Übersicht über das Erbkrankheitsgesetz mit
Texten, Langensalza 1934

Bevölkerungspolitik und Biologie. In: Der Biologe 6/1937, H. 12, S. 372f.

Praktische Maßnahmen der Gesundheits- und
Rassenpflege. In: Sammelheft ausgewählter
Vorträge und Reden für die Schulung in nationalsozialistischer Weltanschauung und nationalsozialistischer Zielsetzung, Berlin 1937, S. 537–565

Die Wiederbelebung der Leibesübungen seit
1800 – ein Werk der Nordischen Rasse. In: Volk
und Rasse 1941, H. 11

Guggenbichler, Herbert

Dr. med. Innsbruck 1943

Über erbliche und soziale Wertigkeit ehemaliger
Innsbrucker Hilfsschüler, Diss. med. Innsbruck
1943

Gumpertz, Meta

*7.5.1892 in Essen; jüd. Rel.; Vater Rentier
Dr. med. Heidelberg 1919
RKK

Warum treiben wir Eugenik? In: Die Neue Deutsche Schule 7/1933, H. 9, Ausgabe B, S. 480–483

Gumpricht, Karl

*25.6.1908 in Jena; evang.; Vater Mechaniker
1933 Studienreferendar am Gymnasium Jena,
Assistent am Philosophischen Seminar, Dr. phil.
Jena 1935, Dozent
NSLB 1.8.1933

Rassische Messungen an Schülern. Ein Stück aus
der Arbeit des pädagogischen Seminars zu Jena.
In: Der Thüringer Erzieher 4/1936, H. 2, S. 55f.

Haacke, Ulrich

14.9.1890 in Bunzlau/Liegnitz; evang.; Vater Gym-
nasialprof.
Dr. phil. 1918, Studienrat Oberrealschule Berlin-Zeh-
lendorf (Deutsch, Englisch, Französisch), Mitarbei-
ter d. Zentralinstituts für Erziehung und Unterricht
Kriegsfreiwilliger; NSLB 13.3.1933, Zellenwart,
NSDAP 1937; Tätigkeit für das Schulungsamt der SS

(zus. mit Bernhard Kumsteller und Benno
Schneider:) Geschichtsbuch für die deutsche
Jugend. Volksschulausgabe, bearbeitet von
Rektor Ernst Ziemann. 3. Heft, Leipzig
[15]1938

(zus. mit Bernhard Kumsteller und Benno
Schneider, unter Mitarbeit von G. Ottmer:)
Geschichtsbuch für die deutsche Jugend. Klasse
5, Leipzig [3]1943; Klasse 6, Leipzig [3]1942

Germanisch-deutsche Weltanschauung in
Märchen und Mythen im Deutschunterricht.
In: Zeitschrift f. Deutsche Bildung 12/1936,
S. 603–617

Rassenpolitik des alten Orients. In: Benze/
Pudelko 1937

Haag, Friedrich Eberhard

23.7.1896 in Rottweil–1945
Dr. med. Würzburg 1925, 1923 Assistent am
Hygiene-Institut Würzburg, 1927 Habil., Schularzt
in Stuttgart, 1930 Assistenzarzt, 1934 a.o. Prof. f.
Erbgesundheits- und Rassenpflege Düsseldorf, Leiter
der Erbbiologischen Abt. der Ehe- und Rassen-
beratungsstelle Düsseldorf; Ortsgruppenleiter der
Deutschen Gesellschaft f. Rassenhygiene; 1940
Prof. Universität Gießen (Nachf. Ph. Kuhn)
Freikorps, 1932 Kampfbund für deutsche Kultur,
NSDAP 1.5.1933, SA November 1933, NSDoz.führer
in Gießen (1942)

Die Rassen- und Erbgesundheitspflege im
Unterricht an den deutschen Hochschulen. In:
Die medizinische Welt 7/1933, S. 1184–1185

Die Pflege der geistigen Gesundheit rassisch
betrachtet. In: Zeitschrift f. psychische Hygiene
7/1934, H. 5

Zur sippenmäßigen Bestandsaufnahme des
deutschen Volkes. In: Volk und Rasse 1936, H. 5,
S. 145–147

Haas, Friedrich

*21.8.1910 in Wilkau/Sachsen; evang.
Volksschullehrer, Rektor in Borna bei Leipzig
NSDAP und NSLB 1930, HJ-Führer eines Unter-
bannes

(zus. mit Alfred Schindler:) Raum und Rasse im
Geschichtsunterricht der Volksschule. Die Vor-
zeit. Ein Bericht aus der Schulpraxis, Bielefeld
(Velhagen und Klasing) 1939

Hackert, Franz

*3.9.1905 in Wattenscheid; Vater Kaufmann
Assistenzarzt in Essen, Dr. med. Münster 1935
(bei Jötten)
NSDAP 1937

Erbhygienische Untersuchungen an Hilfsschulkindern in der Stadt Essen, Bottrop 1935 (Diss.
med. Münster 1935)

Hadlich, Marie

*25.7.1882 in Kassel
Lehrerin in Kassel; Dr. phil. Halle 1914, Psychologin,
lebt um 1939 in Marburg
NSLB 1938

Rassenunterschiede im Lichte der Typen-
forschung. In: Die Sonne 11/1934, H. 9,
S. 435–442

Häufler, Ludwig

18.11.1892 in Schweidnitz/Schlesien – 1956; kathol.;
Vater Hotelbesitzer
1919 Volksschullehrer in Dittersbach; Mittelschul-
lehrerprüfung, Dr. phil. Breslau 1930, 1932 Volks-
schulrektor, nebenberuflich Lehrer an Polizei-Berufs-
schule Waldenburg, 1934 Doz., 1935 Professor f.
Deutsche Geschichte und Methodik des Geschichts-
unterrichts HfL Beuthen, 1938 HfL Frankfurt/O.;
Forschungsarbeiten am IDO. – Nach sowjetischer
Kriegsgefangenschaft 1949 Mittelschullehrer in
Gelnhausen
Kriegsfreiwilliger, 1919 Mitglied des Kreistages
Waldenburg, Stahlhelm, illegale Schwarze Reichs-
wehr Schlesien (Aufbau Landesverteidigung Ost
1930–1933), NSDAP 1.8.1932, BDO, NSLB 1933,
Leiter des Amtes für Presse und Kultur des
NS-Dozentenbundes Gau Mark Brandenburg

Volk und Volkstum in der deutschen Erziehung,
Dortmund 1936 (Schriften der HfL Beuthen)

Haferkorn, Walter

*1.5.1905 in Leipzig; Vater Monteur
1929 Staatsprüfung fürs Volksschullehramt, an-
schließend experimentalpsychologische Arbeit bei
O. Klemm Universität Leipzig, seit 1930 wiss. Hilfs-
kraft am Pädagogischen Institut der Universität
Leipzig, später HfL; Dr. phil. Leipzig 1932 (psycho-
logische Diss. bei Klemm und Krüger). – Nach 1945
Prof. PH Eßlingen und Stuttgart

Einige Hilfsmittel für den Unterricht in Erblehre
und Rassenkunde auf der Oberstufe der Volksschule. In: Neue Bahnen 47/1936, H. 5, S. 139–144

Hagemann, August

*29.6.1901
Lehramt für Volksschulen, Studium (Biologie, Chemie
und Leibesübungen); Turnlehrerprüfung, Lehramt f.
höhere Schulen, Dr. rer. nat. Berlin 1931; Institut für
Lehrerfortbildung, Studienassessor, Dozent HfL
Hamburg 1936 (Vererbungslehre und Rassenkunde)
NSDAP 1.5.1933, Politischer Leiter (Blockleiter,
Ortsgruppenpropaganda- und Schulungsleiter),
NSLB (1.11.1933): 1934 Gausachbearbeiter der
Gauwaltung Hamburg für Rassefragen, Vererbungs-
lehre und Rassenkunde; Begutachter f. Biologie

Erbgut in Familie, Rasse und Volk. Bericht über
die hamburgische Schulausstellung. In: Hamburger Lehrerzeitung 14/1935, H. 5, S. 49–51

Vererbung und Erziehung. In: Hamburger
Lehrerzeitung 15/1936, H. 8, S. 85–90

Hagspiel, Irma

*22.1.1912 in Ludwigsburg; Vater Fabrikant
Dr. med. Tübingen 1939 (bei Gieseler)

Rassenkundliche Untersuchungen an Schulkindern in den Schönbuchgemeinden des Kreises
Tübingen, Balingen 1939 (Diss. med. Tübingen
1939)

Hahn, Fritz

*13.2.1907 in Königstein/Ts.
Serologe, Pharmakologe und Toxiloge, Dr. med.
1932, Habil. und Privatdozent Universität Köln 1939;
1941 Medizinische Akademie Düsseldorf, Oberarzt;
1947 a.o., 1951 o. Prof. und Institutsdirektor
NSDAP 1.5.1933, NSLB 24.7.1934 (Reichsfach-
schaft Hochschullehrer)

Dein Blut, dein höchstes Gut! Dia-Sonderheft,
Braunschweig 1935

Hahn, Kurt

Dr., vermutl. Lehrer, Rektor in Berlin
Schulungsleiter in Frankfurt/M.

Das Neue Reich: Volk und Rasse. Arbeits-,
Schulungs- und Unterrichtsblätter, Wittenberg
1934

Halfmann, Waldemar

*23.8.1898
Dr., Studienrat
NSDAP 1937

siehe Klagges

Haller, Georg

Schriftleiter der „Mitteilungen über die Judenfrage", hrsg. vom Institut zum Studium der Judenfrage (Berlin 1937)

Italiens rassebewußte Haltung – Roms Macht am Mittelmeer. In: Der deutsche Erzieher 1938, H. 17, S. 429–431

Der Jude scheut die Arbeit – aber er will sie beherrschen. In: Der Schulungsbrief 5/1938, H. 7, S. 269–273

Hamacher, Jakob

**15.10.1885 in Grottenherten/Bergheim; kathol.; Vater Kaufmann
Naturwissenschaftliches Studium, Dr. phil. Bonn 1910, 1912 Oberlehrer Reformrealgymnasium Alten-essen, Studienrat
NSDAP 1.5.1933, NSLB: Kreissachbearbeiter des Gebietes Schullandheime*

Praktische Schullandheim-Biologie für Biologie-lehrer, Stuttgart (Francksche Verlagsbuchhand-lung) 1935

Vorschule der Rassenkunde und Vererbungslehre auf der Grundlage wirtschaftsbiologischer Studien. Ausgabe B für Schüler und zum Gebrauch in Schullandheimen, Berlin 1939

Hanhart, Ernst

*14.3.1891 in Zürich–1973
Humangenetiker, Dr. med. Zürich 1916, 1943 Prof. in Zürich; Mithrsg. des „Handbuchs der Erbbiologie"*

(zus. mit von Behr-Pinnow:) Sippschaftstafel und 10 lebenskundliche Personenbeschreibungen zur Familien- und Erbkunde, Görlitz o. J.

Hansen, Henrich

**6.4.1895 in Ohrstedt; evang., dann gottgläubig
Zeichenlehrer, Leiter der Zeichenlehrerkurse in Schleswig-Holstein; Maler, Erzieher, Schriftsteller; 1931 Schriftleiter „Frontsoldat erzählt", Haupt-schriftleiter der Schleswig-Holsteinischen Schul-zeitung, Schriftleiter „Kunst und Jugend"
Kriegsfreiwilliger; Freikorps, bis 1927 SPD-Anhänger; Führer der Einwohnerwehr im Kreis Steinburg, 1930 Verfahren wg. NS-Betätigung, Mitarbeiter an NS-Zeitungen; NSDAP und NSLB 1.1.1933, 1934 Hauptabteilungsleiter f. Presse und Propaganda in der Reichsleitung des NSLB, 1937 Reichspressestelle der NSDAP in Berlin (Leiter des Amtes Zeit-schriften); Leiter des pädagogischen Beratungsstabes beim OKW; SS 1939, SS-Staf.*

Volksgemeinschaft – Wehrgemeinschaft – Blut-gemeinschaft. In: Hamburger Lehrerzeitung 16/1937, H. 1, S. 2f.; Der Thüringer Erzieher 5/1937, H. 1, S. 4f.

Hansen, Jörgen

*25.4.1885 in Brandsbüll/Nordschleswig–1963; evang.
Volksschullehrer in Hadersleben/Nordschleswig; Studium (Geschichte, Erdkunde, Theologie), Dr. phil. Kiel 1913, Seminarlehrer in Tondern u. a., 1926 Dozent, 1927 Prof. f. Erdkunde und Volkskunde Pädagogische Akademie Kiel, 1933 Prof. f. Volks-kunde, Erdkunde und Methodik des Heimat- und Erdkundeunterrichtes HfL Kiel, 1939 HfL Hannover, danach LBA Bayreuth, Prof. und Studienrat LBA Dortmund. 1947 emer.
NSDAP 1.9.1932, NSLB: Propagandaredner, 1934 Gausachbearbeiter für Erdkunde und Geopolitik Gauwaltung Schleswig-Holstein*

Der Neuaufbau der Heimat- und Erdkunde auf nationaler Grundlage, Frankfurt/M. 1933

Zehn Thesen für einen nationalpolitischen Erdkundeunterricht. Ein Ergänzungsheft zum „Neubau der Heimat- und Erdkunde auf nationaler Grundlage", Frankfurt/M. 1937

Harder, Her(r)mann

**16.2.1901 in Spandau; evang., dann gottgläubig; Vater Kaufmann
Literaturwissenschaftler, Dr. phil. Freiburg 1922, 1925 Studienass. Reformrealgymnasium Nieder-schönhausen, 1928 Studienrat; 1930 Vorträge und Veröffentlichungen zur Runenforschung; Gutachter im Prüfungsausschuß für das Vaterländische Schrifttum im REM
NSLB 2.5.1933, Amtswalter, NSDAP 1937*

Rasse und Sprache. In: Die Sonne 11/1934, H. 9, S. 432–435

Harlander, Otto

**4.3.1885 in München; kathol.
Dr. phil., Studienprof. Münchner Wilhelmsgym-nasium
1920–1924 Münchner Friedensbewegung, NSDAP 7.4.1933; NSLB (1.1.1934): Gaufachbearbeiter für neuere Sprachen; NSV, VDA, Kolonialbund; NSKOV, RLB*

Rassenkunde im neusprachlichen Unterricht. In: Reichszeitung der deutschen Erzieher 1935, H. 11, S. 11–15

Rassenpolitische Erziehung und Neuere
Sprachen. In: Nationalsozialistisches Bildungswesen 2/1937, H. 1, S. 39–50

Harm, Marie

**9.1.1904 in Dessau; evang.; Vater Kaufmann
1925 Volksschullehrerin, später Mittelschullehrerin
in Dessau; naturwiss. Diss. Halle 1931
NSDAP 1.5.1933, NSLB 1.7.1933*

(zus. mit Hermann Wiehle:) Lebenskunde für
Mittelschulen. Schulbuch. 3. Teil: Klasse 3,
Halle – Breslau (Ferdinand Hirt) 1941

Harmsen, Hans

*5.5.1899 (Berlin) – 1989
Grotjahn-Schüler, Dr. med. Berlin 1924, Dr. phil.
Marburg 1926, 1926–1938 Leitender Arzt des
Gesundheitswesens und Geschäftsführer der Inneren
Mission, Vorsitzender des Ständ. Ausschusses für
Fragen der Rassenhygiene und Rassenpflege der
Inneren Mission; 1939 Habil. in Berlin, 1942 Dozent,
1945 Leiter der Akademie für Staatsmedizin Ham-
burg; Mithrsg. „Auslandsdeutsche Volksforschung". –
1946–1969 Prof. f. Sozialhygiene Universität Ham-
burg und Direktor des Hygiene-Instituts der Stadt
Hamburg; Gründer der deutschen Unterorganisation
Pro Familia
NSV; kein Partei-Mitglied*

Das Gesetz zur Verhütung erbkranken Nachwuchses. Eine Handreichung für die Schulung
der in unseren Anstalten und in der Wohlfahrtspflege wirkenden Kräfte. Berlin 1935, ²1937
(3. Beiheft der Zeitschrift Dienst am Leben)

(zus. mit Franz Lohse, Hrsg.:) Bevölkerungsfragen. Bericht des Internationalen Kongresses
für Bevölkerungswissenschaft, Berlin 26. August–
1. September 1935, München 1936

Hartisch, Johannes

**30.10.1907 in Werdau
Biologe, Dr. phil. Würzburg 1934, vermutl. Lehrer
und Dozent Institut f. Landwirtschaftliche Bildung
Leipzig
NSDAP 1937*

Veranschaulichungen zur Erbkunde. Ein Beitrag
zu „Sachzeichnen und Klassenzimmertechnik".
In: Die Arbeitsschule 9/1935, S. 241–255

Hartmann, Johannes

Dr.

Rassenpflege, Leipzig 1933

Hartnacke, Wilhelm

*7.11.1878 (Altena) – 1952; evang.; Vater Post-
sekretär
Studium der neueren Sprachen, Dr. phil. 1901,
Lehrer/Studienrat in Bremen, 1910–1918 Schul-
inspektor, 1919 Stadtschulrat in Dresden, 1933–1935
Volksbildungsminister in Sachsen, Kriegsverwaltungs-
rat (Heerespsychologe); bis 1935 Mithrsg. „Volk und
Rasse"
DNVP, NSDAP 1933 (1936 Austritt), NSLB
1.9.1933*

Die Ungeborenen. Ein Blick in die geistige
Zukunft unseres Volkes, München 1936

15 Millionen Begabtenausfall! Die Wirkung des
Geburtenüberschusses der gehobenen Berufsgruppe, München 1939 (Politische Biologie 11)

Seelenkunde vom Erbgedanken aus, München –
Berlin 1940, ²1941, ³1944

Bildungsorganisation im Sinne der Rassenpflege.
In: Zeitschrift f. Rassenkunde und ihre Nachbargebiete 2/1935, H. 2, S. 123–131

Darf der Staat erstrebte Bildungswege ab-
schneiden? Ein Wort zur Frage der Auslese.
In: Rasse 2/1935, H. 7/8, S. 262–266

Die Austilgung des geistigen Nachwuchses als
drohende Volksgefährdung. In: Volk und Rasse
10/1935, H. 8, S. 234–242

Der Anteil der geistig Schwachen am Volksganzen. In: Volk und Rasse 10/1935, H. 3,
S. 67–72

Auslese nach Geist und Auslese nach Charakter.
In: Die Erziehung 11/1936, S. 65–75

Mengenverhältnis von Begabtheit und Un-
begabtheit. In: Hans Harmsen und Franz Lohse
(Hrsg.), Bevölkerungsfragen, München 1936,
S. 547–554

Das Verebben der akademischen Hochflut in
volksbiologischer Betrachtung. In: Volk und
Rasse 11/1936, H. 1, S. 3–7

Stammt der Großteil der Begabten aus dem
„Volk" oder aus der „Auslese"? In: Volk und
Rasse 12/1937, H. 3, S. 107–111

Die Selbstausrottung der begabten Stämme. In:
Volk und Rasse 13/1938, H. 10, S. 337–351

Fernab vom Lebensgesetz. In: Neues Volk
6/1938, H. 4

Erziehungswesen und Erblehre. In: Fortschritte
der Erbpathologie, Rassenhygiene und ihrer
Grenzgebiete 2/1938, H. 2, S. 194–206

Darf die Begabung aussterben? In: Praktische
Gesundheitspflege 6/1938, H. 4, S. 85–89

Methodisch-kritisches zu neueren seelenkund-
lichen Zwillingsforschungen. In: Rasse 6/1939,
S. 311–328

Geistwissenschaft gegen Geistvererbung. In:
Rasse 6/1939, H. 4, S. 145–148

Unterschiedliche Wirkkraft der Erziehung in der
Leistung und in der Haltung. In: Soldatentum
7/1940, H. 6, S. 147–149

Nicht seelische Ganzheiten, sondern seelische
Elemente vererben sich. In: Volk und Rasse
16/1941, H. 10

Seelenlehre ohne Erbwissenschaft? In: Rasse
8/1941, H. 1, S. 3–13

Die biologische Veränderung der Kulturkraft der
Völker. In: Praktische Gesundheitspflege 1941,
H. 11, S. 35f.

Hasper, Eberhardt
*13.8.1907 in Neisse/Oberschlesien
Literaturwissenschaftliches Studium, Dr. phil. Frei-
burg 1932; Buchhändler, Hrsg. der Reihe „Volk –
Welt – Wissen"
RKK, 1934–1937 Verbindungsmann des Reichsbundes
deutscher Buchhändler zur RSK

Volk – Welt – Wissen. Studienreihen aus allen
Gebieten des Lebens und des Wissens. 1. Teil:
„Rasse, Raum Geschichte", Nordhausen 1938

Hass, Willy
*27.4.1888 in Neustettin; evang.; Vater Rentier
Turnlehrerexamen; Dr. phil. 1912 Berlin; 1920
Studienrat (Deutsch, Englisch, Latein), 1935 Ober-
studienrat in Köpenick, Oberstudiendirektor
NSLB 30.6.1931 (als Begutachter für Biologie und
Chemie empfohlen), NSDAP 1932, SA-Kulturwart,
Obertruppführer

(zus. mit W. Hübner:) Biologie. Zur Gestaltung
des Unterrichts in Erblehre, Bevölkerungspolitik,
Familienkunde, Rassenkunde und Erbpflege,
Frankfurt/M. 1938 (Erziehung und Unterricht in
der Höheren Schule, hrsg. von Martin Loepel-
mann, Bd. 5)

Hauf, Emil
*22.5.1903; evang.
Rektor in Jellentsch, Kreis Bütow/Pommern, Stettin
NSLB 1.10.1933; NSV, NSDAP 1937

Planvolle Fürsorgeerziehung durch heilpäda-
gogische und erbbiologische Vorarbeit im
Aufnahmeheim. In: Die deutsche Sonderschule
5/1935, S. 373–379

Der Beitrag des Pädagogen in Schule und
Anstalt zur Erfassung der Erbkranken. In: Die
deutsche Sonderschule 2/1936, H. 10, S. 757–760

Haug, Otto
25.6.1883 in Albershausen – 1939
Oberstudiendirektor in Schwäbisch-Hall und Lud-
wigsburg
1918–1922 DNVP, Landsturmmann, NSDAP 1929,
NSLB 1931, Ortsgruppenreferent

Rückumwälzung zum Arischen. In: Deutsches
Schulwesen 10/1933, S. 285–291

Die griechisch-römische Antike in deutscher
Auffassung. In: Ziele und Wege des altsprach-
lichen Unterrichts im Dritten Reich. Vorträge
und Berichte der Tagung der altsprachlichen
Arbeitsgemeinschaft im NS-Lehrerbund Gau
Württemberg-Hohenzollern auf der Reichenau
(Bodensee), Stuttgart 1937

Der Schichtstaat der Altzeit. In: Aus Unterricht
und Forschung 5/6, 1938, S. 213–237

Hausen, B.
Dr.

Die Rassen im deutschen Volke. In: Pommersche
Blätter f. die Schule 57/1933, H. 40, S. 484f.

Bevölkerungspolitik im Altertum. In: Pommersche Blätter f. die Schule 57/1933, H. 40, S. 485f.

Hayn, Friedrich
*16.3.1894 in Attenstadt bei Weissenburg; evang.
1921 Volksschullehrer (Deutsch und Geschichte),
1928 Mittelschullehrer in Greifenhagen, 1933 Rektor
der Stadtschule in Anklam/Pommern
NSLB 1.1.1933, NSDAP 1.5.1933, NSV, SS (Aus-
schluß wg. Logen-Mitgliedschaft)

Stofftafel zur Familien- und Rassenkunde
sowie Vererbungslehre in den Schulen, Halle
1933

Wir erarbeiten uns eine Familiengeschichte und lernen an ihr. Lesebogen für den Schulgebrauch, Halle 1934, ²1936

Vererbungslehre, Familien- und Rassenkunde in der Schule, Halle 1935

Sippenfibel, Berlin 1936

Politische Sippenkunde in der Schule, Leipzig 1936 (Prakt. f. Familienforschung 24)

Der Name in der Sippenforschung, Markt-schellenberg 1937 (Prakt. f. Familienfor-schung 29)

Familienkunde und Erblehre in der Schule. In: Die Mittelschule 47/1.3.1933, H. 8, S. 114–116

Genealogie und Biologie als Grundlagen des Staatsaufbaus und die grundsätzlichen Folge-rungen für die Schule. In: Die völkische Schule 11/1933, H. 8, S. 180–187

Zur Ministerialverfügung über Vererbungslehre und Rassenkunde in der Schule. In: Pommersche Blätter f. die Schule 57/1933, H. 40, S. 487f.

Versuch eines Lehrplans in Familien- und Rassenkunde der Abschlußklassen im Winter-halbjahr 1933/34. In: Pommersche Blätter f. die Schule 57/1933, H. 40, S. 489–491

Aus der Praxis unserer Schulgemeinde. Ahnen und Enkel. In: Die Schule im nationalsozialisti-schen Staat 11/1934, H. 5, S. 14f.

Ein Unterrichtsblock rassenkundlicher Beleh-rung und rassischer Willensbildung. In: Pädago-gische Warte 4/1934, H. 21, S. 994–999

Lehrerschaft und Sippenamt. In: Die völkische Schule 13/1935, H. 4

Unterricht in Familien- und Rassenkunde. In: Die völkische Schule 13/1935, H. 11

Biologie und Sippenkunde. In: Der Biologe 11/1936, S. 389–395

Rassische Schicksalskunde unserer Volks-geschichte. In: Der deutsche Volkserzieher 2/1937, H. 1, S. 29–32

Familienkunde. In: Benze/Pudelko, Rassische Erziehung als Unterrichtsgrundsatz, Frank-furt/M. 1937, S. 11–14

Fragen der Volkspflege im Unterricht der Volks-schule. In: Archiv f. Bevölkerungswissenschaft und Bevölkerungspolitik 1938, H. 4, S. 237–245

Sippenkunde in der Schule. In: Deutsche Erzieher 18/1938, S. 459

Die Aufstellung von Ahnentafeln in den Abschlußklassen. In: Der deutsche Volkserzieher 4/1939, H. 15/16, S. 606–610

Dein Blut, Dein höchstes Gut. Dia-Sonderheft 4, Braunschweig.

Heberer, Gerhard

20.3.1901 in Halle–1971; Vater Konrektor Dr. phil. Halle 1924, 1924–1926 wiss. Hilfskraft in der Anthropologischen Abteilung Halle, Teilnahme an Südsee-Expeditionen, 1928 Assistent am Zoologi-schen Institut Tübingen, 1932 Habil. und Privat-dozent Tübingen (Zoologie und vergleichende Anatomie); 1935 kommiss. Prof., 1938 Prof. in Jena, 1939 dort Direktor des Instituts f. Allgemeine Bio-logie und Anthropologie; Mithrsg. „Archiv für Rassen- und Gesellschaftsbiologie". – Nach 1945 Prof. f. Biologie und Anthropologie Göttingen 1919/20 Freikorps Maerker, Stahlhelm; SA 1924, NSDAP, SS-H'Stuf., RuSHA

Altes und Neues über die Abstammungslehre und die Abstammung des Menschen. In: Aus Unterricht und Forschung 2–3/1935, S. 83–98

Zwei Bahnbrecher der rassischen Geschichts-bildung und des Nordischen Gedankens. In: Heimat und Arbeit 15/1942, H. 11, S. 275–277

Hecht, Günther

*15.7.1902 in Völpke/Neuhaldensleben; Vater Lehrer Nachrichtendienstliche und journalistische Tätigkeit; naturwissenschaftliches Studium, Dr. phil. 1930, wiss. Hilfskraft am Museum f. Naturkunde der Universität Berlin; Schriftsteller 1917 Jugendgrenzwehr, 1919 Freikorps, 1922 Inhaftierung wg. Spionage durch die Franzosen, Schlageter-Ehrenschild, NSDAP Mai 1933, HJ-Schulungsref., SA, NSKK-Schulungsref.; 1938 wiss. Referent im RPA, Abteilungsleiter, RKK

Kannst Du rassisch denken? Schriftenreihe des Rassenpolitischen Amtes der NSDAP H. 16, 1939 (Reichsbund der Kinderreichen)

(zus. mit Hans Reiter:) Genußgifte, Leistung und Rasse, Berlin (Reichsgesundheitsverlag) 1940

Hecker, Walther

17.2.1889 in Neuss–1974
Landesrat in Düsseldorf, 1929 Fürsorgedezernent
Rheinprovinz, Leiter der Abteilung Fürsorgeerziehung
im Landesjugendamt, Dr. phil. Leipzig 1937 (Diss.
„Über die sittliche Entwicklung von Kindern und
Frühjugendlichen")
NSDAP 1939

Zur Frage der Minderwertigkeit der Fürsorgezöglinge. In: Die Wohlfahrtspflege in der Rheinprovinz 9/1933, S. 351f.

Zur Bewahrung Jugendlicher. In: Die Rheinprovinz 12/1936, S. 255–260

Neugliederung der öffentlichen Ersatzerziehung
nach Erbanlage und Erziehungserfolg. In: Die
Rheinprovinz 17/1941, H. 4, S. 101–106; auch in:
Zeitschrift f. Kinderforschung 49/1943

Hedfeld, Hermann

*22.10.1890 in Engstfeld; evang.
1923 Mittelschullehrerprüfung, 1926 Prüfung für
Leiter von Lichtbilderveranstaltungen; Lehrer in
Hagen (Regierungsbezirk Arnsberg)
Bis 1924 DNVP, NSDAP 1.5.1933, NSLB 1.4.1933:
Kreissachbearbeiter, Kreisbeauftragter RPA; NSV,
RLB

(zus. mit Dr. Dunschen:) Arbeitstafel für Modell-
versuch zur Entwicklung und Veranschaulichung
der Vererbungsgesetze, Breslau 1935/36

Heeschen, Richard

*29.10.1899 in Ehndorf/Holst.; evang.
Mittelschullehrer in Hildesheim
NSLB 1.4.1933, NSDAP 1.5.1933

Rasse, Volk, Erziehung. In: Die Mittelschule
47/30.8.1933, H. 30, S. 499–503

Familienkunde als Ausgangspunkt für die
Behandlung bevölkerungspolitischer Fragen. In:
Die Mittelschule 52/1938, H. 30, S. 321f.

Hehlmann, Wilhelm

23.10.1901 in Magdeburg – 1998; evang.
Volksschullehrer, Dr. phil. Halle 1927, Dozent Uni-
versität Halle 1930, Assistent am Pädagog. Seminar,
a.o. Prof. 1939 (Philosophie, Pädagogik, Jugend-
kunde); Dozent am Erzieherseminar der Adolf-Hitler-
Schule Sonthofen. – Nach 1945 Prof. in Wiesbaden
NSLB 1.5.1933, NSDAP, SA, NSDoz. (Gauhaupt-
stellenleiter), Mitarbeiter im Lektorat des RPA

Handschrift und Erbcharakter. In: Zeitschrift f.
angewandte Psychologie und Charakterkunde
54/1938

Vererbung und Erziehung. In: Erzieher im
Braunhemd 6/1938, H. 2, S. 36–38

Mensch und Auslese. Ein Beitrag zur Psychologie der Persönlichkeit und des Handelns. In:
Odal 11/1942, H. 6

Heidt, Karl

*3.1.1908 in Gießen; evang.
Studium der Botanik; Dr. phil. habil., Dozent am
Botanischen Institut Universität Gießen
NSDAP 1.5.1933, Kreisstellenleiter, NS-Doz, SD

Schulungswoche für Rassen- und Vererbungsfragen in Mainz. In: Der Biologe 12/1934,
S. 316–318

Heier, Fritz

*26.7.1912 (?) in Treuenbrietzen, evang.
Dr. med. Berlin 1941 (bei F. Lenz), KWI Berlin,
Institut f. Rassenhygiene; Unterarzt in einem
Reservelazarett und Assistenzarzt in Stettin
HJ

Über Zusammenhänge von Begabung, Schulleistung und Kinderzahl in einem märkischen
Landkreis, Diss. med. Berlin 1941

Heil, Hans

(vermutl.) *15.7.1899 in Frankfurt/M.; Vater
Elektrophysiker
naturwissenschaftliches Studium, 1922 Hilfsassistent
am Botanischen Institut Darmstadt, Dr. rer. nat.
Frankfurt/M. 1923, Studienassessor
NSDAP 1937

Die Weisheit vom Leben. In: Rasse, Volk,
Familie. Ausstellung der Rhein-Mainischen
Stätte für Erziehung Mainz, Zitadelle, 1935,
S. 8f.

Heil, Karl

*23.4.1890 in Wäldern; kathol.
Hauptlehrer in Nürnberg
NSLB 1.5.1933, NSDAP 1937

Arteigenes Rechnen. Randbemerkungen zu
einem Buche. In: Bayerische Lehrerzeitung
69/1935, H. 15, S. 238–240

Heinemann, Fritz

Rassenpolitik und sippenkundliche Erziehung. In: Reichszeitung der deutschen Erzieher 1937, S. 57f.

Heinrichs, Karl

* 17.8.1899 in Magdeburg; evang.
Hilfs-, Volks- und Mittelschullehrer (Englisch und Mathematik) in Magdeburg, Studienassessor, literatur- und erziehungswissenschaftliches Studium, Dr. phil. Halle 1931, Leiter des Pädagogischen Seminars Magdeburg
NSLB (1.5.1933): Begutachtungsstelle Reichsleitung HA für Erzieher Kreis Magdeburg, Gaufachschaftsleiter V (Sonderschulen) 1933

Rassische Ertüchtigung als Gegenwartsaufgabe der Heil- und Sozialpädagogik. In: Die Hilfsschule 27/1934, H. 2, S. 82–91

Heinsius, Fritz

* 17.9.1873 in Bromberg; Vater Präsident Eisenbahndirektion
Dr. med. Breslau 1898; Facharzt f. Frauenkrankheiten und Geburtshilfe; Ass. am Pathologischen Institut Breslau; Mitbegründer der Gesellschaft für Blutgruppenforschung
Thule-Gesellschaft München, Deutschbund, NSDAP 1.12.1932, RPA, Gaufachredner Groß-Berlin, 1932 SA, Aufbau SA-Sanitätsdienst, OStubaf., SA-Führerschule Berlin, NSV, NS-Ärztebund, Reichsleitung Reichsbund der Kinderreichen, Reichskolonialbund

10 Gebote zur Gattenwahl, Berlin 1934, ²1935 (Schrift des Reichsausschusses für Volksgesundheit)

(zus. mit PG Georg Ebert, Fotograf Neues Volk:) Sonne und Schatten im Erbe des Volkes. Angewandte Erb- und Rassenpflege im 3. Reich. Eine Bildfolge, Berlin (Verlag der deutschen Ärzteschaft) 1935

Ehe und Lebensglück. Fortpflanzung und Vererbung. Ehe und Familie und Rasse, 1936, ³1938

Nordische Frau und Leibesübungen. In: Die Sonne 13/1936, H. 6, S. 290–294

Heinze, Hans

*13.5.1895 in Könitz/Rudolfstadt; evang.; Vater Oberlehrer
Studium Geographie und Biologie; 1915 Volksschullehrer, 1922 Dr. phil. Halle, dort 1927 Studienrat; 1937 Oberstudienrat, 1940 Oberstudiendirektor in Potsdam
Kriegsfreiwilliger, NSDAP 1.12.1932, NSLB, NSKK

Rasse und Erbe. Ein Wegweiser auf dem Gebiete der Rassenkunde, Vererbungslehre und Erbgesundheitspflege. Für den Gebrauch an Volks- und Mittelschulen, Halle 1934 (Schülerheft)

Helmich, Wilhelm

14.7.1903 in Dinter/Westf. – 1987; evang.; Vater Lokomotivführer
1927 Turn- und Sportlehrer, Germanistik-Studium, 1933–1935 Volksschullehrer in Königsberg, Dr. phil. Kiel 1934, 1935 Dozent f. Deutsche Sprache und Methodik des Deutschunterrichts HfL, später LBA Elbing. – Nach 1945 Prof. f. Deutsche Sprache und Methodik des Deutschunterrichts PH Kiel
SA-Sportref. 1933, NSLB 1.7.1933, Stellenleiter f. Presse im NS-Dozentenbund, NSDAP 1937

Rassenkunde aus katholischer Schau, Reichenberg 1937

Deutsch. In: Ernst Dobers und Kurt Higelke (Hrsg.), Rassenpolitische Unterrichtspraxis. Der Rassengedanke in der Unterrichtsgestaltung der Volksschulfächer, Leipzig 1938, S. 92–102

Gefahr der jüdischen Bevölkerung in Deutschland. In: Rassenpolitische Unterrichtspraxis (wie oben), 1939

Helwig, Elsbeth

Dr. med. Heidelberg 1934

Untersuchungen an Hilfsschulkindern, Berlin 1934 (Diss. med. Heidelberg 1934)

Helwig, Karl

*22.7.1886 in Dankelshausen
Sprachheillehrer in Berlin, dann Hilfsschule Hann.-Münden
NSLB 1.3.1933, NSDAP 1.5.1933: Kreisfachschaftsleiter, Gau- und Reichsreferent für Sprachheilschulen in der Fachschaft V

Das Stottererproblem in Lichte der Erbforschung. In: Die deutsche Sonderschule 1/1934, H. 1, S. 36–42

Hemm, Ludwig

*30.7.1913 in Würzburg; kathol.; Vater Natursteinfabrikbesitzer
Studium Psychologie und Pädagogik, 1935 pädagog. Examen, 1939 Staatsexamen, Dr. phil. Würzburg 1940 (bei Jesinghaus); Fliegerpsychologe bei der Wehrmacht, 1944 Regierungsrat
HJ-Gefolgschaftsführer, NSLB 1935, NSDAP 1937, SA

Die unteren Führer in der HJ. Versuch ihrer
psychologischen Typengliederung, Leipzig 1940
(Diss. phil. Würzburg 1940)

Hene, Karl-Joachim

*22.9.1912 in Pößnick/Thür.
Ausbildung zum Schriftleiter, Studium, 1939 Hilfs-
assistent am KWI, Dr. rer. nat. Berlin 1940 (bei
Gottschaldt und E. Fischer)
NSDAP 1933

Über die Entwicklung der kindlichen Persönlichkeit (Erbpsychologische Untersuchungen
an Kleinkindzwillingen), Diss. math. nat. Berlin
1940

Hennemann, Gerhard

*25.6.1900 in Werdohl/Westf.; Vater Volksschul-
lehrer
Studium Philosophie und Naturwissenschaften,
Dr. phil. Köln 1930; wiss. Mitarbeiter in Bonn und
Berlin, 1937 Dozent an der Deutschen Hochschule f.
Politik Berlin, 1944 Dozent an der TH Stuttgart
1930 Stahlhelm, SA (weltanschauliche Schulungs-
arbeit), NSDAP 1936, NSLB

Rasse und Mathematik. In: Volk und Rasse
16/1941, H. 6

Rasse und Physik. In: Volk und Rasse 16/1941,
H. 9

Hennig, Arthur

(vermutl.) *18.7.1905 in Königsberg; evang.
Hilfsschul- und Taubstummenlehrer in Königsberg
NSLB 1.8.1933, SA, NSV

Schule und Eugenik. Gedanken zur politischen
Schule. In: Pommersche Blätter f. die Schule
57/1933, H. 25, S. 272 f.

Hennig, Luise

*2.5.1880 in Burg Kemnitz/Bitterfeld; evang.; Vater
Pastor
1897–1900 Besuch des Lehrerinnenseminars der
Franckeschen Stiftung in Halle, 1910 Oberlehrerinnen-
prüfung (Deutsch und Religion) in Göttingen, Dr.
phil.; 1910 Studienrätin in Halle (Lehrerinnen-
seminar/Lyceum der Franckeschen Stiftung), stellv.
Direktorin

(zus. mit Jakob Graf:) Biologie für Oberschulen
und Gymnasium. 4. Bd., Ausgabe für Mädchenschulen, 1943

Hennig, Willi

*27.6.1903 in Berlin; evang.
Turn- und Sportlehrer, Volksschullehrer, Oberschul-
lehrer am Staatl. Luisen-Gymnasium Berlin
NSDAP 1.5.1933, NSLB 1.7.1933; Prüfer für
SA-Sportabzeichen

Eignung der Juden für Leibesübungen. In: Volk
und Rasse 1935, H. 6, S. 174–176

Henschel, Horst

*17.1.1899 in Meerane; evang.
Volkstumshistoriker, Volks- und Sippenkundler;
Lehrer in Annaberg/Erzgebirge
NSLB 1.6.1933, NSDAP 1937; Sturmmann

(zus. mit Friedrich Köhler:) Die Verkartung
der Kirchenbücher auf die deutschen Sippen-
karteiblätter, Annaberg 1936

Deutsche Volksbestandsaufnahme zum Zwecke
der Ahnen- und Sippenkunde. In: Politische
Erziehung 1937, H. 1, S. 10–15

Hentschel, Herbert

Diplomlandwirt
Mitarbeiter und Geschäftsführer der Reichshaupt-
stelle des RPA

Züchtungskunde und Rassenpflege am Menschen, Leipzig 1934 (Reden und Aufsätze zum
nordischen Gedanken, 7)

Hentschel, Herbert

*7.8.1915 in Znaim (Österr.)
Dr. phil. Prag 1940. – Nach 1945 Leiter der Aus-
bildungsabteilung der Olympia-Werke AG in
Wilhelmshaven, Arbeitspsychologe in Salzburg

Die Typologie Pfahlers und Sprangers, Diss. phil.
Prag 1940

Henze, August

1867–1944
Hilfsschullehrer, 1907 Rektor, 1924 Schulrat in
Frankfurt/M.; Lehrauftrag im Studiengang zur Aus-
bildung von Hilfsschullehrern in Mainz; Schriftleiter
„Die Hilfsschule", Vorstandsmitglied des Hilfsschul-
lehrerverbandes VdHD
1.5.1933 NSDAP

Gedanken zur künftigen Geistesschwachen-
fürsorge und das Sterilisierungsgesetz. In: Die
Hilfsschule 26/1933, H. 9, S. 532–541

Herbst, Rudolf

Studienrat in Nürnberg, Dr.

Rassengeschichte und Vorgeschichte im Dienste nationaler Erziehung. Eine Ergänzung zu jedem Lehrbuch der Geschichte für höhere Unterrichtsanstalten (für die Oberstufe), bearb. von Rudolf Herbst und Alfred Klotz, Bamberg 1934

Herdt, Lothar

*14.5.1907 in Krefeld; Vater Reichsverpflegungsamtsdirektor, evang.
1929 Staatsprüfung fürs höhere Lehramt in Baden (Deutsch, Geschichte, klassische Philologie); danach Medizin- und Anthropologiestudium, Dr. phil. Berlin 1933 („Rassenkundliche und rassenbiologische Zeugnisse in altisländischen Schriften", bei Eugen Fischer) NSDAP 1.4.1929

Vererbung und Rasse, Berlin 1933 (Deutsche Jugendbücherei, 502)

Herkommer, Agnes

*25.6.1901 in Zimmern/Rottweil; kathol.; Vater Oberlehrer
Studium Germanistik, Psychologie, Pädagogik, Staatswissenschaften, Dr. phil. 1927, Lehrerin, Schriftstellerin (Pseud. Ruth Rainer), Arbeiten für den Rundfunk. Lebte nach 1945 als Lehrerin und Schriftstellerin in Schwäbisch Gmünd NSLB 4.5.1933, NSV, RKK, ehrenamtliche Tätigkeit im BDM und in der NSF

Rassenseelenkunde in einem schwäbischen Lehrerinnenseminar. In: Rasse 1934, S. 331–335

Hermsmeier, Friedrich

9.6.1889 (Heiden/Lippe-Detmold)–1944; evang.; Vater Lehrer
Volks- und Mittelschullehrer, 1926 Lehrer f. Psychologie am Heilpädagogischen Institut Halle, 1932 Dr. phil. Halle, Studienreferendar, 1934 Dozent f. Methodik des Deutschunterrichtes HfL Hirschberg; 1936 Doz., 1938 Prof. f. Charakter- und Jugendkunde HfL Frankfurt/O.
Nach dem Ersten Weltkrieg beim Wehrverband „Orgesch" (Organisation Escherich), NSDAP (1.3. 1933): Ortsgruppenleiter, Film-, Presse- und Propagandaleiter, SA, NSLB (1934): Leiter der Abt. Erziehung und Unterricht Kreiswaltung Frankfurt, Lektor für Charakter- und Jugendkunde; Leiter des Amts f. politische Erziehung NSDoz. Gau Mark Brandenburg

Zur Verjudung der deutschen Literatur und Literaturgeschichte. In: Die Volksschule 31/1935, H. 2

Herrmann, Curt (Kurt)

*22.11.1877 in Breslau; evang.
Rektor der Mädchenmittelschule in Breslau 1920–1928 DNVP, NSDAP 15.10.1932, NSLB (1.10.1931): Ortsgruppen-Amtsleiter, Reichsfachberater Geschichte, politischer Leiter und Amtswalter

Der Jude und der deutsche Mensch, Breslau o. J. (Schriftenreihe zu Deutschlands Erneuerung) Kreisgau Breslau des NSLB (Lesebogen f. Schulzwecke)

Herrmann, Friedrich (Fritz)

*21.6.1878 in Crastell/Kreis Simmern; evang.
Mittelschulkonrektor in Frankfurt/M.
DVP, NSLB (1.4.1933): stellv. Leiter der AG Biologie in der Fachschaft 3, Begutachter f. Biologie an Mittelschulen (Begutachtungsstelle der Reichsleitung NSLB); NSDAP 1940

(zus. mit Heinrich Stridde:) Untergang oder Aufstieg. ABC der Vererbungslehre und Erbgesundheitspflege der Familien- und Rassenkunde, Frankfurt/M. (Diesterweg) 1934

(zus. mit Walter Köhn und Max Schwarz:) Lebenskunde für Mittelschulen. Zweites Heft, Frankfurt/M. (Diesterweg Verlag) 1941

(zus. mit Walter Köhn, Friedrich Wolfart und Max Schwarz:) Lebenskunde für Mittelschulen. Sechstes Heft, Ausgabe B (Für Mädchenschulen), Frankfurt/M. 1943

Hesch, Michael

*13.9.1893 in Waltersdorf/Siebenbürgen
1917 Lehramtsprüfung, Studienreferendar, Studium der Anthropologie; Assistent bei O. Reche; Leiter der anthropologischen Abteilung der Staatlichen Museen für Tier- und Völkerkunde Dresden; Dr. phil. habil. 1939, 1940 Dozent (Erb- und Rassenbiologie), 1943 Prof. und Direktor des Instituts f. Soziologie und Sozialanthropologie Dresden (Nachf. K. V. Müller), Schriftleiter der Zeitschrift „Rasse". Nach 1945 Prof. an der TH und Direktor der Staatlichen Museen für Tierkunde und Anthropologie Dresden
Nordischer Ring (1927), NSDAP 1.5.1933, NSLB 1934, SS (1934): H'Stuf., RuSHA (Standartenschulungsleiter, Lehrkraft für Eignungsprüferlehrgänge, kommiss. Leiter der RuS-Außenstelle Böhmen/Mähren beim HSSPF Prag); SA, NSV, NSDoz. u. a.

Deutsche Rassenkunde. Eine Lichtbildreihe mit
Text für Selbststudium und Unterricht, Leipzig
1933

Der rassische Aufbau des deutschen Volkes, Berlin
1935 (Hillgers deutsche Jugendbücherei, 572)

Die nordische Rasse als Grundlage der rassischen Zusammensetzung des deutschen Volkes.
In: Rasse 1/1934, H. 2, S. 57–69

Vererbungslehre, Erbgesundheits- und Rassenpflege. II. Schriften mit unterrichtlich-planvoller
Stoffgliederung. In: Rasse 1935, S. 36–40

Rassenkunde und Rassenpflege. In: Rasse 1940,
S. 157–159

Die Juden. In: B. K. Schultz (Hrsg.), Lichtbildervorträge

Heß, Gerhard

*8.5.1902 in Stettin–1987; evang.; Vater höh. Post-
beamter, Abt.dir. Oberpostdir. Chemnitz
Landwirtschaftsstudium, 1926 Dipl.-Landwirt,
Assistent an der Landwirtschaftlichen Hochschule
Berlin, 1928 Dr. rer. agr., Leiter des Ländlichen
Volkshochschulheims Wülfingerode; 1935 Dozent,
1938 Prof. für Vererbungslehre und Rassenkunde HfL
Frankfurt/O., 1941 Reichsinstitut für den landwirt-
schaftlichen Unterricht Danzig. – Nach 1945 Leiten-
der Angestellter der Deutschen Landwirtschafts-
Gesellschaft, Geschäftsführer der Landvolkabteilung
Wandervogel; 1.5.1933 NSDAP, SS, NSLB (Gau-
stellenleiter f. Familien- und Sippenkunde)*

Rassenpolitische Erziehung und Erdkundeunterricht. In: Geographischer Anzeiger 39/1938,
S. 25–29

Heß, Karl

vermutl. Lehrer

(zus. mit Paul Stricker:) Ein Beitrag zur Unterrichtsgestaltung in der Vererbungslehre und
Rassenkunde für das 4. bis 6. Schuljahr, Karlsruhe 1936

Hesse, Lise

**26.11.1911 in Einswarden; Vater Arzt
Dr. med. Münster 1938 (bei Jötten); Volontärärztin
Horst-Wessel-Krankenhaus Berlin*

Erbhygienische Untersuchungen an Hilfsschulkindern der Städte Oldenburg und Delmenhorst,
Delmenhorst 1938 (Diss. med. Münster 1938)

Hesse, Otto

**1.7.1895 in Siegen; kathol.
Hilfsschullehrer in Siegen und Soest, freier Mitarbeiter an Ritters Kriminalbiologischer Forschungsstelle
NSDAP 1.5.1933, NSLB 1.6.1933*

Das zigeunerstämmige Moment, ein Fremdkörper im deutschen Volk. Erbbiologische Untersuchungen an zigeunerstämmigen und asozialen
Elementen. In: Die deutsche Sonderschule
6/1939, H. 6, S. 397–410

Heuing, Paula

**24.9.1912 in Ochtrup; Vater Bauer
Dr. med. Münster 1937 (bei Jötten)*

Erbhygienische Untersuchungen an Fürsorge-
zöglingen der Provinzial-Fürsorgeanstalt
Josephshaus Wettringen, Werne 1936 (Diss. med.
Münster 1937)

Hickethier, Kurt

Naturheilkundler und Biochemiker

Aufstieg durch Artverbundenheit. Was uns die
Ahnen nützen. Schloß Clettenberg am Südharz:
Sonnerschulbücherei 1934

Hieronymus, Käthe C.

**15.12.1899 in Hamburg; evang.
Hilfsschullehrerin in Hamburg
NSLB 1.4.1933*

Umwelt und Erbschädigung. Eine Untersuchung
an einer Hamburger Hilfsschule. In: Die deutsche Sonderschule 3/1936, H. 1, S. 25–37

Higelke, Kurt

**3.6.1900 in Landsberg/W.; evang.
1926 Volksschullehrer in Berlin-Kreuzberg, Rektor,
Schulrat; Referatsleiter in der Abteilung Wissenschaft, Erziehung und Volksbildung der Regierung
des Generalgouvernements, Regierungsrat; Hrsg.
„Wissenschaft, Erziehung und Volksbildung. Amtsblatt der Abt. Wissenschaft, Erziehung und Volksbildung in der Regierung des GG"; Hrsg. Schriftenreihe
„Völkisches Lehrgut"
NSLB 15.4.1933, NSDAP 1937*

(zus. mit E. Dobers:) Rassenpolitische Unterrichtspraxis. Der Rassengedanke in der Unterrichtsgestaltung der Volksschulfächer, Leipzig
1938, [4]1943

Hild, Hans

*7.12.1885 in Pfaffenwiesbach; kathol.
Taubstummenoberlehrer in Camberg
NSLB 30.8.1933

Sinn und Aufgabe der Taubstummenschule im neuen Staate. In: Blätter f. Taubstummenbildung 46/1933, S. 233–240 und 254–260

Hildebrand, Kurt

*19.12.1901 in Altlöbnitz; evang.
Blindenoberlehrer in Berlin, Blinden-LBA Berlin-Steglitz
NSLB 11.4.1933, SA, NSDAP 1937

Rassenkunde in der Blindenschule. In: Die deutsche Sonderschule 2/1935, H. 12, S. 942–947

Hildebrandt, Kurt

12.7.1881 in Kiel–1966
Dr. med. 1906, Dr. phil. Marburg 1921, Oberarzt der Wittenauer Heilstätten in Berlin, 1932 ärztlicher Direktor der Heilanstalten Herzberge, 1934 Prof. f. Philosophie in Kiel; Mithrsg. „Zeitschrift für die gesamte Naturwissenschaft"
NSDAP April 1933, NSLB, NSV

Norm, Entartung, Verfall. Bezogen auf den Einzelnen, die Rasse, den Staat. Berlin 1934, ²1939

Hildebrandt, Wilhelm

11.9.1878 in Peine–1934
Dr. med. Freiburg 1902, Habil. 1907, Prof. Dr. med., Chef der Inneren Abteilung des Diakonen-Krankenhauses Duisburg; Vorträge über Rassenkunde in der Ärztefortbildung
NSDAP 1930

Rassen- und Rassenmischungen im deutschen Volke. In: Mecklenburgische Schulzeitung 65/1934, H. 7, S. 98–104

Was soll die Beschäftigung mit Rassenkunde? Aus: Mecklenburgische Schulzeitung 64/1935, S. 477–478

Hiller, Christian

*2.2.1883; evang.
Hilfsschullehrer und Rektor in Stuttgart
NSLB April 1933, Gaufachschaftsleiter

Die Sterilisation Minderwertiger und die Hilfsschule. In: Württembergische Lehrerzeitung 93/1933, S. 430

Über Vererbung des Schwachsinns und Unfruchtbarmachung. In: Die deutsche Sonderschule 1/1934, H. 4, S. 297–300

Hiller, Friedrich

*13.6.1884
Historiker und Studienrat in Wandsbek, Leiter der Napola Ballenstedt
NSDAP 1937

Geschichtsunterricht. In: ders. (Hrsg.), Deutsche Erziehung im neuen Staat, Leipzig ²1936, S. 333–337

Hilpert, Paul

*26.12.1893 in Gehom
Dr. med. 1921, 1927 Privatdozent, 1930 Prof. Universität Jena, später Halle (dort Prorektor), 1939 München
NSDAP 1933, Reichsbund der Kinderreichen

Grundsätzliches über Rassenhygiene, Langensalza (Beltz) 1934, ²1935

Grundsätzliches über Rassenhygiene. In: Heimat und Arbeit 6/1933, H. 4, S. 97–125

Rassegedanke und Universität. In: Süddeutsche Monatshefte 32/1934, H. 1, S. 1–36

Die rassehygienische Forderung. Rede, gehalten bei der Gedenkfeier der Martin Luther-Universität Halle-Wittenberg an Luthers Geburtstag am 10. November 1937, Halle 1937 (Hallische Universitätsreden)

Hinst, Bruno

23.11.1903 in Tondern–1941; evang.; Vater Gerichtsangestellter
1924 Lehrer und Erzieher am Landeserziehungsheim Bad Liebenstein/Thür., Privatlehrer, Dr. phil. München 1932 (bei Fischer und Rehm), 1934 Dozent f. Charakterkunde, Erziehungswissenschaft, Jugendkunde, 1939 Prof. f. Erziehungslehre und Seelenkunde HfL Lauenburg, 1939 HfL Beuthen
NSLB 1.5.1933, Kreissachbearbeiter, SA-Sturmmann, NSDAP 1937, BDO

Über die gemeinsame Wurzel des geopolitischen und des rassischen Denkens. In: Geographische Wochenschrift 3/1935, S. 720–724

Erbbiologische Fragestellungen in der Charakterkunde. Beispiele aus der psychologischen Ausbildung an einer Hochschule für Lehrerbildung. In: Zeitschrift f. Pädagogische Psychologie und Jugendkunde 41/1940, S. 18–31

Vergleich zwischen den Sippen von 10 Volks-
schülern und 10 Hilfsschülern. In: Volk und
Rasse 15/1940, H. 2/3, S. 28

Hippius, Rudolf

*9.6.1905 in Schadriza (Estland)–1945; Vater Ober-
förster und Gutsbesitzer
Dr. phil. Dorpat 1929, Stipendiat der DFG, Assistent
am Psychologischen Institut Universität Leipzig (bei
F. Krueger); 1934 Habil., Dozent und Mitarbeiter
am Wissenschaftlichen Institut für Heimatforschung
Universität Dorpat, Beauftragter für Lehrerbildung,
1939 Dozent am Seminar f. Psychologie und
Pädagogik Reichsuniversität Posen, 1942 Lehrstuhl
Sozial- und Völkerpsychologie Universität Prag,
Co-Direktor des Instituts f. Europäische Völker-
kunde und Völkerpsychologie der Heydrich-
Stiftung; Kriegsverwaltungsrat (Heerespsycho-
loge)
Deutsch-Baltische Partei 1924, Nationalsozialist.
Erneuerungsbewegung Estland, stellv. Landesleiter
der volksdeutschen Vereinigung, Präsident des
Deutschen Volksbundes Dorpat; stellv. Umsiedlungs-
leiter f. Stadt und Kreis Dorpat; NSLB 1934,
Schulungsleiter, 1942 Mitarbeiter im Reichsmini-
sterium für die besetzten Ostgebiete; NSDAP 1944;
BDO, SA*

(u. a.:) Volkstum, Gesinnung und Charakter.
Bericht über psychologische Untersuchungen
an Posener deutsch-polnischen Mischlingen
und Polen, Sommer 1942, Stuttgart – Prag
1943

Die psychische Gruppenstruktur Jugendlicher
aus deutschen Ehen und völkischen Mischehen.
In: Zeitschrift f. Psychologie 154/1943,
S. 249–286

Hirt, Eduard

*(vermutl.) 24.3.1875–1944
Arzt aus München, Dr. med. Erlangen 1900*

Rassenkunde, Erbbiologie, Rassenpflege,
München (Verlag f. Reichsversicherung) 1937

Höft, Albert

**10.9.1889 in Neudamm; evang.
Volksschullehrer, Rektor in Greifswald
1920–1930 DVP, Druiden-Orden 1923–1933, NSLB
1.6.1933, SA (1935 Ausschluß wg. Zugehörigkeit
zum Druiden-Orden), RKK (Fachschrifttum f.
rassische Erziehung), 1941 Aufnahme in die NSDAP
nach Entscheidung durch die Reichskanzlei*

Arbeitsplan für erbbiologischen und rassekundlichen Unterricht in der Schule unter Berücksichtigung der Rassenpflege, Familienkunde und
Bevölkerungspolitik. Mit Bildproben aus der
Praxis, Osterwieck 1934

Geschichtsatlas für die deutsche Jugend. Ein
Kartenwerk zur deutschen Geschichte für die
nationalpolitische Erziehung in Volks-, Mittel-
und Fachschulen, 3., im Textteil erw. Aufl.,
Langensalza – Berlin – Leipzig 1935

Rassenkunde als völkische Lebenskunde, Osterwieck 1936; 2., erw. Aufl. 1938 unter dem Titel:
Rassenkunde, Rassenpflege und Erblehre im
volksbezogenen lebenskundlichen Unterricht

Buch, Bild und Film als Förderer nationalsozialistischer Naturerziehung, Erfurt 1938 (Biologische Zeitfragen, hrsg. von Ernst Lehmann
unter Mitwirkung von Albert Höft und Karl
Zimmermann)

Sozialbiologische Beobachtungen in der Volksschule. In: Pädagogische Warte 40/1933, H. 13,
S. 600–604

Arbeitsplanung des Volksschulbiologen. In: Der
Biologe 5/1936, S. 397–403

Rassenbiologische und volkskundliche Erziehung im abschließenden Gesamtunterricht
der Volksschule. In: Nationalsozialistisches
Bildungswesen 2/1937, H. 1, S. 28–36

Völkische Gemeinschaftserziehung der völkischen Lebenskunde. In: Archiv f. Volksschullehrer 40/1937, H. 9, S. 517–521

Höhne, Fritz

**26.3.1878; konfessionslos
Dr. med., Dermatologe
NSDAP 1.5.1933*

Freiwillige oder zwangsweise Sterilisierung. In:
Die Hilfsschule 26/1933, H. 7

Höhnle, Max

**2.3.1912 in Stuttgart; Vater Dentist
Zahnarzt; Dr. med. Würzburg 1936*

Rassen- und familienkundlicher Vergleich der
älteren Schüler des Münnerstädter Gymnasiums
nach ihrem Wunsch, katholischer Pfarrer oder
etwas anderes zu werden, Diss. med. dent.

Würzburg 1936; erschienen unter dem Titel: Rassen- und familienkundlicher Vergleich zwischen den zukünftigen Theologen und den anderen Schülern des Gymnasiums zu Münnerstadt, Würzburg (Konrad Triltsch Verlag) 1936 (Schriften des RPA der NSDAP bei der Gauleitung Mainfranken zum Dr. Hellmuth Plan, 2)

Höltermann, Alfons

(vermutl.) *15.8.1890 in Bodendorf bei Remagen; kathol., dann gottgläubig
Altphilologe, Dr. phil. Bonn 1913, Studienrat NSDAP 1.5.1932 (Wiedereintritt 1.5.1933), NSLB 1.5.1933, Leiter der Gauhauptstelle Theoretische Schulung, Gauschulungsredner, Hauptschulungsamt; SA, NSV-Blockwart

Rassenkunde im Deutschunterricht. In: Zeitschrift f. Deutsche Bildung 11/1935, S. 512–522

Hoff, Richard von

*12.6.1880 in Bremen; evang., 1939 gottgläubig; Vater Ingenieur und Landwirt
1907 Lehrer Oberrealschule, 1918 Leiter des vaterländischen Unterrichts im Heer; Gründer der Bremer VHS; Studienrat, Dr. phil.; Landesschulbehörde, Senator für das Bildungswesen in Bremen; Mitbegr. und -hrsg. der Zeitschrift „Rasse" Deutschvölkischer Schutz- und Trutzbund, Leiter im Kampfbund für Deutsche Kultur, Nordischer Ring, NSDAP und NSLB 1.1.1931, SA 1931–1934, RPA (Fachredner), SS-Oberführer, hauptamtlicher SS-Schulungsleiter

Der Nordische Gedanke. Neue Bücher. In: Rasse 1934, S. 302–304

Der Nordische Gedanke. Neue Bücher. In: Rasse 1940, S. 154–157

Angriff auf die nordische Rassenseele. In: SS-Leitheft 3/1937, H. 3, S. 46–51

Hoffmann, Arthur

10.7.1889 in Erfurt–1964; evang.; Vater Eisenbahnsekretär
Volksschullehrer, Dr. phil. Jena 1922, 1921 Assistent am Philosophischen Seminar Universität Halle; 1924 Mittelschullehrer und Dozent am Heilpädagogischen Institut Erfurt, 1929 Prof. Pädagogische Akademie Erfurt, 1934 Prof. HfL Cottbus (Psychologie, Anthropologie und Pädagogik, 1936 Charakter-, Jugend- und Rassenkunde), 1939 HfL Frankfurt/O., 1941 LBA Cottbus; 1939–1944 Lehrbeauftragter an der Wirtschafts-Hochschule Berlin, Mithrsg. „Zeit-

schrift f. Pädagogische Psychologie und Jugendkunde", „Volkhafte Schularbeit". – Nach 1945 Tätigkeit als Orthopädie-Mechaniker in der DDR NSLB 1.7.1933; SA-Truppführer, RPA, NSDAP 1937

Rassenhygiene, Erblehre, Familienkunde. Schülerheft: Vom Erbgut und von der Erbgesundheit unseres Volkes, Erfurt 1933

Rassenhygiene, Erblehre und Familienkunde. Ein Arbeitsheft mit neuen Hilfsmitteln. Mit Übungsbogen: Vom Erbgut und von der Erbgesundheit unseres Volkes, Erfurt 1933, 116. Tsd.: 1936

Vom Erbgut und von der Erbgesundheit unseres Volkes. Schülerheft mit Übungsbogen, Erfurt 1933, 52.–65.Tsd.: 1934

(zus. mit L. F. Clauß:) Vorschule der Rassenkunde auf der Grundlage praktischer Menschenbeobachtung (Lehrerheft und Schülerheft mit je 24 Bildkarten), Erfurt 1934

(zus. mit R. Frercks:) Erbnot und Volksaufartung. Bild und Gegenbild aus dem Leben zur praktischen rassenhygienische Schulung, Erfurt 1934

(zus. mit Johann Hermann Mitgau:) Von Ahnen zu Enkeln. Eine erste Einführung in die Familienkunde, Cottbus 1934

Erbbiologie und Eugenik im Rahmen der pädagogischen Menschenkunde. In: Zeitschrift f. pädagogische Psychologie 24/1933, H. 7/8, S. 241–259

Die Bedeutung der Erbkonstitution. In: Zeitschrift f. pädagogische Psychologie und Jugendkunde 34/1933, S. 327–329 und 351–357

Didaktische Erschließung des Leitgedankens der rassenhygienischen Erziehung. In: Die Arbeitsschule 11/1933, S. 369–374

Einführung in Erblehre und Erbpflege. In: Volk und Rasse 1933, H. 7, S. 228 f.

Die rassenpädagogische Einordnung der Familienkunde. In: Reichszeitung der deutschen Erzieher 1935, H. 10, S. 18–20

Rassenkunde und Seelenforschung. In: Rasse 4/1937, H. 9, S. 329–335

Hoffmann, Ferdinand

14.1.1905; evang.
Dr. med., Regierungsmedizinalrat in Stuttgart
NSDAP 1.5.1933, NSKK, NS-Ärztebund

Volkstod durch sittlichen Verfall, München –
Berlin 1937, [8]1941

Sittliche Entartung und Geburtenschwund,
München 1938 (Lehrerhandbuch)

Hoffmann, Hermann F.

6.6.1891 in Leer–1944; Vater Arzt
Dr. med. Tübingen 1916, 1919 Assistent Universitäts-
Nervenklinik Tübingen, 1922 Habil., 1927 a.o.
Prof., 1933 Prof. und Direktor der Psychiatrischen
Universitätsklinik Gießen, 1936 Direktor der
Universitäts-Nervenklinik Tübingen, 1937–1939
Universitätsrektor, Leiter der NSDoz.-Akademie
Tübingen
NSDAP 1.5.1933, SA-Ostuf. (1937)

Erbpsychologische Familienkunde. In: Zeitschrift f. Rassenkunde 4/1936, S. 36–43

Erbbiologische Forschungen an Gießener
Fürsorgezöglingen. In: Münchner Medizinische
Wochenschrift 83/1936, S. 121

Erbpsychologie der Höchstbegabten. In: G. Just
(Hrsg.), Handbuch der Erbbiologie des Menschen, Bd. 5.1, Berlin 1939

Hoffmeister, Kurt

30.4.1895 in Groß-Quenstedt; evang.
Studienassessor in Franzburg/Vorpommern, Studien-
rat
NSLB 1.5.1933, SAR, NSDAP 1937; Kreisreferent
für Schönheit der Arbeit

Kunst und Kunstunterricht im Dienst am Volk.
In: Kunst und Jugend 13/1933, H. 11, S. 214–219

Offene Fragen der Kunstgeschichte. Nach dem
Durchbruch des Rassegedankens. In: Kunst und
Jugend 14/1934, H. 4, S. 62f.; H. 5, S. 82–88

Hoffmeister, Walter

12.9.1910 in Hannover; evang.; Vater Rektor
Dr. med. Göttingen 1934, Facharzt f. Chirurgie
NSDAP 1.5.1933, NS-Ärztebund

Was wird aus männlichen Hilfsschulkindern?
In: Zeitschrift f. Kinderforschung 43/1943,
S. 174–202

Hofmann, Karl

1.1.1898 in Schwerin; evang.; Vater Brauereibesitzer
Studium Mathematik u. Naturwissenschaften, 1928
Studienrat in Bremen, 1935 freiwillig ausgeschieden,
Medizin-Studium, approbierter Zahnarzt, Dr. med.
Freiburg 1940

Die Notwendigkeit und Möglichkeit der Förde-
rung unserer heutigen volksgesundheitlichen
Bestrebungen durch den wissenschaftlichen
Schulunterricht, Würzburg 1940 (Diss. med.
Freiburg 1940)

Hohlfeld, Andreas

24.6.1906 in Straßburg–1945
Dr. phil. Marburg 1932, Studienreferendar, Assistent
bei E. Krieck Frankfurt/M., 1933 Dozent f. Politische
Pädagogik und geschichtliche Bildung HfL Dort-
mund; 1936 Prof. f. Erziehungswissenschaften und
Methodik des Geschichtsunterrichtes und Direktor
HfL Karlsruhe; Sachverständigenbeirat des Reichs-
instituts der Geschichte des neuen Deutschlands; 1941
Dozent an der Reichsuniversität Straßburg
Artamanen; NSDoz. (Hochschulgruppenführer Dort-
mund), NSDAP 1932, Stellenleiter Gauleitung West-
falen-Süd; SS-OStuf., 1940 Referent f. Elsaßfragen
beim BdS Elsaß; SA, VDA

Rassische Geschichtsschreibung und Politik
der Gegenwart (Wegleitung für den Geschichtsunterricht). In: Volk im Werden 1936,
S. 650–656

Hohmann, Walther

16.10.1883 in Quedlinburg; evang.
Altphilologe und Historiker; Dr. phil. 1907, Gymna-
siallehrer in Mühlhausen, 1920 Studiendirektor in
Eschwege, 1922 Oberstudiendirektor in Hagen, 1934
in Köln, danach Magdeburg, dort Oberschulrat
NSDAP 1.5.1933, NSLB 1.7.1933 (Gausach-
bearbeiter f. Geschichte)

Volk und Reich der Deutschen. Geschichtsbuch
für Oberschulen und Gymnasien, bearb. von
Dr. Walter Hohmann und Dr. Wilhelm Schiefer,
Frankfurt/M. 1939–1941. Klasse 4: Preußen und
Deutschland (164–1871); Klasse 5: Von 1871 bis
zur Gegenwart; Klasse 6: Von der Vorgeschichte
bis zum Ende der Stauferzeit; Klasse 7: Von
der deutschen Ostsiedlung bis zu den Anfängen
Bismarcks; Klasse 8: Von Bismarck bis zur
Gegenwart, bearb. von Dr. Walter Hohmann,
Frankfurt/M. 1941

Ein Beitrag zur Durchführung des Ministerial-
erlasses über Rassenkunde im Geschichtsunterricht. In: Vergangenheit und Gegenwart 2/1936,
H. 3, S. 157–169

Holl, Heinrich

*14.2.1915 in Somborn; evang.; Vater Apotheker
Famulatur in Brandenburgischer Landesanstalt
Potsdam; Dr. med. Freiburg 1939
NSDAP

Erbcharakterkundliche Untersuchungen krimineller Sippen, Heidelberg 1939 (Diss. med. Freiburg 1939)

Holtkamp, Franz

*8.1.1900 in Dörsten
Amtsgerichtsrat, Vorsitzender des Erbgesundheits-
gerichts Dortmund
NSDAP 1940

Schule und Erbgesundheitsgerichte. In: Erzieher
der Westmark 1939, H. 3, S. 63 f.

Holtz, Günther

*7.5.1912
Mitarbeiter Eickstedts in Breslau, Rassen-
geschichtliche Diss. Tübingen 1942 (bei Gieseler
und Hauer, die Promotion wurde erst 1951
wirksam)
NSDAP 1930, NS-Ärztebund, Gauhauptstellen-
leiter des RPA in Stuttgart (1939), Sonder-
dezernat für Rassenpolitik des Ostministeriums
(1942)

(zus. mit Egon von Eickstedt und Ilse
Schwidetzky:) Ausgewählte Lichtbilder zur
Rassenkunde des deutschen Volkes, Stuttgart
1933, S. 1–8 [Dia-Serie für den Schulunter-
richt]

Holtz, Otto

*4.1.1895 in Redefin; evang.
Volksschullehrer in Wismar
NSDAP und NSLB 1.5.1933

Die Rassenfrage, eine Schicksalsfrage für das
deutsche Volk. In: Mecklenburgische Schulzeitung 34/1933, S. 340–344

Eugenische Erziehung in der Volksschule.
In: Mecklenburgische Schulzeitung 25/1933,
S. 256–259

Hoyer, Robert

Dr. med. Greifswald 1944

Rassenhygienische Untersuchungen über pom-
mersche Hilfsschüler-Familien (mit besonderer
Berücksichtigung des Handwerks), Diss. med.
Greifswald 1944

Huck, Wolfgang

*16.4.1908 in Zörbig; Vater Postsekretär
Dr. phil. Marburg 1934 (bei Jaensch)
NSDAP 1.7.1930

Psychologisch-anthropologische Untersuchungen über das Wesen der nordischen Rasse,
Breslau 1938 (Diss. phil. Marburg 1934)

Hüttig, Werner

24.5.1908 in Kein Räschen/Kalau – 1972; Vater
Kaufmann und Prokurist
Lehramtsprüfung und Dr. phil. Breslau 1931; wiss.
Mitarbeiter der Preußischen Versuchs- und For-
schungsanstalt für Milchwirtschaft in Kiel, 1932
Stipendiat am KWI für Biologie; 1933 Lehrbeauf-
tragter (politische Rassenkunde) Deutsche Hoch-
schule f. Politik; 1936 Dozent (Vererbungslehre und
Rassenkunde) HfL Bonn; 1940 Dr. agr. habil. und
Dozent Universität Bonn, stellv. Leiter des Instituts f.
Biologie und Rassenkunde Schelklingen (Außenstelle
der Hohen Schule der NSDAP); Landwirtschafts-
berater im besetzten Osten. – Nach 1945 Tätigkeit in
der Wirtschaft, 1960 –1972 Dozent Staatl. Ingenieur-
schule Bonn
NSDAP und NSLB 1930, Zellenobmann f. Biologie;
Ortsgruppen-Propagandaleiter, Mitarbeiter beim
Außenpolitischen Schulungshaus des NSDoz., Dozen-
tenbundsführer HfL Bonn, 1937 Reichsstellenleiter im
RPA

Dein Erbgut, ein heiliges Lehen, Berlin 1935

Rassenpflege und Alkoholmißbrauch, Berlin
1936

Die Gegner rassischen Denkens und ihre
Kampfesweise, Berlin 1939 (Nationalsozialistische Schulungsschriften, 5)

Die naturgesetzlichen Grundlagen von Bildung
und Erziehung. In: Korrespondenz f. Volksaufklärung und Rassenpflege 4/1935, S. 3 f.

Geistiges Erbgut und Umwelt. In: Korrespondenz f. Volksaufklärung und Rassenpflege
Januar 1935, S. 1 f.

Biologische Soziologie. In: Fahrenkrog (Hrsg.), Europas Geschichte als Rassenschicksal, 1937

Rasse und Raum. In: Neues Volk 1937, H. 9

Rassenpolitische Erziehung. In: Benze/Gräfer (Hrsg.), Erziehungsmächte und Erziehungshoheit im Großdeutschen Reich als gestaltende Kräfte im Leben der Deutschen, Leipzig 1940, S. 320–338

Hurtig, Theodor

17.12.1897–1977
Dr. phil. 1920, Studienrat, 1935 Prof. (Erdkunde und Methodik des Heimat- und Erdkundeunterrichts) HfL Elbing; Wehrmachts-Meteorologe und Regierungsrat. – 1946 Prof. f. Pädagogik und Direktor des Geographischen Instituts Universität Rostock, 1951 Prof. in Greifswald
NSDAP 1.5.1933, NSLB: 1934 Gausachbearbeiter für Erdkunde

Erdkunde. In: Ernst Dobers und Kurt Higelke (Hrsg.), Rassenpolitische Unterrichtspraxis. Der Rassengedanke in der Unterrichtsgestaltung der Volksschulfächer, Leipzig 1938, S. 253–277

Die Bedeutung der Rasse in der erdkundlichen Betrachtung. In: Nationalsozialistische Monatshefte 4/1939, H. 5, S. 287–297

Huth, Albert

*9.10.1892 in Hamburg; kathol.
Volksschullehrer, Dr. phil. München 1923, Assistent bei Aloys Fischer; 1925 Leiter des Pädagogisch-Psychologischen Instituts Nürnberg, seit 1928 als leitender Psychologe in der Arbeitsverwaltung, Regierungsrat im Landesarbeitsamt München, Oberregierungsrat; Mithrsg. „Zeitschrift f. Pädagogische Psychologie und Jugendkunde“. – 1948 Honorarprof. für angewandte Psychologie an der Universität München, 1951 Dozent f. Psychologie, Pädagogische Anthropologie und Soziologie PH München-Pasing SA 1933, NSDAP 1937, NSV, RLB; Kulturstellenleiter, Schulungstätigkeit

Seelenkunde und Arbeitseinsatz, München 1937

Zur Psychologie und Soziologie der großstädtischen Berufsnachwuchslenkung, München 1941

Aufgaben und Möglichkeiten einer pädagogischen Anthropologie. In: Pädagogische Warte 40/1933, H. 1, S. 49–52

Die typisch verschiedene soziale Haltung der in Deutschland vorkommenden Rassen. In: O. Klemm (Hrsg.), Bericht über den 14. Kongreß der Deutschen Gesellschaft für Psychologie in Tübingen 1934, Jena 1935, S. 127 f.

Rassenseele und Erziehung. In: Bayerische Lehrerzeitung 69/1935, H. 5, S. 58–66

Zur Methodik der Rassenseelenkunde. In: Zeitschrift f. Rassenkunde 13/1942, H. 1, S. 25–29

Huth, Eugen

*15.12.1886 in Herborn
Historiker, Dr. phil. Marburg 1910, Studienrat
NSDAP 1932

siehe Klagges

Ihde, Heinrich

20.5.1887 in Alfeld–1941 (gefallen); evang.
Ackerbau-Oberschullehrer, Höhere Landwirtschaftsschule Hildesheim
NSDAP 1.5.1933, NSLB 1.8.1933

(zus. mit Alfred Stockfisch:) „Vom Vater hab ich die Statur.“ Erbgesundheitspflege für Schule und Volk; später unter dem Titel: Erbpflege, Bevölkerungspolitik und Familienkunde, Langensalza ²1933, ¹³1935, ¹⁸1937

Gesundheitspflege und Rassenhygiene auf biologischer Grundlage. Reihe: Am Born der Natur, Teil 4: Biologie zum Erleben und Erforschen der Natur, ²1935, 3., neubearb. Aufl. 1939

„Ihm ruhen noch im Zeitenschoße …“ Erblehre, Berlin (Beltz) 1937

(zus. mit Ferdinand Roßner und Alfred Stockfisch:) Am Strom des ewigen Lebens der Natur, H. 4: Wald – Volk, Langensalza – Berlin – Leipzig 1938, ³1939

(zus. mit Ferdinand Roßner und Alfred Stockfisch): Lebenskunde. Lehrbuch für den Biologieunterricht an Mittelschulen, Langensalza – Berlin – Leipzig 1941

(zus. mit Ferdinand Roßner und Alfred Stockfisch): Lehrplan für den naturkundlichen Unterricht. In: Die Volksschule 33/1938, H. 24

Innecken, Irmgard

**7.1.1910 in Niedermarsberg/Westf.; evang.; Vater
Oberregierungs- und Baurat
Dr. med. Göttingen 1936, Volontärärztin in Hannover,
vermutl. Ehefrau von Walter Hoffmeister*

Was wird aus weiblichen Hilfsschulkindern? In:
Zeitschrift f. Kinderforschung 44/1935, S. 35–60

Isenburg, Wilhelm Karl Prinz von

*16.1.1903 in Darmstadt–1957; kathol.
Studium Geschichte, Erbbiologie und Bibliotheks-
wesen; Dr. phil. Gießen 1927, 1928 Assistent an der
Rheinischen Prov.-Kinderanstalt und am Pathopsychologischen Institut Bonn, 1933 Habil., Privatdozent für Erbforschung am Pathopsychologischen
Institut der Universität Bonn, 1934/35 Assistent und
Fachgenealoge an der Deutschen Forschungsanstalt
für Psychiatrie KWI München (bei Rüdin), 1935
Privatdozent Universität München, 1936 Tätigkeit
bei der Reichsstelle für Sippenforschung im RMdI,
1938 a.o. Prof. für Sippen- und Familienforschung
München. – Nach Amtsenthebung 1946 Wiedereinsetzung 1947
NSLB 1.7.1933, OSAF: SA-Staf.*

Das Problem der Rassenreinheit, Langensalza
1933 (Schriften zur politischen Bildung,
12. Reihe: Rasse, H. 4; Mann's Pädagogisches
Magazin, Nr. 1387)

Einführung in die Familienkunde. Mit einer
Bilderahnentafel, Leipzig 1934 (Reihe Wissenschaft und Bildung. Einzeldarstellungen aus
allen Gebieten der Wissenschaft)

Sippenkunde, Erfurt – Langensalza 1938
(Schriften zur politischen Bildung, H. 14;
Mann's Pädagogisches Magazin)

Sippen und Familienforschung, Heidelberg 1943
(Studienführer)

Iversen, Bernhard

*26.1.1881 in Munkbrarup/Flensburg–1947; evang.;
Vater Volksschullehrer
Volksschullehrer, Seminarmusiklehrer, Dirigent,
Organist; 1926 Dozent, 1927 Prof. Pädagog. Akade-
mie, 1933 Prof. f. Musikerziehung HfL Kiel, 1939
Hamburg, 1940 Hannover, 1943 kommiss. Aufsichts-
beamter über Lehrerbildungsanstalten in Schleswig-
Holstein; Mithrsg. „Neue Wege", Schriftleiter
„Kunst und Jugend"
NSDAP (1.5.1933), NSLB (1.6.1933): Kreis- und
Gausachbearbeiter f. Musikerziehung NSLB Kiel,
Leiter von Schulungslagern; SA 1933*

Musikerziehung aus rassischer Erkenntnis, Vortrag 1937. In: Der Biologe 1937/8, S. 274

Die Beeinflussung der Musikerziehung
durch rassische Erkenntnisse. In: Mitteilungs-
blätter der Hauptabteilung Schulung der
Reichsverwaltung des NSLB 1939, H. 10,
S. 263–271

Jaeger, J.

siehe Grossmann

Jaensch, Erich R.

*26.2.1883 in Breslau–12.1.1940; Vater Arzt
Dr. phil. Göttingen 1909, 1910 Habil., 1913 Prof.
Universität Marburg, Leitung der psychologischen
Abteilung des philosophischen Seminars, 1933 Direk-
tor des Instituts f. psychologische Anthropologie,
1938 Ausdehnung der Venia legendi auf Theoretische
Pädagogik; 1936–1940 Vorsitzender der Deutschen
Gesellschaft f. Psychologie; Hrsg. der Reihe „Rassen-
kunde und psychologische Anthropologie" und der
„Zeitschrift f. Psychologie"
Förderndes Mitglied der SS 1932, Unterzeichner des
Wahlaufrufs für die NSDAP 1932, Kampfbund für
deutsche Kultur 1932, NSLB 1.4.1933, NSDAP
1.5.1933; Leiter des Amtes Wissenschaft im NS-Doz.
Marburg*

Zur Neugestaltung des deutschen Studentums
und der Hochschule, Leipzig 1937

Der Gegentypus, Leipzig 1938 (Rassenkunde
und psychologische Anthropologie; Zeitschrift f.
angewandte Psychologie u. Charakterkunde 2,
Beiheft 75)

Die Ehre nach nordisch-deutscher Auffassung
und die deutschen Hochschulen. In: Akademische Turnbunds-Blätter 47/1934, S. 27–31

Psychologische Einwände gegen das Sterilisierungsgesetz und ihre Beurteilung. In: Ziel und
Weg 4/1934, H. 19, S. 718–724

Die biologisch fundierte psychologische Anthropologie, ihre Stellung zur Rassenkunde und Kul-
turphilosophie, ihr Gegensatz zur unbiologischen
Anthropologie. In: Zeitschrift f. Psychologie
137/1936, S. 1–50

Vom Geist des Judentums in der Wissenschaft.
In: Ziel und Weg 1937, H. 9, S. 210–214; auch in:
Westdeutsche Akademische Rundschau 7/1937,
S. 8f.

Geisteskampf gegen das Weltjudentum. In:
Nationalzeitung Essen vom 11.12.1938

Grundsätze für Auslese, Intelligenzprüfung und
ihre praktische Verwirklichung. In: Zeitschrift f.
angewandte Psychologie und Charakterkunde
55/1938, H. 1, S. 1–14

Jaensch, Walther

**5.4.1889 in Breslau; gottgläubig; Vater Arzt
Dr. med., 1919 Assistenzarzt am Universitäts-
Klinikum Marburg, Direktor des Instituts für
Konstitutionsmedizin Charité Berlin, a.o. Prof. Uni-
versität Berlin; 1928 Dozent Hochschule f. Leibes-
übungen; ehrenamtlich tätig beim Hauptamt für
Volksgesundheit, Filmreferent der Universität Berlin
Freikorps; NSLB 1.2.1933, NSDAP 1.4.1933,
NS-Doz., stellv. Führer der Dozentenschaft der
Universität Berlin; SS (1.11.1933): H'Stuf., seit
1937 Arzt im Ausbildungsstab der Sanitätsabteilung
Ost, 1938 beim Ausbildungsstab der Sanitätsabtei-
lung SSHA, Oberstabsarzt*

Körperformung, Rasse, Seele und Leibes-
übungen. Aus der deutschen Hochschule für
Leibesübungen. Berlin-Grunewald 1920–1936,
Berlin 1936

Jantzen, Walther

*1904–1962
Dr., Lehrer; 1938 Oberstudiendirektor Potsdam;
1935–1938 Sachbearbeiter im Zentralinstitut f.
Erziehung und Unterricht; bis 1944 Schriftleiter
Weltanschauung und Schule. 1948–1958 Burgwart
der Jugendburg Ludwigstein
NSDAP und NSLB 1932*

Rasse und Volk im erdkundlichen Lehrstoff. In:
Verhandlungen und wissenschaftliche Abhand-
lungen des 26. Deutschen Geographentages zu
Jena 1936, Breslau (Hirt) 1937, S. 297–308

Geopolitik im Kartenbild: die Juden, Heidelberg
(Vowinckel) 1940

Jaster, Arno

**28.4.1895 in Rackwitz; evang.
Hilfsschullehrer, 1934 Magistrats-Schulrat Berlin-
Köpenick
NSDAP und NSLB 1.3.1930*

Gestaltender Geschichtsunterricht, Frankfurt/M.
1937 (Der nationalpolitische Unterricht, ein
Handbuch für den Lehrer)

Jerábek, Josef

**17.11.1915; kathol.
Dr. med. Greifswald 1943; Assistenzarzt im Kreis-
krankenhaus Treptow*

Rassenhygienische Untersuchungen über die
Hilfsschüler in Greifswald, Stettin und Stralsund,
Langensalza 1944 (Diss. med. Greifswald 1943)

Jeß, Friedrich

**16.2.1891 in Lüneburg; evang., Austritt 1934;
Vater Geh. Justizrat und Landgerichtsdirektor
Dr. med. 1918; Facharzt für Gynäkologie, 1932
Dozent f. Rassenkunde, Rassen- und Bevölkerungs-
politik an der Hochschule für Politik Bochum, 1935
Knappschaftsfrauenarzt; Beisitzer Erbgesundheits-
obergericht Hamm; Ortsgruppenleiter der Deutschen
Gesellschaft für Rassenhygiene Dortmund
Verbindungsstudent Miltenberger Ring, Alldeutscher
Verband, Stahlhelm (1925), NSDAP 1931, Gau-
redner, Leiter RPA Gau Westfalen-Süd; SA: rassen-
politischer Referent und Sanitäts-O'Stubaf.;
Schulungstätigkeit bei NSV, DAF, NS-Ärztebund,
rassenkundliche Schulung der braunen Schwestern-
schaft an den städtischen Krankenanstalten der Stadt
Dortmund u. a.*

Rassenkunde und Rassenpflege. Ein Wegweiser
für die bevölkerungspolitische Propaganda,
Dortmund (W. Crüwell) 1933

(zus. mit W. Tiemann:) Die europäischen Rassen.
Ein rassenkundliches Arbeitsheft, Düsseldorf
²1935

Jörns, Emil

**7.10.10 in Hannover
Lehrer in Marburg und Hannover
NSDAP 22.4.1933, NSLB 22.8.1933*

Erziehung zu eugenischer Lebensführung als
Aufgabe der Volksschule, Berlin (Metzner
Verlag) 1933

(zus. mit Julius Schwab:) Rassenhygienische
Fibel. Der deutschen Jugend zuliebe geschrieben,
Breslau (Alfred Metzner) 1933, 11.–15. Tsd.:
1934, 26.–27. Tsd.: 1936, 38.–46. Tsd.: 1942

Meine Sippe. Arbeitshefte für rassebewußte
deutsche Jugend. Mit einer farbigen Ahnentafel,
Görlitz (Verlag für Sippenforschung und
Wappenkunde) 1934 (Schriftenreihe Sippenforschung, H. 4)

Die Sippenkunde in der neuen Schule. In:
Reichszeitung der deutschen Erzieher 1935, H. 7,
S. 24f.; H. 8, S. 8f.

Jötten, Karl Wilhelm

*4.3.1886; kathol.
Dr. med. Berlin 1912, Prof., Direktor des Hygiene-
Instituts und der staatlichen Forschungsabteilung f.
Gewerbehygiene der Universität Münster, Dekan der
Medizinischen Fakultät
Vor 1933 DVP, NSDAP 1.5.1933

Die Rassenkunde und Rassenhygiene im Unterricht an den deutschen Hochschulen. In: Die
medizinische Welt 7/1933, S. 1080f.

(zus. mit Dr. Heinz Reploh:) Erbhygienische
Untersuchungen an Hilfsschulkindern. In: Hans
Harmsen und Franz Lohse (Hrsg.), Bevölke-
rungsfragen, München 1936

Josewski, Erwin

5.2.1894 in Groß-Schönforst/Westpreußen–1978
Volks- und Oberschullehrer, Organist, Orchesterleiter,
1936 Doz. f. Musikerziehung HfL Elbing, 1942 Prof.,
Leiter der Abt. Schulmusik und stellv. Direktor des
Hochschulinstituts f. Musik Universität Prag; Fach-
berater f. Musikunterricht im Protektorat Böhmen-
Mähren
NSDAP 1937

Musik. In: Ernst Dobers und Kurt Higelke
(Hrsg.), Rassenpolitische Unterrichtspraxis. Der
Rassengedanke in der Unterrichtsgestaltung der
Volksschulfächer, Leipzig 1938, S. 301–323

Josten, Konstanze

*3.10.1910 in Neuß; kathol.; Vater Kaufmann
Dr. med. Münster 1938, Hilfsärztin, 1937 Virchow-
Krankenhaus, 1940 Kinderkrankenhaus Berlin-
Reinickendorf

Erbhygienische Untersuchungen an den Kindern
der Hilfsschulen in Neuß und Krefeld-Uerdingen,
Neuß 1937 (Diss. med. Münster 1938)

Just, Günther

3.1.1892 (Cottbus)–1950
Dr. phil. Berlin 1919; 1921 Assistent am KWI f.
Biologie Berlin; 1923 Habil., 1928 Prof., 1933
Direktor des Instituts für menschliche Erblehre und
Eugenik in Greifswald, Ortsgruppenleiter der Deut-
schen Gesellschaft für Rassenhygiene; 1937 Leiter
des erbwissenschaftlichen Forschungsinstituts des

Reichsgesundheitsamts, Oberregierungsrat, 1942
Prof. und Direktor des Rassenbiologischen Instituts
der Universität Würzburg. – 1948 Prof. und Direktor
des Anthropologischen Instituts Tübingen
NS Dozentenbund, NSDAP 1.5.1933 (Ortsgruppen-
schulungsleiter); NSLB, NSV, Mitarbeiter des RPA,
Luftschutzbund, förderndes Mitglied der SS

Praktische Übungen zur Vererbungslehre für
Studierende, Ärzte und Lehrer. 1. Teil: Allge-
meine Vererbungslehre. 2. Teil: Menschliche
Erblehre, 2., verbess. Aufl. Berlin 1935

Über schwierige Fragen der Vererbung beim
Menschen. In: Der Biologe 32/1933, H. 14,
S. 321–334

Die Persönlichkeit als erbbiologisches und
eugenisches Problem. In: Unterrichtsblätter f.
Mathematik und Naturwissenschaften 39/1933,
H. 6, S. 147–150

Eugenik und Schule. In: Erblehre – Erbpflege.
Hrsg. vom Zentralinstitut für Erziehung und
Unterricht, Berlin 1933, S. 40–65

Volksschule und Erbpflege. In: Pädagogische
Warte 40/1933, H. 13, S. 593–600

Schulauslese und Lebensleistung. In: Hans
Harmsen und Franz Lohse (Hrsg.), Bevölkerungsfragen, München 1936

Eugenik und Erziehung: Vortrag vom 8.6.1933.
In: Die Mittelschule 47/2.8.1933, H. 26,
S. 431–434

Ist Leistung erbbedingt? In: Neues Volk 1940,
H. 9, S. 28ff.

Justin, Eva

23.8.1909 in Dresden–1966; Vater Reichsbahn-
beamter
Krankenschwester, 2 Jahre Praktikantin im Erb-
biologischen Laboratorium der Universitäts-Klinik
Tübingen bei Robert Ritter, später dessen Mit-
arbeiterin im Kriminalbiologischen Institut;
Studium Anthropologie, Erbpsychologie, Rassen-
hygiene, Kriminalbiologie und Völkerkunde; Dr. phil.
Berlin 1943. – 1948 Kinderpsychologin Stadt Frank-
furt/M.; 1959 Verfahren, 1961 eingestellt
1925 Jungdeutscher Orden

Lebensschicksale artfremd erzogener Zigeunerkinder und ihrer Nachkommen, Berlin 1943
(Diss. math. nat. Berlin 1943)

Kadner, Siegfried

*29.5.1887 Kirchenthumbach/Oberpf.; Vater Forst-
meister*
*Dr. phil. Kiel 1919, danach Studienrat (Deutsch, Erd-
kunde, Französisch) in Berlin, VHS-Dozent, 1929
Dozent f. Rassenkunde an der Universität Berlin;
1933 ehrenamtliche Leitung VHS; 1941 Oberstudienrat; Schriftsteller
1918 SPD; NSDAP u. NSLB 1.5.1933, Gauschulungsamt, Gauredner, Fachredner für Rassenkunde
und Vererbungslehre; Kultur- und Pressereferent;
Mitarbeiter SS-Schulungsamt; SA-Oberscharführer,
RKK*

Rasse und Humor, München (J. F. Lehmann)
1936, ²1939

Rasse und Deutschunterricht. In: Die Deutsche
Schule 38/1934, S. 67–71

Humor als Ausdruck der Rassenseele. In: Die
Sonne 14/1937, H. 2, S. 63–65

Kadner, Th.

Hamburg

Der Arierbegriff. In: Die Schule im nationalsozialistischen Staat 11/1935, H. 12, S. 4f.

Kaiser, Hugo

*23.10.1888 in Zeitz; evang., dann gottgläubig
Studienassessor, Studienrat Reformrealgymnasium
Halle (Chemie, Biologie), später Eisleben
NSDAP 1.2.1933: Politischer Leiter, Redner, Kreis-
dienststellenleiter; NSLB 1.4.1933, RLB*

Der Einbau der Rassenkunde in die Volksschule.
In: Erzieher im Braunhemd. Kampfblatt des
NSLB Gau Halle-Merseburg 3/1935, H. 18,
S. 471–473

Erbbiologie im Unterricht. In: Bruno Manger
(Hrsg.), Rassisches Erleben. Grundlagen und
Anregungen für die Schule, Halle 1935,
S. 25–32

Kalchreuter, Hermann

*27.8.1887 in Oppenweiler/Backnang; evang.; Vater
Pfarrer
Klass. Philologe, Dr. phil. Tübingen 1911, Ober-
studiendirektor in Reutlingen; Schriftleiter „Aus
Unterricht und Forschung"
NSDAP 1.5.1933, NSLB 1933: Gausachbearbeiter,
SAR 1934, Referent f. weltanschauliche Schulung;
NSV, RLB, VDA*

Die Judenfrage – weltanschaulich gesehen.
Skizzen einer unterrichtlichen Behandlung in
oberen Klassen. In: Aus Unterricht und Forschung 4–6, 1940/41, S. 47–60

Kunst und Rasse. In: Aus Unterricht und Forschung 5–8, 1942, S. 70–85

Kameke, Georgy von

*2.3.1894 in Wiesbaden
Wohlfahrtspflegerin in Merseburg
NSDAP 1937*

Ein eugenischer Beitrag zur Taubstummheit.
In: Blätter f. Taubstummenbildung 46/1933,
H. 20, S. 301–303

Kaundinya, Otto Günther

*Sportlehrer, Diplom Hochschule f. Leibesübungen
Berlin 1929*

Die sportliche Leistung. Ihre biologischen,
rassischen und pädagogischen Voraussetzungen,
Leipzig (Quelle u. Meyer) 1936

Keeding, Hans

*17.9.1896
NSDAP (1.5.1933), Dienststelle Rosenberg Berlin,
Abteilung Außenpolitisches Amt*

Der Einfluß des Judentums auf die Presse.
In: Politische Erziehung 8/1935, Ausgabe A,
S. 250–255

Keipert, Hans

*18.9.1903 in Weimar, evang.; Vater Buchdruckerei-
besitzer
Volksschullehrer, Studium: Zeichnen, plastisches
Gestalten, Gesang, Deklamation, Schauspiel,
Germanistik, Geschichte, Theologie; Hilfs- und
Volksschullehrer in Greiz und Jena; Dr. phil. Jena
1933
NSLB 1.4.1933, NSDAP 1.5.1933, Blockleiter*

Die Behandlung der Judenfrage im Unterricht. Ein Versuch, Langensalza 1937,
²1940

Judenfrage. In: R. Murtfeld (Hrsg.),
Handbuch für den Deutschunterricht,
Langensalza – Berlin – Leipzig ²1941,
S. 351–353

Keiter, Friedrich

26.11.1906 in Wien–1967
Dr. phil. 1929, 1929–1932 Assistent am Anthropologischen Institut Universität Kiel, 1933 Dr. med., Habil. und Dozent Universität Graz, 1934 Assistent bei Scheidt am Rassenbiologischen Institut Hamburg; 1939 Dozent, 1941 Prof. am Institut f. Vererbungswissenschaften und Rassenbiologie Universität Würzburg; Gutachter f. Rassegutachten; Truppenarzt NSDAP (1.4.1940), Ortsgruppenleiter des Kampfringes der Deutsch-Österreicher in Hamburg, NSLB (1934), Begutachter für das pädagogische Schrifttum, NSV, RLB, NSDStB

Menschenrassen in Vergangenheit und Gegenwart, Leipzig 1936, ²1941

Rasse und Kultur. Eine Kulturbilanz der Menschenrassen als Weg zur Rassenseelenkunde, 3 Bde., Stuttgart 1938–1940. 1. Bd.: Allgemeine Kulturbiologie (1938); 2. Bd.: Vorzeitrassen und Naturvölker (1938); 3. Bd.: Hochkultur und Rasse (1940)

Die menschliche Fortpflanzung. Kulturbiologisch-bevölkerungspolitisches Rüstzeug des Arztes und anderer Treuhänder deutscher Rassenkraft, 1941, ²1942

Rassenpsychologie. Einführung in eine werdende Wissenschaft, Leipzig 1941

Landflucht und Schulleistung. In: Festband. Eugen Fischer zum 60. Geburtstage gewidmet, hrsg. von O. Aichel und O. v. Verschuer, Stuttgart 1934 (Zeitschrift f. Morphologie und Anthropologie 34/1934), S. 127–130

Erblichkeit von Wesensart und Begabung. In: Geistige Arbeit 1/1934, H. 8

Volkscharakter und Rassenseele. In: Zeitschrift f. Rassenkunde 8/1938, H. 1, S. 41–53

Nordisch-Vorderasiatisch als rassenpsychologische Polarität. In: Zeitschrift f. Rassenkunde 1941, H. 1, S. 60–65

Kern, Fritz

*23.9.1881 in Güntersdorf/Schlesien; evang.
Berufsschuldirektor in Berlin
NSLB 1934, RLB

Nationale Erbgesundheitslehre und Volksaufartung. Richtlinien für den Unterricht, Langensalza (Beltz) 1933, ⁶1934

Kerst, Bruno

24.12.1883 in Colditz–1943; evang.
Oberstudiendirektor Franziskaneum Meißen
NSDAP (1.11.1931): Bezirksredner, Ortsgruppenschulungsleiter, NSLB (1.10.1931): Abteilungsleiter im Kreisschulungsamt, 1933 Gausachbearbeiter für Mathematik

Die Mathematik im Dienste der rassenpolitischen Erziehung. In: Reichszeitung der deutschen Erzieher 2/1935, H. 8, S. 6f.

Kesselring, Michael

*27.3.1899; evang.
Studienrat; Dr. phil., Lehrerseminar Kaiserslautern, Prof. f. Erziehungswissenschaft, Psychologie und Jugendkunde HfL München-Pasing. – Nach 1945 Oberstudiendirektor
NSDAP 1.5.1933, NSLB 1.7.1933: Gutachter für Erziehungswissenschaft und Psychologie; stellv. NS-Dozentenbundsführer HfL Pasing

Völkische Psychologie und Jugendkunde im Umriß. In: Zeitschrift f. pädagogische Psychologie und Jugendkunde 37/1936, H. 9/10, S. 341–361

Die Psychologie im Dienste der neuen Lehrerbildung. In: Deutsches Bildungswesen 1936, H. 4/5, S. 254–270

Pflege der Charakter- und Jugendkunde an den Hochschulen für Lehrerbildung. In: Nationalsozialistisches Bildungswesen 4/1939, S. 339–357

Keyser, Erich

12.10.1893 in Danzig–1968
Historiker, 1920 Staats- und Stadtarchivar, Dr. phil., Privatdozent Danzig 1925, 1927–1945 Direktor Landesmuseum f. Danziger Geschichte, 1931–1945 a.o. Prof. Universität Danzig, 1941 Leiter der Forschungsstelle für westpreußische Landesgeschichte. – 1951 Leiter des Marburger Herder-Instituts für Ostmitteleuropaforschung
NSDAP, NSLB (1.10.1933)

Rassenforschung und Geschichtsforschung. In: Die Schule im nationalsozialistischen Staat 11/1935, H. 6, S. 22f.

Kiehn, Ludwig

2.10.1902 in Hamburg–1984
Dr. phil. Hamburg 1932 (bei Deuchler), Studienrat,
Mitarbeiter Institut f. Lehrerfortbildung, Assistent
am Erziehungswissenschaftl. Seminar Universität
Hamburg; 1934 Doz., 1935 Prof. f. Erziehungswis-
senschaften HfL Kiel, 1940 Dortmund, dann HfL
Hamburg, 1941 wieder Kiel; Regierungsrat (Luftwaf-
fen- und Heerespsychologe). – 1952 Wissenschaftli-
cher Rat am Pädagogischen Institut der Universität
Hamburg, 1956 Prof. f. Berufspädagogik., später
Direktor des Pädagogischen Instituts der Universität
Hamburg
NSDAP 1.5.1933, NSLB 10.5.1933, Mitarbeiter
Gauwaltung Schleswig-Holstein; NSDoz.

Das Wesen der Rasse in der „Nationalpolitischen
Erziehung" Ernst Kriecks. Ein Beitrag zum
Thema „Biologie und Politik". In: Hamburger
Lehrerzeitung 12/1933, H. 38/39, S. 509f.

Kiendl, Helmuth

*22.1.1903 in Stellingen; evang.
Lehrer in Poppenbüttel (Hamburg); Dr. phil.
NSLB 5.5.1933, NSDAP 1937

Die Vererbungslehre in der Volksschule. In:
Hamburger Lehrerzeitung 14/1935, H. 5,
S. 52f.

Kiessling, Arthur

18.11.1891 in Wiesbaden–1945 (Selbstmord);
evang.; Vater Musiklehrer und -direktor
Studium Deutsch und Geschichte, Dr. phil. München
1920 (musikgeschichtliche Diss.), Studienrat in
Marburg, 1927 Dozent, 1930–1932 Prof. für Psycho-
logie an der Pädagogischen Akademie Frankfurt/M.,
1934 Studienrat in Wiesbaden
NSDAP 1.5.1933, NSLB

Über die Vererbung von Leistungen. In: Zeitschrift f. pädagogische Psychologie und Jugendkunde 40/1939, S. 32–38

Kirch, Emilie

*2.10.1912 in Berlin; kathol.; Vater Rektor
Dr. med. Berlin 1940; Hilfskassenärztin

Eigene Beobachtungen an Hilfsschulkindern
über die Vererbung des Schwachsinns, unter
Bezugnahme auf das GzVeN, Berlin 1940 (Diss.
med. Berlin 1940)

Kirchhoff, Hans

*2.3.1914 in Hamburg
Volksschullehrer, Mitarbeiter am Rassenbiologischen
Institut der Universität Hamburg, Dr. phil. Hamburg
1945 (psychologische Diss.), Schulpsychologe
NSDAP 1937; Schulungshaus Sonthofen

Nachweis von Verhaltenstypen an einem rassen-
psychologischen Material aus Altenburg in
Thüringen. In: Zeitschrift f. Rassenkunde 9/1939,
H. 2, S. 131–149

Kirchmair, Heinrich

*1.4.1906 in Hamburg; evang.; Vater Studienprof.
Maschinenbauingenieur, danach Medizinstudium,
Dr. med. Hamburg 1939, Universitäts-Kinderklinik
Hamburg-Eppendorf, Habil. 1944

Erbfibel. Was jeder über Vererbung und Erbanlagen wissen muß, Bonn 1937

Erbfibel. Grundbegriffe der Vererbungslehre,
Bonn 1941, ²1944

Kirsten, Johanna

*1.8.1908 in Meerane/Sachsen; evang.
Lehrerin in Glauchau
NSDAP 1.5.1933, NSLB, NS-Frauenschaft; Kreis-
rednerin und Kreisbeauftragte f. rassenpolitischen
Unterricht

Sprache, Ausdruck und Rassenseele. In: Die
Sonne 15/1938, S. 119–127

Kittel, Gerhard

*23.9.1888 in Breslau; evang.; Vater Univ.-Prof.
ev. Theologe; 1913 Dr. phil., Privatdozent Universität
Kiel, 1917 Leipzig, 1926 Prof. Universität Tübingen;
Referent f. Religionswissenschaften im Sachverständi-
genbeirat des Reichsinstituts f. Geschichte des neuen
Deutschland
NSDAP 1933

Die Judenfrage, Stuttgart 1933, ³1934

Die historischen Voraussetzungen der jüdischen
Rassenmischung, Hamburg 1939

Das Urteil über die Rassenmischung. Im Judentum und in der biblischen Religion. In: Der Biologe 6/1937, H. 11, S. 342–353

Staatsbürgertum ohne völkische Verpflichtung
bedeutet nationalen Untergang und soziales
Chaos. Das Beispiel der jüdischen Zersetzung
des Ersten Römischen Imperiums. In: Der Schulungsbrief 6/1939, H. 6, S. 239–246

Klagges, Dietrich

*1.2.1891 in Herringsen/Soest – 1971; evang., 1942
Austritt; Vater Förster
Volks- und Mittelschullehrer, 1926 Konrektor in
Benneckenstein; 1930 Entlassung aus politischen
Gründen, 1931 Regierungsrat, Minister f. Inneres und
Volksbildung Braunschweig, 1933 Ministerpräsident
von Braunschweig; Hrsg. „Nordlicht". Nach 1945
Verurteilung zu lebenslanger Haft, nach 12 Jahren
freigelassen.
Deutschbund, DNVP, NSDAP 1925 (1928 Orts-
gruppenleiter), NSLB 1931, MdR 1932, SS-O'Gruf.
(1942); Goldenes Parteiabzeichen, SS-Totenkopfring*

Geschichtsunterricht als nationalpolitische
Erziehung, Frankfurt/M. [3]1937

Hrsg.: Volk und Führer. Deutsche Geschichte für
Schulen. Ausgabe für Oberschulen und Gymnasien, in Verbindung mit Oberstudiendirektor
Dr. Walter Franke. Klasse 2: Die Germanen,
bearb. von Dr. Paul Vogel, Oberstudiendirektor
in Wuppertal, Frankfurt/M. 1939; Klasse 3: Das
Erste Deutsche Reich (900–1648), bearb. von
Studienrat Dr. Waldemar Halfmann und Oberstudiendirektor Dr. Paul Vogel, Frankfurt/M.
1939; Klasse 4: Preußen gestaltet das Zweite
Reich, bearb. von Dr. Gerhard Staak (Prof. in
Kiel) und Dr. Walter Franke, Frankfurt/M. 1939
(4. Aufl. 1943 leicht verändert); Klasse 5: Nun
wieder Volk, bearb. von Dr. Walter Franke,
Oberstudiendirektor in Frankfurt/M., Frank-
furt/M. 1939; Klasse 6: Von der Vorgeschichte
bis zum Ende der Staufenzeit, bearb. von
Dr. Johannes Silomon, Oberstudiendirektor in
Frankfurt/M. und Dr. Walter Franke, Oberstudiendirektor in Frankfurt/M., Frankfurt/M.
1940; Klasse 7: Deutsches Ringen um Lebensraum, Freiheit und Einheit (1250 bis 1850), hrsg.
von Dr. Walter Franke und Dr. Waldemar Halfmann, bearb. von Studienrat Dr. Eugen Huth
(1250–1650), Oberstudiendirektor Dr. Waldemar
Halfmann (1650–1815), Prof. Dr. Paul Malthan
(1815–1850), Frankfurt/M. 1941

Klappenbach, Ferdinand

*19.11.1897 in Dannenberg – 1942 (gefallen); evang.
Volksschullehrer in Lüneburg
NSDAP 1.5.1933, NSLB 1.4.1933*

„Rechnen" als völkische Aufgabe. In: Deutsches
Bildungswesen 7/1935, S. 439–444

Mathematik und Rasse. In: Hamburger Lehrerzeitung 17/ 26.2.1938, H. 8, S. 113f.

Kleinschmidt, Otto

*13.12.1870 in Kornsand bei Geisenheim am Rhein –
1954; evang.
Studium der Theologie und Zoologie; Assistent
am Zoologischen Privatmuseum des Grafen von
Berlepsch; Dr. med. h.c. Halle 1923, Pfarrer, seit
1927 Leiter des Instituts für Weltanschauungs-
forschung in Wittenberg
vor 1933 deutschnational, RSK 1934, Treueeid auf
Hitler 1938*

Kurzgefaßte deutsche Rassenkunde, Leipzig
(Artamanen-Verlag) 1933; 4. Aufl. unter dem
Titel: Rasse und Art

Blut und Rasse. Die Stellung der evangelischen
Christen zu den Forderungen der Eugenik,
Berlin 1933

Rassengesundung, Halle 1934

Klemm, Otto

*8.3.1884 in Leipzig – 1939; evang.
Dr. phil. Leipzig 1906, Assistent, 1909 Habil., 1914
apl. Prof., 1923 Prof. f. angewandte Psychologie und
experimentelle Pädagogik an der Universität Leipzig
NSDAP 1.5.1933, NSLB 1.8.1933*

(zus. mit A. Ehrhardt:) Rasse und Leistung, auf
Grund von Erfahrungen im Felde der Eignungs-
untersuchungen. In: Zeitschrift f. angewandte
Psychologie und Charakterkunde 53/1937,
S. 1–18

Klenck, Wilhelm

**11.10.1896; evang.
Volksschullehrer in Nindorf bei Lamstedt, später
Wesermünde
NSLB 1.5.1933, Beauftragter für Volkssippenkunde
Reichsleitung NSLB, Mitarbeiter Gauamtsleitung,
Gausachbearbeiter, Vortragsredner, SA 1933*

Gedanken zum Lehrplan in Erblichkeit,
Familienkunde, Rassen- und Bevölkerungsbiologie, Verden 1934

(zus. mit Ernst Kopf:) Deutsche Volkssippenkunde, Berlin 1937 (Eine Arbeitsanweisung für
ihre Mitarbeiter hrsg. von der Arbeitsgemeinschaft für Sippenforscher und Sippenpflege:
Reichsnährstand, Nationalsozialistischer Lehrerbund, Rassenpolitisches Amt der NSDAP)

Biologische Beobachtungen an einer Geest-
bevölkerung. In: Pädagogische Warte 4/1934,
H. 24, S. 1140–1146

Bevölkerungsgenealogie. Aufgaben der Familienkunde im Dritten Reich. In: Die Schule im nationalsozialistischen Staat 11/1935, H. 5, S. 13f.

Klinge, Erich

31.7.1889 in Berlin–1957
Volksschul- und Turnlehrer; naturwissenschaftlich-
medizin. Studium, 1921 Dozent und Abteilungsleiter
an der Deutschen Hochschule f. Leibesübungen
Berlin, Dr. phil. Würzburg 1922 (sporthistorische
Diss.), 1929 Prof. f. Leibesübungen Pädagog.
Akademie Hannover; 1932 wiss. Mitarbeiter im
Volkswohlfahrtsministerium; 1933 Leiter der Hoch-
schule f. Leibesübungen Berlin, 1936 Direktor des
Instituts f. Leibesübungen Universität Köln, 1939
Ernennung zum Honorarprofessor, 1943 Hon.prof. f.
Pädagogik der Leibesübungen Universität Wien;
Mithrsg. „Gesundheit und Erziehung". – 1946 in den
vorzeitigen Ruhestand versetzt; 1955 Ehrenvorsitzen-
der des Bundes Deutscher Leibeserzieher
NSDAP 1.5.1933, NSLB 1.4.1933

Rassenpflege als Erziehungsaufgabe. In: Gesundheit und Erziehung 46/10, 1935, H. 18, S. 337f.

Klodt, Wilhelm

*1.5.1906 in Wiedenbrück
Dr. med., Stadtarzt in Köln
NSDAP 1.5.1933, NSDoz.

Werner Dittrich/Erich Meyer: Kleine Erb- und
Rassenkunde. Ausgabe für Westdeutschland,
bearb. von Wilhelm Klodt, Breslau 1933

Die erbkranke Familie. In: Die Schule im neuen
Staat 4/1933, H. 34, S. 5–7

Kloiber, Ämilian

Dr. med., Dr. phil.; Hochschullehrer in Wien,
später Leipzig, Habil. Prag 1942 („Die Rassen in
Oberdonau"). – Nach 1945 Prof. Univ. Graz, Vor-
stand Oberösterreichisches Landesmuseum Linz
NSDAP 1938; rassenkundliche Untersuchungen
an nordafrikanischen und arabischen Kriegs-
gefangenen im Lager Hoyerswerda/Grube Ostfeld
für das Ahnenerbe (Lehr- und Forschungsstätte
Vorderer Orient)

Von der Notwendigkeit rassenkundlichen Denkens. In: Die junge Front 6/1935, H. 9, S. 240–244

Klotz, Alfred

*15.6.1874 in Zittau; evang.; Vater Lehrer
Dr. phil., Privatdozent Straßburg 1905, o. Prof. Prag
1911, Prof. f. Klassische Philologie Universität Erlan-
gen 1920, Oberregierungsrat Erlangen; 1939 emer.
DNVP (1925), Stahlhelm, SA, NSLB 1934

Rassengeschichte und Vorgeschichte im Dienste
nationaler Erziehung. Eine Ergänzung zu jedem
Lehrbuch der Geschichte für höhere Unterrichtsanstalten (für die Oberstufe), bearb. von Rudolf
Herbst und Alfred Klotz, Bamberg 1934

Knorr, Wolfgang

30.5.1911 in Wolkenstein/Sa. –4.7.1940; gottgläubig;
Vater Arzt
Dr. phil. (Leipzig 1936) und Dr. med. (Rostock
1939), 1936–1940 Deutsches Hygiene-Museum
(Abteilung Erb- und Rassenkunde), Lehrauftrag f.
Rassenpflege Universität Leipzig
NSDAP (1932), 1932 Kreisredner, 1933 Gauredner,
1936 Gauamtsleiter RPA Sachsen, 1939 Reichshaupt-
stellenleiter (Leiter der Hauptstelle „Praktische Be-
völkerungspolitik") RPA; 1938 SA-Standartenführer

Die Kinderreichen in Leipzig, Heidelberg –
Berlin 1936 (Diss. phil. Leipzig 1936)

Vergleichende erbbiologische Untersuchungen an
drei asozialen Großfamilien, Berlin 1939 (Diss.
med. Rostock 1939)

Praktische Rassenpolitik. In: Politische Erziehung 1/1938, S. 1–7; auch in: Volk und Rasse
1938, H. 3

Knust, Hermann

*12.3.1878 in Gr. Lübars; evang.; Vater Lehrer
Volksschullehrer, Dr. phil. Greifswald 1921, Studien-
direktor am Lyzeum Pasewalk (Geschichte, Fran-
zösisch, Englisch)
NSLB 22.6.1933, NDSDAP 1937

Volkstum und Rasse im Geschichtsunterricht.
In: Monatsschrift f. höhere Schulen 32/1933,
S. 282–287

Koch

Dr., Sanitäts-Obersturmführer und Abteilungschef im
Gesundheitshauptamt der Obersten SA-Führung

Grundlagen rassenpolitischer Erziehungs-
aufgaben. In: SA-Führer 3/1938, H. 8, S. 15–22;
unter gleichem Titel als Sonderdruck 4 des
„SA-Führer" vom März 1939

Köhler, Otto

20.12.1889
Reizphysiologie der Tiere, Tierpsychologie, Ver-
erbungslehre; Dr. phil. 1911, Univ.-Prof. Königsberg
1925; Vorsteher des Zoologischen Instituts und
Museums Königsberg
NSLB 1.7.1933

Die biologische Gestaltung der Völker durch
Fortpflanzung, Vererbung und Auslese. In: Der
Biologe 3/1934, H. 8, S. 193–202

Köhler, Otto

25.9.1891; evang.
Studienrat in Berlin
Kriegsfreiwilliger, NSLB 29.4.1933, NSDAP 1937;
NSKK-Schulungsreferent, Lehrgang der Fliegenden
Gauschule Berlin in Ostpreußen, abkommandiert vom
NSKK, seit 1.9.1939 stellv. Referent f. weltanschau-
liche Schulung, SA-Sturmf.

Nationalpolitische Übungsstoffe für den
Mathematischen Unterricht. Ausgabe für
Frauenschulen. Anhang II: Aus Rassen- und
Familienkunde. Ergänzungsheft, Dresden
1937 (Ehlermanns Mathematisches Unterrichts-
werk)

Köhler-Irrgang, Ruth

12.2.1900; Vater Organist und Musikprofessor
Studium Philosophie und Volkswirtschaft; Lehramts-
prüfung; Schriftstellerin in Berlin
Technische Nothilfe, NSDAP 1.5.1933, Gaurednerin
NS-Frauenschaft Berlin, Mitarbeit in der Presse-
abteilung der NSF, Leiterin der Frauengruppe im
BDS, dann Vertreterin der Beauftragten f. Frauen-
fragen in der RKK

Weib und Kind am nordischen Ende der Welt.
Versuch einer Deutung altisländischen Frauen-
und Kinderlebens, Leipzig 1935 (Reden und Aufsätze zum nordischen Gedanken, 28)

Sippenpflicht und Sittlichkeit. Die Wurzeln
germanischer Ethik, Leipzig 1938 (Nordische
Art und deutsche Schule. Schriften zur nordischen Ausrichtung unserer Erziehung, anhand
der Quellen, hrsg. Von Friedrich Solger und
Bernhard Kummer)

Die Familie als Kraftquell und Lebensgrund
des Volkes, München 1942 (Schriften zur
weltanschaulichen Schulungsarbeit der
NSDAP, 13)

Köhn, Walter

11.8.1900 in Havelberg; evang.
Dr. phil. Bonn 1933, Mittelschullehrer in
Freiburg/Breisgau, 1939 Dozent f. Biologie, Erb- und
Rassenlehre HfL, dann LBA Würzburg
NSDStBd. 1929, NSDAP 1.5.1932, NSLB 1.7.1932;
Schulungswalter für Biologie und Weltanschauung,
Leiter von Schulungslagern des Zentralinstituts f.
Erziehung und Unterricht

Psychologische Untersuchungen an Zwillingen
und Geschwistern über die Vererbung der Kom-
binationsfähigkeit, der Intelligenz und der Phantasie, Leipzig 1933 (Diss. phil. Bonn 1933); aus:
Archiv f. die gesamte Psychologie 88

(zus. mit Fritz Herrmann und Max Schwarz:)
Lebenskunde für Mittelschulen. Zweites Heft,
Frankfurt/M. (Diesterweg) 1941

(zus. mit Fritz Herrmann, Friedrich Wolfart und
Max Schwarz:) Lebenskunde für Mittelschulen.
Sechstes Heft, Ausgabe B (für Mädchenschulen),
Frankfurt /M. 1943

(zus. mit v. Eickstedt:) Ausgewählte Lichtbilder
zur Rassenkunde des deutschen Volkes, Stuttgart
1938

Die rassekundliche Auswertung des Volksschul-
lesebuchs für das 5. und 6. Schuljahr. In: Deutsche Volkserziehung 1936, H. 3, S. 14–18

Rassenfragen im englischen Unterricht der
Mittelstufe. In: Die Mittelschule 51/1937, H. 38,
S. 452–454

Die Volksschule. In: Rudolf Benze (Hrsg.),
Rassische Erziehung als Unterrichtsgrundsatz,
Frankfurt/M. 1937, S. 15–22

Die Mittelschule. In: Rudolf Benze (Hrsg.),
Rassische Erziehung als Unterrichtsgrundsatz,
Frankfurt/M. 1937, S. 23–26

Köhnen, Gerhardt

9.12.1901 in Homberg/Kreis Moers; evang.
Diplomhandelslehrer Berufsschule Rheinhausen,
Gummersbach
NSDAP 20.4.1933, NSLB

Familienkunde im deutsch-volkskundlichen
Unterricht der kaufmännischen Schulen. In:
Deutsche Handelsschulwarte. Ausgabe B der
deutschen Berufserziehung 15/1935, H. 31,
S. 364f.

Königs, Paul

*7.4.1893 in Waffelnheim; kathol.
Diplom-Handelslehrer in Kiel und Straßburg
NSLB 1.1.1932: Gaureferent für staatspolitische
Erziehung, NSDAP 1.5.1933

siehe H. Wolfram

Könnemann, Rudolf

*2.7.1898 in Posen; evang.
Dr. phil., Studienrat in Danzig
NSLB 1.7.1934

Über die Geschwisterzahl bei Danziger Schulkindern. In: Volk und Rasse 13/1938, H. 6

Köster, Milli

Ertüchtigung von Blut und Rasse durch Atem-
und Stimmpflege, Wolfenbüttel – Berlin 1933

Kolb, Eduard

*18.2.1888 in Uffenheim
Studium Naturwissenschaften, Erdkunde, Anthropologie; Dr. phil. München 1921 (bei Aloys Fischer),
Studienrat, Oberstudiendirektor und Leiter der HfL
Bayreuth (Prof. f. Erziehungswissenschaften), Oberregierungsrat
NSDAP 1932, NSLB 1.4.1933; Leiter der Gauamtswalterschule Plassenburg, Gauredner und Gauschulungsleiter der Bayerischen Ostmark; Oberschulungsleiter der SS-Standarte 41

Was ist völkisch? In: Blätter f. Schulpraxis und
Erziehungswissenschaft 44/1933, H. 2, S. 43–50

Kolb, Gustav

13.8.1867–1943; evang.
Zeichenlehrer, Prof. in Stuttgart (Sillenbuch); Hrsg.
der NSLB-Zeitschrift „Kunst und Jugend"
NSLB 15.4.1933, NSDAP 1.5.1933 (Ortsgruppenleiter)

Die Kunst – und die Kunsterziehung – müssen
aus der rassischen Wurzel heraus entwickelt
werden. In: Kunst und Jugend 7–8/1934

Koller, Siegfried

*1908
Dr. phil. Göttingen 1930, 1931–1940 Vorstand der
Statistischen Abteilung des Kerckhoff-Instituts f.
Herz- und Kreislaufforschung Bad Nauheim,
Dr. med. 1938, 1939 Universitätsdozent Gießen,
1940 Leiter der erbstatistischen Abteilung des

Instituts f. Erb- und Rassenpflege Gießen, 1941
Leiter des Biostatistischen Instituts der Universität
Berlin, 1944 apl. Prof.; 1953–1962 Leiter der
Abteilung Bevölkerungs- und Kulturstatistik im
Statistischen Bundesamt, 1956 Honorarprof., 1963 o.
Prof. Mainz, 1982 Bundesverdienstkreuz
NSDAP 1.5.1933

(zus. mit H. W. Kranz:) Die Gemeinschaftsunfähigen. Ein Beitrag zur wissenschaftlichen
und praktischen Lösung des sog. „Asozialenproblems". Teil II und III, Gießen 1939 und
1941

Kommerell, Hermann

*2.3.1899
Dr., Studienrat, Dozent HfL Eßlingen (Rassenkunde
und Vererbungslehre)
NSLB 1.4.1933, NSDAP 1.5.1933, NSV-Kreisamts-
leiter

Biologie an der Hochschule für Lehrerbildung
Eßlingen, In: Der Biologe 6/1937, H. 6,
S. 190f.

Konopath, Marie Adelheid, Prinzessin zur Lippe

*30.8.1895
1926 Mitgründerin des Nordischen Rings (zus. mit
Ministerialrat Hanno Konopath); NSDAP 1930,
Leiterin der AG „Die Bäuerin", kommiss. Sachbear-
beiterin der AG Zucht und Sitte (1939) und Referentin im persönlichen Stab des Reichsbauernführers
(1941)

Nordische Frau und Nordischer Glaube,
Berlin 1934, ²1935, 3. neubearb. Aufl. 1938
(Flugschriften der Nordischen Glaubens-
bewegung)

Konrad, Klaus

*5.12.1904 in Würzburg; kathol.
Dr. phil. München, Lehrer, Hochschuldozent
NSLB 1.4.1933, NSDAP 1.5.1933; Mitarbeiter der
NS-Gaupresse (1933), Presseamtsleiter, NSV-Amts-
walter, VDA, RLB

Die Verordnung des Reichsministeriums für
Erziehung zur Einführung der Vererbungslehre
und der Rassenkunde in den Unterricht (vom
15.1.1935), Erfurt 1936

Der Rassengedanke in der Schule. Grundfragen,
Stoffe und Wege für die Praxis, Erfurt 1936
(Volkhafte Schularbeit)

Koopmann, Ludwig

*5.1.1900 in Wenningstedt/Sylt; evang., dann gott-
gläubig; Vater Volkschullehrer
Volks- und Mittelschullehrer, 1931 in Wesselburen/
Dithm., dort 1937 Mittelschulrektor
Jungdeutscher Orden, Deutsche Staatspartei,
VDA 1929, NSDAP 1.5.1933; NSLB (1.6.1933):
Fachschaftsleiter für Mittelschullehrer in
Norddithmarschen, Kreisschulungsredner f. Ver-
erbungsbiologie; SS-Scharf.; Reichskolonialbund,
NSV

Biologische Grundlagen der Geschichte. In: Die
Mittelschule 51/1937, H. 21, S. 255–257

(zus. mit Eggert Reimers:) Lehrplan für Biologie
in Mittelschulen. In: Die Mittelschule 52/1938,
H. 14, S. 147–153

Kopf, Ernst

*22.11.1894 in Ihlienworth; evang.
Lehrer in Drangstedt
NSDAP 1.8.1932, NSLB 1.10.1933

(zus. mit Klenck:) Deutsche Volkssippenkunde. Berlin 1937 (Eine Arbeitsanweisung
für ihre Mitarbeiter hrsg. von der Arbeitsgemeinschaft für Sippenforscher und Sippenpflege: Reichsnährstand, Nationalsozialistischer
Lehrerbund, Rassenpolitisches Amt der
NSDAP)

Kopp, Walter

*23.4.1910 in Hannover; Vater Kaufmann
Jura-Studium in Göttingen und Kiel, 1933 Gerichts-
referendar in Celle, später Hannover, Dr. jur. Kiel
1934 (bei v. Hentig, Diss. „Gesetzliche Unfruchtbar-
machung. Die Sterilisationsgesetzgebung in den
skandinavischen Ländern")
NSDAP 1.5.1933, RPA Gau Südhannover-Braun-
schweig (Leiter der Hauptstelle Presse und stellv.
Amtsleiter)

Beobachtungen an Halbjuden in Berliner
Schulen. Ein Beitrag zur Mischlingsfor-
schung. In: Volk und Rasse 10/1935, H. 12,
S. 390–394

Der Rassengedanke als Grundlage der nationalsozialistischen Rechtserneuerung. In: Der Biologe 8/1939, H. 3, S. 80f.

Die Unfruchtbarmachung der Asozialen. In: Der
Erbarzt 6/1939, S. 66–69

Korten, Ernst

*12.11.1893 in Elberfeld; evang., dann gottgläubig
Dr., Ratsherr
NSDAP 1930, Leiter der Hauptstelle Presse im RPA
Hessen-Nassau, 1939 Reichsorganisationsleitung
(Hauptschulungsamt) München, 1943 Gauhaupt-
stellenleiter, Gauschulungsredner

(zus. mit H. Steubing:) Rassisch ausgerichtete
Bevölkerungspolitik. Die Grundlagen der Be-
treuungsarbeit des NSV. Für die Schulungszwecke
der NSV zusammengestellt, Frankfurt/M. 1937

Kosswig, Kurt Karl

30.10.1903 in Berlin-Köpenick–1982; evang.; Vater
Ministerialrat
1927 Dr. phil., 1930 Privatdozent Münster, 1933
Prof. (Biologie und Zoologie) TH, später HfL
Braunschweig, zugleich Leiter des Naturkunde-
museums Braunschweig; 1937 aus politischen
Gründen Emigration in die Türkei, Prof. und Direktor
des Zoologischen Instituts Universität Istanbul;
1955–1969 Prof. und Direktor des Zoologischen
Instituts Universität Hamburg
1918 Deutschnationaler Jugendbund, 1920 Beteili-
gung am Kapp-Putsch; NSLB 21.7.1933, SS 1933
(Austritt 1936), Oberschulungsleiter und Rasse-
fachberater beim RuSHA

Biologische Grundlagen der Staatsführung, hrsg.
vom NSLB Gau Südhannover-Braunschweig,
Braunschweig (Appelhans) 1934

Erscheinungsbild, Erbbild, Kreuzung, Rasse und
Volk. In: Niedersächsischer Erzieher 1/1933,
S. 29–34

Zur Rassengeschichte Europas. In: Niedersächsischer Erzieher 2/1934, H. 1, S. 12–18

Rasse und Umwelt. In: Niedersächsischer
Erzieher 1935

Kottenrodt, Wilhelm

1.3.1878 in Gohlitz/Brandenburg–1948
1899 Lehrer in Berlin, ab 1909 freier Schriftsteller,
Hrsg. „Mainzer Volks- und Jugendbücher"
Mitbegründer der bündisch-völkischen Jugendgruppe
„Adler und Falken"

Deutsche Führer und Meister. Geschichtliche
Einzelbilder aus Gegenwart und Vergangenheit.
Mit einem Anhang: Feinde und Verräter, Frank-
furt/M. 1937 (Volk und Führer, Deutsche Geschichte für Schulen, hrsg. von Dietrich Klagges)

Kramer, Friederike

23.6.1910 in Lahr/Baden; Vater Arzt
Dr. med. 1938

Erbhygienische Untersuchung an Normal- und
Hilfsschulkindern der Stadt Freiburg, Freiburg i. Br. 1938 (Diss. med. Freiburg 1938)

Kramer, Otto

vermutl. Hilfsschullehrer in Dessau

Die rassenhygienische Bedeutung der Hilfsschule. In: Nationalsozialistisches Bildungswesen 2/1937, S. 598–605

Kramp, Peter

23.7.1911 in Wuppertal–1975
Dr. rer. nat., Habil. München 1942 („Der erb-
biologische Abstammungsausweis"), 1943 Assistent
bei H. Kranz am Institut f. Erbbiologie und Rassen-
hygiene, 1944 Privatdozent und kommiss. Direktor
des Instituts f. Vererbungswissenschaften Frank-
furt/M. – Leiter des Anthropologischen Institut
Frankfurt/M. 1950
NSDAP 1940

(zus. mit G. Benl:) Vererbungslehre, Rassenkunde und Rassenhygiene. Lehrbuch für die
Oberstufe höherer Lehranstalten, 2 Bde., Leipzig
1936

Krampf, Alfred

14.1.1891 in Hannover, evang.
Hilfsschullehrer, städtischer Schulrat in Hannover
NSDAP 1.1.1930 (Wiedereintritt 1931), NSLB
1.4.1932: Kreisamtsleiter, Reichsfachgruppenleiter
für Hilfsschulen; Mitarbeiter im RPA Hannover
(Hilfsschulwesen) 1938

Die Hilfsschule im neuen Staat, hrsg. von der
Reichsfachschaft V – Sonderschulen des NSLB,
Leipzig 1936

Sterilisierung und Hilfsschule. In: Die deutsche
Sonderschule 1935, H. 2/3, S. 130–145

Ein Beispiel der Zusammenarbeit der Fachschaft
V und dem Rassenpolitischen Amt. In: Die deutsche Sonderschule 5/1938, S. 698–704

Die deutsche Hilfsschule. In: Nationalsozialistisches Bildungswesen 3/1938, H. 6,
S. 361–365

Kranz, Heinrich Wilhelm

30.6.1897 in Göttingen–1945 (Selbstmord); Vater
Postmeister
Dr. med. Freiburg 1922, 1926 Privatdozent, 1934
Direktor Institut für Erb- und Rassenpflege Gießen;
1937 a.o. Prof., 1939 Rektor Universität Gießen,
1943 Nachfolge Verschuers in Frankfurt/M.; Mitglied
des Erbgesundheitsobergerichts Darmstadt
Kriegsfreiwilliger und Offizier im Ersten Weltkrieg,
Freikorps, NSDAP 1932 (Organisation und rassen-
hygienische Schulung des NS-Ärztebundes in Ober-
hessen 1931), 1933–1945 Leiter des RPA Gau
Hessen-Nassau; SA (1932): 1933 Referent, 1941
Hauptreferent f. Rassefragen, 1943 Obersturmbann-
führer, Gaudozentenbundsführer Hessen-Nassau

(zus. mit Ph. Kuhn:) Von deutschen Ahnen für
deutsche Enkel. Allgemeinverständliche Darstellung der Erblichkeitslehre, der Rassenkunde
und der Rassenhygiene, München 1933, weitere
Auflagen, 32. Tsd.: 1942

Sippschaftstafel des/der ... aus ..., begonnen am
... Text nach Dr. Astel, Gießen 1934

Die Gemeinschaftsunfähigen. Ein Beitrag zur
wissenschaftlichen und praktischen Lösung des
Asozialenproblems, 1. Bd., Gießen (Christ) 1939,
2. und 3. Bd., Gießen 1941 (Bd. 2 und 3. zus. mit
S. Koller)

Über erbbiologische Bestandsaufnahme. Sonderdruck über den Rassenhygienischen Fortbildungs-
kurs für Ärzte in Bad Nauheim 6.–9.12.1934

Bevölkerungspolitische Bilanz der sog. gebildeten Berufe Hessens. In: Archiv f. Rassen-
und Gesellschaftsbiologie 29/1935, H. 1

Zigeuner, wie sie wirklich sind. In: Neues Volk,
1937, H. 9, S. 21–27

Soldatentum auf rassischer Grundlage. In:
SA-Führer 6/1941, H. 5, S. 4–13

Weg und Ziel bei der Lösung des Problems
der Gemeinschaftsunfähigen. In: Nationalsozialistischer Volksgesundheitsdienst 9/1942,
H. 11, S. 217–221

Krause, Reinhold

22.10.1893 in Berlin; evang.; Vater Schriftsetzer
Historiker und Literaturwissenschaftler, 1921/22
Aluminatsinspektor in Straußberg, Dr. phil. Marburg
1924, danach Studienrat und Studiendirektor in
Berlin-Niederschönhausen

NSDAP 1.5.1932, NSLB (1.2.1933): Gaustellenleiter (Feiergestaltung), Gauschulungsredner, Hauptschulungsamt

Die Judenfrage im Unterricht. In: R. Benze
(Hrsg.), Rassische Erziehung als Unterrichtsgrundsatz, Frankfurt/M. 1937, S. 190–199

Krause, W.

Rassenmerkmale und Kinderzahl in Nordwest-
deutschland. In: Anthropologischer Anzeiger
12/1935, S. 72–80

Krauskopf, Alfred Artur

*12.6.1904 in Uszballen/Ragnit (Ostpr.); Vater
Landwirt und Postbeamter, später Stadthofbesitzer
Studium Theologie und Philosophie, 1930 zu
religionspsychologischen Studien in England, 1930
Hilfsprediger, 1931 Hilfspfarrer in Magdala/Kreis
Weimar, Dr. theol. Jena 1933 („Die Religionstheorie
Sigmund Freuds")*

Tiefenpsychologische Beiträge zur Rassenseelenforschung. In: Rasse 5/1938, S. 366–368

Krauß, Hans

Dr. med., Bezirksarzt in Ansbach

Die Grundgedanken der Erbkunde und Rassenhygiene in Frage und Antwort, München 1935

Kraut, Wilhelm

Oberstleutnant a.D., Hannover

Rassenpolitik und Genealogie. In: Der Biologe
8/1939, H. 3, S. 81f.

Krebs, Albert

*13.8.1910 in Coburg–1944 (gefallen); evang.
Hilfslehrer, 1937 Rektor Adolf-Hitler-Volksschule
Stettin; vor Antritt des Amtes als städtischer Schulrat
an der Ostfront gefallen
NSDAP 1.2.1929, Bannschulführer der HJ Oberfranken 1930–1933, SA 1931, Sturmbannadjutant
und Stu.f., NSLB 1.1.1933*

Die nationalsozialistische Volksschule, 1937,
2., neubearb. Aufl. 1944

Kreitmair, Karl

*25.3.1898 in München; kathol.
Dr. phil. München 1922 (bei Aloys Fischer); Land-
lehrer, Schriftsteller, 1932 Gemeinschaftsschule in
Nürnberg, 1937 Lehrer in München; Berthold-Otto-*

Schüler, 1935 Schriftleiter „Deutscher Volksgeist"
NSDAP 1.5.1933, NSLB 1.9.1933, NSV, VDA,
RKK, Sängerbund, Luftschutzwart

Rasse und Volkstum als Grundlagen der volksorganischen Erziehung. In: Neue Bahnen
45/1934, H. 12, S. 374–382

Der Landlehrer im Dienste der Vererbungsforschung. In: Blätter f. Schulpraxis und Erziehungswissenschaften 48/1937, H. 2, S. 88–92

Kretschmer, Ernst

*8.10.1888–1964
Dr. med. 1914, 1918 Habil., 1923 Prof. Universität
Tübingen, 1926 Direktor der psychiatrischen
Nervenklinik Marburg; Vorstand der Deutschen
Gesellschaft für Psychiatrie und Neurologie.
An der Durchführung des GzVeN beteiligt, Beisitzer
Erbgesundheitsgericht; Vortragender im NS-Dozen-
tenlager. 1946–1959 Universität Tübingen*

Züchtungsfragen beim Menschen. In: Der Biologe 4/1935, H. 12, S. 381–384

Konstitution und Rasse. In: E. v. Eickstedt
(Hrsg.), Rassen- und Gruppenpsychologie. Sonderheft zum 15. Kongreß der Deutschen Gesellschaft für Psychologie, Stuttgart 1936, S. 87f.

Kretzschmar, Johannes Robert

*25.7.1876 in Crimmitschau/Zwickau; Vater Hand-
werker und Lehrer
Lehrer und Schriftsteller, Dr. phil. Leipzig 1904, 1909
Dozent, 1918 Prof. für Siedlungsgeschichte und
Erziehungswissenschaft an der Universität Leipzig,
1919 Leiter der Pädagogischen Gesellschaft Leipzig;
1935 Abteilungsleiter des Stadtgeschichtlichen
Museums Leipzig, 1938 Direktor des Archäologi-
schen Instituts der Universität Leipzig
NSDAP 1.5.1933, Leiter der AG Vorgeschichte im
NSLB Leipzig*

Heimatgeschichte im neuen Reich, 1934

Volkstum und Erziehung auf deutschem Boden
unter dem Einflusse der Völkerwanderung. In:
Zeitschrift f. Geschichte der Erziehung und des
Unterrichts 25/1935, H. 3/4

Zur Frage der frühen Selbständigkeit der altger-
manischen Jugend. In: Volk und Rasse 12/1937, H. 4

Die Psychologie der frühgermanischen Kindheit
und die pädagogische Aufgabe der Gegenwart.
In: Zeitschrift f. pädagogische Psychologie und
Jugendkunde 40/1939

Kreuzberg, Peter Josef

*11.3.1887 in Derkum/Euskirchen; kathol.
Lehrer in Bonn
NSLB 29.4.1933

Die rassischen Wurzeln des deutschen Volkstums.
In: Archiv f. Volksschullehrer 39/1936, H. 9,
S. 545–556

Krieck, Ernst

6.7.1882 in Vögisheim/Müllheim–1947 (in US-
Internierungslager); evang.; Vater Kleinbauer und
Maurer
Volks- und Realschullehrer, 1919–1923 Lehrbeauf-
tragter Handelshochschule Mannheim, Dr. phil. h.c.
Heidelberg 1923; 1928 Prof. f. Pädagogik Pädagog.
Akademie Frankfurt/M., 1933 Universität Frank-
furt/M., 1934 Prof. f. Philosophie und Pädagogik
Universität Heidelberg, 1937 Univ.-Rektor,
Hrsg. „Volk im Werden", „Die Neue Deutsche
Schule", Mithrsg. „Die Sonne" u. a., Ehrenmitglied
des Reichsinstituts f. Geschichte des neuen Deutsch-
lands
Kampfbund für deutsche Kultur 1931, NSDAP
und NSLB 1932, NSDoz., Gaudozentenbundsführer
Heidelberg, Gauhauptstellenleiter und Mitglied der
Gauleitung Baden, SD-HA (Kulturreferent, Hoch-
schulberater, Gutachter für den Sektor Wissen-
schaft), SS-U'Scharf. (1938 Austritt), Lebensborn;
Goethe-Medaille 1942, Goldenes Parteiabzeichen

Nationalsozialistische Erziehung, begründet aus
der Philosophie der Erziehung, Osterwieck 1933,
⁵1940 (Die nationalsozialistische Erziehungsidee
im Schulunterricht)

Völkisch-politische Anthropologie, 3 Bde.,
Leipzig 1936–1938

Die Gestaltung des Unterrichts, Frankfurt/M.
1939

Volkscharakter und Sendungsbewußtsein.
Politische Ethik des Reichs, Leipzig 1940

Judenfrage. In: Volk im Werden 1/1933, S. 57 ff.

Das rassisch-völkisch-politische Geschichtsbild.
In: Volk im Werden 2/1934, H. 5, S. 287–298

Zwiegespräch über völkisch-politische Anthropologie und biologische Ganzheitsbetrachtung
(von Friedrich Alverdes, Marburg und Ernst
Krieck, Heidelberg). In: Der Biologe 1937, H. 2,
S. 48–55

Der Rassenkampf in der Geschichte. In: Volk im
Werden 9/1941, S. 62

Rasse und Staat. In: Volk im Werden 9/1941,
S. 153 ff.

Krieger, Heinrich

*6.8.1908 in Wetzlar
Maschinenbauingenieur, Studium in den USA,
Dr. jur. München 1936 („Das Rassenrecht in den
Vereinigten Staaten"); Veröffentlichungen zur
Rassenpolitik in Südafrika
NSDAP 1940

Die Trennung der Rassen im Schulwesen der
Vereinigten Staaten und des Deutschen Reiches.
In: Internationale Zeitschrift f. Erziehung
5/1936, S. 344–357

Krieger, Heinz

*5.1.1906 in Katzenfurt; evang.
Dr. phil., Studienrat f. Englisch Oberlyzeum Rheydt
NSDAP 1.5.1933, NSLB

England und die Judenfrage in Geschichte
und Gegenwart, Frankfurt/M. (Diesterweg)
1938

Krieger, Otto

*12.6.1880 in Hamburg; evang.
Volksschullehrer in Hamburg, Leiter der Abteilung
Biologie am Institut f. Lehrerfortbildung Hamburg;
organisierte Ausstellungen in Hamburg: Der gesunde
Mensch; Erb- und Rassenpflege
NSLB (1.5.1933): Gausachbearbeiter f. Lebens-
kunde; NSDAP 1937

Erbkranke und ihr Nachwuchs. In: Hamburger
Lehrerzeitung 15/1936, H. 15, S. 157–160

Blutgemeinschaft durch gemeinsame Abstammung. In: Hamburger Lehrerzeitung 16/1937,
H. 15/16, S. 167 f.

Krieger, Paul Ludwig

*29.12.1904 in Ingolstadt; evang.
Dr. phil., Volksschullehrer in Leipzig und München;
1941–1944 Deutsche Schule Burgas (Bulgarien)
NSLB 1.12.1933, NSDAP, NSV

Artmerkmale an ausländischen Handschriften-
proben unter rassenseelenkundlichem Gesichtspunkt. In: Zentralblatt f. Graphologie 6/1935,
H. 2

Rasse, Rhythmus und Schreibinnervation bei Jugendlichen und Erwachsenen. In: Zeitschrift f. pädagogische Psychologie und Jugendkunde 38/1937, H. 1/2, S. 13–31

Rhythmus, Rasse und Schreibbewegung. In: Volk und Rasse 12/1937, H. 2, S. 49–58

Kroh, Oswald

15.12.1887 in Beddelhausen/Westf.–1955; evang. Volksschullehrer, Dr. phil. Marburg 1919 (bei E. Jaensch), 1921 Habil., 1923 Prof. f. Pädagogik und Psychologie Tübingen, 1938 München, 1942 Direktor des Psychologischen Instituts der Universität Berlin; 1940–1945 Vorsitzender der Deutschen Gesellschaft für Psychologie; Mithrsg. Zeitschrift für pädagogische Psychologie und Jugendkunde. – 1948 FU Berlin, dort 1949 Prof. und Direktor des Psychologischen Instituts NSDAP 1.5.1933, NSDoz., Verbindungsmann der Deutschen Gesellschaft f. Psychologie beim Amt Rosenberg; NSV, RLB; Tätigkeit fürs RPA

Völkische Anthropologie als Grundlage deutscher Erziehung. Vortrag gehalten vor Seminarlehrern, Esslingen (Burgbücherei) 1934

Die Aufgabe der pädagogischen Psychologie und ihre Stellung in der Gegenwart. In: Zeitschrift f. pädagogische Psychologie 24/1933, H. 9, S. 305–327

Deutsches Menschentum. In: Zeitschrift f. pädagogische Psychologie und Jugendkunde 38/1937, H. 5/6, S. 117–138

Zur Psychologie der „Umvolkung". In: Auslandsdeutsche Volksforschung 1/1937, H. 4, S. 361–397

Erbpsychologie der Berufsneigung und -eignung. In: Günther Just (Hrsg.), Handbuch der Erbbiologie des Menschen, Berlin 1939

Probleme und Aufgaben der deutschen Psychologie. Zur Frage ihrer Ausrichtung und Abgrenzung gegen jüdisches Denken. In: Deutscher Wissenschaftlicher Dienst 1940, Nr. 22, S. 3f.

Krüger, P.

vermutl. Lehrer

Belastete und gefährdete Volksschüler. In: Pädagogische Warte 40/1933, H. 13, S. 604–610

Krüger, Rudolf

*26.7.1899 in Klemmen (vermutl.) Oberregierungsrat in Schwerin; 1940/41 Abteilungsleiter der Abteilung Wissenschaft und Unterricht im Distrikt Warschau MdL Mecklenburg, NSDAP; NSLB 1936

(zus. mit Otto Lemke:) Der deutsche Mensch, Langensalza 1934 (Arbeitshefte zur nationalsozialistischen Erziehung der deutschen Jugend)

Krumpt, Werner

*13.12.1900 in Sprottol/Schlesien; evang. Diplomhandelslehrer, 1930 Handelsschulleiter in München, Entlassung aus politischen Gründen, Auslandsaufenthalt, 1933 Lehrer an der Polizeiberufsschule und Sachbearbeiter des Polizei-Schulrates Berlin, Strafanstaltsoberlehrerdienst Berlin Freikorps, Schlesischer Selbstschutz, 1930 DNVP, NSDAP 1932: Kreisredner, Ortsgruppenpropagandawart; NSLB 1.5.1933: Gaureferent f. Sonderschulen; Luftschutzlehrer

Die Sippentafel und Einzelarbeitsvollzüge in der erbbiologischen Forschung bei Kriminellen. In: Die deutsche Sonderschule 4/1937, H. 9, S. 609–616

Kruse, Ernst

*3.4.1894 Elmshorn; evang. 1919 Volksschullehrer, 1923 Mittelschullehrer in Hamburg; naturwissenschaftliches Studium, 1931 Prüfung f. das höhere Lehramt; Leiter der Kreisbildstelle Lauenburg/Holst. (1935), LBA Hirschberg 1945 Kriegsfreiwilliger, NSDAP 1.5.1933, NSLB 1.6.1933, SAR

Der lebenskundliche Unterricht in der Volksschule [Manuskript in: BA R 21/549]

(zus. mit Paul Wiedow:) Lebenskunde für Mittelschulen, Bd. 1, Leipzig (Teubner) ⁴1940; Klasse 3, Leipzig ³1944; Klasse 6, Ausgabe A für Jungenschulen, Leipzig 1942

Über den erbbiologischen Wert von Fürsorgezöglingen. In: Hamburger Lehrerzeitung 16/1937, H. 22, S. 237f.

Kühn, Alfred

22.4.1885 in Baden-Baden–1968
Zoologe; Dr. phil. Freiburg 1908, 1910 Privatdozent,
1914 a.o. Prof. Freiburg, 1920 Prof. Göttingen, 1937
Direktor des KWI für Biologie Berlin-Dahlem,
zugleich Prof. f. Biologie und Zoologie an der Univer-
sität Berlin. 1946–1951 Prof. und Institutsdirektor
am Zoologischen Institut der Universität Tübingen,
1951–1958 Direktor des Max-Planck-Instituts f.
Biologie Tübingen; Mithrsg. von Fachzeitschriften
NSV

Erbkunde. In: Heinz Woltereck (Hrsg.), Erb-
kunde – Rassenpflege – Bevölkerungspolitik.
Schicksalsfragen des deutschen Volkes, Leipzig
(Quelle u. Meyer) 1935, S. 1–98

Kürten, Heinz

29.5.1891 in Limburg–1966
Dr. med., 1919 Assistent, 1925 Privatdozent Halle,
praktizierender Arzt, 1934 Prof. an der Universität
München, Direktor der Universitäts-Poliklinik Mün-
chen, 1935–1937 Dekan
NSDAP (1930), stellv. Orts- und Kreisleiter, stellv.
Gauobmann; 1931 Gaufachbearbeiter f. Rassen-
hygiene im Gau Halle-Merseburg, 1934–1944 Gau-
beauftragter und Gauamtsleiter des RPA München,
Hauptstellenleiter in der Reichsleitung des NS-Ärzte-
bunds; NS-Doz. und NSLB 6.7.1933, SS, NSV, RLB;
Kolonialbund, RKK; Hauptschriftleiter „Wille und
Weg"; Parteiabzeichen in Bronze 1940

Menschliche Erblichkeitslehre und Rassenhygiene. In: Erzieher im Braunhemd 2/1934,
H. 1, S. 17–21

Kuhn, Karl

*20.8.1896 in Wald; kathol.
Dr. rer. nat. Tübingen 1935, Studienrat Realgymna-
sium Hechingen, Schulrat
NSLB 1934

(zus. mit Anton Senner:) Die Lehre vom Leben.
2. Teil: Menschenkunde und Erblehre auf
Grundlage von schulmäßigen Beobachtungen
und Versuchen, 4., neubearb. Aufl. Frankfurt/M.
1937

Kuhn, Philalethes

13.9.1870 in Berlin –1937
Dr. med. Berlin 1894, 1896–1904 als Arzt bei der
Schutztruppe in Deutsch-Südwestafrika, Distriktchef
in Grootfontein, Teilnahme am Vernichtungsfeldzug
gegen die Hereros, 1905 Ref. im Reichskolonialamt

Berlin, 1909 Mitarbeiter in der Bakteriologischen
Abteilung im Kaiserlichen Gesundheitsamt, 1912
Med.ref. in Kamerun, 1914 Habil. in Jena, 1915
a.o. Prof. und Leiter der Bakteriologischen Anstalt
für das Elsaß, 1919/20 Universität Tübingen, 1920
o. Prof. TH Dresden, 1926 Prof. Gießen, Direktor des
Hygienischen Instituts Gießen; Mitbegründer der
deutschen Gesellschaft für Rassenhygiene Ortsgruppe
Dresden
1924 Führer der völkischen Bewegung in Ostsachsen,
NSDAP (1931), NSLB (1932), NS-Doz.

(zus. mit H. Kranz:) Von deutschen Ahnen
für deutsche Enkel. Allgemeinverständliche
Darstellung der Erblichkeitslehre, der Rassenkunde und der Rassenhygiene, München 1933,
[8]1943

Kulessa, Adolf

*18.9.1897 in Skomentnen/Lyck (Ostpreußen);
evang.; Vater Landwirt
1921 Lehrerexamen und Volksschullehrertätigkeit,
Studium neuere Geschichte und Geographie,
Dr. phil. Gießen 1927, Studienrat in Elbing und
Königsberg
Kriegsfreiwilliger, Leutnant und Kompanieführer,
1918/19 englische Kriegsgefangenschaft; 1924/25
Deutschvölkischer Freiheitsblock, NSLB 1.7.1932,
NSDAP 1.5.1933, SAR, NSV, BDO, förderndes
Mitglied SS

siehe Caesar Schaeffer

Kullak, Max

1.10.1892 in Soltmahnen bei Angerburg/Ostpreußen–
1956; evang.; Vater Mittelschullehrer
Dr. phil. Greifswald 1921 (kirchengeschichtliche
Diss.), 1920 Oberlehrer in Dortmund, Studienrat
(Deutsch, Religion, Geschichte), 1930 Prof.
Pädagog. Akademie Dortmund, 1932 Studienrat in
Münster, 1934 Prof. (Deutsche Sprache und Metho-
dik des Deutschunterrichts) HfL Frankfurt/O. – Verf.
von „Horst Wessel. Durch Sturm und Kampf zur
Unsterblichkeit" (1935).
Kriegsfreiwilliger, NSDAP (27.7.1932), NSLB
1.10.1932 (im Mitarbeiterstab der Zeitschrift
„Neue Wege", Organ der Reichsschaft IV –
Volksschullehrer des NSLB), SA (Obersturm-
führer)

Der Einbau einer „Rassischen Wesenskunde
des deutschen Volkes" in die Universitäten
und Hochschulen. In: Die Neue Deutsche
Schule 7/1933, H. 6, Ausgabe B, S. 320f.

Kumsteller, Bernhard

*9.4.1890 in Pillkallen; evang.
Dr. phil. Greifswald 1912, Studienrat und Schulleiter
in Berlin; Vorstandsmitglied des Geschichtslehrerver-
bandes
NSLB 3.4.1933, NSDAP 1.5.1933

(zus. mit Ulrich Haacke und Benno Schneider:)
Geschichtsbuch für die deutsche Jugend. Volksschulausgabe, bearb. von Rektor Ernst Ziemann.
3. Heft, Leipzig [15]1938

(zus. mit Ulrich Haacke und Benno Schneider,
unter Mitarbeit von G. Ottmer:) Geschichtsbuch
für die deutsche Jugend. Klasse 5, Leipzig [3]1943;
Klasse 6, Leipzig [3]1942

Kunze, Hans

(vermutl.) *10.7.1894 in Dresden
Hilfsschullehrer; Dr.
NSDAP 1931, Mitarbeiter für Schul- und Lehrer-
fragen im RPA Sachsen, später Gaustellenleiter im
RPA

Vererbung und Erziehung. In: Politische
Erziehung 7/1936, Ausgabe A, S. 201–206

Praktische Sippenforschung in der Schule im
Dienste der Volksaufartung. In: Politische
Erziehung 1/1937, S. 23–27

Kurth, Gottfried

*25.6.1912 in Dresden; Vater Landgerichts-
präsident
Studium Rassenkunde und Vorgeschichte in Jena,
Dr. rer. nat. Jena 1936/38 („Rasse und Stand in vier
Thüringer Dörfern")
NSDAP 1.3.1932

Probleme der Begabtenförderung. In: Volk und
Rasse 15/1940, H. 6, S. 67–70

Kurtzahn, Hans

*27.2.1890
Dr. med. 1917, apl. Prof. Chirurgie Königsberg,
Privatdozent 1923, nb. a.o. Prof. 1928
NSDAP 1931, NSLB 1.7.1933

Die Idee der Rasse und Lehrer, Jurist und Arzt:
Ziel und Weg 1934, H. 2, S. 49–52

Kuttner, Ludwig

*20.5.1912
Dr. jur. München
NSDAP 1.5.1933

Die Kinder der Sicherungsverwahrten. Eine
kriminalbiologische Untersuchung, Leipzig 1938
(Kriminalistische Abhandlungen, 31) (Diss. jur.
München 1938)

Kynass, Fritz

*5.1.1908 in Berlin-Reinickendorf; evang.; Vater
Werkmeister
Studium Deutsch, Geschichte, Englisch; Turnlehrer-
examen (1928), volkskundliches Studium; Assistent
am Pommerschen Volksliedarchiv; Dr. phil. Greifs-
wald 1934
NSDAP 1.4.1933

Der Jude im deutschen Volkslied. Eine Teilstudie,
Diss. phil. Greifswald 1934

Kynast, Karl

*30.10.1885; kathol.
Volksschullehrer in Beuthen
NSLB 1.8.1933, NSV, RLB

Gemüt und Geblüt. In: Pädagogische Warte
40/1933, H. 23, S. 1032–1035

Lämmermann, Hans

*31.1.1891 in Nürnberg; evang.
Dr. rer. nat. Leipzig 1931; Hauptlehrer, Schulpsycho-
loge beim Stadtschulamt Mannheim
NSLB 1.1.1934, NSDAP 1938

Hilfsschul-Entlaßniveau und Sterilisierung. In:
Die deutsche Sonderschule 3/1936, H. 2, S. 14–21
und 102 f.

Die Mitwirkung des Psychologen bei der
Schülerbeurteilung und Schülerauslese. In: Die
deutsche Volksschule 4/1942, H. 11, S. 305–312

Lambeck, Adolf

*19.11.1887 in Stöckte; evang.
Sprachheillehrer und Schulleiter in Hamburg
NSLB (1.4.1933): Gaufachschaftsleiter Sonder-
schulen, SA, NSDAP 1937

Erster „Rassenpolitischer Schulungskurs" der
Fachschaft V. In: Hamburger Lehrerzeitung
15/1936, H. 46, S. 426 f.

Lange, Friedrich

30.9.1897 in Sorum/Wenningsen–1976; evang.; Vater
Tischler
1919 Volksschullehrer, Dr. rer. nat. 1926, danach
Studienrat, 1934 Dozent, 1935 Prof. f. Vererbungs-

lehre, Rassenkunde, Biologie und Methodik des Naturkundeunterrichts an der HfL Cottbus; 1944/45 stellv. Leiter eines rüstungswissenschaftlichen Forschungsinstituts bei Posen. Nach 1945 Mittelschullehrer, Schulrat, Prof. PH Göttingen
NSDAP 1.5.1933; NSLB 19.4.1933, SA

(zus. mit Hans Duncker:) Neue Ziele und Wege des Biologieunterrichts, Frankfurt/M. 1934

Vererbung. Die grundlegenden Gesetze. Ein Schülerheft, Erfurt 1935

(zus. mit W. Dittrich und E. Meyer:) Das Vererbungsgesetz. Tafeln zur Vererbungslehre, Erfurt 1935

Lange, Wilhelm

Psychiater, Oberregierungsmedizinalrat Chemnitz; Ortsgruppenleiter der Deutschen Gesellschaft für Rassenhygiene in Chemnitz; rassenhygienische Beiträge vor 1933

Medizinisches und Psychologisches zur Unfruchtbarmachung Erbblinder. In: Die deutsche Sonderschule 1/1934, H. 6, S. 408–414

Die wirtschaftliche und rassehygienische Bedeutung der Erziehung Sehschwacher. In: Die Deutsche Sonderschule 2/1935, H. 5, S. 379–384

Wo ist bei Schwachsinnigen nach dem Gesetz zur Verhütung erbkranken Nachwuchses die Grenze zum Normalen zu ziehen? In: Die deutsche Sonderschule 2/1935, H. 7, S. 541–553

Langermann, Roland

*23.5.1895 in Riga; evang., dann gottgläubig; Vater Schulvorsteher
Zeichenlehrer Realgymnasium Ludwigslust (1925) und Naumburg (1927); Ratsherr Stadt Naumburg NSDAP 11.8.1932, Kreiskulturwart der NS-Kulturgemeinde; HJ-Gefolgschaftsführer, NSLB 1.8.1932: Hauptstellenleiter Gauschulungsamt und Gaureferent f. Kunst und Erziehung; NSV: Gauschulungsbeauftragter, 1936 Leiter NSV-Gauschule

Kunst und Rasse. In: Bruno Manger (Hrsg.), Rassisches Erleben. Grundlagen und Anregungen für die Schule, Halle 1935, S. 90–100

Lanzius, Hans

17.11.1908 in Schwerin–1943; evang.
Volksschullehrer in Valluhn

NSDAP u. NSLB 1.5.1933, Gausachbearbeiter für Familienforschung im NSLB; Ortsgruppenschulungsleiter Zarrentin

Familienforschung im NSLB. In: Mecklenburgische Schulzeitung 1936, H. 8, S. 134f.

Lechner, Johannes

*8.11.1908 in Braunsrath/Heinsberg; Vater Schuhmacher
Dr. med. Bonn 1935, Zahnarzt, Reichenbach/Niederschlesien
NSDAP 1940

Die Ursache des Schwachsinns bei Bonner Hilfsschulkindern, Berlin 1935 (Diss. med. Bonn 1935)

Leers, Johann von

25.1.1902 in Vietlübbe–1965; gottgläubig; Vater Gutsbesitzer
Dr. jur., Attaché im Auswärtigen Amt, 1927 Dozent, Studienleiter Verwaltungsakademie Berlin, 1933 Leiter der Abteilung Außenpolitik und Auslandskunde der Deutschen Hochschule für Politik; 1940 Lehrstuhl für Rechts- und Wirtschaftsgeschichte auf rassischer Grundlage an der Universität Jena; Hauptschriftleiter „Wille und Weg". – Nach 1945 Emigration, lebte ab 1955 in Kairo, Übertritt zum Islam
Freikorps Division Wiking 1923; NSDAP 1929 (Gauredner Berlin), NSDStB (Bundesschulungsleiter), NSDoz., SA 1930, DAF, NSV, Kolonialbund, RKK, Reichsbauernrat, Reichsnährstand; SS (1936): RuSHA, SS-Hauptamt Schulungsamt, Stubaf., zahlreiche Beiträge im „SS-Leitheft"

Rassische Geschichtsbetrachtung. Was muß der Lehrer davon wissen?, Berlin – Leipzig 1934, ⁴1941

Rassen, Völker und Volkstümer, Langensalza 1938

Arteigenes Recht und Unterricht, Dortmund – Breslau 1938

Das ist Versailles, Leipzig (Pestalozzi-Fröbel-Verlag) 1939

(zus. mit Willy Becker:) Nationalsozialistische Staatskunde in 10 Briefen, Potsdam 1942 (Unterrichtsbriefe Rustin)

Die Verbrechernatur der Juden, Berlin 1944

Was ist arisch? In: Erich Zeßler-Vitalis (Hrsg.), Volksaufartung durch Ahnen- und Familienforschung, Bevölkerungspolitik, Rassenhygiene, Erbbiologie, Berlin 1934, S. 24–30

(Erbbiologische Vortragsreihen der Deutschen Heilpädagogischen Gesellschaft)

Der Jude als Lehrer. In: Politische Erziehung, 1935, Ausgabe A, S. 250–261

Die Rechtsstellung der Juden im 18. Jahrhundert nach gemeinem Recht. In: Der Thüringer Erzieher 4/1936, H. 20, S. 632–635

Der Gottesbegriff der orientalischen (wüstenländischen), vorderasiatischen und nordischen Rasse in ihrer historischen Auseinandersetzung in der Religionsgeschichte des vorderen Orients. In: Der Thüringer Erzieher 5/1937, H. 15/16, S. 416–420

Lehmann, Ernst

24.6.1880 in Dresden–1957; Vater Geometer
Dr. rer. nat. 1905, 1909 Habil., 1922 o. Prof. der Botanik Universität Tübingen, 1934 Dekan; 1937 vom Amt suspendiert, 1943 Suspension wieder aufgehoben, 1952 emeritiert; Mitbegründer und Vorsitzender des Deutschen Biologenverbandes 1931, Hrsg. „Der Biologe"
Alldeutscher Verband, Deutsch-völkischer Schutz- und Trutzbund 1920; Reichssachbearbeiter f. Biologie des NSLB („Führer der deutschen Biologenschaft"; 1938 wg. Logenmitgliedschaft vom Amt entbunden); zahlreiche Beiträge im „NS-Kurier", im „Schwarzen Korps" und im „Völkischen Beobachter"

Biologischer Wille. Wege und Ziele biologischer Arbeit im neuen Reich, München 1934

Wege und Ziele einer deutschen Biologie. 3 Vorträge, München 1936

Erziehung zum rassehygienischen Denken in der Schule. Vom naturwissenschaftlichen Standpunkt. In: Gesundheit und Erziehung 46/1933, H. 10, S. 372–380

Blicke in die Vorzeit In: Erzieher im Braunhemd 2/1934, H. 10, S. 242–248

Verbreitung erbbiologischer Kenntnisse durch Hochschule und Schule. In: Deutschlands Erneuerung 22/1938, S. 566f. und 642–651

Vererbungslehre, Rassenkunde und Rassenhygiene. Ein Überblick über die Entwicklung der Lehrgegenstände an den deutschen Hochschulen seit dem Jahre 1900. In: Der Biologe 7/1938, H. 9, S. 306–310

Rasse und Erziehung im Volke. In: Rasse. Monatsschrift für den nordischen Gedanken 6/1939, H. 12, S. 388–391

Erziehung und Stammeskunde. In: Die deutsche Schule 46/1942, H. 7/8

Lehmann, Konstantin

*10.2.1912; Vater Universitätsprofessor (Ernst Lehmann)
Humanistisches Gymnasium, Jura-Studium, Referendar in Tübingen, Dr. jur.
NSDAP 1.5.1933, SA, NSKK, O'Scharf. und Personalreferent NSKK-Motorsturm

Biologie und Weltanschauung. In: Der Biologe 6/1937, H. 11, S. 337–341

Bevölkerungspolitische Arbeit in Gemeinden und Industriebetrieben. In: Der Biologe 1937, H. 11, S. 352–359

Volksbiologische Grenzen des Aufstiegsstrebens. In: Deutschlands Erneuerung 1938, H. 3, S. 150–152

Lehmann, Otto

*1.11.1865 in Komorze/Posen; evang.; Vater Amtsassistent
Naturwissenschaftliches Studium, Lehramts- und Turnlehrerprüfung; Dr. phil. Jena 1887, 1889 Lehrer Realgymnasium Altona, Prof., 1899 Museumsdirektor Altona, Vorsitzender der deutschen Volkskunst-Kommission

Museen für deutsche Rassenkunde. In: Der Biologe 3/1934, H. 5, S. 122–124

Lehmann, Robert

Dr., Regierungs- und Medizinalrat a.D.; kathol.

Ra.Fi. Rassenfibel, Berlin 1933

Lehmann, Walter

24.3.1900 in Greiz–1945 (Selbstmord); evang.; Vater Obersteuerinspektor
Volksschullehrer, Dr. phil. Berlin 1929 (historisch-philosophische Diss. bei Spranger und J. Petersen), Studienrat, in der Lehrerbildung in Thüringen tätig, Habil. Jena 1942 („Volksverantwortliche Spracherziehung"), 1942 kommiss. Direktor der LBA Ohrdruf
NSLB, Ortsgruppenleiter, Kreisschulungsleiter

Volksverantwortlicher Geschichtsunterricht, Erfurt 1935

Lehmann, Walter

*15.7.1883; evang.; Vater Kaufmann
Naturwissenschaftliches Studium, 1909 Oberlehrer,
Studienrat in Berlin (1928), REM

Vererbung und Rasse. 18 Unterrichtsbriefe, Potsdam – Leipzig 1935 (Selbstunterrichtsbriefe Methode Rustin, Nr. 1); 2., verbess. Aufl. 1936

Familie und Volk. Einführung in die Vererbungslehre und Rassenkunde. 8 Briefe, Potsdam – Leipzig 1936 (Selbstunterrichtsbriefe Methode Rustin)

Rasse, Volk, Staat, Nation. In: Rustin-Nachrichten 8/1941, H. 2, S. 28–30

Leibold, Rudolf

*21.4.1911 in Untersuhl; evang.
Volksschullehrer in Leipzig, Dr. phil. Leipzig 1936
(psychologische Diss.), Marinepsychologe
NSLB 1934, NSDAP 1937

Das Märchen als Spiegel der Rasse. In: Schule im neuen Staat 1934/35, S. 3–5

Leineweber, Konrad

Lehrer und Schulbuchautor

Angeboren bleibt unverloren. Unterrichtsskizzen zur Vorbereitung rassischer Erkenntnisse. In: Neue Wege 12/1939, H. 6, S. 256–260

Leininger, Hermann

1885–1954
Lehrer in Heidelberg und Karlsruhe, naturwiss. Diss.
Heidelberg 1911, Kustos Landessammlung für Naturkunde Karlsruhe, 1936 Prof. HfL Karlsruhe (Vererbungslehre u. Rassenkunde)

Erblehre, Rassenpflege und Rassenkunde. Bausteine für den neuzeitlichen Unterricht. Karlsruhe 1934

Leistritz, Hans Karl

*10.5.1909 in Tannhausen/Schlesien; evang.; Vater
Rektor
Dr. jur. Frankfurt/M. 1935, Lektor, Angestellter des
Franz Eher-Verlags; Verwaltungstätigkeit in Norwegen
Akademischer Turnbund, NSDStB, 1933 Leiter des
Amtes für Leibesübungen im Hauptamt Politische
Erziehung der Deutschen Studentenschaft, NSDAP
(1.5.1933): Hauptschulungsamt Reichsorganisationsleitung der NSDAP, 1939 Reichshauptstellenleiter
(Amt für Schulungsbriefe); Reichsschulungsredner,

SA, NSV; Schriftleiter der Zeitschrift „Weltanschauung und Schule" (1936–38)

Die Bedeutung der Gemeinschaft für das Leben des Menschen, Hrsg.: Der Reichsorganisationsleiter der NSDAP, Hauptschulungsamt, München 1943 (Schulungs-Unterlage Nr. 21)

Die deutsche Familie. Hrsg.: Der Reichsorganisationsleiter der NSDAP, Hauptschulungsamt, München 1943 (Schulungs-Unterlage Nr. 22)

Die Rolle des Judentums im deutschen Geistesleben. In: Der deutsche Erzieher 1938, H. 17, S. 419–421

Die Wendung gegen den Materialismus. In: Der Schulungsbrief 5/1938, H. 6, S. 204–206

Leiter, Anna

*7.6.1901 in Augsburg; evang.
Dr. med. Leipzig 1931; Fachärztin für Kinderkrankheiten
NSDAP 1937, BDM, NS-Ärztebund 1942

Zur Vererbung von asozialen Charaktereigenschaften. In: Zeitschrift f. die gesamte Neurologie und Psychiatrie 167/1939, S. 157–160

Lemcke, Heinrich

8.10.1884 in Köln-Ehrenfeld–1941; evang.; Vater
Eisenbahnoberbetriebssekretär
Dr. phil. Freiburg 1907, Lektor für deutsche Sprache
Universität Nancy, 1912 Oberlehrer, 1925 Oberstudiendirektor in Naumburg
NSDAP 1937

Rassisches Erleben in der deutschen Dichtung. In: Bruno Manger (Hrsg.), Rassisches Erleben. Grundlagen und Anregungen für die Schule, Halle 1935, S. 67–89

Lemke, Otto

*12.6.1901 in Plau; evang., dann gottgläubig
Volksschulrektor in Dassow/Meckl. (1933)
NSDAP 1.5.1933, Politischer Leiter, Kreisstellenleiter, NSLB (1.4.1933): Gaufachbearbeiter, Begutachter f. Deutsch und Volkskunde; SA, RKK

siehe Rudolf Krüger

Lemme, Hans-Joachim

*10.8.1905 in Berlin; gottgläubig; Vater kaufmännischer Angestellter
Wirtschaftjurist, 1934 Assessorexamen, Richter

Amtsgericht Wedding; 1935 Geschäftsführer beim Reichsausschuß f. Volksgesundheit
1921 Gruppen-, 1929 Gauführer der Adler und Falken; SS (15.6.1933): Rechtsreferent im Stab Ausbildungswesen RuSHA, 1942 Waffen-SS; NSDAP 1935, Gauführer im Gau Berlin; Sachverständiger für das RPA, Reichskolonialbund, VDA, SA, NSV

(zus. mit G. Friese:) Die deutsche Erbpflege, Leipzig 1937

Die Verhütung erbkranken Nachwuchses. Schriften des Reichsausschusses für Volksgesundheitsdienst, Berlin 1938

Deutsche Rassenkunde. Lichtbilder, Berlin o. J.

Die weltanschauliche und politische Bedeutung der Vererbungslehre. In: Die deutsche Polizei 5/1937, H. 5

Krieg und Auslese. In: Volk und Rasse 15/1940, H. 10, S. 152–155

Lemp, Hermann

*17.1.1912 in Järkendorf; kathol.
Studienassessor in Bergzabern
NSLB 1935, NSDAP 1937; SA-Nachrichtendienst, Rottenf.

Rassengeschichte des römischen Volkes. In: Erzieher der Westmark 1939, H. 1, S. 58–62

Lenz, Erich

*22.3.1906 in Sontra; evang.; Vater Kassenkurator
Studienassessor in St. Goarshausen, Privatschullehrer, Dr. phil. Marburg 1940 (bei G. H. Fischer und E. Jaensch)
SA 1933, NSLB 1.6.1934, NSDAP 1937

Erbpsychologische Gruppenuntersuchungen nach integrationstypologischer Methode, Kassel 1940 (Diss. phil. Marburg 1940)

Lenz, Fritz

9.3.1887 in Pflugrade/Pommern–1976; Vater Gutsbesitzer
Dr. med. Freiburg 1912, Privatdozent 1919, a.o. Prof. 1923 München (erster Lehrstuhl für Rassenhygiene in Deutschland), o. Prof. Berlin 1933, Direktor des Instituts für Rassenhygiene der Universität Berlin, Direktor der Abteilung Eugenik des KWI für Anthropologie Berlin-Dahlem; Sachverständigenbeirat für Bevölkerungs- und Rassenpolitik, Gutachter für Rassengutachten; Mithrsg. „Archiv für Rassen- und

Gesellschaftsbiologie". 1946–1955 Prof. f. Humangenetik Universität Göttingen
Mitbegründer Nordischer Ring (1911), Münchner Bogenklub und Widarbund; 1924 DNVP, NSDAP 1937

Über Rassen und Rassenbildung. In: Unterrichtsblätter f. Mathematik und Naturwissenschaften 1934, S. 177–189

Kinderaufzucht als staatliche Pflicht. In: Volk und Rasse 13/1938, H. 12, S. 397–403

Über Fortpflanzung und Ehehäufigkeit in Berlin. In: Volk und Rasse 15/1940, H. 9, S. 125–128

Zur Problematik der psychologischen Erbforschung. In: Archiv f. Rassen- und Gesellschaftsbiologie 35/1941, S. 345–367

Zur Frage der Fortpflanzung der Hilfsschüler. In: Archiv f. Rassen- und Gesellschaftsbiologie 35/1942, S. 54f.

Lenz von Borries, Kara

*29.6.1901; evang.; Ehefrau von Fritz Lenz; Vater Landrat
Studium an der TH Hannover und der Wohlfahrtsschule Münster, 1925 staatliche Wohlfahrtspflegerin, 1927 Diplom-Volkswirtin, 1929 rechts- und staatswiss. Diss. Universität Bonn

Rassenhygienische Schäden der Beschäftigung junger Mädchen in der Hauswirtschaft. In: Archiv f. Rassen- und Gesellschaftsbiologie, H. 4, November 1936

Lepel, Henning Freiherr von

*12.3.1910 in Freistatt/Hannover – 1942 (gefallen); gottgläubig
Diplomlandwirt Bonn 1934, ab 1934 Leiter der kurhessischen Bauernschule, Dr. rer. nat. Göttingen 1942
NSDAP 1930, SA 1931, SS 1937 (Oberstuf.), Bauernreferent; Gauschulungsredner der NSDAP, RPA

Idee und Methode der nationalsozialistischen Bauernschule, unter besonderer Berücksichtigung der kurhessischen Bauernschule Landau, Göttingen 1942 (naturwiss. Diss. Göttingen)

Lersch, Philipp

4.4.1898 (München)–15.3.1972; kathol., dann gottgläubig; Vater Architekt
Dr. phil. München 1922, Hauslehrerstelle, 1925–1933 Heerespsychologe, 1929 Habil. und Privatdozent, 1936 a.o. Prof. u. vertretungsweise Direktor des

Instituts f. Philosophie, Psychologie und Pädagogik TH Dresden, 1937 Prof. in Breslau, 1939 Leipzig, 1942 München; Hrsg. Zeitschrift f. angewandte Psychologie und Charakterkunde, Vorstandsmitglied der Deutschen Gesellschaft f. Psychologie. – Nach 1945 Prof. f. Psychologie Universität München, Aufbau der Bundeswehrpsychologie; Bayerischer Verdienstorden
NSLB 1.10.1933, Mitarbeit NS-Schrifttumsprüfstelle, NS-Doz.; NSV (Leitung der Erziehungsberatung im Kreisamt Leipzig 1941)

Das Problem der Vererbung des Seelischen, Leipzig 1942 (Leipziger Universitätsreden, H. 9)

Lesch, Erwin

*1.7.1893 in München; kathol.
Hauptlehrer, 1935 Hilfsschulleiter, Oberlehrer in München
Kriegsfreiwilliger; Einwohnerwehr, NSLB 1.11.1933, NSD-Schulgemeinde, SAR 1934, NSV 1935 (Jugendwalter), NSDAP 1937: Ortsgruppenhauptstellenleiter (1939), RLB

Was soll der Lehrer und der Erzieher vom deutschen Erbgesundheitsgesetz wissen? In: Bayerische Lehrerzeitung 69/1935, H. 49, S. 784–788

Lesemann, Gustav

1889–1973
Volks- u. Hilfsschullehrer, 1923 Hilfsschulrektor, 1926 Jugendheimleiter in Hannover, Vorsitzender des Hilfsschullehrerverbandes 1928, Schriftleiter „Die Hilfsschule". 1949–1967 Schriftleiter „Zeitschrift f. Heilpädagogik"
NSLB 1.8.1933, NSDAP 1937; weltanschaulicher Redner, Kreisschulungsredner, Mitarbeiter des RPA; SA-O'Scharf. und Sturmschulungswart

Heilpädagogik und Eugenik. In: Die Hilfsschule 26/1933, H. 3

Ein Unterrichtsbeispiel erbgesetzlicher Belehrung und eugenischer Willensbildung. In: Pädagogische Warte 40/1933, H. 13, S. 610–613

Leßmann, J.

Berlin

Biologie und ihr Ansatz zur Erneuerung der Nation. In: Reichszeitung der deutschen Erzieher 1935, H. 1, S. 15–17

Leuschner, Egon

*12.12.1901 in Liegnitz; evang.
Lehrer in Breslau, Berlin
NSDAP und NSLB 1.1.1932, Schulungsobmann NSLB, Kreiskulturwart, Reichsschulungsbeauftragter des RPA; Gauamtsleiter f. Bevölkerungs- und Rassenpolitik RPA Gau Schlesien

Nationalsozialistische Fremdvolkpolitik, hrsg. vom Rassenpolitischen Amt der NSDAP, Berlin 1942

Lincke, Alice

*15.2.1908
Studienassessorin in Berlin
NSLB 1937, NSDAP 1940; Mitarbeiterin der Reichshauptstelle RPA, zuständig für Rezensionen im Informationsdienst des RPA

Ist das nordische Inbild der Besitz eines jeden Deutschen? In: Rasse 5/1938, H. 11, S. 412–417

Linden, Herbert

14.9.1899–1945 (Selbstmord)
Dr. med., Dr. jur., Ministerialdirektor im Reichs- und Preuß. Ministerium des Inneren, Leiter Ref. IV.3a: Bevölkerungspolitik, Kriminalbiologie, Erb- und Rassenpflege, Irrenwesen; 1941 Reichsbeauftragter für die Heil- und Pflegeanstalten (verantwortlich für die Euthanasie), Leiter des Deutschen Instituts f. psychologische Forschung und Psychotherapie Kriegsfreiwilliger; NSDAP 1925, NSV, RLB

Deutsche Bevölkerungspolitik, die Grundlage unserer rassischen Zukunft, Erfurt 1938 (Volk und Wissen)

Die gesetzlichen Grundlagen der Erb- und Rassenpflege. In: Handbücherei für den öffentlichen Gesundheitsdienst, Bd. II, Berlin 1936, S. 262–351

Linder, Hermann

*25.4.1889; evang.
Studienrat Realgymnasium Eßlingen, Dr. Tübingen 1912 (naturwiss. Diss.)
NSLB 1.4.1933, Gaufachberater f. Biologie; NSV

Die Bedeutung des biologischen Unterrichts für die deutsche Erziehung. In: Aus Unterricht und Forschung 6/1934, H. 1, S. 18–24

(zus. mit R. Lotze:) Biologie und Schule. In: Nationalsozialistisches Bildungswesen 1936, H. 1, S. 29–38 (zus. mit R. Lotze:) Lehrplanentwurf für den biologischen Unterricht an den höheren Schulen. In: Der Biologe 5/1936, S. 239–246

(zus. mit R. Lotze:) Zum neuen Lehrplan in der Biologie. In: Aus Unterricht und Forschung 1/2, 1939, S. 22 ff.

(zus. mit R. Lotze:) Entwurf eines Stoffplanes für den Biologieunterricht der Oberstufe. In: Aus Unterricht und Forschung 7–9, 1940/41, S. 115–125

Linser, Hans

Gibt es rassenspezifische seelische Grundhaltungen? In: Zeitschrift f. Rassenkunde 13/1942, H. 2, S. 134–146

Loeffler, Lothar

1901 in Erfurt–1983
Dr. med. Tübingen 1926; 1927 Assistent am KWI bei E. Fischer in Berlin, 1929 am Anthropologischen Institut Universität Kiel, dort 1932 Habil.; 1934 Prof. f. Erb- und Rassenbiologie und Leiter des Instituts f. Rassenbiologie in Königsberg, Gutachtertätigkeit im Rahmen der „Kinder-Euthanasie“, 1942–1945 Direktor des Instituts f. Rassenbiologie und Rassenhygiene Wien. Nach 1945: Evangelischer Annastift (Behindertenanstalt) Hannover-Kleefeld, Lehrbeauftragter TH; Bundesverdienstkreuz
NSDAP 1932, SA, Führer der Studentenschaft in Kiel, NSLB, Mitarbeiter des RPA Berlin, Gauamtsleiter RPA Ostpreußen; Dozentenschaftsleiter in Königsberg

Warum Erziehung zu eugenischer Lebensführung? In: Pädagogische Warte 40/1933, H. 13, S. 581–583

Löhr, Otto

*30.11.1890 in Oberhausen; evang.
Studienprof. in Kaiserslautern
NSLB 1.4.1933, SA-Sturmmann, NSDAP 1937

Der Unterrichtsgang als Grundlage der biologischen Schulung unserer Jugend. In: Mitteilungsblatt der NSLB, Gauwaltung Saarpfalz 1940, H. 1, S. 4 f. und H. 4, S. 5

Löpelmann, Martin

*6.4.1891 in Berlin; kathol.; Vater Eisenbahn-Obergütervorsteher
Philologe, Dr. phil. Erlangen 1913, 1919 Studienrat in Berlin, 1933 Ministerialrat im Preußischen Ministerium f. Wissenschaft, Kunst und Volksbildung,

Abteilung Kulturpolitik/Deutsches Institut f. Außenpolitik, 1935 Ministerialdirektor, Schriftsteller
DNVP, Wikingbund 1926 (Gruppenleiter), NSDAP 1928, MdR 1930; NSLB 1930 (Ortsgruppengründer), NS-Propagandaredner, 1938 Partei-Ausschluß wg. parteischädigenden Verhaltens

Rassenverhältnisse an einer Berliner Realschule. In: Volk und Rasse 1928, H. 1, S. 55–58

(Hrsg.:) Erziehung und Unterricht an der höheren Schule: ein Handbuch für die Praxis. 5. Bd.: Biologie: zur Gestaltung des Unterrichts in Erblehre, Bevölkerungspolitik, Familienkunde, Rassenkunde und Erbpflege, Frankfurt/M. 1938

Lohoff, Wilhelm

*13.7.1911 in Oberhausen; evang.; Vater Stadtamtmann
Dr. med. Münster 1938, Assistenzarzt in Mühlheim/Ruhr
NSDAP 1937, SA, NSKK

Erbhygienische Untersuchungen von Hilfsschulkindern in Oberhausen und Mühlheim a. d. Ruhr, München 1936 (Diss. med. Münster 1938)

Erbhygienische Untersuchungen von Hilfsschulkindern in Oberhausen und Mühlheim a. d. Ruhr. In: Archiv f. Rassen- und Gesellschaftsbiologie 30/1936, S. 42–64

Lohrmann, Heinrich-Friedrich

18.10.1900 in Petershagen/Minden–1945
Studienrat, Dr. phil. Kiel 1931, 1934 Dozent f. Muttersprachliche Bildung HfL Elbing, 1938 Dozent und stellv. Direktor, 1940 Prof. f. Deutsch und Methodik des Deutschunterrichts HfL Braunschweig
1928 Mitglied Nordischer Ring, 1.5.1933 NSDAP; 1933 SS, RuSHA, SS-Rottenführer und Schulungsleiter SS-Standarte Elbing; Deutsche Glaubensbewegung

Die altnordische Bauernsaga in der deutschen Erziehung, Erfurt 1938

Lommel, Felix

7.9.1875–1968
Dr. med. München 1899, Habil. Jena 1902, o. Prof. Universität Jena 1923, Direktor der Medizinischen Poliklinik und Tuberkuloseklinik
SS

Die Wohlgeborenen. Ein Vorschlag zur Eugenik. In: Wacht im Osten 1/1933, S. 111–117

Lorch, Hermann

*8.3.1878 in Mittelbach; evang.
Dr. phil., Studienprof. Lyzeum und Realgymnasium
Ludwigshafen
NSLB 1.5.1934, NSDAP 1935

Arteigene Sprachlehre. Wortbildung und Wort-
bedeutung als deutsches Bildungsgut, Ludwigshafen 1935, ²1941 (weitere Aufl. nach 1945)

Altnordisches Erbe. In: Bayerische Lehrerzeitung
68/1934, H. 28, S. 341 f.

Lorenz, Klemens

*18.6.1879 in Riemertsheide/Neisse; kathol.; Vater
Bauer
seit 1903 Volksschullehrer, 1927 in Breslau; Verfasser
nationalsozialistischer Jugendschriften
NSLB 1.4.1933, NSDAP 1.5.1933, RKK

siehe Bartsch

Losch, Otto

*28.2.1907 in Pillupönen/Litauen; evang.
Dr. phil. 1931 (wirtschaftsgeographische Diss.);
Mittelschullehrer in Königsberg (Erdkunde, Deutsch,
Geschichte); Heeresfachschule in Lötzen; Schrift-
steller
1930 Mitglied NS-Zelle; NSDStB, NSDAP, NSLB
(1.4.1933): Ortsgruppenschulungsleiter, Gaustellen-
leiter (Presse und Propaganda) im Amt für Erzieher;
SS-Fördermitglied 1934, NSV, BDO, RKK, NSKG

Die Mittelschule im Rahmen der rassenpolitischen Aufgabe der deutschen Schule. Zweitägige
Gauschulungstagung der Reichsfachschafts-
leitung Maaßen in Königsberg. In: Die Mittelschule 6.5.1936, H. 17, S. 238–241

Lottig, Heinrich

20.1.1900 in Hamburg–1941 (gefallen); evang.
Dr. med. Hamburg 1926; 1928 Assistent an der Neuro-
logischen Klinik Eppendorf, 1930 Habil., 1934–1937
Leitender Oberarzt Jugendamt Hamburg, 1935 Leiter
des Instituts für Luftfahrtmedizin und Klimafor-
schung Eppendorf, 1938 Leiter der Sanitätsabteilung
des NS-Fliegerkorps; 1939 a.o. Prof. Universität Ber-
lin, Beirat Reichsärztekammer
NSLB 9.10.1933, NSDoz., Gruppenführer NS-
Fliegerkorps

Zwillingsforschung und Seelenkunde. In: Ärzteblatt f. Hamburg und Schleswig-Holstein 3/1936,
S. 415–418

Erbwert und jugendpflegerische Maßnahmen.
In: Das Junge Deutschland 1937, S. 391–395

Lottmann, Werner

*10.4.1909 in Wuppertal; evang.; Vater Steuer-
sekretär
Dr. phil. Greifswald 1932 (Diss. bei Just: „Schul-
leistung und Lebensleistung ehemaliger Gymmnasial-
abiturienten"), Referent beim Reichsstudentenwerk,
Studienrat in Berlin (?) – Nach 1945 Dozent an der
Niederrheinischen Bergschule Moers (Psychologie
und Soziologie); Sekretär der Universitätsgesell-
schaft in Duisburg
NSDAP und NSDStB 1932, SA-Nachrichtensturm-
bann, HJ-Gefolgschaftsführer, NSV-Referent f. Jugend-
fürsorge, Schulungswalter DAF, Lektor RPA; SS
(1938), O'Stubaf., RuSHA, Dienststelle Heißmeyer

Auslese als Wirkteil der Erziehungswirklichkeit.
In: Zeitschrift f. pädagogische Psychologie u.
Jugendkunde 1942, H. 11/12, S. 203–209

Lotz, Franz

*21.8.1910 in Darmstadt; kathol.
Studienassessor, Sportlehrer; Dr. phil. Gießen 1936
(bei Pfahler); Assistent am Institut f. Leibesübungen
der Hessischen Landesuniversität, Lehrer an der
Reichsakademie f. Leibesübungen Berlin, Hochschule
Köln
NSLB 1.8.1933, Reichsfachschaft Hochschullehrer,
NSDAP 1937

Integrationstypologie und Erbcharakterkunde.
Experimentelle Untersuchung ihrer Beziehung,
Leipzig 1937 (Diss. phil. Gießen 1936); aus: Zeit-
schrift f. angewandte Charakterkunde, Beiheft 73

Lotze, Kl.

Nationalsozialistische Rassenhygiene. In: Archiv
f. Volksschullehrer 38/1934, H. 1, S. 32–36

Lotze, Reinhold

*31.7.1887; evang.
Dr. rer. nat. Tübingen 1914, 1931 Oberregierungsrat
im Württembergischen Kultusministerium (Abteilung
höheres Schulwesen); Ortsgruppenleiter der Deut-
schen Gesellschaft für Rassenhygiene
NSLB 1.6.1933

Zwillinge, Öhringen 1937 (Schriften des Deutschen Naturkundevereins, Bd. 6)

Die Fortpflanzung der Minderwertigen. In: Der
Biologe 2, 1932/33, H. 3, S. 71–73

(zus. mit H. Linder:) Lehrplanentwurf für den biologischen Unterricht an den höheren Schulen. In: Der Biologe 5/1936, S. 239–246

Beziehungen zwischen Schulleistungen, sozialer Schicht und Familiengröße. In: Hans Harmsen und Franz Lohse (Hrsg.), Bevölkerungsfragen, München 1936, S. 555–561

Ziele und Wege des Biologieunterrichts in der Oberstufe. In: Aus Unterricht und Forschung 41/1939, H. 7–9, S. 95–115

(zus. mit H. Linder:) Zum neuen Lehrplan in der Biologie. In: Aus Unterricht und Forschung 41/1939, H. 1/2, S. 22 ff.

Lucas, Adolf

*15.1.1883 in Erfurt; evang.
Mittelschullehrer in Halle
NSDAP 28.4.1933 (Blockleiter), NSLB
(18.8.1933): Gausachbearbeiter für Rassenfragen

Erziehung und Unterricht: Geschichte der Erbbiologie. In: Die Mittelschule 39/20.11.1935, S. 495–497

Blut. In: Die Mittelschule 42/11.12.1935, S. 536–537

Vererbungslehre und Rassenkunde im Unterricht. In: Erzieher im Braunhemd 4/1936, H. 8, S. 240–243

Die Einführung des Begriffes „Rasse". In: Der Mittelschulunterricht 1/1937, H. 2, S. 10 f.

Aberglauben in der Rassenfrage. In: Erzieher im Braunhemd 6/1937, H. 15, S. 346 f.

Die Frage der Verwandtenehe im erbbiologischen Unterricht. In: Die Mittelschule 51/1937, H. 32, S. 390 f.

Die vererbungskundlichen Grundlagen der Rassenlehre. In: Die Mittelschule 52/1938, H. 9, S. 89–91

Reichslehrgang der Gausachbearbeiter für Rassefragen. In: Die Mittelschule 52/1938, H. 18, S. 190 f.

Gibt es eine Vererbung erworbener Eigenschaften? In: Der Mittelschulunterricht 2/1938, H. 12, S. 45 f.

Die vererbungskundlichen Grundlagen der Rassenlehre. In: Erzieher im Braunhemd 7/1939, H. 9, S. 199–209

Luck, Rudolf

*24.12.1902; Vater Bäckermeister
Privatgelehrter und Schriftsteller in Düsseldorf;
Beschäftigung mit Rassen- und Siedlungskunde
NSDAP 1.5.1933, RSK

Rassenforschung und Charakterkunde. In: Zeitschrift f. Menschenkunde 12, 1936/37, H. 1, S. 1–5

Rassenseelenkundliches bei Ernst Moritz Arndt. In: Zeitschrift f. Rassenkunde 8/1938, H. 2, S. 207 f.

Ludwig, Hellmut

*14.1.1906 in Buea (Kamerun); evang.; Vater
Betriebsführer
1931 Mittelschullehrerprüfung, Erzieher an
höherer Privatschule, 1933–1938 Tätigkeit in
der Arbeitsverwaltung, 1936/37 Seminar für
Arbeitspolitik an der Verwaltungsakademie Köln;
Dr. phil. Bonn 1937 (bei S. Behn); 1938 wiss.
Hilfsarbeiter beim Generalkommando V.A.K.
Stuttgart
1920 „Einsatz gegen Spartakus in Essen", 1923
durch französische Truppen verhaftet, 1927
NSDStB Freiburg, 1929 SA, 1932/33 haupt-
amtlich in der Gauführung Essen der HJ,
Oberstammführer, NSDAP 1.5.1932, NSLB
1.7.1933, 1937 Reichskolonialbund (Orts-
verbindungsleiter), Ehrenzeichen der NS-
Bewegung

Rasse- und strukturpsychologische Untersuchungen zur Berufseignung im Rhein-Wupper-Kreis, Düsseldorf 1938 (Diss. phil. Bonn 1939)

Ludwig, Oskar

*13.11.1888 in Gießmannsdorf/Bunzlau (vermutl.);
evang.; Vater Schuhmachermeister
Mittelschullehrer in Magdeburg, Dr. rer. nat. Breslau
1923, 1923–1928 Assistent am Institut f. Landwirt-
schaftliche Bakteriologie Göttingen, danach Leiter
der Hauptstelle f. Pflanzenschutz Kassel
NSLB 1.10.1933

(zus. mit Gustav Niemann): Vorbereitungen für den Biologieunterricht. Zweiter Teil. Wiese und Wald, 12., neubearb. Aufl. Osterwieck 1937; Vierter Teil: Der deutsche Mensch, seine Rasse und sein Volk, 12., neubearb. Aufl. Osterwieck – Berlin 1940

Lübow, Carlheinz

**24.7.1913 in Berlin; evang., dann gottgläubig; Vater Goldschmied
Dr. med. Tübingen 1938 (bei Gieseler); Universitätsfrauenklinik
NSDAP und SS (1.3.1933), SS-Unterarzt, SS-Lazarett Dachau, Arzt bei der Amtsgruppe D des SS-FHA, 1943 Stubaf.*

Rassenkundliche Erhebungen an Schulkindern des oberen Neckar-Gebietes in der Umgebung Rottenburgs, Diss. med. Tübingen 1938

Lüdtke, Franz

**5.8.1882 in Bromberg
1907 Oberlehrer in Bromberg, 1910/11 Hilfsarbeiter am Deutschen Historischen Institut Rom, Studienrat in Berlin, 1919–1922 VHS-Leiter Meseritz; Schriftsteller; Mithrsg. „Ostland"
NSDAP 1.8.1932, Leiter der Kulturabteilung des BDO, 1933 Reichsführer BDO, Hauptabteilungsleiter des außenpolitischen Amtes der NSDAP*

Volkwerdung deutscher Frühzeit. In: Nationalsozialistisches Bildungswesen 1936, H. 3, S. 160–163

Das Nordische als Raum, Rasse und Art. In: Nationalsozialistisches Bildungswesen 6/1941, S. 199–204

Lüke, Franz

**24.4.1897 in Emsdetten; kathol.
Volkschul- und Zeichenlehrer, Hilfsschullehrer
NSLB 1.4.1933, SA, NSDAP 1937*

Rassen-ABC, Bochum 1935

Lukas, Otto

*(vermutl.) *24.12.1881 in Leibchel/Kreis Lübben; evang.
Mittelschullehrer für Deutsch und Geschichte in Berlin; Philologie-Studium
DVP, deutschnational, verfaßte Texte für SA-Feiern vor 1933, NSLB 1932, Zellenobmann, Pressereferent, Schulobmann; NSV, RLB, NSDAP 1937, Kulturhauptstellenleiter*

siehe Grunwald

Luserke, Martin

*3.5.1880 in Berlin–1968; evang.; Vater Architekt
Lehrer am Landerziehungsheim Haubinda, Mitgründer der Freien Schulgemeinde Wickersdorf, 1925 Gründung der Schule am Meer in Juist (1934 auf-*

*gegeben); Schriftsteller und Seemann; Vertreter der völkischen Reformpädagogik; Lehraufträge an Nationalpolitischen Erziehungsanstalten
Logenmitglied; NSLB 1.5.1933 (1934 ausgetreten)*

Nordmeer- und Südsee-Wikingerfahrten. Ein Versuch, Rassigkeit gestaltkundlich zu betrachten. In: Zeitschrift f. Menschenkunde 10/1934, H. 3

Die nordische Landschaft als Erzieher. In: Volk im Werden 3/1944, H. 4, S. 49–55

Maaß, Karl Erich

*7.1.1907 in Neubrandenburg–1948 (vermißt); evang.;
Vater Konrektor
1931 Dr. Göttingen (botanische Diss.), Lehramtsprüfung, Studienrat in Neustrelitz
NSLB 1.11.1934, NSDAP 1937*

Der Schulgarten im Dienste der Rassenkunde. In: Mecklenburgische Schulzeitung 68/1937, H. 19, S. 288f.

Macco, Hans

**1894 in Berlin-Steglitz
Historiker, Dr. phil. Jena 1923, Berufssippenforscher in Berlin
NSDAP 1.5.1933*

Woher stammt meine Familie? Wegweiser zur Erforschung der Abstammung, 1933

Arbeitsblätter für den Unterricht der Familienkunde, Berlin 1934

Rasseprobleme im 3. Reich, Berlin 1934 (Bausteine zum Dritten Reich, H. 3)

Die Bedeutung der Familienforschung für die Rassenhygiene. In: Erich Zeßler-Vitalis (Hrsg.), Volksaufartung durch Ahnen- und Familienforschung, Bevölkerungspolitik, Rassenhygiene, Erbbiologie Berlin 1934, S. 17–23 (Erbbiologische Vortragsreihen der Deutschen Heilpädagogischen Gesellschaft)

Machacek, Hans (Johann)

**3.5.1897; kathol.
Dr. med. 1940; Dezernent für Schulhygiene in der Schulabteilung des Reichsstatthalters, Unterricht über Somatologie und Hygiene an LBA*

Über das Zusammenwirken von Arzt und Lehrer bei der Auslese. In: Die Deutsche Volksschule 4/1942, H. 11, S. 296–298

Magdeburg, Paul

*29.6.1900 in Leipzig
naturwissenschaftliche Diss. Freiburg 1924 (?),
Studienassessor in Leipzig
NSDAP 1.5.1933*

Rassenkunde und Rassenpolitik. Zahlen, Gesetze und Verordnungen, Leipzig 1933, ³1943 (Bildung und Nation. Schriftenreihe zur nationalpolitischen Erziehung)

Magnussen, Karin

*9.2.1908 in Bremen–1997; evang.; Vater Prof. an der Kunstgewerbeschule
Studium Biologie und Medizin, Dr. phil. Göttingen 1932 (zoologische Diss. bei Kühn), 1933 Staatsexamen für das Höhere Lehramt, Studienreferendarin Hannover, Berlin; 1941 Mitarbeiterin, 1943 planmäßige Assistentin am KWI f. Anthropologie (bei Verschuer). – Nach 1945 Oberstudienrätin in Bremen
NSDAP 1931, NSDStB, NSLB 1934, BDM-Referentin, Mitarbeiterin des RPA*

Rassen- und bevölkerungspolitisches Rüstzeug (Materialsammlung für Biologielehrer und Schulungsredner), München 1936, ²1939, 3., erw. Aufl. 1943

Mahnkopf, Johannes

*25.01.1898 in Rhinow; evang.
Dr. phil. 1933, Mittelschulrektor Theodor-Körner-Schule Brandenburg
NSLB (1.8.1932): Kreisamtsleiter, NSDAP (1.4.1933): Ortsgruppen-, später Kreisschulungsleiter und -redner, SA-Rottenf.*

Von der Urzeit zum Großdeutschen Reich. Geschichtsbuch für Mittelschulen. Klasse 3: Von den Anfängen des Deutschen Reiches bis zum Westfälischen Frieden, Leipzig – Berlin 1941; Klasse 4: Vom Westfälischen Frieden bis zur Frankfurter Nationalversammlung, Leipzig – Berlin 1941

Maier, Georg O. Th.

*3.11.1906 in Hacklberg bei Passau–4.6.44; kathol., dann gottgläubig
Volks- und Realschullehrer, 1932–1937 Studium in Zürich, Dr. phil. nat. Zürich 1938, 1938 Dozent f. Vererbungslehre und Rassenkunde HfL Saarbrücken, 1940 HfL Metz, 1941 Leiter der LBA Metz, Oberstudiendirektor*

Freikorps, NSDAP 1932, NSLB 12.10.1933, SS, RPA-Gauamtsleiter, VDA; NSDAP-Schulungs- und Ortsgruppenleiter, Kreisleiter Mittelschweiz; Gauhauptstellenleiter in der Gauleitung der NSDAP Westmark, Gauschulungsredner, Hauptschulungsamt; Schriftleiter

Neugestaltung der Leibeserziehung in Lothringen. In: Politische Leibeserziehung 9/1942, H. 9, S. 92f.

Malthan, Paul

*30.8.1900 in Wuppertal-Barmen; evang.; Vater Kaufmann
Dr. phil. Heidelberg 1927, Studienassessor (Geschichte, Deutsch); Prof. (?)
1930 Ortsgruppenführer Stahlhelm; NSDAP und NSLB 1.5.1933: Ortsgruppenpropagandaleiter, stellv. Kreisamtsleiter Kreisschulungsamt, „Rednerausweis für Marxismus und deutschen Sozialismus"; Kreisbeauftragter des Deutschen Volksbildungswerks in der NS-Gemeinschaft „Kraft durch Freude" Offenburg; RKK*

siehe Walter Franke

Mandel, Hermann

*13.12.1882–1946; evang.
Theologe und Religionsphilosoph; 1906 Dozent Universität Greifswald, 1912 Prof. Universität Rostock, 1918 Universität Kiel, dort 1936 Direktor des Instituts f. Rassenkundliche Geistesgeschichte; Mithrsg. „Deutscher Glaube"
NSLB 1.2.1934 (Reichsfachschaft Hochschullehrer), NSDAP 1937*

Rassenkundliche Geistesgeschichte auf biologischer Grundlage. In: Zeitschrift f. Rassenkunde 4/1936, H. 3, S. 250–268

Rassenseele und Weltanschauung. In: Zeitschrift f. Psychologie 142/1938, H. 4–6, S. 233–258

Manger, Bruno

*20.2.1900 in Schöppenstedt
Volksschullehrer in Halle; Studium Deutsch und Geschichte; Dr. phil. Halle 1933; Landwirtschaftsrat (Lehrer an Bauernschule)
Jungdeutscher Orden, NSDAP 1.5.1933, NSLB (1.5.1933): Gausachbearbeiter für Volkheitskunde; Lektor und Schulungsredner, Mitarbeiter der Reichsleitung RPA, Mitarbeit beim Jahrweiser Deutschen Glaubens*

Erste Familienkunde für deutsche Jungen und Mädel, Langensalza – Berlin – Leipzig 1934

(Hrsg.:) Rassisches Erleben. Grundlagen und
Anregungen für die Schule im Auftrage der Gau-
amtsleitung des NSLB Gau Halle-Merseburg,
Halle 1935

Familienkunde, ihre Anwendung und Hilfs-
mittel. In: Bruno Manger (Hrsg.), Rassisches
Erleben. Grundlagen und Anregungen für die
Schule, Halle 1935, S. 33–47

Manko, Heinrich

*7.3.1905 in Sensburg
*Taubstummenlehrer, Direktor der Mädchentaub-
stummenanstalt Ratibor
NSDAP 1931, Kreisschulungsleiter, Ortsgruppenobmann, Abteilungsleiter (Organisation, Propaganda, Schulung) im Untergau OIS Amt für Beamte,
Gaustellenleiter im RPA Liegnitz; Schulungswalter
im NSLB, Leiter der Fachschaft Sonderschulen im
Gau Schlesien*

Die Gaustelle Sonderschulfragen und Erbkrankenbetreuung im Rassenpolitischen Amt der
Gauleitung Schlesien unter besonderer Berücksichtigung der Aufklärung über Sterilisierung
von Taubstummen. In: Die deutsche Sonderschule 5/1938, H. 7/8, S. 482–485

Mansfeld, Hedwig

*10.7.1893 in Rohrsheim bei Halberstadt; evang.
*Lehrerin in Greifswald und Freiburg
Völkischer Lehrerbund; NSDAP 1.3.1930, NSLB
13.1.1931*

Erblehre auf der Unterstufe. In: Pommersche
Blätter f. die Schule 57/1933, H. 41, S. 503f.

Biologische Forderungen an die Erziehung. In:
Pommersche Blätter f. die Schule 57/1933, H. 25,
S. 272

Marby, Friedrich Bernhard

*10.5.1882 in Aurich–3.12.1966
*Schriftsetzer und Verleger, Hrsg. „Der eigene Weg",
„Hag All", „Marby-Runenbücher", „Neudeutsche
Zeitung", Begründer der „Runen-Gymnastik"
vor 1933 SPD, Deutsche Friedenspartei, Bund
für Wünschelrutenforschung, Fördermitglied SS,
1938 Inhaftierung (KZ Welzheim, Dachau, Flossen-
bürg)*

Rassische Gymnastik als Aufrassungsweg, Stuttgart 1935

Massau, Edmund

*19.12.1891 in Kevelaer; kathol.
*Mittelschulehrer in Leverkusen
NSLB 1.10.1933*

Wie der Deutschunterricht der rassisch-völkischen Erziehung dienen kann. Unterrichtliches
Anschauungsbeispiel mit Vor- und Nachbe-
sprechung. In: Der Mittelschulunterricht 1/1937,
H. 10, S. 41–43

Matschke, Willy

*9.9.1893; evang.
*Rektor in Forst
NSDAP und NSLB 1.5.1933*

siehe Warneck

Mau, Friedrich

*24.8.1885 Ludwigslust; evang.; Vater Rentier
*Turnlehrerprüfung, Studium der Naturwissenschaf-
ten; 1912 Oberlehrer, Studienrat an der Städtischen
Oberrealschule Glogau
NSLB 1.4.1933, RPA Reichshauptstelle Berlin:
zuständig für den Kalender „Neues Volk" und die
Bildstelle*

Warum Rassen- und Bevölkerungspolitik? Bilder
sprechen, Berlin 1938 (Schriftenreihe des Rassenpolitischen Amtes der NSDAP und des Reichsbundes der Kinderreichen, H. 15)

(zus. mit Bernhard Woischnik:) Freude am Kind,
zusammengestellt und bearb. im Auftrag des
Rassenpolitischen Amtes, 1938

Maue, Otto

*(vermutl.) *16.7.1892 in Fürstenfelde; evang.
*Mittelschullehrer und Rektor in Berlin-Köpenick
NSLB 1.12.1933*

Bevölkerungspolitische Auswertung der Familienkunde. In: Die Neue Deutsche Schule 12/1938,
H. 6, S. 373–375

Mecking, Ludwig

*3.5.1879 in Frankfurt/M.; Vater Klempnermeister
*Dr. phil. Berlin 1905, 1909 Habil. und Dozent Uni-
versität Göttingen, 1913 Prof. f. Geographie Universität Kiel, Leiter des Geographischen Instituts
und des Völkerkundemuseums, 1920–1935 Universität
Münster, 1935 Direktor des Geographischen Instituts
in Hamburg (Nachf. Passarge); Hrsg. „Geographi-
sches Jahrbuch"*

NSLB (1.2.1934): Reichsreferent für geographische Wissenschaften im NSLB; NSV, NSDAP 1937, NSDoz. 1940

Blut und Boden – erdkundliche Bildung im neuen Staat. In: Geographischer Anzeiger 35/1934, S. 1–6

Mehl, Albert

Rassenseele im Spiegel der Sprache. Sprache und Seele im Niederdeutschen, Erfurt 1938 (Volk und Wissen, Bd. 22)

Mehl, Erwin

*28.3.1890 in Klosterneuburg bei Wien; Vater Buchhalter
Dr. phil. Wien 1913; Turn- und Mittelschullehrer, 1922 Leiter der Universitäts-Turnanstalt Wien, 1938 Regierungsrat; 1940 Habil., stellv. Leiter des Instituts für Leibeserziehung, 1941 Honorarprofessor für Pädagogik und Geschichte der Leibesübungen Universität Wien; Schriftleiter „Die Österreichische Schule". – 1945 Amtsenthebung, 1957 Wiedereinsetzung
NSLB 1932, NSDAP 1940

Wiederbelebung der Leibesübungen seit 1800 – ein Werk der nordischen Rasse. In: Volk und Rasse 16/1941, S. 181–188

Leibesübungen als Lebensform des nordischen Menschen. In: Volk und Leibesübungen 7/1941, S. 185–197

Mehlem, Richard

26.4.1894 in Kirchhörde/Dortmund–1969; evang.; Vater Bildhauer
1922 Volksschulrektor, Organist; 1928 Studienrat in Dortmund, 1934 Dozent f. Deutsche Sprache, 1936 Prof. HfL Hannover, 1943 Leiter LBA Hannover, Dr. phil. Hamburg 1944
Leiter des Presseamtes des NSDoz., NSDAP 1.5.1933; HJ-Hauptgefolgschaftsführer, Schul- und Hochschulbeauftrager der HJ-Gebietsführung Ost-Hannover, NSLB 1940

Volkhafter Deutschunterricht. Besinnung und Wegweisung, Osterwieck – Berlin 1937

Meil, Wilhelm

*23.7.1895 in Preußlitz; evang.
Mittelschullehrer, Rektor in Dessau-Ziebigk NSLB 1.4.1932, NSDAP 1.8.1932, Mitarbeiter der Gauleitung Magdeburg, Kreisbeauftrager des RPA

(zus. mit Hermann Wiehle:) Zur Rassenkunde unseres Volkes, Langensalza 1934

(zus. mit Hermann Wiehle:) Einführung in die Rassenkunde unseres Volkes, Braunschweig [13]1935

(zus. mit Hermann Wiehle:) Anschauungstafeln zur Rassenkunde unseres Volkes (1 Taf. 70 × 101 cm), Langensalza – Berlin – Leipzig 1937

Rassenkunde im Unterricht. In: Friedrich Hiller (Hrsg.), Deutsche Erziehung im neuen Staat, Langensalza – Berlin – Leipzig 1935, S. 102–109

Rassenkunde und Gesamtunterricht In: Friedrich Hiller (Hrsg.), Deutsche Erziehung im neuen Staat, Leipzig – Langensalza – Berlin [2]1936, S. 236–242

Meinel, Rudolf

seit 1928 Oberstudiendirektor in Pirmasens

Geschichtliche Typen auf rassischer Grundlage. In: Bayerische Blätter f. das Gymnasial-Schulwesen 70/1934, S. 77–88

Meinhardt, Heinz

*8.9.1912; evang.
Dr. med. Königsberg 1938 (bei Loeffler), Volontärarzt im Stadtkrankenhaus Danzig
NSDAP, NSKK

Die Kinderzahlen der ostpreußischen Volksschullehrer. Ein Beitrag zur Frage der unterschiedlichen Fortpflanzung, Leipzig 1939 (Diss. med. Königsberg 1938)

Meixner, Hanns/Hannes

*5.6.1906 in Reichertshofen; kathol., 1936 gottgläubig
ärztliche Approb. 1933, Dr. med. 1937, 1938 Medizinalrat, stellv. Amtsarzt des staatlichen Gesundheitsamtes Kreis Niederbarnim (Leiter der Abteilung Erb- und Rassenpflege), 1939 Leiter des staatlichen Gesundheitsamtes Wehlau
1928–1930 Stahlhelm, danach SS, NSDAP 1931; 1933/34 Lagerarzt KZ Dachau, Sturmbannarzt, 1937 Führer beim Stab RuSHA, Ende 1939 EWZ Litzmannstadt, Leitung der Gesundheitsstelle EWZ Gotenhafen

Kinderzahl und soziale Stellung der Eltern Münchner Hilfsschüler. In: Archiv f. Rassen- und Gesellschaftsbiologie 30/1936, S. 468ff.

Melching, Leonore

*10.3.1901 in München; evang.; Vater Kartograph
und Kunstanstaltsbesitzer*
*Lehrerin für Deutsch und Geographie, 1929 Biblio-
theksangestellte an der TH München, Mitarbeiterin
beim „Völkischen Beobachter", „NS-Kurier" u. a.,
Verlagsmitarbeiterin, Übersetzerin, 1936 Mitarbeiterin des Deutschen Auslandsinstituts Stuttgart
(rassenkundliche Referentin und Länderreferat
Skandinavien)*
*NS-Frauenschaft, RSK 1933 (politische Dichtung),
DAF*

Umvolkung und gesamtdeutsches Geschichts-
bewußtsein. Bericht über die Tagung der
„Arbeitsstelle für auslandsdeutsche Volksforschung Stuttgart" 11.–13.8.1937. In: Archiv
f. Bevölkerungswissenschaften 7/1937, H. 4,
S. 302–304

Meltzer, Ewald Konrad

1869 in Auerbach/Vogtland–1940
*Dr. med. Jena 1894, Oberregierungs- und Medizinal-
rat, 1918 Leiter der „Sächsischen Landespflege-
anstalt für bildungsunfähige und schwachsinnige
Kinder" in Großhennersdorf; führte vor 1933 rassenhygienische Sterilisierungen durch*

Das Problem der Abkürzung „lebensunwerten"
Lebens, Halle 1925

Soziale und erzieherische Notwendigkeiten bei
der Unfruchtbarmachung Schwachsinniger.
In: Die deutsche Sonderschule 1/1934, H. 7,
S. 481–489

Menseling, Paul

vermutl. Hilfsschullehrer

Krüppelerziehung im nationalsozialistischen
Staat. In: Die deutsche Sonderschule 1/1934,
H. 1, S. 61–64

Merkl, Agnes

4.3.1897 in Pressath; kathol.
*Volksschullehrerin in Bayreuth (Übungsschule der
HfL Bayreuth)*
NSLB 1.5.1933, NSDAP 1935

(zus. mit Willibald Ruß:) Vererbung, Rasse, Volk,
Nürnberg 1936 (für Abschlußklassen der Volksschule und für Fortbildungsschulen)

Merkle, Hermann

25.7.1884 in Stuttgart
*Dr. phil. 1909 Kiel, 1907 wiss. Assistent in der biolo-
gischen Abteilung des Kieler Laboratoriums für internationale Meeresforschung; Studienrat
Antrag auf NSDAP-Mitgliedschaft*

Rassen- und Bevölkerungskunde in UII und OI
der höheren Lehranstalten, Frankfurt/M. 1934
(Sonderdruck aus „Unterrichtsblätter für Mathematik und Naturwissenschaften")

Messer, August

*11.2.1867 in Mainz–1937; kathol., Austritt 1918
Dr. phil. Gießen 1893, bis 1910 Gymnasiallehrer,
danach Prof. f. Philosophie und Pädagogik an der
Universität Gießen (1933 Entzug der Lehrbefugnis);
Oberschulrat; Hrsg. „Die Schule" und „Philosophie
und Leben"*

Der Rassengedanke in seiner Bedeutung für
Ethik und Pädagogik. In: Die Schule im natio-
nalsozialistischen Staat 10/1934, H. 1, S. 3f. und
H. 3, S. 4f.

Meteling, Maria

*16.1.1911 in Polsum/Westf.; Vater Hauptlehrer
Zahnärztin, Dr. med. Münster 1936 (bei Jötten)*

Erbhygienische Untersuchungen an Hilfsschulkindern des Stadt- und Landkreises Recklinghausen, Quakenbrück 1935 (Diss. med. Münster
1936)

Mettenleiter, Friedrich (Fritz) Wilhelm

*10.5.1897 in Fulgenstadt bei Saulgau–1971; kathol.,
1939 gottgläubig; Vater Lehrer
Volks- und Hauptschullehrer, 1935 Oberlehrer, Schul-
leiter, Schriftsteller
1926–1929 Zentrum; NSDAP 23.3.1933,
Propagandawart, stellv. Ortsgruppenleiter,
NSLB (1.6.1933): Kreisschulungsleiter, SA,
RKK*

Rassen- und Vererbungslehre, Ahnen- und
Bevölkerungskunde in Erlebnissen, Stuttgart
1934

Alaf sig arna. Alles Heil dem Artbewußten,
Jugendbuch für Rasse und Vererbungslehre,
Ahnen- und Bevölkerungskunde in Erlebnissen,
Stuttgart 1934

Mettke, Reinhold Paul

*27.1.1884 in Dattla/Dorau; evang.; Vater Bauer Lehrer an Deutscher Schule in der Türkei; Offizier und Kadettenerzieher; Wohlfahrtspfleger, Volksschullehrer und Rektor in Berlin-Schöneberg; Pseud. Ernst Reinhold
NSLB 1.2.1933, NSDAP 1.3.1933; Schulungsarbeit am Museum f. Deutsche Volkskunde; RKK

Die Idee von „Blut und Boden" im Erziehungswerk der Stadt. In: Die deutsche Volksschule 4/1942, H. 2/3, S. 49–55

Metzler, Fritz/ Friedrich

*11.4.1894 in Barmen; evang.
Rektor in Herden/Münster; Dr. phil. Tübingen 1938 (Diss. über das nordische Volkslied)
NSLB 1.5.1933, HJ, SA, NSDAP 1937

Dur, Moll und ‚Kirchentöne' als musikalischer Rassenausdruck. In: Guido Waldmann (Hrsg.), Zur Tonalität des deutschen Volksliedes, hrsg. im Auftrage der Reichsjugendführung, Wolfenbüttel 1938

Rassische Grundkräfte im Volkslied. In: Guido Waldmann (Hrsg.), Rasse und Musik, Berlin 1939, S. 68–101 (Schulungsschrift, hrsg. im Auftrage der Reichsjugendführung)

Metzsch, Horst von

*14.6.1874 in Löbau/Sachsen; evang.
General der Artillerie, 1928 aus Militär ausgeschieden; 1934 Dozent und Leiter der Wehrpolitischen Abteilung der Deutschen Hochschule f. Politik in Berlin
RKK

Das West-Ostproblem unter rassischen Gesichtspunkten. In: Bayerische Lehrerzeitung 70/1936, H. 13, S. 210–212

Meumann, Ingeborg

Dr. phil. Hamburg 1935

Testpsychologische Untersuchungen an ein- und zweieiigen Zwillingen. Ein Beitrag zu Vererbungsfragen, Leipzig 1935 (Diss. phil. Hamburg)

Meyer, Erich

*20.6.1905 in Halle; evang.; Vater Reichsbahnobersekretär
Naturwissenschaftliches Studium, Dr. Halle 1928, Assistent Anatomisch-Physiologisches Institut Universität Halle, Studienref. und -assessor, 1933 kommiss. Leiter der Höheren Israelitischen Schule Leipzig, 1936 Studienrat am Realgymnasium Radebeul
NSLB (1932): Mitarbeiter des Reichssachbearbeiters f. Rassefragen; NSDAP 1.3.1933, Blockwart u. Parteiredner

(zus. mit W. Dittrich:) Erb- und Rassenkunde, Breslau (Hirt) 1933, ³1934

(zus. mit W. Dittrich:) Kleine Erb- und Rassenkunde. Ausgabe für Westdeutschland, bearb. von Wilhelm Klodt, Breslau (Hirt) 1934; Ausgabe für Berlin und Kurmark, bearb. von Franz Schulz, Breslau 1934; Ausgabe für den Gau Mecklenburg-Lübeck, bearb. von Rudolf Wiggers, Breslau 1935

(zus. mit W. Dittrich und Friedrich Lange:) Das Vererbungsgesetz. Tafeln zur Vererbungslehre, Erfurt 1935

(zus. mit Karl Zimmermann:) Naturkunde für Volksschulen, Erfurt 1936

(zus. mit Karl Zimmermann:) Lebenskunde. Lehrbuch der Biologie für höhere Schulen. Bd. 3, bearb. von Dr. Alfred Grimm, Reichenberg (Klasse 5), Erfurt 1942; Bd. 4 (Klassen 6, 7 und 8 der Oberschulen für Jungen), Erfurt ²1942; Bd. 4 (Klassen 6, 7 und 8 der Oberschulen für Mädchen) Erfurt ²1943

Vererbung. Die grundlegenden Gesetze. 2. Aufl. der gleichnamigen Schrift von Friedrich Lange, neu bearb. nach Meyer/Zimmermann: Lebenskunde, Bd. 3 und 4, Erfurt 1943

(zus. mit Friedrich Lange und Werner Dittrich:) Das Vererbungsgesetz. Tafeln zur Vererbungslehre, Erfurt 1935

Mierke, Karl

4.3.1896 in Zellerfeld–1971; evang.
1919 Volksschullehrer in Braunschweig, 1928 Göttingen, Dr. phil. Göttingen 1933 (bei N. Ach), 1934 Heerespsychologe, Regierungsrat, 1935–1945 Leitender Marinepsychologe in Kiel, Regierungsdirektor; 1943 Habil. Erlangen (Psychologie und Pädagogik). 1945–1949 Oberregierungsrat im Landesarbeitsamt Kiel, 1949 Prof. f. Pädagogik und Psychologie und Direktor der PH Kiel, 1953 Prof. Universität Kiel; Hrsg. „Schule und Psychologie"
NSLB 1.5.1933

Rassenkunde und Volksschule. In: Volk und
Rasse 8/1933, H. 6, S. 198–201

Psychologische Beobachtungen an eineiigen
Zwillingen. In: Volk und Rasse 9/1934, H. 11,
S. 345–349

Mitgau, Johann Hermann

*23.5.1895 in Braunschweig–1980; evang.; Vater
Maschinenbauingenieur, Landgewerberat
Dr. phil. 1922, 1930 Habil. und Privatdozent Universität Heidelberg; 1930 Prof. für soziale Volks-
kunde Pädagog. Akademie Frankfurt/O., 1934 Prof.
f. Volkskunde HfL Cottbus, 1939 HfL Frankfurt/O.,
Leiter des Seminars f. Volks- und Sippenkunde HfL
Cottbus; 1940 HfL Schneidemühl; 1941 am Reichs-
institut f. Bevölkerungswissenschaften u. Bevölke-
rungspolitik in München; Mithrsg. „Familienkund-
liche Hefte der Niederlausitz". – 1946 Prof. Didaktik
der Geschichte und Niedersächsische Landeskunde
PH Göttingen
Wandervogel; NSDAP 1.5.1937, NSLB 1.7.1934,
RPA; NSLB, NSDoz., SA; SS: U'Stuf. beim
RSHA, Besuch der Führerschulen Neustrelitz und
Bernau*

(zus. mit A. Hoffmann:) Von Ahnen zu Enkeln.
Erste Einführung in die Familienkunde, Cottbus
1934

5 Jahre Volks- und Sippenkunde an der Hochschule für Lehrerbildung zu Cottbus 1934–39,
Cottbus 1941

Mjöen, Jon Alfred

*1860 in Opdal (Norwegen)–1939
Chemiker, Rassenhygieniker, Promotion in Leip-
zig 1894, Betriebsleiter einer chemischen Fabrik;
Direktor des Instituts für Rassenhygiene in Oslo/
Norwegen*

Die Vererbung der musikalischen Begabung.
Schriften zur Erblehre und Rassenhygiene,
Berlin 1934

Der neue Staat auf rassisch-lebensgesetzlicher
Grundlage. In: Rasse 2/1935, H. 5,
S. 169–183

Vererbungslehre, Erbpflege, Bevölkerungspolitik und Familienkunde im Biologieunterricht. In: Die Mittelschule 9.9.1936, H. 31,
S. 454–456

Möckelmann, Hans

**29.11.1903 in Altona; evang., dann gottgläubig;
Vater Rektor
Staatsprüfung für das höhere Lehramt, seit 1928
Turn- und Sportlehrer an der Universität Gießen,
Dr. phil. Marburg 1929 (bei Jaensch), Oberregie-
rungsrat, 1939 apl. Prof. f. Geschichte, Psychologie
und Pädagogik der Leibesübungen und Direktor
des Instituts f. Leibesübungen an der Universität
Marburg. – Nach 1945 Studienrat, später Ober-
studienrat in Hamburg
Freikorps 1923, NSDAP 1.4.1933, NSLB 1.5.1933,
Leiter der Dozentenschaft Marburg, Gaudozenten-
bundsführer Kurhessen; SS (1938), U'Stuf., 1944
Stubaf. der Waffen-SS*

Die weltanschaulichen Grundlagen der
Leibeserziehung. Festrede, gehalten am
30. Januar 1939 in der Universität Marburg.
In: Leibesübungen und körperliche Erziehung
1939, H. 5, S. 110–114

Möller

Dr.

Rassenbiologie und Rassenhygiene. In: Die
Mittelschule 47/18.10.1933, H. 37, S. 594f.

Möller, Günther

*(vermutl.) *15.7.1907 in Gleiwitz; evang.
Studienassessor in Breslau, Turn- und Sportlehrer
NSLB 1.7.1933, NSDAP 1937*

Erziehung zum Führertum und deutscher Osten.
In: Leibesübungen und körperliche Erziehung
62/1943, H. 1/2

Moeller, W.

Rasse und Leibesübungen. In: Akademische
Turnbunds-Blätter 47/1934, Nr. 567

Moser, P.

Die volksbiologische Aufgabe der Hilfsschule.
In: Pädagogischer Umbruch 6/1938, S. 421f.

Moslehner, Otto

**18.4.1880 in Friedrichshof; evang.
1907 Mittelschullehrer in Königsberg, 1927 Rektor in
Breslau
NSLB 1.4.1933: Schulobmann, NSDAP 1.5.1933*

siehe M. Bartsch

Muckermann, Hermann

30.8.1877–1962
Mitglied des Jesuitenordens 1896–1926, Prof. der
Biologie und verwandter Fächer an verschiedenen
philosophischen Fakultäten im Ausland, Prof.
und Leiter der Abteilung Eugenik am KWI für Anthropo-
logie, menschliche Erblehre und Eugenik 1927–1933,
bis 1933 Vorsitzender der Gesellschaft für Rassen-
hygiene; Hrsg. „Das kommende Geschlecht"; als
Vertreter der katholischen Eugenik 1937 Rede- und
Ausreiseverbot, Verbot seiner Bücher. – 1948 Prof. f.
Anthropologie TU Berlin, 1949 Leiter KWI für
Anthropologie
Mitglied Zentrumspartei

Rassenforschung und Volk der Zukunft. Ein
Beitrag zur Einführung in die Frage vom biologi-
schen Werden der Menschheit, 3., vermehrte
Aufl. Berlin – Bonn 1934

Eugenik und Volkswohlfahrt. In: Zentralinstitut
für Erziehung und Unterricht (Hrsg.), Erblehre –
Erbpflege, Berlin 1933, S. 24–39

Müller, Karl Valentin

26.3.1896 in Bodenbach/Böhmen–1963; Vater Lehrer
Dr. phil. 1922, 1926 Referent im sächsischen Volks-
bildungsministerium, 1936 Habil. (bei Freyer), 1938
Dozent f. Soziologie und Bevölkerungswissenschaften
Universität Leipzig, 1939 Prof. TH Dresden, 1940
Prof. und Direktor des Instituts f. Sozialanthropo-
logie und Volksbiologie an der Deutschen Universität
Prag. – Nach 1945 Aufbau des Instituts f. Begabungs-
soziologie in Hannover, 1955 o. Prof. und Leiter des
Instituts f. empirische Soziologie und Sozialanthropo-
logie in Nürnberg
vor 1933 SPD-nah

Der Aufstieg des Arbeiters durch Rasse und
Meisterschaft, München 1935

Die Bildungsbedeutung der Volkshochschulen
vom Standpunkt der Rassen- und Gesellschaftsbiologie. In: Gesundheit und Erziehung 46/1933,
H. 11, S. 432–440

Rassenpflege und Rassenhygiene in der Schule.
In: Praktische Gesundheitspflege in Schule und
Haus 10/1933, H. 2, S. 24–28

Sozialarbeit und Erbbiologie. In: Die höhere
Schule 12/1934, H. 10, S. 217–221

Lebenserfolg und Lebensauslese. In: Die höhere
Schule 13/1935, H. 8

Zur Bedeutung der Bildung von Auslesegruppen
unter züchterischen Gesichtspunkten für den
Staat. In: Volk und Rasse 10/1935, H. 3,
S. 76–82

Lebensgesetzliche Volksordnung, Arbeiterstand
und Aufstieg der Tüchtigen. In: Volk und Rasse
1937, H. 5, S. 189–192

Deutsches Führertum. Eine rassenbiologische
Betrachtung. In: Das Junge Deutschland
35/1941, H. 9, S. 218–222

Die Bedeutung des deutschen Leistungserbgutes
im tschechischen Volkstum. In: Forschungen und
Fortschritte 17/1941, S. 395 ff.

Müller, Richard

Dr.

siehe Banniza

Müller, Sepp

*16.2.1907 in Ilgau/Mähren
Mittelschullehrer, Dr.
NSDAP 1.4.1933, NSLB: Gausachbearbeiter
f. Biologie Gau Niederdonau, Ortsgruppen-
schulungsleiter, SA-Scharf. (weltanschauliche
Schulung)

Die rassenpolitische Erziehung in der Natur-
und Lebenskunde. In: Der deutsche Erzieher,
Mitteilungsblatt des NSLB Gauwaltung Niederdonau 4/1941, S. 31 f.

Die Gestaltungskräfte der Umwelt und ihre erb-
bedingte Begrenzung. In: Der deutsche Erzieher,
Mitteilungsblatt des NSLB Gauwaltung Niederdonau 5/1942, S. 19

Müller, Theodor

*22.4.1892; evang.
Dr., Mittelschullehrer in Braunschweig; landes-
kundliche Arbeiten im Auftrag der Hauptabteilung
Wissenschaft und Unterricht des Generalgouverne-
ments
NSLB (1.4.1933): Kreissachbearbeiter f. Erdkunde,
NSDAP 1933, SA

Erdkunde, Heimatkunde und Geopolitik als
völkisches Bildungsgut, Leipzig (Klinkhardt)
1935 (Reihe völkisches Lehrgut, hrsg. von Kurt
Higelke)

Müller, W.

vermutl. Lehrer

Bericht über die 1. Schulungswoche in Ver-
erbungslehre, Erbgesundheitspflege, Rassen-
und Familienkunde im Zentralinstitut für
Erziehung und Unterricht Berlin. Vom 25.–30.
Scheiding 1933. In: Die Mittelschule 47/1933,
H. 37, S. 591–594

Rassenkunde als Grundlage der nationalsozialistischen Erziehung in der Schule. In: Reichszeitung der deutschen Erzieher 1935, H. 6, S. 8–12

Müller am Stein, Kurt

*17.11.1880 in Königstein
Hilfsschullehrer und Schulleiter in Berlin, 1943 in
Ostpreußen
NSDAP 1.9.1932

Die Heilpädagogik im künftigen Erziehungs-
staat. In: Die Hilfsschule 26/1933, S. 137–141

Müller-Blattau, Josef

1895 in Colmar–1976; Vater Lehrer
1919 Assistent in Freiburg (bei Gurlitt), 1920
Dr. phil. Freiburg, 1922 a.o. Prof. f. Musikwissen-
schaft Universität Königsberg, 1935 Frankfurt/M.,
1937 o. Prof. Freiburg, Dekan, Leiter der städtischen
Musikschule und städtischer Musikbeauftragter in
Freiburg; 1941 Straßburg. Nach 1945 Musiklehrer,
Studienrat, 1952 Leiter des Staatlichen Konserva-
toriums Saarbrücken, o. Prof.
NSDAP 1.5.1933; NSLB 1.10.1933; völkische Texte
vor 1933

Die Sippe Bach. Ein Beitrag zur Vererbung. In:
Guido Waldmann (Hrsg.), Rasse und Musik,
Berlin 1939, S. 49–67 (Schulungsschrift, hrsg. im
Auftrag der Reichsjugendführung)

Müller-Freienfels, Richard

7.8.1882 in Bad Ems–1949; evang.; Vater Gymnasial-
professor (Altphilologe)
Literaturgeschichtliches Studium, Dr. phil. 1904,
Oberlehrer, 1920 Studienrat in Berlin, Lehrbeauftrag-
ter der Staatlichen Kunst- und Musikakademie Berlin
und des Zentralinstituts für Erziehung und Unter-
richt, 1930 Prof. f. Psychologie und Pädagogik
Pädagog. Akademie Stettin, 1933–1938 Dozent Wirt-
schaftshandelshochschule Berlin, wg. „jüdischer Ver-
sippung" entlassen; Musiker und Schriftsteller
NSDAP 1.5.1933, NSLB 1.7.1933, NSV, NSDoz.,
RLB

Beiträge zur Rassenpsychologie. In: Zeitschrift f.
angewandte Psychologie 39/1931, S. 1–31

Grundsätzliches zur Rassenpsychologie. In: Zeitschrift f. Rassenkunde 4/1936, H. 1, S. 65–72

Münch, Kurt

*6.10.1892 bei Hindenburg/Oberschlesien; evang.;
Vater Gütervorsteher
Dr. phil. Breslau 1920; Turnlehrer u. Studienrat
(1926) Reformrealgymnasium Trebnitz (Erdkunde,
Französisch, Englisch), Hrsg. „Dietwart"
NSLB 1.7.1933, SA, NSV, NSDAP 1940; Reichs-
dietwart des NS-Reichsbunds für Leibesübungen
(Schulungsarbeit), Presseführer der Deutschen
Turnerschaft; RLB

(Hrsg.:) Deutschkunde über Volk, Staat,
Leibesübungen, 5., verbess. Aufl. Berlin 1935

Nordische Haltung durch Leibesübungen. In:
Die Sonne 13/1936, H. 6, S. 264–268

Muris, Oswald

1884–1964; kathol.; Vater Bauunternehmer
Studium Germanistik, Geschichte, Geographie;
Dr. phil. Greifswald 1911, Studienrat in Berlin, 1929
Prof. f. Erdkunde Pädagog. Akademie Hannover,
1932 Halle, 1934–1939 Prof. f. Erziehungswissen-
schaft und Erdkunde und Direktor HfL Dortmund,
danach Frankfurt/O.
NSDAP 1.3.1933, 1934 Gausachbearbeiter f. Erd-
kunde im NSLB Westfalen-Süd, SA-O'Scharf.;
1941 Leiter der Reichsarbeitsgemeinschaft für
Atlantenfragen

Erdkunde und nationalpolitische Erziehung,
Breslau (Hirt) 1934

Blut und Boden als Grundlage deutscher Kultur.
In: Zeitschrift f. deutsche Bildung 12/1936,
S. 301–310

Murr, Erich

*9.10.1898 in Ober-Riexingen
Zoologe und Sippenkundler; Dr. phil., 1933 Habil.
Berlin, Dozent an der Landwirtschaftlich-tierärzt-
lichen Fakultät der Universität Berlin
NSDAP 1.5.1933, NSLB 1934

Einführung in die deutsche Rassenkunde,
Berlin – Erfurt 1933 (Volk und Wissen, Bd. 7)

Sippenkunde. Gedanken und Lehren zum Aufbau einer Wissenschaft von der Blutsgemeinschaft, Jena 1936

Von zeitgemäßer Sippenkunde und ihrem Verhältnis zur alten Genealogie, zur Rassen- und Volkskunde. In: Zeitschrift f. Bevölkerungswissenschaft und Bevölkerungspolitik 7/1937, S. 73–90

Neckel, Gustav

*17.1.1878; evang.; Vater Kaufmann
Dr. phil. 1900 (Germanistik), Oberlehrer, Privatdozent an der Universität Breslau, a.o. Prof. Heidelberg 1911, o. Prof. Berlin 1920

Der Wert des altnordischen Schrifttums für die Erkenntnis germanischen Wesens. In: Zeitschrift f. deutsche Bildung 9/1933, H. 7/8, S. 352–364

Das Nordische und die deutsche Bildung. In: Deutsches Bildungswesen 2/1934, H. 10

Altgermanische Erziehung. In: Erziehung 13/1938, S. 417–428

Nehring, Ludwig

*19.9.1863 in Czarnikau; kathol.
Rektor i.R., Schneidemühl
NSLB 1935

Kleine Lebenskunde nach Lebensgemeinschaften. Unter Berücksichtigung des Vierjahresplanes, Breslau 1940 (Schülerheft für Volksschulen)

Nelis, Heinrich-Josef

10.5.1894 in Kohlscheid/Aachen–1945; kathol., 1937 Austritt; Vater Schlosser
Priester, Religionslehrer, ab 1930 Studium Pädagogik, Philosophie und Literaturgeschichte; Dr. phil. München 1933, 1934 Dozent f. Erziehungswissenschaften HfL Bonn; 1936 Prof., 1937 o. Prof. f. Pädagogik und Philosophie Universität Frankfurt/M. Stahlhelm 1928, NSDAP 1.5.1933, NSLB 1.12.1935, NS-Doz., Lehrer an Gauführerschule Hessen der NSDAP, Leiter der Abteilung Volkstum und Erziehung des NSLB; Schulungsreferent in der Gaudozentenbundführung Hessen-Nassau; SS 1934, SD-Referent, 1942 Sachbearbeiter f. kirchenpolitische Fragen beim BdS in Den Haag, Lebensborn; 1943 SS-Stubaf.

Völkische Lebensform als Erziehungsgrundlage, Berlin 1937 (Nationalsozialismus und Wissenschaft, hrsg. vom NS-Dozentenbund)

Nerb

Dr.

Völkische Anthropologie als Grundlage der Erziehung, 1934

Neubert, Rudolf

*31.1.1898 in Dresden; evang.; Vater Lehrer
Dr. med. 1923, nebenamtlich Schularzt, Gesundheitsunterricht an der Menzlerschule Dresden-Hellerau, 1924–1933 Mitarbeiter des Hygiene-Museums Dresden; Schriftleiter „Praktische Gesundheitspflege in Schule und Haus"; nach 1933 Arztpraxis. – 1946/47 wiss. Direktor des Hygiene-Museums, später Prof. f. Sozialhygiene an der Universität Jena; Vizepräsident im Komitee f. Gesundheitserziehung der DDR
NSDAP 1.5.1933

Rassenhygiene und Volkserziehung. In: Praktische Gesundheitspflege in Schule und Haus 2/1933, H. 2, S. 17–19

Neugebauer, Paul

*6.8.1889 in Berlin; evang.; Vater Polizeibeamter
Volksschullehrer in Berlin; Dr. phil. Berlin 1932
NSDAP 1.3.1933, Schulungsreferent, NSLB 29.3.1933, Zellenwart

Die Berliner Aufbauklassen im Dienste der erbbiologischen Auslese. In: Die Neue Deutsche Schule 10/1936, H. 12, S. 621–627

Neuhaus, Agnes

24.3.1854 in Dortmund–1944
katholische Fürsorgerin und Sozialpolitikerin, Gründerin und Leiterin des Katholischen Fürsorgevereins, Vorstandsmitglied im Caritasverband 1920–1930 Abgeordnete der Zentrumspartei im Reichstag

Entstehung und Bedeutung eines Bewahrungsgesetzes. In: Jugendwohl 23/1934, H. 1, S. 10–13 und H. 2, S. 31–35

Neumann, Ernst

Dr. med. Marburg 1906 (?), 1910 Kreiskommunalarzt in Mettmann, 1920 Stadtmedizinalrat in Neumünster
vor 1933 SPD-nah und Vertreter der sozialhygienischen Eugenik

Rassenmerkmale bei 14- bis 16jährigen Schulkindern in Neumünster. In: Volk und Rasse 9/1934, H. 1, S. 18–22

Neumann, Otto

Durch Heimatliebe zum Volksbewußtsein und
Rassestolz. In: Pommersche Blätter f. die Schule
57/1933, H. 25, S. 273 f.

Niemann, Gustav

*21.10.1878 in Südholz/Herford; evang.
Lehrer in Homberg/Niederrhein
NSLB 1.4.1933, NSDAP 1.5.1933

(zus. mit Dr. Oskar Ludwig:) Vorbereitungen für
den Biologieunterricht. Zweiter Teil: Wiese und
Wald, 12., neubearb. Aufl. Osterwieck 1937;
Vierter Teil: Der deutsche Mensch, seine Rasse
und sein Volk, 12., neubearb. Aufl. Osterwieck –
Berlin 1940

Nier, Friedrich

(vermutl.) *28.11.1880 in Dresden
Oberlehrer
NSDAP 1.5.1933

Individuum und Rasse. In: Politische Erziehung
1933/34, Ausgabe D, H. 10, S. 307–312

Nießen, Josef

27.3.1864 in Straelen/Heinsberg–1942; kathol.
Mittelschullehrer, Seminaroberlehrer, Studienrat;
1926 Dozent, 1927 Prof. f. Biologie an der Pädago-
gischen Akademie Bonn

Volksverbundener biologischer Unterricht.
In: Die Neue Deutsche Schule 8/1934, H. 8,
S. 442–444

Nöll, Heinrich

*13.1.1873
Hilfsschullehrer und Rektor in Wiesbaden, 1933
Ruhestand

Propädeutik der Erbgesundheitslehre und
Rassenhygiene. In: Die Hilfsschule 27/1934, H. 3,
S. 141–159

Beurteilung des heilpädagogischen Sonderschulwesens für Schwachsinnige vom Standpunkte
der Rassenhygiene und Erbgesundheitslehre.
In: Hamburger Lehrerzeitung 13/1934, H. 29,
S. 461–466

Natürliche Schranken der negativen Auslese des
Schwachsinns und vererbungswissenschaftlich-
rassenhygienische Beurteilung des heilpädagogi-

schen Sonderschulwesens. In: Die deutsche
Sonderschule 1/1934, H. 2, S. 112–122

Die Sexualproportion der Hilfsschule in ver-
erbungswissenschaftlicher Bedeutung. In: Die
deutsche Sonderschule 1/1934, H. 6, S. 427–442

Zur Frage der geschlechtsgebundenen Vererbung
des Schwachsinns. In: Die deutsche Sonderschule
1/1934, H. 8, S. 583–586

Hilfsschüler und Rassenhygiene. Eine Erwiderung. In: Die deutsche Sonderschule 12/1935,
S. 953–964

Nohl, Herman

7.10.1879–1960; evang.
Dr. phil., 1919 Univ.-Prof. Jena, 1920 Göttingen
(Philosophie und Pädagogik), 1937 von Amts-
geschäften als Prof. entbunden, nach 1945 wieder
Prof. in Göttingen

Charakter und Schicksal. Eine pädagogische
Menschenkunde, Erfurt 1940 (Kap. IV: Die
Rassen- und Völkerunterschiede)

Oechslein, August

*16.4.1874 in Feickenfelden; evang.
Oberlehrer in Nürnberg
NSLB 1.7.1933; Luftschutzhauswart

Vererbung. Eine Unterrichtsskizze. In: Bayerische Lehrerzeitung 69/1935, H. 49, S. 788–790

Olfenius, Karl

*20.2.1891 in Braunschweig; evang.; Vater Offizier
ab 1920 bei der Polizei, Polizeimajor, 1924/25
Gasthörer am Rechtswissenschaftlichen Institut der
Universität Münster, Kommandant der Schutzpolizei-
schule Köln; November 1939 Kommandeur eines
Polizeibataillons, 1944 Schutzpolizeischule Gnesen
Offizier im Ersten Weltkrieg, 1919 Freikorps Grenz-
schutz Ostbaltikum, DNVP 1920, DDP 1928,
NSDAP 18.1.1933, Mitarbeiter Gauleitung
Schlesien; 1936 Mitarbeiter RPA, SS-Stubaf.

Die Lösung der Judenfrage im Dritten Reich.
Langensalza 1937 (mit Wandkarte, laut Hrsg. für
politische Schulungen der Partei und im Schulunterricht verwendbar)

Was müssen wir über die Entstehung der nordischen Rasse und unseres Volkes wissen? In: Der
deutsche Polizeibeamte 4/1936, H. 4, S. 124–26

Rassenschande und gesundes Rechtsempfinden. Betrachtungen zum Neubau des deutschen Familienrechts. In: Neues Volk 5/1937, H. 8, S. 18

Ortner, Eduard

*1.9.1907 in St. Valentin
Oberlehrer in Antiesenhofen/Ried (Oberdonau)
NSLB Österreich 1.12.1937

Biologische Typen des Menschen und ihr Verhältnis zu Rasse und Wert. Zugleich ein Beitrag zur Claußschen Rassenpsychologie, Leipzig 1937

Ostermeyer, Gerda

*11.12.1910 in Aussig
Lehrerin, Dr. phil. Gießen 1936
NSLB 1.1.1939

Gestaltpsychologie und Erbcharakterkunde, Leipzig 1937 (Diss. phil. Gießen 1936); aus: Zeitschrift f. angewandte Charakterkunde, Beiheft 73

Mitarbeit an: Eckle, Erbcharakterologische Zwillingsuntersuchungen, siehe dort

Otto, Hermann

(vermutl.) *12.6.1889 in Berlin; evang.; Vater Turnlehrer
Turnlehrer und Studienrat; Dr. phil. Berlin 1916, 1919 wiss. Assistent am Pflanzenphysiologischen Institut der Universität Berlin, 1921 Studienrat, Oberstudienrat an der Staatlichen Hauptstelle für den naturwissenschaftlichen Unterricht, Berlin
NSLB 1.4.1934, NSDAP 1937, SS

(zus. mit Werner Stachowitz:) Abriß der Vererbungslehre und Rassenkunde, einschließlich der Familienkunde, Rassenhygiene und Bevölkerungspolitik, Frankfurt/M. 1934 (später unter dem Titel: Biologie für höhere Schulen und für den Selbstunterricht. Ergänzender Abriß der Vererbungslehre und Rassenkunde, einschließlich der Familienkunde, Rassenhygiene und Bevölkerungspolitik, [5]1935, [10]1938)

(zus. mit Werner Stachowitz:) Einführung in die Vererbungslehre, Rassenkunde und Erbgesundheitspflege für die Mittelstufe, [2]1935

Paetzold, Irmgard

*28.2.1909 in Darmstadt; evang.; Vater Chemiker
Laborassistentin an der TH Darmstadt (1932), Dr. phil. Darmstadt 1936, Studienassessorin Darmstadt
NSDAP 1.5.1933, NSLB 1.7.1933

Vererbung und Schulerziehung, München 1935 (Diss. TH Darmstadt 1936); aus: Zeitschrift f. angewandte Charakterkunde, Beiheft 73

Vererbung und Schulerziehung. In: Archiv f. Rassen- und Gesellschaftsbiologie 29/1935, H. 3 und 31/1937, H. 1

Pahlke, Heinrich

*7.12.1887 im Bezirk Neukuhren; evang.
Mittelschulrektor in Königsberg
NSDAP 1.5.1933, NSLB 1.7.1933, SAR, NSKK, RLB

siehe Gehl

Parnitzke, Erich

20.12.1893 in Berlin–1974
Zeichen- und Werklehrer, 1926 Dozent, 1930 Prof. an der Pädagog. Akademie, später HfL, dann LBA Kiel; Schriftleiter „Kunst und Jugend" (bis 1959)
1933 SA-Scharf., 1937 NSDAP, NSLB (Kreissachbearbeiter)

Bildnerische Erziehung. In: Ernst Dobers und Kurt Higelke (Hrsg.), Rassenpolitische Unterrichtspraxis. Der Rassengedanke in der Unterrichtsgestaltung der Volksschulfächer, Leipzig 1938, S. 324–338

Passarge, Siegfried

26.2.1867 in Königsberg–1958
Dr. phil. Jena 1891, 1905 Prof. in Breslau, 1908–1935 Prof. f. Geographie an der Universität Hamburg
1927 DNVP, 1933 Reichsobmann f. Geographie im NSLB, NSDAP 1.11.1933. – Antisemitische Schriften vor 1933

Die jüdische Rassenfrage. In: Pädagogische Warte 40/1933, H. 23, S. 1035–1037

Patriarcheas, Angelika

*1913 in Androuvista
Lehrerseminar Athen, Lehrerin, Studium in Athen und Berlin, Dr. phil. Berlin 1939 (bei Baeumler)

Die Erziehung der Spartanerin in ihrer politischen Wirklichkeit. Prolegomena zu jeder künftigen Erziehung, Diss. Berlin 1939

Patt, Wilhelm

*10.11.1907; evang.
Dr. med. Münster 1937 (bei Jötten), Zahnarzt in
Bochum
NSDAP 1937

Erbhygienische Untersuchungen an Hilfsschulkindern in der Stadt Bochum, Bottrop 1937
(Diss. med. Münster 1937)

Paul, Elfriede

*14.1.1900 in Köln; evang.; Vater Lithograph
Lehrbefähigung höheres Lehramt, 3 Jahre Tätigkeit
als Lehrerin, Medizinstudium, Leiterin Städtisches
Kinderheim Harburg-Wilhelmsburg, Assist. Hygiene-
Institut Berlin, 1934 Ärztin in der Beratungsstelle f.
Erb- und Rassenpflege Berlin, Dr. med. Berlin 1936
(Diss. „Die Beeinflussung der Menstruation durch
das Landjahr"); 1935 Schulärztin in Berlin
NSV 1933, BDM 1935, NS-Ärztebund 1936; RKK

Rassenpflege als Grundlage einer Staatsidee.
In: Gesundheit und Erziehung 46/1933, H. 10,
S. 339f.

Paul, Franz

*18.1.1879 in Rengersdorf/Glatz; kathol.
Blindenoberlehrer in Breslau
NSDAP 1.5.1933, NSLB

Die Durchführung des Erbgesundheitsgesetzes
in einer Blindenanstalt. In: Die deutsche Sonderschule 3/1936, H. 10, S. 754–757

Paul, Gustav

*23.1.1890 in Worms
Dr. phil. Gießen 1915, Studienrat Realgymnasium
Darmstadt, Dozent, Prof. HfL Darmstadt (Geschichte
u. Geopolitik); völkische Texte vor 1933
NSLB

Grundzüge der Rassen- und Raumgeschichte des
deutschen Volkes, München 1935, ³1940

Rasse und Geschichte, Leipzig 1936 (Stoffe und
Gestalten der deutschen Geschichte)

Rasse und Staat im Nordostraum, München
1937

Die räumlichen und rassischen Gestaltungskräfte
der grossdeutschen Geschichte, München 1938

Raum und Rasse im Geschichtsbild des Dritten
Reichs. In: Die Deutsche Schule 39/1935,
H. 10/11, S. 483ff.

Der Zug Ariovists in seiner rasse- und raumpoli-
tischen Bedeutung. In: Bayerische Lehrerzeitung
70/1936, H. 25, S. 406f.

Paull, Hermann

*15.12.1867; evang.; Vater Kaufmann
Arzt in Melle, Dr. med. Freiburg 1893, Stadtmedi-
zinalrat i.R. in Karlsruhe
Burschenschaft Alemannia, Logenmitglied
1920–1933

Deutsche Rassenhygiene. Gemeinverständliches
Gespräch über Vererbungslehre, Eugenik,
Familie, Rasse und Volkstum. Teil I: Vererbungslehre. Teil II: Erbgesundheitspflege, Rassenpflege, Görlitz 1934

Wir und das kommende Geschlecht, Görlitz o. J.
(Sippenbücherei)

Pauls, Karl-Heinz

*1.11.1912 in Wald/Solingen; Vater Hotelver-
walter
Dr. med. Münster 1936 (bei Jötten); Zahnarzt in
Leverkusen u. a.
NSDAP 1937

Erbhygienische Untersuchungen an Hilfsschulkindern Duisburg-Meiderichs, Duisburg 1935
(Diss. med. Münster 1936)

Pause, Kurt

*17.1.1893 in Breslau; evang.; Vater Kauf-
mann
Hilfsschullehrer und Rektor in Breslau, Turn- und
Schwimmlehrer, Rektor der Akademieschule in
Breslau, Tätigkeit in der Lehrerfortbildung
DDP 1929, NSLB 1.5.1933, Opferring, NSV,
NSDAP 1937

Eltern, legt für eure Kinder Ahnentafeln an.
In: Schule im neuen Staat 33/34, H. 9.
S. 1–5

Peisker, Horst

*6.10.1918 in Leipzig; evang.
Dr. med. Leipzig 1944
HJ 1934, RAD 1937, NSDAP und NSDStB 1939;
SA-Sportabzeichen

Erbbiologische Untersuchungen an Antrag-
stellern für Ausbildungsbeihilfen, Diss. med.
Leipzig 1944

Peter, Herbert

*19.9.1900 in Chemnitz; evang.
Lehrer, graphologischer Berater im Kriminalamt
Chemnitz
NSLB 1.1.1934, NSDAP 1937

Die Graphologie als Hilfsmittel bei der Durchführung des Gesetzes zur Verhütung erbkranken
Nachwuchses. In: Kriminalistische Monatshefte
8/1934, H. 5

Handschrift und Schwachsinn. In: Zeitschrift
f. Kinderforschung 45/1936, H. 2, S. 134–142

Die Schriftanalyse im Dienste des Erbkranken-
gesetzes. In: Münchner medizinische Wochenschrift 1936, Nr. 14, S. 558

Petermann, Bruno

15.3.1898 (Kiel)–1941; evang.; Vater Kauf-
mann
Diss. Kiel 1921; Studienrat, Habil. Kiel 1928,
Dozent in Schanghai, 1931 Pädagog. Akademie Dort-
mund; 1932 Universität Kiel, 1935 Universität Ham-
burg; 1938 Vertretungsprofessur, 1939 Prof. f.
Psychologie, Pädagogik, Rassenseelenlehre u.
völkische Anthropologie und Direktor des Instituts f.
Psychologie und Pädagogik Universität Göttingen;
Kriegsverwaltungsrat
NSDAP 1.5.1937, NSDoz., NSLB, RLB, NS-Alt-
herrenbund der deutschen Studenten, SA, VDA,
Kolonialbund

Das Problem der Rassenseele. Vorlesung zur
Grundlegung einer allgemeinen Rassenpsychologie, Leipzig 1935, ²1943

Beiträge zur Rassenseelenlehre und völkischen
Anthropologie. In: Archiv f. die gesamte Psychologie 97/1936, S. 251–293

Wider die vorgebliche Überwindung der Rassen-
seele-Idee bei Russel Thomas Garth. In: Archiv
f. die gesamte Psychologie 97/1936, H. 1/2,
S. 258–293

Über Ansatz und Reichweite des rassenmäßigen Anteils am Aufbau der seelisch-
geistigen Wirklichkeit. In: E. v. Eickstedt (Hrsg.),
Rassen- und Gruppenpsychologie. Sonderheft
zum 15. Kongreß der Deutschen Gesellschaft
für Psychologie, Stuttgart 1936, S. 74–86; auch
in: Zeitschrift f. Rassenkunde 4/1936, H. 1,
S. 78–86

Petersen, Peter

26.6.1884 (Großenwiehel Flensburg)–1952; evang.;
Vater Landwirt
Dr. phil. Jena 1908, Lehrer in Hamburg, 1920 Habil.,
Leiter der Lichtwarkschule Hamburg, 1923 Prof. f.
Pädagogik an der Universität Jena; Dr. phil. h.c. 1937
(Athen)
1920 Teilnehmer am Grenzlandkampf in Nord-
schleswig; 1932 Christlich-Sozialer Volksdienst,
NSLB 1934; Mitarbeiter der Führerzeitschrift des
RAD „Heimat und Arbeit"

Heimat, Volk und Vaterland. In: Blut und Boden
5/1933

Bedeutung und Wert des Politisch-Soldatischen
für den deutschen Lehrer und unsere Schule. In:
Deutsches Bildungswesen 2/1934, H. 1

Die erziehungswissenschaftlichen Grundlagen
des Jenaplanes im Lichte des Nationalsozialismus. In: Die Schule im nationalsozialistischen
Staat 11/1935, H. 6, S. 1–5

Rassische Geschichtsbetrachtung. In: Heimat
und Arbeit 13/1940, H. 8, S. 218–221

Es gibt rassische Hochwertigkeit. Sie verpflichtet!
In: Heimat und Arbeit 14/1941, H. 2, S. 38–41

Petzet, Georg

*6.2.1880 in Fürstenreuth; kathol.
Volksschullehrer, Oberlehrer in Etzelwang
NSDAP 1.4.1933, NSLB 1.11.1933

Familienkunde in der Schule. In: Bayerische
Lehrerzeitung 68/1934, H. 23, S. 366f.

Pfahler, Gerhard

12.8.1897 in Freudenstadt–1976; evang.; Austritt;
Vater Pfarrer und evang. Dekan
Lehrer, Dr. phil. Tübingen 1924 (bei Kroh), Habil.
1928, 1929 Prof. f. Psychologie u. Pädagogik
Pädagog. Akademie Rostock; 1930 Altona, 1932
Frankfurt/M., 1934 o. Prof. f. Psychologie und
Pädagogik Universität Gießen, Univ.-Rektor, 1938
Prof. f. Psychologie, Pädagogik, Erbcharakterologie
und Rassenseelenkunde und Direktor des Instituts f.
Psychologie und Erziehungswissenschaften Univer-
sität Tübingen (Nachf. Kroh); Mithrsg. „Zeitschrift
f. Pädagogische Psychologie und Jugendkunde". –
1953 o. Prof. f. Psychologie und Erziehungswissen-
schaften Universität Tübingen
NSDAP 9.11.23, Wiedereintritt 1937; NSLB
(Reichsfachschaft Hochschullehrer), SA-Stuf., 1944
Leiter des Deutschen Volkssturms in Tübingen

Warum Erziehung trotz Vererbung?, Leipzig –
Berlin 1935; 3., erw. Aufl. 1938

System der Typenlehren. Grundlegung einer
pädagogischen Typenlehre, Leipzig 1936

(zus. mit Dr. Gscheidle:) Biologische Schülerübungen, Stuttgart 1938

(zus. mit Dr. Gscheidle:) Arbeitsheft für Biologische Schülerübungen

(Hrsg.:) Erbcharakterkunde, Gestaltpsychologie
und Integrationspsychologie, Leipzig 1937
(Zeitschrift f. angewandte Psychologie und
Charakterkunde, Beiheft 73)

Erbcharakterologie und Jaensch'sche Integrationspsychologie. Eine Entgegnung. In: Zeitschrift f. Psychologie 128/1933, S. 355–390

Vererbung des Charakters. In: Deutsche evangelische Monatsblätter 1934

Rassenkunde und Erbcharakterologie. In:
O. Klemm (Hrsg.), Bericht über den 14. Kongreß
der Deutschen Gesellschaft für Psychologie in
Tübingen 1934, Jena 1935, S. 104–108

Erbcharakterkunde und Lehrerberuf. In: Die
Deutsche Schule 40/1936, S. 1–11

Erbcharakterologie. In: Rasse 4/1937, H. 10,
S. 369–379 und H. 11, S. 409–421

Das Gespräch als Methode erbcharakterologi-
scher Rassenforschung (mit Forschungsergeb-
nissen). In: O. Klemm, Hrsg., Bericht über den
16. Kongreß der Deutschen Gesellschaft für
Psychologie in Bayreuth 1938, Leipzig 1939,
S. 119–122; auch in: Der deutsche Erzieher
12/1938, S. 266–270

Rasse und Erziehung. In: Zeitschrift f. pädagogische Psychologie und Jugendkunde 40/1939,
H. 9/10, S. 201–221

Pfannenschmidt

vermutl. Christian P., *21.1.1862
Mittelschullehrer, Preußischer Mittelschullehrer-
verein

„Mendelismus" und „Nordischer Mensch".
In: Die Mittelschule 49/13.2.1935, H. 2,
S. 63 f.

Pfannenstiel, Wilhelm

1890–1982
1927 Dozent f. Hygiene Münster, 1931 Prof. in
Marburg, Direktor des Hygiene-Instituts, 1937
zusätzlich Lehrauftrag f. Luftfahrtmedizin Uni-
versität Marburg (u. a. wissenschaftliche Aus-
wertung von Unterkühlungsversuchen im
KZ Dachau); 1933 im Vorstand der Marburger
Blindenstudienanstalt, Ortsgruppenleiter der
Deutschen Gesellschaft für Rassenhygiene
Marburg
NSDAP 1.5.1933, SS 1937, O'Stubaf. (beratender
Hygieniker)

Blindheit und Eugenik vom Standpunkt der
Volkshygiene. In: Beiträge zum Blindenbildungswesen 4/1933, S. 106–115

Bevölkerungspolitische Entwicklung und
Rassenhygiene im nationalsozialistischen Staat.
In: Vergangenheit und Gegenwart 4/1934, H. 2,
S. 95–109

Die biologischen Grundlagen der Begabten-
auslese. In: Zeitschrift f. pädagogische
Psychologie u. Jugendkunde 43/1942,
S. 73–76

Pfaul, Berthold

*13.1.1911 in Dresden
Dr. rer. nat. Jena 1937 (Diss. „Biometrie in der
Rassenkunde"); Mitarbeiter an den Staatlichen
Museen f. Tier- u. Völkerkunde Dresden (Anthropo-
logische Sammlung), 1938 Assistent an der Anstalt f.
Rassenkunde, Völkerbiologie und Ländliche Sozio-
logie Universität Berlin (bei Günther)
NSDAP 1931

Rassenkundliches über eine Asozialen-Gruppe.
In: Volk und Rasse 15/1940, S. 20–23

Pier, Bernhard

*24.11.1892 in Schildeck/Ostpr.; kathol., 1938
Austritt; Vater Gärtnereibesitzer
Mittelschullehrer (neuere Sprachen und Geschichte);
Turn- und Sportlehrer, Hilfsschullehrerprüfung;
Dr. phil. Münster 1929, 1930 Studienrat in Hinden-
burg, 1936 Beuthen
NSDAP 1.4.1933

Rassenbiologische Betrachtungsweise der
Geschichte Englands, Frankfurt/M. 1935

Rassenbiologische Betrachtungsweise der
Geschichte Frankreichs, Frankfurt/M. 1935

Pietsch, Albert

*7.12.1889 in Berlin; evang.
1914 Volksschullehrer, 1935 Rektor in Perleberg. –
1945 Kreisschulrat und Referent am Ministerium für
Volksbildung in der Provinz Brandenburg, 1953 Prof.
PH Potsdam. Biologiedidaktiker der DDR
NSLB 6.12.1933; Aufnahmegesuch in NSDAP ver-
weigert wg. Logenmitgliedschaft

Probleme der pädagogischen Rassenpsychologie.
In: Die Neue Deutsche Schule 7/1933, H. 7,
Ausgabe B, S. 364–373

Rassenhygienische Umschau. In: Die Neue
Deutsche Schule 8/1934, S. 427–432

Der Biologieunterricht in der Volksschule. In:
Der Biologe 4/1935, S. 37–40

Rassenbiologische und rassenhygienische
Umschau. In: Die Neue Deutsche Schule 9/1935,
H. 4, S. 200–212

Wie treibe ich in einer Landschule Erbkunde?
In: Archiv f. Volksschullehrer 40/1937, H. 7,
S. 402–408

Pietzker, Karl

*21.3.1885 in Naumburg; evang.; Vater Kunst- und
Handelsgärtner
Volks- und Mittelschullehrer, 1929 Rektor Oberreal-
schule Halle; Diss. Halle 1936
Vor 1933 DVP, NSDAP 1.5.1933, 1935 Ausschluß
wg. Logenmitgliedschaft; NSLB 16.5.1933; RKK

Völkisches Rechnen für die Jugend, Halle
(Schroedel) 1934

Ein Kapitel aus der Rassenpflege in Rechenaufgaben. In: Pädagogische Warte 40/1933, H. 23,
S. 1037–1040

Pladra, Oskar

*3.4.1884 in Osterode/Ostpr.; evang.
Mittelschullehrer in Duisburg
NSLB 1.7.1933, NSV, SAR

Rasse ist Schicksal. Gedanken zur Förderung des
rassischen Bewußtseins. In: Die Mittelschule
21.2.1934, S. 81–83

Plenzat, Karl

22.7.1882–1945 (Selbstmord)
Volks- und Mittelschullehrer, Dr. phil. Königsberg
1924, 1926 Dozent, 1927 Prof. f. Deutsch und Volks-

kunde Pädagog. Akademie, später HfL Elbing, dort
Gründer und Leiter des Volkskundlichen Archivs,
1934 Lehrbeauftragter f. Volkskunde Universität
Königsberg, 1938 Prof. f. Volkskunde HfL,
dann LBA Schneidemühl; Mithrsg. „Völkische
Schule"
Unterzeichner der Erklärung deutscher Universi-
täts- und Hochschullehrer für Hitler 1932, Mit-
initiator NSLB Westpreußen, NSDAP
16.2.1933

Volkskunde als Grundlage volkhafter Bildung.
In: Die Völkische Schule 11/1933, H. 12

Plöhn, Hermann Johannes

17.12.1896 in Wittbekfeld/Kreis Husum–1941; evang.
Mittelschullehrer in Rendsburg
NSDAP 1.8.1932, NSLB (24.4.1933): Organisa-
tionsleiter im NSLB Kreisgruppe Rendsburg,
Kreissachbearbeiter für „Deutsches Bildungs-
wesen", Kreispressereferent; Politischer Leiter
(Blockwart)

Aus Erziehungswesen und Erziehungswissenschaft: Welche Forderungen stellt die Eugenik
an die Schule der Gegenwart? In: Deutsches
Bildungswesen 1/1936, S. 31–41

Plügel, Anton Adolf

*27.4.1910 in Wien
Mitarbeiter Völkerkundemuseum Wien, 1935–1939
Programmreferent am Reichsrundfunk in Berlin,
Dr. phil. Wien 1939; 1940 Referent in der Abteilung
Schulwesen beim Chef des Distrikts Krakau,
1941 Referent am IDO Krakau (Sektion Rassen-
und Volkstumsforschung), 1942 stellv. Sektions-
leiter
NSDAP 1930, 1932 HJ-Bannschulungsleiter Nieder-
Österreich, 1933 Oberbannschulungsleiter, 1934
Referent im Stab der RJF; 1941 Standortschulungs-
leiter der NSDAP in Krakau

Bedeutung und Aufgaben der Sektion Rassen-
und Volkstumsforschung (II). In: Deutsche
Forschung im Osten 1/1941, H. 6

Rassen und Volkstümer des Generalgouvernements. In: Zeitschrift f. Erdkunde 10/1942,
S. 351–360

Pommrich, Herbert

Volk und Rasse, Leipzig 1934 (Deutsche Volks-
und Staatsbürgerkunde)

Porembsky, Franziska von

vermutl. Lehrerin

Rassenkunde und Rassenpflege in der weiblichen Erziehung. In: Dr. Auguste Reber-Gruber (Hrsg.), Weibliche Erziehung im NSLB. Vorträge der Ersten Erzieherinnentagung des NSLB in Alexisbad vom 1.–3. Juni 1934, Leipzig – Berlin 1934, S. 120–124

Praetorius, Otfried

*26.2.1878 in Nieder-Gmünden; evang.; Vater Pfarrer
Hessischer Historiker, Ahnen- und Familienforscher, Studienrat/-prof. in Darmstadt
NSLB 1.8.1933, NSKOV, NSV, RKK

Familienkunde. In: Rasse, Volk, Familie. Ausstellung der Rhein-Mainischen Stätte für Erziehung Mainz, Zitadelle, 1935, S. 13f.

Preuss / Preuß, Hans (Johannes)

*10.2.1905 in Johannesburg
Studium Psychologie, Anthropologie; Dozent an der Universität Berlin, Volontärsassistent am Psychologischen Institut und Mitarbeiter von L. F. Clauss 1936/37
NSDStB 1.4.1933 (Referent f. rassenpolitische Erziehung), SA; SS 1934, NSDAP 1937, RPA (Fachrednerausweis); RuSHA: Leitung der praktischen Ausbildung der Eignungsprüfer in der Umwandererzentrale Litzmannstadt, 1942 Leiter der Außenstelle Böhmen-Mähren; Waffen-SS, Stubaf.

Um die Erforschbarkeit der Rassenseele. In: Rasse 1937, S. 75–79

Pröbsting, Günter

*29.11.1997 in Dortmund; evang.
Dr. phil. Marburg 1924, Studienrat in Kassel (naturwissenschaftliche Fächer), Leiter der Pädagogischen Abteilung für allgemeinbildende Schulen in der Reichsstelle für den Unterrichtsfilm
NSLB 1938

Filme zur Rassenkunde und Rassenhygiene. In: Film und Bild in Wissenschaft, Erziehung und Volksbildung 2/1936, H. 6, S. 181–184

Rassenbiologie und Unterrichtsfilm. In: Film und Bild in Wissenschaft, Erziehung und Volksbildung 2/1936, H. 11, S. 356–359

Pudelko, Alfred

*9.2.1899 in Altwasser/Schlesien; kathol., 1932 Übertritt zum Protestantismus; Vater Konrektor
Polizei 1920–1922, Turn- und Zeichenlehrer, 1931 Mittelschullehrerprüfung, 1932 Leiter Schlesische Grenzlandschule Reichenberg, 1933 stellv. Leiter des Deutschen Zentralinstitut für Erziehung in Berlin, Kreisschulrat; Hrsg. „Deutsche Volkserziehung"
Freikorps, 1922 Völkischer Jugendbund der Adler und Falken (1928 Bundesjugendführer), NSDAP 25.9.1925, 1926 Führer Schlesischer Grenzschutz; RPA Gau Berlin; Reichsleitung BDO; 1.6.1933 SS: RuSHA, SD, 1942 Führer im SS-Oberabschnitt Nord (RSHA), Referent f. Berufsschulfragen in der Abteilung Schul- und Bildungswesen des Reichskommissars für die besetzten norwegischen Gebiete

(zus. mit R. Benze:) Rassische Erziehung als Unterrichtsgrundsatz der Fachgebiete. Frankfurt/M. 1937, 1939. darin: Wegweiser, S. 200–202 (Beiträge zum neuen Deutschunterricht)

Rasse und Raum als geschichtsbestimmende Kräfte, Berlin 1939 (Nationalsozialistische Schulungsschriften)

Die Bedeutung der nordischen Rasse für die deutsche Kultur. In: Volk und Rasse 9/1934, H. 1, S. 5–9

Nordisches Rasseschicksal in zwei Jahrtausenden. In: Der Schulungsbrief 1/1934, H. 6, S. 7–23

Quentin, Emil

*7.7.1894 in Copitz bei Pirna; evang.
Geisteswissenschaftliches Studium, Dr. phil., Studienrat in Markkleeberg bei Leipzig
NSLB 1.9.1933

Politische Erziehung zur Judenfrage. In: Politische Erziehung 8/1935, Ausgabe A, S. 242–250

Quiehl, Karl

*16.9.1899 in Kassel
Dr. phil. Gießen 1939, Schulamtsbewerber
NSLB 1937

Die charakterologische Typologie im Hinblick auf die Ergebnisse der Rassenseelenkunde am Beispiel der Pfahlerschen Erbcharakterkunde dargestellt und untersucht, Diss. phil. Gießen 1939

Rabes, Otto

*1.8.1873 in Kleinosterhausen/Querfurt; evang.;
Vater Lehrer
Lehrer u. Organist; Biologe, Dr. phil. Marburg 1901,
Prof., Oberlehrer, 1915 wiss. Beirat der Abt. bio-
logischer Unterricht der königlichen Hauptstelle
für den naturwissenschaftlichen Unterricht, 1925
Oberstudiendirektor Nordhausen; 1935 Ruhestand
NSDAP 21.4.1933

Vererbung und Rassenpflege. Zahlen, Bilder
und Tatsachenberichte zu Vererbung und
Rassenpflege, Leipzig 1934 (Schriftenreihe
Versuche und Stoffe für den Unterricht in
der Lebenskunde, hrsg. von F. Spielberger,
H. 1)

Biologische Grundlagen der Menschwerdung
und Rassenentwicklung, Langensalza 1937

Eugenik und Schule. In: Unterrichtsblätter f.
Mathematik und Naturwissenschaften 39/1933,
S. 199–202

Rassenkunde und Rassengeschichte. In: Unterrichtsblätter f. Mathematik und Naturwissenschaft 40/1934, S. 279–284

Ramm, Kurt

*16.7.1904 in Berlin; evang.
Volksschullehrer in Dahme/Mark, Caputh und
Jüterbog
NSLB 21.6.1931; SA-Scharf., NSDAP 1937

(zus. mit Martin Spielhagen:) Leistungssteigerung durch produktive Stillarbeit. Arbeits-
anweisungen, Arbeitsaufträge und Werkanweisungen, Lehrspiele, Ordnungskästen,
allgemeine Unterrichtsmittel, stufen- und lehrplanmäßig aufgebaut für das 1. bis 8. Schuljahr
für Land- und Stadtschulen, Osterwieck – Berlin
1938, ²1939

Landschüler treiben Ahnenforschung. In: Die
neue Deutsche Schule 1935, H. 11

Unterrichtsmittel und Werkanweisungen. Spiel.
Fach: Staatspolitischer Unterricht Gebiet:
Rassenkunde. Art: Rassenkundequartett.
In: Archiv f. Volksschullehrer 39/1936, H. 11,
S. 682f.

Rassenkunde in Verbindung mit Vererbungslehre
in der Landschule. In: Archiv f. Volksschullehrer
40/1937, H. 7, S. 408–414

Ratz, Ernst

*17.10.1898 in Gießen; evang.; Vater Lehrer
1924 Studienrat (Mathematik und Physik), 1933
Oberstudiendirektor in Darmstadt, Dr. phil. Gießen
1935, Leiter der Rhein-Mainischen Stätte für
Erziehung, 1939 Direktor Mainzer Gymnasium
NSDAP 1.2.1932, Ortsgruppenleiter, NSLB (1932):
Gauschulungswalter, Gaufachschaftswalter f. Höhere
Schulen, NSV, VDA; NS-Altherrenbund

Werden und Ziele der Ausstellung Rasse, Volk,
Familie. In: Rasse, Volk, Familie. Ausstellung der
Rhein-Mainischen Stätte für Erziehung Mainz,
Zitadelle, 1935, S. 4–7

Rau, Kurt

Dr. phil Marburg 1935, lebt um 1939 in Hamburg

Untersuchungen zur Rassenpsychologie nach typologischer Methode, Leipzig 1936. Aus: Zeitschrift
f. angewandte Psychologie und Charakterkunde
1/1936, Beiheft 71 (Diss. phil. Marburg 1935)

Rauschenberger, Walther

*12.7.1880 in Stuttgart; evang.; Vater Steuerinspektor
Studium Jura und Philosophie; Dr. jur. Heidelberg
1906, Bibliothekslaufbahn, 1916 Direktor der
Senckenberg-Bibliothek Frankfurt/M.
NSV 1933; förderndes Mitglied SS, RKK

Erb- und Rassenpsychologie schöpferischer
Persönlichkeiten, Jena 1942

Die Begabung der in Mitteleuropa ansässigen
Rassen für Mathematik und mathematische
Naturwissenschaften. In: Archiv f. Rassen- und
Gesellschaftsbiologie 1939

Rauscher, Otto

Dr.

Beziehungen zwischen Rasse und Leibesübungen.
In: Volk und Leibesübungen 8/1942, H. 6

Rautenberg, Werner

*22.4.1896 in Berlin
Lehrer in Langnow/Ostpriegnitz; Schriftleiter
„Pommersche Heimatkirche"; Tätigkeit bei der
evangelischen Kirche; evt. Dr. phil. Prag 1941
NSDAP 1936

Sippentod oder Volksaufbau? Was jeder von
Erbgesundheit, Familie und Rasse wissen muß,
Berlin (Evangelischer Preßverband für Deutsch-
land) 1933

Rebeski, Walter

18.6.1893 in Rostock; evang.
Studienrat (Biologie, Mathematik, Physik) Ober-
realschule Rostock, Aufbauschule Schwerin
NSLB (1.6.1933): Kreissachbearbeiter f. Biologie
und Rassefragen; SA: Referent f. politische Schulung,
Oberscharf.; NSDAP 1937

Zum Neuaufbau der höheren Schule. In:
Mecklenburgische Schulzeitung 65/1934, H. 45,
S. 677f.

Reche, Otto

24.5.1879–1966
Dr. phil. Breslau 1904, 1918 Dozent, Abteilungsleiter
Völkerkundemuseum Hamburg, 1924 Lehrstuhl
Rassen- und Völkerkunde Wien, 1927 Prof. und
Direktor des Instituts f. Rassen- und Völkerkunde
Leipzig; Hrsg. „Zeitschrift für Rasse-Physiologie",
Schriftleiter „Volk und Rasse", Ortsgruppenleiter der
Deutschen Gesellschaft f. Rassenhygiene. 1945 Ent-
lassung; Sachverständiger f. Vaterschaftsgutachten,
Österreichisches Ehrenkreuz (1965)
1921 Bund völkischer Lehrer Deutschlands, Völ-
kisch-soziale Partei, Mitglied des Wiener Instituts
zur Pflege Deutschen Wissens, 1931 NSDAP,
NSLB 1.10.1933, Opferring 1934; NSV 1934,
NS-Kulturgemeinde 1.12.1933, NSKOV 1.4.1934,
Mitarbeiter RPA Sachsen 1934; Tätigkeit fürs
RuSHA

Rasse und Volksgesundheit. In: Die völkische
Schule 11/1933, H. 5, S. 17–23

Rasse und Gesittung. In: Rasse 1/1934, H. 1,
S. 20–27

Entstehung des Menschen und seiner Rassen.
In: E. Wegner (Hrsg.), Rassenhygiene für jedermann, Dresden 1935, S. 11–29

Das Rassebild des deutschen Volkes. In: E. Wegner (Hrsg.), Rassenhygiene für jedermann,
Dresden 1935, S. 30–43

Rasse und Kultur. In: E. Wegner (Hrsg.),
Rassenhygiene für jedermann, Dresden 1935,
S. 44–57

Die Rassenmischung beim Menschen. 30 Bildkarten. Lichtbildervorträge aus dem Gebiete
der Vererbungslehre und Rassenpflege in Bildkarten mit Textheft, hrsg. von Bruno K. Schultz,
München 1936

Reche, Walter

18.11.1893; evang., dann gottgläubig
Lehrer, Studienrat in Löbau/Sachsen
NSDAP 1937, NSLB, Sachbearbeiter f. Geopolitik;
Mitarbeiter im Kreis-, später Hauptschulungsamt,
1943 Gauschulungsredner

Die Schule als Pflegestätte bevölkerungspoliti-
scher Aufgaben, Leipzig 1936 (Ergebnisse der
Arbeitsgemeinschaft für Erdkunde im Kreis
Löbau, NSLB Sachsen)

Redeker, Martin

21.10.1900 in Bielefeld
Religionslehrer, ab 1925 Tätigkeit am Religions-
pädagogischen Institut der Universität Berlin,
Dr. phil. Berlin 1933, Privatdozent
NSDAP und NSLB 1.5.1933

Gehört die Unterweisung in der germanischen
Religion in den Religionsunterricht der Schule,
insbesondere der Volksschule? In: Die Deutsche
Schule 39/1935, H. 1, S. 14–24

Rehm, Otto

Dr. med. München 1902, Neurologe und Psychiater,
Oberarzt der Bremischen Staatsirrenanstalt, später der
Heilanstalt St. Jürgen-Asyl, 1934 zwangspensioniert

Zur Frage der Unfruchtbarmachung der erbkranken Träger angeborenen Schwachsinns.
In: Archiv f. Rassen- und Gesellschaftsbiologie
29/1935, H. 3, S. 321–327 [Untersuchung in
einem Bremer Heim für Jugendliche]

Reich, Hans

23.4.1893 in Berlin–1976
Turnlehrer, Studienrat; 1929 Prof. für Biologie
und Leibesübungen Pädagog. Akademie Erfurt; 1933
HfL Halle, 1934 Prof. (Vererbungslehre, Rassen-
kunde, Biologie und Methodik des Naturkunde-
unterrichts) und stellv. Direktor HfL Hirschberg. –
Nach 1945 Studienrat
1.5.1933 NSDAP; SA (Stuf., Sportreferent); Leiter
des Amtes Kameradschaftserziehung in der Reichs-
studentenführung

Erblehre, Rassenkunde, Erbgesundheitspflege,
Bevölkerungspolitik und Familienkunde. In:
Die Volksschule 30/1934, H. 4, S. 125–129; H. 6,
S. 196–202; H. 7, S. 242–245

Biologische Grenzen der Erziehung. In: Die
Volksschule 33/1937, H. 3, S. 69–84 (Festrede am
30.1.1937 in der Hirschberger HfL)

Reigbert, Robert

**20.6.1894 in Nürnberg; evang.; Vater Rechnungs-
führer*
*Volksschul- und Hauptlehrer, Dr. phil. Jena 1928 (bei
P. Petersen, Diss. „Die methodische Erfassung der
werdenden Persönlichkeit unter besonderer Berück-
sichtigung der Physiognomik und der Graphologie"),
Dozent an der Universität Jena*
NSLB 1.9.1933, NSDAP 1939

Der nordische Raum als Völkerwiege. Germanische und deutsche Ausstrahlung in
alle Welt. Auswanderungsverluste des
deutschen Volkes. In: Blätter f. Schulpraxis
und Erziehungswissenschaft 48/1937, H. 6,
S. 311–331

Reimers, Eggert

*28.1.1886 in Westerönfeld bei Rendsburg; evang.;
Vater Bauer*
*Mittelschullehrer in Rendsburg und Wesselburen,
Kreisschulrat in Niebüll*
*Offizier im Ersten Weltkrieg, Stahlhelm, NSLB
1932, NSDAP 1.2.1933, SS 1935 (U'Stuf. im
RuSHA 1937, O'Stuf. 1944), Schulungsleiter, Gau-
redner, Leiter/Kreisbeauftragter des RPA*

(zus. mit L. Koopmann:) Lehrplan für Biologie
in Mittelschulen. In: Die Mittelschule 52/1938,
H. 14, S. 147–153

Rein, Richard

**18.11.1883 in Runstedt/Merseburg; Vater
Ökonomieinspektor*
*Naturwissenschaftliches Studium, Dr. phil. 1908,
Oberlehrer (1911), Oberstudienrat in Düsseldorf,
1920 Leiter der Zweigstelle Düsseldorf für Rheinland
und Westfalen der staatlichen Hauptstelle für den
naturwissenschaftlichen Unterricht; Mithrsg. „Der
Naturforscher"*
NSDAP u. NSLB 1.5.1933

Vererbungslehre, Rassenpflege, Urgeschichte.
Schulausgabe (mit 42 Abb. und einer farb. Tafel),
Berlin (Weidmann) 1934 (Ergänzungsheft zu
Wilhelm Heering/R. Rein, Leitfaden für den
biologischen Unterricht an höheren Lehr-
anstalten, Teil IV)

Rasse und Kultur unserer Urväter. Ein metho-
disch-schultechnisches Hilfsbuch für Unterricht
und Vorträge in der Vorgeschichte, Frankfurt/M.
1936

Rein, W.

Beiträge zur Erforschung des familiären
Schwachsinnes. In: Blätter f. Anstaltspädagogik
24/1934, H. 1, S. 17–24

Reinboth, Gerhard

Die Entjudung der italienischen Schule. In: Der
deutsche Volkserzieher 4/1938, H. 1, S. 57f.

Reiner, Rolf C.

*30.11.1897
*Psychologe, Assistent am Ambulatorium für
Konstitutionsmedizin der Charité Berlin (Fachgebiet
Kinder- und Jugendpsychiatrie)*

Rasse, Vererbung und Charakter. Eine grundlegende Einführung in die europäische Rassenkunde, die Vererbungs- und Körpertypenlehre,
die Konstitutionslehre und die Rassenpflege,
Berlin – Leipzig 1934

Reinicke, Hans

**4.4.1910 in Hagen; evang., dann gottgläubig; Vater
Gastwirt*
*Dr. med. Münster 1937, Zahnarzt im Polizei-Regi-
ment Nord, Oberleutnant d.R. der Schupo, 1944
Zahnarzt der Polizei-Waffenschule Hellerau*
NSDAP 1931, SS 1932, NSV

Erbhygienische Untersuchungen an Hilfsschulkindern in Dortmund, Quakenbrück 1937
(Diss. med. Münster 1937)

Reinöhl, Friedrich

*15.12.1870 in Bissingen; evang.
*Lehrer im Volksschul- und Seminardienst, 1900 Semi-
naroberlehrer Künzelsau, Dr. Tübingen 1903 (natur-
wissenschaftliche Diss.), 1910 Regierungsrat, 1919
Ministerialrat im Kultusministerium, 1920 Präsident
des evang. Oberschulrats, 1934 Präsident der
Ministerialabteilung f. Volksschulwesen, Stuttgart*
NSLB 1.6.1933

Vererbung und Erziehung, Oehringen 1937;
2. Aufl. unter dem Titel: Vererbung und ihre
Bedeutung für die Erziehung, Oehringen 1939,
³1943

Vererbung der geistigen Begabung, München
1937, ³1943

Allgemeine und menschliche Erblehre, Stuttgart
1939 (Erläuterungen zu Benzingers Lichtbildern
für Unterricht und Vortrag)

Abstammungslehre. Mit 190 Bildern, Oehringen 1940 (Schriften des deutschen Naturkundevereins)

Die Vererbung des Schwachsinns. In: Die deutsche Sonderschule 1/1934, H. 8, S. 578–582

Reinstorf, Ernst

*19.9.1868 in Bütlingen; evang.
Hamburger Lokalhistoriker und Heimatforscher,
Lehrer und Rektor in Hamburg-Wilhelmsburg
NSLB 1.9.1933, NSDAP 1940; RKK (Fachschriftsteller Heimat- und Familiengeschichte)

Familiengeschichte und Sippenkunde in der Schule, Stade 1934

Reiss, Franz

16.12.1905 in Laufach/Unterfranken–1940; kathol.;
Vater prakt. Arzt
Dr. med. Erlangen 1936, Medizinalpraktikant an der Psychiatrischen Nervenklinik der Universität Erlangen, Assistenzarzt Heilanstalten Hildburghausen; prakt. Arzt
NSDAP 1.5.1933, SA, NSV, NS-Ärztebund

Untersuchungen an Erlanger Hilfsschulkindern, Diss. med. Erlangen 1936

Reiter, Hans

26.2.1881 in Reudnitz bei Leipzig–1969
Dr. med. Leipzig 1906, Privatdozent Königsberg
1913, 1920 Prof. f. Sozialhygiene Universität
Rostock, 1926 Obermedizinalrat und Direktor des
Landesgesundheitsamtes Mecklenburg-Schwerin,
1932 Mitarbeiter im Unterrichtsministerium von
Mecklenburg-Schwerin, 1933–1945 Präsident des
Reichsgesundheitsamtes, Honorarprof. Universität
Berlin, 1936 Leiter der Deutschen Gesellschaft für
Hygiene; Mithrsg. medizinischer Fachzeitschriften. –
1949 Klinik-Arzt in Kassel
DVP 1921–1926, NSDAP 1931 (MdL Schwerin
1932), Hochschulobmann des NSLB für Rostock;
NSKK, SA-Staf. (1941); Führerrat NSDoz.

(zus. mit Günther Hecht:) Genussgifte, Leistung, Rasse, Berlin (Reichsgesundheitsverlag) [2]1940

Die Mitarbeit des Reichsgesundheitsamts bei der Neuorganisation von Vererbungsfragen. In: Mecklenburgische Schulzeitung 64/1933, H. 41, S. 422f.

Erbbiologie und kommende Erziehung.
In: Deutsches Ärzteblatt 66/1933, S. 843–845

Erbbiologie und Erziehung. In: Ziel und Weg 3/1933, S. 296–300

Auswirkungen unserer erbbiologischen Erkenntnisse auf das Erziehungsproblem. In: Niedersächsischer Erzieher 2/1934, H. 1, S. 5–12

Bedeutung von Anlage und Umwelt für die Kinderaufzucht. In: Gesundheitsführung 1/1934, S. 277–286

Kommende Erziehung. In: Nationalsozialistisches Bildungswesen 1936, S. 6–16

Rennschmidt, Ludwig

*17.12.1893 in Kreuzholzhausen/Dachau; kathol.
Diss. 1931 München; Lehrer Gewerbeschule
München
NSLB 1.10.1933, NSDAP 1937, NSV, VDA, RLB,
Sängerbund

Rasse, Volk, Familie. Schulungslehrgang der „Rheinmainischen Stätte für Erziehung" über Rassen- und Vererbungslehre. In: Bayerische Lehrerzeitung 68/1934, H. 46, S. 728–730

Renziehausen, Friedrich

*10.12.1902 in Northeim; evang.
Mittelschullehrer in Nordhausen, Natur- und Heimatkundler
NSLB 1.3.1933, NSDAP 7.3.1933

Gedanken zum Biologieunterricht im Dritten Reich. In: Der Thüringer Erzieher 2/1934, H. 6, S. 166–169

Reploh, Heinz

*12.9.1906 in Bochum; Vater Arzt
Dr. med. habil. Münster 1935, Dozent und Assistent
an der Sozialhygienischen Abteilung des Hygiene-
Instituts der Universität Münster
NSDAP 1.5.1933, NSLB 1.7.1934

siehe Jötten

Reuber, Adalbert

*27.4.1909
Lehrer in Frankfurt/M.
NSDAP vor 1933

Von Art und Rasse. In: Handreichungen für einen gegenwartsbetonten Unterricht 3/1933, H. 11/12, S. 165–182

Reyer, Wilhelm

*20.7.1881 in Goldberg/Mecklenburg; evang.
1905 Eintritt in Schuldienst, Studium der Psycho-
logie, Dr. phil. Hamburg 1924, Schulleiter in
Hamburg
Kampfbund für deutsche Kultur 1931, NSDAP und
NSLB September 1932, Gauredner, Reichspropa-
gandawart, NSV

Erziehung zum bevölkerungspolitischen Denken.
Ein Unterrichtsgang durch die deutsche Bevölkerungsstatistik. In: Der deutsche Volkserzieher
2/1937, H. 9, S. 329–336

Erziehung zum raumgesetzlichen Denken.
In: Der deutsche Volkserzieher 3/1938, H. 20,
S. 867–871

Richter, Erich

Dr.

siehe H. Schulze

Richter, Paul

Über das Gesetz zur Verhütung erbkranken
Nachwuchses. Was jeder von Aufartung
im völkischen Staat wissen muß. Auf der
Grundlage des Gesetzes vom 14.7.1933, Bonn
1933

Richthofen, Bolko Freiherr von

13.9.1899–1983; evang.
Humanist. Gymn. Liegnitz, Dr. phil. Breslau 1924,
Assistent Universität Breslau, ehrenamtl. Dozent an
der Hamburger Nationalsozialistischen VHS seit
Gründung, 1929 Privatdoz. und Abteilungsleiter
Museum f. Völkerkunde Hamburg, 1933 Prof. und
Direktor des Seminars f. Vor- und Frühgeschichte
Universität Königsberg, 1943 Universität Leipzig. –
In den 60er Jahren Bundeswissenschaftsberater der
Landsmannschaft Schlesien
Deutscher freiwilliger Selbstschutz Schlesien
1921, Kampfbund für deutsche Kultur 1932,
NSDAP 1.5.1933, NSLB 1.1.1934, NSDoz.; SS-
Ahnenerbe

Rasse und Volkstum in der bolschewistischen
Kulturgeschichte. In: Vergangenheit und Gegenwart 26/1936, H. 1, S. 12–23

Moskau und die Rassenforschung. In:
Der nationalsozialistische Erzieher 1937,
S. 401

Riechert, Johannes

*20.12.1903 in Chemnitz; evang.
Lehrer in Dresden, Dr. phil. Prag 1941
NSDAP 1.5.1933, NSLB 1.9.1933, HJ (Jung-
bannstab)

Die sozialbiologische Schichtung kinderreicher Familien in Westsachsen, Diss. phil. Prag
1941

Ritter, Robert

14.5.1901 (Aachen)–27.4.1951; Vater Marine-
offizier
Dr. phil. München 1927 („Das geschlechtliche
Problem in der Erziehung"), Dr. med. Heidelberg
1930, ärztl. Betreuung des Klinischen Jugend-
heims der Nervenklinik an der Universitätsklinik
Tübingen, 1934 Oberarzt, 1938 Leiter der
Rassenhygienischen und Bevölkerungspolitischen
Forschungsstelle des Reichsgesundheitsamtes,
1942 zugleich Leiter des Kriminalbiologischen
Instituts im Reichskriminalpolizeiamt/Sipo,
1944 Regierungsrat; 1940 Dozent für Kriminal-
biologie Universität Berlin. – 1947 Stadtarzt
und Leiter der Frankfurter Jugendsichtungs-
stätte und Jugendpsychiater, städtischer Ober-
medizinalrat.
NSDAP und NSLB 1934; SS 1936: O'Stubaf.

Ein Menschenschlag. Erbärztliche und erbgesundheitliche Untersuchungen über die –
durch 10 Geschlechterfolgen erforschten –
Nachkommen von „Vagabunden, Jaunern und
Räubern", Leipzig 1937 (Med. habil. Tübingen
1937)

Erbbiologische Untersuchungen innerhalb
eines Züchtungskreises von Zigeuner-
mischlingen und „asozialen Psychopathen".
In: Hans Harmsen und Franz Lohse (Hrsg.),
Bevölkerungsfragen, München 1936,
S. 713–718

Zur Frage der Rassenbiologie und Rassen-
psychologie der Zigeuner in Deutschland.
In: Reichs-Gesundheitsblatt 13/1938, H. 22,
S. 425f.

Die Asozialen, ihre Vorfahren und ihre Nachkommen. In: Fortschritte der Erbpathologie und
der Rassenhygiene 5/1941, S. 137–154

Die Artung jugendlicher Rechtsbrecher. In:
Jugendrecht 1944, H. 4, S. 33–60

Rittershaus, Ernst

27.2.1881 in Darmstadt – 1945; kathol., Austritt
Dr. med. Bonn 1904, Privatdozent Hamburg 1920,
a.o. Prof. 1926, Oberarzt an der Heil und Pflege-
anstalt Langenhorn; 1937 „Landesobmann für die
erbbiologische Bestandsaufnahme in Heil- und
Pflegeanstalten" für Groß-Hamburg; Schriftsteller
(Pseud. Ernst Rauhaus)
DVP 1920–1933, NSDAP 1.5.1933, NSDoz., NS-
Ärztebund, RKK

Die Rassenseele des deutschen Volkes, ihr Wesen,
ihr Wirken und ihre Geschichte im europäischen
Raum. Die Rassenfrage in gemeinverständlicher
Darstellung, Halle 1937

Körperbau, Rasse, Psyche und Psychose. In: Die
Sonne 11/1934, H. 11, S. 539–545

Fortgang der Aussprache über „Rassenkunde
und Typenlehre". In: Die Sonne 12/1935, H. 1,
S. 35–38

Rodenberg, Carl-Heinz

*19.11.1904 in Heide/Holstein; gottgläubig
Dr. med. Marburg 1930, Facharzt Neurologie und
Psychiatrie, Oberregierungsrat, 1937 Abteilungsleiter
f. Erb- und Rassenpflege im Reichsausschuß f.
Volksgesundheit Berlin, 1939–1942 Mitarbeiter
der Abteilung Erb- und Rassenpflege im RGA, Führer
in der Staatsmedizinischen Akademie; Euthanasie-
Gutachter, 1944 wiss. Leiter der Reichszentrale zur
Bekämpfung der Homosexualität und Abtreibung im
Reichskriminalpolizeiamt
NSDAP 1932, Mitarbeiter RPA Oberschlesien 1933,
1937 RPA Berlin; SS-O'Stubaf., SD, RSHA: Gruppe
IIIB Rassenpolitik und Volksgesundheit, 1943 wiss.
Referent, Juli 1944 wissenschaftlicher Sonderbeauf-
tragter f. sexualpsychologische Fragen im Amt V
RSHA

Erbforschung und Erbpflege. In: Der Biologe
8/1939, H. 5, S. 179–187

Rodig, Paul

*3.2.1900 in Berlin; evang.
Rektor Trusoschule Elbing (Ausbildungsschule der
HfL Elbing), Graudenz
NSDAP 1.5.1933: Polit. Leiter, Zellenleiter, Kreis-
schulungsbeauftragter, NSLB 1.4.1933; NSV

(zus. mit Bruno Böhnert:) Geschichte. In: Ernst
Dobers und Kurt Higelke (Hrsg.), Rassenpolitische Unterrichtspraxis. Der Rassengedanke in
der Unterrichtsgestaltung der Volksschulfächer,
Leipzig 1938, S. 103–204

Röckel, Hermann

*17.5.1892 in Oberachern/Baden; kathol.
Vorgeschichtler, Kriegsblinder, Prof. in Heidelberg;
Oberrealschule
NSLB 1.1.1933; Forschungen in den besetzten
Gebieten Hollands

Grundsätzliches zur Begabtenauslese. Kritik des
statistischen Ausleseverfahrens. In: Zeitschrift f.
angewandte Psychologie und Charakterkunde
54/1938, S. 1–17

Rödiger, Wilhelm

*2.10.1884 in Annaberg/Torgau; evang.
Volks- und Mittelschullehrer, 1934 kommiss. Mittel-
schulrektor in Berlin-Schöneberg
NSLB 13.5.1933, NSV, RLB

Geschichte. Ziel, Stoff und Weg, Leipzig 1934
(Völkisches Lehrgut)

Der Rassengedanke im Geschichtsunterricht der
Volksschule. In: Die Deutsche Schule 38/1934,
S. 77–82

Röhl, Willi

vermutl. Lehrer

Raum und Rasse. Zwei Buchberichte. In:
Bayerische Lehrerzeitung 68/1934, H. 28,
S. 397–399

Römer, Joachim

*9.4.1908 in Löbau; evang., dann gottgläubig; Vater
Fabrikant
Selbständiger Kaufmann, Betriebsführer, 1931
Unternehmenszusammenbruch; Beiratsmitglied der
Stadt Großenhain/Sa.
Seit 1929 NSDAP-Wähler, NSDAP 1.5.1933, Kreis-
amtsleiter RPA Großenhain, Gau- und Kreisfach-
redner für Rassenfragen und -politik der NSDAP
Gauleitung Sachsen; SA, SS 1936: O'Stuf. im
RuSHA, Schulungsleiter Ordungspolizei, Polizei-
offiziersschulung

Die Erziehung des Arbeiters zum Stand in ihrer
biologischen Bedeutung. In: Volk und Rasse
12/1937, H. 4

Römpp, Hermann

*18.2.1901 in Weiden/Oberpf.; evang.
Dr. rer. nat. Berlin 1926 (Zoologie und Biologie),
Studienass. Gymnasium Ludwigsburg
Württembergische Volkspartei, NSLB 1.4.1933,
Fachschulleiter für Rassenkunde an höheren Schulen

Lebenserscheinungen. Allgemeine Biologie für die Oberstufe höherer Lehranstalten und zum Selbstunterricht, Stuttgart 1933, 191 S.

Vererbungslehre und Rassenkunde für Jedermann. Darlegung zur Lebenskunde, 1.–5. Tsd. 1933; 6.–10. Tsd. 1934, 27 S. (aus: Lebenserscheinungen, siehe oben)

Nordische und westische Seele. In: Aus Unterricht und Forschung 6/1934, H. 3, S. 128–138

Erbgesundheitspflege. In: Die Schule im nationalsozialistischen Staat 11/1935, H. 3/4, S. 7 f.

Rassenkunde und Rassenpflege. 33 Bilder, Stuttgart (Franckesche Verlagsbuchhandlung)

Rössel, Fritz

*16.2.1886; evang.
Volksschullehrer und Hilfsschulpädagoge, Dr. phil.
Hamburg 1925 (bei Deuchler); Wissenschaftlicher
Rat am Seminar f. Erziehungswissenschaften Universität Hamburg, 1936 HfL Hamburg, später (bis 1951) Dozent am Psychologischen Institut Universität Hamburg
NSLB 1.5.1933; wegen Logenzugehörigkeit nicht in NSDAP aufgenommen

Gesundheitslehre und Gesundheitspflege in der Bildungsarbeit. In: Hamburger Lehrerzeitung 14/18.2.1935, H. 2, S. 209–213

Rogge-Börner, Pia Sophie

*1878; Vater Offizier
Lehrerin für Höhere Schulen, völkische Schriftstellerin in Berlin, Hrsg. „Die Deutsche Kämpferin"
(1937 verboten)
DNVP (1919), Deutsch-völkische Freiheitsbewegung (1922)

Der neue Mensch aus deutschem Artgesetz, Berlin 1934

Die innere Gestalt der nordischen Frau. Seelenkundliche Untersuchungen, Berlin 1937

Mädchenerziehung nach nordisch-deutschem Artgesetz. In: Deutsche Mädchenbildung 9/1933, H. 6, S. 268–277

Rohns, Konrad

*26.11.1890 in Dölau; evang.
Volksschulleiter Altenbeichlingen
NSDAP 1930, NSLB 1.6.1932, Kreisamtsleiter des NSLB Eckartsberga

Zur Judenfrage. In: Erzieher im Braunhemd 3/1935, H. 18, S. 485

Romberg, Heinz

*31.3.1910; Vater Betriebsführer
Dr. med. Münster 1937 (bei Jötten); Assistenzarzt

Erbhygienische Untersuchungen an den Hilfsschulkindern in Castrop-Rauxel, Münster 1937 (Diss. med. 1937)

Rose, Wilhelm

Studienrat in Berlin-Halensee

(zus. mit Dr. Helmut Fechner:) Von deutschem Blut und deutschem Geist, Frankfurt/M. 1935 (Der nationalpolitische Unterricht, ein Handbuch für den Lehrer)

Geschichtliches Unterrichtswerk für höhere Schulen. Geschichte des Deutschen Volkes von der Gründung des Ersten Reiches bis 1648, München – Berlin 1939, 2., verbess. Aufl. 1940 (hrsg. von Hans Warneck)

Rosorius, Horst

5.8.1912 in Duisburg–1942 (gefallen)
Dr. med. Kiel 1938
NSDAP 1.8.1932, SS 1932: U'Scharf., TV Lublin

Erbbiologische und soziale Wertigkeit bei Kieler Hilfsschulkindern der 1929 und 1930 schulentlassenen Jahrgänge, Kiel 1937 (Diss. med. Kiel 1938); siehe auch: Archiv f. Rassen- und Gesellschaftsbiologie 30/1936, S. 385 ff.

Roßner, Ferdinand

*24.7.1900 in Murowana Goslien/Posen; evang.;
Vater Mittelschulrektor
1927 Studienrat; Dr. phil. 1934; 1938 Prof. f.
Methodik des biologischen und rassekundlichen
Unterrichts HfL Hannover, Mithrsg. „Der Biologe";
Leiter der Anstalt für Germanische Volks- und Rassenkunde Hannover, Zusammenarbeit mit dem Ahnenerbe
NSDAP 1.2.1933, NSLB 1.4.1933, Schulungs- und Schulungsstellenleiter im RPA Südhannover-Braunschweig; 1944 kommiss. Leiter des Gauschulungsamtes der NSDAP

Der Weg zum ewigen Leben der Natur. Gegenwartsfragen der biologischen Lebenskunde, Langensalza – Berlin – Leipzig 1938

(zus. mit Heinrich Ihde und Alfred Stockfisch:)
Am Strom des ewigen Lebens der Natur. H. 4:
Wald – Volk, Langensalza – Berlin – Leipzig
1938, ³1939

(zus. mit Heinrich Ihde und Alfred Stockfisch:)
Gesundheitspflege und Rassenhygiene, 1937,
3., neubearb. Aufl. 1939

(Hrsg.:) Handbuch für den Biologieunterricht,
Langensalza 1939/40

(zus. mit Heinrich Ihde und Alfred Stockfisch:)
Lebenskunde. Lehrbuch für den Biologieunterricht an Mittelschulen, Langensalza – Berlin –
Leipzig 1941

Rasse und Religion, Hannover 1942 (Schriftenreihe des Rassenpolitischen Amtes der Gauleitung Süd-Hannover/Braunschweig, eingeleitet
und hrsg. von Walter Kopp)

Was wir vom Leben wissen. Grundfragen der
Biologie, Braunschweig – Berlin – Hamburg
1942

Stoffauswahl für Vererbungslehre und Rassenkunde einschließlich Bevölkerungspolitik und
Erbgesundheitslehre unter Berücksichtigung des
Erlasses vom 15.1.1935. In: Pädagogische Warte
42/1935, H. 17, S. 785–789

Die Vererbungslehre und Rassenkunde an
der Hochschule für Lehrerinnenbildung in
Hannover. In: Der Biologe 8/1939, H. 3,
S. 106f.

Geschichte des biologischen Unterrichts und
der Methode. In: Der Biologe 8/1939, H. 9,
S. 340–342

Systematik und Entwicklungsgedanke im
Unterricht. In: Der Biologe 8/1939, H. 11,
S. 366–372

Rasse als Lebensgesetz. In: Walter Kopp
(Hrsg.), Rassenpolitik im Kriege, Hannover
1941 (Schriftenreihe des Rassenpolitischen
Amtes der Gauleitung Süd-Hannover-Braunschweig, Bd. 5)

Anstalt für Germanische Volks- und Rassenkunde in der Gauhauptstadt Hannover. In:
Rasse 10/1943, H. 5

Rudolph, Kurt
*20.2.1911 in Datteln/Westf.; Vater Amtsoberinspektor
Dr. med. Münster 1938 (bei Jötten)

Erbhygienische Untersuchungen an Hilfschulkindern in Recklinghausen, Emsdetten 1938
(Diss. med. Münster 1938)

Rübel, Heinrich
*17.6.1910 in Dillingen; Vater Bauer, Wachtmeister
*geisteswissenschaftliches Studium, 1933 Studienreferendar und -assessor am Realgymnasium München, Lehrer an der Deutschen Oberschule Feldafing,
Dr. jur. Köln 1939, Dozent an der Universität Köln,
Ministerialrat. – Nach 1945 Geschäftsführer bei
Gerling*
*1923 Jugendbund „Jung-Bayern", Stahlhelm,
NSDAP und SS 13.4.1933, SA-Truppführer, NSLB
1935; SS-H'Stuf., Schulungsleiter und Referent
im RuSHA, 1941 Leiter der Abt. RuS-Führerschulen, 1942 Sonderkommando Kaukasus, 1943/44
Waffen-SS*

Die Wechselbeziehungen zwischen Rasse,
Geschichte, Familie, Konfession und Beruf:
dargestellt am Beispiel der Bevölkerung von
Monschau, Würzburg 1939 (Schriften zum deutschen Sozialismus, Bd. 3, hrsg. von W. Boerger)
(zugl. Diss. jur. Köln 1939)

Rassenkräfte in der hellenischen Geschichte. In:
Volk und Rasse 17/1942

Rassengeschichte des Dnjepr-Raums. In: Volk
und Rasse 17/1942

Rückriem, Wilhelm
**28.8.1908 in Doveren/Kreis Erkelenz; kathol.
Volksschullehrer in Düsseldorf, Lateinlehrer,
Dr. phil. Köln 1941
NSDAP 1.5.1933, NSLB 1.10.1933*

Die Wandlungen in den Richtlinien und Lehrplänen der deutschen Schulen auf Grund allgemeiner kulturgeschichtlicher Entwicklung seit
1871, Diss. phil. Köln 1941 (insbes. 3. Hauptteil:
1933–40)

Rüdin, Ernst
*19.4.1874 in St. Gallen–1952
Dr. med. 1901, 1915 a.o. Prof. Universität München,
1925 o. Prof. Basel, 1933 Prof. an der Universität*

München; Direktor des KWI für Genealogie und Demographie der Deutschen Forschungsanstalt für Psychiatrie in München, 1936–1945 zugleich Direktor des Instituts f. Rassenhygiene der Universität München; Vorsitzender des Verbandes für psychische Hygiene und Rassenhygiene, Vorsitzender des Sachverständigenbeirats f. Rassen- und Bevölkerungspolitik; Mitverfasser des GzVeN; Mithrsg. „Archiv für Rassen- und Gesellschaftsbiologie", „Volk und Rasse", Mitbegründer der Deutschen Gesellschaft für Rassenhygiene; rassenhygienische Beiträge vor 1933 NSDAP 1937

Über Erblehre und Rassenhygiene im völkischen Staat. München 1934. In: Ziel und Weg 19/1934, S. 733 ff.

Rüsewald, Karl

*30.5.1880 in Neheim; kathol.
Oberlehrer f. Erdkunde, Mathematik, Physik, Studienrat Oberlyzeum in Wanne-Eickel NSLB 15.5.1933

(zus. mit W. Schäfer:) Rassenkunde im Erdkundeunterricht. In: Geographischer Anzeiger 35/1935, S. 32–34

Ruß, Wilhelm

*26.1.1892 in Soldin/Neumark; evang.
Dr., Rektor, Knabenvolksschule Schwiebus NSLB 12.4.1933, NSDAP, SA (Stabsführer, Ausbildungsführer, Pressewart)

(zus. mit A. Merkl:) Vererbung, Rasse, Volk, Nürnberg 1936 (Für Abschlußklassen der Volksschule und für Fortbildungsschulen)

Ruthe, Walter

*17.1.1885 in Herzogenwalde; evang.
Hilfsschullehrer, Konrektor in Berlin, Magistrats-Oberschulrat in Berlin
1920/21 SPD, NSDAP 1929, NSLB 1931: Kreisamtsleiter, NSV (Kreisleiter)

Der Nationalsozialismus in seinen Programmpunkten, Organisationsformen und Aufbaumaßnahmen, Frankfurt/M. 1937 (Der nationalpolitische Unterricht, ein Handbuch für den Lehrer)

Ruttke, Falk

11.11.1894–1955
Dr. jur. Halle 1921, 1935 Lehrauftrag Rasse und Recht Universität Berlin, 1936 Regierungsrat, 1937 Oberregierungsrat im RMdI, 1940 Dozent, 1941 Prof. und Institutsdirektor f. Rasse und Recht Uni-

versität Jena; Mithrsg. „Archiv für Rassen- und Gesellschaftsbiologie", „Volk und Rasse"; geschäftsführender Direktor des Reichsausschusses für Volksgesundheit, Mitglied im Sachverständigenausschuß f. Bevölkerungs- und Rassenpolitik des RMdI; Hrsg. „Recht der Rasse"
Freikorps, Stahlhelm, Geschäftsführung Nordischer Ring, NSDAP 1932, SS-Stubaf.; Hauptlektor f. Bevölkerungspolitik im HA Schrifttumspflege (Amt Rosenberg)

Schrifttum und Aufklärungsstoff zur Volkspflege, Rassenforschung, Rassenpflege, Erbforschung, Erbpflege, Familienforschung, Familienpflege, Berlin 1938 (Schriftenreihe des Reichsausschusses für Volksgesundheitsdienst)

Erb- und Rassenpflege in der Gesetzgebung des Dritten Reiches. In: Die deutsche Sonderschule 2/3, 1935, S. 104–109; auch in: Der Schulungsbrief 1/1934, H. 8

Ruttmann, Wilhelm Julius

*6.8.1884 in Holzkirchen bei Nördlingen; evang.
Studienprof. LBA Schwabach, Hrsg. „Blätter für Schulpraxis und Erziehungswissenschaft"
DDP, Deutsche Staatspartei, NSLB 1.5.1933: Begutachter und Gaureferent für Lehrerbildung; NSV, RLB; NSDAP 1940 (wg. DDP-Mitgliedschaft zunächst abgelehnt)

Wie verankern wir rassenhygienisches Denken im Volksgewissen? Jahreskurse für ärztliche Fortbildung, Januar 1935, München (Lehmann)

Die Begutachtung der Schüler im Dienste der Auslese, Nürnberg 1936

Die Beurteilung des Charakters in der Schule im Spiegel der Charakterkunde, Langensalza 1937 (Mann's Pädagogisches Magazin)

Die Lehrpraxis der Volksschule, Nürnberg 1939, [2]1943

Aufbruch und Aufartung. In: Blätter f. Schulpraxis und Erziehungswissenschaft 44/1933, H. 2, S. 41–43

Geburtenrückgang. Rassenniedergang. In: Deutsche medizinische Wochenschrift Nr. 28, 1933

Die Sterilisierung Minderwertiger vom Standpunkt des Nationalsozialismus. In: Zeitschrift f. Eugenik 1933, H. 5

Die Ursachen des Geburtenrückgangs. In: Zeitschrift f. ärztliche Fortbildung 31/1934, H. 7

Der Weg der Schule zum Dienst an der Rasse.
In: Der Unterricht, Beihefte der Blätter f. Schulpraxis und Erziehungswissenschaften, Folge
6/1934, S. 1–18

Die Grundlage der rassenpolitischen Erziehung –
das Erlebnis der Rasse. In: Blätter f. Schulpraxis
und Erziehungswissenschaft 46/1935, H. 1,
S. 1–12

Biologische Weltanschauung. In: Blätter f.
Schulpraxis und Erziehungswissenschaft 47/1936,
H. 7, S. 26–29

Das Erbgut im Gefüge des Charakters. Leit-
linien zu einer Erbcharakterkunde. In: Zeitschrift f. Menschenkunde 11/1936, H. 4,
S. 181–207

Die Dreiheit der menschlichen Erblehre. In:
Blätter f. Schulpraxis und Erziehungswissenschaft 48/1937, S. 101–107

Die Seele als Ausdruck der Rasse. In: Blätter f.
Schulpraxis und Erziehungswissenschaft 1938,
H. 11, S. 242–251

Das Problem der erbkranken und der asozialen
Familie und ihrer Behandlung. In: Volk und
Rasse 1938, H. 2

Rutz, Ottmar

*15.7.1871 in Fürth; kathol.
Kunst- und Ausdruckswissenschaften, Dr. jur. et rer.
pol. Würzburg 1905, Rechtsanwalt, Privatgelehrter
und Fachschriftsteller in München
1920 Völkischer Schutz- und Trutzbund, DNVP,
Völkischer Block, NSDAP 1.3.1933, NS-Rechts-
wahrerbund, RKK

Grundlagen einer psychologischen Rassenkunde,
Tübingen 1934

Sagel, Wilhelm

*27.2.1880 in Yokohama (Japan); evang.
Dr. med. Leipzig 1904, Oberregierungsmedizinalrat,
Direktor der Landesanstalt Arnsdorf/Sa., Beisitzer
am Erbgesundheitsobergericht
NSDAP 1.4.1933, NS-Ärztebund, Mitarbeiter RPA
(Kreisredner)

(zus. mit Karl Wünschmann:) Erbbiologisches
Bilderbuch für Laien, Dresden – Leipzig
1938

Saller, Karl

2.9.1902 in Kempten–1969
Dr. phil. München 1924, Dr. med. 1926, 1928 Habil.
und Privatdozent f. Anthropologie Universität Kiel,
1929–1935 Privatdoz. Universität Göttingen;
Kurator, Oberbürgermeister, Staatsrat Berliner
Akademien; 1935 Lehrerlaubnis entzogen, Rede-
verbot in Deutschland; Sallers Rassentheorie wurde
offiziell verurteilt. Tätigkeit als praktischer Arzt und
Sanatoriumsleiter. – 1948 Prof. und Direktor des
Anthropologischen Instituts der Universität München
Anw. NSKK (Ausschluß), SA

Eugenische Erziehung, Leipzig 1933

Der Weg der deutschen Rasse. Abriß deutscher
Rassenkunde, Leipzig 1933; ²1934 (Neues
Deutschland)

Biologie des deutschen Volkskörpers, Köln 1934
(Schriften zur völkischen Bildung)

Über den Zusammenhang von Schulleistung,
sozialer Schichtung und unterschiedlicher
Volksvermehrung in einer vorwiegend katholischen und einer vorwiegend protestantischen
Stadt (Regensburg und Göttingen). In: Zeitschrift f. Kinderforschung 42/1933, H. 2,
S. 200–248

Eugenische Erhebungen bei Hilfsschulkindern.
In: Zeitschrift f. Kinderforschung 43/1934, H. 3,
S. 137–173

Eugenische Erhebungen bei Landkindern.
In: Zeitschrift f. Kinderforschung 44/1934, H. 1,
S. 1–15; 2. Teil: 1935, H. 2, S. 90–113; 3. Teil:
H. 3, S. 180–190

Samtleben, Bernhard

24.8.1900 in Hamburg–1940 (gefallen); evang.;
Vater Seminarlehrer
1921 Volksschullehrer, naturwissenschaftliches
Studium, Dr. phil. Marburg 1929; 1931 Studien-
assessor, 1934 Dozent, 1935 Prof. f. Vererbungslehre,
Rassenkunde, Biologie und Methodik des Natur-
kundeunterrichts HfL Lauenburg; 1937 kommiss.
Direktor HfL Braunschweig, danach wieder Lauen-
burg
BDO, Mitglied im wissenschaftlichen Arbeitskreis des
BDO, NSLB 1.5.1933, Kreissachbearbeiter für
Naturkunde, NSDAP 1.5.1937

Zu welcher Rasse gehöre ich? In: Pädagogische
Warte 42/1935, H. 3, S. 133–137

Sander, Friedrich

19.11.1889 in Greiz–1971; evang.
Dr. phil. Leipzig 1913 (bei Wundt), Assistent
Universität Leipzig, 1929–1933 Prof. und Direktor
des Instituts f. experimentelle Psychologie und
Pädagogik Gießen, 1933–1945 Universität Jena;
Vorstandsmitglied der Deutschen Gesellschaft f.
Psychologie. – 1949 Prof. Universität Potsdam,
1954 Bonn
NSDAP 1.4.1933, NSLB 1.5.1933, Kreisdienst-
stellenleiter für Buchwesen und Schrifttum

Deutsche Psychologie und nationalsozialistische
Weltanschauung. In: Nationalsozialistisches
Bildungswesen 2/1937, S. 641–649

Sauer, Käte

*(vermutl.) *11.4.1888 in Wörmlitz*
Lehrerin in Halle/S.
NSLB 1937

Die nordische Seele in deutschen Märchen. In:
Erzieher im Braunhemd 7/1939, H. 3, S. 59–61

Schachermeyer, Friedrich (Fritz)

*10.1.1895 in Linz
Dr. phil., 1928 Privatdozent, 1931 Prof. für alte
Geschichte Universität Jena, 1935 Dekan, 1936
Universität Heidelberg, 1940 Prof. f. Geschichte der
Mittelmeerländer im Altertum unter Berücksichti-
gung von Geschichtsbiologie und geschichtlicher
Rassenkunde Universität Graz
NSDAP 1937

Die neue Sinngebung der Weltgeschichte. In:
Thüringer Erzieher 2/1934, H. 4, S. 97–99

Schacht, Horand Horsa

28.2.1908 in Altona–16.2.1977; evang.; Vater Berufs-
schuldirektor
Dr. phil. Halle 1929, Studienass. Oberrealschule
Halle, Franckesche Stiftung, 1933 Leiter des Grenz-
und Auslandsdeutschen Instituts Halle, 1934 Dozent
(Geschichte und Grenzlandkunde, Bevölkerungs- und
Judenfragen) HfL Dortmund; 1938 HfL Saar-
brücken. – Nach 1945 Oberstudienrat
Kampfbund für deutsche Kultur 1929, SA, NSDAP
1930, NS-Doz. (Hauptstellenleiter Politische
Erziehung Gau Westfalen-Süd), NSLB (16.5.1933):
Fachschaftsleiter und Gausachbearbeiter f. Ge-
schichte; 1940 Hauptschulungsamt Reichsorganisa-
tionsleitung der NSDAP, Schriftleiter „Der
Schulungsbrief" und „Der Hoheitsträger"; Gau-
redner, VDA

Lage und Aufgaben des deutschen Volkstumskampfes, Osterwieck – Berlin 1936

Das Judentum im „bolschewistischen Vorfeld",
Dortmund 1937 (Schriften der HfL Dortmund, 3)

Volk und Geschichte. Zugleich ein Beitrag zur
nationalsozialistischen Erziehung. Dortmund
1938 (Bayreuther Bücher für Erziehung und
Unterricht)

Das Judentum, der Feind deutschen Wesens,
1939

Volksdeutsche Erziehung. In: Friedrich Hiller
(Hrsg.), Deutsche Erziehung im neuen Staat,
Leipzig 1935, S. 367–371

Ein Beitrag zur politischen Volkslehre. In:
Der Deutsche Volkserzieher 1/1936, H. 12,
S. 531–534

Volksdeutsche Haltung in der Erziehung.
In: Die Volksschule 32/1936, H. 11,
S. 357–361

Gegen den bolschewistischen Todfeind. In: Neue
Wege 4/1937, H. 4, S. 158–165

Schade, Wilhelm

* 10.12.1903 in Ihringshausen/Kassel; evang.
verschiedene Tätigkeiten, u. a. Lehrer
und Erzieher, 1930 Hilfsschullehrer in
Merseburg, Dr. phil. Halle 1939 (bei W. Hehlmann),
Prof.
NSDAP 1.5.1933, NSLB 1.6.1933, SA

Handschrift und Erbcharakter. Eine
Untersuchung bei Kindern und Jugendlichen, Leipzig (Diss. phil. Halle 1939);
aus: Zeitschrift f. angewandte Psychologie und Charakterkunde 57/1939,
H. 5 und 6

Schäfer, H.

siehe Grossmann

Schäfer, Wilhelm

Diss. TH Darmstadt 1931

siehe Rüsewald

Schäfers, Franz

**13.2.1910 in Holzminden; kathol.; Vater Loko-
motivführer*
*Hilfs- und Mittelschullehrer, Dr. phil. Bonn 1940
(„Über die Beliebtheit von Zwillingen")
NSDAP 1.5.1933, NSLB (Kreisunterabteilungsleiter
NSLB Holzminden)*

Zwillingsforschung und Schule. In: Die Neue
Deutsche Schule 12/1938, H. 12, S. 820–827

Schaeffer, Caesar

*30.1.1867 in Hamburg
*Dr. phil. Freiburg 1888, Prof./Studienrat i.R. Groß-
Hansdorf bei Hamburg*
*NSDAP, NSLB 15.1.1933, Vorsitzender des Aus-
schusses für die Verdeutschung biologischer Fachaus-
drücke*

(zus. mit Heinrich Eddelbüttel:) Erbbiologische
Arbeiten, Berlin – Leipzig (Teubner) 1934
(Ergänzungsheft zu: Biologisches Arbeitsbuch,
Freiburg 1933)

(zus. mit Adolf Kulessa:) Erbbiologie und
Alkoholfrage in Erziehung und Unterricht.
2 Vorträge, Berlin 1935

Volk und Vererbung. Eine Einführung in die
Erbforschung, Familienkunde, Rassenlehre,
Rassenpflege und Bevölkerungspolitik, Leipzig –
Berlin (Teubner) 1934, [12]1938

(zus. mit Gustav Franke u. a.): Das Leben.
Biologisches Unterrichtswerk für höhere
Schulen, Leipzig – Berlin 1941/42; Bd. 2 für die
Klassen 3 und 4, bearb. von Caesar Schaeffer
und Alfred Weis; Bd. 3 Klasse 5, bearb. von
Ernst Thieme; Bd. 4 A. Klasse 6 bis 8 der
Jungenschulen, bearb. von Caesar Schaeffer und
Gustav Franke

Vererbungsversuche in der Schule. In: Hamburger Lehrerzeitung 13/1934, H. 1, S. 6f.

Erworbene Eigenschaften. In: Nationalsozialistisches Bildungswesen 2/1937, H. 1, S. 51–55

Scheid, Hermann

(vermutl.) *18.7.1909
vermutl. Lehrer in Breesen
NSDAP, NSKK

Kampf gegen Juden. In: Mecklenburgische
Schulzeitung 66/1935, H. 28, S. 475f.

Scheidt, Walter

*27.7.1895–1976; kathol., Austritt 1928; Vater Zahn-
arzt; Pseud. Berchtold Gierer*
*Dr. rer. nat. 1920, Assistent Anthropolog. Institut
Universität München, 1923 Habil. und Privatdozent;
1924 Leiter der rassenkundlichen Abteilung des
Hamburger Museums für Völkerkunde, 1933 o. Prof.
f. Rassen- und Kulturbiologie und Direktor des Rassenbiologischen Instituts Universität Hamburg; Mitglied des Reichsjustizprüfungsamtes, Gutachter für
Fragen der arischen Abstammung beim RMdI; Mitbegründer und erster Schriftleiter der Zeitschrift
„Volk und Rasse". – Nach 1945 Direktor des Anthropologischen Instituts der Universität Hamburg*

Rassenkunde, Leipzig 1930, 1932, [4]1941 (Reclams
Universalbibliothek)

Rassenbiologie und Kulturpolitik, Leipzig 1931,
[2]1938 (Reclams Universalbibliothek)

Die Lebensgeschichte eines Volkes. Einführung
in die rassenbiologische und kulturbiologische
Forschung, Hamburg 1934 (Schriftenreihe
Lebensgesetze des Volkstums)

Die Träger der Kultur, Berlin (Metzner) 1934

(zus. mit Ernst Dobers, Hrsg.:) Lebendiges
Wissen. Rassenbiologische Hefte für Unterricht
und Fortbildung. Frankfurt (Diesterweg) 1933
(H. 1–4) und 1934 (H. 5–9)

Die Sprachoberfläche der Seele. 1. Teil: Versuch
einer Sprachdeutung als Hilfsmittel für rassenpsychologische Forschungen. 2. Teil: Versuch
einer Sprachdeutung für rassenpsychologische
Forschungen, Hamburg 1936 (Lebensgesetze des
Volkstums. Beiträge zu ihrer Erforschung in
Deutschland, H. 6/7 und 8/9, hrsg. vom Rassenbiologischen Institut Universität Hamburg)

Politik und Biologie. Bemerkungen zur Idee der
politischen Universität. In: Hamburger Lehrerzeitung 12/1933, H. 33, S. 457–461

Rassenbiologie in der Schule. In: Hamburger
Lehrerzeitung 12/1933, H. 30, S. 423–425

Rassenbiologie in der Schule. In: Die Deutsche
Schule 37/1933, H. 12, S. 634–641

Die generative Wirkung der Schuldauer. In:
Erziehung 9/1934, S. 80–85

Praktische Rassenhygiene. In: Die Deutsche
Schule 38/1934, S. 59–66

Kulturbiologie und Rassenpsychologie. In: Archiv f. Bevölkerungswissenschaften 5/1935, H. 1, S. 8–20

Die rassenhygienischen Aufgaben des Jugendarztes. In: Gesundheit und Erziehung 49/1936, H. 6, S. 161–167

Schemm, Hans

6.10.1891 in Bayreuth–1935; evang.; Vater Schuhmachermeister
Volksschullehrer, 1928 Abgeordneter des Bayerischen Landtages, MdR seit 1930, 1933–1935 bayerischer Staatsminister für Unterricht und Kultus
Freikorps Epp; NSDAP 1922, 1925 Ortsgruppenleiter Bayreuth, 1928 Gauleiter der NSDAP Oberfranken, 1933 Gauleiter Bayerische Ostmark, Gründer (1928) und Führer (1929) des NSLB (Reichswalter), Hrsg. „Nationalsozialistische Lehrerzeitung", Ehrengruppenführer der SA

Rasse als ewiger Baugrund aller Erziehung. Rede vor fränkischen Lehrern in Nürnberg im November 1934. In: Blätter f. Schulpraxis und Erziehungswissenschaft 47/1936, H. 3, S. 2–10

Durch die deutsche Musik kämpft sich die Seele in die Ewigkeit. In: Kunst und Jugend 15/1935, H. 3, S. 52

Artfremdes Eiweiß ist Gift. In: Erzieher im Braunhemd 3/1935, H. 3, S. 57f.; auch in: Mecklenburgische Schulzeitung 66/1935, H. 3, S. 34f.; Reichszeitung der deutschen Erzieher 1935, H. 2, S. 9

Rasse, Wehr, Persönlichkeit, Religiosität. In: Friedrich Hiller (Hrsg.), Deutsche Erziehung im neuen Staat, Langensalza – Berlin – Leipzig 1935, S. 33–37

Schenk, Alwin

*27.12.1863 in Breslau
Lehrer und Rektor i. R. in Breslau
NSLB 1.9.1933

Zur Geschichte der Eugenik im Hilfsschulwesen. In: Zeitschrift f. Kinderforschung 42/1933, H. 2, S. 249–254

Schenker, Winfried

Beauftragter für die weltanschauliche Schulung der deutschen Volksgruppe in Rumänien

Rasse und Volk, Herrmannstadt 1941 (Stoffsammlung für die weltanschauliche Schulung, 2)

Scheumann, Friedrich-Karl

*1.6.1896
Dr. med. Berlin 1928, Stadtgesundheits- und Schularzt in Berlin; vor 1933 Aufbau und ärztl. Leiter des Berliner Gesundheitshauses mit einer Abteilung für Erb- und Rassenpflege
bis 1933 SPD, NSDAP 1.5.1933, NSV

Die Bekämpfung der Unterwertigkeit. Planmäßige Vorsorge für die deutsche Familie, Berlin (Metzner) 1933

Schickedanz, Arno

*27.12.1892 in Riga; evang., dann gottgläubig
Ingenieur, Studium der Chemie, Privatgelehrter
Kriegsfreiwilliger; Freikorps (Stoßtrupp der baltischen Landwehr), NSDAP 1923/1930, MdR, Reichshauptamtsleiter im Außenpolitischen Amt der NSDAP; designierter Reichskommissar Kaukasus (1941); Blutorden und Goldenes Ehrenzeichen der NSDAP

Sozialparasitismus im Völkerleben. Das Gesetz des Sozialparasitismus im Völkerleben, Leipzig 1927

Die Judenfrage. In: Politische Erziehung 9/1935, Ausgabe A, S. 226–242; auch in: Der Schulungsbrief 2/1935, H. 11 und 12

Schiefer, Wilhelm

*1.5.1885 in Germscheid/Neuwied
Dr., Oberstudiendirektor in Kleve
NSDAP 1.5.1933, NSLB 1.6.1933

siehe Hohmann

Schindler, Alfred

*4.9.1903 in Leipzig
Volksschullehrer in Leipzig, wiss. Hilfsarbeiter an der HfL Leipzig
NSLB 1.3.1933, NSDAP 1.4.1933

(zus. mit Friedrich Haas:) Raum und Rasse im Geschichtsunterricht der Volksschule. Die Vorzeit, Bielefeld 1939

Schingnitz, Hans

*25.5.1906 in Leipzig; evang.
Dr. phil. Leipzig 1941; Sportlehrer, Studienassessor,
Dozent am Institut f. Leibesübungen Leipzig
NSDAP 1.5.1933, NSLB 1934

Die Aufgabe der Ästhetik in der Leibeserziehung.
Beiträge zur völkischen Sinngebung der Leibesübungen vom Standpunkt des rassischen Schönheitsideals, Würzburg – Aumühle 1941 (Diss.
Leipzig 1941)

Schinke, Gerhard

*30.8.1910 in Dittersdorf bei Neustadt/Oberschlesien;
Vater Hauptlehrer
Studium Philosophie, Germanistik und klassische
Philologie in Jena, Rostock und Breslau; Dr. phil.
Berlin 1937 (Diss. über Nietzsches Willensbegriff
bei Baeumler und Rieffert); Lehrer im Hauptamt für
Beamte
1931 SA, NSDStB. Mecklenburg-Lübeck (Gau-
schulungsref.), NSLB, 1.7.1933 SS, 1937 NSDAP;
Dozent Junkerschule Braunschweig (1940/41),
Reichsschule SS Oberehnheim (1943), Abteilungs-
leiter im SS-HA Schulungsamt, HStuf.

Die Abstammungslehre. In: SS-Leitheft 4/1939,
H. 9, S. 47–50

Woran sterben Völker? (Auslese – Gegenauslese).
In: SS-Leitheft 5/1939, H. 1, S. 16–20 und H. 3,
S. 15–19

Schlenkrich, Johannes

*16.10.1895 in Bautzen; evang.
Taubstummenlehrer in Leipzig
NSLB (1.6.1933): Referent der Forschungsgemein-
schaft für Rassenpädagogik und Rassenpsychologie
des Pädagogisch-Psychologischen Instituts des NSLB
Leipzig; SAR, NSV, RLB

Rasse und Sprache. In: Die deutsche Sonderschule 1/1934, H. 4, S. 251–262

Schliebe, Georg

29.12.1901 in Zschopau/Zwickau–17.7.1971
Lehrer, Dr. phil. Gießen 1930, Assistent, 1935 Dozent
HfL Elbing; 1937 Dozent, 1939 Prof. für Charakter-
und Jugendkunde HfL Koblenz; 1942 am Reichs-
institut f. landwirtschaftlichen Unterricht Danzig;
1942 Oberlandwirtschaftsrat; Personalgutachter und
Kriegsverwaltungsrat bei der Marine. – Nach 1945
Pädagogische Arbeitsstelle beim Theodor-Gabler-
Verlag Wiesbaden, dann Landesarbeitsamt Hessen,
Bundesverwaltungsrat

SA 1933, NSLB 1934, NSDAP 1.5.1937, 1940 stellv.
Führer der Hochschulgruppe des NS-Doz. Koblenz,
RLB

Psychologie des Gemeinschaftslebens. Bericht
über den 14. Kongreß der Deutschen Gesellschaft für Psychologie in Tübingen. In: Die
Deutsche Schule 38/1934, H. 8, S. 392–395

Untersuchungen zur Erbcharakterkunde. Über
die Konstanz der vererbten seelischen Grund-
funktionen, insbes. der Aufmerksamkeit. In:
Zeitschrift f. menschliche Vererbungs- und
Konstitutionslehre 19/1935, H. 3

Grundzüge einer völkischen Jugendkunde. In:
Die Deutsche Schule 40/1936, H. 4, S. 155–161

Wandlungen der Psychologie. In: Nationalsozialistisches Bildungswesen 2/1937, H. 4, S. 195–205

Internationaler Literaturbericht für Erziehungswissenschaften. Deutschland. IV. Charakterkunde und Jugendkunde. In: Internationale Zeitschrift f. Erziehung 9/1940, H. 1/2, S. 59–73

Schlienger, Maria Hulda

*31.7.1895 in Bachem/Rheinprovinz; kathol.
Studienassessorin in Berlin, Straßburg
NSDAP 1.5.1933, NSLB 17.5.1933, Schuljugend-
walterin

Rassenkunde, Erblehre und Erbpflege in der
Schule, Frankfurt/M. (Diesterweg) 1934

Schlösser, Ludwig Arnold

15.9.1906 in Hannover–1973; gottgläubig; Vater
Lehrer und Kunstmaler
Dr. phil. Göttingen 1930, Assistent am botanischen
Institut Universität Göttingen, 1931 München, 1937
Habil., 1938 Dozent f. Züchtungsforschung und Ver-
erbungslehre Universität Göttingen, danach am
Reichsinstitut f. Forstpflanzen Kleinwanzleben
SS 1933, RuSHA Berlin (1935/36), Unterabteilungs-
leiter im Stabsamt des Reichsbauernführers, Schu-
lungsleiter RuSHA München; Kreishauptstellenschu-
lungsleiter RPA, 1937 NSDAP, 1943 SS-O'Stuf.

Rassefragen – vom amerikanischen Standpunkt.
In: Deutsche Handelsschulwarte Ausgabe B der
deutschen Berufserziehung 15/1935, H. 43,
S. 501–504

Grundfragen biologischer Familienkunde. In:
Deutsche Handelsschulwarte, Ausgabe B der deutschen Berufserziehung 15/1935, H. 43, S. 504–506

Rassenhygienische Phantasterei. In: Deutsche Handelsschulwarte Ausgabe B der deutschen Berufserziehung 15/1935, H. 43, S. 519 f.

Schmale, Irmgard

*30.4.1910 in Elsoff/Kreis Wittgenstein; evang.;
Vater Lehrer
Dr. med. Köln 1939
NSDAP 1937

Über die Verteilung der Begabung im deutschen Volke, Köln 1940 (Diss. med. Köln 1939)

Schmalfuß, Hannes

*3.2.1893 in Freiberg/Sachsen; gottgläubig; Vater
Polizist
Studium Deutsch und Geschichte, Dr. phil. 1921,
Verlagsarbeit; selbständiger Buchhändler (Grenz-
buchhandlung) und Schriftsteller
Kriegsfreiwilliger, 1919 Mitgründer des Bundes der
Frontsoldaten; völkische Schrifttumsarbeit vor 1933;
1931 Opferring, NSDAP (1.5.1933): Propaganda-
amt Gauleitung Sachsen, bevölkerungspolitischer
Reichsfachredner, Reichspropagandawart Reichsbund
der Kinderreichen; RPA 1936; SS (1937): RuSHA,
H'Stuf. (1941), Totenkopfring, Lebensborn; Beteili-
gung an „Befriedungsmaßnahmen" gegen Zivil-
bevölkerung in Pawlograd

(zus. mit Paul Danzer:) Das bevölkerungspolitische ABC, München ²1940, ⁸1942

Schmeil, Otto

3.2.1860 in Großkugel bei Halle – 1943; evang.; Vater
Lehrer
Biologe; Lehrer, Dr. phil. Leipzig 1891, Prof. in
Heidelberg, Rektor a.D.

Grundriß der Menschenkunde mit einer Einführung in die Gesundheitslehre, Vererbungslehre, Rassenhygiene, Familienkunde, Rassenkunde und Bevölkerungspolitik, bearb. von Paul Eichler, Leipzig ²1937

(zus. mit J. Beck und R. Fabry:) Menschenkunde und Gesundheitslehre. Gesundheitslehre, Vererbungslehre, Rassenhygiene, Familienkunde, Rassenkunde, Bevölkerungspolitik. 5. Heft, ³1937

(zus. mit Franke:) Naturkunde für höhere Mädchenschulen, Lyzeen und Studienanstalten. 4. Heft: Untersekunda, Leipzig ⁴²1937

Naturkunde für höhere Lehranstalten, bearb. von Gustav Wefelscheid und Richard Fischer. 4. Heft: Untersekunda, Leipzig ²⁶1937

siehe auch Eichler und Trinkwalter

Schmeltzer, Karl

*11.1.1869 in Gr. Griepen/Ostpr.; evang.; Vater
Rittergutsbesitzer
Landwirt, Besuch der Landwirtschaftlichen Akade-
mie; während der Inflation Verkauf des Guts; Fuhr-
unternehmer, Mitarbeiter der Zeitschrift „Deutscher
Lebensraum"
DNVP; RKK (Fachschriftsteller Wissenschaft und
Politik)

Der Fricksche Schulaufbau vom Standpunkt der Rasse. In: Deutschlands Erneuerung 17/1933, H. 10, S. 602–604

Schmelzle, Karl

*31.1.1877 in Buch; kathol.
Dr. phil. Erlangen 1902, Oberstudienrat an der
Maria-Theresia-Oberrealschule München
BVP, NSLB 1934

Rassengeschichte und Vorgeschichte im Dienste nationaler Erziehung. Eine Ergänzung zu jedem Lehrbuch der Geschichte für höhere Lehranstalten (für die Mittelstufe), bearb. von Karl Schmelzle, Bamberg 1934, ³1937

Schmidt, Bernhard

*13.3.1901 in Kepitz; evang., dann gottgläubig; Vater
Lehrer
Volksschullehrer, Dr. phil. Halle 1931, 1933 Studien-
assessor in Magdeburg, danach Studienrat in Halle
und Erfurt (Französisch und Englisch)
NSDAP 13.10.1932, NSLB 1.1.1933

Der jüdische „Pädagoge". Das Gegenbild des deutschen Erziehers. In: Erzieher im Braunhemd 7/1939, H. 4, S. 87–89

Schmidt, Karl

Dr. med.

Das Gesetz zur Verhütung erbkranken Nachwuchses und die Voraussetzung und Bedeutung der erbkranken Geisteskrankheiten insbesondere des angeborenen Schwachsinns. In: Mecklenburgische Schulzeitung 65/1934, H. 4, S. 354–358

Schmidt, Rudolf

*3.1.1891 in Hamburg; Vater Rechnungsführer der
Oberschulbehörde
Historiker, Volkstumsarbeit; Dr. phil. Straßburg
1917, Prof., Oberstudiendirektor in Hamburg
NSLB 27.4.1933, NSDAP 1937*

Eine ganz kleine bescheidene Entgegnung
(Politik und Biologie). In: Hamburger Lehrerzeitung 12/1933, H. 38/39, S. 507–509

Schmidt, Willi-Kurt

*16.4.1911
1935 Assistent am Rechtswissenschaftlichen Seminar
Universität Halle, Dr. jur. Halle 1937 („Das Bewahrungsgesetz im neuen Recht und seine Beziehung zum
Strafrecht")*

Bewahrungsgesetz und Erbgesundheitsgesetz.
In: Allgemeine Zeitschrift f. Psychiatrie und ihre
Grenzgebiete 107/1938, S. 142–149

Schmiedecke, Adolf

*18.9.1898 in Harsleben; evang.; Vater
Landwirt/Lehrer
1920 Volksschullehrer, 1931 in Nauenburg, Dr. phil.
Halle 1932, Mittelschullehrerprüfung, Mittelschullehrer in Zeitz (Geschichte und Deutsch)
NSDAP und NSLB 1.5.1933, NSLB Kreissachbearbeiter f. Volkheitskunde*

Juden im deutschen Schrifttum der Systemzeit.
In: Erzieher im Braunhemd 6/1938, H. 12,
S. 273–276

Schmieder, Arno

*28.1.1870 in Mittelsaida
Studienprof., Oberstudienrat in Leipzig
NSLB 1.9.1933, Gutachter f. Erziehungskunde,
Philosophie und Bühnendichtung*

Die deutsche Schule im deutschen Staat.
Grundsätzliches zum Schulneubau im allgemeinen und zu einem deutschen Religionsunterricht im besonderen, Leipzig 1934

Was ist „Nordisch"? In: Die Völkische Schule
14/1936, H. 11

Schmitt, Karl

Lehrer aus Jüterbog

Schöpfertum und Rasse. In: Deutsches Bildungswesen 3/1935, S. 137–148

Schmitz, Rolf

*23.7.1911 in Ohligs–1942 (gefallen); kathol.; Vater
Studienrat
Dr. phil. Bonn 1934 (pädagogisch-psychologische
Diss. bei S. Behn), Assistent am Rheinischen
Provinzial-Institut für Arbeits- und Berufsforschung
Düsseldorf
NSLB 21.9.1934, NSDAP 1937*

Rassisch-stammliche Artung zum Straßenbahnführerberuf. In: Die Rheinprovinz 7/1936, H. 12

Schnaß, Franz

*25.1.1889 in Düsseldorf–1957; evang.; Vater Musik-
lehrer
Dr. phil. Gießen 1914 (philosophische Diss. bei
Messer), Studienrat in Hannover, Hrsg. „Pädagogi-
sche Warte"
NSDAP 1.5.1933, NSLB 1.11.1933*

Nationalsozialistischer Heimat- und Erdkundeunterricht mit Einschluß der Geopolitik und des
vaterländischen Gesamtunterrichtes, Osterwieck
(Zickfeldt) 1934; 2., umgearb. Aufl. unter dem
Titel: Nationalpolitische Heimat- und Erdkunde,
1938

Volkshochschul-Arbeit im Dritten Reich.
In: Pädagogische Warte 40/1933, H. 22,
S. 1005–1008

Die Negersorge der Vereinigten Staaten. Lehr-
beispiel einer rassenkundlichen Betrachtung für
die 4. Oberschul- und Hauptschulklasse. In:
Geographischer Anzeiger 45/1944, S. 108–114

Schnee, Heinrich (Pseud. Winfried Ekkehart)

*7.12.1895; kathol.
Dr. phil.; Studienrat, Fachleiter f. Geschichte am
Studienseminar Gelsenkirchen
Zentrum; Kampfbund für deutsche Kultur, NSLB,
NSV, RKK, VDA (Gruppenleiter); NSDAP 1.5.1937*

Rasse und Geschichte. Grundzüge einer rasse-
wertenden Geschichtsbetrachtung von der Urzeit
bis zur Gegenwart, Bochum 1935

Schneider, Benno

*26.11.1881 in Michelbach/Ts.; evang.; Vater Pastor
Abitur 1900 in Schulpforta, Dr. phil. Bonn 1905, 1909
Oberlehrer Realschule Lübeck, Seminarlehrer (1928
Fachseminarleiter Geschichte), 1933 Studienrat, 1934
Oberstudiendirektor und Schulleiter in Berlin-
Neukölln (Geschichte, Religion, Französisch)
NSDAP, NSLB 1.3.1933*

(zus. mit Bernhard Kumsteller und Ulrich Haacke, unter Mitarbeit von G. Ottmer:) Geschichtsbuch für die deutsche Jugend. Klasse 5, Leipzig ³1943; Klasse 6, Leipzig ³1942

Der Geschichtsunterricht im neuen Reich. Rückblick und Ausblick. In: Deutsches Philologen-Blatt 1933, S. 258 f.

Schneider, Heinrich

Dr. phil.; Rektor in Köln

Sippenverbände und Sippentage. In: Archiv f. Volksschullehrer 40/1937, H. 7, S. 415–417

Geschichte auf rassischer Grundlage. In: Neue Wege 10/1937, H. 4, S. 151–158

Schneider, Hermann

*12.8.1886 in Zweibrücken
Deutsche Sprach- und Literaturgeschichte, Privatdozent Universität Bonn 1912, Prof. Universität Berlin 1915, o. Prof. Tübingen 1921
NSLB 1.1.1934

Die Rasse im Sprichwort. In: Die neue deutsche Schule 3/1942, H. 3, S. 143–148

Schneider, Otto

Stabsarzt, Stadtgesundheitsamt Halle

Das Gesetz zur Verhütung erbkranken Nachwuchses und seine Bedeutung für die Hilfsschule. In: Die deutsche Sonderschule 1/1934, H. 6, S. 401–408

Schneider, Walther

Prof. Dr.

Vererbung, Begabung, Erziehung. In: Schule im neuen Staat 11, 1934/35, S. 27–31

Schneider, Wilhelm

Gauamtsleiter des RPA Gau Halle-Merseburg; Ortsgruppenleiter der Deutschen Gesellschaft f. Rassenhygiene Halle

Warum Rassenkunde und Rassenpflege und ihre Bedeutung. In: Bruno Manger (Hrsg.), Rassisches Erleben. Grundlagen und Anregungen für die Schule, Halle 1935, S. 1–24

Schöler, Walter

*30.3.1904 in Bernitt/Güstrow; evang.
Mittelschullehrerprüfung 1930, Mittelschullehrer in Wismar, später Parchim
NSLB 1.1.1932, NSDAP 1931: Ortsgruppenpropagandaleiter, 1932 Kreisschulungsleiter, Leiter des Amtes f. Ausbildung Wismar, 1933 Gauredner, Gauschule Schwerin

Das Weltjudentum – der Weltfeind! In: Mecklenburgische Schulzeitung 66/1935, H. 28, S. 471–475

Schöll, Friedrich

*12.12.1874 in Blaubeuren; deutschgläubig; Vater Stricker
Volks- und Oberrealschullehrer, Gründer und Leiter des völkischen Landerziehungsheims „Vogelhof", völkische Bauernhochschule Württemberg; Aushilfserzieher auf der Ordensburg Vogelsang; Hrsg. Zeitschrift „Hellauf"; Vertreter der völkischen Reformpädagogik
Hammerbund, Deutschbund, Deutscher Arbeitsbund, Vorsitzender des Bundes f. deutsche Erneuerung 1919; Bund völkischer Lehrer, NSLB 1.10.1933, NSDAP 1937

Nordische Lebensbejahung oder christlicher Erlösungsglaube, Eisenach 1935

Landerziehungsheime und Schulsiedlung im Dritten Reich. Die endliche Verwirklichung der Forderungen von Fichte und Lagarde, Eisenach 1936

Schoenfeldt

Oberfeldmeister des RAD

Völkisch-rassische Geschichtsbetrachtung. In: Heimat und Arbeit 11/1938, H. 7, S. 419–426

Schöpke, Karl H.

*29.5.1884 in Teplitz-Schönau/Sudeten
Akademischer Lehrer/Prof. an Höheren Schulen im Sudetengau
Freikorps; Artamanen, 1929 Mitarbeit im Wirtschaftspolitischen Pressedienst der NSDAP, 1933 in der Reichsleitung des Arbeitsdienstes, 1935 Gauobmann im Arbeitsdienst Pommern; 1941 Waffen-SS, Abteilungsleiter der Volksdeutschen Mittelstelle Berlin; VDA

Haltet den Lebensquell des deutschen Volkes rein! In: Politische Erziehung 9/1937, Ausgabe A, S. 257–261

Schol, Herbert

* *19.8.1911 in Allendorf/Dillkreis; evang.; Vater*
Kaufmann
1936 Volontärsarzt, Dr. med. Gießen 1938, Medizinal-
rat, Amtsarzt beim Staatlichen Gesundheitsamt
Marienberg/Oberwesterwald
NSDAP 1.3.1932, NS-Ärztebund, SA

Untersuchungen an Persönlichkeit und Sippe der
Asozialen der Stadt Gießen, Wetzlar 1937 (Diss.
Gießen 1938)

Scholz, Alois

* *4.6.1875 in Johannesberg/Schlesien*
Mödling bei Wien, Regierungsrat, Prof.
Illegal NSDAP und NSLB Österreich 1931

Rassenpflege. Über unsere Pflichten gegen
unsere Nachkommen, Wien 1932 (Verlag Kampf-
ruf; Adolf-Hitler-Haus)

Grundlegendes über Rassenpflege und Erziehung.
In: Volk und Rasse 4, 1928, S. 235–247

Ein rassenhygienischer Erziehungsversuch mit
bevölkerungspolitischen Zielen. In: Hans Harmsen und Franz Lohse (Hrsg.), Bevölkerungsfragen, München 1936

Schottky, Johannes

* *17.9.1902*
Psychiater; Dr. med. München 1930, Assistent,
1936 Leitung der Landesheilanstalt Hildburg-
hausen/Thür.; 1938 Obermedizinalrat, 1942
Habil., 1943 Dozent für Psychiatrie, Neurologie
und Rassenhygiene in Erlangen; Mithrsg. der
Zeitschrift „Fortschritte der Erbpathologie, Rassen-
hygiene und ihrer Grenzgebiete", „Volk und
Rasse"
SS 1930, 1933 Abteilungsleiter f. Erbpflege u.
Gesundheitsführung im Stabsamt des Reichsbauern-
führers/RuS, dort Aufbau der erbbiologischen Siedler-
beratung, Fachbearbeiter/Abteilungsleiter beim
RuSHA München, SS-O'Stuf., NSDAP 1933

Hrsg.: Die Persönlichkeit im Lichte der Erblehre,
Leipzig – Berlin (Teubner) 1936

Lichtbildervorträge (siehe B. K. Schultz)

Schrepfer, Hans

21.5.1897 (Frankfurt/M.)–1945
Dr. phil. Freiburg 1921, Assistent, 1924 Habil.
(Geographie); 1929 Prof. Universität Frank-
furt/M., Leiter der Abteilung Rhein-Mainische

Forschungen; 1934 Prof. f. Erdkunde und Methodik
des Erdkundeunterrichts HfL Weilburg, 1936
Prof. und Direktor des Geographischen Instituts
Universität Würzburg, daneben Lehrbeauftragter
HfL Würzburg; Mithrsg. „Zeitschrift f. Erd-
kunde"
SA, NSDAP 1.4.1933, NSDoz., NSLB (Gausach-
bearbeiter f. Erdkunde); SD

Raum, Rasse und Volk. In: Verhandlungen und
Wissenschaftliche Abhandlungen des 25. Deutschen Geographentages zu Bad Nauheim 22. bis
24. Mai 1934, hrsg. von Dr. Albrecht Haushofer,
S. 65–84

Rassenkunde und Schulgeographie. In: Geographischer Anzeiger 35/1934, S. 558–562

Schrey, Kurt

* *9.7.1892 in Waldniel/Kempen; evang.; Vater Kauf-*
mann
Dr. phil. Marburg 1918, 1923 Studienrat (Deutsch,
Englisch, Französisch), 1941 Oberstudiendirektor in
Köln
Kriegsfreiwilliger; NSLB 1.8.1933, SAR, RLB

Du und dein Volk (hrsg. von der Reichsleitung
der NSDAP, Hauptamt für Erzieher). München
1938, 1943

Schröder, Hein

Dr. med., Jena

(zus. mit Lothar Stengel von Rutkowski:)
Grundzüge der Erbkunde und Rassenpflege.
Wege zur Rassenpraxis. Schulungsschriften
der „Arbeiter-Versorgung". Hrsg. vom Senats-
präsident Bruno Kühn, H. 6, Berlin (Verlag
Arbeiter-Versorgung A. Langewart) 1934, 68 S.;
³1939: 100 S.

Schubert, Helmut

(vermutl.) * 18.6.1908
Dipl. pol.
Pressestelle RPA Berlin, stellv. Schriftleiter „Neues
Volk"; SS-H'Stuf., Leiter der Abteilung I 3 Volks-
tum im RSHA, Mitarbeiter RKFDV

Rassenpolitik und Schule. In: Neues Volk 5/1937,
H. 4

Rassenpflege in Deutschland und der Welt. In:
Der Schulungsbrief 3/1936, H. 4

Schürmann, Fritz

*7.10.1899 in Soest
Taubstummenlehrer, Lehrbeauftragter für Allgemeine
Taubstummenkunde und Rassenpflege des REM,
Fachberater im Reichsverband der Gehörlosen
Deutschlands
NSDAP 1.8.1932

Erbbiologischer Unterricht in der Taubstummenschule. In: Die deutsche Sonderschule 1935,
H. 2/3, S. 163–166

Schütt, Eduard

1875–1948
Dr. med. Erlangen 1902, 1926 Gerichtsmedizinalrat in
Wuppertal-Elberfeld, 1934 RGA, 1935–1943 Direk-
tor im RGA, Leiter der Abteilung Erb- und Rassen-
pflege; zugleich Leiter der Poliklinik für Erb- und
Rassenpflege Berlin
NSDAP 1930

(zus. mit Th. Viernstein:) Bekämpfung der
Kriminalität vom bevölkerungspolitischen,
rassenanthropologischen und erbbiologischen
Standpunkt, Leipzig 1933

Erbbiologische Volkserziehung. In: Hans Reiter
und Bernhard Möllers (Hrsg.), Grundriß der
Hygiene. Für Studierende und praktische Ärzte,
Medizinal- und Verwaltungsbeamte, Berlin
[11]1940 (neubearb. Auflage von Carl Flügge:
Grundriß der Hygiene, Leipzig [3]1894, Berlin
[10]1927)

Schütz, Franz

21.7.1887–1955
Dr. med. Berlin 1912, 1915 Privatdozent f. Hygiene
und Bakteriologie Universität Königsberg, 1919 Kiel,
dort 1921 a. o. Prof.; 1925 Dozent für Schulhygiene in
Berlin, 1933 Prof. und stellv. Leiter des Hygiene-
Instituts Universität Berlin, 1934–1945 Universität
Göttingen. – 1950 Prof. und Direktor des Hygiene-
Instituts Göttingen
NSDAP 1.4.1933

Rassenhygiene des deutschen Volkes, Berlin –
Erfurt 1934 (Volk und Wissen)

Einführung in das Schrifttum. In: Gesundheit
und Erziehung 10/1933, S. 398–406

Schuh, Willy

*15.6.1910 in Elversberg/Saar, kathol., dann gott-
gläubig; Vater Wiegemeister

Dr. phil. München 1935 (bei Fischer und Rehm);
Psychologe und Berufsberater, 1938 Leiter der
bayerischen Bezirksstelle in der Abteilung Beratungs-
dienst des Reichsstudentenwerks; stellv. Amtsleiter im
Reichsforschungsrat
„Deutsche Front" des Saargebietes, SA 1933, DAF,
NSV, RLB; NSDAP 1937, Blockleiter, Reichsfach-
gruppenleiter in der Reichsstudentenführung; SS,
während des Krieges Dienst beim Inspekteur Sipo und
SD München, 1944 U'Stuf. im SD

Erziehung im Dienste der Rassenhygiene, Friedberg – Augsburg 1937 (Diss. phil. München
1937)

Schultz, Bruno Kurt

*3.8.1901 in Sitzenberg/Österr.; gottgläubig; Vater
Polizei-Vizepräsident
Dr. phil. Wien 1924, Assistent, 1934 Habil. und
Dozent f. Rassenkunde und menschliche Erblehre
Universität München; 1938 Prof. f. Anthropologie,
menschliche Erblehre und Bevölkerungsbiologie Uni-
versität Berlin und Direktor des Biologischen Instituts
der Reichsakademie für Leibesübungen; 1941 Prof.
und Direktor des Instituts f. Rassenbiologie Uni-
versität Prag; Schriftleitung „Volk und Rasse", Mit-
hrsg. „Anthropologischer Anzeiger" u. a.
1918 Deutscher Schulverein Südmark in Wien;
Völkischer Block der Deutschen Studentenschaft
der Universität Wien; Nordischer Ring; NSDAP
1.2.1932, NSDoz., NSV; SS (O'Stubaf. 1940), seit
1932 RuSI/RuSHA; Kurse an der Reichsführerschule
SA, 1941 Chef des Rassenamtes im RuSHA; Führer-
ring des RFSS; Mitglied der Schrifttumskommission
des Ahnenerbes; Waffen-SS

Erbkunde, Rassenkunde, Rassenpflege. Ein Leitfaden zum Selbststudium und für den Unterricht, München 1933

Rassenkunde, Vererbungslehre und Rassenpflege
als Gegenstand der deutschen Erziehung. In:
Volk und Rasse 8/1933, H. 3, S. 122–125

Über die Bedeutung der erbbiologischen
Bestandsaufnahme der Bevölkerung für die
menschliche Erbforschung. In: E. Astel (Hrsg.),
Rassekurs in Egendorf, München 1935,
S. 48–66

Kultur und Rasse im alten Orient. In: Deutsche
Volkserziehung 1935, H. 6

Die rassenbiologische Bedeutung der Leibesübungen. In: Volk und Rasse 11/1936,
S. 339–347

Sport und Rasse (Vortrag). In: Leibesübungen und körperliche Erziehung 1939, H. 14, S. 339–343; H. 15, S. 365–368

(Hrsg.:) Lichtbilder-Vorträge aus dem Gebiet der Vererbungslehre, Rassenkunde und Rassenpflege in Bildkarten mit Textheft, München (Lehmann) 1934

(zus. mit J. Graf, Hrsg.:) Lichtbildervorträge aus dem Gebiete der Vererbungslehre. 9 Tafeln zur Rassenkunde

(zus. mit J. Graf:) Wandtafeln für den rassen- und vererbungskundlichen Unterricht, mit Begleittext, München 1933

Schultz, Wolfgang

28.6.1881 in Wien–4.9.1936; kathol., Übertritt zum Protestantismus; Vater Kunstmaler
Dr. phil. Wien 1904, Privatgelehrter und Schrift-steller in Wien, ab 1922 in Görlitz, 1934 Prof. f. Philosophie (germanische Vorgeschichte und Welt-anschauungskunde) Universität München (Nachf. Hönigswald); Landesleiter Reichsbund f. deutsche Vorgeschichte; Mithrsg. „Volk und Rasse", Hrsg. „Mitra" (Monatsschrift für vergleichende Mythen-forschung)
Landsturmfreiwilliger 1915, 1916 Kriegsgefangen-schaft; NSDAP 1.5.1932, 1936 Hauptstellenleiter der Abteilung Arische Weltanschauung und Volkskunde im Amt Rosenberg und Hauptstellenleiter des Außen-politischen Amtes in der Reichsleitung der NSDAP

Nordisches Menschentum als Träger aller Kultur. Rede auf der NSLB-Gautagung im Mai 1935 in Nürnberg. In: Blätter f. Schulpraxis und Erziehungswissenschaft 47/1936, H. 8, S. 14–28

Germanische Kultur. In: Lichtbildervorträge aus dem Gebiete der Vererbungslehre. 9 Tafeln zur Rassenkunde, hrsg. von B. K. Schultz und J. Graf

Schultze, Walter

1.1.1894 in Hersbruck–1979; evang., 1936 gott-gläubig; Vater Dr. jur., Bezirksamtsassessor
Dr. med. München, Amtsarzt und Stadtrat in Speyer, Obermedizinalrat, 1933 Ministerialdirektor im Bayerischen Innenministerium (Leitung der Gesund-heitsabteilung), 1934 Honorarprof. f. Volksgesund-heitslehre; Mithrsg. „Volk im Werden"
Kriegsfreiwilliger, Freikorps Epp, Brigade Ehrhardt; 1920/1928 NSDAP, Teilnahme am Hitler-Putsch, Blutorden, Mitglied des Bayerischen Landtages für die NSDAP, SA-Brigadeführer, Chef des SA-

Sanitätswesens, stellv. Gauobmann des NS-Ärzte-bunds, 1935–1943 Reichsdozentenführer, SS 1935 (Gruf. 1943), Führer im SD-HA, Lebensborn. – Nach 1945 zu 4 Jahren Gefängnis verurteilt.

Rassenfrage und Erbgesundheitslehre und ihre Folgerungen für den nationalsozialistischen Staat. Schulungsbrief des Hauptamtes für Beamte bei der Reichsorganisationsleitung der NSDAP, Berlin 1935

Die Bedeutung der Rassenhygiene für Staat und Volk in Gegenwart und Zukunft. In: E. Rüdin (Hrsg.), Erblehre und Rassenhygiene im völki-schen Staat, München 1934

Schultze-Naumburg, Arthur

*28.7.1901 in Saaleck; evang., dann gottgläubig; Vater Architekt (Paul Schultze-Naumburg)
Dipl.-Volkswirt, danach Studium bei Just, Dr. jur. Greifswald 1935; Hilfsreferent in der Reichsstelle für Sippenforschung, Regierungsrat
NSDAP und SS 1930; 1936 im Kreis-Personalamt in Abt. Arischer Nachweis tätig; ehrenamtl. Mitarbeiter im Stab RuSHA, U'Stuf.

Statistische Untersuchungen an den Hilfs-schülern Pommerns. Rechts- und staatswissen-schaftliche Diss. Greifswald 1935; aus: Archiv f. Rassen- und Gesellschaftsbiologie 29/1935, H. 2

Schultze-Naumburg, Paul

10.6.1869 in Almerich–1949
Architekt; 1930 Direktor der Staatlichen Hochschule für Baukunst und bildende Künste Weimar, Sachver-ständigenbeirat für Bevölkerungs- und Rassenpolitik, Prof. Dr. Dr. h.c.; Mithrsg. „Volk und Rasse" Nordischer Ring, 1932 MdR für die NSDAP

Rassengebundene Kunst, Berlin o. J. (Volk und Wissen, Bd. 13)

Nordische Schönheit. Ihr Wunschbild im Leben und in der Kunst, München 1937, ²1943

Die Bedeutung der Kunst für die rassische Aus-lese. In: Rasse 1/1934, H. 1, S. 27–30

Schulz, Edgar Hans

*1896 in Wollstein, Dr. jur. Breslau 1921, Regie-rungsrat, NSDAP 1.3.1933, Mitarbeiter in der Reichsleitung des RPA

(zus. mit Rudolf Frercks:) Warum Arier-paragraph? 3., erw. Auflage Berlin 1935, ⁷1938 (Schriften des Rassenpolitischen Amtes der NSDAP)

Judentum und Kriminalität, München – Leipzig 1935 (Schriften des Rassenpolitischen Amtes der NSDAP)

Schulz, Franz

*18.6.1883 in Lotzen/Neum.; evang.
Volks- u. Mittelschullehrer, 1926 Volksschulrektor
Berlin-Mariendorf, Magistratsschulrat
NSDAP und NSLB 1.12.1931

Werner Dittrich/Erich Meyer: Kleine Erb- und Rassenkunde. Ausgabe für Berlin und Kurmark, bearb. von Franz Schulz, Breslau 1934

Schulz, Karl

*19.1.1886 in Breslau; evang.
Lehrer in Breslau; Mitarbeiter an Berthold Ottos
„Deutscher Volksgeist"
NSDAP 1.5.1933, NSLB 1.11.1933

Biologische Pädagogik. Gedanken über den Einfluß erbbiologischer Kenntnisse auf unsere Anschauungen über Erziehung, Breslau 1934

Erbgut und Umwelt als lebensgestaltende Kräfte. Auszüge aus Veröffentlichungen von Forschern der Erbbiologie, Rassenhygiene und Rassenkunde der Gegenwart, Bielefeld 1935

Der Tod im germanischen Erleben, Breslau 1936

Der Rassengedanke im Deutschunterricht. In: Die Mittelschule 10.1.1934, H. 4, S. 3–7

Der Rassengedanke im deutschen Sprachunterricht. Ein Beitrag zur Neugestaltung des Lehrplans. In: Die Mittelschule 31.1.1934, H. 4, S. 42f.

Die Zielsetzung des naturgeschichtlichen (biologischen) Unterrichts. Ein Beitrag zur Lehrplanarbeit. In: Die Mittelschule 49/13.2.1935, H. 6, S. 64–66

Zwischen den Rassen. Theodor Storms Erzählung „Vom Jenseits des Meeres" In: Die Mittelschule 5.2.1936, H. 5, S. 59–61

Schulz, Otto

(vermutl.) *20.7.1899 in Nottuln bei Münster; gottgläubig; Vater Förster
Volksschulrektor in Wernel Lippe.
1933 SAR, 1937 NSDAP (Ortsgruppenleiter). –
Im Entnazifizierungsverfahren 1947 zu 26 Monaten Internierung verurteilt

Familienkunde, Erblehre und Rassenkunde in der Volksschule. In: Die Neue Deutsche Schule 8/1934, H. 5, S. 277–281

Rassische Erziehung und Berufsschule. In: Die deutsche Berufsschule 43/1935, H. 23, S. 709 und H. 24, S. 755

Schulz, Walther

*20.11.1887 in Bromberg; evang.
Studium Vor- und Frühgeschichte; Dr. phil. Berlin
1912, Assistent 1912, Kustos 1925, Privatdozent
Halle 1928, 1937 o. Prof., Direktor der Landesanstalt
für Volkheitskunde
NSDAP 1.5.1933

Vorgeschichte Leipzig 1938 (Stoffe und Gestalten der Geschichte)

Vorgeschichtliche Rassen und Völker in Deutschland mit besonderer Berücksichtigung von Mitteldeutschland. In: Erzieher im Braunhemd 2/1934, H. 1, S. 10–13

Vorgeschichte und Rasse. In: Bruno Manger (Hrsg.), Rassisches Erleben. Grundlagen und Anregungen für die Schule, Halle 1935, S. 48–51

Schulz, Walther

Dr. phil. Bonn 1930 (arbeitspsychologische Diss.);
Direktor des Rheinischen Provinzialinstituts für
Arbeits- und Berufsforschung, Düsseldorf

Strukturtypus und Begabung. (zugleich ein Rückblick auf die Entwicklung der entwicklungspsychologischen Methodik), Düsseldorf 1936; auch in: Die Rheinprovinz 12/1936, H. 1 und 2

Berufseignung und rassisch-stammliche Artung. In: Die Rheinprovinz 12/1936, H. 9

Erbgut, Erziehung und berufliche Leistung. Ein Beitrag zur Psychologie des Arbeitseinsatzes. In: Das Werk 1936, 16, S. 483–492 und 531–538

Erbgut und Beruf. In: Arbeitseinsatz und Arbeitslosenhilfe 4/1937, H. 17

Schulze, H.

Sächsisches Realienbuch, enthaltend Geschichte, Erdkunde, Naturgeschichte, Physik, Chemie und Mineralogie. Neubearbeitung unter Mitarbeit von Dr. Erich Richter, Bielefeld – Leipzig 1934

Schumacher, Wilhelm

**24.8.1892 in Sevinghausen; evang.; Vater Bergmann
Dr., Hilfsschulrektor in Gelsenkirchen-Buer, seit
1927 Geschäftsführer des Gelsenkirchener Psycholo-
gischen Instituts (Akademische Kurse für die Lehrer-
fortbildung)
DDP 1927, Logenmitglied 1930/31, Aufnahmeantrag
NSDAP 1932 abgelehnt, 1937 nach Gnadengesuch
aufgenommen; Blockwart, stellv. Zellenleiter;
NSLB 1.5.1933; SA-Scharf. und Fürsorgereferent,
NSV*

Völkische Bildung ins Volk! In: Die Schule
im nationalsozialistischen Staat 10/1934,
H. 11, S. 5

Schumann, Paul

*20.4.1870 in Gräfenhain bei Leipzig–1943; evang.
Taubstummenlehrer; Dr. phil., Oberlehrer am
Samuel-Heinicke-Institut, seit 1924 Leiter des
Deutschen Museums für Taubstummenbildung
Leipzig; Schriftleiter „Blätter f. Taubstummen-
bildung"
NSLB 1.6.1933, NSDAP 1.5.1933*

Das Gesetz zur Verhütung erbkranken Nachwuchses und seine Begründung. In: Blätter
f. Taubstummenbildung 46/1933, H. 17,
S. 249–254

Schwab, Julius

**8.5.1893 in Kassel
Dr. med. 1921 Göttingen; Amtsarzt (städtischer Fürsorgearzt, Gefängnisarzt) in Paderborn, Medizinalrat
im Preußischen Ministerium des Inneren
NSDAP 1931, Kreisschulungsredner, Kreisbeauftragter des RPA*

(zus. mit Emil Jörns:) Rassehygienische Fibel.
Der deutschen Jugend zuliebe, Breslau – Berlin
1933, ²1936, 46. Tsd.: 1942

Rassenpflege im Sprichwort. Eine volkstümliche
Sammlung, Leipzig (Alwin Fröhlich) 1937

Schwall, Anton

**4.2.1882 in Kaufenheim/Kreis Cochem; kathol.
Volksschullehrer und Rektor in Metternich bei
Koblenz
NSLB 1.7.1933, Antrag NSDAP 1939*

Vererbung und Rassenhygiene im Rechenunterricht. In: Archiv f. Volksschullehrer 38/1934,
H. 11, S. 279–289

Schwalm, Fritz

**11.5.1910 in Marburg; gottgläubig; Vater Schuh-
machermeister
Abgebrochenes Lehramtsstudium (Geschichte,
Deutsch, Erdkunde); Mitarbeiter am Anthropologischen Institut der Universität München
1924 Bund der Adler und Falken; NSDAP, NSDStB
und SA 1929, SS 1932, Rassereferent und Oberschulungsleiter, O'Stubaf. im RuSHA, 1940 Leiter
der RuSHA-Außenstelle Litzmannstadt, Schulung
des Eignungsprüfer-Nachwuchses; Waffen-SS
(Kampfgruppe Jeckeln); RuS-Führer Kaukasien;
Lebensborn. – Bei Nürnberger Prozessen zu
10 Jahren Haft verurteilt, 1951 wieder freigelassen*

Rassen- und Erbpflege in der Dorfgemeinschaft.
In: Heimat und Arbeit 7/1934, H. 5, S. 137–144

Schwammberger, Adolf

**17.9.1905 in Nürnberg; evang.; Vater Drechsler-
meister
Heimat- und Familienkundler; Volksschullehrer,
Dr. phil. Erlangen 1932; November 1939 Kulturamts-
leiter (städtischer Oberverwaltungsrat) und Direktor
der Städtischen Museen Thorn; „Sicherstellung von
ausgewähltem Kulturgut für den Führer"
NSLB 15.5.1933; NSDAP 1937; RKK*

Wie wecken wir in unseren Schülern den
Familiensinn?, Langensalza 1934 (Schule der
völkischen Wiedergeburt, H. 5)

Familienkunde in der Schule. In: Blätter f.
Schulpraxis und Erziehungswissenschaft
46/1935, H. 2, S. 1–15

Schwartz-Bostunitsch, Gregor

**1883 in Kiew; Vater Versicherungsbeamter
Journalist, Anwalt, Schriftsteller; 1919 Kiewer
Sektion der Theosophischen Gesellschaft; 1925
Einbürgerung nach Deutschland; Honorarprof. (auf
Veranlassung Himmlers); völkischer Esoteriker
NSDAP 1931, Reichsredner, SS: 1935 Hstuf.,
f. 6 Monate Leiter des Freimaurermuseums im
SD-HA Berlin; 1944 SS-Staf.*

Die Juden in der Freimaurerei. In: Politische
Erziehung 10/1935, S. 322–340

Schwarz, Hans-Erich

**13.10.1914 in Kiel; gottgläubig
Studienreferendar in Kiel
NSLB 1939*

Rassenmerkmal und Persönlichkeitsstruktur. In:
Zeitschrift f. Rassenkunde 12/1941, H. 1, S. 55–60

Schwarz, Marx

3.1.1893 in Bad Bramstedt–1945 (Selbstmord);
evang.; Vater Oberbriefträger
Dr. phil. Kiel 1923, 1924 Studienrat Oberrealschule
Lübeck, 1935 Prof. f. Vererbungslehre, Rassenkunde,
Biologie und Methodik des naturkundlichen Unter-
richts HfL Weilburg; 1936 Direktor der HfL
Oldenburg, später LBA Lüneburg; Ministerialrat
im REM
NSDAP 1.5.1933, NSLB (1.9.1933): Gaufach-
schaftsleiter, VDA

(zus. mit Hans Wolff:) Kurzgefaßter Lehrgang
der Biologie für die Abschlußklasse, Frank-
furt/M. 1934

(zus. mit Walter Köhn und Fritz Herrmann:)
Lebenskunde für Mittelschulen. Zweites Heft,
Frankfurt/M. (Diesterweg) 1941

(zus. mit Fritz Herrmann, Friedrich Wolfart und
Walter Köhn:) Lebenskunde für Mittelschulen.
Sechstes Heft, Ausgabe B. (Für Mädchenschulen)
Frankfurt/M. 1943

Erbpflege und Rassenkunde im biologischen
Unterricht. In: Unterrichtsblätter f. Mathe-
matik und Naturwissenschaften 39/1933,
S. 340–342

Hilfen für die Vererbungslehre und Rassenkunde.
In: Die Neue Deutsche Schule 19/1936, H. 3,
S. 170f.

Rassenkunde im Deutschunterricht. In: R. Murtfeld (Hrsg.), Handbuch für den Deutschunterricht, Bd. 2, Langensalza – Berlin – Leipzig
²1941

Schwidetzky, Ilse

6.9.1907 (Lissa)–1997; Vater Bürgermeister und
Privatgelehrter, Vorsitzender der Gesellschaft f. Tier-
und Ursprachenforschung
Dr. phil. Breslau 1934, Habil. 1937, Assistentin am
Anthropologischen Institut der Universität Breslau,
1939 Dozentin; Mithrsg. „Rasse, Volk und Erbgut
in Schlesien" und „Zeitschrift f. Rassenkunde".
1949 Dozentin, dann Prof., 1960 Direktorin des
Anthropologischen Instituts der Universität
Mainz

(zus. mit Günther Holtz und Egon v. Eickstedt:)
Ausgewählte Lichtbilder zur Rassenkunde des
deutschen Volkes, Stuttgart 1934, S. 1–8 [Dia-
Serie für den Schulunterricht]

Seidel, Charlotte

*15.8.1913 in Erkner bei Berlin
Kindergärtnerin, Diss. med. Bonn 1939, Referentin im
Fachamt Gesundheit Berlin
NSDAP 1936, DAF, BDM, Schulungsburgen Ober-
ursel, Erwitte, Königswinter

Rassenbiologische Untersuchungen an früheren
Dortmunder Hilfsschulkindern (unterteilt nach
dem Hilfsschulerfolg). In: Die deutsche Sonderschule 6/1939, H. 3, S. 157–171; H. 4, S. 272–278;
H. 5, S. 356–359

Rassenbiologische Untersuchungen an früheren
Dortmunder Hilfsschulkindern. In: Volk und
Rasse 15/1940, H. 2/3, S. 26–28

Seidel, Paul

*22.10.1882 in Tillendorf; kathol.
Hilfsschullehrer in Dortmund
NSLB 1.4.1933

Die Hilfsschule hilft bei der rassenhygienischen
Auslese. In: Die deutsche Sonderschule 3/1936,
H. 4, S. 279–282

Seifert, Adolf

*28.6.1902 in Asch/Deutsch-Böhmen
Studium Pädagogik, Germanistik und Musikwissen-
schaften; Dr. phil., Oberschullehrer, Deutsche
Minderheitenschule Prag, 1933 Leitung des
Konservatoriums Stuttgart, 1936 Aufbau und
Leitung der Musikschule der NS-Gemeinschaft
Kraft durch Freude
Böhmerländische Freischaren, Sudetendeutsche
DNSAP 1.1.1933; NSLB 1.4.1933, Gaufachberater
f. Musikerziehung, Leitung des Landesfachamtes
Volksmusik im Reichsbund Volkstum und Heimat,
später NS-Kulturgemeinde, 1936 Gaumitarbeiter des
RPA für Rasse und Musik, Lektor der Reichsleitung
RPA, Rednerausweis

Volkslied und Rasse. Ein Beitrag zur Rassenkunde, Reichenberg – Berlin 1940

Sell, Ludwig

18.2.1897 in Elfershausen/Rhön–9.9.1981; kathol.,
dann gottgläubig; Vater Bauer
Volksschullehrer, Dr. phil. Würzburg 1929; Assistent,
1934 stellv. Leiter des Instituts f. Wirtschaftspsycho-
logie und Pädagogik der Hindenburg-Hochschule
Nürnberg; 1937 Doz., 1938 Prof. f. Charakter- und
Jugendkunde HfL Saarbrücken, 1943 Leiter LBA
Frankfurt/O.; Personalgutachter und Regierungsrat

*bei der Wehrmacht. – Nach 1945 Tätigkeit in der
Erziehungsberatung, Leiter der Beratungsstelle für
Eltern und Jugend in Schweinfurt
Kriegsfreiwilliger, Freikorps, „Reichsflagge" und
„Reichskriegsflagge"; NSLB 1.5.1933, Gausach-
bearbeiter für rassenpolitische Erziehung,
Lehrer für Rassenfragen NSLB-Gauführerschule
Franken; NSDoz. (stellv. Leiter der Hochschul-
gruppe Saarbrücken), Kreisamtsleiter RPA
Frankfurt/O.; SA 1.4.1934, NSDAP 1.8.1935;
SS, SD 1938, Waffen-SS 1942, O'Scharf.,
RuS-Eignungsprüfer*

Gedanken zur Schülerauslese. In: Blätter f.
Schulpraxis und Erziehungswissenschaft
47/1936, H. 2, S. 42–51 und H. 3, S. 28–33

Rassenkreuzung. Ein Schulbeispiel. In: Blätter f.
Schulpraxis und Erziehungswissenschaft
47/1936, H. 11, S. 49

Rassenentstehung. In: Blätter f. Schulpraxis
und Erziehungswissenschaft 48/1937, H. 2,
S. 81–87

Sellheim, Rudolf

**15.2.1889 in Halle/S.; evang.; Vater Kauf-
mann
Klassische Philologie; 1919 Studienrat, 1928 Lehrbeauftragter (Leiter der lateinisch-griechischen
Oberkurse) an der Universität Halle, Dr. phil. Halle
1930*

Rassenkunde und griechischer Sprachunterricht.
In: Erzieher im Braunhemd 6/1938, H. 1,
S. 13–15

Senner, Anton

**7.7.1872
vermutl. Lehrer, Schulrat i.R.; Autor naturkundlicher
Schulbücher
NSDAP 1.5.1933*

siehe K. Kuhn

Silomon, Johannes (Hans)

**10.12.1886 in Frankfurt/M.; evang.; Vater Kauf-
mann
Dr. phil. Göttingen 1909, 1915 Oberlehrer in Sachsenhausen, Oberstudiendirektor Goethegymnasium
Frankfurt/M.
NSDAP März 1933, NSLB 1.4.1933: Gaufachberater und Leiter der AG für alte Sprachen*

siehe Walter Franke

Solger, Friedrich

**8.10.1877 in Berlin; deutschgläubig
Geologe; Oberbergamt Breslau, Dr. phil. Berlin 1902,
Assistent am Geologisch-Paläontologischen Institut
und Museum Berlin, 1907 Privatdozent Berlin,
1910 Prof. f. Geologie Peking, 1921 Prof. f. Geologie, Heimatkunde u. völkische Erziehung
Universität Berlin; Hrsg. „Die Völkische Schule",
Schriftleiter „Nordische Erziehung. Schriften für
artgemäße Jugendbildung aus nordischer Verantwortung"
Bund völkischer Lehrer, NSLB 26.4.1933, RLB*

Rasse und Geschichte. In: Die völkische Schule
11/1933, H. 5, S. 50–56

Die biologische Auffassung der Geschichte. In:
Die völkische Schule 11/1933, H. 9, S. 227–232

Der deutsche Mensch und die östliche Landschaft. In: Erziehung zum Osten 1/1934, H. 9/10

Lebensgesetze. In: Die völkische Schule 13/1935,
H. 3

Sommermeyer, Gustav

**1.5.1885 in Barby/Kreis Calbe; evang.; Vater
Rentier
1919 Seminaroberlehrer Weißenfels, 1925 Mittelschulrektor Wittenberg (Deutsch und Englisch),
Studienrat und Oberstudienrat Mücheln (1939)
Französische Kriegsgefangenschaft im Ersten Weltkrieg; NSDAP 1.5.1933*

Die deutsche Seele. In: Erzieher im Braunhemd
2/1934, H. 1, S. 8–10

Zur unterrichtlichen Ausweitung der Volkheitskunde. In: Erzieher im Braunhemd 3/1935, H. 7,
S. 171 f.

Spelter, Josef

**29.1.1901 Kempen
Studienassessor in Gumperda, mathematisch-natur-
wissenschaftliche Diss. Jena 1928
NSLB 1937*

Die biologische Weltanschauung als Grundlage
der deutschen Freiheitsbewegung, Jena 1933

Der deutsche Erzieher als Lehrer der Rassenkunde, Landsberg 1937

Wird die Biologie zum Zentralfach des Unterrichts an höheren Schulen? In: Unterrichtsblätter
f. Mathematik und Naturwissenschaften 40/1934,
S. 70–72

Spielhagen, Martin

*23.6.1886 in Hermsdorf; evang.
Volksschulrektor in Bornim (1927) und Caputh
(1934) bei Potsdam; Hauptschriftleiter „Praxis der
Landschule"
NSDAP 1.5.1933 (Blockleiter), NSLB 20.4.1933
(Kreisfachschaftsverwalter), NSV, RSK, Reichs-
pressekammer

(zus. mit Kurt Ramm:) Leistungssteigerung
durch produktive Stillarbeit. Arbeitsanwei-
sungen, Arbeitsaufträge und Werkanweisungen,
Lehrspiele, Ordnungskästen, allgemeine Unterrichtsmittel, stufen- und lehrplanmäßig aufgebaut für das 1. bis 8. Schuljahr für Land-
und Stadtschulen, Osterwieck – Berlin 1938,
²1939

(zus. mit Paul Cretius:) Ziele und Wege des neuen
Volksschulunterrichts. Winke für die Unter-
richts- und Stoffplangestaltung im Geiste der
neuen Richtlinien vom 15.12.1939, Osterwieck –
Berlin 1940

Warum und wie treiben wir Vererbungslehre und
Rassenkunde in der Volksschule? Eine Wegweisung für die praktische Unterrichtsgestaltung. In: Archiv f. Volksschullehrer 37/12-1933,
H. 6, S. 339–344

Erziehung zur Volksgemeinschaft und zum
rassischen Bewußtsein durch den Aufsatzunter-
richt. In: Archiv f. Volksschullehrer 46/1937,
H. 93, S. 521–530

Illustrierter Lesebogen für Schüler: „Vererbungslehre und Rassenpflege", Breslau o. J.

Springenschmid, Karl

*19.3.1897 in Innsbruck; kathol., dann gottgläubig;
Vater Rechnungsbeamter
Hauptschullehrer, Landesrat, Regierungsdirektor
beim Reichsstatthalter Salzburg (1938–1945 Leiter
der Abteilung Erziehung und Unterricht); Schrift-
steller; Hrsg. „Die Schule im Volk"
Wandervogel, Bund der Geusen, illegal NSDAP und
NSLB Österreich 1932, 1938 Gauwalter und Gau-
schulungsleiter NSLB Salzburg, Gaupropagandaamt,
Oberbereichsleiter der NSDAP, HJ-O'Bannf.,
SS-H'Stuf., RuSHA, Ahnenerbe

Die Juden und die Schule. In: Die Schule im Volk
2,1/1939, H. 4, S. 88–91

Sprung, Helmut

*4.10.1911 in Werdau; evang.
Hilfsschullehrer in Leipzig und Reichenbach i. V.
SA 7.7.1933, NSLB 1.12.1933, NSDAP 1.2.1937

Der Beobachtungsbogen für Hilfsschüler in
seiner volksbiologischen Bedeutung. Ein Beitrag
zur Gutachtertätigkeit des Volksschullehrers.
In: Die deutsche Sonderschule 7/1940, H. 3/4,
S. 83–87

Staak, Gerhard

19.10.1892 in Ruckow bei Güstrow–1945; evang.;
Vater Pastor
Heimat- und Volkskundler, 1920 Studienrat in Neu-
kloster, dann Rostock, Dr. phil. Kiel 1931, 1934 Doz.,
1935 Prof. an der HfL Kiel, 1943 Habil. und Doz. an
der Universität Kiel
NSDAP 1.5.1933, NSLB: Gausachbearbeiter „Deut-
scher Osten", SS-Schulungsleiter, BDO

siehe Walter Franke und D. Klagges

Stachowitz, Werner

*8.2.1889 in Karthaus/Westpreußen; evang.; Vater
Bürgermeister
Biologe, Dr. phil. Berlin 1914, 1920 Studienrat, 1940
Oberstudienrat in Berlin
NSLB 24.4.1933, NSDAP (Blockwart)

(zusammen mit H. Otto:) Biologie für höhere
Schulen und für den Selbstunterricht. Ergänzender Abriß der Vererbungslehre und Rassenkunde, einschließlich der Familienkunde, Rassenhygiene und Bevölkerungspolitik, Frankfurt/M.
1933; später nur unter dem Titel: Abriß der Vererbungslehre und Rassenkunde, einschließlich
der Familienkunde, Rassenhygiene und Bevölkerungspolitik, Frankfurt/M. 1934, ¹³1941

(zus. mit H. Otto:) Einführung in die Vererbungslehre, Rassenkunde und Erbgesundheitspflege für die Mittelstufe, ²1935

Staemmler, Martin

*23.10.1890 in Duschnik/Posen; evang.
Dr. med. 1913, Oberarzt; 1922 Habilitation u.
Privatdozent Universität Göttingen, Honorarprof.
Universität Leipzig, 1927 Direktor des Pathologisch-
hygienischen Instituts Chemnitz, 1934 Ordinarius und
Direktor des Pathologischen Instituts Universität
Kiel, 1935 Breslau, 1938–1942 Rektor der Uni-
versität Breslau; Ortsgruppenleiter der Deutschen
Gesellschaft f. Rassenhygiene, Mithrsg. „Volk und

Rasse". – Nach 1945 Direktor des Pathologisch-bakteriologischen Instituts der Städtischen Krankenanstalten Aachen
NSDAP 1.4.1931, NSDoz., Mitbegründer des NS-Ärztebundes, Leiter RPA-Gauamt (1935)

Rassenpflege und Schule, Langensalza 1933, [43]1937 (Schriften zur politischen Bildung 12. Reihe: Rasse, H. 2; Mann's Pädagogisches Magazin, 1379)

Volk und Rasse, Berlin 1933

Rassenpflege im völkischen Staat, München 1933, 74.–76. Tsd.: 1939

Der Sieg des Lebens. Lesestücke zur Rassenkunde, Berlin 1934

(zus. mit E. Wegner, O. Reche und S. Maaß:) Rassenhygiene für Jedermann, Dresden 1934

Der Rassengedanke des Nationalsozialismus, Buenos Aires 1936

Rassenpflege im völkischen Staat. Mit 12 Rasseköpfen. Gekürzter Sonderdruck für das Rassenpolitische Amt der NSDAP, Berlin 1937

Die Auslese im Erbstrom des Volkes, Berlin (Eher) 1939 (Nationalsozialistische Schulungsschriften, 4)

Deutsche Rassenpflege. Schriftenreihe des Rassenpolitischen Amtes der NSDAP Berlin, 1939 (1941 Tornisterschrift des OKW)

Reichen unsere wissenschaftlichen Erkenntnisse, um praktische Rassenpflege und Bevölkerungspolitik zu treiben? In: Gesundheit und Erziehung 46/1933, H. 10, S. 341–349

Schule und Rassenhygiene. in: Deutsches Bildungswesen 6/1933, S. 39–47

Die Aufgaben der nationalsozialistischen Rassenpflege. In: Thüringer Erzieher 1/1933, H. 2, S. 50f.

Das Bekenntnis zur Rasse. In: Korrespondenz f. Volksaufklärung und Rassenpflege 1934, H. 2, S. 1f.

Rassenpflege und Schule. In: Niedersächsischer Erzieher 2/1934, H. 4, S. 98–102 und H. 5, S. 127–135

Rassenkunde und Rassenpflege. In: Heinz Woltereck (Hrsg.), Erbkunde, Rassenpflege und Bevölkerungspolitik, Leipzig (Quelle u. Meyer) [2]1935, [6]1943, S. 97–206

Was ist Rasse? In: E. Wegner (Hrsg.), Rassenhygiene für Jedermann, Dresden 1935, S. 58–91

Deutschlands Bevölkerungslage. In: E. Wegner (Hrsg.), Rassenhygiene für Jedermann, Dresden 1935, S. 92–119

Die rassenhygienische Gesetzgebung und ihr weiterer Ausbau. In: E. Wegner (Hrsg.), Rassenhygiene für Jedermann, Dresden 1935, S. 120–135

Reiner Tisch zwischen deutsch und jüdisch. In: Die völkische Schule 13/1935, H. 11, S. 349f.

Wie verankern wir rassenhygienisches Denken im Volksgewissen? In: Jahreskurse für ärztliche Fortbildung, München (Lehmann) Januar 1935

Das Problem der erbkranken und der asozialen Familien und ihrer Behandlung. In: Volk und Rasse 13/1938, H. 2, S. 37–44

Stamm, H.

Dr. med., Städt. Fürsorge-Arzt Hannover

Eugenik und Hilfsschule. In: Die Hilfsschule 26/1933, H. 5

Stark, Georg

[*]21.11.1886 in Fürth; evang.
Oberstudiendirektor am Lyzeum Kulmbach
NSDAP und NSLB 1.5.1933; Leiter der NSKG

Dichtung und Rasse. Veranschaulicht an Lessings Minna von Barnhelm. In: Deutsches Bildungswesen 3/1935, S. 522–525

Steche, Otto

12.10.1879 in Leipzig–1945; evang.; Vater Fabrikbesitzer
Dr. med. München 1903, Dr. phil. Leipzig 1907, Privatdozent Universität Leipzig 1909, a. o. Prof. Frankfurt/M 1916; 1921 Gründung eines Landerziehungsheims, 1924 Staatsexamen, 1928 Studienrat in Leipzig, Leiter der Abteilung f. Biologie am Institut f. praktische Pädagogik Universität Leipzig, 1934 kommiss. Leiter der Nationalpolitischen Erziehungsanstalt Ilfeld, 1936 Oberstudiendirektor am Domgymnasium Naumburg/Saale
NSLB 1.11.1933, Opferring

Gesundes Volk – Gesunde Rasse. Grundriß der Rassenlehre, Leipzig (Quelle u. Meyer) 1933 (Das Dritte Reich. Bausteine zum neuen Staat und Volk, hrsg. von Dr. Karl Zimmermann)

Lehrbuch der Rassenkunde, Vererbungslehre und Rassenpflege für die Oberstufe höherer Lehranstalten, Leipzig 1933, ⁶1935

(zus. mit Erich Stengel und Maximilian Wagner:) Lehrbuch der Biologie für Oberschulen und Gymnasien, 3. Bd. für die 5. Klasse, Leipzig (Quelle u. Meyer) 1940; 4. Bd. für die Klassen 6, 7 und 8, Leipzig (Quelle u. Meyer) 1941

(Hrsg.:) Rassenpflege – Erbgesundheitslehre. Lichtbilder, Leipzig (E. A. Seemanns Lichtbildanstalt) 1933

Steiding, Arthur

*17.10.1898 in Wernigerode; evang.
1925 Lehrer im Regierungsbezirk Merseburg;
1929 Mittelschullehrerprüfung (Englisch und Französisch)
NSLB 1.6.1933

Stoffverteilungsplan für den Unterricht in Familienkunde, Vererbungslehre, Rassenkunde, Erbgesundheits- und Rassenpflege und Bevölkerungspolitik, Langensalza 1936

Stein, Kurt

*11.4.1881 in Dresden
Dozent am Pädagogischen Institut der TH Dresden, 1939 Doz. f. Rassenkunde und Vererbungslehre an der HfL Leipzig
NSDAP 1937

Erblehre auf der Volksschuloberstufe. In : Neue Bahnen 47/1936, S. 134–138

Stein, Rudolf

vermutl. Lehrer

Notwendigkeit der Rassenpflege. In: Der Junge Lehrer 2/1934, H. 3, S. 36f.

Stein, Wolfdietrich

25.12.1900 in Frankfurt/M.–1942
Studienassessor, Dr. phil.; Kunsterzieher, HfL Friedberg
NSLB 1.4.1933

Die bildnerische Erziehung als kulturpolitischer Kampf. In: Nationalsozialistisches Bildungswesen 3/1938, H. 9, S. 527–539

Steiner, Gerhard

*27.5.1905 in Hildburghausen; evang.
Volksschullehrer, Dr. phil. Jena 1929
NSLB 1.6.1933 (Ortsgruppe Bad Berka), SA, Rassewart des Thüringischen Landesamts für Rassewesen

Lebendige Familienforschung und Familiengeschichte in der Schule, Osterwieck – Berlin ²1935, ³1937; ab 2. Aufl. bearb. nach dem amtlichen Erlaß über „Vererbungslehre und Rassenkunde im Unterricht" (Die nationalsozialistischen Erziehungsideen im Schulunterricht)

Familienkundliche Arbeitsmappe zu Schlau und Co. Mit familienkundlichem Linienblatt und Anleitung zur unterrichtlichen Erarbeitung aller Arten familien- und erbkundlicher Darstellungen, Nürnberg 1934

Familienkunde im heimatkundlichen Unterricht. In: Thüringer Erzieher 2/1934, H. 20, S. 638–640

Stengel, Erich

*20.3.1900 in Gera; evang.
Biologe; Dr. phil. Jena 1924, Studienrat Weimar, Direktor der LBA Meiningen. – Schulbuchautor nach 1945
NSLB 1.6.1933, Gausachbearbeiter für Biologie im NSLB Thüringen

Die Behandlung der Lebensgemeinschaften im Unterricht, Leipzig 1935 (Versuche und Stoffe für den Unterricht in der Lebenskunde, hrsg. von Dr. F. Spielberger)

(zus. mit Otto Steche und Maximilian Wagner:) Lehrbuch der Biologie für Oberschulen und Gymnasien, 3. Bd. für die 5. Klasse, Leipzig (Quelle u. Meyer) 1940; 4. Bd. für die Klassen 6, 7 und 8, Leipzig (Quelle u. Meyer) 1941

Biologische Dorfuntersuchungen. Praktische Ratschläge für selbständige, ganzheitliche Untersuchungen dörflicher Gemeinschaften, Erfurt 1937

Grundlagen des biologischen Unterrichts. In: Der Thüringische Erzieher. Pädagogische Halbmonatszeitschrift des NSLB Gau Thüringen. Sonderheft Biologie. 3. Jg., Weimar 16.8.1935, H. 13/14, S. 420–422

Sittliche Entartung und Geburtenschwund. In:
Der Biologe 7/1938, H. 5, S. 164f.

Aufbau und Auswertung einer Schulsammlung
für die menschliche Erblichkeitslehre. In: Nationalsozialistisches Bildungswesen 3/1938, H. 7,
S. 403–414 und H. 8, S. 486–497

Stengel von Rutkowski, Lothar

**3.9.1908 in Hofzumberge/Lettland; gottgläubig
(1933); Vater Pastor
Dr. med. 1938, Medizinalrat im Thüringischen
Landesamt für Rassewesen, Habil. 1940 (über den
„biologischen Volksbegriff"), Dozent f. Rassenhygiene, Kulturbiologie und genetische (rassen-
hygiene) Philosophie Universität Jena; Institut
zur Erforschung der bolschewistischen Weltgefahr
Prag 1944. – Nach 1945 Leiter des Kreisgesund-
heitsamts Waldeck
Jugendbund Adler und Falken (Gauwart Hessen),
Nordischer Ring, NSDAP 1.4.1930; NS-Doz.,
Gauredner, Hauptstellenleiter im Gauamt des RPA;
SS 1931, 1932/33 hauptamtlicher Referent für
Rassenhygiene im RuSHA, Fachleiter f. Erbgesund-
heitspflege im SS-HA; Waffen-SS, „Bandenbekämp-
fung" auf dem Balkan; 1944 Leiter der ärztlichen
Hauptabteilung im Heiratsamt des RuSHA, H'Stuf.;
Lebensborn*

(zus. mit H. Schröder:) Grundzüge der Erbkunde
und Rassenpflege. Wege zur Rassenpraxis.
Schulungsschriften der „Arbeiter-Versorgung",
H. 6, Berlin (Verlag Arbeiter-Versorgung A. Langewart) 1934, 68 S.; [3]1939: 100 S.

Der Weg zur lebensgesetzlichen Schule. In: Volk
und Rasse 10/1935, H. 6, S. 163–169 (Vortrag
i. A. des Thüringischen Landesamts für Rassenwesen)

Die Sippschaftstafel nach Karl Astel als Hilfsmittel im Biologieunterricht und Schlüssel zur
erbbiologischen Bestandsaufnahme. In: Reichszeitung der deutschen Erzieher 1935, H. 6,
S. 16–18

Erbwelt und Umwelt als die entscheidenden
Schicksalsmächte jedes Volkes. In: Der Thüringer
Erzieher 4/1936, H. 20, S. 627–631

Die Frage der Willensfreiheit vom Standpunkt der Kulturbiologie aus. In: Der Biologe
9/1940, H. 8, S. 213–221 und 10/1941, H. 2/3,
S. 73–79

Weltbild und Weltanschauung. In: ders. (Hrsg.),
Das naturgesetzliche Weltbild der Gegenwart,
Berlin 1943, S. 7–21

Stenmans, Emil

**13.8.1905 in Duisburg
Dr. med. Münster 1936 (bei Jötten)
SA, NSDAP 1929 (Amtsleiter)*

Erbhygienische Untersuchungen an Hilfsschulkindern der Städte Homberg (Niederrhein),
Rheinhausen (Niederrhein) und dem dazugehörigen Landkreis, Bottrop 1935 (Diss. med.
Münster 1936)

Steubing, Heinrich (Heini)

**7.12.1913 in Frankfurt/M.; evang., dann gottgläubig
Konditor
HJ 1929 (Bannführer), NSV (1934): Hauptstellenleiter (Werbung und Schulung), Gauschulungsbeauftragter, DAF, NSV, RLB; NSDAP 1936*

siehe Korten

Sticker, Georg

**18.4.1860; kathol.; Vater Arzt
Arzt und Medizinhistoriker, Dr. med. Bonn 1884,
1898 Prof. an der Universität Gießen, 1920 Prof. f.
Geschichte der Medizin an der Universität Münster,
1921 Würzburg*

Gesundheit und Erziehung bei den arischen
Völkern. In: Sozialhygienische Mitteilungen
19/1935, S. 98–103

Stihler

Studienrat in Ulm

Rassen und Rassenpflege im völkischen Staat.
In: Otto Borst (Hrsg.), Schulung des Erziehers
im nationalsozialistischen Staat, Eßlingen
1934

Stockfisch, Alfred

**18.2.1881 in Parchim/Mecklenburg; evang.
Mittelschullehrer, Konrektor in Hildesheim
NSDAP und NSLB 1.5.1933, NSLB-Zellen-
obmann*

(zus. mit Heinrich Ihde:) „Vom Vater hab ich die
Statur". Erbpflege, Bevölkerungspolitik und
Familienkunde, Langensalza [13]1935, [18]1937

(zus. mit Heinrich Ihde und Ferdinand Roßner:)
Am Strom des ewigen Lebens der Natur. H. 4:
Wald – Volk, Langensalza – Berlin – Leipzig
1938, ³1939

(zus. mit Ferdinand Roßner und Heinrich Ihde:)
Lebenskunde. Lehrbuch für den Biologieunter-
richt an Mittelschulen, Langensalza – Berlin –
Leipzig 1941

Stölting, H. (Hermann?)

Dr. med. Göttingen 1904, Goslar

Blutreinheit und Blutmischung in ihrer tieferen
Bedeutung. In: Zeitschrift f. pädagogische Psychologie und Jugendkunde 39/1938, H. 3/4, S. 94–105

Strauß, Franz

*22.7.1875 in Schwalgendorf/Mohrungen; evang.
Volksschullehrer Kreis Osterrode (Ostpreußen)
NSLB 1.4.1933, NSV

Rassenkunde und Familienforschung und deren
Pflege durch die Schule. In: Archiv f. Volksschullehrer 37/1933–34, H. 3, S. 141–156

Stricker, Paul

*22.11.1878 in Odenheim; kathol.
Volksschullehrer in Karlsruhe; Dr. phil. Basel 1925
NSLB 1.12.1933

(zus. mit Karl Heß:) Beitrag zur Unterrichtsgestaltung in der Vererbungslehre und Rassenkunde, Karlsruhe 1936

Stridde, Heinrich

*20.3.1875
Mittelschullehrer im Regierungsbezirk Wiesbaden,
Autor naturkundlicher Arbeitshefte

(zus. mit Friedrich Hermann:) Untergang oder
Aufstieg. ABC der Vererbungslehre und Erbge-
sundheitspflege der Familien- und Rassenkunde,
Frankfurt/M. (Diesterweg) 1934

Ströhle, Albert

*27.3.1887 in Metzingen; kathol.; Vater Betriebs-
leiter
1914 humanistischer Hauptlehrer und Rektorats-
assistent am Realgymnasium Stuttgart, Dr. phil.
Tübingen 1920, Oberstudiendirektor in Heilbronn und
Stuttgart
NSDAP und NSLB 1.4.1933, Lehrer HJ-Gebiets-
führerschule, Amtswalter Kreis Stuttgart

Rasse und Geschichte, ein Versuch rassenkundlicher Geschichtsbetrachtung. In: Aus Unterricht
und Forschung 8/1935, S. 237–272

Sunderbrink, Otto

*12.10.1892 in Horst a. d. Ruhr
Dr. phil. nat. Frankfurt/M. 1929, Hilfsschulrektor in
Frankfurt/M.
NSDAP 1.3.1933, NSLB 1.5.1933

Beitrag zur Zusammenarbeit zwischen Sonderschule und Gesundheitsamt im Dienste der Erbgesundheitspflege. In: Die deutsche Sonderschule
3/1936, H. 10, S. 742–754

Sonderschule und Erbgesundheitsamt. In: Die
deutsche Sonderschule 3/1936, H. 5, S. 332–336

Surén, Hans

*10.6.1885 in Berlin; evang., dann gottgläubig; Vater
Hauptmann
Major a.D., Schutztruppe Kamerun, nach dem Ersten
Weltkrieg Kommandeur an der Heeressportschule;
Schriftsteller, 1931 von der Reichsleitung der NSDAP
zum Aufbau des FAD berufen, 1932–1936 Gau-, dann
Oberstarbeitsführer, Inspekteur für Leibeserziehung
des Deutschen Arbeitsdienstes; 1936–1941 Sonder-
beauftragter für Leibesübungen beim Reichsbauern-
führer (Referent f. rassische Fragen, Hygiene und
Leibesübungen), 1941 wg. Homosexualität entlassen
(Kriegsgerichtsverfahren wg. mangelnder Beweise
eingestellt)
Jugendbewegung; NSDAP 1.5.1933 (1942 Aus-
schluß), RKK (Fachschrifttum Erziehung)

Volkserziehung im Dritten Reich. Manneszucht
und Charakterbildung, Stuttgart 1934

Gymnastik der Deutschen. Rassenbewußte
Selbsterziehung, 44., neubearb. Aufl. Stuttgart
1935; 47.–50., neubearb. Aufl. 1939

Swatek, Hans

Dr. phil. Wien 1940

Beiträge zur Rassenstilkunde, Diss. Wien 1940

Szymanski, Anneliese

*8.12.1910 in Buer/Westf.; Vater Arzt
Dr. med. Münster 1938 (bei Jötten); Volontärärztin
an den Kinderheilstätten Wangen
NS-Frauenschaft

Erbhygienische Untersuchungen an Hilfsschulkindern in der Stadt Gladbeck, Münster 1937
(Diss. med. Münster 1938)

Teichmann, Maria

*15.9.1894 in Aachen; kathol.
Dr. phil. Marburg 1919, Studienrätin Oberlyzeum
Aachen
NSLB 1.7.1933, NSKOV, NSV, NSKB

Biologische Ausflüge im Dienste der Vererbungslehre. In: Katholische Frauenbildung im Deutschen Volke 47/1934, H. 2, S. 111–119

Tessendorf, Wilhelm

*15.6.1881 in Angermünde; evang.; Vater Glaser-
meister
Mittelschullehrer, Rektor und Magistratsschulrat in
Berlin, dann Schulrat in Stettin; Heimatkundler
DVP 1920–1932; NSDAP 1.4.1933, NSLB
(13.4.1933): Leiter der AG Heimat- und Volkskunde,
Ortsgruppenobmann, Ortsgruppenamtswalter, NSV,
NSFK, Reichskolonialbund, VDA

Gedenke, daß du ein deutscher Ahnherr bist!
In: Die Völkische Schule 11/1933, H. 7,
S. 131–136

Thieme, Erich

*28.3.1892 in Zeitz/Sa.; evang.; Vater Postsekretär
Naturwissenschaftliches Studium in Halle, Dr. phil.
nat. 1938, 1920 Studienrat in Bochum, 1930 Hannover
NSDAP u. NSLB 1.4.1933, NSLB Kreissach-
bearbeiter, Gausachbearbeiter und Verbindungs-
referent des RPA Hannover zum NSLB

Vererbung, Rasse, Volk, Leipzig – Berlin
(Teubner) ²1934, ¹¹1938

siehe Schaeffer

Thomsen, Alexander

*17.1.1917
Studium der Vererbungslehre in Greifswald, Diss.
phil. Kiel 1941 („Bevölkerungspolitische Unter-
suchungen in der deutschen Volksgruppe in Nord-
schleswig")

(Hrsg..) Schleswig-Holsteiner-Bund: Blut und
Rasse im Volkstumsringen der Nordmark, Flensburg (Verlag Heimat und Erbe) 1939 (Schriftenreihe zur Volkstumsarbeit, H. 9)

Nationalpolitische Erziehung durch Familien-
und Rassenkunde. Ein praktisches Beispiel.
In: Die Neue Deutsche Schule 12/1938, H. 2,
S. 108–115

Thorer, Arndt

(vermutl.) *21.7.1895
Kaufmann in Leipzig
NSDAP 1.5.1933

Rasse ist Schicksal und Aufgabe, Leipzig 1937

Thyen, Hermann

*2.10.1897 in Brake; evang.
Studium Pädagogik und Naturwissenschaften in Kiel,
Dr. phil. Jena 1930 (erziehungswissenschaftliche
Diss. bei W. Peters), Studienrat in Varel und Darm-
stadt, Doz. HfL Darmstadt. – Nach 1945 Prof. f.
Schulpädagogik PH Darmstadt
Deutsche Staatspartei, NSLB 1.4.1933, NSDAP
1.5.1933

Rassenkundliche Erhebungen in einer Schulklasse. In: Volk und Rasse 9/1934, H. 3, S. 79–88

siehe auch Behrens

Tiemann, Walter

*14.4.1895 in Buer/Westf.; kathol.
Lehrer, Dortmund
NSDAP 1.3.1933, NSLB 1.5.1933, Kreisbeauf-
tragter RPA und Kreissachbearbeiter für Rassefragen
NSLB

(zus. mit F. Jeß:) Die europäischen Rassen.
Ein rassenkundliches Arbeitsheft, Düsseldorf
1935

(zus. mit F. Dunschen:) Handbuch für den
lebenskundlichen Unterricht in der Volksschule,
Düsseldorf 1938

Tietjen, Klaus Hinrich

*28.5.1894 in Byhusen; evang.
Volksschulehrer und Rektor in Lüneburg, Hrsg.
„Schule im Aufbau aus völkischer Wirklichkeit",
Mithrsg. „Die Neue Deutsche Schule"
NSDAP und NSLB 1.4. und 1.6.1932

Erziehung zum deutschen Menschen, Leipzig
(Armanen-Verlag) 1933

Lehrplan im Aufbau der deutschen Schule,
Leipzig 1934

Entscheidungen zum Neubau der deutschen
Schule, Leipzig 1936

Raum oder Zahl?, Frankfurt/M. 1936 (Schule im
Aufbau aus völkischer Wirklichkeit)

„Rasse und Seele" als Grundlage zum Bau der „Neuen Deutschen Schule". Wirklichkeitsbericht von der Dr.-Clauß-Woche vom 3.–7. April in Lüneburg. In: Die Neue Deutsche Schule 8/1934, H. 5, S. 286–292

Begegnung. Beiträge zur Lehrerfortbildung. Dritte Begegnungszeit in Lüneburg vom 3.–7. April 1934. Begegnung mit Dr. L. F. Clauß zur Rassenfrage. In: Die Neue Deutsche Schule 8/1934, H. 1, S. 40–43

Tiltack, Curt

16.4.1909 in Luckaitz/Calan; gottgläubig; Vater Reichsbahnoberinspektor
Studium Philosophie und Theologie in Halle und Kiel, Dr. phil. Kiel 1942
1930 Unterkieferbrüche bei Schlachten mit Kommunisten in Halle/S., NSDAP 1.5.1933, 1935 hauptamtlich Reichsstellenleiter in der NSDAP-Reichsleitung, Dienststelle Rosenberg (weltanschaulicher Ref.); SA, Förderndes Mitglied SS, NSV; DAF, NSKK

Lagarde im Lichte der Rassenseelenkunde, Kiel 1942 (Diss. phil. Kiel 1942)

Timm, Heinrich

*(vermutl.) *15.7.1895; evang.*
Volksschullehrer in Ebstorf/Kreis Lüneburg, 1932 Kreis Uelzen, Rektor in Neukloster
NSDAP und NSLB 1.5.1933, Ortsgruppen-Kassenleiter, SA-Scharf.

siehe Folkers

Tirala, Lothar Gottlieb

17.10.1886 in Brünn–1974
Dr. phil. 1908, Dr. med. 1913, 1911–1919 Assistent am Physiologischen und Pharmakologischen Institut der Universität Wien; Facharzt für Gynäkologie, Hausarzt Chamberlains, 1933–1936 Prof. und Direktor des Instituts f. Rassenhygiene Universität München (Nachf. Lenz), 1936 amtsenthoben; Hrsg. „Volk und Rasse"; Ortsgruppenleiter der Deutschen Gesellschaft f. Rassenhygiene München
NSDAP 1934, vor 1933 Vertrauensarzt der NSDAP

Rasse, Geist und Seele, München 1935

Sport und Rasse, Frankfurt/M. 1936

Musik und Rassenseele. In: Die Sonne 11/1934, H. 3, S. 109–115

Rasse und Wissenschaft. In: Die Sonne 13/1936, H. 1, S. 16–26

Rasse und Sport. In: Die Sonne 13/1936, H. 6, S. 261–263

Tobias, Alfred

3.3.1889 in Amtsfreiheit/Calau; evang., dann deutschgläubig
Dr. phil. Halle 1914; Studienrat (naturwissenschaftliche Fächer) in Stettin und Finkenwalde
NSLB 1.1.1933: Ortsgruppenamtsleiter, NSDAP 1.5.1933

Aufbau des neuen Biologieunterrichts. In: Pommersche Blätter f. die Schule 57/1933, H. 41, S. 502

Berücksichtigt bei der Schülerauslese die Eigenart der nordischen Rasse. In: Reichszeitung der deutschen Erzieher 1934, S. 12f.

Toenhardt, Helmut

3.8.1909 in Bad Frankenhausen–27.10.1941
Dr. rer. nat. Halle 1935 (Diss. „Beiträge zu dem Problem des ‚Hassens' der Singvögel auf die Eulen"); 1935 Hilfslehrkraft, 1936 kommiss. Dozent f. Vererbungslehre, Rassenkunde und Methodik des naturkundlichen Unterrichts HfL Hirschberg (Antrittsvorlesung „Landschaft und Rasse"), 1940 Abteilungsleiter bei der DAF in Berlin
NSDAP 1.5.1930, NSLB 1.6.1931

Rassenkundliche Hochschularbeit in Forschung und Lehre. In: 3. Jahrbuch der Hochschule für Lehrerbildung Hirschberg, 1937, S. 28–37

Naturverbundenheit. Schlagwort oder Bekenntnis? In: Der Schulungsbrief 5/1938, H. 7, S. 251–254

Tornow, Karl

11.12.1900
Hilfsschullehrer, 1928 Lehrer an der Pestalozzi-Hilfsschule Halle, Dr. phil. Halle 1932, 1937 Rektor in Magdeburg, 1942 Schulrat in Berlin, Schriftleiter „Die deutsche Sonderschule". – Nach 1945 Regierungsrat am Psychotherapeutischen Institut der Universität Hannover, Leiter der Erziehungsberatungsstelle des Landes Niedersachsen; Vorstandsmitglied der Internationalen Gesellschaft für Heilpädagogik
1.3.1933 NSDAP, 22.3.1933 NSLB (nach eigenen Angaben bereits 1932 Mitglied des NSLB); Mitarbeiter RPA

Völkische Heil- oder Sonderschulpädagogik?,
Halle 1935

Denken Sie nur: unser Fritz soll in die Hilfsschule!, München 1940, ⁴1941

(zus. mit Herbert Weinert:) Erbe und Schicksal.
Von geschädigten Menschen, Erbkrankheiten
und deren Bekämpfung, Berlin 1942

Die Hilfsschule im Lichte der Eugenik. In: Die
Hilfsschule 26/1933, H. 5, S. 268–278

Die Mitarbeit des Sonderschullehrers bei der
Verwirklichung des Gesetzes zur Verhütung
erbkranken Nachwuchses. In: Die deutsche
Sonderschule 3/1936, H. 5, S. 321 f.

Die Zukunft der Hilfsschule. In: Die Volksschule
33/1937, H. 3

Völkische Sonderpädagogik und Kinderpsychiatrie In: Zeitschrift f. Kinderforschung
49/1943, S. 82–83 und 126–129

Leibeserziehung in Sonderschulen. In: Politische
Leibeserziehung 10/1943, H. 3, S. 33–35

Trenkamp, Ernst

6.1.1908 in Lohne/Oldenburg; Vater Fabrikant
Dr. med. Münster 1938 (bei Jötten)
NSDAP 1.5.1933

Rassenkundliche Erhebungen in Oldenburg an
2256 Schulkindern, Bottrop 1937 (Diss. med.
Münster 1938)

Trinkwalter, Leopold

12.2.1880 in Bayreuth; kathol.; Vater Lokomotiv-
führer
Naturwissenschaftliches Studium; 1906 Oberlehrer in
Kulm, dann Bromberg, 1920 Studienrat in Hannover
NSDAP 1.5.1933, NSLB 1936

Einführung in die Vererbungslehre, Familienkunde, Rassenkunde und Bevölkerungspolitik.
Eine Ergänzung zur 80. Auflage von Schmeil
„Der Mensch" und allen anderen menschenkund-
lichen Teilen des Unterrichtswerkes, Leipzig 1934

Troll, Max

*(vermutl.) *14.11.1896 in Gera; evang.*
Volksschullehrer und Rektor in Schmalkalden,
Studienrat; Schulbuchautor, Hrsg. „Die Schule der
völkischen Wiedergeburt"
NSLB 1.4.1933, NSDAP 1.5.1933

Die Schule im Dritten Reiche. Ein Hilfsbuch
für den Unterricht nach den Forderungen des
Nationalsozialismus, Langensalza 1933 (darin
insbes. das Kap. Rassenkunde)

Tumlirz, Otto

27.7.1890 in Rosenberg/Oberdonau; kathol.
Dr. phil. 1913, Gymnasiallehrer, Privatdozent Graz
1919, 1924 a. o. Prof., 1930 o. Prof. f. Pädagogik und
Psychologie Universität Graz, Vorstandsmitglied der
Deutschen Gesellschaft f. Psychologie; Hrsg.
„Jugendkundliche Arbeiten", Mithrsg. „Zeitschrift
für Jugendkunde"
NSLB; NSDAP 1.9.1937

Anthropologische Psychologie, Berlin 1939

Abriß der Jugend- und Charakterkunde, Leipzig
1940, ³1943

Generationsproblem und Jugenderziehung. In:
Nationalsozialistisches Bildungswesen 4/1939,
H. 2

Das Leib-Seelenproblem in der Rassenpsychologie. In: Zeitschrift f. Rassenkunde 11/1940,
H. 1, S. 5–16

Ulrich, Helmut A.

1.8.1900 in Kaiserslautern
Lehrer in Kaiserslautern
NSDAP 1937

Familienkunde und Vererbungslehre in der
Volksschule. In: Mitteilungsblatt der NSLB Gauwaltung Saarpfalz 1940, H. 4, S. 1–4

Unfug, Georg

22.7.1904 in Berlin; evang.
Lehrer, Hilfsreferent im Braunschweigischen Staats-
ministerium, Haus der Erziehung Bayreuth; Schrift-
leiter Niedersächsischer Erzieher
NSDAP und NSLB 1930, Gauabteilungsleiter (Amt
f. Erzieher), Leiter der Abteilung Presse und Propa-
ganda im NSLB Braunschweig; NSV, RKK

Das rassische Weltbild und seine Bedeutung
für die Erhaltung unserer Kultur. In: Niedersächsischer Erzieher 1/1933, S. 37–43

Unger, Hermann

26.10.1886 in Kamenz
Komponist (Studium bei Max Reger) und Musik-
lehrer; Dr. phil. München 1910, 1919 Dozent am
Konservatorium Köln, 1925 Prof. und 1933 stellv.

*Direktor der Staatlichen Hochschule für Musik Köln,
Lektor Universität Köln, Leiter der Musikabteilung
der Volksbildungsstätte der Gauleitung Köln-Aachen,
Musikbeauftragter der Stadt Köln, Fachberater des
Regierungspräsidenten
1931/32 DVP, 1.1.1932 NSDAP, NS-Doz., Hoch-
schulringführer der Staatlichen Hochschule für Musik
Köln, Gauobmann Fachschaft Komponisten in der
Reichsmusikkammer Gau Westfalen, Landesleiter
Reichsmusikkammer Köln-Aachen, RKK*

Arteigene, artfremde und entartete Musik. In:
Mitteilungsblatt der Hauptabteilung Schulung
der Reichswaltung des NS-Lehrerbundes 1/1939,
H. 10

Urban, Curt

**30.8.1899 in Glauchau; evang.
Volksschullehrer in Gössnitz
NSLB 1.1.1933, SA-Sportsturmwart*

Rassenidee als Volks- und Staatsidee des Dritten
Reiches. In: Der Thüringer Erzieher 4/1936, H. 5,
S. 141–143.

Usadel, Georg Friedrich Henning

*14.3.1900 in Gumbinnen–4.8.1941; evang.; Vater
Gutsverwalter
Studium Germanistik, Geschichte und Religion;
Dr. phil. 1923; 1929 Studienrat in Insterburg, Hrsg.
der völkischen Zeitschrift „Tannenberg" (1924/25);
1933 Berater für die Reform des Curriculums f.
weiterführende Schulen im preuß. Kultusministerium,
1934 Ministerialrat; 1933 Leiter der Schulabteilung
der Reichsjugendführung
Freikorps; NSDAP 1929, Goldenes Parteiabzeichen,
Gauführer HJ Ostpreußen; 1930 MdR für die
NSDAP; SA Oberführer Brigade 27, 1931 Standartenführer SA-Gruppe Ostland; 1931 HJ-Gauführer,
später Obergebietsführer; Führer des NS-Schüler-
bunds Ostpreußen; Leiter der Reichsführerschule der
HJ in Potsdam, 1933 Verbindungsoffizier des Reichsjugendführers zum RMdI; Gaufachberater für Rasse
und Kultur, Hauptlektor für Jugendschriften im Amt
Rosenberg*

(Hrsg.:) Erbe und Verpflichtung. Lesestoffe für
den Deutsch- und Geschichtsunterricht, o. J.

(Hrsg.:) Deutsches Ahnenerbe. Lesestoffe für
den Deutsch- und Geschichtsunterricht,
Leipzig o. J.

Zucht und Ordnung. Grundlagen der nationalsozialistischen Ethik, Hamburg ²1935, ⁵1937

Vacano, Otfried Wilhelm von

**5.5.1910 in Erstein/Elsaß; gottgläubig
Historiker, Dr. phil. Köln 1937, 1939 Dozent an der
Erzieher-Akademie der AHS Sonthofen, 1943/44 dort
kommiss. Direktor, Habil. Graz 1944. – 1961 Kustos
in Tübingen, 1966 Akademischer Oberrat
1931 NSDStB, 1932 SA, NSDAP 1.5.1933, 1934
Leiter des Hauptreferats Führerschulung im Stab des
Reichsjugendführers, HJ-Oberbannführer, Einsatzstab Sonderkommando Rosenberg*

Sparta, der Lebenskampf einer nordischen
Herrenschicht, Kempten 1943 (Bücherei der
Adolf-Hitler-Schulen)

Jahrzehnte Rassenschande in Deutschland. Wie
war das möglich? Wer trägt die Schuld? In:
Beilage zu den Führerblättern der Hitler-Jugend,
Ausgabe DJ, November 1935, S. 2–6

Feinde des Volkes: Wir sind und bleiben Juden-
feinde. In: Beilage zu den Führerblättern der
Hitler-Jugend, Ausgabe DJ, November 1935,
S. 6–11

Vagts, Hermann

**7.12.1915 in Kiel; evang.; Vater Mittelschullehrer
Studium Deutsch und Geschichte an der Universität
Kiel, literarische Tätigkeit
Norddeutscher Orden (bündische Jugend); SS
(1934): Dienststelle Heißmeyer, O'Stuf. (1944),
SS-Mannschaftshäuser, NSDAP 1937, NSDStB*

Das rassische Erwachen der Völker. In: Hamburger Lehrerzeitung 16/1937, H. 4, S. 42f.

Vahrmeyer, Hans

**16.7.1904 Harpenfeld/Wittlage; Vater Kaufmann
Assistenzarzt in Haspe, Dr. med. Münster 1937 (bei
Jötten)*

Erbhygienische Untersuchungen an Hilfsschulkindern der Stadt Hagen, Quakenbrück 1937
(Diss. med. Münster 1937)

Valentiner, Theodor

**26.1.1878 in Mannheim; evang.; Vater Universitäts-
prof.
Dr. phil. Leipzig 1903 (Diss. „Kant und die platoni-
sche Philosophie"), Studienrat, 1911 Leiter des
Instituts für Jugendkunde Bremen
1919 DVP, 1.5.1933 NSDAP, SA (Scharf.), NSV,
NSLB, Lektor bei der Prüfungskommission zum
Schutz des NS-Schrifttums*

Die seelischen Ursachen des Geburtenrück-
ganges, München – Berlin (Lehmann) 1937
(Politische Biologie, H. 2)

Über die Begutachtung des Charakters für die
Auslese. In: Industrielle Psychotechnik 12/1935,
H. 10

Die Rassenseele in der Kinderzeichnung. In:
Rasse 7/1940, S. 245–250

Schülerauslese. In: Handbuch für den Biologieunterricht, hrsg. von Ferdinand Roßner, 1941

Rassenseelenfragen in der Psychologie. In: Rasse
9/1942, H. 3, S. 105–110

Vasterling, Christian

*6.11.1911
Dr. phil. Jena 1936
NSDAP 1931

Entdeutschungsgefahren im Reifealter. Zur
Psychologie der Umvolkung Jugendlicher, Berlin
1936 (Diss. phil. Jena 1936)

Vellguth, Hermann

4.2.1906 in Kirchtimke–24.8.1944; evang.; Vater Arzt
(Leopold V.)
Dr. med. 1930, Leiter der Abteilung für Erb- und
Rassenkunde am Deutschen Hygiene-Museum,
Beisitzer Erbgesundheitsobergericht Dresden 1937,
Medizinalrat und Leiter des Staatlichen Gesundheits-
amtes Ostpreußen, 1940 Wien, 1944 stellv. Leiter
Dienststelle Reichsgesundheitsführer
Bündische Jugend, Wiking-Gilde; 1932 NSDAP u.
SS (Sturmbannarzt); 1935 Leiter des RPA Gau
Sachsen, 1941 Wien; Reserveführer der Waffen-SS,
SS-Stubaf.

Katalog zur Ausstellung: Volk und Rasse.
Wanderschau des Deutschen Hygiene-Museums
Dresden, Dresden 1934

Katalog zur Ausstellung: Blut und Rasse.
Wanderausstellung der Gauleitung Sachsen der
NSDAP mit Unterstützung des Deutschen
Hygiene-Museums Dresden, Dresden 1936

Vellguth, Leopold

evang., dann gottgläubig
Dr. med. Göttingen 1901, Kreisarzt in Meldorf,
Medizinalrat, Leiter des sächsischen Erbgesundheits-
amtes
NSDAP 1.2.1932, SS: U'Stuf., Führer beim Stab
RuSHA 1938/39, 1939 Führer Sanitätssonderstaffel

Rassenhygienische Propaganda. In: Praktische
Gesundheitspflege in Schule und Haus 2/1933,
H. 2, S. 19–24

Die Entwicklung und Pflege der Erbanlagen.
In: Gesundheit und Erziehung 46/1933, H. 10,
S. 360–365

Venatier, Hans

15.12.1903–1954
Studienrat und Schriftsteller
NSDAP 1932

Der verhängnisvolle Zwiespalt im Wesen des
Deutschritterordens. Eine rassenseelenkundliche
Betrachtung. In: Vergangenheit und Gegenwart
26/1936, H. 10, S. 580–592

Venzmer, Gerhard

*1.7.1893 in Ludwigslust; evang.; Vater Gymnasial-
prof.
Dr. phil. et med. Berlin und Hamburg 1918; Schiffs-
arzt, Mitarbeiter der medizinisch-wissenschaftlichen
Abteilung der IG Farben, Schriftleiter, Leiter der
Redaktionsabteilung der Franckh'schen Verlagshand-
lung; Leiter des Hauptgesundheitsamtes Wien, 1942
Musterbegutachter der Anstalt Rummelsburg
Kriegsfreiwilliger, November 1933 SA, NSV, NSLB:
volksgesundheitliche Aufklärungsvorträge in Volks-
schulen

Rassenkunde und Typenlehre. In: Die Sonne
11/1934, H. 12, S. 564–570

Verschuer, Otmar Freiherr von

16.7.1896 in Richelsdorfer Hütte/Rotenburg–1969
Dr. med. München 1923, Privatdozent Tübingen
1927, 1928 Leiter der Abteilung Erbforschung KWI
Berlin, 1933 a. o. Prof. Universität Berlin, 1935 Prof.
und Direktor des Instituts für Erbbiologie und Ras-
senhygiene Universität Frankfurt/M., 1942 Direktor
des KWI für Anthropologie in Berlin (Nachfolge
E. Fischer), Honorarprof. Universität Berlin und
Leiter der Poliklinik f. Erb- und Rassenpflege; Gut-
achter für Rassegutachten, Mitglied des Erbgesund-
heitsobergerichts; Mitglied der Forschungsabteilung
„Judenfrage" des Reichsinstituts für die Geschichte
des neuen Deutschland; Mithrsg. „Der Erbarzt";
Doktorvater von Josef Mengele. – 1951 Prof. und
Direktor des Instituts f. Humangenetik Münster
Widarbund, Verein deutscher Studenten, Teilnahme
an Aktionen des Marburger Studentenkorps in
Thüringen, 1940 NSDAP, 1942 NS-Ärztebund

Erblehre des Menschen, Berlin 1933 (Volk und
Wissen, Bd. 2)

Vetter, Eugen

*30.6.1877 in Odenspiel; evang.
Volksschullehrer und Rektor in Recklinghausen
NSDAP 1.5.1933, NSLB, Kreisreferent f. Schrifttum
und Büchereiwesen

Der rasse- und familienkundliche Gedanke in
Sprachbetrachtungen. In: Pädagogische Warte
4/1934, H. 21, S. 1010–1012

Vetzberger, Walter

*1.9.1906 in Schotten/Oberhessen; evang., dann gott-
gläubig; Vater Oberamtsrichter
Dr. med. Würzburg 1932, Heil- und Pflegeanstalt God-
delau, Stadtarzt, Medizinalrat beim Gesundheitsamt
Mainz, dann Alsfeld, Ortsgruppenleiter der Deutschen
Gesellschaft f. Rassenhygiene Mainz, Obermedizinal-
rat und Erbarzt am Gesundheitsamt Leipzig
1924 Deutscher Orden, Burschenschaft Germania;
1928 NSDAP und SA: Politischer Leiter, seit 1933
Gaurasseredner, Mitglied im Stadtrat Alsfeld 1935,
SS 1938, Rassereferent im NS-Ärztebund

Erbgesundheitspflege und Rassenhygiene. In:
Rasse, Volk, Familie. Ausstellung der Rhein-
Mainischen Stätte für Erziehung Mainz,
Zitadelle, 1935, S. 15f.

Viehweger, Karl

*6.6.1883 in Frankenberg
Mittelschullehrer in Frankfurt/M., Dr. phil. Leipzig
1920 (Diss. über die Arbeitsschulidee)
NSDAP 1.4.1933

Die Pflege des Rassegedankens im Erdkundeunterricht der Mittelschule. In: Die Mittelschule
51/1937, H. 38, S. 484

Viernow, Adolf

*19.1.1886 in Sagard/Rügen; evang.
Mittelschullehrerprüfung 1911, Mittelschulrektor,
Oberschulrat in Stettin, 1939 Regierungsdirektor
(Leiter der Schulabteilung in Arnsberg)
DVP, NSDAP u. NSLB 1.4. und 1.1.1932, Kreis-
schulungsleiter, Gauabteilungsleiter, Lektor

Zur Theorie und Praxis des nationalsozialistischen Geschichtsunterrichts, Halle/S. 1935

Geschichtsunterricht in der Mittelschule. In:
Nicolaus Maaßen (Hrsg.), Die Mittelschule im
Dritten Reich, Halle 1935, S. 44–73 (Veröffentlichung der Reichstagung der Fachschaft Mittelschule im NSLB auf Burg Lauenstein am 5. und
6. September 1935, Beitrag zur Neubildung des
Schulwesens aus Blut und Boden)

Viernstein, Theodor

*2.11.1874
Kriminalbiologe; Dr. med., Amtsarzt, 1927 Gründung
der Kriminalbiologischen Gesellschaft, Ministerialrat
im Bayer. Innenministerium, Leiter der bayer. Krimi-
nalbiologischen Sammelstelle, 1936 Honorarprof.
Universität München
NSDAP 1937

(zus. mit Eduard Schütt:) Bekämpfung der
Kriminalität vom bevölkerungspolitischen,
rassenanthropologischen und erbbiologischen
Standpunkt, Leipzig 1933

Erbwertliche Erforschung und Beurteilung
abgrenzbarer Bevölkerungsschichten. In:
E. Rüdin (Hrsg.), Erblehre und Rassenhygiene
im völkischen Staat, München 1934

Villinger, Werner

9.10.1887–1961; Vater Apothekenbesitzer
Dr. med. 1920; 1926 Leitender Oberarzt des Jugend-
amts Hamburg und Oberarzt der Psychiatrischen
Klinik, nebenamtlich Lehrer am Staatlichen Sozial-
pädagogischen Institut und am Lehrerbildungsinstitut
Hamburg; 1932 Prof. Universität Hamburg;
1934–1939 Leiter der Bodelschwinghschen Anstalten
Bethel; 1940–1945 Prof. f. Psychiatrie und Neuro-
logie und Direktor der Psychiatrie und Nervenklinik
der Universität Breslau; Beisitzer am Erbgesundheits-
obergericht; beratender Psychiater im Ersatzheer,
Schriftleiter Zeitschrift f. Kinderforschung. – 1946
Prof. in Marburg, 1958–1962 Vorsitzender der Deut-
schen Gesellschaft f. Sexualforschung, Rektor Uni-
versität Marburg, Bundesverdienstkreuz
Stahlhelm; NSDAP 1937

Die Versorgung erbbiologisch minderwertiger
Kinder. In: Zeitschrift f. Gesundheitsverwaltung
und Gesundheitsfürsorge 5/1934, H. 22/23

Erfahrungen mit der Durchführung des Erbkrankheitenverhütungsgesetzes an männlichen
Fürsorgezöglingen (Vortrag, gehalten auf der
Tagung des Allgemeinen Fürsorgeerziehungs-
tages zu Würzburg, November 1934). In: Zeitschrift f. Kinderforschung 44/1935, H. 4,
S. 233–248

Die Notwendigkeit eines Reichsbewahrungsgesetzes vom jugendpsychiatrischen Standpunkt
aus. In: Zeitschrift f. Kinderforschung 47/1938,
H. 1, S. 1–19

Welche Merkmale lassen am jugendlichen
Rechtsbrecher den künftigen Gewohnheits-

verbrecher voraussehen? In: Bayerischer Landesverband für Wanderdienst (Hrsg.), Der nichtsesshafte Mensch, München 1938, S. 213–230

Angeborener Schwachsinn (nach Erscheinungsbild und Abgrenzung) und das Erbkrankheitsverhütungsgesetz. In: Zeitschrift f. Kinderforschung 47/1939, H. 1, S. 36–48

Völkl, Georg

Dr. phil. München 1932; vermutl. Lehrer

Pflege der Familienforschung im Internat. In: Blätter f. Anstaltspädagogik 23/1933, H. 6, S. 161–166

Vogel, Alfred

*29.6.1897 in Durmersheim
1926 Volksschullehrer, 1935 Volksschulrektor in Ettlingen bei Karlsruhe
Frontkämpfer, 1930 NSDAP und NSLB: Schulungsleiter, Kreisamtsleiter des Amts für Erzieher, Kreisredner

(zus. mit Karl Bareth:) Erblehre und Rassenkunde für die Grund- und Hauptschule, Bühl/Bd. 1937

Erblehre und Rassenkunde in bildlicher Darstellung. Text und Entwicklung der Bildblätter von dem Verfasser, Ausführung der Zeichnungen von Eberhard Brauchle, Stuttgart 1938

Erbliche Abstammungs- und Rassenkunde in bildlicher Darstellung, 2., erw. Aufl. (von: Erblehre und Rassenkunde), Stuttgart 1939

Vogel, Norbert

*4.3.1919
Dr. med. München 1937 (bei Kürten), 1939 in Berlin
NSDAP 1937

Die Sippe Delta. Eine Studie über erbliche Minderwertigkeit und asoziales Verhalten, Diss. med. München 1937; auch in: Ziel und Weg 7/1937, H. 4, S. 85–91; H. 5, S. 110–121; H. 6, S. 147–156

Vogel, Paul

*15.11.1889 in Krummbach/Düsseldorf; Vater Rektor
Studium Geschichte, Deutsch, Latein; Dr. phil. Bonn 1913, Oberstudiendirektor in Wuppertal
NSDAP 1.5.1933, NSLB (Amtsleiter)

siehe Klagges

Vogt, Joseph

23.6.1895 in Schechingen/Württemberg–1986; kathol.
Staatsprüfung für das Lehramt an höheren Schulen, Dr. phil. Tübingen 1921, dort 1923 Privatdozent und 1926 Prof. f. Alte Geschichte; 1929 Würzburg, 1936 Breslau, 1940 Tübingen, 1944/45 Freiburg; korrespondierendes Mitglied des Deutschen Archäologischen Instituts, Mithrsg. Würzburger Studien zur Altertumswissenschaften. – 1946 Prof. in Tübingen, 1950 stellv. Vors. des Verbandes der Historiker Deutschlands, 1962 Großes Verdienstkreuz der Bundesrepublik Deutschland
NSLB 1.9.1933, SA-Sturmmann; NSDAP 1937, NSDoz.

Bevölkerungsrückgang im römischen Reich. In: Vergangenheit und Gegenwart 25/1935, H. 12, S. 553f.

Rassenmischung im römischen Reich. In: Vergangenheit und Gegenwart 26/1936, H. 1, S. 1–11

Vogtherr, Kurt

*23.3.1904 in Berlin-Steglitz; Vater Chemiker
Studium: Germanistik und Geschichte, Dr. phil. Berlin 1937
NSDAP 1940

Die Juden in Deutschland. 1. Literatur in Deutschland unter jüdischem Joch. In: Rustin-Nachrichten 6/1938, H. 1, S. 1–5; 2. Ein Kapitel Statistik. Ebd. 6/1939, H. 5, S. 119–122

Voigt, Martin

*23.5.1897 in Eisleben; evang.
Rektor Diesterwegschule Halle; Dr.
NSDAP und NSLB 1.4.1933, Gaureferent f. Auslandsdeutschtum,

Leitgedanken zum Biologieunterricht der nationalsozialistischen Schule. In: Erzieher im Braunhemd 3/1935, H. 18, S. 466–468

Volkelt, Hans

4.6.1886 in Basel–1964
Dr. phil. Leipzig 1912, Assistent bei Krüger in Halle und Leipzig, 1921 Habil., 1926 n.b. Prof. f. Philosophie u. Pädagogik, 1930 planm. Prof. f. Psychologie und Pädagogik Universität Leipzig, dort 1933–1936 kommiss. Leiter des Pädagogischen Instituts; 1939–1945 Direktor des Pädagogisch-Psychologischen Instituts Leipzig
Deutsche Vaterlandspartei 1917/18, NSDAP 1932, Ortsgruppenschulungsleiter, NSLB: Gaureferent für

*Lehrerbildung im NSLB Sachsen, Reichsfachschafts-
leiter f. sozialpädagogische Berufe*

Lehrerbildung und Universität. In: Deutsches
Bildungswesen, Sonderbeilage zum Heft 11,
November 1934, S. 1–22

Voß, Wilhelm

*22.9.1889 in Hannover–26.8.1971
1914 Volksschullehrer in Hannover, Mittelschullehrerprüfung, 1929–1932 Studium Psychologie,
Philosophie, Pädagogik und Volkswirtschaft an TH
Hannover, 1934 Dr. phil. Göttingen; 1934 kommiss.,
1935 planm. Dozent f. Unterrichtslehre und Jugendkunde, 1938 Prof. f. Allgemeine Unterrichtslehre und
Methodik des Grundschulunterrichts HfL Elbing,
zugleich Schulrat f. Ausbildungsschulen, 1944 LBA
Graudenz. – Nach 1945 Lehrer in Hannover
1.5.1933 NSDAP, NSLB, Kreisamtsleiter für Erzieher,
SA (Schulungsleiter)*

Die lebensgesetzlichen Grundlagen des Nationalsozialismus, Frankfurt 1934

Mitteilungen und kleine Beiträge: Erbbiologie
und rassenhygienischer Schulungslehrgang der
Gaufachgruppen V (Sonderschulen) im Gau Kurmark. In: Die deutsche Sonderschule 4/1935, S.
348 f.

Vowinckel, Ernst

**18.3.1872 in Radevormwald/Lennep; evang.; Vater
Pfarrer
Dr. Greifswald 1899, Direktor an der Realschule
Mettmann 1904, Gymnasium Altona 1924*

Erbgesundheitsgesetz und Ermittlung kindlicher
Schwachsinnszustände mit den Entwicklungs-
Tests von „Bühler-Hetzer". In: Beiheft Archiv f.
Kinderheilkunde 9, Stuttgart 1936

Wache, Walther

**17.1.1908 in Wien; Vater Bürgerschuldirektor
Dr. phil. 1933, 1936 Assistent, 1938 Habil., Prof. f.
Mittlere und Neuere Geschichte Universität Köln
1929 Landesleiter des Deutschen Mittelschülerbundes
Österreich, Mitglied Deutsche Wehr, 1932 NSDAP,
1936 Mitarbeiter RuSHA, SS-Schulungsamt, Bei-
träge für die „SS-Leithefte", 1939 im Persönlichen
Stab RFSS, Ahnenerbe; H'Stuf., Waffen-SS;
Lebensborn*

Judenfibel. Was jeder vom Weltjudentum wissen
muß, Leipzig 1936

Wächtler, Fritz

*7.1.1891 in Triebes–1945; evang., dann gottgläubig;
Vater Uhrmacher
Volksschullehrer, 1930 Fachberater für Volksschul-
fragen in der Thüringischen Landesregierung, 1932
Volksbildungsminister, 1933 zusätzlich Innenminister
in Thüringen
NSDAP und SA 1926, NSLB 1929, 1929 Mitglied
des Thüringischen Landtages, Gauschulungsleiter,
stellv. Gauleiter, 1933 Reichtagsabgeordneter, 1935
Gauleiter der Bayer. Ostmark und Reichsamtsleiter
des NSLB; SS (1933): O'Gruppenf.*

Der nordische Gedanke in der deutschen Erziehung. In: Der Thüringer Erzieher 4/1936, H. 11,
S. 328–330; Mecklenburgische Schulzeitung
21/1936, S. 341 f.; Erzieher im Braunhemd
4/1936, H. 11, S. 317 f.; Blätter f. Schulpraxis und
Erziehungswissenschaft 47/1936, H. 7, S. 8–10;
Die Mittelschule 27.5.1936, H. 20, S. 276

Volksgemeinschaft – Blutsgemeinschaft. Grundlage des nationalsozialistischen Erziehungs-
gedankens. In: Hamburger Lehrerzeitung
16/1937, H. 1, S. 2; Der Thüringer Erzieher
5/1937, H. 1, S. 3 f.

Wagner, Emmy

**16.3.1894 in Gnadenfrei/Schlesien; Herrnhuter
Brüdergemeinde
Fürsorgerin; Dr. phil. Berlin 1925, 1931 Frauen-
oberschule in Weimar, bis 1935 Leiterin des
Frauensekretariats des Reichsbundes der Deutschen
Verbrauchergenossenschaften, Lehrbeauftragte am
Institut f. politische Erziehung der Universität
Berlin
NSDAP 1.9.1932, Organisationsleiterin der
Deutschen Frauenfront*

Grundfragen einer artbewußten Fürsorge, Berlin
1935

Wagner, Georg

**1889 in Markt-Taschendorf
1920/21 Absolvent der bayerischen Ackerbauschule
Tiesdorf; Dr. rer. nat. Berlin 1943 (bei E. Fischer und
W. Abel), 1941/42 Mitarbeiter bei Robert Ritter.
Nach 1945 Landwirt in Süddeutschland
NSDAP: 1932 Ortsgruppengründer und -leiter in
Budapest; im Auftrag des Ahnenerbes der SS
Zigeunerforschung in Ostpreußen*

Rassenbiologische Beobachtungen an Zigeunern
und Zigeunerzwillingen, Diss. math. nat. Berlin
1943

Wagner, K. F.

Dr., Studienrat in Saalfeld

Der nordische Gedanke im Unterricht der Volksschule. In: Der Thüringer Erzieher 5/1937, H. 17, S. 512–515

Wagner, Maximilian

*9.12.1876 in Waltershausen; evang.
Studienrat, Deutsche Aufbauschule Weimar
NSDAP und NSLB 1.5.1933

(zus. mit Erich Stengel und Otto Steche:) Lehrbuch der Biologie für Oberschulen und Gymnasien, 3. Bd. für die 5. Klasse, Leipzig (Quelle u. Meyer) 1940; 4. Bd. für die Klassen 6, 7 und 8, Leipzig (Quelle u. Meyer) 1941

Wahl, Georg

*24.2.1906 in Rostock; evang.
Studienassessor am Reformrealgymnasium Schwerin
NSLB 1934, NSDAP 1937

Vom Dienst des biologischen Unterrichtes für den neuen Staat. In: Hamburger Lehrerzeitung 13/1934, H. 19, S. 281–284

Waldbauer, Mathias

Zur Ideengeschichte von Rasse und Volk. In: Die junge Front 6/1935, H. 12, S. 335–338

Waldmann, Guido

*17.11.1901 in St. Petersburg; evang.; Vater Lehrer
Schriftsteller; Lehrer an der Staatlichen Hochschule
f. Musikerziehung und Kirchenmusik Berlin, 1939
Leiter der Außenstelle des Staatlichen Instituts für
deutsche Musikforschung beim Deutschen Auslands-
Institut Stuttgart; Schriftleiter „Musik und Volk"
HJ (1935), hauptamtlich beschäftigt beim Kulturamt
der Reichsjugendführung Berlin (1938), 1940 Haupt-
gefolgschaftsführer, 1943 Referent im Kulturamt der
RJF, Hrsg. HJ-Zeitschrift „Musik in Jugend und
Volk"; 1937 NSDAP

(Hrsg.:) Rasse und Musik, Berlin 1939 (Schulungsschrift, hrsg. im Auftrag der Reichsjugendführung)

Walsdorff, Friedrich

*14.12.1900; evang.; Vater Pfarrer
Dr. phil. Kiel 1928, Studienrat (Griechisch, Latein,
Geschichte), Gymnasium Kassel
Grenzschutz Ost 1919, NSLB 5.5.1933, NSDAP 1937

Unterricht in der alten Geschichte und den alten Sprachen unter dem Gesichtspunkt der Erbpflege und Rassenkunde. In: Deutsche Wissenschaft, Erziehung und Volksbildung, Amtsblatt des REM 1935, S. 27ff.

Wambsganß, Friedrich (Fritz)

*25.6.1885 in Rehau/Oberfranken; evang.; Vater
Oberzollsekretär
1909 Volksschullehrer, 1923 Hauptlehrer, 1933 Stadt-
schulrat Kaiserslauten, 1935 Oberregierungsrat, 1937
Regierungsdirektor, 1943 Leiter der Abteilung Erzie-
hung und Unterricht beim Reichsstatthalter West-
mark und Chef der Zivilverwaltung Lothringen
NSDAP und SA 1925, Kreis- und Gauredner seit
1925, Gauleiter 1925/26, Gauamtsleiter NSLB Saar-
Pfalz; SA-Oberführer (1937); Goldenes Partei-
abzeichen

Der Schicksalsweg des deutschen Volkes. Eine Geschichtskarte in dreifarbiger Ausführung, Frankfurt/M. 1941

Wannenmacher, Leo

*11.9.1883 in Owingen
Taubstummenlehrer; Studienrat in Merseburg und
Gengenbach
NSLB 1.10.1933, NSDAP 1940

Die erbliche Belastung der Zöglinge der Taubstummenanstalt Merseburg. In: Die deutsche Sonderschule 3/1936, H. 5, S. 345–347

Warneck, Hans

*5.7.1882 in Berlin; evang.
Volksschullehrer, Dr. phil. Marburg 1920, Ober-
studienrat (Geschichte, Religion), Oberstudien-
direktor Oberlyzeum Berlin; 1937 Direktor Gym-
nasium Zum Grauen Kloster
NSLB 25.3.1933, NSDAP 1.4.1933

(Hrsg.:) Geschichtliches Unterrichtswerk für höhere Schulen. Geschichte des Deutschen Volkes von der Gründung des Ersten Reiches bis 1648, bearb. von Wilhelm Rose, München – Berlin 1939, 2., verb. Aufl. 1940

(zus. mit Willy Matschke:) Geschichte für Volksschulen, Bielefeld – Leipzig 1942

Warstat, W.

*4.12.1884 in Angerburg/Ostpreußen; evang.; Vater
Taubstummenlehrer

*Dr. phil. Münster 1908, Studienrat in Stettin
(Deutsch, Geschichte, Erdkunde, Griechisch, Latein)
NSDAP und NSLB 1.5.1933*

Neue Lichtbildreihen zur Rassenkunde. In: Pommersche Blätter f. die Schule 57/1933, H. 50, S. 634f.

Wartegg, Ehrig/Erich

**7.7.1897 in Dresden
Offizier im Ersten Weltkrieg; Studium Psychologie, Pädagogik, Soziologie in Leipzig und Dresden; Hilfsassistent am Psychologischen Institut der Universität Leizig; Dr. phil. Leipzig 1939 (Krueger, Litt, Freyer); ab 1938 Fachpsychologe im Arbeitsamt Gera und Erfurt. – Nach 1945 Abteilungsleiter im Haus der Gesundheit (Psychotherapeutische Abteilung) Ost-Berlin
NSDAP 1.5.1933, Fachberater der Abteilung Weltanschauung in der kulturpolitischen Abteilung, NSLB 1.8.1934*

Gestaltung und Charakter. Ausdrucksdeutung zeichnerischer Gestaltung und Entwurf einer charakterologischen Typologie, Leipzig 1939 (Diss. phil. Leipzig 1939)

Weber, Anton

Dr., Studienrat in Schweinfurt

Grundzüge der Vererbungslehre und Rassenkunde sowie deren Anwendungen, München – Berlin 1936

Weber, Ernst Valentin

*5.7.1873 in Königshofen im Grabfeld–1948; kathol.; Vater Landwirt und Studienrat
Geisteswissenschaftliches Studium, Dr. phil. 1906, 1912 Oberlehrer und Leiter der Dom-Pedro-Schule München, 1919 Mitglied im bayer. Landeslehrerrat, 1919–1936 Oberstudiendirektor und Leiter der LBA und Deutschen Aufbauschule Bamberg; Hrsg. „Deutscher Spielmann" und „Beltzsches Bogenlesebuch"
1901–1906 Nationalliberaler und jungliberaler Verein; BVP, NSLB 1934, förderndes Mitglied SS, NSV, RKK, RLB*

Volk und Rasse. Beltz-Lesebogen, 1933

Wecken, Friedrich

*12.7.1875 in Hannover, evang.; Vater Pfarrer und Kreisschulinspektor

*Historiker und Genealoge; Dr. phil. Marburg 1900, 1905–1910 Archivar und Bibliothekar der Fürstl. Löwenstein-Wertheim-Freudenbergischen Standesherrschaft in Wertheim/M., 1913–1923 wiss. Leiter der Zentralstelle f. deutsche Personen- und Familiengeschichte in Leipzig, Buchhändler und freier Schriftsteller, 1934 Angestellter beim Bürgermeisteramt Markkleeberg
NSDAP 1.1.1931, SA; hauptamtl. Gaustellenleiter im RPA Gau Sachsen, Leiter Hauptstelle Propaganda; RKK (Fachschrifttum Sippenkunde)*

(zus. mit Rudolf Moschkau:) (Wand-)Bilder zur Familien- und Erbkunde. Tafel I: Ahnentafel/ Bildnisahnentafel; Stammtafel/Stammbaum. Tafel II: Goethes Ahnen, das Zusammenfließen der Erbanlagen. Stammtafel Bach, Vererbung der musikalischen Begabung, Leipzig (Schulbilderverlag F. E. Wachsmuth) 1933

Familiengeschichtliche Bücherkunde für den Anfänger, 1935

Genealogie – Sippenkunde. In: Politische Erziehung 7/1936, S. 218–221

Die Sippenkunde und Sippenforschung in der Gesetzgebung des Staates. In: Politische Erziehung 1/1937, S. 15f.

Wecker, Otto

*(vermutl.) *1882 in Neuber/Ellwangen; kathol.
Priester und Feldgeistlicher, dann Studienrat f. Latein, Lateinbuch-Autor, Dr. phil. Tübingen 1905, Oberstudienrat in Göttingen
DNVP 1919–1924, Stahlhelm, NSLB (1.9.1933): Kreissachbearbeiter, Leiter der Fachschaft alte Sprachen; SA: Schulungswart f. Geopolitik, Rassen- und Weltanschauungsfragen; NSV, VDA, RLB; Aufnahmeantrag in NSDAP 1937 wg. zu enger Bindung an Katholizismus abgelehnt; Vorträge über den Rassengedanken im deutschkundlichen Unterricht*

Familienkunde und Schule im nationalsozialistischen Staat. In: Die Erziehung 10/1935, S. 110–126

Wefelscheid, Gustav

**4.6.1886 in Bochum; evang.
Dr. phil., Oberstudiendirektor in Bochum
NSDAP 29.4.1933, NSLB 1.5.1933, NSKK-Scharf.*

siehe Schmeil

Wegner, Emil

Lehrer in Karlsruhe

Ein Keimbahnnetz-Modell als neues Hilfsmittel für die biologische Volkslehre. In: Der Biologe 6/1937, H. 3, S. 87–90

Wegner, Ernst Gustav Wilhelm

*16.1.1900 in Szymborze (Hohensalza); evang., dann gottgläubig; Vater Chemiker
1924 Dr. med. München, Arzt, 1933 Staatskommissar für das Gesundheitswesen beim sächs. Innenmin., 1934 Ministerialrat, Rektor der Staatsakademie f. Rassenhygiene, 1935 Leiter des Deutschen Hygiene-Museums; Leiter der Ärztekammer Land Sachsen
Kriegsfreiwilliger, Freikorps Brigade Erhardt, 1920 Schwarzburgverbindung „Sedinia", NSDAP 21.5.1930, Ortsgruppenleiter, Gauredner, MdR 1932/33, 1930 Gauobmann des NS-Ärztebundes Gau Sachsen, Gauamtsleiter des Amtes für Volksgesundheit der NSDAP, Vorsitzender der Abteilung Gesundheitspflege, Gauärzteleiter Sachsen, SA 1.7.1930, San.-Oberführer im Stab OSAF Gruppe Sachsen

(Hrsg.:) Rassenhygiene für Jedermann, Dresden (Steinkopf) 1934, ²1935 (Nach Vorträgen, gehalten an der Staatsakademie für Rassen- und Gesundheitspflege in Dresden. Unter Mitwirkung von Prof. O. Reche, Prof. M. Staemmler und Oberregierungsmedizinalrat Dr. Maaß. Darin: Die Geschichte als Lehrmeister völkischen Geschehens, S. 1–10; Qualitative Bevölkerungspolitik, S. 152–160, Rede, gehalten gelegentlich der feierlichen Eröffnung der „Staatsakademie für Rassen- und Gesundheitspflege" am Deutschen Hygiene-Museum in Dresden am Sonnabend, den 14. April 1934, S. 161–164)

Weicker, Hans

*2.2.1898 in Leipzig; evang., dann kathol.; Vater Kaufmann
Buchhändler, Schriftsteller, Schauspieler in Stadtroda; 1931 Hauptschriftleiter „Der Rundblick", Schriftl. „Heimat und Arbeit"
Kriegsfreiwilliger, Freikorps, NSDAP 1.5.1933, NSV, RLB, RKK

Blut ist Schicksal. In: Heimat und Arbeit 12/1939, H. 7, S. 389–394

Weigand, Georg

*16.1.1894 in Höchst; evang.
Dr. phil. Frankfurt/M. 1923 (erziehungswissenschaftliche Diss.), Volksschullehrer in Friedberg, Schulrat, Prof. HfL Darmstadt 1939 (Allg. Unterrichtslehre), dann Oberstudiendirektor LBA Darmstadt. – Nach 1945 Schulaufsichtsbeamter und Prof. in Hessen; Mitarbeiter „Bayer. Schule"
NSDAP und NSLB 1.4.1933

siehe P. Grossmann

Weigel, Annelise

*8.6.1915 in Liegnitz
Dolmetscherin
NSDAP 1940

Studien über Huysmans. Versuch einer rassenpsychologischen Deutung seines Werkes, Breslau 1942 (Diss. phil. Breslau 1942)

Weigelt

Dr., wahrscheinlich Jurist

Die gesetzlichen Grundlagen der nationalsozialistischen Gesundheitspflege. In: Der Thüringer Erzieher 5/1937, H. 2, S. 52f.

Weiland, Werner

*2.8.1910 in Kassel; evang., dann gottgläubig; Vater Ingenieur
Mittelschullehrer in Kassel; Bibliothekarsausbildung, Dr. phil. Marburg 1939 („Persönlichkeitstypus und Wertung", bei Jaensch und Lersch); 1937 Dozent f. Jugendkunde und Charakterkunde HfL Oldenburg, 1942 LBA Hadamar, Wehrmachtspsychologe, Ausbildungsoffizier. – Nach 1945 Jugendheim-Leiter, Verwaltungsoberrat beim Landeswohlfahrtsverband Hessen, Lehrbeauftragter für Psychologie FH Sozialpädagogik Fürstenhagen 1932 NSDAP, NSDoz. (Gaukassenwalter)

Jugendkunde und Charakterkunde im Dienste der nationalsozialistischen Lehrerbildung. In: Der deutsche Erzieher 4, Ausgabe Weser-Ems 1939

Weimann, Horst

*18.11.1913 in Breitenfeld; evang.
Studium Erziehungswissenschaften und Geschichte, Dr. phil. Göttingen 1938 (religionspädagogisch-geschichtliche Diss.); Lehrer in Bergensin bei Lauenburg/Pomm., Kiel, Bredstedt

SA 1935, NSV, NSDStB, NSLB 1938, HJ-
Sturmf., NSDAP 1940, RKK (Fachschriftsteller
Erziehung u. Volkskunde), RLB-Gemeindegruppen-
führer

Bevölkerungspolitisches und familienkundliches
Anschauungsmaterial für die Landschule. In:
Der deutsche Volkserzieher 4/1939, H. 10,
S. 378–383

Weimer, Joachim

*8.8.1911 in Gießen; Vater Regierungsrat
Dr. phil. Gießen 1935 (bei Pfahler); Wehrmachts-
psychologe in Breslau und Görlitz
NSDAP 1937*

Erbcharakterologische Untersuchung einer
Familie mit verhaltens- und experimentalpsycho-
logischen Methoden, Würzburg 1936; aus: Zeitschrift f. menschliche Vererbungs- und Konstitutionslehre 19, H. 5 (Diss. phil. Gießen)

Weinert, Hans

*14.4.1887 in Braunschweig–1967; evang.; Vater
Lehrer
Dr. phil. nat. Leipzig 1909, 1913 Oberlehrer in
Eisleben, 1918 Oberrealschule Potsdam, Studienrat,
1926 Habil. und Privatdozent Universität Berlin,
1927 Assistent Universität München, 1928–1935
Mitarbeiter am KWI f. Anthropologie Berlin, Kustos
der Schädelsammlung; 1932 a. o. Prof. für Anthro-
pologie Universität Berlin, 1935–1955 Prof. und
Direktor des Anthropologischen Instituts Universität
Kiel. Hat während der Besatzung Polens die anthro-
pologische Sammlung in Posen erfaßt und „für das
Reich übernommen"
NSLB 1.11.1933; NSDAP 1937, wiss. Mitarbeiter
der SS (Ahnenerbe)*

Biologische Grundlagen für Rassenkunde und
Rassenhygiene, Stuttgart 1934, ²1943

Die Rassen der Menschheit (mit 94 Abb.),
Leipzig (Teubner) 1935, ³1941

Zickzackwege in der Entwicklung des Menschen,
Leipzig 1936

Vom rassischen Werden der Menschheit, Erfurt
1938 (Volk und Wissen)

Entstehung der Menschenrassen (mit 184
Einzeldarstellungen und 7 Rassenkarten), Stuttgart (Enke) 1938, ²1941

Weinert, Herbert

*16.2.1899 in Golzern bei Grimma; Quäker
Taubstummenoberlehrer in Dresden, Diplom-Psycho-
loge
NSLB 1.5.1934, NSDAP 1937; Mitarbeiter beim
RPA Sachsen, Einrichtung einer Ehevermittlungs-
stelle für Gehörgeschädigte mit Unterstützung des
RPA Sachsen; Sachbearbeiter für Rassenhygiene bei
der Bundesleitung des Reichsbundes der deutschen
Schwerhörigen*

(zus. mit Karl Tornow:) Erbe und Schicksal. Von
geschädigten Menschen, Erbkrankheiten und
deren Bekämpfung, Berlin 1942

Erfahrungen mit der Sterilisierung. In: Die deutsche Sonderschule 1/1934, H. 6, S. 414–418

Welche Aufgaben stellt das Sterilisierungsgesetz
der Sonderschule. In: Die deutsche Sonderschule
1/1934, H. 9, S. 659f.

Das Sterilisierungsgesetz. In: Blätter f. Taubstummenbildung 1934, Nr. 1

Erbgesundheitsunterricht in einer Schwer-
hörigenschule. In: Die deutsche Sonderschule
1936, H. 1, S. 43–46

Weinländer, Karl

*1.4.1870 in Kurzenaltheim; evang.
Dr., Bezirksoberlehrer a.D. in Weissenburg (Pseud.
Döllinger, Herm. Wieland, Jens Jürgens, Hans
Lienhardt)
NSDAP 1927, NSLB 1930*

Rassenkunde, Rassenpädagogik und Rassenpolitik. Der naturgesetzliche Weg zu Deutschlands Aufstieg, Weißenburg 1933

Die ererbten Rassenanlagen als Grenzen der
Erziehung. In: Bayerische Lehrerzeitung
67/1933, H. 29/30, S. 467f.

Zum Unterricht in Rassenkunde. In: Bayerische
Lehrerzeitung 67/1933, H. 20, S. 303f.

Was ist und was will die Rassenpädagogik? In:
Bayerische Lehrerzeitung 67/1933, H. 23, S. 351f.

Weis, Alfred

*12.5.1897 in Leipzig–1944 (vermißt); evang.; Vater
Postsekretär
Naturwissenschaftliches Studium, Hilfslehrer,
Dr. phil. Leipzig 1925, Assistent Universität Freiburg,
1927 Studienrat Helmholtzschule Leipzig; 1934*

Napola Ilfeld; 1937 Dozent, 1938 Prof. f. Biologie
und Methodik des Naturkundeunterrichts HfL Bonn
SA 30.6.1933, NSLB 1.9.1933, NSDAP

Einfache Versuche zur Vererbungslehre und
Rassenkunde, Leipzig 1934 (Schriftenreihe Versuche und Stoffe für den Unterricht in der
Lebenskunde, hrsg. von F. Spielberger, H. 3)

siehe auch Gustav Franke

Weiß, Hatto

*28.5.1906 in Schwedt; evang.; Vater Landgerichts-
direktor
Naturwiss. Studium, Studienassessor in Berlin-Char-
lottenburg, 1934 Pressereferent der Reichsarbeits-
gemeinschaft der Berufe im sozialen und ärztlichen
Dienst, Sachbearbeiter Amt f. Volksgesundheit der
DAF, Pressleiter, Schriftleiter „Der deutsche
Krankenpfleger"
Pfadfinderbund, NSLB 5.4.1933, NSDAP und SS
(Sturmmann)1933

Erb- und Rassenkunde des Menschen. In: Bruno
Gebhard (Hrsg.), Wunder des Lebens, Stuttgart
– Berlin – Leipzig 1936, S. 183–252

Weiß, Karl

*7.10.1865 in Auerbach/Oberpfalz
Dr. theol. et phil., 1905 a. o. Prof. Philosophisch-
Theologische Hochschule Passau, o. Prof. 1914, emer.
1930

Völkische Erziehung. In: Bayerische Lehrerzeitung 69/1935, H. 25, S. 397–404; H. 26,
S. 413–419; H. 27, S. 429–436

Wenke, Hans

22.4.1903 in Sangershausen–1971; evang.; Vater
Gastwirt
Dr. phil. Berlin 1926 (bei Spranger), 1936 Assistent
bei Nelis am Pädagogischen Seminar Universität
Berlin, 1938 Habil. Frankfurt/M., 1939 Universität
Erlangen, 1940 a. o. Prof., 1941 o. Prof. und Direktor
des Psychologischen und Pädagogischen Seminars
Universität Erlangen; 1939–1942 Heerespsychologe;
Mithrsg. „Die Erziehung". – Nach 1945 Prof. an den
Universitäten Hamburg und Tübingen (dort Rektor),
Senator f. Schul- und Hochschulwesen Hamburg,
Direktor Unesco-Institut f. Pädagogik, Gründungs-
rektor Universität Bochum
NSDoz.

Geschichte und Rassenkunde. Jahresbericht
1933/34. In: Zeitschrift f. Deutschkunde 48/1934,
S. 595–600

Wenz, Gustav

*29.6.1890 in Sparsbach; evang.
Dr. phil. Straßburg 1914, Studienrat Gymnasium
Halle (Deutsch, Französisch, Englisch)
NSLB 19.8.1933, NSDAP 1937; Luftschutz-
Schulungsredner, NSV-Propagandawart

Germanische Kultur, Leipzig (Quelle u. Meyer)
1934
Germanische Erziehung. In: Die Deutsche
Höhere Schule 1935, S. 275–285

Werner, Martin

*24.12.1903 in Straßburg; evang.; Vater Oberst-
leutnant
Dr. med. Köln 1927, 1933 Assistent am KWI f.
Anthropologie, Oberarzt an der Poliklinik f. Erb-
und Rassenpflege in Berlin, 1936 Habil., 1939 Dozent
Universität Frankfurt/M. – 1952 Prof. f. Innere
Medizin und Erbpathologie der Universität Frank-
furt/M.
NSLB 15.11.1934, NSDAP 1937, NSKK, NS-
Ärztebund; Gauschulungsleiter in Hessen-Nassau
und Leiter der Gauführerschule Frankfurt/M.

Erbprognose und Sterilisierungsbegutachtung.
In: Die deutsche Sonderschule 5/1935,
S. 361–373

Wesendahl, Josef

*31.3.1911 in Hamm; Vater Kaufmann
Dr. med. Münster 1937 (bei Jötten); Zahnarzt in
Arnsberg
NSDAP 1940

Erbhygienische Untersuchungen an den Hilfsschulkindern der Kreise Beckum und Soest,
den Kindern der Provinzial-Taubstummen-
anstalt in Soest und an der Provinzial-Blinden-
anstalt in Soest, Bottrop 1936 (Diss. med.
Münster 1937)

Wessel, Helene

6.7.1898 in Dortmund–1969; kathol.; Vater Eisen-
bahnführer
Sozialfürsorgerin und Fürsorgepolitikerin, 1930
Diplom an der Akademie für soziale und pädago-
gische Frauenarbeit Berlin; Mitarbeiterin des
Katholischen Fürsorgevereins
Angestellte bei der Zentrumspartei, 1928–1933
Landtagsabgeordnete des Zentrums in Berlin. – 1953
Präsidiumsmitglied der Gesamtdeutschen Volkspartei,
1957 Bundestagsabgeordnete der SPD

Bewahrung – nicht Verwahrlosung. Eine eugenische und fürsorgerische Notwendigkeit, Geilenkirchen 1934

Das Bewahrungsgesetz als bevölkerungspolitische Notwendigkeit. In: Soziale Praxis 43/1934, H. 37

Zur Diskussion zum Bewahrungsgesetz. In Jugendwohl 26/1937, H. 10 und 11, S. 198–202 und 207–215

Wetz, Arthur

*23.2.1898 in Berlin; evang.; Vater Lehrer
Diplomhandelslehrer, 1937 Volksschulrektor in
Berlin, Dr. phil. Leipzig 1933, Dozent für Psychologie
an der VHS Berlin und der Reichsführerschule der
Sicherheitspolitzei
NSDAP 1.5.1933, NSLB

Beiträge zur nationalsozialistischen Erziehungslehre, Langensalza (Beltz) 1937

Deutsche Wesensformung auf seelenkundlicher Grundlage, Leipzig (Quelle u. Meyer) 1940

Widmann, Eugen

*5.3.1885 in Frankfurt/M.; kathol., 1939 Austritt;
Vater Zeichenlehrer
Naturwissenschaftliches Studium, Dr. phil. 1908,
Laboratoriumsassistent Universität Heidelberg, 1913
Oberlehrer in Kattowitz, 1928 Oberstudienrat in
Breslau, 1933 Oberstudiendirektor
NSDAP 1937; NSLB: Gausachbearbeiter für rassen
politische Erziehung (Biologie) Gau Schlesien

Die Erblehre im Unterricht der höheren Schulen. In: Nationalsozialistisches Bildungswesen 2/1937, H. 1, S. 37–39

Wiedow, Paul

*9.9.1885 in Volkenhagen; evang.
Schulrat in Hamburg
NSDAP 1.5.1933, Reichsleitung NSDAP 1943/44,
dort im Einsatzstab des Reichsleiters Rosenberg,
Hauptarbeitsgruppe Niederlande – Amsterdam

(zus. mit Ernst Kruse:) Lebenskunde für Mittelschulen, Bd. 1: Lebenskunde für Mittelschulen, Leipzig (Teubner) ⁴1940; Lebenskunde für Mittelschulen. Klasse 3, Leipzig (Teubner) ³1944; Klasse 6. Ausgabe A (für Jungenschulen), Leipzig (Teubner) 1942

Wiegand, Albert

*7.9.1886 in Gelsenkirchen; kathol.
Mittelschullehrer und Hilfsschulrektor in Gelsen
kirchen; rassenhygienische Beiträge vor 1933
NSLB 1.5.1933, HJ-Sozialreferent, Luftschutz-
Blockwart

Zur Unfruchtbarmachung der Hilfsschüler. In: Die deutsche Sonderschule 1/1934, H. 5, S. 369–373

Gedanken zum Aufbau der Hilfsschule. In: Die deutsche Sonderschule 1/1934, H. 9, S. 679–683

Das „Gesetz zur Verhütung erbkranken Nachwuchses vom 14. Juli 1933" und die Volksschule. In: Die völkische Schule 12/1934, H. 10, S. 359–365; auch in: Die Neue Deutsche Schule 1935, H. 9, S. 476–479; Praktische Gesundheitspflege 5/1936, H. 2, S. 25–29 (1. Teil); H. 3, S. 56–60 (2. Teil)

Die Volksschule und das „Gesetz zur Verhütung erbkranken Nachwuchses vom 14. Juli 1933". In: Die Volksschule 32/1936, H. 9/10, S. 308–313

Die Zusammenarbeit zwischen Volksschule und Hilfsschule im Dienste der Erbpflege. In: Die Volksschule 33/1937, H. 3

Wiehle, Hermann

*10.11.84 in Ballenstedt; evang.
Dr. rer. nat. 1927, Mittelschulrektor in Dessau
NSLB 1.6.1933, Kreissachbearbeiter f. Rassefragen;
Opferring

(zus. mit Wilhelm Meil:) Zur Rassenkunde unseres Volkes, Langensalza 1934

(zus. mit Wilhelm Meil:) Einführung in die Rassenkunde unseres Volkes, Braunschweig ¹³1935

(zus. mit Marie Harm:) Lebenskunde für Mittelschulen. Klasse 3, Halle – Breslau 1941

(zus. mit Wilhelm Meil:) Anschauungstafel zur Rassenkunde unseres Volkes (1 Taf. 70 × 101 cm), Langensalza – Berlin – Leipzig 1937

Wiehle, Oskar

*26.7.1901 in Klein-Kottorz/Oppeln; evang.; Vater
Förster
1925 Volksschullehrer, Mittelschullehrer in Breslau,
Studium der Rassen- und Völkerkunde, Geschichte
und Erziehungswissenschaften, Dr. phil. Breslau 1939
(bei Eickstedt)

NSDAP 1.3.1933, NSLB 1.7.1933: Unterabteilungsleiter, Gaufachreferent für Rassenkunde

Rassenkunde des Kreises Oppeln, Breslau 1939 (Diss. phil. Breslau 1939)

Wieser, Max

**14.5.1890 in Berlin
Dr. phil. Heidelberg 1918*

Rasse und Seele, Leipzig 1933

Rassenseelenkunde. In: Bücherei und Bildungspflege 13/1933, S. 122–130

Wiggers, Rudolf

**25.4.1902 in Hamburg; evang.; Vater Kaufmann und Senator
Studium der klassischen Philologie und Archäologie; Studienrat in Rostock, Dr. phil. Rostock 1927, 1930 Lehrbeauftragter und Dozent Universität Rostock; Prof.
NSDAP und NSLB 1.3. u. 1.4.1932, Gausachbearbeiter für Rassefragen im NSLB, Mitarbeiter der „Sammel- und Austauschstelle des rassenpolitischen Schrifttums" in Dresden, Begutachtungsstelle der Reichsleitung NSDAP, Hauptamt für Erzieher des NSLB*

Werner Dittrich/Erich Meyer: Kleine Erb- und Rassenkunde. Ausgabe für den Gau Mecklenburg-Lübeck, bearb. von Rudolf Wiggers, Breslau 1935

Rassebüchlein für die deutsche Jugend, Berlin 1936

Rasse, Vererbung, Erziehung. In: Mecklenburgische Schulzeitung 67/1935, H. 22, S. 378–380

Nordische Gedanken der deutschen Seele. In: Die Mittelschule 8.7.1935, S. 290–292

Nordische Entscheidung der deutschen Seele. Grundaufgaben der rassischen Erziehung. In: Hamburger Lehrerzeitung 14/1935, H. 25/26, S. 269f.; auch in: Erzieher im Braunhemd 3/1935, H. 13/14, S. 348–350

Ludwig Ferdinand Clauß. Zu seinem Vortrag, den er am 10.10.1936 in Schwerin halten wird. Gau-Rassenveranstaltung des NSLB am 10.10.1936 zu Schwerin. In: Mecklenburgische Schulzeitung 2.10.1936, H. 40, S. 621f.

Einbau der Rassenkunde in den geisteswissenschaftlichen Unterricht. In: Mecklenburgische Schulzeitung 1936, H. 42/43, S. 657f.

Volksgemeinschaft und Blutgemeinschaft. In: Mecklenburgische Schulzeitung 68/1937, H. 10, S. 168–196

Wilde, Kurt

*12.6.1909 in Eldena/Pommern–1958
Dr. phil. Greifswald 1934, 1934–1936 wiss. Hilfskraft am Psychologischen Institut Greifswald, 1936–1939 Assistent an der erbpsychologischen Abteilung des KWI Berlin (bei Gottschaldt), 1939 Habil. und Dozent f. Psychologie und Erbpsychologie Universität Halle, dort 1942 Prof. – 1953 Prof. Göttingen
SA 1933, NSDAP 1937, stellv. Gaudozentenbundsführer des NSDoz. in Halle (1941)*

Über Meß- und Auswertungsmethoden in erbpsychologischer Zwillingsforschung, Leipzig 1941 (Habil. phil. Halle)

Wilde, Paul

vermutl. Lehrer

Zum Begriff der Auslese in der Rassenkunde. Ein Studienbild aus dem 6. Schuljahr. In: Die Volksschule 36, 1940/41, H. 23/24, S. 336–339

Wildgrube, Hans

*(vermutl.) *23.9.1910 in Halle; evang.
Studienreferendar Napola Naumburg
NSDAP 1931, NSLB 1934, SA-Truppf.*

Zur Behandlung der Rassenkunde im Geographieunterricht der höheren Schulen. In: Geographische Wochenschrift 1/1933, S. 969f.

Wilhelm, Theodor

**1906 in Neckartenzlingen/Württemberg
Dr. phil. Tübingen 1928, 1933 Dr. jur.; Studienassessor, 1933–1936 Leiter der Pädagogischen Abteilung des DAAD, 1937 Dozent HfL Oldenburg, 1940–1943 Pädagogische Abteilung des Deutschen Instituts f. außenpolitische Forschung in Berlin (Referent f. ausländisches Schulwesen und deutsche Schulen im Ausland; 1941 Leiter des Kulturreferats); 1935 Schriftleiter „Internationale Zeitschrift f. Erziehung". – 1951 Prof. f. Erziehungswissenschaft PH Flensburg, 1959 Universität Kiel
Bündische Jugendbewegung, 1930 Deutsche Staatspartei, NSDAP 1937, NSLB 1938, Referent f. wissenschaftliche Gesellschaften im NS-Dozentenbund*

„Rasse als Grundbegriff der Erziehungswissenschaft". Eine amerikanische Entgegnung und ein deutsches Nachwort. In: Internationale Zeitschrift f. Erziehung 1940, H. 1/2, S. 57 f.

Die kulturelle Kraft Europas im Kriege. in: Internationale Zeitschrift f. Erziehung 13/1944, H. 1/2, S. 1–14

Willmann, Engelbert
3.4.1883 in Ringwitz
Lehrer, Bremen
NSDAP 9.3.1933, NSLB 1.6.1933

Leitfaden der Vererbungslehre, Rassenkunde und Erbgesundheitslehre, Leipzig 1934 (Für den Gebrauch an höheren Lehranstalten)

Wimmer, Robert
5.4.1909 in Appenweier/Baden
Studium an der TH Karlsruhe (Chemie, Biologie, Geologie), den Universitäten Heidelberg und Freiburg (Philosophie und Pädagogik), Studienassessor, Dr. phil. Freiburg 1939
NSDAP 1929/1932; Ref. Propaganda-Abt. Berlin

Wesen und Entstehung des Erziehungsbolschewismus, Berlin 1938

Die Auflösung der Familie. Das Hauptziel jüdischer Erziehungsreform. In: Praktische Gesundheitspflege 6/1939, S. 180–182

Winde, Rudolf
2.7.1895 in Bunzlau/Niederschlesien–1973; evang.
1920 Volksschullehrer, 1925 Dr. phil. Breslau, Studienrat, 1930 Dozent Pädagog. Akademie, 1933 HfL Elbing, 1934 Dozent f. Erdkunde und Methodik des Heimat- und Erdkundeunterrichts HfL Hirschberg, 1935 Ernennung zum Prof. – Nach 1945 Oberstudienrat in Landau
NSLB 1.8.1932: Kreissachbearbeiter f. Erdkunde und Geopolitik; NSDAP 1.4.1933: Ortsgruppenleiter, SA 1933: Sturmführer, Sachbearbeiter für Weltanschauung und Kultur, Standarten-Schulungsref., SA-Sportabzeichenprüfer, NSDoz. (Hochschulgruppenführer Hirschberg)

Rassenpolitische Erziehung im Erdkundeunterricht der Volksschule. In: Die Volksschule 1935, H. 16, S. 529–536

Winter, Friedrich
15.7.1894 in Wegeleben; evang.
Studienrat in Erfurt, Dr. phil. Jena 1921, Oberstudienrat in Staßfurt
NSDAP 1.5.1933, NSLB 17.5.1933

Der Rassegedanke und das Auslandsdeutschtum. In: Vergangenheit und Gegenwart 26/1936, H. 2, S. 77–82

Wirthmann, Otto
2.7.1891 in Würzburg
Studienassessor
NSDAP 1.5.1933, NSLB 1.7.1933

Künstlerische Erziehung im Lichte der Eugenik. In: Erich Zeßler-Vitalis (Hrsg.), Volksaufartung durch Ahnen- und Familienforschung, Bevölkerungspolitik, Rassenhygiene, Erbbiologie, Berlin 1934, S. 70–79 (Erbbiologische Vortragsreihen der Deutschen Heilpädagogischen Gesellschaft)

Wirtz, A.
Rasse und Beruf. In: Schule im neuen Staat 1934/35, H. 12, S. 27–30

Wittke, Erich
5.11.1900 in Löbau/Sachsen; Vater Maschinenmeister
1921 Volksschullehrer, 1925 Hilfslehrer an der Sächsischen Landesanstalt für Blinde und Schwachsinnige in Chemnitz; Dr. phil. Leipzig 1937 (bei Volkelt und F. Krüger); Blindenlehrer in Chemnitz
NSLB 1.11.1933, SA, NSV (Block- und Zellenwart), RLB, NSDAP 1937

Erbgesundheitsgesetz – Strukturwandel der Sonderpädagogik. In: Die deutsche Sonderschule 3/1936, H. 7, S. 495–500

Woischnik, Bernhard
*(vermutl.) *19.9.1908*
Betreiber eines privaten Bildarchivs in Berlin, Leiter der Bildstelle in der Presseabteilung des Auswärtigen Amtes, Tätigkeit für das Reichspropagandaamt der NSDAP, nach 1945 für das BMZ, politischer Journalist
NSDAP 1.4.1933

siehe F. Mau

Woitalla, Ernst
11.11.1915 in Schoppinitz
Dr. med. Würzburg 1942 (bei Keiter)
SA 1933 (Rottenf., San.sturm), NSDAP 1937

Anthropologische Untersuchungen 15-, 16- und 17jähriger an den Würzburger Schulen, Diss. med. Würzburg 1942

Wolf, Carl

1935 Leiter der Hauptstelle Schulung im Hauptamt
für Erzieher der NSDAP in Bayreuth

Der nordische Gedanke und die neue Erziehung.
In: Mecklenburgische Schulzeitung 21/1936,
S. 343f.; auch in: Kurhessischer Erzieher
80/1936, H. 24, S. 363f.

Wolf, Heinrich

28.5.1858 in Duisburg–1942; evang.; Vater Haupt-
lehrer
Studium Alte Sprachen und Geschichte; Dr. phil.
Bonn 1881, Studienrat, Gymnasialprof. i.R. in
Düsseldorf; Mitarbeit am „Handbuch der Juden-
frage" von Theodor Fritsch
NSV; NSDAP 1937

Angewandte Rassenkunde, 2., erw. Aufl. Leipzig
1938 (Angewandte Geschichte, Bd. 5)

Kulturtragödien der Völker nordischer Rasse,
1939

Wolfart, Friedrich

*23.2.1890
Mittelschullehrer in Frankfurt/M.

siehe Köhn, Herrmann, Schwarz

Wolff, Hans

(vermutl.) *25.5.1902; Vater Postassistent
Dr. phil. Göttingen 1925, 1928 Studienassessor f.
Biologie, Chemie und Erdkunde in Heide; Regie-
rungsdirektor in Lübeck

siehe M. Schwarz

Wolfram, Heinz

*7.5.1906 in Charlottenburg; Vater Lehrer
kaufmännische Lehre, 1928 Diplom-Handelslehrer,
rechts- und staatswissenschaftliche Diss. Greifswald
1929/30, Lehrer am Deutschen Handelsgymnasium in
Bulgarien; 1935 Elmshorn
NSDAP 1.6.1933, NSLB 1.4.1933

(zus. mit Paul Königs): Deutschland, sein Schicksal und Auferstehen, 3., verbess. Aufl. Frank-
furt/M. 1938 (Grundlagen zur nationalsozialistischen Erziehung) (insbes. Kap. zur „Judenfrage")

Wolter, Friedrich

*8.3.1878 in Karlshof bei Borck; evang.
Volksschullehrer, 1925 Rektor in Berlin, Tätigkeit in
der Lehrerfortbildung

27.4.1933 NSDAP und NSLB, Gaureferent für Heil-
pflanzenkunde und Gausachbearbeiter im NSLB;
RKK

Biologie, Erbgut und Neuland, Leipzig 1934

Erbgut und Rasse. Arbeits- und Tatsachenhefte
über Vermehrung, Vererbung, Umwelt und
Rasse im Biologieunterricht, Leipzig (Klinkhardt) 1935, ²1939 (Arbeitshefte für den Biologieunterricht in der Volksschule, H. 4)

Biologie. Lebenskunde im Schulalltag, ²1939
(Völkisches Lehrgut)

Unsere Körper. Arbeits- und Tatsachenheft über
den gesunden und kranken Menschen, Leipzig
²1939 (Arbeitshefte für den Biologieunterricht in
der Volksschule)

Lebenskunde im Schulalltag. Lehrauftrag, Weg
und Ziel, Leipzig (Klinkhardt) ³1941, ⁴1943
(Völkisches Lehrgut. Schriftenreihe zur Neugestaltung des Volksschulunterrichts, hrsg. von
Kurt Higelke)

Der Biologieunterricht im Lichte des Rassegedankens. Rassenbiologische Gedankengänge
müssen Gemeingut aller Lehrenden sein. In: Die
deutsche Schule 38/1934, S. 71–77

Beiträge zur Gestaltung des Unterrichts über
Vererbungslehre und Rassenkunde. In: Lebens-
naher Volksschulunterricht, Beilage Deutsche
Schule 40/1936, H. 1, S. 1–8.

Naturkunde. In: Kurt Higelke (Hrsg.), Neubau
der Volksschularbeit. Plan, Stoff und Gestaltung
nach den Richtlinien des Reichserziehungsministeriums vom 15.12.1939, Leipzig ³1942,
S. 184–214

Richtlinien zur Heimatkunde. In: Kurt Higelke
(Hrsg.), Neubau der Volksschularbeit. Plan,
Stoff und Gestaltung nach den Richtlinien des
Reichserziehungsministeriums vom 15.12.1939,
Leipzig ³1942, S. 109–124

Wolter, Helmut

*16.4.1899 in Königsberg; evang.
Studienassessor in Duisburg und Völklingen; Dr.
NSDAP 1.5.1933, NSLB 1934, Unterabteilungsleiter,
NSV

Bevölkerungspolitik und Schule. In: Erzieher der
Westmark 1939, H. 7, S. 161–163

Wolter, Helmut

**18.8.1911 in Vennebeck/Minden; Vater Lehrer
1935 Gerichtsreferendar in Hamm, Dr. jur. Göttingen
1937
NSDAP 1931 (Wiedereintritt 1937)*

Volk im Aufstieg: Neue Ergebnisse der Volksbiologie Großdeutschlands. Bevölkerungspolitik
im Dritten Reich, Leipzig (Eichblatt) 1940
(Bildung und Nation)

Wührer(-Heidinger), Karl

**12.1.1903 in Wien
Dr. phil., Studienrat, 1940 Universitätsdozent in
Wien, Prof. f. Geschichte der germanischen Frühzeit,
der nordischen Geschichte, Geschichte des deutschen
Mittelalters und der deutschen Agrargeschichte Uni-
versität Marburg
Illeg. NSDAP in Österreich, NSDAP 1938, NSLB
1940 (Lektor f. Geschichte, Kreisfachschaftsleitung);
Beirat Wien-Kontor der Nordischen Gesellschaft,
Ahnenerbe*

Der nordische Gedanke im Lehrplan der
höheren Schule. In: Der deutsche Erzieher (Gau
Mark Brandenburg) 12/1939, H. 12

Wüllenweber, Fritz

**4.10.1906 in Berlin-Lichterfelde; evang., dann gott-
gläubig; Vater Geh. Reg.- und Oberschulrat
Philologie-Studium, Dr. phil. Göttingen 1932 (erzie-
hungswissenschaftliche Diss. bei Nohl); 1931
Assistent bei Weniger an der Pädagog. Akademie
Altona, 1936 Dozent HfL Lauenburg, im selben Jahr
von Darré als Dozent an die Bauernhochschule Goslar
berufen, Oberlandwirtschaftsrat; Hrsg. Quellenreihe
zur volkspolitischen Erziehung
Ausweisung der Eltern aus Koblenz nach dem
Ersten Weltkrieg wg. Widerstandes gegen franz.
Verwaltung; 1932 Kontakte zum Volkstumskampf
im Elsaß, gehörte Sabotagetrupp an, SA 1933–1937,
NSDAP 1937, ehrenamtlicher Mitarbeiter im
RPA Hannover, SS (1937), RuSHA Berlin; VDA,
RLB*

Altgermanische Erziehung, Hamburg 1935, ²1939

Germanische Jungmannschaftszucht. 3 Hefte,
Hamburg 1937–1939

Wünschmann, Karl

**3.5.1896 in Rabenau
Anstaltslehrer Landesanstalt Großschweidnitz, Ober-
lehrer in Bautzen
NSDAP 1937*

(zus. mit W. Sagel:) Erbbiologisches Bilderbuch
für Laien, Dresden – Leipzig 1938

Zacharias, Adolf

**5.12.1897 in Niepars; evang.
Volks- und Mittelschulrektor in Triebsees, Grimmen;
Dr. phil.
NSDAP und NSLB 1.5.1933, Ortsgruppen-Amts-
leiter, Pressewart*

Ein praktisches Beispiel für die Behandlung
rassenkundlicher und bevölkerungspolitischer
Probleme im Erdkundeunterricht. In: Die Neue
Deutsche Schule 9/1935, H. 1, S. 32–37

Zapp, Albert

**8.7.1908 in Münster; kathol.; Vater Kaufmann
Jura- und Medizinstudium, Dr. med. Münster 1938
(bei Jötten und Többen), Zahnarzt, Assistenzarzt an
der Frauenklinik Danzig
NSStud., SA, NSDAP 1937, NS-Ärztebund*

Der Einfluß von Umwelt und Elternhaus auf die
geistig gebrechlichen Schulpflichtigen der Stadt
Bremen, eine bevölkerungspolitische Untersuchung, Münster 1938 (Diss. med. Münster
1938)

Zerbe, Gerhard

**18.4.1894 in Rothenburg/Posen; Vater Volksschul-
rektor
Assistenzarzt, Auswanderung nach Brasilien, dort
Tätigkeit als Arzt, Rückkehr nach Deutschland, Dr.
med. Berlin 1923, 1932 Medizinalrat, 1934 Kreisarzt
in Freienwalde, 1937 stellv. Amtsarzt und Leiter des
Gesundheitsamtes Bocholt, Arbeitsarzt in Berlin
Kriegsfreiwilliger 1914, seit November 1933 SS-Arzt
und -Schulungsleiter, NSDAP 1937*

Schwachsinnige und schwererziehbare Kinder in
ländlichen Schulen. In: Zeitschrift f. Medizinalbeamte 46/1933, S. 329–337

Schwachsinnige und schwererziehbare Kinder in
ländlichen Schulen vom erziehe-rischen und erbkundlichen Standpunkt. In: Fritz Lenz, Die
Alkoholfrage in ihrer Bedeutung für die Rassenhygiene, Berlin 1934

Zeyher, Liselotte

**15.10.1915 in Neuwied
Dr. med. Bonn 1942
Aufnahmeantrag NSDAP*

Über Ursachen des Schwachsinns bei Hilfsschulkindern im Kreis Neuwied, Diss. med. Bonn 1942

Ziegler, Karl

Hilfsschullehrer in Köln
Rassenhygienische Beiträge vor 1933

Halbe Arbeit? Ein rassenhygienisches Mahnwort
an die Hilfsschullehrer. In: Deutsche Hilfsschule
21/1938, S. 245–264

Ziegler, Matthes

*11.6.1911 in Nürnberg; evang., dann gottgläubig
Volkskundler, 1932 Hilfsassistent Herder-Hochschule
Riga (bei Lutz Mackensen), Dr. phil. Greifswald
1937 („Die Frau im deutschen und nordischen
Märchen"); beim Franz Eher-Verlag tätig; 1934
Schriftleiter „Nationalsozialistische Monatshefte";
Schriftsteller, Geschäftsführer der AG für Deutsche
Volkskunde im Schrifttum; Referent f. Volks-
forschung bei der DFG
Bund Adler und Falken (Führung des Rassenamtes
und des Gaus Franken); NS-Burschenschaft und
NSDStB, NSDAP und SA 1931, 1933 SS, Stabsamt
Reichsbauernführer, Abteilungsleiter im RuSHA,
1934 Leiter des Amtes f. Weltanschauliche Infor-
mation in der Dienststelle Reichsleiter Rosenberg;
1933–1941 SD-HA, 1944 RSHA, SS-O'Stubaf.,
SS-Kriegsberichterstatter, Waffen-SS

Volkskunde auf rassischer Grundlage. Voraussetzung und Aufgaben, München 1939 (Deutsches Volkstum, Schriftenreihe über Deutsche
Volkskunde für die Schulungs- und Erziehungsarbeit der NSDAP)

Ziemann, Ernst

*1.4.1878 in Gr. Damerkow; evang.
Rektor der Gemeindeschule in Britz
NSLB 1.1.1932, NSDAP 1.5.1933, stellv. Orts-
gruppenpresseamtsleiter

siehe Haacke

Zilian, Erich

*9.6.1902 in Borby
Dr. phil. Königsberg 1927, Psychologe, Oberregie-
rungsrat, 1934 Mitarbeiter am Psychologischen
Laboratorium des Reichskriegsministeriums, 1938
Referent f. Rassenpsychologie in der Hauptstelle der
Wehrmacht f. Psychologie und Rassenkunde. –
Dr. med. Köln 1965, Oberarzt in Berlin
NSDAP 1.3.1932, NSV

Gesichtspunkte der Rassenseelenforschung im
Bereich der Wehrmachtspsychologie. In:
Abhandlungen zur Wehrmachtspsychologie,
Beilage zur Zeitschrift f. angewandte Psychologie
und Charakterkunde 72/1936, S. 86–89

Die Bedeutung rassenkundlicher Gesichts-
punkte für die psychologische Erfassung der
Persönlichkeit. In: Soldatentum, 3/1936, H. 6,
S. 297f.

Beziehungen zwischen Charakter, Konstitution
und Rasse unter Verwertung von Zwillings-
befunden. In: Zeitschrift f. pädagogische
Psychologie und Jugendkunde 39/1938, S. 247f.
(Kurzbericht)

Rasse und seelenkundliche Persönlichkeits-
auslese in der Wehrmacht. In: Rasse 5/1938,
S. 321–333

Der Rassendiagnostische Atlas der Wehrmachtspsychologie. In: Soldatentum 6/1939, S. 275–278

Angewandte Rassenseelenlehre in Auslese-
untersuchungen der Wehrmacht. In: Rasse
6/1939, S. 1–13

Art- und persönlichkeitsgemäße Auslese unter
dem Gesichtspunkt der Rasse. In: Soldatentum
6/1939, S. 45–49

Rasse und Seelenkunde im Personalprüfungs-
wesen des Heeres. I. Körperformerforschung zur
Rassenseelenkunde. In: Rasse 3/1942, S. 95–105

Zilz, Wilhelm

*13.3.1893 in Arnoldsdorf/Briesen; evang.; Vater
Landwirt
1921 Lehramtsprüfung in Deutsch, Englisch,
Französisch; 1927 Studienrat in Gelsenkirchen, 1929
Naumburg/Sa., Oberstudienrat, 1936 Halle; Marien-
werder
NSDAP 1931, NSLB 1.7.1932: Kreisschulungsleiter

Rassische Geschichtsauffassung. In: Bruno
Manger (Hrsg.), Rassisches Erleben. Grundlagen
und Anregungen für die Schule, Halle 1935,
S. 52–66

Zimmermann, Karl

*24.9.1889 in Zwickau; evang.; Vater Eisenbahn-
oberingenieur
Studium der Naturwissenschaften und Philosophie,
1912 Dr. phil. (Jean Pauls Ästhetik), Studienasses-

sor, 1921 Dozent, 1924 Leiter der Leipziger Fichte-Hochschule, 1925/26 Schriftleiter „Deutsche Monatshefte", 1926 Studienrat, Oberstudiendirektor, Dozent für Sozial- und Kulturbiologie und Rassenpädagogik TH Dresden, Hrsg. „Das Dritte Reich" Kriegsfreiwilliger, Deutsch-völkischer Schutz- und Trutzbund, NSDAP 1.3.1929, SA 1930, Kampfbund für deutsche Kultur, NSLB (1.12.1930): 1934 Reichssachbearbeiter für Rassefragen im NSLB (Hauptamt für Erzieher); Gauredner und kulturpolitischer Gauredner, politischer Bezirksredner, RKK

(zus. mit Friedrich Donath:) Biologie, Nationalsozialismus und neue Erziehung, Leipzig 1933 (Das Dritte Reich. Bausteine zum neuen Staat und Volk)

Deutsche Geschichte als Rasseschicksal, Leipzig 1933, ⁶1936

(zus. mit Erich Meyer:) Naturkunde für Volksschulen, Erfurt 1936

(zus. mit Erich Meyer:) Lebenskunde. Lehrbuch der Biologie für höhere Schulen, Bd. 3 (Klasse 5), Erfurt 1942; Bd. 4 (Klassen 6, 7 und 8 der Oberschulen für Jungen), Erfurt ²1942

Nationalsozialismus und deutsche Nationalerziehung. In: Die völkische Schule 11/1933, H. 6, S. 74–82

Rassenpolitische Erziehung und Lehrerschaft. In: Reichszeitung der deutschen Erzieher 1935, H. 6, S. 6f.

Wie ich ein Sippenarchiv gründete. In: Bayerische Lehrerzeitung 69/1935, H. 8, S. 123f.

Rassengedanke und neue Erziehung. In: Die Mittelschule 49/1935, H. 14, S. 157–159 und H. 22, S. 265–267; auch in: Geographischer Anzeiger 36/1935, S. 302–306; Hamburger Lehrerzeitung 14/1935, H. 25/26, S. 270–273

Die Rassenidee des Nationalsozialismus. In: Die Mittelschule 14.8.1935, H. 27, S. 335–338

Der Rassengedanke im Geschichtsunterricht. In: Die Mittelschule 14.8.1935, H. 27, S. 338f.

Biologie und Nationalsozialismus. In: Nationalsozialistisches Bildungswesen 1936, H. 1

Rasse und Erziehung. In: Kurhessischer Erzieher 80/1936, H. 2, S. 20–22; H. 4, S. 56f.; H. 5, S. 73–75

Biologie und neue Erziehung. In: Kurhessischer Erzieher 80/1936, H. 14, S. 206–210; H. 21, S. 318–320; H. 25, S. 334–336; Der Thüringer Erzieher 4/1936, H. 9, S. 257–264 und H. 18, S. 570–573

Rassenpolitische Erziehung und Lehrerschaft. In: Reichszeitung der deutschen Erzieher Juni 1936, S. 7

Reichssachgebiet Rassefragen. In: Reichszeitung der deutschen Erzieher Juli 1936, S. 58f.

Bevölkerungslehre und Schule. In: Hans Harmsen und Franz Lohse (Hrsg.), Bevölkerungsfragen, München 1936, S. 635–640

Rassenbiologische Lebensschau als Grundlage neuer Geschichtsbetrachtung. In: Nationalsozialistisches Bildungswesen 2/1937, H. 1, S. 13–18

Anschauung und Bild im rassenkundlichen Unterricht. In: Nationalsozialistisches Bildungswesen 2/1937, H. 1, S. 23–28

Zur Reform des Geschichtsunterrichts. In: Der Thüringer Erzieher 5/1937, H. 9, S. 261–262

Zimmermann, Ludwig

*11.3.1895; evang.; Vater Lehrer
1926 Studienrat in Marburg; Dr. phil. Marburg 1926, 1931 Habil. und Dozent in Marburg, 1935 Prof. f. Geschichte Universität Erlangen; im Auftrag des Auswärtigen Amtes 1944 Forschungsarbeiten in Paris (Bewertung des Ruhrkampfes in französischen Archiven)
1927 Fichte-Gesellschaft, 1930 Volkskonservative Vereinigung, NSDAP 1.6.1933, NSLB (Fachschaftsleiter), SA-Rottenf., NSDoz. (Hauptreferat Gaudozentenbundsführung)

Volkwerden der Deutschen. Geschichtsbuch für höhere Schulen. Deutsche Geschichte von 1648–1871 (Bd. 4), bearb. von Ludwig Zimmermann und Karl Disch, Leipzig – Berlin 1939, 4., durchges. Aufl. 1942

Von der deutschen Ostsiedlung bis zu den Anfängen Bismarcks, bearb. von Erich Buchholz, Ludwig Zimmermann und Karl Disch, Leipzig – Berlin 1940

Zimmermann, Reinhold

*11.8.1889 in Aachen; evang., dann gottgläubig; Vater Obergärtner

Komponist und Musikpädagoge; 1910 Lehrer, 1941
Volksschulrektor in Aachen; Aufsätze über Judentum
und Musik vor 1933
Freikorps, NSDAP 1923, DNVP, erneut NSDAP
1928 und 1933; NSLB 1.1.1933, NSV, RLB, RSK
(Fachschriftsteller für Musik und Rassenkunde),
Mitarbeiter in der RPA-Reichsleitung 1936; 1944
Partei-Ausschluß

Anmerkungen zu Clauß „Rasse und Charakter".
In: Die Sonne 13/1936, H. 4, S. 154–160

Rasse und Rhythmus. In: Die Sonne 13/1936,
H. 9, S. 386–397

Zinsinger, Hugo

*6.10.1890 in Egglkofen/Mühldorf; kathol.; Vater
Volksschullehrer
Hauptlehrer, 1939 Oberlehrer in München
Kriegsfreiwilliger; 1919 SPD, BVP, NSLB 1.11.1933,
Schuljugendwart, Verbindungsmann der NSDAP-
Ortsgruppe zur Schule; NSV (1933 Schuljugendwart,
Jugendhilfswart), NSDAP 1937

Die erbbiologische Abteilung im Schulgarten.
In: Bayerische Lehrerzeitung 72/1938, H. 6,
S. 84–87

Zöllner, Paul

*30.10.1901 in Münster, kathol.; Vater Post-
assistent
Naturwissenschaftliches Studium; Dr. phil. Münster
1925, 1930 Studienassessor in Münster, später
Studienrat in Hamburg
NSDAP 1.4.1933, SA-Scharf., NSLB (1934):
Ortsgruppenschulungsleiter, Referent im politischen
Seminar des Gauschulungsamtes, Gaustellenleiter
(Rassenpolitik und Vererbungslehre), Gauschulungs-
redner im Hauptschulungsamt

Erblehre, Rasse, Erbpflege, Paderborn – Würzburg 1935 (Schöninghs Schülerheft)

Zuncke, Walter

*11.1.1915 in Zella-Mehlis
Studium Geschichte und germanische Philologie in
Jena, 1939 wiss. Prüfung für das Lehramt an
Höheren Schulen
NSDAP 1937

Die Judenpolitik der fränkischdeutschen Könige
und Kaiser bis zum Interregnum, Zeulenroda
1941 (Diss. Jena 1941)

zur Lippe, Friedrich Wilhelm, Prinz

*27.11.1890 in Berlin; deutschgläubig
Offizier (Hauptmann im Generalstab a.D.); Kultur-
politiker, Staatswissenschaftler, Privatgelehrter und
Fachschriftsteller, Pseud. Wilfried Nordwart
DNVP 1919–1932, SA, RKK (Fachschriftsteller
Kultur- und Rassenpolitik)

Vom Rassenstil zur Staatsgestalt – Rasse und
Politik, Neu-Finkenkrig 1927

Angewandte Rassenseelenkunde, Leipzig 1931

Rassenseelenkunde für's Dritte Reich, Leipzig
1934

Anonym verfaßte Schriften

Erblehre – Erbpflege. Hrsg. Zentralinstitut für
Erziehung und Unterricht, Berlin 1933 [Vorträge
für Lehrer aus dem Jahr 1932]

Rassenpflege als Erziehungsaufgabe. Sonderheft
Gesundheit und Erziehung 1933, Nr. 10

Rasse- und Gesundheitspaß, Leipzig 1934 (mit
einem Vorwort von Michael Hesch)

Rasse und Rassenseele, Berlin 1935

Rasse und Vererbung, Ansbach 1935

Stoffplan für den rassenkundlich-biologischen
Unterricht. Zusammengestellt von der Fachschaft Volksschule des NSLB Kreis Holzminden,
1935

Deutsche Rassenpolitik, Berlin: Deutscher Licht-
bild-Dienst 1936 (Einziges parteiamtliches Licht-
bildvortragsmaterial der Reichspropagandaleitung der NSDAP)

Rassenkunde und Familienforschung. Eine
Auswahl aus den Beständen der Stadtbücherei
Emmerich, Emmerich 1938

Rassenkunde und Vererbungslehre. Sachlese-
heft 9, Breslau 1938 (Schriften zu Deutschlands
Erneuerung. Der ewige Strom, 7)

Erbe und Auftrag. Deutsches Lesebuch für
Jungen. 3. Klasse, Bielefeld – Leipzig 1939
(mit Abb.)

Rassenkunde, Wien: NSDAP, Gauschulungsamt
1942 (Vortragsunterlagen)

Rassenpflege und Bevölkerungspolitik, Wien
(NSDAP Gauschulungsamt) 1942

Rasse und Volkstum. Langenscheidts deutsche Lesestoffe, H. 103

Rassenpolitischer Schulungskurs in der Reichsführerschule Bernau bei Berlin. In: Ziel und Weg 4/1934, H. 19, S. 732f.

Arbeitsgruppe Pyritz: Lehrplan für Biologie für die Zeit von Dezember 1933 bis März 1934. In: Pommersche Blätter f. die Schule 57/1933, H. 49, S. 610

Die Rassenkunde. In: Pommersche Blätter f. die Schule 57/1933, H. 24, S. 245f.

Vor allem gesund werden. In: Pommersche Blätter f. die Schule 57/1933, H. 24, S. 246f.

Vom Sinn und Werden einer Familienchronik. In: Pommersche Blätter f. die Schule 57/1933, H. 24, S. 247f.

Familienkunde und Erblehre in der Schule. In: Pommersche Blätter f. die Schule 57/1933, H. 24, S. 248–250

Unterrichtsskizzen. In: Pommersche Blätter f. die Schule 57/1933, H. 24, S. 250f.

Die Erschaffung der Rassen nach der Edda. In: Pommersche Blätter f. die Schule 57/1933, H. 25, S. 278

Aufklärungsfeldzug über Bevölkerungspolitik, Erbbiologie und Rassenfragen. In: Pommersche Blätter f. die Schule 57/1933, H. 38, S. 457

Sieg oder Tod. Erbbiologische Aufklärung. In: Pommersche Blätter f. die Schule 57/1933, H. 40, S. 483f.

Rasse und Recht. In: Pommersche Blätter f. die Schule 57/1933, H. 41, S. 500

Europäische Rassenprobleme. In: Pommersche Blätter f. die Schule 57/1933, H. 41, S. 504f.

Bevölkerungs- und Rassenpolitik. In: Die Mittelschule 21/13.6.1934, S. 249

Rassenpolitische Schulungsarbeit in den Schulen. In: Hamburger Lehrerzeitung 14/1935, H. 5, S. 53f.

Vererbung und Rassenkunde im Unterricht. Erlaß vom 15.1.1935. In: Die Mittelschule 49/13.2.1935, H. 6, S. 61–63

Rassische Geschichtsauffassung und Schule. In: Die Mittelschule 27.3.1935, H. 12, S. 134–136: Volksheitskundlicher Lehrgang vom 15.–17.3. in Saale

Rasseschulung tut not! Tagung der Sachbearbeiter für Rassefragen im Gau Magdeburg-Anhalt. In: Die Mittelschule 20.2.1935, H. 7, S. 74

Die Gau-Rassenveranstaltung des NS-Lehrerbundes, Gau Mecklenburg-Lübeck, in Schwerin am 10. Oktober 1936. In: Mecklenburgische Schulzeitung 1936, Nr. 42/43, S. 654f.

Ludwig F. Clauß spricht. In: Mecklenburgische Schulzeitung 1936, Nr. 42/43, S. 655–657

Rasse, Siedlung, Lebensraum des deutschen Volkes. In: Deutsches Wollen. Schriften für die deutsche Jugend. Sammelband, Bochum 1936

Das Gesetz zur Verhütung des erbkranken Nachwuchses und die Erziehungsheime. In: Die Mittelschule 18.3.1936, H. 11, S. 148

Schulungslehrgang des Fachgebietes Biologie. In: Die Mittelschule 11.11.1936, H. 39, S. 573f.: Vorträge von K. Zimmermann und Graf (Familienkunde)

Zentrum für Erziehung und Unterricht: Merkblatt für Schulungstage: Rasse, Kultur und Geschichte 5.–10.8.1935. Mitarbeit: Dr. Brinckmann (Prof. f. Kunstgeschichte); Dr. Franke (Oberstudienrat); Neuert (Thür. Landesamt für Rassewesen). In: Die Mittelschule 3.7.1939, H. 24, S. 299

Rasse und Leistung. Betrachtung zum Problem eines artgemäßen Arbeitseinsatzes. In: Jahrbuch des Arbeitswissenschaftlichen Instituts der Deutschen Arbeitsfront, Berlin 1939

Bevölkerungspolitische Maßnahmen im neuen Deutschland. In: SS-Mann und Blutsfrage, hrsg. vom SS-Hauptamt Schulungsamt, Berlin 1941, S. 54–63

Anhang

Abkürzungen

a.o.	außerordentlich	NSDoz.	Nationalsozialistischer Dozenten-bund
ARGB	Archiv für Rassen- und Gesellschafts-biologie		
		NSF	Nationalsozialistische Frauenschaft
BA	Bundesarchiv	NSFK	Nationalsozialistisches Fliegerkorps
BDC	Berlin Document Center	NSKG	Nationalsozialistische Kultur-gemeinde
BDM	Bund deutscher Mädel		
BDO	Bund deutscher Osten	NSKK	Nationalsozialistisches Kraftfahrer-korps
BDS	Bund deutscher Schriftsteller		
BdS	Befehlshaber der Sicherheitspolizei und des SD	NSKOV	Nationalsozialistische Kriegsopfer-versorgung
BVP	Bayerische Volkspartei	NSLB	Nationalsozialistischer Lehrerbund
CVJM	Christlicher Verein junger Männer	NSDStB	Nationalsozialistischer deutscher Studentenbund
DAF	Deutsche Arbeitsfront		
DDP	Deutsche Demokratische Partei	NSV	Nationalsozialistische Volkswohlfahrt
DFG	Deutsche Forschungsgemeinschaft	o.	ordentlich
DNSAP	Deutsche Nationalsozialistische Arbeiterpartei	OKW	Oberkommando der Wehrmacht
		OSAF	Oberste SA-Führung
DNVP	Deutschnationale Volkspartei	PG	Parteigenosse
DVP	Deutsche Volkspartei	PH	Pädagogische Hochschule
evang.	evangelisch	RAD	Reichsarbeitsdienst
EWZ	Einwandererzentrale	RAK	Rassenpolitische Auslandskorres-pondenz
FAD	Freiwilliger Arbeitsdienst		
GG	Generalgouvernement	RDF	Reichsbund der deutschen Familie
GzVeN	Gesetz zur Verhütung erbkranken Nachwuchses	RdK	Reichsbund der Kinderreichen
		Ref.	Referent
HA	Hauptamt	REM	Reichserziehungsministerium
HfL	Hochschule für Lehrerbildung	RFSS	Reichsführer SS
HJ	Hitlerjugend	RGA	Reichsgesundheitsamt
HSSPF	Höherer SS- und Polizeiführer	RJF	Reichsjugendführung
IDO	Institut für deutsche Ostarbeit	RKFDV	Reichskommissar für die Festigung des deutschen Volkstums
kathol.	katholisch		
KLV	Kinderlandverschickung	RKK	Reichskulturkammer
KWI	Kaiser-Wilhelm-Institut	RLB	Reichsluftschutzbund
LBA	Lehrerbildungsanstalt	RM	Reichsministerium
MdL	Mitglied des Landtags	RMdI	Reichsministerium des Inneren
MdR	Mitglied des Reichstags	RPA	Rassepolitisches Amt
Napola	Nationalpolitische Erziehungsanstalt	RSHA	Reichssicherheitshauptamt
n.b.	nicht beamtet	RSK	Reichsschrifttumskammer
NSBO	Nationalsozialistische Betriebszellen-organisation	RU	Reichsuniversität
		RuS	Rasse- und Siedlungswesen
NSDFB	Nationalsozialistischer Frontkämp-ferbund	RuSHA	Rasse- und Siedlungshauptamt
		SA	Sturmabteilung

SAR	SA-Reserve	TV	Totenkopfverbände
Schupo	Schutzpolizei	UK	Universitätskurator
SD	Sicherheitsdienst	UWZ	Umwandererzentrale
Sipo	Sicherheitspolizei	VDA	Verein für das Deutschtum im Aus-
SPD	Sozialdemokratische Partei Deutsch-		land
	lands	VdHD	Verein der Hilfsschullehrer Deutsch-
SS	Schutzstaffel		lands
SSOA	SS-Oberabschnitt	VHS	Volkshochschule
SS-HA	SS-Hauptamt		
TH	Technische Hochschule		

Dienstgradbezeichnungen der SA und der SS:

	Sturmmann (Gefreiter)	O'Stubaf.	Obersturmbannführer (Oberst-
Rottenf.	Rottenführer (Obergefreiter)		leutnant)
U'Scharf.	Unterscharführer (Unteroffi-	Staf.	Standartenführer (Oberst)
	zier)	Oberf.	Oberführer
Scharf.	Scharführer (Unterfeldwebel)	Brigadef.	Brigadeführer (Generalmajor)
O'Scharf.	Oberscharführer (Feldwebel)	Gruppenf.	Gruppenführer (Generalleutnant)
H'Scharf.	Hauptscharführer (Oberfeldwebel)	O'Gruf.	Obergruppenführer (General)
U'Stuf.	Untersturmführer (Leutnant)	Oberstgruf.	Oberstgruppenführer (General-
O'Stuf.	Obersturmführer (Oberleutnant)		oberst)
H'Stuf.	Hauptsturmführer (Hauptmann)	RF	Reichsführer (Generalfeldmar-
Stubaf.	Sturmbannführer (Major)		schall)

Archivalien

Geheimes Staatsarchiv Berlin-Dahlem

Generalia Universitäten:

Rep. 76 Va, Sekt. 1, Abt. IV, VII, X: Zuwendungen der Notgemeinschaft der deutschen Wissenschaft an Institute oder Mitglieder der Universitäten, Habilitationen der Universitätslehrer, politisches Verhalten der Professoren und Beamten, Dozentenschaft und Dozentenakademie, Vergünstigungen für Kriegsteilnehmer sowie für Kämpfer der nationalen Bewegung, Vorlesungen und die Errichtung von Lehrstühlen für Pädagogik an den Universitäten, Fortbildungskurse für Ärzte, Organisationen für staatsbürgerliche Erziehung der Studenten

Rep. 76 Va, Sekt. 2, Abt. VI: Erteilte Promotionen der Philosophischen Fakultäten

Rep. 76 Va: Universitäten Berlin, Königsberg, Marburg, Münster, Göttingen, Kiel, Köln, Greifswald, Halle (Verwaltungs- und Personalakten)

Rep. 76 Vc Sekt. 1, Abt. XI, Teil I, Teil IX und Rep. 76 Vc, Sekt. 2, Abt. XXIII, Littr. A: Wissenschaftssachen: wissenschaftliche Gesellschaften und Vereine, Forschungsstellen, Kaiser-Wilhelm-Gesellschaft zur Förderung der Wissenschaften in Berlin, mit einzelnen Instituten

Rep. 76 VIII B Medizinalverwaltung (Bd. 2072, 2073–2074): Beirat für Rassenhygiene, Rassenhygiene und Bevölkerungspolitik

Archiv der Humboldt-Universität zu Berlin

Aktenbestand Rektorat/Kanzlei der Humboldt-Universität:
Nr. 52: Das Reichsinstitut für Geschichte des neuen Deutschlands

Bestand Kurator (UK):
UK 982, UK 1313, UK 1314: Anstalt für Rassenkunde, Völkerbiologie und ländliche Soziologie

Dekanatsakten Medizinische Fakultät:
Sign. 187: Rechtsgutachten zum Sterilisierungsgesetz u. a.
Sign. 207: Berliner Akademie für ärztliche Fortbildung, Schulungslehrgänge der Ärzte (Erbbiologische und rassenhygienische Schulungskurse, Lehrpläne der Staatsmedizinischen Akademie Berlin

NS-Dozentenschaft (Personalakten):
PA Abel (1934–1944) 2
PA Beck, Robert, File 21
PA Bose, Fritz, File 40
PA Kroh
PA ZD I/330, Z DI/829

Bundesarchiv Koblenz

Nachlaß Darré N 1094 (Bd. 1, 37, 45, 49, 58)

Spruchkammerakten Britische Besatzungszone:
Z 42 II/1223 Gütt, Artur
Z 42 II/2432 Lemme
Z 42 II/2450 Ehlich
Z 42 III/1695 Ludwig Koopmann
Z 42 III/880 Ziegler, Matthes
Z 42 IV/1826 Leistritz
Z 42 IV/6320 Klagges
Z 42 IV/6883 Schlösser, Ludwig Arnold
Z 42 V/2455 Ratz
Z 42 V/2511 Schwab, Julius
Z 42 VI/32 Schulz, Otto
Z 42 VII/2140 Vellguth, Hermann
Z 42 VII/4113 Eichenauer
Z 42 VII/896 Benze

Bundesarchiv Berlin

NS 2/85; 88; 89; 134
NS 3/395
NS 5/221–405

NS 12 Nationalsozialistischer Lehrerbund:
NS 12/904–918: Berichte über Versammlungen, Schulungen, Zusammenarbeit mit RPA, Sippenforschung, Rassenkunde

NS 19 Persönlicher Stab Reichsführer SS:
NS 19/1068: Akten zu Fritz Bose
NS 19/1260: Akten zu Clauss
NS 19/1328: Akten zu Pfahler
NS 19/1838: Akten zu Astel
NS 19/2601: Weltanschauliche Schulung
NS 19/3231: Akten zu Astel

NS 31 SS-Hauptamt:
NS 31/60; 169; 171; 357; 400; 403; 405; 416; 450

R 39 Reichssippenamt:
R 39/10: Tätigkeitsberichte der Poliklinik für Erb- und Rassenpflege
R 39/102 (R 1509 alt): Denkschriften über Rassenforschung an sozialwissenschaftlichen Instituten, Gesundheitspässe, Vorschläge für die Errichtung von Erbpflegeämtern, Bildungsarbeit der Erbpflegeämter u. ä.

R 49 (Reichskommissar für die Festigung des deutschen Volkstums): 3121–3123

R 58 Reichssicherheitshauptamt:
R 58/132: Forschungsstelle Vorderer Orient
R 58/901, 904–905: Literaturberichte
R 58/954: Bericht über Judenabteilung des Reichsinstituts für die Geschichte des neuen Deutschlands, Antisemitisches Schulungsmaterial
R 58/991: Tätigkeitsberichte des SD
R 58/7038: Geschäftsverteilungsplan RSHA
R 58/7156: Unterrichtsmaterial für die weltanschauliche Schulung der Ordnungspolizei
R 58/7169: Vorlesungen und Seminare an den Universitäten des Reiches, 1939–1942, Vorlesungen zur Rassenkunde

R 58/7219: Hochschulangelegenheiten, Korrespondenz mit Wissenschaftlern

R 58/7533: SD-Akten von Schwartz-Bostunitsch (SS-Sturmbannführer)

R 58/7605: Arbeitsgemeinschaft zur Erforschung der bolschewistischen Weltgefahr im Amt Rosenberg

R 58/7638: Verzeichnis der Mitarbeiter des Ahnenerbes

R 58/7736: Nachrichtendienst zur Führung der Weltanschaulichen Erziehung Nr. 9 und 10 (1944), Anleitung für die weltanschauliche Schulung der Angehörigen der SS (hrsg. vom RFSS, SS-Hauptamt)

R 165: Rassenhygienische und Kriminalbiologische Forschungsstelle des Reichsgesundheitsamtes

Reichsdrucksachen:
RD 19/9: Der Rassegedanke und seine gesetzliche Gestaltung

RD 19/11: Schulungsleithefte für SS-Führeranwärter

R 4901 und R 21 Reichserziehungsministerium:
R 4901/521: Rasseforschung (Ahnenpässe, Dienststelle des Sachverständigen für Rassenforschung des RMdI, Reichstelle für Sippenforschung, Rassentrennung)

R 4901/690: Institut für deutsche Ostarbeit in Krakau

R 4901/813: Studium der Biologie

R 4901/821: Studium der Psychologie und Physiotechnik. Bd. I: Januar 1935–Februar 1945.

R 4901/933: Forschungsinstitute

R 4901/939: Gesundheitsämter 1935–1942

R 4901/964: Durchführung d. GzVeN 1935–1943 (Sterilisierung an Universitätskliniken)

R 4901/965: Erb- und Rassenpflege 1935–1939, Ausbildung an den Universitäten u. ä.

R 4901/968: Allgemeine Hochschulsachen Berlin: Erbbiologische Bestandsaufnahmen 1938–1943

R 4901/1453: Universität Berlin, Institut für Vererbungslehre und Rassenhygiene 1923–1942

R 4901/1467: Universität Berlin, Fakultät für politische Pädagogik April 1933–April 1942

R 4901/1475: Universität Berlin, Institut für Lautforschung (vormals Lautabteilung bei der Preußischen Staatsbibliothek Berlin

R 4901/1483: Universität Berlin, Institut für Rassenkunde, Völkerbiologie und ländliche Soziologie 1935–1942

R 4901/1717: Universität Breslau, Philosophische Fakultät 1933–1938

R 4901/2026: Universität Marburg, Institut für Psychologie und Anthropologie 1922–1944

R 4901/2027: Universität Marburg, Psychologisch-Anthropologisches Institut Marburg, Bd. II: 1942–1944

R 4901/2164: Universität Tübingen, Rassenbiologisches Institut 1941–1942

R 4901/2605: Forschungssachen: Allgemeine philosophische, psychologische und pädagogische Hochschulinstitute, Bd. I: 1935–1943

R 4901/2606: Forschungsangelegenheiten der philosophischen, psychologischen und pädagogischen Hochschulinstitute, Bd. I 1935–1936

R 4901/2607: Philosophische, psychologische und pädagogische Vereine und Gesellschaften

R 4901/2737: Internationale Anthropologische Tagungen und Kongresse

R 4901/2947: Internationale Tagungen u. a. Psychologie, Philosophie 1936–1945

R 4901/3059: Internationale Union für biologische Wissenschaften 1936–1940

R 4901/3365: Fortbildung der Lehrer 1933–1939

R 4901/4607: Schulungslager für Lehrer

R 4901/6937: Gesundheitslehre und -pflege, Erblehre und -pflege, Rassenkunde (Nationalpolitische Schulungslehrgänge für Lehrkräfte 1934–1943)

R 4901/10976: Fortbildung von Lehrkräften der Lehrerfortbildungsanstalten

R 4901/10991: Lehrerbildung, Rassenkunde, Vererbungslehre und Biologie 1944

R 4901/20037–45: Verschiedene Institute der Universität München

R 21/197: Abteilung Landjahr, Dienstanweisungen und Schulungspläne zum Landjahr, Egon Leuschner „Nationalsozialistische Fremdvolkspolitik"

R 21/549: REM, Amt E: Veröffentlichungen und Vorträge von Lehrkräften an Lehrerbildungsanstalten

R 21/753: Universität Leipzig, Institut für Rassen- und Völkerkunde

R 21/760: REM, Universität Graz (Errichtung eines neuen Lehrstuhls für Erblehre und Rassenhygiene)

R 21/764: Volkspolitisches Reichsreferat des Reichstudentenführers, vertrauliche Berichte

R 21/785: Universität München, Allgemeines

R 21/796: REM, Besetzung der Lehrstühle für Anthropologie (Rassenkunde) an den Universitäten München und Straßburg

R 21/817: REM, Besetzung von Lehrstühlen an der Universität Wien

R 21/859: Berufungen von Professoren an allen Universitäten 1943

R 21/10000: Kartei aller Hochschullehrer A–Ben

R 21/10024: Naturwissenschaftliche Hochschullehrer-Kartei A–M

R 21/10025: Naturwissenschaftliche Hochschullehrer-Kartei N–Z

R 21/10217: REM, die Professuren der Philosophischen Fakultät der Universität Hamburg, Wiederbesetzung der Lehrstühle für Psychologie, Philologie, Kunstgeschichte und Soziologie (1935–1945)

R 21/10236: REM, Universität Jena (Personalveränderungen des Lehrkörpers 1935–1944)

R 21/10303: REM, Besetzung der Lehrstühle der Philosophischen Fakultät der RU Posen

R 21/10310: RU Posen (Institut für Kulturwissenschaften und -forschung, Aufgabengebiete der psychologisch-pädagogischen Abteilung u. ä

R 21/10416: Die Professoren der Medizinischen Fakultät der Universität Tübingen

R 21/10418: Universität Tübingen (Angelegenheiten des Lehrkörpers)

R 21/11066: Personalangelegenheiten des Reichsinstituts für Geschichte des neuen Deutschlands (1938 bis März 1940)

R 69 Einwandererzentralstelle Litzmannstadt (EWZ):

R 69/178: Anordnungen an die RuS-Eignungsprüfer und Gesundheitsstellen, Richtlinien für die ärztliche und erbbiologische Beurteilung der Umsiedler 1941

Ehemals Berlin Document Center (BDC)

Unsere Recherchen im ehemaligen Berlin Document Center begannen 1998. Inzwischen sind die BDC-Akten ins Bundesarchiv integriert, weitgehend verfilmt und datentechnisch erfaßt. Wir zitieren noch nach den Signaturen der Handakten; die jeweiligen Namen der Personalakten wurden weggelassen, da sich der Name aus dem laufenden Text ergibt. Im einzelnen wurden folgende Bestände herangezogen:

BDC (Namenregister)
BDC Ahnenerbe (Namenregister)
BDC Diverses (Namenregister)
BDC Einwanderungszentrale/EWZ (Namenregister)
BDC NSLB-Listen (Personal-Fragebögen und Gutachtertätigkeit)
BDC Oberstes Parteigericht/OPG (Namenregister)
BDC Parteikanzlei/PK (Namenregister)
BDC Reichserziehungsministerium/REM (Namenregister)
BDC Reichsärztekammer/RÄK (Namenregister)
BDC: Reichskulturkammer/RKK (Namenregister)
BDC Entnazifizierungsakten (RKK) (Namenregister)
BDC Rasse- und Siedlungshauptamt/RS (Namenregister)
BDC SS-Officer/SSO (Namenregister)
BDC SS-Mannschaftsdienstgrade/SM (Namenregister)
BDC SA-Personalakten (Namenregister)

Bibliothek für Bildungsgeschichtliche Forschung Berlin (BBF)

Preußische Lehrerkarteien:
Personalblatt A für Direktoren, wissenschaftliche Lehrer und Kandidaten für das höhere Lehramt
Volksschullehrerkartei der preußischen Regierungsbezirke

Stadtarchiv Rüsselsheim

Personalakten Graf, Jakob

Deutsches Hygiene-Museum Dresden

Archivbestände zu Ausstellungen, Schulungsmaterialien, Lehrmittelproduktion

Zeitschriften

Akademische Turnbunds-Blätter
Ärzteblatt für Hamburg und Schleswig-Holstein
Allgemeine Zeitschrift für Psychiatrie und ihre Grenzgebiete
Amtsblatt des Thüringischen Ministeriums für Volksbildung
Arbeitseinsatz und Arbeitslosenhilfe. Fachzeitschrift für Arbeitseinsatz, Arbeitsvermittlung, unterstüt-
  zende und wertschaffende Arbeitslosenhilfe, Arbeitsbeschaffung
Anthropologischer Anzeiger
Die Arbeitsschule. Monatsschrift des Deutschen Vereins für Werktätige Erziehung
Archiv für Bevölkerungswissenschaft und Bevölkerungspolitik
Archiv für die gesamte Psychologie
Archiv für Rassen- und Gesellschaftsbiologie
Archiv für Soziale Hygiene und Demographie N.F.
Archiv für Volksschullehrer. Monatsschrift für Lehrer an katholischen Volksschulen
Aus Unterricht und Forschung. Wissenschaftliche Zeitschrift auf nationalsozialistischer Grundlage
Auslandsdeutsche Volksforschung

Die Badische Schule, hrsg. von der Gauverwaltung des NSLB Gau Baden
Baltische Monatshefte
Bayerische Blätter für das Gymnasial-Schulwesen
Bayerische Lehrerzeitung
Beiträge zum Blindenbildungswesen, hrsg. von der Vereinigung der Blinden Akademiker Deutschlands
Der Biologe. Monatszeitschrift des deutschen Biologen-Verbandes des Sachgebietes Biologie im NSLB
  und des Reichsführers der deutschen Studentenschaft
Blätter für Anstaltspädagogik. Zeitschrift für Pflege der katholischen Anstaltserziehung
Blätter für Schulpraxis und Erziehungswissenschaft, hrsg. von der Gauwaltung des NSLB, Gau Fran-
  ken
Blätter für Taubstummenbildung
Bücherei und Bildungspflege
Die deutsche Berufsschule
Der deutsche Erzieher
Der deutsche Erzieher (Gau Mark Brandenburg)
Der deutsche Erzieher. Mitteilungsblatt des NSLB Gauwaltung Niederdonau
Der Deutsche Volkserzieher
Deutsche Erziehung im Osten
Deutsche evangelische Monatsblätter
Deutsche Forschung im Osten, hrsg. vom Institut für Deutsche Ostarbeit, Krakau
Deutsche Handelsschulwarte, Ausgabe B der deutschen Berufserziehung
Die Deutsche Höhere Schule
Deutsche Mädchenbildung
Deutsche Monatshefte, Kattowitz
Deutsche Musikkultur
Die Deutsche Schule. Zeitschrift der Reichsfachschaft IV (Volksschulen) des NSLB

Die deutsche Sonderschule. Zeitschrift der Reichsfachschaft V (Sonderschulen) im NSLB
Der deutsche Volkserzieher. Organ des Reichsfachschaftsleiters der Reichsfachschaft IV (Volksschule) im NSLB
Deutsche Volkserziehung
Die deutsche Volksschule
Deutsche Wissenschaft, Erziehung und Volksbildung, Amtsblatt des REM
Deutscher Wissenschaftlicher Dienst
Deutsches Ärzteblatt
Deutsches Archiv für Landes- und Volksforschung
Deutsches Bildungswesen
Deutsches Philologen-Blatt
Deutsches Schulwesen
Deutschlands Erneuerung

Der Erbarzt
Erzieher der Westmark
Erzieher im Braunhemd. Kampfblatt (später Mitteilungsblatt) des NSLB im Gau Halle-Merseburg
Die Erziehung. Monatsschrift für den Zusammenhang von Kultur und Erziehung in Wissenschaft und Leben
Erziehung zum Osten

Film und Bild in Wissenschaft, Erziehung und Volksbildung
Forschungen und Fortschritte
Fortschritte der Erbpathologie, Rassenhygiene und ihrer Grenzgebiete
Führerblätter der Hitler-Jugend, Ausgabe DJ

Geistige Arbeit. Zeitung aus der wissenschaftlichen Welt
Geographischer Anzeiger
Geographische Wochenschrift
Gesundheit und Erziehung
Die Gesundheitsführung. Monatsschrift des Hauptamtes für Volksgesundheit der NSDAP, des Sachverständigenbeirates und des NSD-Ärztebundes

Hamburger Lehrerzeitung
Handreichungen für einen gegenwartsbetonten Unterricht. Anhang zu: Die Neue deutsche Schule
Heimat und Arbeit. Monatshefte für pädagogische Politik
Die Hilfsschule

Industrielle Psychotechnik
Internationale Zeitschrift für Erziehung

Jahreskurse für ärztliche Fortbildung. München (Lehmann)
Jugendrecht
Jugendwohl. Katholische Zeitschrift für Kinder- und Jugendfürsorge
Das Junge Deutschland. Mitteilungsblatt des Jugendführers des Deutschen Reiches
Die Junge Front
Der Junge Lehrer

Katholische Frauenbildung im Deutschen Volk. Zeitschrift des Vereins katholischer deutscher Lehrerinnen
Kindergarten
Kölner Vierteljahreshefte für Soziologie
Korrespondenz für Volksaufklärung und Rassenpflege
Kriminalistische Monatshefte

Kunst und Jugend
Kurhessischer Erzieher

Leibesübungen und körperliche Erziehung

Die Medizinische Welt
Mecklenburgische Schulzeitung
Mitteilungsblatt der Hauptabteilung Schulung der Reichswaltung des NS-Lehrerbundes
Mitteilungsblatt der NSLB-Gauwaltung Saarpfalz
Mitteilungsblatt der NSLB-Gauwaltung Westmark
Mitteldeutscher Kulturwart. Gau Magdeburg
Die Mittelschule. Zeitschrift der Reichsfachschaft Mittelschule im NSLB
Der Mittelschulunterricht. Beilage zur Zeitschrift Die Mittelschule
Monatsschrift für den nordischen Gedanken
Monatsschrift für Deutsche Kultur
Monatsschrift für höhere Schulen
Münchner Medizinische Wochenschrift
Die Musik

Der nationalsozialistische Erzieher. Bundesblatt des NSLB Gau Danzig
Nationalsozialistische Erziehung, hrsg. von Hans Schemm, NSLB
Nationalsozialistische Monatshefte
Nationalsozialistischer Volksgesundheitsdienst
Nationalsozialistisches Bildungswesen. Einzige erziehungswissenschaftliche Zeitschrift der Bewegung
     (Hrsg. NSLB)
Die Naturwissenschaften
Neue Bahnen
Die Neue Deutsche Schule, hrsg. von Ernst Krieck/Reichsfachschaft IV des NSLB. Angebunden:
     Handreichungen für einen gegenwartsbetonten Unterricht
Der Neue Volkserzieher
Neue Wege
Neues Volk. Blätter des Rassenpolitischen Amtes der NSDAP, Kampfblatt für völkische Kultur und
     Politik
Niedersächsischer Erzieher

Odal. Monatschrift für Blut und Boden
Öffentlicher Gesundheitsdienst. Zeitschrift des Reichsausschusses für Volksgesundheitsdienst

Pädagogische Warte
Pädagogischer Umbruch. Zeitschrift für Erzieher in der NSDAP und des NS-Lehrerbundes, Gau
     München-Oberbayern
Pharus. Katholische Monatsschrift für Orientierung in der gesamten Pädagogik
Politische Erziehung, hrsg. vom Nationalsozialistischen Lehrerbund, Gau Sachsen. Ausgabe A (ohne
     Beilagen) und Ausgabe D (mit Beilage: Die höhere Schule)
Politische Leibeserziehung
Pommersche Blätter für die Schule
Praktische Gesundheitspflege in Schule und Haus

Rasse. Monatszeitschrift der Nordischen Bewegung, hrsg. von Hans Friedrich Karl Günther und
     Ludwig Ferdinand Clauss (bis 1937)
Rassenkunde und psychologische Anthropologie. Beihefte der Zeitschrift für angewandte Psychologie
     und Charakterkunde, hrsg. von Erich R. Jaensch

Rassenpolitische Auslandskorrespondenz (RAK), hrsg. vom Aufklärungsamt für Bevölkerungspolitik
und Rassenpflege
Reichs-Gesundheitsblatt
Reichszeitung der deutschen Erzieher (ab 1938: Der deutsche Erzieher)
Rustin-Nachrichten, hrsg. vom Rustinschen Lehrinstitut für Fernunterricht Potsdam

SA-Führer, Zeitschrift der SA-Führer der NSDAP, hrsg. von der Obersten SA-Führung
Schleswig-Holsteinische Hochschulblätter, Sonderheft „Rasse, Art, Erbgut" (Juni 1934)
Die Schule im nationalsozialistischen Staat. Eine Monatsschrift für das gesamte deutsche Bildungs-
wesen, hrsg. von Hans Cordsen
Schule im neuen Staat. Früher Deutsche Schule. Monatschrift für nationalsozialistische Erziehungs-
und Unterrichtsfragen sowie zur Förderung der deutschen Volksgemeinschaft
Die Schule im Volk. Eine Monatsschrift für die Erziehung zur Volksgemeinschaft
Der Schulungsbrief. Das zentrale Monatsblatt der NSDAP und DAF, hrsg. vom Reichsorganisations-
leiter der NSDAP
Soldatentum. Soldatische Wirklichkeit, soldatische Erziehung, soldatische Kultur, wehrpsychologisches
Wissen, hrsg. von der Inspektion der Personalprüfwesens des Heeres
Die Sonne. Monatszeitschrift für Rasse, Glauben und Volkstum
Sozialhygienische Mitteilungen. Mitteilungsblatt der Baden-Württembergischen Gesellschaft für
Sozialhygiene

SS-Leithefte
Der Thüringer Erzieher. Pädagogische Halbmonatszeitschrift des NSLB Gau Thüringen
Unsere Welt. Illustrierte Monatschrift für Naturwissenschaft und Weltanschauung, hrsg. vom Kepler-
bund
Unterrichtsblätter für Mathematik und Naturwissenschaften

Vergangenheit und Gegenwart. Monatszeitschrift für Geschichtsunterricht und politische Erziehung
Die völkische Schule. Blätter für völkische Erziehung
Die Volksschule. Halbmonatsschrift für Wissenschaft und Praxis der Erziehung, Lehrerbildung und
Kulturpolitik. Zeitschrift der Reichsfachschaft IV (Volksschulen) des NSLB
Volk im Werden. Zeitschrift für Kulturpolitik. Volk und Rasse. Illustrierte Monatszeitschrift für deut-
sches Volkstum, Rassenkunde und Rassenpflege
Volk und Leibesübungen
Volk und Rasse. Illustrierte Monatszeitschrift für deutsches Volkstum, Rassenkunde und Rassenpflege.
Zeitschrift des Reichsausschusses für Volksgesundheitsdienst und der Deutschen Gesellschaft für
Rassenhygiene
Volk und Rasse – Volk und Raum. Schriften des Amtes für Erbbiologie beim Kulturamt der Deut-
schen in Rumänien

Wacht im Osten. Monatsschrift für deutsches Leben. Mitteilungsblatt der Deutschen Gesellschaft für
Rassenhygiene, Danzig
Weltanschauung und Schule
Der Weltkampf. Monatsschrift für Weltpolitik, völkische Kultur und die Judenfrage aller Länder
Westdeutsche Akademische Rundschau. Amtliches Organ der Hochschulbehörden, Dozenten- und
Studentenschaften, Studentenwerke
Die Wohlfahrtspflege in der Rheinprovinz. Zeitschrift für alle Zweige der Wohlfahrtspflege, amtliches
Organ des Landesfürsorgeverbandes und des Landesjugendamtes, hrsg. vom Landeshauptmann der
Rheinprovinz (Fortsetzung: Die Rheinprovinz)
Württembergische Lehrerzeitung. Zeitschrift des Württembergischen Lehrervereins

Zeitschrift für ärztliche Fortbildung
Zeitschrift für angewandte Charakterkunde

Zeitschrift für angewandte Psychologie und Charakterkunde
Zeitschrift für Deutsche Bildung
Zeitschrift für Deutschkunde
Zeitschrift für Erdkunde
Zeitschrift für Eugenik
Zeitschrift für die gesamte Neurologie und Psychiatrie
Zeitschrift für Geschichte der Erziehung und des Unterrichts
Zeitschrift für Gesundheitsverwaltung und Gesundheitsfürsorge
Zeitschrift für induktive Abstammungs- und Vererbungslehre
Zeitschrift für Kinderforschung
Zeitschrift für Kinderkunde
Zeitschrift für Medizinalbeamte
Zeitschrift für Menschenkunde
Zeitschrift für menschliche Vererbungs- und Konstitutionslehre
Zeitschrift für Morphologie und Anthropologie (Nachfolger: Zeitschrift für Morphologie und Anthropologie, Erb- und Rassenbiologie)
Zeitschrift für pädagogische Psychologie und Jugendkunde
Zeitschrift für psychische Hygiene
Zeitschrift für Psychologie (Nachfolger: Zeitschrift für angewandte Psychologie. Nachfolger: Zeitschrift für angewandte Psychologie und Charakterkunde)
Zeitschrift für Rassenkunde und ihre Nachbargebiete (Nachfolger: Zeitschrift für Rassenkunde und der gesamten Forschung am Menschen)
Zeitschrift für Rassenphysiologie
Zeitschrift für Volkskunde N.F.
Zentralblatt für Graphologie
Ziel und Weg. Zeitschrift des Nationalsozialistischen Deutschen Ärzte-Bundes e.V. (Fortsetzung: Gesundheitsführung)

Literaturverzeichnis

Biographische Kompendien

Deutschbaltisches Biographisches Lexikon 1710–1960, hrsg. von Wilhelm Lenz, Köln – Wien 1970

Braunschweigisches Biographisches Lexikon: 19. und 20. Jahrhundert, hrsg. von Horst-Rüdiger Jarck, Hannover 1996

Das deutsche Führerlexikon, Berlin 1934

Grewolls, Grete: Wer war wer in Mecklenburg-Vorpommern? Ein Personenlexikon, Bremen 1995

Handbuch der deutschen Wissenschaft, 2 Bde., Berlin 1949

Handbuch für den Preußischen Staat, hrsg. vom Preußischen Staatsministerium, 128 (1922)–140 (1938)

Handbuch der Reichskulturkammer, hrsg. von Hans Hinkel, Berlin 1937

Hesse, Alexander: Professoren und Dozenten der preußischen Pädagogischen Akademien (1926 bis 1933) und Hochschulen für Lehrerbildung (1933 bis 1941), Weinheim 1995

Kürschners deutscher Gelehrtenkalender, 1 (1925)–10 (1966)

Neue deutsche Biographie, hrsg. von der Historischen Kommission bei der Bayerischen Akademie der Wissenschaften, Bd. 13, Berlin 1982

Reichshandbuch der Deutschen Gesellschaft. Das Handbuch der Persönlichkeiten in Wort und Bild, Hauptschriftleitung Robert Volz, Berlin 1930/31

Stockhorst, Erich: 5000 Köpfe. Wer war was im 3. Reich, Kettwig 1967, 2. Aufl. Kiel 1985

Taschenbuch für Verwaltungsbeamte: Behördennachweis und Personenverzeichnis, hrsg. von A. Köhler, 60/1943

Wer ist's? Unsere Zeitgenossen. Biographien von rund 15000 lebenden Zeitgenossen. Angaben über Herkunft, Familie, Lebenslauf, Veröffentlichungen und Werke ..., hrsg. von Hermann August Ludwig Degener, 9. Ausgabe, Berlin – Leipzig 1928, 10. Ausgabe 1935

Wer ist wer? Das deutsche Who's who. Ausgabe von Degeners Wer ist's? Bundesrepublik Deutschland und West-Berlin, hrsg. von Walter Habel, 11. Ausgabe, Berlin 1951, 12. Ausgabe 1955, 14. Ausgabe 1962, 16. Ausgabe 1967

Wistrich, Robert Solomon: Wer war Wer im 3. Reich: Anhänger, Mitläufer, Gegner aus Politik, Wirtschaft, Militär, Kunst und Wissenschaft, München 1983

Literatur vor 1945 (nicht in der Bibliographie enthalten)

Arlt, Fritz: Volksbiologische Untersuchung über die Juden in Leipzig, Leipzig 1938

AWI: Zum sozialen Aufbau im Osten; und: Die industrielle Um- und Neusiedlung als gemeinschaftspsychologisches Problem. In: Jahrbuch des Arbeitswissenschaftlichen Instituts der Deutschen Arbeitsfront 1940

Berger, F.: Der Aufbau der Braunschweigischen Lehrerbildung. In: Deutsches Bildungswesen 4/1936, H. 2

Clauss, Ludwig F.: Nordische Glaubensgestaltung. In: Deutschlands Erneuerung 8/1924, H. 7

Clauss, Ludwig F.: Die nordische Seele. Eine Einführung in die Rassenseelenkunde, München 1932

Clauss, Ludwig F.: Rasse und Seele, München 1926

Clauss, Ludwig F.: Rassenseele und Volksgemeinschaft. In: Rasse 2/1935, H. 1

Dermann, Paul: Rassenkundliche Untersuchungen bei SA-Männern der Studentenschaft der Universität Münster, Diss. med. Münster 1937

Deuchler, Gustav: Das nationalsozialistische Wirtschaftsethos. In: Der SA-Führer 5/1940, H. 10 und 11

Deuchler, Gustav: Die umbildende und volksschöpferische Kraft der weltanschaulichen Erziehung. In: Der SA-Führer 6/1941, H. 4

Deuchler, Gustav: Politische Charakterologie. In: Der SA-Führer 7/1942, H. 1 und 4

Deutsche Karls-Universität Prag. Vorlesungs- und Personalverzeichnis 1940–1941

Deutsche Schule für Volksbildung, Mannheim, Arbeitsplan 1933/34

Döpp-Vorwald, Heinz: Hitlerjugend und Schule. In: Deutsches Bildungswesen 2/1934, H. 7

Döpp-Vorwald, Heinz: Pädagogischer Realismus als Gegenwartsaufgabe, Weimar 1935

Fischer, Gert-Heinz: E. R. Jaensch zum Gedenken. Sein Werk und Vermächtnis, Leipzig 1940

Freudenthal, H.: Die Hochschule für Lehrerbildung im Dritten Reich. In: Deutsche Volkserziehung 1937, H. 1/2; auch in: Hans-Jochen Gamm (Hrsg.), Führung und Verführung. Pädagogik des Nationalsozialismus, München 1990

Friedrich-Wilhelm-Universität Berlin. Vorlesungs- und Personalverzeichnis 1933 ff.

Fürst, Theobald/Fritz Lenz: Ein Beitrag zur Fortpflanzung verschieden begabter Familien. In: Archiv für Rassen- und Gesellschaftsbiologie 17/1925, H. 4

Fürst, Theobald: Wie kann die Tätigkeit des Schularztes der Erblichkeitsforschung und Rassenhygiene dienen? In: Archiv für Rassen- und Gesellschaftsbiologie 19/1927

Gaupp, Robert: Die Unfruchtbarmachung geistig und sittlich Kranker und Minderwertiger, Berlin 1925

Gossow, Erich: Hilfsschule und Eugenik. In: Die Hilfsschule 25/1932

Gross, Walter (Hrsg.): Rassenpolitische Leitsätze zur Fremdvolkpolitik des Deutschen Reichs (Entwurf von Hecht und Wetzel): BDC, PA Gross 03853

Grotjahn, Alfred: Die Hygiene der menschlichen Fortpflanzung, Berlin – Wien 1926

Günther, Hans F. K.: Erziehung der Jugend zum Nordischen Gedanken. In: Die Sonne 7/1930, H. 8

Günther, Hans F. K.: Platon als Hüter des Lebens, München 1928

Günther, Hans F. K.: Rassenkunde des deutschen Volkes, München 1922

Günther, Hans F. K.: Ritter, Tod und Teufel. Der heldische Gedanke, München 1920

Günther, Hans F. K.: Zur Frage der Begründung eines Neuadels. In: Rasse 1/1934, H. 4/5

Hamburgisches Lehrer-Verzeichnis 1935/1936, hrsg. vom NSLB Gau Hamburg

Hansen, Henrich/Johann von Leers: Der deutsche Lehrer als Kulturschöpfer, Frankfurt 1939

Hartnacke, Wilhelm: Bildungswahn – Volkstod!, München 1932

HfL Cottbus: Jahrespläne 1936–1939

HfL Danzig: Erziehungs- und Arbeitsplan der Hochschule für Lehrerbildung Danzig. Ein Beitrag zur Schul- und Hochschulreform, hrsg. von Franz Kade, Frankfurt/M. 1935

HfL Darmstadt: Arbeitspläne 1937–1938

HfL Dresden: Arbeitspläne 1937–1938

HfL Eßlingen: Arbeitspläne 1936–1941

HfL Halle: Arbeitsplan 1933/34

HfL Hamburg: Arbeitsplan 1939

HfL Hannover: Arbeitsplan 1937/38

HfL Hirschberg: Jahrespläne 1934–1938

HfL Leipzig: Arbeitspläne 1938–1940

HfL München-Pasing: Arbeitspläne 1938–1940

HfL Oldenburg: Arbeitspläne 1936–1938

HfL Rostock: Arbeitspläne 1938 und 1939

HfL Trier: Arbeitspläne 1937–1939

HfL Würzburg: Arbeitspläne 1937–1940

Höppner, Heinz: Die Aufgaben des Gauamtes für Volkstumsfragen im Reichsgau Wartheland (1943). In: Documenta occupationis, Poznań 1945 ff., Bd. IV

Jaensch, Erich R.: Der Kampf der deutschen Psychologie. In: F. Hiller (Hrsg.), Deutsche Erziehung im neuen Staat, Berlin – Leipzig 1936

Jaensch, Erich R.: Der Hühnerhof als Forschungs- und Aufklärungsmittel in menschlichen Rassenfragen. In: Zeitschrift für Tierpsychologie 1939, H. 2

Jaensch, Erich R.: Die Lage und Aufgaben der Psychologie. Ihre Sendung in der deutschen Bewegung und an der Kulturwende, Leipzig 1933

Jahrbuch des NSLB Baden. Verzeichnis der zur Fachschaft 4 des NSLB, Gau Baden, gehörenden Schulen und Lehrkräfte, hrsg. von der Gauamtsleitung des Amtes für Erzieher der NSDAP, Bühl/ Baden 1934/35 und 1939

Just, Günther: Das Erbwissenschaftliche Forschungsinstitut des Reichsgesundheitsamtes. In: Zeitschrift für Rassenkunde 9/1939

Leers, Johann von/Heinrich Hansen: Der deutsche Lehrer als Kulturschöpfer, Frankfurt/M. 1939

Lehmann, Ernst und Günther: Die Interessengebiete der Biologielehrer an höheren Lehranstalten. In: Der Biologe 1938, H. 10

Leipziger Lehrerverzeichnis 1936, hrsg. vom Kreisamt für Erzieher

Lenz, Fritz: Menschliche Erblichkeitslehre. In: Erwin Baur/Eugen Fischer/Fritz Lenz, Grundriß der menschlichen Erblichkeitslehre und Rassenhygiene, Bd. 1, München 1921

Lenz, Fritz: Über die biologischen Grundlagen der Erziehung, München 1925

Lenz, Fritz: Gedanken zur Rassenhygiene (Eugenik). In: Archiv für Rassen- und Gesellschaftsbiologie 37/1943

Lenz-von Borries, Kara: Das geplante Bewahrungsgesetz. In: Archiv für Rassen- und Gesellschaftsbiologie 22/1930

Lenz-von Borries, Kara: Die Rassenhygiene im Arbeitsbereich der Fürsorgerin. In: Zeitschrift für Volksaufartung und Erbkunde 1/1926, H. 4 und 5

Luserke, Martin: Schulgemeinde. Der Aufbau der neuen Schule, Berlin 1919

Mager, Richard: Arbeitsplan. In: Kunst und Jugend 11/12, 1942

Maier, Georg O. Th.: Anthropologische Untersuchungen im Bezirke Wolfsheim des Bayerischen Waldes, Diss. phil. Zürich 1938

Müller, Karl Valentin: Arbeiterbewegung und Bevölkerungsfrage, Jena 1927

Müller, Karl Valentin: Der Aufstieg des Arbeiters durch Rasse und Meisterschaft, München 1935

Müller, Karl Valentin: Der Nordische Gedanke in der Arbeiterbewegung. In: Die Sonne 6/1929, H. 9

Müller, Karl Valentin: Gesetzmäßigkeiten bei Wandlungen von rassisch nahestehenden Nachbarvölkern durch Umvolkungsvorgänge. In: Archiv für Rassen- und Gesellschaftsbiologie 31/1937

Müller, Karl Valentin: Beobachtungen über die Fruchtbarkeit und Fruchtbarkeitsunterschiede der Gutsbevölkerung in der ehemaligen Provinz Posen. In: Archiv für Rassen- und Gesellschaftsbiologie 36/1942, H. 1

Müller, Karl Valentin/M. Springer: Sozialanthropologische Betrachtungen. In: Archiv für Rassen- und Gesellschaftsbiologie 18/1926

NSLB-Taschenkalender für alle deutschen Erzieher, Hrsg. Reichswaltung des NSLB, München 1938

Petersen, Peter: Der Jena-Plan. In: Die Erziehung 10/1935

Petersen, Peter: Die erziehungswissenschaftlichen Grundlagen des Jenaplanes im Lichte des Nationalsozialismus. In: Die Schule im nationalsozialistischen Staat 11/1935, H. 6

Petersen, Peter: Führungslehre des Unterrichts, Langensalza – Berlin – Leipzig 1937

Petersen, Peter: Nationalpolitische Bildung der menschlichen Sittlichkeit. In: Die Erziehung 10/1935

Ploetz, Alfred: Die Tüchtigkeit unserer Rasse und der Schutz der Schwachen, Berlin 1895

Reche: Leitsätze zur bevölkerungspolitischen Sicherung des deutschen Ostens, Leipzig 24. September 1939. In: Mechthild Rössler/Sabine Schleiermacher (Hrsg.), Der Generalplan Ost. Hauptlinien der nationalsozialistischen Planungs- und Vernichtungspolitik, Berlin 1993

Reche: Stärke und Herkunft des Anteiles Nordischer Rasse bei den West-Slawen. In: H. Aubin u. a., Deutsche Ostforschung. Ergebnisse und Aufgaben seit dem 1. Weltkrieg, Leipzig 1942

Reichsuniversität Posen. Vorlesungs- und Personalverzeichnis 1941–1942

Rehkopf, Hans-Helmut: Das Rassenpolitische Gauamt in Hannover. In: Der Biologe 8/1939, H. 3

Richard, Rudolf (Pseud. für Richard Eichenauer): Der Nordische Gedanke und die Schule. In: Die Sonne 7/1930, H. 12

Ritter, Robert: Das Kriminalbiologische Institut der Sicherheitspolizei. In: Kriminalistik 16/1942, H. 11

Schallmeyer, Wilhelm: Vererbung und Auslese. Grundriß der Gesellschaftsbiologie und der Lehre vom Rassedienst, Jena ³1918

Strickner, Herbert: Die „Deutsche Volksliste" in Posen. Bericht über ihre Entstehung und die Entwicklung des Verfahrens (1942). In: Documenta occupationis, Poznań 1945 ff., Bd. IV

Technische Hochschule Dresden, Vorlesungs- und Personalverzeichnis 1938–1942

Teich, Gerhard/Heinrich Rübel: Völker, Volksgruppen und Volksstämme auf dem ehemaligen Gebiet der UdSSR. Geschichte, Verbreitung, Rasse, Bekenntnis, Hrsg. RFSS, Rasseamt und Institut für Grenz- und Auslandsstudien, Leipzig 1942

Textor, Hermann: Völkische Arbeitseignung und Wirtschaftsstruktur, Berlin 1939

Tille, Alexander: Volksdienst. Von einem Sozialaristokraten, Berlin – Leipzig 1893

Universität Jena. Vorlesungs- und Personalverzeichnis 1935–1939

Universität Leipzig. Vorlesungs- und Personalverzeichnis 1934–1938

Universität Marburg. Vorlesungs- und Personalverzeichnis 1939/1940

Wetzel, Erhard/Günther Hecht: Die Frage der Behandlung der Bevölkerung der ehemaligen polnischen Gebiete nach rassenpolitischen Gesichtspunkten, Berlin 1939

Wetzel, Robert/Hermann Hoffmann (Hrsg.): Wissenschaftliche Akademie Tübingen des NSD-Dozentenbundes, Bd. 1 (1937/1938/1939), Tübingen 1940

Wolter, Helmut: Der Aufbau des Schulwesens im Elsaß und in Lothringen. In: Mitteilungsblatt des NSLB Gauwaltung Westmark 1942, H. 10

Sekundärliteratur nach 1945

Adam, Uwe: Hochschule und Nationalsozialismus. Die Universität Tübingen im Dritten Reich, Tübingen 1977

Alkemeyer, Thomas: Körper, Kult und Politik. Von der ‚Muskelreligion' Pierre de Coubertins zur Inszenierung von Macht in den Olympischen Spielen von 1936, Frankfurt/M. – New York 1996

Aly, Götz/Susanne Heim: Vordenker der Vernichtung. Auschwitz und die deutschen Pläne für eine neue europäische Ordnung, Hamburg 1991

Aly, Götz/Karl Heinz Roth: Die restlose Erfassung. Volkszählen, Identifizieren, Aussondern im Nationalsozialismus, Berlin 1984

Apel, Hans-Jürgen/Stefan Bittner: Humanistische Schulbildung 1890–1945. Anspruch und Wirklichkeit der altertumskundlichen Unterrichtsfächer, Köln – Weimar – Wien 1994

Arlt, Fritz: Polen-, Ukrainer-, Judenpolitik im Generalgouvernement für die besetzten Gebiete 1939/40 und in Oberschlesien 1941/43 und im Freiheitskampf der unterdrückten Ostvölker, Lindhorst 1995

Ash, Mitchell G.: Die erbpsychologische Abteilung am Kaiser-Wilhelm-Institut für Anthropologie, menschliche Erblehre und Eugenik (1935–1945). In: Lothar Sprung/Wolfgang Schönpflug (Hrsg.), Zur Geschichte der Psychologie in Berlin, Frankfurt/M. u. a. 1992

Ash, Mitchell G.: Ein Institut und seine Zeitschrift. Zur Geschichte des Berliner Psychologischen Instituts und der Zeitschrift „Psychologische Forschung" vor und nach 1933. In: Carl F. Graumann (Hrsg.), Psychologie und Nationalsozialismus, Berlin u. a. 1985

Ash, Mitchell G.: Verordnete Umbrüche – Konstruierte Kontinuitäten. In: Zeitschrift für Geschichte 43/1995

Ash, Mitchell G./Ulrich Geuter: NSDAP-Mitgliedschaft und Universitätskarriere in der Psychologie. In: Carl F. Graumann (Hrsg.), Psychologie und Nationalsozialismus, Berlin u. a. 1985

Ayaß, Wolfgang: „Asoziale" im Nationalsozialismus, Stuttgart 1995

Bachmann, Siegfried (Hrsg.): Theodor Geiger. Soziologe in einer Zeit „zwischen Pathos und Nüchternheit". Beiträge zu Leben und Werk, Berlin 1995

Bärsch, Claus-Ekkehard: Der junge Goebbels. Erlösung und Vernichtung, München 1995

Bäumer-Schleinkofer, Änne: NS-Biologie und Schule, Frankfurt/M. 1992

Baron, Rüdeger: Eine Profession wird gleichgeschaltet. Fürsorgeausbildung unter dem Nationalsozialismus. In: Hans-Uwe Otto/Heinz Sünker (Hrsg.), Soziale Arbeit und Faschismus, Frankfurt/M. 1989

Baumann, Ruth u. a.: Arbeitsfähig oder unbrauchbar? Die Geschichte der Kinder- und Jugendpsychiatrie seit 1933 am Beispiel Hamburgs, Frankfurt/M. 1994

Beck, Christoph: Sozialdarwinismus, Rassenhygiene, Zwangssterilisation und Vernichtung „lebensunwerten Lebens". Eine Bibliographie zum Umgang mit behinderten Menschen im „Dritten Reich" – und heute, Bonn 1992

Becker, Peter Emil: Zur Geschichte der Rassenhygiene. Wege ins Dritte Reich, Stuttgart 1988

Bei der Wieden, Claudia: Vom Seminar zur Lehrerbildungsanstalt. Die Braunschweiger Lehrerausbildung 1918 bis 1945, Köln 1996

Berger, Manfred: Frauen in der Geschichte des Kindergartens, Frankfurt/M. 1985

Bergmann, Anna/Gabriele Czarnowski/Annegret Ehmann: Menschen als Objekte humangenetischer Forschung und Politik im 20. Jahrhundert. Zur Geschichte des Kaiser-Wilhelm-Instituts für Anthropologie, menschliche Erblehre und Eugenik in Berlin-Dahlem (1927–1945). In: Christian Pross/Götz Aly (Red.), Der Wert des Menschen. Medizin in Deutschland 1918–1945, Berlin 1989

Bergmann, Klaus: Agrarromantik und Großstadtfeindschaft, Meisenheim/Glan 1970

Bernett, Hajo: Untersuchungen zur Zeitgeschichte des Sports, Schorndorf 1973

Biesold, Horst: Klagende Hände: Betroffenheit und Spätfolgen in Bezug auf das Gesetz zur Verhütung erbkranken Nachwuchses, dargestellt am Beispiel der Taubstummen, Solms 1988

Blänsdorf, Agnes: Lehrwerke für den Geschichtsunterricht an Höheren Schulen 1933–1945. Autoren und Verlage unter den Bedingungen des Nationalsozialismus. In: Hartmut Lehmann/Otto Gerhard Oexle (Hrsg.), Nationalsozialismus in den Kulturwissenschaften, Bd. 1: Fächer – Milieus – Karrieren, Göttingen 2004

Blasius, Dirk: „Einfache Seelenstörung." Geschichte der deutschen Psychiatrie 1800–1945. Frankfurt/M. 1994

Bock, Gisela: Zwangssterilisation im Nationalsozialismus. Studien zur Rassenpolitik und Frauenpolitik, Opladen 1986

Bock, Gisela: Krankenmord, Judenmord und nationalsozialistische Rassenpolitik: Überlegungen zu einigen neueren Forschungshypothesen. In: Frank Bajohr u. a., Zivilisation und Barbarei. Die widersprüchlichen Potentiale der Moderne, Hamburg 1991

Böhm, Helmut: Von der Selbstverwaltung zum Führerprinzip. Die Universität München in den ersten Jahren des Dritten Reiches (1933–1936), Berlin 1995

Böhme, Günther: Das Zentralinstitut für Erziehung und Unterricht und seine Leiter. Zur Pädagogik zwischen Kaiserreich und Nationalsozialismus, Neuburgweier – Karlsruhe 1971

Bollmus, Reinhard: Das Amt Rosenberg und seine Gegner. Studien zum Machtkampf im nationalsozialistischen Herrschaftssystem, Stuttgart 1970

Bollmus, Reinhard: Handelshochschule und Nationalsozialismus. Das Ende der Handelshochschule Mannheim und die Vorgeschichte der Errichtung einer Staats- und Wirtschaftswissenschaftlichen Fakultät an der Universität Heidelberg, Meisenheim/Glan 1973

Bracht, Hans-Günther: Das höhere Schulwesen im Spannungsfeld von Demokratie und Nationalsozialismus. Ein Beitrag zur Kontinuitätsdebatte am Beispiel der preußischen Aufbauschule, Frankfurt/M. 1998

Braunbuch. Kriegs- und Naziverbrecher in der Bundesrepublik und in Westberlin. Staat, Wirtschaft, Verwaltung, Armee, Justiz, Wissenschaft, hrsg. vom Nationalrat der Nationalen Front des Demokratischen Deutschland, Dokumentationszentrum der Staatlichen Archivverwaltung der DDR, Berlin ³1968

Breyvogel Wilfried: Volksschullehrer und Faschismus – Skizze zu einer sozialgeschichtlichen Erforschung ihrer sozialen Lage. In: Manfred Heinemann (Hrsg.), Der Lehrer und seine Organisation, Stuttgart 1977

Brill, Werner: Pädagogik im Spannungsfeld von Eugenik und Euthanasie: die Euthanasie-Diskussion in der Weimarer Republik und zu Beginn der neunziger Jahre. Ein Beitrag zur Faschismusforschung und zur Historiographie der Behindertenpädagogik, St. Ingbert 1994

Buddrus, Michael: „Wir fahren zum Juden, Geld holen!" Hitlerjugend, Antisemitismus, Reichskristallnacht. In: Jahrbuch des Archivs der Jugendbewegung 18/1993–1998

Buddrus, Michael: Totale Erziehung für den totalen Krieg. Hitlerjugend und nationalsozialistische Jugendpolitik, 2 Bde., München 2003

Buhlert, Horst u. a.: Institutionen im Dritten Reich. Wie anfällig sind wir für Machtmißbrauch? In: Renate Cogoy/Irene Kluge/Brigitte Meckler (Hrsg.), Erinnerung einer Profession. Erziehungsberatung, Jugendhilfe und Nationalsozialismus, Münster 1989

Burleigh, Michael: Germany Turns Eastwards. A Study of Ostforschung in the Third Reich, Cambridge 1988

Burleigh, Michael: Die Stunde der Experten. In: Mechthild Rössler/Sabine Schleiermacher (Hrsg.), Der Generalplan Ost. Hauptlinien der nationalsozialistischen Planungs- und Vernichtungspolitik, Berlin 1993

Buss, Wolfgang: Die Entwicklung des deutschen Hochschulsports vom Beginn der Weimarer Republik bis zum Ende des NS-Staates – Umbruch und Neuanfang oder Kontinuität, Diss. Göttingen 1975

Bussche, Hendrik van den: Im Dienste der „Volksgemeinschaft". Studienreform im Nationalsozialismus am Beispiel der ärztlichen Ausbildung, Berlin – Hamburg 1989

Bussche, Hendrik van den (Hrsg.): Medizinische Wissenschaft im „Dritten Reich". Kontinuität, Anpassung und Opposition an der Hamburger Medizinischen Fakultät, Berlin – Hamburg 1989

Byer, Doris: Rassenhygiene und Wohlfahrtspflege. Zur Entstehung eines sozialdemokratischen Machtdiapositivs in Österreich bis 1924, Frankfurt/M. 1988

Chroust, Peter: Gießener Universität und Faschismus. Studenten und Hochschullehrer 1918 bis 1945, 2 Bde., Münster – New York 1994

Chroust, Peter: Gleichschaltung der Psyche. Zur Faschisierung der deutschen Psychologie am Beispiel Gerhard Pfahlers. In: Psychologie und Gesellschaftskritik 3/1979, H. 4

Corni, Gustavo/Horst Gies (Hrsg.): Blut und Boden. Rassenideologie und Agrarpolitik im Staat Hitlers, Idstein 1994

Czarnowski, Gabriele: Das kontrollierte Paar. Ehe- und Sexualpolitik im Nationalsozialismus, Weinheim 1991

Dahl, Matthias: Aussonderung und Vernichtung. Der Umgang mit „lebensunwerten" Kindern während des Dritten Reiches und die Rolle der Kinder- und Jugendpsychiatrie. In: Praxis der Kinderpsychologie und Kinderpsychiatrie 50/2001, H. 3

Dalchow, Stephan: Die Entwicklung der nationalsozialistischen Erb- und Rassenpflege an der medizinischen Fakultät der Ludwigs-Universität Gießen, Gießen 1998

Deichmann, Ute: Biologen unter Hitler. Vertreibung, Karrieren, Forschung, Frankfurt/M. – New York 1992

Dierker, Wolfgang: Himmlers Glaubenskrieger. Der Sicherheitsdienst der SS und seine Religionspolitik 1933–1941, Paderborn 2002

Documenta occupationis, Bd. V, hrsg. von Karol Marian Pospieszalski, Poznań 1952

Dörner, Christine: Erziehung durch Strafe. Die Geschichte des Jugendstrafvollzugs 1871–1945, Weinheim – München 1991

Drewek, Peter: Die Begabungsuntersuchungen Albert Huths und Karl Valentin Müllers nach 1945. Zur wissenschaftsgeschichtlichen Bedeutung des konservativen Begabungsbegriffs in der Nachkriegszeit. In: Zeitschrift für Pädagogik 35/1998, H. 2

Dudek, Peter: Erziehung durch Arbeit. Arbeitslagerbewegung und freiwilliger Arbeitsdienst 1920–1935, Opladen 1988

Ebbinghaus, Angelika/Heidrun Kaupen-Haas/Karl-Heinz Rot (Hrsg.): Heilen und Vernichten im Mustergau Hamburg, Hamburg 1984

Eilers, Rolf: Die nationalsozialistische Schulpolitik, Köln 1963

Eis, Gerhard: Vorwort in: Bibliographie der Schriften von Karl Valentin Müller. Zum 65. Geburtstag am 26. 3. 1961 zusammengestellt von Lieselotte Müller und Hans-Georg Rasch, Nürnberg 1961

Ellger-Rüttgardt, Hildegard: Die Hilfsschule im Nationalsozialismus und ihre Erforschung durch die Behindertenpädagogik. In: Wolfgang Keim (Hrsg.), Pädagogen und Pädagogik im Nationalsozialismus – Ein unerledigtes Problem der Erziehungswissenschaft, Frankfurt/M. 1991

Ellger-Rüttgardt, Hildegard: Der Verband der Hilfsschulen Deutschlands auf dem Weg von der Weimarer Republik ins „Dritte Reich". In: Andreas Möckel (Hrsg.), Erfolg – Niedergang – Neuanfang. 100 Jahre Verband Deutscher Sonderschulen – Fachverband für Behindertenpädagogik, München 1998

Emmerich Norbert/Christina Härtel/Marianne Hühn: Massenmord in der Heilstätte. Zur Geschichte der Karl-Bonhoeffer-Nervenklinik Berlin. In: Martin Rudnick (Hrsg.), Aussondern – Sterilisieren – Liquidieren. Die Verfolgung Behinderter im Nationalsozialismus, Berlin 1990

Erger, Johannes: Lehrer und Nationalsozialismus. Von den traditionellen Lehrerverbänden zum Nationalsozialistischen Lehrerbund. In: Manfred Heinemann (Hrsg.), Erziehung und Schulung im Dritten Reich. Teil II: Hochschule und Erwachsenenbildung, Stuttgart 1980

Essner, Cornelia: Im „Irrgarten der Rassenlogik" oder Nordische Rassenlehre und nationale Frage (1919–1935). In: Historische Mitteilungen 7/1994, H. 1

Essner, Cornelia: Die Alchemie des Rassenbegriffs und die „Nürnberger Gesetze". In: Wolfgang Benz (Hrsg.), Jahrbuch für Antisemitismusforschung 4, 1995

Ewert, Otto: Erich Stern und die pädagogische Psychologie im Nationalsozialismus. In: Carl F. Graumann (Hrsg.), Psychologie und Nationalsozialismus, Berlin u. a. 1985

Fahlbusch, Michael: Wissenschaft im Dienst der nationalsozialistischen Politik. Die „volksdeutschen Forschungsgemeinschaften" von 1931–1945, Baden-Baden 1993

Falter, Jürgen W.: Die „Märzgefallenen" von 1933. In: Geschichte und Gesellschaft 24/1998, H. 4

Fangerau, Heiner: Etablierung eines rassenhygienischen Standardwerkes 1921–1941. Der *Baur-Fischer-Lenz* im Spiegel der zeitgenössischen Rezensionsliteratur, Frankfurt/M. 2001

Fäßler, Peter: Sozialhygiene, Rassenhygiene – Euthanasie: „Volksgesundheitspflege" im Raum Dresden. In: Reiner Pommerin (Hrsg.), Dresden unterm Hakenkreuz, Weimar 1998

Fauser, Katja: Geschichtswissenschaft im Nationalsozialismus. Ein Beitrag zur Geschichte der Historischen Institute der Universität Münster 1933–1945, Münster 2000

Faust, Anselm: Der nationalsozialistische Studentenbund in der Weimarer Republik, Düsseldorf 1973

Faust, Anselm: Professoren für die NSDAP. Zum politischen Verhalten der Hochschullehrer 1932/33. In: Manfred Heinemann (Hrsg.), Erziehung und Schulung im Dritten Reich. Teil II: Hochschule, Erwachsenenbildung, Stuttgart 1980

Feiten, Willi: Der Nationalsozialistische Lehrerbund, Weinheim 1981

Felbor, Ute: Rassenbiologie und Vererbungswissenschaft in der medizinischen Fakultät der Universität Würzburg 1937–1945, Würzburg 1995

Feller, Barbara und Wolfgang: Die Adolf-Hitler-Schulen. Pädagogische Provinz versus ideologische Zuchtanstalt, Weinheim – München 2001

Fenner, Elisabeth: Zwangssterilisation im Nationalsozialismus. Zur Rolle der Hamburger Sozialverwaltung, Hamburg 1990

Ferber, Christian von: Die Entwicklung des Lehrkörpers der deutschen Universitäten und Hochschulen 1864–1954, Göttingen 1956

Feustel, Adriane: Rückblicke. Rekonstruktionen über die Geschichte der Alice-Salomon-Schule, Berlin 1991

Fischer, Hans: Völkerkunde im Nationalsozialismus: Aspekte der Anpassung, Affinität und Behauptung einer wissenschaftlichen Disziplin, Berlin 1990

Fischer-Defoy, Christine: Kunst, Macht, Politik. Die Nazifizierung der Kunst- und Musikhochschulen in Berlin, Berlin 1988

Fogt, Helmut: Politische Generationen, Opladen 1982

Franz, Detlev: Biologismus von oben, Duisburg 1993

Franz, Günther: Familie und Geschichte. Hermann Mitgau (1895–1980). In: Jahrbuch des Archivs der deutschen Jugendbewegung 13/1981

Fricke-Finkelnburg, Renate (Hrsg.): Nationalsozialismus und Schule. Amtliche Erlasse und Richtlinien 1933–1945, Opladen 1989

Ganelin, Rafail Š./Michael Hagemeister: Das Leben des Gregor Schwartz-Bostunitsch. In: Karl Schlögel (Hrsg.), Russische Emigration in Deutschland 1918 bis 1941. Leben im europäischen Bürgerkrieg, Berlin 1995

Gehrke, Roland: Deutschbalten an der Reichsuniversität Posen. In: Michael Garleff (Hrsg.), Deutschbalten, Weimarer Republik und Drittes Reich, Köln – Weimar – Wien 2001

Geisenhainer, Katja: Rassenkunde zwischen Metaphorik und Metatheorie – Otto Reche. In: Bernhard Streck (Hrsg.), Ethnologie im Nationalsozialismus, Gehren 2000

Genschel, Helmut: Politische Erziehung durch Geschichtsunterricht. Der Beitrag der Geschichtsdidaktik und des Geschichtsunterrichts zur politischen Erziehung im Nationalsozialismus, Frankfurt/M. 1980

Germann, Holger: Die politische Religion des Nationalsozialisten Dietrich Klagges, Frankfurt/M. 1995

Gers, Dieter: Sonderpädagogik im Faschismus – das Beispiel Hilfsschule. In: Martin Rudnick (Hrsg.), Aussondern – Sterilisieren – Liquidieren. Die Verfolgung Behinderter im Nationalsozialismus, Berlin 1990

Geschichte der Universität Rostock 1419–1969. Festschrift zur 500-Jahr-Feier der Universität, Bd. I, Rostock 1969

Geuter, Ulrich: Die Professionalisierung der deutschen Psychologie im Nationalsozialismus, Frankfurt/M. 1988

Geuter, Ulrich: Nationalsozialistische Ideologie und Psychologie. In: Mitchell G. Ash/Ulrich Geuter (Hrsg.), Geschichte der deutschen Psychologie im 20. Jahrhundert. Ein Überblick, Opladen 1985

Gies, Horst: Geschichtsunterricht unter der Diktatur Hitlers, Köln – Weimar – Wien 1992

Gies, Horst: Geschichtsunterricht. In: Reinhard Dithmar/Angela Schwab (Hrsg.), Schule und Unterricht in der Weimarer Republik, Ludwigsfelde 2001

Gilsenbach, Reimar: Wie Lolitschai zur Doktorwürde kam. In: Feinderklärung und Prävention. Kriminalbiologie, Zigeunerforschung und Asozialenpolitik. Beiträge zur nationalsozialistischen Gesundheits- und Sozialpolitik 6, Berlin 1988

Goguel, Rudolf: Über die Mitwirkung deutscher Wissenschaftler am Okkupationsregime in Polen im 2. Weltkrieg, Diss. Berlin 1964

Golczewski, Frank: Kölner Universitätslehrer und der Nationalsozialismus. Personengeschichtliche Ansätze, Köln – Wien 1988

Goodrick-Clarke, Nicholas: The occult roots of nazism. The ariosophists of Austria and Germany 1890–1935, Wellingborough 1985

Grau, Günther (Hrsg.): Homosexualität in der NS-Zeit. Dokumente einer Diskriminierung und Verfolgung, Frankfurt/M. 1993

Greve, Reinhard: Tibetforschung im SS-Ahnenerbe. In: Thomas Hauschild (Hrsg.), Lebenslust und Fremdenfurcht. Ethnologie im Dritten Reich, Frankfurt/M. 1995

Groß, Christian: Pädagogik im nationalsozialistischen Deutschland unter besonderer Berücksichtigung der Haltung der geisteswissenschaftlichen Pädagogik am Beispiel der Herausgeber der Zeitschrift „Die Erziehung", Päd. Diplomarbeit Freie Universität Berlin 2001

Grothusen, Klaus-Detlev (Hrsg.): Der Scurla-Bericht. Die Tätigkeit deutscher Hochschullehrer in der Türkei 1933–1939, Frankfurt/M. 1987

Grund, Uwe: Indices zur sprachlichen und literarischen Bildung in Deutschland. Bd. 1: Zeitschrift für Deutschkunde 1920–1943. Beiträger – Themen – Textprofile, München u. a. 1991; Bd. 2: Zeitschrift für Deutsche Bildung 1925–1944, München u. a. 1995

Guse, Martin/Andreas Kohrs: Zur Entpädagogisierung der Jugendfürsorge in den Jahren 1922–1945. In: Hans-Uwe Otto/Heinz Sünker (Hrsg.), Soziale Arbeit und Faschismus, Frankfurt/M. 1989

Gutzmann, Ulrike: Von der Hochschule für Lehrerbildung zur Lehrerbildungsanstalt. Die Neuregelung der Volksschullehrerausbildung in der Zeit des Nationalsozialismus und ihre Umsetzung in Schleswig-Holstein und Hamburg, Düsseldorf 2000

Haar, Ingo: Historiker im Nationalsozialismus. Deutsche Geschichtswissenschaft und der „Volkstumskampf" im Osten, Göttingen 2000

Hamann, Matthias: Erwünscht und unerwünscht. Die rassenpsychologische Selektion der Ausländer. In: Jochen August u. a., Herrenmensch und Arbeitsvölker. Ausländische Arbeiter in Deutschland 1939–1945, Berlin 1986

Hammerstein, Notker: Die Deutsche Forschungsgemeinschaft in der Weimarer Republik und im Dritten Reich: Wissenschaftspolitik in Republik und Diktatur 1920–1945, München 1999

Hansen, Georg: Schulpolitik als Volkstumspolitik. Quellen zur Schulpolitik der Besatzer in Polen 1939–1945, Münster – New York 1994

Harten, Elke: Der nationalsozialistische Regenerationsmythos in Museen, Ausstellungen und Weihehallen. In: U. Herrmann/U. Nassen (Hrsg.), Formative Ästhetik im Nationalsozialismus, Weinheim – Basel 1993

Harten, Hans-Christian: De-Kulturation und Germanisierung. Die nationalsozialistische Rassen- und Erziehungspolitik in Polen 1939–1945, Frankfurt/M. – New York 1996

Harten, Hans-Christian: Kreativität, Utopie und Erziehung. Grundlagen einer erziehungswissenschaftlichen Theorie sozialen Wandels, Opladen 1997

Harten, Hans-Christian: Pädagogik und Eugenik im „rassenhygienischen" Diskurs vor 1933. In: Paedagogica Historica 33/1997, H. 3

Harten, Hans-Christian: Rasse und Erziehung. Zur pädagogischen Psychologie und Soziologie im Nationalsozialismus. In: Zeitschrift für Pädagogik 39/1993, H. 1

Haug, A.: Die Führerschule der deutschen Ärzteschaft in Alt-Rehse. In: Fridolf Kudlien, Ärzte im Nationalsozialismus, Köln 1985

Havehorst, Wilma: Die Lehrerbildungsanstalt (1941–1945). In: Karl Steinhoff/Wolfgang Schulenberg (Hrsg.), Geschichte der Oldenburger Lehrerbildung. Bd. 2: Lehrerbildung zwischen 1926 und 1945, Oldenburg 1985

Hehn, Jürgen von: Deutsche Hochschulaktivitäten in Riga und Dorpat zwischen den Weltkriegen. In: Gert von Pistohlkors (Hrsg.), Die Universitäten Dorpat Tartu, Riga und Wilna Vilnius 1579–1979. Beiträge zu ihrer Geschichte und ihrer Wirkung im Grenzbereich zwischen West und Ost, Köln u. a. 1987

Heiber, Helmut: Universität unterm Hakenkreuz, Bd. I: Der Professor im Dritten Reich. Bilder aus der akademischen Provinz, München 1991; Bd. II.1: Die Kapitulation der Hohen Schulen, München 1992; Bd. II.2: Das Jahr 1933 und seine Themen, München 1994

Heiber, Helmut: Walter Frank und sein Reichsinstitut für die Geschichte des neuen Deutschland, Stuttgart 1966

Heidel, Caris-Petra: Zwischen Naturheilkunde und Rassenhygiene – Dresdner Medizin im Nationalsozialismus. In: Dresdner Hefte 11/1993, H. 35

Heinemann, Isabel: „Rasse, Siedlung, deutsches Blut". Das Rasse- und Siedlungshauptamt der SS und die rassenpolitische Neuordnung Europas, Göttingen 2003

Heinze, Carsten: Die Pädagogik an der Universität Leipzig in der Zeit des Nationalsozialismus 1933–1945, Bad Heilbrunn 2001

Hepp, Michael: Vorhof zur Hölle. Mädchen im „Jugendschutzlager" Uckermark. In: Angelika Ebbinghaus (Hrsg.), Opfer und Täterinnen. Frauenbiographien des Nationalsozialismus, Nördlingen 1987

Herbert, Ulrich: „Generation der Sachlichkeit". Die völkische Studentenbewegung der frühen 20er Jahre in Deutschland. In: F. Bajohr/W. Johe/U. Lohalm (Hrsg.), Zivilisation und Barbarei. Die widersprüchlichen Potentiale der Modene, Hamburg 1991

Herbert, Ulrich: Best. Biographische Studien über Radikalismus, Weltanschauung und Vernunft 1903–1989, Bonn 1996

Herrmann, Ulrich: Probleme einer „nationalsozialistischen Pädagogik". In: ders. (Hrsg.), „Die Formung des Volksgenossen", Weinheim – Basel 1985

Heske, Henning: ... und morgen die ganze Welt. Erdkundeunterricht im Nationalsozialismus, Göttingen 1988

Höck, Manfred: Die Hilfsschule im Dritten Reich, Berlin 1979

Höpfner, Hans-Paul: Die Universität Bonn im Dritten Reich: akademische Biographien unter nationalsozialistischer Herrschaft, Bonn 1999

Hohmann, Joachim S.: Landvolk unterm Hakenkreuz. Agrar- und Rassenpolitik in der Rhön, Frankfurt/M. 1992

Hohmann, Joachim S.: Robert Ritter und die Erben der Kriminalbiologie. „Zigeunerforschung" im Nationalsozialismus und in Westdeutschland im Zeichen des Rassismus, Frankfurt/M. u. a. 1991

Hohmann, Joachim S.: Thüringens „Rhön-Plan" als Beispiel nationalsozialistischer Agrar- und Rassenpolitik. In: Detlev Heiden/Gunther Mai (Hrsg.), Nationalsozialismus in Thüringen, Weimar – Köln 1995

Hojer, Ernst: Nationalsozialismus und Pädagogik: Umfeld und Entwicklung der Pädagogik Ernst Kriecks, Würzburg 1997

Holtkamp, Martin: Werner Villinger (1887–1961). Die Kontinuität des Minderwertigengedankens in der Jugend- und Sozialpsychiatrie, Husum 2002

Homann, Mathias: Schulalltag im Dritten Reich. Erfahrungen am Kaiser-Wilhelms-Realgymnaisum. In: Gerd Radde u. a./Heimatmuseum Neukölln (Hrsg.), Schulreform – Kontinuitäten und Brüche. Das Versuchsfeld Berlin-Neukölln, Opladen 1993

Horn, Klaus-Peter: Pädagogische Zeitschriften im Nationalsozialismus. Selbstbehauptung, Anpassung, Funktionalisierung, Weinheim 1996

Hünemörder, Christian: Biologie und Rassenbiologie in Hamburg. In: Eckart Krause/Ludwig Huber/ Holger Fischer (Hrsg.), Hochschulalltag im „Dritten Reich". Die Hamburger Universität 1933– 1945. Teil 3, Berlin – Hamburg 1991

Jensen, Brigitte: Karl Astel – „Ein Kämpfer für deutsche Volksgesundheit". In: Barbara Danckwortt u. a., Historische Rassismusforschung: Ideologien, Täter, Opfer, Hamburg 1995

Jessen-Klingenberg, Manfred: Karl Alnor (1891–1940), ein Kieler Geschichtsdidaktiker im Dritten Reich. In: Karl Heinrich Pohl (Hrsg.), Die Pädagogische Hochschule Kiel im Dritten Reich, Bielefeld 2001

Junginger, Horst: Von der philologischen zur völkischen Religionswissenschaft: das Fach Religionswissenschaft an der Universität Tübingen von der Mitte des 19. Jahrhunderts bis zum Ende des Dritten Reiches, Stuttgart 1999

Kalisch, Johannes/Gerd Voigt: „Reichsuniversität Posen". Zur Rolle der faschistischen deutschen Ostforschung im zweiten Weltkrieg. In: Alfred Anderle/Werner Basler (Hrsg.), Juni 1941. Beiträge zur Geschichte des hitlerfaschistischen Überfalls auf die Sowjetunion, Berlin 1961

Kanitschneider, Bernulf: August Messer (1867–1937). In: Gießener Gelehrte, Bd. 2, Marburg 1982

Kaßner, Peter: Die pädagogische Tatsachenforschung von Else und Peter Petersen. In: Pädagogische Rundschau 51/1997

Kater, Michael H.: Ansätze zu einer Soziologie der SA bis zur Röhm-Krise. In: Ulrich Engelhardt/ Volker Sellin/Horst Stuke (Hrsg.), Soziale Bewegung und politische Verfassung. Beiträge zur Geschichte der modernen Welt, Stuttgart 1976

Kater, Michael H.: Das „Ahnenerbe" der SS 1935–1943. Ein Beitrag zur Kulturpolitik des Dritten Reiches, Stuttgart 1974

Kater, Michael H.: Die Artamanen – Völkische Jugend in der Weimarer Republik. In: Historische Zeitschrift 213/1971

Kater, Michael H.: Generationskonflikt als Entwicklungsfaktor in der NS-Bewegung vor 1933. In: Geschichte und Gesellschaft 11/1985

Keim, Wolfgang, Erziehung unter der Nazi-Diktatur. Bd. I: Antidemokratische Potentiale, Machtantritt und Machtdurchsetzung, Darmstadt 1995; Bd. II: Kriegsvorbereitung, Krieg und Holocaust, Darmstadt 1997

Kelly, Reece C.: Die gescheiterte nationalsozialistische Personalpolitik und die mißlungene Entwicklung der nationalsozialistischen Hochschulen. In: Manfred Heinemann (Hrsg.), Erziehung und Schulung im Dritten Reich. Teil II: Hochschule, Erwachsenenbildung, Stuttgart 1980

Klee, Ernst: „Euthanasie" im NS-Staat. Die „Vernichtung lebensunwerten Lebens", Frankfurt/M. 1985

Klee, Ernst: Auschwitz, die NS-Medizin und ihre Opfer, Frankfurt/M. 1997

Klee, Ernst: Deutsche Medizin im Dritten Reich: Karrieren vor und nach 1945, Frankfurt/M. 2001

Klee, Ernst/Willi Dreßen/Volker Rieß: „Schöne Zeiten". Judenmord aus der Sicht der Täter und Gaffer, Frankfurt/M. 1988

Kleinberger, Anselm F.: Gab es eine nationalsozialistische Hochschulpolitik? In: Manfred Heinemann (Hrsg.), Erziehung und Schulung im Dritten Reich. Teil II: Hochschule, Erwachsenenbildung, Stuttgart 1980

Klingemann, Carsten (Hrsg.): Rassenmythos und Sozialwissenschaften in Deutschland, Opladen 1987

König, Josef: J. Hermann Mitgau. In: Braunschweigisches Jahrbuch 61(1980), hrsg. von Hans Götting im Auftrag des Braunschweigischen Geschichtsvereins

König, Karlheinz: Das „Haus der Deutschen Erziehung" in Bayreuth (1933/36 bis 1943/45). In: Handbuch der Geschichte des bayerischen Bildungswesens, hrsg. von Max Liedtke und Hans Jürgen Apel, Bd. 3: Geschichte der Schule in Bayern von 1918 bis 1990, Bad Heilbrunn 1997

König, Karlheinz: Die Schulung der Lehrer im Nationalsozialistischen Lehrerbund (NSLB) – eine Maßnahme zur Professionalisierung der Lehrerschaft im Dritten Reich? In: Hans Jürgen Apel (Hrsg.), Professionalisierung pädagogischer Berufe im historischen Prozeß, Bad Heilbrunn 1999

König, Karlheinz: Nur angepaßt oder überzeugter Nationalsozialist? Alfred Andreesen und die Landerziehungsheime im Nationalsozialismus. Zur Revision eines pädagogischen Mythos. In: Jahrbuch für Historische Bildungsforschung, Bd. 7, Bad Heilbrunn 2001

Königs, Diemuth: Joseph Vogt. Ein Althistoriker in der Weimarer Republik und im Dritten Reich, Basel – Frankfurt/M. 1995

Krausnick, Helmut/Hans-Heinrich Wilhelm: Die Truppe des Weltanschauungskrieges. Die Einsatzgruppen der Sicherheitspolizei und des SD 1938–1942, Stuttgart 1981

Krokowski, Heide: Die „Rassenhygienische und Bevölkerungsbiologische Forschungsstelle" im Reichsgesundheitsamt. Zur Bedeutung „wissenschaftlicher" Forschung bei der Verfolgung von Sinti und Roma während des Nationalsozialismus. In: Rassismus in Deutschland. Beiträge zur nationalsozialistischen Verfolgung in Norddeutschland, H. 1, Bremen 1994

Kröner, Hans-Peter: Von der Rassenhygiene zur Humangenetik: das Kaiser-Wilhelm-Institut für Anthropologie, menschliche Erblehre und Eugenik nach dem Kriege, Stuttgart 1998

Kühl, Stefan: Die Internationale der Rassisten. Aufstieg und Niedergang der internationalen Bewegung für Eugenik und Rassenhygiene im 20. Jahrhundert, Frankfurt/M. 1997

Kühnel, Franz: Hans Schemm, Gauleiter und Kultusminister 1891–1935, Nürnberg 1985

Kuessner, Dietrich: D. Klagges 1891–1971. Eine biografische Skizze. In: Es geschah in Braunschweig, 1990

Kuhlmann, Carola: Erbkrank oder erziehbar? Jugendhilfe als Vorsorge und Aussonderung in der Fürsorgeerziehung in Westfalen von 1933–1945, Weinheim – München 1989

Kuss, Horst: Genealogie als Gesellschaftswissenschaft. Hermann Mitgau 1895–1980. In: Blätter für deutsche Landesgeschichte 118/1982

Lamberti, Marjorie: German Schoolteachers, National Socialism, and the Politics of Culture at the End of the Weimar Republic. In: Central European History 34/2001, No. 1

Lange, Lydia: Externe Einflüsse auf die Wissenschaft und die Reaktion der „wissenschaftlichen Gemeinschaft" am Beispiel von E. R. Jaensch und der Zeitschrift für Psychologie 1933–1944. In: Zeitschrift für Psychologie 198/1990

Langer, Hermann: „Kerle statt Köpfe". Zur Geschichte der Schule in Mecklenburg und Vorpommern 1932–1945, Frankfurt/M. u. a. 1995

Laux, Hermann: Pädagogische Diagnostik im Nationalsozialismus 1933–1945, Weinheim 1990

Lehberger, Reiner: Die Ausbildung Hamburger Volksschullehrer. In: Reiner Lehberger/Hans-Peter de Lorent (Hrsg.), „Die Fahne hoch". Schulpolitik und Schulalltag in Hamburg unterm Hakenkreuz, Hamburg 1986

Lehmann, Albrecht: Militär und Militanz zwischen den Weltkriegen. In: Handbuch der deutschen Bildungsgeschichte, Bd. 5. 1918–1945: Die Weimarer Republik und die nationalsozialistische Diktatur, hrsg. von Dieter Langewiesche und Heinz-Elmar Tenorth, München 1989

Leonhardt, Martin: Hermann F. Hoffmann (1891–1944). Die Tübinger Psychiatrie auf dem Weg in den Nationalsozialismus, Sigmaringen 1996

Lerchenmueller, Joachim: Die Geschichtswissenschaft in den Planungen des Sicherheitsdienstes der SS. Der SD-Historiker Hermann Löffler und seine Gedenkschrift „Entwicklung und Aufgaben der Geschichtswissenschaft im deutschen Reich", Bonn 2001

Lesandovsky, Werner: Schulreformerische Traditionen und nationalsozialistische Schulpolitik. In: Detlev Heiden/Gunther Mai (Hrsg.), Nationalsozialismus in Thüringen, Weimar – Köln 1995

Lifton, Robert J.: Ärzte im Dritten Reich, Stuttgart 1988

Lindner, Helmut: „Deutsche" und „gegentypische" Mathematik. Zur Begründung einer „arteigenen Mathematik" im „Dritten Reich" durch Ludwig Bieberbach. In: H. Mehrtens/St. Richter (Hrsg.), Naturwissenschaft, Technik und NS-Ideologie. Beiträge zur Wissenschaftsgeschichte des Dritten Reichs, Frankfurt/M. 1980

Lingelbach, Karl Christoph: Erziehung und Erziehungstheorien im nationalsozialistischen Deutschland, Weinheim – Berlin – Basel 1970

Lingelbach, Karl Christoph: Verdrängung politischer Wirklichkeit aus dem pädagogischen Denken. Peter Petersens „Pädagogischer Realismus" in den erziehungstheoretischen Kontroversen unter der NS-Herrschaft. In: T. Rülcker/P. Kaßner (Hrsg.), Peter Petersen: Antimoderne als Fortschritt?, Frankfurt/M. 1992

Lixfeld, Hannjost: Kulturpolitische Institutionen Rosenbergs. Ein Überblick. In: Wolfgang Jacobeit (Hrsg.), Völkische Wissenschaft: Gestalten und Tendenzen der deutschen und österreichischen Volkskunde in der ersten Hälfte des 20. Jahrhunderts, Wien – Köln – Weimar 1994

Loewenberg, Peter: The Psychohistorical Origins of the Nazi Youth Cohort. In: American Historical Review 76/1971, No. 5

Longerich, Peter: Die braunen Bataillone. Geschichte der SA, München 1989

Lösch, Niels C.: Rasse als Konstrukt. Leben und Werk Eugen Fischers, Frankfurt/M. 1997

Losemann, Volker: Nationalsozialismus und Antike. Studien zur Entwicklung des Faches Alte Geschichte 1933–1945, Hamburg 1977

Losemann, Volker: Zur Konzeption der NS-Dozentenlager. In: Manfred Heinemann (Hrsg.), Erziehung und Schulung im Dritten Reich. Teil II: Hochschule, Erwachsenenbildung, Stuttgart 1980

Lozowick, Yaacov: Hitlers Bürokraten. Eichmann, seine willigen Vollstrecker und die Banalität des Bösen, Zürich 2000

Lüddecke, Andreas: Rassen, Schädel und Gelehrte: Zur politischen Funktionalität der anthropologischen Forschung und Lehre in der Tradition Egon von Eickstedts, Frankfurt/M. 2000

Lundgreen, Peter: Sozialgeschichte der deutschen Schule im Überblick. Teil II: 1918–1980, Göttingen 1981

Lutzhöft, Hans-Jürgen: Der Nordische Gedanke in Deutschland 1920–1940, Stuttgart 1971

Mai, Christoph: Humangenetik im Dienste der „Rassenhygiene": Zwillingsforschung in Deutschland bis 1945, Aachen 1997

Maitra, Robert T.: „... wer imstande und gewillt ist, dem Staate mit Höchstleistungen zu dienen!" Hans Reiter und der Wandel der Gesundheitskonzeptionen im Spiegel der Lehr- und Handbücher der Hygiene zwischen 1920 und 1960, Husum 2001

Markmann, Hans-Jochen: Rassenlehre im NS-Jugendbuch. In: Arbeitsgruppe „Lehrer und Krieg" (Hrsg.), Lehrer helfen siegen. Kriegspädagogik im Kaiserreich, mit Beiträgen zur NS-Kriegspädagogik, Berlin 1987

Marten, Heinz Georg: Sozialbiologismus. Biologische Grundpositionen der politischen Ideengeschichte, Frankfurt/M. 1983

Meister, Johannes: Die „Zigeunerkinder" von der St. Josefspflege in Mulfingen. In: 1999. Zeitschrift für Sozialgeschichte des 20. und 21. Jahrhunderts 1987, H. 2

Michel, Ute: Ethnopolitische Reorganisationsforschung am Institut für Deutsche Ostarbeit in Krakau 1941–1945. In: Bernhard Streck (Hrsg.), Ethnologie und Nationalsozialismus, Gehren 2000

Michelsen, Jakob: Die „Breslauer Schule" der Rassenkunde. In: AG gegen Rassenkunde (Hrsg.), Deine Knochen – Deine Wirklichkeit. Texte gegen rassistische und sexistische Kontinuität in der Humanbiologie, Hamburg – Münster 1998

Mitrovic, Emilija: Fürsorgerinnen im Nationalsozialismus: Hilfe zur Aussonderung. In: Angelika Ebbinghaus (Hrsg.), Opfer und Täterinnen. Frauenbiographien des Nationalsozialismus, Nördlingen 1987

Mittenecker, Erich/Günter Schalter (Hrsg.): 100 Jahre Psychologie an der Universität Graz, Graz 1994

Moreau, Patrick: Die neue Religion der Rasse. In: Iring Fetscher (Hrsg.), Neokonservative und „Neue Rechte", München 1983

Moser, Hans: Zur Entwicklung der akademischen Psychologie in Hamburg bis 1945. Eine Kontrast-Skizze als Würdigung des vergessenen Erbes von William Stern. In: Eckart Krause/Ludwig Huber/Holger Fischer (Hrsg.), Hochschulalltag im „Dritten Reich". Die Hamburger Universität 1933–1945, Berlin – Hamburg 1991

Müller, Gerhard: Ernst Krieck und die nationalsozialistische Wissenschaftsreform, Frankfurt/M. 1978

Müller, Walter: Schulbuchzulassung. Zur Geschichte und Problematik staatlicher Bevormundung von Unterricht und Erziehung, Kastellaun 1976

Müller-Hill, Benno: Tödliche Wissenschaft, Reinbek 1986

Muskalla, Dieter: NS-Politik an der Saar unter Josef Bürckel: Gleichschaltung – Neuordnung – Verwaltung, Saarbrücken 1995

Nagel, Anne Chr. (Hrsg.): Die Philipps-Universität Marburg im Nationalsozialismus, Stuttgart 2000

Nassen, Ulrich: Jugend, Buch und Konjunktur 1933–1945. Studien zum Ideologiepotential des genuin nationalsozialistischen und des konjunkturellen „Jugendschrifttums", München 1987

Nath, Axel: Die Studienratskarriere im Dritten Reich. Systematische Entwicklung und politische Steuerung einer zyklischen „Überfüllungskrise" 1930 bis 1944, Frankfurt/M. 1988

Neliba, Günter: Wilhelm Frick und Thüringen als Experimentierfeld für die nationalsozialistische Machtergreifung. In: Detlev Heiden/Gunther Mai (Hrsg.), Nationalsozialismus in Thüringen, Weimar – Köln 1995

Nixdorf, Delia und Gerd: Politisierung und Neutralisierung der Schule in der NS-Zeit. In: Hans Mommsen/Susanne Willems (Hrsg.), Herrschaftsalltag im Dritten Reich, Düsseldorf 1988

Nyssen, Elke: Schule im Nationalsozialismus, Heidelberg 1979

Ortmeyer, Benjamin: Schulzeit unterm Hitlerbild. Analysen, Berichte, Dokumente, Frankfurt/M. 1996

Ottweiler, Ottwilm: Die Volksschule im Nationalsozialismus, Weinheim – Basel 1979

Ottweiler, Ottwilm: Die nationalsozialistische Schulpolitik im Bereich des Volksschulwesens im Reich. In: Manfred Heinemann (Hrsg.), Erziehung und Schulung im Dritten Reich. Teil I: Kindergarten, Schule, Jugend, Berufserziehung, Stuttgart 1980

Pabst-Weinschenk, Marita: Bibliografie zur Sprachkunde und Sprecherziehung in Deutschland bis 1945, Magdeburg 1993

Paech, Norman/Ulrich Krampe: Die Rechts- und Staatswissenschaftliche Fakultät. Abteilung Rechtswissenschaft. In: Eckart Krause/Ludwig Huber/Holger Fischer (Hrsg.), Hochschulalltag im „Dritten Reich". Die Hamburger Universität 1933–1945, Berlin – Hamburg 1991

Papen, Patricia von: Schützenhilfe nationalsozialistischer Judenpolitik. Die „Judenforschung" des „Reichsinstituts für Geschichte des neuen Deutschlands" 1935–1945. In: „Beseitigung des jüdischen Einflusses …" Antisemitische Forschung, Eliten und Karrieren im Nationalsozialismus, hrsg. vom Fritz-Bauer-Institut, Frankfurt/M. 1999

Paul, Gerhard: Land unter. Schleswig-Holstein und das Hakenkreuz, Münster 2001

Paul, Rainer: Psychologie unter den Bedingungen der „Kulturwende". Das Psychologische Institut 1933–1945. In: Heinrich Becker u. a., Die Universität Göttingen unter dem Nationalsozialismus. Das verdrängte Kapitel ihrer 250jährigen Geschichte, München 1987

Peter, Antonio: Das Thüringische Landesamt für Rassewesen. In: Detlev Heiden/Gunther Mai (Hrsg.), Nationalsozialismus in Thüringen, Weimar – Köln – Wien 1995

Peukert, Detlev: Volksgenossen und Gemeinschaftsfremde. Anpassung, Ausmerze und Aufbegehren unter dem Nationalsozialismus, Köln 1982

Pfäfflin, Friedemann: Ein Kapitel aus der Geschichte der Deutschen Gesellschaft für Sexualforschung. In: Zeitschrift für Sexualforschung 4/1991, H. 3

Pfeiffer, Lorenz: Körperzucht und Körpererziehung im Dritten Reich. In: Jahrbuch 1993 des Sportmuseums Berlin: Sportstadt Berlin in Geschichte und Gegenwart, Berlin 1993

Pinn, Irmgard: Die „Verwissenschaftlichung" völkischen und rassistischen Gedankenguts am Beispiel der Zeitschrift „Volk und Rasse" In: 1999. Zeitschrift für Sozialgeschichte des 20. und 21. Jahrhunderts 1987, H. 4

Pinn, Irmgard: Die rassistischen Konsequenzen einer völkischen Anthropologie. Zur Anthropologie Erich Jaenschs. In: Carsten Klingemann (Hrsg.), Rassenmythos und Sozialwissenschaften in Deutschland, Opladen 1987

Proctor, Robert N.: Blitzkrieg gegen den Krieg. Gesundheit und Propaganda im Dritten Reich, Stuttgart 1939

Pyta, Wolfram: „Menschenökonomie". Das Ineinandergreifen von ländlicher Sozialraumgestaltung und rassenbiologischer Bevölkerungspolitik im NS-Staat. In: Historische Zeitschrift 273/2001

Rammstedt, Otthein: Deutsche Soziologie 1933–1945. Die Normalität einer Anpassung, Frankfurt/M. 1986

Ratzke, Erwin: Das Pädagogische Institut der Universität Göttingen. Ein Überblick über seine Entwicklung in den Jahren 1923–1949. In: Heinrich Becker u. a., Die Universität Göttingen unter dem Nationalsozialismus. Das verdrängte Kapitel ihrer 250jährigen Geschichte, München 1987

Retter, Hein: Die Pädagogik Oswald Krohs, Oberursel/Ts. 1969

Retter, Hein: Oswald Kroh und der Nationalsozialismus. Rekonstruktion und Dokumentation einer verdrängten Beziehung, Weinheim 2001

Retter, Hein: Spielzeug. Handbuch zur Geschichte und Pädagogik der Spielmittel, Weinheim – Basel 1979

Retter, Hein (Hrsg.): Peter Petersen und der Jenaplan: Von der Weimarer Republik bis zur Nachkriegszeit. Berichte – Briefe – Dokumente. Weinheim 1996

Reyer, Jürgen: Alte Eugenik und Wohlfahrtspflege. Entwertung und Funktionalisierung der Fürsorge vom Ende des 19. Jahrhunderts bis zur Gegenwart, Freiburg 1991

Reyer, Jürgen: „Rassenhygiene" und „Eugenik" im Kaiserreich und in der Weimarer Republik. Pflege der „Volksgesundheit" oder Sozialrassismus? In: Zeitschrift für Pädagogik, 22. Beiheft, Weinheim 1988

Riekenberg, Michael: Die Zeitschrift „Vergangenheit und Gegenwart" (1911–1944). Konservative Geschichtsdidaktik zwischen liberaler Reform und völkischem Aufbruch, Hannover 1986

Rissom, Renate: Fritz Lenz und die Rassenhygiene, Husum 1983

Ritter, Ernst: Das Deutsche Auslands-Institut in Stuttgart 1917–1945. Ein Beispiel deutscher Volkstumsarbeit zwischen den Weltkriegen, Wiesbaden 1976

Röchner, Ruth: Die jüdische Schule im nationalsozialistischen Deutschland 1933–1942, Frankfurt/M. 1992

Römer, Ruth: Sprachwissenschaft und Rassenideologie in Deutschland, München 1985

Rössler, Mechthild: „Wissenschaft und Lebensraum". Geographische Ostforschung im Nationalsozialismus, Berlin – Hamburg 1999

Rössler, Mechthild/Sabine Schleiermacher (Hrsg.): Der Generalplan Ost. Hauptlinien der nationalsozialistischen Planungs- und Vernichtungspolitik, Berlin 1993

Rost, Karl Ludwig: Sterilisation und Euthanasie im Film des „Dritten Reiches": nationalsozialistische Propaganda in ihrer Beziehung zu rassenhygienischen Maßnahmen des NS-Staates, Husum 1987

Roth, Karl Heinz: Heydrichs Professor. Historiographie des „Volkstums" und der Massenvernichtungen: Der Fall Hans Joachim Beyer. In: Peter Schöttler (Hrsg.), Geschichtsschreibung als Legitimationswissenschaft 1918–1945, Frankfurt/M. 1997

Roth, Karl Heinz: Schöner neuer Mensch. Der Paradigmenwechsel der klassischen Genetik und seine Auswirkungen auf die Bevölkerungsbiologie des „Dritten Reichs". In: Heidrun Kaupen-Haas/Christian Saller (Hrsg.), Wissenschaftlicher Rassismus: Analysen einer Kontinuität in den Humanwissenschaften, Frankfurt/M. – New York 1999

Roth, Martin: Xenophobie und Rassismus in Museen und Ausstellungen. In: Zeitschrift für Volkskunde 85/1989

Rotte, Ursula: Schulwirklichkeit im Nationalsozialismus. Die Umsetzung von NS-Schulrichtlinien und -erlassen, aufgezeigt am Beispiel einer oberbayerischen Volksschule, Neuried 2000

Rudnick, Martin: Behinderte im Nationalsozialismus, Weinheim – Basel 1985

Rudnick, Martin (Hrsg.): Aussondern – Sterilisieren – Liquidieren. Die Verfolgung Behinderter im Nationalsozialismus, Berlin 1990

Sandfuchs, Uwe: Theodor Geigers Beitrag zur universitären Lehrerausbildung und zur Schulpolitik im Freistaat Braunschweig 1928–1933. In: Siegfried Bachmann (Hrsg.), Theodor Geiger. Soziologe in einer Zeit „zwischen Pathos und Nüchternheit". Beiträge zu Leben und Werk, Berlin 1995

Sandner, Peter: Das Frankfurter Universitätsinstitut für „Erbbiologie und Rassenhygiene". Zur Positionierung einer „rassenhygienischen" Einrichtung innerhalb der „rassenanthropologischen" Forschung und Praxis während der NS-Zeit. In: „Beseitigung des jüdischen Einflusses ..." Antisemitische Forschung, Eliten und Karrieren im Nationalsozialismus, hrsg. vom Fritz-Bauer-Institut, Frankfurt/M. 1999

Saul, Klaus: Lehrerbildung in Demokratie und Diktatur. Zum Hamburger Reformmodell einer universitären Volksschullehrerausbildung. In: Eckart Krause/Ludwig Huber/Holger Fischer (Hrsg.), Hochschulalltag im „Dritten Reich". Die Hamburger Universität 1933–1945, Berlin – Hamburg 1991

Schäfer, Eckhard: Übungs- und Versuchsklassen der Universität Tübingen an Volksschulen, Ludwigsburg 1991

Schäfer, Wolfram: „Bis endlich der langersehnte Umschwung kam ..." Die Karriere des Werner Villinger. In: „Bis endlich der langersehnte Umschwung kam ..." Von der Verantwortung der Medizin unter dem Nationalsozialismus, hrsg. von der Fachschaft Medizin der Philipps-Universität Marburg, Marburg 1991

Scheerer, Eckart: Organische Weltanschauung und Ganzheitspsychologie. In: Carl F. Graumann, Psychologie im Nationalsozialismus, Berlin u. a. 1981

Scheuerl, Hans: Zur Geschichte des Seminars für Erziehungswissenschaft. In: Eckart Krause/Ludwig Huber/Holger Fischer (Hrsg.), Hochschulalltag im „Dritten Reich". Die Hamburger Universität 1933–1945, Berlin – Hamburg 1991

Schiefelbein, Dieter: Das „Institut zur Erforschung der Judenfrage" Frankfurt am Main. Antisemitismus als Karrieresprungbrett im NS-Staat. In: „Beseitigung des jüdischen Einflusses ..." Antisemitische Forschung, Eliten und Karrieren im Nationalsozialismus, hrsg. vom Fritz-Bauer-Institut, Frankfurt/M. 1999

Schmacke, Norbert/Bernd Güse: Zwangssterilisiert, verleugnet, vergessen. Zur Geschichte der nationalsozialistischen Rassenhygiene am Beispiel Bremen, Bremen 1984

Schmuhl, Hans-Walter: Rassenhygiene, Nationalsozialismus, Euthanasie. Von der Verhütung zur Vernichtung ‚lebensunwerten Lebens' 1890–1945, Göttingen 1987

Schneider, Barbara: Die Höhere Schule im Nationalsozialismus. Zur Ideologisierung von Bildung und Erziehung, Köln – Weimar – Wien 2000

Schönwalder, Karen: Historiker und Politik. Geschichtswissenschaft im Nationalsozialismus, Frankfurt/M. – New York 1992

Schöttler, Peter: Die historische „Westforschung" zwischen „Abwehrkampf" und territorialer Offensive. In: ders. (Hrsg.), Geschichtsschreibung als Legitimationswissenschaft 1918–1945, Frankfurt/M. 1997

Scholtz, Harald: Nationalsozialistische Ausleseschulen. Internatsschulen als Herrschaftsmittel des Führerstaates, Göttingen 1973

Scholtz, Harald: Erziehung und Unterricht unterm Hakenkreuz, Göttingen 1985

Scholz, Albrecht: „Gedenke, daß Du ein deutscher Ahnherr bist!" Beiträge aus Dresden zum Rassebild des Menschen. In: Dresdner Hefte 17/1999, H. 1

Schorcht, Claudia: Philosophie an den bayerischen Universitäten 1933–1945, Erlangen 1990

Schreiner, Klaus: Führertum, Rasse, Reich. Wissenschaft von der Geschichte nach der nationalsozialistischen Machtergreifung. In: Peter Lundgreen (Hrsg.), Wissenschaft im Dritten Reich, Frankfurt/M. 1985

Schulle, Diana: Das Reichssippenamt. Eine Institution nationalsozialistischer Rassenpolitik, Berlin 2001

Schultz, Jürgen: Die Akademie für Jugendführung der Hitlerjugend in Braunschweig, Braunschweig 1978

Schunter-Kleemann, Susanne: Die Nachkriegsauseinandersetzung in der DDR über die Psychologie im Deutschen Faschismus. In: Psychologie und Gesellschaftskritik 4/1980, H. 13/14

Schuster, Margrit und Helmut: Industriesoziologie im Nationalsozialismus. In: Soziale Welt 35/1984, H. 1/2

Schwan, Torsten: Dem Nationalsozialismus gefolgt und gescheitert? Zur Verortung der Jenaplan-Pädagogik im polykratischen NS-Erziehungssystem. In: Jahrbuch für Historische Pädagogik, Bd. 9, Bad Heilbrunn 2003

Schwartz, Michael: Bernhard Bavink. Völkische Weltanschauung – Rassenhygiene – Vernichtung lebensunwerten Lebens, Bielefeld 1993

Schwensen, Broder: Der Schleswig-Holsteiner-Bund 1919–1933. Ein Beitrag zur Geschichte der nationalpolitischen Verbände im deutsch-dänischen Grenzland, Frankfurt/M. 1993

Seidler, Horst/Andreas Rett: Rassenhygiene. Ein Weg in den Nationalsozialismus, Wien – München 1988

Seidler, Eduard: Die Medizinische Fakultät zwischen 1926 und 1948. In: Eckhard John u. a. (Hrsg.), Die Freiburger Universität in der Zeit des Nationalsozialismus, Freiburg – Würzburg 1991

Seier, Helmut: Die Hochschullehrerschaft im Dritten Reich. In: Klaus Schwabe (Hrsg.), Deutsche Hochschullehrer als Elite: 1815–1945, Boppard am Rhein 1988

Simon, Jürgen: Kriminalbiologie und Zwangssterilisation. Eugenischer Rassismus 1920–1940, Münster 2001

Simon, Jürgen: Kriminalbiologie und Strafrecht von 1920 bis 1945. In: Heidrun Kaupen-Haas/Christian Saller (Hrsg.), Wissenschaftlicher Rassismus: Analysen einer Kontinuität in den Humanwissenschaften, Frankfurt/M. – New York 1999

Skiera, Ehrenhard: Peter Petersens politisch-pädagogisches Denken in der Zeit des Nationalsozialismus – Versuch einer texthermeneutischen Kritik. In: Pädagogische Rundschau 44/1990

Sonnemann, Ralf u. a.: Geschichte der Technischen Universität Dresden 1828–1988, Berlin (Ost) 1978

Sparing, Frank: Von der Rassenhygiene zur Humangenetik – Heinrich Schade. In: Frank Sparing/Marie-Luise Heuser (Hrsg.), Erbbiologische Selektion und „Euthanasie": Psychiatrie in Düsseldorf während des Nationalsozialismus, Essen 2001

Sperling, Walter (Hrsg.): Theorie und Geschichte des geographischen Unterrichts, Braunschweig 1981

Stadler, Michael: Das Schicksal der nicht emigrierten Gestaltpsychologen im Nationalsozialismus. In: Carl F. Graumann (Hrsg.), Psychologie und Nationalsozialismus, Berlin u. a. 1985

Steinbacher, Sybille: „Musterstadt" Auschwitz. Germanisierungspolitik und Judenmord in Ostoberschlesien, München 2000

Storm, Gudrun: Oswald Kroh und die nationalsozialistische Ideologisierung seiner Pädagogik, Braunschweig 1998

Stossun, Harry: Die Umsiedlungen der Deutschen aus Litauen während des Zweiten Weltkrieges, Marburg 1993

Sturz, Rüdiger: Im Schatten von Zeiss: Die NSDAP in Jena. In: Detlev Heiden/Gunther Mai (Hrsg.), Nationalsozialismus in Thüringen, Weimar – Köln 1995

Sydow, Kurt: Die Lebensfahrt eines großen Erzählers. Martin Luserke (1880–1968). In: Jahrbuch des Archivs der deutschen Jugendbewegung 12/1980

Tenorth, Heinz-Elmar: Deutsche Erziehungswissenschaft 1930 bis 1945. Aspekte ihres Strukturwandels. In: Zeitschrift für Pädagogik 32/1986, H. 3

Tenorth, Heinz-Elmar: Erziehung und Erziehungswissenschaft von 1933–1945. Über Kontroversen ihrer Analyse. In: Zeitschrift für Pädagogik 35/1989, H. 2

Thieme, Frank: Rassentheorien zwischen Mythos und Tabu: der Beitrag der Sozialwissenschaften zur Entstehung und Wirkung der Rassenideologie in Deutschland, Frankfurt/M. u. a. 1988

Tilitzki, Christian: Die deutsche Universitätsphilosophie in der Weimarer Republik und im Dritten Reich, 2 Bde., Berlin 2002

Trapp, Joachim: Kölner Schulen in der NS-Zeit, Köln 1994

Ueberhorst, Horst (Hrsg.): Elite für die Diktatur. Die Nationalpolitischen Erziehungsanstalten 1933–1945. Ein Dokumentarbericht, Düsseldorf 1969

Uhle, Roger: Neues Volk und reine Rasse. Walter Gross und das Rassenpolitische Amt der NSDAP (RPA) 1934–1945, Diss. phil. Aachen 1999

Ulbricht, Justus H.: Kulturrevolution von rechts. Das völkische Netzwerk 1900–1930. In: Detlev Heiden/Gunther Mai (Hrsg.), Nationalsozialismus in Thüringen, Weimar – Köln 1995

Vieten, Bernward: Medizinstudenten in Münster. Universität, Studentenschaft und Medizin 1905 bis 1945, Köln 1982

vom Brocke, Bernhard: Bevölkerungswissenschaft quo vadis? Möglichkeiten und Probleme einer Geschichte der Bevölkerungswissenschaft in Deutschland, Opladen 1998

Vorländer, Herwart: Die NSV. Darstellung und Dokumentation einer nationalsozialistischen Institution, Boppard am Rhein 1988

Vossen, Johannes: Gesundheitsämter im Nationalsozialismus: Rassenhygiene und offene Gesundheitsfürsorge in Westfalen 1900–1950, Essen 2001

Voßkamp, Wilhelm: Kontinuität und Diskontinuität. Zur deutschen Literaturwissenschaft im Dritten Reich. In: Peter Lundgreen (Hrsg.), Wissenschaft im Dritten Reich, Frankfurt/M. 1985

Walk, Joseph: Jüdische Schule und Erziehung im Dritten Reich, Frankfurt/M. 1991

Warsewa, Günter/Michael Neumann: Zur Bedeutung der „Rassenfrage" in der NS-Industrieforschung. In: Carsten Klingemann (Hrsg.), Rassenmythos und Sozialwissenschaften in Deutschland, Opladen 1987

Weber, Klaus: Vom Aufbau des Herrenmenschen. Philipp Lersch. Eine Karriere als Militärpsychologe und Charakterologe, Pfaffenweiler 1993

Weber, Matthias: Ernst Rüdin. Eine kritische Biographie, Berlin 1993

Wedemeyer, Bernd: Runengymnastik. Zur Religiösität völkischer Körperkultur. In: Stefanie v. Schnurbein/Justus H. Ulbricht (Hrsg.), Völkische Religion und Krisen der Moderne. Entwürfe „arteigener" Glaubenssysteme seit der Jahrhundertwende, Würzburg 2001

Wegner, Gregory P.: Schooling for a New Mythos: Race, Antisemitism and the Curriculum Materials of a Nazi Race Educator. In: Paedagogica Historica 27/1991, H. 2

Weingart, Peter: Doppelleben. Ludwig Ferdinand Clauss: Zwischen Rassenforschung und Widerstand, Frankfurt/M. – New York 1995

Weingart, Peter/Jürgen Kroll/Kurt Bayertz: Rasse, Blut und Gene. Geschichte der Rassenhygiene in Deutschland, Frankfurt/M. 1988

Weiß, Edgar und Elvira: Pädagogik und Nationalsozialismus. Das Beispiel Kiel, Kiel 1997

Weiß, Horst (Hrsg.): Neue Wege für die Lehrerbildung: Erinnerungen und Reflexionen. Gert-Heinz Fischer zum 80. Geburtstag am 19. März 1989, Kassel 1989

Weiss, Joachim: Zur nationalsozialistischen Einflußnahme auf die Schulgeschichtsbücher. In: Internationale Schulbuchforschung 3, 1981

Weyer, Johannes: Die Forschungsstelle für das Volkstum im Ruhrgebiet (1935–1941). Ein Beispiel für Soziologie im Faschismus. In: Soziale Welt 35/1984, H. 1/2

Wiedemann, Andreas: Die Reinhard-Heydrich-Stiftung in Prag (1942–1945), Dresden 2000

Wildt, Michael: Generation des Unbedingten. Das Führungskorps des Reichssicherheitshauptamtes, Hamburg 2002

Wippermann, Wolfgang: Das Leben in Frankfurt zur NS-Zeit. Bd. 2: Die nationalsozialistische Zigeunerverfolgung, Frankfurt/M. 1986

Wittrock, Christine: Weiblichkeitsmythen. Das Frauenbild im Faschismus und seine Vorläufer in der Frauenbewegung der 20er Jahre, Frankfurt/M. 1981

Wojak, Irmtraud: Das „irrende Gewissen" der NS-Verbrecher und die deutsche Rechtsprechung. Die „jüdische Skelettsammlung" am Anatomischen Institut der „Reichsuniversität Straßburg". In: „Beseitigung des jüdischen Einflusses ..." Antisemitische Forschung, Eliten und Karrieren im Nationalsozialismus, hrsg. vom Fritz-Bauer-Institut, Frankfurt/M. 1999

Wolfanger, Dieter: Die nationalsozialistische Politik in Lothringen (1940–1945), Diss. Saarbrücken 1977

Wroblewska, Teresa: Die Rolle und Aufgaben einer nationalsozialistischen Universität in den sogenannten östlichen Reichsgebieten am Beispiel der Reichsuniversität Posen. In: Pädagogische Rundschau 32/1978

Wulf, Joseph: Theater und Film im Dritten Reich, Frankfurt/M. – Berlin – Wien 1983

Ziegler, Herbert: Nazi Germany's New Aristocracy. The SS Leadership 1925–1939, Princeton 1989

Zielke, Heiko: Sozial- und Rassenhygiene. Friedrich Erhard Haag und das Hygienische Institut. In: Michael G. Esch (Hrsg.), Die Medizinische Akademie Düsseldorf im Nationalsozialismus, Essen 1997

Zimmer, Hasko: Die Hypothek der Nationalpädagogik. Herman Nohl, der Nationalsozialismus und die Pädagogik nach Auschwitz. In: Jahrbuch für Pädagogik 1995: Auschwitz und die Pädagogik, hrsg. von Kurt Beutler

Zimmermann, Michael: Rassenutopie und Genozid. Die nationalsozialistische „Lösung der Zigeunerfrage", Hamburg 1996

Zimmermann, Susanne: Die Medizinische Fakultät der Universität Jena während der Zeit des Nationalsozialismus, Berlin 2000

Zymek, Bernd: War die nationalsozialistische Schulpolitik sozialrevolutionär? Praxis und Theorie der Auslese im Schulwesen während der nationalsozialistischen Herrschaft in Deutschland. In: Manfred Heinemann (Hrsg.), Erziehung und Schulung im Dritten Reich. Teil I: Kindergarten, Schule, Jugend, Berufserziehung, Stuttgart 1980

Namenverzeichnis

Abel, Wolfgang 23, 149, 268
Adamheit, Herbert 341
Adelmann, Josef 341
Adenauer, Konrad 242, 266
Adler, Alfred 94
Albert, Wilhelm 341
Albinus, Hildegard 341
Alnor, Karl 28, 176, 200f., 341
Alter, Otto 341
Altheim, Franz 233
Alverdes, Friedrich 26, 341
Ammon, Otto 96
Andree, Julius 31
Andreesen, Alfred XII, 341
Andres, Helmut 342
Antropoff, Andreas von 257f., 342
Arlt, Fritz 142, 146, 231, 238ff., 284
Arlt, Rudolf 240, 342
Arndt, Ernst Moritz 96
Arnold, Hans 342
Arntz, Helmut 82, 342
Arp, Wilhelm 173, 342
Asmus, Karl 26
Astel, Karl 45, 51, 92, 96, 146, 175, 265, 305ff.,
   342f.
Avemaria, Hans 343

Baasen, Carl 343
Bach-Zelewsky, Erich von dem 239ff.
Bacher, Josef 343
Baege, Max Hermann 126, 343
Baeumler, Alfred 120, 138, 212f., 343f.
Balssen, Meinhard 344
Banniza von Bazan, Heinrich 344
Bareth, Karl 344
Bargheer, Ernst 49
Bartel, Anneliese 344
Barth, Heinz 344
Bartmann, Hans 192f., 331, 344
Bartsch, Max 75, 344f.
Bartsch, Paul 345
Bauch, Bruno 185, 327, 345

Bauer, Albert 232, 345
Bauer, Karl Heinrich 226, 284
Bauermeister, Wolf 23
Baur, Erwin 86, 89, 95, 235
Baustaedt, Carl 345
Bavink, Bernhard 96, 323, 345
Bayerl, Lorenz 346
Beatus, Richard 26
Beck, Christoph 346
Beck, Ernst-August 346
Beck, Friedrich Alfred 346
Beck, J. 346
Beck, Robert 34, 346
Becker, Friedrich 40, 151f., 346
Becker, Oskar 82
Becker, Willy 346f.
Beckerling, Ernst 347
Beckmann, Franziska 347
Beger, Bruno 148, 149, 268
Behn, Siegfried 182
Behr-Pinnow, Carl F. L. von 347
Behrens, Dietrich 347
Belstler, Hanns 347
Bender, Heinz 347
Benl, Gerhard 327f., 347
Benze, Rudolf E. R. 48, 94, 96, 202, 217ff.,
   347f.
Benzing 161
Berg, Hilde 348
Berger, Friedrich 28, 152, 156, 160, 163, 180,
   331, 348
Berger, Siegfried Werner 37, 348
Berger, Walter 348
Bergmann, Ernst 349
Bernstorf, Otto 349
Bertram, Otto 349
Beyer, Albert 27, 349
Beyer, Hans Joachim 78, 79, 130, 242ff., 247f.,
   250f., 349
Beyer, Walter 349
Bieberbach, Ludwig 82, 349f.
Bieling, Hans 350

Bieneck, E. 181
Biermann, Wilhelm E. 175
Bittrich, Max 350
Bluhm, Agnes 96
Blume, Friedrich 82, 350
Bober, Heinz 280, 350
Bochnig, Paul 350
Boeck, Adalbert 350
Boehm, Hermann Alois 313f., 351
Böhmer, Karl 27
Böhnert, Bruno 351
Boerger, Wilhelm 269, 351
Bohrmann, Johannes 351
Bollnow, Otto F. 160
Boltenstern, Ernst Joachim von 351
Bommersheim, Paul 26, 28, 327, 351f.
Bonn, Eduard (Joseph Apollinaris) 352
Bonte, Theodor 34
Borkholder, Susanne 352
Bormann, Martin 143, 148
Bose, Fritz 82, 352
Bouhler, Philipp 79
Bourges, Karl 37, 352
Brake, Jürgen 119, 352
Brammer, Heinrich 352
Brandt, Käthe 352f.
Braun, Fritz 35, 42, 353
Brehm, Bruno 353
Breitbarth, Martin 353
Breitinger, Emil 353
Breitkopf, Ernst 353
Brenger, Curt 353
Brepohl, Friedrich Wilhelm 37
Brett, Otto 353
Breuer, Hubert 354
Brewitz, Walther 354
Brinkmann, Matthias 26, 28, 42, 354
Brix, Wilhelm 354
Brohmer, Paul 26, 44, 95, 186f., 201, 354f.
Bruchhagen, Paul 355
Brückner, Werner 280, 355
Brüggemann, Fritz 355
Brzóska, Maria 355
Bub, Gustav 210, 355f.
Buchholz, Erich 356
Buchholz, Gustav 175
Budde, Hermann 26
Bühnemann, Hermann XII, 233, 356
Büsing, Hans 60, 356
Buhl, Friedrich 356
Bujok, Margarete 356

Bullinger, Ida Maria 356
Burgdörfer, Friedrich 91, 93, 95, 124, 254, 356f.
Burgemeister, Kurt 357
Burger, Hans-Otto 29, 357
Burkhardt, Hans 17, 35, 139, 357
Burkhardt, Heinz 357
Burmeister, Walter 357f.
Buss, Onko XII, 261, 358
Bykowski, Ludwik Jaxa 358

Campbell, C. G. 358
Carspecken, Ferdinand 152, 358
Cassel, Adolf 358
Cassirer, Ernst 22, 286
Cehak, Gerd 37, 358
Chamberlain, Houston St. 7, 91, 93, 95, 266
Chudoba, Erhard 358
Cimbal, Walter 359
Cladder, Guido 359
Clasen, Armin 359
Clauss, Ludwig F. 11ff., 16ff., 28, 34, 38f., 48f.,
    72, 74f., 82, 86, 88f., 93, 95, 138, 143, 144ff.,
    153, 156, 167f., 181, 184ff., 189, 194f., 200,
    202, 210, 236, 266f., 271, 280, 289f., 314, 322,
    328, 359f.
Claußen, Ferdinand 23
Clostermann, Gerhard 119, 360
Coerper, Carl 23
Cohen, Hermann 153
Conti, Leonardo 41, 320, 360
Cordsen, Hans Christian 360
Correns, Carl 96
Corte, Erna 360
Cretius, Paul 360
Csallner, Alfred 360

Dabelstein, Rudolf 361
Dadt, Friedrich 361
Dannemann, Hans 156
Danzer, Paul 361
Darré, Richard W. 91, 93, 140, 143, 158, 174,
    191, 253, 257, 260f., 278, 290, 317
Darwin, Charles 91, 95, 272
Deile, Gotthold 361
Dennert, Wolfgang 361
Depdolla, Philipp 361
Deuchler, Gustav 32, 34, 154, 156, 172, 287, 330
Devi, Prashila 176, 361
Diedrich, Heinz 362
Diers, Magdalena 362
Dietel, Johannes 362

Dingler, K. 362
Disch, Karl 362
Dittmar, Hans 362
Dittrich, Werner 35, 47f., 96, 116, 193ff., 204, 362f.
Dobers, Ernst 26, 44f., 64, 76, 96, 189f., 285, 363
Döpp-Vorwald, Heinz 176
Döring, Artur 363
Döring, Johannes 209, 364
Donath, Friedrich 364
Dorner, Adolf 364
Dornfeld, Walter 364
Drascher, Wahrhold 30
Drenckhahn, Friedrich 82, 364
Drescher, Karl-Heinz 364
Dresel, Ernst Gerhardt 364f.
Dressel, Josefine 168, 365
Driesch, Hans 96
Droschl, Heinrich
Drude, Gisela 27
Dubitscher, Alfred 58, 365
Duckart, Joachim 27, 45, 251ff., 365
Düning, Hans Joachim 176
Dürre, Konrad 43, 74, 96, 317, 365f.
Duken, Hajo XIII
Dumke, Artur 366
Duncker, Hans 366
Dunschen, Franz 231f., 366

Eckle, Christian 36, 38, 152, 156, 159f., 162, 331, 366
Eckstein, Ludwig 45, 74, 124, 263f., 366f.
Eddelbüttel, Heinrich 27, 44, 188, 367
Edelmann, Moritz 45, 79, 264f., 367
Eher, Alfred 367
Ehlich, Hans 148, 247f., 367
Ehrhardt, Adolf 37, 367f.
Ehrhardt, Sophie 141, 292
Eichenauer, Richard 81f., 96, 259ff., 333, 368
Eichhorn, Friedrich 368
Eichhorn, Walter 368
Eichler, Paul 368
Eichmann, Adolf 241
Eicke, Theodor 320
Eickstedt, Egon von 23, 39, 74, 91, 95, 126, 206, 240, 252, 256, 324, 368f.
Eilks, Hans 369
Eilemann, Johannes 369
Eisenbock, Karl 369
Eitze, Werner 173

Ekkehart, Winfried (Pseud.) *siehe:* Schnee, Heinrich
Elster, Hanns Martin 369
Endres, Hans 37, 267f., 369f.
Engbrocks, Julius 370
Engelsmann, Robert 370
Erbt, Wilhelm 48, 93, 96, 148, 202, 223, 331, 370
Ernst, Bodo 370
Escherich, Karl 370
Essen, Jac. von 370
Eydt, Alfred XII, 10, 26f., 35, 94, 96, 235ff., 281, 370f.
Eydt, Rudolf 237, 371
Eyrich, Max 372

Fabry, Richard 372
Facaoaru, Jorchache 372
Fasolt, Walter 372
Faulwasser, Arthur 372
Fechner, Helmut 372
Feichtenbeiner, Ludwig 372
Feldens, Franz 372
Feldkamp, Hans 196, 372
Fetscher, Rainer 62, 96, 126, 307, 309, 326, 372f.
Feyl, Othmar 152, 157, 373
Fielmann, Wilhelm 172, 373
Finckh, Ludwig 96, 373
Finger, Otto 299
Fink, Fritz 211, 373
Firgau, Hans Joachim 146
Fischer, Adolf 373
Fischer, Aloys 32, 37, 157f., 167ff., 172, 331
Fischer, Eugen 34, 41, 54, 59, 86f., 89, 91, 95, 106, 138, 140, 183, 235, 271, 288, 307, 315, 318, 373
Fischer, Gert Heinz 38, 124, 151f., 154f., 164ff., 311, 374
Fischer, Richard 374
Fleck, Max 374
Fleischhacker, Hans 46, 268
Flitner, Wilhelm XI, 286, 305
Foerster, O. G. 374
Förtsch, Arno 177, 330, 374
Folkers, Johann Ulrich 80f., 201f., 374f.
Folkerts, Enno 375
Folkerts, Gerhard 46
Forster, Albert 142, 177
Frank, Karl Herrmann 250
Frank, Walter 78
Franke, Eberhard 375

Franke, Gustav 375
Franke, Walter 75, 215, 223, 375
Frede, Maria 59, 376
Freisler, Roland 255
Frercks, Rudolf 15, 96, 186, 229, 376
Freud, Sigmund 96
Freudenthal, Herbert 206f., 376
Freund, Rudolf 204, 376
Frey, Gottfried 377
Freyer, Hans 238, 246
Frick, Wilhelm 20, 91f., 95, 140, 317, 377
Friedrichs, Heinz F. 377
Friehe, Albert 76, 191f., 331, 377
Friese, Gerhard 378
Frischeisen-Köhler, Ida 378
Fritsch, Theodor 96, 147, 222, 233
Fritz, Max 378
Fröhlich, Otto 378
Frotscher, Gotthold 82, 378
Fürst, Theobald 59, 378
Fulde, Paul 379
Funkenberg, Alexander 379

Gabler, Anton 379
Gaertner, Fritz 379
Galton, Francis 95
Garbe, Heinrich 379
Garbe, Ulrike 379
Gareis, Oskar 379
Garms, Harry 26, 380
Gastpar, Alfred 380
Gauch, Hermann 380
Gaumitz, Albert 27
Gaupp, Robert 293, 301f.
Gebhard, Bruno 380
Gebhardt, Julius 286
Gehl, Walther 49, 79, 215, 380f.
Gehlen, Arnold 238, 381
Geiger, Theodor 126, 177, 325f., 381
Geiler, Heinz 381
Geißler, Ewald 381
Geißler, Heinrich 160, 381
Gercke, Achim 96, 120, 226, 322, 381f.
Gerdes, Herbert 227
Gerlach, Kurt 382
Gerstenhauer, Max Robert 140, 382
Gerth, Werner 382
Geuss, Richard 208f., 382
Geyer, Horst 382
Gierlichs, Rudolf 382
Giese, Gerhardt 383

Gieseler, Wilhem 30, 106, 146, 321
Gießler, Alfred 383
Gockler, Ludwig 383
Goebbels, Joseph 202, 205, 222f., 324, 383
Gobineau, Joseph Arthur de 7, 93, 96
Goddard, Henry Herbert 96
Göring, Hermann 87, 140, 254
Görs, Willi 383
Gohlke, Kurt 383
Goldschmidt, Richard 96
Goltz, Richard 383
Gossong, Heinrich 383
Gossow, Erich 56, 383f.
Gottong, Heinrich 142, 238, 281
Gottschaldt, Kurt 28f., 35, 94, 146, 183f., 271, 325, 330, 338, 384
Gottschick, Johann 288, 384
Gower, Erich 384
Graach, Hans Josef 384
Gräfer, Gustav 48, 384
Graewe, Herbert 182f., 330, 385
Graf, Jakob 47, 75f., 91, 95, 138, 195f., 276, 385
Grant, Madison 96
Grapentin, Oskar 386
Grau, Walter 78, 93
Grau, Wilhelm 96, 386
Grebe, Hans 23
Greff, Josef 386
Gregor, Adalbert 386
Grehn, Josef 27, 44, 130, 258, 386
Greiser, Alfred Max 140, 386
Greite, Walter 26
Grimme, Adolf 247
Grobig, Hermann Ernst 386
Gross, Walter 4f., 19, 41, 44f., 48, 75, 88f., 91f., 95, 120f., 144ff., 148, 179, 183, 192, 224ff., 229f., 234, 236, 307, 314, 324, 386–388
Grosse, Hans 388
Grossmann, Erich 45
Grossmann, Paul 388
Grossmann, Reinhold 388
Grotjahn, Alfred 7, 96, 245, 325
Gruber, Max von 92
Grün, Georg von der 388
Gruenberg, Leo Otto 388
Grunsky, Hans Alfred 388
Grunwald, Karl 388
Gscheidle, Adolf 389
Günther, Hans F. K. 8, 10ff., 16f., 22, 24, 29, 34, 37ff., 72, 74f., 82, 83, 86ff., 93, 95, 138ff., 145,

148f., 150, 153, 156, 168, 174, 176, 178, 181, 186, 191, 195, 200, 202, 232, 235, 239, 245, 261, 266f., 271, 286, 289f., 292, 309, 318, 328, 389
Günther, Johannes Joachim 389
Günther, Siegfried 389
Gütt, Arthur 41, 96, 316f., 319f., 389f.
Guggenbichler, Herbert 390
Gumpertz, Meta 390
Gumpricht, Karl 177, 390
Gustloff, Wilhelm 234

Haacke, Ulrich 390
Haag, Friedrich Eberhard 189f., 390
Haas, Friedrich 390
Hackbart, Helmut 26
Hackert, Franz 391
Hadlich, Marie 391
Haeckel, Ernst 96, 187
Haecker, Valentin 96
Häufler, Ludwig 326, 391
Haferkorn, Walter 391
Hagemann, August 26, 391
Hagspiel, Irma 391
Hahn, Fritz 391
Hahn, Kurt 391
Halfmann, Waldemar 223, 391
Haller, Georg 392
Hamacher, Jakob 392
Hanhart, Ernst 392
Hansen, Henrich 216f., 266, 327, 338, 392
Hansen, Jörgen 26, 392
Harder, Hermann 392
Harlander, Otto 392f.
Harm, Marie 393
Harmsen, Hans 302, 393
Harster, Wilhelm 171
Hartisch, Johannes 393
Hartmann, Johannes 393
Hartmann, Nicolai 154
Hartnacke, Wilhelm XI, 10, 91, 93, 95, 105, 140, 151, 177ff., 235, 393f.
Hasper, Eberhardt 394
Hass, Willy 394
Hauer, Jakob Wilhelm 29, 160, 234, 267
Hauf, Emil 394
Haug, Gottfried 27
Haug, Otto 394
Hausen, B. 394
Hayn, Friedrich XII, 14, 96, 126, 138, 322, 394f.
Heberer, Gerhard 395

Hecht, Günther 228, 314, 395
Hecht, Karl M. H. 172
Hecker, Walther 395
Hedfeld, Hermann 395
Heeschen, Richard 395
Hehlmann, Wilhelm 32, 288, 395
Hehn, Juergen von 249
Heidegger, Martin 154
Heidt, Karl 395
Heier, Fritz 395
Heil, Hans 395
Heil, Karl 395
Heine, Heinrich 188, 218
Heinemann, Fritz 397
Heinrichs, Karl 397
Heinsius, Fritz 397
Heinze, Hans 397
Heißmeyer, August 180, 217, 219
Helbok, Adolf 77f.
Hellmuth, Otto 54
Helmich, Wilhelm 128, 397
Helwig, Elsbeth 397
Helwig, Karl 397
Hemm, Ludwig 397f.
Hene, Karl-Joachim 398
Hennemann, Gerhard 398
Hennig, Arthur 398
Hennig, Luise 195, 398
Hennig, Willi 398
Henschel, Horst 398
Hentschel, Herbert 398
Henze, August 398
Herbst, Rudolf 399
Herder, Johann Gottfried 163
Herdt, Lothar 399
Herkommer, Agnes 399
Hermsmeier, Friedrich 399
Herrmann, Curt 399
Herrmann, Friedrich 188, 399
Herrmann, Paul Georg 52
Hertwig, Otto 96
Hesch, Michael 141, 275f., 281, 399f.
Heß, Gerhard 26f., 400
Heß, Karl 400
Heß, Lise 400
Heß, Rudolf 282
Hesse, Otto 296, 400
Heuing, Paula 400
Heyde, Werner 303
Heydrich, Reinhard 91, 179, 241, 244
Hickethier, Kurt 400

Hieronymus, Käthe C. 400
Higelke, Kurt 76, 190f., 400
Hild, Hans 401
Hildebrand, Kurt 401
Hildebrandt, Kurt 401
Hildebrandt, Wilhelm 401
Hiller, Christian 401
Hiller, Friedrich 401
Hilpert, Paul 401
Himmler, Heinrich 14, 65, 87, 140, 143, 148, 160, 161, 165, 275, 306f., 317
Hindenburg, Paul von 324
Hinst, Bruno 128, 170, 401f.
Hippius, Maria 250
Hippius, Rudolf 36, 145, 162, 244, 248ff., 402
Hirn, Albert 31
Hirt, Eduard 402
Hirt, August 268
Hitler, Adolf 62, 87, 89, 95, 140, 205, 222, 324
Höft, Albert XII, 138, 322, 402
Höhne, Fritz 402
Höhnle, Max 402f.
Höltermann, Alfons 403
Höppner, Heinz 250
Hördt, Philipp 96
Höß, Rudolf 140
Hoff, Richard von 280, 403
Hoffmann, Arthur 15, 26ff., 44, 74, 96, 124, 147f., 185ff., 189, 229, 254, 281, 403
Hoffmann, Ferdinand 404
Hoffmann, Heinrich 96
Hoffmann, Hermann F. 293, 404
Hoffmeister, Kurt 404
Hoffmeister, Walter 404
Hofmann, Karl 404
Hohlfeld, Andreas 404
Hohmann, Walther 404f.
Holl, Heinrich 405
Holtkamp, Franz 405
Holtz, Günther 252, 405
Holtz, Otto 405
Hoyer, Robert 405
Huck, Wolfgang 151f., 405
Hüttig, Werner 26f., 45, 129f., 227f., 405f.
Humboldt, Wilhelm von 144, 153
Hunger 49
Hurtig, Theodor 406
Husserl, Edmund 144f.
Hussong, Wilhelm 96

Huth, Albert 37, 168, 170, 330, 406
Huth, Eugen 223, 406

Ihde, Heinrich 75, 406
Innecken, Irmgard 407
Isenburg, Wilhelm Karl von 322, 407
Iversen, Bernhard 208, 407

Jäger, Dietz 173
Jaeger, J. 407
Jaensch, Erich R. XI, 19f., 28, 32, 38, 40, 82, 89f., 92f., 95, 124, 151f., 156, 164f., 168, 287, 330f., 407f.
Jaensch, Walther 96, 152, 155, 312, 408
Jankowsky, Walther 324
Jantzen, Walther 408
Jaster, Arno 408
Jeckeln, Friedrich 273
Jerábek, Josef 408
Jeß, Friedrich 23, 45, 408
Jörns, Emil 76, 91, 95, 197f., 331, 408f.
Jötten, Karl 23f., 32, 106, 409
Johannsen, Wilhelm 96
Josewski, Erwin 409
Josten, Konstanze 409
Jung, Carl Gustav 96
Just, Günther 35, 91, 179, 184, 290ff., 298, 305, 314, 319, 323, 409
Justin, Eva 64, 97, 296f., 409

Kade, Franz 33
Kadner, Siegfried 45, 263, 327, 410
Kadner, Th. 410
Kaiser, Hugo 410
Kalchreuter, Hermann 410
Kameke, Georgy von 410
Karl, Erich 281
Kaundinya, Otto Günther 410
Keeding, Hans 410
Keipert, Hans 410
Keiter, Friedrich 28, 31, 91, 96, 174, 238, 285, 288ff., 292, 411
Kelle, August 27
Kern, Fritz 93, 96, 411
Kerst, Bruno 411
Kesselring, Michael 27, 411
Keyser, Erich 77f., 411
Kiehn, Ludwig 124, 173, 412
Kiendl, Helmuth 412
Kiessling, Arthur 412
Kirch, Emilie 412

Kirchhoff, Hans 288, 412
Kirchmair, Heinrich 412
Kirsten, Johanna 412
Kittel, Gerhard 412
Klages, Ludwig 96, 234
Klagges, Dietrich 79, 105, 215, 218, 221ff., 332, 413
Klappenbach, Ferdinand 413
Kleinschmidt, Otto 413
Klemm, Otto 413
Klenck, Wilhelm 52, 413f.
Klimke, Wilhelm 23, 24
Klinge, Erich 414
Klocke, Friedrich von 31
Klodt, Wilhelm 414
Kloiber, Ämilian 414
Kloos, Gerhard 54, 310
Klotz, Alfred 414
Knoll, Fritz 205
Knorr, Wolfgang 239, 316, 414
Knust, Hermann 414
Koch 414
Koch, Hans 28, 30, 54
Köhler, Otto 415
Köhler, Paul 27
Köhler, Wolfgang 34, 158, 183, 271
Köhler-Irrgang, Ruth 106, 415
Köhn, Walter 27, 48, 96, 188, 206, 415
Köhnen, Gerhardt 415
Königs, Paul 416
Könnemann, Rudolf 416
Köster, Milli 416
Kolb, Eduard 169f., 416
Kolb, Gustav 416
Koller, Siegfried 299f., 416
Kommerell, Hermann 26, 416
Konopath, Hanno 140
Konopath, Marie A. 106, 416
Konrad, Klaus 416
Koopmann, Ludwig 198, 417
Kopf, Ernst 417
Kopp, Walter 417
Korten, Ernst 417
Kossinna, Gustaf 96
Kosswig, Kurt Karl 26, 130, 325, 417
Kottenrodt, Wilhelm 417
Kötzschke, Rudolf 262
Krallert, Wilfried 248
Kramer, Friederike 418
Kramer, Otto 418
Kramp, Peter 327, 418

Krampf, Alfred 57, 230, 233, 418
Kranz, Heinrich Wilhelm 22, 45, 96, 160, 297ff., 327, 418
Krause, Reinhold 418f.
Krause, W. 419
Krause, Wolfgang 82
Krauskopf, Alfred Artur 419
Krauß, Hans 419
Kraut, Wilhelm 419
Krebs, Albert 419
Kreitmair, Karl XI, 419
Kremer, Johann Paul 23
Kretschmer, Ernst 58, 91, 95, 164, 293, 419
Kretzschmar, Johannes Robert 419
Kreuzberg, Peter Josef 420
Krieck, Ernst XIII, 91ff., 95, 138, 153, 156, 163, 173, 179, 206, 267, 420
Krieger, Heinrich 420
Krieger, Heinz 420
Krieger, Otto 420
Krieger, Paul Ludwig 420f.
Krieger, Rudolf 27
Kroh, Oswald 26, 28f., 32, 34, 92f., 95, 151f., 154ff., 159ff., 166, 168, 243, 293, 330f., 421
Krueger, Felix 90, 96, 287
Krüger, P. 421
Krüger, Rudolf 421
Kruse, Ernst 421
Küchenhoff, Werner 152
Kühn, Alfred 96, 106, 324, 422
Kürten, Heinz 45, 422
Küster, Erwin 172
Kuhn, Philalethes 290, 298f., 422
Kulessa, Adolf 422
Kullak, Max 422
Kummer, Bernhard 49
Kumsteller, Bernhard 423
Kunze, Hans 237, 423
Kurth, Gottfried 309, 423
Kurtzahn, Hans 423
Kurz, Eugen 23
Kuttner, Ludwig 423
Kynass, Fritz 423
Kynast, Karl 423

Lämmermann, Hans 423
Lagarde, Paul de 96
Lamarck, Jean Baptiste de 96
Lambeck, Adolf 423

Lamprecht, Wilhelm 26
Landé, Margarete 145
Lange, Friedrich 26, 96, 423f.
Lange, Johannes 96
Lange, Wilhelm 424
Langermann, Roland 424
Lanzius, Hans 424
Lapouge, Georges Vacher de 96
Lauterbacher, Hartmann 234
Lechner, Johannes 424
Leers, Johann von 29, 80, 93, 96, 216, 265ff.,
   308, 338, 424f.
Lehmann, Ernst 24, 48, 96, 126, 202, 204ff.,
   322, 332, 425
Lehmann, Julius 139, 205, 286
Lehmann, Konstantin 425
Lehmann, Otto 425
Lehmann, Robert 425
Lehmann, Walter 425
Lehmann, Walter 426
Lehmann, Wolfgang 23
Leibold, Rudolf 426
Leineweber, Konrad 426
Leininger, Hermann 26, 426
Leistritz, Hans Karl 212f.
Leiter, Anna 426
Lemcke, Heinrich 426
Lemke, Otto 426
Lemme, Hans-Joachim 318, 426f.
Lemp, Hermann 427
Lenz, Erich 151f., 427
Lenz, Fritz XI, XIII, 7ff., 13, 46, 58, 60f., 86,
   88f., 91, 95, 138f., 177f., 239, 245, 291, 305,
   317, 328, 427
Lenz von Borries, Kara 61, 427
Lepel, Henning von 261, 427
Lersch, Philipp 96, 124, 145, 150, 159, 162, 427f.
Lesch, Erwin 428
Lesemann, Gustav 230, 428
Leßmann, J. 428
Leuschner, Egon 44, 48, 229f., 240, 428
Lietz, Hermann XII
Lincke, Alice 229, 428
Linden, Herbert 428
Linder, Hermann 428f.
Linser, Hans 429
Lippe, Friedrich Wilhelm Prinz zur *siehe:* zur
   Lippe
Litt, Theodor 50
Loeffler, Lothar 23, 45, 49, 314, 429
Löhr, Otto 429

Löpelmann, Martin 322f., 429
Loewenstein, Karl 266
Lohoff, Wilhelm 429
Lohrmann, Heinrich-Friedrich 429
Lohse, Hinrich 201
Lommel, Felix 429
Lorch, Hermann 430
Lorenz, Klemens 430
Lorenz, Konrad 155, 250
Losch, Otto 215, 430
Lottig, Heinrich 96, 303ff., 430
Lottmann, Werner 179f., 330, 430
Lotz, Franz 152, 160, 430
Lotze, Kl. 430
Lotze, Reinhold 96, 430f.
Lucas, Adolf 430
Luck, Rudolf 430
Ludwig, Oskar 430
Lübow, Carlheinz 321, 432
Lüdtke, Franz 121, 432
Lüke, Franz 432
Ludwig, Hellmut 37f., 75, 182, 330
Lukas, Otto 432
Lundborg, Hermann 96
Luserke, Martin XII, 80, 326, 432

Maaß, Karl Erich 432
Macco, Hans 432
Machacek, Johann 432
Magdeburg, Paul 433
Magnussen, Karin 97, 433
Mahnkopf, Johannes 433
Mahraun, Artur 226
Maier, Georg O. Th. 27, 45, 433
Malthan, Paul 215f., 222, 433
Mandel, Hermann 24, 29, 433
Manger, Bruno 229f., 433f.
Manko, Heinrich 230f., 434
Mansfeld, Hedwig 434
Marbe, Karl 274
Marby, Friedrich Bernhard 434
Massau, Edmund 434
Matschke, Willy 434
Mau, Friedrich 229f., 434
Maue, Otto 434
Mayer, Kurt 120
Mecking, Ludwig 434f.
Mehl, Albert 81, 435
Mehl, Erwin 435
Mehlem, Richard 435
Meier, Matthias 30, 31

Meil, Wilhelm 197, 435
Meinel, Rudolf 435
Meinhardt, Heinz 435
Meixner, Hanns 320f., 435
Melching, Leonore 436
Meltzer, Ewald Konrad 436
Mendel, Gregor 91, 95
Mendelssohn, F. 328
Menseling, Paul 436
Merkl, Agnes 436
Merkle, Hermann 436
Messer, August 324, 436
Meteling, Maria 436
Mettenleiter, Friedrich W. 209f., 436
Mettke, Reinhold Paul 437
Metzger, Karl 23, 25
Metzler, Friedrich 437
Metzsch, Horst von 437
Meumann, Ingeborg 437
Meyer, Erich 35, 193ff., 203, 437
Meyer, F. W. 197
Mierke, Karl 437f.
Mieskes, Hans 176
Miltner, Franz 77
Mitgau, Johannes Hermann 28, 254f., 438
Mittwoch, Eugen 22, 141
Mjöen, Jon Alfred 30, 82, 438
Möckelmann, Hans 151f., 438
Möller 438
Möller, Günther 438
Moeller, W. 438
Moeller van den Bruck, Arthur 96, 228, 258
Moers, Martha 42
Mollison, Theodor 141, 168, 277
Morgan, Thomas H. 96
Moser, P. 438
Moslehner, Otto 438
Muckermann, Hermann 95, 111, 126, 168, 197,
    323, 439
Müller, Karl Valentin 93, 96, 245ff., 257, 275,
    305, 325, 439
Müller, Karl Alexander von 243
Müller, Richard 439
Müller, Sepp 439
Müller, Theodor 80, 439
Müller, W. 440
Müller am Stein, Kurt 440
Müller-Blattau, Josef 440
Müller-Freienfels, Richard 38, 96, 440
Münch, Kurt 440
Muris, Oswald 80, 440

Murr, Erich 440f.

Nachtsheim, Hans 183
Neckel, Gustav 95, 441
Nehring, Ludwig 441
Nelis, Heinrich-Josef 170f., 331, 441
Nelson, Leonard 326
Nerb 441
Neubert, Rudolf 441
Neugebauer, Paul 441
Neuhaus, Agnes 106, 126, 441
Neumann, Ernst 441
Neumann, Otto 442
Niemann, Gustav 75, 442
Nier, Friedrich 442
Nießen, Josef 442
Nietzsche, Friedrich 95
Nöll, Heinrich 442
Nohl, Herman XI, 119, 261, 326, 442
Nolte, Ernst-Erwin 26, 30

Oberborbeck, Felix 43
Oechslein, August 442
Olfenius, Karl 255f., 333, 442f.
Oppermann 44
Ortner, Eduard 443
Ost 49
Ostermeyer, Gerda 159f., 443
Otto, Berthold XI, XII
Otto, Hermann 75, 443

Paetzold, Irmgard 443
Pahlke, Heinrich 443
Pakheiser, Theodor 23
Pancke, Günther 281
Parnitzke, Erich 443
Passarge, Siegfried 443
Patriarcheas, Angelika 443
Patt, Wilhelm 444
Paul, Alexander 317f.
Paul, Elfriede 444
Paul, Franz 444
Paul, Gustav 77f., 96, 444
Paull, Hermann 444
Pauls, Karl-Heinz 444
Pause, Kurt 444
Peisker, Horst 444
Pesch, Karl 23
Peter, Herbert 445
Petermann, Bruno 28, 82, 93, 96, 124, 166, 331,
    445

Peters 23
Peters, Ulrich 187
Petersen, Peter XII, 32, 96, 174ff., 310, 330, 445
Petzet, Georg 445
Pfahler, Gerhard 19f., 28ff., 32, 34, 36, 38, 89f., 95, 106, 151f., 156, 158ff., 163ff., 167, 176, 179, 181f., 238, 293, 299, 330f., 445f.
Pfannenschmidt, Christian P. 446
Pfannenstiel, Wilhelm 446
Pfaul, Berthold 141, 309, 446
Pier, Bernhard 446
Pietsch, Albert 126, 447
Pietzker, Karl 447
Pladra, Oskar 447
Plate, Ludwig 96
Plenzat, Karl 447
Pleyer, Kleo 49, 78
Plöhn, Hermann Johannes 447
Ploetz, Alfred 6f., 95, 139
Plügel, Anton Adolf 213f., 238, 281, 447
Pohl, Werner 176
Pommrich, Herbert 447
Popenoe, Paul 96
Porembsky, Franziska von 448
Praetorius, Otfried 47, 448
Preuß, Hans 34, 46, 271f., 448
Pröbsting, Günter 44, 448
Pudelko, Alfred 48f., 206, 219f., 448

Quentin, Emil 448
Quiehl, Karl 448

Rabes, Otto 449
Ramm, Kurt 449
Ratz, Ernst 47, 449
Rau, Kurt 90, 449
Rauschenberger, Walther 449
Rauscher, Otto 449
Rautenberg, Werner 449
Rebeski, Walter 450
Reche, Otto 23, 32, 96, 246, 275, 280ff., 314, 450
Reche, Walter 450
Redeker, Martin 450
Rehm, Otto 450
Reich, Hans 26f., 44, 450
Reigbert, Robert 177, 451
Reimers, Eggert 198f., 451
Rein, Richard 451
Rein, W. 451
Reinboth, Gerhard 451

Reiner, Rolf C. 451
Reinicke, Hans 451
Reinöhl, Friedrich 26, 96, 451f.
Reinstorf, Ernst 452
Reiss, Franz 452
Reiter, Hans 96, 318ff., 452
Rennschmidt, Ludwig 452
Renziehausen, Friedrich 452
Reploh, Heinz 23, 452
Reuber, Adalbert 452
Reyer, Wilhelm 453
Richter, Brigitte 296
Richter, Erich 453
Richter, Paul 453
Richthofen, Bolko von 453
Riechert, Johannes 453
Rieffert, Johann Baptist 28, 34, 183, 271
Riehl, Heinrich 96
Riemann, Erhard 238
Ritter, Robert 63, 141, 184, 291ff., 305, 319f., 453
Rittershaus, Ernst 23, 322, 454
Rodenberg, Carl-Heinz 454
Rodig, Paul 454
Röckel, Hermann 454
Rödiger, Wilhelm 454
Röhl, Willi 454
Römer, Joachim 256f., 333, 454
Römpp, Hermann 454f.
Rössel, Fritz 130, 173, 330, 455
Rogge-Börner, Pia Sophie 106, 455
Rohns, Konrad 455
Romberg, Heinz 455
Rose, Wilhelm 455
Rosenberg, Alfred 78, 89, 93f., 120, 140, 142, 161, 165, 183, 202, 205, 209f., 213, 226f., 249, 290
Rosorius, Horst 321, 455
Roßner, Ferdinand 26, 233f., 455f.
Rothacker, Erich 183
Rudolph, Kurt 456
Rübel, Heinz 268f., 456
Rückriem, Wilhelm 456
Rüdin, Ernst 58, 91, 96, 138, 456f.
Rüsewald, Karl 457
Ruß, Wilhelm 457
Rust, Bernhard 96
Ruthe, Walter 327, 457
Ruttke, Falk 29, 41, 48, 96, 120, 138, 457
Ruttmann, Wilhelm Julius 49, 94, 96, 181f., 457f.

Rutz, Ottmar 458

Saberschinsky, Kurt 176
Sachse, Peter 280
Sagel, Wilhelm 458
Saller, Karl XI, 19, 96, 323, 458
Samtleben, Bernhard 26, 458
Sander, Friedrich 90, 310, 459
Sartorius, Friedrich 23f., 31
Sauckel, Fritz 91, 306
Sauer, Käte 459
Schachermeyer, Friedrich 77, 459
Schacht, Horand Horsa 28, 96, 130, 211ff., 459
Schade, Heinrich 57f.
Schade, Wilhelm 459
Schäfer, H. 459
Schäfer, Wilhelm 459
Schäfers, Franz 460
Schaeffer, Caesar 96, 460
Schäuble, Johann 23
Schallmeyer, Friedrich 6, 96, 325
Scheel, Gustav A. 226
Scheffer, Theodor 177
Scheibner, Otto 172
Scheid, Hermann 460
Scheidt, Walter 22f., 28, 31f., 41, 91f., 174, 200, 285ff., 324, 333, 460f.
Schelsky, Helmut 139
Schemann, Ludwig 95
Schemm, Hans 42, 47, 96, 219, 461
Schenk, Alwin 461
Schenker, Winfried 461
Scheumann, Friedrich-Karl 327, 461
Schickedanz, Arno 461
Schiefer, Wilhelm 461
Schindler, Alfred 461
Schingnitz, Hans 17, 83, 461
Schinke, Gerhard 462
Schirach, Baldur von 323
Schlenkrich, Johannes 462
Schliebe, Georg 160, 462
Schlienger, Maria Hulda 462
Schlösser, Ludwig Arnold 258f., 462f.
Schmale, Irmgard 82, 463
Schmalfuß, Hannes 217, 463
Schmeil, Otto 75, 463
Schmeltzer, Karl 463
Schmelzle, Karl 463
Schmidt, Bernhard 463
Schmidt, Karl 463
Schmidt, Rudolf 27, 464

Schmidt, Willi-Kurt 464
Schmidt(-Kehl), Ludwig 27, 45, 54, 106, 289f., 292
Schmiedecke, Adolf 464
Schmieder, Arno 464
Schmitt, Karl 464
Schmitz, Rolf 36, 464
Schnaß, Franz 80, 464
Schnee, Heinrich (Pseud. Winfried Ekkehart) 464
Schneider, Benno 464f.
Schneider, Heinrich 465
Schneider, Hermann 465
Schneider, Otto 465
Schneider, Walther 465
Schneider, Wilhelm 465
Schöler, Walter 215, 465
Schöll, Friedrich XII, 465
Schoenfeldt 465
Schöpke, Karl H. 253, 465
Schol, Herbert 466
Scholz, Alois 466
Schottky, Johannes 23, 310, 312, 466
Schrepfer, Hans 466
Schrey, Kurt 466
Schröder, Hein 466
Schubert, Helmut 229, 466
Schürmann, Fritz 467
Schütt, Eduard 61, 291, 467
Schütz, Franz 467
Schuh, Willy 168, 330f., 467
Schultz, Bruno Kurt 28, 45, 91, 96, 141f., 146, 148, 195, 239, 272, 276ff., 282, 307, 312, 467f.
Schultz, Wolfgang 468
Schultze, Walther 160, 162, 468
Schultze-Naumburg, Arthur 468
Schultze-Naumburg, Paul 16, 82, 93, 140, 144, 148, 468
Schulz, Edgar Hans 468f.
Schulz, Franz 469
Schulz, Karl XI, 469
Schulz, Otto 469
Schulz, Walther 469
Schulz, Walther 469
Schulze, H. 469
Schumacher, Wilhelm 470
Schumann, Paul 470
Schwab, Julius 76, 197f., 331, 470
Schwall, Anton 470
Schwalm, Fritz 46, 272ff., 279, 312, 470
Schwammberger, Adolf 49, 470

Schwartz-Bostunitsch, Gregor 470
Schwarz, Hans-Erich 90, 470
Schwarz, Marx 27, 188f., 471
Schwidetzky, Ilse 106, 471
Schwindel, Kurt 54
Scola, Franz 31
Seidel, Charlotte 471
Seidel, Paul 471
Seifert, Adolf 471
Sell, Ludwig 45, 49, 274f., 471f.
Sellheim, Rudolf 472
Senner, Anton 472
Siemens, Hermann Werner 95
Silomon, Johannes 223, 472
Simoleit, Gustav 28
Six, Alfred 243
Solger, Friedrich 472
Sommermeyer, Gustav 472
Spelter, Josef 472
Spengler, Wilhelm 262
Spengler, Otto 96
Spielhagen, Martin 473
Spranger, Eduard XI, 96, 150, 154, 170
Springenschmid, Karl 221, 332, 473
Sprung, Helmut 473
Staak, Gerhard 223, 473
Stachowitz, Werner 75, 473
Staemmler, Martin 75, 89ff., 94f., 148, 226, 238, 240, 283ff., 314, 473f.
Stamm, H. 474
Stark, Georg 474
Steche, Otto 96, 199f., 331, 474f.
Steiding, Arthur 475
Stein, Kurt 26, 475
Stein, Rudolf 475
Stein, Wolfdietrich 475
Steiner, Gerhard 96, 177, 330, 475
Steiner, Rudolf 307
Stengel, Erich 232, 475f.
Stengel von Rutkowski, Lothar 24, 29, 91, 155, 175, 251, 307, 309, 311ff., 476
Stenmans, Emil 476
Stern, William 34, 154, 286f.
Steubing, Heinrich 476
Sticker, Georg 476
Stihler 476
Stockfisch, Alfred 75, 476f.
Stoddard, Lothrop 96
Stölting, H. 477
Strasser, Gregor 222
Strauß, Franz 477

Streicher, Julius 266
Stricker, Paul 477
Stridde, Heinrich 477
Ströhle, Albert 477
Stumpfl, Friedrich 96
Sunderbrink, Otto 477
Surén, Hans 477
Swatek, Hans 477
Szymanski, Anneliese 477

Teich, Gerhard 270
Teichmann, Maria 478
Tessendorf, Wilhelm 478
Textor, Hermann 37
Thieme, Erich 75, 232, 478
Thomsen, Alexander 478
Thorer, Arndt 478
Thyen, Hermann 478
Tiemann, Walter 231, 478
Tietjen, Klaus Hinrich XII, 80, 82, 96, 177, 478f.
Tiltack, Curt 479
Timm, Heinrich 80f., 479
Tirala, Lothar Gottlieb 82, 479
Tobias, Alfred 39, 479
Toenhardt, Helmut XII, 26, 40, 479
Tornow, Karl 479f.
Torsten, Oswald 78
Trenkamp, Ernst 480
Trinkwalter, Leopold 480
Troll, Max 480
Tschermak, Erich von 96
Tumlirz, Otto 74, 480

Ubisch, Leopold von 325
Uhlig, Kurt 30
Ulrich, Helmut A. 480
Unfug, Georg 480
Unger, Hermann 480f.
Urban, Curt
Urban, Fritz 26, 481
Usadel, Georg F. H. 120, 481

Vacano, Otfried W. von 288, 481
Vagts, Hermann 481
Vahrmeyer, Hans 481
Valentiner, Theodor 18, 36, 481f.
Vasterling, Christian 482
Veiders, Erwin 27
Vellguth, Hermann 315f., 482
Vellguth, Leopold 315, 482

Venatier, Hans 482
Venzmer, Gerhard 482
Verschuer, Otmar Freiherr von 58, 91, 95, 138, 183, 279, 297f., 314, 482
Vetter, Eugen 483
Vetzberger, Walter 483
Viehweger, Karl 483
Viernow, Adolf 483
Viernstein, Theodor 60, 62, 305, 309, 483
Villinger, Werner 42, 96, 301ff., 483f.
Völkl, Georg 484
Vogel, Alfred 484
Vogel, Norbert 484
Vogel, Paul 223, 484
Vogt, Joseph 484
Vogtherr, Kurt 484
Voigt, Martin 484
Voigtländer, Walter 49, 338
Volkelt, Hans 50, 484f.
Voß, Wilhelm 485
Vowinckel, Ernst 485

Wache, Walther 262f., 485
Wächtler, Fritz 42f., 47, 219, 485
Wagner, Emmy 106, 485
Wagner, Georg 296, 485
Wagner, K. F. 486
Wagner, Maximilian 486
Wagner, Richard 181
Wahl, Georg 486
Waldbauer, Mathias 486
Waldmann, Guido 486
Walsdorff, Friedrich 486
Walther, Andreas 31
Walz, Reinhard 149
Wambsganß, Friedrich 220f., 332, 486
Wannenmacher, Leo 486
Warneck, Hans 486
Warstat, W. 486f.
Wartegg, Ehrig 487
Weber, Alfred 254
Weber, Anton 487
Weber, Erna 309
Weber, Ernst Valentin 130, 328f., 487
Weber, Roland 26
Wecken, Friedrich 96, 487
Wecker, Otto 487
Wefelscheid, Gustav 487
Wegner, Emil 488
Wegner, Ernst Gustav Wilhelm 314f., 488
Weicker, Hans 488

Weigand 54
Weigand, Georg 488
Weigel, Annelise 488
Weigelt 488
Weiland, Werner 128, 151f., 166, 331, 488
Weimann, Horst 488f.
Weimer, Joachim 152, 160, 489
Weinert, Hans 489
Weinert, Herbert 23, 91, 95, 161, 230, 231, 489
Weinländer, Karl 84, 161, 489
Weis, Alfred 489f.
Weismann, August 96
Weiß, Hatto 490
Weiß, Karl 490
Weizsäcker, Viktor von 303
Weniger, Erich 261
Wenke, Hans 81, 490
Wenz, Gustav 490
Werner, Martin 49, 490
Werner, Paul 295
Wesendahl, Josef 490
Wessel, Helene 119, 126, 490f.
Westphal, Otto 78
Wetz, Arthur 255, 491
Wetzel, Erhard 228
Widmann, Eugen 491
Wiedow, Paul 491
Wiegand, Albert 491
Wiehle, Hermann 196, 491
Wiehle, Oskar 491f.
Wieser, Max 492
Wiessmann, Arthur 298
Wiggers, Rudolf 194f., 492
Wilde, Kurt 28, 124, 183, 492
Wilde, Paul 492
Wildgrube, Hans 492
Wilhelm, Theodor 244, 492f.
Willemsen, Carl Arnold 31
Willmann, Engelbert 493
Wimmer, Robert 493
Winde, Rudolf 493
Windelband, Wilhelm 185
Winter, Friedrich 112, 493
Wirthmann, Otto 493
Wirtz, A. 493
Wittke, Erich 493
Woischnik, Bernhard 493
Woitalla, Ernst 493
Wolf, Carl 494
Wolf, Heinrich 494

Wolfart, Friedrich 188, 494
Wolff, Hans 494
Wolfram, Heinz 494
Wolter, Friedrich 196, 494
Wolter, Helmut 494
Wolter, Helmut 495
Woltmann, Ludwig 96
Wührer(-Heidinger), Karl 495
Wüllenweber, Fritz 495
Wünschmann, Karl 495
Wundt, Wilhelm 96

Zacharias, Adolf 495
Zapp, Albert 495
Zerbe, Gerhard 495
Zeyher, Liselotte 495f.
Ziegler, Hans-Willi 26ff., 156, 162

Ziegler, Karl 496
Ziegler, Matthes 496
Ziehen, Theodor 96
Ziemann, Ernst 496
Zietz, Karl 34
Zilian, Erich 38, 496
Zilz, Wilhelm 496
Zimmermann, Karl 28, 47f., 80f., 96, 138, 148,
    194, 202ff., 332, 496f.
Zimmermann, Ludwig 497
Zimmermann, Reinhold 497f.
Zinsinger, Hugo 327, 498
Zöllner, Paul 498
Zuncke, Walter 498
zur Lippe, Friedrich Wilhelm Prinz 145, 498
zur Lippe, Marie Adelheid Konopath, Prinzessin
    siehe: Konopath